5-6-70

KLIO

BEITRÄGE ZUR ALTEN GESCHICHTE

Herausgegeben von
C. F. LEHMANN-HAUPT, E. KORNEMANN, F. MILTNER, L. WICKERT

BAND 16

Neudruck der Ausgabe 1919

1965

SCIENTIA VERLAG AALEN

KLIO
Beiträge zur alten Geschichte.

In Verbindung mit

Fachgenossen des In- und Auslandes

herausgegeben von

C. F. Lehmann-Haupt und E. Kornemann

Sechzehnter Band.

Mit 5 Abbildungen.

Neudruck der Ausgabe 1920

1965

SCIENTIA VERLAG AALEN

Lizenzausgabe mit Genehmigung
der Dieterich'schen Verlagsbuchhandlung, Wiesbaden

Druck: Fa. M. Kluftinger, Florian-Geyer-Str. 62, Stuttgart
PRINTED IN GERMANY

Inhalt.

	Seite
EHRENBERG, V., Zu Herodot	318—331
GINZEL. F. K., Die Wassermessungen der Babylonier und das Sexagesimalsystem	234—241
KALINKA, E., Der Ursprung der Buchstabenschrift	302—317
KORNEMANN, E., Die letzten Ziele der Politik Alexanders des Großen	209—233
LEHMANN-HAUPT, C. F., Berossos' Chronologie und die keilinschriftlichen Neufunde XI 1; XI₂—XV (mit Beiträgen von W. DEL NEGRO) . . . 178—186;	242—301
POMTOW, H., Delphische Neufunde IV. Die Befreiung Delphis durch die Römer	109—177
ROOS, A. G., Über einige Fragmente des Cassius Dio	75—93
SCHACHERMEYR, F., Das Ende des makedonischen Königshauses	332—337
STEIN, E., Beiträge zur Geschichte von Ravenna in spätrömischer und byzantinischer Zeit	40—71
Des Tiberius Constantinus Novelle περὶ ἐπιβολῆς und der Edictus domni Chilperici regis	72—74
VIEDEBANTT, O., Poseidonios, Marinos, Ptolemaios. Ein weiterer Beitrag zur Geschichte des Erdmessungsproblems im Altertum	94—108
WENIGER, L., Die monatliche Opferung in Olympia. III. Die heilige Handlung	1—39

MITTEILUNGEN UND NACHRICHTEN.
187—207; 338—342.

GÖZ, W., Die Zahl der σιτοφύλακες in Athen	187—190
GUMMERUS, H., Die Bauspekulation des Crassus	190—192
JÜTHNER, J., Theophil Klee's Beitrag zur Geschichte der gymnischen Agone an griechischen Festen	192—193
LEHMANN-HAUPT, C. F., Gesichertes und Strittiges. 5. Καθάπερ οἱ ἄλλοι Χαλκιδέης. 6. Die Broncetore von Balawat und der Tigristunnel.	193—199
7. Zum Tode Sargons von Assyrien	340—342
Zur älteren ägyptischen Chronologie	200—202
ROSTOWZEW. M., Ἐπιφάνεια	203—206
STEIN. E., Die Abstammung des ökumenischen Patriarchen Germanus I.	207
SWOBODA, H., Γνώμην εἰπεῖν	338—339
Berichtigungen	343
Personalien	207—208; 343—344

NAMEN- UND SACHVERZEICHNIS (R. BRÄUER) . . . . 345—348

Die monatliche Opferung in Olympia.

Von Ludwig Weniger.

III.
Die heilige Handlung.

Im vorigen Abschnitt haben wir die monatliche Opferprozession auf ihrer Wanderung zu den 70 Altären begleitet und ein Bild von der Verteilung dieser Heiligtümer über den Boden der Altis und ihrer Umgebung zu gewinnen gesucht, auch den Zusammenhang der, zu Einzelgruppen vereinigten, Opferstätten und ihre gottesdienstliche Bedeutung zu ermitteln uns bemüht[1]). Im Folgenden ist zunächst der Vorgang der Opferhandlung zu betrachten. Danach wird die, das Monatsopfer abschließende, mit feierlichen Weingüssen verbundene, Mahlzeit der priesterlichen Beamten behandelt. Schließlich soll in einer Nachlese solcher Einrichtungen und Vorgänge gedacht werden, welche in den Rahmen der vorausgehenden Darstellung nicht paßten, aber für das Verständnis der olympischen Gottesdienste von Bedeutung sind. — Wir bemerken, daß unsere Ausführungen bereits im Juli 1914 abgeschlossen waren. Seitdem ist Wesentliches nicht nachzutragen gewesen.

Das Opfer.

„*In jedem Monat einmal,*" so fährt Pausanias nach seiner Darstellung der Prozession fort, „*opfern die Eleier auf all den aufgezählten Altären. Sie opfern auf eine gewisse altertümliche Weise. Sie lassen nämlich Weihrauch zusammen mit in Honig geknetetem Weizen auf den Altären aufdampfen, legen Ölzweige darauf und nehmen Wein zum Trankopfer. Nur den Nymphen glauben sie keinen Wein gießen zu dürfen und auch den Despoinen nicht und ebensowenig auf dem gemeinsamen Altar Aller Götter. Die Sorge für die Opfer liegt dem Theokol ob, der in jedem Monate das Amt führt, ferner den Sehern und den Spondophoren, endlich dem Exegeten, dem Flötenspieler und dem Holzverwalter.*" Paus. 5, 15, 10: Ἑκάστου δὲ ἅπαξ τοῦ μηνὸς θύουσιν ἐπὶ πάντων Ἠλεῖοι τῶν κατειλεγμένων βωμῶν. θύουσι δὲ ἀρχαῖόν τινα

---

1) Die Monatl. Opferung in Olympia, II. Die Prozession; *Klio* XIV S. 398ff.

τρόπον· λιβανωτὸν γὰρ ὁμοῦ πυροῖς μεμαγμένοις μέλιτι θυμιῶσιν ἐπὶ τῶν βωμῶν, τιθέασι δὲ καὶ κλῶνας ἐλαίας ἐπ' αὐτῶν καὶ οἴνῳ χρῶνται σπονδῇ. μόναις δὲ ταῖς Νύμφαις οὐ νομίζουσιν οἶνον οὐδὲ ταῖς Δεσποίναις σπένδειν οὐδὲ ἐπὶ τᾷ βωμῷ τῷ κοινῷ πάντων θεῶν. μέλει δὲ τὰ ἐς θυσίας θεοκόλῳ τε, ὃς ἐπὶ μηνὶ ἑκάστῳ τὴν τιμὴν ἔχει, καὶ μάντεσι καὶ σπονδοφόροις, ἔτι δὲ ἐξηγητῇ τε καὶ αὐλητῇ καὶ τῷ ξυλεῖ.

Da eine beträchtliche Zahl von Verzeichnissen der im heiligen Dienst angestellten Beamten der Eleier aufgefunden ist[1]), so macht sich näheres Eingehen auf den Klerus von Olympia nötig. Für jetzt genügt die Bemerkung, daß der Theokol die oberste Stelle einnahm und die heilige Verrichtung ausführte. Zur Seite stand ihm ein Spondophor und ein Spondorchest. Da Pausanias den Plural σπονδοφόροις braucht, den Spondorchest dagegen gar nicht erwähnt, so darf angenommen werden, daß in der Mehrzahl diese beiden Ämter zusammengefaßt sind. Theokol, Spondophor und Spondorchest standen gewöhnlich in dem verwandtschaftlichen Verhältnisse von Vater, Sohn und Enkel. Daraus ergibt sich ein zwischen ihnen bestehender Altersunterschied. Der Theokol war ein bejahrter Mann; der Spondophor stand in der Blüte des Lebens; der Spondorchest war noch Ephebe. Der Staat ernannte nur den Theokol. Die beiden andern gesellte sich dieser nach freiem Ermessen als Gehilfen bei und, wenn er Sohn und Enkel dazu nahm, folgte er altem Herkommen[2]). Man erkennt, daß nicht einem eigentlichen Priester die Sorge für das Opfer überlassen war. Der Theokol war ein staatlicher Kommissar, eigens bestellt, um priesterliche Macht nicht aufkommen zu lassen, ein ἱεροθύτης, wie der entsprechende Beamte anderwärts hieß. ‚Ἠλεῖοι θύουσιν,‘ so beginnt und schließt die Opferordnung ausdrücklich. Ein priesterliches Amt eigener Art bekleideten dagegen die Seher, aus den Geschlechtern der Iamiden und Klytiaden entsprossen, also mindestens zwei in ererbter Kunst ihres Dienstes waltend. Dieser Dienst war auf die Mantik und was ihr zugehört beschränkt. Beide nahmen an der Opferprozession teil[3]). Sodann ein Exeget, dem die Aufrechterhaltung der gottesdienstlichen Tradition oblag, ein Flötenspieler und der Verwalter des Opferholzes. Die Verzeichnisse führen gelegentlich noch andere an. Aber die Verhältnisse wechselten; je nachdem gab es mehr oder weniger Angestellte.

---

1) 84 Verzeichnisse, meist verstümmelt, aus der Zeit von Ol. 186 (35 v. C.) bis Ol. 261 (265 n. C.), mitgeteilt *Olympia, Ergebn.* V n. 58—141; Dittenberger Sp. 137 ff. Vgl. *Hochfest* III, *Gottesfriede, Beiträge z. A. G.* V S. 205 ff.

2) Vgl. *Ol. Forschungen* I, *Frühlingsreinigung, Klio* VI S. 60. Der παῖς ἀμφιθαλής, der mit goldenem Messer die Kranzzweige von der Kallisto abschnitt, war vielleicht der Epispondorchest des Olympienmonats.

3) Ἠλεῖοι θύουσιν, Paus. 5, 14, 4. 8. 15, 10. 12. — Vgl. m. Abhandlung *Die Seher von Olympia, Archiv f. Relig.-Wissensch.* XVIII, 1914, S. 53 ff.

Schwerlich machten immer alle, die sich aufgezeichnet finden, das Monatsopfer mit. Die erstgenannten aber bilden den festen Bestand der olympischen Klerisei. Dazu kam noch eine Dienerschaft für niedere Verrichtungen, deren Anführung überflüssig schien. Man brauchte Leute zum Tragen der Opferstoffe, als Kuchen, Ölzweige, Weihrauch, Sprengwasser, Wein, und hatte dafür Sklaven des Zeus zur Verfügung, die in festem Dienste des Heiligtums standen. So ist eine Gruppe von wenigstens 10 Beteiligten vorauszusetzen[1]).

In früher Morgenstunde des Opfertages begab sich der Theokol mit den beiden Adjuvanten von seiner Dienstwohnung hinüber in das Prytaneion, wo die andern Opfergenossen warteten. Es war üblich, sich vor der Darbringung eines Opfers durch ein Bad zu reinigen und festliches Gewand anzulegen[2]). Auch waren alle Beteiligten nach hergebrachter Sitte mit dem Laube des wilden Ölbaums bekränzt, das dem olympischen Heiligtum eigen war. Die Opferung begann mit der Darbringung an Hestia über dem immer brennenden Herdfeuer, in das der Opferstoff ebenso eingetan und der Weinguß ebenso geschüttet wurde, wie in die Flamme jedes der Altäre. Ob Gesang oder Anrufung der Gottheit, sei es am Herd oder bei den Altären, stattfand, ist nicht überliefert. Durch Entzünden von Fackeln an der heiligen Glut der Hestia wurde nun auch für die übrigen Opferstätten das Feuer entnommen zum Zeichen, daß alle Himmlischen ihre Speise vom Herde des Zeus, den die Göttin verwaltete, empfingen. So ersetzte die Übertragung des Feuers, das als rein und heilig galt, in jedem einzelnen Falle den Herd selber. Handelte es sich bei dem Monatsopfer auch nicht um Kochen oder Braten, so trat die bescheidene Darbringung von Honigkuchen und Weihrauch doch als abgekürzte Form für die übliche Fleischgabe ein und wurde, wie jene, durch die Flamme in Rauch verwandelt, gen Himmel getragen und den olympischen Mächten übermittelt[3]).

Mit dem Amte des Pyrphoros den Holzwärter betraut zu denken, liegt am nächsten. Indes führt die Erwägung, daß die Feuerspende selbst einen Teil der Opferung ausmacht, darauf, daß sie in geweihte Hände

---

1) Vgl. die zahlreichen Darstellungen von Opfern auf Vasenbildern, z. B. Reinach I, 29. 195. 358. 403; II, 80. 180. 286; besonders anschaulich ist das schwarzfigurige bei Stengel, *Kultusaltert.*² Taf. I. 4. — Sklaven des Zeus werden seit dem zweiten Jahrhundert n. C. auch als Flötenspieler, γραμματεῖς und Epispondorchesten verwendet; s. *Ol. E.* V, n. 59. 99. 192; dazu Dittenberger im Nachtrage Sp. 798. Über den Xyleus unten S. 4.

2) Allgemein Pollux I, 25. Die Hellanodiken und die Sechzehn Frauen mußten sich vor jeder Amtshandlung außer dem Wasserbad im Quell Piera noch durch Ferkelblut reinigen: P. 5, 16, 8.

3) Hom. Α 317 κνίση δ' οὐρανὸν ἷκεν ἑλισσομένη περὶ καπνῷ. Θ 550 heißt die κνίση ἡδεῖα.

gelegt war. Als Sklave des Zeus stand der Xyleus zwar in lebenslänglichem Dienste, doch blieb seine Stellung immer eine untergeordnete[1]); dagegen paßt für ihn die Bereitung der Opferherde, und diese war eine, für das Gelingen der mühevollen Aufgabe, so vielen Altären gerecht zu werden, keineswegs unwichtige Sache. Daß ihm die Lieferung des Holzes zu einer festgesetzten Taxe sowohl an Gemeinden, wie an Privatleute zustand, ist überliefert. Für die Scheite war bestimmte Länge vorgeschrieben, auch mußten sie von dem schönen, glatten und weichen Holze der Silberpappel genommen sein, das leicht in Brand gerät[2]). Da beim Monatsopfer vor allem darauf gesehen wurde, Zeit zu gewinnen, läßt sich voraussetzen, daß der Holzwärter mit seinen Leuten bereits vor Beginn der heiligen Handlung die Scheite nach bewährter Erfahrung zerkleinert, aufgeschichtet und mit rasch entzündbarem Stoffe, wie Holzkohle, Werg und Spähne, umgeben hatte. Ehe das geschah, mußte aber jeder der Opferherde von früheren Resten als Kohle, Asche, verdorrten Ölzweigen und anderem Unrate befreit und für die neue Handlung schicklich zurecht gemacht sein[3]). Dem eigentlichen Feueranzünden kam bei jeder Opferung eine höhere Bedeutung zu, um so mehr, wo es sich um heilige Glut vom Gemeindeherd handelte[4]). Und da die Seher aus der Flamme die Zeichen der Götter erkannten und zu deuten verstanden, so liegt es nahe, ihnen auch die Feuerhut im Prytaneion zuzuschreiben, um so mehr, als ihnen die jährliche Herdfegung am 19. Elaphios übertragen war[5]). Demgemäß wird man das Anzünden der Einzelfeuer auf den Altären als Obliegenheit dieser Männer betrachten dürfen.

Die Opfergenossen zogen also vom Prytaneion aus von Altar zu Altar in der Reihenfolge, die in der festgesetzten Opferordnung angegeben war. Ans Ziel gelangt, umschritten sie in der Richtung nach rechts

---

1) Paus. 5, 13, 3 ἔστι δὲ ὁ ξυλεὺς ἐκ τῶν οἰκετῶν τοῦ Διός. Bezeichnend ist auch 5, 8, 10 der Artikel: τῷ ξυλεῖ. Er war Der heilige Knecht, den jedermann kannte, eine subalterne, aber in ihrer Weise angesehene, Persönlichkeit: 'Der Herr Kalfaktor.'

2) P. 5, 13, 3, wo das vom Holze Gesagte keineswegs bloß für das Heroenopfer des Pelops gilt; über Zeus vgl. 5, 14, 2. S. *Ol. Forschungen* I, *Frühlingsreinigung*, *Klio* VI, 54 f.

3) Wohlaufgeschichtetes Opferholz sieht man auf der Darstellung einer rotfigurigen Vase bei Stengel² Taf. 1, 1. — Liegengebliebene Zweige auf Altären: Plut. *mul. v.* p. 251. *Abh. Koll. d. 16 Fr.* S. 20f.

4) Pollux 1, 14 und 35. Etym. M. 8, 116 πυρφόρος παῖς αἱρετὸς ἐκ καθαρευούσης οἰκίας ὑπὸ χλαμυδίῳ καὶ στροφίῳ περιέρχεται πῦρ ἐπὶ τοὺς βωμοὺς ἐπιτιθείς. Anzünden der Opferflamme mit Fackeln durch zwei bekränzte Jünglinge auf dem, in voriger Anmerkung genannten, Vasenbilde.

5) Herdfegung P. 5, 13, 8 —; ewiges Feuer 5, 15, 9. Näheres *Ol. Forsch.* I, *Frühlingsreinigung*, *Klio* VI, 47. 63. Abh. *Seher v. Ol.* S. 89 ff.

einmal im Kreise das Heiligtum, an dem sie ihr Werk verrichten wollten[1]). Dann trat der führende Theokol, wenn nicht besondere Umstände, wie die Beziehung auf ein Gottesbild oder die Lage des Altares selbst, es anders verlangte, mit dem Blicke nach Osten gewendet, vor das lodernde Feuer. Denn die Altäre der himmlischen Gottheiten waren auch in Olympia, soweit sich erkennen läßt, nach Sonnenaufgang gerichtet, wie die Tempel[2]).

Pausanias bezeichnet die Art des Opfers als eine altertümliche. Diese Bezeichnung hat es erhalten, weil in geschichtlicher Zeit die Anschauung verbreitet war, die Menschen der Vorzeit hätten in harmlos kindlicher Unschuld weder selber Fleisch von Tieren genossen, noch auch ihren Göttern etwas anderes dargebracht, als $\vartheta\acute{v}\mu\alpha\tau\alpha$ $\grave{\epsilon}\pi\iota\chi\acute{\omega}\varrho\iota\alpha$, die Erstlinge des Ackers, den sie bauten, und ländliche Nahrung, wie sie selbst sie genossen. Dies sind $\pi\acute{\epsilon}\lambda\alpha\nu o\iota$ $\varkappa\alpha\grave{\iota}$ $\mu\acute{\epsilon}\lambda\iota\tau\iota$ $\varkappa\alpha\varrho\pi o\grave{\iota}$ $\delta\epsilon\delta\epsilon\upsilon\mu\acute{\epsilon}\nu o\iota$ $\varkappa\alpha\grave{\iota}$ $\tau o\iota$-$\alpha\tilde{\upsilon}\tau\alpha$ $\ddot{\alpha}\lambda\lambda\alpha$ $\dot{\alpha}\gamma\nu\grave{\alpha}$ $\vartheta\acute{\upsilon}\mu\alpha\tau\alpha$ bei Platon (*Gesetze* 6 p. 782). Man vergleiche, was Pausanias (8, 2, 3) von Kekrops sagt: $\dot{o}\pi\acute{o}\sigma\alpha$ $\ddot{\epsilon}\chi\epsilon\iota$ $\psi\upsilon\chi\acute{\eta}\nu$, $\tau o\acute{\upsilon}\tau\omega\nu$ $\mu\grave{\epsilon}\nu$ $\dot{\eta}\xi\acute{\iota}\omega\sigma\epsilon\nu$ $o\dot{\upsilon}\delta\grave{\epsilon}\nu$ $\vartheta\tilde{\upsilon}\sigma\alpha\iota$, $\pi\acute{\epsilon}\mu\mu\alpha\tau\alpha$ $\delta\grave{\epsilon}$ $\dot{\epsilon}\pi\iota\chi\acute{\omega}\varrho\iota\alpha$ $\dot{\epsilon}\pi\grave{\iota}$ $\tau o\tilde{\upsilon}$ $\beta\omega\mu o\tilde{\upsilon}$ $\varkappa\alpha\vartheta\acute{\eta}\gamma\iota\sigma\epsilon\nu$, $\ddot{\alpha}$ $\pi\epsilon\lambda\acute{\alpha}\nu o\upsilon\varsigma$ $\varkappa\alpha\lambda o\tilde{\upsilon}\sigma\iota\nu$ $\ddot{\epsilon}\tau\iota$ $\varkappa\alpha\grave{\iota}$ $\dot{\epsilon}\varsigma$ $\dot{\eta}\mu\tilde{\alpha}\varsigma$ $'A\vartheta\eta\nu\alpha\tilde{\iota}o\iota$[3]). Ob im hohen Altertume wirklich nur solche Opfer dargebracht wurden und überhaupt so kindlich einfache Sitten herrschten, ist natürlich gleichgiltig. Daher kommt auch nichts darauf an, ob in sehr alter Zeit bereits der Weihrauch in Griechenland bekannt war[4]). Es genügt, daß man im Olympia des zweiten Jahrhunderts n. C., wo Pausanias sein Wissen aus Exegetenmunde gesammelt hatte, der Überzeugung lebte, die Götter in altertümlicher, demnach besonders würdiger, Weise zu bedienen, wobei man die Einfachheit der Darbringung gern mit in den Kauf nahm. Honig, mit Weizen geknetet, bezeichnet eine Art Kuchen, ganz den oben aus Platons *Gesetzen* erwähnten der alten Zeit entsprechend. Denn an ungeschrotene Weizenkörner ist schwerlich zu denken. Vielleicht hielt man in Olympia

---

1) Aristoph. *Pac.* 957.. $\pi\epsilon\varrho\acute{\iota}\vartheta\iota$ $\tau\grave{o}\nu$ $\beta\omega\mu\grave{o}\nu$ $\tau\alpha\chi\acute{\epsilon}\omega\varsigma$ $\dot{\epsilon}\pi\iota\delta\acute{\epsilon}\xi\iota\alpha$. Eur. *Iph. Aul.* 1473 $\pi\alpha\tau\grave{\eta}\varrho$ $\dot{\epsilon}\nu\delta\epsilon\xi\iota o\acute{\upsilon}\sigma\vartheta\omega$ $\beta\omega\mu\acute{o}\nu$. Zum guten Vorzeichen; vgl. $\dot{\epsilon}\nu\delta\acute{\epsilon}\xi\iota\alpha$ $\sigma\acute{\eta}\mu\alpha\tau\alpha$ Hom. *I*, 236.

2) Vitruv. 4, 8 *arae spectent ad orientem*. Vgl. Lucian. *de domo* 6. Eine Ausnahme bildet in Olympia das Metroon, insofern, als der zugehörige Altar vor seiner Westseite steht, s. *Monatsopfer* II, *Prozession*, Klio XIV S. 421 f. Aber der Opfernde konnte nach Osten blicken. Außer dem Metroon besaß Olympia nur noch zwei Tempel, den des Zeus und das Heraion, und deren Altäre (n. 19 und 25) standen seitwärts, weil sie älter waren, als die Bauwerke.

3) Vgl. P. 1, 26, 5 vom Erechtheion: $\pi\varrho\grave{o}$ $\delta\grave{\epsilon}$ $\tau\tilde{\eta}\varsigma$ $\dot{\epsilon}\sigma\acute{o}\delta o\upsilon$ $\varDelta\iota\grave{o}\varsigma$ $\dot{\epsilon}\sigma\tau\iota$ $\beta\omega\mu\grave{o}\varsigma$ $'Y\pi\acute{\alpha}\tau o\upsilon$, $\ddot{\epsilon}\nu\vartheta\alpha$ $\ddot{\epsilon}\mu\psi\upsilon\chi o\nu$ $\vartheta\acute{\upsilon}o\upsilon\sigma\iota\nu$ $o\dot{\upsilon}\delta\acute{\epsilon}\nu$, $\pi\acute{\epsilon}\mu\mu\alpha\tau\alpha$ $\delta\grave{\epsilon}$ $\vartheta\acute{\epsilon}\nu\tau\epsilon\varsigma$ $o\dot{\upsilon}\delta\grave{\epsilon}\nu$ $\ddot{\epsilon}\tau\iota$ $o\ddot{\iota}\nu\omega$ $\chi\varrho\acute{\eta}\sigma\alpha\sigma\vartheta\alpha\iota$ $\nu o\mu\acute{\iota}\zeta o\upsilon\sigma\iota\nu$.

4) Eingeführt wurde er im 7. Jahrhundert und fand schnell Verbreitung im Gottesdienste. Die Hauptstation des Weihrauchhandels war an der Küste von Palaestina, wo man das wohlriechende Harz aus Arabien bezog.

die für das Monatsopfer gebrauchten kleinen Kuchen als Festgebäck in Ehren und stellte sie in besonderer Form her[1]).

Die Ausführung lag dem Theokol ob, welcher jeweilig den Monatsdienst hatte, und die Mitglieder der Prozession standen ihm je nach ihrer Obliegenheit zur Seite. So griff er denn zunächst in das dargebotene Weihrauchkästchen, das man sich, wie alle Paramente eines so bedeutenden Kultortes, künstlerisch ausgeführt, vermutlich aus Silber, vorstellen darf, entnahm aus ihm die Körner des heiligen Harzes und streute sie mit erhobener Rechten in das lodernde Feuer. Darauf nahm er einen der im Korbe dargebotenen, kleinen Kuchen und tat ihn in die Glut, und während die bescheidene Gabe in duftenden Rauch verwandelt wurde, faßte er die Opferschale, hielt sie dem Spondophor hin, und dieser goß aus hocherhobener Kanne den mit Wasser gemischten Opferwein[2]) in das flache Gefäß. Indem es nun der Theokol in das heilige Feuer schüttete, fügte er den Trank zur Speise hinzu und löschte zugleich die Flamme, die ihre Dienste geleistet hatte[3]). Zuletzt legte er ein paar Kotinoszweige auf den Altar, ein Schmuck, der bis zum nächsten male liegen blieb. Damit war das einfache Opfer vollendet.

Während des Vorganges herrschte ehrfurchtvolles Schweigen. Nur das übliche Flötenspiel wird durch die Teilnahme des Auleten auch für die Monatsopferung bezeugt[4]). Es setzte bei dem Weinguß ein, und der Spondorchest umtanzte dazu den Altar[5]). Wie das Opfer eine abgekürzte Mahlzeit darstellte, bei welcher der Honigkuchen die Speisen, der Weihrauch die Salben, der Weinguß das Getränk, Ölzweige die Kränze vertraten, so gesellte sich, der Sitte nachgebildet, welche Flötenspiel und Tanz beim Trinkgelage darbot, in der angegebenen Form das Gebührende auch dieser Bewirtung der Himmlischen zu, unter ehrfürchtiger Maßhaltung und Beobachtung des heiligen Ritus. Und wie der Theokol als Gastgeber die Gemeinde vertrat, so beobachteten die Seher, als Sachwalter der unsichtbar anwesenden Gäste, sowohl die richtige Durchführung der heiligen

---

[1]) Ein μάγειρος und ἀρτοκόπος findet sich in einem der Verzeichnisse, vgl. *O. E.* V n. 78, 6. Über festliche Gebäcke im Gottesdienste Lobeck, *Agl.* 1060 ss.

[2]) Gemischt war der Wein auch zum Opfer bereits bei Homer; vgl. γ, 393 f. η, 164. ν, 50. Z 258 ff. Später z. B. Thuc. 6, 32.

[3]) Arnobius *adv. g.* 7, 30 *altaria super ipsa libamus et venerabiles muscos carbonibus excitamus extinctis.*

[4]) In den späteren Verzeichnissen kommen mehrere unter der Bezeichnung σπονδαῦλαι vor. Vgl. *M. O.* I, *Opferordnung, Klio* IX, 298, 2.

[5]) Daher wird er auch in den Inschriften als Ἐπισπονδορχηστής bezeichnet; in zweien der Verzeichnisse steht ὑποσπονδορχησταί, einmal ὑποσπονδοφόροι, was ich nicht, wie Dittenberger *Syll.*² 612, 12, als einen Irrtum bezeichnen möchte. Vgl. Etym. M. p. 690, ὑπορχήματα δὲ ἅτινα πάλιν ἔλεγον ὀρχούμενοι καὶ τρέχοντες κύκλῳ τοῦ βωμοῦ καιομένων τῶν ἱερείων.

Handlung, wie sie anderseits aus dem Lodern der Flamme und aus Zeichen, die sich einstellen, z. B. dem Fluge von Vögeln oder scheinbar zufällig ertönenden Stimmen, auf das Gelingen der Opferung, wie auf die Willensmeinung der Gottheit schlossen.

Die ganze heilige Verrichtung ließ sich bei der durch das Herkommen ein für allemal festgestellten und in unzähliger Wiederholung eingeübten, liturgischen Form in kurzer Zeit erledigen. Daß die Einrichtung von Stationen, welche mehrere Altäre zusammenfaßten, dazu half, das Geschäft noch schneller zu erledigen, haben wir früher gezeigt[1]). Die Feuer der Gruppenaltäre brannten zugleich, und das Opfern von Speise und Trank ließ sich hintereinander durchführen, während Musik und Tanz der ganzen Gruppe gemeinsam galt. So schritt die Prozession von einer Station zur andern, und jeder Altar empfing, was ihm zukam, bis der Zug nach Vollendung eines jeden der beiden Umgänge wieder im Prytaneion anlangte und zuletzt seine Aufgabe am heiligen Herd abschloß.

Ausgehend von der Überzeugung, daß die Zahl von 70 Altären eine viel zu große sei, als daß sie mit einem mal hintereinander bewältigt werden könnten, hat man aus den Worten des Pausanias geschlossen, die Opferbeamten hätten durch den ganzen Monat hindurch, einen Tag nach dem andern, an jedem nur eine beschränkte Zahl von Altären bedient[2]). Die nach der Darstellung des Schriftstellers und der örtlichen Lage sich ergebende Zerlegung des ganzen Vorgangs in 30 Gruppen würde dieser Annahme zur Stütze dienen: man nahm an jedem Monatstag eine vor und half sich an den 29tägigen Monaten durch Zusammenlegung von zwei benachbarten. Dennoch waren wir bei unserer Darstellung von der Annahme ausgegangen, daß die Prozession an einem einzigen Monatstage hintereinander fortlaufend alle Götteraltäre von Olympia besorgt hat[3]). Diese Voraussetzung bedarf des Beweises.

„*In jedem Monat einmal*," heißt es bei Pausanias (5, 15, 10), nachdem er die Verwendung der Herdasche besprochen, „*opfern die Eleier auf allen den aufgezählten Altären*": ἑκάστου δὲ ἅπαξ τοῦ μηνὸς θύουσιν ἐπὶ πάντων Ἠλεῖοι τῶν κατειλεγμένων βωμῶν. Wenn sich nicht leugnen läßt, daß diese Worte auch in dem Sinn ausgelegt werden können, daß die Altäre unter angemessener Verteilung auf 30 Einzeltage im Laufe des Monats einmal alle an die Reihe kommen, so wäre doch auffallend, daß der Verfasser es nicht vorgezogen hat, statt ἐπὶ πάντων

---

1) *M. O.* I, *Opferordnung, Klio* IX, 293, 303; II, *Prozession, Klio* XIV, 398 ff.
2) Vgl. Blümner in der Pausaniasausgabe II, 1 S. 383.
3) So schon in einem 1884 in der Sammlung von Virchow und von Holtzendorff erschienenen Vortrage 'Der Gottesdienst in Olympia' XIX, 443 S. 418 (18) f. Vgl. *M. O.* I, *Opferordnung, Klio* IX, 1909, S. 292, 2. Die gleiche Auffassung bei Wernicke, *Arch. Jahrb.* IX, 1894, S. 97 f.

in genauerer Ausdrucksweise zu sagen: θύουσι δὲ ἅπαξ τοῦ μηνὸς ἐφ' ἑκάστου τῶν κ. β. So aber führen seine Worte, wenn man sie unbefangen liest, darauf, daß alle Monate einmal, nämlich an einem einzigen Tage, an allen Altären die Opferung vollzogen wurde, und daß die übrigen Monatstage leer blieben[1]). Für diese Annahme spricht, daß der ganze Vorgang unverkennbar den Zweck hatte, durch einmalige Abmachung aller priesterlosen Altarstätten von Olympia den dort verehrten Göttern, wenn auch in abgekürzter Handlung, ihr Recht widerfahren zu lassen. Für Zeus allein war noch ein Unterpriester bestellt, der ihm jeden Tag auf dem Hochaltar ein Opfer brachte[2]). Wenn jeden Tag im Monat das Kollegium Dienst gehabt hätte und opfern ging, dann bedurfte es dieses Beamten nicht.

Auch die aus dem Gange der Prozession ersichtliche, mit wenig Ausnahmen den Zusammenhang wahrende, räumliche Folge in der Begehung der 70 Heiligtümer setzt, wie wir sahen[3]), eine nicht unterbrochene Behandlung voraus. Pausanias sagt in der Einleitung der Opferordnung, er wolle auf alle Altäre in Olympia übergehen und in seiner Darstellung derjenigen Ordnung sich anschließen, nach welcher die Eleier auf den Altären zu opfern pflegen[4]). Er macht, wie gezeigt war, später ausdrücklich darauf aufmerksam, daß er nicht nach Reihenfolge der Standorte die Altäre aufzähle, sondern daß die Darstellung sich der Opferordnung der Eleier anschließe[5]). Daß dennoch die räumliche Anordnung für die Opferordnung zugrunde lag, ist aus dem Platz ersichtlich und wird jetzt allgemein anerkannt. Die Bemerkung des Periegeten bezieht sich daher ganz sachgemäß auf die Ausnahmen, um diese zu erklären. Die Stelle, an der sie gemacht ist, bietet auch eine der stärksten Abweichungen; denn der Kataibatesaltar n. 35 wäre, wenn man die Ortsfolge festhielt, bald nach dem Hochaltare n. 19 an der Reihe gewesen, neben dem er stand (P. 5, 14, 10). Aber er bildete durch seine Umhegung als Blitzmal ein kleines Temenos für sich. Auch sonst fällt die Prozession ein paar

---

1) E. Petersen, *Rhein. M.* LXIV, 1909, S. 537 stimmt zu. Brieflich macht er mich darauf aufmerksam, daß „auch alle Verba, mit denen die Bewegung von einem Altar zum andern bemerkt wird, zwar zunächst von dem Leser gelten, der sich vom Periegeten führen läßt, aber, da er 14, 10 ausdrücklich sagt, daß sein λόγος συμπερινοστεῖ mit den Opferern, liegt darin ebenfalls, daß auch die Opferer in gleicher Weise von Altar zu Altar gingen". — Vgl. P. 6, 25, 3 ἑκάστου δὲ ἅπαξ ἀνοίγειν τοῦ ἐνιαυτοῦ νομίζουσιν, und 6, 25, 2 ἀνοίγνυται μὲν ἅπαξ κατὰ ἔτος ἕκαστον.

2) P. 5, 13, 10. Hochfest I, Ordnung der Agone, *Beitr. z. A. G.* IV, 143, 5. *M. O.* II, Prozession, *Klio* XIV, S. 411 zu n. 19.

3) *M. O.* I, Opferordnung, *Klio* IX, 291 f.

4) P. 5, 14, 4. *M. O.* I, Opferordnung, *Klio* IX, S. 291.

5) P. 5, 14, 10. *M. O.* I a. O. 292.

mal aus der natürlichen Folge heraus. So beim Wege von den Altären n. 30. 31 am Stadioneingange zum Kuretenaltare n. 32 und dem Gaion (n. 33. 34); ferner nach n. 38, wo sie vom Pelopion zum Altar Aller Götter (n. 39) im Ergasterion zieht. Die Altäre des Hippodroms n. 48—61 lagen, wie auf einer Insel, für sich beisammen, und so war der weite Abweg durch die Lage geboten. Um so auffallender aber erscheint der Umweg nach deren Bedienung; denn statt die Diagonale durch die Altis zu wählen, gehen die Opferbeamten in weitem Bogen an der Südhalle vorbei durch das Pompentor nach Norden bis hinter das Heraion[1]). Endlich am Schlusse der ganzen Verrichtung begibt sich die Prozession noch zu n. 68 in die Kapelle hinter dem Theokoleon, um erst von da endgiltig zum Prytaneion heimzukehren. All diese Abweichungen erklären sich ohne Schwierigkeit aus dem Bestreben, eine Anordnung zu erzielen, die das Geschäft erleichterte. Nur der große Umweg von nr. 61 zu 63 muß einen andern Grund haben, und darüber soll unten gehandelt werden. Die Festhaltung der räumlichen Folge wäre nun aber unnötig und schwer verständlich, wenn man jeden Monatstag nach Besorgung der eben an der Reihe gewesenen Altargruppe wieder zur Hestia zurückkehrte, wie man von ihr ausging. Dann hätte überdies der Herdgöttin nicht einmal bloß, bei Beginn des ganzen Opferwerkes, wie Pausanias berichtet — θύουσι δὲ Ἑστίᾳ μὲν πρώτῃ — also am ersten Monatstage, sondern billigerweise jeden Tag zu Anfang des, allemal vorliegenden, Opferpensums gedacht werden müssen; denn auch dieses bedurfte des Feuers vom heiligen Herde.

Hätte man die Arbeit über 29 oder 30 Monatstage verteilt, so lag nichts näher, als statt der räumlichen Ordnung eine andere, weniger äußerliche, walten zu lassen, sei es nach dem Alter der Heiligtümer oder nach den Gottheiten, denen sie gehörten, z. B. alle Zeusaltäre oder Artemisien für sich allein und mitsammen, auch an bevorzugten Tagen, der Athene am 3., der Artemis am 6., dem Apollon am 7., dem Zeus am Vollmond. Man hätte auch die sechs Doppelaltäre, die Herakles gegründet, wohl ebensowenig getrennt, wie die Sieger es haben, wenn sie nach den Agonen ihr Dankopfer brachten[2]). Man hätte die Nephalien zusammengenommen, auch sonst die Gottheiten nicht gleichmäßig bedient, sondern die großen reichlicher bedacht als die kleinen. Die räumliche Aufeinanderfolge und die gleichmäßige Opferung bedeutet unverkennbar das Bestreben, die Aufgabe so kurz wie möglich zu erledigen, ohne doch einer der himmlischen Mächte ihre Gebühr vorzuenthalten.

Endlich spricht für die gemeinsame Bedienung aller Altäre an einem Tage die gleiche Behandlung anderwärts. Auch in Kroton hatte

---

1) Ausführlich M. O. II, Prozession, Klio XIV, S. 442 zu n. 62. 63.
2) Schol. Pind. O. 5, 7 a. Dr. οἱ γὰρ νικῶντες ἔθυον ἐν τοῖς ἓξ βωμοῖς. Schol. Rec. 8 εἰς οὓς ὁ νικήσας θυσίας προσῆγε μετὰ τὴν νίκην, ὥσπερ χάριν ἀποδιδούς.

ein dazu bestellter Beamter der Stadt monatlich einmal die Heiligtümer zu begehen und ihren Inhabern zu opfern. Als einer der Gesandten des Perserkönigs, so wird bei Athenaios[1]) aus guter Quelle berichtet, auf offenem Markte den von Susa entwichenen Arzt Demokedes festnehmen wollte, zogen die Krotoner Bürger dem vermessenen Barbaren seinen Kaftan aus und taten ihn dem Diener des Prytanen an. Seitdem machte der Mensch am 7. jedes Monats die übliche Runde an den Altären neben dem Prytanen in diesem Aufzuge mit: ἐξ οὗ δὴ περσικὴν ἔχων στολὴν περιέρχεται ταῖς ἑβδόμαις τοὺς βωμοὺς μετὰ τοῦ πρυτανέως. Das war ein dem Sammelopfer von Olympia entsprechender, vielleicht sogar nachgebildeter, Vorgang; Kroton hatte Vieles den olympischen Einrichtungen entnommen. Der Prytan entspricht dem Theokol. Ob außer dem Opferdiener im Kaftan noch andere teilnahmen, ist nicht gesagt, weil nichts darauf ankommt. Doch darf man es annehmen, obgleich die unteritalische Stadt nicht so viele Altäre zu versehen hatte wie das große Heiligtum am Alpheios. Demokedes' Flucht erfolgte geraume Zeit nach dem tragischen Ende des Polykrates von Samos (522 v. C.), also gegen Ende des sechsten Jahrhunderts. Daraus läßt sich ein Anhalt für das Alter des Brauches gewinnen.

Die Einrichtung einer alle Monate wiederkehrenden Opferung war weit verbreitet. Das sind die ἐπιμήνια, die κατὰ μῆνας συντελούμεναι θυσίαι. Die damit beauftragten priesterlichen Beamten heißen selbst ἐπιμήνιοι, und ihre Verrichtung wird als ἐπιμηνιεύειν bezeichnet. Die Inschriften bieten zahlreiche Belege[2]). Handelt es sich darin, so viel wir sehen, nicht um Opferung an allen Altären, sondern um solche für bestimmte Gottheiten, so läßt sich doch annehmen, daß die in Olympia und Kroton getroffene Einrichtung auch an andern Orten bestanden hat, obgleich Zeugnisse noch fehlen.

Es lag den Hellenen, die ihre Zeiten nach dem gebundenen Mondjahre regelten, näher als uns, gottesdienstliche Akte an bestimmte Monatstage zu knüpfen. Das erklärt sich aus dem Wesen des Mondmonats, der in gleichmäßig wiederkehrender Form unserer Woche entspricht, vor dieser aber den größeren Umfang voraushat und dadurch willkommenen Abstand für laufende Verrichtungen gewährt, die mehr Umstände machten. Der Tag der olympischen Sammelopferung bedeutete für den Monat das, was uns für die Woche der Sonntag ist. Den Christen gilt es auch als selbstverständlich, daß jeden Sonntag Gottesdienst stattfindet.

---

1) 12, 522; s. Herodot 3, 137. Vgl. *M. O.* I, *Opferordnung, Klio* IX, 301, 2.
2) *CIG* III p. 222 Stiftung εἰς τὰς κατὰ μῆνας συντελουμένας θυσίας. Hesych. ἐπιμήνιοι· οἱ ἱεροποιοί· ἐκαλεῖτο δὲ καὶ θυσία τις ἐπιμήνια, ἡ κατὰ μῆνα τῇ νουμηνίᾳ συντελουμένη. Vgl. *Hochfest* III, *Gottesfriede, Beitr. z. A. G.* V, 211, 1. Dittenberger, *Syll.*² I n. 140 A. 12 und im Index III, S. 156, 209.

Eine Verteilung der hergebrachten Opfer über die sämtlichen 29 oder 30 Monatstage in regelmäßiger Wiederkehr ist auch anderwärts nicht bezeugt. Dächte man sie in Olympia durchgeführt, so hätte jede Gruppe ihren feststehenden Tag gehabt und daraus mußte sich im Laufe der Zeit ein Herkommen bilden. Alte Sitte hatte im griechischen Gottesdienste, wie wir oben erwähnten, bestimmte Monatstage bestimmten Gottheiten geheiligt. Es konnte nicht schwer sein, den allgemeinen Brauch auch mit den Altarplätzen der Altis in Beziehung zu bringen. Aber nichts davon läßt sich wahrnehmen.

Der gewichtigste Einwurf, den man gegen die Opferung auf allen Altären an einem einzigen Tage zu erheben pflegt, ist der, daß die Durchführung in so kurzer Zeit unmöglich gewesen sei. „Uns, in der Studierstube," schreibt J. H. C. Schubart[1]), „wird es freilich nicht viel Schweiß kosten, der Prozession zu folgen. Wer aber einmal einem Frohnleichnamsfest, selbst unter unserm Himmel, beigewohnt hat, wird gesehen haben, welch eine körperliche Anstrengung für den Priester damit verbunden ist; und doch wird diese Anforderung nur einmal im Jahre gestellt und nur an vier Altären. Stellen wir uns aber eine Prozession vor, die allmonatlich an sechzig [so!] Altären Opfer darzubringen hatte, und das unter der Sonne oder auch den Regengüssen Olympias, nehmen wir dazu, daß diese Opfer von nicht in Olympia wohnenden Tempeldienern, sondern von Elis aus, besorgt wurden, daß der Gang nicht der topographischen, sondern einer nach andern Bestimmungen geregelten Ordnung folgte: so gestehe ich, daß es mir unerfindbar ist, wo Zeit und Kräfte zur Erfüllung einer solchen Obliegenheit herkommen sollten; die Schwierigkeit wird nur wenig und nur teilweise dadurch gemindert, daß der Oberpriester, nach dem Zeugnis des Pausanias monatlich, vermutlich nach einer dreimonatlichen Reihenfolge, wechselte". — Da der Gang im wesentlichen dennoch der topographischen Ordnung folgte, und da den Oberbeamten, die nicht ständig in Olympia weilten, für den Monat ihrer Anwesenheit eine bequeme Dienstwohnung zur Verfügung stand, so fällt ein Teil der Einwände Schubarts fort. Immerhin blieb die Aufgabe noch schwierig genug. So viele Opfer in einem Zuge durchzuführen ermöglichte nur jene wohlüberlegte Verteilung auf Stationen für die Behandlung in Gruppen, welche wir in der Opferordnung der Eleier erkannt haben.

Durch die Zerlegung in zwei Umgänge war überdies Gelegenheit geboten, auszuruhen und neue Kräfte zu sammeln. Diese Zweiteilung ist nicht bezeugt; aber sie ergibt sich von selbst, wenn man die Lage der Altäre beachtet[2]). Die erste Hälfte wird durch solche innerhalb der Altis

---

1) *Jahrb. f. Kl. Philol.* 1883, S. 481.
2) Vgl. Wernicke, *Arch Jb.* 9, 1894, 97 f. — ***M. O.*** I, *Opferordnung*, *Klio* IX, 292 f. und die danach ausgeführte Gliederung der Prozession in *M. O.* II, *Klio* XIV

gebildet; dazu kommen noch die vom Bergabhange (n. 32. 33. 34) und, als n. 35, der des Kataibates welcher, wie wir sahen, in seiner Umhegung für sich allein Station XV bildet. Die Prozession war vom Prytaneion ausgegangen und ist nunmehr wieder in die Nähe des Prytaneion gelangt. Damit war gerade die erste Hälfte der 70 erledigt. Nachher sollten zunächst die drei, noch nicht behandelten Altäre der Altis (n. 36 bis 38) an die Reihe kommen. Auf diese folgend beginnt mit n. 39, dem Altare für Alle Götter im Ergasterion, die Bedienung solcher Opferstätten, welche, mit wenig Ausnahmen, erst auf längerem Wege zu erreichen waren und meist außerhalb des heiligen Peribolos lagen, bis zum Hippodrom und um den Südrand der Anlagen herum. Was war da natürlicher, als daß die Opferbeamten, nachdem die erste Hälfte erledigt war, in dem nahgelegenen Hause der gastlichen Herdgöttin, das eigens darauf eingerichtet war, einkehrten, sich durch Speise und Trank stärkten, die abgebrannten Fackeln durch neue ersetzten, auch frischen Opferstoff an Wein, Weihrauch, Opferkuchen und Olivenzweigen aufnahmen und dann nach etwa halbstündiger Erholungspause sich an die andere, wenn auch minder wichtige, so doch schwerere Hälfte machten. Es ist unverkennbar und durch die Verhältnisse erklärlich, daß der zweite Umgang überwiegend solche Altäre anging, welche an Bedeutung, Alter und Ansehen denen des ersten nachstanden. So läßt sich auch denken, daß der greise Theokol, wenn ihm einmal die Kräfte ausgingen, von der zweiten Begehung zurückblieb und die Leitung seinem Spondophor übertrug, der im kräftigen Mannesalter stand.

Solche Erwägungen machen verständlich, wie menschliche Kräfte die schwere Arbeit bezwingen konnten.

Wir kommen nun auf die Frage zurück, welche Umstände die Eleier, wenn sie doch so sehr darauf sahen, Zeit und Kräfte zu sparen, bestimmt haben können, bei dem zweiten Umgange den Weg nicht kürzer zu nehmen, als es nach der Opferordnung geschehen ist. Die Antwort liegt nahe. Man war offenbar darauf bedacht, nicht bloß alle Punkte im Innern, sondern auch das ganze zugängliche Grenzgebiet zu beschreiben, selbst an Stellen, wo keine Altäre standen. Nur darum machte man nach Besorgung des Hippodromes den großen Bogen bis zum Pompentore, statt den näheren Weg quer durch die Altis nach dem Prytaneion zurückzukehren. Es sollte eben dem ganzen heiligen Gebiet allmonatlich eine Lustration zuteil werden, im kleinen Maß einer solchen vergleichbar, welche man durch Begehung der Grenzen heiliges Gebietes vornahm. Von Delphi ist das inschriftlich für die Zeit vor den großen Pythien,

---

S. 398 ff. Über Einrichtungen zur Abkürzung des Weges in den Anlagen der Altis M. O. I, *Opferordnung, Klio* IX, 300.

also alle vier Jahre, bezeugt, eine pentaëterische Katharsis auf örtlichem Gebiete, wie die Ordnung des heiligen Kalenders durch die Schaltung auf zeitlichem, den Ambarvalien der Römer entsprechend[1]). Neben der Weihe, welche durch die Prozession der priesterlichen Beamten über das Gelände des Gottes kam und seine Unverletzlichkeit sicherte, bot sich auch Gelegenheit, vorhandene Schäden der heiligen Anlagen wahrzunehmen, wie sie durch Wetter, Alter oder andere Umstände sich einstellten. Hier war besonders den Exegeten Veranlassung geboten, ihres Amtes zu warten und nach Befinden das Nötige zu veranlassen. So ließ sich das, was die Frühlingsreinigung im Großen und für den Zeitraum eines Jahres tat, jedesmal im Kleinen für den Abschnitt eines Monats vollziehen.

An welchem Monatstage die Opferprozession ihren Umgang hielt, ist nicht überliefert. Der erste, als Tag des Neumonds, der siebente und der vierzehnte, als Tag des Vollmonds, galten vor andern als heilig und geweiht. Für den siebenten spräche die gleiche Einrichtung in Kroton und dorische Sitte. Aber jene Stadt, deren Hauptdienst dem Apollon galt, hatte dadurch besondere Veranlassung, für die monatliche Opferung den Geburtstag dieses Gottes zu wählen. In Olympia lag die Wahl des 14. näher, der Mesomenia, an der das Hochfest des Zeus gefeiert wurde. Indes war diese Feier nicht die älteste des heiligen Ortes. Das Hochfest der Hera bestand lange vor dem des Zeus. Wenn auch der Dienst dieser Göttin früh abgeblüht war, so hatte er doch in dem Monatswechsel der Olympien seine Spuren hinterlassen[2]). So bleibt der Neumond übrig, der ja von jeher als heilige Zeit gegolten hat und auch bei den Hellenen in Ehren stand, im öffentlichen Gottesdienste, wie im privaten[3]). In Athen ging man an den Neumonden auf die Akropolis und flehte zu den Göttern um Segen für die Stadt und sich selber[4]). An der Numenie verehren die Hellenen die Götter, sagt Plutarch, am zweiten die Heroen und Daemonen. Den olympischen Veranstaltungen nahezu entsprechend heißt es bei Porphyrios[5]) θύειν ἐν τοῖς προσήκουσι χρόνοις, κατὰ μῆνα ἕκα-

---

1) Vgl. C. Wescher, *Étude sur le monument bilingue de Delphes*, 1869. Bürgel, *Die Pylaeisch-Delph. Amphiktyonie*, S. 183, 186ff. Busolt, *Griech. Gesch.*² I, 695.

2) Siehe *Hochfest, Zeitenordnung, Beitr. z. A. G.* V, 55ff. Abh. Vom Ursprung d. Ol. Spiele, *Rhein. Mus. N. F.* LXXII, 1918, 2ff.

3) Vgl. Hesiod. *Op.* 767. Plut. *de vit. aere al.* 2 nennt die Numenie ἱερωτάτην ἡμερῶν.

4) Demosth. *Aristog.* 1, 99 πῶς δὲ ταῖς νουμηνίαις εἰς τὴν ἀκρόπολιν ἀναβαίνοντες τ' ἀγαθὰ τῇ πόλει διδόναι καὶ ἕκαστος ἑαυτῷ τοῖς θεοῖς εὔξεται. Hesych. oben S. 10 Anm. 2. In Sparta Hdt. 6, 57. Weiteres bei Dittenberger, *Syll.*² n. 139, 16. 601, 23. 734, 19.

5) *de abstin.* 2, 16. — Plut. *Q. Rom.* 25. K. F. Hermann, *G. A.*² § 46, 6. Siehe oben S. 10 Anm. 2.

στον ταῖς νουμηνίαις στεφανοῦντα καὶ φαιδρύνοντα τὸν Ἑρμῆν καὶ τὴν Ἑκάτην καὶ τὰ λοιπὰ τῶν ἱερῶν, ἃ δὴ τοὺς προγόνους καταλιπεῖν... κατ' ἐνιαυτὸν δὲ θυσίας δημοτελεῖς ποιεῖσθαι παραλείποντα οὐδεμίαν ἑορτήν. Wie geeignet für eine so allgemeine, mit Lustration verbundene Opferfeier, wie die an den 70 Altären von Olympia, d. h. an allen, welche der Besorgung des Staates unterlagen, durch die priesterlichen Beamten der Eleier gerade der Monatserste sein mußte, leuchtet ein. Dadurch bekam der ganze Monat gleich anfangs eine Weihe, und es regelten sich auch die übrigen Geschäfte bequemer, wenn dies erste, in seiner Art wichtigste, des Gottesdienstes besorgt war. Indes kommt man mit solchen Betrachtungen nicht über die Wahrscheinlichkeit hinaus. Ein bestimmtes Zeugnis, das den Monatsersten für die allgemeine Opferung in Olympia feststellte, fehlt.

Gleichviel aber, welcher Monatstag der auserwählte war, das Opfer wurde immer in der heiligen Tageszeit vollzogen; das ist des vormittags, von Sonnenaufgang bis Mittag. Der erste Umgang begann daher in aller Morgenfrühe, geradeso wie die Agone bei der Panegyris[1]). Die Opferhandlung ging rasch vor sich. Man beobachte, wie schnell die Kleriker der römischen Kirche sakrale Geschäfte abzumachen verstehen. Es wird ausreichen, wenn auf die Besorgung jedes einzelnen der Altäre unter Berücksichtigung der zusammenfassenden Gruppenbehandlung im Durchschnitte drei Minuten angesetzt werden. Dann erhält man für 35 Altäre auf fünfzehn Stationen im ganzen 105 Minuten. Der von der Prozession durchschrittene Weg läßt sich am Lageplan ausmessen[2]). Er beträgt, wenn die Umgehung jedes der Altäre mit in Anschlag gebracht wird, beim ersten Umgang ungefähr 1200 m, eine Strecke, die auch bei dem gemessenen Schritt einer gottesdienstlichen Handlung noch nicht eine halbe Stunde in Anspruch nimmt. So ergeben sich für den ersten Um-

---

1) Siehe *Hochfest* I, *Ordnung d. Agone*, Beitr. z. A. G. IV, 127, 1. Etym. M. p. 468 ἱερὸν ἦμαρ· τὸν πρὸ τῆς μεσημβρίας καιρὸν ἀπὸ πρωῒ ἕως δείλης· κατὰ τοῦτον ἔθυον τοῖς Ὀλυμπίοις θεοῖς· ἀπὸ μεσημβρίας τοῖς καταχθονίοις. Schol. Pind. I. 4, 110 ἔθος πρὸς δυσμὰς ἱερουργεῖν τοῖς ἥρωσι, κατὰ δὲ τὰς ἀνατολὰς τοῖς θεοῖς. Mittags die Tempel geschlossen, Dilthey, *Rhein. Mus.* XXVII, 412 nach Porph. *a. n.* 26. Daher die Orientierung.

2) Der 1912 verstorbene Geh. Oberschulrat Rudolf Menge hat auf meine Bitte im Jahr 1890 die Wege in mäßigem Schritte nach der Uhr ausgemessen und folgendes ermittelt: Vom Prytaneion bis ins Innere des Zeustempels: 4 Minuten. — Vom großen Altare (n. 19) nach dem Heraaltare (n. 25), dann zur Exedra und von da, am Metroon vorüber, bis zur Nordwestecke der Echohalle: 6 M. — Von der Echohalle bis hinter den Heraklesaltar (n. 32) zum (vermuteten) Gaion: 4 M. — Vom Gaion bis zum großen Altare (n. 19), dann zum Pelopion und Prytaneion: 5 M. — Vom Prytaneion zum Ergasterion (n. 39), dann durch das Festtor zum Ölbaume (n. 42), zur Artemis Agoraia (n. 43), zum Hellanodikeon und zurück zum römischen Tore: 10 M.

gang alles in allem noch nicht 2½ Stunden. Beim zweiten Umgang ist der Weg bei weitem größer; immerhin wird er das Maß von 2,5 Kilometern, das ist einer Drittelmeile, nicht übersteigen. So kämen auf die andere Hälfte der monatlichen Opferung rund drei Stunden. Es läßt sich nicht verkennen, daß man die Zahl der Altäre und der Stationen in beiden Umgängen absichtlich gleich gemacht und aus diesem Grunde solche Altäre, welche (wie die neben dem Pelopion (n. 36—38) und westlich vom Heraion (n. 63—67 und 69), auch die hinter dem Zeustempel (n. 40—42), lauter innerhalb der Altis gelegene) von Rechts wegen in den ersten Umgang gehörten, dennoch dem zweiten zugeteilt hat[1]).

Somit wäre die monatliche Opferung der elischen Priesterbeamten auf fünf bis sechs Stunden zu veranschlagen, ausschließlich der Ruhepause nach dem ersten Umgange. Sie ließ sich also von Sonnenaufgang bis Mittag bewerkstelligen. Daß sie für alle Teilnehmer recht anstrengend war, wird niemand bestreiten. Aber es bedeutete eben eine außerordentliche Leistung, welche den Theokolen und ihren Angehörigen nach einem Zwischenraume von drei Monaten, den andern Teilnehmern alle vier Wochen, auferlegt war. Man wird Leute zu diesem Amte bestellt haben, deren Gesundheit etwas aushielt. Großer Anstrengung unterziehen sich die Menschen zu allen Zeiten, wenn die Not es verlangt oder die Pflicht es beansprucht. Der vielbeschäftigte Geistliche einer Großstadt muß an Feiertagen, wenn neben dem regelmäßigen Gottesdienste noch Kasualien besorgt werden müssen, noch schwerere Aufgaben lösen. Auch hinter dem, was man einem Schauspieler zumutet, der Rollen, wie den Faust oder Lohengrin, an einem Abend durchzuführen hat, bleibt die Leistung der olympischen Kleriker zurück[2]).

Wie die Eleier zur Winterzeit oder bei schlechtem Wetter ihren Dienst versahen, ist nicht berichtet. Auch kommt nichts darauf an. Wenn die Götter selbst ihre Opfer verregnen lassen, so dürfen Menschen nicht verantwortlich gemacht werden. Vielleicht ließ man die Monatsopfer während der drei Wintermonate ausfallen. Auch in Delphi war *tempus clausum*, und das Orakel schwieg. Die Frühlingsreinigung würde in diesem Falle noch mehr, als so schon, den Sinn eines Neubeginns der Gottesdienste gewinnen.

---

1) Vgl. *M. O.* I, *Opferordnung*, Klio IX, 300.
2) Am 2. September 1870 machte König Wilhelm nach den anstrengenden Vorgängen des Tages noch einen fünfstündigen Ritt über das Schlachtfeld von Sedan. Er stand im 74. Lebensjahre.

Das Abendmahl.

Nachdem das Opfer an den 70 Altären zu Ende geführt war, trat für die Teilnehmer bis Sonnenuntergang Ruhe ein. Dann aber machte wie nach allen größeren Opferungen den Beschluß des heiligen Tages eine gemeinsame Mahlzeit, die den Mitgliedern des priesterlichen Kollegiums bereitet war, zu der aber wahrscheinlich auch andere als Gäste zugezogen wurden. Auf diesen Vorgang bezieht sich die bei Pausanias nach Altarprozession, Beschreibung der Opferhandlung und Anführung der beteiligten Beamten unmittelbar folgende, Darstellung: „*Alles aber, was bei ihnen zu den Trankopfern im Prytaneion zu sprechen Vorschrift ist, oder auch was für Hymnen sie singen, schien mir nicht angemessen, in meine Darstellung aufzunehmen. (Nicht aber bloß den hellenischen Gottheiten gießen sie den Opfertrank, sondern auch dem Zeus in Libyen und der Hera Ammonia und dem Parammon. Parammon ist ein Beiname des Hermes. Bekanntlich benutzen sie seit ältester Zeit das Orakel in Libyen, und im Heiligtume des Ammon sind Altäre, welche die Eleier gestiftet haben. Auf diesen steht Alles geschrieben, was die Eleier gefragt haben, und die Antwort des Gottes, auch die Namen der Männer, die aus Elis zum Ammon kamen. Dies also befindet sich im Heiligtume des Ammon. — Die Eleier bringen ferner auch Heroen und Frauen der Heroen Trankopfer, soviel ihrer im elischen Land und bei den Aitolern Verehrung finden.) Alles, was sie im Prytaneion singen, ist in dorischer Mundart abgefaßt. Wer die Gesänge gedichtet hat, geben sie nicht an. — Die Eleier haben auch einen Speisesaal, und dieser ist innerhalb des Prytaneion, gegenüber von der Herdkapelle. In diesem Raume bewirten sie die olympischen Sieger.*" P. 5, 15, 11: ὁπόσα δὲ ἐπὶ ταῖς σπονδαῖς λέγειν σφίσιν ἐν τῷ πρυτανείῳ καθέστηκεν, ἢ καὶ ὕμνους ὁποίους ᾄδουσιν, οὔ με ἦν εἰκὸς ἐπεισαγαγέσθαι καὶ ταῦτα ἐς τὸν λόγον· (θεοῖς δὲ οὐ τοῖς Ἑλληνικοῖς μόνον, ἀλλὰ καὶ τῷ ἐν Λιβύῃ σπένδουσι καὶ Ἥρᾳ τε Ἀμμωνίᾳ καὶ Παράμμωνι· Ἑρμοῦ δὲ ἐπίκλησίς ἐστιν ὁ Παράμμων· φαίνονται δὲ χρώμενοι ἐκ παλαιοτάτου τῷ ἐν Λιβύῃ μαντείῳ, καὶ ἀναθήματα Ἠλείων ἐν Ἄμμωνός εἰσι βωμοί· γέγραπται δὲ ἐπ' αὐτῶν ὅσα τε ἐπυνθάνοντο οἱ Ἠλεῖοι καὶ τὰ χρησθέντα ὑπὸ τοῦ θεοῦ καὶ τὰ ὀνόματα τῶν ἀνδρῶν, οἳ παρὰ τὸν Ἄμμωνα ἦλθον ἐξ Ἤλιδος. ταῦτα μὲν δή ἐστιν ἐν Ἄμμωνος. — Ἠλεῖοι δὲ καὶ ἥρωσι καὶ γυναιξὶ σπένδουσιν ἡρώων, ὅσοι τε ἐν τῇ χώρᾳ τῇ Ἠλείᾳ καὶ ὅσοι παρὰ Αἰτωλοῖς τιμὰς ἔχουσιν.) ὁπόσα δὲ ᾄδουσιν ἐν τῷ πρυτανείῳ φωνῇ μέν ἐστιν αὐτῶν ἡ Δώριος, ὅστις δὲ ὁ ποιήσας ἦν τὰ ᾄσματα, οὐ λέγουσιν. — ἔστι δὲ καὶ ἑστιατόριον Ἠλείοις· καὶ τοῦτο ἔστι μὲν ἐντὸς τοῦ πρυτανείου, τοῦ οἰκήματος τοῦ τῆς Ἑστίας ἀπαρτικρύ, τοὺς δὲ τὰ Ὀλύμπια νικῶντας ἑστιῶσιν ἐν τούτῳ τῷ οἰκήματι.

Daß in dieser Darstellung noch ein Teil jener sehr umfangreichen, inschriftlich im Prytaneion zu lesenden, Opferordnung enthalten ist, welcher die Kenntnis der 70 Altäre verdankt wird, darf kaum bezweifelt werden. Doch ist es schwer festzustellen, was davon der Urkunde und was dem Schriftsteller angehört, oder auch dem Exegeten, der ihn unterwiesen hat. Wohl möglich, daß der liturgische Teil des heiligen Aktes, nämlich die Gebetsworte, welche man zu sprechen pflegte, und ebenso die Hymnen, welche gesungen wurden, auf besonderer Tafel aufgezeichnet waren. Die bei der Opferung am Vormittage bedienten Götter wurden nochmals angerufen, wenn auch in zusammenfassender Formel, aber nunmehr unter Zuziehung der hieratischen Dienste und um die libyschen erweitert. Dazu kamen dann die elisch-aitolischen Heroen. Die Urkunde der Opferung ist demnach ein Schriftstück von ganz hervorragendem Werte; denn sie bedeutet nichts Geringeres, als das Sacramentarium von Olympia, eine Zusammenfassung der olympischen Gottesverehrung, in der kein Stück ausgelassen ist, eine Abfindung der Bewohner beider Welten, der oberen und der unteren, und aller Kultanstalten in der Altis und ihrer Umgebung, unter Zuziehung der Dienste des elischen Stammlandes.

Die Sitte, zunächst die priesterlichen Diener der Götter, dann aber auch geehrte Bürger und Gäste des Staates, im Prytaneion zu Tische zu laden, ist von Athen her bekannt. Jedes Opfer stellt eine Mahlzeit der Gottheit dar, und die Altäre bilden die Tische, auf denen dargeboten wird, was sie genießen sollen. Die Opfernden setzen vor und machen Bedienung. Man bedenke, daß die Griechen der nachhomerischen Zeit nicht auf beweglichen Stühlen an einer einzigen feststehenden Tafel saßen, sondern Einzeltische hingestellt erhielten. So bildete das Monatsopfer eine Art Theoxenion, bei dem Zeus der Wirt war, und an dem zuletzt auch die ausführenden Menschen teilnehmen durften, wie die Diener nach dem Mahle der Herrschaft. Vom heiligen Herde des Zeus war das Feuer entlehnt; so fand denn auch am heiligen Herde des Gottes[1]) die Mahlzeit der Dienerschaft statt. Sie aßen nicht mit an den Tischen der Herren, sondern in der Küche. Immerhin bleibt aber ihr Mahl ein Stück Gottesdienst und bot Gelegenheit nachzuholen, was bisher noch übergangen war.

Daß den Opferern der Opferschmaus zukam, versteht sich nach hellenischer Anschauung von selber. Daher sind die, im Anschluß an die vollzogenen Brandopfer auf den 70 Altären und an die Aufzählung der Opferbeamten von Pausanias besprochenen σπονδαί als diejenigen aufzufassen, welche bei dem Symposion im Prytaneion ebenso wie nach

---

1) Des Zeus. Daher die Inschrift 'Διός' über den Verzeichnissen. Kam doch auch die Asche vom Herd auf seinen Hochaltar. Zeus ist ἐφέστιος, ἑστιοῦχος, ἑστιῶναξ, ἑστίαρχος und Hestia die Hüterin seines Küchenfeuers. Siehe oben S. 3 und O. F. I, *Frühlingsreinigung*, *Klio* VI, 56—61.

jedem Festmahle der Hellenen vorgenommen wurden. Die Worte ἐπὶ ταῖς σπονδαῖς beziehen sich also nicht auf die Weingüsse, welche während des Tages neben dem Brandopfer der Honigkuchen auf den Altären dargebracht wurden. Dies ist schon durch den Zusatz ἐν τῷ πρυτανείῳ ausgeschlossen. Daran aber, daß etwa, während die Prozession an den Heiligtümern draußen ihr Werk trieb, im Prytanion gebetet und gesungen wurde, ist nicht zu denken; wer hätte es auch tun sollen? Der Ausdruck ist vielmehr gebraucht wie ἐπὶ δείπνῳ und Ähnliches. Jeder griechische Leser verstand sofort: es handelt sich um die allgemein üblichen Trankopfer beim abendlichen Gastmahle. Dies beweist zum Überflusse noch die Erwähnung des Speisesaales am Ende der Darstellung, die selbst aus diesem Zusammenhange zu verstehen ist. Auch die Bewirtung der Sieger nach den großen Festspielen hatte keinen andern Sinn, als daß sie, durch den Sieg zu Dienern des Gottes geworden, die nicht bloß den gewöhnlichen Ölzweig auf dem Haupte trugen, wie alle Theoren, und wie die Altäre der Götter beim Opfer ihn erhielten, sondern von Zeus selber mit dem einzig heiligen Kranzreise vom alten Schönkranzbaume belehnt, fortan mit einer Art priesterlicher Weihe ausgestattet waren, welche sie hoch über alle Sterblichen emporhob. Eben darum durften auch sie mit gutem Recht an dem für die priesterlichen Diener bereiteten Abendmahle teilnehmen.

Über die Einrichtung des Prytaneion von Olympia ist früher gehandelt[1]). So weit sich die Grundanlage des Bauwerks aus den verworrenen Resten verschiedener Zeiten erkennen läßt, waren, als Pausanias Olympia sah, zwei Speiseräume vorhanden: ein großer im nördlichen Teil und ein kleiner südwestlich. In dem kleineren hat sich ein römisches Triclinium gefunden. Auch zahlreiche Stücke von Koch- und Tafelgerät. Bildet der große Saal den geeigneten Raum für das umfangreiche Bankett der Sieger und vornehmen Theoren alle vier Jahre bei der Olympienfeier, so reichte das kleine Gemach für die monatliche Speisung der Opferbeamten aus.

Wenn dem Abendmahl im Prytaneion neben dem Herde des großen Gottes selbst eine gottesdienstliche Bedeutung zukam, so mußte Alles, was nach dem Herkommen bei festlichen Mahlzeiten der Menschen den Göttern zu Ehren verrichtet wurde, dabei nicht nur eingehalten werden, sondern auch eine Steigerung erfahren. Wo nichts überliefert ist, bleibt die Forschung auf entsprechende Vorgänge anderwärts angewiesen, die einen Rückschluß erlauben. Der periegetische Schriftsteller Hermeias schildert im zweiten Buche seiner Schrift *über den Apollon von Gryneia*[2])

---

1) *O. F.* I, *Frühlingsreinigung, Klio* VI, 49 ff.; dazu Abbildung n. Dörpfeld, *O. E.* II, 58, Taf. B. XLIII.
2) Athen. IV, 149 D. *FHG* II, 80.

Die monatliche Opferung in Olympia.

eine gottesdienstliche Mahlzeit, die man im Prytaneion zu Naukratis am Geburtstage der Herdgöttin, bei den Dionysien und bei der Panegyris des Apollon Komaios veranstaltet hat. Alle Teilnehmer erschienen in weißen Gewändern, die danach 'prytanische' genannt wurden[1]). Nachdem sie sich zu Tische gelegt hatten, standen sie wieder auf, knieten nieder und brachten, während der Hierokeryx die altüberlieferten Gebete hersagte — τοῦ ἱεροκήρυκος τὰς πατρίους εὐχὰς καταλέγοντος —, ein Trankopfer dar. Danach legte man sich wieder zu Tisch, und jeder erhielt zwei Becher Wein, die Priester des Pythischen Apollon aber und des Dionysos bekamen das Doppelte an Trank und Speise. Dann wurde jedem ein aus reinem Mehle gebackenes, flaches Brot vorgelegt, dem ein anderes Gebäck auflag, das sie 'Aschenkuchen' nannten, ferner Schweinefleisch, ein Teller mit Gerstengraupe oder Gemüse, wie es die Jahreszeit bot, zwei Eier, frischer Käse, getrocknete Feigen und Kuchen. Auch einen Kranz empfing er. Ließ sich der gottesdienstliche Oberbeamte beikommen, etwas außerdem vorzusetzen, so wurde er von den Ehrenwächtern[2]) in Strafe genommen. Auch Gästen war es verboten, Eßwaren mitzubringen (wie es bei den ἔρανοι üblich war); an andern Tagen hatte man nichts dagegen. Was übrig blieb, erhielten die Diener. Frauen durften das Prytaneion nicht betreten, mit Ausnahme der Flötenspielerin. — Ähnlich wird man sich die Bewirtung nach dem Monatsopfer in Olympia vorzustellen haben, altertümlich einfach, wie das Opfer selbst war.

Als notwendiges Zubehör schloß sich, wie überall, an die Mahlzeit das Trinkgelage an, welches im Prytaneion der Altis durch sakrale Formen an diesem Tag eine besondere Weihe empfing, wie bei uns zu festlichen Gelegenheiten durch Trinksprüche. Die Speisetische wurden abgetragen, die Hände durch Wasserguß von neuem gereinigt, das Haupt mit frischem Kranze geschmückt[3]). Nach allgemeinem Herkommen begann das Symposion mit drei Trankopfern. Das erste gebührte den Olympischen Göttern, das zweite den Heroen, das dritte dem Rettenden Zeus. Der Wein wurde für jedes Trankopfer in einem Mischkruge zum Füllen der Trinkschalen zurechtgemacht[4]).

Auf Grund dieser Sitte ist das bei Pausanias (5, 15, 11) Überlieferte zu verstehen. Man hielt sich zwar an das Gebräuchliche, nahm aber,

---

1) 'Gottestischrock' heißt noch heut im Volk das Kleid, das einer beim Gange zum heiligen Abendmahl anzieht.

2) 'Ehegaumer' heißen solche Leute in der Schweiz; vgl. Pestalozzi in 'Lienhard und Gertrud'.

3) Die erste Reinigung vor der Mahlzeit hieß κατὰ χειρός, die zweite vor dem Trinkgelage ἀπόνιπτρον. Vgl. Athen. 9, 408f., 11, 462.

4) Schol. Plat. Phileb. p. 66D ἐκιρνῶντο γὰρ ἐν ταῖς συνουσίαις κρατῆρες τρεῖς, καὶ τὸν μὲν πρῶτον Διὸς Ὀλυμπίου καὶ θεῶν Ὀλυμπίων ἔλεγον, τὸν δὲ δεύτερον ἡρώων, τὸν δὲ τρίτον σωτῆρος... ἔλεγον δὲ αὐτὸν καὶ τέλειον.

der Heiligkeit des Ortes und der Gelegenheit entsprechend, einige Änderungen vor. Die Ausführung lag wieder dem Theokol ob.

Das erste Trankopfer erhielten die in Olympia verehrten Götter, eines für alle. Um aber bei der durch das Monatsopfer bewirkten Zusammenfassung des ganzen Kultus keinen unberücksichtigt zu lassen, der irgendwie einen Anspruch erheben konnte, so sollten, außer den Inhabern der 70 Altäre[1]), auch die im Auslande von den Eleiern gestifteten Opferdienste nicht übergangen werden. Solche gehörten den drei Göttern des großen Heiligtums der libyschen Oase, mit dem Olympia seit alter Zeit in mantischer Verbindung stand, des Amon, der als eine Abart des Zeus angesehen wurde, seiner Gemahlin Mut, d. i. der Hera Ammonia, und des Sohnes beider Chunsu, der unter dem Hermes Parammon zu verstehen ist. Verkehr hellenischer Kultorte mit dem Ammonion ist auch sonst bezeugt. Der Kyrenaier Theodoros (bei Platon zu Anfange des *Politikos*) nennt den Amon „unseren Gott". Dem Eubotas von Kyrene sagt das libysche Orakel seinen Sieg Ol. 93=408 v. C. voraus. Durch die Kyrenaika mag die Kenntnis des Heiligtums den Hellenen bereits zu Ende des siebenten Jahrhunderts vermittelt worden sein. Auch Dodona stand zu dem Ammonion in Beziehung, und Sparta und Gythion brachten den libyschen Gottheiten Verehrung dar. In Theben war dem Amon ein Tempel errichtet; das Götterbild darin von Kalamis Hand hatte Pindar gestiftet. Ferner hatte der Dichter dem Gott einen Hymnos gedichtet, der noch zu Pausanias Zeit auf einer dreiseitigen Stele im Ammonion neben dem Altare, den Ptolemaios I geweiht hatte, zu lesen war. Athen feierte ein Fest der Ammonien und sandte schon früh Theoren nach Libyen; eines seiner heiligen Schiffe trug den Namen Ammonia. In Olympia lag der Verkehr in den Händen der Seher. Und wenn die Anfragen sowohl wie die Antworten des Orakels auf den dort gestifteten Altären verzeichnet standen und auch die Namen der Theoren nicht weggelassen waren, so erinnert das an heimische Sitte[2]). An einen Ammontempel in Olympia, wie noch Boeckh meinte, oder an Altäre der libyschen Gottheiten in der Altis ist nicht zu denken. Die von den Eleiern gestifteten Altäre standen im Ammonion der Oase von Siwa. In der elischen Heimat aber konnte man, wenn jene Götter geehrt werden sollten, es nicht wohl besser tun, als durch die Weingüsse nach dem Abendmahle des olympischen Monatsopfers. Da dachte man des Zeus Ammon und seiner Angehörigen wie guter Freunde oder lieber Ver-

---

1) Von hieratischen Diensten kam allenfalls der Kronos vom Berg in Betracht. Sosipolis mit Eileithyia und Demeter Chamyne hatten Frauendienst.

2) Olympische Orakel bei Phlegon vgl. Abh. *Heil. Ölbaum* S. 2. Über den Verkehr mit dem Ammonion s. Paus. 6, 8, 3. 9, 16, 1. Boeckh, *Staatshaushalt*[3] II, 120. Vgl. m. Abh. *Die Seher v. Olympia, Arch. f. Rel.-W.* XVIII, 108 f.

wandter im Auslande. Der Umstand aber, daß man diese immerhin fremden Gottheiten so pietätvoll heranzog, verbunden mit der Tatsache, daß bei den Heroen außer den einheimischen auch die aitolischen berücksichtigt wurden, läßt den Schluß zu, daß man bei den Göttern gleichfalls nicht bloß die olympischen, sondern alle im ganzen elischen Stammlande verehrten, gleicher Ehre teilhaftig werden ließ.

Das zweite Trankopfer galt im olympischen Prytaneion gerade so, wie auch anderwärts, den Heroen. Der Abend war an sich deren heilige Zeit; sie hatten ein Recht darauf. Darum scheute man sich nicht, sie den Göttern beizugesellen. Ihr Weinopfer war in Olympia wiederum eigenartig ausgestaltet und noch gesteigert. Denn nicht bloß der in Olympia verehrten wurde gedacht, sondern in weiter Ausdehnung auch der, im ganzen Eleierlande gepflegten, und überdies noch der aus der alten Heimat jenseits des Meeres überkommenen Heroen und Heroinen, so viele ihrer noch durch Grabesdienst geehrt wurden. Denn das bedeutet die euphemistische Wendung ὅσοι τιμὰς ἔχουσιν, wie anderwärts gezeigt worden ist[1]). Somit sollte auch diese Weinspende, wie alle Einrichtungen der monatlichen Opferung, den Zusammenhang des ganzen Eleiergebiets bezeichnen, der Pisatis wie der κοίλη Ἦλις, und ihrer Bevölkerung, sei sie alt eingesessen oder bei der großen Wanderung der Herakleiden hinzugekommen. In solchem Sinne wird auch Oxylos selbst die Einrichtung der Heroendienste in Elis zugeschrieben[2]) und hielt die Politik der Eleier bis in die spätestens Zeiten an ihr fest; denn sie erkannten, daß auch dieses Stück des olympischen Gottesdienstes der Einheit des Staates zu gute kam.

Wie es mit Hilfe des Altarkataloges möglich ist, unter Zuziehung der hieratischen Dienste alle in Elis-Olympia verehrten Gottheiten festzustellen[3]), so läßt sich aus den sonst erhaltenen Nachrichten auch von den Heroen der größere Teil nachweisen und von vielen sogar angeben, wo sie Grabesdienst erhielten. Das Meiste davon hat aus seinen Quellen wieder Pausanias überliefert. Unter den Heroen nimmt Pelops einen so hohen Rang ein wie Zeus unter den Göttern. Außer dem Temenos in der Altis war ihm eine Kapelle in der Nähe des Heiligtums der Artemis Kordaka und nicht weit von der Stelle des alten Pisa geweiht. Das Hünengrab des Oinomaos lag bei Olympia jenseits des Kladeos. Von

---

1) Abh. Koll. d. 16 Fr. S. 18f. — Vgl. Ion von Chios bei Athen. XI, 463 σπένδοντες δ' ἁγνῶς Ἡρακλεῖ τ' Ἀλκμήνῃ τε | Προκλεῖ Περσείδαις τ' ἐκ Διὸς ἀρχόμενοι | πίνωμεν παίζωμεν· ἴτω διὰ νυκτὸς ἀοιδή ....

2) P. 5, 4, 2 Ὄξυλος καὶ Διΐ τε ἀπένειμε γέρα καὶ ἥρωσι τοῖς τε ἄλλοις κατὰ τὰ ἀρχαῖα ἐφύλαξε τὰς τιμάς.

3) Ausgenommen scheint Hades. Über dessen Dienst P. 6, 25, 2; aber er wurde vielleicht durch den Zeus Katachthonios (n. 23) ersetzt.

den Freiern der Hippodameia wurde ein solches in der Nähe von Harpina gezeigt. Auch ein Grab von Endymion, auf den die alten Eleierkönige ihr Geschlecht zurückführten, fehlte nicht. Ferner wird der Heroendienst des Augeas, Dios, Aitolos II (des Sohnes des Oxylos) und sogar des Achilleus ausdrücklich erwähnt. Das Verdienst, dem Herakles nach langer Vernachlässigung zu seinem Rechte verholfen zu haben, schrieb man Iphitos zu[1]). In dem Adventsliede, das beim Thyienfeste gesungen wurde, riefen die Sechzehn Frauen sogar den Dionysos als Heros an, weil man nach orphischer Lehre von Tod und Auferstehung des Gottes zu sagen wußte. Doch hinderte dies nicht, daß er daneben auch als Gott verehrt wurde[2]). Von Ahnendienst der Theokolen zeugt der kleine Altar in ihrer Kapelle. Auch die Ahnherrn der Seher, Iamos und Klytios, wird man nicht vergessen haben. Es läßt sich annehmen, daß außer den genannten auch die übrigen Stammherren der Landesfürsten, Aitolos, Epeios, Eleios, Oxylos, der selbst um die Heroenehrung Hochverdiente, und Iphitos, der Stifter des Gottesfriedens, sodann die Ortsheiligen und Städtegründer, wie Pisos, Salmoneus, Dysponteus, Letreus, endlich auch Koroibos, dessen Grab man an der Landesgrenze zeigte, vielleicht sogar der schlimme Sauros, mit zugezogen wurden[3]). Sicherheit läßt sich darüber nicht gewinnen: es ist möglich, daß einige zu viel genannt sind; über andere fehlt es an Nachrichten. — Von den Heroinen ist Eurydike, die Tochter des Endymion und Mutter des Eleios, zu nennen. Sodann Physkoa, die Dionysosbraut, der die Sechzehn Frauen in Elis hervorragenden Dienst widmeten, ebenso wie der Hippodameia in Olympia, wo man diese der Hera an die Seite gestellt und ihr, wie ihrem Gemahle Pelops, ein Temenos geweiht hatte. Pieria, die Gemahlin des Oxylos, trägt den Namen der Quelle Piera an der Straße von Olympia nach Elis; Hyrmine, die Tochter des Epeios, und Harpina, die Mutter des Oinomaos, standen als Eponymen ihrer Städte in Ehren[4]). Von den Heroen der Aitoler, die gleichfalls bei dem zweiten Weinguß angerufen wurden, ist vor allem wieder Aitolos, der Sohn des Endymion, zu nennen, der dem Lande den Namen gab, mit ihm seine Söhne Kalydon und Pleuron, die Städtegründer, sodann Oxylos, der Nachkomme des Aitolos, welcher die stammverwandten Herakleiden nach dem

---

1) Vgl. P. 5, 13, 1. 6, 22, 1. — 5, 1, 5. 6, 20, 9. — 5, 13, 1 ff. 6, 21, 3. 9. — 5, 4, 2. 4. — 5, 8, 6. — 6, 23, 3. — 5, 4, 6.

2) Ἐλθεῖν ἥρω Διόνυσε Plut. *Qu. Gr.* 36 p. 299. Als Gott verehrt n. P. 6, 26, 1 θεῶν δὲ ἐν τοῖς μάλιστα Διόνυσον σέβουσιν Ἠλεῖοι. Vgl. Abh. *Kolleg. d. 16 F.* 1 ff., 5. 8 ff.

3) P. 5, 1, 4. 8. — 5, 4, 2. 4. 5. — 6, 22, 2. 4. 8. — 5, 8, 6. — 8, 26, 4. 6, 21, 3. — Steph. Byz. Salmone (552, 25). Diod. 4, 68.

4) P. 5, 1, 4. — 5, 16, 6. — 5, 4, 3. — 5, 1, 6. 11. — 5, 22, 6. — 6, 21, 8. — Abh. *Kolleg. d. 16 F.* 2, 14 ff.

Peloponnes führte und dabei für sich das fruchtbare Elis gewann[1]). Eine hohe Stelle nimmt ferner Oineus ein, der Sohn des Portheus und Gemahl der Althaia, neben ihm seine Brüder, Agrios und Melas; danach seine Söhne Meleagros und Tydeus. Ferner Idas, der Gemahl der Marpessa und Vater der Kleopatra, Euenos und Parthenopaios. Unter den Heroinen treten die schon genannten, Althaia, die Gemahlin des Oineus und Geliebte des Dionysos, ferner Marpessa und Kleopatra hervor. Doch ist es auch bei der aitolischen Heroenverehrung nicht möglich über das Wahrscheinliche hinauszukommen, sei es, daß einige zuviel genannt, andere übergangen wurden. Welche von ihnen Grabesdienst hatten, ist nicht überliefert.

Läßt sich von den Heroen, die der zweite Weinguß bedachte, nur ein ungefähres Bild gewinnen, so erkennt man doch, daß sie an Zahl den Göttern des ersten Trankopfers wenig nachstanden. Offenbar war man darauf bedacht, daß die zweite Weinspende der ersten ergänzend zur Seite trat, in sofern, als sie ihr die heiligen Gestalten der zur halben Höhe von Göttern erhobenen Ahnen und Landeswohltäter ehrfürchtig zugesellte und nachholte, was bei dem Morgenopfer an den 70 Altären der Himmlischen aus hergebrachter Scheu unterlassen wurde. Nun erst war allen erwiesen, was ihnen gebührte, und man durfte beruhigt sein, daß keiner der Überirdischen und keiner der Unterirdischen über Vernachlässigung zu klagen hatte.

Das dritte Trankopfer wird von Pausanias nicht besonders erwähnt, offenbar weil es ihm selbstverständlich schien und wohl auch, weil ihm seine besondere Bedeutung in Olympia nicht aufgegangen war. Es ist der Weiheguß für Zeus als Soter, eine so feststehende Darbringung, daß daraus das bekannte Sprichwort entstanden ist: „τὰ τρίτα τῷ σωτῆρι‘[2]). Aber dieses Trankopfer hat in Olympia eine eigentümliche Form erhalten. Sie bestand darin, daß mit Zeus dem ‚Heiland‘ auch der ‚Olympische‘ verbunden wurde, obgleich man diesem, zusammen mit den übrigen olympischen Göttern bereits beim Anbeginne des Symposion die Weinspende dargebracht hatte. Dies ist es, was aus jener Stelle des Platoni-

---

1) P. 5, 1, 8. Apd. 1, 7, 6. — P. 5, 3, 6. Apd. 1, 7, 7. Vgl. Roscher *M. L.* s. v. *Oxylos*.
2) Schol. Pind. I 5, 10: ‚εἴη δὲ τρίτον σωτῆρι πορσαίνοντας Ὀλυμπίῳ‘ ὁ λόγος εὐκτικός· εὔχεται δὲ τὸν τρίτον τῶν ᾠδῶν κρατῆρα κεράσαι νικήσαντας αὐτοῦ τὰ Ὀλύμπια. τὸν δὲ τρίτον κρατῆρα Διὸς σωτῆρος ἔλεγον, καθὰ καὶ Σοφοκλῆς ἐν Ναυπλίῳ ‚Ζεῦ πανσίλυπε, καὶ Διὸς σωτηρίου Σπονδὴ τρίτου κρατῆρος‘. τὸν μὲν γὰρ πρῶτον Διὸς Ὀλυμπίου ἐκίρνατο, τὸν δὲ δεύτερον ἡρώων, τὸν δὲ τρίτον Διὸς σωτῆρος· καθὰ καὶ Αἰσχύλος ἐν ‚Ἐπιγόνοις‘ ‚Λοιβὰς Διὸς μὲν πρῶτον ὡραίου γάμου | Ἥρας τε. εἶτα τὴν δευτέραν γε κρᾶσιν ἥρωσιν νέμω. εἶτα τρίτον Διὸς σωτῆρος εὐκταίαν λίβα‘. — Vgl. Philochoros bei Athenaios II, 38d Διὸς σωτῆρος ὄνομα, διδαχῆς καὶ μνήμης ἕνεκα τῶν πινόντων, ὅτι οὕτω πίνοντες ἀσφαλῶς σωθήσονται.

schen *Staates* zu entnehmen ist, in der Sokrates, nachdem er schon zweimal den Gerechten als Sieger über den Ungerechten erwiesen hat, fortfährt: „*Nun aber zum Dritten auf Olympische Weise dem Heiland und dem Olympischen Zeus zu Ehren, laß uns erwägen, daß die Lust des Weisen allein eine reine und wahre ist, die der andern ein Scheinbild*": τὸ δὲ τρίτον Ὀλυμπικῶς τῷ σωτῆρί τε καὶ τῷ Ὀλυμπίῳ Διὶ ἄθρει κτλ.[1]). Das Eigentümliche der ‚Olympischen' Widmung beim dritten Kelche bestand also darin, daß, nachdem die Gebühr an die Himmlischen und an die Unterirdischen durch zwei Weingüsse entrichtet war, nunmehr nicht bloß der Heiland, als Segenbringer im Leben angerufen wurde, sondern auch der Olympische Gott, als eigentlicher Gastgeber, Herr des Hauses und höchster Gebieter des ganzen Heiligtums, mit ihm vereint, und daß dadurch das Ganze in eine höhere Sphäre gehoben, auf das eigentlich ‚Olympische' im Himmel und auf Erden bezogen und zugleich zu einem guten Schlusse gebracht wurde, indem man bei dem Gotte wieder anlangte, welchem von der Opferprozession das erste der monatlichen Opfer nach dem Ausgange von der Hestia dargebracht war. Aber auch als Soter hatte Zeus in Olympia eine besondere Bedeutung: ‚Σωτὴρ ὑψινεφὲς Ζεῦ, Κρόνιόν τε ναίων λόφον τιμῶν τ' Ἀλφεὸν εὐρὺ ῥέοντα' Ἰδαῖόν τε σεμνὸν ἄντρον': so ruft Pindar (O. 5,17) den Gott an. Als ‚Sosipolis' verallgemeinert im Sinne des Retters der Landgemeinde, wurde er noch in späterer Zeit in sehr eigentümlicher Kultform verehrt. Die Eileithyia, welche bei seiner Geburt hilfreichen Dienst geleistet hatte, hieß die ‚Olympische', und bei seinem Namen schwur man die höchsten Eide. Zeus Olympios und Soter vereint bedeutet die höchste Gewalt im Himmel und auf Erden, und so bildete das dritte Trankopfer einen weihevollen Abschluß des gottesdienstlichen Abendmahles.

Damit war die heilige Handlung, welche alle Monate in Olympia von Seiten des dazu bestellten Beamten namens der Staatsregierung vollzogen wurde, zu Ende gelangt. Aber was man tat zu Ehren der göttlichen Mächte, mußte unverständlich bleiben, wenn nicht erläuternd und ergänzend die Rede hinzukam, unverständlich für Menschen und unverständlich für Götter und Heroen. Wie in der Kirche ein Sakrament erst zur Vollendung gelangt, wenn das Wort zum ‚Element' hinzutritt, so muß auch im heidnischen Kultus ein ἱερὸς λόγος die δρώμενα begleiten. Dies geschieht am eindrucksvollsten in Form einer mehr oder minder ausgebildeten Liturgie, bei der das Wort sich zu Einzelgebet oder Kollekte gestaltet und die andächtige Stimmung im Gesange sich kundtut.

---

1) Platon. *RP* IX, 583. — Schol. Pind. *J.* 5, 10: ὁ δὲ νοῦς· εἴη δὲ ἡμᾶς καὶ τρίτον τῷ σωτῆρι καὶ Ὀλυμπίῳ Διὶ στῆσαι κρατῆρα κτλ. Vgl. O. Müller zu Aesch. — *Eum.* 188. E. Curtius, *Altäre* S. 32.

Was nun die Worte betrifft, die bei den Trankopfern im Olympischen Prytaneion gesprochen wurden und die Pausanias ebenso, wie die Hymnen, aus Ehrfurcht verschweigt, so läßt sich aus den Namen all der verehrten Gottheiten und Heroen einigermaßen auf Form und Inhalt schließen. Altertümliche Gebete, $\pi\alpha\tau\varrho\acute{\iota}ov\varsigma$ $\varepsilon\dot{v}\chi\acute{\alpha}\varsigma$, nennt Hermeias in der oben angeführten Darstellung, was der Hierokeryx zu Naukratis namens der Festgenossen sprach, während diese auf den Knien lagen und den Weinguß mitvollzogen. Auch dem Olympischen Theokol war die Aufgabe gestellt, altüberlieferte Gebete herzusagen, nicht solche, die ihm eigene Empfindung im Augenblick eingab. Sie standen fest, wie die Gesetze des Kultus überhaupt, wohlüberlegt dereinst und von berufener Seite abgefaßt. Wann dies geschehen ist, und bei welcher Veranlassung, ist nicht überliefert. Daß leichte Änderungen vorgenommen wurden, wenn Neuerungen im Dienst es nötig machten, ist selbstverständlich; aber die Grundform blieb unverändert. Wäre dies nicht der Fall gewesen, so hätten die Worte des Pausanias, daß er sie nicht anführen wolle, keinen Sinn. Und da der Perieget bei dem Opfergusse für die himmlischen Götter die libyschen mit Namen genannt hat, so ergibt sich, daß auch der hellenischen nicht bloß in kurzer Zusammenfassung durch eine allgemeine Wendung gedacht wurde, sondern daß man sie gleichfalls einzeln bei Namen anrief. Dasselbe gilt auch von den Heroen. Sollte die Ehrung einen Sinn haben, so war auch bei ihnen die Nennung jedes der geehrten erforderlich, der Männer, wie der Frauen. Sollte nun aber die Aufzählung nicht zu einem würdelosen Kataloge werden, so mußte sie, der weihevollen Stimmung entsprechend, sich künstlerisch gestalten, das heißt, zur Form geistliches Gesanges erheben. So sind jene Hymnen entstanden, deren Pausanias gedenkt. Man wird sich darunter Dichtungen solcher Art vorstellen, wie die Götterkataloge in Hesiods Theogonie oder die Aufzählung der Freier Hippodameias in den großen Ehoien[1]), wobei nicht ausgeschlossen ist, daß einzelne besonders bedeutende preisend hervorgehoben wurden, vor allen Zeus unter den Göttern und Pelops unter den Heroen. So setzt denn Pausanias nach Anführung des Trankopfers der Heroen in seiner Darstellung ganz sachgemäß die Bemerkung über die Gesänge fort[2]). Ein elegisches Distichon aus dem zweiten nachchristlichen Jahrhundert — also Pausanias' Zeit — gehörte zum Standbild eines Mannes, der einen ‚olympischen Hymnos' gesungen. Es wurde

---

1) Vgl. Hes. *th.* 11 ff. 210 ff. 243 ff. 338 ff. 349 ff. und sonst, auch den Nereidenkatalog bei Homer Σ 39 ff. Die Freier der Hippodameia P. 6, 21, 10, dazu Blümner.

2) P. 5, 15, 11; an die Worte — $\H{v}\mu\nu o\upsilon\varsigma$ $\delta\pi o\acute{\iota}ov\varsigma$ $\H{q}\delta ov\sigma\iota\nu$, $o\mathring{v}$ $\mu\varepsilon$ $\mathring{\eta}\nu$ $\varepsilon\mathring{\iota}\kappa\grave{o}\varsigma$ $\dot{\varepsilon}\pi\varepsilon\iota\sigma\alpha\gamma\acute{\varepsilon}\sigma\vartheta\alpha\iota$ $\varkappa\alpha\grave{\iota}$ $\tau\alpha\tilde{v}\tau\alpha$ $\dot{\varepsilon}\varsigma$ $\tau\grave{o}v$ $\lambda\acute{o}\gamma ov$ schließt sich, nach der Abschweifung über die libyschen Gottheiten und die Heroen, die Fortsetzung des Gedankens: $\dot{o}\pi\acute{o}\sigma\alpha$ $\delta\grave{\varepsilon}$ $\H{q}\delta ov\sigma\iota\nu$ $\dot{\varepsilon}\nu$ $\tau\tilde{\omega}$ $\pi\varrho v\tau\alpha\nu\varepsilon\acute{\iota}\omega$ $\varphi\omega\nu\grave{\eta}$ $\mu\acute{\varepsilon}\nu$ $\dot{\varepsilon}\sigma\tau\iota$ $\varDelta\acute{\omega}\varrho\iota o\varsigma$ $\varkappa\tau\lambda$.

im Opisthodome des Heraion gefunden und lautet: 'Ἀγαθῇ τύχῃ | Κεκροπίδης ὅδε Γλαῦκος Ὀλύμπιον ὕμνον ἀείσας | εἵδρυμαι βουλῆς ψήφῳ Ὀλυμπιάδος[1]). Ob Glaukos freilich im Prytaneion sein Lied vorgetragen hat, steht dahin. Vermutlich war es auf einen olympischen Sieg gedichtet. Aber man sieht, daß es an geistlichen Liedern nicht gefehlt hat[2]). Die durch Pausanias bezeugte dorische Mundart ist insofern auffallend, als sonst auch im Gottesdienst an der aiolischen des Eleierlandes festgehalten wurde. Vielleicht ist der Brauch in gleichem Sinn aufzufassen, wie man die Gründung der sechs Doppelaltäre dem Herakles zuschrieb und die Ekecheirie des Iphitos den dorischen Lykurgos zum Mitbegründer hatte. Man dachte an die alte Beziehung zu den Herakleiden. Vermutlich waren es also auch dorische Dichter, denen man die Hymnen verdankte, und wenn ihr Name nicht genannt ist, so sieht E. Curtius den Grund gewiß mit Recht darin, daß alles Persönliche im Gottesdienste zurücktritt. Wer fragt auch in der Kirche danach, ob ein gesungenes Lied von Ambrosius oder Augustin, von Luther oder Paul Gerhardt, von Gellert oder Spitta herrührt.

Das Abendmahl der priesterlichen Beamten im Prytaneion bildet den Abschluß der monatlichen Opferung an allen Altären. Ohne dasselbe würde sie als unvollständig und unbefriedigend gelten müssen. Durch die ganze, Alles umfassende, heilige Handlung wurde der Tag des Monatsopfers ein wichtiger Feiertag im Gottesdienste von Olympia.

Nachlese.

Den Leistungen der staatlichen Gemeinde zur Seite ging in Olympia, wie anderwärts, freiwillig geboten und unberechenbar an Umfang, von der einfachsten Darbringung bis zur Hekatombe gesteigert, die **Opferung der Laien**, eine Veranstaltung frommer Verehrer, welche, alter Sitte folgend oder durch das Leben veranlaßt, die Gunst der göttlichen Mächte erwirken wollten. Sie bildet ein hochwichtiges Stück des Gottesdienstes, insofern als sie dem Heiligtume, wie seinen Verwaltern, nicht zu ermessende Vorteile brachte. Auf ihr beruht nicht zum wenigsten Olympias große Herrlichkeit während der langen Zeit seines Bestehens. Man darf nicht vergessen, daß die gepriesenen Wettkämpfe ihrem Wesen nach ein Beiwerk der Opferung waren und als solches doch nur einen Teil des Hochfestes zu Ehren des Zeus bildeten. Wenn in der öffent-

---

1) *Ol. E.* V n. 457. Vgl. 482 Πεισαῖοι Σπερχειὸν ἀμύμονος εἵνεκα μολπῆς 'Ὀλυμπιάδι συγ.' Ol. 253 ist 233 n. C.
2) Vgl. auch das Ruflied der Sechzehn, *Koll. d. 16 Fr.* S. 8.

lichen Meinung vielmehr das Opfer als ein Beiwerk der Agone galt[1]), so zeugt das nur davon, wie sehr der ursprüngliche Sinn bei der Welt in Vergessenheit geraten war. Um den Opferbetrieb weitester Kreise zu fördern, hatten die Eleier die Darbringung ihres Staates zum Vorbild ausgestaltet und ließen angesehene Gäste daran teilnehmen, politische Gemeinden, die ausdrückliche Einladung erhielten und erwarteten. Daneben aber gewährte man den Laien weitgehendste Freiheit und band sie nur an solche Formen, welche unentbehrlich schienen: Anmeldung, Aufsicht, Gebührenzahlung, Entnahme von Brennholz, Tageszeit, Reihenfolge und ähnliche Bestimmungen, die auf Rücksichten der Überlieferung, der Ordnung und des Gewinnes beruhten.

Zur Opferung gehören die Votive, kleine und große, meist Nachbildung von Tieren und Menschen aus Ton oder blankem Erz, aber auch Dreifüße aller Größe, Opfergerät, Schalen und Schilde, Waffen u. a. m., sei es, daß sie eine Abkürzung größerer Gaben bedeuteten, dem bescheidenen Vermögen kleiner Leute entsprechend, oder als besondere Geschenke gewertet sein wollten. Auch sie wurden von Laien gespendet, sowohl einheimischen aus dem Pisatengau, Triphylien und Niederelis, wie solchen aus weiter Ferne. Die erstaunliche Menge solcher Gaben in der Umgebung mancher Opferstätten, welche, breite Schichten bildend, metertief in den Boden reichten, legt von dem Eifer in der Gottesverehrung und von dem Alter der Dienste Zeugnis ab[2]).

Wie es zuging, daß an einer bestimmten Stelle ein Gottesdienst aufkam und emporwuchs, läßt sich nur selten erkennen. Mitunter geschah es aus dem Volk heraus und scheinbar unvermittelt. Die Vision eines Hirten oder eines Weibes, das im Walde Holz las oder auf dem Felde seine Arbeit verrichtete, oder auch eines Kindes, gab den ersten Anlaß, wie noch heut an berühmten Wallfahrtsorten. Auch Reue über eine Freveltat, große Not des Lebens, Krankheit, Mißwachs und dergleichen veranlaßte die Leute, durch eine fromme Stiftung die Gnade der

---

[1] Lucian. *de sacrif.* 11 von Zeus: ἀγαπῶντα εἰ διὰ πέντε ὅλων ἐτῶν θύσει τις αὐτῷ πάρεργον Ὀλυμπίων.

[2] Ähnlich beim Heiligtume der Artemis Orthia in Sparta, in der Zeusgrotte auf dem Ida, im Ephesischen Artemision und sonst. — Lehrreich P. Rosegger, *Nixnutzig Volk* (Leipzig 1907 S. 116) von einer Almerin: „Sie schleicht hinaus auf den Markt und kauft sieben kleine Kühe von rotem Wachs und drei Kälbchen aus weißem. Diese trägt sie in die Kirche, und an der Mariensäule, wo über einem Haufen ähnlicher Wachsgebilde viele Lichter brennen, legt sie ihre Opfer hin und kniet davor nieder, und während die Wildalpler weit hinten an dem Gnadenaltar ihren Preisgesang tun, gedenkt die junge Almerin ihrer Herde von der Brennalm und betet in Einfalt für die Kuh und jedes Kalb und jedes Schwein, daß die Himmelsmutter, so wie den Sommer über, sie auch im Winter beschützen möge."

unsichtbaren Mächte zu erstreben. Dazu kommt dann die bewußte Einrichtung von priesterlicher Seite, sei es aus wirklicher Gottesfurcht oder kluger Gewinnsucht. Daß es nur selten bei einer Gottheit blieb, liegt im Wesen des Heidentums. Der ersten, welcher an der erwählten Stätte Anbetung und Opfer dargebracht wurde, schloß gern eine andere, dem Wesen nach verwandte oder durch Legende verbundene, sich an, und weitere kamen hinzu, wenn höherer Einfluß der Vermehrung Vorschub leistete. Geistliche Politik hat von jeher auf diesem Gebiet ihre Künste walten lassen und oft große Erfolge gehabt.

Dies Alles gilt auch von der bewaldeten Kultstätte am Fuße des Kronoshügels, wo der rauschende Bergbach in den weißgefärbten Landesstrom einmündet.

Jeder Altar hat seine Geschichte. Anfangs ein Heiligtum für sich allein, erhielt er gleich bei seiner Anlage eigene Opferung für die Gottheit, der er geweiht war, zunächst von denen, welche ihn errichteten, fortan aber nach freier Neigung auch von andern. Der Forschung entsteht die Aufgabe, die Entwickelung jedes solchen Dienstes zu ermitteln: Zeit der Gründung, Veranlassung, Wahl des Platzes, bei den bedeutenderen auch den Tag des Hauptopfers oder die ‚Kirmes' der Gottheit, Eigenart, Teilnehmer, das Hinterland ihrer Verehrung. Denn manche Dienste fanden von draußen besonderen Zuspruch und gewannen an Ansehen. Die Waller zur wahrsagenden Erdgöttin, zur Großen Mutter, zur Hohen Frau von Olympia, zur Demeter des Erdschlafes, zählten nach Tausenden jahraus jahrein. Aus der Umgegend diesseits und jenseits des Alpheios fanden sie sich ein, aber auch weither von seinem oberen Lauf, aus Arkadien und aus Messenien, und über das Meer von Kreta, Sizilien und Unteritalien[1]). In den meisten Fällen sind die Stifter unbekannt. Schwerlich würden die Einwohner, sobald die ältesten Heiligtümer dem Hain in der Talebene zwischen Alpheios und Kladeos Ansehen verliehen, dem ersten besten erlaubt haben, nach Gefallen neue Opferherde aufzustellen. Von der Zeit an, da weltliche Macht über die Heiligtümer von Olympia sich ein Recht anmaßte und den Kultus zu hüten beflissen war, hat es der Stellung eines Antrags bedurft, dem Ablehnung oder Genehmigung zu teil ward, und danach die Errichtung des Altars folgte, sei es durch die Antragsteller selbst oder die gebietenden Herren. Indes haben diese, in alter Zeit die Pisaten, später die Machthaber von Niederelis, auch allein die Stiftung neuer Opferstätten in die Hand genommen, sowohl aus freier Entschließung, wie durch fremden Einfluß bestimmt. Auch

---

1) Noch heute haben berühmte Gnadenorte ihr Hinterland. Nach Einsiedeln kommen Pilger aus Elsaß und Lothringen, Frankreich, Belgien, Süddeutschland, Tirol, Oberitalien. Roseggers *Waldheimat* berichtet von den Verehrern der 'Zeller Mutter' aus Ungarn und Siebenbürgen und noch weiter her.

Gottesdienste unterliegen der Mode, nämlich den geistigen Strömungen des Zeitalters. Eine leitende Behörde handelt weise, wenn sie die Zeichen der Zeit beachtet und, ehe es zu spät ist, dem Verlangen des Volkes sich anbequemt, sei es auch ohne eigene Neigung. Aus klugem Nachgeben in diesen Dingen erklärt sich das Gedeihen mancher Anlagen in Olympia wie anderwärts[1]). So hat sich die Altis nach und nach mit Altären gefüllt. Manche Dienste gelangten zu hohem Glanz; andere kamen schnell empor und gingen wieder nieder; etliche schliefen ganz ein. Erhaltung und Dauer ließ sich allein durch geordnete Pflege erzielen, welche durch ausharrendes Wollen gesichert war. Eine solche Pflege stellt die monatliche Opferung der Eleier dar. Mit unermüdeter Ausdauer, die Macht der Gewohnheit klug benutzend, hat man jahrhundertlang daran festgehalten. Das letzte Verzeichnis der Opferbeamten, das sich erhalten hat, ist von Ol. 281, d. i. 265 n. Chr. Im Jahre 394 machte das Edikt des Kaisers Theodosios I dem Heidentum ein Ende.

Wenn Pausanias recht hat, daß die jeden Monat einmal vorgenommene Opferung allen Altären in Olympia gegolten habe — ἐπέλθωμεν καὶ τὰ ἐς ἅπαντας ἐν Ὀλυμπίᾳ τοὺς βωμούς — so ist man befugt, auch alle aufgefundenen Altäre als beteiligt in betracht zu ziehen. Nämlich so weit sie nicht später, das ist nach der Zeit des Periegeten, errichtet und so weit sie Göttern geweiht waren. Denn daß es sich nur um solche handelte, geht aus der Opferordnung hervor und verstand sich bei dem Schriftsteller und seinen Lesern auch von selbst. Kein einziger Heros hat daran teil, auch Pelops nicht, noch Hippodameia, von denen er berichtet, daß sie in Olympia hoch in Ehren standen, noch der Daemon Taraxippos im Hippodrome, den einige für einen Heros ansahen. Heroendienst ist Totendienst, und dieser wurde für sich abgemacht und durfte nicht mit der Ehrung der Himmlischen vermischt werden. Eine zweite Ausnahme von der Monatsopferung machten die wenigen Altäre, die noch durch eigene Priesterschaft bedient wurden[2]). Daß zu diesen hieratischen Opferstätten auch die der Urania am Kronoshügel gehörten, ist so gut wie sicher. Das Heiligtum war verfallen; indes wurden doch die Altäre noch bedient, als Pausanias dort war, aber es geschah nicht bei der monatlichen Begehung durch den Theokol. Dadurch ist der Schluß auf eigenen Priesterdienst, wahrscheinlich Frauendienst, gegeben.

---

1) Auch in der Kirche. Neben Meinrad, dem Stifter von Einsiedeln, ließ man andere Heilige an dem Gnadenort aufkommen. Dann folgte die Engelweihe und zuletzt die schwarze Maria in der Gnadenkapelle.

2) Dies wurde bereits *M. O. I, Opferordnung, Klio* IX, 292, 4 kurz erwähnt. Aber der dort mitgenannte Zeus Vorkios gehört nicht dazu. Pausanias redet (5, 24, 9) nur von einem Bild, ἄγαλμα, des Gottes. Daß dies zum Altare des Zeus Agoraios (n. 45) gehört, wurde *M. O. II, Prozession, Klio* XIV, 436 zu zeigen gesucht.

Das Gleiche gilt von dem nicht weit davon gelegenen Heiligtume der Eileithyia und dem der Demeter Chamyne am Ende des Stadions. Alle drei wurden von Frauen besorgt, die Chamynaia noch in römischer Zeit von sehr vornehmen Damen. Dem Altare des Berggipfels opferten am Tage der Frühlingsgleiche die Basilen, über deren Bedeutung früher gehandelt wurde[1]).

Sieht man von diesen Ausnahmen ab, so darf man Pausanias beipflichten, daß alle Altäre bei der Monatsopferung bedient wurden. Und wenn er jene Ausnahmen nicht nochmals besonders erwähnt, so sollte man ihm daraus keinen Vorwurf machen. Denn der Kronosaltar und das Chamynaion lagen außerhalb. Das Aphrodision war in Trümmern; Eileithyias Altar stand in dem kleinen Hieron, und Sosipolis wird als ‚Daimon' bezeichnet.

So erkennt man, daß es andere Altäre und andere Gottesdienste, als die 70 und die wenigen hieratischen, von denen eben die Rede war, um die Mitte des zweiten nachchristlichen Jahrhunderts in Olympia nicht gegeben hat.

Es ist der Mühe wert zu prüfen, welche Gottheiten und in welcher Zahl die einzelnen damals im olympischen Dienste bedacht waren. Erst dadurch wird es möglich, das Wesen der Gottesverehrung und die Auffassung ihrer Verwalter zu beurteilen. Am stärksten war natürlich Zeus beteiligt. Ihm wurde (wenn nicht Altar n. 11 dem Hephaistos zugesprochen wird), auf 13 Altären geopfert, in verschiedener Auffassung seines Wesens, nämlich als Olympios (n. 2. 19), Laoitas (3), Hypsistos (51. 52), Herkeios (17), Agoraios (45), Moiragetes (48), Areios (11), Keraunios (18), Kataibates (35), Katharsios (4) und Chthonios (23). Also nahezu der fünfte Teil aller Opferstätten war ihm gewidmet. Und dazu kommt noch der ‚Soter' der einstigen idäischen Grotte und des Opfermahles. — Nächst Zeus ist Artemis am reichsten bedacht, nämlich auf 7 Altären, als Agrotera (n. 69), Agoraia (43), Kokkoka (66) und viermal (8. 9. 62. 64) ohne Beinamen[2]). — Auf fünf Altären findet sich Athena: Laoitis (n. 5), Ergane (6), Hippia (57) und ohne Beinamen (7. 28) —; auf vier Altären Apollon: Pythios (n. 46), Thermios (67), ohne Beinamen (26. 65). — Auf je drei Altären wurde Hera bedient: Olympia (n. 25), Laoitis (5), Hippia (54); ferner Hermes: Enagonios (n. 30), ohne Beinamen (26. 50); ebenso Pan (n. 59. 68. 70) und die Nymphen: Kallistephanoi (n. 42), Akmenai (61), ohne Beinamen (38). Auf zwei Altären (n. 4. 29) Rhea, einmal davon nicht mit Namen genannt, sondern als

---

1) *Ol. F.* I, *Frühlingsreinigung*, *Klio* VI, 66 ff.
2) n. 9 ist die Alpheioa, vgl. *Artemisdienst in Ol.*, *N. Jahrb.* I, Bd. XIX 1907, S. 103. 108. — *M. O.* II, *Prozession*, zu n. 9, *Klio* XIV, S. 406.

‚Mutter der Götter' bezeichnet; ferner Poseidon: Laoitas (n. 3), und Hippios (53); Dionysos (n. 36. 47), Aphrodite (n. 40. 60), dazu als dritte die Urania; Alpheios (n. 9. 10); Alle Götter (n. 24. 39). Je einen Altar haben Ge (33), Themis (34), Kronos (n. 4; dazu kommt der auf dem Berge, mit dem vereint auch Helios bedient wurde), die Kureten (32), jeder der fünf Daktyle (12—16), Ares (56), die Dioskuren (55), die Despoinen (n. 44; dazu Demeter Chamyne), die $\vartheta\epsilon o i$ $\mathring{\alpha}\gamma\nu\omega\sigma\tau o\iota$ (20), Agathe Tyche (58), Kairos (31), Homonoia (27), Nike (22), die Moiren (49), Horen (41), Musen (37), Chariten (36). Schließlich noch Eileithyia mit Sosipolis. Das sind die zu Pausanias Zeit in Olympia durch Opfer verehrten Gottheiten, außer ihnen weiter keine.

Prüft man die Verteilung der Altäre im heiligen Bezirke, so ergibt sich, daß ihrer in der Umgebung des großen Zeusaltars (n. 19), sowie um den vorderen Teil des Zeustempels, mitten, rechts und links davon, besonders viel errichtet waren. Auch auf dem nicht sehr umfangreichen Platz hinter dem Heraion und vor dem Prytaneion war eine größere Zahl von Opferstätten (63 bis 69, dazu n. 70 im Prytaneion) beisammen. Außerhalb der Altis stehen Altäre nur vereinzelt — mit Ausnahme des Hippodrom, wo das Bedürfnis der Rosselenker Berücksichtigung verlangte, denen nicht so, wie den Agonisten des Stadion, die nahe Altis zur Verfügung stand. Diese war für Wagen und Pferde unzugänglich.

Es läßt sich beobachten, daß Altäre ein und derselben Gottheit, wenn sie auch nach ihrer inneren Wesenheit verschiedene Seiten offenbarte, nahe bei einander gestanden haben. So n. 17, 18, 19 und 21, 23, 35 für Zeus, verschieden nach Art und Auffassung; n. 36, 37, 38 Chariten, Musen, Nymphen, lauter weibliche Gottheiten verwandter Natur und in Mehrzahl; n. 43, 45 $\vartheta\epsilon o i$ $\mathring{\alpha}\gamma o \varrho a \tilde{\iota} o\iota$, nämlich Artemis und Zeus; n. 48, 49 die Moiren und ihr Leiter Zeus, n. 8, 9, 10 Artemis und Alpheios; n. 64, 68 wieder zwei Artemisdienste; n. 65, 67 Apollon; endlich n. 53 bis 57 die Rossebändiger Poseidon und Hera, Ares und Athena. Diese Erscheinung führt zu der wichtigen Erkenntnis, daß innerhalb des größeren Peribolos der Altis eine Anzahl kleiner Bezirke für den Dienst gewisser Gottheiten ausgespart waren, vielleicht Lichtungen des Baumwuchses, sei es ursprünglich vorhanden oder künstlich hergestellt oder vergrößert, ohne andere Einfriedigung, als wie sie durch Baumpflanzung oder aufgestellte Weihgeschenke, als Dreifüße oder Standbilder, leicht zu schaffen war. Das gilt bereits von dem Gaion, d. i. dem Heiligtume der Erdgöttin mit dem Erdschlund und den beiden Altären n. 33 und 34. Aber auch der Muttergöttin war vor Zeiten einmal ein besonderes Stück der nördlichen Altis eingeräumt, das sich aus dem ursprünglich benutzten, vielbesuchten Altar an der Südwestecke des Metroon, dem später errichteten n. 29, dem der Kureten n. 32 und dem nahen Heiligtume des Sosipolis und der Eileithyia, welches an die Stelle der einstigen Idäischen Grotte getreten ist, erkennen läßt[1]). Auch das Metroon selbst stand darauf. — Ferner besaß Hera vor Zeiten einen größeren Bezirk, welcher den Raum unter dem Krepidoma des Heraion, wo die Spuren sehr alter Opferung gefunden sind, überhaupt den weiteren Umkreis des großen Aschenaltars n. 25 umfaßte, einen Raum, der sich auch über den nördlichen Teil des später angelegten Pelopion erstreckt hat und groß genug war, um der zahlreichen Opfergemeinde der alten Landesgöttin zu genügen[2]). Sodann erstreckte sich ein gleicher Bezirk um den Hochaltar des Zeus n. 19, welcher außer dem Raume für die Opferstätten des Gottes n. 17, 18, 21, 23 auch den weiten Platz östlich bis zur Echohalle umfaßt hat, auf dem die Hekatomben aufzogen. Der Altar des Kataibates (n. 35) aber bildete durch das φράγμα ein kleines Temenos für sich; daher wurde er auch als eigene Station zu Ende des ersten Umganges der Prozession allein und getrennt von den andern bedient. — Ein größerer Bezirk war sodann das einstige Pantheion, das den Kranzbaum mit umschloß und den zugehörigen Altar n. 42, vielleicht auch schon 40 und 41, sich aber auch ein großes Stück über den Platz erstreckte, auf dem der Zeustempel erbaut worden ist. Über die Opferspuren unter dem Tempel wurde früher gehandelt und auch auf die Beziehung zur Kranzverleihung hingewiesen[3]). Ob die $\vartheta\varepsilon o\grave{\iota}$ $\mathring{\alpha}\gamma o\varrho\alpha\tilde{\iota}o\iota$, denen die Altäre 43 und 45 galten, ihren Namen von einem Bezirke trugen, der bestanden hat, ehe die römische Erweiterung der Altis eintrat, muß dahingestellt bleiben. Offenbar bildet aber der von Säulenhallen umgebene Raum vor den Buleuterienbauten eine Art Sonderbezirk, auf dem auch die Altäre 46 und 47 Platz fanden. Einen heiligen Hof bildete ferner im Hippodrom der Innenraum der Aphesis mit Einschluß des Embolos. Ein Temenos wird auch das Heiligtum der Chamynaia gewesen sein. Es erstreckte sich über das erst später nach Osten hin verlängerte Stadion und verschaffte dadurch der Priesterin jenes beneidete Recht, beim Hochfeste den Agonen zuzusehen, das man ihr nicht nehmen durfte, denn sie saß auf dem Eigentum ihrer Herrin. Hierzu treten endlich die beiden umfriedeten Heroa des Pelops, südlich vom Heraion, und der Hippodameia, zwischen Metroon und Stadion. So war der große Peribolos der Olympischen Altis von einer ganzen Anzahl kleinerer Gehege erfüllt, denen eigene Dienste zustanden, Kirchensprengeln vergleichbar, wie sie in katholischen Orten von altersher erhalten sind, auch wohl noch ihre be-

---

1) Vgl. *M. O.* II, *Prozession*, zu n. 29, *Klio* XIV, S. 421 f. 424 f.
2) Vgl. *M. O.* II, *Prozession*, zu n. 25, *Klio* XIV, S. 415.
3) *M. O.* II, *Prozession*, zu n. 2, *Klio* XIV, S. 399. Ausführlich Abh. d. Heil. Ölbaum S. 4. 8.

sondere Kirmsen feiern und in eigentümlichen Sitten halb unverstanden in das Leben der Neuzeit hineinragen[1]).

Unter den Gottheiten, denen in Olympia Opfer gebracht wurden, fehlen einige, deren Verehrung bei der vielseitigen Ausbildung des Dienstes erwartet werden sollte. So Hephaistos[2]), Asklepios, Leto, Eros. Asklepios wird durch die Daktylen ersetzt[3]); Leto und Eros kommen ihrem Wesen nach kaum in Betracht. Die geringe Berücksichtigung des Dionysos erklärt sich aus der Verlegung seines Dienstes nach Elis[4]). Welche Einschränkung sich Hera gefallen lassen mußte, ist früher eingehend dargelegt worden[5]). Besonders auffallend ist die Tatsache, daß Herakles, der Sohn des Zeus und der Alkmene, sich in Olympia weder als Gott noch als Heros eines Altardienstes erfreut hat. Denn daß n. 32 nicht ihm, sondern vielmehr den Kureten, geweiht war, haben wir an anderer Stelle zu zeigen gesucht[6]). Wenn überhaupt ein Zweifel über den Besitz aufgekommen war, so erklärt sich das aus der begreiflichen Verwunderung der Laienwelt, daß der größte aller Helden sonst leer ausging. Aber die elischen Verwalter des olympischen Gottesdienstes haben im Hinblick auf die Feindschaft zu den Zeiten des Königs Augeas an der Ablehnung des Herakles hartnäckig festgehalten. Darüber kann weder die Periegetenüberlieferung volkstümlicher Legenden[7]), noch die Verherrlichung durch Kunstwerke, wie der Metopenbilder des Zeustempels, noch das begeisterte Lob dichterischer Überlieferung, das vor allen Pindar seinem Landsmanne gesungen hat, hinwegtäuschen. Wenn

---

1) In rheinischen Städten werden solche, auf wenige Straßen beschränkte Kirmsen noch heut abgehalten. Der 'Sommergewinn' in Eisenach am Sonntag Laetare ist die Kirmes von St. Spiritus und auf ein kleines Gebiet der westlichen Vorstadt beschränkt; der 'Zwiebelmarkt' zu Weimar die Kirmes der einstigen Frauenkirche auf dem alten 'Frauenplane' vor Goethes Wohnhause.

2) Über die verschiedene Auffassung von Altar n. 11 s. *M. O.* II, *Prozession*, *Klio* XIV, S. 407.

3) Vgl. *O. F.* III, *Dienst d. Muttergöttin*, *Klio* VII, 173 ff.

4) Ausführlich Abh. *Artemisdienst*, *N. Jahrb.* I, Bd. XIX, 1907, S. 106 ff. *Hochfest* II, *Zeitenordnung*, *Beitr. z. A. G.* V, S. 58, 12. *M. O.* II, *Prozession*, n. 47, *Klio* XIV, S. 437.

5) *Hochfest* II, *Zeitenordnung*, *Beitr. z. A. G.* V, 49 ff.

6) *M. O.* II, *Prozession*, *Klio* XIV, S. 425. *Ol. F.* III, *Dienst d. Muttergöttin*, ebd. VII, 153.

7) H. veranstaltet die Olympischen Spiele, errichtet die 6 Doppelaltäre, *Klio* XIV S. 401; P. 5, 8, 3. 8, 48, 1 —, schreitet das Stadion ab, Plutarch, bei *Gellius* 1, 1 —, führt das Holz der Weißpappel für die Opferungen ein, P. 5, 14, 2 —, gründet das Pelopion, P. 5, 13, 1 —, stiftet den Dienst des Zeus Apomyios, P. 5, 14, 1. Kunstwerke: Die Metopen, P. 5, 10, 9 —, Standbild, vom Ende des heiligen Weges auf die Altismauer versetzt, P. 5, 25, 7 —, daneben ein anderes, ebd. — Die Stadt Herakleia an der Bergstraße, P. 6, 22, 7 —. H. tötet den Sauros, P. 6, 21, 3 —, reißt im Xystos von Elis die Dornen aus, P. 6, 23, 1.

Iphitos, der große Vermittler, die Eleier überredet haben soll, dem bis dahin feindlich angesehenen Herakles zu opfern[1]), so ging das nicht soweit, daß er einen eigenen Altar in Olympia erhielt, — es müßte denn in dem südlichen Eintrittsraume zur Palästra geschehen sein, wo man einige Fundamente für eine Opferstätte ansieht, weil in der Nähe viel Kohlen und Knochenreste lagen[2]) — sondern bezeichnet nur die Aufnahme in den allgemeinen Heroendienst des Landes.

Es hat einer Zeit von über tausend Jahren bedurft, ehe die Zahl der Altäre in Olympia zu der Höhe von 70 anwuchs. Man wird nicht zu hoch greifen, wenn man die Heiligtümer der Gaia (n. 33) und das ursprüngliche — später durch n. 29 ersetzte — der Meter bis nahe an die Mitte des zweiten Jahrtausends hinaufrückt, während der Dionysosaltar (n. 47), von dem Pausanias sagt, daß er vor nicht langer Zeit und von Privatleuten errichtet sei, der Zeit nach Christi Geburt angehört. Die andern waren teils alt überkommen, teils unter der Herrschaft der Eleier aufgestellt. Den Anfang haben wenige Gründungen gemacht. Allmählich kam einer nach dem andern zu. Von der Zeit ab, als der Zeusdienst sich durchgesetzt hatte, erscheinen die sonstigen Inhaber gleichsam als Gastfreunde des Olympiers. Als sich die Altis in späteren Jahrhunderten immer mehr mit Altären füllte, mochte man Ursache haben, der Vermehrung zu steuern. Indes kann von einem endgiltigen Abschluße, so lange das Heidentum bestand, nie die Rede sein. Was die Funde zu tage gefördert haben, geht, so weit sich urteilen läßt, kaum über das von Pausanias Überlieferte hinaus[3]). So weit sich erkennen läßt, haben auch die aufgezählten Altäre nach seiner Zeit kaum Vermehrung erfahren. Von Kaiseraltären ist keine Spur erhalten; der Kaiserdienst hat zu Olympia nur zeitweis in Blüte gestanden[4]).

Ein Versuch, die Altäre der Opferung nach dem Alter zu ordnen, macht große Schwierigkeiten. Auch zeitlich lassen sich Gruppen unterscheiden, gleichsam Schichten von Gründungen, welche übereinander zu liegen scheinen, weil sie nacheinander erfolgt sind. Manche der olympischen Altäre besitzen zwar selbst ein hohes Alter, aber an sie haben sich Filialgründungen angeschlossen, die jünger sind, mitunter in

---

1) P. 5, 4, 6. 3, 1. Iphitos war selbst Herakleide; vgl. m. Artikel b. Roscher, M. L II, 1, 314. — Die Feindschaft gegen Herakles hat den Hadesdienst in Elis veranlaßt, P. 6, 25, 2. 3.
2) Dörpfeld-Borrmann, *Ol. Erg.* II, 166, 15.
3) Vielleicht verdankt der kleine Altar — wenn es ein solcher war — zwischen n. 26 und dem Heraion späterer Zeit seine Entstehung. Er ist jetzt nicht mehr vorhanden. *Ol. Erg.* II, 163 n. 6.
4) Das Metroon wurde ihm eingeräumt, und die nahe Exedra mit den Bildern der römischen Machthaber schloß sich an. Siehe *M. O.* II, *Prozession*, *n. 29, Klio* XIV, S. 422.

langen Zwischenräumen zugekommen. Jede dieser Altargruppen hat daher eine Geschichte für sich, deren Entwickelung selbst auch nur in den Grundzügen nicht mehr erkennbar ist. Aber die Olympischen Exegeten werden sie gewußt haben, wenigstens im Großen und Ganzen. Als älteste Stiftung gibt sich nach Lage und Eigenart, verglichen mit gleichen Erscheinungen anderwärts, der Aschenaltar der Ge (n. 33) kund, mit der ihr früh beigestellten Themis (n. 34), ein durch die Orakelgebung emporgekommener Dienst, zu dem später als Filial das Chamynaion getreten ist. Die Verehrung der olympischen Erdgöttin ist aus derselben religiösen Denkweise pelasgischer Urzeit hervorgegangen, welcher, an örtliche Verhältnisse anknüpfend, im zweiten Jahrtausende die Dienste von Dodona und Delphi entwachsen sind, Seelenglauben, der sich in Höhlenmantik und Baumkultus offenbarte. Welcher Umstand veranlaßt hat, daß dieser Kult auch am südlichen Rande des Kronoshügels Wurzel faßte, weiß man nicht. Aus ihm sind die andern olympischen Frauendienste hervorgegangen. Zunächst der ebenfalls sehr alte der Muttergöttin mit den Filialen der idäischen Grotte, der Kureten (n. 32) und Daktyle (n. 21—16); daneben auch der Höhendienst des Kronos. An Stelle des alten Rheaaltares trat im vierten Jahrhunderte das Metroon mit dem Altare n. 29, und an Stelle der Grotte das Tempelchen mit Sosipolis und Eileithyia. Auf die genannten, am Berge gelegenen, Dienste folgte, weiter nach Westen sich anschließend, der hochentwickelte, lange blühende Dienst der olympischen Hera auf dem Aschenaltare n. 25, mit dem später errichteten Dienstgebäude des Heraion. Auch das Hippodamion und der ältere Teil des Stadion wurde später in den Dienst der Hera einbezogen[1]). Die ganze olympische Gottesverehrung der ältesten Zeit lehnt sich an den Abhang des Kronion an. Ihr Hinterland bildete das Ufergelände des oberen Alpheios bis zum Ladon hinauf, Triphylien und Pisatis. Mit den Wallfahrten der Einwohner floß Ansehen und Reichtum dem orakelspendenden Wallfahrtsorte zu, und der Einfluß der Frauendienste kam auch der Stellung des weiblichen Geschlechtes zu gute, die bis in späte Zeiten bei den Eleiern eine höhere war als anderwärts in griechischen Landen.

Einen neuen Abschnitt bildet die Verehrung des olympischen Zeus. Sie knüpfte zunächst an den stätig emporwachsenden Aschenaltar n. 19 an. Dann kamen, als Filiale beigeordnet, der Keraunios, Herkeios, Katharsios, Chthonios und Kataibates hinzu und um die Mitte des fünften Jahrhunderts der stattliche Tempel mit dem Altare des Olympios (n. 2). Auch die Opferstätte des Agoraios und die beiden des Hypsistos vor dem Hippodrome gehören in diesen Kreis.

---

1) Hippodameia war ursprünglich eine dionysische Heroine thyiadischer Art. Vgl. Abh. *Koll. d. 16 Fr. 17. Vom Ursprunge d. Ol. Spiele, Rhein. Mus. N. F.* LXXII, 1918, S. 6 ff.

In hohes Alter hinaufreichend, kaum jünger als die Verehrung des Zeus und den Frauendiensten sich anschließend, ist die der Artemis, vertreten vor allen durch den viereckigen Altar mit schrägen Rampen (n. 8), dann allmählich durch die andern gesteigert[1]).

Die sechs Doppelaltäre, welche die Hauptgottheiten der Gaue Koile Elis und Pisatis zusammenfaßten und offenbar der zugleich politischen, wie religiösen, Vereinigung beider Landschaften zuliebe errichtet waren, gehören in die Zeit von Ol. 50, d. i. 580 v. C.[2]). Bedeutsam sind darunter die vier als „Volkssammler" bezeichneten Gottheiten, weil sie die Beliebtheit ihrer Dienste zur Zeit der Aufstellung kundtun.

Nach dieser Zeit entstanden die Altäre des Apollon Thermios (n. 67), als Vertreter der Ekecheirie, und, allmählich folgend, die anderen Opferherde hinter dem Heraion und die des Pan im Prytaneion und in der Theokolenkapelle. In das Ende des fünften Jahrhunderts, nämlich nach Erbauung des Zeustempels, gehören der Altar der Ergane (n. 6) und der im Ergasterion für alle Götter bestimmte (n. 39). Mit dem Buleuterion zusammen hängen die $\vartheta\varepsilon o\grave{\iota}\ \grave{\alpha}\gamma o\varrho\alpha\tilde{\iota}o\iota$, vermutlich aber sind sie später errichtet als das nördliche der beiden einander entsprechenden Bauwerke. Auch die Aufnahme der Despoinen (n. 44) deutet auf ein jüngeres Alter. Der Homonoiaaltar (n. 27) dankt seine Entstehung den Ereignissen von Ol. 104 (364 v. C.). Hermes Enagonios (30) und Kairos (31) sind nach dem Bau des erweiterten Stadioneinganges hergestellt, also jünger als die Echohalle, deren Umbau in mazedonischer Zeit erfolgt ist.

Über die andern Altäre läßt sich kein Urteil fällen, weil sie, soweit sich erkennen läßt, mit Herstellungen oder Vorgängen, die einen Anhalt bieten, nicht in Zusammenhang stehen. Nur von den Heiligtümern in der Aphesis darf als sicher gelten, daß sie erst nach dem Bau des Kleoitas aufgestellt sind, und auch da nicht auf einmal. Wann dieser Bau hergerichtet wurde, ist nicht zu bestimmen[3]). Die Altäre des zweiten Umganges sind, wie oben dargelegt ist, mit wenig Ausnahmen (wie der Kranznymphen n. 42 und des Doppelaltars für Dionysos und die Chariten n. 26, die ursprünglich zum ersten Umgange gehört haben) später entstanden. Die olympische Altargründung hat sich vom Abhange des Kronion her, von Norden nach Süden, entwickelt und beschränkte sich die längste Zeit auf den Raum innerhalb des Peribolos. Die Umgebung der Altis war vor alters sowohl von heiligen Anlagen, als auch von Profanbauten frei und der Benutzung der Wallfahrer überlassen. Außerhalb des heiligen Haines lagen daher auch keine Altäre. Selbst später

---

1) Vgl. m. Abh. *Der Artemisdienst i. Ol. u. Umgegend, N. Jahrb.* I, 19, 1907, S. 96 ff.
2) *Monatl. Opf.* II, *Prozession, Klio* XIV, S. 401 ff.
3) Vgl. Abh. *D. h. Ölbaum* S. 7, 1. Gurlitt, *Über Pausanias* S. 319 ff., 354.

stellte man solche nur in geschlossenen oder umgrenzten Räumen auf; so n. 39 im Ergasterion, n. 45—47 im Bereiche der Rathäuser, n. 68 in der Theokolenkapelle. Die Altäre zum Hippodrome standen meist innerhalb der Aphesis; aber vermutlich waren auch n. 48—52 irgendwie von der Außenwelt geschieden. Der Artemisaltar n. 62 ist unbestimmbar.

Bei weitem die meisten der Altäre von Olympia sind unter auswärtigem Einflusse gegründet, unmittelbar, nicht bloß durch die Verbreitung der religiösen Denkweise des Zeitalters. Dies gilt vor allem von denen der Meter, der Kureten, der Daktyle, der Eileithyia, vielleicht auch der Urania, die von kretischen Ansiedlern herrühren, welche über die See nach der Alpheiosniederung kamen. Noch am oberen Laufe des Flusses sind kretische Spuren bemerkbar. Der Heradienst scheint auf Argos zurückzuführen, obgleich auch bei ihm kretische Einwirkung bezeugt ist[1]). Der Dienst des Zeus ist wahrscheinlich durch aitolischen Einfluß von Dodona her überkommen. Er wurde nach Unterwerfung der Pisaten durch die Eleier von diesen aus politischer Klugheit gefördert und gelangte durch die emporblühende Agonistik zum höchsten Ansehen, demgegenüber alle andern Kulte in den Hintergrund traten. Der Artemisdienst hat sich von Arkadien aus der pisatisch-elischen Landschaft mitgeteilt, dann aber durch die Verbindung mit dem Stromgott ohne äußeren Einfluß in Olympia Wurzel gefaßt. Die Verehrung der Despoinen stammt von Lykosura, die des Zeus Areios und Hypsistos aus Asien, des Apollon Pythios von Delphi, der Dioskuren von Sparta, der Athena Hippia wahrscheinlich aus Arkadien.

Bei einigen der Altäre von Olympia sind Änderungen der ursprünglichen Anlage vorgenommen. Selbstverständlich bekamen die allmählich emporsteigenden Aschenaltäre des Zeus (19), der Hera (25) und der Ge (33) nach und nach ein anderes Aussehen. Der mit der Zeit eingesunkene Kuretenaltar (32) wurde heraufgehoben und aus einer ursprünglich runden Form in eine viereckige umgestaltet. Ähnlich hat sich, als der Boden der Altis höher wurde, eine Hebung auch bei anderen Altären nötig gemacht. Das gehört in das Gebiet der Frühlingslustration und ließ sich mit der jährlichen Koniasis verbinden. Den Doppelaltar n. 3 hat man wohl nach dem Tempelbau des Libon zurechtgerückt[2]). In gleicher Weise versetzt ist der Altar der Muttergöttin (29), bei dem der Bau des Metroon der Besitzerin Entschädigung bot. Es ist unverkennbar, daß Wert darauf gelegt war, Altäre in Richtung der Tempelachsen aufzustellen,

---

1) Kreta betreffend vgl. *O. F.* I, *Frühlingsreinigung*, *Klio* VI, 65. III, *Dienst d. Muttergöttin*, ebd. VII, 177 ff. — Der Aschenaltar der Hera n. 25 galt als Weihgeschenk des Klymenos, P. 5, 14, 8. Vgl. *M. O.* II, *Prozession*, *Klio* XIV, S. 415.

2) *O. F.* I, *Frühlingsreinigung*, *Klio* VI, 75 ff. — *M. O.* II, *Prozession*, ebd. XIV, S. 402 f.

gleichviel, ob sie der Tempelgottheit errichtet waren oder einer andern, und zwar auf beiden Seiten. So geschah es bei n. 26 östlich und bei n. 65 westlich vom Heraion, bei n. 3 östlich vom Zeustempel; westlich von ihm ist wenigstens der Rest eines Fundamentes erhalten[1]). Dicht vor dem Tempelchen neben dem Sikyonierschatzhause lag der Kuretenaltar (32). N. 47 war mit der Mittelhalle der Buleuterienbauten in Übereinstimmung gebracht.

Manche Altäre, welche einst in Blüte standen, sind später verfallen. Daß unter dem Boden des Heraion die Spuren einstiges Opferdienstes sich nachweisen ließen, haben wir oben gesehen[2]). Das Gleiche gilt von dem Raum im Süden des Philippeion und unter den Fundamenten des Zeustempels. Die Trümmer des Heiligtums der Urania sah noch Pausanias. Manches ist verschwunden, ohne Spuren zu hinterlassen. Anderes kam wieder auf, wie der Chamynedienst, je nachdem der Zeitgeist oder ein mächtiger Wille sich geltend machte.

Nach wechselreichen Kämpfen hatten die Eleier den Bewohnern der Pisatis die einträgliche Verwaltung des olympischen Heiligtums genommen. Sechs Kriege hat es gekostet, ehe der letzte Widerstand gebrochen war[3]). Ganz haben die Pisaten den Verlust niemals verschmerzt. Aber seit Ol. 51 (576 v. C.) darf das Regiment der Eleier als gesichert gelten[4]). Um diese Zeit fand jene viel umfassende Neuerung der Verhältnisse statt, aus der sich das geschichtliche Bild von Olympia entwickelt hat. Das Prytaneion wurde erbaut und eingerichtet. Der Herd der Hestia bildete fortan den Ausgangspunkt für alle Opfer. Das Kollegium der Theokolen und ihrer Genossen veranstaltete den Dienst im Auftrage der Staatsregierung von Elis. Ein zweiter Seher und ein zweiter Hellanodike wurde angestellt, die Zählung der Olympiaden eingerichtet und Ol. 1 auf 200 Jahre zurückdatiert. Die Altis bekam eine neue Einfriedigung, 600 Jahre vor der neronischen. Sechs Doppelaltäre wurden eigens gestiftet und über den heiligen Hain verteilt; sie waren den Hauptgottheiten von Elis und Olympia gewidmet. Der Dionysosdienst kam ganz nach

---

1) Dörpfeld-Borrmann, *Ol. Erg.* II, 166 n. 16. Furtwängler, ebd. IV, 4 f. — *M. O.* II, *Prozession, n. 42, Klio* XIV, S. 433.

2) Siehe oben S. 32. *M. O.* II, *Prozession, Klio* XIV, S. 417. — Zum Folgenden Dörpfeld-Borrmann, *Ol. Erg.* II, 28. Furtwängler, ebd. IV, 3, 5.

3) 1. Ol. 26 (676 v. C.): Strab. 355. — 2. Ol. 34 (644 v. C.): P. 6, 22, 2. — 3. Ol. 48 (588 v. C.): P. 5, 6, 4. 6, 22, 3. 4. Strab. 362. — 5. Ol. 81 (456 v. C.): P. 5, 10, 2. Hdt. 4, 148. Strab. 353. Dazu Flasch in Baumeisters *Denkm.* 1100. — 6. Ol. 104 (364 v. C.): Diod. 15, 78. P. 6, 22, 3.

4) Vgl. *Hochfest* III, *Gottesfriede, Beitr. z. A. G.* V, 191. Nach Africanus zu Ol. 30 wurden diese und die folgenden 22 von den Pisaten veranstaltet. Der Aufstand von Ol. 104 (364 v. C.) hatte keinen dauernden Erfolg; vgl. *O. F.* III, *Dienst d. Muttergöttin, Klio* VIII, 158 ff.

Elis; eine Schwesterschaft von sechzehn Frauen vertrat die Bezirke des Landes und übernahm zu gleicher Pflege den Dienst der Hera in Olympia und des Dionysos in Elis; Hippodameia und Physkoa wurden nebeneinander verehrt. Aber sonst traten die Frauendienste fortan in den Hintergrund. Dagegen hebt sich der Dienst des Zeus, von Jahrhundert zu Jahrhundert gesteigert, als glänzender Mittelpunkt heraus, und ihm gesellen die anderen sich bei, an Zahl zunehmend, an Bedeutung untergeordnet[1]).

Was noch weiter zurückliegt, als die Verwaltung der alten Pisaten, ist von Nebel bedeckt. Die überraschenden Funde der Neuzeit, welche Wilhelm Dörpfeld 1908 unter dem Boden des klassischen Olympia gemacht hat, genügen nicht, diesen Nebel zu lichten. Sie gehören einer Zeit an, in der es weder ein Griechenvolk gab, noch etwas von dem bestanden hat, was man als Geschichte bezeichnet. Was die Erbauer jener urzeitlichen Siedelung und ihrer Apsidenhäuser erlebt und getan haben, ist nicht überliefert und gehört nicht in den Rahmen unserer Betrachtung.

---

1) Zur Reform von Ol. 50 vgl. *Hochfest* II, *Zeitenordnung, Beitr. z. A. G.* 59. — III, *Gottesfriede,* ebd. 190 ff. *O. F.* I, *Frühlingsreinigung, Klio* VI, 3 ff., 15. Den Olympischen Vorgängen entsprechen ähnliche anderwärts, besonders in Delphi und in Athen.

Beiträge zur Geschichte von Ravenna in spätrömischer und byzantinischer Zeit.

Von **Ernst Stein**.

I.
Chronologie der ravennatischen Bischöfe vom Ende des vierten bis zur Mitte des achten Jahrhunderts.

Agnellus berichtet vom Tode des Bischofs Ursus: ... *infirmitatem modicam sensit corporis, quasi eructuans reddidit spiritum Idus Aprilis; in tali pace et tranquillitate vitam finivit in die sanctae resurrectionis.* Daraus folgt, daß im Todesjahre des Ursus Ostern auf den 13. April fiel, und das ist innerhalb des in Betracht kommenden Zeitraumes nur in den Jahren 385 und 396 der Fall; daß 396 das richtige Datum sei, kann man daraus erschließen, daß dann die vier Bischöfe zwischen dem 343 nachweisbaren Severus und dem Ursus, der nach Agnellus 26 Jahre Bischof war, sich bequemer einfügen lassen und auch im Hinblick auf die Reihe der Nachfolger des Ursus das Jahr 396 allein möglich erscheint[1]). Die Bischöfe, die Agnellus zwischen Ursus und dem sicher am 26. Mai 521 verstorbenen Aurelianus auf einander folgen läßt, sind Petrus, Neon, Exuperantius, Johannes und Petrus. Davon ist durch einen Brief des Papstes Leo I.[2]) Neon für das Jahr 458 sicher bezeugt, ferner steht fest, daß Petrus Chrysologus am 3. Dezember 450 gestorben, also des Agnellus Angabe, daß Neon auf einen Petrus gefolgt sei, richtig ist. Weiter ist sicher, daß von 477—494 ein Johannes den bischöflichen Stuhl innehatte[3]), und auch daß, wie Agnellus erzählt, dieses Johannes Nach-

---

1) Agn. c. 23. Daß Rubeus[2] p. 58 f. und die, welche ihm folgten, aus den Worten: *Et in tali vero die ab eo dedicata est ipsa ecclesia et vocata Anastasis* haben herauslesen wollen, die Anastasis sei an einem gleichfalls auf den 13. April fallenden Ostertage, also 385 (Rubeus irrt um 1 Jahr und schreibt 384) geweiht worden, ist unbegreiflich. Natürlich will Agnellus nichts anderes sagen, als daß die Weihung der Ursiana auch an einem Ostertage stattgefunden hat. — Nach meiner Chronologie (s. unten) ist 385 als Zeitpunkt für den Tod des Ursus geradezu ausgeschlossen.
2) J.-K. 543 vom 24. Oktober 458.
3) Das lehrt seine Grabschrift *CIL* XI 304.

folger und des Aurelianus Vorgänger ein Petrus war, wird dadurch bestätigt, daß für die Jahre 501, 502, 516 und 519 ein Bischof dieses Namens nachweisbar ist[1]).

Daß dem Agnellus ein im ganzen zuverlässiger Bischofskatalog vorlag, hat Lanzoni[2]) nachgewiesen und dadurch wird die schon bisher herrschende Meinung noch mehr gesichert, daß Exuperantius zwischen Neon und dem 477 auf den bischöflichen Stuhl gelangten Johannes an seinem Platz und die Verlegung der Ermordung des Patriziers Felix, die 430, und die Erhebung der Eudoxia zur Augusta, die 438 stattfand, in seine Zeit einer der zahlreichen Anachronismen des Agnellus ist. Gleich hier sei bemerkt, daß der Episkopat des Exuperantius sicher ein sehr kurzer war; nicht nur wird sein hohes Alter ausdrücklich bezeugt, sondern auch die Inhaltslosigkeit seiner Vita im Gegensatz zur großartigen Bautätigkeit des Neon zwingt uns zu dieser Annahme[3]). So steht die Reihe der ravennatischen Bischöfe für die zweite Hälfte des V. Jahrhunderts fest; umso größere Schwierigkeiten bietet sie in der ersten Hälfte desselben. Daß die Chronologie des Agnellus unmöglich ist, liegt auf der Hand. Schon die Brüder Ballarini, die im XVIII. Jahrhundert die Werke Leos d. Gr. herausgaben, haben erkannt, daß Agnellus dem zweiten Petrus jene Geschehnisse zuweist, die dem ersten zukommen[4]). Nachdem nun jener Petrus, der dem Neon vorausgeht, sicher der Chrysologus war, so muß nach den Ballarini Ursus dessen unmittelbarer Vorgänger gewesen sein und 396 kann selbst dann nicht das Todesjahr des letzteren sein, wenn man die Angabe, der Chrysologus sei von Papst Sixtus III. (432—440) konsekriert worden[5]), verwirft. Diese Meinung der Brüder Ballarini hat 1909 Mgr. Testi-Rasponi wieder aufgenommen und mit großem Scharfsinn zu begründen gesucht; bevor ich seine Darlegung teils verkürzt wiedergebe, teils widerlege, müssen wir einen anderen Versuch, die bestehenden Schwierigkeiten zu lösen, erörtern, denn es wird sich zeigen, daß das Richtige in der Mitte liegt.

Die Vita des Bischofs Johannes bei Agnellus c. 34—46 ist sowohl durch ihre außerordentliche Länge, als auch durch die in ihr enthaltenen

---

1) *Acta synhodi* a. 501, *M. G.*, *Auctt. antt.* XII p. 432, § 25, 2. *Acta synh.* a. 502, a. a. O. p. 447, § 9. p. 451, § 19, 3. Avitus v. Vienne, *ep. ad div.* 30 (*M. G.*, *Auctt. antt.* VI 2, 68 f.). Anon. Vales. §§ 81. 82.

2) *Riv. scienze stor.* VI (1909) 441 ff. Seinen Nachweis nimmt Testi-Rasponi, *Atti e mem. della R. dep. di stor. patr. per la Romagna* XXVII (1909) 290—294 an.

3) Agn. c. 31. Lanzoni a. a. O. 438 stellt die Beispiele dafür zusammen, daß Agnellus welthistorische Ereignisse, von denen seine Quellen berichten, willkürlich in die Zeit dieses oder jenes ravennatischen Bischofs verlegt. — Der Sarkophag des Exuperantius, durch eine dem VIII. oder IX. Jahrhundert angehörende Inschrift (*CIL* XI 303) bezeichnet, steht jetzt im museo arcivescovile.

4) Testi-Rasponi a. a. O. 289. — 5) Agn. c. 49.

besonders grotesken und handgreiflichen chronologischen Irrtümer auffällig. Es werden einerseits Ereignisse in die Lebenszeit dieses Bischofs verlegt, die in das dritte und teilweise vielleicht noch in das zweite Jahrzehnt des V. Jahrhunderts fallen[1]), anderseits Ereignisse, die der Zeit des Odovacar und Theoderich angehören[2]). Diese Tatsachen, zu denen die Nennung eines Bischofs Johannes in der unten S. 48 ff. besprochenen Fälschung eines Diploms Valentinians III. hinzukommt, sowie der Umstand, daß Agnellus auf seinen Johannes einen Petrus folgen läßt, der von ihm mit dem Chrysologus identifiziert wird, haben jene, welche an den von Agnellus gebotenen Daten festhalten wollen und daher die Lücke zwischen 396 und nach 432 ausfüllen müssen, veranlaßt, zwischen Ursus und Petrus Chrysologus einen Petrus — den von Agnellus mit dem Beiworte *antistes* bezeichneten 18. Bischof seiner Reihe — und einen Johannes I. anzunehmen[3]).

Dieser Ansicht, die Lanzoni eingehend begründete, vermochte aber Testi-Rasponi den vollkommen gelungenen Beweis entgegenzusetzen, daß ein Petrus vor dem Chrysologus nicht existiert hat. Den Beweis führt er in der Weise, daß er zeigt, daß alle von Petrus *antistes* erzählten historischen Tatsachen einem anderen Petrus zuzuschreiben sind. Agnellus nennt c. 24 den *antistes* den Erbauer der *ecclesia Petriana*, aus c. 28 geht aber mit Evidenz hervor, daß vielmehr Petrus Chrysologus den Bau dieser Kirche begonnen hat. Unzweifelhaft auch irrt Agnellus, wenn er c. 27 sagt, Placidia habe jenen Petrus *antistes* in S. Giovanni Evangelista musivisch abbilden lassen, vielmehr handelt es sich auch hier um den Chrysologus, wie es in Ravenna überhaupt Brauch war, das Bild des Bischofs in einer Kirche anzubringen, der sie geweiht hatte. Der von Agnellus c. 26 dem Petrus *antistes* zugewiesene Sarkophag gehört ihm nicht, denn der *antistes* war nicht *archiepiscopus*, wie die a. a. O. überlieferte Inschrift besagt, und von einer späteren Ueberführung, bei deren Gelegenheit die Inschrift eingegraben worden wäre, kann auch nicht die

---

1) c. 34. 40.
2) c. 39. — Die Geschichte über Attila (c. 37), die im J. 452 spielen soll, ist eine durchsichtige und tendenziöse Erfindung, durch die ein ravennatisches Gegenstück zur berühmten Szene zwischen Leo d. Gr. und dem Hunnenkönig geschaffen werden sollte (Lanzoni a. a. O. 440); sie scheidet daher in diesem Zusammenhang für uns aus.
3) Bacchini und Holder-Egger in ihren Ausgaben des Agnellus (1708 bzw. 1878). Lanzoni, *Riv. scienze stor.* 1909, 452 ff. — Die haltlosen Aufstellungen des Amadesi (*In chronotaxim* etc. 1783) erwähne ich weder hier noch anderwärts. Ebensowenig brauchbar ist D. Giani, *Studi storici* 1898, 461 ff., dessen Behauptung, es habe vor dem 477 auf den bischöflichen Stuhl gelangten Johannes keinen ravennatischen Bischof dieses Namens gegeben, von Testi-Rasponi wieder aufgenommen und eingehend begründet worden ist, so daß es genügt, den letzteren zu widerlegen.

Rede sein, weil in der Kapelle des hl. Jakobus zu Classe, in der der Sarkophag stand, über demselben das Bild des Toten, umgeben von der (erwähnten) Inschrift *domnus Petrus archiepiscopus* zu sehn war, woraus erhellt, daß es sich um eine ursprüngliche Grabstätte handelt[1]). Ferner ist der *domnus Petrus antistes* auf dem von Agnellus c. 27 erwähnten Evangeliar nicht jener fiktive Nachfolger des Ursus, sondern der Chrysologus, zwischen dessen Namen und der Bezeichnung *antistes* offenbar eine nicht mehr zu ergründende Beziehung bestanden haben muß[2]). Weiter ist es gewiß, daß die von Agnellus dem Chrysologus zugeschriebenen Bauten nicht von diesem, sondern von Petrus, dem Zeitgenossen Theoderichs ausgeführt wurden, wodurch die Behauptung der Brüder Ballarini (s. o. S. 41) erwiesen wird. Petrus Chrysologus hatte die Petriana in Classe erbaut (s. o. S. 42), der nächste Petrus ließ das dazugehörige Baptisterium herstellen. Er hat auch das *monasterium s. Andreae*

---

1) Testi-Rasponi a. a. O. 311ff. Über den Sarkophag 316—318. Er gehört Petrus II., dem Zeitgenossen Theoderichs, da es sich weder um den Chrysologus, der in Imola begraben war (Agn. c. 52 ex.), noch um Petrus III. (570 bis 578) handeln kann, von dem wir wissen, daß er in der Ardica des hl. Probus neben der Basilica der hl. Euphemia bestattet worden war, von wo sein Sarkophag später anderswohin gebracht wurde (Agn. c. 97). — Woher Testi-Rasponi weiß, daß das monasterium s. Jacobi lange nach dem Anfang des V. Jarhunderts erbaut sei, ist mir unerfindlich. Ich vermag daher nicht, in diesem Belang seiner Argumentation mich anzuschließen, aber seine übrigen Beweise sind vollauf genügend.

2) Die *Chronica episcoporum Ravennatensium* v. J. 1296 (Muratori, *Rer. It. scr.* II 188ff.), denen Testi-Rasponi größere Glaubwürdigkeit beimißt, als sie wohl im allgemeinen verdienen, sagen: *Petrus Ravennas antistes qui et Chrysologus.* Noch wichtiger ist der Umstand, daß das große im Jahre 1112 angefertigte Mosaik der Ursiana (s. Felix Rav. 5, tav. 13) zum Bild des Chrysologus die Inschrift zeigte: *Petrus Ravennas*, „*dove evidentemente*", wie Testi-Rasponi zutreffend bemerkt, „*per ragioni di spazio fu soppresso l'Antistes*", so daß die ganze Inschrift lauten sollte: *Petrus Ravennas antistes*. — Dagegen kann ich Testi-Rasponi nicht zustimmen, wenn er sagt, der Ausdruck *antistes* bedeute im Sprachgebrauch jener Zeit den Metropoliten, und der Chrysologus, nach seiner Meinung der erste und nicht ohne schwere Kämpfe anerkannte Inhaber der Metropolitanwürde von Ravenna, habe sich seiner mit besonderem Nachdruck bedient. Die von Testi-Rasponi p. 321 Anm. beigebrachten Belege beweisen mit nichten die von ihm behauptete enge Bedeutung von *antistes*; so ist die Anrede des Kaisers Constantius II. an die Synode von Rimini: *venerabiles antistites* doch an alle Väter und nicht nur an die Metropoliten gerichtet, und an anderen der von Testi-Rasponi zitierten Stellen ist nach seinem eigenen Ausdruck *antistes* lediglich *nel senso di capo di una comunità*, also ganz allgemein (vgl. unser „Kirchenfürst") gebraucht. So wird auch auf einer etwa 465, kaum 15 Jahre nach des Chrysologus Tode, eingegrabenen Inschrift (Cantarelli, *Bull. com.* 1896, 67ff.) der Bischof von Porto, der doch nicht Metropolit war, *antistes* genannt und wahrscheinlich ließe sich noch mancherlei Material in dieser Richtung beibringen.

(die heutige Cappella S. Pier Crisologo) und die Tricolis im erzbischöflichen Palast erbaut. Für die letztere ist die Bauinschrift des Bischofs Maximianus beweisend (Agn. c. 75), für das erstere die Tatsache, daß aus Agnellus hervorgeht, daß das unter Maximianus hergestellte Bild des Petrus in der Tricolis mit dem in der Andreaskapelle dieselbe Person darstellte, daher wohl nur eine Kopie des letzteren war, und der Umstand, daß Agnellus es zusammen mit dem sicher Petrus II. zuzuschreibenden Baptisterium bei der Petriana und mit der Tricolis ein und demselben Bischof zuschreibt. Auch hat schon Bacchini bemerkt, daß die Latinität der Inschrift im *monasterium s. Andreae* auf die cassiodorische Zeit hinweist[1]). Es zeigt sich also, daß von einem Bischof Petrus vor dem Chrysologus auch nicht die geringste Tatsache bekannt[2]) ist und daher ein solcher zwischen diesem und Ursus nicht eingeschoben werden darf. Wenn daher Petrus, der im Jahre 955 den Bischofsstuhl von Ravenna innehatte, und dem Vorstehenden zufolge nur der vierte seines Namens sein kann, in der Vita s. Probi (Muratori, *Rer. Ital. scr.* I 2, 555) und einer Urkunde vom 2. Juli jenes Jahres (Fantuzzi, *Monumenti Ravennati* I p. 135) als *iunior quartus* bezeichnet wird, so ergibt sich daraus lediglich, daß der am Ende des X. Jahrhunderts in Ravenna herrschende Sprachgebrauch, demzufolge das Wort *iunior* einer Ordinalzahl rein pleonastisch und ohne deren Ziffernwert zu ändern, beigesetzt wird[3]), schon in der Mitte des X. Jahrhunderts in Aufnahme gekommen war. Hat also Testi-Rasponi mit der Behauptung

---

1) Agn. c. 50. Testi-Rasponi a. a. O. 325 ff., der p. 327 ff. Anm. die Identität der Cappella S. Pier Crisologo und des *monasterium s. Andreae* erweist.

2) Auch die Bemerkung des Agn. c. 26: *Cum coepisset Valentinianus imperare, in ipso introitu imperii eius beatus iste Petrus vita expoliatus astra petivit* möchte ich auf den Chrysologus beziehen. Nur handelt es sich nicht um die nominelle Thronbesteigung des sechsjährigen Kindes im J. 425, sondern um den Zeitpunkt, wo Valentinianus III. durch den Tod seiner Mutter tatsächlich, soweit seine persönlichen Eigenschaften es zuließen, an die Spitze des Staates gestellt wurde. Galla Placidia starb am 27. Nov. 450, der Tod des Chrysologus, der als lebend sonst nach dem Juni 449 nicht mehr nachweisbar ist, und dessen Tod man schon bisher vor dem Konzil von Chalcedon ansetzte, da er dessen nirgends Erwähnung tut (s. Lanzoni, *Riv. sc. stor.* 1910, I 333. 336—338), fällt auf den 3. Dezember (Agn. c. 52). Gewiß ist also Petrus Chrysologus am 3. Dezember 450, 6 Tage nach dem eigentlichen Regierungsantritt des Valentinianus, gestorben und die Notiz im Agnellus, die wohl der annalogia des Maximianus entnommen ist, bezieht sich auf dieses Jahr. — Da also der Petrus *antistes* des Agnellus nach alledem mit dem wirklichen Chrysologus identifiziert werden muß, so ist wohl auch die Notiz in c. 173 auf den letzteren zu beziehen.

3) Otto III. heißt *tertius iunior* in den beiden von Testi-Rasponi p. 330, Anm. 3 unter 3⁰. und 4⁰. zitierten Urkunden, deren eine in den *Annales Camaldulenses* (1. App. 147 f.) überliefert ist, während die andere sich im Staatsarchiv in Bologna befindet und von Testi-Rasponi a. a. O. 345 f. als Anhang n. 3 publiziert wird. Sie stammen aus den Jahren 998 und 997.

es habe vor dem Chrysologus einen Bischof des Namens Petrus nicht gegeben, durchaus recht, so muß dagegen sein Versuch, auch die Existenz eines Johannes als Vorgängers des Chrysologus aus der Welt zu schaffen[1]), als mißlungen bezeichnet werden. Um in diesem Belang das Gegenteil seiner Behauptung zu erhärten, wird es am besten sein, deren Begründung Punkt für Punkt zu widerlegen, woraus sich dann der notwendige Schluß von selbst ergeben wird.

1. meint Testi-Rasponi aus der Tatsache etwas folgern zu können, daß das Wunder des Engelschauens lokal an der Kirche S. Agata hafte[2]), woselbst das Grab des 494 gestorbenen Johannes sich befand; daher sei der Angeloptes mit diesem identisch. Aber weder steht es fest, wieviel in der überlieferten Erzählung vom Wunder echte Sage ist, wieviel auf Kombination des Agnellus beruht, noch wäre die Uebertragung einer Sage von einer historischen Persönlichkeit auf eine andere ohne Beispiel in der Geschichte. Doch zugegeben, daß der Nachfolger des Exuperantius jener Johannes ist, *qui vidit angelum*: für die Nichtexistenz eines gleichnamigen Bischofs vor ihm ist es keineswegs beweisend.

2. In einer Urkunde aus der ersten Hälfte des Juni 625 (Mar. 94) wird der damalige Bischof von Ravenna *Johannes tertio iunior* genannt. Es ist dies jener Johannes, der als Nachfolger des Maximianus von 619—625 die erzbischöfliche Würde bekleidete. Auf ihn folgt wieder ein Johannes[3]); nach diesem war der nächste Bischof, der den Namen

---

1) Testi-Rasponi a. a. O. 331—338. [Korrekturzusatz: Seither hat Mgr. Testi-Rasponi das ungedruckte Manuskript der vorliegenden Arbeit, in das ich ihm auf seine Bitte Einblick gewährt hatte, zum Gegenstand einer Polemik in der *Felix Ravenna* 13 (1914), 537 ff. gemacht, in der er überdies meine Datierung des Erzbischofs Theodorus ohne Angabe seiner Quelle verwendet — ein Vorgehen, das er *Felix Ravenna* 15, 672 keineswegs entschuldigt hat. — Welches Verhalten sich allein geziemt hätte, darüber kann er z. B. *Klio* XV 80 Belehrung finden. Was das Sachliche anlangt, so werden meine Bemerkungen durch die Testi-Rasponis m. E. umso weniger widerlegt, als auch im Anfang des XIV. Jahrhunderts durch Erzbischof Rainaldo Concorreggio ein völliger Neubau der Ursiana stattgefunden hat (s. Quast, *Die altchristl. Bauwerke von Ravenna* S. 2).]

2) Agn. c. 44. Wenn Testi-Rasponi aus der Inschrift *CIL* XI 279 schließt, daß S. Agata vom Chrysologus erbaut wurde, so irrt er; das betreffende Kapitel scheint erst bei der Restauration von 1494 an seine jetzige Stelle gekommen zu sein, gehörte ursprünglich vielleicht oder wahrscheinlich gar nicht zu diesem Bau und ist in keinem Fall für eine chronologische Fixierung desselben zu brauchen. An dem von den Kunsthistorikern allgemein gebilligten Ansatz in die Zeit um 420 ist also festzuhalten.

3) Nach der noch von Holder-Egger in seiner Agnellus-Ausgabe für das VII. Jahrhundert angenommenen Chronologie, die S. 57 ff. eben darum berichtigt wird, wäre allerdings dieser letztere Johannes der *tertio iunior* unserer Urkunde und Vierte seines Namens und es würde sich daraus ergeben, daß es vor dem Zeitgenossen des Odovacar keinen Bischof Johannes gegeben habe. Doch ist

Johannes führte, derjenige, der in einer Inschrift vom 29. Januar 731 (Spreti I p. 284, n. 325) *praesul Johannes almus pontifex iunior in nomine quintus* genannt wird und den als *quintus iunior* auch Agnellus bezeichnet[1]); es besteht also zwischen *quintus iunior* und *quinto iunior* damals kein Unterschied. Lanzoni[2]) hat an der Hand stadtrömischer Quellen (des *Lib. pont.* und eines Briefes des Papstes Hadrian an Karl d. Gr.) gezeigt, daß im VIII. Jahrh. in Rom eine Ordinalzahl in Verbindung mit *iunior* soviel bedeutet als die nächsthöhere Zahl ohne Beiwort. Durch ein Zitat aus der in den *Acta Sanctorum* des 1. Juni herausgegebenen Biographie des hl. Bonifatius, die dessen Schüler Willibald zum Verfasser hat, hat er ferner dargetan, daß dieser Sprachgebrauch nicht auf Rom beschränkt war und dann den naheliegenden Schluß gezogen, daß auch in Ravenna im VII.—IX. Jahrhundert solche Zahlbezeichnungen ebenso zu verstehen sind.

Dem aber hat Testi-Rasponi widersprochen, indem er unter Berufung auf die oben S. 44 zitierten Dokumente, aus denen hervorgeht, daß in der zweiten Hälfte des X. Jahrhunderts in Ravenna das Wort *iunior* ohne den Wert der Ordinalzahl zu verändern rein pleonastisch neben sie gestellt wird, behauptet, der Sprachgebrauch sei schon im VII. Jahrh. ein vom römischen abweichender gewesen, weshalb der *Johannis tertio iunior* von 625 als Johannes III. anzusehen sei[3]). Von dieser Meinung, welche sonderbarer Weise allgemeinen Beifall gefunden hat, hätten sprachliche Erwägungen einfachster Art, die freilich nicht angestellt wurden, abhalten müssen. Die Urkunde von 625 sagt *tertio iunior*, während alle anderen, dem VIII.—X. Jahrh. angehörenden Zeugnisse soweit erkennbar zugleich mit dem Wort *iunior* die Ordinalzahl deklinieren. Daß *tertio iunior* niemals = *tertius* sein kann, muß doch einleuchten; es ist natürlich ein einfacher *ablativus comparationis*, eine gezierte Umschreibung, die man nur mit „der nächste (jüngere) nach dem dritten" übersetzen kann — und das ist bekanntlich der vierte[4]). *iunior* mit einem *abl. comp.* verbunden ist

---

das falsch, da der *quintus iunior* von 731, wie aus der im Text dargelegten, von der Logik gebieterisch erheischten Entwicklung des in Rede stehenden Sprachgebrauchs sich ergibt, sicher der sechste Johannes, daher unser *tertio iunior* der unmittelbare Nachfolger des Marinianus ist.

1) Lanzoni, *Riv. sc. stor.* 1909, 458 weist darauf hin, daß das an dieser Stelle erwähnte Erdbeben mit jenem zu identifizieren ist, dem die Petriana zum Opfer fiel (Agn. c. 151).

2) A. a. O. 453—457. — Schon Giani (s. o. S. 42, Anm. 3) hatte bemerkt, daß unter *tertio iunior* der vierte gemeint ist.

3) Testi-Rasponi a. a. O. 331—334.

4) Daß es ein *abl. comp.* ist, hat auch Lanzoni nicht erkannt; er faßt *tertio* als Zahladverb, so daß „... *iunior tertio o tertius ecc. doveva significare ... iunior per la terza volta, cioè quarto ecc.*"

Binding Instructions

Circle Colour

096-Black	507-Orange
119-Biege	516-Br. Red
130-Lt. Biege	520-Med. Red
223-Lt. Brown	531-Dr. Red
225-Rust	535-Maroon
228-Dr. Brown	732-Lt. Green
332-Gray	**739-Br. Green**
045½-Br. Blue	750-Med. Green
455-Lt. Blue	756-Dr. Green
471-Dr. Blue	

Collating Instructions

PLEASE CIRCLE

BIND AS IS

COVERS
- **Remove**
- Leave in
- **Leave Front Covers only**
- Leave Front Cover—First Issue only

TITLE PAGE
- Bring to front
- Leave at Back with INDEX

TABLE OF CONTENTS
- Bind in front
- Leave with each issue

INDEX
- Bind in back
- Bind Between Table of Contents and Text
- Bind in Front

ADVERTISEMENTS
- Remove all
- Leave all in
- Bind Consecutive Pages Only

DIVIDERS
- Place between Vols.
- Place between Issues

STAMPING
- **Standard Stamping**
- First Time Bound by Golden Rule
- Follow Enclosed Spine
- Follow Enclosed Sample Book
- Follow Attached Spine Rub
- Follow Previous Rub Card

CUSTOMER _____

Universitas BIBLIOTHECA Ottaviensis

"BOUND TO WEAR"
GOLDEN RULE BINDERY
1156 KING STREET EAST
OSHAWA, ONTARIO
Phone 416-728-2511

Print In:
- **Gold**
- White
- Black

Please show brief wording desired on spine.

VERTICAL	HORIZONTAL
	Klio Beiträge Zur Alten Geschichte
	16-17
	1919-21

SPACE BELOW FOR BINDERY USE ONLY:

TRIM SIZE: 9.6

SHOP JOB NO. 484 232

Further instructions on back.

das Ursprüngliche, später begann man die Ordinalzahl, statt sie in den *abl.* zu setzen, mit *iunior* zusammen zu deklinieren, weil man die grammatische Bedeutung der Ausdrucksweise nicht mehr verstand, wozu beigetragen haben mag, daß beim mündlichen Gebrauch der Nominativ des Zahlworts infolge der Einwirkung der werdenden italienischen Sprache, in der das auslautende *s* geschwunden ist, wahrscheinlich nicht wesentlich anders lautete, als der Ablativ. Das letzte Stadium dieser Entwicklung ist jenes, das wir in der 2. Hälfte des X. Jahrh. antreffen: es erklärt sich wahrscheinlich so, daß, nachdem längere Zeit jene Ausdrucksweise überhaupt abgekommen war, man in Nachahmung älterer Muster, an denen die richtige Bedeutung der Wortverbindung nicht zu erkennen man unwissend genug war, auf sie zurückgriff, nun jedoch *iunior* als bedeutungsloses Anhängsel der Ordinalzahl verwendete, ohne sich darüber Rechenschaft zu geben, daß dann ein solcher Zusatz müßig und daher sinnlos ist. Ob der zuletzt erwähnte Sprachgebrauch sich auf Ravenna beschränkt, vermag ich nicht zu untersuchen; es ist für unsere Zwecke auch gleichgültig. Auf keinen Fall aber darf man, wie Testi-Rasponi es tut, annehmen, daß schon im VII. Jahrh. der in Rede stehende Ausdruck in Rom eine andere Bedeutung hatte als in Ravenna. Beide Städte gehörten nicht nur demselben Kulturkreis, sondern auch ein und demselben Verwaltungsgebiet an, auf beiden lastete die schwere Hand des Exarchen, und wenn seit der Mitte des VII. Jahrh. die ravennatischen Autokephaliebestrebungen einen bewußten Gegensatz zu Rom hervorriefen, so ist zur Zeit der Urkunde von 625 davon noch keine Spur vorhanden. Im Gegenteil, die Beziehungen zwischen Rom und Ravenna scheinen damals, zur Zeit des Bischofs Johannes, der nicht ganz 6 Jahre früher dem aufständischen Exarchen Eleutherius den Rat erteilt hatte, sich in Rom vom Papste zum Kaiser krönen zu lassen, besonders innige gewesen zu sein[1]). Daher weise ich einen Vergleich mit den durch die Ausdrücke *calculus Florentinus* und *calculus Pisanus* bezeichneten Verschiedenheiten in der Datierung seitens der Kanzleien italienischer Nachbarstaaten einer späteren Zeit von vornherein zurück, ehe noch ein solcher Einwand erhoben wird. Denn zwischen unabhängigen, miteinander rivalisierenden Freistaaten einerseits und zwei Bezirken einer und derselben Provinz andererseits läßt sich eine solche Parallele nicht ziehn.

---

1) Siehe S. 58 f. Allerdings könnte man einwenden, Johannes habe vielleicht aus eigennütziger Tücke dem Papst die Krönung des Eleutherius überlassen wollen, weil er möglicherweise den Mißerfolg von dessen Unternehmen vorausgesehen und es vorgezogen habe, daß der Papst statt seiner vor der rechtmäßigen Regierung kompromittiert werde. Doch wie immer dem sei, eine solche Geste der Ergebenheit gegen die römische Kirche ist nur bei äußerlich ausgezeichneten Beziehungen denkbar.

Mithin ist der Johannes „*tertio iunior*" von 625 der IV. seines Namens und muß daher 3 gleichnamige Vorgänger gehabt haben. Daraus ergibt sich die Notwendigkeit, in die von Agnellus gebotene Bischofsreihe einen Johannes einzufügen und das kann nur zwischen Ursus und Petrus Chrysologus geschehn, wie das folgende lehren wird.

3. Daß unzweifelhaft Tatsachen, die Agnellus in seiner Biographie des Johannes Angeloptes berichtet, in die Zeit des Honorius und Valentianus III. führen, sucht Testi-Rasponi[1]) dadurch aus der Welt zu schaffen, daß er behauptet, Agnellus habe sich durch das gefälschte Diplom Valentinians III. (s. unten S. 49 ff.) verführen lassen, den Episkopat des Angeloptes in monströser Weise nach rückwärts auszudehnen — eine Behauptung, für die er den Beweis schuldig bleibt und deren Richtigkeit ich bestreite. Ferner glaubt er darum eine Lücke in der Liste, die Agnellus gibt, zwischen Ursus und Petrus Chrysologus nicht annehmen zu dürfen, weil Agnellus außer dem bis auf seine Zeit reichenden offiziellen Bischofskatalog[2]) auch die „*endothim*" des Erzbischofs Maximianus[3]) benützt hat, die deshalb besonders zuverlässig war, weil Maximianus als Verfasser einer auch die Zeit des Honorius und der Galla Placidia behandelnden Weltchronik[4]), die Verhältnisse in der ersten Hälfte des V. Jahrh. gut kannte, zumal er selbst verhältnismäßig nicht lange danach lebte. Doch auch hier irrt Testi-Rasponi. Die Tatsache widerlegt ihn, daß eine andere spätere Lücke[5]) in des Agnellus Liste besteht, auf die Ludo M. Hartmann hingewiesen hat[6]), ohne daß allerdings die neuesten Arbeiten auf diesem Gebiete, darunter die Testi-Rasponis, davon Notiz nähmen. Ist es aber der Fall — und wir können nicht daran zweifeln —, daß dem Agnellus einmal ein solcher Fehler nachgewiesen ist, so ist es auch ein zweitesmal möglich. Das Versehen ist wahrscheinlich so zu erklären, daß Agnellus in dem ihm vorliegenden Katalog den Namen des ersten Johannes übersah, während er sich der „*endothim*", von der wir nicht viel wissen, die aber möglicherweise recht unübersichtlich war, vielleicht nur so bediente, daß er das im Katalog gefundene an ihr verifizierte, daher den Namen des Johannes in ihr nicht suchte und infolgedessen auch nicht fand.

4. Nr. 57 in den *papiri diplomatici* des Marini gibt sich für ein von Kaiser Valentinianus III. dem „*Johanni viro sanctissimo Archiepiscopo Ravennatae civitatis*" ausgestelltes Privileg aus, worin diesem die Würde eines Erzbischofs über die 13 Bischofssprengel verliehen wird, aus denen in der Mitte des VII. Jahrh. die ravennatische Erzdiözese besteht,

---

1) A. a. O. 334 f. — 2) Siehe oben S. 41.
3) Agn. c. 80. — 4) Agn. c. 42. 78. Lanzoni a. a. O. 432.
5) Ich meine den von Agnellus ausgelassenen Bischof Vitalis, s. unten S. 53 ff.
6) *Gesch. It.* I (1897) 401. 409.

sowie über einen vierzehnten, der wahrscheinlich im Beginn des VII. Jahrh. zu bestehen aufhört[1]). Daß es sich um eine Fälschung handelt, erhellt aufs unzweifelhafteste aus der Tatsache, daß von jenen 14 Sprengeln noch im Jahre 451 nur 6 die Erzdiözese Ravenna bildeten[2]). Testi-

---

1) Dieser letztere ist Brescello; vgl. Duchesne, *Mél. d'archéol. et d'hist.* 1903, 86. Die Einäscherung Brescellos erzählt Paul. Diac. IV 28 zum J. 603; seither wird das Bistum nicht mehr erwähnt. Daß es im IX. Jahrh. nicht mehr existierte, lehrt Agnellus c. 40, der es Brintum nennt.

2) Drei, nämlich Brescello, Reggio und Piacenza, unterstehen in diesem Jahre noch dem Erzbischof von Mailand (J.-K. 478); mit ihnen jedenfalls auch Parma, obwohl es in J.-K. 478 nicht erscheint. Drei andere, Forlimpopoli, Cesena und Sarsina, liegen in der Flaminia, deren Kirchen sämtlich noch am Ende des VI. Jahrh. direkt dem Papst unterstehn (J.-K. 621, vgl. 636, aus dem hervorgeht, daß auch Ravenna trotz seiner Metropolitanstellung in der Aemilia in der Immediatdiözese Suffraganbistum des Papstes war; Greg. I. *reg.* I 55. IX 138. XIV 6). Das achte Bistum, Adria, ist überhaupt erst in der ersten Hälfte des VII. Jahrh. gegründet worden, da es weder 579 (Troya, *Cod. dipl.* I p. 10) noch 590 (Paul. Diac. III 28) unter den Suffraganen Aquileias erscheint, zu dessen Sprengel sein Territorium gehört haben muß, so lange die alte Provinzeinteilung unversehrt bestand, die erst infolge der Fortschritte der langobardischen Invasion wesentlich modifiziert wurde (s. Diehl, *Études sur l'adm. byz.* 19ff. Hartmann, *Unters. z. Gesch. d. byz. Verwalt. in It.* 147f. zu 43f. *Gesch. It.* II 1, 128f.); auf der römischen Synode von 649 erscheint der Bischof von Adria zum ersten Male u. zwar unter den Suffraganen Ravennas (Mansi X 867. 1167). Daß die 6 übrigen in Mar. 57 genannten Bistümer wahrscheinlich alle schon bei der Gründung des ravennatischen Metropolitansprengels diesem zugeteilt wurden, ergibt sich daraus, daß Petrus Chrysologus die Bischöfe von Imola und Voghenza ordiniert (Petr. Chrys., Migne Lat. 52, 633. 656f.), folglich auch — aus geographischen Gründen — Metropolit über die von Forlì und Faenza sein muß, daß ferner die Bischöfe von Bologna und Modena 451 in J.-K. 478 offenbar deshalb fehlen, weil sie dem Bischof von Ravenna unterstehen. Im J. 482 wird von Modena ausdrücklich durch J.-K. 583 bezeugt, daß es zum ravennatischen Metropolitansprengel gehört, dasselbe gilt wahrscheinlich damals schon von der ganzen Aemilia, weil sonst der im angeführten Briefe des Papstes Simplicius gebrauchte Ausdruck *Ravennatis ecclesiae vel Aemiliensis* nicht genau wäre. Ebenso zeigen die Worte Pelagius I. *De Liguribus atque Veneticis et Istriis episcopis quid dicam?* (J.-K. 1019, aus der Zeit von 558—561), daß die Bischöfe der Aemilia, deren in diesem Zusammenhang keine Erwähnung geschieht, damals am Dreikapitelschisma nicht beteiligt, also dem Einfluß des Mailänder Erzbischofs nicht unterworfen waren. Was die flaminischen Bistümer anlangt, so ist Cesena zweifellos in der ersten Hälfte des VII. Jahrh. unter die Jurisdiktion Ravennas gelangt, da sein Bischof a. 649 zugleich mit einem ravennatischen Presbyter als Delegierter des abwesenden Erzbischofs von Ravenna auf der römischen Synode erscheint (Mansi X 866. 882f. 886. 918. 1162); zugleich mit Cesena werden wohl Sarsina und Forlimpopoli aus römischen zu ravennatischen Suffraganen geworden sein. Am Anfang des VIII. Jahrh. erhielt dann der Erzbischof von Ravenna in dem neugegründeten Bistum Comacchio einen weiteren Suffragan, so daß er am Ende der byzantinischen Herrschaft insgesamt 14 Bischöfe unter seiner Jurisdiktion hatte.

Rasponi selbst hat den Beweis geführt, daß die Fälschung kurze Zeit vor 666 entstanden ist[1]); gleichzeitig mit der Passio s. Apollinaris angefertigt, hat sie wie diese den Zweck, die Unabhängigkeit der ravennatischen Kirche vom römischen Stuhl zu beweisen, indem darin Valentinianus III. allein, ohne Vermittlung des Papstes, den Bischof von Ravenna zum Metropoliten erhebt. Mit Recht glaubt Testi-Rasponi, daß beide Schriften im Auftrage des Erzbischofs Maurus durch dessen *vicedominus* Reparatus, den Chef der erzbischöflichen Kanzlei, dem Kaiser eingereicht wurden, um den apostolischen Ursprung der ravennatischen Kirche darzutun und die tatsächlich im Jahre 666 durch kaiserliches Privileg erlangte Autokephalie damit durchzusetzen und im voraus kanonisch zu begründen; dafür spricht der Umstand, daß in der Fälschung unter den ravennatischen Suffraganen das erst später (s. S. 49 Anm. 2) gegründete Comacchio fehlt, ferner die zum Teil wörtliche Übereinstimmung von Mar. 57 mit dem Autokephaliedekret von 666[2]), endlich vielleicht eine Stelle im Buch der Päpste, an der auf die seitens der Kirche von Ravenna ins Werk gesetzten Machenschaften angespielt wird, die der Verleihung der Autokephalie vorangingen[3]). Wenn nun in unserer Fälschung Valentinianus III. einem Bischof Johannes die Metropolitenwürde verleiht, die Fälschung aber um die Mitte des VII. Jahrh. in der erzbischöflichen Kanzlei angefertigt wurde, so ist nicht verständlich, wie Testi-Rasponi[4]) noch daran zweifeln kann,

---

Das Bistum Voghenza war damals schon nach Ferrara verlegt (Kehr, *It. pont.* V p. 203. 206, n. † 1). Vgl. Zattoni, *Riv. di scienze storiche* 1904, 475 ff. Seine Darlegung wird in Bezug auf Comacchio von Lanzoni, *Atti e mem. della R. deput. di stor. patr. per la Romagna* 1909, 62 ff. (da, wie unten S. 56 f., Anm. 6 gezeigt wird, Felix 709—725 die erzbischöfliche Würde innehatte, so kann die von Lanzoni a. a. O. veröffentlichte und kommentierte Inschrift nur ins Jahr 722/3 fallen), in Bezug auf Cervia von Testi-Rasponi a. a. O. 295f Anm. berichtigt. Cervia gelangte erst 948 unter die Metropolitangewalt von Ravenna, wie aus J.-L. 3665 = Kehr, *Italia pontificia* V p. 50, n. 156 hervorgeht.

1) A. a. O. 295 ff.
2) Zum Dekret Kaiser Constans II. vom 1. März 666 s. Duchesne, *Lib. pont.* I 349 (Anm. 5 zur *vita Doni*). Danach wird im Dekret keineswegs, wie Testi-Rasponi, der nur die Ausgabe von Holder-Egger, *Scr. rer. Lang.* 350 f. benützte, als weiteres Argument verwenden zu können meinte, die ravennatische Kirche als *apostolica ecclesia* bezeichnet. — Die Annahme Zattonis, *Riv. sc. stor.* 1904, 480, welcher die Fälschung in karolingische Zeit verwies, wird durch das im Text Bemerkte hinreichend widerlegt; es wäre ja auch überflüssig gewesen, das bescheidene Privileg Valentinians III. zu fälschen zu einer Zeit, zu der die ravennatische Kirche schon eine Zeitlang die ihr 666 gewährte Stellung gehabt hatte.
3) *Lib. pont.*, v. *Leon. II.*, c. 4; ... *typum autocephaliae, quod sibi elicuerant* ... Ich vermute, daß diese Stelle, die der Aufmerksamkeit Testi-Rasponis entgangen ist, sich auf die von Reparatus durchgeführten oder inspirierten Fälschungen bezieht.
4) A. a. O. 335—338.

daß der erste Metropolit von Ravenna wirklich Johannes hieß. Er mutet der ravennatischen Kanzlei der Mitte des VII. Jahrh. zu, sie hätte von dem zeitlichen Abstand zwischen dem 477 auf den bischöflichen Stuhl gelangten Johannes und Valentinianus III. nichts gewußt, was man nur annehmen dürfte, wenn zur Zeit der Abfassung unserer Fälschung das Archiv der Kirche in Unordnung gewesen wäre, was, soviel wir zu erkennen vermögen, vor dem Brand unter Erzbischof Damianus nicht der Fall war. Daß der Fälscher alle 13 zu seiner Zeit Ravenna unterstehenden Suffragane aufführt, geschieht nicht deshalb, weil er nicht weiß, daß ein Teil von ihnen kaum ein halbes Jahrh. vorher der Erzdiözese angeschlossen wurde, sondern weil er offenbar verhindern will, daß durch die Erwähnung dieses Umstandes daran erinnert werden könnte, daß bis zu dieser letzten Erweiterung ihres Machtbereichs, bei der auch jedenfalls der Papst eine große Rolle gespielt und vielleicht seine Obergewalt noch ausdrücklich betont hatte, die Kirche von Ravenna, unbeschadet ihrer Metropolitie in der Aemilia, ebenso wie die anderen Kirchen der Flaminia ein direkter Suffraganprengel von Rom war; daß er Brescello nennt, obwohl es zu seiner Zeit nicht mehr besteht, ist ein Beweis für seine Kenntnis der Geschichte der ravennatischen Erzdiözese. Vollends ausgeschlossen erscheint, daß der Fälscher, wie Testi-Rasponi annimmt, wußte, daß nicht jener Johannes der erste Metropolit war und daß er absichtlich den Petrus Chrysologus, den Testi-Rasponi für den ersten Erzbischof hält, aus dem lächerlichen, weil in diesem Falle völlig bedeutungslosen Grunde durch einen populären[1]) Kirchenfürsten ersetzt habe, weil der Chrysologus aus einer nichtravennatischen Diözese stammte.

Es ist doch wahrscheinlich, daß der Fälscher wußte, welchem Bischof von Ravenna die Metropolitanwürde verliehen worden ist und wenn er ihn Johannes nennt, so hieß er wohl auch Johannes; jedenfalls aber gab es zur Zeit Valentinians III. einen ravennatischen Bischof Johannes. — Mit meiner Ansicht verträgt sich durchaus das Hauptergebnis einer Abhandlung von Massigli[2]), in welcher dieser zeigt, daß entgegen der Meinung Testi-

---

1) Obendrein ist die große Popularität Johannes II. noch keineswegs bewiesen. Populär war der Angeloptes und wir wissen ja nicht bestimmt, welcher Johannes dies ist.

2) *Mél. d'archéol. et d'hist.* 1911, 277 ff. — Massigli hat sich leider durch die Gründe Testi-Rasponis überzeugen lassen, daß „*le Jean Angeloptes, dont, écho de traditions qu'il n'a pas créées, il* (sc. Agnellus) *fait le prédécesseur de Pierre Chrysologue, n'a jamais existé*" (p. 279) und daraus erklärt sich seine irrige Bemerkung auf p. 289: „*C'est donc à l'action combinée de Valentinien III et de Sixte III qu'est due la création de la métropole ravennate.*" Seine Untersuchung wendet sich mit Recht gegen die allzu subtile Interpretation mancher Texte durch die italienischen Gelehrten und zeigt allerdings, daß mit Sicherheit aus den Nachrichten, die Testi-Rasponi gelten läßt (das entscheidende Dokument, Mar. 57, verwirft

Rasponis an der Nachricht bei Agn. c. 49, daß Petrus Chrysologus durch den Papst Sixtus III. (432—440) konsekriert worden ist, festgehalten werden muß. Da Sixtus III. selbst erst am 31. Juli 432 ordiniert wurde, so ist der Vorgänger des Chrysologus frühestens 432 gestorben[1]).

Aus der ganzen vorstehenden Auseinandersetzung geht hoffentlich mit Evidenz hervor:

1. Daß die Reihenfolge der Bischöfe zwischen Liberius III. und Neon diese ist: Ursus — Johannes I. — Petrus I. Chrysologus;

2. daß Johannes I. frühestens 432 gestorben ist;

3. daß die Erhebung des Bistums Ravenna zur Metropole nach der Thronbesteigung Valentinians III. und vor dem Tode Johannes I., also nach 425 und vor 440 erfolgt ist;

4. daß an dem aus Agnellus zu erschließenden 13. April 396 als Todesdatum des Ursus festgehalten werden muß, da die sich dann ergebende mehr als 36jährige Dauer von des Johannes I. Episkopat zwar ungewöhnlich lang, aber doch so gut möglich ist, daß eine Änderung im Text des Agnellus oder gar die vollständige Verwerfung von dessen Zeugnis nicht gerechtfertigt werden könnte.

Die Reihe der ravennatischen Bischöfe im V. Jahrhundert lautet also folgendermaßen:

Johannes I. (Angeloptes?) 396—nach 431.
Petrus I. Chrysologus . . . nach Juli 432—3. Dez. 450.
Neon . . . . nachweisbar 24. Okt. 458.
Exuperantius . . . . † 29. Mai 477[2]).
Johannes II. (Angeloptes?) 19. Juli 477—5. Juni 494[3]).

---

er ja), das Vorhandensein der ravennatischen Erzdiözese vor 432 nicht nachgewiesen werden kann, aber keineswegs, daß deren Gründung nach dem genannten Zeitpunkt erfolgt sein muß. Daran ändert auch des Petrus Chrysologus *sermo* 136 (Migne Lat. 52, 567f.) nichts, auf den sich Massigli p. 281f. bezieht, und der höchstens zeigt, daß der Inhaber der älteren, weit ausgedehnteren und von Rom fast unabhängigen Erzdiözese von Aquileia höheres Ansehn und Rang genoß als der Bischof von Ravenna, dessen Erzdiözese erst wenige Jahre alt war — und das konnten wir uns auch so schon denken. Vielleicht aber handelt es sich nur um Höflichkeitsbezeugungen, die umso eindringlicher gewählt wurden, je größeren Wert man in Ravenna in Anbetracht der gespannten Beziehungen zu Mailand auf das Wohlwollen des anderen großen Metropoliten von Norditalien legte.

1) Die Meinung Testi-Rasponis (a. a. O. 316), daß man mit dem Episkopatsbeginn des Chrysologus nicht unter das Jahr 434 herabgehen könne, weil am Triumphbogen der Apsis von S. Giovanni Evangelista auch der Name der Justa Grata Honoria erscheint, was nach dem angeblich ins Jahr 434 fallenden Skandal dieser Prinzessin undenkbar wäre, ist wegen der von Seeck, *RE* VIII 2292 herangezogenen Münze mindestens unbeweisbar.

2) Tag und Monat bei Agn. c. 33. — 3) *CIL* XI 304.

Es folgten:

Petrus II. . . . . 494—31. Juli 520[1]).
Caelius Aurelianus . . . . 520—26. Mai 521[2]).
Ecclesius . . . . 20. Febr. 522—27. Juli 532[3]).
Ursicinus . . . . 27. Febr. 533—5. Sept. 536[4]).
Victor . . . . 4. März 537—15. Febr. 544[5]).
Maximianus . . . . 14. Okt. 546—ca. 554?[6]).

Nach Maximianus muß man, wie ich glaube, den Bischof Vitalis einfügen, der durch Venantius Fortunatus, *carm.* I 1 u. 2 bezeugt ist und den man unmöglich aus der Welt schaffen kann[7]). Hartmann hat die

---

1) Tag und Monat bei Agn. c. 27; denn diese Angaben müssen sich auf Petrus II. beziehen, da der Todestag in c. 52 der des Petrus III. ist. Das Jahr ergibt sich daraus, daß Aurelianus schon am 26. Mai des folgenden Jahres stirbt, während die im *Anon. Vales.* geschilderten Ereignisse, an denen Petrus in hervorragendem Maße beteiligt ist, frühestens Mitte 519 fallen. Das lehrt der Zusammenhang der *Anon. Vales.* 80—82 geschilderten Vorgänge und die Chronik des Cassiodor, *M. G., Auctt. antt.* XI 161, 1364. Zu Beginn des Jahres hielt sich Eutharich wohl längere Zeit in Rom auf und die Feste, die er nach seiner Rückkehr in Ravenna gab, fanden, wie es scheint, in Anwesenheit Theoderichs statt und wurden nicht gestört. Nachher ging der König nach Verona und hierauf erst begannen die Unruhen. — In das Jahr 520 setzt den Tod des Petrus auch Zeiller, *Mél. d'archéol. et d'hist.* 1905, 134, doch ohne Angabe eines Grundes. Im übrigen spricht die von Agnellus frei erfundenen Worte, auf die sich Zeiller a. a. O. bezieht, nicht dieser Petrus, sondern der Chrysologus.

2) Agn. c. 56, vgl. die Inschrift c. 75. — Mar. 74, p. 112 f.

3) Siehe Holder-Egger, *M. G., Scr. rer. Lang.* 318, Anm. 2.

4) Siehe Holder-Egger, *M. G., Scr. rer. Lang.* 322, Anm. 1, der aber unrichtig für den 27. Febr. den 25. angibt. Die lange Sedisvakanz, wie vielleicht schon die vorhergehende noch längere, mag sich durch die politische Lage erklären.

5) Holder-Egger a. a. O. 324, Anm. 2. Siehe unten S. 55, Anm. 3.

6) Das Datum der Konsekration Agn. c. 70. Siehe das Folgende.

7) Das zu tun hat noch Holder-Egger a. a. O. 329, Anm. 2 versucht, indem er ihn, dem Beispiele des Lucchi folgend, mit Maximianus identifiziert, ein Verfahren, für das jeder Grund mangelt. Wahrscheinlich ist mit dem späteren Bischof jener Vitalis identisch, der in J.-K. 877 (= Agn. c. 60) als letzter unter den Subdiakonen unterschreibt, die den Bischof Ecclesius nach Rom begleitet hatten. Auch daß er damals ein ganz junger Subdiakon gewesen zu sein scheint, spricht außer den unten geltend gemachten Gründen dafür, daß er eher in den 50er als in den 40er Jahren Bischof wurde; sein Nachfolger Agnellus erscheint in derselben Urkunde als Diakon. [Korrekturzusatz: Während mein Aufsatz im Manuskript der Redaktion vorlag, hat neuerdings Koebner, *Venantius Fortunatus* (1915) 120 ff. dem Vitalis das ravennatische Bistum abgesprochen und es begreiflich gefunden, daß die hier vertretene Lösung der Aporie „bisher offenbar noch nirgends erwogen worden ist". Aber die drei für ihn entscheidenden Momente sind sämtlich hinfällig: Koebners Glaube an die Unfehlbarkeit der Bischofsweihe bei Agnellus ist nur durch die — beim Thema seiner ausgezeichneten Arbeit entschuldbare — Unkenntnis der neueren romagnolischen

Möglichkeit erwogen, ob dieser Bischof nicht zwischen Victor und Maximianus einzusetzen ist, wofür sich die unerhört lange Sedisvakanz von 2 Jahren 8 Monaten, die sonst zwischen Victor und Maximianus besteht, geltend machen läßt[1]); daß weder Agnellus noch die bei diesem in c. 75 zu lesende Inschrift den Vitalis berücksichtigen, würde daher rühren, daß Vitalis ein vom Kaiser nicht anerkannter und auch von der Kirche nachträglich als ungültig angesehener Bischof wäre. Aber folgende Umstände, deren Gesamtheit mir entscheidend dünkt, sprechen gegen diese Annahme:

1. handelt es sich im zweiten Gedicht des Venantius Fortunatus um den Bau einer Kirche des hl. Andreas, in der, wie aus Vers 26 hervorgeht, Reliquien dieses Heiligen bestattet waren, dessen Gebeine seit 357 in der alten (s. Heisenberg, *Apostelkirche* 112), seit 550 (Malal. 484 B.) in der neuen Apostelkirche in Konstantinopel ruhten. Aber erst Maximianus hat eine Reliquie desselben nach Ravenna gebracht[2]); überdies handelt es sich offenbar um einen Neubau, während Maximianus sich mit der Restaurierung und Ausschmückung eines schon bestehenden Baues begnügt hatte;

2. scheinen die Beziehungen des Vitalis zur Regierung gut gewesen zu sein, da nach Venant. *carm.* I 1, 21 die Weihung der Kirche durch den Bischof in Anwesenheit eines als *dux* bezeichneten Funktionärs und des Präfekten vor sich ging[3]);

3. hat Testi-Rasponi[4]) die Unmöglichkeit der betreffenden Dar-

Lokalliteratur zu erklären; die Identität des bei *Venant. carm.* I 1, 21 erwähnten *dux* mit Narses ist nicht unmöglich, wenn auch nicht zu beweisen (s. u. Anm. 3); die Ansicht, daß damals überhaupt niemand in Ravenna den Titel *dux* geführt haben könne, verrät mangelhafte Bekanntschaft mit den byzantinischen Einrichtungen (vgl. auch u. S. 70f., Anm. 1). Dadurch wird den diesbezüglichen Bemerkungen Koebners, dessen Identifikation des Vitalis mit dem gleichnamigen Bischof von Altinum (S. 125) sonst sehr ansprechend motiviert wäre, der Boden entzogen.]

1) Hartmann, *Gesch. It.* I 401. 409.
2) Agn. c. 76. Vgl., was schon Bacchini in seiner Agnellusausgabe I p. 111f. Ähnliches bemerkt.
3) Den Hinweis auf diese Tatsache verdanke ich einer brieflichen Mitteilung Testi-Rasponis, der freilich die Existenz des Vitalis überhaupt verwirft. — Ob sich in diesem *dux*, der vor dem Präfekten und anscheinend als diesem mindestens gleichgestellt erwähnt wird, Narses bergen mag, dem Papst Pelagius I. als „patricio et duci in Italia" (J.-K. 1024 = Mansi IX 712) schreibt? Nach der *collectio Britannica* und nach Ewalds Ansicht (*Neues Arch. f. ält. d. Geschichtsk.* V [1880] 556, Anm. 2) ist der Brief allerdings an einen *mag. mil.* Carellus gerichtet; man beachte aber, daß Narses στρατηγὸς αὐτοκράτωρ war, und daß die lateinische Bezeichnung dieses Amtes *dux* gewesen zu sein scheint (s. meine *Studien z. Gesch. d. byz. Reiches* [1919] 80, Anm. 4 ex.). Schon Lucchi hat Narses für unseren *dux* gehalten.
4) A. a. O. 307f., Anm. 2. S. Eusebio und S. Giorgio, wo nach Agn. Maximian 546 wohnte, waren in Wirklichkeit damals noch arianisch.

stellung des Agnellus c. 70 dargetan, indem er aber mit Recht zugibt, daß Schwierigkeiten bei der Bischofswahl stattgefunden haben dürften, denen der Kaiser durch den Befehl an den Papst, den Maximianus zu ordinieren, ein Ende machte;

4. verweist derselbe Gelehrte ganz richtig auf die Tatsache, daß die starke militärische Macht, die damals in Ravenna lag, jeden Widerstand gegen den kaiserlichen Willen im Keim erstickt hätte, und wir können die Erinnerung daran hinzufügen, daß ein Verfahren, das mit Erfolg dem rechtmäßigen Papst (Silverius) gegenüber angewendet wurde, einem nicht einmal ordnungsgemäß ordinierten Suffragan desselben gegenüber schon gar keine Schwierigkeiten gemacht hätte [1]);

5. ist es wenig wahrscheinlich, daß Vitalis unter den vorausgesetzten Umständen zu einem prächtigen Kirchenbau Lust, Geld und Zeit gehabt hätte;

6. ist Venantius nicht vor 530 geboren [2]); und es wäre doch ungewöhnlich, wenn er als kleines Kind die erwähnten Gedichte geschrieben hätte. — Wir müssen also an eine andere Lösung der Frage denken [3]). Andererseits läßt sich Vitalis bequem zwischen Maximianus, dessen Episkopatsdauer wir nicht kennen und der zuletzt am 11. Dezember 550 nachweisbar ist [4]), und Agnellus, dessen Episkopat am 23. Juni 557 begann, einschieben. Daß Maximianus von dem Chronisten Agnellus [5]) als *praedecessor* des Bischofs Agnellus bezeichnet wird, braucht uns nicht zu stören: man kann ohneweiteres zugestehen, daß Agnellus unter *praedecessor* den

---

1) Ich glaube nicht, daß man die römischen Schismen im IV. Jahrh. und das vom J. 418 hier zum Vergleich heranziehn kann, da die bei diesen zu Tage tretende schwächliche Haltung der Staatsgewalt teils auf den Mangel einer diesbezüglichen Willensmeinung der betreffenden Kaiser, teils auf die Indifferenz oder Böswilligkeit der maßgebenden heidnischen Beamten zurückzuführen ist.

2) Vgl. Manitius, *Gesch. d. lat. Lit. d. Mittelalt.* I (1911) 170; um 535 nach Teuffel-Klostermann, *Gesch. d. röm. Lit.*[6] III (1913) § 491, p. 522. [Korrekturzusatz: Koebner, *Venantius Fortunatus* S. 11 hat jetzt sehr wahrscheinlich gemacht, daß der Dichter erst um 540 geboren wurde.]

3) Wem die Begründung der Sedisvakanz zwischen Victor und Maximianus durch die damaligen Verhältnisse, die nicht nur durch den Dreikapitelstreit, sondern auch durch die Erfolge des Totila kompliziert wurden, nicht ausreichend erscheint, der mag zwischen Ursicinus und Victor eine 1½jährige Sedisvakanz annehmen, welche durch die Anfang Dezember 536 (s. zuletzt Schmidt, *Gesch. d. deutsch. Stämme* II 506) erfolgte Ermordung Theodahads sowie durch den Umstand, daß die Ordination durch den im feindlichen Lager stehenden Papst oder durch einen Delegierten desselben kaum angängig war und diesbezüglich erst ein Auskunftsmittel gefunden werden mußte, leicht erklärlich wäre. Dann wäre Bischof Victor am 4. März 538 ordiniert worden, am 15. Febr. 545 gestorben und die Sedisvacanz nach seinem Tode würde sich auf 1 Jahr 8 Monate beschränken.

4) *CIL* XI 298 nach Agn. c. 72. — 5) c. 88 ex.

unmittelbaren Vorgänger versteht und den Ausdruck dadurch erklären, daß Agnellus, nachdem er einmal den Vitalis ausgelassen hatte, nicht in der Lage war, den Fehler einzusehn und zu verbessern. Wenn wir dann versuchen, den Zeitpunkt der Ordination des Vitalis annähernd zu bestimmen, so werden wir kaum fehlgehen, wenn wir seinen bedeutungslosen Episkopat ziemlich kurz, den hochbedeutsamen des Maximianus dagegen tunlichst lang bemessen und daher den Tod des letzteren und die Ordination des ersteren um 554 ansetzen.

Auf Vitalis folgen:

    Agnellus . . . . 23. Juni 557—1. Aug. 570[1]).
    Petrus III. Senior . . . 15. Sept. 570—17. Aug. 578[2]).
    Johannes III. Romanus 23. Nov. 578—11. Jan. 595[3]).

Für die Festsetzung der Bischofschronologie des VII. Jahrh. haben wir folgende Anhaltspunkte[4]):

1. die Angabe der Emortualtage und der Episkopatsdauern bei Agnellus[5]);

2. die schon erwähnte Urkunde Mar. 94 vom Juni 625, aus der hervorgeht, daß damals Johannes IV. Erzbischof war;

3. die Tatsache, daß der Erzbischof Felix sicher nach dem 13. Mai 708 und spätestens im Jahre 709 ordiniert wurde[6]).

---

1) *CIL* XI 305. Was Ewald, *M. G.*, *Epp.* I p. 230, Anm. 1 bemerkt, ist danach zu berichtigen.

2) Agn. c. 93. 97. Holder-Egger a. a. O. 337, Anm. 5. Die Emortualtage scheinen zuverlässigere Anhaltspunkte als die Angaben der Episkopatsdauern, bei denen dem Agnellus hie und da kleine Irrtümer — die sich jedoch mit Ausnahme von c. 153, wo wahrscheinlich nur ein Lapsus calami vorliegt, nur auf die Tage und Monate beschränken — unterlaufen sind.

3) Agn. c. 98. Da Papst Benedikt I. erst am 30. Juli 579 stirbt, ist der von Holder-Egger a. a. O. 342, Anm. 5 erhobene Einwand hinfällig,

4) Von den Daten aus dem Leben der einzelnen Bischöfe, welche nicht nur in das jetzt vorzutragende System, sondern auch in die bisher angenommenen sich einfügen, sehe ich hier ab.

5) c. 103. 104 ex. 107 ex. 109 ex. 114 ex. 116 ex. 124 ex. 134.

6) Felix wird von dem am 25. März 708 konsekrierten Papste Constantinus ordiniert. Sein Vorgänger Damianus stirbt nach Agn. c. 134 am 13. Mai 708 oder 709. Ein späteres Jahr ist ausgeschlossen, da aus der Grabschrift des Felix bei Agn. c. 150 hervorgeht, daß dieser nach seiner Rückkehr nach Ravenna, die auf Veranlassung des Anfang Juni 713 ermordeten Kaisers Philippicus Bardanes erfolgte (*Lib. pont.*, *v. Const.*, c. 9. Agn. c. 143) noch 12 Jahre sein Amt versah. Da aus Agn. c. 150 auch ersichtlich ist, daß Felix im ganzen 16 Jahre und darüber (die dort angegebene Zahl der Monate und Tage ist allerdings falsch, wie man schon früher erkannt hatte, s. Holder-Egger a. a. O. 375 f., Anm. 5) Erzbischof war und dann an einem 27. November starb, so muß der Beginn seines Episkopats mindestens 4 Jahre vor seiner spätestens 713 erfolgten Rückkehr fallen. Aus den durch die drei im Text angeführten Anhaltspunkte

Unter Berücksichtigung dieser Momente ergeben sich für die Nachfolger Johannes III. des Römers folgende Daten:

  Marinianus . . Anfang Juli 595[1])—23. Okt. 618.
  Johannes IV. . (ca. Sept.) 619—nach Juni 625.
  Johannes V. . (ca. Okt.) 625—(ca. April) 644.
  Bonus . . . . . † 26. Aug. 644.
  Maurus . . . . (ca. Nov.) 644—(ca. Ende Sept.) 673.
  Reparatus . . Oktober 673—30. Juli 679[2]).
  Theodorus . . 28. Sept. 679—18. Jan. 693.
  Damianus . . . 27. Febr. 693—13. Mai 709.

Diese Ordnung leitet ihre Berechtigung daraus ab, daß keine andere ohne Vergewaltigung unserer so spärlichen und darum doppelt kostbaren Quellen möglich scheint. Von den beiden in neuerer Zeit vorgeschlagenen Systemen ist das eine, dessen Anwalt Holder-Egger war, deshalb notwendig falsch, weil nach ihm der Johannes *tertio iunior* von Mar. 94 nicht der unmittelbare, sondern der zweite Nachfolger des Marinianus wäre (s. S. 45f., Anm. 3); das andere, von Zattoni aufgestellt, von Lanzoni und Testi-Rasponi gebilligt, unterscheidet sich von dem ersteren nur dadurch, daß es dem erwähnten Mangel auf die Art abhelfen will, daß angenommen wird, Agnellus habe die dem ersten Nachfolger des Marinianus zukommende Episkopatsdauer versehentlich dem zweiten zugewiesen und umgekehrt — eine willkürliche und gewaltsame Annahme, die vermeidlich und darum zu verwerfen ist. Die Fehlerquelle beider Systeme liegt darin, daß beide der Angabe des Rubeus[2] p. 198, Marinianus, dessen Episkopatsdauer bei Agnellus fehlt, sei am 23. Oktober 606 gestorben, Wert beimessen. Daß diese Notiz aber wie alle anderen ähnlichen dieses Autors vollkommen wertlos ist, geht schon daraus hervor, daß Rubeus zwei Zeilen darauf mit derselben Bestimmtheit und ebenso falsch versichert, Marinianus sei 11 Jahre 1 Monat Bischof gewesen,

---

gewonnenen Daten für die Vorgänger des Felix ergibt sich dann wieder die Notwendigkeit, seine Ordination ins Jahr 709 zu setzen und seinen Tod auf den 27. Nov. 725 zu bestimmen.

1) Greg. I. *reg.* V 51. 57a.

2) Die Stelle im *Lib. pont., v. Doni*, c. 2: *Huius temporibus ecclesia Ravennas . . . denuo se pristinae sedis apostolicae subiugavit. Cuius ecclesiae praesul, nomine Reparatus, e vestigio, ut deo placuit, vitam finivit* steht bekanntlich im Widerspruch zu Agn. c. 116 (*Non sub Romana se subiugavit sede*) und c. 124. Sie ist als Ganzes — und daher auch in ihrem zweiten Satze, der hier allein in Betracht kommt — zu verwerfen; vgl. die Darstellung des Endes der Autokephalie bei Hartmann, *Gesch. It.* II 1, 263. Das Datum für die Erhebung der Brüder Kaiser Konstantins IV. zu Mitregenten bei Kurth, *Die Wandmosaiken von Ravenna*[2] (1912) 221 f. ist falsch (s. Theophan. p. 352 de Boor) und das Kaisermosaik in S. Apollinare in Classe bietet daher keinen weiteren Anhaltspunkt.

während wir wissen, daß er schon Anfang Juli 595 diese Würde bekleidete.

Die Meinung, daß Marinianus am 23. Okt. 618 und nicht am gleichen Tage des Jahres 619 starb, ist an sich naheliegend, da wir andernfalls für die Folgezeit unwahrscheinlich kurze Sedisvakanzen und für Bonus einen Episkopat von wenigen Tagen erhielten; bekräftigt wird sie, wenn wir mit ihr die weltgeschichtlichen Ereignisse, deren Schauplatz Italien damals war, zu kombinieren suchen.

Der Papst Deusdedit war am 8. Nov. 618[1]), also 16 Tage nach Marinianus, gestorben; nach seinem Tode und vor der Ordination Bonifatius V.[2]), die am 23. Dez. 619 stattfand, erhob sich der Exarch Eleutherius als Empörer gegen den Kaiser. Bei diesem Anlaß spielte ein Geistlicher Johannes eine solche Rolle, daß man in ihm die an der Spitze der ravennatischen Kirche stehende Persönlichkeit erkennen kann[3]). Wenn dieser Johannes nun von der über die Geschichte des Eleutherius wohlunterrichteten[4]) Kopenhagener Fortsetzung des Prosper *venerabilis vir*, nicht aber *episcopus* genannt wird, so läßt sich diese auffallende Erscheinung am leichtesten dadurch erklären, daß Johannes damals das zwar schon erwählte, aber noch nicht ordinierte Oberhaupt der Kirche von Ravenna war; ordiniert aber war er deshalb nicht, weil es einen Papst, der ihn zu ordinieren gehabt hätte, nicht gab. Die allzu lang dauernde Sedisvakanz in Rom, deren Ursachen wir allerdings nicht kennen, mag der Anlaß gewesen sein, daß der Empörer vielleicht auf Grund seiner angemaßten kaiserlichen Machtvollkommenheit von der Ordination durch den Papst bei der Kreierung seines Hofbischofs absehn ließ (etwa Sept. 619), worauf er den Zug nach Rom unternahm, um dort Ordnung zu schaffen, und nicht nur von dem sentimentalen oder lediglich im Interesse seines Prestiges gelegenen Wunsch beseelt, dort die Krone zu nehmen,

---

1) Vorausgesetzt, daß man an der Konjektur Pagis festhält, s. J.-E. p. 222. Wer der im folgenden ausgeführten Hypothese nicht zustimmen sollte, braucht darum meinen Ansatz des Todes des Marinianus nicht zu verwerfen; man muß nur den Fehler im *Lib. pont.* an anderer Stelle suchen als Pagi und die Konsekration Bonifatius V. auf den 23. Dezember 618 verlegen, indem man annimmt, daß es *v. Bonif. V.*, c. 1 bezw. im „*Index*" (s. Mommsen in *M. G., Gesta pont. Rom.* p. XXVIIIff.), aus dem diese Notiz geflossen ist, statt „*ann. V*" vielmehr „*ann. VI*" heißen sollte.

2) *Lib. pont., v. Bonifatii V.*, c. 2: *Eodem tempore, ante dies ordinationis eius, Eleutherius patricius et exarchus* (and. Hdschr. *eunuchus*) *factus intarta adsumpsit regnum.*

3) *Auct. Prosp. Havn. extr.* 23 (*M. G., Auctt. antt.* IX 339). Daß dieser Johannes mit dem gleichnamigen Bischof von Ravenna identisch ist, haben zuerst Diehl (*Études* 341, wo der Bischof — natürlich irrig — als „Jean V" bezeichnet wird) und Hartmann (*Unters.* 114f. *Gesch. It.* II 1, 203) erkannt.

4) Vgl. Hartmann, *Unters.* 114: „Der continuator ist am ausführlichsten und wahrscheinlich auch am zuverlässigsten."

ubi imperii solium maneret. Es versteht sich, daß man in Ravenna und vielleicht auch in Rom nach der Katastrophe von Luceoli sich beeilt hat, was etwa Illegitimes vor derselben geschehen war, zu beseitigen oder nachträglich gut zu machen, so daß von diesen Vorgängen fast keine Kunde auf uns gekommen ist.

Den Episkopat des Bonus auf 2—3 Monate zu beschränken, besteht kein Hindernis, da uns außer der Nachricht des Agnellus c. 109, daß Bonus an einem 26. August *in senectute bona* gestorben sei, nicht das geringste über diesen obskuren Kirchenfürsten erzählt wird.

Die letzten Erzbischöfe vor dem Fall der oströmischen Herrschaft sind diese:

    Felix . . . . Sommer 709—27. Nov. 725[1]).

    Johannes VI. ca. 726—744[2]).

    Sergius . . . 744—25. Aug. 769[3]).

Zur Zeit des Sergius endigte im Herbst 750 oder im Frühjahr 751 die Regierung des Exarchen.

II.

Die Munizipalverfassung von Ravenna vom IV. Jahrhundert bis zum Ende der oströmischen Herrschaft (751).

Hegel hat bekanntlich in seiner berühmten Geschichte der Städteverfassung von Italien[4]) nachgewiesen, daß die antik-römische Gemeindeautonomie in Italien im VII. Jahrhundert vollständig aufgehört hat, und zugleich in großen Zügen eine noch heute unersetzte Darstellung des Verfalls dieser Institution gegeben. Die von ihm geschilderte Entwicklung hat auch in Ravenna stattgefunden; aber nirgends haben die antiken Elemente so lange der Zersetzung widerstanden wie hier, was sich hauptsächlich aus der Tatsache erklärt, daß gerade zu der Zeit, zu welcher anderwärts der den politischen nach sich ziehende wirtschaftliche Verfall schon in vollem Gang war, für Ravenna die Zeit der höchsten wirtschaftlichen Blüte erst beginnt, die selbst wieder eine Folge der politischen Bedeutung ist, welche die Stadt durch ihre Erhebung zur kaiserlichen Residenz gewann.

---

1) Siehe S. 56, Anm. 6.

2) Johannes VI. ist durch Spreti I p. 284, n. 325, durch J.-E. 2233 und durch *Lib. pont.*, *v. Greg. III.*, c. 3 für den Anfang der 30er Jahre nachweisbar (vgl. Hartmann, *Gesch. It.* II 2, 121, Anm. 34, wo gezeigt wird, daß die Nachricht, das betreffende römische Konzil habe am 1. Nov. 731 stattgefunden, möglicherweise falsch ist); er lebt noch 743, wie aus *Lib. pont.*, *v. Zachar.*, c. 12 hervorgeht. Daher ist die bei Agn. c. 153 ihm zugewiesene Zeit von 8 Jahren unmöglich und wohl in 18 Jahre zu verbessern.

3) Das Todesdatum aus *Lib. pont.*, *v. Steph. III.*, c. 25.

4) Karl Hegel, *Geschichte der Städteverfassung von Italien*, I. Bd. (1847).

Die Hafenstadt Classis scheint innerhalb der Kommunalverwaltung von Groß-Ravenna eine über die Autonomie eines gewöhnlichen Gemeindebezirks hinausgehende Selbständigkeit besessen zu haben, was man daraus schließen darf, daß sie durchwegs als *civitas Classis* der *civitas Ravenna* gegenübergestellt wird, wie auch in den Marinischen Urkunden neben Tabellionen *civitatis Ravennatis* auch Tabellionen *civitatis Classis Ravennatis* vorkommen[1]).

Der seit Augustus in Ravenna befindliche Flottenpräfekt hat sicherlich von jeher in der Praxis einen großen Einfluß auf die ravennatischen Verhältnisse geübt. Als später die Gemeindeautonomie im ganzen Reich durch das Institut der Kuratoren eine Einschränkung erfuhr, wurden in Ravenna zu einem nicht näher zu bestimmenden Zeitpunkt die Funktionen des Kurators dem Flottenpräfekten übertragen, der deshalb in der *Notitia dignitatum* im Anfang des V. Jahrhunderts als *praefectus classis Ravennatium cum curis eiusdem civitatis* erscheint, dem *magister peditum praesentalis* direkt untersteht[2]) und wahrscheinlich den Clarissimat hat, während er im III. und IV. Jahrhundert *perfectissimus* gewesen sein dürfte[3]). Das blieb so, auch nachdem das weströmische Reich untergegangen war, nur daß die Kriegsflotte in der gotischen Zeit eingegangen zu sein scheint[4]), und der an die Stelle des früheren *praefectus classis* getretene *comes Ravennae* außer für die Stadtverwaltung nur mehr für die überseeische Post und wohl auch für die Hafenpolizei Sorge zu tragen hatte. In seine Kompetenz fiel die Verteilung der persönlichen Leistungen (*operae*), die, jedenfalls in erster Linie zur Erhaltung des

---

1) Vgl. die Inschriften auf den Mosaiken in S. Apollinare nuovo, *CIL* XI 281; ferner Agnellus passim. Gregorii I. *registrum* VIII 17. Paul. Diac. *Hist. Lang.* III 19. VI 44. Classe als Ortsangabe im Datum: Mar. 85 (a. 523). 117 (a. 541). 74, Kol. III, Z. 4 (*in Classe castris praetorio Rav.*, a. 541). 122 (a. 591). Die Bezeichnung *forensis* oder *tabellio civ. Rav.*: passim; *Deusdedit forensis civitatis Classis Rav.*: Mar. 74, Kol. VII, Z. 2 (a. 552). Mar. 119, Z. 73 f. (a. 551); *Honoratus v. h. tabellio Cl(assis)*: Mar. 122, Z. 102. Doch war die *schola* der Tabellionen beider Stadtteile einheitlich: Mar. 110, Z. 38 ein *prim(icerius) scol. for(ensium) civ. Rav. seo Class*. Ein Unterschied zwischen *forensis* und *tabellio* scheint nicht bestanden zu haben. — Der *Isacius v. h. saponarius Classis* in Mar. 117 läßt die Vermutung zu, daß eine örtliche Teilung der Organisation auch bei den andern Zünften bestand.

2) *Not. dign. Occ.* XLII 7 (p. 215 Seeck). Dieselbe Einrichtung bestand damals in Como, *Not. dign.* XLII 9, und entweder früher oder später im IV. oder V. Jahrhundert in Misenum, *CIL* X 3344.

3) Vgl. Hirschfeld, *Die kais. Verwaltungsbeamten*² 454 f., *Kleine Schriften* (1913) 652 f. 661.

4) Denn sonst wären die im J. 526 nach Cassiod. *Var.* V 16—20 von Theoderich ergriffenen Maßnahmen nicht zu verstehen.

Hafens, den ravennatischen Kaufleuten auferlegt waren[1]). Natürlich besaß dieser Beamte einen weit höheren Rang als die gewöhnlichen Kuratoren, von denen er sich auch dadurch unterschied, daß sein Amt jährig war. Es ist kaum zu bezweifeln, daß der *comes Ravennae* zu den *viri spectabiles* gehörte. Da die wichtigste Aufgabe des Kurators einer *civitas* — abgesehen von den in Gemeinschaft mit der Kurie ihm obliegenden Funktionen — die Marktaufsicht[2]) war, so wird wohl auch der *comes Ravennae* diese zu seinen Agenden gezählt haben. Der Titel *comes* wird im ostgotischen Reiche mit Vorliebe verwendet: analog zu unserem Falle heißt der frühere *curator statuarum* in Rom in gotischer Zeit *comes urbis Romae*[3]) und aus dem *praefectus classis Comensis* der *Notitia dignitatum* (*Occ.* XLII 9) ist wohl der gotische *comes* von Comum geworden[4]); desgleichen wurde in jenen größeren Städten, in denen eine *comitiva Gothorum* errichtet wurde, kein Kurator, sondern, um auch darin die Parität zwischen beiden das italienische Königreich bildenden Elementen zum Ausdruck zu bringen, ein römischer *comes civitatis* bestellt[5]). Wahrscheinlich als im Jahre 540 wieder die kaiserliche Verwaltung sich Ravennas bemächtigte, wurden die Befugnisse des bisherigen *comes* einem Beamten überwiesen, der nicht die im Wert schon tief gesunkene *comitiva* erhielt, sondern für den der sachentsprechende Titel *curator* verwendet wurde; wenigstens begegnet uns in den Jahren 597—599 in Ravenna ein *curator* namens Theodorus, der den Titel *vir gloriosus* führt und also einer der vornehmsten Würdenträger in Italien ist. Daraus kann man folgern, daß die oströmische Regierung auf die Verwaltung des strategischen und kulturellen Hauptstützpunktes ihrer Herrschaft in Italien das größte Gewicht legte, während ein Teil der Bedeutung, die der Papst Gregor dem Theodorus beimaß, wohl nur dessen persönlichem Einfluß galt[6]). Der Kurator versah auch jene Agenden, die früher der *praefectus vigilum* von Ravenna besorgt hatte[7]). Das Amt war nicht

---

1) Cassiod. *Var.* VII 14 (*Formula comitivae Ravennatis*), § 2: *negotiatorum operas consuetas nec nimias exigas nec venalitate derelinquas.* Vgl. Mommsen, *Ges. Schr.* VI 432f. Hartmann, *Geschichte It* I 104f.

2) Cassiod. *Var.* VII 12.

3) *Not. dign. Occ.* IV 14 (p. 114 Seeck). — Cassiod. *Var.* VII 13.

4) Siehe Mommsen, *Ges. Schr.* VI 455, Anm. 1. Es ist in Anbetracht der von Mommsen zitierten Inschrift, in welcher der *comes* Gudila als *curator rei publicae* von Faenza erscheint, sehr wohl möglich, daß der *comes Ravennae* ein Gote war.

5) Vgl. Seeck, *RE* IV 641—643.

6) Greg. I. *reg.* IX 44. 92. 116. 133; vgl. VII 34. Daß die Tätigkeit des Theodorus zugunsten des Waffenstillstandes (IX 44) mit seinem Amt nichts zu tun hat, scheint mir sicher.

7) Greg. I. *reg.* IX 116: *Et ut securius iter suum Deo custodiente peragere valeat* (sc. die Gattin des Stadtpräfekten von Rom), *iure ad Perusinam civitatem militari*

mehr jährig; durch die eben erwähnte weitere Kompetenz und durch seinen hohen Rang unterschied es sich von den damals schon beinahe völlig verschwundenen Kuratoren der *civitates*. Man hat in neuester Zeit aus der letzterwähnten Tatsache gefolgert, daß der Kurator Theodorus überhaupt mit der Stadtverwaltung nichts zu tun gehabt habe[1]: mit Unrecht, denn da der entsprechende Beamte in dem immerhin weniger bedeutenden Neapel, der dortige *patronus civitatis* oder *maior populi*, den Rang eines *vir magnificus* hatte[2]), so ist es nicht verwunderlich, daß der Kurator von Ravenna, vielleicht nur ad personam, die nächsthöhere Würde des *gloriosus* besaß. Erinnert das Amt des Kurators von Ravenna in mancher Hinsicht an die römische Stadtpräfektur, so zeigt sich in der der römischen nachgebildeten *praefectura vigilum urbis Ravennatis*, die, nur in gotischer Zeit nachweisbar, zur Zeit der Verlegung der Kaiserresidenz nach Ravenna im Beginn des V. Jahrhunderts[3]) sicher noch

---

eam solacio Dei fulciri disponat (sc. gloria vestra)... Ich wüßte keine andere Befugnis als die des Polizeidirektors, auf Grund deren der Kurator eine solche Verfügung treffen konnte. — Über den *praef. vigilum* s. unten S. 63.

1) Kehr, *Italia pontificia* V (1911) p. 4 zu n. 10. Kehr irrt auch, wenn er sagt, daß Hartmann, *Unters*. 47. 150, dessen Bemerkungen durchaus mit dem Sachverhalt in Einklang stehen, mit ihm übereinstimme. Ebenso hatte schon Hegel, *Gesch. d. Städteverf. v. It.* I 184 das Richtige erkannt.

2) Greg. I. *reg.* IX 47. 53. 76.. Zerfielen früher die *clarissimi* in die 3 Rangklassen der *illustres*, *spectabiles* und *clarissimi* im engeren Sinne, so gliedern sich in der zweiten Hälfte des VI. Jahrhunderts die *illustres*, deren Zahl durch die bis dahin ununterbrochen fortschreitende Entwertung der Titel recht groß geworden war, in die 3 Klassen der Patrizier (*excellentissimi*), titularen Konsuln (*eminentissimi*) und übrigen *illustres* oder *gloriosi* im engeren Sinne; denn das Prädikat *gloriosus* kommt allen drei Kategorien zu. Auf die *gloriosi* folgen im Rang die *magnifici* und übrigen *spectabiles*; daher werden die *duces*, denen für gewöhnlich das Prädikat *magnificus* zukommt, sehr oft *gloriosi* genannt, indem ihnen der Titel und Charakter eines *magister militum* verliehen wird, vgl. Hartmann, *Unters*. 57. 154. Die dreifache Abstufung der *illustres* im VI. Jahrhundert wird m. E. bewiesen durch *Dig.* I 9, 12, § 1 und Photius, cod. 244, p. 393a, Z. 32 f. Bekker; zu beiden Stellen vgl. Hirschfeld, *Kl. Schr.* 664.

3) Ranke, *Weltgesch.* IV 1 (1883) 227 und Seeck, *Gesch. d. Unt. d. ant. Welt* V (1913) 332. 574 nehmen als Zeitpunkt der Verlegung der Residenz das Jahr 402 an, trotz der längeren Aufenthalte, die Honorius auch später noch in Rom nahm. Dasselbe tut Nissen, *Ital. Landesk.* II 1, 183, während er p. 255 als Zeitpunkt dieses Ereignisses das Jahr 404 bezeichnet. Niese, *Grundr. d. röm. Gesch.*[4] (1910) 407 scheint sich für das Jahr 408 zu entscheiden. In Ravenna ist Honorius vom 6. Dez. 402 (*Cod. Theod.* VII 13, 15) bis zum 23. Juli 403 (*Cod. Theod.* VII 18, 12) nachweisbar; vom Dezember 403 (Claudian. *de VI. cons. Honorii* 523 ff. 640 ff.) bis zum 25. Juli 404 (*Cod. Theod.* XVI 8, 17) ist er in Rom, und noch in demselben Jahre wird er nach Ravenna zurückgekehrt sein, wo seine Anwesenheit wieder am 4. Febr. 405 (*Cod. Theod.* XVI 2, 35) und am 7. Dez. 406 (*Cod. Theod.* XI 36, 33) bezeugt ist; sein siebentes Konsulat hat er am 1. Jan. 407 wohl in Rom angetreten und ist dort vom 22. Febr. 407 (*Cod. Theod.* XVI 5, 40)

nicht bestand¹) und von der oströmischen Regierung wieder aufgehoben wurde (s. S. 61f., Anm. 7) die Tendenz ganz deutlich, die Formen der Verwaltung der neuen Hauptstadt denen der alten anzugleichen. Aus dem cassiodorischen Anstellungsdekret für den *praefectus vigilum* von Ravenna ersehen wir auch, daß dieser Beamte wie sein römischer Kollege auf ein Jahr ernannt wurde und daß ihm ebenso wie jenem eine Polizeitruppe unterstand; während aber der stadtrömische Vigilenpräfekt nur Polizeidirektor ist, vereinigt der ravennatische mit diesen Befugnissen die Kapitalgerichtsbarkeit, soweit diese nicht vom *praefectus praetorio* und dem Vikar von Italien, vom militärischen und vom Kaiser(Königs)-Gericht geübt wurde²), mit andern Worten jene Kriminaljurisdiktion, welche in der Provinz Flaminia deren ebenfalls in Ravenna residierendem *consularis* zustand. Daraus ergibt sich, daß Ravenna spätestens seit dem Ende des V. Jahrhunderts aus dem Amtsbezirk des *consularis* der Flaminia eximiert war; und zieht man dazu die Erwähnung des *consularis* zum Jahre 772 in Betracht, so bleibt nur das zweifelhaft, ob die kaiserliche Regierung, als sie die *praefectura vigilum* aufhob, die polizeilichen Agenden derselben dem Kurator von Ravenna, die richterlichen dagegen dem Konsular der Flaminia überwies, oder ob — und das möchte ich vorziehen — zunächst der Kurator alle Befugnisse des *praefectus vigilum* übernahm und erst als der Kurator, wohl gleichzeitig mit der Kurie und der Prätorianerpräfektur um die Mitte des VII. Jahrhunderts, beseitigt wurde, an seine

---

bis zum 3. Febr. 408 (*Cod. Theod.* I 20, 1) nachweisbar; am 24. Sept. war er in Mailand (*Cod. Theod.* IX 42, 20), nachdem er sich vorher in Bologna und Pavia aufgehalten hatte, am 14. Nov. 408 in Ravenna (*Cod. Theod.* XVI 5, 42), das er dann nur mehr einmal auf kurze Zeit im Jahre 417 verließ. — Ich möchte mit Gregorovius, *Gesch. d. Stadt Rom im Mittelalter*⁴ (1889) 116 und Mommsen, *Ges. Schr.* VI 396 den mehr als zweijährigen ununterbrochenen Aufenthalt, den Honorius im Jahre 404 in Ravenna nahm, als die Zeit ansehn, in der die Stadt zur offiziellen Residenz wurde.

1) Sonst müßte er in der *Not. dign.* erwähnt werden. Dagegen findet sich in dieser (*Occ.* XLII 6) unmittelbar vor dem Flottenpräfekten ein gleichfalls in Ravenna stationierter *praefectus militum iuniorum Italicorum*, der ebenso wie der Admiral direkt dem *magister peditum praesentalis* untersteht; die Hypothese Böckings (Bd. II p. 996 seiner Ausgabe der *Not. dign.*), daß es sich hier um eine Polizeitruppe handelt, ist sehr wohl möglich. Ist sie richtig, so ist einfach an deren Stelle später das Korps der Vigiles mit seinem Präfekten getreten.

2) Cassiod. *Var.* VII 8 (*Formula praefecturae vigilum urbis Ravennatis*), besonders § 4: ... *quia de effusione humani sanguinis agitur* ... Dagegen heißt es in der Formel für den stadtrömischen *praef. vigilum* (*Var.* VII 7) § 2: *quos* (sc. fures) *etsi tibi leges punire minime praecipiunt, tamen eos indagandi licentiam non tulerunt* etc., und im § 4: ... *necesse est in tam magna civitate per diversos iudices agi, quod ab uno non potest explicari*. Die Gerichtsbarkeit in Rom übten eben der Stadtpräfekt und der *vicarius urbis Romae* aus. Darauf bezieht sich auch die kurze Bemerkung von Mommsen, *Ges. Schr.* VI 433.

Stelle der Consularis trat, dem sein ursprünglicher Wirkungskreis durch die seit dem Ende des VI. Jahrhunderts platzgreifende militärische Verwaltung genommen war[1]).

Die Steuerverwaltung von Ravenna bedarf hier keiner Erörterung, da sie sich in das von Hartmann, *Unters.* 93 ff., 172 ff. dargestellte Schema einfügt; mit der Einschränkung vermutlich, daß gemäß dem oben (S. 63) Ausgeführten der *comes* und später der *curator* von Ravenna auch diesbezüglich die Agenden des Provinzstatthalters übernommen haben wird. In diesen Zusammenhang gehört auch die schwierige Cassiodorstelle *Var.* X 28 mit den *capitularii horreariorum et tabernariorum* (vgl. über diese Hartmann, *Analekten* 33, Anm. 1); jedenfalls geht aus dem Brief hervor, daß die Einhebung der *aurilustralis collatio* von den einzelnen Korporationen durch Mitglieder derselben erfolgte, die vom Präfekten des Prätorium auf 5 Jahre dazu bestimmt wurden.

Der *liquatarius* von Ravenna ist ein Beamter, der nur unter Athalarich bezeugt ist und, wie es scheint, mit dem Befestigungswesen und den Verkehrswegen der Stadt, wenigstens soweit sie strategisch von Bedeutung sind, zu tun hat. Der Name ist unerklärlich; Cujat wollte *siliquataris* (= Einnehmer des *siliquaticum*) lesen, da uns im gotischen Italien solche Beamte unter einem *comes siliquatarioeum* begegnen[2]), doch die erwähnte Kompetenz des Funktionärs läßt diese Lösung nicht zu. Auch welchen Rang der *liquatarius* einnahm, kann man nicht ersehen[3]).

Die weitgehende Kompetenz der bisher besprochenen Organe hatte zur Folge, daß der in allen Städten des Reichs im IV. Jahrh. (über die Datierung s. Mitteis, *Grundz. u. Chrestom. d. Papyruskunde* II 1, 31) eingerichtete *defensor*, während er sonst den *curator* an Macht und Ansehn übertrifft[4]), in Ravenna vielmehr hinter dem Beamten, welchem

---

1) Lib. pont., v. Hadriani, c. 14: ... *Leo archiepiscopus ... tradidit eundem Paulum consulari Ravennantium urbis* ... c. 16: ... *Et continuo praenominatus archiepiscopus, accersito consulare Ravennantium civitatis, praecepit ei ipsum interficiendum Paulum.* Es handelt sich um den Untergang des Paulus Afiarta. Hegel a. a. O. I 262 hat erkannt, von welchem Amt die Rede ist. Vorher sind Konsulare der Flaminia zuletzt in gotischer Zeit nachweisbar (s. Cantarelli, *La diocesi Italiciana* 56). — Vgl. auch H. Cohn, *Die Stellung der byzantinischen Statthalter in Ober- und Mittelitalien* (1889) 6.

2) Cassiod. *Var.* II. 12. 26.

3) Cassiod. *Var.* XII 17. — Ferner hat es vielleicht auch in Ravenna einen *tribunus voluptatum* gegeben, obwohl er hier nicht nachweisbar ist; s. Mommsen, *Ges. Schr.* VI 434.

4) Über den *defensor civitatis* im allgemeinen s. Seeck, *RE* IV 2365 ff. Diehl, *Ét. sur l'admin. byz.* 101 ff. — Hier sei nur daran erinnert, daß die ursprünglich unbegrenzte Amtsdauer bald auf 5 Jahre bemessen wurde, in gotischer Zeit aber nur ein Jahr und seit Justinian 2 Jahre betrug, und daß die Ernennung ursprünglich durch den Präfekten erfolgte, während seit 409 der

die *cura* der Stadt obliegt, zurücktritt. Melminius Andreas, im Jahre 552 *defensor* von Ravenna, führt nur den Titel *vir clarissimus*[1]), der zu jener Zeit seinen alten Glanz schon vollständig eingebüßt hatte und auch häufig an Notare und Personen des Handelsstandes verliehen wurde[2]). Die *viri clarissimi* stehen im Rang um einen Grad den *spectabiles*, von denen später die meisten den Titel *magnificus* führen, um zwei Grade den *gloriosi* nach: und deshalb ist es unmöglich, in dem Fl. Aurelianus *vir gloriosus eloquentissimus optimus* der Urkunde Mar. 74 den *defensor* zu sehen, wie Diehl will, der sich dazu durch den Umstand hat bewegen lassen, daß Aurelianus an jener Stelle derselben Tätigkeit obliegt wie im Jahre 552 der erwähnte *defensor* Melminius Andreas, nämlich zusammen mit einem *magistratus* der Insinuation einer Urkunde. Allerdings passen zu dieser Tätigkeit eines *defensor* auch vorzüglich die von Diehl herangezogenen Gesetzesstellen, aber manches spricht dafür, daß auch der *curator* eine solche Amtshandlung vornehmen konnte und da er der einzige hier in Betracht kommende Funktionär ist, dem der Titel *gloriosus* eignet, so dürfen wir nicht anstehen, in Aurelianus den *curator* zu erkennen[3]).

Defensor „durch einen gemeinsamen Beschluß des Klerus, der Honorati, der Großgrundbesitzer und der Decurionen" gewählt wird und zunächst vom Präfekten, seit 458 vom Kaiser, bezw. später vom König und in oströmischer Zeit wieder vom Präfekten bestätigt wird.

1) Mar. 74, Kol. V, Z. 12. Kol. VI, Z. 3.

2) Z. B. Mar. 74. Von den Kol. V, Z. 12f. genannten *principales* ist einer, Melminius Cassianus, *v. c.*, die beiden andern, wie üblich, *viri laudabiles*. Die Zeugen Ammonius (Kol. V, Z. 13. VI, Z. 7), Vitalis (Kol. VI, Z. 5) und Georgius (Kol. VI, Z. 9) sind *viri clarissimi*, der Zeuge Theodorus, der jedenfalls derselben Gesellschaftsschicht wie die andern angehören dürfte, dagegen nur *vir honestus* (ebd. Z. 10). Auch der Seidenhändler Theodolus (ebd. Z. 6) ist *v. c.*, während ein anderer Seidenhändler, Georgius, um dessen Testament es sich hier handelt, nur als *vir devotus* erscheint (Kol. V, Z. 13. VI, Z. 14). In den Marinischen Urkunden finden sich noch andere Beispiele für die Entwertung des Titels *clarissimus*; ebenso CIL XI 313 (wo nicht *nu[m(eri)]*, sondern *nu[m(erarius)]* u. zwar *scrinii [c]an(onum)*, vgl. Mar. 95, Z. 1, zu lesen ist). 350. Vgl. Diehl, *Études* 126. 164.

3) Mar. 74, Kol. VII, Z. 12f. Kol. VIII. Der volle Name lautet Fl. Marianus Michaelius Gabrielius Petrus Johannis (sic) Narses Aurelianus Limenius Stefanus Aurelianus; die Sigle *el.*, bzw. *e.* und *o.* sind von Diehl gewiß richtig *eloquentissimus* und *optimus* gelesen worden; ebenso bedeutet *gl.* selbstverständlich und um so mehr *gloriosus*, das eigentliche Rangprädikat des Beamten, als dieser Kol. VIII, Z. 2 als *gloriosa potestas* bezeichnet wird. — Diehl, *Études* 102. 126. Wenn Cod. Theod. VIII 12, 8 vom 23. März 415 verfügt, daß außer den Provinzialstatthaltern nur die Magistrate und Defensoren Schenkungsakte beglaubigen sollen, die Kuratoren aber *ab huiuscemodi negotio temperare debebunt, ne tanta res eorum concidat vilitate*, so kann das natürlich für Ravenna nicht gelten, wo dieses Amt sich anders entwickelt und an Bedeutung nur gewonnen hat; die gewaltsame Erklärung der Stelle bei Savigny, *Gesch. d. röm. Rechts im Mittelalter* I² (1834) 65f. ist deshalb nicht nur falsch, sondern auch unnötig. Daß dem

Lange besteht die Kurie in Ravenna fort, die allerdings, durch die erwähnten Behörden ihrer wichtigsten Kompetenzen beraubt, seit dem V. Jahrhundert ausschließlich als Registrierstelle für Urkunden (Testamente, Kaufverträge, Schenkungen) in Erscheinuug tritt. Und auch da treten regelmäßig nicht alle Kurialen — diesen kommt bekanntlich das Prädikat *vir laudabilis* zu — in Aktion[1]), sondern nur 3 oder 4 *principales* außer dem Magistrat und dem Stadtschreiber, da ein Gesetz vom 7. Mai 396 verfügte, daß zur gesetzlichen Wirksamkeit der *gesta municipalia* die Anwesenheit eines *magistratus*, des *exceptor* und dreier Kurialen genüge[2]). Den Vorsitz in der Kurie führen in der Regel zwei, mitunter auch nur ein *magistratus*, in den beiden besprochenen Fällen bei Mar. 74 einmal der Defensor, das andere Mal der Kurator zusammen mit einem Magistrat. Die Magistrate, die früheren *IIII viri*, bzw. *II viri iure dicundo*, wurden seit dem Ende des II. Jahrhunderts kaum noch besonders gewählt, sondern es dürften alle Kurialen in einem Turnus das jährige Amt bekleidet haben[3]). Man ist allgemein der Ansicht, daß in den Marinischen Urkunden auch *quinquennales* erwähnt werden; indessen wird die von Diehl[4]) ausgesprochene Vermutung, daß statt *Ql.* (= *quinquennalis*) vielmehr *Vl.* (= *vir laudabilis*) zu lesen ist, außer durch die von ihm beigebrachten gewichtigen Gründe durch die Tatsache gestützt, daß die beiden zeitlich bestimmten Erwähnungen der angeblichen Quinquennalen in die Jahre 491 und 552 fallen[5]), während, wenn es wirklich Quinquennalen wären, die Differenz der Jahreszahlen durch 5 teilbar sein müßte. Immerhin ist es möglich, daß die Erwähnung zum Jahre 491 und andere ins Ende des V. Jahrhunderts ge-

---

Kurator die oberste Leitung der Kurie zustand und er infolgedessen wohl berechtigt war, gelegentlich in ihr den Vorsitz zu führen, geht aus Cassiod. *Var.* VII 12 hervor, wo es heißt: ... *laudabiles ordines curiae sapienter gubernes.* Vgl. auch Lécrivain, *Mél. d'archéol. et d'hist.* 1884, 138. — Die Urkunde gehört, wie Marini richtig erkannt hat, in die Zeit zwischen 552, in welchem Jahre das Kol. V, Z. 11 beginnende Protokoll aufgesetzt wurde, und 575, wo der Kol. VIII, Z. 1 vorkommende Defensor der ravennatischen Kirche Thomas schon tot ist (Mar. 75, Z. 43).

1) Man ist wohl nicht berechtigt, aus Mar. 86, Z. 48 auf eine Ausnahme von dieser Regel zu schließen.
2) *Cod. Theod.* XII 1, 151. — Wie das Fehlen des dritten Namens in Mar. 88a zu erklären ist, läßt sich nicht sagen. Es ist nicht völlig ausgeschlossen, daß aus irgend einem Grunde der Theodosius *v. c.* auf dem abgerissenen Ende des Papyrus (s. Marinis tav. XI.; bei Marucchi, *Monumenta papyracea bibliothecae Vaticanae* ist dies Pap. n. 17) unterschrieben hatte.
3) *Dig.* L 4, 6 pr.; vgl. Hegel I 44.
4) *Études* 98 f., Anm. 8.
5) Mar. 84. 74, Kol. VI, Z. 11. In letzterem Falle hat Diehl die Unrichtigkeit der Marinischen Lesung besonders wahrscheinlich gemacht.

hörende richtig sind, da das *edictum Theoderici* diese Institution noch kennt und erst durch den *Cod. Just.* ihre Abschaffung bezeugt ist[1]). Aus einer Zusammenstellung der Magistrate und Kurialen von Ravenna[2]) kann man ersehen, daß nur wenige Familien, unter denen besonders das Geschlecht der Melminier hervortritt, dem auch der Defensor von 552 angehört, diese städtische Aristokratie bilden; und der Umstand, daß sich diese Gemeindefunktionäre oft von Verwandten vertreten lassen, zeigt, welch geringen Wert sie ihrer öffentlichen Tätigkeit beimaßen[3]).

Von dem Kanzlei- und Hilfspersonal der Kurie sind für Ravenna der *exceptor* und eine Mehrzahl von *officia*[4]) bezeugt. Der Exceptor war in erster Linie Protokollführer der Kurie und wurde ihr aus den Bureaux des Präfekten von Italien von diesem zur ständigen Dienstleistung zugewiesen. Bei besonders wichtigen Anlässen scheint der Präfekt bisweilen einen *praerogativarius* entsandt zu haben, der im Rang höher stand als der auch *scriba Ravennas* genannte *exceptor curiae*[5]).

Die Kurie von Ravenna hat den Ruhm, unter allen aus der antiken Städtefreiheit erwachsenen Organismen am längsten der Zersetzung standgehalten zu haben, länger selbst als der römische Senat, der zum

---

1) Vgl. Savigny, *Gesch. d. röm. Rechts im Mittelalter* I² 112f. 353, woselbst auf *Cod. Just.* V 27, 1 verwiesen wird; ferner Mommsen, *Ges. Schr.* VI 433, Anm. 6.

2) Bruns-Gradenwitz, *Font. iur. Rom.*⁷ p. 317f.; Mar. 74, I 1. II 7. 10. IV 6. 7. V 4. 12f. VI 3. VII 12. VIII 4; 75, 30; 82, I 8f.; 83, III 3f.; 84, III 3f.; 88; 88a; 94; 113, 2. 7; 114. 112f.; 115, III; 141.

3) Daß Aurelius Verinus a. 489 (Mar. 83, Z. 4) und Fl Proiectus (Mar. 84, Kol. III, Z. 4) deshalb nicht selbst unterschreiben, weil sie Analphabeten seien, wie Marini p. 283, Anm. 29 und Diehl, *Études* 96 wollen, halte ich für ausgeschlossen, wenn wir auch die Gründe der erwähnten Tatsache nicht feststellen können.

4) Mar. 74. 80. 82. 88. 113. 115. Über die Formel *a competenti officio suscipi* s. Diehl, *Études* 98. — Die Person, die in Mar. 94 (a. 625) meldet, daß draußen eine Partei warte, mag wohl ein *apparitor* der Kurie sein. Ein *tabularius* ist nur für die Kurie von Faenza bezeugt (Mar. 116). Die Zitate bei Diehl, *Études* 98, Anm. 3—5 stimmen nicht.

5) Cassiod. *Var.* XII 21: Ernennungsschreiben für Deusdedit, *scribae Ravennati*, welcher, da dieser Brief aus den Jahren 533—537 stammt, ohne weiters nach Marinis Vorgang mit dem a. 540 vorkommenden Exceptor Deusdedit (Mar. 115, Kol. III) zu identifizieren ist. Die Worte, mit denen Mar. 74, wo ja auch der Kurator interveniert hat, schließt: *Fl. Severus except pro Bonila praerogativario edidi*, möchte ich so erklären, daß, während sonst der protokollführende Exceptor auch die Ausfolgung der *gesta* vornehmen kann, weil er gleichzeitig Kanzleichef der Kurie ist, in diesem Fall der *praerogativarius* zwar das Protokoll führt, aber mangels amtlicher Beziehungen zur Kanzlei der Kurie die Ausfolgung der *gesta* dem Kanzleileiter, d. i. dem Exceptor überlassen muß. Über die *praerogativarii* s. Cassiod. *Var.* XII 27. — Einen weiteren Exceptor, Gunderit, kennen wir durch Mar. 88a v. J. 572.

allerletzten Male 603 in der Geschichte erwähnt wird[1]), während jene mit ihren Magistraten noch in der Urkunde Mar. 94 vom Juni 625 amtshandelnd auftrat. Die Ursachen, welche den Niedergang der Städtefreiheit überhaupt nach sich gezogen haben, konnten sich in Ravenna eben nicht so früh wie anderswo geltend machen, sowohl wegen des allgemeinen wirtschaftlichen Aufschwungs, der durch die Verlegung der Residenz nach Ravenna und die mehr als vierzigjährige Friedenszeit unter der gotischen Regierung veranlaßt wurde, als auch deshalb, weil die Zentralregierung an ihrem Sitze eine weit strengere Kontrolle üben und weil man in der Residenz etwaigen Mißbräuchen der Bureaukratie viel wirksamer entgegentreten konnte, als es die der Beamtenwillkür wehrlos preisgegebenen Provinzialen zu tun vermochten; und die Worte des Kaisers Maiorianus, mit denen er gelegentlich seiner Gesetzgebung zu gunsten der Kurien diese überschwenglich preist[2]), dürften, wenn sie auch im allgemeinen wirkungslos verhallten, doch nicht verfehlt haben, die gesellschaftliche Stellung der Kurialen seiner Residenz zu festigen. So kommt es, daß vermutlich erst mit der kriegerischen Not, die seit 535 fast ein und ein halbes Jahrhundert hindurch mit geringen Unterbrechungen Italien verwüstet hat, der Verfall der Kurie von Ravenna begann. Begründet war er einmal im wirtschaftlichen Niedergang des ganzen Landes[3]), der die grundbesitzende Lokalaristokratie, welche die Kurie ausmachte, viel unmittelbarer traf als die handel- und gewerbetreibende Bevölkerung Ravennas, der noch eine Zeitlang die politische Stellung und günstige geographische Lage der Stadt zu gute kam: sodann in dem wachsenden Einfluß der Kirche, die seit der pragmatischen Sanktion Justinians in immer höherem Maße ihren Wirkungskreis auf Kosten der alten Verwaltungsbehörden erweiterte, ein Vorgang, der sich in Ravenna umso eher abspielen konnte, als hier die Kirche aus politischen Gründen ein Schoßkind der oströmischen Regierung war und durch deren Förderung im Gegensatz zu dem allgemeinen Niedergang im VII. Jahrhundert ihre höchste wirtschaftliche und politische Blüte erreichte[4]); endlich in der mit dem Exarchenregiment beginnenden und rasch fortschreitenden Verdrängung der Zivilbehörden durch das Militär und dem Bedürfnis der Regierung, die zu *limitanei*[5]) gewordenen Soldaten des *exercitus Ravennas*

---

1) Greg. I. *reg.* XIII 1. Bekanntlich ist es mehr als zweifelhaft, ob man in dem hier erwähnten Senat noch eine politisch tätige Körperschaft erblicken kann.

2) *Nov. Maior.* 7, pr. (vom 6. Nov. 458): *Curiales nervos esse rei publicae ac viscera civitatum nullus ignorat; quorum coetum recte appellavit antiquitas minorem senatum.*

3) Vgl. darüber Hartmann, *Unters.* 83 f. 168.

4) Vgl. Hartmann, *Unters.* 86 ff. 169 f.

5) Vgl. Hartmann, *Unters.* 58 und die von ihm 151 zitierten Stellen des *Codex Justinianus.*

mit Grundstücken auszustatten. Es ist bezeichnend, daß nicht lange, nachdem die Kurie, welche das Gros der ravennatischen Grundbesitzer bildet, aus der Geschichte verschwunden ist, der *exercitus Ravennas* zum ersten Male als eine politischer Regungen im Sinne der päpstlich-italienischen Unabhängigkeitstendenzen fähige Miliz erscheint[1]). Die Assimilation dieser Truppe erfolgte so rasch, daß die Erhebung ihrer 11 Regimenter im Jahre 710, die dem Exarchen Johannes Rizocopus das Leben kostete, zugleich ein Aufstand der ganzen Bevölkerung ist, und daß der Anführer in diesem Aufstande, Georgius, der Sohn des berühmten Johannicius, der Neuorganisation der Bevölkerung, die dann im IX. Jahrhundert noch unverändert bestand, die militärische Gliederung der Garnison zu grunde legen konnte. Wahrscheinlich war diese Einteilung der Bevölkerung zugleich eine lokale, indem jeder der 11 numeri in dem Stadtteil garnisoniert haben wird, aus welchem er sich ergänzte; als zwölfter Volksteil wurden der Klerus und alle von der Kirche abhängigen Personen, zu denen die (wohl als Almosenempfänger) *non honore digni* hinzukamen, dieser Organisation angegliedert, von der sich nicht mehr ermitteln läßt, inwiefern und ob überhaupt die ravennatischen Zünfte in sie einbezogen wurden. Es ist undenkbar, daß diese militärische Gliederung des ganzen Volkes hätte durchgeführt werden können, wenn sie nicht schon seit längerer Zeit in administrativer Beziehung vorbereitet worden wäre; und das führt uns zu der Vermutung, daß die *tribuni* der zur ständigen Garnison gehörenden *numeri* mit ihren *vicarii* und *domestici* in dem Stadtteil, in welchem ihr *numerus* lag, ebenso gegen die Mitte des VII. Jahrhunderts an Stelle der Zivilbehörden (Kurator, Defensor und Kurie) die Verwaltung übernommen haben, wie die *tribuni* der einzelnen *castra* in der Provinz es getan hatten. Nur die Rechtsprechung wurde wenigstens zum Teil noch vom *consularis* (s. o. S. 63f.) und bei Zivilstreitigkeiten von den rechtsgelehrten *consiliarii* des Exarchen geübt, die aber vielleicht auch nur Appellationsinstanz waren, während natürlich der Exarch auch selbst in jeder Art von Prozessen judizieren konnte[2]). Wenigstens in der letzten Zeit der oströmischen Herrschaft scheint an

---

1) *Lib. pont., v. Mart.*, c. 4. Ich denke an eine systematische und allmähliche Enteignung des Kurialbesitzes. Vgl. auch Hartmann, *Gesch. It.* II 1 (1900) 136.

2) Agn. c. 140. Vgl. Hartmann, *Unters.* 62f. 157ff.; die von Ernst Mayer, *Italienische Verfassungsgeschichte* I (1909) 400, Anm. 59 dagegen erhobenen Einwände sind unstichhaltig. — Die 11 *numeri* haben bei Agnellus die Namen: *Ravenna, bandus primus, bandus secundus, bandus novus, invictus, Constantinopolitanus, firmens, laetus, Mediolanensi, Veronense, Classensis*; die andern von Hartmann, *Unters.* 158 zusammengestellten Erwähnungen von *numeri* beziehen sich auf die Expeditionsarmee des Exarchen, die um die Zeit des Friedensschlusses zwischen dem Reiche und den Langobarden (ca. 680) zu bestehen aufgehört haben dürfte. Daher ist in einer Urkunde vom 3. März 767 (Fantuzzi, *Monumenti Ravennati* II

der Spitze der Gesamtverwaltung von Ravenna, über den Tribunen der *numeri*, ein *dux* gestanden zu sein, der natürlich unmittelbar dem Exarchen unterstellt gewesen sein muß[1]).

p. 4) für *Constantinus tribunus numerum*. „*Leon.*" wahrscheinlich nach Fantuzzis Vorschlag (a. a. O. II p. 486) „*Veron.*" zu lesen, wie auch Diehl, dessen sonstiger Darstellung in diesem Zusammenhang ich nicht zustimmen kann, *Études* 117, Anm. 1 es tut, oder man muß, wie Hartmann a. a. O. es andeutet, an den *bandus laeti* denken; auf jeden Fall zieht Savigny, *Gesch. d. röm. Rechts im Mittelalt.* I² 391 f., Anm. p mit Unrecht die *Leones iuniores* der *Not. dign.* heran. — Zum etwaigen Zusammenhang zwischen der militärischen Organisation und den Zünften vgl. Hartmann, *Analekten* 28 f. — Über die Rechtsprechung durch den Exarchen und seine *consiliarii* vgl. Hartmann, *Unters.* 32 f. 140 f. und Diehl, *Études* 176 f. 181 f.; beide zitieren Mar. 123 aus der Zeit des Eleutherius. Die Diurnusformel 62 (*Iudicibus Ravenne*), die wahrscheinlich ins Jahr 686 gehört (vgl. Kehr, *It. pont.* V p. 8 zu n. 29), bezeichnet den angeredeten Funktionär als *eminentissimus consul*. Man darf annehmen, daß sie sich in erster Linie auf die *consiliarii* und *scholastici* des Exarchen bezieht, die zum Teil schon in den Gregorbriefen erscheinen als *gloriosi* und deren Rang durch das Aufhören der Präfektur nur gestiegen sein kann. Diehl, *Études* 166 denkt an den Präfekten, aber da es für alle *iudices Ravennae* nur eine Formel gibt, so müssen die darin vorkommenden Titel ihnen allen zustehen. Daß nicht nur der Präfekt *eminentissimus* ist, sondern daß dieses Prädikat in oströmischer Zeit allen Konsuln zukommt, beweisen der Paulus *eminentissimus consul* des *Codex Bavarus* (n. 32, Fantuzzi, *Mon. Rav.* I p. 15) aus der Mitte des VIII. Jahrhunderts und die von Koch, *Die byzantinischen Beamtentitel von 400 bis 700* (1903) 87 zitierten Texte. Koch zieht aber p. 89 daraus nicht die notwendige Folgerung, die ich auch oben S. 62 Anm. 2 verwendet habe und H. Cohn, *Die Stellung der byz. Statthalter in Ober- und Mittelitalien* 118 schließt ohne Berechtigung aus dem *Liber diurnus*, „daß alle höheren Beamten Ravennas, besonders wohl die militärischen, Consuln hießen".

1) In einer Urkunde vom 10. Febr. 752 (Fantuzzi, *Mon. Rav.* II p. 155) gebraucht der ravennatische *clerico Urso* die Worte ... *quondam genitoris mei Johanne duce civ. Ravenne*... Cohn, *D. Stell. d. byz. Statth. in Ober- u. Mittelital.* 7 legt auf einen zufälligen Umstand mit Unrecht Gewicht, indem er daraus, daß in dieser Urkunde die Zeugen und der Notar langobardische Namen tragen, schließt, Johannes sei langobardischer *dux* gewesen. Es ist wenig wahrscheinlich, daß dieser Mann mit dem römischen Namen, dessen Sohn Ursus auch einen römischen Namen hat, sein Amt in der kurzen Zeit der ersten Besetzung Ravennas durch die Langobarden (etwa 732/33, vgl. Hartmann, *Gesch. It.* II 2, 133; ich glaube, daß man nicht, wie Kretschmayr, *Gesch. v. Venedig* I [1905] 48. 419 es tut, den von Hartmann aus Paul. Diac. *Hist. Lang.* VI 54 gewonnenen chronologischen Anhaltspunkt vernachlässigen darf) bekleidet habe; es ist auch nicht wahrscheinlich, daß Johannes, der am 10. Febr. 752 schon tot ist, wenige Monate vorher von Aistulf zum *dux* ernannt worden wäre, zumal aus der Urkunde nicht hervorgeht, daß sein Tod erst kürzlich erfolgt sei. Cohn selbst (p. 8, Anm. 5) gibt zu, daß es unter dem Exarchen von Afrika einen *dux* von Karthago gab, was auch für eine analoge Einrichtung in der Residenz des andern Exarchen spricht. Aus den von Agn. c. 152 gebrauchten Worten *exarchus huius civitatis* auf eine unmittelbare Verwaltung der Stadt durch den

Exarchen zu schließen, wäre in jedem Fall unzulässig, ist es aber ganz besonders bei einer Quelle wie Agnellus. Auch irrt Cohn (p. 6), wenn er aus der Nennung von *duces* in der Überschrift zu Greg. I. *reg.* VII 42 (= J.-E. 1414) folgert, es könne damals keinen *dux* von Ravenna gegeben haben, „weil ‚duces' die Existenz eines dux ausschließen". Unter den als *duces* bezeichneten hohen Offizieren könnte ja auch ein Stadtkommandant gemeint sein, der damals (a. 596) natürlich noch nicht viel mit der Stadtverwaltung zu tun gehabt haben kann. Ich möchte daher in dem Dux Johannes mit Diehl, *Études* 117, Anm. 2 (der keineswegs, wie Cohn behauptet, dem von ihm selbst a. a. O. 25 Ausgeführten widerspricht) einen oströmischen Funktionär sehn, wie auch der Nachfolger der oströmischen Regierung, Papst Stephan III., einen *dux* Eustachius nach Ravenna schicken wird (*Cod. Carol.* 49, *M. G., Epp.* III 569). — Es ist aber immerhin möglich, daß erst jener Georgius — zutreffend bezeichnet ihn Gregorovius, *Gesch. d. Stadt Rom* II[4] 201 „schon in der Sprache des Mittelalters" als *capitano del popolo* — die Befugnisse und den Titel eines *dux* sich beigelegt hat und daß die kaiserliche Regierung nach der Wiederherstellung ihrer Autorität mit der übrigen durch die Revolution geschaffenen Organisation auch dieses Amt hat anerkennen müssen. Eine wertvolle Analogie könnte die Begründung des Dukats in Venedig bieten; es scheint mir wahrscheinlich, daß Paulutius, der sicher *dux* war, ebenso an die Spitze der venezianischen Tribunen trat wie der jedenfalls zu ihm in Beziehungen stehende Georgius es in Ravenna machte. Dann könnte Paulutius doch der erste Doge gewesen sein; vgl. indessen Hartmann, *Unters.* 126. *Gesch. It.* II 2, 108 f. 120, Anm. 29. Dafür, daß Ravenna nicht ebenso unmittelbar dem Exarchen unterstand wie die übrige Romagna mit Ausschluß des Dukats von Ferrara, sprechen auch die von Diehl, *Études* 52 zitierten Texte, die aber auch alle jünger als das VII. Jahrhundert sind.

Des Tiberius Constantinus Novelle περὶ ἐπιβολῆς und der Edictus domni Chilperici regis.

Von **Ernst Stein**.

Adiectio (*iunctio*, ἐπιβολή) heißt im späteren römischen und im byzantinischen Recht die Einrichtung, daß den Grundeigentümern, die an ihren Besitz angrenzenden verlassenen und unfruchtbaren Äcker gegen die Verpflichtung zugeschlagen werden, daß sie die auf diesen Grundstücken lastenden Steuern entrichten. H. Monnier, dem wir eine vielfach grundlegende Arbeit über dieses für die davon Betroffenen überaus drückende Institut verdanken[1]), hat der Vermutung Ausdruck gegeben, daß Kaiser Tiberius Constantinus (reg. seit 574, Augustus 578—582) die ἐπιβολή abgeschafft habe[2]). Monnier hat jedoch einen zwingenden Beweis für seine Meinung nicht erbracht; er konnte für sie im wesentlichen nur geltend machen, daß Tiberius eine — nicht erhaltene — Novelle[3]) betreffend die ἐπιβολή erlassen hat, und daß von der ἐπιβολή in den Quellen weiterhin nicht mehr die Rede ist, bis Kaiser Nicephorus I. das ἀλληλέγγυον einführt (Theophan. A. M. 6302, p. 486 de Boor), was ebenso gut eine Neuschöpfung wie eine Reformierung der ἐπιβολή gewesen sein könnte. Aber bei der Quellenarmut des VII. und VIII. Jahrhunderts erscheint ein Schluß *ex silentio* unzulässig, und der Byzantinist müßte die Frage offen lassen, wenn nicht von anderer Seite ein neues Licht auf sie geworfen worden wäre.

Dopsch[4]) hat nämlich zur Evidenz gezeigt, daß die in den fränkischen Pertinenzformeln des VII. und VIII. Jahrhunderts vorkommende Wendung *iunctis vel subiunctis*, später gewöhnlich *adiacentiis vel appendiciis*, mit der die gleichfalls in frühmittelalterlichen Pertinenzformeln oft begegnende Wendung *cultis et incultis* zusammenzuhalten ist, „die Zubehör eines entsprechenden Anteiles an dem noch unaufgeteilten *ager inutilis*, dem angrenzenden Ödland", bezeichnet, also das Fortbestehen der *adiectio* auch im fränkischen Reiche anzeigt. S. 352ff. hat Dopsch weiter dargetan, daß auch das im § 3 des Edikts[5]) des Merowingers Chilperich (561—584) aufgehobene Vicinenerbrecht und der Titel *De migrantibus* in der *Lex Salica*, durch welchen den Dorfgenossen das Recht eingeräumt wird, die Niederlassung von Fremden im Dorfe zu verhindern, denselben Tendenzen entspringen wie das griechisch-römische Näherrecht, die προτίμησις.

---

1) In der *Nouvelle revue historique de droit français et étranger* XVI (1892). XVIII (1894). XIX (1895).
2) A. a. O. XVIII (1894) 447 ff.
3) Vgl. *Ius Graeco-Romanum* III p. 31 Zachariae.
4) A. Dopsch, *Wirtschaftliche und soziale Grundlagen der europäischen Kulturentwicklung* I (1918) 344 ff.
5) *M. G., LL.* sect. II., t. I, p. 8 ff.

Die Bauernschutzpolitik der byzantinischen Kaiser des X. Jahrhunderts hat bekanntlich die Ausgestaltung der προτίμησις als Hauptwaffe ihrer Gesetzgebung gehandhabt. Wer sich künftighin mit der byzantinischen Agrargesetzgebung befassen wird, dürfte gut daran tun, nicht achtlos an der Tatsache vorbeizugehn, daß eine dem leitenden technischen Gesichtspunkt der oströmischen Gesetzgebung des X. Jahrhunderts diametral entgegengesetzte Maßregel des Königs Chilperich den Ausgangspunkt einer Entwicklung gebildet zu haben scheint, die ganz in der Linie des von Romanus Lecapenus und dessen Nachfolgern vergebens angestrebten Zieles liegt. An Stelle des Vicinenerbrechts trat im fränkischen Reiche eine Ausdehnung des Verwandtenerbrechts. „Eine starke Festigung des Besitzrechtes der einzelnen Bauern gegenüber der erdrückenden Macht, welche den Grundherrschaften gerade in spätrömischer Zeit zukam", war nach Dopsch S. 376 die Folge davon. Sollte die hohe Schätzung der der προτίμησις zugrunde liegenden Lehre von der ἀναμιγή[1]), welcher die συγγένεια untergeordnet wird, ein prinzipieller Fehlgriff der byzantinischen Bauernschutzlegislation und einer der Gründe ihres Scheiterns gewesen sein?

Im Gegensatz zu einer älteren Auffassung, die in Weistümern des ausgehenden Mittelalters noch Überbleibsel des alten Vicinenrechts finden wollte[2]), erkennt Dopsch in jenen Weistümern Merkmale der Wiederkehr von Zuständen, welche den in der fränkischen Epoche überwundenen spätrömischen analog sind; die Entwicklung des merowingischen Zeitalters aber führt er auf „neue Entwicklungsmotive" zurück, „welche durch den Eintritt der Germanen jetzt triebkräftig gelegt wurden" (S. 375). Damit ist aber noch nicht die Maßnahme des Chilperich erklärt, und auch nicht der Umstand, daß gerade dieser König das Edikt erlassen hat. Wir kennen den Chilperich fast nur durch die haßerfüllte Darstellung Gregors von Tours; sieht man genauer zu, so will es scheinen, daß der König, obwohl mit allen Lastern der älteren Merowinger behaftet, sich vor den andern Angehörigen seines Geschlechtes nicht nur durch eine für seinesgleichen ungewöhnliche Bildung, sondern auch durch eine den Nachkommen Chlodwigs sonst fremde staatsmännische Befähigung ausgezeichnet habe. Chilperich scheint eine Ahnung von dem, was das Wesen eines Staates ausmacht, besessen und darauf hingearbeitet zu haben, in seinem Reiche nach römischem Muster eine starke Zentralgewalt zu schaffen. Auch seine schöngeistigen und wissenschaftlichen Aspirationen legten ihm solche Tendenzen nahe: war er doch nicht nur lateinischer Dichter, sondern auch, wie Kaiser Justinian, den er vielleicht bewußt nachahmte, theologischer Dogmatiker, und was Gregor von Tours über die ketzerischen Ansichten des Königs erzählt, stellt dessen gesundem Verstande kein schlechtes Zeugnis aus[3]).

---

1) Vgl. Platon, *Obs. sur le droit de Προτίμησις* 17ff.
2) Vgl. Gierke, *Zeitschr. f. Rechtsgesch.* XII (1876) 471.
3) Für die Belegstellen s. meine *Studien zur Gesch. des byzant. Reiches* 115, Anm. 6.

Ich glaube nun kürzlich mindestens wahrscheinlich gemacht zu haben, daß Chilperich der Spiritus rector der Unternehmung seines Stiefbruders Gundovald war, der im Jahre 582 mit Unterstützung des Kaisers von Konstantinopel aus nach Galliën ging, um dort Guntram von Burgund zu stürzen und sich dessen Reiches zu bemächtigen; ich habe dort auch darauf verwiesen, daß Chilperich schon einige Jahre früher freundliche Beziehungen zum Kaiser Tiberius angeknüpft hatte[1]), die auch noch über das Jahr 578, in dem sie zuerst in die Erscheinung treten, zurückgereicht haben können.

Läßt es sich auch vom Standpunkt der juristischen Theorie bis zu einem gewissen Grade rechtfertigen, wenn Platon[2]) die Ansicht bekämpft, daß die $\pi\varrho o\tau i\mu\eta\sigma\iota\varsigma$ eine notwendige Folge der $\dot{\varepsilon}\pi\iota\beta o\lambda\dot{\eta}$ sei, so hat doch im allgemeinen die historische Betrachtung an dem engen Zusammenhang beider unbedingt festzuhalten, wie auch Dopsch es tut. Sollte es da ein Zufall sein, daß der Kaiser Tiberius eine Novelle über die $\dot{\varepsilon}\pi\iota\beta o\lambda\dot{\eta}$ erläßt, der König Chilperich aber das Vicinenerbrecht aufhebt? Mir scheint vielmehr die Aufhebung des Vicinenerbrechts durch Chilperich zu jenen seiner Handlungen zu gehören, in welchen er sich als Nachahmer der für ihn vorbildlichen kaiserlichen Gewalt betätigt haben mag, wobei sein Verfahren auch eine außenpolitische Bedeutung gehabt hätte, insofern es als Akt der Deferenz gegen den Kaiser gelten konnte, wenn er einer kaiserlichen Konstitution in seinem Reiche ein inhaltlich gleichartiges Edikt folgen ließ. Ist aber diese Vermutung richtig, so gewinnen wir einen Anhaltspunkt für die genauere Datierung von Chilperichs Edikt, das der tiberischen Novelle gefolgt sein müßte, also frühestens 575 anzusetzen wäre; in der Tat hat schon Pardessus[3]) wahrscheinlich gemacht, daß das Edikt nicht, wie er glaubt, um 574, sondern frühestens damals erlassen worden ist. Wie man sieht, paßt der von Pardessus gebotene *terminus post quem* zu unserer Hypothese vortrefflich. Vielleicht darf man dann aber auch aus dem Inhalt von Chilperichs Edikt vermuten, daß der $\vartheta\varepsilon\tilde{\iota}o\varsigma$ $\tau\acute{\upsilon}\pi o\varsigma$ $\pi\varepsilon\varrho\grave{\iota}$ $\dot{\varepsilon}\pi\iota\beta o\lambda\tilde{\eta}\varsigma$ nicht, wie Monnier meinte, die völlige Aufhebung der *adiectio* verfügt hat. Aber auch wer meint, daß die vorstehenden Ausführungen auf allzu unsicherer Grundlage beruhen, wird ihnen vielleicht den Hinweis auf Quellen und Forschungen entnehmen wollen, die außerhalb unseres engeren Studienkreises liegen, deren Heranziehung für diesen aber gelegentlich von Nutzen sein kann.

---

1) *Studien* 108. 115, Anm. 6.
2) A. a. O., bes. 1—8, vgl. 133. Gegenüber der S. 8 gegen Mitteis gerichteten Bemerkung können wir heute die *adiectio* schon Jahrhunderte vor Konstantin nachweisen, vgl. Rostowzew, *Studien zur Gesch. des röm. Kolonates* (1910) 58. 199f., Anm. 1. 348, Anm. 1. 392ff.
3) *Diplomata etc. ad res Gallo-Francicas spectantia* I (1843), p. 143 (der zweiten Seitenzählung), Anm. 1.

Über einige Fragmente des Cassius Dio.
Von A. G. Roos.

Im X. Bande dieser Zeitschrift, S. 341 ff., hat Vittorio Macchioro über einige Fragmente aus den ersten Büchern des Cassius Dio, besonders über ihre Reihenfolge, Behauptungen aufgestellt, denen zwar meines Wissens noch nicht widersprochen wurde, die aber doch größtenteils unrichtig sind. Im Nachfolgenden werde ich seine Vermutungen der Reihe nach einer Kritik unterwerfen und wo möglich berichtigen. Eine allgemeine Bemerkung gehe voran. Die uns aus den ersten 35 Büchern Dios überlieferten Fragmente danken wir, abgesehen von Zonaras' Epitome, größtenteils den auf uns gekommenen Teilen des großen Exzerptenwerkes des Konstantinos Porphyrogennetos, und zwar den Titeln *De Legationibus, De Virtutibus et Vitiis, De Sententiis;* in dem nur teilweise erhaltenen Titel *De Insidiis* kommen keine Stücke aus Dio vor[1]). Es ist nun zu beachten, daß die Bearbeiter der einzelnen Exzerptenreihen, die die ihnen angewiesenen Geschichtswerke nach einem bestimmten Gesichtspunkte (z. B. dem der $\pi\varrho\varepsilon\sigma\beta\varepsilon\tilde{\iota}\alpha\iota$, dem der $\dot{\alpha}\varrho\varepsilon\tau\dot{\eta}$ $\varkappa\alpha\dot{\iota}$ $\varkappa\alpha\varkappa\iota\alpha$ usw.) zu exzerpieren hatten, dabei nicht willkürlich nun aus diesem, dann aus jenem Teile des zu exzerpierenden Werkes die ihnen zusagenden Stücke auslasen, sondern diese Werke von Anfang bis zum Ende durchnahmen. Die, für uns glückliche, Folge dieser Arbeitsweise ist, daß in jedem der genannten Titel die Exzerpte aus den einzelnen Werken sich in derselben Reihenfolge vorfinden, in welcher sie in den vollständigen Werken von den Exzerptoren gelesen wurden. Dieses geht aus der Reihenfolge, welche die aus noch erhaltenen Schriften entnommenen Exzerpte aufweisen, deutlich hervor. Bei Exzerpten aus jetzt verlorenen Schriften haben wir durch diese Beobachtung einen festen Anhalt: wir dürfen die Reihenfolge, in welcher dieselben uns überliefert sind, nicht willkürlich ändern, sondern müssen bei ihrer Erklärung und bei der Rekonstruktion des Verlorenen eben diese überlieferte Ordnung zum Ausgangspunkt nehmen. Gegen dieses Prinzip ist in den älteren Ausgaben griechischer Historiker

---

1) Die beste Übersicht über dieses Exzerptenwerk, das jetzt in der Ausgabe von De Boor, Boissevain und Büttner-Wobst-Roos bequem zu benutzen ist, gibt Büttner-Wobst, *Die Anlage der historischen Encyklopädie des Konstantinos Porphyrogennetos*, Byzantin. Zeitschr. XV, S. 88—120.

manchmal gesündigt worden: öfter ist ein Fragment, welches auf ein bestimmtes historisches Ereignis bezogen wurde, dieser Beziehung wegen von seiner überlieferten Stelle verdrängt, da man sich nicht klar war, daß eben diese Stelle die angenommene Beziehung ausschloß und daß man also, anstatt die Reihenfolge der Exzerpte zu ändern, das Fragment auf irgend ein anderes Ereignis zu beziehen hatte. Die bei den Dionischen Fragmenten früher fälschlich gemachten Umstellungen sind von Boissevain in seiner Ausgabe alle beseitigt, und in der *Mnemosyne*, Vol. XXXVIII (1910) S. 281 ff., habe ich gezeigt, daß die von Angelo Mai herrührende und noch in Jacoby's Ausgabe befolgte Reihenfolge der Exzerpte aus den letzten Büchern der *Römischen Geschichte* des Dionysios von Halicarnass in einigen Punkten dem oben erörterten Prinzip widerspricht und also zu berichtigen ist.

Kehren wir zu Macchioro zurück. Nach einigen einleitenden Bemerkungen über die manchmal fast wörtliche Übereinstimmung Dios mit seiner Quelle, bespricht er S. 344 zuerst Fragment 1, 1 (Vol. I, S. 12 ed. Boissevain)[1]:

ὁ δὲ Δίων φησὶν ὅτι σπουδὴν ἔχω συγγράψαι πάνθ' ὅσα τοῖς Ῥωμαίοις καὶ εἰρηνοῦσι καὶ πολεμοῦσι ἀξίως μνήμης ἐπράχθη, ὥστε μηδὲν τῶν ἀναγκαίων μήτε ἐκείνων τινὰ μήτε τῶν ἄλλων ποθῆσαι.

Es ist dieses Fragment, welches von Bekker dem *Prooemium* Dios zugeschrieben und deshalb ganz an den Anfang des Werkes gestellt wurde, das zweite in der Reihenfolge der Dionischen Exzerpte in dem nur im *Codex Peirescianus* überlieferten Titel περὶ ἀρετῆς καὶ κακίας (Bd. II, S. 235 in der Ausgabe dieser Exzerpte); das erste Dionische Fragment im *Peirescianus* (Dio, Fragm. 6, 2, S. 12 Boiss.) handelt über Numa und erzählt, wo er in Rom seinen Wohnort hatte. Da auch das dritte Peirescianische Fragment (Dio, Fragm. 6, 5, S. 13 Boiss.) von Numa handelt — es ist ohne Frage dem Schluß von Dios Erörterungen über ihn entnommen. — hat Numas Regierung Dio zu dem uns im zweiten, oben ausgeschriebenen, Fragmente erhaltenen Ausspruch veranlaßt. Er hat auch an dieser Stelle nichts Verwunderliches, denn da Dio bei Romulus fast nur Kriegstaten zu erzählen hatte, konnte er zur Erklärung, weshalb er auch die friedliche Regierung Numas ausführlich darstellte, sehr wohl anführen, daß er eben alles, was die Römer Merkwürdiges geleistet, nicht nur im Krieg, sondern auch im Frieden, zu beschreiben beabsichtige. Die Vermutung Boissevains (S. 12, Anm.), daß im voll-

---

[1] Es ist zu beachten, daß Boissevain, wenn er die Reihenfolge, in der die Fragmente in den früheren Ausgaben (Bekker, Dindorf) aufgeführt werden, ändert, nichtsdestoweniger die alten Nummern unverändert läßt, vgl. die Bemerkung in seiner *Praefatio* S. CIV. Unser Fragment behält also bei ihm die Nummer 1, 1, obschon er es nicht mehr an den Anfang des Werkes stellt.

ständigen Dio der Anfang etwa gewesen sein mag: καὶ γὰρ σπουδὴν ἔχω, ist also sehr ansprechend und jedenfalls hat er mit vollstem Recht in seiner Ausgabe dem Fragmente die überlieferte Stelle, nach dem ersten Peirescianischen Exzerpt, zurückgegeben. An sich würden sich ja die Worte unseres Fragmentes auch in einem *Prooemium* sehr gut ausnehmen, und eben deshalb hatte sie Bekker diesem zugeschrieben, allein da sie einmal bei Numas Regierung überliefert sind und, wie wir sahen, sich an dieser Stelle ausgezeichnet erklären lassen, ist die Beziehung zum *Prooemium* ausgeschlossen.

Der Irrtum Bekkers wird nun von Macchioro wieder hervorgeholt. Auf seine gegen Boissevain gerichteten Ausführungen, die teilweise auf Mißverständnissen beruhen, gehe ich hier nicht weiter ein, ebensowenig auf die aus andern *Prooemien* zitierten Stellen, die mit unserem Fragment mehr oder weniger Ähnlichkeit zeigen: die Notwendigkeit auch dieses nun einem *Prooemium* zuzuschreiben, ergibt sich ja daraus nicht. Nun meint aber Macchioro den Beweis erbringen zu können, daß es tatsächlich zu Dios Einleitung gehört. Wir besitzen nämlich ein Fragment, welches ohne Frage dieser Einleitung entnommen ist, unter den im bekannten, von Angelo Mai entdeckten, Vatikanischen Palimpsest (*il carbonaccio*) enthaltenen Exzerpten *De sententiis* (Fragm. 1, 2, S. 1 in Boissevains Dio-Ausgabe, S. 408 in seiner Ausgabe der *Exc. De sent.*: es ist jetzt im Palimpsest das erste Dionische Exzerpt, der Anfang fehlt):

. . . . πάντα ὡς εἰπεῖν τὰ περὶ αὐτῶν τισι γεγραμμένα, συνέγραψα δὲ οὐ πάντα ἀλλ' ὅσα ἐξέκρινα. μὴ μέντοι μηδ' ὅτι κεκαλλιεπημένοις, ἐς ὅσον γε καὶ τὰ πράγματα ἐπέτρεψε, λόγοις κέχρημαι, ἐς τὴν ἀλήθειαν αὐτῶν διὰ τοῦτό τις ὑποπτεύσῃ, ὅπερ ἐπ' ἄλλων τινῶν συμβέβηκεν· ἐγὼ γὰρ ἀμφότερα, ὡς οἷόν τε ἦν, ὁμοίως ἀκριβῶσαι ἐσπούδασα. ἄρξομαι δὲ ὅθενπερ τὰ σαφέστατα τῶν περὶ τήνδε τὴν γῆν, ἣν κατοικοῦμεν, συμβῆναι λεγομένων παρελάβομεν.

Macchioro meint nun, daß diesem Fragmente das Peirescianische unmittelbar anzufügen sei: letztgenanntes gibt er vermutungsweise mit der von Boissevain vorgeschlagenen Ergänzung καὶ γάρ. Dio soll also geschrieben haben:

. . . συμβῆναι λεγομένων παρελάβομεν. καὶ γάρ (?) σπουδὴν ἔχω συγγράψαι κτλ.

Diese Zusammenfügung der beiden Fragmente wäre meines Erachtens, wenn sie nicht schon durch die obigen Erörterungen, in denen die Nichtzugehörigkeit des Peirescianischen Exzerpts zum Prooemium Dios erwiesen wurde, ausgeschlossen wäre, auch deshalb abzulehnen, da sie doch nur einen recht gezwungenen Sinn ergeben würde. Zudem aber hat der Zufall uns die Worte erhalten, die Dio dem Fragmente 1, 2 folgen ließ. Im Vatikanischen Palimpsest geht nämlich der Text nach παρελάβομεν ohne

Unterbrechung mit diesen Worten weiter: τὴν χώραν ταύτην, ἐν ᾗ τὸ τῶν Ῥωμαίων ἄστυ πεπόλισται, dann folgt ein neues mit dem gewöhnlichen ὅτι anfangendes Exzerpt. Die Worte τὴν χώραν bis πεπόλισται hat nun Boissevain in seiner Dio-Ausgabe S. 2 als ein für sich stehendes Fragment aufgefaßt; in seiner Exzerptenausgabe S. 408 hat er aber, ohne Frage zu Recht, dieselben als zu den in der Handschrift unmittelbar vorangehenden gehörig bezeichnet: mit παρελάβομεν war das Exzerpt zu Ende, der erste Abschreiber aber, der aus einer vollständigen Dio-Handschrift die vom Eclogarius angewiesenen Stücke abzuschreiben hatte, hat das übersehen, hat weiter geschrieben und erst beim Worte πεπόλισται sein Versehen bemerkt, und hat dann, mitten im Satz, eingehalten. Ein solches versehentliches Weiterschreiben findet sich z. B. noch bei einem Fragment aus Eunapius, *Exc. de Sent.* S. 92, 27 Boiss. Die von Macchioro angenommene unmittelbare Verbindung des Peirescianischen Exzerptes mit dem Vatikanischen ist also unmöglich und damit sein Versuch, erstgenanntes wieder in das *Prooemium* zu verweisen, endgültig erledigt.

Zweitens wird von Macchioro ein Dio-Zitat bei Cedrenus erörtert, das jetzt unter den Dionischen Fragmenten die Nummer 6, 7 hat, dessen Einfügung an jener Stelle aber auch Boissevain als unsicher bezeichnet. Es handelt sich um Cedren. I p. 295, 10 Bekk. (Dio, S. 14 ed. Boiss.):

Δίων ὁ Ῥωμαῖος ἀρχαῖόν τινα ἥρωα Ἰανὸν λέγει διὰ τὴν τοῦ Κρόνου ξένισιν λαβόντα τὴν γνῶσιν τῶν μελλόντων καὶ τῶν προϋπαρχόντων, καὶ διὰ τοῦτο διπρόσωπον ὑπὸ Ῥωμαίων πλάττεσθαι· ἐξ οὗ τόν τε μῆνα κληθῆναι Ἰανουάριον, καὶ τὴν τοῦ ἔτους ἀρχὴν ἀπὸ τοῦ αὐτοῦ μηνὸς γίνεσθαι.

Über die Stelle, wo dieses Fragment einzureihen ist, äußert Macchioro eine Ansicht, die an sich richtig sein mag, die aber durch falsche Rückschlüsse gewonnen wird. Lassen wir seine Ausführungen vorläufig gänzlich beiseite, und sehen uns erst genau die Sachlage an.

Herman Haupt hat im *Hermes* XIV (1879), S. 440 ff. dargelegt, daß Zonaras, der übrigens in der Behandlung der *römischen Geschichte* durchgehend Dio exzerpiert, in den Romulus, Numa, Publicola und Camillus behandelnden Partien seines Werkes die Plutarchischen Biographien der genannten Männer nicht nur, wie schon früher bemerkt worden war, „stark benutzt", sondern, mit Ausnahme der Biographie des Camillus, geradezu zur Grundlage der ganzen Erzählung gemacht hat. Die nichtplutarchischen Bestandteile der betreffenden Abschnitte des Zonaras gehen, abgesehen von den wenigen eigenen Zusätzen des Chronisten, ohne Zweifel auf Dio zurück. Nach Haupt hat auch Theodor Büttner-Wobst in seiner Abhandlung *Die Abhängigkeit des Geschichtsschreibers Zonaras von den erhaltenen Quellen* (*Commentationes Fleckeisenianae* S. 121 ff.) die Frage, in welcher Weise Zonaras den *Romulus*, *Numa* und *Publicola* Plutarchs in Verbindung mit Dio benutzte, erörtert, und sagt als Ergebnis dieser Untersuchung S. 146f., „daß derselbe (nämlich Zonaras) entweder die eine Quelle ganz zu verlassen pflegt und sich eng an die andere anschließt, wenn er deren Relation der ersteren vorzog, oder aus der anderen Quelle ganze Sätze, manchmal auch Namen, in loser Weise hinzufügt, um den Stoff zu vervollständigen".

Dieses Ergebnis von Büttner-Wobst bestätigt sich vollkommen, wenn wir den kleinen Abschnitt des Zonaras, der für unser Dio-Fragment in Betracht kommt, genau durchgehen und auf seine Quellen prüfen:

Zon. VII 5, ed. Dind. vol. II, S. 100, 7-10 = Plut., *Numa* 8, ed. Sint. (Teubner) S. 126, 1—5.

„ VII 5, „ „ „ II, „ 100, 10-12 = Plut., *Numa* 8, ed. Sint. (Teubner) S. 126, 17—20.

„ VII 5, „ „ „ II, „ 100, 12-21 = Plut., *Numa* 8, ed. Sint. (Teubner) S. 127, 31—128, 9.

„ VII 5, „ „ „ II, „ 100, 21-22: ist entlehnt aus Plut., *Numa* 16, δεῖν γὰρ τοὺς θεούς, εἰρήνης καὶ S. 139, 15—16, wo es von Termi-
δικαιοσύνης φύλακας ὄντας, φόνου nus heißt: Νομᾶ φιλοσοφήσαντος,
καθαροὺς εἶναι. ὡς χρὴ τὸν ὅριον θεὸν εἰρήνης
φύλακα καὶ δικαιοσύνης μάρτυν
ὄντα φόνου καθαρὸν εἶναι.

Zon. VII 5, ed. Dind. vol. II, S. 100, 22-26 = Plut., *Numa* 14, S. 136, 17—20.
Hieran schließt Zonaras, mit Über- Es folgt bei Plut. vieles über Numas
gehung der von Plut. erzählten Ein- Theosebie und seinen Verkehr mit
zelheiten, an (S. 100, 26—28): ἐκ δὲ den Göttern, welches Plut. ab-
τούτων καὶ ἄλλων πλειόνων, ἃ διὰ schließt mit den Worten *Numa* 15,
τὸ πλῆθος παρήκαμεν, διάθεσιν S. 139, 3—5: ταῦτα μὲν οὖν τὰ
πρὸς τὸ θεῖον τοῖς τότε ἀνθρώ- μυθώδη καὶ γελοῖα τὴν τῶν τότε
ποις ἐξ ἐθισμοῦ ὁ Νομᾶς ἐνε- ἀνθρώπων ἐπιδείκνυται διάθεσιν
ποίησεν. πρὸς τὸ θεῖον, ἣν ὁ ἐθισμὸς αὐ-
τοῖς ἐνεποίησεν.

Zon. VII 5, ed. Dind. vol. II, S. 100, 29-32 = Plut., *Numa* 15, S. 139, 5—8.
„ VII 5, „ „ „ II, „ 100, 32-101, 5 = „ „ 16, „ 139, 22—28.
„ VII 5, „ „ „ II, „ 101, 6—16: fast ganz aus Plut., *Numa* 18, S. 141, 23—32:

λέγεται δὲ καὶ τὸν Ἰανουάριον καὶ πολλοὶ δέ εἰσιν, οἳ καὶ προστεθῆ-
τὸν Φεβρουάριον παρ' αὐτοῦ τοῖς ναι τούτους ὑπὸ Νομᾶ τοὺς μῆνας
μησὶ προστεθῆναι, δωδεκάμηνον κατὰ λέγουσι, τόν τε Ἰανουάριον καὶ τὸν
τὸν τῆς σελήνης δρόμον νομοθετή- Φεβρουάριον, ἐξ ἀρχῆς δὲ χρῆσθαι
σαντος λογίζεσθαι τὸν ἐνιαυτόν, δέκα μόνον εἰς τὸν ἐνιαυτόν, ὡς
δεκάμηνον πρόσθεν ὄντα, ὡς ἐνίοις ἔνιοι τῶν βαρβάρων τρισί, καὶ τῶν

τῶν βαρβάρων τρίμηνον, καὶ τῶν Ἑλλήνων Ἀρκάσι μὲν τετράμηνον, τοῖς δὲ Ἀκαρνᾶσιν ἑξάμηνον. Αἰγυπτίοις δὲ μηνιαῖος ἦν ὁ ἐνιαυτός, εἶτα τετράμηνος· διὸ καὶ ἀρχαιότατοι δοκοῦσιν εἶναι, καίτοι μὴ ὄντες, πλῆθος ἀμήχανον ἐτῶν ἐπὶ ταῖς γενεαλογίαις εἰσάγοντες, ἅτε δὴ τοὺς μῆνας εἰς ἐτῶν τιθέμενοι ἀριθμόν.

Ἑλλήνων Ἀρκάδες μὲν τέσσαρσιν, ἓξ δὲ Ἀκαρνᾶνες. Αἰγυπτίοις δὲ μηνιαῖος ἦν ὁ ἐνιαυτός, εἶτα τετράμηνος, ὥς φασι. Διὸ καὶ νεωτάτην χώραν οἰκοῦντες ἀρχαιότατοι δοκοῦσιν εἶναι καὶ πλῆθος ἀμήχανον ἐτῶν ἐπὶ ταῖς γενεαλογίαις καταφέρουσιν, ἅτε δὴ τοὺς μῆνας εἰς ἐτῶν ἀριθμὸν τιθέμενοι.

Zon. VII 5, S. 101, 16—17: . . . . . vgl. Plut., *Numa* 18, S. 141, 19—21:
καὶ τὸν Ἰανουάριον δὲ Νομᾶς εἰς ἀρχὴν τοῦ ἔτους ἀπένειμεν. μετεκίνησε δὲ καὶ τὴν τάξιν τῶν μηνῶν· τὸν γὰρ Μάρτιον πρῶτον ὄντα τρίτον ἔταξε, πρῶτον δὲ τὸν Ἰανουάριον.

Zon. VII 5, S. 101, 18—24 . . . . . = Plut., *Numa* 20, S. 143, 27—144,3.
„ VII 5, „ 101, 24—28 . . . . . = „ 20, „ 144, 13—17.
„ VII 5, „ 101, 28—102,2 . . . . aus „ 21, „ 145, 10; 145, 28—146,3.
„ VII 5, „ 102, 3: . . . . nicht bei Plutarch.

βασιλεύσας ἔτη ἐπὶ τρισὶ τεσσαράκοντα.

Wir überblicken hier die Arbeitsweise des Zonaras ganz genau. Er entlehnt seine einzelnen Sätze fast wörtlich dem Plutarch, und zwar in derselben Reihenfolge wie dieselben sich bei diesem vorfinden. Von Plutarchs Reihenfolge ist er nur S. 100, 21f. abgewichen, wo er mit einer geringfügigen Änderung einen Satz aus Plutarchs 16. Kapitel eingeschoben hat, während das vorhergehende dem 8., das nachfolgende dem 14. Kapitel entlehnt ist. Aber neben dieser dem Plutarch entnommenen Hauptmasse findet sich einiges Nichtplutarchische, welches also entweder aus Dio stammt oder eigene Zutat ist. Sicher Dionisch sind die Schlußworte des von uns analysierten Stückes, S. 102,3, βασιλεύσας ἔτη ἐπὶ τρισὶ τεσσαράκοντα, vgl. Büttner-Wobst S. 144, Boissevain zu Dio S. 14, 15. Eine weitere Einschiebung aus Dio ist wohl bei den übrigens ganz aus Plutarch entlehnten Ausführungen über die Monate Januar und Februar (Zon., p. 101, 6ff.) zu erkennen in den Worten δωδεκάμηνον κατὰ τὸν τῆς σελήνης δρόμον νομοθετήσαντος λογίζεσθαι τὸν ἐνιαυτόν. Daß Numa einführte, das Jahr zu zwölf Monaten zu rechnen, geht zwar aus Plutarchs Darstellung hervor, und so könnte ja Zonaras selbst diese Bemerkung gemacht haben, allein die Zufügung κατὰ τὸν τῆς σελήνης δρόμον, welche man ihm schwerlich zumuten kann, macht hier eine Entlehnung aus Dio wahrscheinlicher. Ebenso sagt Zonaras S. 101, 16f. καὶ τὸν Ἰανουάριον δὲ Νομᾶς εἰς ἀρχὴν τοῦ ἔτους ἀπένειμεν zwar inhaltlich dasselbe wie Plutarch

S. 141, 19f., aber da die Worte εἰς ἀρχὴν τοῦ ἔτους genau so im Dio-Zitat bei Cedrenus (oben S. 78) wiederkehren (τὴν τοῦ ἔτους ἀρχήν), ist auch dieser Satz des Zonaras wohl Dionischen Ursprungs. Dagegen rühren sicher von Zonaras selbst her die Worte (S. 101, 14) καίτοι μὴ ὄντες, die der ausgeschriebenen Plutarch-Stelle eine Kritik hinzufügen, vgl. Büttner-Wobst S. 144, und dürfen wir m. E. als weiteren eigenen Zusatz des Zonaras die Wendung ἐκ δὲ τούτων καὶ ἄλλων πλειόνων, ἃ διὰ τὸ πλῆθος παρήκαμεν (S. 100, 26f.) in Anspruch nehmen: hier hat Zonaras ja tatsächlich vieles, was Plutarch über Numas Frömmigkeit anführt, der Kürze halber übergangen. Zum Schluß sei bemerkt, daß Zonaras, der, wie wir sahen, dem Plutarch auch in der Reihenfolge der erzählten Ereignisse gefolgt ist, uns nichts über die Anordnung lehrt, in der Dio die Einzelheiten der Regierung Numas aufgeführt hat.

Sehen wir uns jetzt die Schlußfolgerungen Macchioros an. Er geht aus von dem oben mitgeteilten Dio-Zitat bei Cedrenus, mit dem die Zonaras-Stelle S. 101, 6ff. korrespondiert, und folgert aus dem Nichtzusammenstimmen der Worte des Zonaras mit den betreffenden des Plutarch S. 141, 23ff., daß jener hier Dio benutzt hat. Damit hat er, wie wir sahen, nur soweit recht, daß Zonaras, im Ganzen auch hier dem Plutarch folgend, jedoch einiges Dionische eingeschoben hat. Weiter vergleicht Macchioro Zonaras S. 100, 26—28 ἐκ δὲ τούτων—ἐπεποίησεν mit Plutarch S. 139, 3—5 ταῦτα μὲν οὖν—ἐπεποίησεν (siehe die beiden Stellen oben S. 79), und betont den Unterschied der Bedeutung, der sich hier zeige: die Worte Plutarchs enthalten einen Tadel, diejenigen des Zonaras ein Lob; diese Ähnlichkeit in den Ausdrücken und Verschiedenheit der Meinung könne sich nur aus einer Kontamination von Dio und Plutarch erklären: Zonaras habe jenem die Worte ἐκ δὲ τούτων—παρήκαμεν, diesem die Worte διάθεσιν—ἐπεποίησεν entnommen, ohne vielleicht zu bemerken, daß sich durch diese Verbindung der Sinn des Plutarchischen Ausspruchs gänzlich ändere.

Nun ist m. E. die Meinung, daß hier eine Kontamination stattgefunden habe, grundfalsch. Erstens erklären sich die Worte ἐκ δὲ τούτων—παρήκαμεν viel natürlicher und dem Tatsächlichen entsprechend, wenn wir dieselben als eigenen Zusatz des Zonaras auffassen, und zweitens ist in den beiden Stellen die Diskrepanz des Sinnes, aus der eben Macchioro die Kontamination folgert, bei weitem nicht so groß, wie er annimmt: Plutarch sagt nämlich, daß die von ihm erzählten legendarischen und lächerlichen Begebenheiten die Neigung der damaligen Menschen zur Gottesfurcht zeigen, welche die Gewöhnung ihnen eingeflößt hatte; Zonaras, der die von Plutarch erzählten μυθώδη καὶ γελοῖα übergangen hatte, macht mit leichter Änderung Numa anstatt des ἐθισμός zum Subjekt des ἐπεποίησεν, und sagt, daß Numa durch Gewöhnung den Menschen die

Neigung zur Gottesfurcht eingeflößt hat. Aus diesem Unterschied der Satzwendungen auf eine Kontamination zu schließen liegt nicht der geringste Grund vor.

Da also Macchioros Annahme über die Zusammensetzung der Zonaras-Stelle unrichtig ist, werden auch die daran geknüpften Schlüsse hinfällig, und es erübrigt sich eigentlich, darauf einzugehen. In kurzen Worten seien auch diese aber der Vollständigkeit halber erledigt. Mit den Worten ἐκ δὲ τούτων—παρήκαμεν, die er für Dio gewonnen zu haben meint, verbindet Macchioro nun ein winziges in Bekkers *Anecdota* S. 158, 23 erhaltenes Fragment (6, 4, S. 13, 5 Boiss.): Δίων α' βιβλίῳ· ταῦτά τε οὖν ὁ Νομᾶς ἐνόμισεν. An diese Worte soll sich ἐκ δὲ τούτων usw. unmittelbar angeschlossen haben. Daß für diese Verbindung, auch wenn die Worte ἐκ δὲ τούτων ff. dionisch wären, nicht der geringste Grund anzuführen wäre, braucht nicht erst ausgeführt zu werden. Aus dieser von ihm angenommenen Verbindung nun weitere Schlüsse ziehend stellt Macchioro die Sachlage geradezu auf den Kopf. Wir sahen, daß Zonaras die Einzelheiten seiner Erzählung und deren Reihenfolge Plutarch entlehnt, daß wir also aus ihm für die von Dio befolgte Anordnung nichts lernen. Macchioro aber meint folgendes: wir erkennen bei Zonaras zwei aus Dio entlehnte Stücke, 1. ἐκ δὲ τούτων usw. (welches dem Fragm. 6, 4 ταῦτά τε οὖν ὁ Νομᾶς ἐνόμισεν anzuschließen sei), und 2. λέγεται δὲ καὶ τὸν Ἰανουάριον usw., mit dem das Dio-Zitat bei Cedrenus (Fragm. 6, 7) korrespondiert, und zwischen diesen beiden aus Dio entnommenen Stücken habe Zonaras einen Satz aus Plutarch eingeschoben. Fragm. 6, 7 sei also hinter Fragm. 6, 4 zu stellen, und die richtige Reihenfolge sei: Fragm. 6, 4. 7. 5. 6. An sich mag diese Anordnung richtig sein, die Fragmente reichen hier eben nicht aus, zu einem sicheren Ergebnis über ihre Reihenfolge zu gelangen, aber nachdrücklich muß betont werden, daß der von Macchioro eingeschlagene Weg, Zonaras zur Feststellung derselben zu benutzen in einem Abschnitt, wo dieser den Dio nicht zugrunde gelegt hat, ein Irrweg ist.

Das nächste von Macchioro erörterte Fragment ist das in Bekkers *Anecd.* S. 177, 20 überlieferte (Dio, Fragm. 12, 3b, S. 34 Boiss.): Δίων β' βιβλίῳ· μαθὼν οὖν τοῦτο ἐκεῖνος ἦλθέ τε τῆς ὑστεραίας πρὸς αὐτούς, welches von Boissevain ans Ende des zweiten Buches gestellt wurde, da es unsicher sei, auf welches Ereignis es zu beziehen wäre. Macchioro bringt es in Verbindung mit Livius I 51, 3: *ea cum una nocte perfecta essent, Tarquinius paulo ante lucem accitis ad se principibus Latinorum* usw. Diese Beziehung ist möglich, aber nicht wahrscheinlich; die auch von Macchioro bemerkte Diskrepanz, daß bei Livius Tarquinius die vornehmen Latiner zu sich kommen läßt, während im Dio-Fragment der betreffende Mann selbst zu andern geht, ist seiner Auffassung wenigstens nicht günstig.

Einen längeren Abschnitt widmet Macchioro einigen Fragmenten des dritten Buches, und zwar dem jetzigen Fragment 12, 1—11. Geben wir, wie er, erst die betreffenden Stücke in derselben Reihenfolge wie Boissevain sie aufführt, S. 35--37 seiner Dio-Ausgabe (auch hier, wie sonst, hat Boissevain zwar die Fragmente anders geordnet als in den früheren Ausgaben, aber die alte Numerierung beibehalten):

1. Fragm. *de Sent.* 15. ὅτι οἱ ὅμιλοι πάντες τὰ πράγματα πρὸς τοὺς μεταχειρίζοντας αὐτὰ κρίνουσι, καὶ ὁποίους ἂν τούτους αἰσθάνωνται ὄντας, τοιαῦτα καὶ ἐκεῖνα νομίζουσιν εἶναι.

2. Fragm. *de Sent.* 16. πᾶς γάρ τις τὸ ἀπείρατον πρὸ τοῦ κατεγνωσμένου προαιρεῖται, μεγάλην ἐς τὸ ἄδηλον ἐλπίδα παρὰ τὸ μεμισημένον ἤδη ποιούμενος.

3a. Fragm. *de Sent.* 17. πᾶσαι μὲν γὰρ μεταβολαὶ σφαλερώταταί εἰσι, μάλιστα δὲ αἱ ἐν ταῖς πολιτείαις πλεῖστα δὴ καὶ μέγιστα καὶ ἰδιώτας καὶ πόλεις βλάπτουσι. διὸ οἱ νοῦν ἔχοντες ἐν τοῖς αὐτοῖς ἀεί, κἂν μὴ βέλτιστα ᾖ, ἀξιοῦσιν ἐμμένειν ἢ μεταλαμβάνοντες ἄλλοτε ἄλλα ἀεὶ πλανᾶσθαι.

8. Fragm. *de Sent.* 18. ὅτι καὶ τὰ βουλήματα καὶ τὰς ἐπιθυμίας πρὸς τὰς τύχας ἕκαστοι κτῶνται, καὶ ὁποῖα ἂν τὰ παρόντα αὐτοῖς ᾖ, τοιαῦτα καὶ τὰ οἰήματα λαμβάνουσιν.

9. Fragm. *de Sent.* 19. ὅτι τὸ τῆς βασιλείας πρᾶγμα οὐκ ἀρετῆς μόνον ἀλλὰ καὶ ἐπιστήμης καὶ συνηθείας, εἴπερ τι ἄλλο, πολλῆς δεῖται, καὶ οὐχ οἷόν τέ ἐστιν ἄνευ ἐκείνων ἁψάμενόν τινα σωφρονῆσαι. πολλοὶ γοῦν ὥσπερ ἐς ὕψος τι μέγα παρὰ λόγον ἀρθέντες οὐκ ἤνεγκαν τὴν μετεώρισιν, ἀλλ' αὐτοί τε καταπεσόντες ὑπ' ἐκπλήξεως ἔπταισαν καὶ τὰ τῶν ἀρχομένων πάντα συνηλόησαν.

11. Bekk. *Anecd.* S. 130, 23 und S. 164, 32. γ' Δίωνος βιβλίῳ· οὐχ ὅπως πρὸς αὐτῶν τῶν βασιλευόντων σφῶν, ἀλλὰ καὶ πρὸς τῶν παραδυναστευόντων αὐτοῖς γίγνεται.

4. Bekk. *Anecd.* S. 120, 24. ἐν γ' βιβλίῳ Δίωνος· οὗ γε καὶ ὁ πατὴρ ἀμέμπτως ὑμῶν ἦρξεν.

5a. Bekk. *Anecd.* S. 139, 26. Δίωνος γ' βιβλίῳ· ὅτι μὲν γὰρ ἀγαπᾷ ὑμᾶς, οὐδὲν ἂν μεῖζον τεκμήριον λάβοιτε ἢ ὅτι τοῦ τε βίου τοῦ παρ' ὑμῖν ἐφίεται ...

5b. Bekk. *Anecd.* S. 164, 28. γ' βιβλίῳ Δίων· καὶ πρὸ πολλοῦ κομίσασθαι τὰ προϋπάρξαντά οἱ ποιεῖται.

6. Bekk. *Anecd.* S. 155, 14. Δίων βιβλίῳ γ'· πῶς δ' ἂν καὶ λυσιτελήσειέ τινι τοῦτο πρᾶξαι;

7. Bekk. *Anecd.* S. 139, 29. Δίωνος γ' βιβλίον· ὥσπερ πον καὶ Ῥωμύλος ἡμῖν ἐπέσκηψεν.

10. Fragm. *de Sent.* 20. καὶ περὶ τῶν μελλόντων ἐξ ὧν ἔπραξαν τεκμήρασθε, ἀλλὰ μὴ ἐξ ὧν πλάττονται ἱκετεύοντες ἀπατηθῆτε· τὰ μὲν

γὰρ ἀνόσια ἔργα ἀπὸ γνώμης ἀληθοῦς ἑκάστῳ γίγνεται, συλλαβὰς δ' ἄν τις εὐπρεπεῖς συμπλάσειεν· καὶ διὰ τοῦτ' ἀφ' ὧν ἐποίησέ τις, ἀλλ' οὐκ ἀφ' ὧν φησὶ ποιήσειν, κρίνετε.

Es sind die aufgeführten Fragmente zweierlei Art:

1. 6 Fragmente aus der Exzerptenreihe *de Sententiis* und zwar Nr. 15—20 dieser Serie, S. 411f. in Boissevains Exzerptenausgabe. Wie wir zu Anfang unserer Untersuchung sahen, darf die Reihenfolge, in der die Exzerpte überliefert sind, nicht geändert werden; im Gegenteil, sie gibt uns für die Rekonstruktion des von Dio Gesagten einen festen Halt. Zwischen den einzelnen Exzerpten kann im vollständigen Dio jedesmal vieles oder weniges gestanden haben, die Reihenfolge selbst steht fest; jede Rekonstruktion, die sie ändert, ist von vornherein als unrichtig zu bezeichnen. Das unseren Exzerpten 15—20 vorangehende Exzerpt 14 (Dio, Fragm. 11, 12, S. 31 Boiss.) spricht von Brutus' Benehmen unter der Regierung des Tarquinius, während das nächstfolgende Exzerpt 21 (Dio, Fragm. 13, 2, S. 37 Boiss.) über ein Begebnis des ersten Jahres der Republik handelt. Die Exzerpte 15—20 sind also mit Sicherheit Dios Erzählung von dem Sturze der Königsherrschaft und dem Anfange der Republik entnommen.

2. 6 Fragmente aus dem im 1. Bande von Bekkers *Anecdota* veröffentlichten Λεξικὸν περὶ συντάξεως, denen beigefügt ist, daß sie Dios drittem Buche entnommen sind. Bei der Einordnung dieser Fragmente und der Bestimmung ihrer Reihenfolge im Einzelnen sind wir ganz frei: die allgemein angenommene Beziehung auf die Zeit des Anfanges der Republik darf als sicher gelten, die Reihenfolge aber, in der sie von Bekker und wieder anders von Boissevain aufgeführt werden, ist für uns nicht verbindlich; jedes dieser Fragmente dürfen wir an jeder beliebigen Stelle vor, zwischen oder nach den oben besprochenen 6 Exzerpten *de Sententiis* einschalten.

Sehen wir uns jetzt an, was wir, abgesehen von den aufgeführten Fragmenten, noch von Dios Darstellung des Überganges von der Königsherrschaft zur Republik ermitteln können. Wir haben dafür nur Zonaras, bei dem aber genau das Dionische zu trennen ist von den aus Plutarch geschöpften Stücken. Zonaras erzählt aus Dio den Selbstmord der Lucretia und das daran anknüpfende Auftreten des Brutus (VII 11, 17, Bd. II, S. 118, 21ff. Dind.): (ὁ Βροῦτος) τήν τε γυναῖκα πολλοῖς τῶν τοῦ δήμου κειμένην ὑπέδειξε, καὶ πρὸς τοὺς λοιποὺς δημηγορήσας τὸ πρὸς τοὺς τυράννους μῖσος ἐκφῆραι πεποίηκε· καὶ μηκέτι δέξασθαι συνέθετο τὸν Ταρκύνιον. Es folgt Tarquinius' Flucht und die Wahl des Brutus und Collatinus zu Konsuln, endlich die Ankunft von Gesandten des Tarquinius (VII 12, 1, Bd. II, S. 119, 11ff. Dind.): ἐκ δέ γε Ταρκυνίου πρέσβεις εἰς Ῥώμην ἧκον περὶ καθόδου διαλεγόμενοι· ὡς δ' οὐδὲν ἤρνον: soweit aus Dio. Denn was Zonaras weiter erzählt von der Ankunft einer zweiten Gesandtschaft, von der Verschwörung der jungen Aristokraten, von der Entdeckung derselben und der Bestrafung der Schuldigen, unter denen sich zwei Söhne des Brutus und Verwandte des Collatinus befinden (Bd. II, S. 119, 13--S. 120, 28 Dind.), stammt, wie das (bis S. 125, 14 Dind.) folgende, aus Plutarchs *Publicola* 3ff., aber mit einer für uns wichtigen Ausnahme: nachdem Zonaras aus Plutarch die Tötung der Verschworenen berichtet hat, läßt er folgen, S. 120, 28ff. Dind.: ἦσαν δὲ τούτων (d. h. der Bestraften) τινὲς τῷ Κολλατίνῳ προσήκοντες· δι' οὓς καὶ ὠργίζετο. ὅθεν ὁ Βροῦτος οὕτω κατ' αὐτοῦ τὸν δῆμον παρώξυνεν ὡς μικροῦ καὶ αὐτοχειρίᾳ αὐτὸν ἀνελεῖν. ἀλλὰ τοῦτο μὲν οὐκ ἐποίησαν, τὴν δ' ἀρχὴν ἠνάγκασαν αὐτὸν ἀπειπεῖν. εἵλοντο δὲ ἀντ' ἐκείνου συνάρχοντα Πόπλιον Οὐαλλέριον, ὃς Ποπλικόλας προσωνομάσθη. Da Plutarch, *Public.* 7 (S. 196, 14—19 Sint.) das Zurücktreten des Collatinus gänzlich anders erzählt, muß das betreffende Stück aus Dio genommen sein[1]).

Wir können also feststellen, daß bei Dio:

1. Brutus den Leichnam der Lucretia dem Volke zeigte und eine Rede hielt,

2. die von Tarquinius nach Rom geschickten Gesandten über seine Rückkehr verhandelten,

3. das Zurücktreten des Collatinus und die Wahl des Publicola zum Konsul erst nach der Bestrafung der Verschworenen erfolgte.

Nun ist noch zu vergleichen, wie die erhaltenen zwei Hauptdarstellungen dieser Begebenheiten, Dionys von Halicarnass und Livius, die einzigen, die bei der Beantwortung der hier zu erörternden Fragen in Betracht kommen, die Ereignisse erzählen.

Dionys führt IV 70. 71 in der gewöhnlichen Breite aus, wie Brutus die bei dem Leichnam der Lucretia versammelten angesehenen Männer zur Vertreibung der Tarquinier aufruft und ihnen seinen Plan hierzu auseinandersetzt. Es folgen:

IV 72 eine Überlegung der Versammelten über die anstatt des Königtums zu wählende Staatsordnung,

IV 73—75 eine Rede des Brutus, in der er rät, die bestehende Staatsverfassung zu behalten, aber dem höchsten Amte einen anderen Namen zu geben und die königliche Macht auf zwei Männer zu verteilen;

IV 76—85 werden dann die Pläne des Brutus genau nach dem von ihm aufgestellten Schema ausgeführt: Brutus hält eine Rede für das Volk, 77—83; die Tarquinier werden verbannt, Brutus und Collatinus zu Konsuln erwählt, 84; Tarquinius ergreift die Flucht, 85;

---

1) Vgl. Büttner-Wobst, *Comment. Fleckeis.* S. 145.

V 1. 2 weitere Ausführung der Verfassung; einige angesehene Männer verschwören sich, die Macht der Tarquinier wiederherzustellen;

V 3 Tarquinius schickt aus Tarquinii Gesandte nach Rom;

V 4 diese tragen im Senate vor, daß Tarquinius zurückzukehren wünscht, um entweder, nachdem er sich verantwortet hat, wieder als König zu herrschen, oder, wenn das Volk eine andere Verfassung vorzieht, weiter als Privatmann in Rom zu wohnen;

V 5 als Brutus den Gesandten nicht zuläßt über eine eventuelle Rückkehr des Tarquinius weiter zu reden, erbitten sie wenigstens für ihn die Rückgabe seiner Güter; auch hiergegen spricht Brutus, während Collatinus dieselbe befürwortet;

V 6 die Comitien entscheiden sich für die Rückgabe; es folgen die bekannte Geschichte von der Verschwörung, an welche die Söhne des Brutus und die Neffen des Collatinus sich beteiligen, die Entdeckung derselben, und die Verurteilung seiner Söhne durch Brutus, 6—8; endlich, da Collatinus sich seiner Neffen annimmt, das Auftreten des Brutus gegen seinen Kollegen, durch das er diesen zwingt, sein Amt niederzulegen, 9—12.

Von der Erzählung des Dionysius weicht Livius, der natürlich im Ganzen viel kürzer — und lebendiger — ist, in einigen wichtigen Punkten nicht unerheblich ab. Nachdem er I 58—60 und II 1 die Vertreibung der Tarquinier und die Einsetzung der Republik erzählt hat, folgt sofort II 2 das gezwungene Zurücktreten des Collatinus infolge des Volkshasses, welcher nur durch den Unwillen der Römer gegen den Tarquiniernamen motiviert wird, nicht durch irgend ein Vergehen des Mannes selbst. Jetzt erst, II 3, wird die Unzufriedenheit einiger angesehenen jungen Männer mit dem neuen Regiment erörtert und die Ankunft von Gesandten des Tarquinius: *ita iam sua sponte aegris animis legati ab regibus superveniunt sine mentione reditus bona tantum repetentes*, II 3, 5. Dann folgt die Entdeckung und Bestrafung der Verschwörung, II 4. 5.

Wir sehen also, daß in den beiden Punkten, in denen Livius von Dionys abweicht, Dio mit diesem übereinstimmt: auch er läßt die Gesandten des Tarquinius reden $\pi\varepsilon\varrho\grave{\iota}\ \varkappa\alpha\vartheta\acute{o}\delta o\upsilon$, und auch bei ihm erfolgt die gezwungene Amtsniederlegung des Collatinus erst nach der Entdeckung der Verschwörung.

Diese etwas weitschweifigen Auseinandersetzungen waren nötig, um Macchioros Aufstellungen über diese Fragmente um so kürzer zurückweisen zu können. Erst müssen wir aber noch die übrigen bis jetzt über dieselben geäußerten und bei weitem richtigeren Vermutungen kurz vorführen.

Über die ersten 5 Exzerpte *de Sententiis*, also über Fragm. 12, 1. 2. 3ª. 8. 9, sagt Boissevain in seiner Dio-Ausgabe S. 35: *Mihi Dionis ipsius verba videntur de commutata rei publicae forma libro tertio dispu-*

tantis. *Possis quoque conicere haec prolata esse a coniuratoribus de re publica constituenda consultantibus, cf. Dionys. 4, 72. Tale quid a Dionis ingenio alienum non esse probant orationes Maecenatis et Agrippae libro 52.* Wir werden sofort sehen, daß diese letzte Vermutung im Wesentlichen das Richtige trifft, daß wir aber noch über dieselbe hinaus kommen können.

Die in Bekkers *Anecdota* zitierten Fragmente hat v. Gutschmid, *Kleine Schriften* V S. 555, in Anschluß an Zonaras II S. 119, 12 ff. Dind. auf die Reden der Gesandten des Tarquinius und die Gegenreden des Brutus verteilt, wobei er zwar übersehen hat, daß Zonaras von S. 119, 13 ab Dio nicht mehr folgt, aber doch in der Hauptsache wenigstens Recht hat. Nur wenig anders hat Boissevain diese Fragmente geordnet; einige kleine Umstellungen scheinen mir allerdings noch nötig zu sein.

Was sagt nun aber Macchioro? Nachdem er die beiden oben mitgeteilten Vermutungen Boissevains über die ersten 5 Fragmente zurückgewiesen hat — es erübrigt sich, auf seine Erörterungen hier näher einzugehen —, wendet er sich gegen Gutschmids Hypothese, daß die aus Bekkers *Anecdota* stammenden Fragmente den Reden der Gesandten des Tarquinius und den betreffenden Gegenreden entnommen sein sollten, und findet gar keine Beziehungen zwischen diesen Fragmenten und der Erzählung bei Dionys, auf welche er meint, daß Gutschmid seine Annahme gestützt habe. Es sei aber noch ein Grund, weshalb diese Fragmente nicht aus den von den Gesandten des Königs im Senate gehaltenen Reden entlehnt sein könnten: Livius, der die Quelle des Dio sei, sage, daß die Gesandten offiziell nur mit dem Zweck kamen, die Güter des Tarquinius zurückzuerbitten (*sine mentione reditus bona tantum repetentes*), und dass sie, während im Senate darüber verhandelt wurde, im geheimen die vornehmen Jünglinge anstachelten zur Verschwörung gegen die Republik. Mit dem öffentlichen Zwecke aber der Gesandtschaft, dem einzigen, den sie im Senate vortragen konnten, vertrügen sich nicht Fragm. 4, 5ᵃ und 5ᵇ. Wenn wir aber annähmen, daß diese Fragmente aus den heimlichen Äußerungen der Gesandten bei den jungen Aristokraten stammen, sei alles in schönster Ordnung: die Reihenfolge sei 4, 5ᵃ, 5ᵇ, 6, 7, daran schließe sich Fragm. 10 (Exc. *de sent.* 20). Auch dieses sei nämlich den geheimen Ermunterungen der Gesandten entnommen; mit den ἀνόσια ἔργα sei der Sturz der Monarchie gemeint, Subjekt des ἔπραξαν und des πλάττονται seien die Republikaner, das ἱκετεύοντες sei mit schneidender Ironie gesagt von den Bitten, wodurch Brutus und die Senatoren Collatinus zum Niederlegen des Konsulates bewogen hatten, und sei zu vergleichen mit Livius II 2, 8 *dicere deinde incipientem* (nämlich Collatinus) *primores civitatis circumsistunt, eadem multis precibus orant*. Endlich gehöre noch Fragm. 11 zu den Aufwiegelungen der Gesandten des Königs: *concludendo*, sagt er S. 353, *i fr. 4, 5ª, 5ᵇ, 6, 7, 10, 11 sono bensì parole dei legati Tarquiniesi ma tenute ai nobili giovani che essi, nella seconda ambasceria, andavano tentando, mentre il senato deliberava sulla restituzione dei beni. Oltre a tutte le probabilità e verosimiglianze fin qui esposte, questa ipotesi ha anche il vantaggio di attenersi strettamente e onninamente a Livio.*

Dieser vermeintliche Vorteil des vollkommenen Anschlusses an Livius ist es nun eben, woran die ganze Vermutung Macchioros scheitert. An sich könnten ja z. B. Fragm. 4 und 5ª aus heimlichen Reden der Gesandten an die monarchistischen Jünglinge stammen, wenn es schon nicht wahrscheinlich sei, daß Dio diese so ausführlich wiedergegeben habe, da sie sogar in der viel breiteren Darstellung des Dionys nicht wörtlich angeführt werden: aber die Grundlage der Hypothese ist falsch. Livius ist eben, wie wir sahen, nicht die Quelle des Dio, dieser erzählte tatsächlich, daß die Gesandten die Rückkehr des Tarquinius im Senate vortrugen, also steht der natürlichen Annahme, daß die betreffenden Fragmente grade diesen Senatsverhandlungen entnommen sind, nichts mehr im Wege. Ihre nähere Verteilung auf die einzelnen Reden werden wir sogleich zeigen. Außerdem ist Macchioros Deutung des Fragmentes 10 gänzlich unmöglich. Sie beruht auf der Annahme, daß vor der Ankunft der Gesandten Collatinus den Bitten des Senates nachgegeben und sein Amt niedergelegt hatte, wie Livius dies erzählt, aber, wie wir sahen, erfolgt bei Dio das Zurücktreten des Collatinus erst viel später, erst nach der Entdeckung der Verschwörung und der Bestrafung der Teilnehmer. Es ist also ausgeschlossen, daß die Worte des Fragm. 10 den von Macchioro gewünschten Sinn haben und von Dio den Gesandten des Tarquinius in den Mund gelegt wurden.

Genau so unmöglich ist nun Macchioros Deutung der ersten 5 Fragmente (1, 2, 3ª, 8, 9, = Exc. *de Sent*. 15—19). Diese sollen sich auf die von den Verschworenen geplante Gegenrevolution beziehen und Dios Urteil über diese Pläne enthalten: *I frammenti 1, 2, 3ª, 8, 9 sono dunque bensì parole di Dione ma si riferiscono alla controrivoluzione aristocratica, come i fr. 4, 5ª, 5ᵇ, 6, 7, 11 contengono le parole volte dai legati del re spodestato ai nobili reazionari. Secondo questi criteri i frammenti vanno riordinati, collocandosi i fr. 1, 2, 3ª, 8, 9 (considerazioni di Dione) dopo i fr. 4, 5ª, 5ᵇ, 6, 7, 11 (discorsi dei legati), e restituendo il fr. 11 che contiene la conclusione dei discorsi, l'argomento finale, nel suo pristino luogo, dopo il fr. 10. La serie sarebbe quindi: 4, 5ª, 5ᵇ, 6, 7, 10, 11, 1, 2, 3ª, 8, 9.* Abgesehen von der inneren Unwahrscheinlichkeit von Macchioros Deutung der ersten 5 Fragmente ist sie schon damit erledigt, daß er nun genötigt ist, Fragm. 10, also Exc. *de Sent*. 20, vor Fragm. 1, 2, 3ª, 8, 9, also vor Exc. *de Sent*. 15—19, zu stellen. Es erübrigt sich also, weiter auf dieselbe einzugehen.

Versuchen wir jetzt eine ansprechendere Erklärung. Boissevain meinte, man könne vermuten, daß die ersten 6 Fragmente Worte seien, die von den republikanischen Führern bei der Beratung über die einzuführende Staatsverfassung gesprochen wären, ohne dieses näher zu begründen. Ich glaube, wir können genaueres feststellen. Wie wir sahen, stimmt Dio in der Erzählung der Ereignisse mit Dionys überein. Wir dürfen also diesen zur Erklärung unserer Fragmente heranholen. Dionys läßt IV 71 Brutus den Plan zur Erhebung auseinandersetzen: die Verschworenen sollen auf dem Forum, vor dem blutigen Leichnam der Lucretia, die Bürger zur Freiheit auffordern: der Aufruf wird allen Römern erwünscht sein, ἐὰν ἴδωσιν ἡμᾶς τοὺς πατρικίους ἄρχοντας τῆς ἐλευθερίας, § 3. Geradezu als eine Erläuterung dazu sagt das Dionische Fragm. 1: „jede Volksmenge beurteilt ein Unternehmen nach denjenigen, die es in die Hand nehmen." Als eine weitere Begründung seiner Ansicht, daß die Römer dem Aufrufe zur Erhebung gerne Folge leisten werden, führte Brutus meiner Meinung nach die Worte des Fragm. 2 an: „jeder wählt das Unbekannte vor dem bereits Verabscheuten," womit bei Dionys parallel geht: πολλὰ γὰρ καὶ δεινὰ πεπόνθασιν ὑπὸ τοῦ τυράννου καὶ μικρᾶς ἀφορμῆς δέονται. Die beiden ersten Fragmente stammen also m. E. aus der Rede, in der Brutus den im Hause des Collatinus Versammelten seinen Plan und die Gründe für dessen Gelingen vortrug.

Die nächsten Fragmente weise ich der von Brutus in derselben Versammlung über die zu wählende Verfassung gehaltenen Rede zu. Ἐγὼ δὲ, sagt er bei Dionys IV 73, 1, καινὴν μὲν οὐδεμίαν οἴομαι δεῖν ἡμᾶς καθίστασθαι πολιτείαν κατὰ τὸ παρόν. Dazu stimmt vorzüglich Fragment 3[a] bei Dio: „jede Änderung der Staatsverfassung ist gefährlich." Bei Dionys a. a. O. wird von Brutus noch zum Lobe der bestehenden Verfassung angeführt, daß sie von Romulus herkomme: εἰ δή τις (nämlich eine Verfassung) ἆρα ἔστι κρείττων, ἧς Ῥωμύλος τε καὶ Πομπίλιος καὶ πάντες οἱ μετ' ἐκείνους βασιλεῖς καταστησάμενοι παρέδοσαν ἡμῖν. Einen solchen Grund hatte Brutus auch bei Dio vorgebracht, wenn wenigstens, wie ich meine, Fragm. 7 ὥσπερ που καὶ Ῥωμύλος ἡμῖν ἐπέσκηψεν mit dieser Dionys-Stelle in Beziehung zu bringen ist. Nur zwei Änderungen der Verfassung schlägt Brutus vor: die Abschaffung des Königstitels und die Teilung der Macht auf zwei Personen, die eben deshalb weniger übermütig und bedrückend sein werden, IV 73, 4. Mit einer allgemeineren Wendung sagt Dio dasselbe, Fragm. 8: „jedes Mannes Wünsche entsprechen seiner Stellung." Auch hier erkennen wir also wieder eine weitgehende Übereinstimmung zwischen Dio und Dionys. Dagegen finde ich für Fragm. 9 bei Dionys keine genau entsprechende Parallele. Die Worte scheinen eine für die Monarchie günstige Tendenz zu haben: für die Führung der Herrschaft sei nicht nur Tüchtigkeit, sondern auch Erfahrung und Gewohnheit erforderlich; man könnte diese Überlegung denjenigen zuschreiben, die sich bei der Beratung über die zu wählende Staatsverfassung für die Wiederherstellung des Königtums erklärt hatten, cf. Dionys IV 72, 2.

Von den in Bekkers Lexikon überlieferten Fragmenten haben wir eins, Fragm. 7, bereits besprochen. Die übrigen sind m. E. bis auf eines mit Hilfe des Dionys zu bestimmen, und ich möchte sie, teilweise in Anschluß an v. Gutschmid und Boissevain, folgendermaßen verteilen:

Fragm. 5ª aus der ersten Rede der Gesandten des Tarquinius, cf. Dionys V 4, 2, S. 143, 6ff. Jacoby.

Fragm. 4 aus der zweiten Rede der Gesandten, cf. Dionys V 5, 2, S. 144, 14 ff. Jac.

Fragm. 5ᵇ aus derselben Rede, cf. Dionys V 5, 2, S. 144, 17 ff. Jac.

Fragm. 6 aus der Antwort des Brutus, cf. Dionys V 5, 3 S. 144, 23.

Dieser Antwort mag auch Fragm. 11 entstammen, während m. E. ihr wohl mit Sicherheit Fragm. 10 (Exc. de Sent. 20) zuzuweisen ist, wie Boissevain angenommen hat. Die Folge der ganzen Reihe würde also sein:

Fragm. 1 (Exc. de Sent. 15), cf. Dionys. IV 71, 3, S. 117, 1f.
,,   2 (,,   ,,   ,,   16), ,,   ,,   IV 71, 3, ,, 117, 3f.
,,   3ª (,,   ,,   ,,   17), ,,   ,,   IV 73, 1, ,, 119, 8f.
,,   7 (aus Bekk. Anecd.), ,, ,,   IV 73, 1, ,, 119, 16f.
,,   8 (Exc. de Sent. 18), ,, ,,   IV 73, 4, ,, 120, 12ff.
,,   9 (,,   ,,   ,,   19), ,,   IV 72, 2, ,, 118, 13ff.
,,   5ª (aus Bekk. Anecd.), ,, ,,   V 4, 2, ,, 143, 6ff.
,,   4 (,,   ,,   ,,   ), ,,   ,,   V 5, 2, ,, 144, 14ff.
,,   5ᵇ (,,   ,,   ,,   ), ,,   ,,   V 5, 2, ,, 144, 17ff.
,,   6 (,,   ,,   ,,   ), ,,   ,,   V 5, 3, ,, 144, 23
,,   11 (,,   ,,   ,,   )
,,   10 (Exc. de Sent. 20).

Natürlich haben die hier vorgeschlagenen Beziehungen zwischen den dionischen Fragmenten und einzelnen Dionys-Stellen nicht alle den gleichen Grad von Wahrscheinlichkeit. Sie dürften aber einander gegenseitig stützen, und die Berechtigung, sie überhaupt vorzuschlagen, liegt in der oben (S. 86) nachgewiesenen Übereinstimmung von Dio und Dionys in der Darstellung der betreffenden Ereignisse. Wer aber diesen Beziehungen, auch nur zum Teile, zustimmt, wird vor die Alternative gestellt, daß entweder Dio den Dionys benutzt hat oder beide einer gemeinsamen Quelle folgen. Die Erörterung dieser Frage wird besser einer anderen Gelegenheit vorbehalten.

Gehen wir über zu den letzten von Macchioro besprochenen Fragmenten. Über seine Vermutungen zu Fragm. 15ᶜ und Fragm. 57, 80 können wir uns kurz halten. Es sind beide ganz kleine, nur aus wenigen Worten bestehende Fragmente, die in Bekkers *Anecdota* überliefert sind mit Angabe der Zahl des Dionischen Buches, aus dem sie stammen. Boissevain hat nicht gewagt, sie auf ein bestimmtes Ereignis zu beziehen. Die von Gutschmid, *Kleine Schriften* V S. 556 über dieselben ausgesprochenen Vermutungen dürften das Richtige getroffen haben, jedenfalls sind sie nicht schlechter als diejenigen Macchioros. Bei der Winzigkeit der beiden Fragmente ist aber eine sichere Entscheidung unmöglich.

Von größerer Wichtigkeit und beim ersten Blick sehr ansprechend sind Macchioros Erörterungen über Fragm. 32 (Exc. *de Sent.* 52): διόπερ που, καίπερ οὐκ εἰωθὼς ἐκβολαῖς τοῦ λόγου χρῆσθαι, ἄλλως τε ἐπεμνήσθην αὐτοῦ καὶ τὴν ὀλυμπιάδα προσέγραψα, ἵν' ἐπειδὴ λανθάνει τοὺς πολλοὺς ὁ χρόνος τῆς μετοικίσεως, ἐκφανέστερος ἐξ ἐκείνου γένηται. Da das 51. Exzerpt *de Sententiis* etwa auf das Jahr 370 zu bestimmen ist, und das 53. Exzerpt sich auf Ereignisse des Jahres 340 bezieht, hat Boissevain, in Anschluß an Gros, unser Exzerpt 52 auf den Einfall Alexanders von Epirus in Italien bezogen, welcher von Livius VIII 3, 6 im Jahre 340 gesetzt wird, hat aber dazu bemerkt, daß mit dieser Deutung der Ausdruck μετοίκισις nicht gut stimme. Diese Bemerkung Boissevains nimmt Macchioro auf und fragt weiter ganz richtig, wie Dio die Zeit dieses Einfalles, die ja eben von Livius angegeben wird, als „den meisten unbekannt" hätte bezeichnen können. Es handle sich hier um ein Ereignis, welches in der römischen Geschichte nur als Digression erörtert werden konnte und in früher, also ziemlich unsicherer, Zeit vorgefallen war, und dieses Ereignis sei eine Auswanderung. Diese Bedingungen träfen zu, wenn man annähme, es würde hier die älteste Einwanderung der Gallier nach Italien, unter ihrem Könige Bellovesus, gemeint, die Livius V 34 erzählt. Diese Deutung ist an sich sehr ansprechend, nur sieht man nicht gut ein, welchen Anlaß Dio haben könnte, bei der Erzählung der zwischen 370 und 340 geschehenen Ereignisse auf die älteste Geschichte der Gallier einzugehen: man erwartet eine solche Digression weit eher an der Stelle, wo die Gallier zum ersten Male in Beziehung zu Rom treten, also bei der Erzählung des ersten Gallierkrieges, wie es ja auch Livius a. a. O. gemacht hat. Dieses fühlt auch Macchioro, und will also Fragm. 32 vor Fragm. 25, welches die Ursache des ersten Gallierkrieges behandelt, stellen. Diese Umsetzung ist aber unmöglich, da dann das 52. Exz. *de Sent.* vor dem 47. stehen würde. Es bleibt also, wenn wir Macchioros Deutung des betreffenden Fragmentes annehmen, die Frage nach der Veranlassung zu einer solchen Digression bei der Geschichtserzählung der Jahre 370 bis 340 ungelöst; eine Deutung, welche diese Frage beantwortete, wäre unbedingt vorzuziehen, ist aber, bis jetzt, soviel ich weiß, noch nicht gefunden worden.

Wir kommen zum Schluß. Das letzte von Macchioro S. 358f. behandelte Fragment ist 57, 77 (Exz. *de Virt.* 51), S. 274 Boiss.:

πλεῖστοι ὅσοι ἐστρατεύσαντο, ὥς που πολλὰ ἑκουσίως πολλοὶ ὧν οὐδὲν ⟨ἂν⟩ ἀναγκαζόμενοι δράσειαν ποιοῦσι· τὸ μὲν γὰρ προστατόμενον σφισι ὡς καὶ βίαιον δυσχεραίνουσιν, τὸ δ' αὐθαίρετον ὡς καὶ αὐτοκράτορες ἀγαπῶσιν.

Macchioro sagt von diesem Fragmente, S. 359: *Queste parole suonano biasimo contro quei duci che di propria iniziativa fanno cose che non farebbero se costretti, mal sopportando gli ordini, come fossero imposizioni.* Aber von Führern ist hier nicht die Rede: das Fragment sagt nur, daß „sehr viele ins Feld zogen, wie gewöhnlich viele freiwillig vieles leisten, was sie gezwungen nicht getan haben würden"; es werden also hier nicht Feldherren gemeint, sondern Leute, die sich freiwillig an einem Kriege beteiligen, *milites voluntarii*. Die falsche Auffassung Macchioros ist vielleicht aus dem Worte αὐτοκράτορες entstanden, daß er als *terminus technicus (imperator)* verstanden haben mag, während es hier nur in seiner allgemeinen Bedeutung „nach eigenem Ermessen handelnd" zu nehmen ist.

Gros und ihm folgend Boissevain a. a. O. haben unser Fragment mit Livius XXXI 8,3 in Beziehung gebracht, wo gesagt wird, daß beim Anfang des Krieges mit Philipp von Makedonien, im Jahre 200, der Consul Sulpicius vom Senate die Erlaubnis bekam, aus dem Heere, welches P. Scipio aus Africa zurückgeführt hatte, diejenigen Soldaten mit sich nach Makedonien hinüberzunehmen, die sich dazu freiwillig bereit erklärten: *Sulpicio, cui novum ac magni nominis bellum decretum erat, permissum, ut de exercitu, quem P. Scipio ex Africa deportasset, voluntarios quos posset duceret: invitum ne quem militem veterem ducendi ius esset*, und weiter mit Livius XXXI 14, 1 *(Sulpicius) veteribus militibus voluntariis ex Africano exercitu in legiones discriptis*. Hierzu stimmt der Sinn unseres Fragmentes vorzüglich, und da das ihm im *Codex Peirescianus* vorhergehende 50. Exzerpt *de virtutibus* (Fragm. 57, 73) sich auf das Jahr 203 bezieht, das ihm folgende 52. Exzerpt (Fragm. 62, 1) auf das Jahr 191, ist die vorgeschlagene Beziehung auf ein Ereignis des Jahres 200 durchaus möglich, wenn auch vollkommene Gewißheit hier nicht zu erreichen ist. Es versteht sich, daß Macchioro wegen seiner irrigen Auffassung unserer Stelle die Deutung von Gros und Boissevain ablehnte, und daß wir aus eben demselben Grunde die seinige von vornherein als verfehlt betrachten müssen. Das im *Codex Peirescianus* unserem Fragmente vorangehende Fragm. 57, 73 bezieht sich, wie gesagt, auf das Jahr 203, und nun bringt Macchioro auch unsere Stelle zu diesem Jahre in Beziehung, während dessen, als den Consuln und Praetoren ihre Provinzen zugeteilt worden waren, sie sich nichtsdestoweniger betrugen, als ob sie alle die Provinz Africa erlangt hätten, und vergleicht dazu Livius XXX 3, 1ff.: *omnibus tamen, velut eam sortitis,*

Africae cura erat... Itaque non ex Sardinia tantum, sicut ante dictum est, sed ex Sicilia quoque et Hispania vestimenta frumentumque, et arma etiam ex Sicilia et omne genus commeatus eo portabantur. Eine Widerlegung dieser Deutung ist nach dem oben Gesagten wohl überflüssig. Geradezu komisch wirkt aber Macchioros Meinung, als habe er durch seine Auffassung die Autorität des Codex, mit welcher die Annahme von Gros und Boissevain sich nicht vertrüge, wieder hergestellt; er sagt nämlich: *Il frammento si adatta benissimo a questo episodio: quindi esso va restituito alla sua sede primitiva dopo il fr. 57, 73 senza violare l'autorità del codice, che non deve venir negletta, come fa l'ipotesi Gros-Boissevain, la quale trasporta il frammento dal libro XVII al XVIII. A volte giova più alla critica il rispetto alla tradizione che non l'audacia più coraggiosa e indipendente.* Wie wir aber sahen, verträgt sich die Reihenfolge der Exzerpte im *Peirescianus* sehr gut mit einer Zuweisung unserer Stelle an das Jahr 200: daß also Gros und Boissevain das Fragment von seiner ursprünglichen Stelle entfernt hätten, wohin es jetzt von Macchioro zurückgebracht sei, davon kann keine Rede sein. Daß Boissevain das Fragment dem XVIII. Buche zuweist anstatt dem XVII., macht hier gar nichts aus, da ja den in den Constantinischen Serien erhaltenen Exzerpten in den Handschriften nicht die Nummer des Buches beigeschrieben ist, aus dem sie entnommen sind.

Groningen.

Poseidonios, Marinos, Ptolemaios.
Ein weiterer Beitrag zur Geschichte des Erdmessungsproblems im Altertum[1].
Von Oskar Viedebantt.

'Was du ererbt von deinen Vätern hast, erwirb es, um es zu besitzen.' Gegen diese Lebensregel haben nach dem Urteil der Neueren[2] Poseidonios sowohl wie auch die jüngeren Geographen Marinos von Tyros und Ptolemaios schwer gefehlt; denn sie haben die im Resultat ebenso glänzende, wie in der Methode hochwissenschaftliche Erdmessung des Eratosthenes-Hipparch leichtfertigerweise beiseite geschoben, um sie durch eine in der Methode unwissenschaftliche, im Ergebnis klägliche 'Messung' zu ersetzen, im Endwert 180000 statt 252000 Stadien herauszurechnen und den Grad von 700 auf 500 St. herabzusetzen. — Die Stellungnahme des Poseidonios zu dem Problem habe ich oben (Bd. XIV S. 208ff.) ausführlich untersucht; daß die Autorität des Rhodiers für den Ansatz des größten Kreises zu 180000 St. von Strabon zu Unrecht ins Feld geführt werde, war dabei das Ergebnis. Poseidonios hat vielmehr die eratosthenisch-hipparchische Messung, wie bald nach ihm sein Schüler Geminos, angenommen; doch hat er gelegentlich — und darüber berichtet uns der jüngere Stoiker Kleomedes — diese Messung in der Methode einmal zu popularisieren versucht, und in diesem Falle hat er sich allerdings unter Verzicht auf den präzisen Wert von 252000 St. mit der Approximativschätzung von 240000 St. begnügt; jedoch keineswegs ohne diese Zahl ausdrücklich in eine entsprechende schützende Verklausulierung einzukleiden[3].

Nach Eratosthenes' beträgt die Breitendistanz Alexandreia-Syene 5250 St. = 7° 30', die Distanz Alexandreia-Rhodos 3750 St. = 5° 21' 26" (d. i. rund 5° 20')[4]. — Hipparch erkannte, daß die Meridiangleiche der drei genannten Städte, die Eratosthenes vorausgesetzt hatte, nicht gegeben war, beobachtete vielmehr für Syene und Alexandreia einen west-östlichen Abstand von ca. 1600 St. oder etwa 2° 30', für Alexandreia-Rhodos

---

1) Im Manuskript abgeschlossen Juli 1914.
2) Vgl. u. a. Berger, *Erdk. d. Gr.*² S. 591ff. (unten S. 99f.).
3) Vgl. oben Bd. XIV S. 208 Anm. 6 a. E.; 230f.
4) Vgl. ebd. S. 216ff.

einen gleichen Abstand von ca. 900 St. oder etwa 1° 30′ und berechnete demnach die Breitendistanz der beiden erstgenannten Punkte (der Wirklichkeit näher kommend als sein Vorgänger) zu 5000 St. = 7° 8′ 35″ oder rund 7° 10′, für die beiden anderen zu 3640 St. = 5° 12′ oder rund 5° 10′[1]). — Nach Ptolemaios liegt Syene auf 23° 50′, Alexandreia auf 31°[2]). Die Differenz beträgt mithin 7° 10′ und deckt sich in dem Zahlenansatz mit der Bestimmung des Hipparch. Für die andere Strecke fehlt uns leider die unmittelbare Kontrolle, da die ptolemäische Tabelle in ihrer heutigen Verfassung die Lage der Stadt Rhodos nicht mehr angibt. Für die Insel bietet sie folgende Zahlen[3]):

Ῥόδου νήσου περιγραφή

Πανὸς ἄκρα . . . . . $\overline{νη}$ $\overline{λε}$ λ.′ γ′ ιβ′ d. i. 58°   L. 35° 55′ Br.
Κάμιρος . . . . $\overline{νη}$ γ′ $\overline{λε}$ δ′   „ 58° 20′ „ 35° 15′ „
Λίνδος . . . . $\overline{νη}$ γο′ $\overline{λς}$ „ 58° 40′ „ 36°   „
Ἰηλυσός . . . . $\overline{νη}$ γ′ $\overline{λς}$ „ 58° 20′ „ 36°   „

Inwieweit diese Tabelle verstümmelt ist, ist schwer zu sagen; daß sie es aber ist, erscheint ziemlich sicher; denn · daß Ptolemaios die Stadt Rhodos, für die er sich die Zahlen zweifellos unschwer hätte verschaffen können, nicht genannt, die Städte Lindos und Jalysos aber zu gleicher Breite angesetzt hätte, ist nicht glaublich. Nimmt man Lindos zu 36° (in Wirklichkeit etwa 36° 5′) als zutreffend an, so wird man Rhodos-Stadt zu ca. 36° 20′ (in Wirklichkeit 36° 27′ 35″)[4]) annehmen dürfen. So war auch der Ansatz des Hipparch gewesen[5]). Indes Ptolemaios verlegt Alexandreia sowohl wie auch Syene (dieses zu Unrecht unmittelbar auf den Wendekreis) je ca. 10′ weiter nach Süden, auf 31° statt 31° 8 bis 10′[6]) bezw. auf 23° 50′ statt 24°. Daraus ergibt sich die Möglichkeit, daß er auch Rhodos, statt auf 36° 20′, auf 36° 10′ verschoben hat. In diesem Falle würde er die Distanz Rhodos-Alexandreia abermals mit Hipparch zu 5° 10′ genommen haben. Allein es liegt auch eine zweite Möglichkeit vor. Wie, wenn Ptolemaios Rhodos in seiner Lage auf ca. 36° 20′ (Hipparch) belassen hätte? Dann würde er eben jene Breitendistanz zu etwa 5° 20′ angenommen haben, und in diesem Falle wäre er hier dem Eratosthenes gefolgt, der diese Strecke zu 3750 St. = 5° 21′ 26″ geschätzt hatte. Wie dem aber auch sei, das eine ist jedenfalls sicher:

---

1) Vgl. ebd. S. 216 ff.
2) Vgl. Ptolemaios, *Geogr.* IV 5, 4 und IV 5, 32.
3) Ebd. V 2, 19.
4) Wir wissen natürlich nicht, wo im Altertum der Beobachtungspunkt für die Stadt Rhodos lag.
5) Seinen Ansatz habe ich oben Bd. XIV S. 223 Anm. 3 zu 36° 20′ 30″ berechnet.
6) Nach meiner Berechnung (ebendort) 31° 8′ 30″.

die Abhängigkeit des Ptolemaios, und damit die seines Mittelsmannes Marinos, von den beiden großen Vorgängern in der Bemessung der grundlegenden Breitendistanzen auf dem Hauptmeridian, die die Basis für die Erdmessung der Alexandriner gebildet hatten, ist handgreiflich.

Und dennoch sollte dieser äußeren Convenienz der Zahlen ein innerer Zwiespalt entgegenstehen, sollten die Jüngeren die effektiven Distanzen nach dem Verhältnis 5 : 7 im Werte herabgesetzt haben? Sie sollten also die Breitendifferenz Alexandreia-Syene mit ihren 7° 10′ zu nur (3583,333 oder) rund 3585 St., die Strecke Alexandreia-Rhodos mit ihren 5° 10′ bis 12′ bezw. ca. 5° 20′ zu (2583,333 oder) rund 2585 bezw. (2666,666 d. i.) rund 2670 eratosthenischen Stadien (von 157,5 [159,8] m) angenommen haben? Gesetzt es wäre wirklich der Fall gewesen, so würde in Anbetracht der Sorgfalt, mit der Eratosthenes die Grundstrecke Syene-Alexandreia terrestrisch hatte vermessen lassen, diese Änderung so über die Maßen unerhört sein, daß ihre Verfechter, ein fleißiger Geograph und ein Mathematiker und Astronom von Ruf, einen verwerflichen Mangel an Sorgfalt, ja eine direkt unwissenschaftliche Nachlässigkeit in einem wichtigen Punkte nicht eklatanter hätten an den Tag legen können. Man bedenke: die astronomischen Beobachtungen des Hipparch hätten diese Geographen, wie sich's geziemt, unverändert übernommen: aber die geodätisch-terrestrische Messung, die auch einen Glanzpunkt des eratosthenischen Unternehmens gebildet hatte, und die seitdem nicht, ganz zweifellos nicht, wiederholt worden war[1]), hätten sie mit einem Federstrich kurzerhand vernichtet — 'verbessert'. — Es gibt nur eine Möglichkeit, die beiden Männer von dem schwarzen Verdachte zu befreien: und diese eine Möglichkeit erweist sich allerdings als stichhaltig: jene Geographen haben den Stadiasmus herabgesetzt, weil auch die Wissenschaft das altgeographische Stadion von 157,5 (159,8) m mittlerweile mit einem andern, größern Maße vertauscht hatte.

Das Stadion des Eratosthenes wird von Plinius zu $1/40$ Schoinos bestimmt[2]). Nach seinem eigenen System aber hat jeder Schoinos (seit dem Siege des Sexagesimalsystems) 30 Stadien. Mithin ergibt sich für die beiden Stadien untereinander das Verhältnis 3 : 4; und da das eine zu 157,5 bezw. 159,8 m bestimmt ist, so stellt sich das andere zu $\frac{157,5 \text{ bezw. } 159,8 \cdot 4}{3}$ = 210 bezw. 213,13 m. Dieses Maß ist das Stadion der metrologischen Literatur der hellenistischen und der Römerzeit. Bislang war es uns als βασιλικὸν Φιλεταίρειον bezw. als βασιλικὸν Πτολεμαϊκὸν μέτρον bezeugt[3]). Jetzt wird es in seinem Fuß von (350 bezw.

---

1) Vgl. Nissen, *Rhein. Mus.* LVIII 1903 S. 234.
2) Vgl. das Zitat oben XIV S. 232.
3) Vgl. oben Bd. XIV S. 235 ff.

von) 355,2 mm — seit der Römerzeit kommt natürlich nur noch der gesteigerte Normalwert dieser Maße in Frage[1]) — auch als Ῥωμαϊκὸν μέτρον überliefert[2]); und so ergibt sich denn, daß es ganz offenbar im Gegensatz zu dem eigentlichen römischen Fuß, dem 296 mm messenden *pes monetalis* der italischen Heimat, das amtliche oder Staatsmaß der Römer im Osten war[3]). Als solches ist es — das beweist sein ständiges Vorkommen in den metrologischen Texten — in der Landvermessung verwendet worden, und als solches spricht es auch aus mehr als einer der mannigfachen durch die alten Schriftsteller überlieferten geographischen Distanzangaben[4]). Ja daß das amtliche Maß gegenüber allen lokalen und partikulären Maßen, und mochten sie ein noch so ehrwürdiges Alter haben, zumal in einem kosmopolitisch gerichteten Zeitalter, bald die unbedingte Überlegenheit gewinnen mußte, das würde selbst dann als wahrscheinlich zu betrachten sein, wenn jene beredten Zeugnisse nicht zu uns sprächen. Und so würde es denn nach der ganzen Lage der Dinge auffällig sein, gäbe es wirkliche Anzeichen dafür, daß eine Wissenschaft, zu deren Mitteln der Weltverkehr zählte, und die mit dem Staat

---

1) Vgl. ebenda. — Ich setze, wo wir uns in dieser Epoche bewegen, fortab den kleineren Wert in Klammer.

2) Heiberg hat inzwischen im 5. Bande seiner Heronausgabe (p. CXVIII s.) zwei bisher unbekannte Texte aus vatikanischen Handschriften publiziert, deren zweiter (*cod. Vatic. Gr.* 1056 s. XIV) Z. 13 ff. bietet: ὁ ποὺς ὁ Ἰταλικὸς καὶ Νικομηδήσιος δακτύλους ιγ γ´, παλαιστὰς γ δ´´ ιβ´, ὁ ποὺς ὁ βασιλικὸς καὶ Φιλεταιρικὸς καὶ Πτολεμαϊκὸς καὶ Ῥωμαϊκὸς δακτύλους ις, παλαιστὰς δ, λιχάδας δύο, σπιθαμὴν ἃ γ´´, ὁ πυγὼν δακτύλους κ, παλαιστὰς ε κτλ. Hier werden klar und deutlich zwei Fußmaße unterschieden, der italische, das ist römische *pes monetalis* und der königlich philetärische oder königlich ptolemäische Fuß, der auch der römische genannt wird. Was ich also oben (a. a. O. S. 238 ff.) auf Umwegen bewiesen habe, daß der philetärische Fuß dem ptolemäischen gleich sei, das wird durch diesen Text nunmehr einwandfrei bestätigt. — Übrigens sei hier die Gelegenheit zu einer Berichtigung benutzt. Oben Bd. XIV S. 240 habe ich meinen Ansatz des philetärischen Fußes zu 350 mm auch gegen Dörpfeld verteidigen zu müssen geglaubt. Mit Unrecht, wie ich mich nachträglich überzeugt habe, da Dörpfeld später die Richtigkeit dieses Hultschschen Ansatzes selbst eingesehen und auch verschiedentlich (z. B. *Athen. Mitt.* XXXII, 1907, S. 226) vertreten hat. Durch ein Versehen war mir diese Tatsache seinerzeit entgangen.

3) Damit wird es denn nunmehr auch vollends klar, warum der stadtrömische Fuß bei den metrologischen Schriftstellern stets nur der italische heißt, und warum das Stadion dieses Fußes (185 m) von Censorin (Varro) als *stadium Italicum* bezeichnet wird; und damit ergibt sich auch, daß die von mir oben XIV S. 243 behandelte μίλιον-Stelle der sog. Euklid-Tafel auch ohne die dort vorgeschlagene Konjektur klar liegt; das Ῥωμαϊκὸν μίλιον war eben direkt identisch mit dem Φιλεταίρειον μίλιον, aber unterschieden von dem Ἰταλικὸν μίλιον; dieses hatte 5000 römisch-italische Fuß zu 296 mm (= 1,48 km), jenes 4500 philetärisch-römische Fuß zu 355,2 (350) mm (= 1,598 [1,575] km).

4) Vgl. oben XIV S. 249 f. *Rhein. Mus.* LXIX 1914 S. 563.

durch mannigfache Fäden verknüpft war, den Übergang von dem altgeographischen Maß, dem Stadion von 157,2 (159,8) m, zu dem neuen Staatsmaß von 213,13 (210) m, als die Zeit dazu reif war, nicht vollzogen hätte. Denn stand beispielsweise der amtlichen Geodäsie selbstverständlich nur das amtliche Maß zur Verfügung, so konnte es nicht ausbleiben, daß bei wissenschaftlichen Arbeiten die Verwendung eines andern Maßes bald recht unbequem wurde; und brachten die Schüler zum Unterricht und die Leser zur Lektüre geographischer Schriften in erster Linie natürlich die Kenntnis des vulgären Maßes mit, so war es das Gegebene, diesem Umstande durch die Verwendung eben dieses Maßes Rechnung zu tragen.

Zu Eratosthenes' Zeit aber war die Weltlage soweit noch nicht gewesen. Dieser Geograph hatte gewissermaßen in einer Epoche des Werdens gelebt, in einer Zeit, da die Hellenisierung des Ostens noch nicht abgeschlossen, da noch der Prozeß in der Entwicklung gewesen war, dem die Errungenschaften der großen Zeit, die wir klassisch nennen, die Grundlage und die sieghafte Kraft gegeben hatten. Die Erdkugelgeographie der Alexandriner hat auf dem Boden der altjonischen Kartographie gestanden, und eben darum hat Eratosthenes (ohne die spätere Mission des Maßes von ca. 210 m, das auch damals in beiden Erdteilen bereits Bedeutung hatte, vorauszusehen) von den Joniern auch deren Stadion von 157,5 (159,8) m übernommen, das die Wissenschaft dann bis in die Zeit des Geminos hinein nicht aufgegeben hat.

Anders in den Jahren des Trajan und des Antoninus Pius. Ein Marinos und ein Ptolemaios, Bürger des Römerreichs, hätten den Erdgrad und den Erdmeridian vernünftigerweise wirklich nicht anders bestimmen können als nach dem στάδιον Ῥωμαϊκόν von 213,13 (210) m. Und darum steht der Grad nach ihnen effektiv zu 500 Stadien, d. i. zu 500 · 213,13 (210) = 106,565 (105), der größte Kreis zu 180000 · 213,13 (210) = 38363,5 (37800) km. Dieses Resultat bleibt gewiß hinter dem Ergebnis des Eratosthenes-Hipparch (39690 [40269] km) an Genauigkeit etwas zurück; indes daß die beiden jüngeren Geographen das gerüttelte und geschüttelte Maß von Tadel, das die Modernen über sie auszugießen für nötig hielten, bei weitem nicht verdient haben, das liegt doch auf der Hand.

Aber warum haben sie sich denn von dem vorzüglichen Resultat ihrer großen Vorgänger überhaupt entfernt? Die Erklärung liegt nahe. Nach Eratosthenes-Hipparch kamen auf den Erdgrad 700 St.; diese auf ein um ca. $^1/_4$ größeres Maß übertragen, ergeben 525, für den ganzen Kreis also 189000 Stadien. Umgekehrt, überträgt man die Summe von 180000 στάδια Ῥωμαϊκά s. Φιλεταίρεια auf eratosthenische Stadien, so erhält man deren $\frac{180000 \cdot 4}{3} = 240000$. Das ist just der verklausulierte

Eventualwert des Poseidonios. Und an diesen also lehnt sich offenbar das Messungsresultat der beiden Jüngeren an. Darin liegt unleugbar ein Mißgriff, aus dem einfachen Grunde, weil das eratosthenisch-hipparchische Verfahren wissenschaftlich, das poseidonische dagegen nur ein Popularisierungsversuch war. Immerhin: konnte man denn nicht annehmen, daß auch die Alexandriner nur einen Näherungswert erreicht hatten, daß, wie es ja Hipparchos selbst ausgesprochen hatte, wegen der möglichen Fehler vor allem bei der Längenbestimmung und der terrestrischen Messung volle Präzision des Ergebnisses bezw. ein Genauigkeitswert, wie er wirklich erreicht war, doch nicht verbürgt sei? Die Zahl 700 St. für den Grad deutete offensichtlich auf Abrundung: warum also hätten nicht auch die Jüngeren abrunden und 500 statt 525 annehmen sollen?

Und Poseidonios? Rückt jetzt auch für ihn die 'kleinste Erdmessung' in ein anderes Licht? Ja und nein. Denn daß der Rhodier in seinen wissenschaftlichen Arbeiten noch das eratosthenisch-altgeographische Stadion verwendet hat, das hat uns (oben XIV S. 221 ff.) mehrfache Überlegung, nicht zu mindest die Tatsache, daß sein Schüler Geminos es noch nach ihm verwendet, mehr als wahrscheinlich gemacht. Aber daß er bei dem Popularisierungsversuch der Erdmessung das hellenistisch-römische Vulgärmaß (möglicherweise dieses neben dem alten geographischen Maß) verwendet haben könnte, wer wollte es noch bestreiten? Freilich die Strabonüberlieferung bleibt trotzdem in Unordnung, und zum mindesten ist anzunehmen, daß an der oben (XIV S. 221 ff.) besprochenen Stelle II 94 C zwei heterogene Auslassungen des Rhodiers miteinander vermengt worden sind.

Eine offene Frage ist es natürlich auch, in wieweit man sich im Altertum selbst der relativen Gleichheit des größeren eratosthenisch-hipparchischen und des kleineren marinisch-ptolemäischen Zahlenansatzes bewußt gewesen ist. Der Irrtum des Strabon allein gibt hier nicht wenig zu denken. Immerhin, daß man nicht allerwärts seine Einfältigkeit geteilt hat, sondern sich der Verschiedenheit des Stadiasmus vielfach klar bewußt war, das geht mit Sicherheit aus der Pliniusnotiz hervor, nach der das eratosthenische Stadion zu $1/40$ des hellenistisch-römischen Staatsschoinos, das heißt zu $3/4$ des diesem zugehörigen Stadions bestimmt wird. — H. Berger spendet den jüngeren Geographen herben Tadel. 'Man sollte meinen,' sagt er (*Erdk. d. Gr.*[2] S. 592), 'den Männern, die sich der unmathematischen Strömung zum Trotz zu weiterer Behandlung der mathematischen Geographie der Erdkugel entschlossen, hätte der Gedanke an dieses altehrwürdige, große und wichtige Problem keine Ruhe gelassen, sie hätten die immer weiter geförderte Mathematik ihrer Zeit, die wissenschaftliche Metrologie zu Hülfe nehmen müssen, um weiter zu kommen, oder sie hätten, wenn das einmal nicht möglich war, wenigstens die Geschichte des Problems genügend studieren müssen, um sich, wie Hipparch, an die beste der erreichten Lösungen zu halten. Nichts von alledem ist geschehen. Nicht einmal von einer genaueren Bestimmung des üblichen schwankenden Stadienmaßes ... ist eine Spur zu entdecken. Marinos hat sich begnügt, die, wie oben S. 580 f. gezeigt ist, irrtümlich aufgefaßte Bestimmung des Erdumfangs und die daraus hervorgehende Bestimmung des Stadiengehaltes des größten Kreises, die bei Posidonius zu finden war, als die neueste unbesehen anzunehmen[1]) ... Ptolemäus aber, der Mathematiker, der sich dazu rühmen konnte, ein Instrument erfunden zu haben, das zu jeder Tag- und Nachtzeit die Mittagslinie finden ließ, das also die Möglichkeit bot, die reine Breitendistanz von zwei beliebigen Orten, auch wenn sie nicht unter einem Meridian lagen, auf trigonometrischem Wege zu finden[2]), der sich angelegen sein läßt. die Bedeutung und die Grundzüge der Erdmessung nach Hipparch wortreich auseinanderzusetzen[3]), er, Ptolemäus, denkt, wie es zur Entscheidung kommt, nicht an einen neuen Versuch, nicht an die Prüfung der vorliegenden Lösungen und die Annahme der verhältnismäßig besten, nicht an sein Vorbild Hipparch, sondern folgt blind seinem nächsten Vorgänger Marinus[4]), während doch sonst die Kritik gegen dessen Fehler seine ganze eigene Geographie trägt. Ich kann in dieser Tatsache nur erschreckende Nachlässigkeit in Benutzung der Vorlagen sehen'.

Soweit Berger. Wir wissen es heute besser: die Lehren der wissenschaftlichen und die Forderungen der praktischen Metrologie haben die jüngeren Geographen mit nichten ignoriert: aber die moderne Metrologie hat sie von einem Vorurteil befreit.

Exkurs III.
Zur Frage des herodoteischen Stadions[5]).

In Exkurs I (oben XIV S. 250 f.) dieser Untersuchungen habe ich darauf hingewiesen, daß Lehmann-Haupt dem Eratosthenes (und Hipparch) ein Stadion von ($^1/_{10}$ römischer Meile =) ca. 148,5 m zusprechen möchte. Dieser Annahme habe ich, ohne ihre absolute Unmöglichkeit bezw. theoretische Undenkbarkeit zu behaupten, widersprochen, indem ich den Nachweis führte, daß die einzige Quelle (Strabon V 239 C im Vergleich mit

---

1) Verweis auf Ptol. *Geogr.* I 7, 1.
2) Verweis auf Ptol. *Geogr.* I 3, 3.
3) Verweis auf Ptol. *Geogr.* I 2—4 und Strabo I 7. 8 C.
4) Verweis auf Ptol. *Geogr.* I 11, 2.
5) Vgl. F. Westberg, *Zur Topographie des Herodot* III, d. Zschft. Bd. XIV S. 338 ff.

It. Hieros. p. 112 ed. Wessel), die ein solches Maß unmittelbar und sicher zu belegen schien[1]), es in Wirklichkeit nicht belegt, und indem ich darauf hinwies, daß die komparativ-metrologischen Überlegungen Lehmann-Haupts[2]), um das Vorhandensein dieses Maßes zwingend und bündig zu erweisen, bisher bei weitem nicht ausreichten. Das gilt auch von Westbergs Darlegungen[3]). Seine Beweismomente sollen im Folgenden unter die kritische Lupe genommen werden.

II 8 berichtet Herodot: ἀπὸ Ἡλίου πόλιος ἄνω ἰόντι στεινή ἐστι Αἴγυπτος. τῇ μὲν γὰρ τῆς Ἀραβίης ὄρος παρατέταται, ... τὸ δὲ πρὸς Λιβύης τῆς Αἰγύπτον ὄρος ἄλλο πετρινὸν τείνει ... κατὰ τὸν αὐτὸν τρόπον καὶ τοῦ Ἀραβίου τὰ πρὸς μεσαμβρίην φέροντα. τὸ ὦν δὴ ἀπὸ Ἡλίου πόλιος οὐκέτι πολλὸν χωρίον ὡς εἶναι Αἰγύπτου, ἀλλ' ὅσον τε ἡμερέων τεσσέρων[4]) ἀναπλόου ἐστὶ στεινὴ Αἴγυπτος ἐοῦσα. τῶν δὲ ὀρέων τῶν εἰρημένων τὸ μεταξὺ πεδιὰς μὲν γῆ, στάδιοι δὲ μάλιστα ἐδόκεόν μοι εἶναι, τῇ στείνοτατόν ἐστι, διηκοσίων οὐ πλέους ἐκ τοῦ Ἀραβίου ὄρεος ἐς τὸ Λιβυκὸν καλεόμενον. τὸ δὲ ἐνθεῦτεν αὖτις εὐρέα Αἴγυπτός ἐστι.
— Daß Stein mit seiner Auslegung dieser Stelle[5]) in die Irre geht und zu Unrecht an dem überlieferten Text geändert hat, ist sicher. Herodot sagt klar, im Umfange oder in einer Ausdehnung von 4 Tagfahrten südlich von Heliopolis ist Ägypten schmal; von hier verbreitet es sich wieder. Wie weit diese Strecke südwärts reicht, will ich nicht weiter untersuchen. Möglich, daß Westberg, indem er durch eine Verhältnisgleichung — 9 Tagereisen sind nach Herodot (II 9) von Heliopolis bis Theben, mithin kommen auf die gesuchte Strecke $4/9$ dieser Distanz — möglich, daß Westberg, indem er so auf die Gegend südlich von Antinoe und Hermopolis kommt, das Richtige trifft; mir ist für alle derartigen Rechnungen die herodoteische Tagereise im allgemeinen und ganz besonders für Ägypten eine zu wenig feste und gesicherte Größe, um darauf Schlüsse aufzubauen. Was Herodot im Auge hat, indem er auf eine südliche Verbreiterung des Niltals hinweist — merkwürdigerweise hinweist, da die hervorstechende Eigenschaft des Niltals grade dessen stete Schmalheit ist —, das hat mir H. Wiedemann (*Philol.* XLVI S. 172f.)[6]) durchaus plausibel gemacht; der Schriftsteller folgte dabei vermutlich einer Erzählung des Hekataios (*Ps. Skylax* Peripl. 43), nach der Ägypten mit einer Doppelaxt (πέλεκυς) verglichen wurde, 'deren Schneiden sich in der Nähe von Memphis vereinigten'. Südlich von diesem Punkte also dachte

---

1) Vgl. Hultsch, *Metrologie*[2] S. 60.
2) *Auszug aus den Akten des 8. Orient.-Congresses*, Leiden 1893 S. 69f.
3) Vgl. soeben S. 100 Anm. 5.
4) Dietsch, Stein und Sayce ergänzen καὶ δέκα, was ich mit Wiedemann und Westberg ablehne.
5) *Kommentierte Ausgabe*, 5. Aufl. von 1902.
6) Vgl. auch (Wiedemann) *Herodots zweites Buch*, Leipzig 1890 S. 67f.

sich Hekataios 'eine dem Delta ähnliche Erweiterung', und Herodot hat diese Auffassungen auf Grund eigener Beobachtung richtig zu stellen versucht, es aber nicht über sich gewonnen, sie ganz zu verwerfen. — Westberg (S. 343) bemerkt über die mit Heptanomis zusammenfallende Örtlichkeit: 'An den schmalsten Stellen beträgt hier die Breite des Niltals (einschließlich der wüsten Strecken an den Rändern) ungefähr 26 km, jedenfalls unter 30 km. Danach zu urteilen, gehen auf H's. Stadion 148,85 m, nicht mehr, weil 200 Stadien (das Stadion zu 148,85 m) fast 30 km ausmachen.' Im allgemeinen wird die Breite des Niltals zwischen 3 und 7 deutschen Meilen, 22,5 und 52,5 km, angegeben. Das Minimum, das (nach Wiedemann)[1] mit ca. 300 Schritt bei Gebel Silsilis liegt, kommt hier natürlich nicht in Betracht; 'doch auch zwischen Kairo und dem Fayûm sinkt die Breite bis zu 22,2 km'. 200 St. zu 148,85 m (Westberg) ergeben 29,77 km, ein Wert, der doch in Anbetracht der Tatsache, daß Herodot eine Stelle τῇ στεινότατόν ἐστιν (ἡ Αἴγυπτος) im Auge hat, m. E. etwas reichlich erscheinen muß. Allerdings kann dies (ob man nun das Westbergsche Stadion, 'über welches Lehmann-Haupt gehandelt hat', oder ein anderes zugrunde legt), nicht Wunder nehmen; aus dem einfachen Grunde nicht, weil Herodot selbst mit dürren Worten erklärt, er gebe nur eine Augenmaßschätzung, mit nichten aber, nicht einmal referendo oder, in seiner Sprache gesprochen, ἀκοῇ, eine wirkliche Messung: στάδιοι μάλιστα ἐδόκεόν μοι εἶναι διηκοσίων οὐ πλέος. Und wie schreibt doch Lehmann-Haupt oben XIV S. 369, wo er gegen mich polemisiert? 'Läge mein Buch,' meint er, *Herodot und die Logographen* und damit die Untersuchung *Die metrologischen Angaben bei Herodot als Stützpunkte für die Kritik* vor, so würde es noch viel klarer erscheinen, wie wenig auf ein solches δοκέει μοι Herodots grade auf metrologischem Gebiete zu geben ist'. Ich stimme zu: in einem Falle, wo es sich um die Gewinnung einer exakten Maßbestimmung aus einer derart gekennzeichneten Stelle des Historikers handelt, brauchen wir das angekündigte Buch Lehmanns nicht erst abzuwarten, um das non liquet auszusprechen.

II 18[2]) schreibt Herodot über die Breite der Nilschwelle: ἐπέρχεται ὁ Νεῖλος, ἐπεὰν πληθύῃ, οὐ μοῦνον τὸ Δέλτα ἀλλὰ καὶ τοῦ Λιβυκοῦ τε λεγομένου χωρίου εἶναι καὶ τοῦ Ἀραβίου ἐνιαχῇ καὶ ἐπὶ δύο ἡμερέων ἑκατέρωθι ὁδόν, καὶ πλέον ἔτι τούτου καὶ ἔλασσον. 'Eine Tagereise,' sagt Westberg (S. 343) 'beträgt nach H[erodot] fast 30 km. Demnach machen zwei Tagereisen ca. 60 km aus. In Wirklichkeit ist das Niltal (einschließlich der wüsten Strecken an den Rändern) nicht über 7 deutsche Meilen = 53 km breit.' Hier ist die Auffassung des Herodot-Topographen nicht minder haltlos, als an der ersten Stelle. Was für ein eigen Ding ist

---
1) Vgl. *Herodots zweites Buch* S. 67.
2) Westberg irrtümlich II 9 (S. 343).

es vor allem um die 'Tagereise', und zwar im allgemeinen und für Herodot im besondern? Es ist doch selbstverständlich, daß solcher σταθμός ein Schätzungsmaß ist, das, nicht anders als das 'Lebensalter', bald höher bald niedriger bewertet worden ist. Das schließt natürlich nicht aus, daß es in bestimmten Gegenden eine bestimmte theoretisch-einheitliche Wertung gehabt hat, wie man denn auf der persischen Königsstraße[1]) den σταθμός, wie es scheint, zu 150 Stadien (von 189 m) bezw. 50 persischen Parasangen (von 5,67 km) oder zu 180 jonisch-geographischen Stadien (von 157,5 [159,8] m) bewertet findet[2]). Allein anderwärts schätzte man eben anders. Für den Pontos rechnet Herodot (IV 101) 200 St. auf die Tagfahrt. Marinos von Tyros gibt ihr gelegentlich 170 St., aus Ptolemaios gewinnt man 260 und 270 St. pro Tag[3]) und Herodot (II 9) wiederum will — von andern Ansätzen bei ihm zu schweigen — von Heliopolis nach Theben in 9 Tagen 4860 St., mithin pro Tag 540 St. bewältigt haben[4]). Solche verschiedene Schätzung des σταθμός ist meines Erachtens nur natürlich; denn die Länge der täglichen Reise war selbstverständlich jeweils abhängig von den örtlichen Verhältnissen, vor allem von der Beschaffenheit der Straßen und von der größeren oder geringeren Dichte der vorhandenen Rast- und Wasserstationen. — Am Pontos schätzt Herodot die Tagesreise zu 200 Stadien: warum man demzufolge annehmen muß, daß er bei der Breitenschätzung der Nilschwelle just diesen Ansatz im Sinne gehabt habe, während er doch sonst grade für Ägypten sehr erheblich abweichende Werte angibt, das bleibt Westbergs Geheimnis. Ich für meine Person halte es da lieber skeptisch mit Wiedemann, der mit Bezug auf unsere Stelle (a. a. O. S. 99) bemerkt: 'Zwei Tagereisen weit überschwemmt der Nil nur an einer Stelle, an dem Eingange des Fayûms, wenn man diese Oase mit hinzurechnet, das Land,' und der mit Bezug auf die Schätzung der Strecke Heliopolis—Theben (S. 69) erklärt: 'auffallend kurz ist bei den zu hohen Entfernungsangaben die Länge der Fahrt angesetzt; in 9 Tagen kann man nur unter den allergünstigsten Verhältnissen und ohne sich aufzuhalten, Theben erreichen, ... hat Herodot die Fahrt tatsächlich so schnell gemacht, so würde dies erklären, woher er von all den dazwischen liegenden Punkten so wenig zu berichten weiß.'

IV 85, an einer Stelle, wo Herodot in einem Atem über die Maße der Propontis und des Pontos, des Hellespont und des Bosporos schreibt, läßt Westberg gerade die Engen beiseite. Und doch leuchtet es

---

1) Vgl. oben XIV S. 252ff.
2) Natürlich nur theoretisch, um die Gesamtreisestrecke nach dem Durchschnitt überschlagen zu können. Die wirkliche Tagesleistung dürfte entsprechend der Lage der σταθμοί bald größer bald kleiner gewesen sein.
3) Vgl. Berger, *Erdk.*² S. 600.
4) Demgegenüber ist allerdings jeder Zweifel erlaubt. Vgl. unten S. 104.

ein, daß, wenn überhaupt, man vor allem an den Engen gemessen, die Länge und Breite der Meere dagegen zunächst nur geschätzt haben wird. Denn daß etwa die Vermessung jener Nordmeere schon von der jonischen Geographie auf astronomische Ortsbestimmungen aufgebaut worden wäre, vermag man sich nicht recht vorzustellen, obwohl allerdings bereits dem Anaximander der Gebrauch eines Gnomons zugeschrieben wird[1]). Jedenfalls hat in größerem Umfange erst Hipparch die astronomischen Ortsbestimmungen bei seiner Polemik gegen die eratosthenische Karte mit Nachdruck vertreten; und wenn auch in dieser Polemik, wie wir wissen[2]), die alten jonischen Karten gegenüber Eratosthenes relativ gut weggekommen sind, so muß man doch bedenken, daß selbst ihr Verteidiger die Stadt Byzanz, einen der Hauptpunkte der Erdkarten, um volle zwei Grad zu hoch, in gleiche Breite mit Massilia auf 43° gelegt hat[3]). Ja nicht einmal bei Ptolemaios ist die Zahl der astronomisch bestimmten Punkte überwältigend groß; die Schätzungen und Berechnungen nach Reisemaßen überwiegen selbst hier noch bei weitem. Ihren Wert aber schränkt Ptolemaios selbst (Geogr. I 2, 4) logischerweise mit den Worten ein: ἡ μὲν τῶν σταδιασμῶν ἀναμέτρησις οὔτε βεβαίαν ἐμποιεῖ τοῦ ἀληθοῦς κατάληψιν, διὰ τὸ σπανίως ἰθυτενέσι περιπίπτειν πορείαις, ἐκτροπῶν πολλῶν συναποδεδομένων καὶ κατὰ τὰς ὁδοὺς καὶ κατὰ τοὺς πλοῦς, καὶ δεῖν ἐπὶ μὲν τῶν πορειῶν καὶ τὸ παρὰ τὸ ποιὸν καὶ ποσὸν τῶν ἐκτροπῶν περισσεῦον εἰκάζοντας ὑφαιρεῖν τῶν ὅλων σταδίων εἰς τὴν εὕρεσιν τῶν τῆς ἰθυτενείας, ἐπὶ δὲ τῶν ναυτιλιῶν ἔτι καὶ τὸ παρὰ τὰς φορὰς τῶν πνευμάτων, διὰ πολλά γε μὴ τηρούντων τὰς αὐτὰς δυνάμεις, ἀνώμαλον προσδιακρίνειν. Gewiß wird man im Laufe der Zeit — und warum nicht schon früh? — auch im bloßen Abschätzen der Entfernungen eine gewisse Routine bekommen haben, wird man nicht selten ganz annehmbare Resultate erzielt haben. Indes aus dem Gesagten geht doch hervor, daß Westberg im vorliegenden Falle nicht methodisch verfährt, und daß die Länge des von Herodot verwendeten Stadions vom Pontos und der Propontis nicht mit der erforderlichen Sicherheit abgelesen werden kann, während die Meerengen möglicherweise mehr ausgeben[4]).

Ebensowenig wie die Dimensionen der Meere, dürfen natürlich die Maßangaben der russischen Schwarze-Meer-Küste (Ister—Borysthenes und Borysthenes-Maiotis, je 10 Tagereisen) für die Fixierung des herodotei-

---

1) Vgl. Hultsch, *RE* VII S. 1501.
2) Vgl. Berger, *Erdk.*² S. 466f.
3) Vgl. ebda. S. 484.
4) Diese Untersuchung habe ich für den Bosporos ausgeführt; doch verhinderte mich, sie als einen weiteren Exkurs hier anzuhängen, der Krieg, der es mir versagte, das gesamte Kartenmaterial zur letzten Prüfung zusammenzubringen.

schen Stadions ins Feld geführt werden (Westberg S. 343); denn beweist hier gerade die Tatsache, daß die Schätzung nach Tagereisen gegeben wird, daß exakte Messungen überhaupt nicht vorhanden waren, so entziehen sich diese Schätzungen selbst, obwohl Herodot eben hier ausdrücklich ca. 200 St. auf den Tag rechnet[1]), unserer Kontrolle um so mehr, als wir nicht einmal über ihre genauen Anfangs- und Endpunkte deutliche Kunde haben[2]).

Bleibt nur noch eine Stelle aus Herodot übrig, die Messung der Landenge von Suez. II 158 heißt es: τῇ ἐλάχιστόν ἐστι καὶ συντομώτατον ἐκ τῆς βορηίης θαλάσσης ὑπερβῆναι ἐς τὴν νοτίην καὶ Ἐρυθρὴν τὴν αὐτὴν ταύτην καλεομένην, ἀπὸ τοῦ Κασίου ὄρεος τοῦ οὐρίζοντος Αἴγυπτόν τε καὶ Συρίην, ἀπὸ τούτου εἰσὶ στάδιοι ἀπαρτὶ χίλιοι ἐς τὸν Ἀράβιον κόλπον. Aus der Stelle habe ich Rhein. Mus. LXIX 1914 S. 560f. das Stadion von 157,5 (159,8) m herleiten wollen, bin mir aber mittlerweile selbst zweifelhaft geworden, ob es wirklich angängig ist. Nach Wiedemann (a. a. O. S. 563) beträgt die Entfernung des Kasios von der äußersten Nordspitze des Golfes von Suez 90 englische Meilen oder ca. 145 km. Diese Distanz, durch 1000 dividiert, ergibt 145 m, ein Wert, der einem Maße von 148,85 m allerdings trefflich Genüge tut. Gleichwohl vermag offenbar diese Stelle allein auch keinen gültigen Beweis abzugeben für ein Maß, das im übrigen durchaus noch nicht gesichert ist; denn die herodoteische Angabe könnte ja mehr oder weniger fehlerhaft sein. Übrigens war die Messung selbst gewiß nicht in Stadien sondern in altägyptischen Schoinen ausgeführt worden, was· man nicht übersehen soll, da es für die Beurteilung nicht ohne Bedeutung sein könnte. Der Schoinos wurde nach den (bisher nicht veröffentlichten) Ermittelungen L. Borchardts gemeinhin — gewisse Ausnahmen kommen vor — zu 2000 Königsellen von ca. 525 mm oder ca. 10,5 km angesetzt. Und da ist es denn einigermaßen bemerkenswert, daß die 1000 Stadien Herodots, wenn wir sie auf das jonisch-geographische Stadion von 157,5 m beziehen, den runden Betrag von 15 Schoinen ergeben (157,5 km : 10,5 km = 15). Freilich in diesem Falle würde zwischen Schoinos und Stadion das Verhältnis 66 2/3 : 1 bestehen — für das übrigens auch sonst Spuren aufweisbar sind —, während Herodot (II 6) ausdrücklich erklärt: δύναται ὁ σχοῖνος ἕκαστος, μέτρον ἐὸν Αἰγύπτιον, ἑξήκοντα στάδια. Indes was will das besagen? Wenn Herodot 60 Stadien auf den Schoinos rechnet, so mag er dabei an das attische Stadion von ca. 177 m gedacht haben, das diesem Verhältnis nahe

---

1) Wohlgemerkt 'rechnet': ἡ ὁδὸς ἡ ἡμερησίη ἀνὰ διηκόσια στάδια συμβέβληταί μοι.

2) Man kann doch im Zweifel darüber sein, an welchem Punkte beispielshalber die Mündung des Dnjepr anzunehmen ist.

genug kam (0,177 · 60 = 10,62 km). Die Umrechnung für die Strecke Kasios—arab. Golf würde dann natürlich nicht von Herodot selbst, sondern von seinem Gewährsmann vorgenommen worden sein, und daß dieser (Hekataios?) das jonisch-geographische Stadion verwendet hätte, würde ebenso plausibel sein, wie es glaubhaft ist, daß Herodot attisches Maß benutzt hat.

Nach Ptolemaios (*Geogr.* IV 5, 6) liegt (bei gleicher geogr. Länge) der Kasios auf 31° 15′, der μυχὸς Ἀραβίου κόλπου auf 29° 50′ nördl. Breite. Die Differenz 1° 25′ beträgt nach dem Gradansatz des Ptolemaios (1° = 500 St.) 1.4166 · 500 = 708,333 oder rund 710 Stadien, eine Zahl, die, wenn man das ptolemäische Stadion, wie oben begründet, zu 213,13 (210) m ansetzt, im modernen Maß 151.322 km, mithin just den wirklichen Distanzwert Klysma (Suez)—Kasios (Ras Kasrun) ergibt. Allerdings setzt Ptolemaios IV 5, 8 selbst das Κλύσμα φρούριον um einen ganzen Grad weiter südlich an als die Golfspitze, auf 28° 50′; indes sein Irrtum liegt hier klar genug zu Tage.

Strabon XVII 803 C (Poseidonios?) spricht von dem Isthmos als μεταξὺ Πηλουσίου καὶ τοῦ μυχοῦ τοῦ καθ' Ἡρώων πόλιν liegend. 'In der Gegend von H.' Wer das las, konnte natürlich auf den Gedanken kommen, das Südende der Enge sei verhältnismäßig nahe bei Heroonpolis und mithin erheblich nördlich von Klysma und Arsinoe anzunehmen. Und dieser Meinung war auch Ptolemaios. Denn er legte Arsinoe um volle 40′ = ca. 335 St. oder ca. 70 km, Klysma gar um 1° = 500 St. oder ca. 105 km südlich, Heroonpolis dagegen nur um 10′ = 85 St. oder ca. 18 km nördlich von der Golfspitze[1]). Dabei wird die Distanz Pelusion—Golfspitze zu 1° 20′ d. i. ca. 670 St. oder ca. 145 km angesetzt, während die wirkliche Entfernung Pelusion—Klysma (Suez) ca. 112 km, die Entfernung Pelusion—Heroonpolis etwa 70 km beträgt. Angesichts dessen wird man die Frage erheben dürfen, ob dem ptolemäischen Ansatz vielleicht dergestalt ein Doppelwert zugrunde liegt, daß die Distanz Pelusion—Heroonpolis statt zu 40′ = ca. 335 St. oder 70 km zu 1° 20′ verschätzt wäre.

Das nämlich beobachten wir auch für Poseidonios. Nach Strabon (a. O.) nahm er die Distanz Pelusion—μυχὸς ὁ καθ' Ἡρώων πόλιν zu 1500 Stadien. Bezieht man diesen Wert auf das Stadion von 157,5 m,

---

[1]) Lage der einzelnen Punkte nach Ptolemaios (IV 5):

Pelusion	31° 10′ n. Br.	63° 15′ ö. L.
Heroonpolis	30° ,, ,,	63° 10′ ,, ,,
μυχὸς τοῦ Ἀραβίου κόλπου	29° 50′ ,, ,,	63° 30′ ,, ,,
Arsinoe	29° 10′ ,, ,,	63° 20′ ,, ,,
Klysma	28° 50′ ,, ,,	63° 20′ ,, ,,

Umrechnungen auf Grund des Stadions von 213,13 m.

so erhält man eine Strecke von 236,5 km. Das geht natürlich nicht an. Halbiert man aber den Betrag, so ist Genüge getan; denn 'weniger als 750 St.' = 118,25 km, das ist plausibel[1]).

Die aus Herodot geschöpften Belege für das angebliche Stadion von 148,85 m sind erledigt. Westberg aber glaubt (S. 339) noch ein besonders instruktives Zeugnis für das Maß bei Strabon (XVII 818 C) zu besitzen. Er übersetzt: 'Nach Philae kamen wir von Syene zu Wagen durch eine sehr flache Ebene von ungefähr 50 Stadien.' Wie kann Westberg hier eine Konjektur einfließen lassen, ohne die handschriftliche Lesart zu verzeichnen? Im Text steht nichts von 50, sondern ὁμοῦ τι ἑκατόν, 'beinahe hundert', und eben so hat Strabon doch offenbar auch geschrieben[2]), wie ja auch Heliodor, *Strabonem fortasse secutus*, die gleiche Zahl wiederholt[3]). Trotzdem ist 50 zweifellos, wie die effektive Distanz erkennen läßt, die richtige Zahl, und entstanden ist der Doppelwert wieder, wie noch so mancher andere, dadurch, daß eine alte Messung in Schoinen irrtümlich auf Doppelschoinen bezogen und darum durch Multiplikation mit 60 statt mit 30 in Stadien umgerechnet wurde. Es ergibt sich daraus, daß wir die Zahl bei Strabon nicht aus erster Hand haben. — Westberg hat die Entfernung Assuan—Philae auf Bädekers Spezialkarte 'Umgebung von Assuân' nachgemessen und dabei gefunden, daß die noch erhaltene Straße — aber in direkter Linie — 'vom Zentrum Assuans bis zum Nilufer bei Philae' ca. 7 km messe. 50 Stadien zu 148,85 m ergeben 7,44 km; ergo, meint er, bezeugt Strabon hier eben dieses Stadion und kein größeres. Der Schluß kann richtig sein, muß es aber nicht sein, und ich für meine Person bin von seiner Unrichtigkeit überzeugt. Nach dem Wortlaut der Strabonstelle haben wir es nicht mit der graden Linie, wie Westberg annimmt, sondern mit dem Maße der Landstraße zu tun. Diese aber mißt, soweit ich es an Bädekers Karte habe nachprüfen können (etwa vom Bahnhof Assuan, in dessen Nähe 'die gewaltigen Schutthügel' der antiken Bauten liegen), bis gegenüber Philae rund 8 km. Diese Zahl aber tut auf das

---

1) Der Doppelwert des Poseidonios erklärt sich natürlich wieder damit, daß eine spätere Umrechnung vorliegt, d. h. daß die Messung selbst nicht nach Stadien sondern nach Schoinen vorgenommen war. [Über die Größe des Schoinos habe ich früher mehrfache Berechnungen angestellt und glaube auch jetzt noch, daß zur Ptolemäerzeit der Staatsschoinos 30 St. (zu 210 bezw. 213,13 m) d. i. 6,30 bezw. 6,39 km betragen hat. Aber ehe ich mich eingehender mit den Stadienangaben der Geographen abgebe, warte ich lieber, bis L. Borchardt seine Untersuchungen über den altägyptischen Schoinos, das *itr*, vorgelegt hat.]

2) Trotz Bädeker, der wie Westberg 50 St. angibt. Der Text lautet: ἤλθομεν εἰς Φιλὰς ἀπήνῃ δι' ὁμαλοῦ σφόδρα πεδίου σταδίους ὁμοῦ τι ἑκατόν.

3) Heliodor (*Aeth.* VIII 50): ἡ πόλις αἱ Φίλαι ... Συήνης δὲ καὶ Ἐλεφαντίνης ἑκατόν του τοῖς μεταξὺ σταδίοις διείργεται. Vgl. Kramer zu der betr. Stelle in seiner Strabon-Ausgabe.

Vorzüglichste dem altgeographischen Stadion von 157,5 (159,8) m Genüge: denn die Multiplikation 157,5 (159,8) · 50 ergibt 7,875 (7,99) km.

Ich schließe mit ein paar allgemeinen Bemerkungen. Es ist eine schöne Entdeckung Lehmann-Haupts, festgestellt zu haben, daß die Alten zu relativ genauer Bestimmung der Luftlinie zwischen weiter entfernten Punkten befähigt waren. Dieser Entdeckung wird offenbar Eintrag getan, wenn man sie zu rücksichtslos ausbeutet, d. h. wenn man auf der Suche nach weiteren Belegen für sie (oder gar auf ihr fußend bei der Suche nach Belegen für eine bestimmte Maßgröße) sich nicht auf solche Stellen und Örtlichkeiten beschränkt, die wirklich oder höchst wahrscheinlich von den Alten gemessen worden sind bezw. einigermaßen bequem von ihnen gemessen werden konnten.

Charlottenburg.

Delphische Neufunde. IV.

Von H. Pomtow.

IV. Die Befreiung Delphis durch die Römer.
(Fortsetzung von Bd. XV S. 303—338.)

1. Die Reiterstandbilder des Königs Attalos II, M.' Acilius, Quinctius Flamininus.

Vor den Stufen der Stoa der Athener hatte Haussoullier im J. 1880 eine Reihe von Unterlagsplatten, Basen und Bänken ausgegraben, die fast alle *in situ* lagen und auf der Situationsskizze *Bull.* V p. 1ff. pl. 1 eingezeichnet sind[1]). Er signierte sie (von West nach Ost) mit den Buchstaben *A—R*, unter denen jedoch *F, G, I, Q* fehlen, und wir haben der Übereinstimmung wegen vorläufig diese Bezeichnungen beibehalten. Auf der größten, mit vorgelagerter Bank versehenen Basis *H* steht die Proxenie für Nikander von Kolophon (Dittenberger, *Sylloge* I³ n. 452, c. 205 v. Chr.), die jedenfalls in das III. Jhdt. gehört und damit die Basis selbst um etwa 30—60 Jahre älter erweist. Der Erfüllung des alten Wunsches, diesen 10 herrenlosen Basen wenigstens einige bestimmte Statuen zuweisen zu können, sind wir im Laufe der Jahre näher gekommen, und da die Blöcke des M.' Aciliusdenkmals mit den römischen Urkunden von Abschnitt 2 wohl zu jenen Unterlagsplatten gehören, muß auf ihre Rekonstruktion hier eingegangen werden.

Auszugehen ist dabei von dem jüngeren Denkmal, der Reiterstatue Attalos' II, weil es sich leidlich sicher rekonstruieren läßt. Daß in Delphi jede gelungene Wiederherstellung eines Monuments zahlreiche andere zur Folge hat, ist mehrfach betont worden (*Delphica* III 165 = *Berl.ph.W.* 1912, Sp. 923), und so wird auch das Attalosdenkmal ähnliche Weihgeschenke wiederaufbauen helfen.

A. König Attalos II.

113. Bei den erwähnten Ausgrabungen fand Haussoullier vor der Stoa einen großen Postamentblock, dessen Weihinschrift er auf Grund des darunterstehenden Dekrets über die große Stiftung des Attalos auf diesen König bezog und sie ungenau (unter Weglassung einer Zeile) ergänzte als: [ἁ πόλις τῶν Δελφῶν | βα]σ[ιλέα Ἄτταλον | ἀρετᾶς ἕν[εκ]εν | καὶ εὐεργεσίας | [τᾶ]ς εἰς αὐτὰν | [Ἀπ]όλλωνι Πυθίωι. Er hielt sie für einen integrierenden Bestandteil des folgenden Dekrets und zählte die Zeilen durch beide Texte durch. Diese Irrtümer sind in die Handbücher übergegangen (*Syll.*² 233) und selbst von Baunack an Ort und Stelle nicht

---

1) Mit diesen Buchstaben sind sie auch *Beitr. z. Top. v. Delphi* Taf. II wiedergegeben; ohne sie stehen sie auf allen unseren späteren Plänen, zuletzt *Delphica* III Taf. XV (*Berl. phil. W.* 1912, 1173) und Springer-Michaelis¹⁰ S. 198.

korrigiert worden (*Dial. Inschr.* 2642). Die richtige Fassung war schon in den Scheden zu *IG* VIII Nr. 307 von mir gegeben und lautet nach Analogie der Weihinschriften der Könige Prusias II und Eumenes II (*Delphica* III 111 u. 113 = *Berl. ph. W.* 1912, 413 u. 442):

113. [Βασιλέα Ἄτταλον]   (*ca. 162*).
      [βασιλέως Ἀττάλου]   [*Syllog.* II³ n. 670].
      [ἁ πόλι]ς [τῶν Δελφῶν]
      [ἀρετ]ᾶς ἕν[εκ]εν
    5 [καὶ] εὐεργεσίας
      [τᾶ]ς εἰς αὐτὰν
      [Ἀπ]όλλωνι Πυθίωι.

Um die Richtigkeit dieser Ergänzung zu beweisen, wird in Abb. 15 auf S. 111 ein Faksimile mitgeteilt, auf dem die verlorenen Buchstaben schwächer hinzugefügt sind. Unter die Weihinschrift hat man bald darauf das lange Dekret über die Verwendung der von Attalos gestifteten Gelder und über das Opfer der Ἀττάλεια geschrieben (jetzt *Syllog.* II³ n. 672). vgl. Z. 2: ἐπειδὴ βασιλεὺς Ἄτταλος βασιλέως Ἀττάλου - - ἀπέστειλε τᾶι πόλει κτλ; und Z. 62 (= Seitenfläche Z. 19) beschlossen: ἀναγράψαι τὸ ψάφισμα ἐπὶ τὰν εἰκόνα τοῦ βασιλέως Ἀττάλου. Dies Dekret reicht auf der Vorderseite des Blocks, unweit der Oberkante beginnend, hinab bis 10 cm von der Unterkante und ist auf der rechten Blockseite zu Ende geschrieben (punktiert in Abb. 14 und 17 auf S. 111 u. 113). Es ist nicht unwahrscheinlich, daß diese εἰκών — eben unser Denkmal — erst kurz vorher errichtet war, d. h. etwa a. 162—160; vgl. *Syll.* II n. 671 not. init. Das große Paralleldekret über das Opfer der Εὐμένεια und die Eumenesstiftungen ist ediert *Delphica* III 118f. = *Berl. ph. W.* 1912 Sp. 445f. (jetzt *Syll.* II³ 671) und stimmt häufig wörtlich mit unserem überein.

Der Attalos-Block Abb. 14 (S. 111) ist jetzt unweit des Museums auf dem Stratiotenfeld (2. Reihe von Süden) deponiert (Inv.-Nr. fehlt). Wie die Zeichnung erkennen läßt, verjüngte er sich nach oben, ist rechts und links glatt, hat hinten Anschluß und läßt trotz der größtenteils zerstörten Oberseite 2 oblonge Dübellöcher sehen, die zur Verzapfung der darauf liegenden Standplatte dienten. H. etwa 85 1/2 cm; Br. unten 69, oben etwa 66,2; Tiefe oben 77. Darnach haben wir den Vorderblock eines Postaments vor uns, dessen Hinterblock verloren ist. Diese Abmessungen weisen mit Sicherheit auf ein Reiterdenkmal, da die Breite noch nicht einmal halb so groß war als die Tiefe.

Es handelt sich nun darum, die Standplatte einer Reiterstatue zu finden, die zu diesen Maßen passen konnte, und da kommt in erster Linie die in Abb. 13 auf S. 111 (Mitte) abgebildete, profilierte Platte in Betracht, die jetzt auf der westlichsten sogen. Basis A an der heiligen Straße liegt, im J. 1887 noch nicht vorhanden war, also bei den neuen Ausgrabungen — offenbar in jener Gegend — gefunden sein muß. Ihre Oberseite zeigt zwei große

Abb. 12. Fußplatte.   Abb. 13. Standplatte.   Abb. 14. Vorderblock.

ΒΑΣΙΛΕΑΑΤΤΑΛΟΝ
ΒΑΣΙΛΕΩΣΑΤΤΑΛΟΥ
ΑΠΟΛΙΣΤΩΝΔΕΛΦΩΝ
ΑΡΕΤΑΣΕΝΕΚΕΝ
ΚΑΙΕΥΕΡΓΕΣΙΑΣ
ΤΑΣΕΙΣΑΥΤΑΝ
ΑΠΟΛΛΩΝΙΠΥΘΙΩΙ

Denkmal des Königs Attalos II.

Abb. 16. Rekonstruktion.   Abb. 15. Weihinschrift.   Abb. 14. Vorderblock.

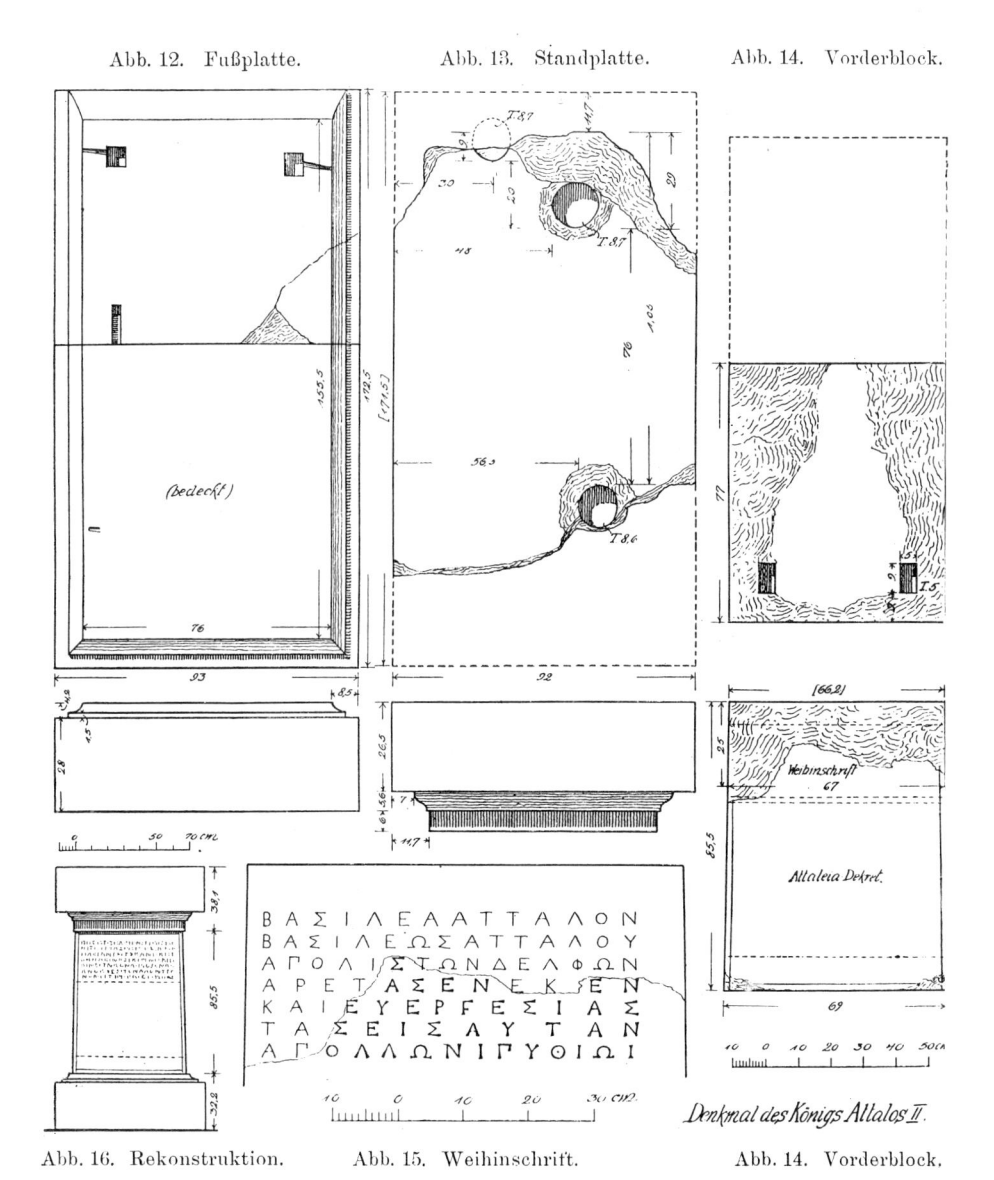

Abb. 12—16. Das Denkmal des Königs Attalos II. in Delphi.

Abb. 12. Ober- und Vorderseite der Fußplatte, *in situ* vor der Stoa der Athener (Basis K). — Abb. 13. Standplatte des Reiterdenkmals, Oberseite und Front (mit Profil und Schaftansatz). — Abb. 14. Vorderblock des Postamentschaftes; der verlorene Hinterblock ist punktiert. — Abb. 15. Die ergänzte Weihinschrift. — Abb. 16. Rekonstruktion des Postaments, zusammengesetzt aus Abb. 12—14. — Alle Blöcke bestehen aus hellem Kalkstein.

(Maßstab 1:10 in Abb. 15; 1:20 in Abb. 12—14; 1:40 in Abb. 16.)

Huflöcher und hinten am Rande den Rest eines dritten. Die Breite beträgt oben 92 cm, unten am Schaftansatz 68 $^1/_2$, stimmt also zu der unseres Blocks (c. 66,2), da z. B. auch bei dem Minucius-Denkmal ein seitlicher Überstand von je 3 $^1/_2$ cm vorhanden ist (*Delphica* II 92 = *Berl. ph. W.* 1909, Sp. 796). Obwohl Vorder- und Rückseite abgeschlagen sind, läßt sich doch die Länge auf etwa 1,70 m taxieren; denn hinten ist etwas von dem Schaftansatz erhalten, und der Überstand der Platte über den Schaft lief gleichmäßig in einer Breite von 11,7 cm rings herum. Der verlorene Hinterstein des Postaments kann dann nicht ganz so tief gewesen sein wie der Vorderblock (71 statt 76 cm), was jedenfalls mit dem Fugenschnitt der Unterlagsplatte zusammenhing (s. unten). — Der strikte Beweis der Zusammengehörigkeit von Block und Platte läßt sich erbringen, sobald man letztere emporhebt (was uns untersagt war); denn unweit des hinteren Schaftrandes müssen an der Unterseite ähnliche Dübellöcher vorhanden sein, wie sie die Oberseite des Blockes unweit der Vorderkante zeigt, obwohl die den letzteren selbst entsprechenden Plattenlöcher weggebrochen und die des Hinterblocks verloren sind. Bis zu dieser, durch die Plattenunterseite einst zu erbringenden Probe auf das Exempel möchte ich die Zusammengehörigkeit für sehr wahrscheinlich halten.

Endlich fehlt noch die **Fußplatte des Postaments**. Da die anderen Stücke vor der Stoa zum Vorschein gekommen waren, versuchte ich, ob eine der dort *in situ* liegenden Basen paßte. Dies war der Fall bei Basis *K*, die steilrecht zu den Hallenstufen gelagert die Bankreihe vor diesen im Westen abschließt. Diese Fußplatte ist in Abb. 12 auf S. 111 (links) gezeichnet; ihre vordere Hälfte war durch nichtzugehörige Quadern und Basen (Satyros) bedeckt (*Delphica* I 14, Anm. = *Berl. ph. W.* 1906, 1171 Anm.), hatte oben ein Auflager von 76 Breite, ließ aber durch einen erst 2 cm vom Rande der linken Seite beginnenden Gußkanal erkennen, daß das darüber stehende Postament um c. 2×2 cm schmäler gewesen sein kann [1]). Aber auch ohne das würde ein Überstehen der Fußplatte um 3 $^1/_2$ cm über die Postamentbreite (76—69 = 7 cm = $2 \times 3^1/_2$) nichts auffälliges haben. Hinzukommt, daß die Zerschneidung der Fußplatte in zwei ungleich tiefe Teile, von denen der vordere 88, der hintere 67 $^1/_2$ tief ist (ohne Profile), darauf deutet, daß die darüber stehenden Blöcke ebenfalls ungleich dick gemacht worden sind, weil man nicht Fuge auf Fuge setzen durfte. Diese

---

1) Die Annahme einer Zwischenplatte zum Ausgleich von Postamentblöcken und Fußplatte stellte sich bei der zeichnerischen Ausführung als unnötig heraus und wurde wieder gestrichen. Und daß etwa noch zwei Vollblöcke unter dem in Abb. 14 erhaltenen und ergänzten gelegen hätten, ist darum unwahrscheinlich, weil der Schluß des Attaleiadekrets auf die Seitenfläche gesetzt ist; das wäre nicht geschehen, wenn unter dem Dekret noch eine volle Blockfläche verfügbar gewesen wäre. [Nachträglich sehe ich, daß in Koldeweys Stoa-Zeichnung *Ath. Mitt.* 1884, Taf. XI die damals unbedeckte Oberseite von Basis *K* skizziert ist. Sie trägt außer den 4 Dübellöchern in den Ecken noch zwei auf dem vorderen Teil, beide mit Gußkanälen versehen; das linke als Fortsetzung des auf unserer Aufnahme sichtbaren Gußkanals, das andere rechts gegenüber.]

Annahme ungleicher Blocktiefe hatte sich schon oben bei den 2 Schaftblöcken als nötig ergeben, sodaß auch hierdurch die Zugehörigkeit der Fußplatte wahrscheinlicher wird. Den Beweis kann wieder nur das Umdrehen des Postamentsblockes liefern, der hoffentlich mit den Dübellöchern seiner Unterseite zu den großen Löchern und Gußkanälen der Fußplatte K passen wird.

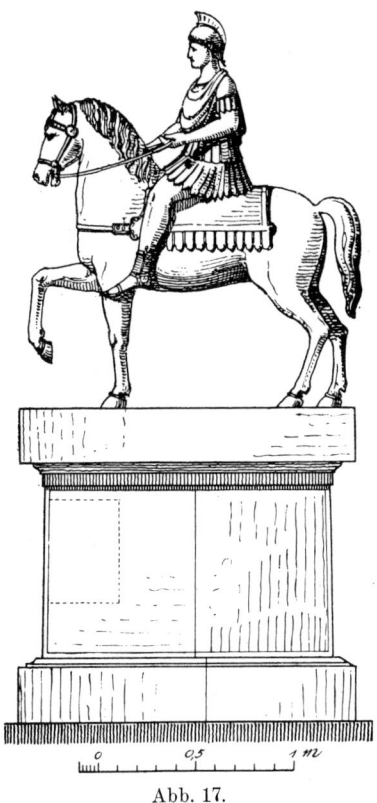

Abb. 17.
Rekonstruktion des Attalos-Denkmals.
Ergänzt ist: das Bronze-Standbild (nach den Stellungen der Huflöcher) und der rechte Schaftblock des Postaments. (Maßstab 1:33$^1/_3$).

Nach diesen Erwägungen haben H. U. Wenzel und ich die Rekonstruktion des Postaments in Abb. 16 auf S. 111 (links unten) und dann auf Grund der Hufstellungen die des ganzen Denkmals oben in Abb. 17 ausgeführt. Hierbei diente die späte, aber besterhaltene Reiterstatue Marc Aurels auf dem Capitol als Vorbild, soweit das mit der Anordnung unserer Huflöcher vereinbar war. Das delphische Denkmal war nur ein bescheidenes Reiterstandbild von kaum zwei Drittel Lebensgröße.

B. Manius Acilius Glabrio.

Der in den *Beitr. z. Topogr. v. Delphi* S. 118 Nr. 8 und Taf. XIV Nr. 42 edierte Block des Acilius-Postaments mit der Weihinschrift steht jetzt in der 2. Reihe des Stratiotenfeldes (Inv.-Nr. 1115, die Zahl ist am Stein weggewaschen) und wird auf S. 115 in neuen Abbildungen beigegeben (Abb. 18 *A* und *B*). Er steckte im J. 1887 in der Wand von Haus 154 (= Convert 284) — also westlich des Temenos — ziemlich tief im Boden, so daß die kleinen Buchstaben der auf der Front (unten) und auf der linken Seite befindlichen Dekrete nicht sichtbar waren. Die 4 ungeschickten Dübellöcher der Vorderseite rühren von Wiederverwendung her. Die U-Klammern der Oberseite, die Anathyrosis der Rückseite beweisen, daß wir einen Vorderblock vor uns haben, hinter dem noch wenigstens ein Block folgte. In dem Dübelloch der Oberseite war die Standplatte verzapft. Wie beim Attalosdenkmal verjüngten sich Breite und Tiefe nach oben. H. 76; Br. unten 71, oben 69; Tiefe unten 58, oben 57.

Neben diesem Stein ist jetzt ein ähnlicher deponiert, der sich als Hinterblock desselben Denkmals herausstellt (Abb. 18 *C*), da er in den Maßen dem vorigen gleich ist und an der entsprechenden Seite die U-Klammern und Anschlußfläche zeigt. Die Inv.-Nr. war nicht zu ermitteln. Beide Blöcke vereinigt ergäben eine Tiefe von c. 1,16 m, was gegenüber der Breite (69 cm) für eine Reiterstatue zu kurz wäre. Daher nahm Bulle in Delphi eine Sitzstatue an. Erst später merkte ich, daß dem auf der linken Seite des Hinterblockes befindlichen oberen Dekret Nr. 3 (Abb. 18 *C*) sein rechtes Drittel fehle, weil die Urkunde Nr. 5 auf der linken Vorderblockseite in Abb. 18 *B* den Text Nr. 3 nicht fortsetzt, sondern eine eigene Inschrift bildet[1]). Dieser Umstand zwingt uns zu der Einschaltung eines verlorenen Mittelblockes, und damit wird das Denkmal wegen seiner Tiefe als Reiterstandbild erwiesen.

Über den Aufstellungsort können wir nur vermutungsweise urteilen, da der Vorderblock verschleppt und verbaut war, bei dem Hinterblock aber mangels der Inv.-Nr. der Fundort für uns nicht zu ermitteln war. Immerhin hätte die einst zugehörige Fußplatte eine obere Breite von c. 71 cm und eine obere Länge von mindestens 1,74 m (3 × 58) haben müssen, und diesen Maßen entspricht die in Abb. 19 gezeichnete sogen. Basis *P* vor der Stoa, die das östliche Pendant zu der für Attalos beschlagnahmten West-Basis *K* bildet. Ihr oberes Lager ist etwa $76^1/_2$ breit (d. h. 93—16,4), würde also unter unseren Blöcken um je 2,8 cm ähnlich überstehen wie beim Attalosdenkmal. Für die Länge des oberen Lagers mit 1,956 müßten wir allerdings die 3 Blöcke auf eine Gesamttiefe von 1,90 m bringen (dazu $5^1/_2$ Überstand der Fußplatte), sodaß der verlorene Mittelblock c. 16 cm tiefer gewesen wäre, als die zwei anderen (58 + 74 + 58 = 1,90), was an sich keine Bedenken hat. Weniger passend erscheinen die Dübellöcher der hinteren Hälfte von Basis *P*, die anscheinend den Mittelblock unverdübelt lassen würden: aber die andere Hälfte wird

---

[1]) Die Texte des Acilius-Denkmals werden in Abschnitt 2 herausgegeben.

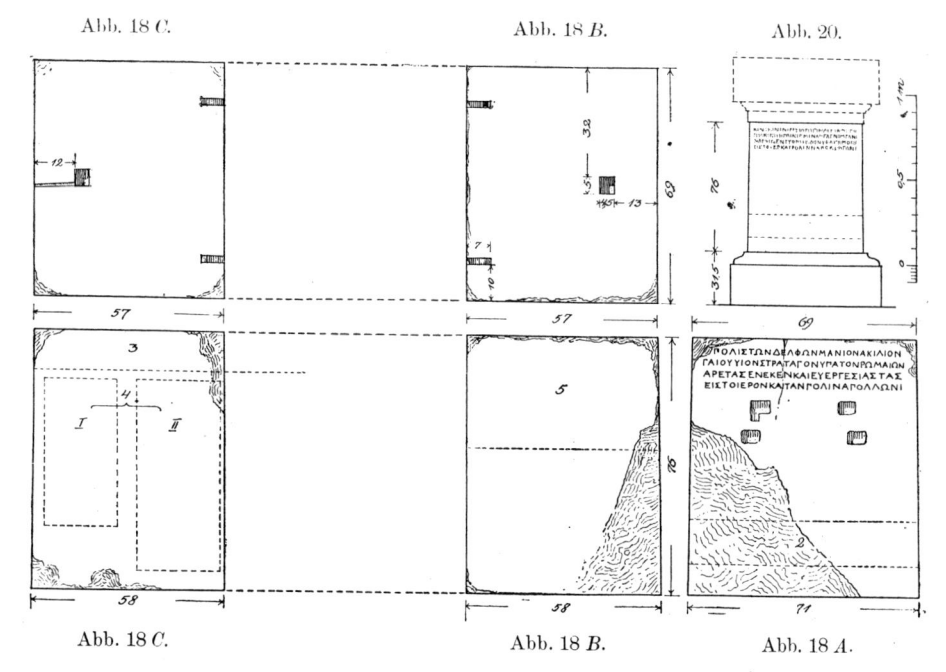

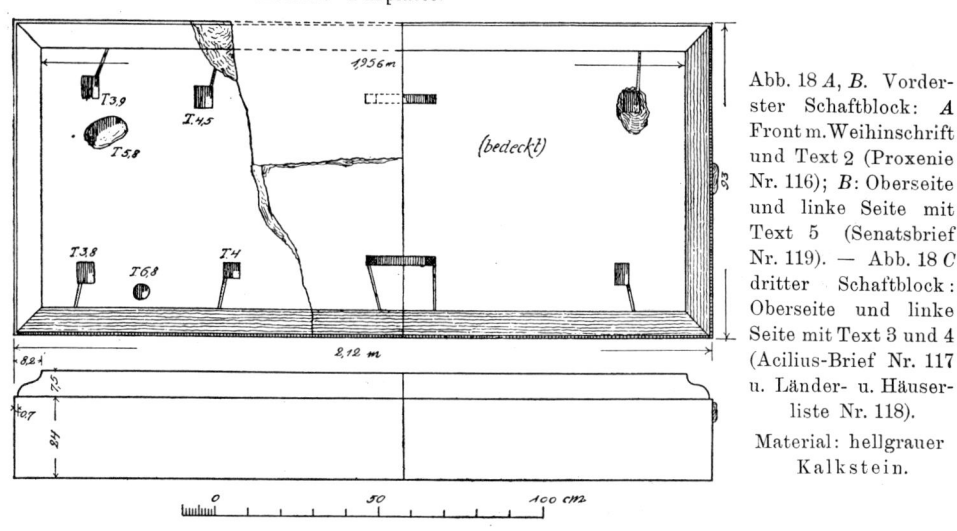

Abb. 18—20. Das Reiterdenkmal des Consuls M'. Acilius Glabrio.
Abb. 18 A—C. Erster und dritter Schaftblock. — Abb. 19. Fußplatte vor der Stoa der Athener (Basis P). — Abb. 20. Rekonstruktion des Postaments (die Standplatte ist verloren).
(Maßstab: 1:20 in Abb. 18—19; 1:40 in Abb. 20).

z. Z. durch eine große Säulenbasis verdeckt, unter der noch Dübellöcher des Mittelblockes existieren können. Auch hier wird man also die Zugehörigkeit unserer Blöcke zu Basis P nur durch das Aufheben der beiden ersteren und durch Vermessen der Unterseitenlöcher beweisen können: vgl. die vorläufige Rekonstruktion der Vorderansicht in Abb. 20.

Wie dem auch sei, die etwas größere Breite und sehr viel größere Tiefe sowohl der 3 Aciliusblöcke als auch von Basis P im Gegensatz zum Attalosdenkmal zeigen trotz der verlorenen Standplatte deutlich, daß das auf ihnen stehende Reiterstandbild volle Lebensgröße gehabt hat. Denn bei der Vergrößerung von $2/3$ Lebensgröße auf $1/1$ nimmt der Pferdekörper in der Breite nur sehr wenig zu, in der Länge aber um fast 40 cm. Daher entspricht das obere Lager der Basis K (Attalos) dem von Basis P mit $1{,}55\,{}^1/_2 : 1{,}95\,{}^1/_2$ auf das Genaueste. und die Vergrößerung auf Lebensgröße ist damit bewiesen.

C. T. Quinctius Flamininus.

114. Zwischen unserer ersten und zweiten Delphireise wurde am 18. März 1907 gelegentlich einer Museumsreparatur ein Kalksteinfragment gefunden, das, wie die vorangehenden Inventar-Nummern, „in einem Haufen unbrauchbarer Trümmer lag, die man oberhalb des Museums, unterhalb des

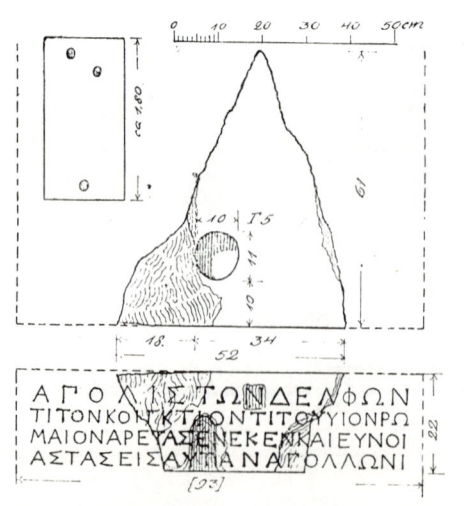

Abb. 21. Standplatten-Fragment des Reiterdenkmals des T. Quinctius Flamininus. (Maßstab 1:15).

Hauses des Arztes Joh. Phrangos aufgestapelt hatte" (s. bei Inv.-Nr. 4559 ff.). Das Stück besteht aus H. Eliasstein mit sehr viel Quarzadern (daher im Inv. die irrige Angabe „weißer Marmor"), und ist rechts. links und hinten gebrochen: vgl. die Zeichnung in Abb. 21. Als die Platte wiederverwendet wurde, schlug man an der Front zwei Dübellöcher in die alte Weihinschrift und höhlte die Unterseite des Steins von vorn bis hinten aus. Daher haben wir in der heutigen Unterkante schwerlich mehr die ursprüngliche vor uns. H. 22, Br. 53 max., Tiefe 61 max. Die Oberseite zeigt unweit der Vorderkante ein ovales, 5 cm tiefes Hufloch (10 br., 11 lang), das beweist, daß hier eine Reiterstatue stand, die jedenfalls nicht größer war als die des Attalos, also etwa $^2/_3$ Lebensgröße hatte. Die Schrift rührt von demselben Steinmetzen her, der im J. 183 u. 182 die Weihinschriften der Reiterdenkmäler des Philopoemen, sowie des Eumenes und Prusias (auf den hohen Pfeilern) einschlug[1]) und 10—15 Jahre später Kassanders Ehrentafel und ihre Überschrift auf dem Siphnosthesauros einmeißelte[2]). Auf Grund dieser Datierung möchte ich die Weihinschrift folgendermaßen ergänzen[3]):

114. Inv.-Nr. 4566. [*Syllog.* II³ n. 616]. (*a. 189/8*).

[Ἁ πόλις] τῶν Δελ[φῶν]
[Τίτον Κοίγκ]τιον Τίτου [υἱὸν Ῥω]-
[μαῖον ἀρετ]ᾶς [ἕν]εκεν [καὶ εὐ]-
[νοίας τᾶς εἰς] α[ὐτ]ὰν Ἀ[πόλλωνι].

Der Stein liegt jetzt vor dem Museum neben der Gortynierbasis (Inv. 4512). Buchstabenhöhe 3½ cm in Z. 1, und 3 cm in Z. 2—4.

Die größeren und weiter stehenden Buchstaben von Z. 1 gestatten bei genauer Berechnung ihrer Achsweiten (5½ cm) die Ermittelung der einstigen Steinbreite und damit der Zeilenlänge in Z. 2—4 (Achsweiten nur 3,8 cm). Da von dem römischen Gentilnamen -τιον sicher ist und auch der Vatername Τίτου auf Stein und Abklatsch feststeht, wird sich in jenen Jahren schwerlich ein anderer um Delphi verdienter Römer finden, dessen Name zu obigen Resten so genau paßt, als T. Quinctius Flamininus. Um die Nachprüfung dieser Ergänzung zu ermöglichen ist die maßstäbliche Wiederherstellung von Inschrift und Platte in Abb. 21 beigefügt. Sie läßt erkennen, daß wir die Standplatte eines Postaments vor uns haben, die etwa 90—95 cm breit gewesen sein muß, daß dieses Maß wiederum zu der des Attalos (92 cm) trefflich paßt, daß wir also nicht mit Bulle an die „Oberstufe einer Stufenbasis" denken dürfen, sondern genau solches Reiterpostament zu rekonstruieren haben, wie bei Attalos und M.' Acilius. Abweichend wäre nur die Anbringung der Weihinschrift an der Standplatte, statt an dem Block darunter[4]); auch würde man bei ersterer das Abschlagen der Unterkante und damit des Unterprofils anzunehmen haben, was schon aus anderen Gründen oben erschlossen war.

---

1) Zu Philopoemen vgl. *Klio* IX 161 (*Fouill.* III 1, n. 47), zu Eumenes und Prusias *Delphica* III 111 und 113 (*Berl. ph. W.* 1912, 413 und 442). Diese drei Weihinschriften siehe jetzt *Syll.* II³ n. 625. 628. 632.
2) Vgl. *Syll.* II³ n. 653 B (*Fouill.* III 1, 218).
3) Die Publikation dieser Statue war schon *Delphica* III 59 und *Philol.* 71, 44 in Aussicht gestellt.
4) Auch bei der großen Reiterstatue des achaeischen Strategen Aristainos steht die Weihung oben an der Standplatte (ed. *Delphica* II 52 = *Berl. ph. W.* 1909, 287).

Zeit und Veranlassung. Wie die Abb. 21 erkennen läßt, ist zur Ergänzung von Amtsbezeichnungen wie στρατηγὸς ὕπατος, ἀνθύπατος oder dergl. kein Platz; denn Z. 1 entspricht genau der Acilius-Inschrift, kann nicht länger gewesen sein, als angegeben, und fixiert daher auch die Länge von Z. 2—4. Das Fehlen des Titels führt uns notwendig in die Zeit nach des Flamininus Abreise aus Hellas[1]), und genauer in das J. 189/8. Nämlich im II. Sem. des ἅ. Xenon steht in der delphischen Proxenenliste (*Syll.* II³ n. 585 v. 116): Τίτος Κοΐγκτιος, Τίτου υἱός, Ῥωμαῖος. Es kann nicht zweifelhaft sein, daß Proxenie und Statue gleichzeitig von der Stadt beschlossen wurden.

Wie kamen nun die Delphier dazu, dem Befreier Griechenlands erst im Januar-Juni 188 diese Ehren zu verleihen, als er in Rom die Censur verwaltete? Den Grund hierfür und den historischen Zusammenhang lassen die neuen Texte des Acilius-Denkmals erkennnn (s. unten Text 5 = Nr. 119), aus denen wir erfahren, daß die zweite delphische Gesandtschaft an den Senat, die gleich der ersten alle ihre Wünsche nach Autonomie etc. erfüllt sah, gerade im Anfang des jul. Jahres 188 aus Rom zurückkehrte. Augenscheinlich haben sich dieser Gesandten, die die Sanktionierung der Edikte des M.' Acilius erbaten, im Senat nicht nur die Philhellenen Flamininus und Acilius selbst tatkräftig angenommen, sondern auch die mit ersterem gleichzeitig zu Proxenen ernannten Römer Μάαρκος Αἰμύλιος Λέπεδος Μαάρκου υἱός und Λεύκιος Ἀκίλιος Καίσωρος υἱός (Proxenenliste *Syll.* II³ 585, 119 und 122).

Von Lepidus, cos. 187, hatte schon A. Mommsen *Philol.* 24, 34 vermutet, daß er als Feind des M. Fulvius Nobilior, der Ende 189 Same belagerte (s. unten S. 130) und „unter dessen verlängertem Oberkommando 188 Mittelgriechenland seufzte", von den Griechen alle Rücksicht und Ehren beanspruchen konnte und darum die delphische Proxenie erhalten hätte. Fraglos ist letztere sogleich nach der Rückkehr und dem Bericht der Gesandtschaft beschlossen worden, aber natürlich nicht für allgemeingriechische, sondern für speziell-delphische Verdienste. [Dies wird soeben bestätigt; des Lepidus Proxeniedekret folgt unten als Nr. 139].

[In Teil V 'Zusätze und Nachträge' wird eine neue Römerbasis ediert, deren Maße zu der oben rekonstruierten Standplatte vorzüglich passen. Es ist möglich, daß sie den vorderen Schaftblock des Flamininus-Denkmals bildete und dessen Proxeniedekret trug oberhalb des erhaltenen des Lepidus; s. unten Nr. 138—140].

Zum Schluß noch ein Wort über des Titus früheres Verhältnis zu Delphi. Er hatte bekanntlich nach der Schlacht bei Kynoskephalae (197) kostbare Gaben nach Delphi geweiht: dem Apollo einen goldenen Kranz, den Dioskuren (zwei) silberne Schilde und seinen eigenen Schlachtschild[2]). Daß ihm hierfür nicht schon damals die Proxenie und das

---

1) Flaminin verließ Griechenland das erstemal nach vierjährigem Aufenthalt 194, das zweitemal war er 192 und 191 dort.
2) Plut. Tit. 12: καὶ αὐτὸς δὲ μέγιστον ἐφρόνησεν ἐπὶ τῇ τῆς Ἑλλάδος ἐλευ-

Reiterbild zuerkannt wurden, lag wahrscheinlich daran, daß Delphi bis 191 unter der Herrschaft der Aitoler stand, der bittersten Feinde des Titus[1]). Offenbar haben sie — und das ist für die Art ihrer Suprematie bezeichnend — der Stadtgemeinde nicht erlaubt, an den Feldherrn oder die verhaßten Römer Ehrungen zu verleihen. Erst unmittelbar nach der Schlacht bei Thermopylae und dem Zusammenbruch der Aetolermacht (Sommer 191) beginnen die zahlreichen römischen Proxenien[2]); vgl. hierzu *Syll.* II³ n. 585, v. 65. 70 usf.

2. Die Befreiung Delphis von der Aitolerherrschaft durch die Römer.
(Neue Senatserlasse aus den J. 189 ff.).

Schon in der *Klio* VII 443 f. war auf die wichtigen unedierten Texte der Basis des M.' Acilius aufmerksam gemacht worden und Proben aus

---

θερώσει. Ἀνατιθεὶς γὰρ εἰς Δελφοὺς ἀσπίδας ἀργυρᾶς καὶ τὸν ἑαυτοῦ θυρεὸν ἐπέγραψε·
    Ζηνὸς ἰὼ κραιπναῖσι γεγαθότες ἱπποσύναισι
    κοῦροι, ἰὼ Σπάρτας Τυνδαρίδαι βασιλεῖς,
    Αἰνεάδας Τίτος ὔμμιν ὑπέρτατον ὤπασε δῶρον,
    Ἑλλήνων τεύξας παισὶν ἐλευθερίαν.
Ἀνέθηκε δὲ καὶ χρυσοῦν τῷ Ἀπόλλωνι στέφανον ἐπιγράψας·
    Τόνδε τοι ἀμβροσίοισιν ἐπὶ πλοκάμοισιν ἔοικε
    κεῖσθαι, Λατοίδα, χρυσοφαῆ στέφανον,
    ὃν πόρεν Αἰνεαδᾶν ταγὸς μέγας. Ἀλλ', Ἑκάεργε,
    ἀλκὰς τῷ θείῳ κῦδος ὄπαζε Τίτῳ.

Diese Weihgeschenke sind, vielleicht mit Ausnahme des Schlachtschildes, sicherlich im J. 83 von den Maidern geraubt worden, als sie Delphi plünderten und den Tempel in Brand steckten (*Rh. Mus.* 51, 365 ff.). Es fragt sich daher, woher Plutarch die mitgeteilte Einlage genommen hat; denn daß er die Anatheme nicht gesehen, geht aus dem Fehlen jeder Detailangabe hervor, und die Weihinschriften, sei es auf Basen, sei es auf Täfelchen, werden 1½ Jahrhunderte nach dem Maiderraub nicht mehr existiert haben. Preger, *Inscr. gr. metr.* n. 92, gibt an, daß Hecker die Verse auf Alcaeus (Messenius) zurückführe, von dem ähnliche über Kynoskephalae und über Flamininus in der *Anthol. Pal.* stehen, was an sich nicht unwahrscheinlich ist. Auf die textkritischen Schwierigkeiten der Disticha an Apollo möchte ich hier nicht eingehen.

1) Auch A. Mommsen, *Philol.* 24, 33 hat den Grund der Statuen-Verspätung in der Aitolerfeindschaft gesucht, schlägt aber eine erstmalige Proxenieverleihung vor der Schlacht bei Kynoskephalae vor, was Dittenberger *Syll.*² 268, not. 15 mit Recht zurückwies. Über die Feindschaft zwischen Aitolern und Titus s. A. Mommsen a. O. p. 33 Anm. 65 und Niese II 654 ff. Die von ersterem angenommene Verschiedenheit der Weihungen: goldener Kranz im Winter 198/7 vor Kynoskephalae, silberne Schilde erst 194, als Titus Hellas verließ, ist abzulehnen. Beides sind sicher Akrothinia aus dem Beuteerlös der Schlacht, — und auch der Kampfschild selbst ist doch von ihr nicht zu trennen.

2) Vorher sind nur aus dem 1. Halbjahr 194 die Proxenieen für einen Canusiner und einen Römer bezeugt (*Syll.*³ II n. 585 vs. 14 und 17), deren Geehrte unbekannt sind. Colin, *Rome et la Grèce* 263 f. erklärt sie und alle in dieser Liste genannten Römer, die wir aus der Geschichte nicht kennen, für Handelsleute, die sich in Griechenland bereicherten und es aussogen. Ich halte das für irrig, weil man solche Blutsauger in jener Zeit nicht noch mit Ehren überhäuft haben würde.

ihnen mitgeteilt. Nachdem man seitdem 10 Jahre auf die Herausgabe dieser schwer zu lesenden, meist stark verloschenen Texte gewartet hatte, sollen sie nunmehr den Fachgenossen hier zugänglich gemacht werden[1]). Denn es sind die historisch bedeutsamsten delphischen Inschriften des ganzen II. Jahrhunderts, da sie die Befreiung und Wiederherstellung des delphischen Kirchenstaates durch M.' Acilius, die Expropriierung der aitolischen Grundstücke und Häuser durch die Delphier, die Sanktionierung dieser Maßregeln durch den Senat, die Rache der Aitoler durch Totschlagen der von Rom zurückkehrenden 3 delphischen Gesandten usw. enthalten. Neben diese Urkunden tritt die auf einer Marmorstele eingehauene Sammlung der Briefe und Erlasse von römischen Consuln oder Praetoren und des Senats, die sich auf denselben Gegenstand, die Autonomie und Asylie von Stadt und Heiligtum beziehen. Und den Abschluß bildet in Abschn. 3 die Neueinrichtung der Amphiktyonie in der Pythiade von 186—182, durch die die hundertjährige Vorherrschaft der Aitoler auch im Synedrion der Amphiktyonen beseitigt wird.

A. Die Inschriften.

115. Das Denkmal des M.' Acilius, dessen Rekonstruktion und Beschreibung im vorigen Abschnitt gegeben ist, trug 5 Inschriften. Auf der schmalen Stirnseite unter der Standplatte steht in Abb. 18 *A* die ganz verloschene Weihinschrift [*Syll.* II³ n. 607]:

Inv.-Nr. 1115. Vorderseite. Text 1 = *Beitr. Top. D.* 118.

ἁ] πόλις τῶν Δελφῶν Μάνιον Ἀκίλιον
Γάϊον υἱόν, στραταγὸν ὕπατον Ῥωμαίων,
ἀρετᾶς ἕνεκεν καὶ εὐεργεσίας τᾶς
εἰς τὸ ἱερὸν κα[ὶ] τὰν πόλιν Ἀπόλλωνι.

Dieser Text war ediert in den *Beiträgen z. Topogr. v. Delphi* S. 118, n. 8 und facsimiliert ebda. Taf. XVII n. 42. Zu der älteren Wiedergabe der Consulatswürde durch στρατηγὸς ὕπατος = *praetor maximus* vgl. Th. Mommsen, *Ephem. epigr.* I p. 223. Ihr bisher frühestes Beispiel fällt in das Jahr 196 oder 195, also kurz vor unsere Inschrift. Es gilt dem T. Quinctius Flamininus, der noch 3 oder 4 Jahre nach seinem Consulate als στρατηγὸς ὕπατος bezeichnet ward[2]).

116. Unter der Weihinschrift steht auf Abb. 18 *A* nach einem Zwischenraum (32 cm) folgendes neue Proxeniedekret [*Syll.* II³ n. 608]:

---

1) Bei ihrer Entzifferung hat Klaffenbach bereitwillig geholfen, wofür ich ihm auch hier besten Dank sage.
2) Seinen Brief an die Kyretier *IG* IX 2, 338 = *Syll.* II³ 593 setzt man in den Winter 196 oder 194. Seine Statue in Gytheion stammt aus dem Befreiungsjahr dieser Stadt 195, vgl. *Syll.*³ 592, wo über die στρατηγός-Bezeichnung gehandelt ist.

Die Befreiung Delphis durch die Römer.

116.   Inv.-Nr. 1115.   Vorderseite.   Text 2.

['Α   γ   α   θ   ᾶ   ι]   Τ   ύ   χ   α   ι.
["Ἔδοξε τᾶι πόλει τῶν Δελφῶν ἐν ἀγορᾶι] τελείωι σὺμ ψάφοις ταῖς ἐννόμοις·
[ἐπειδὴ Μάνιος 'Ακίλιος Γαΐου υἱὸς π]αρεπιδαμήσας ἐν τᾶι πόλει τάν τε
[ἀναστροφὰν καὶ τὰν παρεπιδαμίαν εὐσχ]ημόνως καὶ ἀξίως τᾶς αὐτοῦ [π]ατρί-
5 [δος καὶ τᾶς ἁμετέρας πόλιος ἐποιήσατο] καὶ ἀξιωθεὶς τὰν θεωροδοκίαν, ἃν ἔ-
[δωκεν αὐτῶι ἁ πόλις, ἀνεδέξατο· ἀγαθᾶι τύ]χαι, δεδόχθαι τᾶι πόλει, ἐπαινέσαι
[μὲν Μάνιον 'Ακίλιον καὶ εἶμεν αὐτὸν καὶ] ἐκγόνους πρόξενον καὶ θεωροδό-
[κον τῶν τε Πυθίων καὶ Σωτηρίων, καὶ ὑπάρχ]ειν αὐτοῖς πάντα ὅσα καὶ τοῖς ἄλ-
[λοις προξένοις καὶ εὐεργέταις ὑπάρχει τ]ᾶς πόλιος· εἶμεν δὲ αὐτῶι καὶ ἐκγό-
10 [νοις προμαντείαν, προεδρίαν, προδικίαν, ἀσυλίαν, ἀτέλεια]ν, προξενίαν καὶ θεωροδοκίαν
[τῶν τε Πυθίων καὶ Σωτηρίων (?), ... καθὼς ἂν αὐτῶι?] δοκῆι καλῶς ἔχειν. ἄρχον-
[τος Φαίνιος, βουλευόντων Παρρασσίου, Μαντία, Μενεσ]τράτου.   (a. 191/0).
[oder: Πραξία,   „   „   Μνάσωνος, Σωτίμου, 'Αμφισ]τράτου.   (a. 178/7).

Der Wortlaut weicht von den gewöhnlichen Formeln erheblich ab, darum läßt sich die links fehlende Partie, die mehr als die Hälfte des Ganzen beträgt, noch nicht überall sicher ergänzen[1]). Ungewöhnlich ist die in Z. 5 enthaltene Bitte der Stadt an den Geehrten, die Thearodokie anzunehmen (ἀξιωθείς). Das weist auf dessen hohe Stellung hin und wohl auch auf seine Qualität als Nichtgrieche, während der Ausdruck ἀνεδέξατο sich häufiger. findet (z. B. *Fouill*. III 1, n. 152 v. 5; *Syll*. II³ n. 761 *B* v. 3). Sodann passen zu der grossen Lücke in Z. 12 die Beamten desjenigen Jahres, das wir hier in erster Linie erwarten. „Daß des M.' Acilius delphische Tätigkeit, sowie die Errichtung seiner Statue dem Ende des J. 191 oder dem Anfang von 190, jedenfalls dem Archontate des Phainis angehören, darf als sicher gelten," war schon *Beitr.* S. 119 gesagt.   Unten S. 135f. wird gezeigt, daß es sich hierfür nur um die 1. Hälfte des jul. J. 190 handeln kann, und die Buleuten des II. Phainis-Semesters schließen in der Tat mit dem in Z. 12 erhaltenen [Μενεσ]-τράτου. Endlich wird man den einzigen Text der Front unter der Weihinschrift naturgemäß dem Inhaber des Denkmals zuweisen wollen, umsomehr, als die Schrift der 1. Hälfte des II. Jhrdt.s angehört und auch seine übrigen Inschriften teils Erlasse des M.' Acilius selbst, teils solche des Senats sind, die in direkter Beziehung zu den ersteren stehen.

Darnach habe ich es gewagt, den Namen des M.' Acilius in Z. 3 einzusetzen, trotz einzelner Bedenken. So befremdet z. B. die Weglassung des Ethnikons — obwohl sie auch sonst bei Römern vorkommt[2]) — und

---

1) Z. 4. Die Wiederholung von παρεπιδαμίαν ist nicht schön, kommt aber vor. — 9. Man verlangt δίδοται παρὰ τᾶς πόλιος, aber zu παρὰ scheint kein Platz. — 11. Die Wiederholung von Πυθίων etc. wäre seltsam, aber was sonst von δοκῆι καλῶς ἔχειν postuliert würde, ist schwer zu erraten; etwa ἀναγράψαι δὲ τὸ ψήφισμα τοὺς ἄρχοντας ὅπου ἄν?.

2) Bei Römern fehlt das Ethnikon z. B. *W-F* 457, welcher datumlose Text in die IX.—X. Priesterzeit (c. 135—105) gehört und wo die Lesarten von Conze-Michaelis, *Annali* 33, 68 n. 4 durchweg richtig sind (καὶ Λευκίῳ Μαννίῳ, πόλεως etc.), während Baunack 2691 den falschen von *W-F* folgt (καὶ Λευκίῳ καὶ Κηίῳ, πόλιος etc.).

des Titels; aber beides konnte man aus der darüber stehenden Weihung supplieren. Sodann fällt auf, daß in dem Dekret die Statue selbst nicht erwähnt wird, was doch sonst die Regel ist. Auch scheint die banale Formel über die παρεπιδημία und ἀναστροφά, besonders das ἀξίως τᾶς αὐτοῦ πατρίδος, die auf jeden Dichter und Zitherspieler angewendet wurde, dem römischen Konsul und Befreier gegenüber wenig passend; aber sie fällt wohl mehr dem Redakteur zur Last, der das gewöhnliche Schema der Dekrete wiederholte, wie ja auch andere κριταί und δικασταί mit ihr bedacht wurden. Sodann fehlt M.' Acilius in der großen Proxenenliste; aber daß man dort auch andere vergeblich sucht, ist *Syll.* II³ n. 585 p. 104 und besonders ebenda Add. ad vol. II p. 104 genauer nachgewiesen, wie denn dort auch Flamininus erst beim J. 188 genannt wird, also 10 Jahre nach seinem Consulat und seiner Befreiung Griechenlands[1]). Und endlich könnte als Archont auch Praxias (a. 178) in Betracht kommen, dessen Name und Buleuten, von denen der letzte [Ἀμφισ]τράτου heißt, fast besser in die Lücke passen würden, da sie 2 Zeichen kürzer sind, als die des Phainis[2]). — Hinzu kommt, daß wir einen **römischen Thearodokos** aus genau dieser Zeit kennen, der der Vergessenheit entrissen werden muß (er fehlt in *R-E* IV, 1256 usw.). In der geographischen Liste *Bull.* VII, 191 steht in Z. 21: ἐν Σάμᾳ· Μάαρκος Κορνήλιος Γαΐου, und Haussoullier hat z. d. St. bemerkt, daß dieser Römer 5 Zeilen vorher ausgelassen worden sei, wo schon 2 andere Thearodokoi aus Same aufgeführt waren. Ich glaube vielmehr, daß dieser Cornelius ein wenig später ernannt wurde, als die früheren echten Samaeer, und daß er zu der römischen Besatzung in Same gehörte, die nach der Eroberung der Stadt durch M. Fulvius Nobilior dort im J. 188 zurückgelassen wurde (Niese II 770). Wenn die Liste wirklich in der Zeit von 176—171 verfaßt ist[3]), sieht man, wie gut a. 178 (Praxias) hierzu stimmen würde, während das Phainisjahr (191) für den Römer in Same zu früh ist[4]).

---

1) Vgl. hierzu *Syll.* II³ n. 585, not. 46. Flamininus war damals Censor in Rom. Seine Proxenie datiert aus dem II. Sem. des Xenon (189/8); s. oben S. 118.

2) Bis zum Jahre 153 gibt es außer den angeführten 2 Archontaten noch das I. Sem. unter Xenon (189/8), wo Ξενοστράτου in Betracht käme, und das I. Sem. unter Andronikos (181 0) mit Μενεστράτου; aber beidemal stehen diese Buleuten nicht an dritter Stelle wie oben (sind also nicht γραμματεῖς), sondern an zweiter. Auch im Jahre 186 unter Nikodamos erscheint zwar Ξενοστράτου als 3. Buleut (I. Sem.), aber die Ergänzung dieser Behörden wäre für den oben in Z. 12 verfügbaren Raum um 5 Zeichen zu lang. Von 153 v. Chr. ab erscheinen Buleuten auf -στρατος häufiger.

3) Haussoullier hat a. a. O. gezeigt, daß die Liste vor 171 gehört, weil Mylai in diesem Jahr von Philipp zerstört wurde. Aber daß sie wegen des im J. 176 zum Proxenos ernannten Eleaten erst nach 176 eingehauen sein müsse, ist darum nicht gewiß, weil sie nur allmählig entstanden ist und zahlreiche Nachträge aufweist.

4) Es ist zuzugeben, daß dieser M. Cornelius unsere Untersuchung kompliziert; denn methodischerweise müßte man eigentlich diesen einzigen römischen Thearodokos, den wir kennen, und der auch zu der Zeit gut paßt, in unserer auf dem Acilius-Denkmal stehenden Thearodokoi-Inschrift wieder-

117. Brief des M.' Acilius an die Delphier über die Grundstücke und Häuser des delphischen Gebiets und über die Autonomie von Stadt und Heiligtum (*Syll.* II³, n. 609):

Inv.-Nr. fehlt. — Linke Seite, Text 3.   (a. 190/89).

- - - τα ὑ[πάρχει? κατ]άλυμα τοῖς ἡμετέροι[ς πολίταις? - - - - - - - - - - - - -]
- - - τοὺς ἔλαντα ἀναγραφέντα× εἰς στήλην λιθίνην ἀνατεθῆι ἐν τῶι [ἱερῶι τοῦ
  Ἀπόλλωνος - -]
- - - [τὴν χρῆσιν? τῶν] τῶν λιπόντων κτήσεων ἢ τῶν ἐκ τούτων ×× ν καρπῶν ἢ οἰκιῶν
  τῶ[ν - - - - -]
- - - οις αὐτῶν εἶναι περὶ τούτων, ὅσαι μὲν ἐφ' ἡμῶν γεγόνασι κτίσεις κ - - - - -
5 - - ἡμῖν ἀποδείξαντες τὸ μέλλον ὀρθῶς διαλήμψεσθαι διεξαγγ - - - - - - - -
- - - ἤγγελται δέ μοι, μερισμούς τε γίνεσθαι ἀπὸ τούτων εἴς τινας λάθρα[ι - - - -
. . . γ]ινομένης ἐπὶ τὸ κοινόν· στοχάσαο×θε οὖν, ὅπως μηδὲ ἐν τοιούτῳ γίνητα[ι - -
. . Ν[περὶ] τὸ ἱερόν, ἐάν τε Θεσσαλοὶ ἐάν τε ἄλλοι τινὲς πρεσβεύωσι, πειρασόμ[εθα - -
ΑΙΣΝ . . : τοῦ φροντίσαι, ἵνα ἡμῖν κατάμονα ἦι τὰ ἐξ ἀρχῆς ὑπάρχοντα πάτ[ρια
              περὶ τῆς τε ἀσυλίας καὶ ἀνεισφορίας καὶ τῆς]
10 . τῆς πόλεως καὶ τοῦ ἱεροῦ αὐτονομίας.

2 Zeilen frei (dann folgt Text 4 = Nr. 118).

Maße und Blockbeschreibung s. S. 115, Abb. 18 C. Buchstabenhöhe 5 mm. — Auf der linken Seite des Hinterblocks ist die linke Partie unseres Dekrets erhalten, die rechte muß sich auf dem verlorenen Mittelblock befunden haben. Ob über Z. 1 noch eine verlorene stand, ist nicht sicher. Zuerst glaubte ich in Rücksicht auf Z. 9/10, daß unser Text nicht weiter nach rechts gereicht haben könne; denn die Worte τὰ ἐξ ἀρχῆς ὑπάρχοντα πάτ[ρια περὶ | τῆς] τῆς πόλεως καὶ τοῦ ἱεροῦ αὐτονομίας hatten guten Zusammenhang und bildeten einen passenden Abschluß. Aber die anderen Zeilen haben untereinander so wenig durchlaufende Satzkonstruktion, daß man notgedrungen rechts einen sehr erheblichen Teil als verloren ansehen und darum auch in Z. 9 eine längere Ergänzung einsetzen muß.

Betreffs des Inhalts ist zunächst klar, daß Z. 1 ἡμετέροι[ς], Z. 4 ἐφ' ἡμῶν, Z. 5 ἡμῖν auf die Römer geht[1]), da das ἤγγελταί μοι in Z. 6 offenbar ein römischer Magistrat geschrieben hat. Finden wir nun in

---

erkennen, die 13 Jahre nach seiner Errichtung wohl auch für andere Römer benutzt werden konnte. — Über M. Cornelius C. f. ist nichts Sicheres zu ermitteln. Aber da der Vorname M. unter den Corneliern äußerst selten ist, kann nach unserer jetzigen Kenntnis eigentlich nur nr. 35 in *RE* IV 1256 gemeint sein, der von dem alten Cato in einer Rede bekämpft wurde und dessen Patronymikon unbekannt ist. Man kann annehmen, daß er sich in Griechenland etwa kompromittiert hätte und, ähnlich wie die Scipionen im J. 184, von Cato belangt worden sei. Über seine Identität mit nr. 348 (*RE* IV 1493), der 176 Praetor war, wage ich nicht zu urteilen. Mit Griechenland hatte letzterer anscheinend nichts zu tun gehabt, aber unsere Kenntnisse hierüber sind lückenhaft und gerade das Jahr seiner Praetur würde zu der Abfassungszeit der geograph. Liste vorzüglich stimmen (s. vorige Anm.).
1) Vgl. den Senatsbrief vom J. 193, *Syll.* II³ n. 601 vs. 8, 14, 17; vom J. 170, ebda. n. 646 vs. 8, 19, 22, 37, 41.

den beiden darunter stehenden Kolumnen von Nr. 118 zwei Listen von
exproprierten Grundstücken (χωρία) und Häusern (οἰκίαι), die offenbar
auf die κτήσεις und οἰκίαι in unserer Z. 3 zurückweisen. und erinnern
wir uns bei der in Nr. 118, Z. 32 genannten Ländereí Νάτεια an die
Worte des *Monumentum bilingue* (*Syll.* II³ n. 826 E col. III v. 37) vom
J. 114/7 n. Chr.: ἐντὸς το[ύτων ὁρίω]ν χώρα [ἐστίν, ἣ] καλεῖται Νάτεια
γεωργουμένη, ἣν Μάνιος Ἀκίλιος τῶι θεῶι [δέ]δωκε, so ist bewiesen,
daß der namenlose 'er' in der Überschrift des Textes Nr. 118, Col. II
ἃς ἔδωκε οἰκίας τῶι θεῶι καὶ τᾶι πόλει nur M.' Acilius selbst sein kann,
daß sich also auf ihn auch das μοι in unserer Z. 6 bezieht. Damit ist
dieser Consul von 191 als Schreiber des obigen Dekrets erwiesen.

Die historische Bedeutung und chronologische Fixierung der Urkunde
wird im Zusammenhang mit den anderen in Abschnitt B gegeben; hier
sei an Einzelheiten hervorgehoben: Z. **1**. Es scheint von einer Herberge
der Römer in Delphi die Rede zu sein: vgl. ähnliches bei Ziebarth '*Zum
Gasthaus der Römer und Richter in Sparta*' (*Rh. Mus.* 64, 335) und
meine Bemerkung über die Häuser der Larissaeer und Echinaeer in
Delphi, *Syll.*³ n. 178, not. 13. — Z. **2**. Man wird bei ἅπαντα ἀναγραφέντα
und der στήλη λιθίνη zunächst an unsere Dekretsammlung auf der Marmorstele denken wollen (unten Nr. 120—123), aber es wäre auch möglich,
daß von der Proscription der Länder und Häuser die Rede ist, die nachher der Einfachheit wegen nicht auf einer Sonderstele, sondern auf
unserer Basis selbst dicht unter dem betr. Dekret eingehauen wurden.
Solche Abweichungen von dem beschlossenen Einmeißelungsmodus finden
sich in Delphi schon mehrfach[1]). — **6**. Es scheint sich um Schiebungen
und heimliche Unterteilungen bei den proscribierten Ländereien zu handeln. — **7**. Mit ἐπὶ τὸ κοινόν ist das neugeschaffene Koinon von Delphi
gemeint, das in Nr. 119, Z. 20; Nr. 121, Z. 1 bezeugt und in Abschn. B
besprochen wird[2]). — στοχάζειν und ὅπως μηδὲ ἓν τοιοῦτο γίνηται sind
beliebte Phrasen römischer Urkunden, vgl. *Syll.* II³ 593, 16; 601, 14 und
unten Text Nr. 119, 17. — **8**. Die etwaigen Einsprüche des Thessaler u. A.
können sich nur auf die der Hieromnemonenaufsicht unterstehenden Grenzen
und heiligen Güter beziehen; sie werden in Abschn. B erwähnt und durch
neue Texte (Nr. 123ᵃff.) in Abschn. 3 genauer illustriert.

118. Zwei Verzeichnisse von Ländereien und Häusern, die
durch M.' Acilius exproprüert und 'dem Gott und der Stadt' überwiesen
werden. Daß es sich in der Tat um Expropriationen handelt, zeigt Text

---

1) So wird z. B. in den beiden Erythrae-Dekreten um 260 v. Chr., *Syll.*³
412 v. 10 und 413 v. 9 ausdrücklich bestimmt, daß sie in Delphi εἰς στήλην geschrieben und im Temenos aufgestellt werden sollen; sie stehen jedoch beide
auf der Polygonmauer.

2) Für die frühere Existenz dieses Koinon gibt es nur eine sehr unsichere,
schwache Spur. In dem attischen Dekret vom J. 363 (*Syll.*³ n. 175, 27) über Astykrates hat man ergänzt ἀδικεῖν Δελ[φῶν τινα ἢ τ]ὸ κοινὸ]ν τῆς πόλεως τῆς Δελ-
[φῶν] κτλ, wofür sich kaum etwas Anderes einsetzen läßt.

Nr. 119, Z. 18, wo der Senat nachträglich den Delphiern das Recht bestätigt: ἐξοικίζειν οὓς ἂν βούλησθε. Die 2 Kolumnen stehen unter dem vorigen Text (Abb. 18 C.) und sind offenbar mit ihm gleichzeitig eingehauen. Sie beginnen in gleicher Höhe, die Linien laufen meist durch beide durch; um den Vergleich der Zeilenstellung beider Spalten zu ermöglichen, sind die freien Zeilen mitgezählt, außer am Schluß von Kol. I, die nicht so tief hinabreicht, wie II. Buchstaben 5 mm. [*Syll.* II³ n. 610]:

118. Inv.-Nr. fehlt. — Linke Seite. Text 4 (siehe S. 126).

Kolumne I enthält in 37 Zeilen, von denen 4 freigelassen sind, 24 Grundstücke von 21 Besitzern, unter denen sich auch 3 Frauen befinden. Sie sind nach Flur- oder Dorfnamen gesondert. Von ihnen kennen wir die vorletzte, oben behandelte χώρα Νάτεια, die jedenfalls unweit der Amphissensischen Grenze, in der N-W-Ecke des heiligen delphischen Gebietes gelegen ist, wie aus der Aufzählung der Grenzpunkte des *Monumentum bilingue* hervorgeht (vgl. den Text *Syll.* II³ n. 826 *E*, col. III v. 37). Während die Etymologie dieses Namens dunkel bleibt, lassen sich die meisten anderen Ortsbezeichnungen erklären und dadurch ungefähr lokalisieren. So bedeutet der erste Lokalname ἐν Ὑποπλειστίαι die 'Untere Pleistoslandschaft', d. h. die Gegend, wo der Pleistos in die Krissaeische Ebene hinaustritt und sie bis zum Meere durchfließt. Hier, in der reichen Niederung, liegt die größere Hälfte der proscribierten Grundstücke (13 von 24), aus denen die Nachbarn von Amphissa, Chaleion, Tritaia, Tolophon, Physkos weichen müssen. Denn auch die Benennung Λιπάρα ist auf die fette, fruchtbare Landschaft dieser Alluvialebene zu beziehen und hat ihr Analogon in dem Ländereinamen Λιπάρα von Weinbergen auf Kreta *IG* IX 1, 693 Z. 15 cf. Add. p. 212 (vgl. Reinach, *Rev. Ét. gr.* 1897, 138 ff.). Daß wir hier die Ortschaft Lipara zu erkennen hätten, in der Delphi einen Thearodokos hatte und die nach der Aufzählung in der Thearodokoiliste *Bull.* VII 194, 45 unweit Aitolien liegen konnte, ist ausgeschlossen, seit Nikitsky gezeigt hat, daß wir vielmehr in den dort genannten drei Städten Ἄλαισα, (τὰ) Θέρμα, Λιπάρα die Nordküste Siziliens vor uns haben (*Die geograph. Liste der delph. Proxenoi*, Dorpat 1902, 11). — Sodann bezeichnet die Überschrift ἐν Βάσσαι jedenfalls die 'Waldschlucht', in dem schluchtenreichen Gebirge östlich von Amphissa gelegen. Diese dorische Form für βῆσσα findet sich schon bei Pindar und kehrt ja in der arkadischen Ortschaft Βάσσαι bei Phigaleia wieder (Paus. VIII 407). Bekanntlich hieß auch ein lokrischer, früh untergegangener Ort bei Skarpheia: Βῆσα, Βῆσσα, der schon bei Homer erwähnt war (Il. B 532; Strabo p. 426). Vgl. auch den att. Demos Βῆσα (*Pros. Att.* II p. 527) und auf Paros Βήσης ἐν δαπέδωι, *IG* XII 5, 240. — Ob man jedoch Αἰθέα als die sonnige, verbrannte Ebene unweit des Meeres bei Kirrha deuten, und Ζαθέια oder Ταθέια lesen soll, ist weniger sicher; letzteres ließe sich eventuell mit τῆθος, Auster, also einer Fischerei oder fischreichen Küstenlandschaft zusammenbringen.

118. Kolumne I.

Τὰ δεδομένα χωρία τῶι θεῶι καὶ
τᾶι πόλει·
     Ἐν Ὑποπλειστίαι·
  τὸ Ἀνδροσθερίδα Τολφωνίου
5 τὸ Μικκυλίωνος Φυσκέος
  τὸ Δαμαιρέτου Ἀμφισσέος
  τὸ Δρ[α]κόντιος Καλλιπολίτιδος
  τὸ Φαιρέα Ἀρσινοέος
  τὸ Εὐρυβουλίδα Ἀμφισσέος
10 τὸ Κ[ρ]ατίνου Τριτέος
  τὸ Ἀρχεδάμου Ἀμφισσέος
  τὸ Π[ρ]αξοῦς Τολφωνίας
  τὸ Μνασιλάου Χαλειέος
  τὸ Ξενία Χαλειέος
15 τὸ Δαμαρμένου Τολφωνίου
  τὸ Δαμαρμένου Τολφωνίου.
     frei
     Ἐν Λιπάραι·
  τὸ Πύρρου Ναυπακτίου
20 τὸ Ἀρχελάου Πλυγονέος
  τὸ Δαμαιρέτου Ἀμφισσέος.
     frei
     Ἐν Ζαθέαι·
  τὸ Δαμαιρέτου Ἀμφισσέος
25   frei
     Ἐν Βάσσαι[ς]·
  τὸ Ἐχεκλέος Πλυγονέος
     Ἐν Αἰθέαι·
  τὸ Καλλιστράτου Πλυγονέος
30 τὸ Ἀριστοκράτεος Πλυγονέος
     frei
     Ἐν Νατείαι·
  τὸ Σωξένου Ἀμφισσέος
  τὸ Τέχνωνος Ἀμφισσέος
35 τὸ Κριτολάου Φυσκέος
     Ἐν Ἀνδρείαι·
  τὸ Καλλιστοῦς Χαλειίδος.

83 τὰν Κρινία Φυσκέος
    τὰ Πύρρου Ναυπακτίου βαλανεῖα
85 τὰν Εὐκταίου Ἀλπαίου
    τὰν Ὑβριλάου Οἰνοαίου.

Kolumne II.

38 Ἃς ἔδωκε οἰκίας τῶι θεῶι καὶ τᾶι [πόλει]
     Zwei Zeilen
40   frei
  τὰν Ἀγελάου Ναυπακτίου
  τὰν Πάτρωνος Τολφωνίου
  τὰν Πολεμάρχου Φυσκέος
  τὰν Δεξιθέου Φυσκέος
45 τὰν Νικαγόρα Ἡρακλειώτα
  τὰν Καλλικλέος Ἀμφισσέος
  τὰν Ταυρίωνος Ἀλπαίου
  τὰν Ἀριστοφύλου Φυσκέος
  τὰν Πραξιδάμου Ἀμφισσέος
50 τὰν Δαμοξένου Χαλειέος
  τὰν × Θωπία Καλλιπολίτα
  τὰν Λύκου Δρυοπαίου τὰ ἄνω
  τὰν Λύκου Δρυοπαίου τὰ κάτω
  τὰν Ἀλεξιμάχου Ἀμφισσέος
55 τὰν Εὐδίκου Ἀμφισσέος
  τὰν Μικκυλίωνος Φυσκέος
  τὰν Ἀριστοδάμου Ἀμφισσέος τὰ κάτω
  τὰν Ἀριστοδάμου Ἀμφισσέος τὰ ἄνω
  τὰν Τ[ι]μαίου Ἀρσινοέος
60 τὰν Θηρίωνος Ἀνταίου
  τὰν Ἀριστείδα Τολφωνίου
  τὰν Θεαγένεος Ἀμφισσέος
  τὰν Ἰσχοπόλιος Ἀμφισσίδος
  τὰν Δάμωνος Τριτέος
65 τὰν Εὐνίκου Φυσκέος
  τὰν Μνασιλάου Χαλειέος
  τὰν Δωροθέου Καλλιπολίτα
  τὰν Ἀριστοξένου Ἀμφισσέος
  τὰν Χαλέπου Ναυπακτίου
70 τὰν Χαρίλας Χαλειίδος
  τὰν Ἁρμίου Ἡρακλειώτιδος
  τὰν Ἀλεξάνδρου Φυσκέος
  τὰν Πραξιδάμου Ἀμφισσέος
  τὰν Νικολάου Στιέος
75 τὰν Κρατίνου Τριτέος
  τὰν Ἀγασιπόλιος Τριχονίδος
  τὰν Ἀλεξομενοῦ Πλευρωνίου
  τὰν Ἀγήτα Καλλιπολίτα τὰ κάτω
  τὰν Ἀγήτα Καλλιπολίτα τὰ ἄνω
80 τὰν Φιλονίκου Τολφωνίου
  τὰν Αἴσορος Ἀγρινιάρος
  τὰν Δαμοσθένεος Ναυπακτίου

Zeile I. Ländereien.
4. Ἀρδροσθερίδας Τολφώνιος, dieser Ἀρδροσθερίδας Κορία und sein Bruder Ἀριστόμαχος
Κο. erhalten die Proxenie erneuert a. 175,
Bull. 23, 541; sie stehen mit ihren Söhnen
in der geograph. Theorodokoi-Liste Bull.
7, 199 v. 26.
5. Μιχχυλίων Φυσκεύς, sein Haus v. 56; als
γραμματεύς des aitol. Synedrions a. 194,
Inschr. v. Magnesia 91c.
6. Δαμαίρετος (Εὔδικον) Ἀμφισσεύς, seine anderen Grundstücke v. 21 u. 24; seine Statue
in Bd. XV S. 69 als Nr. 97; als Zeuge a. 186,
W-F 370; desgl. a. 183, Bull. 5, 419 f.
8. Φαινέας Ἀρσινοεύς, aitol. Stratege a. 198
u. 192.
9. Εὐρυβουλίδας Ἀμφισσ., neuer Name (von
Εὐρύβουλος, wie Εὐβουλίδας von Εὔβουλος):
vielleicht identisch mit Εὐβουλίδας Ἀμφισσ.,
der von a. 182—165 bezeugt ist.
10. Κρατῖνος Τριτεύς, sein Haus v. 75; als
Zeuge a. 195, W-F 329.
11. Ἀρχέδαμος Ἀμφισσ. als Archont in Amphissa Ἀρχέδαμος Σωκρατίδα a. 189, W-F 360;
sonst bezeugt von a. 197—170.
13. Μνασίλαος Χαλειεύς, sein Haus v. 66.
14. Ξενίας Χαλειεύς als Zeuge etwa a. 174,
Dial. Inschr. 1477.
19. Πύρρος Ναυπάκτιος, seine Thermen (βαλα-
νεῖα) v. 84; als Bürge Πύρρος Καλλιδάμου
a. 201, W-F 384.
21 u. 24. Δαμαίρετος Ἀμφ., sein anderes
Grundstück v. 6 wo die übrigen Belege.
27. Ἐχεκλῆς Πλυρονεύς Zeuge a. 191 u. 196,
W-F 337 u. 385.
33. Σώξενος Ἀμφισσ. identisch mit Σώξενος
Κλέωνος Bürge a. 192 u. 189, Bull. 5, 418
n. 29 u. W-F 359.
34. Τέχνων Ἀμφισσ., sein Sohn Θεύξενος Τέχνωνος als Zeuge a. 165, W-F 164.
35. Κριτόλαος Φυσκεύς, das Haus seines Sohnes Ἀριστόφυλος Φυσκ. v. 48; dieser Ἀριστόφυλος Κριτολάου als Freilasser zugleich mit
dem Enkel Κριτόλαος a. 152, W-F 354. Die
alte Statue Delphica II, 96 (Berl. phil. W.
1909, 799) bezieht sich vielleicht gleichfalls
auf jenen Sohn.

II. Häuser.
41. Ἀγέλαος Ναυπάκτιος aitol. Stratege, entweder der Großvater στρατ. a. 217 u. c. 207;
oder der Enkel στρατ. a. 170.
43. Πολέμαρχος Φυσκεύς, als Zeuge a. 166,
W-F 186; identisch mit Πολέμαρχος Φιλίνου
Bürge a. 162, W-F 177; der Sohn Κριτόδαμος Πολεμάρχου als lokrischer Agonothet
a. 142, Bull. 5, 39.
46. Καλλικλῆς Ἀμφισσ. als Bewahrer der ὠνά
a. 197, W-F 379; derselbe Καλλικλῆς Ἀριστίωνος Bürge a. 186, W-F 179.
48. Ἀριστόφυλος Φυσκεύς, siehe beim Vater
Κριτόλαος v. 35.

49. Πραξίδαμος Ἀμφισσ., sein anderes Haus
v. 73; als Freilasser a. 185, W-F. 287; derselbe Πραξίδαμος Κράτητος als Freilasser
a. 170, W-F 124.
50. Δαμόξενος Χαλειεύς, vielleicht der Enkel
Δαμόξενος Κλέωνος als Zeuge a. 118, W-F 28
51. Θωπίας Καλλιπολίτας als Freilasser a. 177
W-F 204.
52/3. Λύκος Δρυοπαῖος, der Sohn Δωρόθεος
Λύκου als Freilasser a. 176, W-F 198.
54. Ἀλεξίμαχος Ἀμφισσ., als Zeuge a. 185 u
168 u. 158, W-F 287, 213, 215, davon das
zweitemal als Ἀλεξίμαχος Δαμοτίμου.
55. Εὔδικος Ἀμφισσ., wohl identisch mit Εὔδι
κος Δαμαιρέτου, der seinem Vater Δαμαίρετο
Εὐδίκ. eine Statue setzt, s. oben v. 6, wo
auch des Vaters Land. Eudikos erhäl
eine Statue Bd. XV S. 69 als Nr. 98. Daneben ist bezeugt: Εὔδικος Χαριξένου als
Bürge a. 190 u. 185, W-F 339 u. 177; diese
wohl auch gemeint als Bürge Εὔδικος, Κλε
άνδρος Χαριξένου a. 195, W-F 416. Dann
könnte der Zeuge Εὔδικος a. 160 u. 143, Ostm
VII (Philol. 58, p. 58) u. Polyg. (55) [Bull
17, 360 n. 38] der Damainetos-Sohn sein
56. Μιχχυλίων Φυσκεύς, sein Land v. 5, wo
andere Belege.
57/8. Ἀριστόδαμος Ἀμφισσ. ist Ἀριστόδαμο
Τιμοδάμου Zeuge a. 200 u. 195, Bull. 5, 408
n. 154; W-F 330; Freilasser a. 193, W-F 319
59. Τίμαιος Ἀρσινοεύς, sein Sohn Εὔδαμο
Τιμαίου Freilasser a. 173, W-F 188.
61. Ἀριστείδας Τολφώνιος, sein Sohn Νικέα
Ἀριστείδα als Bürge a. 152, W-F 363.
62. Θεαγένης Ἀμφισσ., vgl. die Zeugen a. 19
u. a. 162, W-F 416 u. 224, sowie zwei Homo
nyme: Θεαγένης Μενάνδρου Zeuge a. 192
Bull. 5, 417 n. 28 und Archont in Amphiss
a. 165, W-F 92, 163, 164, sowie Θεαγένης Ἀγέ
Bürge a. 188, Bull. 5. 418 n. 31, wo auch ei
Τιμάσιος Θεαγένεος als Freilasser erscheint
65. Εὔτυχος Φυσκεύς Freilasser mit seine
Söhnen Ἀρχέδαμος und Νικόδωρος a. 195
Bull. 5, 412. 20; als Zeuge a. 183 u. 162
Bull. 5, 419 n. 32 u. W-F 177.
66. Μνασίλαος Χαλειεύς, sein Land v. 13.
68. Ἀριστόξενος Ἀμφισσ. als Zeuge a. 192
Bull. 5, 418, n. 29).
69. Χάλεπος Ναυπάκτιος aitol. Stratege a. 19
73. Πραξίδαμος Ἀμφισσ., siehe v. 49.
75. Κρατῖνος Τριτεύς, sein Haus v. 10, dor
andere Belege.
[77. Ἀλεξομενος Πλευρώνιος, der homonym
Stratege a. 197 ist Καλυδώνιος].
78/9. Ἀγήτας Καλλιπολίτας aitol. Strateg
a. 218 u. 201; wohl sein Enkel Archont i
Kallipolis a. 165, W-F 100.
80. Φιλόνικος Τολφώνιος, seine Söhne Ξενοφά
νης und Φιλόδαμος Φιλονίκου Zeugen a. 15
W-F 289; ersterer auch Bürger a. 14
W-F 36.

2. Δαμοσθένης Ναυπ., viell. s. Vater Μέντωρ Δαμοσθένεος Proxene a. 269, Anecd. n. 45.
3. Κρινίας Φυσκεύς als Zeuge a. 166, W-F 186;

ders. Κρινίας Λεοντίου Zeuge a. 162, W-F 177.
84. Πύρρος Ναυπ., sein Land oben v. 19, wo andere Belege.

Als Frauennamen erscheinen Ἁγησίπολις v. 76 und Δρακοντίς v. 7 hier m. W. zum erstenmal; gleichfalls neu sind die Frauennamen Ἄρμιον v. 71 (nicht Ἄρμιχον W-F 320 etc.) und Ἰσχόπολις v. 63, sowie die Männer Εὐρυβουλίδας v. 9 und Θηρίων v. 60, wodurch wohl Θηρύων in Dyme GDI 1612, 51 verbesserungsbedürftig wird.

Alphabetisches Verzeichnis der Expropriierten:

Ἁγησίπολις Τριχονίς Zle. 76
Ἀγέλαος Ναυπάκτιος (στρατ.) 41
Ἀγήτας Καλλιπολίτας (στρατ.) 78. 79.
Αἴσων Ἀγρινιάν 81
Ἀλέξανδρος Φυσκεύς 72
Ἀλέξιμαχος (Δαμοτίμου) Ἀμφισσ. 54
Ἀλεξομενός Πλευρώνιος 77
Ἀνδροσθενίδας (Κρινία) Τολφώνιος 4
{Ἀριστείδας Τολφώνιος 61
{Sohn: (Νικέας Ἀριστείδα)
Ἀριστόδαμος (Τιμοδάμου) Ἀμφισσ. 57/8
Ἀριστοκράτης Πλυγονεύς 30
(Ἀριστίωνος) v. s. Καλλικλῆς Ἀμφ. 46
Ἀριστόξενος Ἀμφισσ. 68
Ἀριστόφυλος (Κριτολάου) Φυσκεύς 48
Ἄρμιον Ἡρακλειώτις 71
Ἀρχέδαμος (Σωκρατίδα) Ἀμφισσ. 11
(Ἀρχέδαμος) v. s. Εὐνίκου Φυσκεύς
Ἀρχέλαος Πλυγονεύς 20
Δαμαίνετος (Εὐδίκου) Ἀμφισσ. 6. 21. 24
Δαμάρμενος Τολφώνιος 15. 16
Δαμόξενος (Κλέωρος?) Χαλειεύς 50
Δαμοσθένης (Μέντορος?) Ναυπάκτ. 82
(Δαμοτίμου) v. s. Ἀλέξιμαχος Ἀμφ. 54
Δάμων Τριτεύς 64
Δεξίθεος Φυσκεύς 44
Δρακοντίς Καλλιπολῖτις 7
Δωρόθεος Καλλιπολίτας 67
(") v. s. Λύκου Δρυοπαίου
(Εὔδαμος) v. s. Τιμαίου Ἀρσινοεύς
{Εὔδικος (Δαμαινέτου) Ἀμφισσ. 55
{Sohn: Δαμαίνετος (Εὐδίκου) 6. 21. 24
Εὐκταῖος Ἀλπαῖος 85

{Εὔνικος Φυσκεύς 65
{Söhne: (Ἀρχέδαμος u. Νικόδωρος Εὐνίκου)
Εὐρυβουλίδας Ἀμφισσ. 9
Ἐχεκλῆς Πλυγονεύς 27
Θεαγένης (Μενάνδρου) Ἀμφ. 62
(Θεύξενος) v. s. Τέχνωνος Ἀμφ.
Θηρίων Ἀρταιεύς 60
Θωμίας Καλλιπολίτας 51
Ἰσχόπολις Ἀμφισσίς 63
(Καλλιδάμου) v. s. Πύρρος Ναυπάκτ. 19. 84
Καλλικλῆς (Ἀριστίωνος) Ἀμφισσ. 46
Καλλίστρατος Πλυγονεύς 29
Καλλιστώ Χαλεῖς 37
(Κλέωνος?) v. s. Δαμόξενος Χαλ. 50
(Κλέωνος) v.s. Σώξενος Ἀμφ. 33
(Κράτητος) v. s. Πραξίδαμος Ἀμφ. 49. 73
Κρατίνος Τριτεύς 10. 75
Κρινίας (Λεοντίου) Φυσκεύς 83
(Κρινία) v. s. Ἀνδροσθενίδας Τολφ. 4
{Κριτόλαος Φυσκεύς 31
{Sohn: Ἀριστόφυλος (Κριτολάου) 48
(Λεοντίου) v.s. Κρινίας Φυσκ. 83
{Λύκος Δρυοπαῖος 52. 53
{Sohn: (Δωρόθεος Λύκου)
(Μενάνδρου) v. s. Θεαγένης Ἀμφ. 62
Μικκυλίων Φυσκεύς 5. 56.
Μνασίλαος Χαλειεύς 13. 66
Νικαγόρας Ἡρακλειώτας 45
(Νικέας v.s. Ἀριστείδας Τολφ. 61)
(Νικόδωρος) v. s. Εὐνίκου Φυσκ. 65)
Νικόλαος Στιεύς 74
Ξενίας Χαλειεύς 14
(Ξενοφάνης v. s. Φιλονίκου Τολφ.)
Πάτρων Τολφώνιος 42
Πολέμαρχος (Φιλίνου) Φυσκ. 43
Πραξίδαμος (Κράτητος) Ἀμφ. 49. 73
Πραξώ Τολφωνία 12

Πύρρος (Καλλιδάμου) Ναυπ. 19. 84
(Σωκρατίδα) v. s. Ἀρχέδαμος Ἀμφ. 11
Σώξενος (Κλέωνος) Ἀμφισσ. 33
Ταυρίων Ἀλπαῖος 47
{Τέχνων Ἀμφισσεύς 34
{Sohn: (Θεύξενος Τέχνωνος)
{Τίμαιος Ἀρσινοεύς 59
{Sohn: (Εὔδαμος Τιμαίου)
(Τιμοδάμου) v. s. Ἀριστόδαμος Ἀμφ. 57/8.
Ὑβρίλαος Οἰνοαῖος 86
Φαινέας Ἀρσινοεύς (στρατ.) 8
(Φιλίνου) v. s. Πολέμαρχος Φυσκ. 43
(Φιλόδαμος v.s. Φιλονίκου Τολφ.)
{Φιλόνικος Τολφώνιος 80
{Söhne: (Ξενοφάνης u. Φιλόδαμος)
Χάλεπος Ναυπάκτιος στρατ. 69
Χαρίλα Χαλεῖς 70.

Ethnica:
Ἀγρινιάν 81
Ἀλπαῖος 47. 85
{Ἀμφισσεύς 6. 9. 11. 21. 24. 33/4. 46. 49. 54/5. 57/8. 62. 68. 73.
{Ἀμφισσίς 63
Ἀρταιεύς 60
Ἀρσινοεύς 8. 59
Δρυοπαῖος 52/3
{Ἡρακλειώτας 45
{Ἡρακλειώτις 61
{Καλλιπολίτας 51. 67. 78/9
{Καλλιπολῖτις 7
Ναυπάκτιος 19. 41. 69. 82. 84
Οἰνοαῖος 86
Πλευρώνιος 77
Πλυγονεύς 20. 27. 29. 30
Στιεύς 74
{Τολφώνιος 4. 15/6. 42. 61. 80
{Τολφωνία 12
Τριτεύς 10. 64. 75
Τριχονίς 76
Φυσκεύς 6. 31. 43/4. 48. 56. 65. 72. 83
{Χαλειεύς 13/4. 50. 66
{Χαλεῖς 37. 70.

Bei den Expropriierten handelt es sich fast durchgängig um sehr bekannte, angesehene Besitzer aus Nachbarstädten des delphischen Gebiets, besonders Amphissa, dann Naupaktos, Tritaia, Tolophon, Physkeis, Chaleion, Plygonion, endlich Arsinoe und Kallipolis. Die prosopographischen und chronologischen Nachweise aus den delphischen Inschriften sind in derselben Reihenfolge der Liste gegenübergestellt auf S. 127. Unter ihnen sind einschl. Kol. II nicht weniger als 3—4 aitolische Strategen mitgezählt, vgl. Z. 8, 69, 77(?), 78. Denn den Φαινέας Ἀρσινοεύς in Z. 8 halte ich für den Strategen der Jahre 198 und 192[1]). Das ist wahrscheinlicher als die Gleichsetzung des letzteren mit dem Hieromnemon vom J. 178 Φαινέας Νικέα Σωσθενεύς, die *Delph. Chron.* 2677 (*Jahrbb.* 1897, 762) vorgeschlagen war.

Kolumne II enthält in 49 Zeilen 43 Besitzer mit 46 Häusern, die nur in der Stadt Delphi selbst gelegen haben können. Hierbei weisen die Distinctive τὸ κάτω, τὸ ἄνω (Z. 52, 57, 78) auf die steile Lage der Bergstadt, deren oberste Häuser etwa 400 Fuß höher lagen, als die untersten. Ob wir hierbei die Unterscheidung des κάτω noch genauer fassen können und ebenso interpretieren wie die κάτω ναοί, die unten in der Kastaliavorstadt im Pronaiatemenos lagen, ist noch nicht ausgemacht, aber sehr wahrscheinlich. Vgl. über diesen tief und jenseits der Kastaliaschlucht gelegenen Stadtteil und über die Bezeichnung κάτω, die auch für die Lage des Prytaneions gebraucht wird, die Ausführungen *Klio* XII 294f. Noch zahlreicher als bei den Grundstücken lassen sich diese vornehmen Hausbesitzer identifizieren; abgesehen von den Strategen sind Leute darunter, deren Statuen im Temenos standen, solche die in ihrer Heimat Archonten waren usw. Zu den bei Kolumne I genannten Heimatorten der Depossedierten treten hinzu Pleuron, Trichonion, Herakleia usw., Agrinion (mit der alten Ethnikonform Ἀγρινιάν st. Ἀγρινιεύς), dann der Ἀρταιεύς (diese Form schon *W-F* 320, wo sie von Baunack 1985 fälschlich in Αὐγαιεύς verändert ward), der Ἀλπαῖος (zu der Stadt Ἄλπα *Bull.* 7, 93, a, 46 gehörig), der Dryopaeer, der Stieus etc., und wiederum finden sich 4 Frauen unter den Besitzern. Selbst seine Thermen (βαλαρεῖα Z. 84) muß der Naupaktier Pyrrhos hergeben — sie wurden gewiß von der Delphusa oder Kastalia gespeist —, nachdem ihm schon sein Landgut in Lipara genommen war (Z. 19).

Daß sich das Verzeichnis noch in einer III. Kolumne auf dem verlorenen Mittelblock fortgesetzt habe, ist zwar möglich, aber wenig wahrscheinlich; denn dann wäre die Überschrift mehr rechts gesetzt über Kol. II u. III gemeinsam und Kol. II nicht so tief heruntergeführt.

---

1) [Dies wird mir soeben durch Weinreich bestätigt. In dem von Soteriades Δελτίον I 1915, S. 55 nr. 31 edierten Thermon-Text seien Ethnikon und Iteration ausgelassen; sie lauten στραταγέοντος Φαινέα [Ἀρ]σινο[έ]ος τὸ β΄, also = a. 192/1. Den Namen des Proxenos ergänze ich zu [Δει]ν[ί]ππωι Ἀριστομάχου Μεσ[σανίωι] mit Hinweis auf Δείνιππος Δεινύλου Μεσσ. c. a. 316 *Jahrbb. Phil.* 1896, 614 nr. 1.]

130 H. Pomtow

119. Die für uns wichtigste Urkunde ist der auf der linken Seitenfläche des Vorderblocks Abb. 18 *B* stehende **Senatsbrief** aus dem Winter 189/8 v. Chr. [*Syll.* II³ n. 611]:

Inv.-Nr. 1115. — Linke Seitenfläche, Text 5.   (*Dezemb. 189.*)

[Γάϊος Λίβιος Μαάρκου] υἱ[ός, σ]τρατηγὸς ὕπ[ατ]ος [Ῥωμαίων, καὶ δή]-
[μα]ρχοι καὶ [ἡ σύγκ]λητος Δελφῶν τοῖς [ἄρχο]υσι καὶ τῆι π[ό]λ[ει χαίρειν]·
οἱ παρ' ὑμῶν ἀποσταλέντες πρεσβευταὶ Ἥρυς Εὐδώρου, [Δαμοσθέ]-
νης Ἀρχέλα τά τε γράμματα ἀπέδωκαν καὶ αὐτοὶ διελέγησαν [ἀ]κόλ[ου]θ[α]
5 τοῖς ἐν αὐτοῖς κατακεχωρισμένοις μετὰ πάσης σπουδῆς, φ[ι]λοτιμί[α[ς] οὐθὲν ἐλλείποντες· ἐνεφάνιζον δὲ καὶ διότι τόν τε ἀγῶνα τὸν γυμνικὸ[ν]
καὶ τὴν θυσίαν ὑπὲρ ἡμῶν συνετελέσατε· καὶ ἡ σύγκλητος τὴν διάνοια[ν]
προσέσχεν τε καὶ ἔδοξεν αὐτοῖς ὑπέρ τε τῶμ πρότερον πρεσβευτῶν
Βούλωνος, Θρασυκλέος, Ὀρέστα, τῶμ πρὸς ἡμᾶς μὲν ἀφικομένων, ἐν δὲ
10 τῆι εἰς οἶκον ἀνακομι[ιδ]ῆι διαφωνησάντων, γράψαι πρὸς Μάαρκον Φολούιον
τὸν ἡμέτερον στρατηγόν, ἵνα φροντίσηι, ὅπως — ὅταν καθ' ἡμᾶς γένηται
τὰ κατὰ τὴν Σάμην πράγματα — ἀναζητήσηι τοὺς ἀδικήσαντας, καὶ φροντίσηι, ἵνα τύχωσιν τῆς καθηκούσης τιμωρίας, καὶ τὰ τῶν πρεσβευτῶν
ὑπάρχοντα ἀποκατασταθῆι πάντα τοῖς οἰκείοις αὐτῶν. Ἔδοξεν δὲ καὶ
15 πρὸς Αἰτωλοὺς γράψαι περὶ τῶν γινομένων παρ' ὑμῖν ἀδικημάτων, ἵνα
νῦμ μὲν τὰ ἀπηγμένα ἅπαντα ἀναζητήσωσιν καὶ ἀποκαταστήσω-
σιν ὑμῖν, τοῦ δὲ λοιποῦ μηθὲν ἔτι γίνηται. καὶ περὶ τῶν ἐν Δελφοῖς κα-
τοικεόντων ἔχειν ὑμᾶς ἐξουσίαν, ἐφῆκεν ἡ σύγκλητος, ἐξοικίζειν
οὓς ἂμ βούλησθε, καὶ ἐὰν κατοικεῖν παρ' ὑμᾶς τοὺς εὐαρεστοῦντας τῶι
20 [κ]οινῶι τῶν Δελφῶν· τὰς δὲ δοθείσας ἀποκρίσεις τοῖς ἔμπροσθεν πρ[ὸς]
[ἡ]μᾶς ἀφικομένοις παρ' ὑμῶν πρεσβευταῖς ἀνεδώκαμεν αὐτοῖς [καθὼς]
[ἠ]ξίουν ἡμᾶς· καὶ εἰς τὸ λοιπὸν ἀεὶ [π]ειρασόμεθα, ἀεί τινος ἀ[γαθοῦ]
[παρ]αίτιοι τοῖς Δελφοῖς γίνεσθαι διά τ[ε τὸν] θεὸν καὶ ὑμᾶς κα[ὶ διὰ τὸ]
πάτριον ἡμῖν εἶναι, τοὺς θεοὺς σ[έβ]εσ[θ]αί τε καὶ τιμᾶν τοὺς ὄν[τας πάν]-
25 των αἰτίους τῶν ἀγαθῶν.

Der Inhalt der Urkunde lehrt viel Neues und wird in Abschnitt *B* besprochen. Hier sei nur die Ergänzung der stark zerstörten Zeile 1 behandelt, die das chronologisch Wichtigste, den Konsul-Namen enthielt. Wie aus Z. 10—12 ersichtlich, befinden wir uns in der Zeit der viermonatlichen Belagerung von Same auf Kephallenia durch M. Fulvius Nobilior (Niese II, 769). Da der Kollege dieses Konsuls vom J. 189 v. Chr., Cn. Manlius Volso, seit dem Frühling in Kleinasien weilte, um als Nachfolger der Scipionen die dortigen Verhältnisse zu ordnen, und ihm dieses Imperium nach Ablauf des Consulats auf ein Jahr verlängert wird, kann er als Abfasser unseres Textes nicht in Betracht kommen[1]). Demnach muß mit dem στρατηγὸς ὕπ[ατος] in Z. 1 einer der Konsuln des J. 188 gemeint sein, also die Belagerung von Same sich bis in den Anfang ihres Amtsjahres hingezogen haben, was bisher als unmöglich

---

1) Liv. 38, 35: *comitiis perfectis* (Nov. a. 189), *consulem M. Fulvium in provinciam et ad exercitum* (nach Griechenland) *redire placuit, eique et collegae Cn. Manlio imperium in annum prorogatum est.* Über den Rückmarsch des Manlius im Spätsommer 188 über den Hellespont und durch Thrakien und Makedonien siehe Niese II, 761.

192

galt. Die Konsuln von 188 heißen M. Valerius Messala, C. Livius Salinator (Liv. 38, 35). Weil in der Anfangslücke von Z. 1 etwa 16—17 Zeichen fehlen, scheidet ersterer aus, denn Μάαρκος Ουαλέριος hat schon ohne Vatersnamen 16 Buchstaben. So bleibt nur der im Text gegebene Γάιος Λίβιος übrig, dessen Vatersnamen wir nicht kennen, der aber 16 Zeichen mit Γαίου, 18 mit Λευκίου oder Μάαρκου zählen würde. Letzteres ist wohl das Wahrscheinlichere, da er der Sohn des M. Livius Salinator, cos. 219, sein wird. Er selbst kannte die griechischen Verhältnisse genau, denn er hatte im J. 191 als Praetor die Ausrüstung und Führung der Flotte im Kriege gegen Antiochos besorgt (Niese II, 696; 718 ff.; 730). Mit Messala tritt er an den Iden des März das Consulat an (Liv. 38, 35, 7); doch fielen diese damals noch in den November des jul. Jahres 189, weil der römische Kalender von dem natürlichen in jener Zeit um etwa 4 Monate differierte. Denn wir wissen, daß die Sonnenfinsternis des 14. März 190 v. Chr. auf den 11. Juli (Quinctilis) des römischen Jahres fiel (Liv. XXXVII, 4, 4 und dazu Weißenborn-Müller). Die Consuln Valerius Messala und Livius Salinator fungierten daher in Wirklichkeit schon seit Mitte November 189 (vgl. die Erklärer zu Liv. XXXVIII, 35, 1). Damals war jedoch Same noch nicht gefallen, vgl. oben Z. 10—12, woraus hervorgeht, daß Livius die Reise des damaligen Consuls Fulvius aus Griechenland nach Rom zur Abhaltung der Wahlen an falscher Stelle — nach der Eroberung von Same — erzählt hat (XXXVIII, 35, 1). Deßhalb hat Niese die ganze Reise bezweifelt (II, 770, 3), aber es ist verständlich, daß der Consul eine langwierige Belagerung, bei der hauptsächlich die Aushungerung in Frage kam, eine Zeitlang den Unterfeldherren überläßt, um selbst die Amtspflichten bei den Wahlen auszuüben, und ebenso, daß der Geschichtsschreiber erst die Belagerung und die sich anschließenden Verhandlungen im Peloponnes (XXXVIII, 30–34) zu Ende erzählt und dann erst die Romreise nachträgt. Freilich muß er dann mit den Worten (XXXVIII, 35, 1): *M. Fulvius, quia iam in exitu annus erat, comitiorum causa profectus Romam creavit consules* nicht das natürliche Jahr gemeint haben, sondern das römische Kalenderjahr.

Da der Consul Livius Salinator später mit dem Heere nach Gallien abgeht (Liv. 38, 39, 9), würde unsere Urkunde schon darum zwischen seinen Amtsantritt und den Abmarsch gehören (also zwischen Dezember 189 und März 188); aber die Belagerung von Same kann man schwerlich über den Dezember hinaus verlängern, so daß der Text Nr. 5 jedenfalls Ende 189 geschrieben worden ist.

Im Einzelnen sei folgendes bemerkt: Z. 3. Ἥρυς Εὐδώρου war Buleut a. 197 und ist bis 164 bezeugt. Im Jahr 188/7 war er nochmal Buleut (II Sem.), so daß seine Gesandtschaft schon deshalb vor den Ausgang des J. 188 gehört. Δαμοσθένης Ἀρχέλα ist gleichfalls von a. 197 bis a. 165 bezeugt, war Buleut a. 192 und 173, Archont a. 182 und fungierte im Theoxenios 188/7, d. h. im März 187 als Zeuge (W-F 351). [Beide treten a. 188 als Antragsteller auf; siehe unten Text Nr. 148.] —

Z. **6.** Der „gymnische Agon und das Opfer für die Römer", das die Delpher gestiftet hatten, führte den Namen Ῥωμαῖα. Über Zeit und Anlaß seiner Entstehung war man durchaus im Unklaren; jetzt lernen wir, daß diese delphischen Romaeen die ältesten von allen gleichnamigen Festen waren und — wahrscheinlich für die Besiegung der Aitoler — im Sommer 189 gestiftet sind. Wir kannten sie (d. h. nur die θυσία, der γυμνικὸς ἀγών ist neu) bisher aus dem Nachtrag zu einer Proxenie des J. 158 (unter Ἄρχων Καλλία), der 3 Jahre später unter sie geschrieben wurde (155, ἄ. Ἀθάμβου τοῦ [Ἀβρομάχου]): ἔδοξαν δὲ καὶ πορεύεσθαι ἐν τὸ πρυτανεῖον ἐν τᾶν θυσίαν τῶν Ῥωμαίων καὶ ἐν τὰς λοιπὰς θυσίας ἐν ἃς ἁ πόλις συντελεῖ πάσας[1]). Die anderen Romaeen in Athen, Kos, Rhodos, Magnesia, Pergamon, Thespiae, Oropos, Chalkis, Korkyra etc. sind sämtlich jünger. — **8.** Der merkwürdige Umstand, daß in den Stemmata der großen delphischen Familien Bulon-Xenon[2]), Thrasykles-Praxias[3]), Orestas-Damenes-(Kleon), die Zeugnisse für diese Delphier mit dem J. 189 plötzlich aufhören, findet jetzt seine Erklärung: sie sind umgekommen[4]), sicherlich von Aitolern oder Epiroten oder anderen Seeräubern erschlagen. — **11.** Das bloße στρατηγός (ohne ὕπατος) weist auf die Zeit nach Fulvius' Consulat. — **15.** Außer dem Gesandtenmord hatten die Aitoler noch andere Delphier oder deren Sclaven und Heerden geraubt. Man sieht, daß sie die Befreiung Delphis als schweren Eingriff in ihre Rechte betrachteten. — **16.** Die κατοικέοντες sind nicht etwa Metoiken (in Delphi σύνοικοι), sondern offenbar die Aitoler und Lokrer der Liste im Text 4 = Nr. 118. Jetzt erst werden die Delphier wieder Herren im eigenen Hause, und da gegen die Expropriationen in Text 118 gewiß Widersprüche und Klagen erhoben worden waren, wird ihnen gegenüber das Recht des ἐξοικίζειν jetzt ausdrücklich anerkannt.

120—123. Außer diesen Texten des M.' Acilius-Denkmals kennen wir auf einer **Marmorstele** eine Anzahl von Senatserlassen und Consul-, bezw. Praetor-Briefen über denselben Gegenstand: die Autonomie Delphis. Den Hauptteil der Stele hatte H. N. Ulrichs vor 75 Jahren abgeschrieben[5]); er ist seitdem verschollen, aber ich ermittelte in Delphi ein neues Bruch-

---

1) Ediert von Conze-Michaelis, *Annali* 1861, 74 (W-F 472), besser von Wescher, *Mon. bil.* 108. Diese schmale Marmorstele war 3 Dezennien lang verschollen, ist aber später wiedergefunden mit der Inv.-Nr. 365. Das nächstjüngere Beispiel für die Ῥωμαῖα stammt aus dem J. 150 (*Fouill.* III 1, 152 v. 13).

2) Durch den Tod Bulons wird also das Familienanathem *Syll.* II³ 602 und der Künstler Sopatros aus Demetrias vor das Jahr 189 verwiesen.

3) Vgl. das Stemma *Jahrbb. Phil.* 1889 auf der Tafel zu S. 560, wo die Jahreszahl 186 in 189 zu ändern ist.

4) διαφωνεῖν: 'aushauchen, verhauchen', gehört dem jüngeren Griechisch an; vgl. darüber *Syll.*³ n. 521⁴.

5) Ulrichs, *Reisen u. Forsch.* I, 115. Dessen Minuskeln hat Le Bas II, 852 in Maiuskeln umgesetzt, ohne die Stele gesehen zu haben, und hat dabei in unserem Text-Nr. 122 die entscheidende 4. Zeile ausgelassen (vgl. *Jahrbb. Phil.* 1894, 683). Dieses Versehen ist von Viereck, *Sermo Graecus* p. 11 n. X wiederholt worden, da er die Originalpublikation von Ulrichs nicht kannte.

stück derselben Stele, das an den Text des verlorenen rechts genau anschließt. [*Syll.* II³ n. 612 *A-D*]:

Inv.-Nr. 1865. — Gefunden im Aug./Sept. 1894 nördlich des Opisthodoms, nahe der Theatertreppe. — Fragment einer Stele von parischem Marmor, rings gebrochen, Rückseite erhalten (grob gekrönelt). H. 20½ max., Br. 16½ max., Dicke 7½. Standort: Museumskeller.

Ulrichs, *Reis.* I, 115 und Inv.-Nr. 1865 (neu).   *(189 v. Chr.)*

120. -Διους καὶ - - - - - - - -
- -ας καὶ τοῦ ἱερο[ῦ - - - - -
        2 Zeilen frei.

121. Σπόριος Ποστόμιος, Λευκίου υἱός, στρατη-γὸς Ῥωμαίων τῶι κοι[νῶι
τῶν Δελφῶν χαίρειν· οἱ παρ' ὑμῶν ἀποσταλέντες πρεσβευ]-
ταὶ Βούλων, Θρασυκλῆς, Ὀρέστας περὶ τῆς ἀ-συλίας τοῦ ἱεροῦ κα[ὶ τῆς
      πόλεως διελέγησαν φιλοτιμίας οὐθὲν ἐλλείποντες]
καὶ περὶ τῆς ἐλευθερίας καὶ ἀνεισφορί-ας ἠξίουν, ὅπως α[ὐτόνομοι καὶ
      ἀτελεῖς ὦσιν ἥ τε πόλις καὶ ἡ χώρα τῶν Δελφῶν].
Γινώσκετε οὖν δεδογμένον τῆι συγκλή-τωι, τό τε ἱερὸν το[ῦ Ἀπόλ-
      λωνος καὶ τὴν πόλιν ἄσυλον εἶναι καὶ ἀνεισφόρητον, καὶ]
5 τὴν πόλιν τῶν Δελφῶν καὶ τὴν χώραν καὶ ὁ-[ιὰ παντ]ὸς αὐτονό[μους
      εἶναι . . . .??. . . . . ἐλευθέρους ὄν]-
τας καὶ πολιτεύοντας αὐτοὺς καθ᾽ αὑτ-[οὺς . . καὶ] κυριεύο[ντας - -
- -]
μενος, καθὼς πάτριον αὐτοῖς ἐξ ἀρχῆς-[ὑπῆρχεν· ἵνα] οὖν εἰδ[ῆιτε,
      στέλλομεν ὑμῖν ἀντίγραφον].
        2 Zeilen frei.

122. Πρὸ ἡμερῶν τεσσάρων νωνῶν Μαΐ-[ων Σπόριος Ποστόμιος Λευκίου
      υἱός, στρατηγὸς ἐν κομετίωι? συνε]-
βουλεύσατο τῆι συγκλήτωι· γραφ-[ομένωι παρῆσαν ὁ δεῖνα τοῦ
      δεῖνος . . . ., ὁ δεῖνα τοῦ δεῖνός . . . .],
Γάιος Ἀτίνιος Γαίου, Τεβέριο-[ς Κλαύδιος . . . . . περὶ ὧν Δελφοὶ
      λόγους ἐποιήσαντο, περὶ ἱεροῦ]
ἀσύλου, πόλεως ἐλευθερί-[ας, χώρας ἀνεισφορήτου καὶ αὐτονόμου,
      περὶ τούτου τοῦ πράγματος οὕτως]
5 ἔδοξεν· καθὼς πρότερο-[ν Δελφοῖς ταῦτα ὑπῆρχεν καὶ Μανίωι
      Ἀκιλίωι ἔδοξε, τούτωι τῶι κρίματι ἐμμέ]-
νειν ἔδοξεν. *vacat.*
        2 Zeilen frei.

123. [Λ]εύκιος Φούριος, Λ[ευκίου υἱός, στρατηγός - - - - - - - - - - - - - - -
[Δε]λφῶν ἐ[λευθερίας? -

Das neue Fragment ist zunächst darum wertvoll, weil es den alten Streit, ob wir στρατηγός oder στρ. ὕπατος zu ergänzen haben, ob also das J. 189 oder 186 gemeint sei, zu Gunsten der ersten Möglichkeit entscheidet (*Jahrbb. Phil.* 1889, 565, 68). Denn 189 war Spurius Postumius praetor urbanus (Liv. XXXVII, 47, 8; 50, 8), 186 Consul, und es war evident, daß wir seinen Brief Nr. 121 und das Senatsconsult Nr. 122 so dicht wie möglich an die Befreiung Delphis durch M.' Acilius heranzurücken haben. Sodann lernen wir, daß über Nr. 121 noch eine Urkunde (Nr. 120) stand, die demselben Gegenstande galt. Nach Lage der Dinge kann sie nur das Dekret des M.' Acilius selbst über die Autonomerklärung etc. enthalten haben, das sein oben mitgeteilter Brief Nr. 117 zur Voraussetzung hat (vgl. dort Z. 10) und auf das er wohl in Z. 2 direkt hinweist, wenn er von der Aufstellung der ἅπαντα ἀναγραφέντα εἰς στήλην λιθίνην spricht. Letzteres dürfte eben unsere Stele sein, auf der alle römischen Urkunden über die Asylie, Atelie, Autonomie Delphis vereinigt waren, bezw. werden sollten.

Diese Stele war nun, wie die knappste Ergänzung in Nr. 121, Z. 1 zeigt, sehr breit; das neue Fragment gestattet die ungefähre Berechnung der ganzen Zeilenlänge auf 85—90 cm = 95—100 Buchstaben. Daraus folgt, daß wir keinesfalls noch längere Ergänzungen annehmen dürfen. Mit der Ausfüllung der Lücken habe ich mich schon vor 25 und vor 10 Jahren (Scheden der *IG* VIII n. 216) lange bemüht, ohne damals oder jetzt zu ganz sicheren Resultaten zu kommen. Denn im Anfang fehlt etwa die Hälfte, gegen Ende drei Viertel der Platte. Doch darf man hoffen, noch neue Stücke dazu zu finden, — und da es sich schließlich in den verlorenen Teilen von Nr. 121 und 122 nur um Wiederherstellung des äußeren Wortlautes handelt, während der Sinn und Zusammenhang des Ganzen ebenso sicher ist, wie die Datierung, so möchte ich hier auf eingehende Ergänzungs-Erörterungen verzichten und bemerke nur Folgendes:

Nr. **121**, Z. 5 Mitte ist vielleicht δ[ιὰ παντ]ός zu schreiben, obwohl man der Lücke nach gern einige Zeichen mehr ergänzen würde. In v. Hillers Vorschlag Δ[ελφῶν ἔθν]ος vermißt man den Artikel (*Syll.* II³ 612 not. 5ᵃ). — Z. 6 Ende kann man mit Ulrichs an [τέ]|μενος denken, obwohl sich das Wort in den auf Delphi bezüglichen römischen Urkunden nicht findet; vgl. in dem *SC* über die Stratonicenser (Dittenb. *Or. gr. I.* n. 441, v. 55): [τό τε τέμεν]ος ὅπως τοῦτο ἄσυ[λον ὑπάρχηι].

Nr. **122**, Z. 1 hat Viereck denselben Sp. Postumius eingesetzt. — ἐν κομετίωι steht z. B. noch *Syll.* II³ n. 650, 2 (Jahr 170); 674, 10 (Jahr 150/47); 688, 2 (Jahr 135). — Zu den Formeln in Z. 3—6 vgl. das *SC* von Thisbe *Syll.* II³ n. 646. — Zu Z. 5 vgl. *Syll.* II³ 688, 12 τούτωι τε τῶι κρίματι καὶ τού[τοις τοῖς ὁρίοις ἐμμένει]ν ἔδοξεν und vorher dasselbe - τοῖς ὁρίοις ἐμμείνωσιν.

Hinzuzufügen ist noch, daß L. Furius L. f. in Nr. 123 nicht identifiziert werden kann. In der *R-E* VII Sp. 316 nr. 17 ist darauf verwiesen, daß er vielleicht mit dem dort S. 359 nr. 77 behandelten L. Furius Philus übereinstimmt, dessen Vatersnamen wir nicht kennen und der 171 v. Chr. Praetor und Statthalter von Sardinien war und 170 als Pontifex starb. Aber da sich jedenfalls auch unser Text auf die Autonomie und Abgabenfreiheit Delphis bezieht, wird man ihn in das nächste oder übernächste Jahr zu setzen haben, wo z. B. im J. 187 L. Furius Purpurio

Sp. f. unter den 10 aus Asien mit Manlius Volso zurückgekehrten Legaten hervortritt (Liv. XXXVIII, 44, 11), und ein M. Furius Crassipes Ende 188 zum Praetor für 187 gewählt wird, der dann aber nach Gallien abgeht (Liv. a. O. 42, 4 und 6). Vielleicht ist bei Ulrichs der einzige erhaltene Buchstabe des Vatersnamens $\varLambda$ vielmehr ein M oder $\varSigma$ gewesen (?). Jedenfalls darf man vermuten, daß Text Nr. 123 durch die neue zweite Gesandtschaft der Delphier veranlaßt war, also das dem Brief Nr. 119 zugrunde liegende *SC* im Auszug wiedergab.

B. Die historischen Folgerungen.

Nachdem der Konsul M.' Acilius den König Antiochos im Sommer 191 bei den Thermopylen besiegt (Niese II, 704) und ihn durch Boeotien nach Chalkis verfolgt hatte, nahm er nach dessen Flucht nach Asien Euboea ein, ordnete die Verhältnisse in Boeotien und begann die Belagerung der starken aitolischen Festung Herakleia, indessen sein Bundesgenosse König Philipp Lamia berannte (Niese II, 708). Die phokischen Städte hatten sich schon gleich nach der Thermopylae-Schlacht den Römern übergeben (a. O. 707). Herakleia fiel nach zwei Monaten tapferster Gegenwehr, unmittelbar darauf kam der aitolische Stratege Phaineas mit anderen Gesandten wegen des Friedens zu M.' Acilius ins Lager, ward aber von ihm herrisch behandelt (a. O. 709). Dieß geschah offenbar noch vor den Aequinoctien, da an diesen ein anderer Stratege (Archedamos) das Amt antrat. Der Konsul überschritt nun mit dem Heere den Oita und das steile Koraxgebirge, um auch die zweitstärkste aitolische Festung, Naupaktos, zu belagern (a. O. 711). Weshalb er den äußerst beschwerlichen Gebirgsübergang wählte, war bisher nicht klar; es kann nur geschehen sein, weil die Straße über die Doris und Kytinion durch die Festung Amphissa gesperrt wurde. Aber Naupaktos wurde so tapfer verteidigt, daß M.' Acilius nach 2 Monaten die Belagerung aufhob, auf Flamininus' Fürsprache den Aitolern einen kurzen Waffenstillstand bewilligte und das Heer in die Winterquartiere nach Phokis legte (a. O. 714).

Dies ist der Zeitpunkt, in welchem unsere Urkunden einsetzen. Denn obwohl sich der Konsul später für einige Zeit mit Flamininus nach dem Peloponnes begab zur Ordnung der spartanischen Angelegenheiten, kehrte er doch wieder nach Phokis zurück, von wo er im Frühjahr (Anfang April) von Elateia aus den Handstreich auf Lamia unternimmt und dann über Kytinion gegen Amphissa vorrückt, das er regelrecht zu belagern beginnt (Niese II, 722). Auch hier wehren sich die Aitoler tapfer, bis das große nach Asien bestimmte Römerheer unter dem neuen Konsul L. Cornelius Scipio und seinem Bruder Africanus heranrückt und letzterer mit den Aitolern einen Waffenstillstand auf sechs Monate abschließt. M.' Acilius hebt die Belagerung auf, übergibt das Heer den Scipionen und kehrt mit seinen Tribunen nach Rom zurück (Niese II, 723).

Aus dieser Übersicht ergibt sich die Einordnung der delphischen Tätigkeit des M.' Acilius von selbst. Wenn er im Oktober und

November (2 Monate) Naupaktos belagert, so ist klar, daß damals das ozolische Lokris mit Ausnahme von Amphissa in seiner Hand war, das er also auch Delphi schon 'befreit' hatte, nachdem die phokischen Städte bereits nach dem Thermopylensieg ihm zugefallen waren. Er suchte die Aitoler zu schädigen und zu schwächen, wo er konnte; darum hat er ihnen das große delphische Gebiet ebenso aus politischer Berechnung genommen, wie er das Heiligtum aus Pietät gegen den alten Ruhm für frei erklärte; hatte er doch in derselben Gesinnung kurz vorher dem Herakles auf dem Oeta geopfert. Diese zwei Richtungen, in denen sich seine Anordnungen bewegen mußten, spiegeln unsere Dekrete wieder. Einerseits die Erklärung der Autonomie, Asylie, Atelie von Stadt und Heiligtum, andererseits die Einzelfestsetzungen über die alten (und neuen) Grenzen des delphischen Landes, dem er strittige Stücke zuwies, sowie die Expropriationen von Aitolern, Amphissensern und zahlreichen Nachbarstädtern aus den Häusern und Ländereien, die sie sich in der Δελφίς während der hundertjährigen aitolischen Herrschaft angeeignet hatten. Alle diese Verordnungen gehören in die Monate Dezember 191—März 190, und wie 300 Jahre später Traians Legat Avidius Nigrinus 114/16 n. Chr. seine *decreta ex tabellis recitata* über den gleichen Gegenstand in Elateia und Eleusis abfaßte und datierte (*Syll.* II[3] n. 827 *C*), wird M.' Acilius die Winterruhe in derselben Stadt zu demselben Zweck (unter vielen anderen) benutzt haben.

Darnach sind Reihenfolge und Inhalt unserer Urkunden folgende:

1) Der verlorene Text Nr. 120 (siehe oben), dessen Wortlaut sich aus Nr. 121 und 122 einigermaßen erkennen läßt, enthielt das Decret, die *sententia*, des M.' Acilius über Delphi's Befreiung und die Gründung eines eigenen κοινὸν τῶν Δελφῶν. Er setzte hierin die ἀσυλία von Stadt und Heiligtum, die αὐτονομία und ἀτελφορία des Gebietes fest, sodaß die Delphier wieder πολιτεύοντες αὐτοὶ καθ' αὑτούς werden.

2) Gleichzeitig bestimmt M.' Acilius die territoriale Ausdehnung des neuen Staates; er greift nicht nur auf die alten Grenzen vor 290 v. Chr. zurück, sondern gibt 'dem Gott' auch neue strittige Gebiete, besonders solche, die von den Amphissensern und Lokrern beansprucht werden. Vielleicht war diese Urkunde vereinigt mit der vorigen; wir kennen von ihr nur:

3) die Ausführungsbestimmungen, wie sie in dem Brief des M.' Acilius in Text Nr. 117 vorliegen. Hier werden die allgemeinen Grundsätze über die κτήσεις καὶ οἰκίαι, über das Eigentumsrecht an (damaligen) οἱ ἐκ τούτων καρποί angeordnet, vorzeitige Schiebungen und heimliche Unterteilungen der Grundstücke verboten, und gegenüber etwaigen Einsprüchen der Thessaler oder anderer (amphiktyonischer) Staaten künftige tatkräftige Maßregeln zugesagt, um den Delphiern τὰ ἐξ ἀρχῆς ὑπάρχοντα πάτρια zu erhalten.

4) Die Listen der expropriierten Einzel-Grundstücke und -Häuser enthält Text Nr. 118. Den vornehmsten Aitolern, besonders

Naupaktiern und Amphissensern — im Ganzen 60 Einwohnern — werden die Besitzungen, die sie in dem ganzen Gebiet von Delphi inne hatten, einfach weggenommen. Die Gegenden oder Ortschaften, nach denen die Grundstücke registriert werden, darf man meist für Grenzorte halten und annehmen, daß die von dem Römer zum Vorteil der Delphier korrigierten Grenzen nun von den bisherigen Inhabern geräumt werden mußten. Die 46 Häuser aber können nur in der Stadt Delphi selbst gelegen haben, in der sich viele Aitoler wegen der Bedeutung des Ortes und seiner schönen Lage angesiedelt haben müssen.

5) und 6) Für alle diese Wohltaten errichten die Delphier dem M.' Acilius ein großes Reiterdenkmal vor der Stoa der Athener, vgl. Text Nr. 115 εὐεργεσίας ἕνεκα, und verleihen ihm gleich darauf im Februar oder März 190, während er noch in Elateia weilte, die delphischen Ehren, vor allem die Theorodokie, in Text Nr. 116.

Hiermit war die erste Etappe der delphischen Befreiung vollendet. Nun galt es, die wiedergewonnene Freiheit und den Besitz des großen Gebietes zu behaupten. Zunächst zwar mußten die Aitoler nach dem Abzug des M.' Acilius nach Rom, des neuen Consuls L. Scipio nach Asien Ruhe halten, solange der sechsmonatliche Waffenstillstand dauerte. Aber nachdem er im Herbst abgelaufen war, werden sie und die expropriierten Lokrer alles versucht haben, um dem neuen delphischen Koinon die größten Schwierigkeiten zu bereiten, offen und heimlich, mit List und mit Gewalt[1]. Demgegenüber gab es nur ein Mittel für Delphi: es mußte alle Anordnungen des M.' Acilius durch den Senat sanktionieren lassen und sich unter dessen Schutz stellen. Hierüber informieren uns die Texte Nr. 121 und 122:

7) und 8). Anfang Januar 189 erscheinen die drei delphischen Gesandten Bulon, Orestas, Thrasykles in Rom vor dem Senat; sie mußten also Anfang November 190 sehr bald nach Ablauf des Waffenstillstandes, die Heimat verlassen haben, d. h. es hatte in der Tat sofort die aitolisch-lokrische Reaktion eingesetzt. Die Gesandten erhalten das Placet des Senats für alle Feststellungen des M.' Acilius: ἀσυλία und ἀνεισφορία von Heiligtum und Stadt, αὐτονομία usw. von Stadt und Gebiet. Der an Stelle der abwesenden Consuln den Senat leitende Praetor urbanus Sp. Postumius (Albinus) übergibt ihnen seinen Brief an das Koinon der Delphier, der jene Zugeständnisse aufzählt und, beigeschlossen, das Exzerpt aus dem SC selbst.

9) Diese Schriftstücke erreichen jedoch nicht ihren Bestimmungsort: denn Text Nr. 119 lehrt uns, daß die drei Gesandten auf ihrer Rückkehr 'umkamen'. Fraglos sind sie von den empörten Aitolern[2]), sei

---

[1]) Vielleicht wurden damals auch die Pythien im Herbst 190 gestört, falls sie nicht noch innerhalb des Waffenstillstands abgehalten worden waren.

[2]) Kurz vorher werden die Kephallenen unter (dem Aitoler) Hybristas als Freibeuter genannt (Liv. XXXVII, 13, 12). Den *Lacedaemonius Hybristas* hat Niese II, 729, 2 hier mit Fug und Recht in einen *Aetolus* verbessert. Denn ich halte ihn für identisch mit dem Strategen Hybristas vom J. 165 (W-F 153).

es auf dem verbündeten Kephallenia, sei es im Ionischen Meere abgefangen und erschlagen worden. Dabei wurden ihre Habseligkeiten geraubt, die römischen Urkunden vernichtet. Dies wird sich etwa Ende Februar 189 zugetragen haben. Bald darauf beginnt mit der Landung des Consuls M. Fulvius Nobilior der aitolische Krieg aufs Neue, zunächst mit der langwierigen Belagerung Ambrakias durch die Römer (Niese II, 765), während ihre Bundesgenossen, besonders Philipp, die Dolopia und andere aitolische Landschaften eroberten. Wenn sich in dieser Zeit die Aitoler auch nicht sehr um Delphi gekümmert haben können, so beschloß die Stadt doch, da der Sieg der Römer nicht zweifelhaft sein konnte, die Stiftung des Festes Ῥωμαῖα (siehe S. 132) und schickte dann etwa im September 189 eine neue Gesandtschaft nach Rom, die aus den Delphiern Herys und Damosthenes (dem späteren Archon a. 182) bestand. Sie wird zu der Zeit in den Senat geführt, als die viermonatliche Belagerung von Same auf Kephallenia durch M. Fulvius noch nicht beendet war (Z. 10—12), aber nachdem die neuen Consuln von 188 schon ihr Amt an den Iden des März angetreten hatten, d. h. im November 189. Die Delphier überreichen Briefe von der Heimatstadt, berichten von ihrer (Stiftung und) Abhaltung des neuen gymnischen Agons und Opfers der Ῥωμαῖα, bitten um Bestrafung der Mörder der vorigen Gesandten, um Neuausfertigung der dabei verloren gegangenen römischen Urkunden, um Bestrafung anderer aitolischer Übergriffe und Räubereien, die sich also im Laufe des Frühjahrs und Sommers 189 ereignet haben, und — das Wichtigste — um die ausdrückliche Genehmigung der Ausführungsbestimmungen des M.' Acilius-Briefes (Nr. 117), die dem Koinon von Delphi das Expropriationsrecht, das ἐξοικίζειν von Metoiken wörtlich zugestanden hatten. Alle diese Gesuche werden von dem Senat bewilligt unter der Zusicherung[1]), daß er auch künftig wegen des Gottes und seiner eigenen Frömmigkeit den Delphiern zur Seite stehen werde. Der Brief des Consuls, der diesen Senatserlaß enthält, wird absichtlich nicht auf die Stele der römischen Dekrete eingehauen, sondern auf die Statuenbasis des M.' Acilius rechts neben dessen Brief und die Expropriationslisten: denn zu beiden gehört er inhaltlich auf das engste und sanktioniert deren Bestimmungen nun durch den Senat.

10) Ob sich die L. Furius-Urkunde Nr. 123 inhaltlich mit der oben besprochenen Nr. 119 deckte oder ihr den Wortlaut des eigentlichen *SC* hinzufügte, läßt sich aus den wenigen Worten nicht entnehmen. Vielleicht schrieb Furius noch einmal an Delphi und meldete den Erfolg des M. Fulvius bei Aufsuchung und Bestrafung der Gesandtenmörder.

Zum Schluß sei kurz auf die späteren Schicksale der von Acilius geschenkten Grenzlandschaften und der delphischen Grenzen überhaupt hingewiesen. Der Konsul scheint nur im allgemeinen die Befreiung des

---

1) Freilich scheint solches Versprechen eine beliebte Schlußphrase gewesen zu sein, vgl. mit Z. 32 in Text Nr. 119 auch *Syll.* II³, 601, 22, wo der Senatserlaß über die Teos-Asylie vom J. 193 auch mit den Worten schließt: καὶ τά τε εἰς τὸν θεὸν τίμια καὶ τὰ εἰς ὑμᾶς φιλάνθρωπα πειρασόμεθα συνεπαύξειν κτλ.

alten delphischen Gebiets und dessen Vermehrung um die neue Δελφὶς ἐπίκτητος angeordnet zu haben, während zu der genauen Abmarkung bei der damaligen Kriegslage keine Zeit war. Infolge dessen entstanden bald darauf Streitigkeiten mit den westlichen (Amphissa und Myaneis) und östlichen Nachbarn (Antikyra, Ambrysos), wie die 3 Urkunden *Syll.*³ 614 und 615, sowie *Fouill. d. D.* III 2, n. 136 und das Fragment n. 142 zeigen. In der ersten ehren die Delphier im J. 180 neun rhodische Schiedsrichter τοὺς διακρινέοντας π[ερί τε τῶν τεμενέω]ν κα[ὶ περὶ τῶν ὅρων] τᾶς χώρας ἃς ἀμφιλλέγοντι Ἀμφισσ[εῖς ποτὶ τὰμ πό]λιν, obwohl der Schiedsspruch selbst nicht zu Stande kam, weil die Amphissenser sich am Orte nicht einfanden. Und in dieselbe Zeit gehört die Ehrung des attischen Schiedsrichters *Syll.*³ 615, der ἐπέδωκεν ἑαυτὸν ἀπροφασίστως ἐν τὸ συναγωνίξασθαι τᾶι πόλει τὰν κρίσιν τὰν περὶ τῶν τεμενέων καὶ τᾶς ἀμφιλλόγον χώρας, während in der neuen Urkunde *Fouill.* III 2, n. 136 die Ostgrenzen gegen Phlygonion-Ambrysos gleichfalls durch einen attischen[1]) Schiedsrichter abgemarkt werden. Obwohl nun in *Syll.*³ 615 der Name der betr. Nachbarn nicht genannt wird, muß doch wegen der vielen Übereinstimmungen mit *Syll.* 614 dieselbe Zeit und etwa dasselbe κρίμα gemeint sein, bei dem außer jenen 9 Rhodiern auch noch dieser Athener als Schiedsrichter figuriert hätte. Und wenn die Amphissa-Grenzen erst später durch den Thessaler Pausanias fixiert zu sein scheinen [s. Anhang], so könnte man bei *Syll.* 615 vielleicht an die Myanenser denken, die nördlich von Amphissa an die Δελφίς grenzten und 60 Jahre später ebenso an den Grenzfestsetzungen partizipieren, wie östlich die Antikyrenser und Ambryssier; vgl. im J. 119/17 *Syll.*³ n. 826 *E*, col. II Z. 29.

Wie dem auch sei, die Grenzen des heil. Gebiets, die nach dem Amphiktyonen-Gesetz vom J. 380 dauernd (halbjährlich?) von den Hieromnemonen begangen werden sollten[2]), sind im Laufe der Jahrhunderte je nach der politischen Stellung dieses Kirchenstaates und seiner Nachbarn Phokis und Lokris immer wieder strittig geworden, da offenbar die regelmäßige Kontrolle durch die Hieromnemonen nur auf dem Papier stand[3]). So kennen wir 4 große Entscheidungen über das heilige Gebiet: die erste unter Archon Ornichidas I., a. 337, als nach der Eroberung von Amphissa die Grenzen durch die Sieger neu reguliert wurden; auf dieses κρίμα berufen sich im J. 119/17 die Antikyrenser, Ambryssier, Delphier. — Die zweite geschah unter dem Thessaler Pausanias, war für Amphissa günstiger und ist aus derselben Urkunde bekannt, vgl. *Syll.*³ n. 826 *E*, col. II Z. 29: Ἀμφισσεῖς Ἀριστοκλέας, Δάμων πρεσβευταὶ ἐλέγοσαν, ὅτι δεῖ τὸ κρίμα ἑστηκὸς καὶ κύριον εἶναι τὸ τότε γεγονός, ὅτε Παυσανίας ὁ Θεσσαλὸς καὶ οἱ μετ' αὐτοῦ ὅρους ἐποίησαν. Ἀντικυρεῖς, Ἀμβρύσσιοι,

---

1) Dies geht daraus hervor, daß der Text auf die Wand des Athenerthesauros geschrieben ist, ebenso wie *Syll.* 615.
2) Vgl. *Syll.*³ n. 145 Z. 17: τοὶ δὲ ἱερομνάμ[ονες περιιόντων ἀεὶ (?) τὰν ἱερὰν γᾶν] καὶ πρασσόντων τὸν ἐπιεργαζόμενον· εἰ δὲ μὴ περιεῖεν ἢ μὴ πρ[άσσοιεν] κτλ.
3) Die Begehung der Grenzen, ἁ πέροδος γᾶς ἱερᾶς, ist nur selten bezeugt, vgl. *Demosth.* XVIII 150 περιελθεῖν τὴν χώραν und ebda. 151 περιιόντων τὴν χώραν τῶν Ἀμφικτιόνων.

Δελφοὶ ἐλέγοσαν, τούτωι τῶι κρίματι ἑστηκὸς καὶ κύριον εἶναι δεῖν, ὅτε ὅροι ἱερομνήμονες πεποίηκαν καὶ κεκρίκασιν ἐπὶ ἄρχοντος Ὀρτιχίδα [I a. 337; II c. a. 285] ἐν Δελφοῖς. Diese zweite κρίσις ist jedoch nicht mit Colin *Bull.* 27, 143 dem J. 196 zuzuweisen, in welchem ein Pausanias I. thessalischer Stratege war, noch der Strategie eines zweiten Pausanias im J. 184: denn weder können die bis 190 durch die Aitoler von der Amphiktyonie ausgeschlossenen Thessaler im J. 196 Schiedsrichter über delph. Grenzen gewesen sein, noch waren letztere im J. 180 schon reguliert, wie eben der Text *Syll.* 614 klar beweist [das Genauere s. im Anhang]. — Die dritte, die sich auf die beiden ersten beruft, ist in ihrem vollem Wortlaut erhalten; sie geschah durch die Hieromnemonen im J. 119/17 und stand auf der südlichen Tempelwand, vgl. *Syll.*[3] n. 826 *E*. — Die vierte besorgte Traians Legat Avidius Nigrinus in den Jahren 114—117 n. Chr. und ließ sie zweisprachig unter die dritte schreiben, s. *Syll.*[3] n. 827 *C* u. *D*.

[Anhang. Die Zeit der zweiten κρίσις war lange strittig, weil die Person des Thessalers Pausanias nicht identifiziert werden konnte. Ich habe daher zwischen den Jahren 180ff. (*Syll.*[3] n. 614 not. 4) und der Zeit von 290—280 geschwankt (*Syll.* n. 826 not. 20), da man den Beginn der Aitolerherrschaft als passendste Epoche für eine Rückwärtsrevidierung der den Amphissensern ungünstigen Grenzen des J. 337 ansehen konnte, — halte jetzt aber folgendes für richtig: aus der wörtlichen Gegenüberstellung der Grenzen, die Παυσανίας ὁ Θεσσαλὸς καὶ οἱ μετ' αὐτοῦ ἐποίησαν, und derjenigen, die die Hieromnemonen im J. 337 πεποίηκαν καὶ κεκρίκασιν, sowie aus der stereotypen Bezeichnung der letzteren in der Wendung ἱερομνημόνων κρίματι στῆναι (*Syll.*[3] n. 826 col. II Z. 32ff.) geht klar hervor, daß die ersteren nicht auf amphiktyonisches Geheiß festgesetzt waren, Pausanias also nicht etwa als Vorsteher der Hieromnemonen anzusehen ist, — wie es z. B. Ἀνδρόνικος ὁ Θετταλὸς ἱερομνημόνων παρὰ τοὺς νόμους im J. 363 war (*Syll.* n. 175$_{15}$) oder Κόττυφος (ὁ Θετταλός) ὁ τὰς γνώμας ἐπιψηφίζων im J. 340 (Aeschin. III 124) —, sondern daß er einem Kollegium von Schiedsrichtern oder einer sonstigen Kommission praesidierte, die ohne amphiktyonische Mitwirkung die Grenzen zu Gunsten der Amphissenser korrigiert hat. Den Auftrag dazu kann der Thessaler nur von solchen erhalten haben, die über den Amphiktyonen und über den Delphiern standen, — also von den Römern; denn die thessalisch-attische Faktion der Amphiktyonie war von 188—179 v. Chr. der delphisch-aitolischen feindlich gesinnt und unterlag ihr für die Jahre 178—170 völlig, s. unten S. 145. Sehen wir nun einerseits, daß die Römer in der Tat in der späteren Zeit über die Besetzung einzelner Amphiktyonen-Stimmen Direktiven gegeben haben (s. unten Text Nr. 130, col. II 22), also naturgemäß nach der Wiederherstellung der κοινὰ τῶν Λοκρῶν, Δωριέων, Αἰνιάνων im J. 169[1]) deren amphiktyonische Stellung

---

1) Daß diese Völker im J. 167 aus dem Aetoler-Bund entlassen und ihre κοινά rekonstituiert wurden, zeigte Dittenberger *Hermes* 32, 180.

geregelt haben werden, und finden wir andrerseits in den oben genannten Urkunden über die Festsetzung der delphischen Grenzen durch Schiedsrichter aus den J. 188 und ff. keine einzige Erwähnung der ἱερὰ χώρα oder der Hieromnemonen. so ergibt sich, daß diese genauen Abmarkungen **keine sakralen Maßregeln waren, sondern politische**, und daß — da die Delphier nimmermehr ihren thessalischen Gegnern das Schiedsrichteramt übertragen haben können, die ganze zweite κρίσις in der Tat durch die Römer veranlaßt war und weniger den Grenzen der ἱερὰ χώρα galt, als denen der ganzen Δελφίς. Denn daß sich diese beiden nicht deckten, ist — entgegen der allgemeinen Annahme — schon *Syll.*³ n. 826 not. 35 erschlossen worden, weil eine Anzahl delphischer ὅροι, die in diesen Abmarkungen genannt sind (im Osten und Norden). unter den 28 Grenzpunkten des 'heiligen' Gebiets sich nicht wiederfinden.

Nach alledem möchte ich die Zeit dieser zweiten κρίσις und des Thessalers Pausanias und der 2 Abmarkungstexte *Fouill.* III 2. n. 136 und 142 auf die Jahre 167—165 fixieren, während um das J. 180 die zwei Urkunden *Syll.* 614/15 deren — vergebliche — Vorläufer bilden].

3. Die Wiederherstellung der Delphischen Amphiktyonie nach 188 v. Chr.

Nachdem Delphi von der Aitolerherrschaft befreit, sein κοινόν gegründet und mit Abgabenfreiheit und neuen erweiterten Grenzen ausgestattet war, mußte auch in der Amphiktyonie die aetolische Vorherrschaft beseitigt und der alte Zustand wiederhergestellt werden. Um diese innerpolitischen, mehr sakralen Dinge wird sich M.' Acilius nicht im Einzelnen gekümmert haben, er scheint vielmehr auch hierin kurzer Hand den Delphiern das *liberum arbitrium* übertragen zu haben als Ausfluß der neuen Autonomie des Heiligtums. Denn wenn er in seinem Briefe (Text Nr. 117, Z. 8) in Bezug auf das Hieron den Widerspruch der Thessaler und Anderer voraussah und zu unterdrücken versuchen wollte, so kann sich dieser fragmentierte Passus: [περὶ] τὸ ἱερόν, ἐάν τε Θεσσαλοὶ ἐάν τε ἄλλοι τινὲς πρεσβεύωσι, πειρασό[μεθα . . . doch nur auf die Leitung des Heiligtums durch die Amphiktyonie beziehen. in der die Thessaler die erste Stelle und das Übergewicht innehatten. Dies wird bestätigt durch eine neue Urkunde, die kürzlich in Delphi zu Tage kam, als die Franzosen ihre im J. 1901 abgeschlossenen Ausgrabungen aufs Neue begannen. Das für die Geschichte der Amphiktyonie hochwichtige Dokument ist folgendes:

123ᵃ. Amph. Dekret für den Thessaler Nikostratos, a. 184. — Der Text steht auf der Vorderseite einer Kalksteinbasis, die mir nach den Abmessungen für eine Sitzstatue bestimmt zu sein scheint, denn das nur 0,60 hohe Postament, über dem die ausladende Standplatte fehlt, hat eine Breite von 0,545, aber eine Tiefe von 0,94. Die Kenntnis des Steins verdanken wir Haussoullier, der den Text an v. Hiller sendete mit der Erlaubnis, ihn in der *Sylloge* zu publizieren und mir mitzuteilen. [Später erfolgte dann die Herausgabe durch G. Blum, *Bull.* 38, 1914, S. 26 ff. Siehe darüber unten S. 146 Anm. 2]. Vgl. *Syll.*³ n. 613 *A*.

Inv.-Nr. 4800. Gefunden im Aug. 1913 'au même endroit'; d. h. die vorige Inschrift *Bull.* 38, 23 (Inv. 4785) war in einer späten Mauer in der westlich dicht außerhalb des Temenos erbauten Säulenhalle zum Vorschein gekommen. Sollte jedoch der Fundort der vorvorigen Inschrift (*Bull.* 38, 21; Inv. 4787) gemeint sein, so käme die Gegend der östlichen Halle, des Attalos-Porticus, in Betracht und damit das dicht dabei liegende Thessaler-Haus, in oder vor dem die Nikostratos-Statue am passendsten aufgestellt gewesen wäre. Jedenfalls stand sie innerhalb des Temenos, vgl. unten Z. 44. — Basis aus Kalkstein (H. Elias), die 4 Seiten von glatten Streifen eingerahmt; Höhe 60, Br. 54½, Tiefe 94. Auf der Oberseite 2 Einlaßlöcher mit Gußkanälen, 0,20 vom vorderen, bezw. 0,24 vom hinteren Rande entfernt. — Buchst. 6 mm.

Inv.-Nr. 4800   (= *Syll.*³ n. 613 *A*).

['Άρ]χοντος ἐν Δελφοῖς Κράτωνος, γραμματεύοντος [δ]ὲ   (a. 184)
τῶν Ἀμφικτιόνων Μνασιδάμου Κορινθίου, ἔδοξ[εν τῶι]
[κοι]νῶι τῶν Ἀμφικτιόνων τῶν ἀπὸ τῶν αὐτονόμων ἐθνῶν
καὶ δημοκρατουμένων πόλεων· ἐπειδὴ Νικόστρατος Ἀναξίπ-
5 που Θεσσαλὸς ἐγ Λαρίσσης ἀποσταλεὶς ἱερομνήμων παρὰ τοῦ
κοινοῦ τῶν Θετταλῶν εἰς τὰ Πύθια τὰ ἐπὶ Νικοβούλου   (a. 186)
ἄρχοντος ἐν Δελφοῖς τὴν πᾶσαν σπουδὴν ἐποιήσατο
μετὰ τῶν ἀποσταλέντων ἀνδρῶν ὑπὸ τοῦ δήμου τοῦ
Ἀθηναίων καὶ τῶν ἱερομνημόνων, ὅπως ἂν ἀποκατασστα-
10 θῇ τὸ συνέδριον τῶν Ἀμφικτιόνων εἰς τὸ ἐξ ἀρχῆς κατὰ τὰ πάτρια, προέστη δὲ καὶ τοῦ ἀγῶνος καὶ τῶν θυσιῶν
μετ' αὐτῶν, ὅπως ἂν ἀπὸ παντὸς τοῦ βελτίστου συντε-
λεσθῶσιν· αἱρεθεὶς δὲ καὶ πρεσβευτὴς εἰς Ῥώμην ὑπὸ τοῦ
κοινοῦ τῶν Ἀμφικτιόνων μετὰ Μενεδήμου τοῦ Ἀθηναί-
15 ου καὶ προσελθὼν πρὸς τὴν σύνκλητον καὶ τοὺς στρα-
τηγοὺς καὶ δημάρχους καὶ διαλεγεὶς περὶ ὧν εἶχεν
τὰς ἐντολὰς ἐπετέλεσεν πάντα τὰ κοινῇ συμφέρον[τα]
τοῖς τε Ἀμφικτίοσιν καὶ τοῖς ἄλλοις Ἕλλησιν τοῖς αἱρουμένοις τὴν ἐλευθερίαν καὶ δημοκρατίαν· παραπεμ-
20 πόμενος δὲ καὶ εἰς τὴν μεθοπωρινὴν πυλαίαν ἱερομνήμων τὴν ἐπὶ Κράτωνος ἄρχοντος ἐν Δελφοῖς, καὶ θύσας   (a. 184)
μετὰ τῶν ἱερομνημόνων ἐπανελθὼν μετ' αὐτῶν
εἰς τὸ ἱερὸν καὶ προσελθὼν πρὸς τὸ κοινὸν τῶν Δελφῶν
διελέγη, περὶ ὧν ἔχων τὰς ἐντολὰς ἐπεπρέσβευκεν
25 πρός τε τὴν σύνκλητον τῶν Ῥωμαίων καὶ τοὺς στρα-
τηγοὺς καὶ δημάρχους, καὶ παρεκάλεσεν Δελφούς,
διατηρεῖν τὴν εὔνοιαν πρὸς ἅπαντας τοὺς Ἕλληνας
καὶ μηθὲν αὐτοὺς ὑπεναντίον πράττειν τοῖς πρότερον ὑπὸ τῶν Ἑλλήνων ἐψηφισμένοις, διατελεῖν δὲ
30 καὶ ἐν τοῖς λοιποῖς ἐν οἷς ἂν παρακαλῶσιν Ἀμφικτίο-
νες, ἐν ἅπασιν αὐτὸν παρασκευάζων ἐκτενῆ καὶ φιλό-

τιμον εἰς τὸ κοινῆ συμφέρον, οὔτε κακοπαθίαν οὔτε
κίνδυνον ὑποστελλόμενος τὸν ἐσόμενον ὑπὸ τῶν
ἐπιβουλευόντων αὐτῶι· — ὅπως ἂν οὖν εἰδῶσι πάν-
35 τες οἱ Ἕλληνες, διότι τὸ κοινὸν τῶν Ἀμφι[κτιόνων]
ἐπίσταται χάριτας ἀξίας ἀποδιδόναι τοῖς εἰς [αὑ]-
τοὺς εὐεργετοῦσι καὶ τοὺς ἄλλους Ἕλληνας, ἀγαθῆ
τύχῃ, δεδόχθαι τῶι κοινῶι τῶν Ἀμφικτιόνων, ἐπαινέσαι Νικόστρατον Ἀναξίππου Θεσσαλὸν ἐγ Λαρίσ-
40 σης καὶ στεφανῶσαι αὐτὸν τῶι τοῦ θεοῦ στεφάνωι
καὶ εἰκόνι χαλκῆ, ἀρετῆς ἕνεκεν καὶ εὐεργεσίας
ἣν ἔχων διατετέλεκεν πρός τε τὸ κοινὸν τῶν
Ἀμφικτιόνων [καὶ τοὺ]ς ἄλλους Ἕλληνας, καὶ στῆσαι αὐτοῦ τὴν εἰκόνα ἐν τῶι ἱερῶι τοῦ Ἀπόλλωνος τοῦ Πυθί-
45 ου. ἀναγορεῦσαι δὲ τὸν στέφανον καὶ τὴν εἰκόνα
ἐν Πυθίοις τοῖς πρώτοις ἐν τῶι γυμνικῶι ἀγῶνι (τοὺς)
συνελθόντας ἱερομνήμονας· ἀναγορεῦσαι δὲ καὶ ἐν
τοῖς Ἐλευθερίοις ἐν τῶι γυμνικῶι ἀγῶνι, ὃν τιθέασι
οἱ [Θε]τταλοί.

    Aus diesem Dekret ergibt sich zunächst, daß an den Pythien des J. 186 der thessalische Hieromnemon Nikostratos zusammen mit seinen Kollegen und einer attischen Gesandtschaft die Wiederherstellung der Amphiktyonie in ihren alten Zustand zu erreichen suchte, vgl. Z. 9ff. ὅπως ἂν ἀποκατασταθῆ τὸ συνέδριον τῶν Ἀμφικτιόνων εἰς τὸ ἐξ ἀρχῆς κατὰ τὰ πάτρια. Sodann wenden sich die Thessaler, wie es M.' Acilius oben vorausgesehen hatte, an die Römer; Nikostratos und der Athener Menedemos erschienen als amphiktyonische Gesandte vor dem Senat und verfochten dort die Interessen der Amphiktyonen und der anderen freien und demokratischen Hellenen. Über diese Romfahrt erstattet Nikostratos an der Herbstpylaea des J. 184, zu der er wiederum als Hieromnemon gewählt war, vor dem Koinon von Delphi Bericht „und ermahnt die Delphier, Wohlwollen gegen alle Hellenen zu bewahren, nichts gegen deren frühere Beschlüsse zu tun und auch in den übrigen Dingen die Bitten der Amphiktyonen zu erfüllen" (Z. 26ff.). So scheint äußerlich alles in schönster Ordnung und Nikostratos wird durch die Amphiktyonen mit Ehrendekret und Statue belohnt. Liest man jedoch zwischen den Zeilen und nimmt dann die späteren Hieromnemonenlisten hinzu, so stellt sich der Hergang wesentlich anders dar:

    Nach der Sanktionierung der Acilius-Dekrete durch den Senat (a. 189, Text Nr. 121/2) paßte es den Delphiern offenbar gar nicht, sich die eben erhaltene Autonomie des Hieron durch die Amphiktyonen verkümmern zu lassen. Es bildeten sich alsbald im Synedrion zwei Parteien: die thessalonisch-attische, die zunächst über die Mehrzahl der Stimmen verfügte, ihre Spitze gegen Philipp und die Aetoler kehrte und darum die Wiederherstellung der alten Amphiktyonie erstrebte, etwa wie sie vor dem III. heil. Krieg bis 357 v. Chr. gewesen war, also: Wiederaufnahme der

Korinther[1]) und Phoker, Ausschließung der Makedonen und Aetoler, — und ihr gegenüber die delphische Partei, der später sowohl die noch dem Aetolerbund angehörenden 2 Aenianen, 2 Lokrer, 1 Dorer, 1 Oetaeer beitraten, als auch der König der Makedonen. Die thessalisch-attische Faktion wollte nur den autonomen Staaten und den Demokratieen die Teilnahme am Synedrion gestatten, — daher die wiederholte Betonung der αὐτόνομα ἔθνη καὶ δημοκρατούμεναι πόλεις (Z. 3) und οἱ ἄλλοι Ἕλληνες οἱ αἱρούμενοι τὴν ἐλευθερίαν καὶ δημοκρατίαν (Z. 18) —, und diese unerhörte Ausschließung alter Mitglieder war offensichtlich gegen Aetolien gerichtet, daneben gegen Philipp und die peloponnesischen Dorier[2]). Denn so wurden mit einem Schlage die 6 Stimmen der genannten aitolischen Bundesangehörigen ausgeschaltet, — die Aenianen, Lokrer, Dorier, Oetaeer waren eben noch nicht autonom —, so daß die Aetoler auch nicht auf diesem Umweg am Synedrion partizipieren sollten. Es ist sogar nicht unwahrscheinlich, daß man die Aufzählung der jeweiligen Hieromnemonen in dieser Epoche gerade darum unterdrückte, um solchen Rechtsbruch nicht öffentlich zu sehr in Erscheinung treten zu lassen. Die delphische Gegenpartei aber wollte den Zustand nach dem heil. Krieg wiederherstellen, wo im J. 346 Phoker und Korinther ausgeschlossen, die Delphier und der Makedonenkönig aufgenommen wurden, also Monarchen und (später) Bünde Mitglieder waren (vgl. die ständige Rubrik 'Αἰτωλῶν' unter den Hieromnemonen). Beweis hierfür ist die Amphiktyonenliste des J. 178 v. Chr. [*Syll.*³ 636], in welcher die Delphier an erster Stelle

---

1) Daß die Korinther im J. 346 ausgeschlossen seien, erzählte Ephorus bei Diod. XVI 60, aber weil bisher noch niemals ein Korinther im Synedrion bezeugt war, hat man andere Namen bei Diodor eingesetzt, die Schaefer *Demosth.* II² S. 286 Anm. 2 zusammenstellte. Sie alle werden durch unseren Korinthischen γραμματεύς (Z. 1) hinfällig.

2) [W. Kolbe hat kürzlich in den *Goett. G. A.* 1916, 440 aus der Wendung αὐτόνομα ἔθνη Folgerungen gezogen, die mir zu weit zu gehen scheinen. Er deduziert aus ihr, daß „abhängige Staaten" auch früher niemals Stimmrecht in Delphi gehabt hätten, weil man im J. 184 eben den alten Zustand vor der Aetolerherrschaft habe wiederherstellen wollen; deshalb hätten *eo ipso* Thessaler, Perrhaeber, Magneten, Achaeer im III. Jahrhundert nie mehr vertreten sein können, seit Antigonos 277 König von Makedonien wurde. Hierbei ist zunächst der Zusatz καὶ δημοκρατούμεναι πόλεις übersehen; aber gerade diese Koordinierung zeigt, daß es sich um Neubestimmungen des J. 184 handelt, denn so wenig die Demokratieen für 277 in Betracht kommen können, brauchen es die ihnen koordinierten αὐτόνομα ἔθνη zu tun. Umgekehrt sind bereits a. 178 nachweisbar abhängige Staaten vertreten: die Doloper sind makedonisch, Aenianen — Herakleia — Lokrer — Doris sind aetolisch, — wie denn überhaupt die amphiktyonischen Mitglieder der Bünde im III. Jahrhundert nicht als 'autonom' angesprochen werden können, da sie z. B. das Recht, eigene Kriege zu führen, verloren haben. Es bleibt also nur übrig — wie oben geschehen — in jener Formel eine durch politische Erwägungen hervorgerufene, vorübergehende Maßregel zu sehen, die, abgesehen von den aitolischen Mitgliedern, besonders gegen Philipp und die oligarchisch regierten Stadtstaaten gerichtet war; sie traf z. B. auch Sparta, Sikyon usw., kurz die peloponnes. Dorier, die darum noch im J. 178 fehlen, sollte der thessalisch-attischen Partei das Übergewicht verleihen und hat mit den Zuständen um 277 v. Chr. nichts zu schaffen.]

stehen, die Thessaler an die zweite rücken mußten, der König Perseus seine Vertreter schickt, die 6 oben genannten Stimmen von echten Aetolern geführt werden, aber die Phoker ausgeschlossen sind und auch der peloponnes. Dorier (also wohl der Korinther?) fern bleibt. Wenn darnach die Statue und Ehrung des Nikostratos wirklich an den Pythien des J. 182 verkündigt war (oben Z. 45), so muß zwischen dieser und der nächsten Festfeier (a. 178) die thessalisch-attische Partei unterlegen sein; denn sie verfügte im J. 178 nur über 11 Stimmen gegenüber den 12 der Gegenpartei. Vgl. die Stimmengruppierung im Herbst 178 und hierzu *Syll.*[3] 636 not. 2:

Delphische Partei:	Thessalisch-attische Partei:
2 Delphier	2 Thessaler
2 Makedonen	2 Boeoter
1 Doloper	2 Achaeer
2 Aenianen ⎫ (Aetoler)	2 Magneten
1 Herakleot ⎭	2 Ionier
1 Malier	1 Perrhaeber
2 Lokrer ⎫ (Aetoler)	11
1 Dorier ⎭	
12	

Andererseits sind die drei vor a. 178 erhaltenen Amphiktyonendekrete augenscheinlich von einer thessalisch-attischen Majorität beschlossen worden, nämlich außer Text 123ᵃ noch die große Urkunde vom J. 182 (wohl an den Pythien) über die Errichtung des Eumenes-Pfeilers und die Anerkennung der Nikephoria (*Syll.*[3] 630) und den von mir den J. 182—179 zugewiesenen Beschluß über die Ptoïa und die Asylie des Ptoïons (*Syll.*[3] 635 A). Diese drei amph. Texte unterscheiden sich von den früheren und späteren dadurch, daß sie nicht im dorischen Dialekt, sondern in attischer κοινή verfaßt sind, sodann, daß sie die Hieromnemonennamen weglassen, endlich, daß in den zwei ersten die Römer fortwährend genannt werden, auch wo es überflüssig ist; vgl. hierzu *Syll.*[3] 630 not. 4. Diese drei Merkmale weisen deutlich auf die attisch-thessalische Mehrheit, die den aitol.-delph. Dialekt und die besonders von den Aetolern beliebte Praescribierung der Hieromnemonen beseitigte und die Römer als Wohltäter nännte, wo sie konnte. — Aber schon vor der nächsten Pythienfeier a. 178 kam der Umschwung. König Perseus publizierte alsbald nach dem im Herbst 179 erfolgten Regierungsantritt seine griechenfreundlichen Proklamationen in Delphi (vgl. *Syll.*[3] 636 not. 4) und wird (infolgedessen?) sogleich in die Amphiktyonie aufgenommen, wo seine Vertreter an den Pythien des J. 178 figurieren. An den nächsten Pythien a. 174 erscheint er sogar selbst mit einem Heere in Delphi, wo er bei seiner Gastfreundin Praxo, der Frau des eponymen Archonten vom J. 178 Praxias, einkehrt und der große Marmorpfeiler für seine vergoldete Reiterstatue in Auftrag gegeben wird (von den Amphiktyonen?), auf den später Aemilius Paulus das eigene Standbild setzte; man vergleiche die in

*Syll.*³ 636 not. 4 und 652ᵃ not. gesammelten Belegstellen und die Vorwürfe, die ihm im J. 171 die Römer über seine Teilhaberschaft an der Amphiktyonie machen in jener Anklageschrift *Syll.*³ 643 nr. 1, die nach dem Kriege auch in Delphi eingemeißelt ward. Auch noch im J. 172 hatte Perseus versucht, den König Eumenes bei Delphi durch Mörder umbringen zu lassen, die auf seine Empfehlung im Hause der Praxo Unterkunft gefunden hatten, weshalb letztere im J. 171 von C. Valerius als Zeugin mit nach Rom genommen wird; vgl. *Syll.* 643 nr. 15 und not. fin. und 637 not. 1.

Dieses fast zehnjährige Praevalieren der delphisch-makedonischen Faktion in der Amphiktyonie bildet eine interessante Episode in deren Wiederherstellungsgeschichte. Sie geht erst vor der Schlacht bei Pydna zu Ende und hatte das Erkalten der römisch-delphischen Freundschaft zur Folge sowie das Verschwinden des Namens des 'κοινὸν τῶν Δελφῶν'; vgl. *Syll.*³ 643 not. fin. Jedenfalls ist nach Pydna derjenige Zustand in der Synedrion-Zusammensetzung wieder eingetreten, wie er durch die Wiederaufnahme der Phoker im J. 278 geschaffen war, — und damit kamen die großen Umwälzungen in der Amphiktyonie bis auf Augustus im Wesentlichen zum Abschluß[1]). Interessant ist es aber, wie nunmehr die Streitigkeiten einzelner Städte oder Landschaften über das Ernennungsrecht des betr. Hieromnemon innerhalb kleinerer ἔθνη einsetzen, so daß man erkennt, wie begehrt noch immer die Repräsentation im Synedrion geblieben ist. Ehe wir diese späteren Texte Nr. 130/1 in Abschnitt 4 mitteilen, verdient noch ein der vorigen Urkunde 123ᵃ verwandtes Fragment und das wichtige Dekret Nr. 125 die Bekanntmachung an dieser Stelle[2]):

124. Ein Königsbrief an die Delphier, a. 183f. — Im Museumskeller liegt eine schöne Marmor-Corniche, die unterhalb des Profils an dem glatten Teil die rechten Hälften von 7 Zeilen eines Briefes trägt. Das Stück ist nicht etwa nur das Oberprofil einer einfachen Stele, sondern bekrönte, wie die Steinbeschreibung erkennen läßt (s. unten), wohl den Sockel eines Marmordenkmals; denn über ihm lagen (im Verband?)

---

1) Nur die vorletzte der erhaltenen Hieromnemonenlisten (Herbst 117) weist wieder einige Unregelmäßigkeiten auf, über die sich noch nicht klar urteilen läßt; s. *Syll.*³ 704 not. 5.

2) [Nachdem unser Kommentar vollendet war, erfolgte vor dessen Drucklegung die ausführliche Bearbeitung und Herausgabe der Urkunde durch G. Blum, *Bull.* 38, 1914, S. 26 ff. Seine sehr langen Darlegungen gehen meist in die Irre nnd bleiben daher besser unerörtert, nur ein Haupirrtum sei kurz widerlegt: wenn Blum den Briefschreiber Licinius M. f. in dem Text *Bull.* 18, 249 [jetzt *Syll.*³ 826 K] für den Praetor urbanus des J. 186 hält und in dem dortigen Gesandten Mnasidamos sogar den homonymen Korinthischen Amphiktyonen-Schreiber unseres Textes 123ᵃ wiedererkennt, so hat er dabei sowohl meine Bemerkungen *Philol.* 54, 358 not. 3 und *Delph. Chron.* 2694 übersehen, als auch Colins zustimmende Behandlung *Bull.* 24, 103f., wodurch als Zeit des Briefes vielmehr das J. 118/16 erwiesen ist. Und die Gesandten Aiakidas und Mnasidamos waren berühmte Delphier.]

Die Wiederherstellung der Delph. Amphiktyonie.

andere Steine, die vielleicht das Anlaufsprofil eines aufgehenden Schaftes bildeten, aber auch nur zu der Deck- oder Standplatte gehört haben können[1]).

Inv.-Nr. 1285 (die Zahl ist auf dem Stein weggewaschen). — Fundort und Datum fehlen, aber letzteres ist wohl der 11. April 1894 wie bei Nr. 1283 und 1287. — Schön profilierte Corniche aus pentel. Marmor, Höhe 14½ cm, Br. 60 cm, Tiefe 25½ cm einschl. Profil, das 5 cm auslädt und 6½ cm hoch ist. Rechts, links und hinten ist Anschluß, die gekrönelte Oberseite hat beiderseits je eine U-Klammer und zeigt unweit der Mitte der Hinterkante ein viereckiges Dübelloch (3½ × 5 cm) mit Gußkanal. Die gekrönelte Unterseite hat an rechter und linker Kante je ein halbes Dübelloch (3½ cm lang) und weiter nach innen zu ein ganzes (quadratisch). — Die Zeilen beginnen 2 cm unterhalb des Profils, die feinen zierlichen Buchstaben sind nur 5 mm, die Zeilenintervalle 2—3 mm hoch. — Standort: Museumskeller.

124. Inv.-Nr. 1285. (*c. a. 183 ff.*).

['Α   γ   α   ϑ   ῆ]   ι   Τ   ύ   [χ]   η   ι.
[. . . . . c. 26 ? . . . . τ?]ῶν Δελφῶν τοῖς ἄρχουσι καὶ τῆι πόλει χαίρειν· ἐξαπέσταλκα
γράμματ[α
[περὶ τῶν τοῖς Ἀμφικτίοσι? δεδογμέν]ων πᾶσι τοῖς δημοκρατουμένοις τῶν Ἑλλήνων· ὑμεῖς
οὖν καλῶς ποιήσε[τε
[ἀναγράψαντες εἰς στήλην (?), ἵνα διαμ]ένῃ τὸ ὑπόμνημα τῆς ἡ[μ]ετέρας καὶ Ῥωμαίων πρὸς
τοὺς Ἕλ]ληνας
5 [εὐνοίας . . . . εἰς τὸν ἅπαντα χρόνο]ν, ἐὰν καὶ ὑμῖν μέτριον [εἶναι?] φαίνηται τὸ τὴν
ἡμετέραν ε[ὔνοι]αν
[. . . . . c. 19 ? . . . . πᾶσι τοῖς π]αραγινομένοις εἰς [τὴν ὄψιν] καθίστασθαι· περὶ δὲ
αὐτοῦ
. . . . c. 29 ? . . . . ἡμετέρωι καὶ [Ῥωμαίων] . . . . c. 11 . . . . τοῦ δήμου πυλαί[ας?
. . . . . .

Die kleine zierliche Schrift weist auf die Jahre 190—150, und die Wendung in Z. 3 πᾶσι τοῖς δημοκρατουμένοις τῶν Ἑλλήνων berührt sich merkwürdig mit Text Nr. 123ᵃ Z. 3: Ἀμφικτιόνων τῶν ἀπὸ τῶν αὐτονόμων ἐθνῶν καὶ δημοκρατουμένων πόλεων und Z. 19: τοῖς τε Ἀμφικτίοσιν καὶ τοῖς ἄλλοις Ἕλλησιν τοῖς αἱρουμένοις τὴν ἐλευθερίαν καὶ δημοκρατίαν. — Geht man vom Sicheren aus, so beweisen in unserer Z. 4 die usuellen, unmißverständlichen Worte [ἵνα διαμ]ένῃ τὸ ὑπόμνημα κτλ., daß es sich um die Einmeißelung einer Urkunde handelt, wir also berechtigt sind, die versteckte Bitte in Z. 3 ὑμεῖς οὖν καλῶς ποιήσε[τε] . . . durch ἀναγράψαντες zu vervollständigen. Hierzu stimmt der höfliche Zusatz in Z. 5: ἐὰν καὶ ὑμῖν μέτριον (angemessen, passend) [εἶναι?] φαίνηται mit dem substantivischen Infinitiv τό - - [κα]θίσασθαι. Man wird darum analog der Wendung ὑπὸ τὴν ὄψιν τιθέναι bei Polybius und dem bekannten εἰς ὄψιν ἐλθεῖν, βαίνειν etc. ergänzen dürfen: εἰς [τὴν? ὄψιν κα]θίστασθαι „vor Augen stellen". Der Zweck des Schreibens war dar-

---
1) Mit den Marmor-Cornichen (θριγκοί) der Plattenwand der Tempelbau-Rechnungen, auf denen die Kaiserbriefe standen, hat unser Stück nichts gemein, weil jene um mehr als die Hälfte größere Abmessungen zeigen; sie sind kurz besprochen *Syll.*³ I p. 329.

nach unzweifelhaft der, die Delphier um die Einmeißelung und öffentliche Aufstellung derjenigen γράμματα zu bitten, die der Briefsteller in Z. 2f. genannt hatte.

Wer dieser Verfasser war, bleibt zunächst unklar. In *Syll.*³ 613, *B* war ein römischer Magistrat vermutet; aber da dort von dem Text nur 3 Zeilen nach dem Inventar ediert sind, während der später ermittelte Abklatsch und die Steinzeichnung Candrians 7 Zeilen zeigen, so schließen die neuen Worte in Z. 4, 5, 7: τῆς ἡμετέρας καὶ Ῥωμαίων κτλ. jene Deutung aus, obwohl der verlorene Anfang sich ungezwungen etwa so ergänzen ließe: [Σπόριος Ποστόμιος?, Λευκίου υἱός, ὕπατος Ῥωμαί]ων. Denn dieses -ων kann kaum zu [τ]ῶν Δελφῶν ... χαίρειν gehören, weil der Artikel bei solcher Voranstellung des Ethnikons in der Anrede konstant fehlt[1]).

Der ganze Tenor des Briefes macht es vielmehr ziemlich sicher, daß wir einen Fürsten oder König vor uns haben, und da kommt wegen der Koordiniierung mit den Römern hauptsächlich Eumenes II. in Betracht, von dem wir wissen, daß er sich in jener Zeit große Verdienste um die Amphiktyonen erworben und Theoren an sie gesendet hatte, wofür sie ihn im J. 182 mit Kranz und Statue in Delphi belohnten[2]). Und auch um die Gunst der übrigen Hellenen hatte er sich durch Wohltaten bemüht (Niese III 107), für die sich die Römer ihrerseits ihm erkenntlich zeigten[3]). So stehen die Inschriftworte von dem ὑπόμνημα τῆς ἡ[μετ]έρας καὶ Ῥωμαίων πρὸς τοὺς Ἕλληνας εὐνοίας (oben Z. 4, vgl. ähnlich Z. 5 und 7) in bestem Einklang zu den mehrfach wiederholten Amphiktyonenbezeugungen, er habe bewiesen τὴν πρὸς τοὺς Ἀμφικτύονας εὔνοιαν καὶ διατηρῶν τὴν πρὸς Ῥωμαίους φιλίαν (*Syll.* 630 Z. 3 und 17). Daß er auch für Delphi ein großer Wohltäter wurde, beweisen die Texte *Syll.*³ 671 *A* u. *B*, in denen er ihnen im J. 161 zweimal beträchtliche Geldspenden sendet zum Getreideankauf und zur Wiederherstellung des Theaters, des Temenos und der Anathemata, wofür die Delphier ihm das Fest Eumeneia und den Fackellauf stiften. Und wenn er in unserem Brief die δημοκρατούμενοι τῶν Ἑλλήνων ganz besonders hervorhebt, so

---

[1]) Z. B. Dittenberger, *Orient. gr.* I. n. 282: Βασιλεὺς Ἄτταλος Μαγνήτων τῆι βουλῆι καὶ τῶι δήμωι χαίρειν. Zahlreiche andere Beispiele in *Syll.*³ n. 543 II u. IV; 552; 711 *K*; 770 *A* u. *B*, usw.

[2]) Vgl. den Haupttext des riesigen Eumenespfeilers *Syll.*³ n. 630: [ἐπειδὴ βασιλεὺς Εὐμένης παρειληφ[ὼς παρὰ τοῦ πατρὸς βασιλέως Ἀττάλο[υ τήν τε πρὸς τοὺς θεοὺς] εὐσ[έβειαν καὶ τὴ]ν πρὸς τοὺς Ἀμφικτύονας εὔνοιαν καὶ διατη[ρῶν τὴν πρὸς Ῥωμαίους] φιλίαν ἀεί [τινος ἀγ]αθοῦ παραίτιος γινόμενος διατελεῖ τοῖς Ἕλλησ[ιν] κτλ. und Z. 10: ἀπέσταλκεν δὲ κ[αὶ θε]ωροὺς τοὺς παρακαλέσ[οντ]ας τοὺς Ἀμφικτύονας, ὅπως τὸ τῆς Ἀθηνᾶς τῆς Ν[ικηφό]ρου τέμενος συναναδε[ίξωσι]ν ἑαυτῶι ἄσυλον κτλ. und Z. 16: [ὅπως οὖν καὶ οἱ Ἀ]μφικτύονες φαίνωνται ἐπακολουθοῦντες τοῖς ἀξιουμένοις [προνοούμενοί τε τ]ῶμ βασιλέων, ὅσοι διατηροῦντες τὴν πρὸς Ῥωμαίους τοὺς κοινοὺς [εὐεργέτας φιλία]ν ἀεί τινος ἀγαθοῦ παραίτιοι γίνονται τοῖς Ἕλλησιν, κτλ.

[3]) Ebda. (*Syll.* 630) Z. 5: πολλαῖς τῶν Ἑλληνίδων πόλεων δωρεὰς δέδωκεν ἕνεκεν τοῦ διατηρεῖσθαι τὴν ὑπάρχουσαν αὐτοῖς εὐνομίαν, δι' ἣν αἰτίαν καὶ Ῥωμαῖοι θεωροῦντες αὐτοῦ τὴν προαίρεσιν ἐπευξήκασιν τὴμ βασιλείαν κτλ.

konnte das im bewußtem Gegensatz zu den Makedonischen Königen geschehen sein, die sich auf die Optimaten stützten.

So möchte ich den Brief vorläufig in die Jahre 183—180 verweisen und Eumenes als den Verfasser ansehen. Daß eine Anzahl Gründe aber auch für seinen Gegner Perseus und das J. 179/8 sprechen, ist in der Anmerkung ausgeführt[1]). Wie jedoch der Briefanfang zu einem der beiden Königsnamen zu ergänzen sei, bleibt unklar. Das Schlußwort $πυλαί[α?]$ könnte dem Aufstellungstermin der Stele gelten, da mit diesen Amphiktyonenversammlungen große $πανηγύρεις$ verbunden waren, bei denen der Zweck des $ὑπόμνημα$ am besten erreicht wurde.

Während die Beziehungen dieses Briefes zur Amphiktyonie ungewiß blieben, lernen wir in dem nächsten Text eine amphiktyonische Urkunde ersten Ranges kennen.

Eine neue delphische $στάσις$ im Jahr 119/17 v. Chr.

125. An der Vorderseite des Aemilius-Paulus-Denkmals, das in den *Delphica* III S. 107, Taf. V (*Berl. ph. W.* 1912, 409, Fig. 14) rekonstruiert und in *Syll.*³ n. 652ª besprochen ist, steht als zweiter Text unter der Weihinschrift auf dem Orthostat des Sockels ein sehr merkwürdiges Amphiktyonendekret, das schon vor 25 Jahren (Okt. 1893) ausge-

---

1) König Perseus ließ bei seinem Regierungsantritt im J. 179 sogleich in Rom die Freundschaft und das Bündnis erneuern, und der Senat sandte 178 ebenfalls eine Begrüßungsgesandtschaft nach Makedonien, die mit allen Ehren aufgenommen ward (Niese III 98). Damals konnte der König also sehr wohl aus politischen Gründen anderen Staaten gegenüber von $ἡμετέρα$ $καὶ$ $Ῥωμαίων$ $πρὸς$ $τοὺς$ $Ἕλληνας$ $εὔνοια$ reden. Nun begann Perseus selbst seine Regierung mit Gnadenerlaß und Amnestie für die Verurteilten und Verbannten, forderte letztere durch öffentliche Anschläge in Delphi, Delos und Boeotien zur Rückkehr auf und versprach Rückgabe ihres Besitzes (Niese III 99). Gleichzeitig begann er sich im Gegensatz zu Philipp um die Gunst der Hellenen so eifrig zu bewerben (Niese III 99), daß er schon im Herbst 178 als Mitglied in die Amphiktyonie aufgenommen war. Demnach könnte man — ohne Rücksicht auf seine noch nicht ganz klaren Beziehungen zu den $δημοκρατούμενοι$ $τῶν$ $Ἑλλήνων$ — zu folgern geneigt sein, daß wir in unserm Stein die Bekrönung des großen Stelendenkmals mit den $προγραφαί$ vor uns haben, welches der König im J. 179/8 in Delphi errichten ließ. $Καὶ$ $τούτων$ (sc. der Verbannten, Verurteilten und Schuldner) $ἐξετίθει$ $προγραφὰς$ $εἴς$ $τε$ $Δῆλον$ $καὶ$ $Δελφοὺς$ $καὶ$ $τὸ$ $τῆς$ $Ἰτωνίας$ $Ἀθηνᾶς$ $ἱερόν$ sagt Polybius 25, 3 (vgl. *Syll.*³ 636 not. 4), und man könnte diese $προγραφαί$ eben in den $γράμματα$ wiederfinden, die nach Z. 2 unseres Briefes in Delphi eingehauen und zur allgemeinen Kenntnis aufgestellt werden sollten (Z. 5f.). Daß über diesem Erlaß auch der Königsbrief selbst eingemeißelt wurde, in welchem er die Delphier — und in analogen Schreiben die Delier und Boeoter — um die Genehmigung der Aufstellung ersucht hatte, wäre durchaus usuell gewesen. Das Wort $πυλαί[α?]$ würde man auch hier passend auf den nächsten Aufstellungstermin beziehen, und an die $δημοκρατούμενοι$ $τῶν$ $Ἑλλήνων$ könnte sich Perseus als an die ehemaligen Feinde seines Vaters gerade besonders eindringlich gewendet haben (vgl. Niese III 111). Schließlich bemerke ich noch, daß die Anklageschrift gegen Perseus (*Syll.*³ 643), die ich einst für einen Brief des Königs hielt, von demselben Steinmetz eingemeißelt ist, wie unser Brief, und daß auch der Marmor beider Texte identisch ist (pentelisch).

graben wurde, aber in seiner Wichtigkeit von den Findern wohl nicht erkannt ist. Es lautet:

125. Inv.-Nr. 926. (*a. 119/17.*)

Ἔ]δοξε τῷ κοινῷ τῶν Ἀμφικτιόνων· ἐπειδή, τινων ἀδικήματα συντελεσαμένων
πρὸ]ς· τὸ ἱερὸν τοῦ Ἀπόλλωνος τοῦ Πυθίου, ἐπελθόντες ἐπὶ τὸ συνέδριον τῶν Ἀμφικτιόνων
λ]όγους ἐποιήσαντο κατὰ τῶν τὰ ἀδικήματα συντελειμένων Νικάτας Ἀλκίνου, Πολίτας
Ἀ]σάνδρου, Δαμαίνετος Θρασυκλέος, Μικκύλος Εὐδόκου, Εὔδοκος Θρασυκλέος, Ἅγων Ἀριστί-
5 ω]νος, Φίλων Ἰατάδα, Ἁβρόμαχος Μαντία, Πολυτιμίδας καὶ Μεγάρτας οἱ Μελισσίωνος, Κλεόδαμος
Κ]λέωνος, Ἄσανδρος Διονυσίου, Δίων Πολίτα, ὑφ᾽ ὧν καὶ ἐπιβουλευθέντες καὶ ἐκπεσόντες ἐκ τῆς
πατ]ρίδος οὐκ ἀπέστησαν τοῦ τε δικαίου καὶ καλῶς ἔχοντος καὶ τῆς τοῦ ἱεροῦ προστάσεως, [παρ]α-
ελθό]ντες δὲ καὶ ἐπὶ τὴν σύγκλητον τὴν Ῥωμαίων καὶ οὐ προϊδόμενοι οὔτε κίνδυνον οὔτε τὰ κόπα [με-
γάλα οὔ]τε δαπάνην, ποτικαρτερήσαντες δὲ καὶ ἐν Ῥώμῃ χρόνον ἱκανὸν καὶ ἐπελθόντες ἐπὶ τὴν
10 σύγκλη]τον, ἀντιπρεσβενόντων αὐτοῖς τε (*unvollendet*)

Die Urkunde scheint zunächst zeitlos, weil die Praeskripte fehlen und da sie nur halb vollendet ist, maß man ihr keine Bedeutung bei. Trotzdem ist sie, abgesehen von dem Piratengesetz vom J. 100, der wichtigste von den 32 Texten des ganzen Denkmals. Denn sie lehrt nicht nur eine dritte große στάσις in Delphi kennen, die ihre Wellen bis in den römischen Senat wirft, sondern liefert uns endlich den Schlüssel zum Verständnis des großen amphiktyonischen Urkunden-Komplexes, der über dem *Monumentum bilingue* an der Tempelwand stand und in *Syll.*³ nr. 826 *A-K* bearbeitet ist. Diese '*Iudicia et sententiae Amphictyonum de thesauro Apollinis et de finibus terrae sacrae*' beginnen mit dem J. 119/17[1]) und sind oben S. 140 mehrfach erwähnt, weil sie auf den Dekreten des M.' Acilius basieren; aber die eigentliche Veranlassung zu diesem großen Verwaltungsprozeß gegen Delphi blieb völlig dunkel. In der *Syll.*³ 826 not. 3 ist die Vermutung gewagt, daß „einige amph. Staaten" bei dem Senat über die schlechte Verwaltung des delphischen Heiligtums und seines Vermögens Anklage erhoben hätten, und daß infolgedessen der Senat durch den Prokonsul von Makedonien eine Untersuchung seitens des amph. Synedrions in einer außerordentlichen Pylaea angeordnet habe. Jetzt lernen wir, daß es statt „einige amph. Staaten" vielmehr heißen muß „eine von den Delphiern vergewaltigte und verbannte Minderheit delphischer Notabeln".

Zunächst geht sowohl aus der Schrift und dem Fehlen des Jota adscriptum als auch aus den folgenden Lebensdaten der im obigen Text aufgezählten Delphier hervor, daß wir uns im letzten Drittel des II. Jahrhunderts befinden:

1. Νικάτας Ἀλκίνου, vgl. *Syll.*³ n. 826 *E*, col. II₃₀: Ἀμβρύσσιοι, Δελφοί - - ὑπὲρ τούτων τοὺς λόγους ἐποιήσατο Νικάτας Ἀλκίνου Δελφός, im Dezember 119/17; Buleut a. 118/16 (I. Sem.), ἄ. Ἡρακλείδα. Als Zeuge a. 139 (ἄ. Σωσιπάτρου, s. An-

---

1) Das Jahr des ἄρχ. Εὐκλείδας war bisher a. 117/16, muß jedoch auf a. 119 emporrücken, wenn man die makedonische Aera (seit a. 148) statt der achaeischen (seit 146) zu Grunde legt. Siehe die chronologischen Erörterungen im Anhang S. 156f.

Die Wiederherstellung der Delph. Amphiktyonie. 151

hang), 131, 128, 126 (Bürge), 118/16 (II. Sem., zusammen mit **6** und **8**; vgl. *Beitr. Topogr. Delphi* S. 118 zu *W-F* 427).

2. Πολίτας Ἀσάνδρου, ist Oheim von **12**, Vater von **13**, war Buleut a. 145, 129, 91, wurde als Gesandter zum Isthmischen Technitenkollegium geschickt vor a. 130, *Syll.*³ n. 690 not. 2, ward erster Prytane a. 118/16, ebda. n. 826 *I*, col. VII, 4. — Als Zeuge a. 160 (ganz junger συνευδοκέων), 155, 150, 148, 146 (Bürge), 142 (dito), 140 (dito), 139, 138 (2mal), 133, 130, 125 (Bürge), 124 (dito), 121 (ἄ. Ἀμύντα), 118/16, 92 (Bürge). — Einen Teil des Familienstemma (s. unten) hat Nikitsky aufgestellt, *Iourn. Minist. Volksaufkl.* 1900, Oktober, p. 21; ihm sind **12** und **13** hinzuzufügen.

3. Δαμαίνετος Θρασυκλέος, Bruder von **5**; Zeuge a. 134, ἄ. Ἀγίωνος; vgl. das Stemma in *Jahrbb.* 1889 zu S. 560.

4. Μικκύλος Εὐδόκου, Vetter von **3** und **5**; Buleut a. 128. — Zeuge a. 140, 138 (Freilasser), 136 (dito), 121 (ἄ. Ἀμύντα, s. unten, *W-F* 28), 109, 108. Vgl. das eben angeführte Stemma.

5. Εὔδοκος Θρασυκλέος, Bruder von **3**; Zeuge a. 134, ἄ. Ἀγίωνος, vgl. das angeführte Stemma.

6. Ἄγων Ἀριστίωνος, zusammen mit **8** ἱερομνήμων a. 130, *Syll.*³ n. 692 A_{11}; Buleut a. 124, a. 121 (ἄ. Ἀμύντα, s. unten); Archont a. 110. — Zeuge a. 138, 134 (ἄ. Ἀγίωνος), 131 (Bürge), 130, 129, 118/16 zusammen mit **1** und **8** (und einmal ohne sie).

7. Φίλων Ἰατάδα, Buleut a. 120 (ἄ. Καλλικράτ.) und a. 118/16, ἄ. Ἡρακλείδα (II. Sem.) zusammen mit **9**. — Zeuge a. 136, 127 (Bürge), 126 (dito), 109.

8. Ἀβρόμαχος Μαντία, zusammen mit **6** ἱερομνήμων a. 130, *Syll.*³ n. 692 A_{11}; Archont a. 126; Buleut a. 124; zweiter Prytane a. 118/16, ἄ. Ἡρακλείδα, *Syll.*³ n. 826 *I*, col. VII$_4$. — Zeuge a. 140, 138, 134, ἄ. Ἀγίωνος (Bürge und συνευδοκ.), 133, 131: 116 (I. Sem.) und dito II. Sem. zusammen mit **1** und **6**; a. 108, 92 (Bürge).

9. Πολυτιμίδας Μελισσίωνος, Bruder von **10**, Buleut a. 129 (*Klio* XV nr. 48) und a. 118/16 zusammen mit **7**. — Zeuge a. 150 (junger συνευδ. mit Bruder), 147 (dito), 142, 138 (2mal), 129, 126, 121 (ἄ. Ἀμύντα, Bürge), 108.

10. Μεγάρτας Μελισσίωνος, Bruder von **9**, Buleut a. 140 und 130 (*Fouill.* III 2, nr. 162). — Zeuge a. 134, ἄ. Ἀγίωνας, und a. 125.

11. Κλεόδαμος Κλέωνος, wird spät Archont a. 94 und ναοκόρος a. 84 und 82. — Zeuge a. 144 (junger συνευδοκ.) und a. 84.

12. Ἄσανδρος Διονυσίου, ist Neffe von **2**, Vetter von **13**, wird Buleut a. 116, ἄ. Σωσίλου. — Συνευδοκ. 121 (ἄ. Ἀμύντα). Er war bisher fast unbekannt und ist streng zu scheiden von seinem homonymen Großvater [dessen Belegstellen sind: Buleut a. 169, 168, 162, 159, Zeuge a. 170, 168 (auch Bürge), 167]. Über das Stemma siehe zu **2**.

13. Δίων Πολίτα, ist Sohn von **2**, Vetter von **12**; ist bisher nur hier bezeugt. Über das Stemma siehe zu **2**.

Vergleicht man mit dieser Aufzählung die Namen und die Anzahl der im J. 119/17 durch die Abstimmungen der Amphiktyonen verurteilten vornehmen Delphier, die in *Syll.*³ n. 826 not. 57 auf einer Schuldner-Tafel zusammengestellt und unten wiederholt sind, so ergibt sich, daß keine einzige Person dieser zwei vornehmen Kreise in dem andern wiederkehrt, — was bei der damals nicht mehr großen Kopfzahl edler Delphier sehr verwunderlich ist —, und daß die Zahl (13) in beiden Gruppen übereinstimmt. Das heißt, wir haben in unseren 13 Verbannten die Ankläger der 13 durch die Amphiktyonen im J. 119/17 verurteilten Schuldner zu erkennen, und erstere haben es schließlich vor dem Senat trotz einer Gegengesandtschaft der Majorität durchgesetzt, daß er der Anklage stattgab und die Untersuchung durch den Prokonsul und die Amphiktyonen anordnete.

Zur Majorität gehören u. a.:
[aus *Syll.*³ n. 826 *H* not. 57]

Tabula debitorum.   Summae reddendae

Die verbannte Minorität bestand aus:
(siehe Text nr. 125)

1. *Μνασίθεος*		15 tal.	32 min.	1. *Νικάτας Ἀλκίνου.*
2. *Ἀντιγένης* } *Διοδώρου* {	15 „	7 „	2. *Πολίτας Ἀσάνδρου.*
3. *Καλλικράτης*		15 „	6 „	3. { *Δαμαίνετος Θρασυκλέος,*
4. *Ξενόκρ[ιτος Ταραντίνου]*	1 „		4. { *Μικκύλος Εὐδόκου,*
5. *Ἀμφίστρατος Μνάσωνος* {	1 „		5. { *Εὔδοκος Θρασυκλέος.*
6. *Καλλείδας Εὐκλείδα*		1 „		6. *Ἄγων Ἀριστίωνος.*
7. *Γλαῦκος Γενναίου*			} 30 „	7. *Φίλων Ἰατάδα.*
8. *Ἁγίων Ἐχεφύλου*			} 30 „	8. *Ἀβρόμαχος Μαντία.*
9. *Ἀμύντας Εὐδώρου*		1 „	57 „	9. *Πολυτιμίδας* } *Μελισσί-*
10. *Ἀζάρατος Ἀντιχάρεος*			{ 11 „	10. *Μεγάρτας* } *ωνος.*
11. *Εὐκλείδας Καλλείδα*		{ 11 „	11. *Κλεόδαμος Κλέωνος.*
12. *Κλεόδαμος Πολυκράτεος*		(11 „	12. } *Ἄσανδρος Διονυσίου,*
13. *Μνασίδαμος Ξενοκρίτου*	1 „	20 „	13. } *Δίων Πολίτα.*

50 tal. + 215 m. (= 30 tal. 35 m.).

Ferner müssen zur Majorität gehört haben (s. unten):

(14) [*Καλλίδαμος Ἀμφιστ*]*ρά*[*του*]   (18) [*Κλεών*δ]*ας Μ*[*ένητος*]
(15) *Ἁγίων Πολυκλείτου*   (19) *Ἡράκων (Γενναίου)*
(16) *Βαβύλος Λαϊάδου*   (20) *Ξένων Ἀριστοβούλου*
(17) *Κλεόδαμος Φιλαιτώλου*   (21) *Ἄρχων (Εὐαγόρα)*;

denn die der außerordentlichen Pylaia im Dezember 119/17 praesidierenden 2 delphischen Hieromnemonen nebst ihren 2 × 2 Pylagoren sind gewiß von der Mehrheitspartei gewählt, nämlich (*Syll.*³ n. 826 *B*, col. I₂₁): der *ἱερομν.* [*Καλλίδαμος Ἀμφιστ*]*ρά*[*του*] (14) und sein 2. Pylagore (der erste ist verloren): *Ξενόκρ*[*ιτος Ταραντίνου* = 4. Schuldner (oben); demgemäß ist in *Syll.*³ n. 826, *H* die nota 60 zu streichen und in Text *H* überall mit Colin *Ξενόκρ*[*ιτος Ταραντίνου*] beizubehalten, statt meines Vorschlags *Ξενοκρ*[*άτης Ἀγησιλάου*]. Sodann der *ἱερομν.* *Ἀμύντας Εὐδώρου* = 9. Schuldner, und seine 2 Pylagoren: der erste ist zwar verloren, war aber wohl *Ἁγίων Πολυκλείτου* [(15)], s. unten; der zweite ist [*Ἀμ*]*φ*]*ίσ*[*τρατος Μνάσωνος*] = 5. Schuldner (diese Ergänzung ist in der *Syll.* nachzutragen).

Sodann kommen in Betracht die als Kommissare fungierenden delphischen Gesandten und Archonten (*Syll.*³ n. 826 *E*, col. III₁₅); erstere sind: *Ἀμύντας* ❦ *Εὐδώρου* (9), *Ἁγίων Πολυκλείτου* [(15)], *Ἀμ*[*φίστρατος Μνάσωνος*] (5), also wohl der 2. Hieromnemon mit seinen 2 Pylagoren (s. oben). Von den Archonten ist nur der Eponymos bekannt, *Εὐκλείδας Καλλείδα* (11), die Buleuten fehlen noch [sind soeben z. T. aufgefunden, s. unten den 'Zusatz'].

Endlich bestehen die aus den heiligen Ländereien Ausgewiesenen gleichfalls zur Hälfte aus obigen Schuldnern: [(16)] *Βαβύλος Λαϊάδου* n. 826 *E* III₂₈; [(17)] *Κλεόδαμος Φιλ.* III₂₉; (1) [*Μνασίθεος Διοδ.*] III₃₁; [(18)] [*Κλεών*δ]*ας* M. III₃₃; (3) und (2) *Καλλικράτης καὶ Ἀντιγένης οἱ Διοδ.* III₃₄. ₃₆; (8) oder (15) *Ἁγίων* IV₃; (7) *Γλαῦκος καὶ* (19) *Ἡράκων* IV₄. — Und auch die *ἐπιμεληταί* für die Verwaltung der heil. Heerden gehören hierher: (20) *Ξένων Ἀριστοβούλου* und (21) *Ἄρχων (Εὐαγόρα)* IV₂₆.

[Zusatz. Soeben kommen Buleuten aus dem Eukleidasjahr zum Vorschein in einer unedierten Manumission, die ich als Text N. 128 noch einzuschieben vermag. Sie gehören dem II. Sem. an und heißen *Κλεόδαμος, Καλλί-*

δαμος, γρ. Βαβύλος. Alle drei sind bereits in der obigen Majorität enthalten und dienen als willkommene Probe auf das Exempel, daß in der Tat damals nur Anhänger der Mehrheit zu den öffentlichen Ämtern gewählt wurden; denn Κλεόδαμος ist entweder der 12. Schuldner Κλ. Πολυκράτεος oder [(17)] Κλ. Φιλαιτώλου. Καλλίδαμος ist identisch mit [(14)] Καλλιδ. Ἀμφιστράτου. Βαβύλος mit [(16)] Βαβ. Λαϊάδου.]

Hatte bei der ersten großen delphischen Stasis in der Mitte des VI. Jhdt.s unpolitischer Geschlechterhader, nämlich die Familienfeindschaft des Krates und Orsilaos, die Veranlassung gebildet, so bot zwei Jahrhunderte später die zweite große στάσις des Astykrates und Genossen seit dem J. 363/2 das Bild eines gewaltigen politischen Aufruhrs, wie er in der *Klio* VI 89ff., 400ff. (vgl. *Syll.*³ n. 175—177) dargestellt war. Jetzt lernen wir, — wieder nach etwa 200 Jahren — eine dritte στάσις kennen, die man als sakrale bezeichnen kann, da eine schließlich verbannte Minderheit unter der Führung des Nikatas lange und tapfer darum kämpft, daß die aus den vornehmsten Delphiern (darunter der eponyme Archont Eukleidas) bestehende Mehrheit endlich im J. 119/17 die entliehenen Summen dem Tempelschatz zurückgibt (*Syll.*³ 826 *D* u. *H*), die Zinsen bezahlt (826 *F* u. *H*), die Kopfzahl und den Zuwachs der von ihnen ausgenutzten heiligen Herden angibt (826 *G*) und zuletzt die usurpierten Stücke des heiligen Landes herausgibt und ihre darauf errichteten Häuser niederreißt (826 *E* not. 40). Daß diese Auffassung unserer neuen Urkunde richtig ist, bestätigen verschiedene Nebenumstände: wie bei den versteigerten Häuser- und Länderlisten der Jahre 363—330 der Name des Verbanntenführers Astykrates später nach seiner Rückkehr 150 mal auf den Steinen ausgelöscht wurde, um die Familienehre nicht dauernd zu belasten (*Klio* VI 404 u. 418), — so haben die Amphiktyonen oben nur andeutungsweise in schonendster Form, ohne Namensnennung, von „einigen, die gegen das Heiligtum Unrecht taten", gesprochen und da, wo bei Erwähnung der Gegengesandtschaft einige dieser Übeltäter hätten genannt werden müssen, — bricht der Text plötzlich ab und ward nie weitergeschrieben. Offenbar hat die vornehme Mehrheit, trotz ihrer Verurteilung, die Verewigung dieser Belobigung der Minderheit später dadurch verhindert, daß sie die Einmeißelung hintertrieb. — Sodann ist es schwerlich ein Zufall, daß allein aus dem Eukleidas-Jahr keine einzige rein delphische Urkunde erhalten ist, weder eine Proxenie noch eine Manumission[1]), während sie aus allen anderen Archontaten, deren Zugehörigkeit zur IX. Priesterzeit bezeugt ist, reichlich existieren. Man sieht hieraus, daß die στάσις dieses Jahres das öffentliche und private Leben in der Gemeinde auf das stärkste beeinflußt und gelähmt hat.

Auch der Einmeißelungsort für dieses Dekret, die Front des Aemilius-Paulus-Denkmals, ist charakteristisch; er wurde gewählt, weil die Entscheidung des Senats den Ausschlag gab und offenbar den Vertriebenen günstig war, — und es ist staatsrechtlich von Interesse, zu sehen, daß, auch als Griechenland längst unter dem Prokonsul stand, das *'liberum*

---

1) [Soeben kommt Text Nr. 128 zum Vorschein, s. unten.]

oppidum Delphi" die ihm im J. 189 verliehene Autonomie und die Befugnis des ἐξοικίζειν οὕς ἂμ βούλησθε (oben Text Nr. 119₁₈) ungehindert hat ausüben dürfen. Es konnte verbannen, wen es wollte, nicht nur die Metoiken (oben S. 132), sondern selbst einen Teil seiner vornehmen Bürger, — und der Senat durfte sich nur darum einmischen, weil die Angelegenheit keine rein delphische war, sondern vor allem die Amphiktyonen anging, denen die Oberaufsicht über das Hieron zustand, und die ihrerseits wieder den Anweisungen des Prokonsuls zu folgen hatten.

Zum Schluß sei auf die chronologischen und prosopographischen Zusammenstellungen über die Verbannten (S. 212f.) kurz eingegangen. Sie ergeben historisch interessante Resultate. So wie bei der zweiten στάσις die durch Philomelos im Herbst 357 zurückgeführten Verbannten des J. 363 **sogleich** zu den städtischen Ämtern berufen werden[1]), sehen wir, daß der 1. Verbannte des J. 119/17, Νικάτας Ἀλκίνου im Winter als **Sprecher** für Delphi, Ambrysos, Antikyra bei der durch die Minderheit erzwungenen Grenzkontrolle auftritt, — er spielte als Verbanntenführer offenbar eine ähnliche Rolle wie Astykrates im J. 363 — und daß der 2. Verbannte Πολίτας Ἀσάνδρου sowie der 8. Ἀβρόμαχος Μαντία sogleich für a. 118/16 zum 1. und 2. Prytanen gewählt werden und daß beide als erste Mitglieder dieser achtköpfigen Behörde diejenigen Gelder in Empfang nehmen, zu deren Zahlung die Mehrheitspartei durch die Bemühungen der Verbannten verurteilt war. Ferner werden sogleich für das I. Semester 118/16 Nikatas, für das II. Φίλων Ἰατάδα (7) und Πολυτιμίδας Μελισσίωνος (9) zu Buleuten ernannt. — Sodann erkennen wir, wie die Angehörigen einer **Sippe** bei der Aufzählung meist zusammen genannt sind, daß sich also immer das ganze Geschlecht für die Sache der Verbannten eingesetzt hat: Δαμαίνετος Θρασυκλέος (3) und Εὔδοχος Θρασ. (5) sind der dritte und zweite Bruder des Πραξίας Θρασ., zwischen ihnen steht ihr Vetter Μικκύλος Εὐδόχου (4). Vgl. den Stammbaum der Praxias-Familie *Neue Jahrbb.* 1889, Tafel zu S. 560, und das bisher unbekannte Archontat des eben genannten ältesten Bruders Πραξίας unten in Text Nr. 126. Sowohl dieser, als auch der ältere Bruder des Mikkylos (4) nämlich Εὔανδρος Εὐδόχου, waren damals wohl schon tot, sonst wären sie, wie die übrigen Angehörigen dieses Geschlechts, unter den Verbannten mitgenannt worden; Euandros war zuletzt im J. 126 (ἄ. Ἀβρομάχου) als Buleut bezeugt. — Ähnlich stehen am Schluß der Liste, wohin man die Jüngsten der Verbannten verwies, zwei Vettern zusammen: Ἄσανδρος Διονυσίου (12) war der Neffe des einflußreichen 2. Verbannten Πολίτας Ἀσάνδρου, während Δίων Πολίτα (13) des letzteren Sohn ist. Da Dion nie wieder vorkommt, dürfte er in oder nach dem Exil gestorben sein; auch der nur einmal bezeugte, neben seinem Bruder Ἄσανδρος (12) als συνευδοκέων fungierende Ἀστόξενος Διονυσίου (a. 121/0, ἄ. Ἀμύντα, *Fouill.* III 2 n. 174) ist wohl in der Verbannung gestorben. Denn bei

---

[1]) Aristoxenos wird Archont für a. 356 (*Klio* VI 98); Agesarchos wird a. 354/3 delph. ναοποιός, ebda. 100,3; Menon wird Buleut a. 352/1, ebda. 101,2; vgl. die Zusammenstellung in *Syll.*³ n. 175 not. 10.

diesem Geschlecht scheint nur der von dem echten Delphier Politas I. durch dessen Tochter Sotima, der Großmutter des Asandros (12), abstammende Zweig zur Minorität gehalten zu haben, während die Astoxenos- und Sopolis-Linie, die aus Plygonion stammen, sich neutral verhielten[1]).

Schließlich verdienen noch folgende Punkte eine Erörterung. Die in *Syll.*³ n. 826 not. 62 vollzogene Transponierung des *ἄ.* Herakleidas (bisher a. 119) hinter das Eukleidas-Jahr dürfte durch obige Ausführungen über die schnelle Berufung der Verbannten in öffentliche Ämter (Prytanen und Buleuten) bewiesen sein. Wenn wir dagegen noch im I. Semester des *ἄρχ.* Amyntas (bisher a. 118) den 4. Verbannten Mikkylos als Zeugen, und sogar im II. Semester den 6. Agon als Buleuten bezeugt sehen, so muß man fragen, ob nicht das Pythienjahr 118 dem *ἄ.* Amyntas zu Unrecht gegeben sei (so schon *Syll.*³ n. 703 not. 6). Denn da die Verbannten bereits im Dezember 119/17 an dem großen Verwaltungsprozeß als Vertreter der Anklage teilnahmen (Nikatas als Sprecher, s. oben), so können sie kaum noch im Nov. 120/18 als Zeugen, und unter keinen Umständen mehr im Juni 119/17 als Buleuten fungiert haben; letzteres findet aber statt in der unedierten Manumission des Amyntasjahres, die unten als Text Nr. 127 mitgeteilt wird. Wir müssen vielmehr für die in Text Nr. 125, Z. 6—10 geschilderten langen Mühsale und Anstrengungen nebst dem römischen Aufenthalt mindestens 1—2 Jahre ansetzen, also annehmen, daß die Verbannung spätestens im Winter 121/0 erfolgt sei. Demnach wäre *ἄ.* Amyntas um 1—3 Jahre emporzurücken (auf 121).

Endlich schien ein Beweis gegen die Verbindung unserer Urkunde mit den Amphiktyonen-Urteilen der Jahre 119/17 und 118/16 darin zu liegen, daß sich unter den hier aus den usurpierten Ländereien Ausgewiesenen auch anscheinend unser 10. Verbannter befindet; vgl. *Syll.*³ 826 *E*, col. III₃₃: ὃ ἐντὸς τούτων ὁρίων κατέχε[ι Μεγάρτ]ας Μ[ελισσίωνος ἐκχωρείτω]. Diese Ergänzung war einst in *Jahrbb.* 1894, 674 gegeben und seitdem allgemein angenommen (auch von Colin, *Bull.* 27, 108₃₃ und 152). Jetzt lernen wir, daß sie falsch war; denn es gibt noch einen zweiten Delphier, der zu den Resten paßt, nämlich [Κλεάνδ]ας Μ[ένητος], den Archonten des J. 125 und späteren νεωκόρος c. a. 90. Da ein dritter passender Delphier in jener Zeit nicht existiert hat und die Buchstabenlücken Weschers ganz willkürlich sind, so wird die Erklärung unseres neuen Textes nicht nur nicht durch jene Stelle desavouiert, sondern er hilft, den alten Fehler zu erkennen und verbessern.

Anhang. Die chronologische Fixierung. Das Jahr der dritten Stasis, d. h. der Archont Eukleidas, war in der *Delph. Chronologie R-E* IV S. 2645 mit Recht an den Schluß der sicheren Archontate der IX. Priester-

---

1) Zu den detaillierten Stemmata-Rekonstruktionen fehlt hier der Raum; man vgl. vorläufig das der Astoxenos-Linie in *Jahrbb.* 1889, 577, das der Sopolis und Politas bei Nikitsky *Αἰτωλικά* I (*Journ. d. Minist. Volksaufkl.*, 1900, Oktober) S. 21, das nach den obigen Belegen zu vervollständigen ist, indem man die Brüder Ἄσανδρος und Ἀστόξενος Διονυσίου und ihren Vetter Δίων Πολίτα anfügt.

zeit verwiesen worden, obwohl weder diese Priesterepoche, noch die Buleuten für ihn bezeugt waren, noch überhaupt rein delphische Urkunden dieses Jahres existierten (eben wegen der στάσις, s. oben S. 153). Es läßt sich aber die Umgrenzung der IX. Priesterzeit jetzt weiterführen und damit auch die Bestimmung des Eukleidas-Jahres. Die Gleichung delph. ἄ. Τιμόκριτος = attischer ἄ. Τίμαρχος steht neuerdings fest auf a. 138 nach Wilhelm und Kolbe (*Att. Archonten* S. 83), während früher nach Ferguson und Kirchner das Jahr 134 als wahrscheinlich galt (so in der *Delph. Chron.* 2643). Da nun unter Timokritos regelmäßig die Priester Ἄρχων-Ἄθαμβος bezeugt sind, begann die IX. Priesterzeit mindestens schon a. 138 (bisher a. 136). Andererseits reichte die ununterbrochene Archontenreihe des II. Jhdt.s bis zum J. 140, wo der ἄ. Ξενόκριτος in der VIII. Priesterzeit fungierte. Unter ihm war Μένης noch immer νεωκόρος, der sein Amt schon seit 26 Jahren bekleidete (a. 166), also nicht mehr lange gelebt haben kann. In der Tat kommt soeben der spätere νεωκ. Ἀτεισίδας bereits unter Timokritos, dessen νεωκόρος noch unbekannt war, zum Vorschein und zwar schon im Boathoos (3. Monat); vgl. den Text *Fouill.* III 2, n. 231, wo jedoch die Wichtigkeit dieses νεωκόρος von dem Herausgeber nicht bemerkt ist.

Für das Zwischenjahr 139 stand bisher weder Archont, noch νεωκόρος, noch Priesterzeit fest. Wir wußten nur, daß unter ἄ. Σωσίπατρος (bisher a. 136) nicht mehr der von LeBas (II 928) interpolierte Μένης als νεωκόρος zu gelten hatte, sondern statt dessen der zweifelnd von mir auf Abklatsch gelesene Εὐκλῆς, vgl. *Delph. Chronol.* 2643 Anm. 2. Diese Lesung war richtig und ward kürzlich durch den neuen Text *Fouill.* III 2, n. 232 bestätigt, der gleichfalls unter Sosipatros den νεωκ. Εὐκλῆς bezeugt, was Colin wiederum nicht beachtete. Da nun Ateisidas auch noch in der XI. Priesterzeit, d. h. am Ende des II. Jhdt.s νεωκόρος war (*Delph. Chronol.* 2649 beim J. 99), während ἄ. Sosipatros in der IX. fungierte, so kann der νεωκ. Eukles nur zwischen νεωκ. Μένης und νεωκ. Ἀτεισίδας amtiert haben, d. h. er gehört in das einzige freie Jahr 139. Damit ist auch das Archontat des Sosipatros und der Anfang der IX. Priesterzeit auf 139 fixiert. Letztere begann also mit den zwei sicheren Archonten: Sosipatros a. 139, Timokritos a. 138.

Nicht ganz so sicher läßt sich die Grenze nach unten ermitteln, wo früher unser Stasis-Archont Eukleidas (a. 117) und dann sein Nachfolger ἄ. Ἡρακλείδας (a. 116) die Reihe der sicher bezeugten Eponymen der IX. Priesterzeit abschlossen. Die unsicheren freilich schienen noch bis a. 111 zu reichen, vgl. *Delph. Chronol.* 2647. Wenn man aber erwägt, daß diese Priesterzeit schon bei dem Abschluß a. 116 die längste aller bekannten Epochen war und durch obige Nachweise noch um 3 Jahre nach oben verlängert wird (139 statt 136), so ist klar, daß sie unter keinen Umständen noch tiefer herabgeführt werden darf; denn im J. 116 hätte sie schon 24 Jahre gedauert und Ἄρχων wäre dann volle 28 Jahre Priester gewesen (seit a. 143). Nun war *Syll.*³ n. 704, not. 44 auseinandergesetzt, daß wichtige Gründe dafür vorliegen, des Eukleidas Archontat und Sisenna's Prokonsulat von Makedonien um 2 Jahre emporzurücken, von 117 auf 119; denn die Makedonische Aera, in deren 30. Jahre Sisenna amtierte, müsse wahrscheinlich mit Kubitschek, Niese und Wilhelm vom J. 148 ab gerechnet werden, da ihr nächstes erhaltenes Jahr 192 = a. 44 n. Chr. feststehe, — während Dittenberger, Marquardt und Mommsen die Makedonische als identisch mit der Achaeischen Aera betrachteten und darum das Jahr 146 als Ausgangspunkt für beide nähmen, weil man schwerlich zwei verschiedene, nur um 2 Jahre differierende Aeren in Griechenland nebeneinander gebraucht hätte. Auch sprechen die delphischen Texte der IX. Priesterzeit durchaus für das ältere Datum (a. 148). Denn aus ihr scheiden jetzt ἄ. Βαβύλος (a. 122) und ἄ. Μνασίδαμος (a. 112) aus und gehören in Priesterzeit XI, so daß selbst unter Einfügung des neuen ἄ. Πραξίας auf a. 127 (s. unten Text Nr. 126), noch immer 6 Jahre der IX. Priesterzeit (bis a. 118) ohne Archonten bleiben, also für die unsicheren Archontate (bisher a. 116, 115, 114, 111) mehr wie genügen. Auch andere Umstände, z. B. die überlange Priestertätigkeit des Ἀθαμβος von a. 139—108(?) und das noch längere Neokorat des Ἀτεισίδας von a. 138–-99(?), sowie die Entdeckung neuer Priesterzeiten (XI^a) werden uns zwingen, zahlreiche Archontate der Jahre 111—99 emporzurücken und den Beginn der X. Priesterzeit so hoch wie möglich anzusetzen, ihn also vom J. 110 auf 117/16 hinaufzudatieren. Das alles kann aber erst nach Bekanntmachung der vielen unedierten Manumissionen dieses Zeitraumes genauere Gestalt gewinnen. Bis dahin möchte ich für die Archonten Eukleidas und Herakleidas, welche die IX. Pr.-Zeit abschließen, die neuen Jahre 119 u. 118 für viel wahrscheinlicher halten, als die früheren Daten 117 u. 116. Und wenn bei der Befürwortung dieser Emporschiebung in *Syll.* 704 not. 44 übersehen ist, daß anscheinend das Jahr 116 durch den Konsul(?) . . . . . ος Λικίνιος, Μάρ[κου υἱὸς Γέτας(?)] in *Syll.* 826 K als dasjenige bezeugt wird, in welchem der große Verwaltungsprozeß durch das Placet des Senats sein Ende fand, und daß dies nach *Syll.* 826 I unter ἄ. Ἡρακλείδας geschehen sein muß, so war doch schon *Syll.* 826 K not. 70 gesagt, daß das überlieferte Praenomen des Konsuls C. Licinius für die Lücke zu kurz sei; statt [Γάϊ]ος müsse [Πόπλι]ος oder [Λούκι]ος ergänzt werden. Es ist darum sehr möglich, daß wir hier nicht den Konsul vom J. 116 zu ergänzen haben, dessen Vatersnamen unbekannt ist, sondern einen Praetor Licinius Μάρ[κου υἱός, στρατηγὸς Ῥωμαίων]. Er wäre entweder praetor urbanus gewesen, wie im J. 189 Spurius Postumius (vgl. oben Text Nr. 121), oder pr. peregrinus, wie M. Valerius (Messala), dessen Brief vom J. 193 genau dieselben Anfangsformeln (δήμαρχοι καὶ ἡ σύγκλητος) aufweist, *Syll.* 601. Wir müssen uns also vorläufig bei dem Jahr 119 = XXX. der makedonischen· Aera (von 148) für Eukleidas-Sisenna beruhigen.

126. Auf einem Stelenfragment, das wir in Delphi nicht auffanden, steht laut Inventar der Schluß eines Proxenidendekrets, das anscheinend den neuen Archonten Πραξίας Θρασυκλέος enthält, den ältesten Bruder

158 H. Pomtow,

der zwei Verbannten Damainetos (3) und Eudokos (6) in Text 125; denn die Maiuskeln Kontoleons ergänze ich folgendermaßen:

Inv.-Nr. 3582 (*etwa a. 127 od. 123*).

[τοῖς ἄλλοις προ]ξένοι[ς
[τᾶς πόλιος δίδ]οται. Ἄρ-
[χοντος Πραξί]α τοῦ Θρα[συ-
[κλέους, βουλε]υόντων
5 ...?..., [Εὐαγ]όρου, Σ[ω]τί-
[ωνος (od. -μου)].

Inv.-Nr. 3582.
Gefunden am 25. April 1896, wenige Schritte außerhalb des Temenoseingangs vor den Stufen, zwischen den Häusern von Geroglis und Triantes. — Fragment aus Kalkstein, rechts Kante erhalten; H. 12, Br. 12, Dicke 8.

Bei dieser Ergänzung würden an der heutigen Zeilenlänge etwa zwei Drittel fehlen, so daß wir eine Stele von der nicht seltenen Breite von 36—40 cm erhielten (für eine Stele spricht auch die Dicke von 8 cm). Dann kann aber kaum anders ergänzt werden, als oben vorgeschlagen. da zwischen δίδοται und βουλευόντων nur der Archontenname gestanden haben kann, von dem Kontoleon das halbe Α (\) abschrieb. Ist letzteres richtig, so kommt lediglich [Πραξί]ας Θρα[συκλέος] in Betracht, der älteste der drei Söhne des Archonten Thrasykles vom J. 151 (bisher 148); letzterer ist bald nach 140 v. Chr. gestorben, in welchem Jahre er W-F 423 zum letztenmal genannt wird. Seine drei Söhne Πραξίας, Εὔδοξος, Δαμαίρετος lassen unter Beistand ihrer Mutter Xenophaneia im J. 134 (ἄ. Ἀγίωνος) eine Sklavin frei [Text Polygonm. (47), ediert *Jahrbb.* 1889, 572], kommen aber außer in obigen Texten Nr. 125 und 126 nicht wieder vor. Wenn Praxias oben unter den Verbannten fehlte, so wird er schon vor 119 v. Chr. gestorben sein, sein Archontat käme also zwischen a. 137—120 zu stehen, d. h. auf die noch freien Jahre 137—135, 132, 127, 123, 121. Von ihnen ist mir nach Lage der Dinge am wahrscheinlichsten a. 127 oder 123. Das Dekret Nr. 126 war in der attischen Κοινή geschrieben, vgl. Z. 5 -όρου, daher 4 -κλέους zu ergänzen: außer Εὐαγ-όρου kämen in Delphi noch Πειθα- und Ξενα-γόρου in Betracht, gehören aber in andere Zeit; auch Σωτί-ων oder -μος ist für diese Jahrzehnte noch nicht bezeugt. Euagoras ist der Vater des Archonten Ἄρχων Εὐαγόρα vom J. 100 v. Chr.

127. Manumissions-Fragment aus dem letzten Monat des Amyntas-Archontats (bisher a. 118/17). Im Herbst 1887 von mir ausgegraben im

Inv.-Nr. 2256 (= altes Museum 195).
(Juni a. 120).

[Ἄρχον]τος Ἀμύντα, μηνὸς Ἰλαίου βο[υ-
[λευόν]των τὰν δευτέραν ἑξάμηνον Ἄ-
[γω]νος τοῦ Ἀριστίωνος, Τίσωνος τοῦ
[Θε]υχάριος, γραμματεύοντος δὲ τᾶς
5 [βου]λᾶς Πάσωνος τοῦ Δαμίνεος, ἐπὶ
[τοῖσδε ἀπέδ]οτο Νάρης Πασίωνος τῶι
[Ἀπόλλωνι τῶι] Πυθίωι σῶμα γυναικεῖ-
[ον, ᾆ ὄνομα ......], τὸ γένος οἰκογε-
[νές, τιμᾶς ἀργυρίου μ]νᾶν πέντε κα[ὶ
10 [τὰν τιμὰν ἔχει πᾶσαν] κτλ.

Garten des Hauses 139/40; H. 15 cm, Br. 31½, D. 31; bildete den Oberteil eines Postaments oder einer Quader aus Kalkstein; unten und hinten Bruch, links etwas bestoßen; trug im alten Museum die Nr. 195, ist jetzt in das Inventar aufgenommen als Nr. 2256. — Buchstaben 7 mm (= Scheden der *IG* VIII n. 1035).

220

Diese Buleuten des II. Sem. waren schon *Delph. Chron.* p. 2645 beim J. 118 mitgeteilt und sind später in *Fouill.* III 2, 167 für den Amalios (7. Monat) bekannt gegeben. Unser Fragment beweist, daß der in Text 125 genannte 6. Verbannte Ἄγων Ἀριστίωνος noch im Juni des Amyntasjahres (bisher 118/17) in Delphi als Buleut fungierte, daß also dieser Archont wenigstens um 1 Jahr emporrücken mußte, aber durch die Emporschiebung der ἄ. Eukleidas jetzt auf c. 121/0 gehört. Siehe oben S. 155.

[128. Manumission aus dem II. Sem. des ἄ. Εὐκλείδας, a. 119/17.
— Bei der Zusammenstellung der 'zwölf' Cippi der Vorplatzbalustrade des attischen Thesauros in *Fouill.* III 2, p. 183ff. hat der Herausgeber eine Anzahl Irrtümer begangen, die an anderer Stelle berichtet werden sollen. Hier ist nur folgender zu besprechen: von den Cippi sind nicht nur zwei (V u. VI) später zu Architraven umgearbeitet worden, sondern noch ein dritter und vierter (XIV, XV), die Colin überhaupt nicht kennt:

Inv.-Nr. 1218. — Kalksteinfragment, gefunden am 5. April 1894 östlich vom Tempel nahe seinem Eingang. Genau an dieser Stelle sind auch die anderen Cippi (V und VI) zum Vorschein gekommen. — Oberteil eines Cippus, H. 54 max. (Schriftseite 42 max.), Br. 28, 7 + 3 = 31, 7 (davon ist 28, 7 die Breite nach der Abarbeitung, 3 cm die ausladende Regula), Dicke 32. Auf der Rückseite ist eine 20 cm (max.) breite Tropfenregula erhalten, welche die spätere Umarbeitung zum Architrav beweist. — Standort: Stratiotenfeld, 3. Reihe von Süden. — Buchstabenhöhe 8 mm. — Cippus XIV:

Inv.-Nr. 1218. (a. 119/17).
[Ἄ]ρχοντος Εὐ]κλείδα, μηνὸς Ἡρακλεί[-
[ου, βουλευ]όντων τὰν δευτέραν ἑξά-
[μηνον] Κλεοδάμου, Καλλιδάμου, γρα[μ-
[ματεύ]οντος δὲ βουλᾶς Βαβύλου, ἐπὶ
5 [τοῖσδε ἀ]πέδοτο Καλλινίκα Ἀμερίωνο[ς,
[συνε]υδοκεούσας καὶ τᾶς θυγατρὸ[ς αὐ-
[τᾶς Σ]αραπιάδος καὶ τοῦ ἀνδρὸς Ὀρθ[αίου
[τῶι Ἀ]πόλλωνι τῶι Πυθίωι σώματα γυναι-
κε]ῖα δύο, αἷς ὀνόματα Εὐφροσύνα καὶ
10 Σω]τί[μα] —
alle folgenden Zeilen sind sorgfältig getilgt, wodurch die Urkunde kassiert wurde.

Dies ist die erste rein delphische Urkunde aus dem Eukleidasarchontat, die wir kennen lernen[1]). Sie gehört dem Mai des julianischen Jahres 118/16 an, d. h. dem vorletzten Monat des stürmischen Delphijahres 119/17. Also erst an dessen Ausgang ist das Gemeindeleben wieder in ruhigeres Fahrwasser gelenkt, obwohl diese einzige Manumission schließlich wieder annulliert, d. h. getilgt wurde. — Über die Ursache der Seltenheit der Eukleidastexte s. oben S. 153. Die drei Buleuten waren identifiziert und als Mitglieder der Majorität nachgewiesen in dem „Zusatz" auf S. 152f. Aus diesen Gründen ist Text Nr. 128 hier nachträglich eingeschoben. — Die Freilasserin war von Geburt Ausländerin, denn sie ist offenbar die reiche Schwester des Zeugen Εὐκράτης Ἀμερίωνος Φαλικαῖος vom J. 147 bei W-F 422 (ἄ. Σωξένου) und nennt darum ihre Erbtochter Sarapias vor ihrem Manne Orthaios. Gemeint ist Ὀρθαῖος Κλεάνδρου, der schon a. 148 (ἄ. Θρασυκλέος) bezeugt war und auch im J. 126 und 118 noch genannt wird].

---

1) Korrekturnote: Auf den Exedrai der ἅλως finde ich soeben 3—4 unedierte Texte aus dem neuen Archontat des Εὐκλείδας Ἡρακλείδα, das

4. Thronion-Skarpheia und die Amphiktyonie.

In der Hieromnemonenliste des Archonten Damaios (a. 235), jetzt *Syll.* II³ n. 483₃₈, hatte Nikitsky den von Jardé in der Textumschrift ausgelassenen Rest eines Volksnamens ... ρφέων scharfsinnig zu [Σκα]ρ-φέων Ἀρμένου ergänzt. Wie aber die Stadt Skarpheia dazu kam, hier unter den selbständigen Amphiktyonen-Stimmen aufgeführt zu werden, blieb ein völliges Rätsel; denn obwohl wir die Spaltung der östlichen Lokrer in die nördliche epiknemidische und die südliche opuntische Hälfte für jene Zeit kannten, wurde doch der lokrische Vertreter notwendigerweise mit dem Namen des (halben) κοινόν bezeichnet, niemals mit dem bloßen Stadtnamen; vgl. im J. 236 (ἄ. Ἀθάμβον, *Syll.*³ n. 482₉): Λοκρῶν Ἐπικναμιδίων Μνακεύς. Die Lösung des Rätsels enthielt ein wichtiger, vor 23 Jahren gefundener Text des Aemilius-Paulus-Denkmals, den man bedauerlicherweise noch immer nicht ediert hat, obwohl er ein Unicum unter den griechischen Inschriften bildete. Zum besseren Verständnis werden ihm hier auch die übrigen auf Skarpheia-Thronion bezüglichen Texte beigefügt, da diese nur 6 km auseinander liegenden rivalisierenden Städte im II. Jhdt. rege Beziehungen mit Delphi unterhielten. Während sie in eigenen epigraphischen Überresten mit 6 + 4 dürftigsten Nummern in *IG* IX 1, 308—317 vertreten waren[1]), hat uns der Boden Delphis ein ganzes Convolut beschert, darunter zwei sehr umfangreiche, hochwichtige Urkunden (unten Nr. 130, 131).

129. 130. Vorauszuschicken ist folgendes: der Sockel des großen marmornen 'Pydna-pfeilers', der in den *Delphica* III S. 107, Taf. X (*Berl. ph. W.* 1912, 409) vollständiger rekonstruiert ist, als an dem Wiederaufbau im Museum, besteht aus mehreren Stufen und dem darüber zwischen An- und Ablauf aufgehenden, 92 cm hohen Orthostate. Auf der Schmalfront des Orthostats befindet sich die lateinische Weihinschrift *Syll.* II³ n. 652ᵃ, während seine beiden Längsseiten mit den Urkunden von Thronion-Skarpheia bedeckt sind. Und zwar steht auf der rechten Seite (vom Beschauer) die große **Grenzfestsetzung** (ὁροθεσία) Nr. 131, auf der linken der Prozeß über die ἱερομναμοσύνα, d. h. die Besetzung der ostlokrischen Amphiktyonenstimme, Nr. 130. Die Textverteilung dieser linken Seite sieht so aus (Abb. 22):

---

der XI. Pr.-Zeit angehört und etwa auf a. 103 zu setzen ist. Da auf einer dieser Urkunden das Patronymikon Ἡρακλείδα fehlt, genau so wie oben in Text 128, wird es mehr als wahrscheinlich, daß auch letzterer diesem neuen ἄ. Eukleidas vom J. 103 zugehört, daß also aus dem Jahr des Εὐκλείδας Καλλείδα, 119/17, nach wie vor **keine delphischen Texte existieren**!

1) Zu *IG* IX 1, 314 sei bemerkt, daß der zweite Geehrte wohl zu [Ἀρχε-πόλει] Τιμοκλέος zu ergänzen ist. Vgl. den Freilasser in Delphi Ἀρχέπολις Τιμοκλέος Λαρισαῖος im J. 183 (*W-F* 344), dem ein Echinaeer und ein Thebaner als Bürgen dienen; also waren diese alle Phthioten, und der Freilasser von *IG* IX 1, 314 ist wohl später nach Theben ausgewandert.

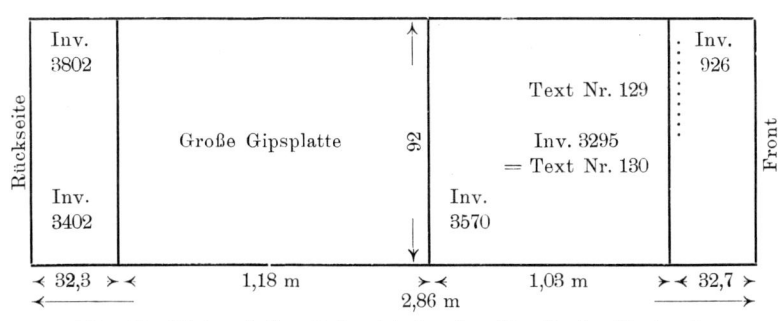

Rückseite	Inv. 3802	Große Gipsplatte	92	Text Nr. 129	Inv. 926	Front
				Inv. 3295 = Text Nr. 130		
	Inv. 3402			Inv. 3570		

‹ 32,3 ›‹ 1,18 m ›‹ ›‹ 1,03 m ›‹ 32,7 ›
              2,86 m

Abb. 22. Linker Seiten-Orthostat des Aemilius-Paulus-Denkmals.
Heutiger (falscher) Aufbau im Museum. (1:25).

Die 2 riesigen Mittelplatten werden rechts und links flankiert von den schmalen Stirnkanten der Frontplatte und der Rückseite. Nun erkennt man auf Inv. 3295 zwei Kolumnen unseres Prozesses, darüber das unwichtige Proxeniedekret Nr. 129, aber zahlreiche auf der rechts angrenzenden Stirnkante Inv. 926 eben noch sichtbaren Zeilenenden paßten weder an Nr. 129 noch an 130, ganz abgesehen davon, daß darunter noch eine längere verloschene Texthälfte erhalten war, die gleichfalls nicht an unsere Nr. 130 anschloß (eine rechts oben in der Ecke stehende unedierte Manumission aus Priesterzeit XIV, a. 82—78 bleibt für uns ohne Bedeutung). So sehr man sich gegen den Verdacht sträubte, es hat dieser Sachverhalt leider bestätigt, daß die beiden großen Mittelplatten beim Wiederaufbau durch den Rekonstruktor vertauscht worden sind, daß die Marmorplatte mit Nr. 129/30 nach links, die Gipsplatte nach rechts gehört, und daß weder Homolle in seiner Denkmalsbesprechung *Mélanges Boissier* 1903, S. 297f. noch sonst Jemand von den französischen Archaeologen das Versehen bemerkt hat[1]). Uns aber sind durch diese Erkenntnis 2 Fragmente des lange vermißten Anfangs der Prozeßurkunde wiedergewonnen (Inv. 3802 + 3402), die sich links von der Gipsplatte auf der Stirnkante des Rückseitenorthostats vorfanden und z. B. in Z. 3, 5—7 die Kontinuität mit Kol. I in Inv. 3570 + 3295 erkennen lassen.

(Siehe die Texte und Steinbeschreibungen auf S. 162/3.)

129. Die Proxenie für einen The[spier?] war der älteste Text dieses Seiten-Orthostats, denn ihr Vorhandensein zwang den Steinmetzen von Nr. 130, die Kol. II viel tiefer anzufangen und sie unten weiter hinabreichen zu lassen als Kol. I. Auch stimmen die wenigen Zeilen (6) von Nr. 129 weder in ihren Intervallen zu denen des ganz links stehenden Fragm. 3802, noch können sie sich — laut Ergänzung — soweit nach links

---

1) Es ist dieses Versehen wieder eine eindringliche Warnung vor dem Zusammenbauen von Gips und Originalstücken, das noch jedem der davon betroffenen delphischen Denkmäler zum Unheil gereicht hat. Man denke an den dreiseitigen κίων der Messenier-Nike, an den Prusiaspfeiler, die zwei Säulenmonumente des Charixenos und der Lykosfamilie, die Perlstabquadern und die Weihinschrift des Thesauros von Knidos usw. Sie alle müssen wieder abgebrochen werden, da ihre voreilige Zusammengipsung verfehlt ist.

162   H. Pomtow,

A-C. Die Urkunden über den Streit um die Amphiktyonenstimm

130 Kolumne I.   Inv.-Nr. 3802:   Fuge

A Ἄρχ]οντο[ς - - - - - - - - - - - - -
- - Ἀ]ρείου τ[οῦ - - - - - - - - - - -
- -]λοι πα[ρα - - - - - - - - - - - -
- - κρ]ιταὶ ἀλ[λ - - - - - - - - - - -
5 - - το]ν, Καλλι - - - - - - - - - - -
- - δαμος Κ. - - - - - - - - - - - - -
- - Δ]ωρόθε[ος od. -ου - - - - - - - -
- - ου, Χαρι - - - - - - - - - - - - -
- - Κ]ράτης (od. -ητος) - - - - - - -
10 - - Δ]ωρόθ[εος od. -ου - - - - - - -
- - ο]υ, Κλε (od. καί) - - - - - - - -
- - ο]ς Χα - - - - - - - - - - - - - -
- - - - - - - - - - - - - - - - - - - -
- - - - - - - - - - - - - - - - - - - -
15 - - - - - - - - - - - - - - - - - - -
usw.

 Falls Fragm. 3802 wirklich den Anfang zu col. I von 3402 bildete, sind zwischen seiner Zeile 12 und der Zeile 1 von 3402 etwa 22 Zeilen als verloren anzunehmen. Anderenfalls wären über 3402 wenigstens 8—10 Zeilen ausgefallen.

Inv.-Nr. 3802 (links oben) + 3402 (links unten) + 3570 (unten in Mitte) + 3295 (rechts). — Die ersten drei Fragmente sind gefunden im Frühjahr 1896, am 24. Mai, 9. April und 24. April, gegenüber und unterhalb der Südost-Ecke des Tempels zwischen ihm und dem Altar auf der Zwischenterrasse. — Material: bläulicher Marmor. — Nr. 3802 ist hoch 30 cm, breit 8 1/2; es soll laut Inv. rings gebrochen sein und eine Dicke von 36 cm haben; ist letzteres richtig, so würde es in der Tat in die obere linke Ecke von Kolumne I gehören; denn rechts von der Fuge ist die Platte nur 25 cm dick. — Nr. 3402 ist hoch 25 (bezw. 40 unter Gips?), br. 23, tief 23. Die Inventarangabe, es sei rings gebrochen, ist irrig; unten ist Kante vorhanden, und auch rechts muß die im Gips verschwundene Kante mit Anathyrosis existieren. — Nr. 3570 ist hoch 26, br. 15, tief 5; auch hier muß ein Teil der Unterkante vorhanden sein.

130 Kolumne I. Inv.-Nr. 3402:   Inv.-Nr. 3570:

(A) -
1 - οὔτε ... ας - - - - - -
(35) - - - - - - - - - - -ῃρ]ῆσθαι ὑφ᾽ Ὑπ[ο κνημιδίων] Ὑάμπολιν, ἵνα θ - - - - - - -
- - - - - - - - - - - - - - κριτήριον ἀνδ[ρῶν τρια?]κοσίων καὶ ἑνὸ[ς - - - -
- - - - - - - - - κ]ατὰ Φίλιππον ἅς . [κ]αὶ εὐαρεστηκό[τας - - - - -
5 - - - - - - - - - - τῆς ἱερομνημο[σύνης ἧς] ἀντιλέγουσιν πρὸ[ς ἀλλήλους
[αἱ πόλεις] τῶν Θρονιέων καὶ τ[ῶν Σκαρφ]έων εἰς τὴν προ - - - - - - -
(40) [τῶν πρεσβευ]τῶν αὐτῶν συμφ[ώνων ἐ]όντων ἡμῖν χει[ρίζεσθαι τὸ περ
[τούτων] κριτήριον, καὶ κριθῆ[ναι Με]ταγειτνιῶνος .... c. 11 ....
- - - - - - - - - μέχρι τρίτης ἐπ[ὶ [δέκα...]αν τούτων παρα[γενομένων ἐ]ν ἡμ
10 [ραις ...] .. ι ἡμέτερον δῆμον . . . . . . αὐτοῖς τὸ κριτή[ριον τόδε] κεκριμ
[νον ἦν] μηνὶ Μεταγειτνιῶν[ι τρίτηι?] ἐπὶ δέκα ἐν ἀνδ[ράσιν ἐ]ξήκοντ

Inv. 3570   Inv. 3295

Fuge

224

Thronion-Skarpheia und die Amphiktyonie.

zwischen Thronion und Skarpheia.

129 Das Proxeniedekret für Thespier begann unweit des oberen Randes und bestand aus ungefähr 20—22 Zeilen.
Inv.-Nr. 3295. — Gefunden am 27. Okt. 1895 zwischen der Polygonmauer und dem großen Altar. — Große Platte bläulichen Marmors, von der etwa ein Drittel (nach der oberen linken Ecke zu) weggebrochen ist; rechts und unten Anathyrosis. H. 56 cm (max.), Br. 85 max. (davon 73 beschrieben, 12 links unterm Gips), Dicke 25. — Es wäre nicht unmöglich, daß die Zeilenenden von Text 129 rechts über die Fuge auf den Nachbarstein übergegriffen hätten.

29 Inv.-Nr. 3295.

. . . . [ἀσυλίαν, ἀτέ]-
1 [λειαν πάντων, προεδρίαν ἐμ πᾶσι τοῖς ἀγ]ών[οις οἷς ἁ πόλις τίθη]-
[τι καὶ τἆλλα τίμια, ὅσα καὶ τοῖς ἄλλ]οις προξέ[νοις καὶ εὐερ]-
[γέταις τᾶς πόλιος ὑπάρχει· ἀναγρ]άψαι δὲ τὸ ψάφισμα [τοὺς]
[ἄρχοντας ἐν τῶι ἱερῶι τοῦ Ἀπόλλ]ωνος τοῦ Πυθίου ἐν τ[ὸν ἐ]-
5 [πιφανέστατον τόπον· ἀποστεῖ]λαι δὲ ἀντίγραφον το[ῦ ψα]-
[φίσματος ποτ' αὐτὸν τὸν Παντ?]αίνετον καὶ τὰν πόλιν τῶν Θε-
[σπιέων, ὅπως πάντες παρακολ]ουθήσωντι τὰ δεδογμένα τᾶι πό-
[λει].

30 Kolumne II. *Eine Zeile frei.*

1 [ἐπὶ — ἐννέα καὶ πεντήκ]οντα σύμψωοι πρὸς ἀλλήλους καὶ νενικηκότας
[Θρονιέας εἶν]αι εἰληφότας ψήφους πεντήκοντα ἐννέα, τοὺς δὲ Σκα[ρ-
[φέας εἰληφέναι] ψήφους δύο. Γεγράφαμεν οὖν ὑμῖν, ἵνα εἰδῆτε. Ὑποτε-
[τάχαμεν δὲ] ὑμῖν καὶ τὸ ἀντίγραφον τῆς ἀντιγραφῆς τῆς ἀποδοθείσης
5 [ἡμῖν ὑπὸ τῶ]ν ἐξαποσταλέντων πρεσβευτῶν παρὰ τῆς πόλεως τῆς Θρο-
[νιέων, ὡσαύ]τως δὲ καὶ τῆς δοθείσης ἀντιγραφῆς ὑπὸ τῶν ἐξαποσταλέντω[ν
[πρεσβευτ]ῶν παρὰ τῆς πόλεως τῆς Σκαρφέων. [B] Ἀμφιλλέγει ἁ πόλις τῶν Θρονιέω[ν
[περὶ τᾶς] ἱερομναμοσύνας ποτὶ τὰν πόλιν τῶν Σκαρφέων· ἐπιβάλλοι μοί τᾶς τῶν
[Ἐπικ]ναμιδίων Λοκρῶν Ἀμφικτυονίας τὸ τρίτον μέρος, καθάπερ καὶ τὰ πρόβατα ἐν
10 [τὰς θυ]σίας καὶ τὰ ἄλλα τὰ νομιζόμενα πρότερον ἐν τοὺς Ἀμφικτίονας συ[μ-
[βέβ]λημαι, καὶ καθ' ὃ κέκριμαι πρότερον περὶ τούτων ἐν Ἀμφίσσαι κατὰ τὸ[ν
[Ἀμ]φικτυονικὸν νόμον· καὶ δεῖ κρατεῖν ἐμέ καὶ κυριεύειν τοῦ ἐμὶν ἐπιβάλ[λ-
[λ]οντος μέρεος, καὶ τὸν ἱερομνάμονα καθίστασθαι παρ' ἐμέ καὶ πέμπε-
σθαι ὑπ' ἐμοῦ, ἐπεί κα ἐμὶν καθήκη ἁ ἱερομναμοσύνα. Τὸ δέ, πόλι Σκαρφέ-
15 ων, ἀντιποιεῖσθαι κακοπραγμόνως καταοφιζομένα, καὶ ἐξιδιάζεσθα[ι θέ-
λεις ἀδίκως τὸ ἐμὶν ἐπιβάλλον μέρος τᾶς ἱερομναμοσύνας. [C] Ἁ πόλις τῶν
Σκαρφέων ἀντεγράψατο ποτὶ τὰν πόλιν τῶν Θρονιέων μὴ δεῖν εἶμεν τὸ τρί[τον
μέρος τᾶς ἱερομναμοσύνας Θρονιέων, ἀλλ' εἶμεν κοινὰν τὰν ἱερομναμοσύν[αν
Λοκρῶν τῶν Ἐπικναμιδίων κατά τε τὰ πάτρια καὶ τὰς γεγονείας περὶ το[ύ-
20 των κρίσεις παρά τε τοῖς Ἀθηναίοις καὶ Ἀμφικτίοσιν, καὶ δεῖν τὸν ἱερομνά[μο-
να καθίστασθαι ὑπὸ τοῦ κοινοῦ τῶν Λοκρῶν ἀκολούθως τοῖς ἀπὸ τᾶς ἀρχ[ᾶς
διωικημένοις καὶ τῶι ὑπὸ Ῥωμαίων κειμένωι γραπτῶι.

225

11*

erstreckt haben; wir haben also in beiden 2 verschiedene Texte zu erkennen. — Zu der Ergänzung sei bemerkt, daß die Wiederholung von ψάφισμα in Z. 3 u. 5 sich ebenso wiederfindet im J. 146 in dem Dekret für Hypataer *Fouill.* III 1, n. 260, und daß die Akkusativ-Konstruktion in Z. 7: [παρακολ]ουθήσωντι τὰ δεδογμένα in Delphi m. W. nur noch ein einzigesmal vorkommt im J. 157 (*Fouill.* III 1, n. 288 col. II 7), wo man aber nicht mit Bourguet das Praesens herstellen darf, sondern den Aorist: [ὅπως - - π]αρ[α]κολο[υθήσων]|τι τὰν τῶν πολίων - -; vgl. dasselbe Tempus oben Z. 7 und in dem bekannten ὅπως πύθωνται πάντες oder ὅπως εἰδῶντι. Auch *IG* IX 2, 1109₉₁ ist gemäß der Länge der Lücke: πα[ρ]ακολ[ουθήσωσι] - - τὰ δεδογμένα zu ergänzen, nicht wie bisher παρακολ[ουθῶσι].

Da die angeführten Parallelstellen den Jahren 157—145 angehören, würde man das Alter des Dekrets auf die Mitte des II. Jhdt.s fixieren; daß dies jedoch etwa 30 Jahre zu früh wäre, ist unten bei Text Nr. 132 gezeigt. Betreffs des Inhalts könnten wir klarer sehen, wenn das schon 1891 in Thespiae durch Jamot ausgegrabene Dekret zur Ehrung von delphischen Richtern endlich herausgegeben würde; es war im *Bull.* 15, 659 erwähnt und soll sich im Museum zu Theben befinden. Ich vermute, daß es mit unserer Nr. 129 in Beziehung steht derart, daß letztere vielleicht die Ehrung des thespischen Gesandten enthält, der um die Entsendung delphischer κριταί gebeten hatte.

130, *A—C.* **Der Streit um die Ernennung des Epiknemidischen Hieromnemon.** — Von den oben S. 146 erwähnten, nach der Schlacht bei Pydna einsetzenden Streitigkeiten über das Ernennungsrecht einzelner Hieromnemonen ist zunächst der Streit der Doris mit Sparta zu nennen über die Bestellung des Hieromnemon der dorischen Metropolis, der im J. 160/59 durch Schiedsspruch der Stadt Lamia und der von ihr bestellten 31 Richter zugunsten der Doris entschieden wird; vgl. *Syll.*³ 668. Ähnlich ist der folgende Prozeß, der sich zwischen den ostlokrischen Nachbarstädten Thronion und Skarpheia abspielte.

Wir haben drei Urkunden *A—C* vor uns: die erste *A* enthält den Brief eines attisch schreibenden Staates, der die 61 Schiedsrichter stellte und die Entscheidung zugunsten von Thronion mit 59 Stimmen gegen Skarpheia (2 Stimmen) gefällt hat. Dieses Schreiben ist zweifellos an die Amphiktyonen gerichtet. Beigegeben werden ihm am Schluß die Kopieen der beiden streng dorisch verfaßten ἀντιγραφαί (*B* u. *C*), d. h. die Klageschriften, die von den Gesandten der zwei streitenden Parteien dem Schiedsrichterstaate zugestellt waren. In der ersten *B* beruft sich Thronion auf ein früheres ihm günstiges Urteil, das in Amphissa gefällt war, in der zweiten *C* weist Skarpheia hin auf die alte Sitte (κατὰ τὰ πάτρια) und auf zwei Urteile, die zu seinen Gunsten in Athen und vor den Amphiktyonen gesprochen worden waren; auch gehe ein Schriftstück (γραπτόν) der Römer hiermit conform.

Der Streit dreht sich darum, ob Thronion — gemäß seinem Zuschuß an Opfertieren[1]) und anderen amphiktyonischen Lasten (Kol. II 9) — das ständige Recht auf ein Drittel der epiknemidischen Amphiktyonenstimme besitze, also wohl jedes dritte Mal den Hieromnemon allein ernennen dürfe, oder ob, was Skarpheia verlangt, jene Stimme wie vor alters ungeteilt dem lokrischen κοινόν zustehe, das als solches den Hieromnemonon wähle. Dabei wird stillschweigend als bekannt vorausgesetzt, daß im ersten Fall die übrigen zwei Drittel des Stimmrechts entweder von dem κοινόν geführt würden oder aber dem Hauptort Opus zustünden. Denn sonst wäre der Schiedsspruch selbst ganz unverständlich, da das Recht unzweifelhaft auf Seiten der Skarpheier war, für die gleichwohl nur 2 Richter unter 61 stimmten. Es kann sich daher nur um ein im Laufe der letzten Dezennien eingebürgertes Gewohnheitsrecht von Thronion handeln, das zwar zuletzt anerkannt war, dem früher aber auch zwei ungünstige Urteile gegenüber gestanden hatten, — und das nach meiner Meinung zurückgeht auf die alte Spaltung des ostlokrischen κοινόν in den epiknemidischen, meist aetolischen Nordteil um Thronion-Skarpheia, und die länger autonome Südhälfte um Opus, die sich in Weihinschriften bezeichnet als ἁ πόλις τῶν Ὀπουντίων καὶ Λοκροὶ οἱ μεθ' Ὀπουντίων, bezw. in Dekreten (*IG* IX 1, 269—276) als Ὀπούντιοι καὶ Λοκροὶ μετὰ Ὀπουντίων[2]). Diese Vermutung über das Gewohnheitsrecht Thronions wurde bestätigt durch die auf dem nachträglich bemerkten Fragm. 3402 zutage gekommenen Worte [κ]ατὰ Φίλιππον (Kol. I 4); sie beziehen sich schwerlich auf die Jahre 345—338, sondern gewiß auf die Regierungszeit Philipps V. (221—179); denn kurz vorher trafen wir im J. 235 die Bezeichnung [Σκα]ρφέων Ἄρμενος, von der wir oben ausgingen, die aber später verschwindet. Indessen muß man sich hüten, in dem κοινὸν τῶν Ἐπικναμιδίων Λοκρῶν (Nr. 130, Kol. II 9 u. 19) etwa nur den nördlichen Teil sehen zu wollen; dieser Name ist vielmehr durchaus gleichwertig mit dem inschriftlich nur einmal bezeugten κοινὸν τῶν Λοκρῶν τῶν Ἑῴων, wie aus der Zusammenstellnng in der Anmerkung hervorgeht, wo wir im J. 130 als Stimmträger der 'Hypoknemidier' einen Opuntier bezeugt finden[3]). So sehr also Skarpheia auf die Ent-

---

1) Die Ergänzung von [τὰς θυ]σίας in Kol. II 10 rührt von Klaffenbach her, dem auch die richtige Interpretation von Z. 14/15 glückte.

2) Über diese Zweiteilung im letzten Drittel des III. Jhdt.s ist genauer gehandelt *Syll.*³ n. 597 not. 1. Vgl. R. Weil, *Archaeol. Z.* 31, 1873, S. 140; Dittenberger, *IG* IX 1, n. 270; Pomtow, *Jahrbb. Phil.* 1897, 798.

3) Das bisher bekannte delphische Material ist folgendes: im ganzen IV. Jahrhdt. finden wir als Hieromnemonen ausschließlich Opuntier, obwohl unter den damaligen Naopoioi auch 3 Thronier neben vielen Opuntiern vorkommen; auch der lokrische ταμίας in Delphi stammt aus Opus; vgl. die Listen vom J. 340ff. in *Syll.* I³ p. 314; vom J. 338—327 ebda. p. 444, den ταμίας ebda. p. 444; die Naopoioi vom J. 346ff. ebda. p. 341 und auf der Tafel zu p. 340. Auch im III. Jhdt. scheinen die lokrischen amphikt. Vertreter der Jahre 276—273 Opuntier gewesen zu sein, weil das Ethnikon als überflüssig nicht beigesetzt ist. Dagegen erscheint a. 271/0 zweimal ein Epiknemidier aus Alponos, der viertgrößten Stadt der nördlichen Hälfte (Λοκρῶν Φοῖκος Ἀλπώνιος, *Syll.*³ n. 419). Dann gehen die Lokrer im Aetolerbunde auf, bis nach dessen Reduzierung

sendung eines Hieromnemon Wert legte, hat es doch *rite* niemals ein Anrecht darauf besessen, sondern konnte ihn nur stellen, wenn das κοινόν einmal einen Skarpheier wählte. Bei dieser, durch Text Nr. 130 urkundlich feststehenden Sachlage dürfte das auffällige [Σκα]ρφέων im J. 235 lediglich eine mißbräuchliche Hervorhebung des Stadtnamens sein, ähnlich dem bisweilen vorkommenden Σικυωνίων oder Τροζανίων a. 273, (*Syll.*³ n. 416 u. 417); denn da es sich hier um die offizielle Dorier-Stimme der Peloponnes handelt, hätte die Bezeichnung Δωριέων ebensowenig fehlen dürfen, wie dort Λοκρῶν.

Erst zum Schluß wenden wir uns zu dem kleinen Stückchen Inv. 3802, das anscheinend an den Anfang unserer Kol. I gehört hat. Nach den Praeskripten[1]) erkennt man nach [κρ?]ιται von Zeile 4 in allen folgenden Zeilen nur noch Reste von Eigennamen mit Patronymicis. Da nun zwischen der obersten Zeile von 3402 und der untersten von 3802 wenigstens 22 Zeilen verloren sind, — es können aber bei Annahme eines geringeren obersten Freiraums als 8 cm (oberhalb von Z. 1) auch bis 25 ausgefallen sein —, und man etwa 16—17 Buchstaben für Name + Patronymikon und bei einer Zeilenlänge von 56—58 Buchstaben etwa 18—20 Zeilen für 61 Richter veranschlagen muß, so leuchtet ein, daß für die Aufzählung so langer Namensreihen, die schon in Z. 5 beginnen, mehr wie reichlich Platz war (c. Z. 5—24). Bei solchem Umfang möchte ich in der Tat glauben, daß hier die 61 Doppelnamen verzeichnet waren, so daß sich ungefähr von Z. 25 ab der eigentliche Brief-

---

durch Demetrius Aetolicus der eingangs genannte Vertreter Λοκρῶν 'Επικναμιδίων Μναεύς im J. 236 auftritt (*Syll.*³ n. 482) und zwei Jahre darauf [Σκα]ρφέων "Αρμενος erscheint (*Syll.*³ n. 483, 38), von dem wir oben ausgingen. Bald darauf werden die Lokrer wieder vom Aetolerbund aufgesogen, so daß im J. 216 unter den Αἰτωλοί auch der .... στρατὸς Σκαρφεύς subsumiert wird (*Syll.*³ n. 538), vielleicht auch schon um 220 Σίλας als [Σκαρφ]εύς zu ergänzen ist (*Syll.*³ n. 523, wo die 5 freien Stellen gerade zu Σκαρφ passen würden). Die 'Befreiung' der Griechen durch Flamininus und M.' Acilius hat den Lokrern bekanntlich nichts geholfen, sie blieben nach wie vor aetolisch; daher werden im J. 178 die zwei Stimmen der Λοκρῶν ἑκατέρων von echten Aetolern geführt (*Syll.*³ 636). Erst die Schl. bei Pydna bringt die Autonomie: das κοινὸν τῶν Λοκρῶν τῶν Ἡοίων erscheint zum erstenmal auf Kassanders Ehrentafel c. a. 165, *Syll.*³ n. 353, A 6. Da aber im J. 130 von den Λοκρῶν 'Υποκναμιδίων ein Opuntier als Hieromnemon bezeugt ist (*Syll.*³ n. 692, 20), erkennt man, daß die neue nach der Befreiung aufgekommene Bezeichnung τῶν Ἡοίων sich nicht lange gehalten hat und identisch war mit 'Ἐπικναμιδίων. Darnach ist Bursians nur aus der Kassander-Inschrift abgeleitete Behauptung, der offizielle Name sei stets οἱ Λοκροὶ οἱ Ἡοῖοι gewesen, als irrig abzulehnen (*Geogr. v. Griechenl.* I 187). In der letzten der überhaupt erhaltenen Hieromnemonenlisten *Syll.*³ 826, B (vollständiger in D, E, F etc.) vom J. 119/17 sind die Λοκροὶ Ὑποκναμίδιοι mehrfach bezeugt, während in der vorletzten (*Syll.*³ n. 704, E) beide Lokrer nebst den Boeotern u. a. gefehlt haben.

1) Wenn die Lesung [᾿Α]ρσίου in Z. 2 richtig ist, — Kontoleon las ΡΜΙΟΥ, also [᾿Ε]ρμείου — kann es sich nur handeln um [᾿Α]ρσίου τ[οῦ Χρυσίππου Μαραθωνίου], der auf einer Delischen Weihinschrift der Jahre 167—88 v. Chr. vorkommt; vgl. *Ath. Mitt.* 22, 407 nr. 5.

228

text fortsetzen konnte. Nach dem Dialekt und dem zweimal genannten Monat Metageitnion (Kol. I 8 u. 11 = 41 u. 44) hat der Demos von Athen den Brief geschrieben, er, bezw. die von ihm bestellten 61 Richter wären also diesmal zu einer anderen Meinung gelangt, als sie früher gehabt hatten (Kol. II 20). Die einzige nichtattische Form . αν πόλιν in Kol. I 2 (35) kann sich jetzt nach der Zusammenfügung mit Inv. 3402 als Ὑάνπολιν deuten lassen, so daß vielleicht diese Stadt zuerst von den Epiknemidiern als Schiedsrichterstaat vorgeschlagen war.

[Nachträglich beansprucht ein Text Berücksichtigung, der uns nur aus dem Inventar bekannt ist. Dort wird als Nr. 3769 ein rings gebrochenes weißes Marmorfragment aufgeführt (h. 14, br. 27, dick 15), das 9 Inschriftzeilen enthielt. Von ihnen sind nur 1—4 und 8. 9 in ganz flüchtiger Kopie mitgeteilt und etwa so zu lesen und ergänzen:

130ᵃ. Inv.-Nr. 3769: - - Ἀ]λκαίου τοῦ Λαμπρ[ίου - -
  - - αἱρεθέντες δι(καστ?)αὶ ΤΟΙΑΔΟΥΣΙ
  - - ὑ]πὸ Μειδία τοῦ Μειδία, Πε - -
  - - ον, Φρασιάδας Νικοκλέα, Νεόλαο[ς? - -
  5—7 *fehlen im Inv.*
  8 ⁻ΙΙΙΑΝ ἐκ Πα. ΟΙΟΥ [κ]αὶ δεδώ[κασι?
  - - - - - - - - - - - αὐ]τοσαν[το - -

Der Fundort· fehlt, aber da der nächste Text (3772, dazwischen Sculpturreste) im Hause Karathanos unterhalb des Ischegaon ausgegraben ist, wird auch unser am 18. Mai 1896 gefundenes Stück ebendaher stammen, d. h. von der Tempelterrasse, also unweit des Pydnamonuments. Weil nun die obigen Einzelnamen attische sind, — wiewohl sie außer Μειδίας Μειδία noch nicht vereinigt vorkommen und statt Φρασιάδας sich bisher in Attica nur Φρασίας findet, — und weil es sich wiederum um Richter zu handeln scheint, so müßte man trotz scheinbarer Dialektabweichung das Original prüfen, ob es nicht zu unserem Verzeichnis von 61 Richtern gehören und auf S. 162 rechts von Inv. 3802 (oberhalb von 3570) eingesetzt werden kann].

Als Zeit unseres Prozesses stehen die 5 Jahrzehnte nach Pydna fest, im allgemeinen 160—110 v. Chr. Wahrscheinlich muß man bis an die untere Grenze dieses Zeitraums hinabgehen, s. u. bei Text Nr. 132. Das Pydna-Monument als Einmeißelungsort hat man gewählt, weil die offenbar coaetane Grenzfestsetzung Nr. 131 durch ein Senatskonsult sanktioniert war und dashalb auf dieses römische Denkmal gesetzt worden war. Und auch in Nr. 130 steht am Schluß die Verweisung auf ein von den Römern (über die Ernennung der Hieromnemonen) erlassenes Dekret: ἀκολούθως . . . τῶι ὑπὸ Ῥωμαίων κειμένωι γραπτῶι[1]).

Schließlich verdient die singuläre Form der direkten Rede, beson-

---

1) Vgl. bei Xen. Mem. 4, 4, 21: νόμοι κείμενοι ὑπὸ τῶν θεῶν, 'die von den Göttern gegebenen Gesetze' und später analog: αἱ κείμεναι ὑπὸ τῶν ὑπατικῶν γνῶμαι, 'die von den Konsularen erlassenen Dekrete (*sententiae*)'.

ders in der Klageschrift von Thronion (**B**) Erwähnung, wo die Stadt mit „ich, meiner, mir, mich" (ἐμίν dorisch = ἐμοί) gleichsam als Person auftritt. Diese Rede steigert sich zum ergötzlichen Dialog mit Skarpheia, die gleichfalls mit Du angeredet wird; vgl. Kol. II 14: „Du aber, o Stadt der Skarpheer." Es gibt hierzu m. W. nur eine Parallele aus dem J. 104/3 in den Megalopolistexten *IG* V 2, 443—445, auf die v. Hiller freundlichst aufmerksam machte. Sie enthalten ebenfalls einen Rechtsstreit, und die Stadt spricht wieder als Partei; vgl. n. 445₄: ἅς σύ με σεσύλακας - - πᾶσαν τὰν χώραν, περὶ ἅς σε προκαλεσαμένα πά[λιν ἐπροτερήθης διὰ τοῦ] δικαστηρίου, und Z. 12 ὅτι ἐμοῦ προκαλεσαμένας σε ἐπὶ σύλωι κτλ. Die Verwandtschaft mit dieser ganz singulären Sprechweise könnte auch unseren Text Nr. 130 bis in das Ende des II. Jhdt.s herabzurücken empfehlen.

131. Der Grenzstreit zwischen Thronion und Skarpheia. — Als nach den makedonischen Kriegen und nach dem Falle Korinths die großen Ideen des Patriotismus und der Autonomie im Lande der Hellenen erstarben, weil ihnen alle Ziele genommen waren, wandte sich die Kampfes- und Streitlust der Menschen kleinlicheren Gebieten zu. Die Prozesse und Streitigkeiten um Grenzen und Hoheitsrechte schießen damals wie Pilze aus der Erde empor, die Zahl der Schiedsrichtersprüche wächst in's Ungemessene, so daß hierin das II. Jahrhundert zum streitlustigsten der ganzen griechischen Geschichte geworden ist. Aber auch hierbei wird die letzte Entscheidung, sei es freiwillig, sei es gezwungen, in den wichtigeren Händeln der Bestätigung durch die Römer vorbehalten. Ein neues Beispiel hierfür bietet die große Urkunde Nr. 131, die als Gegenstück zu dem Streit um die Amphiktyonenstimme Nr. 130 auf die andere (rechte) Seite des Orthostats des Pydnamonuments geschrieben ist und den Vertrag (ὁμόλογον) über die ὁροθεσία, die Grenzfestsetzung der zwischen Thronion und Skarpheia strittigen Landschaft Χ[ον?]νεία enthält. Dieses ὁμόλογον ward auf Bitten der beiden Parteien durch den römischen Senat anerkannt (Z. 6), und diese Sanktionierung gab jedenfalls den Anlaß und ein gewisses Recht dazu, den Text auf das Aemilius-Paulus-Denkmal zu setzen. Erst nach ihm, aber zweifellos sehr bald darnach, schlug man Nr. 130 auf der gegenüberliegenden (linken) Seite ein, so daß die Gleichaltrigkeit beider Texte feststeht.

(Siehe den Text Nr. 131 auf S. 170).

Inv.-Nr. 926 (links) + 1021 = 3330 (rechts). — Nr. 926 ist der große Front-Orthostat mit der Weihinschrift, der auf seiner rechten Stirnkante die Anfangsdrittel unserer über die Fuge hinüber geschriebenen Textzeilen trägt. — Gefunden am 19. Okt. 1893 östlich vom Tempel auf der heiligen Straße. Große Marmorplatte, H. 92 cm, Br. 1,69, Dicke 29; rechts und links glatt. — An die rechte Seitenfläche stößt die große Platte Nr. 1021 an, die man aus Irrtum später noch einmal als Nr. 3330 inventarisiert hat, ohne das Versehen zu bemerken. — Gefunden nahe der Ostpolygonmauer der Zwischenterrasse. Große Platte bläulichen Marmors (bei Nr. 3330 irrig: Kalkstein), H. 92, Br. 1,10, Dicke 28; rechts und links Anathyrosis. — Buchstabenhöhe 10 mm.

Zur Textfeststellung: die Schrift ist teilweise stark verscheuert und an den Rändern sowie längs der Mittelfuge vielfach mit Gips überschmiert, unter dem die Buchstaben verschwinden. Im Einzelnen ist anzumerken: Zl. **3.** Man würde erwarten ὁμόλογον ἐθέλουσι[ν ἐγένετο] oder dergl., aber dazu fehlt der Raum; vgl. die bekannte Wendung θέλοντί ἐστί μοι 'es ist mir erwünscht'. — **5** (Ende). Der Name der strittigen Landschaft ist unsicher; ist er etwa identisch mit .. πενοσίας in Z. 27? — **11.** Der Wegename hat hier und in Z. **14** lange jeder Ergänzung widerstanden, aber offenbar ist wieder die ξενίς, die Auslandsstraße zu erkennen; vgl. über dieses Wort und sein Vorkommen Syll.³ n. 636, not. 20. — **12.** Meine erste Ergänzung ἄ[υκτον μέρ]ος war zu lang; in der kürzeren: ἐν τὸ ποτ' ἄ[νω μέρ]ος wäre ποτ' anstößig, vgl. Z. 23 ἐν τὸ κά[τω] μέρος und Z. 32 κατὰ τὸ ὑποκάτω μ[έρος]. So wird man Klaffenbachs Vorschlag ποτ' ἀ[ὼ μέρ]ος = dorisch für ἠώ, ἕως = Osten, akzeptieren, obwohl es sonst hier ἀνατολάν heißt. — **13.** Statt μετρειμένον erwartet man μετρείμενον oder allenfalls -μένας. — **14.** Zum Namen vgl. Suid. Σαμωνᾶς, ὄνομα κύριον, was vielleicht verschrieben ist für unser Σαμώνδας. — **15.** Statt des in Boeotien nicht seltenen Τυ[χ]άνορος wäre vielleicht noch Εὐ[φρ]άνορος möglich. Am Zeilenschluß ist καὶ ἀπὸ τοῦ außen am Rande nachgetragen. — **18.** Es scheint nicht das in Z. 16 u. 30 bezeugte τοιχόχτον dazustehen, sondern τοίχον τοῦ mit Beziehung auf das Wand des πύργος. — In **23, 24, 26, 27, 29, 30** sind die Anfänge, bezw. ersten Drittel noch unsicher. — **27.** Zu .. πενοσίας vgl. oben die Bemerkung zu Z. 5. — **28** (Ende). Hinter Ἀφάμιον stehen noch 3–4 Zeichen, deren erstes Δ ist; vielleicht ist δεκά|[π]εδα δ[ωρικὰ ἑξ]ήκοντα zu lesen, während ich mich bisher mit [π]όδας [πεντ]ήκοντα begnügte. — **29** (Ende). Zuerst las ich τὰς καλειμέ|[νας], dazu stimmte jedoch Z. 30 nicht, wo mehrere Genetive auf -ον erkennbar sind. So könnte man an das im Text vorgeschlagene ἀπὸ τῶς καλ[ιᾶς..]|. ον τοῦ ..... ΑΤΛον Σκαρφέ[ος] denken, wobei freilich die Wortstellung befremdet, vgl. Z. 14 τὸ Σαμῶνδα τοῦ Ζωίλου Θρονιέος χωρίον. — **38.** καὶ οὕτως ἅ τε ὁροθεσία κυρία ἔστω bedeutet: 'und (auch) so' soll der Grenzvertrag gültig sein, d. h. trotz der etwaigen Strafzahlung.

Der Wortlaut der Urkunde ist noch nicht überall gleich sicher gelesen, bezw. ergänzt; auch die Satzgliederung und Interpunktion werden sich ab und zu schärfer fassen lassen. Trotzdem möchte ich das interessante Dokument den Fachgenossen nicht länger vorenthalten, beschränke mich aber aus Raumrücksichten auf die Besprechung einiger sachlich und sprachlich wichtigen Stellen. — Sowohl der **Monatsname Phamios** oder (A)phamios in Z. 1 ist neu als auch der gleichnamige **Fluß** Ἀφάμιος, der offenbar zu den zahlreichen Gießbächen gehört, die von der Knemis zum Meere herabstürzten. Genaueres lehrt uns in Z. 17 das interessante Vorkommen des Flußnamens **Manes**, der bisher einzig bei Strabo IX 426 bezeugt war: εἶθ' ὁ Βοάγριος ποταμὸς ἐκδίδωσιν ὁ παραρρέων τὸ Θρόνιον, Μάνην δ' ἐπονομάζουσιν αὐτόν· ἔστι δὲ χειμάρρους, ὥστ' ἀβρόχοις ἐμβαίνειν τοῖς ποσίν, ἄλλοτε δὲ καὶ δίπλεθρον ἴσχειν πλάτος. μετὰ δὲ ταῦτα Σκάρφεια, σταδίοις ὑπερκειμένη τῆς θαλάσσης δέκα, διέχουσα δὲ τοῦ Θρονίου τριάκοντα κτλ. Treffend übersetzt Benseler (Pape III) den Μάνης mit 'Wutach', denn offenbar bedeutet dieser lokale Beiname des schon im Schiffskatalog (Il. 2, 533) genannten 'Wildbrüllers' Boagrios den 'Rasenden' (Fluß). Sehen wir nun, daß sich die strittige Landschaft einerseits bis etwa 3 km vor die Ufermauern des Manes (Z. 17), anderseits bis zum Meere erstreckt (Z. 16, 23f.), und

Grenzvertrag zwischen Thronion und Skarpheia.

131. Inv.-Nr. 926 | Inv.-Nr. 1021 = 3330

Ἀγαθᾶι τύχ[αι. Τῶν | μὲν Θρονιέων ἄρ]χοντος Μελ[αντί]χου, μηνὸς (Ἀ)φαμίου,
[τῶν δ]ὲ Σκαρφέ[ων ἄρ|χοντος Ἀριστο?]ξένου, μηνὸς Ἰτωνίου τεσσερεσκαιδεκά-
ται, ὁμόλογον ἐθέλουσι[ν ἧν | πόλει Σκαρφέ]ων καὶ πόλει Θρονιέων, ὃ συνέθετο ὑπὲρ
τὰν πόλιν τῶν Σκαρφέων [οἵ τε ἄρχοντες κ]αὶ οἱ πρόβουλοι καὶ οἱ ξύνεδροι, ὑπὲρ δὲ [τὰ]ν
5 λιν τῶν Θρονιέων οἵ τε ἄρ[χοντες καὶ οἱ ξ]ύνεδροι, ὥστε τὰς χώρας τὰς καλεμένας X[ον?]
περὶ ἃς διεφέροντο ποτ' ἀλλ[ή]λας, αἱ πό[λε]ις καὶ ἐπρέσβευον ἐπὶ σύγκλητον, εἶμεν αὐτ
ὅρους τοὺς ὑπογεγραμμέ[νου]ς κατ τὸν κίονα, ὃν ἔθηκαν κοινᾶι παρά τε τὸν ποταμὸν
Ἀφάμιον καὶ παρὰ τὰν ὁδὸ[ν τ]ᾶν δοχμᾶν, τᾶι γειτονεῖ ἐκ τοῦ ποτὶ μέσον ἀμέρας (μέρεος) τὸ π
ρον μὲν Μαχίτα, νῦν δὲ Ἔϕ[ρο]ρος τοῦ Χαριγένεος Θρονιέος χωρίον, τιθεμένου τοῦ ὅρο
10 ⟨κ⟩ τοῦ ποτ' ἄρκτον μέρος [τᾶς | ὁδ]οῦ καὶ τοῦ προγεγραμμένου χωρίον. Καὶ ἄλλον ἀπὸ τούτ
ὅρον παρὰ τὰν ὁδὸν τὰν [ξεν|ί]δα παρὰ τὸ προγεγραμμένον χωρίον, ἀπέχοντα ἀπὸ τοῦ
πρῶτον ὅρον ἐν τὸ ποτ' ἀ[ὼ? | μέρ]ος δεκάπεδα δωρικὰ ἐνενήκοντα καὶ ἑπτά, πόδας ἓξ, ἔ
χοντα δὲ καὶ ἀπὸ τᾶς λεγομέ[ν|ρ]ας ὁδοῦ παρὰ τὰ Ἄρεια μετρειμένον ἐν τὸ ποθ' ἑσπέρα
μέρος παρὰ τὰν ὁδὸν τὰν [ξε|ν]ίδα, ὡς παρήκει τὸ Σαμώνθα τοῦ Ζωΐλου Θρονιέος χω
15 ον καὶ τὸ Τυ[χ]άρορος χωρίο[ν], δεκάπεδα δωρικὰ διακόσια τέσσαρα, πόδας τέσσαρας. Καὶ ἀπ
πρώτου κίονος ἄλλον ἐν τ[ὸ | π]οτ' ἄρκτον μέρος παρὰ θάλασσαν, ἀπέχοντα ἀπὸ τοῦ τοι[χ
τοῦ] τοῦ Μάρου ἐν τὸ ποτ' ἀν[α|το]λᾶν μέρος δεκάπεδα δωρικὰ διακόσια εἴκοσι τρία, πόδα
ἓξ, καὶ ἐκ τοῦ ποταμοῦ ἀπ[έχοντ|α ἀ]πὸ τοῦ Λύκονος πύργου ἀπὸ τοῦ τοίχου τοῦ ἐν ποτ' ἀν
λᾶν] μέρος δεκάπεδα δ[ωρικὰ] πεντήκοντα σὺν τῶι ἕρκει τῶι ἐν τὸ πό[θ'] ἑσπέραν μέ
20 ἀπὸ] τοῦ ποταμοῦ ἔχον[τος, τ]οῦ πλάτος πόδας πεντήκοντα σὺν τῶι ἕρκει τῶι ἐν
τὸ] ποτ' ἀνατολὰν μέρο[ς, τῶ|ν] μέτρων τιθεμένου ἀπὸ μὲν τοῦ πύργου ἐν ὀρθὸν ἐν
τ]ὸν ποταμὸν παρὰ τὰς ἀτρ[α|πούς καὶ παρὰ τὰν σκαπετόν· ἀπὸ δὲ τοῦ ποτ' ἄρκτον
[κίονος ἄλλ]ον κίονα ἐν τὸ κάτ[ω] μέρος ποτὶ θάλασσαν καὶ πάλιν ἀπέχοντος τοῦ αὐ[τοῦ
[.... κίονος?] ἀπὸ τοῦ ποτ' ἀνατ[ολὰ]ν μέρεος ἀπὸ θαλάσσας κατὰ τὰν σκαπετὸν τὰν παρὰ τ
25 Ἀφάμιον ποταμ]ὸν ἐν τὸ π[οθ' | ἑσπ]έραν μέρος δεκάπεδα δωρικὰ διακόσια τριάκοντα
[δύο?], πόδας τρε[ῖς, μ]έσον τ[ιθεμέ|νου] τοῦ μέτρου ἐκ τοῦ παρὰ θ[α]λασσαν μέρεος. Καὶ ἄ
λο]ν [ε]ς κ]ίονας ἀνὰ μέσον . . . . . | . . . . πενοσίας ἀπὸ τοῦ παρὰ θάλασσαν ὅρον ἐν τὸν
π]αρὰ τὰν [ὁ]δὸν τὰν δοχμιάν, | ἀ]πέχοντα ἀπὸ τοῦ ὅρου τοῦ παρὰ τὸν Ἀφάμιον δ[εκά
π]εδα δ[ωρικὰ ἑξ]ήκοντα ἑπτά [. | . . ἀ]πέχει δὲ καὶ ὁ ποταμὸς ὁ Ἀφάμιος ἀπὸ τᾶς καλ[ιᾶς
30 . ον τοῦ . . . . . ΙΤ.Ιον Σκαρφέ[ος ἀ]πὸ τοῦ τοιχόχυτον ἐν τὸ ποτ' ἀνατολὰν μέρος σὺν
τ]ῶι ἕρκει τῶι ἐν τὸ ποτὶ Σκ[ά]ρφειαν μ]έρος πόδας δωρικοὺς ἑξήκοντα, ἔχοντος τοῦ
π]οταμοῦ κατὰ τὸ ὑποκάτω μ]έρος τᾶ]ς ὁδοῦ τᾶς δοχμᾶς ὁ σπάρτος πόδας πεντήκον
τ]α σὺν τῶι ἕρκει τῶι ἐν τὸ ποτ' [ἀνατο]λᾶν μέρος. Μηδέ τι ποιησάσθω δὲ τᾶς χώρας μηδ
τ]έρα πόλις ὑπερβᾶσα τοὺς πρ[ογεγρα]μμένους ὅρους, μηδὲ καθ' ὁποῖον τρόπον μηδένα
35 φερ]έτω τοὺς προγεγραμμέν[ους ὅρο]υς, μηδὲ δικαζέσθω μηδετέρα πόλις ἐκ ταύτας
τᾶ]ς χώρας ἐκ μηθετὸς ἐγκλ[ήματο]ς ἐκ τοῦ πρότερον χρόνου κατὰ μηθέτερα τρόπον· εἰ
μ]ή, ἀποτεισάτω ἁ παραβαίν[ουσά] τι πόλις τῶν ἐν τῶι ὁμολόγωι γεγραμμένων ἀργυρί
ου τάλαντα ἑξήκοντα, καὶ οὕ[τω]ς ἅ τε ὁροθεσία κυρία ἔστω κατὰ ἑκατέραν τᾶν πόλιω
κ]αὶ ἁ χώρα, καθότι προγέγρα[π|τ]αι. Τὸ δὲ ὁμόλογον τόδε κύριον ἔστω ἐν πάντα τὸν χρόν

finden wir als dritte Grenze den Aphamiosfluß (Z. 8, 25, 28f.) sowie die mehrfache Erwähnung der 'Auslandsstraße', der ὁδὸς ἁ ξενίς (Z. 11, 14), mit der einzig die große Hauptroute längs der Küste über Thronion—Skarpheia—Nicaea—Alponos zu den Thermopylen gemeint sein kann, so läßt sich der Fluß Aphamios und die Lage des Streitobjekts genau bestimmen: es ist der in den *Formae Orb. Ant.* XV angegebene, bisher namenlose Gebirgsfluß, der etwa 20 Stadien von Skarpheia, 10 von Thronion entfernt die ξενίς = Chaussée kreuzt und bald darauf ins Meer fällt. Da es der einzige Fluß zwischen dem Manes und dem westlich an Skarpheia vorüberfließenden Bach ist, den die Karte verzeichnet, so ist damit sowohl die strittige Landschaft als auch die bisher unbekannte Grenze zwischen den beiden Stadtgebieten fixiert, und wir lernen, daß das Gebiet von Skarpheia reichlich zwei Drittel von der Entfernungslinie beider Orte einnahm.

Über die Person und Zeit einzelner Thronier (Zoilos, Z. 14) wird unten bei Text Nr. 133 gehandelt. — In Z. 8, (10), 28, 32 bedeutet ἁ ὁδὸς ἁ δοχμά (= δοχμία) eher die Querstraße, als den Steilweg. — Z. 16, (18?), 30: das Wort τοιχόχτος ist neu, es kann nur 'Stützmauer, Böschungsmauer, Bollwerk' bedeuten, d. h. die Ufermauern der Wildbäche. — In Z. 32 ist ὁ σπάρτος = ἡ σπάρτη = στάθμη, d. h. die Richtschnur oder Meßleine; nach der Satzkonstruktion ist ὁ σπάρτος adverbiell zu fassen, etwa 'in gerader Richtung'.

132. Proxeniedekret, a. 151. — Rechts von der Fuge der vorigen Orthostatplatte hat man in die, im Übrigen aus Gips bestehende, rechte Nachbarplatte unweit der linken unteren Ecke ein Fragment eingegipst, auf das kurz eingegangen werden muß. Es stammte nach der fast sicheren Ergänzung aus dem Archontat des Thrasykles, bisher a. 148, jetzt besser a. 151[1]), was mir für die Benutzung des a. 168/7 errichteten Pydnamonuments durchaus zu früh erschien. Denn daß man schon 17 Jahre nach der Weihung hier fremde Inschriften hätte einmeißeln dürfen, die noch dazu keinen Römer betrafen, war wenig glaublich, — und bei der Durchsicht der übrigen 32 Texte des Denkmals stellte sich heraus, daß von den fest datierten das Amphiktyonendekret vom J. 119/17 (Text Nr. 125) das älteste sei, also damals die üblichen 50 Jahre seit der Weihung verstrichen waren: So betrachtete ich die angebliche Zu-

---

1) In der *Delph. Chron.* (R-E IV 2639) war zu dem Jahr 148 bemerkt, daß ἄ. Thrasykles emporrücken müsse auf 150. Da seitdem der Text Polygonmauer D-E n. 18 (Rüsch, *Delph. Grammat.* S. 324) gelehrt hat, daß dieser Archont in einem Schaltjahr fungierte, muß man ihn sogar auf 151 hinaufschieben. Zu den Buleuten in Text Nr. 132 sei notiert, daß kein anderer Μαντίας in Betracht kommt, und wenn bisher die Reihenfolge: Λεξόνδα, Μαντία, Ξεναινέτου lautete, so wird die obige Abfolge auch durch die unedierte Proxenie Inv.-Nr. 390 bezeugt, die auf einer schwarzen Kalksteinbasis des Stratiotenfeldes unter der Weihinschrift erhalten ist. Leider ist der Proxenos-Name links weggebrochen; Z. 3 lautet: [Ἄρχοντος Θρασυκλέος, βουλευόντων τ]ὰν δευτέραν ἑξάμηνον Μαντία, Λεξόνδα, Ξε[ναινέτου]. Diese Schlußbuchstaben standen auf dem verlorenen Nachbarstein.

gehörigkeit unseres Fragments mit großem Mißtrauen, da man sie wohl nur aus der Ähnlichkeit des bläulichen Marmors erschlossen hatte (?). Genaueres ließ sich nicht feststellen, weil jahrelang die Inventar-Nr. fehlte; ihre Auffindung ist erst jetzt, nach 2 Tagen Suchens, gelungen und erhob den Verdacht der Nichtzugehörigkeit zur Gewißheit. Denn im Gegensatz zu allen anderen Stücken ist dieser Stein nicht in der Nähe des alten Standortes, südöstlich unterhalb des Tempels, gefunden, sondern weit außerhalb des Temenos im Westen. Auch gibt Kontoleon bläulichen **Kalkstein**(!) als Material an, was freilich derselbe Irrtum sein könnte, wie bei Inv. 1021 = 3330 (oben S. 170), wo das erstemal Marmor, das zweitemal Kalkstein steht.

Inv.-Nr. [2106]. — Gefunden im Sept. Okt. 1894 nahe dem Hause von Franko-Homolle, oberhalb der Gräber, nahe der neuen Polygonmauer. — Fragm. bläulichen Kalksteins [?], rings gebrochen, H. 29, Br. 22, D. 20. Doch scheint, soweit die Eingipsung erkennen läßt, vielleicht ein Stück der Unterkante erhalten (?). — Buchstabenhöhe 8—9 mm, Zeilenintervalle 11—12 mm (das ist ungewöhnlich hoch und findet sich für die älteren Texte am ganzen Denkmal nicht wieder).

132.   Inv.-Nr. 2106.   (*a. 151*)

[ἐπαινέσαι] Χαίρω[να] Κα[λ... od. Κλ... καὶ δεδόσθαι]
[αὐτῶι π]αρὰ τᾶς πόλι[ο]ς π[ροξενίαν, προμαν]-
[τείαν], προδικίαν, ἀσυλία[ν, ἀτέλειαν, προε]-
[δρία]ν ἐμ πᾶσι τοῖς ἀγών[οις, οἷς ἁ πόλις]
5 [τίθη]τι, καὶ τἆλλα τίμια π[άντα ὅσα καὶ]
[τοῖ]ς ἄλλοις προξένοις [καὶ εὐεργέταις]
[τᾶ]ς πόλιος ὑπάρχει. [Ἄρχοντος Θρασυκλέος],
[βο]υλευόντων Μαντ[ία, Δεξόνδα],
[Ξεναινέτ]ου.

Aus diesen Feststellungen resultiert Folgendes: wenn in der Tat alle sonstigen Texte des Denkmals jünger sind, als Nr. 125 (a. 119/17), werden auch die datumlosen Thronion-Urkunden Nr. 130/131 nicht gleichzeitig sein mit dem Streit um die amph. Stimme der Doris (a. 160), sondern etwa 50 Jahre tiefer gehören. Wir kommen damit auf die Zeit, in welcher auch die oben S. 168 als sprachliche Parallelen zu dem Dialoge der Thronion-*ἀντιγραφή* angeführten Megalopolistexte *IG* V 2, n. 443/5 entstanden sind, d. h. c. a. 104/3 v. Chr. Daß hierzu auch die prosopographischen Indizien stimmen, wird der folgende Text Nr. 133 zeigen.

133. Proxeniedekret für zwei Thronier, a. 121/0. — Von einer nicht mehr *in situ* befindlichen Theatermauerquader, die als Fundamentstein der Südwand von Haus 212 tief in der Erde steckte, konnte ich im Dez. 1887 nur einen Abklatsch nehmen, da eine Abschrift in der von Schmutz starrenden Umgebung unmöglich war. Der Stein trug 3 Texte, 2 Manumissionen und rechts daneben 1 Proxeniedekret, vgl. *Beitr. zur Topogr. v. D.* p. 94, n. 54—56. Im Laufe der Jahre sind die Texte entziffert worden (Scheden *IG* VIII n. 179 u. 1056/7), und da das Dekret zwei Brüdern aus Thronion gilt, so sei es hier mitgeteilt, obwohl ich den Stein nicht wiedergesehen habe.

Inv.-Nr. 2492 + 2496. — Wiedergefunden am 11. Mai 1895 vor der Südmauer des Theaters. — Lange Quader aus Parnaßstein, H. 37 cm, Br. 1,47 m, D. 35 (?). Der Stein ist jetzt in zwei Stücke gebrochen, das rechte trägt unser Dekret (2496). — Buchst. 8 mm.

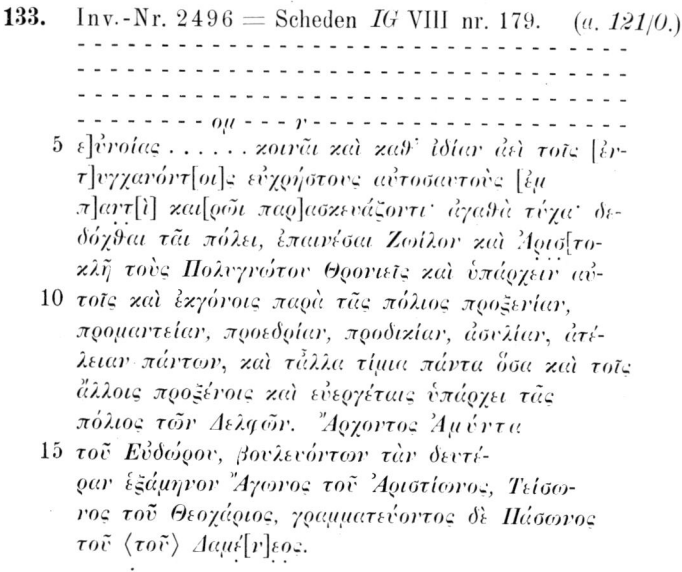

133. Inv.-Nr. 2496 = Scheden *IG* VIII nr. 179.   (*a. 121/0.*)

```
------------------------------------------
------------------------------------------
------------------------------------------
--------ομ---ν---------------------------
```
 5 ε]ὐνοίας . . . . . κοινᾶι καὶ καθ' ἰδίαν ἀεὶ τοῖς [ἐν-
τ]υγχανόντ[οι]ς εὐχρήστους αὐτοσαυτοὺς [ἐμ
π]αντ[ὶ] και[ρῶι παρ]ασκευάζοντι· ἀγαθᾶι τύχαι δεδόχθαι τᾶι πόλει, ἐπαινέσαι Ζωΐλον καὶ Ἀριστο-
κλῆ τοὺς Πολυγνώτου Θρονιεῖς καὶ ὑπάρχειν αὐ-
10 τοῖς καὶ ἐκγόνοις παρὰ τᾶς πόλιος προξενίαν,
προμαντείαν, προεδρίαν, προδικίαν, ἀσυλίαν, ἀτέλειαν πάντων, καὶ τἆλλα τίμια πάντα ὅσα καὶ τοῖς
ἄλλοις προξένοις καὶ εὐεργέταις ὑπάρχει τᾶς
πόλιος τῶν Δελφῶν. Ἄρχοντος Ἀμύντα
15 τοῦ Εὐδώρου, βουλευόντων τὰν δευτέραν ἑξάμηνον Ἄγωνος τοῦ Ἀριστίωνος, Τείσω-
νος τοῦ Θεοχάριος, γραμματεύοντος δὲ Πάσωνος
τοῦ ⟨τοῦ⟩ Δαμέ[ρ]εος.

Die Schrift ist sehr zerfressen und zerstört, und obwohl ich in Z. 8 f. zweifelnd καὶ ΑΓΑ[θο]κλῆ gelesen hatte, dürfte es jetzt sicher sein, daß ΑΡΙΣ[το]κλῆ dasteht, was bei Nachprüfung des alten Abklatsches durchaus möglich erscheint. Denn an den Orthostaten der Pergamenischen Basen stand das Proxeniedekret für die Söhne unseres zweiten Geehrten (Aristokles). Es ist im *Bull.* 22, p. 34 n. 26 ediert und stammt aus dem Archontat des Ἀθανίων Κλεοξενίδα, a. 86. Seine ersten Zeilen seien hier wiederholt:

133ᵃ. Inv.-Nr. 2456 = *Bull.* 22, p. 34 nr. 26.   (*a. 86.*)

Ἐ]πειδὴ Πολύγνωτος καὶ Δαμοτέλης οἱ Ἀριστοκλέος Θρο-
ν]ιεῖς εὐχρήστους αὐτοσαυτοὺς παρεχόμενοι τυγχάνον-
τ]ί τᾶι τε πόλει καὶ κατ' ἰδίαν ἀεὶ τοῖς ἐντυγχανόντοις, σπου-
δ]ᾶς καὶ φιλοτιμίας οὐθὲν ἐνλείποντες, ἐνδαμήσαντες
5 δ]ὲ καὶ ἐν τὰν π[ό]λιν ἁμῶν, τάν τ' ἐπιδαμίαν καὶ ἀναστρο-
φά]ν ἐπ[ο]ιήσαντο εὐσχήμονα καὶ πρέπουσαν ἀξίως αὐ-
σ]αυτῶν τε καὶ τῶν προγόνων καὶ τᾶς ἁμετέρας πόλιος· ὅπως
ο]ὖν καὶ ἁ πόλις φαίνηται τιμῶυσα κτλ.

Es dürfte unzweifelhaft sein, daß wir nach der Ehrung der vorigen Generation im J. 120 in Nr. 133 jetzt die der nächsten Generation a. 86

in Nr. 133ᵃ zu erkennen haben, und durch Zufall sind 33 Jahre, d. h.

die normale Generationsdauer, zwischen den beiden Texten verstrichen. Zum Überfluß wird in Nr. 133ᵃ, Z. 7 ausdrücklich an die Verdienste 'der Vorfahren' erinnert, deren die Geehrten sich würdig erwiesen hätten, und dadurch deutlich auf die frühere Ehrung Nr. 133 angespielt.

Vergleicht man nun mit den Brüderpaaren Ζωίλος καὶ Ἀριϭ[το]κλῆς οἱ Πολυγνώστου und Πολύγνωστος καὶ Δαμοτέλης οἱ Ἀριστοκλέος den im Grenzvertrag Text Nr. 131₁₄ genannten Σαμώνδας Ζωίλου Θορίευς, so ergibt sich die Wahrscheinlichkeit, daß dies der Sohn unseres Zoïlos vom J. 121/0 ist. Dann würde aber die große ὁροθεσία Nr. 131 auch aus diesem Grunde an das Ende des II. Jhdt.s gehören, — wohin uns soeben die Schlußbemerkung zum Text Nr. 132 führte —, statt in dessen Mitte um 160. Denn während die Proxenen-Ehrungen meist älteren Männern zuteil wurden, konnte das Grenzgrundstück sehr wohl einen jungen Besitzer (Samondas) gehabt haben und dessen Vater Zoïlos bald nach 120 gestorben sein.

134—137. Das Seleukiden-Denkmal und seine Throniontexte. — Die östlichen Lokrer haben ihre Urkunden in Delphi auf die verschiedensten Denkmäler und Bauten geschrieben, weil sie kein eigenes großes Anathem dort besaßen. So wählten sie vor und nach dem Pydnamonument auch das hohe Denkmal der Seleukiden, das ich leider nicht völlig rekonstruieren kann, weil H. Bulle, der die einzelnen Steine gezeichnet hatte unter dem Abkommen, sie uns bekannt zu geben, diese Zusage nicht eingelöst hat. Es lassen sich aus den Abklatschen bisher folgende beschriftete Blöcke zusammenstellen, die alle als Kennzeichen eine Umrahmung der Ansichtsflächen durch glatte, 3 cm breite, unterschnittene Randstreifen zeigen, aus Hag. Eliasstein bestehen und meist 89—94 cm hoch, c. 63 breit, 74—77 tief sind. Sie liegen jetzt gegenüber der Westecke der großen Polygonmauer am Wege, zwischen ihr und dem Westperibolos. **1.** Inv.-Nr. 1338 (nicht 1388, wie im *Bull.* angegeben) mit 4 Texten, darunter das Ehrendekret für Seleukos II., Dittenb., *Or. Gr. I.* n. 228, und die Promantie für Smyrna (*Syll.*³ n. 470): ediert *Bull.* 18, 227ff. — **2.** Inv.-Nr. 635, trägt auf der schmalen Front unten die Signatur Μειδίας ἐπόησε. Ganz oben auf glattem Felde vermutet Bourguet die völlig verloschene Weihinschrift für Antiochos III. (*Bull.* 35, 467 not.). Auf der rechten Seitenfläche steht das große Amphiktyonendekret vom J. 202. ἄ. Φιλατώλου, worin für Antiochos III. und den Demos von Antiochia (Alabanda) je eine Kolossalstatue von 8 Ellen Höhe (4 m) beschlossen wird. Daß zur Basis der ersteren dieser Block selbst gehört, lehrt Z. 32 ἀναγράψαι τόδε τὸ ψάφισμα ἐν τᾶι βάσει τᾶι τοῦ βασιλέως Ἀντιόχου ἐν τῶι ἱερῶι τοῦ Ἀπόλλωνος τοῦ Πυθίου. Vgl. die Edition im *Bull.* 18, 235ff. (Dittenb., *Or. Gr. I.* n. 234 und die Notiz in der *Syll.* II³ p. 79). — **3.** Inv.-Nr. 895. Auf dem Mittelfeld steht das große Dekret vom J. 157 für Seleukos, den Verwandten des Ptolemaeus Philometor (Dittenb., *Or. Gr. I.* n. 150) und oben auf rauherer Partie das *SC* vom J. 118/16 (*Syll.*³ n. 826, K). Der Herausgeber im *Bull.* 18, 249

Thronion-Skarpheia und die Amphiktyonie. 175

hat die Zugehörigkeit zu unserem Monument nicht erkannt. — Es folgen 3 unedierte Blöcke: **4.** Inv.Nr. 3368, mit Text Nr. 134 (Thronion) und 135 (zweite Meidiassignatur). — **5.** Das Fragment Inv.-Nr. 2372 mit Text Nr. 136 (dritte Meidiassignatur). — **6.** Inv.-Nr. 1284 mit Text Nr. 137 (Thronion-Engaioi).

134. Proxenie für einen Thronier, a. 207/6, auf Block 4.

Inv.-Nr. 3368. — Gefunden am 7. März 1896, gegenüber der SW-Ecke des Tempels, außerhalb (?) des Westperibolos. — Großer Kalksteinblock, H. 88 cm, Br. 63, Tiefe 77; an Front und Seitenflächen unterschnittene Ränder, 3 cm breit. — Buchstaben 8 mm.

Inv.-Nr. 3368. (a. 207/6.)
[Θ]   ε   ο   ί.

[Δελφοὶ ἔδω]καν Καφισοδώρωι Μέμνορος Θρονιεῖ, αὐτῶι καὶ ἐκγόνοις,
[προξεν]ίαν, π[ρ]ομαντείαν, προεδρίαν, προδικίαν, ἀσυλίαν, ἀτέλειαν πάντων
[καὶ τἆλλα ὅσα κ]αὶ τοῖς ἄλλοις προξένοις καὶ εὐεργέταις. Ἄρχοντος Ἀλεξέα, βου
5 [λευόντων Ἀρχ]έλα, Λυσιμάχου, Εὐθυδίκου.

Die Überschrift beginnt 2 cm unterhalb des oberen, unterschnittenen Randes. Der Text ist natürlich später eingehauen als die untere Signatur Nr. 135.

135. Zweite Meidias-Signatur. — Genau 30 cm unterhalb von Nr. 134 steht in 1½ cm hohen Buchstaben:

Μειδίας ἐπόησε.

Die Inschrift entspricht auch in der Größe und Achsweite der Zeichen so genau der Signatur von Block **2** (Inv. 635), daß die aufeinandergelegten Abklatsche sich Buchstabe für Buchstabe decken.

136. Dritte Meidias-Signatur, auf Block **5**. — Im Inventar steht folgende Notiz (den Stein fanden wir nicht):

Inv.-Nr. 2372. — Gefunden am 18. April 1895 nahe und innerhalb der Westperibolosmauer. — Fragment einer Kalksteinplatte (?), rechts und links gebrochen, oben und unten vollständig. H. 36 cm, Br. 43 max., Dicke 17.

Μειδίας ἐ.[πόησε].

Da der Fundort zu dem vorigen stimmt, aber die Maße dieses Steins abweichen, müssen die beiden ersten, unter sich völlig gleichen Signaturen den eben genannten Parallelstatuen angehören, d. h. da Block **2** die Antiochos-Statue trug (s. oben), stand über Block **4,** oberhalb der zweiten Signatur (Nr. 135) die des Demos von Antiochia. Man würde die dritte Signatur (Nr. 136) gern einer Seleukos-Statue und dem zu Block **1** gehörenden Denkmal zuweisen, aber es ist kein solches Standbild bekannt; und wenn die Zeit des Dekrets für diesen König richtig auf a. 242 (ἄ. Δαμοτίμου) bestimmt ist, könnte Meidias sie kaum schon verfertigt haben. Denn selbst wenn man wegen Text Nr. 134 die zwei anderen Signaturen vom J. 202 auf 206 emporschiebt, bliebe der Zeitraum von 242—206 doch zu groß, zumal die 3 Signaturen zeitlich gewiß nicht weit auseinanderliegen (die Technik aller Blöcke, mit Ausnahme von **5**, ist identisch). Aber vielleicht stand noch ein anderer Seleukide in Delphi und Block **1** bezöge sich nicht auf Seleukos II. (246—226), sondern III. (226—222)?

Der bisher unbekannte Meidias muß ein berühmter Künstler gewesen sein, da er die Hinzusetzung von Patronymikon oder Ethnikon verschmähte. — sicherlich war er Athener sowohl des bekannten Namens wegen als auch weil damals die attischen Künstler gern nur mit ihren Eigennamen signierten und meist ἐπόησε statt ἐποίησε schrieben; vgl. die drei Signaturen des Ergophilos in *Delphica* II S. 46 (*Berl. ph. W.* 1909, Sp. 283) und die drei des Simalos ebda. S. 48 (Sp. 285).

137. Der Vertrag zwischen Thronion und den Engaioi, auf Block **6**.

Inv.-Nr. 1284. — Gefunden am 11. April 1894, westlich des ἄνω δόμος (?, wohl Opisthodom), in einer Tiefe von 4 m. — Großer Block aus Kalkstein mit unterschnittenen Rändern, H. 89, Br. 63, Tiefe 74. Hat auf Oberseite an der Front sehr langes Einlaßloch. — Buchstabenhöhe 8—10 mm.

Inv.-Nr. 1284.

Τὰν δὲ ἀναγραφὰν τᾶ[ς] ὁμολογίας ποιησάσθω τά[ν μὲν ἐν]
Δελφοῖς οἱ Ἐγγαῖοι ἐμ μηνὶ ['Ἀπολλω?]ρίωι, ὡς Σκαρφεῖς ἄγο[ντι,
τᾶς Τιμολόχου καὶ Ἀπελλέα ἀρχᾶς, τὰν δὲ ἐν Πυλαίαι [Θρο-
νιεῖς ἐμ μηνὶ Ἱππείωι, ὡς Θρονιεῖς ἄγοντι, τᾶς Ἀριστ[άρχο]υ ἀρ-
5 χᾶς. Φερόντω δὲ καὶ γράμματα οἱ Ἐγγαῖοι παρὰ τοῦ κοινοῦ τῶν Λοκρῶν ποτὶ τὰν πόλιν τῶν Δελφῶν, ὅτι εὐαρεσ-
τέοντι τᾶι ἀναγραφᾶι τᾶς ὁμολογίας, ὡσαύτως δὲ καὶ
Θρονιεῖς παρὰ τᾶς ἰδίας πόλιος. Καταχωριζόντω δὲ καὶ
ἐν τὸ σύμβολον τὸ ὁμόλογον τοῦτο, καὶ μὴ ἔστω κυ-
10 ρία (ἁ)τέρα τοῦ ὁμολόγου τούτου ἐν τῶι συμβόλωι ὁμο[λο-
γία μηδεμία. Ἐν δὲ τὰν ἀναγραφὰν τᾶς ὁμολογίας τᾶς
μὲν ἐν Δελφοῖς δόντω τὸ ἀνάλωμα οἱ Ἐγγαῖοι, τᾶς δὲ
ἐν Πυλαίαι Θρονιεῖς. Εἰ δὲ μὴ ἀναγράφοντι τὰν ὁμολογίαν
οἱ Ἐγγαῖοι ἐν τοῖς γεγραμμένοις χρόνοις, ὑπόδικοι ἐόντω τᾶι
15 πόλει τῶν Θρονιέων ποτ' ἀργυρίου τάλαντα δύο.

vacat.

Diese an der Front stehende, miserabel geschriebene Urkunde wird man in den Anfang des I. Jhrhdt.s v. Chr. setzen müssen[1]). Der interessante Inhalt lehrt folgendes: die Stadt Thronion hatte mit den Ἐγγαῖοι, die nach dem Kalender von Skarpheia datieren, also zu dieser Stadt gehörten, eine große ὁμολογία = σύμβολον abgeschlossen, einen richter-

---

1) Auch hier habe ich Klaffenbach für seine Hilfe warm zu danken, durch die ein großer Teil des schwierigen Abklatsches entziffert wurde, besonders die Zeilenenden 9. 10 und -anfänge 10. 11.

lichen Vergleich, in welchem — zweifellos durch Schiedsrichter — wohl wieder Grenzstreitigkeiten geschlichet und die Grenzen festgesetzt waren. Dieser **Haupttext** ist verloren, er muß auf einem, unmittelbar über unserem lagernden Block (**7**) gestanden haben, und erhält durch unseren 'Vertrag' (ὁμόλογον) einen **Nachtrag**, der sich lediglich auf die ἀναγραφά, die Einmeißelung des Haupttextes bezieht; sie soll durch Thronion in den Thermopylen, — die hier zum erstenmal in einer nichtdelphischen Urkunde Πυλαία heißen —, in Delphi durch die Ἔγγαιοι ausgeführt werden, und zwar binnen Monatsfrist.

Wer waren nun diese Ἔγγαιοι? Ich habe lange an die früh verschollene Skarpheïsche Stadt Augeiai gedacht (Il. 2, 532), möchte aber jetzt einfacher die „Landbewohner" (auch ἔγγειοι geschrieben) in ihnen sehen im Gegensatz zu den Städtern in der πόλις Σκάρφεια. Gewiß ist sonst der Gegensatz zu ἔγγαιοι vielmehr die 'Seeleute', aber der Name ist doch zu sehr redendes Etymon, um einer Stadtgemeinde anzugehören (von Ἔγγαια müßte Ἐγγαιάτας gebildet werden, nicht Ἔγγαιος). Möglicherweise haben sich die in den Skarpheïschen Grenzfluren lebenden Bauern zu einem losen Verbande zusammengetan, um ihre Rechte und Grenzen gegen Thronion zu verteidigen. Und die elende, flüchtige Schrift, mehr eingeritzt als eingehauen, weist deutlich auf die Armut der Schreiber. An eine direkte Beziehung zu dem Grenzvertrag von Thronion-Skarpheia (Nr. 131) zu denken, verbietet die Verschiedenheit des Einmeißelungsortes nicht weniger als die der Schrift.

Einzelheiten: Auch das Schwanken der Schreibung Ἔγγαιοι (Z. 2 u. 5), Ἔγγαοι (12), Ἔνγαοι (14) spricht mehr für die appellative Bedeutung 'Landbewohner', als für einen Ortsnamen. — Z. 2. Der Monatsname ist unsicher, man glaubt eher ΣΟΙΓΥ zu sehen. — 4. Den Monat Ἵππειος fand ich nur noch in Rhegion (*Syll.*³ n. 715, Z. 1), einer Kolonie von Chalkis, die nach Beloch I² 229 auch die Lokrer nach sich gezogen hat zur Gründung von Lokroi: Zu Ehren Poseidons hieß also wohl beiderseits des Euripus der 6. Monat Ἵππειος (sonst Ποσιδεών)[1]. — 5. In φερόνθω ist in das Τ ein Θ hineingeschrieben.

[1] In Chalkis und Eretria ist der Ἱππιών je einmal belegt (*IG* XII 9, 207₃₈; XII 5, 1128, cf. XII 9, p. 157), doch möchte ihn Bischoff, *R-E* s. v. *Hippion* gleich dem Thargelion setzen, weil er dem Πλυντηριών von Paros entspricht.

Schon hier sei bemerkt, daß sich unter den in Bd. XIV u. XV bisweilen nur nach dem Inventar publizierten Steinen nachträglich folgende fünf Texte in Abklatschen und Abschriften gefunden haben: Nr. **32**; **39/40** (mit neuen 8 Zeilen zu unterst); **41**; **46** (besteht aus 2 Texten); **74**. — Das Genauere folgt in Teil V.

Berossos' Chronologie und die keilinschriftlichen Neufunde[1]).
Von C. F. Lehmann-Haupt.

XI. Zur achten und neunten Dynastie der babylonischen Königsliste.

a) Im vorigen Bande dieser Zeitschrift (S. 244 Z. 3 v. o. f. der Anmerkungen) habe ich die Frage berührt, ob der *Nabû-šum-iškun*, für den 13 Jahre bezeugt sind, tatsächlich mit dem Vorgänger des *Nabû-naṣir* identisch sei. Die Annahme, daß dies der Fall sei, führt zu Folgerungen, die mit den Angaben der Königsliste vollkommen unverträglich sind.

Die neunte Dynastie (I) der Königsliste, der beide angehören, hat 22 Jahre geherrscht. Da nun *Nabûnasir*-Nabonassar nach dem ptolemäischen Kanon und der babylonischen Chronik 14 Jahre regiert hat, so kämen für ihn und seinen Vorgänger schon 27 Jahre heraus, zu denen noch die 2 Jahre seines Sohnes *Nabû-nadin-zer* hinzutreten, sowie die x Jahre des ersten Königs der Dynastie $= 29 + x$. Forrer[2]) will daher die frühere Lesung 31, die von mir als irrig erwiesen ist, an Stelle der 22 setzen, die auf der Thontafel steht.

E. F. Weidner[3]) aber verwertet das Argument, um aufs Neue der Annahme das Wort zu reden, daß die 22 nicht die Zahl der Jahre, sondern die Anzahl der Könige bedeute, so daß das Ende der Kol. III und der mit dem Vorgänger des *Nabûšumiškun* beginnende Anfang der Kol. IV zusammen Eine Dynastie bildete. Da zu Anfang der Kol. IV vor der Summierung fünf Könige gestanden haben, so müßten die übrigen 17 am Schluß der dritten Kolumne untergebracht werden, was, wie ich eingehend gezeigt habe[4]), unmöglich ist. Gegen Schnabels[5]) Versuch, diese Annahme gleichwohl durchzuführen, haben Ed. Meyer[6]) und Forrer die Stichhaltigkeit meiner Argumentation nachdrücklich betont. Auch Weidner hat nichts Neues anführen können, um die Unmöglichkeit, am

---

1) Siehe oben Bd. VIII S. 227—251, X S. 476—494.
2) *Zur Chronologie der neuassyrischen Zeit* (Mitt. d. Vorderas. Ges. XX [1915] Nr. 3 S. 19, s. o. Bd. XV S. 243f. Anm. 3.
3) *Studien zur assyr.-babyl. Chronologie* (ebenda XX Nr. 4) S. 88 Anm. 1.
4) *Zwei Hauptprobleme d. altor. Chronologie u. ihre Lösung* (1898) S. 24 ff.
5) *Mitt. Vorderas. Ges.* XIII (1908) S. 74 ff.
6) *GA* I³₂ § 325 A S. 360.

Schlusse von Kol. III hinter dem die VII. Dynastie (G) bildenden Elamiten, 17 Zeilen unterzubringen, in ihr Gegenteil zu verwandeln.

Hätte wirklich Nabonassars Vorgänger mindestens 13 Jahre regiert, so bliebe nur übrig, einen Fehler in der Summierung der IX. Dynastie (I) anzunehmen, so daß die 22, die dasteht, in eine Zahl über 29 zu verbessern wäre.

Auch das wäre aber nur nötig, wenn wir lediglich mit dem Einen Könige namens *Nabû-šum-iškun* zu rechnen hätten.

Der Nachfolger des *Šamaš-mudammiq*, welch letzterer nach dem von Weidner — in Umschrift — zuerst veröffentlichten neuen Berliner Fragment E der vierte König der Dynastie VIII (H) war, heißt nach der synchronistischen Geschichte *Nabû-šum-iškun*. Er wäre der erste, der Vater Nabonassars der zweite Herrscher dieses Namens. Die von King veröffentlichte Chronik *Br. M.* 27859 nennt dagegen an der gleichen Stelle *Nabû-šum-ukîn*, das Berliner Fragment E bietet *Nabû-šum-*. ., läßt uns also bezüglich des dritten — weggebrochenen — Bestandteils im Stich. Der Gedanke, daß man es mit zwei aufeinanderfolgenden Herrschern — einem *Nabû-šum-iškun* und einem *Nabû-šum-ukîn* — zu tun habe, ist, wie eben das Fragment E zeigt, aufzugeben. Denn dieses bietet die Folge. *Šamaš-mudammiq, Nabû-šum-*. . . ., *Nabû-(a)bal-[iddin]*. Weidner, der darauf mit Recht hinweist, entscheidet sich für die Namensform *Nabû-šum-ukîn*, so daß es nur Einen *Nabû-šum-iškun* gegeben hätte.

Da aber diese letztere Annahme, wie betont, zu Folgen führt, die mit dem Tatbestand der Königsliste unverträglich sind, so muß die Entscheidung zugunsten des Namens *Nabû-šum-iškun* fallen, wie ihn das assyrische Dokument bietet. Da dieses in Wahrheit nicht eine einfache Chronik, sondern einen Auszug aus den Archiven über ein zwischen Assur und Akkad strittiges Gebiet, also ein staatsrechtliches Dokument darstellt, so liegt darin nichts Befremdliches.

Dem Nachfolger *Šamaš-mudammiq's* gibt Weidner ca. 20 Regierungsjahre. Die Nennung seines 13. Regierungsjahres verträgt sich also damit ohne Weiteres. Die Veröffentlichung des betreffenden Textes liegt mir zwar nicht vor. Da es sich aber um eine Privaturkunde handelt, die nach *Nabu-šum-iškun* 13 datiert ist, so wird darin der König sicher nicht als Vater *Nabu-naṣir's* bezeichnet sein, so daß uns nichts hindert, sie der Regierung des der Dynastie VIII (H) zugehörigen *Nabû-šum-iškun* I. zuzuschreiben.

Damit werden die Widersprüche, die aus diesem Datum gegen die 22 Jahre als korrekte Summierung der neunten Dynastie hergeleitet worden sind, hinfällig.

b) Die neuen Berliner Fragmente geben die Folge der babylonischen Könige, ohne ihre Angehörigkeit zu verschiedenen Dynastien hervortreten zu lassen. Die erhaltenen Teile der Kol. II des Fragments E lassen ohne Trennungslinien oder sonstiges unterscheidendes Merkmal auf einander folgen:

Zeile 1. [m 1]) Š[i-la-num-šu-qa-mu-na], den letzten (dritten) König der V. Dynastie (F) der Königsliste.

„ 2. ᵐ Mâ[r-bîti-abal-uṣur], den Elamiten als einzigen König der VI. Dynastie (G).

„ 3. m. ilu 2) Nabû-mukî[n-abli], den ersten König der VIII. Dyn. (H). Es folgen:

Zeile 4. m. ilu Nimurti-kudurri-uṣu[r] (II.), 2. König der VIII. Dyn. (H).
„ 5. ᵐ Mar-bîti-aḫ-id[din], (s. Bruder³)) 3. „ „ „ „ „
„ 6. m. ilu Šamaš-mudam[miq], ... 4. „ „ „ „ „
„ 7. m. ilu Nabû-šum-[iškun] (I.), ... 5. „ „ „ „ „
„ 8. m. ilu Nabû-(a)bal-[iddin], ... 6. „ „ „ „ „

und das Fragment schließt

Zeile 9. m. ilu Marduk-[bêl-usâti], ... 7. „ „ „ „ „
„ 10.   1 Jahr.
„ 11. m. ilu [Marduk-zakir-šum], ... 8. „ „ „ „ „

Zur gleichen Tafel wie E gehört, nach Weidner, das Fragment F, das lautet:

Zeile 1. m. ilu (?) 4)
„ 2. m. ilu Marduk-bê[l-
„ 3. m. ilu Marduk-abal-[
„ 4. ᵐ Eriba- ilu Mar-[duk], . . . 1. König der IX. Dynastie (I).
„ 5. m. ilu Nabû-šum-[iškun] (II), 2. „ „ „ „ „

Nabûšumiškun II., der zweite König der IX. Dynastie (I), ist der erste der auf der Königsliste in Kol. IV erhaltenen Könige dieser Dynastie; ihm folgen Nabûnaṣir, Nabû-nadin-zêri, Nabû-šum-ukîn, dann die Summierung: 22 (scil. Jahre).

Rechnen wir diese 3 hinzu, so ergibt sich als Summe der Könige der VIII. und IX. Dynastie (H und I) 16 (Fragment E, Z. 3—11 = 8 Könige, Fragment F = 5 Könige + die 3 letzten Könige der IX. Dynastie), d. h. gerade die Zahl der Könige, die auf der Königsliste bequem unterzubringen⁵) sind, nämlich für die VIII. Dynastie (H) außer den ersten 3 Königen, deren Regierungszahlen am Ende von Kol. III der Königs-

---

1) Determinativ für männliche Personennamen.
2) Determinativ der Gottheit. — 3) *Keilinschriftl. Bibliothek* IV S. 90 f. Z. 44.
4) Nur das männliche Determinativ sicher.
5) Siehe meinen Nachweis *Zwei Hauptprobleme* (1898) S. 28. Bequem unterzubringen sind 11 Könige + 1 Summierung. Denkbar als Äußerstes 12 Könige + 1 Summierung.

liste erhalten sind, noch 8 Könige (+ 1 Summierung), im Ganzen 11 Könige + (1 Summierung) und für die IX. Dynastie (I) 5 Könige, nämlich vor der Summierung „22" 4 Könige und Spuren eines weiteren (Nr. 1), darüber der Rand der Tafel; Gesamtsumme 11 + 5 = 16 Könige.

Nun sind aber hinter *Marduk-zakir-šum* (Dyn. VIII Nr. 8) noch einzufügen: sein Nachfolger *Marduk-bala(t)-su-iqbî* und *Bau-aḫ-iddin*, der 812 durch Samsi-Adad, den Gemal der Semiramis, besiegt wurde. Wir haben also mit der Höchstzahl der für die Dynastie VIII auf der Königsliste dem Raum nach möglichen Könige 12 (+ Summierung)[1]) zu rechnen, und erkennen, daß die Berliner Fragmente eng aneinander anschließen, indem zwischen beiden eine Lücke von einer Zeile für *Marduk-bala(t)-su-iqbî* anzunehmen und in Z. 1 von Fragment F hinter den erhaltenen Determinativen der Name ᵐ·ⁱˡᵘ [*Bau-aḫ-iddin*] einzusetzen ist!

Es ergibt sich also für die 12 + 5 = 17 Könige der Dynastien VIII (H) und IX (I) der Königsliste im Vergleich mit den Berliner Fragmenten E und F das folgende Bild — ein zugefügtes (KN) bedeutet, daß der Name, ein (KZ), daß nur die Zahl der Regierungsjahre oder -Monate, ein (KNZ), daß Beides auf der Königsliste erhalten ist.

Dynastie VIII (H).
1. *Nabû-mukîn-ablî*. 36 Jahre (KZ) . . . . . . Fragment E Zeile 3
2. *Nimurti-kudurri-uṣur*. (II.). 12 (?) Jahre (KZ) „ „ „ 4
3. *Mar-bît-aḫi-iddin*. 8 Mon., 10 + x Tage (KZ) „ „ „ 5
4. *Šamaš-mudammiq* . . . . „ „ „ 6
5. *Nabû-šum-iškun* I. (mindestens 13 Jahre) . . „ „ „ 7
6. *Nabûbaliddin* . . . . „ „ „ 8
7. *Marduk-bêl-usâti*. 1 Jahr . . . . „ „ „ 9 u. 10
8. *Marduk-zakir-šum* . . . . ergänzt „ „ „ 11
9. *Marduk-bala(t)-su-iqbî*. Zu ergänzende Endzeile von Fragment E.
10. *Bau-aḫ-iddin* . . . . ergänzt Fragment F Zeile 1
11. *Marduk-bêl-*.... . . . . „ „ „ 2
12. *Marduk-abal-*.... . . . . „ „ „ 3

Dynastie IX (I).
1. *Eriba-Marduk* . . . . „ „ „ 4
2. *Nabû-šum-iškun* II. (KN) . . . . „ „ „ 5
3. *Nabû-naṣir*. 14 Jahre[2]) KN).
4. *Nabû-nadin-zêr*. 2 Jahre[3]) (KNZ).
5. *Nabû-šum-ukîn*. 1 Monat 13 Tage (KNZ).

---

1) Siehe S. 180 Anm. 5.
2) Nach dem ptolemäischen Kanon und der babylonischen Chronik.
3) Ptol. Kan. Νάδιος 2 Jahre.

Weidner dagegen sieht sich durch seine irrige Annahme genötigt, zwischen beiden Fragmenten eine Lücke von 8 Zeilen anzunehmen und darin außer *Marduk-bala(t)-su-iqbî* und *Bau-aḫ-iddin* noch weitere 5 Könige, „Nr. 11—15" vorauszusetzen, die auf der Königsliste absolut nicht unterzubringen sind. Er teilt „Nr. 11—15" die Jahre 812—780 ca., den beiden am Anfang von Fragment F mit einem Teil ihrer Namen erhaltenen Königen *Marduk-bêl-* ... und *Marduk-abal* je 2 volle Jahre, 779—776, zu. Es ist klar, daß die für 7 Könige äußerst kurze Frist von 36 vollen Jahren (811—776) bequem auf die beiden wirklich bezeugten Herrscher, *Marduk-bêl* ... und *Marduk-abal* verteilt werden könnte. Dies umsomehr, wenn noch ein Interregnum hineinzurechnen wäre, wie es die von King herausgegebene Chronik *Br. M. 27 859* gerade vor *Erba-Marduk* verzeichnet, den unser Fragment E als den Begründer der neunten Dynastie erweist: „x Jahre war kein König im Lande." Ein solches auf einer Fremdherrschaft beruhendes Interregnum konnte, wenn man ihrer nicht ausdrücklich oder andeutungsweise gedenken wollte, dadurch verdeckt werden, daß man ihre Jahre einem folgenden oder vorhergehenden Herrscher zurechnete, oder sei es Gegenkönige, sei es als Statthalter fungierende Vizekönige als Vollherrscher aufführte. Dieses Interregnum, das in den Regierungen der beiden uns bisher ganz unbekannten Könige *Marduk-bêl*... und *Marduk-abal*... in irgend einer Weise (s. u. S. 184f.) mitenthalten ist, die dem *Eriba-Marduk* auf dem Fragment F vorausgehen und also die achte Dynastie beschließen, wird uns, wie wir alsbald sehen werden, zu einer weiteren Klärung der Sachlage verhelfen.

Vorerst halten wir einen Augenblick inne, um die Tatsache hervorzuheben, daß zum ersten Mal dank den Berliner Fragmenten wenigstens die Grundlage und eine Vorstellung von der Gestaltung der achten und des Beginns der neunten Dynastie gewonnen worden ist, zu der allenfalls noch einige das Wesen des Gesamtbildes nicht verändernde Abweichungen sich herausstellen können, u. A. etwa solche der babylonischen und der assyrischen Auffassung.

Daß nämlich unter der Herrschaft des Assyrerkönigs *Adadnirari* und seiner Mutter, der *Sammuramat*-Semiramis, Babylonien zeitweilig mit Assyrien vereinigt gewesen ist, geht sowohl aus der „synchronistischen Geschichte" wie aus Berossos hervor, der der Semiramis bei den auf die 9 Araber (= Dynastie V und VI [E und F] + Nr. 1 bis 3 [oder 1, 2 und 4][1]) der Dynastie VIII [H] der Königsliste) folgenden 45 Königen gedenkt, und zwar in demjenigen Abschnitt, der der mit *Kinzer* beginnenden Gruppe vorausgeht. Der früher auch von mir[2]) vertretene Gedanke W. Belck's, es sei

---

1) Vgl. *Klio* III S. 148, VIII 230f., X 484f. Dyn. G, der Elamit bleibt als Fremdherrscher außer Betracht. Ebenso ev., weil nur 8 Monate herrschend, Dyn. H Nr. 3. Näh. in der Fortsetzung. — 2) *Klio* III S. 149, VIII S. 231, X S. 485.

nach der Absetzung des *Bau-aḫ-iddin* eine ganze assyrische Dynastie (H 2), anzusetzen, nämlich Adadnirari, der Sohn der Semiramis, dessen Sohn Salmanassar IV. und dessen Nachfolger *Assur-dan*, erscheint zunächst durch die uns vorliegende, mit der Königsliste harmonierende Auffassung der Berliner Fragmente ausgeschlossen (vgl. unten S. 184). Schon die Chronik *Br. Mus.* 27 859[1]) huldigt aber mit dem Interregnum, das sie vor *Eriba-Marduk* verzeichnet, einer anderen Auffassung. Mit Recht hat Weidner dies Interregnum in die Regierungszeit Adadnirari's verlegt — freilich ohne die dafür früher geltend gemachten teils urkundlichen, teils aus der Einführung des Nebokultes zu erschließenden Gründe zu berücksichtigen. „Es wäre in der Tat," wie Weidner bemerkt, „keineswegs unmöglich, daß der assyrische König die Einsetzung eines eigenen babylonischen Fürsten verhindert hätte, wenn sich auch natürlich etwas Sicheres nicht feststellen läßt".

Da es in der genannten Chronik weiter heißt „im zweiten Jahre ergriff Erba-Marduk die Hände Bêls und des Sohnes Bêls" (= Nebo), so hatte Winckler das Interregnum auf 2 Jahre bemessen. Weidner hält diese Zahl für zu niedrig, weil eine Geschäftsurkunde aus dem „vierten Jahre, da kein König im Land war", datiert ist, und erkennt in King's Autographie die Spuren der Zahl 12. Ob aber die genannte Datierung gerade in das vorliegende Interregnum gehört? Bekanntlich haben wir noch mit mindestens einem weiteren vier Jahre überdauernden Interregnum zu rechnen — den acht Jahren, während deren Babylonien unter Sanherib assyrische Provinz war und die die babylonische Chronik und der ptolemäische Kanon als königslose Zeit behandeln, während die Königsliste weniger streng und staatsrechtlich minder korrekt Sanherib als babylonischen König aufführt, was er niemals gewesen ist[2]).

Über diesen prinzipiellen Unterschied in der Behandlung sowohl der illegitimen wie der Fremdherrscher habe ich früher[3]) gehandelt und dabei schon darauf hingewiesen, daß bei einem Dokument, das so weite Zeiträume umfaßt und auf so verschiedene Quellen zurückgehen kann wie die babylonische Königsliste, eine durchaus gleichmäßige Behandlung nicht zu erwarten ist.

So gut wie sich bei den königslosen Zeiten der Sargonidenzeit Differenzen in der Anschauung ergeben haben, so gut ist es möglich, daß die beiden sonst ganz unbekannten Könige, die die Berliner Fragmente in offenbarer wesentlicher Übereinstimmung mit der Königsliste als Nr. 11

---

1) King, *Babylonian Chronicles* II, p. Rs. Z. 7; vgl. die Autographie *ib.* p. 153.
2) Die andere königslose Periode des ptolem. Kanons bleibt wegen ihrer Kürze (2 Jahre) ohnehin außer Betracht.
3) *Zwei Hauptprobleme* S. 31 ff.

und 12 der Dynastie H erkennen lassen, assyrischerseits nicht als vollgültige Herrscher anerkannt wurden. Daß dem so war, macht die Chronologie wahrscheinlich.

Da *Bau-aḫ-iddin* 812 (811)[1]) abgesetzt wurde und *Eriba-Marduk's* erstes Regierungsjahr 754 war, fallen auf die beiden Herrscher die dazwischen liegenden 57 Jahre, die fast genau der Regierungszeit der drei Assyrer Adadnirari IV., Salmanassar IV., Assurdan entsprechen. Der Umstand, daß danach gleichzeitig in Assyrien und in Babylonien eine neue Regierung 755/4 begann, war eine der Stützen für Belck's Annahme, es habe bis dahin keine einheimischen Herrscher in Babylonien gegeben, vielmehr sei das unter Adadnirari begonnene, durch Einführung des Nebokults in Assyrien begründete Verhältnis einer Art Personalunion zwischen Assyrien und Babylonien unter dessen Nachfolgern fortgesetzt worden. Erwägt man nun, daß die Eponymenchronik während der Regierungen dieser Assyrerkönige keinerlei kriegerische Verwicklungen mit Babylonien erkennen läßt, so ergibt sich der Schluß, daß die beiden neuen Herrscher *Marduk-bêl* und *Marduk-abal* . . . keinenfalls eine selbständige, auf Babyloniens Unabhängigkeit von Assyriens Bevormundung gerichtete Politik verfolgt haben können. Sie werden also höchstens von den Assyrerkönigen eingesetzte oder geduldete Verwalter, Vizekönige gewesen sein, die als selbständige Herrscher angesprochen wurden, um die Fremdherrschaft zu verdecken. Die Berliner Fragmente, und allem Anscheine nach in Übereinstimmung mit ihnen die Königsliste, vertreten also in diesem Abschnitte eine babylonisch-nationalistische Richtung.

Es muß ferner fraglich erscheinen, ob die „Regierung" dieser beiden unbedeutenden Könige wirklich jenen verhältnismäßig langen Zeitraum ausgefüllt hat, der ihnen nach dem Fragment F zukommen würde, ob sie nicht vielmehr in Wahrheit nur kürzere Abschnitte innerhalb des Interregnums, der Fremdherrschaft, darstellten.

So läßt es sich auch nicht ohne Weiteres entscheiden, ob das von *Br. Mus.* 27859 erwähnte Interregnum nur eine kurze Periode (zwei oder zwölf Jahre) vor dem Beginn der neuen neunten Dynastie darstellt, oder etwa die ganze von Adadnirari bis Assurdan reichende Periode umfaßte[2]). Waren es mehr als zwei Jahre, so bezögen sich die Worte „im zweiten Jahre erfaßte *Eriba-Marduk* die Hände Bêl's" nicht auf die Dauer des Interregnums, sondern auf die Regierung des *Eriba-Marduk*, dem es erst im zweiten Jahre seiner tatsächlichen Herrschaft gelungen wäre, sich Babylons

---

1) Die in Klammern gesetzte Zahl nach Forrers neuer und wahrscheinlicher Ansicht, daß der Eponymenkanon von 745 a. C. aufwärts um ein Jahr später anzusetzen ist (vgl. oben Bd. XIV S. 243 Anm. 1).

2) Sexagesimale Schreibung vorausgesetzt, wäre z. B. die Lesung und Ergänzung der Spuren bei King, *Chronicles* II p. 153 zu 72 denkbar.

zu bemächtigen und zum Neujahrsfeste die für die legitime Herrschaft eines babylonischen Königs unerläßliche Zeremonie vorzunehmen[1]).

Es ist daher sehr wahrscheinlich, daß nach assyrischer Auffassung, dem von Sammuramat angebahnten staatsrechtlichen Verhältnis entsprechend, Babylonien von Assyrien abhängig, nominell in Personalunion mit ihm war, während babylonischerseits diese Fremdherrschaft nicht anerkannt wurde[2]). Dabei konnte entweder 1) der in Frage kommende Zeitraum ganz als Interregnum angesprochen oder 2) ganz der Regierung von Unterkönigen zugeschrieben werden, die von den Assyrern eingesetzt oder geduldet waren, oder es konnte 3) von einem Wechsel zwischen Interregnum und solchen Unterkönigen die Rede sein. Fall 2) liegt in den Berliner Fragmenten und anscheinend auch in der Königsliste vor; Fall 3) oder möglicherweise Fall 1) in der Chronik *Br. Mus.* 27859.

Auch ist nach dem Vorausgegangenen klar, daß nicht notwendigerweise die Angaben der Berliner Fragmente E und F vollständig mit der Königsliste übereingestimmt zu haben brauchen. *Marduk-bêl-usâti* z. B. könnte auf der Königsliste gefehlt haben und sein Eines Jahr seinem Bruder *Marduk-zakir-šum* zugerechnet worden sein[3]). Im Übrigen aber steht durch die Berliner Fragmente das Gesamtbild der achten und neunten Dynastie, abgesehen von den möglichen Verschiedenheiten der babylonischen und der assyrischen Anschauung, durchaus fest.

Wie sich die absolute Chronologie der Dynastie VIII gestaltet, ob sie sich mit dem völlig unkorrigierten Datum von Bavian verträgt, (dessen Verminderung um 100 Jahre, wie ich sie früher vertrat, ja gegenstandslos geworden ist, seitdem die Lücke, die in der Reihe der assyrischen Herrscher hinter den Söhnen Tiglatpileser's I. angenommen werden mußte, durch die Funde von Assur ausgefüllt ist[4])); wie sich nunmehr das Verhältnis zur Chronologie des Berossos darstellt und ob vielleicht durch ein astronomisches Datum ein sicherer Anhaltspunkt gewonnen werden kann — all das wird im Folgenden zu erörtern sein.

Vorläufig nur kurz das Folgende:

Weidner verlegt den Anfang der Dynastie VIII in das Jahr 996 v. C., fast genau in die Zeit, die ich unter der — nach dem 1898 bekannten Gesamtbefunde höchst unwahrscheinlichen — Voraussetzung, daß das

---

1) So Weidner S. 100.
2) Vgl. Weidner a. a. O.: „Babylonische Könige hat es wohl auch in dieser Zeit gegeben, aber es werden nur Duodezkönige von *Adad-nirari's* Gnaden gewesen sein."
3) Auch *Nabû-mukîn-zêr*, dessen 4. Jahr bezeugt ist, wäre übergangen, falls er der Zeit der VIII. Dynastie (H) angehörte (Weidner S. 104) und nicht vielmehr der IV. Dynastie (D).
4) Vgl. *Klio* VI S. 534f. und XV S. 244f. Anm. 1.

unkorrigierte Datum von Bavian in Giltigkeit bleiben könnte, angesetzt hatte: „Dynastie H 998—754[1])." Selbst dieser Ansatz kann von Weidner nur erreicht werden unter der Annahme, daß der vierte König Šamaš-mudammiq erst nach 42jähriger Regierung sein Ende gefunden habe.

Ed. Meyer setzte das erste Jahr der Dynastie VIII ca. 1004 und konnte die 251 Jahre von 1004—754 nur ausfüllen, indem er, entgegen dem Befund der Königsliste, der Dynastie VIII 13 (statt höchstens 12) Könige und eine Summierung zuteilte[2]).

(Wird fortgesetzt.)

Konstantinopel.

---

[1] *Zwei Hauptprobleme* S. 49.

[2] An und für sich genügen für diesen Zeitraum natürlich auch 12 Könige (zu rund 21 Jahren im Durchschnitt). Das hat Ed. Meyer wohl im Auge, wenn er auf meine Einwände *Klio* X S. 478ff. in der dritten Auflage seiner *Geschichte* S. 360f. erwiderte, ob man 12 oder 13 Könige ansetze, sei chronologisch ohne Belang. Die Daten aber, die uns für die Verteilung dieser Herrscher im Einzelnen zur Verfügung stehen, ließen (und lassen heute noch) ein Auskommen mit 12 Herrschern schwierig erscheinen. Daher meine Erwiderung *Lit. Zentralbl.* 1915 Sp. 526.

Mitteilungen und Nachrichten.

Die Zahl der σιτοφύλακες in Athen.
Zu Lysias 22 § 8.
Von **Wilhelm Göz**.

In der von Wilamowitz[1]) eingehend behandelten Rede des Lysias gegen die Getreidehändler heißt es § 8 bei der Wiedergabe der Aussage der σιτοφύλακες, auf die sich die Getreidehändler berufen hatten: καὶ οἱ μὲν δύο οὐδὲν ἔφασαν εἰδέναι τοῦ πράγματος, Ἄνυτος δ᾽ ἔλεγεν ὡς τοῦ προτέρου χειμῶνος κ. τ. λ. So lautet die Überlieferung der maßgebenden Hs. X[2]), mit der die andern Hss. übereinstimmen.

Die Stelle ist insofern von Wichtigkeit, weil aus ihr, wenn man die Überlieferung hält, die Dreizahl der σιτοφύλακες zur Zeit der Rede, die Wilamowitz in die ersten Monate des Jahres 386 v. Chr. verlegt, sich ergibt. Für Boeckh[3]) stand denn auch, gerade im Hinblick auf unsere Stelle, die Dreizahl als die zuerst überlieferte Zahl fest. Th. Bergk[4]) unternahm zuerst den Versuch einer Besserung unserer Stelle. Er schlug vor, wohl veranlaßt durch Harpokration[5]), statt des überlieferten δύο τέσσαρες zu lesen, so daß sich die Gesamtzahl fünf ergab. Und zwar meinte er hiemit die σιτοφύλακες des Piraeus.

Thalheim verwarf dies freilich in seiner Ausgabe des Lysias (Teubner 1901), kehrte aber ebenfalls nicht zur Überlieferung zurück, sondern wollte

---

1) *Aristoteles und Athen* II, S. 374 ff. Hierauf ist für alle den Inhalt der Rede angehenden Fragen zu verweisen.

2) Siehe Hude in der *praefatio* seiner Ausgabe (1912) S. III.

3) *Staatshaushaltung der Athener*, 1. Aufl. S. 91; 2. Aufl. S. 118 und Anm. 1.

4) *Commentationum de reliquiis comoediae Atticae antiquae libri duo* (1838) S. 18 ... *sed puto levem errorem subesse, scribendum potius est* καὶ οἱ μὲν τέσσαρες, Ἄνυτος δὲ *ut intelligantur quinque illi, qui in Piraeo rem frumentariam curabant.* Siehe dazu Boeckh-Fraenkel, *Staatshaushaltung der Athener* II, S. 23*. Die Konjektur Bergks ging in der Folgezeit in die Ausgaben von Scheibe (Teubner 1852, 1874, 1880) und Rauchenstein-Fuhr (Schulausgabe bei Weidmann, 10. Aufl.), ebenso in die neueren Darstellungen des attischen Staatswesens und die Enzyklopädien über. Siehe Wilamowitz a. a. O. I, S. 220; Gilbert, *Handbuch der griech. Staatsaltertümer* I², S. 289 f.; Schömann-Lipsius, *Griechische Altertümer* I, S. 448; Daremberg-Saglio, *Dictionnaire des antiquités grecques et romaines* IV 2, S. 1537 (σιτοφύλακες), wo Ch. Michel unsere Stelle als *passage corrompu* bezeichnet. Lübker, *Reallexikon des klass. Altertums*, 8. Aufl. 1914, S. 955.

5) Harpokration s. v. σιτοφύλακες ed. Bekker. Endgültig in Ordnung gebracht wurde die Zahlangabe erst durch Vömel, *Zeitschr. f. Altertumswissenschaft* 1852, S. 32.

schreiben: οἱ μὲν νῦν οὐδὲν ἔφασαν εἰδέναι τοῦ πράγματος, Ἄνυτος δὲ κ. τ. λ. Zugegeben, daß die Entstehung des δύο aus νῦν palaeographisch nicht allzu schwierig zu erklären wäre, so vermißt man die Erwähnung der Amtsgenossen des Anytos. Diese mußten doch so gut wie Anytos befragt werden. Ferner erfordert, wie uns dünkt, das νῦν ein entsprechendes πρότερον, da zur Herstellung des Gegensatzes die § 9 erwähnte Angabe, daß Anytos im vergangenen Jahre σιτοφύλαξ war, auf die sich Thalheim beruft, nicht genügt. Daher würde man vermuten: οἱ μὲν νῦν οὐδὲν ἔφασαν εἰδέναι τοῦ πράγματος, τῶν δὲ πρότερον Ἄνυτος κ. τ. λ. Konservativ schließlich ist der Standpunkt, den C. Müller in seiner Ausgabe (*Didot*, Paris 1877) und neuerdings C. Hude (*Lysiae orationes*, recognovit C. Hude Oxford 1912) eingenommen haben. Unseres Erachtens, wie wir zu zeigen versuchen werden, mit vollem Recht.

Eine Hilfe allen Versuchen gegenüber, an der Überlieferung unserer Stelle zu rütteln, ersteht dieser in einer Inschrift aus Priene[1]). Hier liest man Z. 1 ff.: Ἔδοξε τῆι βουλῆι καὶ τῶι δήμωι· Εὐετι — — Ἀπολλωνίου εἶπεν· ἐπειδὴ αἱρεθέντες σ[ιτοφύλα]κες ὑπὸ τοῦ δήμου Ἡγησίας Θρασυβούλου, Φ[λίσκος] Ἀπολλωνίου, Ζωΐλος Εὐαγόρου κοινὴν ἐπο[ιήσαν]το τὴν ἀρχὴν καὶ τοῦ τε σίτου καὶ [τ]ῶν ἄλλω[ν τῶν] κατὰ τὴν ἀγορὰν τὴν σιτοπωλιν πωλουμέ[νων ἀεὶ] τὴν ἐνδεχομένην ἐπιμέλειαν ἐποιήσα[ντο κατὰ] τοὺς νόμους κ. τ. λ. Von dem entscheidenden Wort σιτοφύλακες sind zwar nur noch wenige Buchstaben erhalten, doch ist es durch den Inhalt des Folgenden gesichert. Die Annahme liegt nun nahe bei dem starken, von Athen ausgeübten Einfluß, mit dem wir bei der Neugründung Prienes wohl zu rechnen haben[2]), daß hier nach dem Muster der athenischen σιτοφύλακες eine ebensolche Behörde ins Leben gerufen wurde. Daher auch die Dreizahl des Kollegiums in beiden Städten.

Auf eine gewisse Schwierigkeit stoßen wir freilich, wenn wir den Geschäftsbereich der athenischen und prienischen σιτοφύλακες vergleichen. Zur Zeit unserer Rede[3]) nämlich und noch bei Demosthenes[4]) erscheinen sie für die Versorgung der Bürgerschaft im Großen mit hinreichendem und genügend billigem Getreide verantwortlich und mit der Oberaufsicht über die Getreidezufuhr in den Piraeus betraut. Im Anschluß an die Einführung des Amtes der ἐμπορίου ἐπιμεληταί (Ar. Ἀθ. πολ., c. 51, 4) ist dann nach Wilamowitz die Änderung ihrer Kompetenz[5]) erfolgt. Denn bei Aristoteles (Ἀθ. πολ. c. 51, 3) sehen wir sie in ganz anderer Weise tätig: sie überwachen den Kleinverkauf des Getreides auf dem Markt, wobei sie Preisüberschreitung zu verhindern haben. Ebenso unterstehen die Bäcker und Müller ihrer Kontrolle, die sich auch auf die Nachprüfung des von ihnen festgesetzten Gewichts der Brote er-

---

1) *Inschr. v. Priene*, herausgeg. v. Hiller v. Gaertringen nr. 81 = *Inscript. in the British Mus.* nr. 413 = Michel, *Recueil* 482.

2) Siehe Hiller v. Gaertringen a. a. O. S. X f., S. XIV. Von großer Bedeutung ist, daß z. B. die Phylennamen in Priene, soweit wir sie kennen, sich sämtlich mit den kleisthenischen Athens decken. Auch das Amt des ἐπὶ τῆς διοικήσεως (*J. v. Pr.* 4, 14, 33, 87) zeigt attisches Gepräge.

3) Siehe bes. §§ 8. 9 der Rede; vgl. Wilamowitz a. a. O. II, 374 ff.; I, S. 220.

4) Rede gegen Leptines § 32, wo von der Getreidespende Leukons, des Beherrschers des Bosporus, die Rede ist. Hier führen sie Listen über das eingeführte Getreide (§ 32 καὶ τοῦτ' ἐκ τῆς παρὰ τοῖς σιτοφύλαξιν ἀπογραφῆς ἄν τις ἴδοι).

5) Wilamowitz a. a. O. I, S. 220.

streckt, was früher Sache der Agoranomen war[1]). In überraschend ähnlicher Weise, nur etwas kürzer und gedrängter als bei Aristoteles, wird in unserer Inschrift das Wesen der prienischen σιτοφύλακες gekennzeichnet.

Bekennen wir uns zu der Ansicht, daß, was als wahrscheinlich erscheint, Priene, ohne irgendeine Änderung an Zahl und Geschäftsbereich der σιτοφύλακες vorzunehmen, bei der Einsetzung des neuen Amtes sich streng nach Athen gerichtet hat, so kommen wir über die Annahme verschiedener Stufen in der Entwicklungsgeschichte der athenischen σιτοφύλακες nicht hinweg.

Zuerst, soweit unsere Überlieferung reicht, findet sich in Athen das Dreimännerkollegium der σιτοφύλακες, dem wir mit der schon geschilderten Kompetenz gerade in unserer Rede begegnen. Dieses wird durch die Behörde der ἐμπορίου ἐπιμεληταί dem Wirkungskreis nach abgelöst. Ob wir bei den σιτοφύλακες der früheren Kompetenz je einen besonderen Zweig für Stadt und Piraeus annehmen dürfen, womit wir zur Sechszahl gelangen würden, ist fraglich, da die ἐμπορίου ἐπιμεληταί (Ar. Aϑ. πολ. c. 51, 4), obwohl viel stärker an Zahl, bei Aristoteles auch nicht geteilt erscheinen. Denn hauptsächlich im Interesse der Stadt befassen sie sich mit der Getreideeinfuhr in den Hafen und sorgen, daß zwei Drittel dieser Einfuhr der Stadt Athen zu gute kommen.

Hierauf müssen wir, wenn man an der Beeinflussung Prienes durch Athen festhält, eine Kompetenzänderung des athenischen Dreimännerkollegiums der σιτοφύλακες annehmen, nämlich den Übergang zur Aufsicht über den Kleinhandel mit Getreide und über die Müller und Bäcker. Da in Stadt und Hafen Verkaufsstellen waren, wo Brot und Mehl feilgeboten wurde[2]), darf man jetzt unbedenklich je drei σιτοφύλακες voraussetzen. Mit diesen Befugnissen ausgestattet, ist das Amt von Athen nach Priene gekommen, wie eine Vergleichung der betreffenden Stelle unserer Inschrift (Z. 5—8) mit Ar. Aϑ. πολ. c. 51, 3 sofort lehrt. Die Vermehrung der σιτοφύλακες von je 3 auf je 5 ist wohl sehr bald erfolgt, woraus sich das Schweigen des Aristoteles über diese Zwischenstufe erklären würde.

Denn wir müssen noch eine genügende Spanne Zeit für das Wirken der je fünfköpfigen Behörde bekommen, von der Aristoteles allein spricht, und die in dieser Stärke auch nicht allzu lange tätig war. Diese wurde nach der ansprechenden Vermutung von Wilamowitz beträchtlich vermehrt zur Zeit der großen Teuerung, die Athen in den Jahren 330—326 v. Chr. heimsuchte, so daß Aristoteles für seine Zeit 20 σιτοφύλακες in der Stadt und 15 im Piraeus kennt[3]).

---

1) Plut., rei publ. ger. praec. c. 15 = com. Att. fragm. III nr. 1325 Kock, dazu Wilamowitz a. a. O. I, S. 220.

2) Eine ἀλφιτόπωλις στοά in der Stadt und im Piraeus s. Wachsmuth, *Stadt Athen im Altertum* II 1, S. 96, 101, 465f. und Pauly-Wissowa, *RE* I, S. 1637f.; ferner Judeich, *Topographie von Athen* in Müllers *Handbuch* III 2, 2, S. 325 und S. 395.

3) Aϑ. πολ. c. 51, 3. Die Zahl erscheint verderbt, da die Gesamtzahl 35 für eine attische Behörde sehr wenig einleuchtet und bis jetzt auch nicht belegt ist; s. Wilamowitz *Ar. u. Ath.* I, S. 219 Anm. 64. Mit Wilamowitz aber insgesamt 30 und so gleich eine Verdreifachung anzunehmen, sehen wir keinen Grund. Wir möchten vielmehr in εἴκοσι die vorangestellte Gesamtzahl erblicken, die bei Harpokration für die μετρονόμοι (vgl. Vömel, *Zeitschr. f. d. Altertumswissenschaft* 1852, S. 32) und die zehn Mitglieder zählende Behörde der σιτοφύλακες zu finden ist und daher auch mit Recht von Blass in den Text seiner Ausgabe aufge-

Wann die σιτοφύλακες zu Athen ihre ursprüngliche Kompetenz mit der neuen vertauschten, darüber können nur Vermutungen angestellt werden. Um die Mitte des 4. Jahrhunderts nimmt man die Neubegründung Prienes an[1]). Vor dieser Zeit muß also die Änderung von statten gegangen sein, wie man aus dem Amt der prienischen σιτοφύλακες, das schon ein ganz anderes Gesicht zeigt, ersieht. In der Rede gegen Leptines[2]) (355/4) erscheinen die σιτοφύλακες der alten Kompetenz zum letzten Mal, die ἐμπορίου ἐπιμεληταί, die an ihre Stelle treten, zum ersten Mal in der Rede gegen Lakritos[3]). So gewinnen wir auch von hier aus die Mitte des 4. Jahrhunderts als den Zeitpunkt, der für die Veränderung der Kompetenz der σιτοφύλακες in Betracht kommt.

Unsere Inschrift ist jünger und gehört dem 3. Jahrhundert an. Dies nötigt fast zur Folgerung, daß das Amt der σιτοφύλακες von Priene bis zu dieser Zeit seit dem Wiedererstehen der Stadt seinen alten Charakter unverändert bewahrt hat.

Mag nun auch manches von dem, was hier angeführt wurde, als allzu hypothetisch erscheinen, die Hauptsache war uns, durch den Hinweis auf die Inschrift von Priene der Überlieferung des Lysias zu ihrem alten Rechte zu verhelfen.

Stuttgart.

Die Bauspekulation des Crassus.
(Zu Plutarch, Crass. 2.)

Von **Herman Gummerus**.

Für unsere Kenntnis der Bauspekulation im alten Rom ist die bekannte Notiz im zweiten Kapitel der Crassus-Biographie Plutarchs fast die einzige Quelle. Nachdem der Biograph hier erzählt hat, wie der römische Kapitalist sich durch den Ankauf der Güter der von Sulla Proskribierten bereicherte, fährt er fort:

Πρὸς δὲ τούτοις ὁρῶν τὰς συγγενεῖς καὶ συνοίκους τῆς Ῥώμης κῆρας ἐμπρησμοὺς καὶ συνιζήσεις διὰ βάρος καὶ πλῆθος οἰκοδομημάτων, ἐωνεῖτο δούλους ἀρχιτέκτονας καὶ οἰκοδόμους. Εἶτ' ἔχων τούτους ὑπὲρ πεντακοσίους ὄντας ἐξηγόραζε τὰ καιόμενα καὶ γειτνιῶντα τοῖς καιομένοις διὰ φόβον καὶ ἀδηλότητα τῶν δεσποτῶν ἀπ' ὀλίγης τιμῆς προϊεμένων, ὥστε τῆς Ῥώμης τὸ πλεῖστον μέρος ὑπ' αὐτῷ γενέσθαι.

---

nommen wurde; vgl. Ar. Ἀϑ. πολ. edd. Blass-Thalheim 1909. Daher schlagen wir vor (c. 51, 3) ... νῦν δ' εἴκοσι μὲν εἰς ἄστυ δέκα(ι) δ' εἰς Πειραιέα. Zu berücksichtigen ist ferner, daß es nach dem Beispiel der ἀγορανόμοι, μετρονόμοι und der vorhergehenden σιτοφύλακες angezeigt erscheint, die Behörde gleichmäßig auf Stadt und Hafen zu verteilen. Auch aus diesem Grunde ist die Zahl anstößig s. Wachsmuth, *Stadt Athen im Altertum* II, S. 5.

1) *Inschr. v. Priene*, S. XI.
2) Siehe Blass, *Att. Beredsamkeit* III 1[2], S. 264; Thalheim bei Pauly-Wissowa, *RE* V, S. 185.
3) Die Rede gegen Lakritos ist nach Blass a. a. O. III[2] 1, S. 564 vielleicht 351, wahrscheinlicher 341 gehalten. Thalheim entscheidet sich (Pauly-Wissowa, *RE* V, S. 187) für die Schlacht von Chaeronea (338 a. Chr. n.) als *terminus ante quem*.

τοσούτους δὲ κεκτημένος τεχνίτας οὐδὲν ᾠκοδόμησεν αὐτὸς ἢ τὴν ἰδίαν οἰκίαν, ἀλλ' ἔλεγε τοὺς φιλοικοδόμους αὐτοὺς ὑφ' ἑαυτῶν καταλύεσθαι χωρὶς ἀνταγωνιστῶν.

Crassus pflegte also die abgebrannten — καιόμενα ist nicht „brennende" zu übersetzen, sondern iterativ aufzufassen: ein Kaufkontrakt konnte doch schwerlich während der Feuersbrunst zustande kommen — Häuser und dazu noch angrenzende Gebäude, deren Besitzer das Wiederaufbauen und die Verbreitung des Feuers befürchteten, spottbillig aufzukaufen. Daß er mit den eingestürzten Häusern das gleiche Geschäft trieb, wird zwar nicht gesagt, ist aber aus dem Vorhergehenden zu schließen. So hat er allmählich den größten Teil der Stadt in seinen Besitz gebracht. Wozu hat er aber jene fünfhundert Bauhandwerker, die er eben wegen dieser Spekulation gekauft hatte, gebraucht? Natürlich, um die zerstörten Häuser wieder aufzuführen [1]. Sehr möglich ist es auch, daß sie bei der Löschung der Feuersbrünste guten Dienst leisteten. Ist es doch wahrscheinlich gemacht worden, daß in Rom in republikanischer Zeit, wie in der Kaiserzeit in den Munizipalstädten, das *collegium fabrum* als Feuerwehr diente.

Zu dieser Interpretation scheinen nun zwar die Schlußworte τοσούτους δὲ κεκτημένος τεχνιτῶν κτλ. im Widerspruch zu stehen. Sollte Plutarch mit dem Zusatz: „Obwohl er aber so viele Handwerker besaß, hat er doch selber nichts als sein eigenes Haus gebaut," wirklich sagen wollen, daß Crassus überhaupt nur Bodenspekulation, nicht aber Bauspekulation im eigentlichen Sinne getrieben habe? Das ist in der Tat die Ansicht von Rob. Poehlmann, der die Stelle eingehend behandelt hat [2]. Nicht um zu bauen, meint er, sondern um möglichst teuer wiederzuverkaufen, habe Crassus die Brand- und Trümmerstätten gekauft. Seine fünfhundert Arbeiter hätte er folglich nicht selbst beschäftigt. „Das Institut der Sklaverei ermöglichte es ihm, auch das Angebot an Arbeitskräften für den Hausbau bis zu einem gewissen Grade in seiner eigenen Hand zu konzentrieren und dadurch den Arbeitspreis zu seinen Gunsten zu beeinflussen, ein Gewinn, der natürlich ebenfalls in einer Erhöhung der Herstellungskosten der Bauten zum Ausdruck kommen mußte. So kaufte Crassus allein ein halbes Tausend unfreier Bautechniker und Bauhandwerker auf, um sie wieder an Bauunternehmer zu vermieten, die sich durch derartige gewiß nicht vereinzelt dastehende Spekulationen nicht selten genötigt sehen mochten, neben Monopolpreisen der Baustellen auch noch solche der Arbeitskräfte in Kauf zu nehmen."

Diese Interpretation ist jedoch schwerlich richtig. Die Behauptung, Crassus habe die gekauften Baustellen wieder veräußert, steht in offenem Gegensatz zu der ausdrücklichen Aussage Plutarchs, daß Crassus allmählich den größten Teil des Grund und Bodens Roms in seine Hand brachte. Zweitens weiß Plutarch nichts davon, daß Crassus seine Handwerker an Bauunternehmer vermietet hätte. Vielmehr geht es aus seinem Bericht hervor, daß der Ankauf der ἀρχιτέκτονες und οἰκοδόμοι im engsten Zusammenhange mit seinen eigenen Bauspekulationen stand und eben von diesen veranlaßt wurde. Ganz unhaltbar ist die Erklärung, Crassus habe die Bauhandwerker gekauft, um „das Angebot an Arbeitskräften für den Hausbau bis zu einem gewissen Grade in

---

[1] So wird die Stelle von den Meisten verstanden. Vgl. Marquardt, *Privatleben*² 162, 7. Drumann-Groebe, *Gesch. Roms*² IV 124. Ihne, *Röm. Gesch.* VI 52.

[2] R. Poehlmann, *Die Übervölkerung der antiken Großstädte*, Leipzig 1884, S. 89.

seiner eigenen Hand zu konzentrieren" und dadurch die Bauunternehmer zu zwingen, für die Arbeiter, die er an sie vermietete, einen hohen Preis zu zahlen. Wollte er in dieser Weise den Arbeitsmarkt beherrschen, so mußte er nicht einige Hundert, sondern viele Tausende von unfreien Bauhandwerkern kaufen, wobei in dieser Zeit der reichlichen Sklavenzufuhr aus dem gewerbekundigen Osten der Erfolg immer noch sehr zweifelhaft war.

Es ist klar: Plutarch hat das, was Poehlmann aus seinen Worten herausliest, gar nicht sagen wollen. Sein Gedankengang ist folgender: „Obwohl Crassus so viele Handwerker besaß, hat er für sich selbst — nach αὐτός wäre vielleicht ἑαυτῷ einzufügen, was aber auch aus dem Zusammenhange leicht ergänzt werden kann — nur sein eigenes Wohnhaus gebaut. Er sagte oft, daß die Baulustigen sich selbst ohne das Zutun ihrer Gegner zugrunde zu richten (d. h. sich zu ruinieren) pflegten." Diese Auffassung stimmt vortrefflich zu dem moralisierenden Gesichtspunkt Plutarchs. Der Verfasser der *Moralia* stellt die weise Zurückhaltung des schwerreichen Crassus — es ist bekannt, daß seine Lebensweise auch sonst verhältnismäßig einfach war — der sinnlosen Prahlsucht seiner weniger reichen Zeitgenossen, die sich keineswegs mit einem einzigen Haus begnügten, sondern auf die Aufführung von Luxuspalästen und Villen ihr ganzes Vermögen verschwendeten, scharf entgegen. Man denke nur an die Bauten des Cicero und an seine zeitweise recht bedrohlichen Vermögensverhältnisse. Die Äußerung des Crassus könnte, wenn sie historisch ist, sich sehr wohl auf Cicero und seinesgleichen beziehen.

So löst sich der scheinbare Widerspruch auf. Die Notiz von den Bauspekulationen des Crassus schließt mit den Worten ὑπ' αὐτῷ γενέσθαι; der folgende Satz besagt nur, daß jene fünfhundert Bauhandwerker lediglich geschäftlichen Zwecken, nicht aber dem Privatluxus des Besitzers dienten. Wozu Crassus seine Arbeiterscharen benutzt hat, das erachtet Plutarch als überflüssig, ausdrücklich hervorzuheben, da ja die Sache sich von selbst verstand. Wer über eine Schar von Bauhandwerkern verfügt und zugleich abgebrannte Häuser kauft, der bedient sich natürlich jener, um diese wiederherzustellen. Und wer den größten, oder sagen wir nur einen großen Teil von Rom besitzt, der braucht schon für die Erhaltung der Gebäude ein stehendes Personal von Architekten, Maurern und Zimmerleuten.

Rom.

Theophil Klee's Beitrag
Zur Geschichte der gymnischen Agone an griechischen Festen[1]).
Besprochen von J. Jüthner.

Bei seinen erfolgreichen Grabungen im Asklepieion auf Kos fand Rudolf Herzog auch Siegerlisten von gymnischen Wettkämpfen, die dort zu Ehren des Heilgottes veranstaltet wurden. Ihre Veröffentlichung hat er seinem Schüler Klee überlassen und ihn so zu der vorliegenden gediegenen Arbeit angeregt. Diese koischen Listen, die sich etwa 250—178 v. Chr. datieren lassen, bilden den Ausgangspunkt der Untersuchung, doch werden auch die anderen Agone in die Betrachtung einbezogen und deren Kenntnis nun vielfach vertieft und gefördert.

---

1) Leipzig und Berlin. Teubner 1918. VIII und 136 S. 8°.

Im zweiten Kapitel werden in sorgfältiger und mühsamer Untersuchung, die sich fast nur betreffs der vier großen Nationalspiele auf einläßlichere Vorarbeiten stützen konnte, die Programme der einzelnen Agone festgestellt, soweit unser Material dies gestattet. Das dritte Kapitel behandelt die Altersklassen der Athleten: ursprünglich nur παῖδες und ἄνδρες, zwischen welche später die ἀγένειοι eingeschoben werden, während die Knabenriege noch weitere Unterteilung erfuhr. Gegenstand der Untersuchung sind hierbei die chronologischen Fragen und die Bestimmung der Altersgrenzen, wobei freilich infolge der Lückenhaftigkeit des Materials noch manches unklar bleiben muß (vgl. S. 48). Das Gleiche gilt auch für den folgenden Abschnitt über die Festzeiten der wichtigeren Agone, dessen Ergebnisse der Vf. S. 69 zusammenfaßt, nicht ohne betonen zu müssen, daß er sie teilweise noch für recht unsicher halte. Das fünfte Kapitel, „Die Sieger der vier heiligen Agone", ist eine sehr willkommene Ergänzung der olympischen Siegerliste von G. H. Förster, *Progr. Zwickau*, 1891/92 und der Listen von J. H. Krause, *Die Pythien, Nemeen und Isthmien*, Leipzig 1841. Seit diesen Arbeiten ist manches hinzugekommen, auch eine Reihe neuer Sieger bekannt geworden, was nun von Kl. sorgfältig nachgetragen und besprochen wird, allerdings mit der zeitlichen Grenze um Christi Geburt. In einem Anhang folgt eine interessante Zusammenstellung der Sieger von Olympia und anderer Agone nach ihrer Herkunft und nach Jahrhunderten geordnet, was einen lehrreichen Einblick in die allmähliche Ausbreitung und Entwicklung der Agonistik gewährt. Alphabetische Namensverzeichnisse von Siegern beschließen das Ganze.

Ein umfangreicher Stoff ist in dieser Erstlingsschrift bewältigt. Aber gerade seine geschickte systematische Verarbeitung und Anordnung, die im Endergebnis zu schön geschlossenen Reihen führen sollte, bringt uns die erschreckenden Lücken unseres Materials besonders deutlich zum Bewußtsein. Die Reihen erscheinen vielfach unterbrochen, und manche Frage muß offen, manches neue Rätsel ungelöst belassen werden, und so bleibt dem ernsten Streben des Vf. der Lohn eines abgerundeten Ergebnisses versagt. Aber was Fleiß und Scharfsinn auf den ersten Wurf leisten konnte, ist hier erreicht und mit Bedauern erfährt der Leser, daß diese erste wissenschaftliche Leistung des Vf. auch seine letzte sein sollte, da er gleich zu Beginn der — dann von seinem Freunde Ed. Liechtenhan zu Ende geführten — Drucklegung aus dem Leben schied. Sie macht seinem Andenken und der Schule seines Lehrers Herzog alle Ehre.

Innsbruck.

Gesichertes und Strittiges[1]).

Von C. F. Lehmann-Haupt.

5. Καθάπερ οἱ ἄλλοι Χαλκιδῆς[2]).

Dem uns erhaltenen attischen Volksbeschluß über Chalkis *IG* I Suppl. n. 27ª ist „nach deutlichen Anzeichen" ein anderer gleichfalls auf Chalkis be-

---

1) Siehe oben Band XIV S. 125 f., 264, 384 ff.
2) Vgl. die Ausführungen von Kolbe, E. v. Stern, Lehmann-Haupt, Lipsius zum attischen Volksbeschluß über Chalkis *Hermes* 51 (1916) S. 479 ff., 630 ff., 52 (1917), 520 ff., 53 (1918) S. 107 ff., sowie Kirchner bei Dittenberger *Sylloge*³ Bd. I Nr. 64.

züglicher Volksbeschluß vorausgegangen, der mit ihm unter derselben Überschrift usw. vereinigt war. Wie von mir, so wird diese Erkenntnis auch von Kirchner und Lipsius[1]) vertreten.

Daß diese Tatsache für die Beurteilung des uns vorliegenden zweiten Psephismas und seiner Schwierigkeiten von Bedeutung ist oder sein kann, ist zweifellos. Aber der Grad der Bewertung kann schwanken. Es ist ebensowohl möglich, daß ich, der diese Erkenntnis zuerst Ed. Meyer gegenüber geltend gemacht hatte, ihre Bedeutung überschätze, wie das diejenigen, die sich mit dem uns allein vorliegenden Beschlusse als einer unabhängigen Einheit von jeher abgefunden hatten, sie zu gering bemessen.

Lipsius' Widerspruch gegen die Deutung, die ich unter diesem Gesichtspunkt den Worten τοὺς δὲ ξένους τοὺς ἐν Χαλκίδι ὅσοι οἰκοῦντες bis καθάπερ οἱ ἄλλοι Χαλκιδέης gegeben hatte[2]), hat in einigen Punkten seine Berechtigung, schießt aber in anderen über das Ziel hinaus. Meine Gesamtanschauung glaube ich zudem noch durch eine weitere Beobachtung stützen zu können.

Was meine im Anschluß an Kolbe gegebene Deutung des Ausdrucks ὅσοι μὴ τελοῦσιν Ἀθήναζε im Sinne von οἱ τὰ ξενικὰ μὴ τελοῦντες Ἀθήναζε betrifft, so gebe ich zu, daß in der im Hinblick auf den vorausgegangenen, ersten Volksbeschluß erfolgten Weglassung des τὰ ξενικά eine gewisse Härte liegt, nicht aber, daß sie, angesichts der übrigen Anstöße in der Ausdrucksweise gerade des Zusatzantrages des Antikles, unmöglich ist.

Lipsius erklärt, selbst wenn die von ihm geleugnete Möglichkeit der Ellipse zugegeben werden dürfte, so ließe die Zusammenstellung der Kategorie ὅσοι μὴ τελοῦντες Ἀθήναζε mit den ἀτελεῖς die „Beziehung" der ersteren „auf die Isotelen unzulässig erscheinen. Da die eine wie die andere durch Volksbeschluß verliehen wurde, wäre die Fassung der Ausnahmebestimmung statt eines einfachen ὅσοις μὴ ἰσοτέλεια ἢ ἀτέλεια δέδοται ὑπὸ τοῦ δήμου τοῦ Ἀθηναίων mehr als ungeschickt". Mit einer Ungeschicklichkeit des Ausdruckes haben wir uns so oder so abzufinden. Ob sie im vorliegenden Falle grösser wäre als die tatsächliche Fassung des Antrages, so wie ihn Meyer, v. Stein, Kirchner, Lipsius verstehen, statt des einfacheren πλὴν ὅσοι τελοῦσιν Ἀθήναζε καὶ εἴ τῳ δέδοται ὑπὸ τοῦ δήμου τῶν Ἀθηναίων ἀτέλεια, bleibe dahingestellt.

Wesentlich aber ist, daß zwar ἰσοτέλεια und ἀτέλεια beide durch Volksbeschluß verliehen wurden, daß aber in dem vorausgegangenen ersten Psephisma sicher von der Isotelie der an der Besiedlung des Hippobotenlandes beteiligten Metöken die Rede sein konnte, während der Fall der ἀτέλεια lediglich von dem nunmehrigen Antragsteller hinzugefügt wurde. Dadurch erklärt sich die Trennung in der uns vorliegenden Fassung durchaus; das Gegenteil müßte Befremden erregen.

---

1) *Hermes* 53 S. 108.

2) Daß an dieser Stelle der Volksbeschluß einer Ergänzung durch ein vorangegangenes Psephisma bedürfe, hat übrigens schon U. Köhler, der ihn als erster näher erörterte, angedeutet, s. *MAI* I S. 192 f. „Wie eine leicht anzustellende Erwägung zeigen kann, wird den Chalkidiern das Recht verbürgt von den in Chalkis ansässigen Fremden, welche nicht nach Athen Abgaben zahlten oder die Befreiung davon vom Volke erhalten hatten, ihrerseits die landesüblichen Abgaben zu erheben. Diese Bestimmung setzt notwendigerweise eine andere voraus, durch welche die nach Athen zahlungspflichtigen Fremden von den Abgaben in Chalkis eximiert worden waren; eine derartige Bestimmung ist aber in der vorliegenden Urkunde nicht enthalten."

Daß die Zahl der Ansiedler im Voraus festgesetzt war (2000), hätte ich hervorheben sollen, darin hat Lipsius S. (109) Recht. Aber daß die „Absicht der Maßnahme dahin gegangen wäre, Nichtbürger zur Bebauung des Hippobotenlandes heranzuziehen", ist dadurch doch nicht „ausgeschlossen". Lipsius betont, daß unter den Metöken nur sehr wenige Landbauer nachweisbar sind, und am wenigsten könne „es ihrer unter denen gegeben haben, die das Volk durch Verleihung der Isotelie ausgezeichnet hatte. Etwas wesentlich anderes" sei „es, wenn der Staat, um den Abbau der Silberbergwerke von Laureion zu steigern, den Metöken, die sich daran beteiligten, die Isotelie gewährte, nach Xenophon πόροι 4,12" [mit Lipsius' Bemerkungen bei Schubert, *De proxenia Attica* p. 53]. Den Fall aber, daß Metöken die Isotelie nnd damit das Recht des Erwerbes von Grund und Boden „zu dem Zwecke" verliehen wurde, um sie an der Kolonisation in Chalkis zu beteiligen, hatte ich[1]) von vornherein ausdrücklich mit ins Auge gefaßt. Hier läge also die Sache nicht wesentlich anders als bei dem von Lipsius angeführten Falle, sondern einigermaßen analog. Wenn die durch die vorausgegangenen Kriege geminderte attische Volkskraft nicht ausreichte und einer Ergänzung bedurfte[1]), so ist es sehr wohl möglich, daß man, um die Zahl der 2000 Ansiedler voll zu machen, geeigneten Metöken die Isotelie verlieh.

Dazu kommt nun noch eins hinzu, das, soweit ich sehe, bisher nicht beachtet worden ist. Die Fremden, auf die die Ausnahmebestimmung ὅσοι οἰκοῦντες bis ἀτέλεια nicht zutrifft, sollen nach Chalkis steuern nur καθάπερ οἱ ἄλλοι Χαλκιδέης.

Gab es in Chalkis überhaupt keine Fremdensteuer? Das ist schwerlich anzunehmen. Dann enthält aber die Bestimmung eine Einschränkung, eine Beeinträchtigung des Rechtes der Chalkidier auf Erhebung des ξενικόν.

Haben die Athener den Chalkidiern verbieten wollen, von jedem beliebigen Fremden eine Fremdensteuer zu erheben? Soll den Untertanen Athens, in diesem wie etwa in allen zukünftigen Fällen, untersagt werden, Fremde anders zu behandeln als die eigenen Mitbürger, gleich als ob sie alle selbst schon in ihrer Heimat Bürger minderen Rechts wären? Das würde sich gut zu der Voraussetzung fügen, daß auch bei fortgesetztem Wohlverhalten der Chalkidier ein Volksbeschluß genügt hätte, um sie zu vertreiben und ihre Stadt zu vernichten und daß die Richter als Mitglieder des Demos durch ihren Eid nicht verpflichtet worden wären, die Volksversammlung also zu dem genannten Beschlusse ohne jedes rechtliche und eidliche Hindernis freie Hand behalten hätte.

Wir haben aber erkannt, daß diese Voraussetzungen nicht zutreffen[2]) Und auch von dieser Parallele abgesehen, sind doch wohl Gründe, die ein allgemeines Verbot der Fremdensteuer begreiflich erscheinen lassen, schwer zu finden.

Am Besten würde sich die Einschränkung erklären, wenn es sich um Fremde handelte, an denen Athen ein besonderes Interesse hatte. Mit anderen Worten: unter den ἄλλοι wären die athenischen Metöken schlechthin zu verstehen, die nicht unter die Ausnahmebestimmung ὅσοι οἰκοῦντες μὴ τελοῦσιν Ἀθήναζε entfallen. Sie sollen nicht schlechter gestellt sein als die Chalkidier selbst, sollen in Chalkis als ἰσοτελεῖς gelten, wodurch den Athenern die Möglichkeit gewahrt bliebe, das Plus, das jene zu zahlen hätten, um die Fremdensteuer voll zu machen, selbst zu erheben. Daraus würde dann folgen, daß es sich bei denen, ὅσοι οἰκοῦντες μὴ τελοῦσιν Ἀθήναζε um eine besonders privilegierte, von

---
1) *Hermes* 52 S. 533. — 2) *Hermes* 52 S. 524f.

den übrigen Metöken zu unterscheidende Klasse von Metöken handelte — eben die, denen, um sie an der Ansiedlung zu beteiligen, die Isotelie in Athen gewährt war.

Mit anderen Worten: die Bestimmung καθάπερ οἱ ἄλλοι Χαλκιδέης würde zu meiner Auffassung der ὅσοι οἰκοῦντες μὴ τελοῦσιν Ἀθήναζε stimmen und sie bestätigen.

Dies Alles gälte unter der Voraussetzung, daß die Frage der Fremdensteuer nicht etwa einfach versehentlich oder als etwas Unwichtiges in dem Zusatzantrage des Antikles beiseite gelassen wurde.

Es stehen sich also in der Auffassung dieses Zusatzantrages drei Anschauungen gegenüber:

1. Man liest mit Kirchhoff und Dittenberger ὅσοι μὲν (ME aus MEN vor T?) und ergänzt dem Sinne nach hinter ἀτέλεια ein ἀτελεῖς εἶναι: diejenigen, die aus irgend einem Grunde nach Athen steuern, sollen in Chalkis steuerfrei sein, die anderen dort Steuern zahlen. Die attischen Kleruchen wird man freilich unter den ξένοι nicht verstehen dürfen[1].

2. Die attischen Metöken, die nach Chalkis übersiedeln, bleiben unbesteuert, die übrigen Fremden werden besteuert wie die anderen Chalkidier selbst — so zu verstehen (unter Annahme einer höchst geschraubten und ungeschickten Ausdrucksweise) mit Ed. Meyer, E. v. Stern, J. Kirchner und J. H. Lipsius.

Diese beiden Anschauungen rechnen nicht mit dem vorausgegangenen ersten, Chalkis betreffenden Volksbeschluß, oder betrachten ihn nicht als notwendig für das Verständnis des von Antikles gestellten Zusatzantrages und legen den Worten καθάπερ οἱ ἄλλοι Χαλκιδέης kein besonderes Gewicht bei.

3. Diejenigen Metöken, denen in Athen als an der Ansiedlung auf dem Hippobotenlande zu beteiligenden die Isotelie verliehen worden ist, sind in Chalkis steuerfrei. Die übrigen attischen Metöken werden in Chalkis zu den Steuern herangezogen, aber nur in dem Maße wie die übrigen Chalkidier. Eine Fremdensteuer darf von ihnen nicht erhoben werden. Dies unter der Annahme, daß der Antrag des Antikles stillschweigend auf die Bestimmungen des vorausgegangenen ersten Volksbeschlusses Bezug nimmt[2]), und unter spezifischer Berücksichtigung der Worte καθάπερ οἱ ἄλλοι Χαλκιδέης (Lehmann-Haupt z. T. im Anschluß an Kolbe).

Man wird diese verschiedenen Auffassungen nebeneinander im Auge behalten dürfen, bis neues Material die Entscheidung bringt.

Konstantinopel.

---

6. Die Broncetore von Balawat und der Tigristunnel.

Am Ausgang des Tigristunnels bei Lidje befinden sich außer einer Inschrift Tiglatpileser's I. (Nr. I) zwei Inschriften (Nr. II und III) Salmanassar's III. (860—25 [859—24][3])) und an der ihm benachbarten „oberen Höhle" zwei weitere

---

1) Siehe dazu im Gegensatz zu meiner früheren Anschauung (*Griechische Geschichte* bei Gercke-Norden III[2] S. 118) jetzt *Hermes* 52 S. 531 ff.

2) Vgl. hierzu auch Köhler's oben S. 194 Anm. 2 wiedergegebene Bemerkung.

3) Die an zweiter Stelle eingeklammerten Zahlen gelten für den wahrscheinlichen Fall, daß Forrer mit seiner Annahme, der Eponymenkanon sei von 785 v. Chr. aufwärts um ein Jahr später anzusetzen, im Rechte ist. Siehe dazu *Klio* XV S. 243 Anm. 1.

desselben Königs (Nr. IV und V). Beide Inschriftenpaare laufen einander parallel[1]). Sie sind im wesentlichen gleichlautende Duplikate[2]). Die längeren II und IV stehen an erster Stelle — II an der rechten Tunnelwand neben der Inschrift Tiglatpilesers I., etwas weiter tunneleinwärts; IV an der Außenwand der oberen Höhle unmittelbar über V — und sind jede mit dem Bildnis des Königs versehen. Die Inschriften III — erheblich weiter tunneleinwärts als II und wegen Raummangels auf zwei, durch einen Felsvorsprung getrennte Abschnitte der Tunnelwandung verteilt — und V schließen beide mit den Worten: „Zum dritten Male zog ich nach Naïri, an der Quelle des Tigris schrieb ich meinen Namen ein."

Salmanassar III. hatte nach seinen Annalen viermal mit Naïri zu tun, in seinem Anfangsjahr 860 (859)[3]), im 3., 7. und 15. Regierungsjahr 857(6), 853(2) und 845(4)[3]). Im 7. besuchte er nach den Annalen eine Tigrisquelle und brachte sein Bild daran an, ebenso im 15. Jahre.

Man würde also zunächst annehmen, die vom dritten Naïri-Zuge herrührenden Inschriften III und V wären im 7. Jahre angebracht. Das läßt sich jedoch nicht aufrecht erhalten. Denn die vorangehenden Inschriften II und IV erwähnen nicht nur den ins 9. Regierungsjahr fallenden Zug gegen Chaldäa, sondern auch den vierten Kampf mit der von Adad-idri von Damaskus und Irḫulini von Hamat geführten Koalition, der nach den Annalen im 14. Regierungsjahr stattfand: mithin können die beiden Inschriftenpaare erst bei dem Besuch im 15. Jahre angebracht worden sein, der also während des dritten Zuges nach Naïri stattgefunden haben muß. Der erste und zweite fielen ins Anfangs- und ins dritte Regierungsjahr, im siebenten Jahre dagegen wurde eine andere Quelle besucht. Bei näherem Zusehen findet man denn auch, daß Salmanassar III. nach den Annalen nicht nach Naïri zog, sondern nur den Tribut von Naïri im Gebiet von Til-Abni empfing, und vor allem, daß für das 15. Regierungsjahr ausdrücklich der Besuch des *Tunnels* (*ina ṣît nagabi-šu*, „am Ausgang seines Tunnels") erwähnt wird, dagegen im 7. Jahr „der Ort, wo das Hervorquellen des Wassers gelegen ist". (*ašar mûṣû ša mê šaknu*). Im 7. Jahre galt also sein Besuch einer anderen Tigrisquelle, offenbar der Quelle des Argana-su, desjenigen Armes der Westtigris (Diarbekir-su), den wir heute als dessen eigentlichen Quellfluß betrachten. All dies ist des Näheren von mir in meiner Abhandlung Der *Tigristunnel*[4]) und im vierzehnten Kapitel meines *Armenien einst und jetzt* (1910) dargelegt[5]).

Daß E. Unger's[6]) Versuch, die vier Inschriften auf die beiden Besuche einer und derselben Tigrisquelle im 7. und im 15. Regierungsjahre zu verteilen, für ersteres die jedesmal an zweiter Stelle stehenden Inschriften III mit dem Königsbild von II) und V, für das letztere die Inschriften II (abzüglich des Königsbildes) und IV (einschließlich des Königsbildes) in Anspruch zu nehmen, mißlungen ist, habe ich in der *Festschrift für F. Hommel*[7]) gezeigt.

---

1) Ausgabe der Inschriften s. in meinen *Materialien zur älteren Geschichte Armeniens und Mesopotamiens* (= *Abh. Gött. Ges. d. Wiss. Ph.-Hist. Kl.* IX, 3. 1907) S. 31 ff.
2) Freilich keine völligen Duplikate (*Mat.* S. 41).
3) Siehe S. 196 Anm. 3.
4) *Verhandl. Berl. anthrop. Ges.* 1910, S. 226 ff.
5) Vgl. auch *Materialien* a. a. O.
6) *Zum Broncetor von Balawat* Diss. Leipzig 1912.
7) Band I = *Mitteil. d. Vorderas. Ges.* 21 (1916) S. 120 ff. Anm. 4.

Vor allem ist es nach den örtlichen Verhältnissen[1]) ganz unmöglich, das mit der Inschrift II aufs engste verknüpfte Reliefbild der weit entfernten Inschrift III zuzuordnen, während für das Reliefbild an der oberen Höhle die Verknüpfung mit der zugehörigen Inschrift nicht in Zweifel gezogen wird.

Unger's mißglückter Versuch geht aus von der Darstellung des Besuches einer Tigrisquelle auf den broncenen Beschlägen des Doppeltores von Balawat und deren chronologischer Bestimmung. Er ist der Überzeugung, daß dort auf „Platte" oder „Schiene" D ein Besuch des Tigristunnels und seiner Umgebung dargestellt ist, während ich selbst sowie Billerbeck und Delitzsch die Darstellung auf jene andere Tigrisquelle, die des Arganasu, bezogen. Da die Broncetore von Balawat mit ihren Inschriften und Darstellungen nicht über das 11. Jahr hinausgehen sollen, bleibt dann nur der Schluß, daß auf ihnen der Besuch vom 7. Jahre wiedergegeben ist, daß dieser also dem Tigristunnel gegolten haben und daß ein Teil der dort angebrachten Inschriften aus dem 7. Jahre herrühren muß.

Da das aber unmöglich ist, so muß entweder Unger's Annahme, es sei ein Besuch des Tigristunnels dargestellt, oder aber die chronologische Voraussetzung, die die Beschränkung der Darstellung auf das 7. Regierungsjahr bedingt, falsch sein. Zweck dieser Zeilen ist, vorbehaltlich ausführlicher Darlegung in Band II meines *Armenien*, zu zeigen, daß letzteres der Fall ist.

Bisher nahm ich (wie Billerbeck)[2]) an, auf dem Relief von Balawat seien drei verschiedene Quellgrotten dargestellt, also nicht der Eine Tigristunnel. Unger aber hat nicht nur gezeigt, daß die Darstellung den einen Tunnel im Auge hat, in dem uns der Künstler durch die drei Öffnungen einen Einblick gewinnen läßt, sondern — und das ist das Entscheidende —, daß auch die obere Höhle mit ihren von Studnicka in der Darstellung erkannten Tropfsteinbildungen in sehr eigentümlicher Weise wiedergegeben ist[3]). Wenn auch solches Nebeneinander einer Quellhöhle und einer oberen Höhle, worauf Unger hinweist[4]), nicht ohne weitere Parallelen ist, so ist schwerlich anzunehmen, daß es sich gerade beim Tigris an der Quelle des Arganasu wiederholt haben sollte, selbst wenn dort, wie Huntington gezeigt hat und wie sehr alte bei Plinius aufbehaltene klassische Nachrichten ersehen lassen, vormals gleichfalls ein Tunnel, in dem der Fluß verschwand, vorhanden gewesen ist[5]).

Wenn wir nicht gezwungen sind, die Darstellungen von Balawat auf die Zeit bis zum 11. Jahre einschließlich zu beschränken, so wird man von diesem Auswege absehen. Ein solcher Zwang liegt aber nun keineswegs vor.

---

1) Vgl. dazu Unger's eigenes Zugeständnis S. 68 und 70.

2) Unger a. a. O. S. 50, S. 55f. Auf die Bedeutung dieses Arguments, die mir in seiner gedruckten Darlegung nicht in voller Schärfe entgegengetreten war, hat mich Unger mündlich hingewiesen.

3) Billerbeck und Delitzsch: *Die Palasttore Salmanassar's ‚II.' von Balawat* (*Beitr. zur Assyr. u. vergl. sem. Sprachwiss.* VI Heft 1, 1908).

4) *Festschrift für F. Hommel*, I S. 188. Dort auch die richtige Deutung der zu der Darstellung von Balawat gehörenden Keilinschrift: „In die Quellen (*ina ênâte*) des Flusses trat ich ein, Opferlämmer den Göttern opferte ich, ein Bildnis meiner Majestät stellte ich auf," was sich auf den Tigristunnel und die obere Höhle bezieht.

5) Siehe *Armenien einst und jetzt*, Bd. I S. 457ff. — Möglich, daß die Assyrer die beiden Tunnel als zusammenhängend betrachteten und daß daher Salmanassar III. im 15. Jahre seine Inschriften (II und III) am Ausgang des Einen Tigristunnels anzubringen glaubte. Die obere Höhle galt als eine fernere Quellhöhle.

Billerbeck-Delitzsch (S. 55) bemerkten nur: In seinem 15. Jahre zog der König allerdings nochmals zur Tigrisquelle, aber es ist „nicht wahrscheinlich[1]), daß ein so viele Jahre späteres Ereignis in Balawat verherrlicht wurde". Sie nahmen eine Unwahrscheinlichkeit, keine Unmöglichkeit an, betrachteten das 11. Jahr also nicht als absolute untere Grenze. Das gälte nur, wenn in den folgenden Jahren 12—14 bedeutsame weitere Ereignisse stattgefunden hätten, deren Darstellung auf den Toren von Balawat vermißt würde. Zu der Darstellung der Schiene M lautet die Inschrift: „die Stadt Ašanaku, die Königsstadt Irḫulini's von Hamat, eroberte ich nebst 86 Ortschaften." „Diese Stadt," so heißt es bei Delitzsch-Billerbeck, „erscheint in dem Bericht der Stierinschrift über Salmanassar's 11. Regierungsjahr = 849. Die Schiene M würde hiernach mit Pinches sicher diesem Jahre zuzusprechen sein".

Im 14. Jahre aber wiederholte sich (s. o.) der Kampf mit dem Westen und speziell mit Irḫulinu von Hamat, dessen Königsstadt dabei natürlich wieder in Mitleidenschaft gezogen wurde. Zu Mindesten war also kein Anlaß, die Darstellung aus dem 11. Jahre im 14. noch einmal zu wiederholen, um so weniger, als dieser vierte Feldzug offenbar weit weniger erfolgreich endete als der vom 11. Regierungsjahre; denn die Annalen vom 14. Jahre (Obelisk 91, Stier I 44 ff.) wissen von eroberten Städten nichts zu berichten, sondern nur von Kämpfen und dem Rückzug der Feinde, um ihr Leben zu retten(?)[2]).

Bleiben noch die Jahre 12 und 13. Für beide sind in den Annalen nur ganz unbedeutende Züge mit dürftigen Erfolgen verzeichnet (12: gegen die Stadt Paqar(a)ḫubuni(a), 13: gegen das Land Jâti [Jaëti]), die zu einer bildlichen Darstellung keinerlei Anlaß geben.

Also wird jede Notwendigkeit, das 11. Regierungsjahr als untere Grenze für Balawat zu betrachten, hinfällig, und damit ist Alles in schönster Ordnung

Unger ist mit seiner Deutung der Darstellung von Balawat auf den Tigristunnel im Recht, aber die Voraussetzung, die ihn zu der unhaltbaren Zuteilung der Inschriften zwang, fällt weg. Die Darstellung bezieht sich auf das 15. Jahr, in welchem alle vier Inschriften und die beiden Königsbilder am Tunnelausgang und an der oberen Höhle angebracht wurden. Die beiden anderen Züge nach Naïri fielen in das Jahr 0 und 3. Im siebten Jahre wurde Naïri nicht betreten und die Quelle des Arganasu besucht, von der wir bisher keine bildliche Darstellung besitzen.

Die Erkenntnis, daß die Darstellungen der Broncetore von Balawat mindestens bis zum 15. Jahre laufen, kann über den einzelnen Fall historisch und für die noch im Flusse begriffene Rekonstruktion der Torbeschläge archäologisch von Bedeutung sein.

Wierzonka, Provinz Posen.

---

1) Von mir gesperrt.

2) Da es sich in Balawat um die Eroberung der Hauptstadt Irḫulini's mit 86 Ortschaften, also um einen bedeutenden Erfolg, handelte, so könnte man auf den Gedanken kommen, die Darstellung der Schiene M beziehe sich überhaupt auf den vierten Feldzug gegen die syrische Koalition im 14. Jahre, um so mehr, als für das 11. Jahr eine abweichende Zahl von Städten (99) in den Annalen angegeben wird. Dem widerspricht jedoch der Text der Annalen vom Jahre 14, in dem von eroberten Städten überhaupt nicht die Rede ist. Es muß daher bei der oben gegebenen Auffassung sein Bewenden haben.

Zur ältesten ägyptischen Chronologie.
Von C. F. Lehmann-Haupt.

Auf L. Borchardt's höchst bedeutsame Arbeit *Die Annalen und die zeitliche Festlegung des Alten Reiches der ägyptischen Geschichte*[1]), die durch eine ebenso scharfsinnige und umsichtige wie besonnene Wiederherstellung der Annalentafeln von Palermo und von Kairo den Beginn des ägyptischen Einheitsreiches (Jahr 1 des Menes) genau auf 4186 v. Chr. statt wie man bisher annahm auf 3315 ± 100 bestimmt, wird demnächst ausführlicher zurückzukommen sein.

Für heute sei nur darauf hingewiesen, daß Beobachtungen zur Hand waren, durch deren Heranziehung Borchardt für einen seiner wichtigsten Schlüsse eine wertvolle Bestätigung gewonnen hätte, wie sie andererseits durch seine Ermittlungen gestützt werden.

Nachdem Borchardt durch eine Anzahl ineinandergreifender scharfsinniger und unanfechtbarer negativer Nachweise (die 955 Jahre des Turiner Papyrus nicht wie Ed. Meyer annahm, auf die Zeit von Menes bis zum Ende der 8. manethon. Dynastie bezüglich, die Nilhöhen-Daten des Palermosteines mit der bisherigen späteren Ansetzung der 4. und 5. Dynastie vollkommen unverträglich) und durch die aus der Rekonstruktion der Annalentafeln gewonnenen positiven Schlüsse gezeigt hat, daß der Regierungsantritt des Menes in die zweite Hälfte des 5. vorchristlichen Jahrtausends zu setzen ist, weist er darauf hin, daß auf dem Palermobruchstücke in Reihe 2 und 3 zwei gleichnamige Feste gefeiert werden, im 8. (oder 9.)[2]) Jahre des Königs Atothis-Der (Menes' Nachfolger, dessen Grab in Abydos als das des Osiris galt: die Lesung Chent für den ursprünglichen Inhaber dieses Grabes ist falsch) „das erste Mal des Det-Festes (= Ewigkeitsfestes)", das zweite in einem Jahre des sechsten Königs der ersten Dynastie. Zwischen beiden sind 119 Jahresfelder zu zählen, d. h. „das zweite Mal des Det-Festes" wurde 120 Jahre nach dem ersten gefeiert. Borchardt schließt daraus mit Recht, daß es sich um die Verschiebung des ägyptischen Wandeljahres um einen Monat handelt, daß das erste Mal dieses Festes 120 Jahre nach Einführung des Kalenders gefeiert wurde, als der Jahresanfang auf den ersten Tag des zweiten Monats, das zweite 120 Jahre später, als er auf den ersten Tag des dritten Monats gerückt war. — Damit gewinnt man für das 8. bezw. 9. Jahr des Atothis und zugleich für das erste Jahr des Menes, das 70 Jahresfelder vorher liegt, ein festes Datum.

Für die Beachtung des monatlichen Fortrückens des Sothisaufganges in 120 Jahren bei den Ägyptern haben wir nun aber ein Zeugnis, das deshalb nicht minder klar ist, weil es auch neuerdings noch mißverständlich behandelt und unzureichend bewertet worden ist.

Der „Kalender" auf der Rückseite des Papyrus Ebers beginnt bekanntlich:
Jahr 9 unter S. M. König *Zoserkere* (= Amenophis I.[3]))
Neujahrsfest [= Mesori] . . Epiphi Tag 9 Aufgang der Sothis
Techi [= Thoth] . . . . . Mesori „ 9 „ „ „

---

1) *Quellen u. Forschungen zur Zeitbestimmung d. ägypt. Geschichte*, Bd. 1 (1917).

2) Dieses Schwanken beruht lediglich auf zwei Möglichkeiten, die Regierung des Atothis gegen die seines Vorgängers und seines Nachfolgers abzugrenzen, betrifft nicht etwa die Zuweisung an ein bestimmtes Jahresfeld, die absolut feststeht (Borchardt S. 32).

3) Seine und seines Nachfolgers Thutmosis' I. Regierungszeit umfaßt die Zeit von ungefähr 1557/4 bis 1501.

Menchet [= Paophi] . . . . Thot Tag 9 „ „ „
Ḥatḥor [= Athyr] . . . . . Paophi „ 9 „ „ „
und so fort durch alle 12 Monate bis zur letzten Zeile
Apethont [= Epiphi] . . . . Payni Tag 9 „ „ „

Das in der Verschiebung der Monate liegende Problem (Bezeichnung des Monats, auf dessen 1. Tag das Neujahrsfest des festen Jahres fiel, als Mesori statt, wie später, als Thot und so fort) hat durch Ed. Meyer (*Nachträge zur Ägyptischen Chronologie* 1907 S. 7 ff.) im Anschluß an Gardiners Ermittlungen in der Hauptsache seine Erklärung gefunden. Aber wenn Meyer die Wiederholungszeichen als auf einer Ungenauigkeit beruhend beiseite schiebt, so ist das sicher unzulässig, wie ich es ihm auch nach dem Erscheinen seiner *Nachträge* brieflich ausgesprochen hatte. „Was dasteht," „kann, wie ich 1898 betonte, „nicht anders gefaßt werden, als daß für jeden 9. Tag aller 12 Monate ein Siriusaufgang verzeichnet werden sollte. Dafür gibt es" auch jetzt noch „nur eine sinngemäße Erklärung. Der Verfasser des ‚Kalenders' hat die Tage aufzeichnen wollen, an denen jedesmal wieder der Siriusaufgang auf den 9. eines Monats fiel. Das geschah jedesmal nach $4 \times 30 = 120$ Jahren, und ein Abstand von 120 Jahren ist zwischen den einzelnen Zeilen des Kalenders anzunehmen[1])." So erhält Borchardt's scharfsinnige Beobachtung durch den Papyrus Ebers eine Stütze wie andererseits meine (und in gewissem Sinne Eisenlohr's) Auffassung dieses Kalenders in diesem Hauptpunkt durch jene bestätigt wird. Was den Zweck des Kalenders anlangt, so galt es wahrscheinlich „nach den Wirren der Hyksos"-Zeit den Stand der Zeitrechnung erneut festzustellen[2]). Es liegt offenbar die Wiedergabe einer direkten astronomischen Beobachtung vor, und es sollte betont werden, daß damit ein Ausgangspunkt für das Fortschreiten des Siriusaufgangs im Wandeljahre gegeben war oder mit anderen Worten, daß der ‚große Monat' eines ‚großen Jahres' von 365 je 4 Jahre betragenden großen Tagen 120 Jahre betrug. Aus den 12 großen Monaten = 1440 Jahren und $1/6$ großem Monat = 20 Jahren setzte sich das ‚große Siriusjahr' von $365^{1}/_{4}$ großen Tagen = $1440 + 20$ festen Jahren zusammen. Wir stehen hier also bestenfalls an einer Vorstufe zur Erkenntnis der zyklischen Sothis-Periode, und das stimmt ebenfalls zu Borchardt's mit meiner, 1908 ausgesprochenen Überzeugung[3]) übereinstimmender Einsicht, daß wir für die ältere Zeit nicht mit einer zyklischen Berechnung der Sothis-Periode, sondern nur mit astronomischen Beobachtungen und darauf beruhenden Ankündigungen von Sirius-Aufgängen zu tun haben[4]). Daß die drittletzte Sothis-Periode keinesfalls als historischer Zyklus zu betrachten sei und daß man deshalb die Einführung des Kalenders, wenn man sie überhaupt in so frühe Zeit setzen wollte, sicher nicht auf den 19. Juli 4241 v. Chr. setzen dürfte, sondern höchstens in das Jahr 4236 v. Chr., nach Oppolzer (mit einer Fehlermöglichkeit von zwei Jahren), hatte ich speziell betont[5]).

Oppolzer's Berechnung geht aus von Censorinus' Angabe, das Jahr 139 n. Chr. sei der Beginn einer neuen Sothis-Periode, mit anderen Worten: damals zum ersten Male sei wieder der heliakische Aufgang des Hundsternes auf den ersten Thoth des ägyptischen Wandeljahres gefallen. Oppolzer's Ausgangs-

---

1) Siehe die *Beigabe* meines Buches *Zwei Hauptprobleme der altorientalischen Chronologie und ihre Lösung* (1898), S. 195.
2) A. a. O. S. 200. — 3) *Klio* VIII S. 220 ff.
4) Zur Ankündigung des Siriusaufganges unter Senwosret III. (Kahun) siehe *Klio* VIII S. 222; Borchardt S. 57.
5) *Klio* VIII S. 222 ff.

punkt wäre irrig, wenn der Beginn der neuen Sothis-Periode, wie Eduard Meyer unter Annahme eines Irrtums des Censorinus wollte, erst ins Jahr 140 n. Chr. fiel. An Münzen aus dem zweiten (29. Aug. jul. 138—28. Aug. 139 n. Chr.) und sechsten (29. Aug. 143—28. Aug. 144 n. Chr.) Jahre des Kaisers Antoninus Pius, die nach Bild und Inschrift auf einen chronologisch bedeutsamen Vorgang hindeuten, weist Borchardt nach, daß der Frühaufgang des Sirius am 1. Thoth des Wandeljahres zum ersten Mal in das zweite Jahr dieses Kaisers fiel (19. Juli 139), so daß das erste Jahr der betreffenden Tetraëteris (19. Juli 139—18. Juli 140) größtenteils mit dem dritten Jahr des Kaisers (29. August 139—28. August 140) identisch war, während sein sechstes Jahr (29. August 143—28. August 144), zum größten Teil mit dem 4. Jahr (19. Juli 143—18. Juli 144) der betreffenden Tetraëteris zusammenfiel. Gegen Ende des sechsten Jahres, am 19. Juli 144, rückte der Siriusaufgang zum ersten Male wieder auf den zweiten Thoth des Wandeljahres; demnach besteht Oppolzer's Berechnung zu Recht und sie bildet auch die Grundlage von Borchardt's Berechnung[1]).

Das ‚erste Mal des Ewigkeitsfestes‘ ist demnach am ersten Tage des zweiten Monats des Jahres 4236 ÷ 120 = 4116 gefeiert worden, und da Menes' Regierungsantritt 70 Jahresfelder vor diesem Feste verzeichnet ist, so beginnt Menes 4186, alles mit einer Fehlermöglichkeit von zwei Jahren. Damit fällt das Hauptbedenken, das ich gegen die Ansetzung der Einführung des Kalenders zu Beginn der drittletzten Sothisperiode gehegt hatte, fort. Wir brauchen nicht mehr mit der Voraussetzung zu rechnen, die Einführung des Kalenders, der jahrhundertelange Beobachtungen vorausgegangen sein müssen, solle 1000 Jahre vor unserer ersten greifbaren historischen Kunde in Ägypten liegen[2]).

Auch die Annahme, daß der Kalender zunächst nur nach der Sommersonnenwende reguliert worden sei und daß erst, als diese mit dem Siriusaufgang völlig zusammenfiel (35. Jahrhundert v. Chr.), die Beobachtung der Siriusaufgänge hinzugetreten wäre, wird man auf sich beruhen lassen können. Sie gründete sich auf die neue Beobachtung, daß *wepet ronpet*, das Zeichen für den Siriusaufgang, auch den ‚Geburtstag des Re‘, das Sommer-Solstiz, bezeichnen kann.

Borchardt's Ermittlungen erhalten eine weitere Bestätigung durch die Erwähnung eines Festes „des Richtigwerdens der Zeitordnung" 280 Jahre nach dem ersten Male des „Ewigkeits-Festes", d. h. 400 Jahre nach der Einführung des Kalenders. Hier handelt es sich also um das Fortrücken des Jahresanfanges um 100 Tage, eine für die dezimale Rechnungsweise der Ägypter wichtige Zeitperiode[3]). Ich werde auf all dies ausführlicher zurückkommen in der Fortsetzung meiner Untersuchung: *Die Sothis-Periode und der Kalender des Papyrus Ebers*[4]).

Innsbruck.

---

1) Selbst diese letzte Sothisperiode kann schwerlich als Zyklus in praktischer Verwendung gewesen sein. Denn da sie nur 1456 julianische = 1457 ägyptische Wandeljahre betrug, hätte die Apokatastase ja um eine volle Tetraëteris zu früh stattfinden müssen. Wir hören aber nirgends, daß deren Eintritt am 19. Juli 139 n. Chr., der doch astronomisch beobachtet sein muß, mit den Berechnungen im Widerspruch erfolgt sei.

2) Siehe meine Bemerkungen *English Historical Review* 1913, S. 348; *Literarisches Zentralblatt* 1915, Sp. 502 f.

3) Dadurch wird auch der Gedanke ausgeschlossen, daß wir es bei der ersten Feier des „Ewigkeitsfestes" mit der Festsetzung des Kalenders selbst (Sothisaufgang am 1. I = 1. Mesore) zu tun hätten.

4) Siehe *Klio* VIII S. 213—226.

Ἐπιφάνειαι.

Von M. Rostowzew.

Der chronologisch geordnete Katalog der Weihgeschenke des lindischen Athenatempels, eine Art lindischer Tempelchronik, wie ihn der hochverdiente Herausgeber dieses wichtigen Dokumentes genannt hat[1]), besteht bekanntlich aus zwei Teilen: der Aufzählung der Weihgeschenke in chronologischer Reihenfolge und der Belege dazu, einer Wiedergabe mehrerer Erzählungen über die ἐπιφάνειαι der Gottheit. Die dienende Rolle des zweiten Teiles beweisen m. E. sowohl die betreffenden Worte des Praescripts A, 2f.: ἐπεὶ τὸ ἱερὸ]ν τᾶς Ἀθάνας τᾶς Λινδίας ἀρχαιότατόν τε καὶ ἐντιμό|[τα]τον ὑπάρχον πολλοῖς κ[αὶ καλοῖς ἀναθέμασι ἐκ παλαιοτ]άτων χρόνων κεκόσμηται διὰ τὰν τᾶς θεοῦ ἐπιφάνειαν und Z. 6f.: ἀναγραψάντω δὲ ἔκ τε τᾶν | [ἐπ]ιστολᾶν καὶ τῶν χρηματ[ισμῶν καὶ ἐκ τῶν ἄλλων μαρτυρί]ων ἅ κα ἦι ἁρμόζοντα περὶ τῶν ἀναθεμάτων καὶ τᾶς ἐπιφανείας | [τ]ᾶς θε(ο)ῦ, wie auch die geringe Zahl der wiedergegebenen ἐπιφάνειαι. Es ist auch zu bemerken, daß die einzige vollständig erhaltene Erzählung einer ἐπιφάνεια sowohl sachlich, wie in den Zitaten (s. Blinkenberg, S. 420) mit dem Kapitel XXXII der Aufzählung der Weihgeschenke übereinstimmt. Dieselbe Übereinstimmung mit bestimmten Weihungen würden auch die anderen ἐπιφάνειαι ergeben, wenn sie vollständig erhalten wären und auch die Liste der Weihungen unversehrt auf uns gekommen wäre. Die einen wie die anderen stammen bekanntlich aus denselben literarischen Quellen des Autors der Chronik.

Es ist also kaum zu bezweifeln, daß die ἐπιφάνειαι der Göttin von den Tempelvorstehern von einer gewissen Zeit an sorgfältig gebucht wurden und aus diesen offiziellen Aufzeichnungen in die lokale historische Literatur übergingen. Einen Beleg dafür bieten die von Blinkenberg angeführten Werke des Istros Ἀπόλλωνος ἐπιφάνειαι (*FHG* I, 422, 33—37) und des Φύλαρχος περὶ τῆς τοῦ Διὸς ἐπιφανείας (Susemihl I, 631, Anm. 555). Es ist auch vollständig richtig was er (S. 406) darüber bemerkt: *mais il y a lieu de rappeler que tous les sanctuaires grecs étaient des foyers de récits de ce genre et que l'histoire grecque en a fait un large emploi depuis l'époque de Hérodotos.*

Einen schlagenden Beleg für diese allgemein gehaltene Bemerkung und zugleich ein sehr wichtiges Zeugnis für die Reichhaltigkeit und die Beschaffenheit der lokalen Geschichtsschreibung der hellenistischen Zeit bietet eine wenig beachtete, erst vor kurzem durch einen zufälligen Fund vervollständigte chersonesische Inschrift.

Ein Bruchstück davon ist zuerst von Latyschew publiziert worden (*IOSPEux.* I, 184). Wilhelm (*AEMOest.* XX (1897), 87) hat dann den Sinn der Inschrift im allgemeinen richtig erkannt und Bechtel (*Gr. Dial.* III, 1 Nr. 3086) hat einige Verbesserungen der Lesung vorgeschlagen (vgl. Latyschew, *IOSPEux.* IV, p. 277). Jetzt ist es Löper gelungen, ein neues Stück der Inschrift zu finden, welches sich genau an das früher bekannte anfügen ließ[2]). Obwohl seine Ergänzungen nicht in allen Punkten ganz sicher sind (zweifeln kann man an der Lesung der Z. 6—7 und dem Schluß des Dekrets), ist der Stein jetzt im all-

---

1) Chr. Blinkenberg, *La chronique du temple Lindien*, Copenhague 1912 und *Die Lind. Tempelchronik* 1915 [vgl. jetzt Dittenberger, *Syll.* II³ (1917) 725. Die Red.].
2) S. R. Löper, *Chersonesische Inschriften* (russ.) in den *Izvestija Imp. arch. Kommissii* (*Bull. de la Comm. imp. arch.*), 45, S. 44 ff., vgl. Latyschew, ebendas., S. 133 f.

gemeinen mit vollständiger Sicherheit wiederhergestellt. Die Inschrift — ein Ehrendekret für den chersonesischen Geschichtsschreiber Syriskos — lautet:

Ἡρακλ]είδας Παρμένοντος εἶπ[ε· | ἐπειδὴ] Σύρισκος Ἡρακλείδα τὰ[ς | ἐπιφαν]είας τᾶς πα[ρ]θένου φιλ[ο|πό]νως συγγράψας ἀ[νέ]γνω καὶ τ[ὰ | ποτὶ τ]οὺς Βοσ[π]όρου [βασιλεῖ[ς | διηγήσα]το τὰ [θ᾽ὑ]πάρξαντα φ[ι|λάνθρωπα ποτὶ τὰ]ς πόλεις ἱστ[όρησεν ἐπιεικ]έως τῶι δάμω[ι | ἵνα λάβοι τιμὰ]ς ἀξίας δεδόχθ[αι τᾶι βουλᾶι καὶ τῶι δάμωι ἐ]παινέσα[ι | Σύρισκον Ἡρακλείδα καὶ στε]φαν[ῶ]σαι τοὺς συννάμ]ονας [χρυσέωι στε|φάνωι τῶν Διονυσ]ίων μιᾶι ἐφ᾽ ἰκ[άδι καὶ τὸ ἀνάγγ]ελμα γενέσθαι· ὁ δ[ᾶ]μωι στεφα]νοῖ Σύρισκον Ἡρακλε[[ίδα ὅτι τὰ]ς ἐπιφανείας τᾶς πα[ρ]θένου ἔγρα]ψε καὶ τὰ ποτὶ τὰς [πό|λεις καὶ τοὺς] βασιλεῖς ὑπάρξ[αν|τα φιλάνθρωπα] ἱστόρησε ἀλα|θιν[ῶς | καὶ ἐπιεικέως] τᾶι πόλει ... folgt der übliche Beschluß über die Niederschrift und die Aufstellung der Stele im Tempel der Parthenos.

Nach diesem Dekret hat Syriskos, vielleicht als erster (der Stein gehört dem III. Jahrh. v. Chr. an) chersonesischer Geschichtsschreiber, eine Geschichte der Stadt verfaßt. Wie weit er zurückgegangen ist, sagt uns die Inschrift nicht, aber sie referiert genau über den hauptsächlichen Inhalt des Werkes und zugleich über die Quellen des Syriskos. Syriskos erzählte in seiner Geschichte vor allem von den Wundern der chersonesischen Göttin, zugleich aber von den Verhältnissen der Stadt Chersonnesos zum bosporanischen Reiche und zu den πόλεις. Die πόλεις sind wohl vor allem Herakleia, die Mutterstadt und die anderen Städte auf dem südlichen Ufer des Pontos Euxeinos.

Benutzt hat er dabei sicherlich die priesterlichen und städtischen Aufzeichnungen über die ἐπιφάνειαι, welche wohl den lindischen ganz ähnlich sahen, und die verschiedenen Verträge der Stadt mit ihren Nachbarn, zu denen Chersonnesos zur Zeit der Abfassung des Geschichtswerkes wohl in den besten Verhältnissen stand. Auch mit den bosporanischen Königen herrschte wohl Friede und Freundschaft. Die große Rolle, welche die ἐπιφάνειαι der Parthenos in der Geschichte und der geschichtlichen Überlieferung von Chersonnesos spielten, bezeugen zwei Nachrichten aus verschiedenen Zeiten. Vor allem die bekannte Inschrift des Diophantos (*IOSPEux.* I, 185; Ditt., *Syll.*[3], 709), Z. 23 ff. ἃ διὰ παντὸς Χερσονασιτᾶν προστατοῦσα | [Παρ]θένος καὶ τότε συμπαροῦσα Διοφάντωι, προεσάμανε μὲν τὰν μέλλουσαν γίνεσθαι πρᾶξιν | [διὰ τ]ῶν ἐν τῶι ἱερῶι γενομένων σαμείων, θάρσος δὲ καὶ τόλμαν ἐνεποίησε παντὶ τῶι στ[ρα]τοπέ[δωι]. Diese Vorverkündigung darf als richtige ἐπιφάνεια angesehen werden. Sie wurde natürlich verzeichnet und spielte seitdem wohl eine wichtige Rolle in der Überlieferung über die Geschichte der Stadt zur Zeit der Mithradates.

Einen weiteren Fall von göttlicher Epiphanie, welcher vielleicht dem Syriskos Veranlassung gegeben hat, die ähnlichen Fälle aus der Vergangenheit zusammenzustellen (s. unten), bietet eine von Latyschew mit großem Scharfsinn wiederhergestellte chersonesische Inschrift[1]). Es ist ein Beschluß — leider nur fragmentarisch erhalten —, welcher im J. 1906 in Chersonnesos gefunden worden ist. Das Dekret ist bezeichnenderweise von demselben Herakleides, Sohn des Parmenon, beantragt, welcher auch die Ehren für Syriskos befürwortet hat. Es wird von einer großen Barbareninvasion berichtet, von einer großen, den Bewohnern der Stadt drohenden Gefahr, von welcher sie nur durch die Hilfe der Parthenos befreit wurden. Die entscheidenden Worte

---

1) Siehe Latyschew, *Zur Frage über den Kultus der Göttin Parthenos im taurischen Chersonnesos* (russ.), *Sammelschrift zu Ehren von W. Buzeskal*, Charkow, 1913, vgl. *Izv. imp. arch. Komm.* (*Bull. de la Comm. imp. arch.*), 18, 117 ff., Nr. 23.

lauten Z. 5ff.: ὅπωι ἂν καλῶ]ς ἔχῃ τοῖς πολίταις τὰ | [περὶ τὰν θεὰν παρθέν]ον καὶ τᾶς γενομένας | [δι᾽ αὐτὰν¹) βοηθείας] ἐνδεχομέναν ὁ δᾶ|[μοι Χερσονασιτᾶν α]ὐτᾶι φαίνηται χάριν | [ἀποδιδοὺς, πρότερόν τε] σωθεὶς δι᾽ [α]ὐτὰν | [ἐκ τῶν μεγίστων κιν-δύν]ων καὶ νῦν ἐκπεπο|[ρευμένων τῶν οἰκητ]όρων μετὰ τέκνων κτλ. (das Folgende läßt sich kaum mit genügender Sicherheit ergänzen).

Die Lage der Stadt im III. Jahrh. v. Chr. war sehr gefährlich. Das große skythische Reich am Nordgestade des Schwarzen Meeres ging allmählich in Trümmer. Philipp, Alexander und seine Feldherrn, später Lysimachos und die von ihm besiegten Thraker sowohl wie die keltischen Einfälle drängten die Skythen nach dem Osten, die von Osten anrückenden Sarmaten schoben sie nach dem Westen, in den Steppen um Olbia herrschte vollständige Anarchie, wie sie uns das Protogenische Dekret[2]) veranschaulicht. Die Skythen wurden dadurch in das Gebiet der Krim und der anliegenden Steppen zusammengedrängt und suchten sich an dem Gebiete der griechischen Städte schadlos zu halten. Besonders schwierig wurde die Lage von Chersonnesos. Die Chersonnesiten suchten Hilfe und fanden sie vor allem bei den anrückenden Sarmaten und den ihnen befreundeten Städten, hauptsächlich Herakleia. Auch am Bosporos, welchem dieselbe Gefahr drohte, versuchten sie einen Anhalt zu finden, wie es uns das Dekret für Syriskos veranschaulicht. Die Lage der Stadt in diesen Zeiten illustriert die von Polyaen überlieferte Geschichte der sarmatischen Königin Amage[3]), und für eine etwas spätere Zeit der Bündnisvertrag mit dem pontischen Könige Pharnakes, welchen Löper in demselben Hefte der *Izvestija*, wo er auch die Syriskosinschrift veröffentlichte, publiziert hat[4]). Beide Dokumente habe ich kürzlich in einem besonderen Aufsatze besprochen und möchte darauf nicht zurückkommen[5]). Diese Zeiten, welche allmählich zu den Zuständen führten, welche im Verlaufe der Zeit die Chersonnesiten veranlaßten, sich dem mächtigen pontischen Könige zu ergeben, um durch seinen Feldherrn Diophantos von den Skythen „befreit" zu werden, waren voll von größten Gefahren und täglichen Überraschungen. Eine derselben schildert die oben angeführte Inschrift.

In diesen Zeiten der höchsten Not vertiefte sich das religiöse Gefühl der Chersonnesiten, sie suchten und fanden öfters Hilfe bei ihrer mächtigen Göttin Parthenos.

Nach einer überstandenen, besonders großen Gefahr machte nun Herakleides unter dem Eindruck einer glänzenden Epiphanie der Göttin seinen Vorschlag, welcher wohl dahin zielte, irgendwelche Ehren für die Göttin zustande zu bringen. Sollte es nun Zufall sein, daß in derselben Zeit derselbe Mann auch eine Belohnung für den Geschichtsschreiber Syriskos befürwortet?

Es dünkt mich sehr wahrscheinlich, daß in dem verlorenen Teile des von Latyschew ergänzten Dekrets Herakleides vorgeschlagen hat, die Parthenos

---

1) Diese Worte ergänze ich auf Grund des folgenden δι᾽ αὐτὰν in Z. 9. ἐπιφανείας statt βοηθείας zu schreiben erlaubt weder der Sinn, noch die Länge der Lücke.
2) Dittenberger, *Syll.*³, 495; *IOSPEux*. I, 16 vgl. S. 220; die Zeit des Dekrets fällt noch in das III. Jahrh. v. Chr., wie Schmidt, Latyschew und Dittenberger erwiesen haben.
3) Polyaen, *Strateg.* VIII, 56.
4) Löper, *Izvestija* 45, S. 25ff.
5) *Schriften der Odessaer Ges. f. Gesch. und Altert.* XXXI.

dadurch zu ehren, daß man einem literarisch gewandten Manne, dem Syriskos, auftrug, im Anschluß an die letzte Epiphanie der Göttin ihre früheren Wunder zu schildern und zugleich die Geschichte der Stadt in den letzten Zeiten, ihre diplomatischen Beziehungen und die φιλάνθρωπα mit den Städten und den bosporanischen Königen zu beschreiben. Es ist, beiläufig gesagt, sehr wahrscheinlich, daß tatsächlich nicht die Parthenos, sondern die Bundesgenossen die Stadt aus ihren Nöten befreit haben.

Damit bekommen wir ein Werk nicht besonders großen Umfangs, welches auch bequem der Bürgerschaft vorgelesen werden konnte.

Der ganze Vorgang würde demnach dem offiziellen Vorgange bei der Bestellung und Abfassung der lindischen Chronik ähnlich sehen. Wer weiß, ob nicht ein Zufall uns auch die Bruchstücke des Werkes des Syriskos wieder schenken wird? Denn es ist nicht unwahrscheinlich, daß, wenn nicht das ganze Werk, so doch wenigstens die Aufzählung der ἐπιφάνειαι der Göttin auch auf Stein publiziert worden ist.

Ob nun Syriskos für sein Werk, wie der Verfasser der lindischen Chronik, nicht nur offizielle Aufzeichnungen über die ἐπιφάνειαι und die Abschriften der Originalverträge oder die Verträge selbst, sondern auch eine ältere geschichtliche Literatur ähnlichen Schlages benutzen konnte, bleibt vorläufig unbestimmbar.

Ähnliche Aufzeichnungen der göttlichen ἐπιφάνειαι lassen sich in der griechisch-römischen Welt auch sonst nachweisen. Ohne jeden Anspruch, das ganze darauf bezügliche Material vorzuführen mache ich auf folgende schon von Wilhelm (a. a. O.) teilweise zusammengestellten Fälle aufmerksam.

Eine göttliche ἐπιφάνεια, welche sicherlich aufgezeichnet wurde, gab den Anlaß zur Errichtung des ἀγὼν στεφανίτης zu Ehren der Artemis Leukophryene in Magnesia am Maeander (s. Dittenberger, *Syll.*[3], 557, 10; 558, 7; 559, 11; 560, 8; 561, 13; 562, 13; vgl. besonders Dittenberger, *OGI*, 233, 35).

Ähnlich wie in dem Tempel der Athena zu Lindos existierte wohl auch im Tempel der Artemis zu Ephesos ein Verzeichnis der ἐπιφάνειαι der Göttin, welche verschiedene Geschenke und Weihungen an die Göttin verursachten; s. Dittenberger, *Syll.*[3], 867, 35: διὰ τὰς ὑπ᾽ αὐτῆς γενομένας ἐναργεῖς ἐπι[φανείας].

Auch König Attalos II. verweist bei der Begründung des Sabazioskultes in Pergamon auf die wohl von den Priestern verzeichneten ἐπιφάνειαι des Gottes, Dittenberger, *OGI*, 332, IV, 52: ἐκρίναμεν διὰ τὰς ἐξ αὐτοῦ γενομένας ἐπιφανείας.

Es bedarf wohl nicht großer Mühe, um diese Beispiele zu vermehren. Sehr lehrreich, auch für die Geschichte der römischen Annalistik, ist die bekannte Erzählung des Dionysios Hal., *Ant.* II, 68, 1 über die ἐπιφάνειαι der Vesta, welche wohl auf offizielle Aufzeichnungen der Pontifices im letzten Grunde zurückgeht: πάνυ δ᾽ ἄξιον καὶ τὴν ἐπιφάνειαν ἱστορῆσαι τῆς θεᾶς, ἣν ἐπεδείξατο ταῖς ἀδίκως ἐγκληθείσαις παρθένοις, πεπίστευται γὰρ ὑπὸ Ῥωμαίων εἰ καὶ παράδοξά ἐστι, καὶ πολὺν πεποίηνται λόγον ὑπὲρ αὐτῶν οἱ συγγραφεῖς. Es folgen eine Polemik gegen die ungläubigen Philosophen ἁπάσας διασύροντες τὰς ἐπιφανείας τῶν θεῶν τὰς παρὰ Ἕλλησιν ἢ βαρβάροις γενομένας und zwei Erzählungen der göttlichen Hilfe der Vesta.

Doch auf die sich daran anknüpfenden Fragen kann ich nicht eingehen.

Petersburg.

Die Abstammung des ökumenischen Patriarchen Germanus I.
Von Ernst Stein.

Im Pauly-Wissowa-Artikel *Justinianus* Nr. 2 (danach *Studien zur Gesch. des byz. Reiches* 98 f.) bin ich durch Kombination der griechischen und orientalischen Quellen mit Greg. Tur. *Hist. Franc.* V 30 zur Vermutung gelangt, der zugleich mit Mauricius am 5. August 582 vom todkranken Tiberius zum Caesar und kaiserlichen Schwiegersohn erhobene Germanus, von dessen weiteren Schicksalen wir mit Bestimmtheit nur wissen, daß er am 11. August schon aufgehört hatte, Caesar zu sein[1]), sei der Sohn des berühmten Feldherrn und gelegentlichen Kronprätendenten Justinianus, Sohn des Germanus und dadurch Großneffen Kaiser Justinians I. Ausgangspunkt meiner Erwägungen bildete die bekannte Erscheinung, daß häufig Enkel die Namen ihrer Großväter führen; nachweisen aber konnte ich diesen Brauch für die in Rede stehende Seitenlinie des justinianischen Hauses nicht. Nun steht in der Chronik des Logotheten (Leo Gramm. 159 B.) und bei Zonaras (XIV 20, Bd. III, p. 316 Dindorf) die Notiz, daß Kaiser Constantin IV. nach der im Februar 669[2]) erfolgten Niederwerfung des Usurpators Mžež (Mezezius) mit diesem und den anderen Mördern Constantius' II. auch den Patrizier Justinianus hinrichten, dessen Sohn Germanus aber, den aus dem Bilderstreit berühmten späteren Patriarchen, kastrieren ließ. An einem Zufall ist hier nicht zu denken; vielmehr ist durch jene Notiz bewiesen, daß in der Nachkommenschaft des Germanus, des Neffen Kaiser Justinians I., die Namen Justinianus und Germanus tatsächlich abwechselten. Damit gewinnt meine Behandlung von Greg. Tur. V 30 erheblich an Sicherheit; es ergibt sich ferner die bemerkenswerte Tatsache, daß der Patriarch Germanus ein Blutsverwandter Justinians II. gewesen ist, und schließlich fällt auch auf die Stärke legitimistischen Empfindens im dunkelsten aller Jahrhunderte ein interessantes Streiflicht. Die, wie aus der erwähnten Notiz hervorgeht, auch den Byzantinern befremdliche Kastrierung des späteren Patriarchen, der schon über das Alter hinaus war, in welchem die zum Eunuchentum Bestimmten gewöhnlich der Operation unterzogen wurden, findet ihre Erklärung in der Furcht Constantins IV., der Jüngling könnte ähnliche Aspirationen nähren wie drei Menschenalter früher sein Urgroßvater Justinianus, der Sieger von Melitene. Daß aber Eunuchen trotz der durch die Eparchen Eleutherius und Olympius gegebenen Beispiele in dieser Hinsicht als ungefährlich galten, ist bekannt.

Wien.

Personalien.

Sam Wide in Upsala, der Verfasser der *Lakonischen Kulte* (1893), der Darsteller der *griechischen und römischen Religion* bei Gercke-Norden, *Einleitung* II (2. Aufl. 1912) ist während des Krieges gestorben; mit ihm ist ein treuer Freund deutscher Forschung und deutscher Art uns entrissen worden.

---

1) Die von Ducange, *Familiae byzantinae* p. 103 erwogene Möglichkeit, daß dieser Germanus mit dem gleichnamigen Schwiegervater des Theodosius, Sohnes des Mauricius, identisch sei, liegt wohl sehr ferne.

2) Vgl. Brooks, *Byz. Zeitschr.* XVII (1908) 455 ff.

Otto Crusius ist am 29. Dezember 1918 dahingegangen. Er, der *die heilige Not* des Vaterlandes besungen, hat dessen Zusammenbruch nicht lange überlebt. Er wird als Präsident der bayrischen Akademie der Wissenschaften und als General-Konservator der wissenschaftlichen Sammlungen des bayrischen Staates, als Herausgeber des *Philologus* und des *Erbes der Alten* schwer zu ersetzen sein. Seine Würdigung von Erwin Rohde's Lebenswerk, seine Bearbeitung von E. Hiller's *Anthologia lyrica*, seine Forschungen auf dem Gebiete der Volkskunde und Religionsgeschichte und über Theorie und Geschichte der Musik kommen der Kulturgeschichte des Altertums in gleicher Weise zugute wie der klassischen Philologie im engeren Sinne, der ihm namentlich die Untersuchungen zu den griechischen Paroimiographen, zu den Miniamben des Herondas sowie über die neu aufgefundenen Delphischen Hymnen verdankt. Als sein Nachfolger wurde Eduard Schwartz in Straßburg berufen.

Hugo Blümner-Zürich ist am 1. Januar d. Js. gestorben. Über sein Spezialfach von Anfang an weit hinausgreifend, hat er viele Gebiete der antiken Wirtschafts- und Kulturgeschichte mit gutem Ertrag bearbeitet und uns Werke von dauerndem Wert geschenkt wie die *Technologie und Terminologie der Gewerbe und Künste bei Griechen und Römern*, 4 Bde. 1874—1888, Bd. I in 2. Aufl. 1912, die Neuauflage der *Griech. Privataltertümer* von K. Fr. Hermann, 3. Aufl. 1882, *Die Römischen Privataltertümer* in Müllers Handb. der Klass. Altertumswiss. IV, 2, 2, 3. Aufl. 1911, vor allem aber den ausgezeichneten Kommentar zu Mommsens Ausgabe des *Maximaltarifs des Diokletian*, 1893 und die Behandlung der archäolog. und topogr. Probleme in der großen *Pausanias*-Ausgabe seines Züricher Kollegen H. Hitzig, Berlin 1896—1910. Zu Berlin 1844 geboren, ist er seinem Vaterland auch in der Ferne treu geblieben und hat noch im Jahre 1911 die *Röm. Privataltertümer* der Universität Breslau zur 100jähr. Jubelfeier als „dankbarer Schüler" gewidmet.

Adolf Bauer, dem die Untersuchungen über *die Entstehung von Herodot's Geschichtswerk* und über die *Cyrussage*, die Entdeckung und Herausgabe des Codex Matritensis der *Chronik des Hippolytos*, sowie die tiefgründigen und ansprechenden gemeinverständlichen Darstellungen *Vom Griechentum zum Christentum* und *Vom Judentum zum Griechentum* zu danken sind und der in Graz solange segensreich gewirkt hatte, ist am 12. Januar d. J. einem längeren Leiden erlegen, nachdem er nur kurze Zeit als Nachfolger Bormann's in Wien hatte tätig sein können.

C. F. Lehmann-Haupt ist als Ordinarius für Geschichte des Altertums an R. von Scala's Stelle von Konstantinopel nach Innsbruck berufen worden und hat sein neues Lehramt zu Beginn des Wintersemesters angetreten.

Wilhelm Weber in Frankfurt a/M. wurde auf das durch den Weggang von Ernst Kornemann erledigte Ordinariat in Tübingen berufen. Sein Nachfolger wird Matthias Gelzer in Straßburg.

Walther Kolbe in Rostock wurde Matthias Gelzers Nachfolger in Greifswald und trat sein neues Lehramt am 1. April 1919 an.

Friedrich Pfister-Marburg ist als Extraordinarius für klass. Philologie nach Tübingen übergesiedelt.

Die letzten Ziele der Politik Alexanders des Großen[1].

Von Ernst Kornemann.

Noch immer haben wir zwei Alexander in der Literatur. Der eine ist ein Phantast, der unerreichbaren Zielen nachstrebt, dabei ein Herren- und Gewaltmensch sondergleichen, der wirklich groß nur als Militär gewesen ist, der andere ein Realpolitiker großen Stils, der genial veranlagt, als Feldherr sowohl wie als Staatsmann gleich große Leistungen vollbracht hat[2].

---

[1] Dieser Aufsatz war schon einige Zeit vor dem Krieg niedergeschrieben. Die während des Krieges gehaltenen und herausgegebenen Vorträge über Alexander:
 1. Walter Otto, *Alexander der Große, Marburger Ak. Reden* Nr. 34, Marburg 1916,
 2. U. von Wilamowitz, *Alexander der Gr., Reden aus der Kriegszeit* V, 1916,
 3. Walther Kolbe, *Das Weltreich Alexander des Gr.*, Sonderabdruck aus der *Weihnachtsgabe Rostocker Universitätslehrer* 1916,

haben die Herausgabe meiner Untersuchung nicht unnötig gemacht. Nur Wilamowitz (S. 18f.) hat die Probleme gestreift, die im Folgenden in den Vordergrund gerückt werden. Bemerkt sei noch, daß der Krieg uns auch eine neue Ausgabe von Droysens *Gesch. Alexander des Gr.* gebracht hat mit einem Vorwort von Sven Hedin und einer Einleitung von A. Rosenberg, Berlin, R. von Deckers, Verlag 1917.

[2] Einen dritten Alexander hat K. J. Beloch geschaffen. Nach ihm war Alexander „weder ein großer Staatsmann noch ein großer Feldherr", *Griech. Gesch.* III 1, S. 66. Mit Recht bemerkt Joh. Kromayer, *Histor. Zeitschr.* 100, 3. Folge 4 S. 23 hierzu: Droysens „Panegyrikus kommt der Wahrheit ... ungleich näher, als der kühle, fast philisterhafte Alexander, den Beloch uns darstellt und der in seiner beleidigenden Nüchternheit überhaupt kaum noch ein Alexander genannt werden kann". Nirgends hat Belochs Bewertung des genialen Makedonenkönigs Zustimmung gefunden, selten ist auch eine geschichtliche Größe stärker verzeichnet worden als in diesem Falle. Nur Rosenberg, der Neuherausgeber von Droysen, wagt nicht zu entscheiden, ob Droysens oder Belochs Alexander der Wahrheit näher kommt (*Einleitung* S. XIV). Nach Rosenberg (ebda. S. XIXf.) irrt Droysen, wenn er „durchweg den König selbst als den geistigen Leiter des Krieges" einführt, „während tatsächlich Alexander in den meisten Fällen nach dem Rat seiner Adjutanten gehandelt haben wird". Die Quellen geben uns nicht das Recht, so zu urteilen. Wie anders lautet auch das Urteil eines so vorzüglichen Kenners wie Ulrich Köhler, der einmal von „genialer Sicherheit und Konsequenz" gesprochen hat, „welche Alexander vom Tage der Thronbesteigung an als Regent und Heerführer an den Tag gelegt hat" (*S.-Ber. der Berl. Ak.* 1898, S. 134).

Sehr begrüßt wurde es bei dieser Sachlage von den Fachgenossen, daß Ed. Meyer auf dem Hamburger Philologentag von 1905 zu dem wichtigen Problem Stellung genommen und uns den Vortrag in seinem vollen Umfang nebst den Belegen in den *Kleinen Schriften* zugänglich gemacht hat[1]). Nach einer kritischen Übersicht über die verschiedenen Auffassungen von Alexanders Persönlichkeit und Politik bekennt sich der Forscher zu der Ansicht, daß Alexander „kein Abenteurer gewesen ist, sondern ein genialer Feldherr und Staatsmann"[2]), und es hat den Anschein, als ob die zweite der oben gekennzeichneten Richtungen zu Wort kommen werde. Aber im Laufe der Darstellung wird es anders: immer deutlicher tritt es zutage, daß dieser Meyersche Alexander doch nur eine Neuauflage desjenigen von Julius Kaerst ist[3]). Da heute die Vertreter der anderen Richtung, wie U. Koehler und B. Niese, tot sind und Ed. Meyers große Autorität sich hinter Kaerst gestellt hat, tut es not, das Problem an einem Punkte noch einmal aus den Quellen heraus einer erneuten kritischen Behandlung zu unterziehen.

I.

Alexanders Größe voll und ganz zu würdigen, vermag nur derjenige der die großen Entwürfe durchschaut, mit denen er im letzten Lebensjahr, zum Teil erst ganz kurz vor seinem Tode, sich getragen hat.

E. Meyer stellt diesem Problem gegenüber den Satz auf: Alexander habe bei seinem Tode als Eroberer erst „die Hälfte seiner Aufgabe" erfüllt gehabt[4]), das soll heißen, wie kurz vorher zu lesen ist: „Die Eroberung des Perserreiches bis zu seinen äußersten Grenzen war nur der erste Teil der Aufgabe, die Alexander sich gestellt hatte"[5]); der zweite Teil bestand, wie dann des weiteren ausgeführt wird, in dem Gedanken, auch alle Randländer des westlichen Mittelmeerbeckens bis zu den Säulen des Herakles dem neuen Weltreiche anzugliedern. Diese Behauptung ist die Wiederaufnahme einer Ansicht von Kaerst, die dieser in der Polemik gegen Niese vertreten hatte. Kaerst geht sogar soweit zu behaupten, die Auffassung, als ob Alexander mit der Eroberung des Perserreiches sich habe begnügen

---

1) *Kleine Schriften,* Halle, Niemeyer 1910, S. 283—332.
2) A. a. O. S. 287.
3) In der neuen Auflage seiner *Geschichte des Hellenismus,* wie das Werk jetzt betitelt ist, konstatiert J. Kaerst (I² S. 479 Anm. 4) selber diese Tatsache: „Die Darstellung, die E. Meyer, *Kl. Schr.* S. 285, von dem Königtum Alexanders gegeben hat, berührt sich, wie ich zu meiner Genugtuung hervorheben darf, in wesentlichen Beziehungen mit der von mir vertretenen Ansicht. Ich finde in dieser Übereinstimmung eine erfreuliche Bestärkung für meine Anschauung." Der Forschung, die anderer Ansicht ist, erwächst hieraus erst recht die Pflicht, ihren abweichenden Standpunkt zum Ausdruck zu bringen.
4) A. a. O. S. 300. — 5) S. 297 f.

wollen, „verlegt uns geradezu den Weg zu einer tieferen Erkenntnis von Alexanders Politik"[1]).

Die Sache ist von prinzipieller Bedeutung für das Verständnis der Politik Alexanders[2]). Wir fragen: ist Alexander nur die „Eroberungsbestie", um einen Ausdruck Rankes von Napoleon zu gebrauchen, oder hat er sich im Erobern schließlich selber Schranken auferlegt?

E. Meyer geht von einer falschen allgemeinen Betrachtung aus, indem er sagt, „im Westen war dem Griechentum eine mindestens ebenso große Aufgabe gestellt wie im Osten", nämlich die Niederzwingung der Karthager und der übrigen Westvölker. Aus diesem Satze leitet er die Verpflichtung Alexanders ab, seine siegreichen Waffen auch nach Westen zu tragen[3]). Hier ist die Prämisse falsch. Alexander hat während seines ganzen Lebens niemals hellenische oder gar panhellenische Politik, sondern immer nur makedonische Politik getrieben, ähnlich wie Bismarck in den entscheidenden Jahren vor Entstehung des Reiches nur preußische Politik trieb; das hat U. Köhler in einem Aufsatz, der zum besten der Alexanderliteratur gehört, schon vor Jahren unwiderleglich erwiesen[4]). In Alexanders Politik spielen die Griechen noch weniger eine Rolle als in derjenigen seines Vaters Philipp. Alexander hat nur einen Gedanken: Makedonien und das makedonische Volk zum Herren der östlichen Mittelmeerwelt zu machen, und als nach der Eroberung des Perserreiches das Makedonentum zur Beherrschung des Riesenstaates nicht mehr ausreichte, ward das alte Herrenvolk des nieder-

---

1) *Geschichte des Hellenismus* I[2] S. 488. Ähnlich, wenn auch etwas zurückhaltender, Beloch, *Griechische Gesch.* III 1. S. 67 Anm. 1. Auch nach ihm war Alexander „keineswegs gesonnen, sich mit der Erwerbung des Perserreichs zu begnügen".

2) In den Reden aus der Kriegszeit kehrt der Kaerst-Meyersche Gedankengang ebenfalls wieder, so bei Walter Otto a. a. O. S. 29 und Walther Kolbe a. a. O. S. 3f. Nur v. Wilamowitz S. 18 verhält sich ablehnend, was Kolbe zu folgender Äußerung veranlaßt: „Neuere Kritiker — so noch jüngst Ulrich von Wilamowitz — halten die Idee einer Eroberung des Westens, die in der Tat auf den ersten Blick phantastisch anmutet (von mir gesperrt), für nicht hinreichend beglaubigt. Doch ich trage Bedenken, mir dieses Urteil, das im Widerspruch mit der antiken Überlieferung steht, zu eigen zu machen." Daß das Urteil nicht im Widerspruch mit der antiken Überlieferung steht, soll im Folgenden erwiesen werden.

3) Noch unglücklicher ist der Gedanke bei Kolbe a. a. O. S. 4 formuliert: „Daher war es für den König, der als ἡγεμὼν τῶν Ἑλλήνων gelten wollte, ein Gebot der Pflicht, den Kampf mit diesem Nationalfeind aufzunehmen. Er durfte ihm nicht ausweichen. Denn die Aufgabe, die hier des Hellenentums wartete, war nicht minder groß als im Osten."

4) *S.-Ber. Berl. Akad.* 1898, S. 134: „Panhellenische Tendenzen sind bei Alexander so wenig vorauszusetzen wie bei Philipp; Philipp und Alexander waren makedonische Könige und konnten als solche nur das Machtinteresse der makedonischen Monarchie als leitenden Gesichtspunkt im Auge haben."

geworfenen Reiches, die Perser, zur Regierung mitherangezogen: wie seither ein medisch-persisches so sollte jetzt ein makedonisch-persisches Mischreich erstehen. So sehr Alexander auch einzelne Griechen geschätzt und im Reichsdienst herangezogen hat, der Nation als Ganzem hat er ein viel geringeres Vertrauen entgegengebracht als der persischen Nation[1]. Das kommt uns heute nur deshalb so seltsam vor, weil wir alles Persische durch die griechische Brille zu schauen gewohnt sind und deshalb an einer höchst auffälligen Unterschätzung des persischen Staates und der persischen Kultur leiden. Seitdem nach der Einäscherung von Persepolis im Jahre 331 das kleine Hilfskorps der hellenischen σύμμαχοι zurückgeschickt war, spielen die Griechen in der Politik Alexanders überhaupt keine Rolle mehr. Auf keinen Fall waren Aufgaben, die dem Griechentum gestellt waren, auch Aufgaben Alexanders[2]. Und gar das Westhellenentum lag ganz außerhalb seines Gesichtskreises, seitdem er sich nach der Schlacht von Arbela als Großkönig von Asien betrachtete, der weder wie sein Vater Philipp in Makedonien noch auch wie der Perserkönig in Persepolis oder Susa sondern in Babylon seine Residenz suchte[3]. Babylon soll die Reichshauptstadt des neuen makedonisch-persischen Universalreiches werden, das die Balkanhalbinsel und Vorderasien bis nach Indien hin umfaßt, offenbar nicht nur aus politischen und wirtschaftlichen Gründen, sondern auch aus einem religiösen Motiv heraus. Weder nur Herakles, der Stammvater des makedonischen Königshauses und demnach auch seines Vaters Philipp, noch Ahura Mazda, nach dessen Willen sich Dareios König nennt[4]), sollen allein über dem neuen Reiche als oberste Schirmer walten, sondern über beiden noch Bêl-Marduk, mit welchem seit den Zeiten der Babylonier die Idee

---

1) U. Koehler a. a. O. S. 134: „Politisch hervorragende Makedonier wie Philipp und Alexander und die meisten der Diadochen konnten die Griechen als Nation nur verachten, wenn sie auch die griechische Bildung, die sie mehr oder weniger teilten, schätzten und bewunderten."

2) Schon im Altertum ist allerdings von griechischer Seite die gegenteilige Auffassung vertreten worden, vgl. E. Meyer a. a. O. S. 296 Anm. 1, aber sie bleibt trotzdem falsch, weil sie allem widerspricht, was wir von Alexanders Politik gegenüber den Hellenen wissen. Wenn E. Meyer a. a. O. S. 297 dann sagt: „in noch ganz anderer Weise als Philipp fühlte sich Alexander als Hellene," so ist genau das Gegenteil richtig, wie auch aus den Worten desselben Forschers auf S. 296 („so sehr er [Alexander] sich als makedonischer König fühlte") hervorgeht. Bei Rosenberg (*Einleitung* S. XXVI), ist Philipp gar „der größte Staatsmann, den das griechische Volk hervorgebracht hat"!

3) Daß schon seit Arbela Babylon zur Reichsresidenz ausersehen war, ergibt sich aus der Tatsache, daß damals schon Harpalos in seiner Eigenschaft als Reichsfinanzminister Babylon zum Amtssitz angewiesen wurde.

4) Dazu jetzt die geistvolle Tübinger Antrittsvorlesung von Wilhelm Weber, *Zur Geschichte der Monarchie*, Tübingen, Kloeres 1919, S. 6, 13 ff. und S. 22.

der vorderasiatischen Weltherrschaft verknüpft ist[1]). Schon die Wahl dieser Reichshauptstadt und dieses Reichsgottes sind bezeichnend für die Politik des neuen Herrschers von Asien. Sie setzt auf dem neutralen Boden des alten Kultur- und Herrschaftszentrums von Vorderasien, wie später noch einmal unter den Arabern, den letzten Testamentsvollstreckern Alexanders, die Politik der Ausgleichung und Annäherung von makedonischem und persischem Wesen fort, die das eigentlich Charakteristische an dem Staatsmann Alexander ist, aufgebaut auf der Idee des Universalismus, die an die Stelle von Philipps nationalistischer Politik treten sollte[2]). Allerdings geschah dies — und das ist die Tragik seines Lebens — dem Reichsschöpfer und seiner Reichsschöpfung zum Unheil; denn an dem Sumpffieber Babylons ist Alexander zugrunde gegangen, gerade in dem Augenblick, als er von dort aus die letzte Hand anlegen wollte an den organisatorischen Aufbau des neuen Universalreiches.

Statt diesen Dingen nachzugehen, behauptet nun die neueste Forschung, Alexander habe auch sämtliche Mittelmeerländer erobern wollen bis zur Straße von Gibraltar, er habe also noch ein Reich, wie das spätere Römerreich dem Perserreich hinzufügen wollen. Worauf stützt sich diese Behauptung? In der Hauptsache auf zwei Angaben unserer Quellen, einmal auf die bekannte Erzählung von den Gesandtschaften aus dem Mittelmeergebiet an Alexander, die diesen im Frühjahr 323 beim Zug nach Babylon trafen und zur Königsherrschaft über Asien beglückwünschten — der beste Bericht darüber steht bei Arrian VII 15, 5 u. 6 — und zweitens auf Entwürfe des Königs, die in seinem Nachlaß gefunden worden sind, über die Diodor XVIII 4 berichtet. Mit beiden Quellenstellen müssen wir uns eingehend beschäftigen.

1. Der arrianische Bericht über die Gesandtschaften zerfällt deutlich in drei Gruppen: 1. Aufzählung von Gesandtschaften, die der Schriftsteller offenbar für gut bezeugt gehalten, die er also wohl in seinen besten Vorlagen, Ptolemaios und Aristobulos, gefunden hat: das ist eine Gesandtschaft aus Afrika oder, wie es im Text heißt, der Libyer und drei aus Italien, der Brettier, Lukaner und Tyrrhener. Dann folgt eine zweite Gruppe, die Arrian schon mit einem $\lambda\acute{\varepsilon}\gamma\varepsilon\tau\alpha\iota$ einführt, also mit demjenigen Wort, durch das bei ihm in der Regel die Vulgata kenntlich gemacht wird. Hier werden aufgezählt Gesandtschaften der Karthager, Aethiopen, europäischen Skythen, Kelten und Iberer, und der Historiker schließt diesen Teil mit den Worten: $\varkappa\alpha\grave{\iota}\ \tau\acute{o}\tau\varepsilon\ \mu\acute{\alpha}\lambda\iota\sigma\tau\alpha\ \alpha\grave{\upsilon}\tau\acute{o}\nu\ \tau\varepsilon\ \alpha\grave{\upsilon}\tau\tilde{\wp}\ \mathit{A}\lambda\acute{\varepsilon}\xi\alpha\nu\delta\varrho o\nu\ \varkappa\alpha\grave{\iota}\ \tau o\tilde{\iota}\varsigma\ \grave{\alpha}\mu\varphi'\ \alpha\grave{\upsilon}\tau\grave{o}\nu\ \varphi\alpha\nu\tilde{\eta}\nu\alpha\iota\ \gamma\tilde{\eta}\varsigma\ \tau\varepsilon\ \grave{\alpha}\pi\acute{\alpha}\sigma\eta\varsigma\ \varkappa\alpha\grave{\iota}\ \vartheta\alpha\lambda\acute{\alpha}\sigma\sigma\eta\varsigma\ \varkappa\acute{\upsilon}\varrho\iota o\nu$, also mit einer

---

[1]) Das spricht sich aus in der sofortigen Herstellung des Bêl-Marduk-Tempels in Babylon, den Xerxes zerstört hatte; vgl. C. F. Lehmann-Haupt, *Xerxes und die Babylonier, Wochenschrift für klass. Phil.* 1900, S. 965 Anm. 1.

[2]) W. Weber a. a. O. S. 18.

gewaltigen Übertreibung, wie sie wiederum für die Vulgata charakteristisch ist: Alexander ist sich und seiner Umgebung damals schon als Herr der ganzen Erde und des Meeres erschienen. An dritter Stelle schließt sich endlich noch die angebliche Gesandtschaft der Römer an, und diese lehnt schon Arrian selber ab. Er betont, daß er darüber weder in den römischen Quellen noch bei Ptolemaios und Aristobulos etwas gefunden habe und zitiert als Gewährsmänner nur zwei jüngere Schriftsteller Aristos und Asklepiades, von denen wir sonst nichts wissen[1]). Daß aber die Nachricht nicht erst von diesen Männern erfunden worden ist, ergibt der Umstand, daß zwei Quellenschriftsteller dafür angeführt werden, die wohl kaum unabhängig voneinander sind, und andererseits die Tatsache, daß auch Kleitarch, wie fr. 23 ergibt[2]), die Erzählung schon gekannt hat. Die Erfindung ist also nicht gerade jung, aber darum nicht weniger schlecht[3]). Auch verrät sich sofort der legendäre Charakter dadurch, daß Alexander bei dieser Gelegenheit die spätere Größe Roms weissagt. Aus dem Gesagten ergibt sich also deutlich, Arrian hat seinen Stoff in absteigender Folge, d. h. vom historisch gut beglaubigten zum frei erfundenen Material herab, angeordnet.

Was nun die in der zweiten Gruppe enthaltenen Gesandtschaften, an der Spitze die der Karthager, betrifft, so müssen diese einzeln auf ihre Historizität geprüft werden. Über eine karthagische Gesandtschaft an Alexander hat ein anderer Schriftsteller, Iustinus XXI 6 in seiner Darstellung der karthagischen Geschichte, einen ausführlichen Bericht[4]). Hier werden auch die Motive, die zur Absendung der Gesandtschaft geführt haben, angegeben: die Wegnahme von Tyros durch Alexander, die Furcht vor der Konkurrenz von Alexandreia, das auf der Grenze von Afrika und Asien gegründet worden sei, endlich die Befürchtung der Karthager, Alexander beabsichtige zum Perserreich noch das afrikanische hinzuzufügen. Es wird weiter der Name des Gesandtschaftsführers angegeben: Hamilkar mit dem Beinamen Rhodanus und als Ziel der Gesandtschaft die Absicht Hamilkars angedeutet, die weiteren Absichten des neuen asiatischen Großkönigs festzustellen. Da nun aber, was den Zeitpunkt der Gesandtschaft angeht, erzählt wird, daß Hamilkar durch Parmenions Fürsprache Zugang zum König bekam, wird diese Gesandtschaft vor die Ermordung Parmenions und nach der Gründung von Alexandreia, also zwischen 332 und 330,

---

1) Ganz phantastisch ist der Bericht Memnons über die römische Gesandtschaft 25, 3 (*FHG* III, S. 538).

2) Plinius, *NH.* III 57.

3) J. Kaerst kann sich trotzdem selbst in der 2. Aufl. des *Hellenismus* (I² S. 509) noch nicht entschließen, „die Nachricht ohne weiteres zu verwerfen".

4) Derselbe Bericht, offenbar auch nach Pompeius Trogus, steht auch bei Frontin I 2, 3 und bei Orosius IV 6, 21. Bei Frontin lautet der Beiname des Hamilkar: Rhodinus.

zeitlich festgelegt. Es bleibt also die Frage, ob dies die in der Vulgata erwähnte Gesandtschaft ist, die dann dort total falsch datiert ist, oder ob zwei verschiedene karthagische Gesandtschaften anzunehmen sind, eine um 331 und die zweite im Frühjahr 323. Ich neige zu der ersten Lösung wegen der weiteren Einzelheiten, die Iustinus berichtet[1]). Darnach gelingt es Hamilkar in die Pläne Alexanders Einsicht zu bekommen und er schickt darüber einen Geheimbericht auf Wachstafeln, auf denen das Wachs über die auf dem Holz angebrachte Schrift gestrichen war, nach Hause[2]). Er selber aber bleibt beim Großkönig, um an dessen ferneren Feldzügen teilzunehmen. Nach dem Tode des großen Königs erst kehrt er nach Karthago zurück, erleidet hier aber den Tod unter der Beschuldigung, er habe seine Stadt dem König verkauft (*quasi urbem regi venditasset*)[3]). Auf Grund dieses Berichtes bleibt eigentlich kein Raum für eine zweite Gesandtschaft der Karthager im letzten Lebensjahr des großen Königs. Wenn trotzdem derselbe Iustinus an einer früheren Stelle, nämlich in der Alexandergeschichte XII 13, 1 im Zusammenhang mit den übrigen Gesandtschaften nach Babylon, auch die karthagische erwähnt, für alle mit dem Hinweis auf das Anerbieten der Unterwerfung, so ist das einfach derselbe schlechte Bericht der Vulgata, wie ihn auch Arrian bietet, und es paßt das Anerbieten der Unterwerfung gerade auf Karthago in keiner Weise, von dem wir gleich hören werden, daß Alexander seine Eroberung ins Auge gefaßt hatte. Ein Land, das sich schon unterworfen hatte, brauchte nicht mehr erobert zu werden. Dagegen spricht für die Geschichtlichkeit der Gesandtschaft Hamilkars noch zweierlei: Alexander trifft bei der Eroberung von Tyrôs eine karthagische Festgesandtschaft in der Stadt an (Arrian II 24, 5), und zweitens hatte Kyrene seit dem Zug in die Ammonsoase die Oberherrschaft des Königs anerkannt (Diodor XVII 49, 2, Curtius Rufus IV 7, 9, Niese I S. 86), das neue Alexanderreich war dadurch Grenznachbar der Karthager, und diese hatten auch von hier aus allen Grund mit dem neuen Beherrscher ihrer Mutterstadt Fühlung zu suchen.

Was neben den Karthagern in diesem λέγεται-Abschnitt von Gesandte schickenden Völkern erwähnt wird, läßt sich auf seine historische Glaubwürdigkeit am besten durch einen Vergleich mit der Parallelerzählung bei Diodor XVII 113, 2 prüfen. Hier werden zum Teil andere Völker

---

1) O. Meltzer, *Gesch. der Karthager* I, S. 347 f. hält beide Gesandtschaften für historisch.

2) Dieselbe Geschichte erzählt Herodot VII 239 von Demaratos, der ebenfalls auf diesem Wege einen Geheimbericht von Susa nach Sparta gelangen läßt, dazu W. Schubart, *Einführung in die Papyruskunde,* Berlin 1918, S. 46.

3) Diese Verurteilung und die Begründung des Urteils wird erst verständlich, wenn wir weiter unten (S. 220f.) von Alexanders letzten Plänen gegenüber Karthago hören, von denen Kenntnis gehabt zu haben offenbar Hamilkar beschuldigt worden ist.

genannt: außer den Karthagern die Λιβυφοίνικες und alle Küstenvölker von Nordafrika bis zu den Säulen des Herakles, aus Europa aber außer Griechen und Makedonen die Illyrier, die meisten der an der Adria wohnenden Völker, die thrakischen Stämme und die angrenzenden Kelten. Was sofort an der diodorischen Aufzählung der europäischen Völker auffällt, ist die Tatsache, daß alle Völker dieser Gruppe auf der Balkanhalbinsel wohnen, selbst die Kelten, von denen gesagt wird, daß sie an die thrakischen Stämme angrenzen. Im Anschluß an die Nennung der Kelten steht dann aber bei Diodor noch der Relativsatz: ὧν τότε πρῶτον τὸ γένος ἐγνώσθη παρὰ τοῖς Ἕλλησιν. Nun steht aber dieser Zusatz in ähnlicher Weise auch an der Arrianstelle: ὧν τά τε ὀνόματα καὶ τὰς σκευὰς τότε πρῶτον ὀφθῆναι πρὸς Ἑλλήνων καὶ Μακεδόνων, woraus hervorgeht, daß in beiden Fällen in letzter Linie dieselbe Quelle zugrunde liegt. Wie aber auch die Quelle geheißen hat[1]), soviel steht fest, daß hier bei Diodor, soweit es sich wenigstens um europäische Völker handelt, die bessere Version der Vulgata vorliegt; diese gab nur Kelten der Balkanhalbinsel als Gesandtschaft sendend an, während die weitergebildete Tradition, wie sie dann im Vulgatabericht bei Arrian zutage tritt, die Westkelten an die Stelle gesetzt und die diesen Westkelten benachbarten Iberer noch dazu erfunden hat[2]). Die Völker der Balkanhalbinsel, die an das makedonische Reich angrenzten, können aber sehr wohl Gesandtschaften geschickt haben, so die Kelten etwa im heutigen Nordserbien, weiter Illyrier und andere Stämme an der Adria, endlich Thraker und vielleicht auch Skythen. Teile dieser Völker waren vielleicht Klientelstaaten des Alexanderreiches.

Nun endlich kommen wir zu Arrians erster Gruppe, den Gesandtschaften der Libyer und der erwähnten drei italischen Völker. Bei den Libyern kann dasselbe der Fall sein wie bei den Kelten der Vulgata. Libyer wohnten im Altertum auch in der Wüste unmittelbar westlich von Ägypten in der Gegend des Ammonium. Auch hier können in Wirklichkeit ostlibysche Stämme gemeint gewesen und dafür dann alle Libyer der nordafrikanischen Küste eingesetzt sein[3]). Die Libyer, die an Ägypten angrenzten, hatten wohl wie die Kelten der Balkanhalbinsel als Grenznachbaren allen Anlaß, Gesandtschaften an Alexander zu senden[4]).

---

1) Agatharchides (Marquart, *Philologus*, VI. Suppl.-Bd., S. 504ff.) oder Poseidonios?

2) Die Erfindung wird dadurch klar erwiesen, daß der Satz von dem erstmaligen Bekanntwerden der Hellenen mit den betreffenden Völkern, der bei Diodor nur auf die Kelten Bezug nimmt, an der Arrianstelle von Kelten und Iberern ausgesagt wird.

3) Man vgl. Arrian VII 15, 4 mit Diodor XVII 113, 2.

4) So schon Droysen, *Gesch. Alex.* (Rosenberg) S. 568 und Meltzer, *Gesch. der Karth.* I, S. 521. Mit der Satrapie Aegypten und ebenso mit dem daraus ent-

Wie aber steht es mit der Geschichtlichkeit der Gesandtschaften der fernen italischen Völker? Bei den Brettiern und Lukanern hängt die Gesandtschaft wohl zusammen mit dem Feldzug der Molossers Alexander, des Königs von Epirus[1]), als Bruder der Olympias der Oheim, zugleich aber auch der Schwager Alexanders von Makedonien, da er seit Sommer 336 mit Philipps Tochter Kleopatra vermählt war[2]). Wie später Pyrrhos ist Alexander von den Tarentinern zu Hilfe gerufen worden und ist etwa um dieselbe Zeit, da sein großer Schwager nach Asien hinüberging, nach Italien gezogen zum Kampfe gegen die italischen Völker, vor allem die Lukaner, die damals den Tarentinern viel zu schaffen machten. Der König wuchs aber durch seine schnellen Erfolge über die Japyger, Lukaner, Brettier und Samniten bald seinen Auftraggebern über den Kopf. Die Tarentiner gerieten mit dem Übermächtigen in Streit und lösten schließlich das Bündnis. Alexanders Macht in Italien begann zurückzugehen, und das Ende war, daß er im Herbst 331 von den vereinigten Lukanern und Brettiern bei Pandosia geschlagen und während der Schlacht von einem lukanischen Verbannten in seinem Heere ermordet wurde[3]). Die Folge der Schlacht und des Falles des Epirotenkönigs war offenbar eine gegenseitige Annäherung der seitherigen Feinde, vor allem der Tarentiner und Lukaner, zumal seit 326, da der große Kampf zwischen Rom und Samnium ausbrach und eine Neuorientierung der Politik der süditalischen Staatenwelt gegenüber der von Norden drohenden Gefahr zur Folge hatte. Die Brettier und Lukaner, wohl von den Tarentinern darauf aufmerksam gemacht, beeilen sich nun auch mit Alexander Verbindungen anzuknüpfen, die Lukaner wohl, um gleichzeitig Verzeihung für die Ermordung des Molossers zu erbitten. Die gleichzeitig bei Arrian erwähnten Tyrrhener brauchen keine Etrusker zu sein[4]); denn die Griechen jener Zeit bezeichneten mit diesem Namen auch andere Volksstämme Italiens am tyrrhenischen Meere. Am nächsten liegt es an diejenigen Samniten zu denken, die im Kampfe gegen Alexander von Epirus gestanden hatten, der im Tale des Silarus aufwärts bis nach Paestum gekommen war. Auch sie hatten damals allen Anlaß, sich den Rücken zu decken.

Was also als sicher beglaubigt von diesen Gesandtschaften nach Babylon übrig bleibt, sind solche von Grenzvölkern des Balkanreiches, von der Grenze Ägyptens und drei italische Gesandtschaften, während eine Gesandtschaft der Karthager in ganz andere Zeit gehört und andere Ziele

---

standenen Teilreich des Ptolemaios ist immer ein Stück von Libyen verbunden gewesen; vgl. darüber unten S. 221 Anm. 2.

1) Droysen, *Gesch. Alexanders* (Rosenberg) S. 566, Niese I, S. 181 Anm. 5.
2) Beloch, *Griech. Gesch.* II, S. 596 Anm. 1, S. 609, III 2, S. 99.
3) Beloch, *Griech. Gesch.* II, S. 594—596.
4) So Niese I, S. 181.

verfolgt. Die Gesandtschaften aus Italien aber, die allein aus weiter Ferne kommen, erklären sich aus der dortigen politischen Situation nach der Ermordung Alexanders von Epirus. Und bei dieser Sachlage ist der Satz geprägt worden: „Die Staaten und Völker des Westens erwarteten nichts anderes (als ihre Unterwerfung); in Scharen drängten sich im Todesjahre des Königs ihre Gesandtschaften in Babylon, um seine Pläne zu erkunden und mit ihm zu verhandeln![1]" Das sind Phantasien, ebenso aber auch die Folgerungen daraus, daß man in den Ländern des westlichen Mittelmeerbeckens nur auf Alexanders Einzug wartete.

2. Dieselbe Schwäche der Position zeigt sich, wenn wir uns der **zweiten Stütze der Ansicht von der angeblichen Welteroberung durch Alexander** zuwenden, zu den im Nachlaß Alexanders vorgefundenen **Entwürfen**. Die in Betracht kommende Stelle (Diodor XVIII 4) ruht wohl auf Hieronymos von Kardia[2]), ist also quellenmäßig sehr gut fundiert, und das Interessante daran ist, daß hier ὑπομνήματα τοῦ βασιλέως, also hinterlassene Aufzeichnungen des Königs aus einem Schreiben an Krateros, als die Urquelle erwähnt werden[3]). Betrachten wir den Inhalt des Diodorkapitels im einzelnen, so ergibt sich dasselbe als eine Skizzierung der letzten Pläne Alexanders und zwar der wichtigsten und beachtenswertesten: ἦν δὲ τῶν ὑπομνημάτων τὰ μέγιστα καὶ μνήμης ἄξια τάδε:

1. Bau einer Flotte von tausend Kriegsschiffen, größer als Trieren, und zwar an der Küste Phoinikiens, Syriens, Kilikiens und von Kypros zum Feldzug gegen Karthago und andere Völker des Westens;

2. Schaffung einer Straße längs der nordafrikanischen Küste, angeblich bis zu den Säulen des Herakles, und Anlage geeigneter Häfen und Schiffswerften an dieser Küste, offenbar als Stützpunkte für die Flotte;

3. Bau von sechs großen Tempeln im Reiche, mit einem Aufwande von je 1500 Talenten und zwar Bau der drei großen griechischen Nationalheiligtümer in Delos, Delphi und Dodona, dann in Makedonien ein Tempel

---

1) Ed. Meyer a. a. O. S. 299. Und wenn wir Kaerst aufschlagen, selbst die 2. Auflage des *Hellenismus* (I², S. 508ff.), dann wird unser Staunen noch größer: da wagt sich, wie wir oben (S. 214 Anm. 3) gesehen haben, die Kritik selbst nicht mit Entschiedenheit an die römische Gesandtschaft heran!

2) J. Kaerst, *Hellenismus* I², S. 493 Anm. 2; R. Schubert, *Die Quellen zur Geschichte der Diadochenzeit*, Leipzig 1914, S. 29; vgl. auch d. Korr.-Zusatz S. 233.

3) „Sie sind von Perdikkas der Heeresversammlung vorgelegt und von dieser kassiert worden:" Ed. Meyer a. a. O. S. 299 Anm. 1. In der Bewertung der Quelle stehe ich ganz auf dem Standpunkt dieses Forschers. Wenn Beloch, *Griech. Gesch.* III 1, S. 67 Anm. 1 sagt: „Man versteht nicht recht, welchem Zweck diese Aufzeichnungen gedient haben sollen; denn um ein Testament handelt es sich doch nicht," so ist darauf zu erwidern, daß Alexander so gut wie Augustus später auch außerhalb seines Testaments Schriften politischen Inhalts hinterlassen haben kann. Falls Hieronymos, woran ich nicht zweifle, Diodors Quelle ist, dürfen wir von der Echtheit der ὑπομνήματα überzeugt sein.

des Zeus in Dion, ein Tempel der Artemis Tauropolos in Amphipolis, ein Tempel der Athena in Kyrrhos (nordwestlich von Pella)[1]), wozu dann als 7. noch der Athenatempel in Ilion kommen sollte;

4. Schöpfung weiterer neuer Städte auf dem Wege des Synoikismos und weitere Verpflanzungen europäischer und asiatischer Völker herüber und hinüber, also Fortsetzung des persischen Systems der völkischen Transplantationen, offenbar im Dienste der Züchtung der persisch-makedonischen Mischrasse;

5. Erbauung eines Grabmals für seinen Vater Philipp so groß wie die größte der ägyptischen Pyramiden[2]).

Uns gehen hier zunächst nur die beiden ersten Punkte an.

Die Riesen-Kriegsflotte soll erbaut werden an der syrisch-kilikischen Küste. E. Meyer nennt sie deshalb und weil die beabsichtigte Niederringung Karthagos bei dieser Gelegenheit erwähnt wird, die Mittelmeerflotte Alexanders. Aber er übersieht dabei, daß Arrian (VII 19, 4) nach Aristobulos erzählt, Alexander habe bei Babylon einen Hafen zu bauen begonnen für tausend Kriegsschiffe und Schiffshäuser[3]). Hafenbau und Flottenbau dürfen aber wohl nicht getrennt werden, zumal in beiden Fällen die Zahl von tausend Schiffen genannt wird. Es handelt sich also nicht um eine Mittelmeerflotte sondern um die Reichsflotte schlechthin, deren Sollstärke schon längst auf tausend Schiffe festgesetzt war. Und wie der Hafenbau war der Flottenbau schon im Gange, als Alexander starb, ebenso die Erneuerung des mesopotamischen Kanalnetzes und die Schiffbarmachung des Tigris, lauter Arbeiten, die ebenfalls im Zusammenhang mit dem Hafen- und Flottenbau standen[4]). Der Bau der Reichsflotte war aber nicht nur, wie in den ὑπομνήματα steht, an der syrisch-kilikischen Küste in Angriff genommen, sondern auch in Babylon selber aus dem Zypressenholz der dortigen Haine und königlichen Parks (παράδεισοι), das jedoch zum Bau der Riesenflotte nicht ausreichte[5]). Aus dem letzteren Grunde vor allem wurde die Arbeit an der holzreichen Mittelmeerküste in Aussicht genommen. Aber die Schiffe, die dort gebaut wurden, sollten nicht nur im Mittelmeer verwendet werden, sondern, wie die Vorbereitungen zur arabischen Expedition beweisen, wenn nötig auch im persischen Golf. Damals wurden z. B. 47 Schiffe am Mittelmeer zerlegt, in diesem Zustand sieben Tagereisen weit über Land nach Thapsakos am Euphrat geschafft und hier

---

1) Die Hss. haben Κύρνος.
2) Über diesen fünften Punkt wird weiter unten S. 227 gehandelt werden.
3) Droysen, *Alexander*, Ausg. von Rosenberg, S. 572 und S. 596.
4) Das Richtige hat von den Neueren nur v. Wilamowitz a. a. O. S. 18f.
5) Strabo XVI, p. 741, Arrian VII 19, 3, beidemal nach Aristobulos, Niese I, S. 183.

wieder zusammengesetzt, um dann auf dem Strome nach Babylon zu fahren[1]), ein glänzendes Kapitel antiker Technik aus dem Gebiete des Schiffstransportes über Land[2]).

Als Zweck der Flotte, soweit sie am Mittelmeer erbaut wurde, gibt nun die Diodorstelle, von der wir ausgingen, an: sie sollte für einen Seefeldzug dienen gegen die Karthager und die übrigen längs des Meeres in Libyen und Iberien sowie im benachbarten Küstenland bis Sizilien wohnenden Völker: πρὸς τὴν στρατείαν τὴν ἐπὶ Καρχηδονίους καὶ τοὺς ἄλλους τοὺς παρὰ θάλατταν κατοικοῦντας τῆς τε Λιβύης καὶ Ἰβηρίας καὶ τῆς ὁμόρου χώρας παραθαλαττίου μέχρι Σικελίας. In diesen Worten sieht E. Meyer vor allem den Beweis für einen geplanten Feldzug des Königs „gegen Karthago und die Afrikaner, wie gegen Italien und das gesamte Mittelmeergebiet bis zu den Säulen des Herakles"[3]). Aber man beachte, daß hier von Völkernamen einzig und allein derjenige der Karthager genannt wird. Im übrigen ist die Rede von der Küste Libyens und Iberiens sowie dem angrenzenden Küstenland bis Sizilien, und als Konsequenz des Heereszugs wird einzig und allein der Bau einer Straße längs der nordafrikanischen Küste sowie die Anlage von Häfen und Schiffswerften an geeigneten Plätzen dieser Küste angegeben[4]). Daraus folgt, Alexander denkt ausschließlich an die Unterwerfung Karthagos und der ehemals phönikischen, jetzt zum großen Teil von Karthago abhängigen Küstengebiete in Nordafrika, Spanien und Sizilien. Man hat nicht genügend beachtet seitens der Neueren, daß diese Auffassung von zwei Seiten her eine Bestätigung erfährt. Unsere Überlieferung[5]) bietet bei der Umkehr Alexanders am Hyphasis eine Einlage von Reden, die von einem Manne verfaßt sind, der Alexanders spätere Hinneigung zum Meere kennt und, wenigstens teilweise, im Stile der Vulgata vergröbernd[6]) zur Darstellung bringt. Die

---

1) Aristobulos an den in der vorigen Anm. genannten Stellen, dazu Droysen, *Alexander* (Ausg. von Rosenberg) S. 572, v. Wilamowitz a. a. O. S. 19.

2) Das bekannteste Beispiel ist der δίολκος auf dem Isthmos von Korinth, auf welchem die Schiffe von Meer zu Meer gebracht wurden, vgl. Strabo VIII, p. 335.

3) A. a. O. S. 299.

4) Der Plan dieses Straßenbaues durch die Wüsten von Nordafrika, der zunächst Kyrene, das die Herrschaft Alexanders schon anerkannte, dann Karthago selber mit Alexandreia verbinden sollte, hängt wohl zusammen mit den Erfahrungen, die man beim Rückmarsch durch Vorderasien gemacht hatte, außerdem aber wohl mit der Existenz einer ostwärts gerichteten Meeresströmung an der nordafrikanischen Küste, die vielleicht für die antike Küstenschiffahrt westwärts, wenigstens in manchen Jahreszeiten, hinderlich war; vgl. über die genannte Meeresströmung A. Philippsohn, *Das Mittelmeergebiet*, S. 58.

5) Arrian V 25, 3 ff. und Curtius Rufus IX 2, 13 ff.; vgl. dazu die kritischen Bemerkungen von Niese I S. 138 Anm. 5.

6) In der Rede Alexanders, Arrian V 26, 2, stehen seine späteren Pläne bezüglich des indischen, des kaspischen Meeres und der Umschiffung Arabiens,

Rede des Koinos nun erwähnt auch den Plan der Unterwerfung Karthagos und der karthagischen Gebiete von Libyen[1]). Und weiter: Von Ptolemaios I, wird berichtet, daß er mit dem Besitz Ägyptens auch die Anwartschaft auf Libyen[2]) oder, wie es gelegentlich der Satrapienverteilung von Triparadeisos in unserer besten Quelle ausgedrückt wird, „auf alles, was er noch weiter gegen Westen hin durch Waffengewalt hinzuerwerben würde"[3]), geerbt hat. Es ist, was diesen zweiten Punkt betrifft, von anderer Seite bereits ausgesprochen worden, daß hierin eine deutliche Anspielung auf Alexanders Eroberungspläne gegenüber Karthago zu erblicken ist[4]). Nur solche Pläne also kennt unsere beste Überlieferung. Der neue Großkönig von Asien wird offenbar von dem Gedanken beherrscht, daß, wer Herr der phoenikischen Mutterstädte ist, auch deren Kolonien, allen voran das seemächtige Karthago, besitzen müsse. Das bedeutete aber Gewinnung der Seeherrschaft im ganzen Mittelmeer und zwar auch im westlichen Becken desselben, wo dieselbe seither von Karthago ausgeübt worden war, nicht aber die Herrschaft über alle Mittelmeerländer westlich der Balkanhalbinsel und Ägyptens. Das Ganze hängt wohl zusammen einmal mit der Gründung von Alexandreia und den großen Plänen, die Alexander, wie wir noch sehen werden, mit dieser Stadt hatte, und zum andern mit den weitausschauenden Gedanken, die der geniale König am Ende seines Lebens bezüglich der Hebung des Seehandels überhaupt gehegt hat, vor allem aber seinem Streben, das neue Reich von Asien zum Mittelpunkt eines großen Welthandelsgebiets zu machen, wie es vor Zeiten das Athen des Perikles und Alkibiades auf engerem Raume schon einmal geplant hatte[5]). Damit aber berühren wir den Kernpunkt des ganzen Problems, Alexanders schließliche Stellung zum Meere und zur Meerherrschaft.

---

die aber, wie in der Vulgata VII 1, 2, zu einer Umschiffung Libyens erweitert wird. Die Rede des Koinos (Arrian V 27, 7) bringt auch die angeblich geplante Fahrt in den Pontos Euxeinos (wie Arrian VII 1, 3).

1) Arrian V 27, 5 am Schluß: ἐπὶ Καρχηδόνα καὶ τὰ ἐπέκεινα Καρχηδονίων τῆς Λιβύης.

2) Schon bei der Satrapienverteilung von Babylon wird Libyen neben Aegypten erwähnt, Arrian, *Diadoch. Gesch.* c. 5, Dexippos, *FHG* III, p. 668: Πτολεμαῖος ὁ Λάγου Αἰγύπτου πάσης καὶ Λιβύης καὶ τῆς ἐπέκεινα γῆς ὁπόση Αἰγύπτῳ συνάπτει, ἄρχειν ἐτάχθη, entsprechend Iustinus XIII 4, 10: *Aegyptus et Africae Arabiaeque pars* und Curtius Rufus X 10, 1: *satrapes Ptolemaeus Aegypti esset et Africae gentium, quae in dicione erant.*

3) Arrian, *Diad.* 34: καὶ ὅ τι ἂν πρὸς τούτοις ὅριον ἐπικτήσηται πρὸς δυομένου ἡλίου.

4) Droysen, *Hellenismus* I 2 (2. Aufl. 1878) S. 143 und O. Meltzer, *Gesch. der Karthager* I, S. 351.

5) Bezeichnend ist, daß auch schon damals Gelüste auf Karthago sich zeigen, vgl. G. Busolt, *Griech. Gesch.* III 1, S. 346 Anm. 6, III 2, S. 1122 f. und S. 1281 Anm. 1.

II.

Arrian beginnt das 7. und letzte Buch mit den Worten: Als Alexander von dem großen innerasiatischen Feldzug im Januar 324 nach Pasargadai und Persepolis zurückgekehrt war, „da ergreift ihn das Verlangen ($\pi \acute{o} \vartheta o \varsigma$ $\lambda \alpha \mu \beta \acute{\alpha} \nu \varepsilon \iota$), den Euphrat und Tigris hinab zum persischen Meer zu fahren und die Mündungen dieser Flüsse und das Meer dortselbst zu schauen, wie das auch beim Indus geschehen war"[1]. Der König führt dann nach dem Besuch von Susa das Projekt insofern aus, als er auf Nearchs Flotte mit den Hypaspisten, dem $\mathring{\alpha} \gamma \eta \mu \alpha$ und einer großen Zahl von Hetärenreitern den Eulaios (Karun) hinab ins Meer fährt, während Hephaistion das Gros des Landheeres zum persischen Meere führen muß. Ein Teil der Flotte bog unterwegs in den Kanal ab, der den Eulaios und Tigris verband. Der König selbst aber fuhr mit den besten Schiffen ins Meer hinaus, dann in die Tigrismündung hinein und nach der Vereinigung mit Hephaistion diesen Strom hinauf bis nach Opis[2]. Arrian hat mit den zitierten Ein-

---

[1] Es folgen auf den Satz dann Notizen aus Quellen zweiten und dritten Ranges von weitergehenden Schiffahrtsplänen des Königs, wie einer Umschiffung nicht nur Arabiens, sondern auch Afrikas, die zum Teil ganz unsinnig sind. Wie Beloch aus dem Plane der Umschiffung Arabiens einen solchen der Unterwerfung gemacht hat (s. u. S. 224), so wird hier in der antiken Vulgata die Absicht einer Unterwerfung nicht nur Karthagos, sondern ganz Libyens dem Könige untergeschoben (ähnlich schon in seiner Rede bei der Umkehr am Hyphasis; darüber oben S. 220 Anm. 6) und ausgesprochen $o \ddot{v} \tau \omega \; \delta \grave{\eta} \; \tau \tilde{\eta} \varsigma \; \mathring{'} A \sigma \acute{\iota} \alpha \varsigma$, $\pi \acute{\alpha} \sigma \eta \varsigma \; \delta \iota \varkappa \alpha \acute{\iota} \omega \varsigma \; \mathring{\alpha} \nu \; \beta \alpha \sigma \iota \lambda \varepsilon \grave{\upsilon} \varsigma \; \varkappa \alpha \lambda \varepsilon \tilde{\iota} \sigma \vartheta \alpha \iota$. Von anderen wird dann neben der großen Südexpedition noch eine Nordexpedition zu den Skythen am Maeotis-Golf angenommen (wie in der Rede des Koinos am Hyphasis, oben S. 220 Anm. 6), endlich auch noch eine Fahrt nach Sizilien und zur $\mathring{\alpha} \varkappa \rho \alpha \; \mathring{'} I \alpha \pi \upsilon \gamma \acute{\iota} \omega \nu$. Arrian schließt diesen Bericht mit den Worten: $\mathring{\eta} \delta \eta \; \gamma \grave{\alpha} \rho \; \mathring{\upsilon} \pi o \varkappa \iota \nu \varepsilon \tilde{\iota} \nu \; \alpha \mathring{\upsilon} \tau \grave{o} \nu \; \tau \grave{o} \; \mathring{'} P \omega \mu \alpha \acute{\iota} \omega \nu \; \mathring{o} \nu o \mu \alpha$ $\pi \rho o \chi \omega \rho o \tilde{\upsilon} \nu \; \mathring{\varepsilon} \pi \grave{\iota} \; \mu \acute{\varepsilon} \gamma \alpha$. Aber wir wissen es bereits: sobald die Römer in der Vulgata erscheinen, stehen wir auf schlechtem Boden; das ist rhetorische Mache, herausgesponnen aus den größeren Verhältnissen des späteren Römerreiches. Interessant ist für uns an dem Kap., daß wir daraus ersehen, wie schon das Altertum Alexander zur „Eroberungsbestie" gestempelt hat, allerdings ist Wasser, nicht wie die modernen Forscher zu Land. Beides ist falsch. Arrian schließt seine Darstellung a. a. O. (VII 1, 4) mit einem persönlichen Bekenntnis: er halte Alexander nicht für einen Mann, der Kleines habe ins Auge fassen können, auch nicht für einen Mann, der bei dem Gewonnenen sich ruhig verhalten hätte, selbst dann nicht, wenn er Europa zu Asien und die britannischen Inseln zu Europa dazugewonnen hätte, sondern für einen Mann, der dann noch darüber hinaus etwas Unbekanntes gesucht hätte, um schließlich nicht mit einem anderen, sondern mit sich selbst zu wetteifern, womit nur der brennende Ehrgeiz des Königs geschildert werden soll. Beloch nennt (*Gr. Gesch.* III 1, S. 67 Anm. 1) das Arrian-Kapitel sehr verständig. Er hätte m. E. aber Arrian nicht nur loben sollen, sondern von hier aus den Maßstab zu gewinnen suchen müssen, um die letzten Ziele von Alexanders Politik herauszuarbeiten.

[2] Arrian VII 7, 1—2 und 6, Niese I, S. 167.

gangsworten des 7. Buches eine große Wandlung in Alexanders Seele kurz andeuten wollen, daß nämlich der König von jetzt ab für die Probleme der Meerbeherrschung großes Interesse gewonnen habe, was dann durch die genaue Beschreibung der Fahrt den Eulaios hinab noch weiter begründet wird.

Wie groß der Bruch mit der Vergangenheit gewesen ist, der hier vorliegt, das macht man sich erst klar, wenn man den Blick einen Augenblick rückwärts schweifen läßt. Alexander hat der größten Schöpfung seines Vaters, der Flotte, kein großes Interesse entgegengebracht, mit aus dem Grunde wohl, weil hier das griechische Element vorherrschte, dessen Emporkommen er noch mehr hintanzuhalten suchte als sein Vater. Als Parmenion in dem Kriegsrat von Milet zur Seeschlacht riet, um das Meer und damit den Rücken frei zu bekommen, da widersetzte sich der junge König seinem alten Generalstabschef, weil er offenbar in dem makedonischen Landheer durchaus seine Stärke sah[1] und löste schließlich die Flotte trotz Parmenions Einspruch auf. Er hat nicht nur das ganze Perserreich sondern auch die Meere ringsum „vom Lande aus" erobert[2], wie sich aus dem genialen Feldzugsplan ergibt, erst die Randländer am Mittelmeer zu besetzen und die persische Flotte dadurch der natürlichen Stützpunkte zu berauben. Daß nun mit einem Schlage alles anders wird, daran war allein schuld der unglückliche Verlauf des Rückmarsches durch Gedrosien, der sehr schwere Verluste an Menschen und Material gebracht hatte, zugleich aber der glückliche Verlauf der Seeexpedition Nearchs von Indien her, die Alexander mit großen Eifer einst ausgerüstet hatte[3]. Nearchos war seitdem persona gratissima bei Alexander[4]; er erhielt für seine Leistung die höchste Auszeichnung, die der König zu vergeben hatte, den goldenen Kranz, den außer ihm nur die σωματοφύλακες, also die Spitzen der Generalität des Landheeres und Onesikritos, der Kommandeur des Königsschiffes, seit der Beendigung der Feldzüge tragen durften[5]. Alexander ist offenbar durch die Kenntnis Innerasiens und Indiens zu der Einsicht gekommen, daß die Beherrschung Irans und der das iranische Hochland umgebenden Landschaften (Mesopotamien, Induslandschaft, Baktrien) auf die Dauer nur möglich sei durch die Benutzung und Beherrschung der Meere ringsum. Daher ist das 7. Buch Arrians, in welchem des Königs letztes Lebensjahr geschildert wird, mit einem Schlage voll von Seeplänen Alexanders. Bei Arrian VII 16 steht der Bericht über die Aussendung des Herakleides mit dem Auftrag, eine Schiffsexpedition auf dem kaspischen Meere auszurüsten und die Küsten desselben zu erforschen, namentlich in der Richtung, ob

---

1) Vgl. Gustav Scholz, *Klio* XV, 1917, S. 207.
2) E. Meyer a. a. O. S. 287. — 3) Arrian, *Indike* c. 18 ff.
4) Über den festlichen Empfang in Susa Arrian, *Indike* 42, 8.
5) Arrian VII 5, 4—6; *Indike* 42, 9.

und wo es mit dem Ozean in Verbindung stehe. Auch hier steht wie im Eingang des ganzen Buches ein Hinweis auf den Wunsch des Königs auch dieses nordische Meer kennen zu lernen: πόθος γὰρ εἶχεν αὐτὸν καὶ ταύτην ἐκμαθεῖν τὴν θάλασσαν (VII 16, 2). Abgesehen von der Ansicht, daß das kaspische Meer mit dem offenen Ozean in Verbindung stehe, war entscheidend die Meinung der damaligen Welt, daß der Oxus und Jaxartes hineinmündeten[1]) und daß man auf diese Weise eine Wasserstraße nach Baktrien bekäme, wie sie Nearchos soeben nach Indien erschlossen hatte.

In Babylon angekommen, hat dann Alexander einen neuen, noch größeren Seeplan, nämlich den Plan der Umschiffung Arabiens, von dessen Reichtum man übertriebene Vorstellungen hatte, in die Wirklichkeit umzusetzen gesucht, worüber Arrian VII 19. 3ff. berichtet. Als Ziel der ersten Unternehmung gibt die beste Quelle an dieser Stelle an, er habe im Sinne gehabt, das Küstenland am persischen Golf und die Inseln dortselbst zu besiedeln und daraus ein Phoinikien des Ostens zu machen. Es handelt sich also wieder nur um eine Erforschung und Besetzung der Küste sowie der vorgelagerten Inseln, keinesfalls um eine Unterwerfung von ganz Arabien[2]). Die Ausführung dieses großen Planes ist über die Anfänge nicht hinausgekommen, nämlich über die Aussendung dreier vorbereitender Expeditionen. Zuerst segelt Archias mit einer Triakontore aus, die nur bis zur Insel Tylos (Bahrein) kam, dann folgt ebenso ausgerüstet Androsthenes aus Thasos, der bis ins offene Meer hinaus gelangt, endlich Hieron von Soloi, der am weitesten gekommen sein soll und den strikten Befehl hatte, ganz Arabien bis nach Ägypten hin zu umfahren und die Einfahrt in den Golf, der sich nordwärts bis wenige Meilen von Heroonpolis in Ägypten hinaufzieht, zu suchen[3]). Damit ist das eigentliche Hauptziel angedeutet, das allen diesen Unternehmungen zugrunde lag, nämlich zum Seeweg nach Indien, den Nearch erschlossen hatte, denjenigen nach Ägypten um Arabien herum fahrbar zu machen. Nearch selber war bei allen diesen Plänen die rechte Hand des Königs, und das Programm, das ihm für seine Fahrt von der Indusmündung her gegeben war, οὐ γὰρ ἐπὶ τῷ πλεῦσαι τὴν μεγάλην θάλασσαν ἐστάλθαι, ἀλλ' ἐπὶ τῷ καταμαθεῖν τὴν χώραν τὴν προσεχῆ τῇ θαλάσσῃ καὶ τοὺς κατοικοῦντας αὐτὴν ἀνθρώπους, ὅρμους τε ἐν αὐτῇ καὶ ὕδατα καὶ τὰ νόμαια τῶν ἀνδρῶν καὶ εἴ τις ἀγαθὴ καρποὺς ἐκφέρειν ἢ εἴ τις κακή[4]), also Land und Leute der Küstenstriche,

---

1) Daß tatsächlich im Altertum eine Verbindung zwischen dem Oxus und dem kaspischen Meere (Trockenbett des Usboi) bestanden hat, sucht jetzt Albert Herrmann nachzuweisen, *Alte Geographie des unteren Oxusgebiets, Abh. der Gött. Gesellsch. der Wiss.* N. F. XV Nr. 4, Berlin 1914.

2) Hiervon reden zu Unrecht Beloch, *Gr. Gesch.* III 1, S. 65 und W. Otto a. a. O. S. 29; richtiger Beloch a. a. O. S. 291 und Niese I, S. 183f.

3) Droysen, *Alexander der Gr.*, Ausg. von Rosenberg, S. 574.

4) Arrian VII 20, 10.

sowie die wirtschaftlichen Verhältnisse daselbst und die Hafenplätze zu erforschen, galt auch für das neue viel größere arabische Unternehmen. Der Bedeutung dieses Unternehmens entsprechend waren auch die Vorbereitungen umfangreich und gründlich. Der Schiffsbau sowohl an der phoenikischen Küste wie in Babylonien und der Hafenbau von Babylon wurden mächtig gefördert, endlich dienten, wie ausdrücklich betont wird, neben anderen Zwecken auch dem arabischen Feldzug die Arbeiten an dem Kanal Pallakopas, die Alexander selbst gelegentlich einer von Babylon aus bis an die Grenze Arabiens unternommenen Inspektionsreise in die Wege leitete[1]). Verbesserungen, die der Satrap von Babylon schon begonnen hatte, wurden in größerem Umfange fortgesetzt, um die große Sumpfniederung an der babylonisch-arabischen Grenze zu beseitigen. Die Einmündung des Euphrat in den Pallakopas sollte an eine Stelle dreißig Stadien weiter unterhalb der seitherigen verlegt werden, wo der Untergrund felsig war. Außerdem gründete der König an der arabischen Grenze eine befestigte Stadt, in der er ausgediente griechische Söldner zum Schutze Babyloniens gegen die Überfälle der Beduinen ansiedelte[2]). Nach der Rückkehr nach Babylon hören wir häufiger von Flottenübungen auf dem Euphrat und sportlichen Wettkämpfen der Mannschaften mit Preisen für die Tüchtigsten, offenbar um das Höchstmaß der Ausbildung zu erreichen[3]). Hier tritt uns also ein ganz neuer Alexander entgegen. Und bezeichnend für die ungeheure Wandlung, die sich damals vollzog, ist der Umstand, daß Alexander den Hauptfeldzug zur Erkundung der arabischen Küstenländer an dessen Ausführung er dann durch den Tod gehindert wurde, nicht mehr, wie seither immer, an der Spitze des Landheeres mitmachen wollte, sondern daß er vorhatte, sich diesmal zum ersten Male auf die Flotte zu begeben, deren Führung allerdings der kundigeren Hand des Nearchos wiederum anvertraut werden sollte[4]). Es ist ergreifend in den Ephemeriden zu lesen[5]), wie Alexander den Kampf mit der totbringenden Krankheit führt, nur um diese Seeexpedition noch ins Werk zu setzen, wie Nearchos und die übrigen Flottenkommandanten immer wieder vorgelassen werden, um Bericht über den Stand des Unternehmens zu erstatten, wie die Ausfahrt von Tag zu Tag hinausgeschoben werden muß, bis dann schließlich der Allüberwinder auch diesen Großen und seine letzten Riesenpläne vernichtet.

Alle diese bekannten Tatsachen mußten noch einmal im Zusammenhang überblickt werden, um deutlich zu machen, daß der im Nachlaß des Königs gefundene Plan eines Feldzuges gegen die Karthager und die Anlage der nordafrikanischen Küstenstraße genau in derselben Richtung

---

1) Über die Bedeutung des Kanals vgl. Droysen, *Alex. d. Gr.*, Ausg. von Rosenberg, S. 574 f.
2) Aristobulos bei Strabo XVI, p. 741 und Arrian VII 21.
3) Arrian VII 23, 5. — 4) Arrian VII 25, 2 und 4. — 5) Arrian VII 25 ff.

liegt, wie die im letzten Lebensjahr Alexanders in Angriff genommenen Projekte, ja gewissermaßen die Fortsetzung des arabischen Unternehmens darstellt. Sie dienen alle dem einen großen Endzweck der Gewinnung der Herrschaft über die an das große Reich angrenzenden Meere. **Die große Landherrschaft von der Adria bis zum Indusstromland, die seit 324 gewonnen war, sollte nun ergänzt werden durch die Seeherrschaft, die Herrschaft über die an das gewaltige Reich angrenzenden Meere und damit ein großes Welthandelsgebiet geschaffen werden, in dessen Mittelpunkt das Alexanderreich zu liegen kam.** Wie schon angedeutet, hing die geplante Unterwerfung Karthagos mit der weiteren Hebung Alexandreias zusammen. Wenn die gegen Arabien geplante Unternehmung zur vollen Ausführung gekommen wäre, dann war die aegyptische Alexanderstadt dank dem antiken Suezkanal durch das Wadi Tumîlât auf dem Seeweg an Babylon, die Reichshauptstadt, weiter an Indien angeschlossen. Wenn dann noch Karthago niedergerungen und die afrikanische Küstenstraße von Aegypten westwärts über das bereits in Abhängigkeit gebrachte Kyrene hinweg gebaut war, kam Alexandreia in den Mittelpunkt des damaligen Weltverkehrs zu Wasser und zu Land. Es wurde der Haupthandelshafen des Reiches, vor allem für den großen Transithandel von Indien und Arabien ins Mittelmeergebiet, daneben der große Umschlageplatz für die gewaltige einheimische Ausfuhr an Bodenprodukten, während Babylon der Reichskriegshafen war. Auf Babylon und Alexandreia und einer möglichst guten Verbindung beider Städte miteinander, die wir die beiden Augen der Monarchie nennen können, ruht Alexanders Politik im letzten Lebensjahr, ebenso aber auch der große Plan der Zukunft, der einzig und allein noch auf die Angliederung Karthagos, der größten tyrischen Kolonie, und des phoenikischen Herrschaftsgebietes im Westen gerichtet war.

Wer die Dinge so auffaßt, kann nicht mit den neueren Forschern sagen, daß Alexander im Moment seines Todes erst die Hälfte seiner Aufgabe erfüllt hatte, vielmehr liegt die Sache so, daß der große König, was die Landeroberungen angeht, in der Hauptsache saturiert war, daß er aber zur Landherrschaft noch die Seeherrschaft über die angrenzenden Meere hinzufügen, d. h. daß er den politischen Imperialismus, dem er seither gehuldigt hatte, durch einen ökonomischen Imperialismus mit Benutzung des Meeres ergänzen wollte.

In diesen letzten Plänen des großen Königs, die wir verfolgt haben, tritt ein Staatsmann von weitem Blick und großartigem Unternehmungsgeist uns entgegen, würdig des genialen Feldherrn, der das Perserreich über den Haufen gerannt hatte, ein Staatsmann, der nach den langen Jahren der Eroberung dem Weltreiche den seiner Ansicht nach nötigen Schlußstein einzusetzen und das Ganze organisatorisch zu durchdringen und einheitlich zu gestalten im Begriffe war, als der Tod in furchtbar brutaler Weise — so brutal wie niemals vorher und nachher in der Geschichte des Altertums — dazwischenfuhr und dem Riesenbau den genialen Baumeister raubte.

III.

Mit einem Rückblick und einem Ausblick wollen wir schließen.

Rückblickend werden wir noch einmal durch das vorstehende Resultat zu dem großen Problem Philipp II. und Alexander geführt. Dreimal innerhalb des Jahrtausends hellenistischer Geschichte treten an entscheidender Wende der Zeiten immer nach etwa 300 Jahren jeweils zwei Herrscher einander folgend in der Regierung auf, die einer niedergehenden Welt zu neuem Aufstieg verhelfen, Philipp und Alexander, Caesar und Augustus, Diocletian und Constantin[1]) und die Forschung bewertet den Anteil der beiden Fürsten, die innerhalb der drei Herrscherpaare uns entgegentreten, sehr verschieden. Immer von neuem kehrt sie zurück zu den großen Problemen, die hier uns gestellt sind[2]) und die doch nirgends anziehender sind als bei Philipp und Alexander, weil hier allein Vater und Sohn und gleichzeitig zwei geniale Männer aufeinander gefolgt sind. Alles, was die Geschichte in solchen Fällen aufzuweisen hat, der frondierende Kronprinz, der junge Herrscher, der den Vater durch größere Ziele und Wahl neuer Mittel zur Erreichung dieser Ziele zu übertrumpfen sucht, und anderes mehr, zeigt auch die Geschichte Alexanders und erklärt sich leicht, wenn man die Ähnlichkeit der Charaktere der beiden hervorragenden Persönlichkeiten in Betracht zieht, die beide Tatmenschen von dämonischem Schaffensdrange waren. Aber eines war bis jetzt unaufgeklärt, warum nämlich Alexander in seinen nachgelassenen Papieren[3]) vorgesehen hatte, seinem Vater Philipp ein Denkmal zu errichten, so groß wie die größte der aegyptischen Pyramiden. Hierfür gibt es m. E. nur eine Erklärung, die der großen Wandlung zu entnehmen ist, die Alexander im Jahre 324 durchgemacht hat. Der diese große Ehrung des verkannten Vaters beschlossen hat, ist jener neue Alexander, der die Bedeutung einer Flotte für das Weltreich von Asien seit Nearchs indischer Expedition und die Notwendigkeit der Beherrschung der großen Meereshandelsstraßen für die Weltwirtschaft der Antike erkannt hatte. Dieser neue Alexander war kein anderer als der reuig zur Politik des genialen Vaters zurückgekehrte Sohn und Erbe, der in dem projektierten Grabmal

---

1) Vgl. meine Skizze der röm. Kaiserzeit bei Gercke-Norden, *Einleitung* III², S. 210.

2) Für Caesar und Augustus vgl. jetzt Ed. Meyer, *Caesars Monarchie und das Principat des Pompejus*, Stuttgart 1918.

3) Diodor XVIII 4, 5. S. darüber oben S. 219.

aller Welt die Wertschätzung der Politik seines Vaters vor Augen führen wollte. Auch in diesem Punkte hat der Tod die Ausführung verhindert.

So wahrscheinlich bei diesen See- und Flottenplänen Alexanders sein Zurückgreifen auf die Politik des Vaters gemacht werden kann, so unsicher bleibt dagegen die Beantwortung der Frage, wieweit auf Alexander die Unternehmungen des Dareios I. gewirkt haben, der fast zweihundert Jahre früher das gleiche Problem der Verbindung Indiens oder genauer der Indusmündung mit Persien und Aegypten zu lösen versucht hat, Unternehmungen, in deren Zusammenhang die Umschiffung Arabiens durch Skylax von Karyanda und der Weiterbau an dem von Necho begonnenen Schiffahrtskanal durch das Wadi Tumîlât gehören.[1]). Mit Recht urteilt Ed. Meyer in der *Geschichte des Altertums*[2]) hierüber: „Nirgends vielleicht tritt die Weltstellung des Perserreichs unter Darius so großartig hervor wie in diesen Unternehmungen. Der indische Ozean, die Südgrenze des Reichs, sollte eine große Handelsstraße werden, Indien, das bisher nur durch die Kabulpässe mit dem Reich in Verbindung stand, auch von Süden her erschlossen und dem großen Handelsgebiet angegliedert werden, das im Perserreich zu einem großen Kulturstaate mit einheitlicher Regierung, einheitlicher Münze und großen gesicherten Straßen zusammengefaßt war." Deutlich springt die große Ähnlichkeit dieser Politik des Dareios mit derjenigen Alexanders in die Augen. Wenn man dazu noch die auf Libyen und Karthago gerichtete Politik der Perser hält, die sofort nach Kambyses' Eroberung von Aegypten einsetzt[3]), so tritt die Parallele noch deutlicher zutage, und die Frage, wie weit Alexanders großzügige Politik der letzten Monate von hier aus beeinflußt worden ist, muß gestellt werden. Ed. Meyer hat sich gegen eine Abhängigkeit Alexanders von Dareios erklärt und vermutlich hat er recht, „daß Alexander und seine Nachfolger die Unternehmungen und Entdeckungen noch einmal machen mußten, die von demselben Gedanken beherrscht bereits Darius ausgeführt hatte"[4]). Soweit unser Rückblick.

Der Ausblick aber lenkt unser Auge auf diejenigen Fürsten, die das

---

1) Herodot IV 44 über die Umschiffung Arabiens, dazu Ed. Meyer, *Gesch. des Altert.* III. S. 99ff., J. V. Prášek, *Gesch. der Meder und Perser* II S. 110, U. Wilcken, *Hermes* 41 (1906) S. 125f. Doch vgl. man auch die kritischen Bemerkungen Hugo Bergers (*Gesch. der wiss. Erdkunde der Griechen* I² S. 73f.).
2) S. 101.
3) Vgl. Herodot III 17—19 über die Pläne des Kambyses, dazu Prášek a. a. O. I S. 256, Iustinus XIX 1, 10f. über angebliche Verhandlungen des Dareios mit Karthago, verworfen von Ed. Meyer, *Gesch. des Altert.* III S. 298 Anm., als historisch betrachtet von O. Meltzer, *Gesch. der Karth.* I S. 207ff. u. S. 499, Prášek a. a. O. II S. 43, Ferd. Justi, *Geschichte Irans* im *Grundriß der iranischen Philologie* II S. 444, Ephoros fr. 111 bezüglich Xerxes, dazu C. F. Lehmann-Haupt bei Gercke-Norden, *Einleitung*² S. 86. — 4) A. a. O. S. 103.

Erbe Alexanders am treuesten bewahrt und seine Politik in den Hauptpunkten fortzuführen gesucht haben, die drei großen Ptolemäer. Auch auf ihre Politik fällt neues Licht, wenn man sich über Alexanders letzte Ziele volle Klarheit verschafft hat. Die Politik des Soter erweist sich dann sofort als die geradlinige Fortsetzung derjenigen Richtung, die der große Meister seit 324 eingeschlagen hatte. Nur ward Alexandreia, das in Alexanders System die zweite Stelle einnehmen sollte, zur Reichshauptstadt und damit an die erste Stelle geschoben. In Alexandreia aber ward der rätselreiche Sarapis zum Hauptgott erhoben, der Gott der „Versöhnung und Ausgleichung"[1]), der wie Bêl-Marduk in Babylon „über den Parteien stand und die Einheit des Reiches gleichsam religiös sanktionierte"[2]). Weinreich, dem diese letzten Worte entnommen sind, hat mit Recht auch darauf hingewiesen, daß „diese Tendenz zum Allgott Sarapis zum gegebenen Schützer des ptolemäischen Reiches machte, das sich über Land und Meer bis an die Grenzen der Oikumene ausbreiten sollte"[3]), natürlich im Rahmen des Alexanderreiches, dessen letzte Ziele der schlaue Ptolemäer in vollem Umfang sich zu eigen gemacht hatte. Diese Benutzung der Religion im Dienste der Politik war ein so feiner Schachzug, daß Cumont vom „politischen Genie" der ersten Ptolemäer zu sprechen gewagt hat[4]).

Und neben der Religionspolitik ist es vor allem die aufs Meer und die Belebung des Seehandels gerichtete Politik der Ptolemäer[5]), welche an den Alexander von 324 anknüpft und nach dessen Vorbild Alexandreia in den Mittelpunkt des Weltverkehrs rückt. Wieder ist die Flotte das Schoßkind der Regierung. Vor allem aber sind es zwei Erbschaften, welche die Ptolemäer von Alexander übernommen haben: einmal die maritime und merkantile Verbindung mit Arabien und Indien und zum zweiten die Kampfesstellung gegenüber Karthago.

Das erstere Problem hat neuerdings M. Rostowzew im Anschluß an das russisch geschriebene Buch von Mich. Chwostow, *Forschungen zur Geschichte der Handelsbeziehungen zur Zeit der hellenistischen Monarchien und des römischen Kaiserreiches, I. Geschichte des Osthandels im griech.-röm. Aegypten*, Kasan 1907, kurz erörtert[6]). In diesem Buche ist nach

---

1) Wilcken, *Grundzüge* S. 93.
2) O. Weinreich, *Neue Urkunden zur Sarapis-Religion*, Tübingen 1919, S. 4 f.
3) A. a. O. S. 9.
4) Fr. Cumont, *Die oriental. Religionen im röm. Heidentum*, 2. Aufl. 1910, S. 94.
5) Vgl. dazu Wilcken, *Grundzüge* S. 269, der J. G. Droysens Wort vom „Merkantilsystem" der Lagiden wieder hervorgeholt und den ptolemäischen Merkantilismus richtig umrissen hat.
6) *Zur Geschichte des Ost- und Südhandels im ptolemäisch-römischen Aegypten*, *Archiv für Papyrusforschung* IV 3 4 (1908), S. 298 ff. Die Lektüre des Buches von Chwostow ist mir leider, da ich des Russischen nicht mächtig bin, unmöglich.

Rostowzew dargetan, „wie rasch sich die Handelsbeziehungen mit Südafrika, Arabien, Indien unter der kräftigen Förderung seitens der Ptolemäer und römischen Kaiser entwickelten", „wie der Handel aus den Händen der arabischen Kaufleute allmählich in die Hände der ägyptischen Levantiner übergeht", wie die in der ersten Zeit noch herrschende Küstenfahrt nach kürzeren Wegen sucht und „seit der Entdeckung der regelmäßig wehenden Winde durch Hippalos zu der Seefahrt im offenen Meere" im Laufe des 1. Jahrh.'s v. Chr. übergeht[1]). „Am stärksten entwickeln ihre Tätigkeit auf diesem Gebiete die ersten Ptolemäer: sie schicken Expeditionen aus, gründen Emporien, knüpfen diplomatische Beziehungen an, schaffen bewaffnete Obhut für Flotten und Karawanen"[2]). Was ist das anders als Ausführung des von Nearchos und Alexander aufgestellten Programms[3])? In derselben Richtung bewegt sich die von Philadelphos durchgeführte Wiederherstellung des Kanals durch das Wadi Tumîlât, der Alexandreia zu einem antiken Port Said machte[4]). Philadelphos ist es auch gewesen, der den Plan der Umschiffung Arabiens und der Herstellung direkter Verbindung mit Indien zur Ausführung gebracht hat[5]). Es kommt so weit, daß die Handelspolitik der allgemeinen auswärtigen Politik die Wege weist[6]), wie bei der Expedition des dritten Ptolemäers bis nach Babylonien hinein oder dem Zuge des Aelius Gallius unter Augustus nach Südarabien[7]), der ein letzter Versuch ist, das „glückliche Arabien" selbst, das Vermittlungsland mit Indien, in die Hand zu bekommen, ein Versuch, der zum Scheitern verurteilt war, da er als reine Landunternehmung von Nearchs Programm allzuweit sich entfernte.

Das Gegenstück zu dieser weitschauenden und weitausgreifenden ptolemäischen Handelspolitik nach Osten ist die Politik der ersten ägyptischen Teilherrscher nach Westen hin. Als Erbschaft der Alexanderpolitik interessiert uns hier, wie oben angedeutet, das Verhältnis zu Karthago. Von vornherein war, wie wir oben gesehen haben[8]), mit Ägypten auch Libyen und ein Teil Arabiens an Ptolemaios überlassen worden, und im Vertrag von Triparadeisos (321) war dem neuen Herrscher auch alles, was er gegen Westen hin noch dazu erobern würde, garantiert. Damit war Ptolemaios als Erbe der Pläne Alexanders bezüglich Karthagos bestellt. Er mischte sich schon im Jahre 322 in die durch Thibrons Intervention in Kyrene

---

Ich entnehme daher dem Aufsatz von Rostowzew einige Andeutungen. Das auf den arabisch-indischen Handel bezügliche Papyrusmaterial behandelt U. Wilcken, *Grundzüge* S. 263f.

1) Rostowzew a. a. O. S. 300.
2) Rostowzew ebda., Einzelheiten bei Beloch, *Gr. Gesch.* III 1, S. 292f.
3) Siehe oben S. 224. — 4) Beloch a. a. O. S. 292f.
5) Plin. *N. H.* VI 58. — 6) Darüber Wilcken, *Grundzüge* S. 263.
7) Rostowzew a. a. O. S. 300 und S. 308. — 8) Siehe oben S. 221.

entstandenen Wirren ein, schickte zunächst einen seiner Generäle, den Ophelas, hin und griff schließlich auch noch selber ein. Das Resultat war die Eroberung Kyrenes, welches Ophelas zur Verwaltung übergeben wurde[1]). Doch dieser machte sich einige Zeit darauf, etwa 312 v. Chr.[2]), unabhängig, und Kyrene unternahm im Jahre 309 unter seiner Leitung den längst geplanten großen Heereszug gegen Karthago, allerdings im Bunde mit dem mächtigsten Herrscher des Westens, Agathokles von Syrakus, und mit Athen. Der Plan, der zugrunde lag, war derjenige Alexanders, nämlich die ganze nordafrikanische Küste dem Besitze von Kyrene anzugliedern[3]). Große Vorbereitungen müssen dem Unternehmen vorangegangen sein, ähnlich wie sie Alexander der Eroberung der arabischen Küste vorangehen ließ[4]). Der ungemein schwierige Marsch durch die Wüste den Syrten entlang hat mehr als zwei Monate in Anspruch genommen[5]). Die Truppe war von 10000 Kolonisten, zum Teil mit ihren Familien, begleitet, meist Griechen, die in dem Lande nach der Eroberung angesiedelt werden sollten. Nachdem auf karthagischem Boden die Vereinigung mit Agathokles vollzogen war, gerieten die Verbündeten in Streit und Ophelas wurde von dem Syrakusaner aus dem Wege geräumt, sein Heer trat zu diesem über. Nach mehrjährigen Kämpfen, wobei anfänglich große Erfolge des Agathokles zu verzeichnen waren, mußte dieser Afrika räumen. In Kyrene aber wurde Ptolemaios wieder Herrscher, der das Land bald darauf seinem Stiefsohn Magas überließ. Das einzige Ergebnis des großen Kampfes gegen Karthago war die Vorschiebung der Grenze über die *arae Philaenorum* hinaus bis zum Εὐφράντας πύργος an der großen Syrte, welchen Strabo XVII p. 836 nennt ὅριον τῆς πρότερον Καρχηδονίας γῆς καὶ τῆς Κυρηναίας τῆς ὑπὸ Πτολεμαίῳ. Daß hier Soter gemeint ist, steht außer Zweifel; fraglich bleibt nur, wann die Vorschiebung der Grenze erfolgt ist, immerhin dürfte dieser Zeitpunkt nach dem Rückfall Kyrenes an Ägypten der am ehesten

---

1) Niese I, S. 216f.; Beloch III, S. 83f.
2) Niese I, S. 310 Anm. 2.
3) Diodor XX 40; Iustinus XXII 7, 4: *regnum totius Africae amplexus societatem cum Agathocle per legatos iunxerat pactusque cum eo fuerat, ut Siciliae illi, sibi Africae imperium victis Karthaginiensibus cederet*, R. Schubert, *Gesch. des Agathokles* S. 143ff., Niese I, S. 457, Beloch III 1, S. 200; die richtige Chronologie III 2, S. 204, ebenso Niese I, S. 468 Anm. 2.
4) Wenigstens erwähnt Strabo XVII 826 einen Periplus des Ophelas, in dem allerlei Fabelhaftes über die Westküste Afrikas zu lesen war. Man kann streiten darüber, ob er von Ophelas selber verfaßt war oder nicht, aber ich sehe keinen Grund ein, ihn als apokryph zu erklären, wie Niese (I, S. 457 Anm. 5) tut; vgl. O. Meltzer, *Gesch. der Karth.* I, S. 391, R. Schubert, a. a. O. S. 144.
5) Diodor XX 41f.; Droysen, *Hell.* II² (2. Aufl.) S. 92f., R. Schubert, a. a. O. S. 146. Wie Niese I, S. 458 Anm. 2 hervorhebt, ist von einer begleitenden Flotte keine Rede.

in Betracht kommende sein[1]). Ist diese Annahme richtig, so haben wir also hier das kärgliche schließliche Ergebnis der einst von Alexander geplanten großen Unternehmung vor Augen, ein Ergebnis, das obendrein nicht lange Bestand gehabt hat[2]). Weder Magas noch nach dessen fast 50 jähriger Regierung die Ptolemäer selber haben wieder eine große Expansionspolitik gegenüber Karthago betrieben, vielmehr bald ein freundnachbarliches Verhältnis mit dem afrikanischen Westreich erstrebt[3]).

Karthagos Schicksal sollte sich nicht von Osten, wie Alexander geplant hatte, sondern von Norden her erfüllen. Als Erbe des Agathokles hat Pyrrhos von Epirus in den Jahren 278 bis 276 den Karthagern wenigstens vorübergehend Sizilien bis auf Lilybaion entrissen. Auch ihm stand der Übergang nach Afrika als Ziel schon vor Augen[4]), als der Umschwung zu seinen Ungunsten in Sizilien eintrat und Karthago abermals als Sieger aus dem Kampfe hervorging[5]). Seit Pyrrhos' Weggang aus Italien erfolgte dann jene neue Gruppierung der Mächte, bei der Ägypten unter Philadelphos in freundschaftliche Beziehungen zu Rom trat, das kurz vorher aus dem Kriege mit Tarent als Sieger hervorgegangen und zur Großmacht des Westens anstelle von Syrakus emporgewachsen war. Und nicht lange dauerte es, da brach der erste Kampf zwischen Rom und Karthago aus, und die italische Republik wurde schließlich die Testamentsvollstreckerin des großen Königs des Ostens, allerdings in ganz anderer Weise, als dieser im Auge gehabt hatte. Alexander hat Karthago nur unterwerfen wollen und das phoinikisch-karthagische Kolonialreich als Schlußstein in den Bau seines die Meere umspannenden und den Welthandel monopolisierenden Großreiches einfügen wollen. Rom dagegen hat Karthago schließlich in brutaler Weise von Grund aus zerstört und auf den Trümmern ein neues, alle Randländer des Mittelmeeres umfassendes Weltreich gegründet, das auch die aus der Alexandermonarchie hervorgegangenen Teilreiche, eines

---

1) Meltzer (*Gesch. der Karth.* I, S. 351 und 411, vgl. auch S. 522) läßt die Entscheidung offen, ob nach der ersten Erwerbung Kyrenes durch Aegypten oder nach der Ermordung des Ophelas die Vorschiebung der Grenze erfolgt ist. Noch später — in die Zeit von Kyrenes Selbständigkeit — setzt sie wohl kaum mit Recht Ferd. Strenger, *Strabos Erdkunde von Libyen*, W. Sieglin, *Quellen u. Forsch. zur alt. Gesch. u. Geogr.* Heft 28, Berlin 1913, S. 121 f. Anerkennen muß auch er (S. 122 Anm. 2): „Fortschritte haben die Ptolemäer gegenüber Karthago sicher gemacht", unstreitig aber nicht ein Ptolemäer des Teilstaates Kyrene sondern des Gesamtreiches.

2) Denn die alte Grenze an den Philaenenaltären muß bald nach der Mitte des 3. Jahrhunderts wieder bestanden haben, Polybios III 39, 2, Eratosthenes bei Strabo II, p. 123, dazu Meltzer a. a. O. I, S. 522.

3) Niese II, S. 145.

4) Plutarch, *Pyrrhos* 23, R. Schubert, *Geschichte des Pyrrhus* S. 213.

5) Niese II, S. 43 ff.

nach dem anderen, sich dienstbar machte. So hat Karthago über 1½ Jahrhundert um seine Existenz kämpfen müssen, und auch vom Standpunkte der karthagischen Geschichte ist der frühe Tod des großen Makedonenkönigs ein Ereignis von unabsehbarer Tragweite geworden. Denn nach den getroffenen Vorbereitungen ist wohl anzunehmen, daß Alexander auch die Angliederung Karthagos an das makedonisch-persische Weltreich von Asien gelungen und damit eine Kräfteverteilung im westlichen Mittelmeerbecken herbeigeführt worden wäre, die der afrikanischen Gegenküste eine viel stärkere Widerstandskraft gegenüber Südeuropa gegeben hätte[1]).

Breslau.

---

1) Korrektur-Zusatz: Nach Abschluß des Druckes ist die kleine Studie von Heinrich Endres, *Krateros, Perdikkas und die letzten Pläne Alexanders* im *Rhein. Mus.* N. F. 72 S. 437—445 erschienen. E. tritt, wie ich schon oben S. 218 Anm. 3, für die Geschichtlichkeit und Glaubwürdigkeit der von Alexander hinterlassenen ὑπομνήματα ein und bringt für Hieronymos als den Übermittler an Diodor neue, beachtenswerte Gründe bei. Wenn er aber die ὑπομνήματα mit den Ephemeriden identifizieren will, so vermag ich ihm darin nicht zu folgen, da m. E. in den königlichen Tagebüchern nur Geschehenes, nicht aber Zukünftiges, also Projekte, verzeichnet waren. Auf keinen Fall vermag ich einem Satze zuzustimmen wie demjenigen auf S. 443: „Hier, in diesen Tagebüchern, waren die Richtlinien für eine neue Phase der Herrschaft Alexanders niedergelegt, die jetzt beginnen sollte, sobald der sieche Körper seine alte Kraft gewonnen hatte", zumal nach meinem obigen Nachweis diese „neue Phase der Herrschaft" längst begonnen hatte. Überhaupt beschäftigt sich E. nicht mit dem Problem der vorstehenden Blätter, inwiefern nämlich die bei Diodor XVIII. 4 angegebenen Pläne des verstorbenen Königs als das Schlußglied der Politik des letzten Lebensjahres anzusehen sind. Hier begnügt er sich mit ein paar allgemeinen, nichtssagenden Betrachtungen bezüglich der Persönlichkeit des Königs (S. 443f.): „Alle diese mächtigen Unternehmungen sind so recht bezeichnend für die neue, ungewöhnliche, den großen orientalischen Herrschern ähnliche Stellung, die Alexander seit Beendigung des indischen Feldzugs eingenommen hatte. . . . . . . Diese Werke sind nicht etwa einer äußerlichen Nachäffung asiatischen Despotentums entsprungen, sondern sie sind der natürliche Ausfluß seiner Herrschermacht und seiner alles überragenden persönlichen Stellung. Zu einem so gewaltigen Weltherrscher gehören auch ungewöhnliche, einzig dastehende Zeugnisse seines Erdenwanderns: hier liegt der Schlüssel zum Verständnis der letzten Pläne des großen Eroberers." Besser ist wieder der Schluß des Aufsatzes, in welchem E. die Frage zu beantworten sucht, warum Perdikkas die Pläne Alexanders kassieren ließ. Darüber gibt er ein paar gute Beobachtungen, wie z. B. diejenige, daß deren Ausführung die Position der Rivalen gestärkt hätte. Die von mir oben (S. 229) geschilderte Wiederaufnahme der Entwürfe durch Ptolemaios spricht für die Richtigkeit der in diesem Punkte von E. vertretenen Ansicht.

Die Wassermessungen der Babylonier und das Sexagesimalsystem.

Von F. K. Ginzel.

Daß der Ursprung des babylonischen Sexagesimalsystems in einer astronomischen Grundlage, also in einem Naturmaße zu suchen sein muß, ist von C. F. Lehmann-Haupt[1]), F. X. Kugler[2]), H. Zimmern[3]) behauptet worden. Die ersteren beiden leiten die Zahl sechzig ab aus dem Verhältnis, in welchem der Sonnendurchmesser (der zu $1/2°$ angenommen wird) zum Vollkreise steht, 1 : 720 (Lehmann-Haupt), resp. zur schnellsten Sonnenbewegung, 30° zwischen 13° Virginis und 27° Piscium (Kugler)[4]). In späterer Zeit hat C. F. Lehmann-Haupt mir gegenüber im Anschluß an Ideler und andere[5]) geäußert, daß die Babylonier durch Wassermessungen oder Wägungen, die sie an einem der beiden Äquinoktialtage des Jahres (wenn der Tag- und Nachtbogen gleich lang ist d. h. 12 Stunden beträgt) ausführten, vielleicht auf das Verhältnis 1 : 720 hätten kommen können; sie brauchten zu dem Zwecke nur die Menge des Wassers zu messen, die aus einem Gefäße, in welchem man das Wasser auf derselben Druckhöhe hielt, ausfloß während der Dauer des Aufgangs der Sonnenscheibe oder während ihres Durchgangs durch den Meridian einerseits, und welches anderseits ablief während des Tagebogens von 12 Stunden, oder des Volltages von 24 Stunden. Auf diese Weise hätte man das Verhältnis des scheinbaren Sonnendurchmessers zum Vollkreise experimentell ermitteln

---

1) *Verhdlgn. d. Berl. Anthropol. Gesellsch.* 1895, S. 411 f.; 1896, S. 443, 448 f., *Zeitschrift für Assyr.* XIV 1899, 365. — *Über die Beziehungen zwischen Zeit- und Raummessung im babylonischen Sexagesimalsystem* (*Beiträge zur alten Gesch.* I 381 f.) — *Zur Entstehung des Sexages.-Syst. und des sexag. babylon. Längenmaßes* (ibid. 481 f.). — Kongreßvortrag (*Akt. d. Stockholmer Orient.-Kongr.*, Section Sémitique (b), Leyden 1893, S. 249). — Weitere, den Gegenstand berührende Literatur s. auch in C. F. Lehmann-Haupts Artikel *Gewichte* im Supplem.-Heft III zu Paulys *Realencycl. d. klass. Alt.-Wiss.*² (1917).

2) *Zeitschr. f. Assyr.* XV 1900, S. 390.

3) *Berichte d. phil. hist. Kl. d. Königl. Sächs. Ges. d. W.*, Leipzig 1901, S. 47 f.

4) Siehe dazu meine kritischen Bemerkungen *Klio* I, 1901, S. 351 f., sowie die Lehmann-Haupts, *Klio* I, S. 393 und Zimmerns a. a. O. S. 52 Anm. 4.

5) Siehe die Nachweise bei Lehmann-Haupt, *Verh. d. Berl. Anthrop. Ges.* 1912, S. 52.

können. Ich selbst habe dann in dieser Zeitschrift[1]) die Bedingungen einer solchen Messung vorläufig geprüft und die Möglichkeit angedeutet, daß durch zahlreiche Beobachtungen des Meridiandurchgangs während des ganzen Jahres schließlich ein zwischen 29' und 32' liegender Wert, also rund 30' — was dem Verhältnis 1 : 720 entspricht — ermittelt wurde. Gelegentlich forderte mich dann C. F. Lehmann-Haupt auf, die bei dieser Methode obwaltenden astronomischen Umstände noch näher zu untersuchen. Dieser Aufforderung komme ich hiermit in dieser Zeitschrift nach.

Die Wassermessungen, um die es sich handelt, erwähnt L. Ideler bei der Bestimmung der babylonischen Doppelstunden[2]). Er verweist betreffs des Gebrauches der Wassermessungen zur Ermittlung von Zeitverhältnissen auf die griechischen Astronomen und zitiert als Gewährsmänner Cleomedes, Sextus, Theon, Pappus, Proclus und Macrobius. Er bemerkt noch: „Nach Proklus hatte der Mechaniker Heron eine eigene Schrift unter dem Titel περὶ ὑδρίων ὡροσκοπείων geschrieben. Vermutlich nannte man diese Vorrichtung eigentlich ὑδρίον ὡρόσκοπον. Vermittelst derselben bestimmte man den scheinbaren Durchmesser der Sonne, indem man die Zeit ihres Durchgangs durch den Horizont maß. Dies hieß den Durchmesser δι' ὑδρομετρίων oder δι' ὑδρολογίων suchen, wie Cleomedes und Pappus sagen. Nach Sextus Empiricus[3]) hat diese Vorrichtung den Chaldäern auch zur Einteilung des Tierkreises in seine 12 Zeichen gedient."

Wenn dieser Gebrauch der Wassermessungen für die griechischen Astronomen als sicher gilt, kann er für die babylonischen erst recht vorausgesetzt werden, da die Entwicklung der babylonischen Astronomie der der griechischen vorangegangen ist und von letzterer viele babylonische Errungenschaften übernommen worden sind. Die Babylonier werden schon in alter Zeit nach einem der Natur entnommenen Maße gesucht haben. Dazu schien ihnen die Ermittlung des Verhältnisses, wie oft der scheinbare Durchmesser des Mondes oder der Sonne im Vollkreise enthalten sei, besonders brauchbar. Vielleicht benützte man beide Gestirne, um zur Festlegung dieses Verhältnisses zu kommen. Denn scheinbar hatten Sonne und Mond die gleiche Größe, wie der tägliche Anblick lehrte; aus der Betrachtung einer totalen Sonnenfinsternis, bei welcher beide Gestirnscheiben einander deckten, konnten die Astronomen (wenngleich für ihr Land eine solche Sonnenfinsternis selten genug eintrat) auf ungefähre Gleichheit schließen. Sie befanden sich mit dieser Annahme nicht sehr im Irrtum, denn in unserer modernen Astronomie wird der Durchmesser der Sonne in der mittleren Entfernung (von der Erde) zu sehr nahe 32'

---

1) *Klio* I (1901), S. 350 f. Anm. 3.
2) *Über die Sternkunde der Chaldäer (Abhdlg. der Berliner Akad. der Wiss.,* 1814/15). *Handbuch der math. und techn. Chronologie,* I. Bd., 1825, S. 225 f.
3) Siehe dazu jetzt Weidner, *Handb. der Babyl. Astronomie* I (1915), S. 134.

gesetzt, der mittlere Monddurchmesser zu 31′ 8″. Die Tagwahl, bei welcher die Durchmesserbestimmung vorzunehmen war, ist oben schon angegeben: es mußte an Tagen geschehen, an denen zwischen Aufgang und Untergang der Gestirne im Horizonte möglichst genau ein halber Tag (12 Stunden) verfloß. Das war ein Tag, an dem die beiden Gestirne in ihrer Deklinationsbewegung den Äquator passierten, für die Sonne die beiden Äquinoktialtage des Jahres (in unserer Zeit der 21. März und 23. September), für den Mond einer von seinen im Jahre sich etwa 26 bis 27 mal wiederholenden Äquatordurchgängen, auf den gerade ein Vollmond fiel, was in einem Jahre etwa ein- bis zweimal ungefähr zutrifft (nur die Vollmondphase konnte man als für den Monddurchmesser maßgebend ansehen). Waren also solche astronomische Bedingungen, auf die ich unten weiter eingehe, erfüllt, so stellte man zwei Gefäße mit gleich großer Ausflußöffnung auf, füllte dieselben bis zu gleicher Höhe mit Wasser und ließ durch Öffnen eines Hahns gleichzeitig das Wasser in untergestellte Meßgefäße laufen, sobald der obere Rand des aufgehenden Gestirns den (freien) Horizont berührte. Wenn auch der untere Rand der Gestirnscheibe den Horizont tangierte, wurde der Wasserablauf aus dem einen Gefäße eingestellt, während man das Wasser aus dem andern Gefäße solange weiterlaufen ließ, bis beim Untergange der obere Rand des Gestirns wieder den Horizont berührte. Während des ganzen Experiments suchte man durch Zufließenlassen von Wasser die Druckhöhe in beiden Gefäßen sorgfältig auf der gleichen Höhe zu halten. Die abgeflossenen beiden Wassermengen wurden nun gemessen; die Division der größeren Zahl durch die kleinere gab das Verhältnis, wie oft der Gestirndurchmesser in dem Halbkreise (180°) resp. durch Verdoppelung der größeren Zahl, wie oft er im Vollkreise enthalten sein mochte. Auch an Meridianbeobachtungen kann man denken, nämlich, daß Wassermessungen gemacht wurden betreffs der Zeit, innerhalb welcher sich die Gestirnscheiben durch den Meridian schoben (Berührung des Ost- und Westrandes nacheinander an dem durch eine terrestrische Marke, etwa eine Mauer, bestimmten Meridian). Die moderne Astronomie gestattet uns, für jeden Erdort und für jede Zeit die Dauer des Aufgangs oder des Meridiandurchgangs der Sonnen- und Mondscheibe zu berechnen. Andererseits sind wir durch eine einfache Formel der Hydrodynamik in der Lage, auf Grund jener astronomischen Zeitdauer die respektiven Wassermengen ziemlich genau ermitteln zu können. Freilich ist dabei die Voraussetzung gemacht, daß die Babylonier die physikalischen Bedingungen der Formel[1]) möglichst erfüllt haben. Ich nehme an, um

---

1) Bei der gleichbleibenden Druckhöhe h und der Fläche der Ausflußöffnung a ergibt sich die in der Zeit t (in Sekunden) ausfließende Wassermenge M aus der Formel $M = \mu a t \sqrt{2gh}$, wo g die Schwere am Beobachtungsorte, μ der Contractionscoëfficient. Letzterer kann zu 0,62 angenommen werden,

Die Wassermessungen der Babylonier und das Sexagesimalsystem.

eine Grundlage für das Experiment zu haben, das Wasser in beiden Gefäßen sei auf einer Druckhöhe von 18,5 cm gehalten worden, die Fläche der quadratischen Ausflußöffnung habe 0,25 qcm betragen. In Wirklichkeit haben die Babylonier mit weit größeren Wassermengen hantiert[1]). Messungsfehler gehen dann weniger ein, und die physikalischen Bedingungen sind leichter erfüllbar. Übrigens resultieren selbstverständlich die nachfolgend durch die Rechnung ermittelten Verhältnisse auch dann, wenn man mit viel bedeutenderen Druckhöhen und größeren Ausflußöffnungen rechnet und dabei die von Farmer für solche Fälle experimentell ermittelten Werte des Contraktions-Coëffizienten (s. Winkelmann a. a. O. 987) zugrunde legt.

Was zuerst den Mond betrifft, so wußten die babylonischen Astronomen die Zeit der vollen Mondscheibe wahrscheinlich mit einem Fehler von einem Tage anzugeben, da sie, wie man aus ihrer an den Mond geknüpften Zeitrechnung ersieht, für das Erscheinen des Mond-Neulichtes recht zutreffend (für das bloße Auge) 1 1/2 Tage nach wahren Neumond angenommen haben. Schwieriger war für sie, den Zeitpunkt zu ermitteln, wann der Vollmond den Äquator passierte, denn die Mondbewegung in Deklination ist schon während eines halben Tages recht erheblich[2]). Aber vielleicht war ihnen die Lage des Äquators am Himmel durch die schwächeren Sterne bekannt, die sich hier und da in der Nähe des Äquators befinden. Jedenfalls ließ sich aus Wassermessungen der oben angedeuteten Art nur ein roher, provisorischer Wert des Verhältnisses „Monddurchmesser zum Vollkreise" gewinnen. Denn bei der starken stündlichen Deklinationsänderung des Mondes konnte die Voraussetzung, daß der Nachtbogen des Mondes während der Zeit des Experimentes nicht mehr und nicht weniger als 12 Stunden habe, nur zufallsweise einmal eintreffen. Ferner kommt hinzu die starke Veränderlichkeit des scheinbaren Monddurchmessers je nach der Erdentfernung; sie kann über 4' betragen[3]). Die Babylonier werden also je nach der Zeit, zu der sie den Mond beobachteten, voneinander ziemlich

---

variiert aber einigermaßen mit der Größe der Ausflußöffnung (s. Winkelmanns *Handbuch der Physik*, 2. Aufl. I, 2. Hälfte, pg. 985f.). M resultiert in ccm (oder Litern, 1000 ccm = 1 Liter), h ist in cm, a in qcm auszudrücken. g ist für die Breite von Babylon (32° 31') = 979,523 cm. Die Formel setzt auch voraus, daß die Temperatur des Wassers während des Experiments sich nicht viel ändert. Vielleicht haben die Babylonier das Experiment in die Nacht, in die Zeit zwischen Untergang und Aufgang der Sonne verlegt; dann hätten sie auch dieser Bedingung in der Hauptsache genügen können.

1) Vgl. F. X. Kugler, *Sternkunde und Sterndienst in Babel*, Ergänz. zum 1. und 2. Buch, 1. Teil, p. 78 ff., 95 ff.

2) Um ein Beispiel anzuführen: So beträgt die Deklinationsänderung des Mondes zur Zeit des Vollmondes, der am 20. September 1918 eintrat (etwa 11 Stunden nach dem Äquatordurchgang) etwa 2° 54' während eines halben Tages.

3) Das Maximum des Monddurchmessers ist im Jahre 1918 = 33' 32", das Minimum = 29' 28".

differierende Wassermengen, und demnach abweichende Schlußresultate erhalten haben. Ein Beispiel mit modernen Zahlen soll dies illustrieren. Der Vollmond vom 20. September 1918 sei bei seinem Äquatordurchgang (am 19. September Mitternacht) im Aufgange nach babylonischer Weise beobachtet. Der Mondhalbmesser zu dieser Zeit ist 16′ 40″,3; die Dauer des Aufgangs der Mondscheibe für Babylon ergibt sich hieraus = $2^m\ 44^s,3$. Die beiden früher angegebenen Wassergefäße, Druckhöhe und Ausflußöffnung vorausgesetzt, ergeben sich für jene Dauer des Mondaufgangs 4,85 Liter Wasser, für den Volltag 2549 Liter, daraus das Verhältnis 1 : 526, oder bei Zugrundelegung der Kreisteilung von 360°, würde man einen Monddurchmesser von 41′ gefunden haben, also viel zu groß. War aber in einem andern Falle der Mondhalbmesser gerade gleich dem mittleren 15′ 34″, so stellte sich die Zeit des Monddurchgangs im Horizont für Babylon bei Aufgang = $2^m\ 33^s,4$, der Betrag des in dieser Zeit ausgeflossenen Wassers = 4,53 Liter, daraus das Verhältnis 1 : 563, d. h. man würde auf einen Monddurchmesser von 38′ 21″ gelangen. Noch näher der Wahrheit hätten die Babylonier kommen können, wenn sie den Mond im Meridiandurchgang und wenn zugleich der mittlere Halbmesser zutraf, beobachtet haben würden. Für die Dauer des Meridiandurchgangs ergeben sich im letzteren Falle $2^m\ 9^s$; die Menge des während dieser Zeit ausfließenden Wassers ist 3,82 Liter, danach das Verhältnis zu dem Wasser des Volltages etwa 1 : 670, oder man würde für den Monddurchmesser 32′ 14″ erhalten, eine nicht mehr sehr falsche Zahl. Beobachtungen, die zufälligerweise gemacht wurden, wenn der Mondhalbmesser dem Minimum (14′ 44″) zuging, konnten auf 30′ oder 31′ führen, auf nahezu richtige Zahlen.

Bei der Sonne liegen die astronomischen Verhältnisse insofern günstiger, als man den Tag, an welchem die Sonne den Äquator passiert (Äquinoktialtag), durch Verfolgung der Schattenlänge, die ein senkrecht stehender Gnomon auf einer ebenen Fläche erzeugt, ziemlich sicher ermitteln kann. An einem solchen Tage beschreibt die Sonne genau einen Tag- und Nachtbogen von je 12 Stunden, da sich ihre Deklination während dieses Tages bei weitem weniger ändert als beim Monde. Auch der scheinbare Durchmesser der Sonne ist in viel engere Grenzen während der jährlichen Bewegung eingeschlossen, denn die Differenz[1]) seines Maximums und Minimums beträgt nur etwa 1′. Letzterer Umstand beeinflußte also die babylonische Wassermessung fast nicht, wenn sie sorgfältig gemacht wurde. Dagegen bot die Sonne den großen Nachteil gegenüber dem Monde, daß die Zeit der Randberührung der Sonne im

---

1) Im Jahre 1911 z. B. war das Maximum des Sonnendurchmessers 32′ 32″, das Minimum 31′ 28″.

Die Wassermessungen der Babylonier und das Sexagesimalsystem. 239

Horizonte wegen des großen Sonnenglanzes nur schwierig und unsicher beurteilt werden konnte. Um etwas halbwegs Sicheres zu gewinnen und auch die Erwärmung des Wassers (ein beeinflussender Faktor, siehe S. 236f. Anm. 1) zu vermeiden, beobachtete man wahrscheinlich nur den Nachtbogen: Wenn bei Untergang der untere Sonnenrand den Horizont berührte, ließ man das Wasser des einen Gefäßes laufen bis die Sonne unter dem Horizonte verschwand. Im Momente des Verschwindens der Sonne öffnete man den Hahn des zweiten Gefäßes und ließ das Wasser über Nacht bis zum Momente laufen, in welchem der obere Sonnenrand an den Horizont kam. Die Druckhöhe in den Gefäßen wurde, wie früher bemerkt, während des Experiments auf gleicher Höhe gehalten. Vielleicht wählte man zur Vornahme der Versuche solche Äquinoktialtage aus, an denen die Sonnenscheibe durch Dunst oder Nebel in ihrer Helligkeit abgeblendet schien und damit eine leichtere Beobachtung gestattete. Für die Breite von Babylon dauert am Äquinoktialtage unter Voraussetzung des mittleren Sonnendurchmessers von 32' der Auf- oder Untergang der Sonnenscheibe etwa $2^m 36^s$, der Durchgang durch den Meridian etwa $2^m 9^s$. Unter den früher gemachten Annahmen über die Druckhöhe des Wassers und die Ausflußöffnung der beiden Gefäße gibt die Formel für die Zeit des Durchgangs der Sonne im Horizonte 4,60 Liter, für die Zeit des ganzen Tages 2550 Liter, es resultiert also das Verhältnis 1 : 554. Dies entspricht einem Sonnendurchmesser von 39'. Hätte man den Durchgang der Sonne im Meridian beobachtet — was ich aber wegen des großen Sonnenglanzes für ausgeschlossen halte — so würde man auf wesentlich zutreffende Verhältnisse, etwa 1 : 670 haben kommen können.

Soviel über die a priori erkennbaren Voraussetzungen für die babylonischen Wassermessungen. Wie stellen sich hierzu unsere historischen Kenntnisse? Achilles Tatius weiß zu berichten, daß die Chaldäer die Äquinoktialstunde in 30 ὅροι geteilt haben sollen; der Tageskreis hatte also 720 ὅροι, der babylonischen Doppelstunde entsprechen deren 60. Die ὅροι sind offenbar mit Sonnendurchmessern identisch, wie das schon Ideler, Karsten und Brandis erkannten; man setzte also den Sonnendurchmesser mit $1/2°$ an, was als Abrundung wohl verständlich ist. Das Prinzip der Teilung des Kreises in 360° wird, wie schon vielfach hervorgehoben worden ist, daher kommen, daß man nach dem Vorbilde eines 12monatlichen Jahres mit je 30 Tagen pro Monat die Zeitteilung eines theoretischen 360tägigen Jahres auch auf jeden Kreis überhaupt übertrug. Die Annäherung würde auch gar nicht soweit fehlgehen, wenn wir an Beobachtung des Meridiandurchgangs denken dürften; der Fehler beträgt dann (da der Meridiandurchgang $2^m 9^s$ dauert, $1/2°$ aber 2 Zeitminuten entspricht), nicht mehr als 9^s. Nun können wir freilich wegen des Sonnenglanzes diesen Fall schwerlich in Betracht ziehen, — es sei denn, daß bei teilweise bewölktem Himmel beobachtet wurde, — sondern müssen uns in erster Linie auf die Beobachtung des Horizontaldurchgangs einstellen; hier kommen wir allerdings auf einen Fehler von 36^s.

Man muß sich aber die Schwierigkeit vergegenwärtigen, welche sich in der richtigen Auffassung der Momente der Sonnenränderberührung im Horizonte bei einer Beobachtung mit bloßem Auge den Babyloniern entgegengestellt haben muß, um zu verstehen, daß auch ein solcher Fehler nicht außer Bereich der Möglichkeit lag. Die Durchgangsdauer der Sonne durch den Horizont an den Äquinoktialtagen, um die es sich hauptsächlich handelte, wird für das freie Auge zu kurz geschätzt; schloß man das aus dem einen Gefäße ablaufende Wasser um ca. $1/2$ Minute zu früh ab, so mußten die resultierenden beiden Wassermassen das Verhältnis von 1 : 720 ergeben, denn dann war die Durchgangsdauer der Sonne 2^m (statt 2^m 36^s) angenommen und das Verhältnis 2^m : 24^h ($=$ 1440^m) ist eben 1 : 720. Wir dürfen, wie schon erwähnt, nicht außer Acht lassen, daß dieses Verhältnis als Abrundung aufgefaßt werden muß, da es den Sonnendurchmesser als halbe Gradeinheit des in 360° geteilten Vollkreises erscheinen läßt.

Bei verfeinerter Messung mußte sich freilich ein anderer Wert ergeben, und zwar mußten größere Wassermengen ausfließen, als dem Verhältnis 1 : 720 entsprach. Die verschiedenen Verhältnisse, die sich bei exakter Beobachtung — unter verschiedenen astronomischen Umständen und bei Einbeziehung des Mondes in die Berechnung — ergaben, sind oben dargelegt worden. Vielleicht sind die babylonischen Astronomen zur Aufstellung eines Mittelwertes geführt worden; lag dieser zwischen den oben angeführten Extremen 1 : 526 (Mond) und 1 : 670 (Sonne), so war er 1 : 600. Hatte der Kreis, wenn die Sexagesimalteilung des Grades (1° $=$ 60′) bereits bestand, 360° $\times$ 60′ $=$ 21600′ und war der Sonnendurchmesser ein 600. Teil davon, so erhielt man zu diesem Durchmesser wieder eine sexagesimale Zahl, nämlich $\frac{360 \cdot 60}{600} = 36′$; durch dieses Resultat (das vom wahren Sonnendurchmesser (32′) um 4′ abweicht) wäre das Prinzip der Sexagesimalteilung befestigt und erhärtet worden.

Doch bewegen wir uns hier auf hypothetischem Boden, denn bezeugt ist die Aufstellung des Verhältnisses 1 : 600 nirgends[1]). Jedenfalls kann sie, wenn sie überhaupt vorgenommen worden ist, für das Problem der

---

[1]) Weidner, *Beiträge zur Assyrologie* VIII, Heft 4 (1911) S. 99, weist darauf hin, daß die Babylonier den Durchmesser der Sonne in gewissen Fällen als $2/3$ von dem des Mondes bemessen haben. Der Sonnengott habe als Sohn des Mondgottes (nach gewissen sehr alten Vorstellungen) $2/3$ vom Wesen des Vaters behalten. C. F. Lehmann-Haupt, *Gewichte* (s. oben S. 234 Anm. 1) Sp. 504 betont mit Recht, daß diese, nach Weidners eigener Darstellung auf rein astrologischen Erwägungen beruhende, Bestimmung die Babylonier bei der Genauigkeit ihrer astronomischen Kenntnisse unmöglich irgendwie endgiltig habe befriedigen

Die Wassermessungen der Babylonier und das Sexagesimalsystem.

Entstehung des Sexagesimalsystems nicht in Betracht kommen, vielmehr nur einer relativ späten Zeit angehören, was schon daraus erhellt, daß noch Achilles Tatius nur das Verhältnis 1 : 720 kennt; man hätte sich dann die Sache so vorzustellen, daß das Resultat der exakteren Beobachtungen nachträglich auf den nächstliegenden sexagesimalen Wert, d. i. eben 1 : 600 abgerundet wurde.

Berlin.

---

können. Es sei ausgeschlossen, daß die Babylonier nicht allgemach das annähernd Richtige gefunden haben sollten, und dafür spricht ja gerade die durch Achilles Tatius bezeugte Bestimmung des Sonnenlaufes durch Einteilung der Äquinoktialstunde in 30 ὅροι zu 2 Zeitminuten = $1/2$ Tagesgrad. Aber als ein zeitweiliges Hemmnis zu noch genauerer Bestimmung des Sonnendurchmessers mögen, wie mir Lehmann-Haupt bemerkt, solche archäologischen Erwägungen wohl in Betracht kommen und auch deshalb die Babylonier im ganzen nicht über den Näherungswert von $\frac{1}{720}$ des Tageskreises statt $\frac{1}{600}$ hinausgekommen sein.

Berossos' Chronologie und die keilinschriftlichen Neufunde[1].

Von C. F. Lehmann-Haupt.

XI. Zur achten und neunten Dynastie der babylonischen Königsliste.

(Fortsetzung.)

c) Wir haben erkannt, daß sich aus den Berliner Fragmenten E und F in lückenlosem Zusammenschlusse eine vollständige Wiederherstellung der Dynastien VIII (H) und IX (I) der Königsliste ergibt[2]. Die letzten Könige der Dynastie VIII (H), die ein Interregnum zu verdecken bestimmt sind, können, wie schon Weidner richtig erkannt hat, nicht als selbständige Herrscher Babylons, sondern lediglich als Verwalter oder Vasallenkönige der assyrischen Könige, die tatsächlich die Herrschaft über Babylon führten, gelten.

Zu diesen assyrischen Oberherrschern gehört auch *Adadnirari*, der Sohn der Semiramis, die tatsächlich 5 Jahre lang die Regentschaft für ihren unmündigen Sohn geführt hat.

Sehen wir nun zu, was sich aus den neuen Ermittlungen für die Wiederherstellung des chronologischen Systems des Berossos ergibt, das in der Überlieferung eine Verschiebung erfahren hat.

Ich habe gezeigt[3], daß die 49 Chaldäer bei den Ausschreibern des Berossos zu zerlegen sind in zwei Gruppen, deren erste den 24 ersten Herrschern der III. kassitischen Dynastie (C) der Königsliste — wie ich damals annahm unter Hinzurechnung von einem Fremdherrscher und einem Usurpator — d. h. also = 26 Herrschern entspricht, während die zweite Gruppe sich zusammensetzt aus den 12 letzten Königen der III. Dynastie (C) und den 11 Königen der IV. Dynastie (D) der Königsliste.

Die Herrscher dieser zwei Gruppen haben nach der Königsliste $112 + 133 = 245$ Jahre regiert; diese Zahl, die bei den Ausschreibern des Berossos fälschlich den neun Arabern zugeschrieben wird, ist also in ihrem Bestande und in ihrer ursprünglichen Stellung bei Berossos gesichert.

---

[1] Siehe *Klio* VIII S. 227—251, X S. 476—494 und oben S. 178—186.
[2] *Klio* XVI 181 ff.
[3] *Klio* III 150 ff.; VIII 231 ff.; X 487.

Auf diese 245 Jahre regierende Gruppe folgen dann die neun „Araber". Diesen müssen entsprechen die Dynastien V (E) und VI (F) der Königsliste und drei weitere ihnen folgende Könige.

Die Bezeichnung als „Araber" erwies sich als vom Standpunkt des Berossos aus ohne Weiteres verständlich.

Zunächst sind, allgemein gesprochen, die Bezeichnungen für die Herkunft der Dynastien bei Berossos, wie ich mehrfach betont habe[1]), nicht historisch-ethnologisch zu verstehen, sondern geographisch vom Standpunkt der Zeit und der Vorstellungen, in der er lebte.

Die 8 „Meder" seiner ersten historischen Dynastie (II) sind natürlich nicht iranische Meder, sondern ein Geschlecht, das aus dem Gebiete, das später von den Medern bewohnt wurde, und zur Zeit des Berossos noch Medien hieß, ausgegangen war oder doch seine letzten Sitze gehabt hatte.

Dafür aber, daß wir im Besondern berechtigt sind, unter den Arabern Bewohner von Gebieten, die an Babylonien anstoßen, ja gewisse Teile von Babylonien selbst zu verstehen, können wir Berossos selbst zum Zeugen anrufen.

In der Schilderung, die Alexander Polyhistor von Babylonien, unter ausdrücklicher Berufung auf Berossos gibt, heißt es: „Es habe dasselbe ⟨Land⟩ auch wasserlose und unfruchtbare Gegenden, ⟨nämlich⟩ die arabischen; und gegenüber dem Araberland gebirgige und fruchtbare[2])."

Das Meerland, aus dem die V. Dynastie (E) stammt, kann also sehr wohl als Arabien betrachtet werden; *Bazi* die Heimat der VI. Dynastie (F) ist geradezu ein arabisches Gebiet[3]).

Für die drei weiteren, zu den Arabern gehörigen Könige zog ich außer den Elamiten der Dynastie G die beiden ersten Herrscher der Dynastie H in Betracht, und zwar aus folgendem Grunde:

Ich hatte gezeigt[4]), daß *Nabû-mukîn-abli* der erste Herrscher der VIII. Dynastie (H) gewesen sein mußte, was durch die Berliner Fragmente nunmehr bestätigt wird. Dieser mußte, wie ich betonte, mit der

---

1) *Zwei Hauptprobleme* S. 214; *Klio* III 140, 147 f.

2) Eusebius' *Chronik*, aus dem armenischen übersetzt von Karst, *Eusebius Werke* Band V (= *Die griechischen, christlichen Schriftsteller der ersten drei Jahrhunderte*, Bd. 20), S. 6 f.; Eusebius ed Schöne, S. 11 ff. und Synkellos ebenda (50, 12). — Der folgende Satz: „In Babylon aber sei eine ungeheure Masse fremden Volkes angesiedelt gewesen, im Lande der Chaldäer und sie lebten in Ungebundenheit wie die vernunftlosen Tiere und das wilde Vieh" (Synk. ἐν δὲ τῇ Βαβυλῶνι πολὺ πλῆθος ἀνθρώπων γενέσθαι ἀλλοεθνῶν κατοικισάντων τὴν Χαλδαίαν) bezieht sich, wie ich *Lit. Zentr.* 1915, Sp. 525 betont habe, auf das Geschlechtsleben und ist ein bisher nicht genügend beachtetes Zeugnis für das Fortleben des sumerischen Elementes im Süden Babyloniens.

3) Vgl. *Klio* III S. 154 und was dort zitiert.

4) *Zwei Hauptprobleme* (1898) S. 121 ff.

VI. Dynastie F in verwandtschaftlicher Beziehung stehen, da in einem bis dahin mehrfach mißverstandenen, aus seiner Regierung herrührenden Dokumente unter den Königssöhnen, die als Zeugen erscheinen, der älteste den Namen *Nimurti-kudurr(i)-uṣur* führt, so daß er der Enkel des gleichnamigen zweiten Königs der VI. Dynastie gewesen wäre. Nach der Fremdherrschaft des Elamiten wäre die bisherige Dynastie wieder zur Herrschaft gelangt.

Ich betrachtete *Šamaš-mudammiq* als Nachfolger des *Nabû-mukin-abli*, und da es schien, daß jener ermordet worden sei, hätte sich nach ihm naturgemäß ein Abschnitt ergeben.

Ich ließ also den drei letzten Königen der Araber den Elamiten und die beiden ersten Herrscher der Dynastie H entsprechen[1]).

Die Berliner Fragmente geben nun zu gleicher Zeit für meinen Schluß in der Hauptsache eine willkommene Bestätigung und eine erwünschte Abänderung, denn es zeigt sich, daß von jenen Zeugen nicht nur der erste, der Königssohn *Nimurti-kudurr-uṣur*, sondern auch sein Bruder *Mar-bît-aḫ(i)-iddin* zur Herrschaft gelangt ist.

Danach würden *Nabû-mukîn-abli* und seine beiden Söhne die letzte Trias der neun Araber bilden. Der Elamit, Dynastie VII (G), ist somit als Fremdherrscher, der lediglich die Königsfolge unterbrochen hat, bei Berossos außer Betracht geblieben. Da der vorletzte der genannten Könige, *Nimurti-kudurr-uṣur*, nur 8 Monate und einige Tage regiert hat[2]), so konnte man annehmen, daß seine Herrschaft durch die Usurpation seines Bruders *Mar-bît-aḫ-iddin* beendet worden sei. Gegen ihn hätte sich sein Nachfolger *Šamaš-mudammiq* erhoben, der also der Erste in der Reihe der 45 Könige des Berossos gewesen sein müßte.

d) *Šamaš-mudammiq* und *Nabû-šum-iškun* I. Die Reihe der 45 Könige des Berossos würde demnach mit *Šamaš-mudammiq* begonnen und mit Alexander dem Großen geschlossen haben.

Nun sind aber die vorstehenden Erwägungen doch kein Beweis für einen Dynastiewechsel, und andererseits bleibt es fraglich, ob bei Berossos der kurzlebige Herrscher Dynastie H Nr. 2 Berücksichtigung gefunden hat. Wenn nicht, so müßte vielmehr *Šamaš-mudammiq* der letzte Herrscher der 9 Araber gewesen sein, und sein Nachfolger *Nabû-šum-iškun* I. hätte die Reihe der 45 Könige eröffnet.

Zu diesem Schluß wären wir gezwungen, sobald ein greifbares Zeugnis für einen erweislichen nach *Šamaš-mudammiq* erfolgten Dynastiewechsel tatsächlich vorläge.

---

1) *Klio* III S. 148 f. Vgl. Anm. 2.
2) Oben S. 181 ist zu lesen: 2. *Nimurti-kudurri-uṣur* 8 Mon., 10 + x Tage (KZ). 3. *Mar-bît-aḫi-iddin* 12 (?) Jahre (KZ). — S. 182 Anm. 1 letzte Zeile statt „Nr. 3" lies „Nr. 2".

Berossos' Chronologie und die keilinschriftlichen Neufunde.

Zur Zeit des Assyrerkönigs *Adad-nirari* III. ist in Babylonien ein Thronwechsel erfolgt. Bald nachdem *Šamaš-mudammiq* am Berge Jalman von *Adad-nirari* gründlich geschlagen worden war, ist er gestorben und *Nabû-šum-iškun* I. (s. o.) tritt an seine Stelle. Unglücklicherweise ist der Text der „synchronistischen Geschichte" gerade hier verstümmelt. An und für sich liegen zwei Möglichkeiten vor. **Entweder** *Šamaš-mudammiq* ist eines **natürlichen Todes gestorben**, und *Nabû-šum-iškun* war sein Sohn und Nachfolger **oder** aber *Šamaš-mudammiq* wurde, weil er Babylonien ins Unglück gebracht hatte, von *Nabû-šum-iškun* **beseitigt**.

Die letztere Auffassung war früher die herrschende, die auch in der *Keilinschriftlichen Bibliothek* zum Ausdruck kam. Von ihr bin ich in meinen *Zwei Hauptproblemen* als der allein gegebenen ausgegangen.

Schon damals aber hatte Winckler, was mir unbekannt geblieben war, eine andere Auffassung vertreten, und ihm pflichtet jetzt Weidner bei.

Da nun die Entscheidung dieser Frage nicht nur für Berossos, sondern auch für die Bestimmung der absoluten Chronologie von Bedeutung ist, so bedarf es einer genauesten Untersuchung, bei der es gilt, die Art und Weise, wie der assyrische Schreiber den auf der Thontafel verfügbaren Raum benutzt hat, zu berücksichtigen und deshalb, so gut es geht, in der Umschrift zur Anschauung zu bringen. Die in der Umschrift hochgestellten Determinative m vor männlichen Personen-, ilu vor Götter- und $mât$ bezw. $šadû$ vor Länder- bezw. Gebirgsnamen, $pl.$ zum Ausdruck des Plurals hinter Substantiven nehmen im Assyrischen je ein Zeichen in Anspruch.

Der betreffende Abschnitt der „Synchronistischen Geschichte"[1]) (Col. III Z. 1 ff.) lautet:

1. *Ina tar-ṣi* $^{m.\ ilu}$ *Adad-nirari*   *šar* ^{mât} *Ašš[ur*
2. $^{m.\ ilu}$ *Šamaš-mu-dammiq*   *šar* ^{mât} freier Raum *Kar-du-ni-aš*
3. *i-na šepi* $^{(šadû)}$*Ja*   -*al*   -*man si-dir-tu lu*   *iš-kun*
4. $^{m.\ ilu}$ *Adad-nirari šar* ^{mât} *Aššur a-bi-ik-tu ša* $^{m.\ ilu}$ *Šamaš-muda[mmiq]·*
5. *šar* ^{mât} *Kar- du-ni-aš* freier Raum *iš-kun*
6. *abikta-šu im-ḫa-aṣ*   *narkabâti* $^{pl.}$ weggebrochen
7. *ni-ri-šu*   (freier Raum)   weggebrochen
8. $^{m.\ ilu}$ *Šamaš-mu-dammiq*   *šar* ^{mât} [*Kar-du-ni-aš*]
9. $^{m.\ ilu}$ *Nabû-šum-*   *iškun-*   (*un*) *i-*[weggebrochen
10. $^{m.\ ilu}$ *Adad-nirari*   freier Raum   *šar* [^{mât} *Aššur*   unbeschrieben]
         $^{m.\ ilu}$ *Nabû-šum-iškûn-*(*un*)
11. *šar* ^{mât} *Kar-du-ni-aš* unbeschriebenes Stück   weggebrochen [*im-d*]*a-ḫi-iṣ*
         abikta-šu iškun-]*un*

---

[1]) Text bei Winckler, *Altorient. Forschungen*, S. 150; Umschrift und Übersetzung *Keilinschr. Bibliothek* Bd. I S. 200.

1. Zur Zeit *Adad-nirari's*, Königs von Assur
2. (stellte) *Šamaš-mudammiq*, König von Karduniaš = Babylonien (Kaldu-[Chaldäer]-Land?)
3. am Fuße des Berges Jalman (seine) Schlachtordnung auf
4. *Adad-nirari*, König von Assur, den *Šamaš-mudammiq*
5. König von Karduniaš schlug er,
6. brachte ihm eine Niederlage bei [und nahm] ihm die Wagen [und Rosse, das Gespann]
7. seines Joches.

Die Zeilen 8 ff. berichten von dem Thronwechsel und wie (Z. 10 f.) *Adad-nirari*, König von Assur den neuen König *Nabû-šum-iškun* schlug.

Für Z. 8 und 9 ist nun die nächstliegende Ergänzung:

8. $^{m.\ ilu}$ *Šamaš-mudammiq šar* ^{mat} *Kar-du-ni-aš*
9. $^{m.\ ilu}$ *Nabû-šum-iškun(-un) i-[du-uk]*.

„Den *Šamaš-mudammiq*, König von Karduniaš, tö[tete] *Nabû-šum-iškun*."

Diese auch in der *Keilinschriftlichen Bibliothek* von Peiser und Winckler angewendete Ergänzung und Übersetzung machte ich mir *Zwei Hauptprobleme* S. 46, zu eigen.

Winckler hatte aber inzwischen[1]) eine andere Ergänzung vorgeschlagen:

8. $^{m.\ ilu}$ *Šamaš-mu-dammiq šar* ^{mât} *[Kar-du-ni-aš]* *sadâ*[2])-*šu e-mid*
9. $^{m.\ ilu}$ *Nabû-šum-iškun i-[na kussî . . . . . u -šib*.

8. *Šamaš-mudammiq*, König von [Karduniaš „kam auf seinen Berg"], d. h. erreichte sein Ende, starb[3]).

9. *Nabû-šum-iškun* a[uf den Thron . . . . . setzte sich].

Darnach wäre *Šamaš-mudammiq* vielmehr eines natürlichen Todes gestorben, und hinter „auf den Thron" wäre je nach dem Verwandtschaftsverhältnis zu setzen „seines Vaters", des „Bruders seines Vaters", „seines Bruders" usw.

---

1) *Altorient. Forschungen* I, Heft 3 (1895) S. 246. Vgl. Weidner a. a. O. S. 93.

2) Daß das betr. Zeichen für „Land" *mâtu* und „Berg" *šadû* hier den letzteren Wert hat, beweist eine in Boghasköi gefundene Vertragsurkunde, wo in derselben Redewendung das spezielle Ideogramm für „Berg" ḪAR. SAG. steht. Vgl. auch Sanh. II 37 mit Stier-Inschrift Nr. 2—3, wo das Zeichen durch *da* verlängert wird, so daß man schon auf ein d-haltiges Wort schließen mußte.

3) Daß dies, wie zuerst Winckler angenommen hatte (*Altor. Forschungen* I S. 105, 246) die Bedeutung der Wendung *sadâ-šu emêdu* „auf seinen Berg kommen" ist, beweist der Zusammenhang der in der vorigen Anmerkung genannten Urkunde. Vgl. zu beiden Anmerkungen M. Streck, *Assurbanipal* (1916), Bd. II S. 18 Anm. 1 und S. 400. Meine Ausführungen, *Klio* II S. 138 ff. Anm. 1, die zeigen sollten, daß es sich nicht um den Tod, sondern um die Flucht der Fürsten, von denen diese Wendung gebraucht wurde (des Luli [Elulaios] von Tyrus und Sidon und des Jakinlû von Arvad) handle, sind also hinfällig geworden.

Berossos' Chronologie und die keilinschriftlichen Neufunde. 247

Es läßt sich nun aber rein epigraphisch durch Berücksichtigung der Raumausnutzung auf eben diesem Einen Dokument nachweisen, daß diese Wincklersche Ergänzung unmöglich ist:

Daß ein König „auf seinen Berg" gelangte, wird in den nicht wesentlich verstümmelten Abschnitten der „synchronistischen Geschichte" zweimal berichtet:

Kol. II 30: *m. ilu Marduk-ša-pi-ik-zer-mâti* [*šar mât*]*Kar-du-ni-aš šadâ-šu e-*[*mid*].

Hier hat der assyrische Schreiber, da der Königsname 7 Zeichen umfaßt, die Zeichen ganz eng zusammendrängen müssen, um die Meldung überhaupt in einer Zeile zu erledigen.

Die andere Stelle ist:

Kol. III 26: *m. ilu Nabû-abal-iddin*(-*na*) *šar mât Kar-dušni-as šadâ -šu e*[-*mid*].

Hier lehrt nun ein Vergleich mit dem erhaltenen Teil *m: ilu Šamaš-mu-dammiq šar mât*[der in derselben Kolumne stehenden Zeile 8, in der Winckler entsprechend ergänzen will, zunächst, daß, obwohl der Name *Šamaš-mudammiq* (5 Zeichen) um ein Zeichen kürzer ist als *Nabû-abal-iddin-na* (6 Zeichen), doch das letzte erhaltene Zeichen *mât* in Zeile 8 da endet, wo in Zeile 26 das Ende des Zeichens *Kar* steht, und daß dem auf *mât* in Zeile 8 vor dem Bruche noch folgende Raum in Zeile 26 vielmehr schon das auf *kar* folgende Zeichen *du* von *Karduniaš* entspricht. Trägt man nun in Zeile 8 hinter dem freien Raum nach *mât*, da wo der Bruch beginnt, den Raum ab, den die in Zeile 26 wohlerhaltenen Zeichen *Kar-du-ni-aš šadâ-šu e-* , einnehmen, so kommt man schon um einige Millimeter über den rechten Rand der Tafel und damit über das Zeilenende hinaus, und für das noch fehlende Zeichen *mid* ist erst recht kein Raum vorhanden. Man müßte also gegen alle Wahrscheinlichkeit annehmen, daß der Schreiber in der zweiten Hälfte der Zeile 8, im Gegensatz zu der behaglichen, beinah verschwenderischen Ausnutzung des Raumes, die in der ersten Hälfte der Zeile hervortritt, die Zeichen plötzlich sehr eng zusammengedrängt hätte.

Und daß das nicht geschah, lehrt ein Vergleich von Zeile 8 mit Zeile 2 der gleichen Kolumne, die lautet:

m. ilu Šamaš-mu-dammiq šar mât Kar-du-ni-aš,

also nur den Namen und Titel unseres Königs enthält.

Hier entspricht die Verteilung der Zeichen in der ersten Hälfte der Zeile genau der in unserer Zeile 8, so zwar, daß die 7 Zeichen so gut wie στοιχηδόν mit den gleichen Zwischenräumen senkrecht übereinander stehen: kein Zweifel daher, daß das auch für die fehlende zweite Hälfte von Zeile 8 gilt, die also als Ganzes nur Namen und Titel des Königs, nicht aber eine Nachricht über dessen Tod enthalten haben kann, die vielmehr in Zeile 9 zu suchen sein muß.

Damit ist im Grunde die Sache auch für Zeile 9 schon erledigt. Es mag aber zum Überfluß noch festgestellt werden, daß deren Vergleich mit Zeile 27

^{m. ilu} *Marduk-zakir-šum ina kussî   abi-šu   u-šib*

„*Marduk-zakir-šum* setzte sich auf den Thron seines Vaters" (sc. *Nabû-baliddin*) die Ergänzung

^{m. ilu} *Nabû-šum-iškun (-un) i-[na kussî . . -šu u-šib]*

als sehr schwer zulässig erscheinen läßt. Denn eine hinter dem Ende des letzterhaltenen Zeichens *i* in Zeile 9 gezogene Senkrechte trifft Zeile 27 kurz vor der Stelle, wo dort das Zeichen *abi* beginnt. Nun ist freilich Zeile 27 sehr weitläufig, mit zweimaligen reichlichen freien Raum geschrieben, und man könnte die Zeichen *-na ina kussî abi-šu u-šib*, wenn man alle Zwischenräume wegließe, wohl in Zeile 9 unterbringen. Aber der erhaltene Anfang der Zeile 9 zeigt, daß der Schreiber sehr viel Raum zur Verfügung hatte, trennt er doch sogar das Zeichen *un*, — das lediglich das Ideogramm GAR = *šakânu* „machen" ergänzt, zum Zeichen, daß die Form *iškun* zu wählen ist, — von diesem GAR = *iškun* durch einen weiten Zwischenraum. Auch würde er, wenn er irgend auf Raumersparnis angewiesen wäre, die Präposition *ina* „auf" nicht syllabisch *i-[na]*, wie es allerdings in der synchronistischen Geschichte einige wenige Male geschieht (Kol. I 28 *i-na eli*, Kol. II 22 *i-na ume-šu*, Kol. IV 17 *i-na ḫi[-da-a-ti]*[1]), sondern üblichermaßen ideographisch mit dem wagerechten Keil geschrieben haben, genau wie er es in Zeile 27 getan hat, wo ihm doch so besonders viel Raum für die Worte *ina kussî abi-šu u[-šib]* zur Verfügung stand.

Mithin ist Winckler's Ergänzung von Zeile 8 und 9 an dieser Stelle unzulässig, und es bleibt nur die Ergänzung übrig, die er ursprünglich gemeinsam mit Peiser selbst vertreten hatte:

8. ^{m. ilu} *Šamaš-mu-dammiq šar* ^{mât} *[Kar-du-ni-aš]*
9. ^{m. ilu} *Nabû-šum-iškun(-un) i-[du-uk]*.

„Den *Šamaš-mudammiq*, König von Karduniaš tötete *Nabû-šum-iškun*."

Mit *Nabû-šum-iškun* I. beginnt also eine neue Dynastie, oder doch eine neue Linie.

Es war also ein Usurpator aufgestanden, der gegen den siegreichen Assyrerkönig den Krieg fortzusetzen und das Geschick zu wenden bestrebt war.

---

1) Meine Bemerkungen *Klio* I S. 266 Anm. 2 über die Schreibweise von *ina* und *ana* in der synchronistischen Tafel waren unzutreffend.

Haben wir es also hinter *Šamaš-mudammiq* mit einem Dynastiewechsel zu tun, so muß dieser der letzte König der 9 Araber gewesen sein, und sein Nachfolger *Nabû-šum-iškun* der Erste in der Reihe der 45 Könige, die mit Alexander dem Großen schließt.

Berossos hätte demnach außer dem Elamiten als Fremdherrscher auch den kurzlebigen *Nimurti-kudurr-uṣur* II. übergangen, und seine neun Araber bestehen aus der Dynastie V (E) des zum Teil dem heutigen Arabistân entsprechenden Meerlandes (3 Könige), aus der Dynastie VI (F) von Bazi, einem arabischen Gebiete, (3 Könige) und den ersten Herrschern der VIII. Dynastie (H), die die Dynastie von Bazi in Wahrheit noch fortsetzten, und von denen Berossos nur diejenigen gerechnet haben wird, bei denen volle Regierungsjahre in Betracht kamen (*Nabû-(mu)kîn-abli, Mar-bit-aḫ-iddin* und *Šamaš-mudammiq*[1])).

e) Die 45 Könige der letzten (VI.) Dynastie des Berossos. Für Berossos' 45 Könige ergeben sich somit:

Dynastie H ÷ 4 (nach der Königsliste und den Berl. Fragmenten) 8 Könige
„ I „ „ „ .. „ „ 5 „
„ K Ukinzer bis Kandalanu (nach der Königsliste) . . . 16 „
Nabopolassar bis Alexander der Große (nach dem ptolem. Kanon) 16 „

zusammen 45 Könige.

Rechnen wir dagegen nach dem ptolemäischen Kanon, schon sobald er verfügbar wird, so erhalten wir:

Dynastie H ÷ 4 (Königsliste) . . . . = 8 Könige
„ I vor Nabonassar (Königsliste) = 2 „
Nabonassar bis Alexander (ptol. Kanon) = 31 „

zusammen 41 Könige.

Der Unterschied beruht darauf, daß die Königsliste vier Regierungen mehr aufzählt als der ptolemäische Kanon, nämlich:

1. *Nabû-šum-ukîn*, den kurzlebigen (Reg.: 1 Mon. 13 Tage) Enkel Nabonassars.
2. *Pûlu* (bab. Chronik *Tuklat-abil-ešarra*), der von *Ukin-zer* getrennt erscheint.
3. *Marduk-zakir-šum*, 1 Mon. (Berossos: Akises, 30 Tage).
4. *Marduk-abal-iddin*, 9 Mon. (Beross.: Merodachbaldanus, 6 Mon.); es handelt sich um die kurze zweite Herrschaftsperiode Merodachbaladans'.

Berossos stimmt also mit der besser informierten, aber staatsrechtlich laxeren Königsliste überein[2]). Doch dürfen wir nicht ohne Weiteres

---
1) Vgl. oben S. 182 Anm. 2 und dazu S. 244 Anm. 2.
2) Es sei hier der Kürze halber auf die Konkordanz der Königsliste a, der babylonischen Chronik, des Berossos und des ptolemäischen Kanons verwiesen, die Schnabel, *Mitteil. Vorderas. Ges.* 13 (1908) S. 99 gibt.

die bisher gewonnene Zahl mit der rekonstruierten Liste des Berossos gleichsetzen. Denn Berossos hat den im ptolemäischen Kanon übergangenen *Labaši-Marduk* erwähnt (Λαβαεσσοαραχος), so daß wir statt 45 vielmehr 46 Könige für Berossos erhalten. Es muß also ein König zu viel von uns für Berossos veranschlagt worden sein.

Diesen zu ermitteln, ermöglicht die, im Übrigen unsere Ergebnisse bestätigende Angabe, daß Berossos den Sanherib an 25. Stelle gezählt hat[1]). Berossos steht, wie zunächst zu bemerken, hier wieder gemeinsam mit der Königsliste gegen den ptolemäischen Kanon. Wo dieser die beiden königslosen Zeiten hat, erscheint in der Königsliste Sanherib mit der entsprechenden Zahl von Jahren (2 und 8).

Für die vorliegende Frage kann nach dem Wortlaut des Zitates bei Abydenus, in dem ausdrücklich von der Eroberung Babylons die Rede ist, nur die zweite (achtjährige) Periode in Betracht kommen, um so mehr, als für die erste Berossos nicht Sanherib selbst, sondern dessen Bruder nannte.

Welche Stelle nahm nun Sanherib nach unseren bisherigen Ermittelungen in der Reihe der 45 (fälschlich 46) Könige ein?

Dynastie H ÷ 4 Könige nach den babyl. Listen . . . . = 8
„ J „ „ „ „ . . = 5
Ukinzer bis Sanherib II. . . . . = 13
                                                      26

oder:

Dynastie H ÷ 4 . . . . = 8
„ J vor Nabonassar . . . . = 2
Nabonassar bis ἀβασίλευτα II. nach ptol. Kanon 12 + 4 (s. o.) = 16
                                                      26.

Wir erhalten für Sanherib statt der 25. die 26. Stelle. Demnach muß der Fehler, der zur Aufstellung von 46 statt von 45 Königen für Berossos führt, in dem ersten Teil der Liste vor der zweiten Sanherib-Periode (688—681) liegen.

Da ergibt sich dann als die wahrscheinlichste Berichtigung die Annahme, daß Berossos den kurzlebigen Enkel Nabonassars nicht mitgezählt habe, wie ihn auch der ptolemäische Kanon übergeht[2]).

---

1) „Des Abidenos ⟨Bericht⟩ über Sinecherim. Zu jener Zeit wurde als der fünfundzwanzigste endlich auch Senecherib gefunden von den Königsherrschern, der Babelon seiner Botmäßigkeit unterwerfend bezwang und an der Seeküste des kilikischen Landes das Geschwader der seekämpfenden Schiffe der Ionier besiegte und in die Flucht schlug." Euseb. *Chronik*, übers. von Karst S. 17. Vgl. im Übrigen *Klio* III S. 154, wo auch Floigl's und Marquart's Verdienst an der Verwertung dieser Notiz und in der Erkenntnis, daß die 45 Könige das Ende von Berossos' ursprünglicher, bis auf Alexander den Großen geführter Dynastienliste bilden, hervorgehoben ist.

2) Eine andere, minder wahrscheinliche Möglichkeit wäre, daß Berossos, anders als die Berliner Fragmente, den *Marduk-bêl-usâti* übergangen hätte —

Gleichzeitig bestätigt sich, daß wir im Rechte sind, wenn wir die 9 Araber mit *Šamaš-mudammiq* abschließen und die 45 Könige mit seinem Nachfolger *Nabû-šum-iškun* beginnen lassen.

Somit sind die 45 Könige, von denen Sanherib der 25. ist, ohne Schwierigkeit hergestellt, und es kann kein Zweifel obwalten, daß wir hier auf vollständig gesichertem Boden stehen.

Wenn ich früher *Klio* I S. 263 hervorhob, daß *Adadnirari* III. neben sich und seiner Mutter *Sammuramat*-Semiramis keinen auch noch so schwächlichen Unterkönig von Babylonien geduldet hat, so war das, wie die Berliner Fragmente gezeigt haben, ein Irrtum. Die letzten Herrscher der Dynastie VIII (H) waren solche Unterkönige (oben S. 184, 242).

Richtig aber bleibt, daß Berossos zu Beginn seiner Reihe von 45 Königen („Dyn. VI") von deren erster Gruppe gesprochen hatte[1]), die die mit *Nabû-šum-iškun* beginnenden späteren Herrscher der Dynastie VIII (H), deren letzte Könige mit der Semiramis gleichzeitig waren, sowie die zwei ersten Herrscher der Dynastie IX (J) der Königsliste umfaßte.

Möglich ist sogar, daß er von der Semiramis im polemischen Sinne[2]) gleich zu Anfang der Reihe als in die Zeit nach den Arabern gehörig gesprochen und dann der genannten ersten Gruppe des Näheren gedacht hat.

Jedenfalls ist er von dieser ersten Gruppe mit dem Satze „Nach welchen, sagt er, gewesen sei der König der Chaldäer, dessen Name ist *Phulos*, welchen wiederum auch die Geschichte der Hebräer erwähnt[3])" zu der mit *Ukinzer* beginnenden, (*Tiglatpileser* IV.)-*Pûlu* an zweiter Stelle enthaltenden weiteren Gruppe seiner 45 Könige übergegangen.

---

eine Möglichkeit, auf die im Allgemeinen schon oben S. 185 Abs. 2 hingewiesen wurde. Die synchronistische Geschichte faßt ja die Herrschaft des *Marduk-bêl-usâti* als eine Auflehnung gegen seinen Bruder *Marduk-zakir-šum* als rechtmäßigen Herrscher auf. Genötigt, mit der Übergehung des *Marduk-bêl-usâti* durch Berossos zu rechnen, wäre man in dem Falle, daß man die Reihe der 45 Könige entgegen unserem Nachweise mit *Šamaš-mudammiq* beginnen ließe, also annähme, *Mar-bît-aḫ-iddin* sei unter den 9 Arabern bei Berossos mitgezählt. Die Zahl von 47 Herrschern, die sich so ergäbe, wäre durch Streichung sowohl von Nabonassar's Enkel wie des *Marduk-bêl-usâti* auf 45 zurückzuführen.

1) „Nach welchen Jahren er auch die Šamiram-Herrschaft über Assyrien berichtet. Dann wiederum zählt er einzeln auf die Namen von 45 Königen und setzt deren Jahre an auf 526." Euseb. *Chron.*, übers. von Karst S. 12 f.

2) Vgl. Josephus c. Ap. I 142 ὁ Βηρωσος... ἐν τῇ τρίτῃ τῶν Χαλδαϊκῶν... μέμφεται τοῖς Ἑλληνικοῖς συγγραφεῦσιν ὡς μάτην οἰομένοις ὑπὸ Σεμιράμεως τῆς Ἀσσυρίας κτισθῆναι τὴν Βαβυλῶνα καὶ τὰ θαυμάσια περὶ αὐτὴν ἐπ' ἐκείνης ἔργα ψευδῶς γεγραφόσι. — Abydenus bei Eusebius *Chron.*, übers. von Karst S. 25: „Dieserweise stellen sich die Chaldäer ihres Landes Könige von Aloros bis auf Alexander vor. Der Ninos und der Šamiram haben sie nicht sonderlich acht." — S. *Klio* I 259, 277, 481; III 149; VIII 230; X 486 f. mit Anm. 3; XV 255 Anm. 3.

3) Eusebius *Chron.* (Karst) S. 13.

Der die erste Gruppe (die Könige von *Nabû-šum-iškin* I. bis *Ukinzer*) betreffende Satz ist bei den Ausschreibern des Berossos weggefallen, und so aus Vernunft Unsinn geworden.

Daß wir mit der Annahme eine Verschiebung bei Berossos und mit ihrer Heilung im Rechte sind, bestätigt schließlich noch folgende Erwägung: Da wir jetzt durch die Ausfüllung der Lücke zu Ende von Kol. III und zu Beginn von Kol. IV der Königsliste a die Gesamtzahl der von ihr aufgezählten Könige kennen, so sind wir auch in der Lage, mit dieser Zahl die Zahl der Könige des Berossos in ihrer Gesamtheit zu vergleichen. (Vgl. übrigens schon die Tabelle *Klio* III S. 163).

Die Königsliste zählte von *Sumuabu*, Dynastie A Nr. 1 bis *Kandalanu* $11 + 11 + 36 + 11 + 3 + 3 + 1 + 12 + 5 + 16 = 109$ Könige auf. Dazu kommen die 16 Könige von Nabopolassar bis Alexander nach dem ptolemäischen Kanon = 125. Berossos' historische Dynastien umfassen $8 + 11 + 49 + 9 + 45 = 122$ Könige. So wie Berossos uns verschoben und ergänzt überliefert ist, müßten zu dieser Summe noch die Könige von Pûlu (Tiglatpileser IV.) bis Alexander, d. h. 33 Könige hinzugefügt werden, nämlich: Ukinzer bis Kandalanu (Königsliste) = 16 Könige, Nabopolassar bis Alexander der Große (ptol. Kanon), 16 Könige, Labaši-Marduk 1); es ergäben sich also 155 Könige.

Es ist klar, daß eine so ungeheure Abweichung für einen auf den einheimischen Quellen fußenden Autor wie Berossos einfach ausgeschlossen ist. Die 122 Könige der 5 historischen Dynastien des Berossos, die zu den 125 der Königsliste a und der dem ptolemäischen Kanon zugrunde liegenden babylonischen Liste so vortrefflich stimmen, bilden vielmehr dessen vollen Bestand. Schon diese rohe Vergleichung der Gesamtzahlen beweist, daß bei den Ausschreibern des Berossos die Verschiebung vorgelegen habe, die wir nachgewiesen und geheilt haben. Eine Betrachtung der Gruppen, in die die Gesamtsumme auf der Königsliste einerseits und bei Berossos andererseits zerfällt, wird uns weitere Einblicke in eine im Kern noch viel weitergehende Übereinstimmung zwischen Berossos und der Königsliste gewähren. Vorerst muß uns aber noch die absolute Chronologie der Dynastien VIII (H) und IX (J) beschäftigen.

f) Zur absoluten Chronologie der Dynastie H. Durch das Fehlen der Summierung für die Dynastie H in der Königsliste a wurde die empfindliche Lücke verursacht, die einem Aufbau der babylonischen Chronologie von unten auf entgegensteht. Man war darauf angewiesen, die Kluft mit Hilfe anderer Angaben, vor Allem des Datums von Bavian zu überbrücken.

Gäben uns die Berliner Fragmente mit den Namen auch die Regierungsdauer für die Herrscher der achten Dynastie H, so wäre ein willkommener Ersatz geschaffen. Leider ist das nicht der Fall. Wir bleiben keilinschriftlich auf die bisher bekannten Daten angewiesen, die Regierungsdauer der ersten drei Herrscher der Dynastie H (36, 8 Mon. 10 + x Tage[1]) 12[?] Jahre), und deren Ende 754 v. Chr. (Beginn der zehnten Dynastie K mit *Ukîn-zêr* nach ptol. Kanon 731. Summe der neunten Dyn. [I] 22 Jahre, Beginn der neunten Dynastie 753.)

Da sich aber außerdem die Regierungszeit des sechsten Königs *Nabûbaliddin* sehr eng umgrenzen läßt und wir wissen, daß dessen Vorgänger *Nabû-šum-iškun* I. mindestens 13 Jahre regiert hat, so bleibt als eigentliche Kluft nur die Regierungsdauer *Šamaš-mudammiq*'s übrig, für die es keilinschriftlich an einem ausreichenden Anhaltspunkt fehlt.

Von *Nabûbaliddin* wissen wir, daß er spätestens im 9. Jahre Salmanassar's III. von Assyrien 852 (851[2])) des Thrones entsetzt wurde, da damals der Assyrerkönig von seinem Sohne *Marduk-zakir-šum* gegen dessen Bruder *Marduk-bêl-usâti* zur Hilfe gerufen wurde.

Die mindestens 31 Jahre, die für *Nabûbaliddin*'s Regierung bezeugt sind, fallen also spätestens 882—852 (881—51[2])) und andererseits kann man, da *Nabûbaliddin* noch mit Salmanassar III. 860 (59)—825 (24[2])) einen Freundschaftsvertrag schloß, für diese 31 Jahre nicht über 889—59 zurückgehen[3]).

Daß das spätere Datum entschieden den Vorzug verdient, da die Absetzung dem Hilferuf und dem Beginn der Thronstreitigkeiten nicht allzulange vorausgegangen sein wird, liegt auf der Hand. Legen wir *Nabûbaliddin* noch einige Jahre über die bezeugten 31 bei, so werden wir mit dem Ansatz seines Regierungsantritts auf 885 uns jedenfalls nicht weit von den Tatsachen entfernen.

Nabûbaliddin's Vorgänger *Nabû-šum-iškun* hat mindestens 13 Jahre regiert und ist noch von Adadnirari von Assyrien 911—891 (910—890[2])) bekämpft worden. Wir können, also mit dem Regierungsantritt *Nabû-šum-iškun*'s I., wenn wir annehmen, daß *Šamaš-mudammiq* von Adadnirari in einem von dessen ersten Regierungsjahre besiegt worden ist, bis allerhöchstens 911 (910) zurückgehen.

Rechnen wir für *Nabûšum-iškun* nur die 13 bezeugten Regierungsjahre, so kommen wir mit seinem Regierungsantritt in das Jahr 898. Weiter können wir auf Grund der sicheren keilinschriftlichen Angaben nicht kommen.

Da nun auf Grund des Datums von Bavian die Dynastie H nach Weidner 998, nach Eduard Meyer 1004 zu herrschen begonnen hat[4]),

---

1) Oben S. 181. Vgl. dazu S. 244 Anm. 2.
2) Zu den eingeklammerten Zahlen vergleiche *Klio* XIV S. 243 Anm. 1 oben S. 184 Anm. 1.
3) Vgl. dazu *Zwei Hauptprobleme* (1898) S. 120 ff.
4) Vgl. oben S. 185 f.

und die ersten drei Könige zusammen (36 + 12?) = 48 Jahre (8 Monate 10 + x Tage) geherrscht haben, so erhalten wir für die uns unbekannte Regierungszeit Šamaš-mudammiq's die Zahl von 998 (1004) ÷ 48 = 950 (956) bis 898 (911), d. h. mindestens 39 (im äußersten Falle 58) Jahre.

Nach einer so langen Regierung wäre er dann, weil von den Assyrern besiegt, ermordet worden. Es ist klar, daß wir uns in der Nähe der unteren Grenze zu halten haben, wie denn Weidner Šamaš-mudammiq 42 Jahre zuteilt, aber auch dann ist die Wahrscheinlichkeit, daß wir mit der Bemessung seiner Regierung auf dem richtigen Wege sind, nicht eben groß. Es bleibt also die Frage bestehen, ob das Datum von Bavian nicht einer geringfügigen Korrektur bedarf[1]).

g) **Ein astronomisches Datum?** Sehen wir uns nun nach anderen Hilfsmitteln zur Überbrückung der entscheidenden Lücke um, die durch das Fehlen einer Angabe über Šamaš-mudammiq's Regierungszeit verbleibt, so erhebt sich zunächst die schon oben (S. 185) aufgeworfene Frage, ob etwa durch ein astronomisches Datum ein sicherer Anhaltspunkt gewonnen werden könne.

King, *Chronicles of early Babylonian Kings* II p. 76 I 232ff. wird eine Verfinsterung erwähnt, die nach King unter Kaššû-nadin-aḫe (Dyn. E Nr. 3) oder E-ulbar-šakin-šum (Dyn. F Nr. 1) stattgefunden habe[2]).

„Im Monat Siwan am 26. Tage des 7. Jahres ... wurde der Tag in Nacht verkehrt, und Feuer erschien in der Mitte des Himmels[3]).“

Die Wahrscheinlichkeit, daß es sich hier um eine Sonnenfinsternis handelt, ist von vornherein äußerst gering. Denn eine solche kann ja nur zur Zeit des astronomischen Neumondes, also am 29. Siwan oder 1. Dûzu stattfinden, nicht aber am 26. Siwan. Es müßte also ein Schreibfehler vorliegen, zu welcher Annahme sonst kein Grund vorliegt.

Um nichts unversucht zu lassen, sei aber diese unwahrscheinliche Annahme für einen Augenblick als zulässig betrachtet.

Ginzel schreibt mir nun unter dieser Voraussetzung auf meine Frage über die Finsternisse des 11. und 10. Jahrhunderts folgendes: „In Betracht (d. h. mit über 9 Zoll Verfinsterungs-Phase) kämen Finsternisse, welche in den Siwan gefallen sein können. Wenn das Jahr mit etwa 21. März anfing, liefe der III. Monat Siwan vom 21. Mai—21. Juni, und falls dieser

---

1) Daß meine frühere Annahme, es sei um 100 Jahre zu hoch, erledigt ist, habe ich *Klio* VI S. 534f., XV S. 244f. Anm. 1 und oben S. 185 ausgesprochen.

2) Ich muß mich so unbestimmt ausdrücken, da King's *Chronicles* mir hier nicht zugänglich sind, meine Notizen keine vollständige Auskunft geben und alle Versuche, eine Kopie von King's Bemerkungen zu erhalten, vergeblich geblieben sind.

3) *Ina araḫ Simanni ûmu XXVI*[kan] *ša šatti VII*[kan] *ûmu-(um) ana mûši itûr(GUR)-ma išatu ina libbi samê(-e).*

durch die Schaltung verschoben war, würden als Grenze das Interwall 21. Mai—21. August oder 21. April—21. Juli gelten. In diese Grenzen fallen für Babylon nur folgende bedeutende Finsternisse:
1. 1063 Juli 31., für Babylon 12 Zoll
2. 1015 „ 11., „ „ 10 „ (um Sonnenuntergang)
3. 979 Aug. 2.. „ „ 10 „
4. 961 „ 12., „ „ 11 „
5. 948 Mai 22., „ „ 12 „

Die Phase würde sich noch etwas ändern, wenn ich mit meinen Mondbahnkorrektionen rechne."

Von diesen Finsternissen kommen die beiden ersten ohne Weiteres in Wegfall, die erste, weil das Jahr 1063 für das 7. Jahr *E-ulbar-šakin-šum's* — nur um dieses kann es sich handeln, der *Kaššû-nadin-aḫu* nur 3 Jahre regiert hat, — erheblich zu früh liegt, die zweite, weil sie um Sonnenuntergang stattfand, was zu der babylonischen Beschreibung nicht stimmt.

Aber auch die beiden letzten müssen ausscheiden:

Wir sahen, daß 896 der späteste Termin für den Regierungsantritt *Nabû-šum-iškun's* I. ist: *Šamaš-mudammiq* muß, wenn er nur etwa ein Jahr geherrscht hätte, also spätestens 897 zu regieren begonnen haben. Zwischen dem 7. Jahre *E-ulbar-šakin-šum's* und dem ersten Jahre *Šamaš-mudammiq's* liegen von vollen Regierungsjahren die weiteren 10 Jahre des Erstgenannten, die 3 Jahre seines Nachfolgers *Nimurti-kudur-uṣur* I., die 6 Jahre des Elamiten und die 36 + 12 Jahre des ersten und dritten Königs der Dynastie H, das sind 67 Jahre. Sehen wir nun 961 (Finsternis 4) als *E-ulbar-šakin-šum's* 7. Jahr an, so kommen wir mit *Šamaš-udammiq's* erstem Jahr ins Jahr 893, was zu spät ist. Mithin ist die Finsternis 5 erst recht ausgeschlossen.

Es bliebe also nur die Sonnenfinsternis vom 2. August 979.

Aus Ginzel's Angaben über die fünf Finsternisse entnehme ich, daß, wenn wir annehmen, der Mondmonat habe mit dem Neulichte begonnen, also zwei Tage nach dem astronomischen Neumond, der 1. Siwan am 5. Juli 979 möglich wäre, der 26. also am 30. Juli, der 29. Juli dann auf den 2. August, dem Tag der Finsternis. Für *Šamaš-mudammiq's* Jahr 1 erhielten wir dann das Jahr 979 ÷ 68 = 911, und er könnte bis 896 oder länger regiert haben: Der Beginn der VIII. Dynastie H fiele 959, ca. 40 Jahre später als es nach dem unkorrigierten Datum von Bavian möglich wäre.

Dies gilt aber, wie betont, nur, wenn erwiesen würde, daß in der King'schen Chronik 26 für 29 verschrieben ist.

Es tritt aber noch ein Bedenken hinzu: Astronomische und ebenso atmosphärische Verfinsterungen (hervorgerufen durch Wasserwolken, durch die im Zweistromland so besonders heftigen Gewitterstürme oder die den dortigen Gebieten namentlich im Süden eigentümlichen Sandstürme) haben in der keilinschriftlichen Literatur ihre feste Terminologie, und zwar gilt für die Zeit vor 600 v. Chr., in der wir uns befinden, die Regel, daß zwei termini, *AN. MI.* und *AN. TA. LU.*, für beide Arten der Verfinsterungen gebraucht werden und daß *AN. MI.* für sich allein stets eine atmosphärische Verfinsterung bedeutet, während zur Bezeichnung der Mond- und Sonnenfinsternisse noch *Sin* „Mond" und *Šamaš* „Sonne" hinzugefügt wird[1]).

In der King'schen Chronik aber steht keiner dieser Ausdrücke, und die ganze Schilderung deutet auf ein ungewöhnliches Ereignis, das von einer regelmäßigen astronomischen Finsternis ebenso weit entfernt ist wie von einer der üblichen atmosphärischen Verfinsterungen. „Der Tag wandelte sich in Nacht, und Feuer erschien in der Mitte des Himmels."

Es handelt sich wahrscheinlich um ein bedeutendes Meteor, das Rauch entwickelte und seine Verfinsterung herbeiführt. Auf diese Möglichkeit wies Ginzel mich mündlich von vornherein hin und bemerkte in seiner schriftlichen Auskunft: „Wenn am Datum nichts zu ändern ist, scheint mir eher eine Meteordetonation beschrieben zu sein als eine Sonnenfinsternis."

Ein astronomisches Hilfsmittel für die nähere zeitliche Festlegung des Beginns der VIII. Dynastie H gibt es also vorderhand nicht.

Berossos aber, zu dem wir jetzt zurückkehren, kann uns in diesem Falle nichts helfen, weil erweislich die Zahl von 526 Jahren für seine 45 Könige der Berichtigung bedarf.

h) Die Regierungsdauer von Berossos' letzter Dynastie. Daß die bei den Ausschreiben der Berossos erhaltenen Zahlen für die Dauer seiner historischen Dynastien, wenn auch z. T. aus ihrer ursprünglichen Stellung verrückt und verschoben, doch ihrem Bestande nach entweder völlig richtig sind oder aber nur einer Heilung durch eine möglichst geringfügige Berichtigung bedürfen, wurde früher von mir gezeigt und wird im Folgenden aufs Neue dargetan werden.

Die 526 Jahre für die 45 Könige von Berossos letzter Dynastie von *Nabû-šum-iškun* I. bis auf Alexander des Großen einschließlich gehören der letzteren Kategorie an. Denn der erste, *Nabû-šum-iškun*, kann, wie oben dargelegt, unmöglich $322 + 526 = 848$ v. C. zu regieren begonnen haben, da sein Nachfolger *Nabûbaliddin*, der mindestens 31 Jahre regierte, frühestens 852 (1) gestorben ist.

Da ich schon früher (*Klio* III S. 150) von der Annahme ausging, *Nabû-šum-iškun* I. sei der erste von Berossos' 45 Königen, so bleiben meine einschlägigen Erwägungen in Geltung.

---

1) Siehe F. X. Kugler, *Astronomische und meteorologische Finsternisse*, Zeitschr. d. Deutsch.-morgenl. Gesellsch. 56 (1902) S. 69 f.

Nabû-šum-iškun I. hat 13 + x Jahre geherrscht, sein Nachfolger *Nabûbaliddin* 31 + x Jahre, letzterer wurde spätestens 852 (851) abgesetzt, *Nabû-šum-iškun* I. begann also 896 + 2 x zu regieren. „Von 898 bis zum Todesjahre Alexanders (323) einschließlich sind 576 576 Jahre verflossen. Fehler in der Tradition der Zehner."

Setzen wir statt 526 vielmehr 586 ein so kommen wir mit 908 für *Nabû-šum-iškuns* Regierungsbeginn bis nahe an dessen äußerste obere Grenze (oben S. 253). Die Berichtigungen 576 und 586 müssen also nebeneinander berücksichtigt werden, wenn auch 576 wohl den Vorzug verdient.

XII. Allgemeines über Berossos' Königsreihen und deren Quellen.

Auch für die älteren Dynastien der babylonischen Königsliste(n) a (und b) und die gleichzeitigen assyrischen Herrscher von den neun Arabern ergeben die von Weidner behandelten Berliner Fragmente mancherlei Neues.

Wenn uns somit auch hier die zwiefache Aufgabe erwächst, 1. die Angaben der Königsliste a auf Grund der neuen Listen zu prüfen und zu ergänzen und 2. Berossos' Daten mit den keilinschriftlichen Angaben zu vergleichen, so besteht gegenüber der achten Dynastie der wesentliche Unterschied, daß Königszahl und Regierungsdauer der älteren Dynastien sämtlich bekannt sind. Daher werden der Rahmen und der Gesamtbestand wie sie die Königsliste bietet, durch die neuen Angaben nicht verändert und somit auch die früher gefundenen Grundlagen für den Vergleich mit Berossos nicht verrückt.

Der Fortsetzung unserer Betrachtungen empfiehlt es sich einige grundsätzliche Erwägungen vorauszuschicken.

Wir sahen, daß die Zahl der babylonischen Könige vom Beginn der Königsliste a bis auf Alexander des Großen, mit der Zahl, die Berossos seinen fünf historischen Dynastien (II—VI) gibt, im wesentlichen aufs Nächste übereinstimmt.

Wie sich das Verhältnis der kleineren Abweichungen für die, seinen 9 Arabern (Ber. Dyn. V) und seinen 45 Königen (Ber. Dyn. VI) entsprechende Zeit nach der IV. Dynastie (D) der Königsliste (der von Isin) darstellt, haben wir gesehen.

Die 49 Chaldäer bei den Ausschreibern des Berossos haben wir in zwei vormals bei ihm getrennte Gruppen zu zerlegen[1]; deren erste den Königen Nr. 1—24 der dritten kassitischen Dynastie (C) der Königsliste entspricht, zu denen nach meiner bisherigen Annahme[2] ein Fremdherrscher und ein Usurpator hinzukommen: zusammen = 26, während die zweite Gruppe von 23 Herrschern sich zusammensetzt aus den 12 letzten Königen

---

1) *Klio* III 150 ff., VIII 231 ff.
2) Siehe jetzt unten S. 295 f.

der dritten (kassitischen) Dynastie C Nr. 25—36 und den 11 Königen der vierten Dynastie (D) von Isin.

Vor den 49 Chaldäern des Berossos und vor dem Beginn der Dynastie C der Königsliste erscheinen sowohl bei Berossos wie auf der Königsliste 11 Könige zu einer besonderen Dynastie zusammengefaßt, und ihnen vorauf gehen auf der Königsliste 11 Herrscher, bei Berossos die 8 Meder. Auf dieser alles Wesentliche betreffenden Übereinstimmung des Berossos und der babylonischen Königsliste fußend, gewinnen wir einige weitere Gesichtspunkte für die für unser Problem grundlegend wichtige Frage:

Wie haben wir uns die Quellen des Berossos für seine Königsreihen namentlich für die der älteren Zeit vorzustellen? Wie steht es speziell mit den Zahlen der Regierungsjahre für seine Dynastien und für die einzelnen Herrscher?

Nach dem Ergebnis unserer Vergleichung kann es keinem Zweifel unterliegen, daß Berossos namentlich für die Zeit vor Nabonassar in der Hauptsache Listen, nach Art unserer Königsliste a, als Quelle gedient haben werden. Daneben hat er gewiß, namentlich für die spätere Zeit, auch Chroniken gleich der mit Tiglatpileser's IV. Antrittsjahr in Babylonien beginnenden „babylonischen Chronik" benutzt.

Daß diese in der Hauptsache aufs Engste mit der Königsliste a übereinstimmt und daß Berossos, wo wir ihn in dieser Zeit kontrollieren können, diesen beiden Dokumenten näher steht als der vom Kanon des Ptolemäus benutzten Quelle, erkannten wir besonders aus der gleichen Behandlung der Interregna unter Sanherib und aus dem Umstande, daß wir in die Zeit bis auf *Kandalânu* bei Berossos nur einen sicheren Unterschied gegenüber der Königsliste a feststellen konnten, das Fehlen von Nabonassars Enkel.

Daß in diesen Listen und Chroniken die Zahlen der einzelnen Regierungsjahre und die Jahresnamen der Dynastien teils infolge von Lesefehlern teils auf Grund abweichender Überlieferung mancherlei Verschiedenheiten unterworfen waren, ohne daß daraus der Gesamtpunkt des chronologischen Aufbaus notwendigerweise wesentlich verrückt worden wäre, wissen wir[1]).

Für die älteren Zeiten werden die später zusammengestellten Königslisten gegenüber den den Ereignissen näher stehenden Chroniken im Vorder-

---

1) Für die Dynastien V (E) und VI (F) der Königsliste ergeben sich aus der sogenannten Chronik S bekanntlich folgende Abweichungen. Bei Dyn. E Nr. 1 hat Chronik S 18 statt 17 Jahre, bei Nr. 2 5 statt 3 Monate, bei Nr. 3 6 statt 3 Jahre. Bei F Nr. 1 *Nimurti-kudurri-uṣur* I. 2 Jahre gegenüber den durch die S. 244 erwähnte Urkunde als richtig erwiesenen 3 Jahren. Die Summe der vollen Jahre von Dynastie E und F zeigt aber nur eine Abweichung von einem Jahre Chronik S 40, Königsliste 41 Jahre (*Zwei Hauptprobleme* S. 189 Anm. 1).

grund gestanden haben. Daß sich hier den Abweichungen von dem tatsächlichen Bestande ein weit größerer Spielraum bietet, ist selbstverständlich und erwiesen, aber auch hier braucht das keine bedeutende Verschiebung im Gesamtergebnis zu bedingen. Dafür ist besonders lehrreich die erste, die Ḫammurapi-Dynastie (A). Auf der Haupttafel weggebrochen, ist sie uns bekanntlich auf der kleineren Königsliste b erhalten. Die Summe 304 setzt sich zusammen aus 15 + 35 + 14 + 18 + 30 + 55 (Ḫammurapi) + 35 + 25 + 25 + 21 + 31 Könige. Die Jahreslisten, die aus der Zeit dieser Dynastie selbst herrühren, ergeben aber für die 9 ersten Könige 14 + 36 + 14 + 18 + 20 + 43 + 38 + 28 + 37, das macht unter Beibehaltung der Zahlen für Nr. 10 und 11 (21 + 31) zusammen = 300 Jahre. Da nun Berossos' Forschungen für die ältere Zeit über die zusammenfassenden Listen und Chroniken späterer Zusammenstellung nicht herausgegangen sein werden, so ergibt sich als grundlegende Erkenntnis: **Eine Übereinstimmung zwischen Berossos und der Königsliste a darf nicht deshalb in Frage gestellt werden, weil die Zahlen der Königsliste objektiv, auf Grund älterer, mit den Ereignissen gleichzeitiger Urkunden verbesserungsbedürftig sind.**

Wenn sich also, wie ich gezeigt habe die berossische Zahl 245, die fälschlich zu den Arabern heruntergerückt worden ist, genau ergibt aus den 133 Jahren der Dynastie D und der Summe der Einzelzahlen der Dynastie C Nr. 25—36, wie sie die Königsliste a bietet, so ist die Tatsache, daß u. a. für Nr. 26 die auf der Königsliste stehende Zahl 6 statt mindestens 9 als zu niedrig erwiesen worden ist, nicht als ein beweiskräftiger Einwand anzuerkennen.

Berossos hat dann eben eine Liste vorgelegen, die in diesem Punkte mit der Königsliste übereinstimmte, wobei nicht behauptet werden soll, daß nicht ein oder der andere Posten in Berossos' Quelle doch anders lautet, als wir auf der Königsliste lesen. Die Differenzen haben sich dann aber ausgeglichen. Es bleibt also dabei, daß wir in dieser Zahl 245 eine feste Verklammerung zwischen Berossos und der Königsliste haben, die zu den übrigen Gesichtspunkten hinzutritt, nach welchen wir die Teilung von Berossos' 49 den Dynastien C und D der Königsliste entsprechenden Chaldäern in zwei Gruppen vorgenommen haben.

So kann sich andererseits die geringfügige Differenz für Berossos' erste Chaldäergruppe und die Nr. 1—24 der Königsliste, 458 (Berossos) gegenüber 576 ÷ 112 = 454, erklären. (Vgl. *Klio* III S. 161 sub 5.)

Dies vorausgeschickt, können wir nun dem Vergleich von Berossos ersten historischen Dynastien II—IV, den 8 Medern, den 11 Königen und den 49 Chaldäern = 68 mit den ersten vier Dynastien der Königsliste, den 11 + 11 + 36 + 11 = 66 Königen der Dynastien A—D im obigen Sinne näher treten.

Wir beginnen mit den beiderseitigen zwei ersten Dynastien, wobei auch die Frage nach dem Ausgangspunkt von Berossos' historischer Kunde eine wesentliche Rolle spielt.

XIII. Zu den beiden ersten Dynastien der Königsliste.

a) Da die Dynastie A, die Ḫammurapi-Dynastie, nach der Königsliste 304, nach den aus der Zeit jener Dynastie selbst stammenden Jahreslisten 300 Jahre regiert hat, so kann die Zahl 224 nicht die sämtlichen Könige dieser Dynastie umfassen, und dem entspricht es auch, daß Berossos nur 8 Könige dieser Dynastie in Betracht zieht. Meine Beobachtung, daß sich die 224 tatsächlich aus den aus der Summe der acht letzten Könige Nr. 4—11 der Dynastie A ergibt, schien hinfällig, als erwiesen wurde, daß die Jahresliste II dem *Ammizaduga* (Nr. 10) nur deshalb 10 Jahre zuteilt, weil sie in dessen 10. Jahre abgefaßt ist, während die Kontrakttafeln mindestens 20 Jahre für ihn bezeugen, so daß es bei den 21 Jahren der Königsliste für ihn sein Bewenden haben muß. Denn nunmehr ergeben die Könige Nr. 4—11 der Ḫammurapi-Dynastie $18 + 20 + 43 + 38 + 28 + 37 + 21 + 31 = 236$ Jahre. Jetzt aber, wo wir einsehen (S. 259), daß wir keine absolute Übereinstimmung der Einzelzahlen, aus denen sich Berossos' Summen zusammensetzten, mit den ältesten Dokumenten zu fordern haben, genügt der Hinweis, daß bei den starken Schwankungen in der Überlieferung der letzten Könige Berossos sehr wohl durch die für die letzten acht Könige ihm vorliegenden Zahlen zu der Summe von 224 Jahren gekommen sein kann. Es bedürfte, um nur eine von vielen Möglichkeiten zu erwähnen, lediglich der Annahme, Ḫammurapi sei in Berossos' Vorlage, wie auf der Königsliste mit 55 statt mit den ihm gebührenden 43 Jahre angesetzt gewesen, während im übrigen die mehr auf Lesefehlern beruhenden kleineren Irrtümer der Königsliste in dieser Vorlage vermieden gewesen wäre.

Schnabel, der sich meinen Gedanken, es könne sich bei Berossos nur um die Summe von 8 aufeinander folgenden Herrschern der Dynastie A handeln, zu eigen macht, zieht die ersten 8 Könige in Betracht und weist darauf hin, daß deren Summe nach der Königsliste 227 Jahre betrage, so daß auch hier die Möglichkeit sehr wohl vorliege, daß Berossos sie zu 224 Jahren angesetzt habe.

Er muß dann aber annehmen, es sei Berossos bekannt gewesen, daß die drei letzten Herrscher der Dynastie A mit der Dynastie B gleichzeitig geherrscht hätten. Dann sollte man annehmen, daß Berossos auch über die Gleichzeitigkeit der letzten Könige der Dynastie B mit den ersten seiner 49 Chaldäer unterrichtet gewesen wäre: er hätte dann auch die ersten Könige seiner ersten Chaldäer-Gruppe IV 1 (s. o. S. 257 f. und vgl. unten

S. 295), die den ersten Königen der Kassiten-Dynastie C entsprechen, beiseite lassen müssen, was nicht der Fall gewesen ist.

Wie schon betont, ist nicht anzunehmen, daß Berossos' Studien für die ältere Zeit wesentlich über den Befund hinausgingen, der ihm in den ihm vorliegenden Listen nach Art der Königsliste a entgegentrat. Auch werden wir alsbald sehen, daß Berossos im Prinzip mit der Königsliste auch darin übereinstimmt, daß er die Dynastie B chronologisch viel zu hoch veranschlagt. Es muß also dabei bleiben, daß Berossos' Ausgangspunkt der Regierungsantritt oder eines der ersten Jahre des *Apil-Sin* (Dynastie A Nr. IV) gewesen ist. Die Erklärung würde, wie früher schon im Anschluß an Marquart hervorgehoben[1]), darin liegen, daß erst unter diesem Könige, wie es die Angaben der Jahreslisten nahelegen, Babylon zum eigentlichen Sitz der Dynastie gewählt wurde.

Die Herrscher der Hammurapi-Dynastie waren bekanntlich Amoriter. Berossos' Bezeichnung „Meder" deutet darauf, daß diese Amoriter-Könige nach Babylon von Norden und Nordosten her über den Tigris aus dem Gebiet, das zu Berossos' Zeit Medien hieß[2]), nach Mesopotamien vorgedrungen sind, geradeso wie später die Assyrier und wie früher die semitischen Herrscher von Kisch und Agade. Von dem in jenen alten Zeiten erheblich tiefer ins Land einschneidenden Persischen Golf aus stand Eroberern, die von Süden her aus Arabien vordrangen und die natürlich nicht das städtereiche und wohlverteidigte Babylonien überrennen konnten, nur entweder den Marsch durch die syrisch-arabische Wüste oder der Weg durch die fruchtbare Niederung östlich des Tigris mit den Stationen Bagdad—Kerkûk—Suleimaniyyeh offen.

Es ist dann bereits (*Klio* III 157f.) von mir im Anschluß an Sayce und Marquart hervorgehoben worden, daß die Hammurapi-Dynastie anfänglich ihren Sitz in Ur gehabt zu haben scheint. Unter dem ersten König *Su-abu* werden in den Jahreslisten nur Bauten und Weihungen für *Nan-nar*, den Hauptgott von Ur, in Dilbat und in Kiš erwähnt. Das 5. und 6. Jahr *Sumula-ilu*'s, des 2. Königs, ist benannt nach dem Bau der großen Mauer von Babylon. Nach der Besiegung von Kiš und Kaṣallu baut dann *Sumula-ilu* im 22. Jahre den Thron des *Marduk* und läßt im 24. das Bild von Marduk's Gemahlin der Göttin *Ṣarpanit* errichten. Da er außerdem im 27. Kutha nimmt, im 28. in *Bar-zi* (Bar-zip(?) = Borsippa) einzieht, im 29. die Mauer von Sippar baut, sich also durchweg im nördlichen Babylonien betätigt, so würde

---

1) *Klio* III 157f.
2) Die „Meder" armenisch *Mar*. Schnabel fragt *OLZ* 14 [1911] Sp. 20): „Aber muß *mar* stets Wiedergabe eines griechischen Μῆδος sein?" und vermutet, *Mar* könne Wiedergabe eines Ἀμορ (Ἀμόριοι oder Ἀμορραῖοι) bei Berossos sein, wie Ὀμόρκα armen. durch *Marcaje* (Markayẹ Karst S. 8 Z. 11) wiedergegeben wurde.

man an sich *Sumula-ilu* als denjenigen ansehen, der Babylon zur Residenz erhob. Sein Nachfolger *Sabu* ist am Haupttempel von Babylon *Esagila* tätig gewesen und hat in Sippar gebaut (Nabonid bei Langdon, *Neubab. Königsinschr.* S. 248). Aber das 2. Jahr des *Apil-Sin* trägt genau wie das 5. des *Sumula-ilu* den Namen Jahr, da er die große Mauer Babels ... gebaut. Darnach muß der erste Bau entweder schnell verfallen oder alsbald zerstört worden sein. Dazu kommt, daß *Apil-Sin* in seinem ersten Jahre die Mauer von *Bar-zi* erbaut, in das *Sumula-ilu* in seinem 28. Jahre eingezogen war, im 14. Jahre den *Istar*-Tempel in Babylon und im 17. den Thron des *Šamaš* in Babylon errichtet. So könnte *Apil-Sin*, der Großvater Ḫammurapi's, sehr wohl als der eigentliche Begründer von Babylon als dauernder Residenz der Dynastie und bald des geeinten Reiches gegolten haben.

b) Der Ausgangspunkt von Berossos' historischer Kunde. Dies vorausgeschickt, können wir nun unser Augenmerk auf den Ausgangspunkt von Berossos' historischer Kunde richten. Bekanntlich hat man das berossische Ausgangsjahr 2232 v. Chr. vielfach mit dem Beginn der Dynastie A der Königsliste gleichgesetzt.

Ich selbst hatte anfangs betont, daß man nur mit den 8 letzten der 11 Könige dieser Dynastie rechnen dürfe und den Ausgangspunkt mit dem Regierungsantritt des IV. Königs *Apil-Sin* gleichgesetzt.

Als dann der Synchronismus zwischen dem assyrischen Herrscher *Ilu-šu-ma* und *Su-(mu)-abu*, anscheinend dem ersten Könige der Dynastie A der Königsliste, bekannt wurde, rückte man des letzteren Regierungsantritt ins 21. Jahrhundert hinunter und wollte gleichzeitig die Dynastie B der Königsliste in ihrem gesamten Umfange als für die Chronologie nicht in Betracht kommend, sondern als mit den Dynastien A und C völlig gleichzeitig ausscheiden.

Während ich gegen letzteres von vornherein nachdrücklich Einspruch erhob[1]), weil eine Dynastie, die überhaupt nicht in Babylon geherrscht hätte, in der Königsliste sicher nicht Platz gefunden haben würde, faßte auch ich die Möglichkeit, daß die Amoriter-Dynastie A der Königsliste erst mit dem 21. Jahrhundert zu regieren begonnen hätte, ins Auge, betonte aber alsbald[2]), daß dies nichts Sicheres sei, sondern höchstens ein Minimaldatum.

Wie dann Berossos' Ausgangspunkt zu beurteilen war, blieb unklar. Nun hat bekanntlich jüngst F. X. Kugler[3]) die Zeit der Ḫammurapi-

---

1) *Klio* VIII (1908) S. 240ff. — Vgl. Ungnad, *ZDMG* LXI (1907) 714ff. und Thureau-Dangin *Z. f. Assyr.* XXI (1908) S. 176ff.; letztere beiden von Ed. Meyer, *GA* I[3] 2 § 327 Anm. S. 368f. allein berücksichtigt.
2) *Israel* (1911) S. 312.
3) *Sternkunde und Sterndienst in Babel* II 2 Heft 1 (1912) S. 257ff.

Dynastie astronomisch zu bestimmen versucht. In der Bibliothek Asurbanabal's zu Ninive haben sich Venusbeobachtungen gefunden, darunter solche, die sich über 21 Jahre erstrecken. Das achte dieser Jahre trägt die Bezeichnung, die dem 8. Regierungsjahre *Ammi-ṣaduqa*'s, des zehnten Königs dieser Dynastie, zukommt, der gerade 21 Jahre regiert hat. Der Schluß ist unabweisbar, daß es sich hier um Beobachtungen aus den 21 Jahren dieses Herrschers handelt. Auf Grund dieser Beobachtungen und einer Kontrolle durch atmosphärische Daten und Erwägungen kommt Kugler zu dem Ergebnis, daß das 8. Jahr *Ammi-ṣaduqa*'s das Jahr 1970 gewesen sei, und da dieses Jahr nach den Jahreslisten das 256. der ganzen Dynastie ist, so ergibt sich für Dynastie A als Anfangsjahr 2225 v. Chr.

Das kommt sehr nahe an Berossos' Anfangsjahr 2232 heran, und man hat nicht verfehlt, darauf hinzuweisen und ausgesprochen, daß an der Identität beider Daten wohl nicht zu zweifeln sein werde[1].

Dieser Auffassung vermag ich nicht beizupflichten. Ehe ich jedoch meine Abweichung begründe, muß darauf hingewiesen werden, daß Weidner sich anheischig macht, in einer demnächst erscheinenden Arbeit den Nachweis zu führen, daß Kugler's astronomische Berechnungen irrig sind und daß das erste Jahr der 1. Dynastie von Babylon auf das Jahr 2057 festzulegen sei.

Dadurch würde der Synchronismus *Sumu-abu—Ilu-šu-ma* wieder in seine Rechte eingesetzt. Man wird natürlich das Erscheinen dieser Arbeit abzuwarten haben.

Für die uns hier beschäftigende Erörterung über den Ausgangspunkt des Berossos, macht die Differenz der Kugler'schen und der behaupteten Weidner'schen astronomischen Rechnung (so überraschend das erscheinen mag) nichts Wesentliches aus. Es ist klar, daß schon die siebenjährige Differenz, die zwischen dem Kugler'schen Datum und dem berossischen Anfangsjahr besteht, viel zu groß ist, um sie beide als identisch zu betrachten.

Zwar wäre es auch wohl möglich, daß Berossos Listen vor sich gehabt hätte, die fehlerhafter Weise die erste Dynastie um sieben Jahre zu hoch datierten. Aber wir haben ja bereits gesehen, daß die Jahressumme (224) des Berossos für seine erste historische Dynastie nicht zu groß, sondern entsprechend der geringeren Zahl von Königen erheblich kleiner ist, als die 300 Jahre der Jahreslisten oder die 304 der Königsliste.

Die Frage spitzt sich also dahin zu: wie kommt es, daß Berossos, wenn er den vierten und nicht den ersten König der Dynastie A zum Ausgangspunkt nimmt, doch zu einem früheren Jahre für diesen König gelangt, als es die astronomischen Berechnungen, sei es die von Kugler,

---

1) E. Meyer, *GA* I³ 2 § 328 S. 371.

sei es die noch durchaus hypothetische von Weidner, für den tatsächlichen Beginn der Dynastie, den Antritt des ersten Königs *Sumu-abu* ergeben.

Die Antwort kann nach der gesamten Sachlage nur in der Bemessung der Dynastie B der Königsliste liegen, für die die Königsliste mit unmöglich hohen Daten rechnet, wie früher dargelegt[1]) und alsbald erneut zu erörtern. Wenn nun Berossos einerseits eine Liste benutzte, in der diese oder ähnliche übermäßige Daten sich fanden und anderseits so wenig wie der Verfasser der Königsliste sich darüber klar war, daß die Dynastie B mit der ersten[2]) und der dritten Dynastie zu einem großen Teile gleichzeitig war, so konnte es sehr leicht geschehen, daß von dem viel zu früh angesetzten Beginn der Dynastie B aus die 224 Jahre für die 8 Könige seiner ersten historischen Dynastie (= Nr. 4—11 der Hammurapi-Dynastie) ihn weiter zurückführten, als das Jahr 2225 v. Chr., das bis zum Beweise des Gegenteils als Anfangsjahr der gesamten Dynastie von 11 Königen zu gelten hat.

Das Gleiche wäre an sich möglich (wenn auch weniger wahrscheinlich) unter der Voraussetzung, daß sich das von Weidner angenommene Jahr 2057 v. Jhr. tatsächlich als Anfangsjahr der ersten Dynastie ergäbe.

Das Jahr 2232 v. Chr. hat also **keine unmittelbare historische Bedeutung**, sondern ist nur von Interesse für die Beurteilung der von Berossos benutzten Quelle. Schon Schnabel hat, wie ich bei nachträglicher erneuter Durchsicht seiner Abhandlung *Die babylonische Chronologie in Berossos' Babyloniaka*[3]) sehe, betont, daß man diese beiden Gesichtspunkte bei der Beurteilung von Berossos' Ausgangsjahr in Betracht zu ziehen hat.

c) **Zur zweiten Dynastie der Königsliste.** Für die II. Dynastie (B) der Königsliste steht zunächst fest, daß die Zahlen erheblich zu hoch[4]) sind:

Die 11 Könige sollen $60 + 55 + 36^5) + 15 + 27 + 55 + 50 + 28 + 26 + 7^5) + 9^5) = 368$ Jahre: Durchschnitt für 11 Könige $33^1/_2$ Jahre! Darunter 4 Herrscher, die über 50 Jahre regiert haben sollen und noch dazu in je zwei Gruppen von aufeinanderfolgenden, teils sicher teils möglicherweise als Vater und Sohn zu betrachtenden Herrschern.

Für Nr. 6—8 ist sogar sicher, daß sie im Verhältnis von Vater, Sohn und Enkel stehen; sie sollen in 3 Generationen 133 Jahre geherrscht haben!

---

1) *Klio* VIII 246ff. — 2) Vgl. o. S. 260 und s. u. S. 267ff.
3) *Mitt. vorderas. Ges.* 13 (1908) Heft 5 S. 248 [18]f., 252 [22].
4) *Klio* VIII 246f. Schnabel, *MVAG* 13 (1908) S. 253 [23f.].
5) So nach King und nach Hilprecht (s. *Babyl. Exped.* XX 1 S. 42 Anm. 1, vgl. S. 52), ich selbst las mit Knudtzon's Beistimmung (*Zwei Hauptprobleme* S. 18f.) für Nr. 3: 36, für Nr. 10: 8, für Nr. 9: 20 Jahre. Bei Nr. 2 schwankte ich zwischen 55 und 56. Wählte man Letzteres, so ergaben sich gleichfalls 368 Jahre als Summe.

In der I. Dynastie (A) erhält in der Königsliste (b) nur *Ḫammurapi* mehr als 50, nämlich 55 Jahre, und diese sind durch die Jahreslisten auf 43 eingeschränkt worden.

Die Entstehung dieser zu hohen Zahlen erklärte ich mir so: „Wo in der Vorlage die Zahlen undeutlich waren, wählten die Schreiber, wenn die ältere Zeit in Betracht kam, unbewußt die höchstmögliche Zahl und ergänzten Lücken nach demselben Prinzip[1]."

Hiervon ausgehend schließt Schnabel[2], daß, wenn die Einzelposten durch Schreiberverderbnisse entstanden sind, auch die Gesamtsumme verderbt sein muß, und zwar kommt nach seiner näher begründeten und einleuchtenden Ansicht nur die Annahme in Betracht, daß die Zahl 368, babyl. geschrieben 6 (scil. $\times 60$) $+ 8$ fälschlich gesetzt ist für 5 ($\times 60$) $+ 8 = 308$ — einer der Lesefehler, die zu den nächstliegenden gehören, wie das prinzipiell von mir *Zwei Hauptprobleme* S. 15, 95 ff., 187 erörtert worden ist.

d) Zur Regierungsdauer von Berossos' Dynastie III und V. Die 48 Jahre, die Berossos seinen 11 Königen (Dyn. III) gibt, sind erweislich falsch. Die Zahl ist wie folgt entstanden: Spätestens Alexander Polyhistor[3] hat die in Unordnung geratenen Zahlen des Berossos auf Grund seiner Kenntnis des cyklischen Charakters der nachflutlichen Rechnung des Berossos nach dem Schema $36000 \div 34091 (0) = 1909$ (1910) ergänzt.

$$224 + 458 + 245 + 526 = 1453 \text{ Jahre.}$$

Dazu die Zahlen von *Ukinzer* bis auf Alexander den Großen 731—323 (324) $= 409$ (408) Jahre: So ergibt sich $1453 + 409 (8) = 1862$ (1861) Jahre. Für Dyn. III bleiben daher 1909 (1910) $\div$ 1861 (1862) $= 48$ Jahre.

Welche Dauer hat nun Berossos selbst seiner Dynastie III beigemessen? Wir wissen, daß die Zahlen 224, 458 und 245 im Wesentlichen unantastbar sind und daß 526 kaum anders als in 576 (oder allenfalls in 586) verbessert werden kann (S. 257). Unter der früheren, jetzt nicht mehr haltbaren Annahme (S. 244 ff., 249), daß die 9 Araber den Dynastien E, F, G $+$ H Nr. 1 und 2 entsprächen, so daß ihre Regierungsdauer (83 Jahre) genau bekannt war, ergab sich aus dem Abzug der Summe der Posten $224 + 458 + 245 + 83 + 576$ d. i. 1586 von 1910 (1909) für Berossos' Dynastie III als ursprüngliche Zahl 324 (323)[4].

Hier, wie durchaus, erweist sich nun das Fehlen einer Angabe über die Regierungsdauer *Šamaš-mudammiq's* als des letzten Königs der neun Araber als alleiniger Stein des Anstoßes. Wir können den den „9 Arabern" auf der Königsliste entsprechenden Zeitraum und damit auch die Dauer

---

1) *Klio* VIII S. 246. — 2) A. a. O. 258 [28 ff.].
3) Wahrscheinlich schon ein früherer Bearbeiter, aus dem er schöpfte. *Klio* III 150.
4) *Klio* III 152.

der Dynastie III des Berossos nicht genau bestimmen, sondern müssen uns mit seiner Anschauung und Grenzbestimmung bescheiden. Zweierlei Wege stehen uns dazu offen.

α) Wir gehen von der Regierungszeit der berossischen Dynastie „III" = = II (B) der Königsliste aus, behandeln also die Zeit der 9 Araber als zu bestimmende Unbekannte. Da zeigt sich ohne Weiteres, daß Berossos die zu hohe Zahl der Königsliste 368 nicht angewandt haben kann, denn es ergäben sich darnach für die 9 Araber 1910 ÷ (224 + 368 + 458 + 245 + 576 [586] = 1871 [1881]) = 39 (29 Jahre) oder 1909 ÷ 1871 [1881] = 38 (28 Jahre). Die vollen Regierungsjahre der Herrscher von Dynastie E bis H Nr. 3 betragen aber bereits 95 Jahre, wozu dann noch *Šamaš-mudammiq*'s Regierungszeit hinzutritt.

Zwei weitere Fälle scheiden ebenfalls aus, die im Ergebnis auf das Gleiche hinauskommen. Versuchen wir die 368 und gleichzeitig die für Berossos' Dynastie „VI" überlieferte 526 beizubehalten — indem wir einen Augenblick mit der in Wahrheit ausgeschlossenen Möglichkeit rechnen, daß die 45 Könige doch erst später beginnen, als wir ermittelt haben —, so bleiben 89 (88) Jahre, d. h. weniger als schon die Vorgänger des *Šamaš-mudammiq* bezeugtermaßen erfordern, und das gleiche trifft zu, wenn wir mit der durch Korrektur aus 368 gewonnenen Zahl 308 operieren und zugleich die minder wahrscheinliche Berichtigung der 526 in 586 zugrunde legen.

Es bleibt also nur der Eine Fall übrig, daß wir für Berossos' Dynastie III 308, für die 45 Könige seiner Dynastie VI 576 ansetzen.

Es ergibt sich dann, daß für *Šamaš-mudammiq* nur 3 Jahre zur Verfügung stehen: Das heißt ca. 40 Jahre weniger, als nach dem Datum von Bavian erforderlich wären.

Oder aber:

β) Wir setzen nach dem Datum von Bavian den Beginn der Dynastie H auf 996 (1004) (ob. S. 185f.), wodurch wir genötigt werden, entweder *Šamaš-mudammiq* eine unwahrscheinlich lange Regierung zuzuteilen, oder aber *Mar-bît-aḫi-iddin*'s Regierungsdauer über die mindestens 12 auf der Königsliste erkennbaren Jahre zu verlängern, wozu Pinches' Auffassung einen Anhalt gäbe, der in den betr. Spuren nicht einen Winkelhaken (= 10) und zwei senkrechte Keile (= 2), sondern in den letzteren gleichfalls die Reste von Winkelhaken erblickte. Darnach hätte *Mar-bît-aḫi-iddin* mindestens 30 Jahre regiert[1]). Knudtzon's und mein Befund sowie die Photographie scheinen dagegen zu sprechen. Da *Šamaš-mudammiq* noch mit *Adad-nirari* von Assyrien 911 (10)–891 gekämpft hat, so kann er nicht früher als 910 gestorben sein. Diesem Termin nähern wir uns, wenn wir die 526 Jahre des Berossos in 596 verändern und so den Beginn der berossi-

---

1) Siehe *Zwei Hauptprobleme* S. 21 zu der Stelle.

schen Dynastie VI in das Jahr 918 verlegen. Dann ergibt sich für die vollen Jahre für Dynastie H Nr. 1, 3, 4 die Zeit von 996 (1004)—919, das sind 78 (86) Jahre, dazu die 41 (40) vollen Jahre der Dynastien E bis G macht für die 9 Araber 119 (127) Jahre.

Dann erhalten wir für Berossos' Dynastie III = der aus dem ‚Meerlande' stammenden II. Dynastie (B) der Königsliste 1910 ÷ (224 + 458 + 245 + 596 + 119 [127] = 1642 [1650]) = 268 (260) Jahre.

Das Ergebnis aus α und β für Berossos' Dynastie III ist also eine annähernde Grenzbestimmung auf die Zeit zwischen 308 und 268 (260) Jahren.

e) **Kannte Berossos den Zusammenfall des Beginns der Meerland-Dynastie mit dem Ende der Ḫammurapi-Dynastie?** Diese Meerland-Dynastie ist nun, wie wir wissen, in ihrem Anfang mit der ersten Dynastie (A), der amoritischen Ḫammurapi-Dynastie, in ihrem Ende mit der dritten Dynastie (C) der Königsliste, den Kassiten, gleichzeitig gewesen, und zwar ergibt sich, wie schon früher dargelegt[1]), das folgende Bild:

Erste (amoritische) Dynastie (A) der Königsliste.
(Links die Jahrzahlen der Königsliste b, rechts die authentischen der Jahreslisten.)

15 J.	*Sumuabu*	14 J.
35 J.	*Sumula-ilu*	36 J.
14 J.	*Ṣabu*	14 J.
18 J.	*Abil-Sin*	18 J.
30 J.	*Sin-muballiṭ*	20 J.
55 J.	*Ḫammurapi*	43 J.
35 J.	*Samsu-iluna*	38 J.
25 J.	*Abêšuḫ*	28 J.
25 J.	*Ammiditana*	37 J.
21 J.	*Ammiṣaduqa*	—
31 J.	*Samsuditana*	—

Zweite (Meerland-)Dynastie (B) der Königsliste.

Ilu-ma-ilu	„60" J.
Itti-ili-nibi	„55" J.
Damqi-ilišu (*Damiq-ilišu* II.)	36 J.
Iškibal	15 J.
Peš-gal-dara-maš (s. Sohn)	„50" J.
Ai-dara-kalamma	28 J.
E-kur-ul-anna	26 J.
Melamma-kurkurra	7 J.
Ea-gamil	9 J.

Dritte (kassitische) Dynastie (C) der Königsliste.

Gandaš	16 J.
Agum I.	22 J.
Kaštiliaš I.	22 J.
Uš(?)-*si*	
u. s. f.	
(s. u.).	

---

1) *Klio* VIII 242 ff. und die dort Zitierten. Vgl. Schnabel, *MVAG* 13 (1908) S. 241 [11 ff.] und Ed. Meyer, *GA* I³ 2 (1913) S. 647, 657.

Es fragt sich: hat Berossos dieses Übergreifen der Meerland-, seiner dritten Dynastie in die der Amoriter, seiner „Meder", und in die der Kassiten, seine (oder seiner Ausschreiber) vierte Dynastie gekannt?

Nach Schnabel's Ansicht wäre ihm der Synchronismus *Abêšuḫ— Ilu-ma-ilu* bekannt gewesen und damit die Gleichzeitigkeit der 3 letzten Könige der Hammurapi-Dynastie mit den ersten Herrschern der Meerland-Dynastie, dagegen nicht der Synchronismus *Kaštiliaš—Eagamil* und die daraus folgende Gleichzeitigkeit mindestens der letzten 3 Könige der Meerland-Dynastie mit den ersten 3 Herrschern seiner Chaldäer (s. u.).

Daß das sehr unwahrscheinlich sei, deutete ich schon oben an. Es muß aber noch etwas näher darauf eingegangen werden.

Für Berossos dürfen wir, bis zum Beweise des Gegenteils, wie wir sahen, keine die ältesten Zeiten betreffenden Einzelstudien annehmen, die über die verfügbaren Gesamtlisten hinausgegangen wären.

Die Königsliste a aber, die etwa um 500[1]) niedergeschrieben wurde, verrät nirgends eine Ahnung von dem Ineinandergreifen der Dynastien, die sie aufzählt, sie hat sie sicher — dieselbe Erscheinung wie bei Manetho — als aufeinanderfolgend betrachtet.

Wenn andererseits Berossos aus Chroniken, wie sie King veröffentlicht hat, seine Kenntnisse für die ältesten in Babylonien residierenden Herrscher geschöpft hätte, so müßten ihm, sollte man meinen, auch die übrigen Synchronismen bekannt geworden sein. Er würde daher entweder für seine Dynastie III statt 11 Könige nur 8 verrechnet haben, genau wie er es für Dynastie VI nach Schnabel getan habe, oder aber er hätte von der ersten Gruppe seiner Chaldäer einen Abzug machen müssen, was nicht geschehen ist.

Worauf stützt nun Schnabel seine Annahme?

In erster Linie auf eine geistreiche bei Hommel[2]) zitierte Bemerkung von Lauth[3]): „daß der Wortlaut, mit dem Dynastie III bei Eusebius nach Berossos angeführt wird, *et rursus reges* XI[4]) doch darauf hindeute, daß auch die vorhergehende Dynastie 11 Könige gehabt habe und dementsprechend 8 in 11 zu ändern sei."

„Diese Beobachtung," bemerkt Schnabel, „ist offenbar richtig... Nur bedarf es nicht der Annahme, daß die 8 in 11 zu ändern sei, sondern beide Zahlen bestehen nebeneinander zurecht".

Schnabel schließt daran seine scharfsinnige Vermutung, daß die Zahl 48[5]) für Berossos' Dynastie III vielmehr den 7 Königen der Dynastien

---

1) Schnabel a. a. O. S.251 [21]. — 2) *MVAG* 1908 S. 268 [38].
3) *Geschichte Assyriens und Babyloniens* S. 174 Anm. 3.
4) Euseb. *Chronik* (Karst): „Und wiederum 11 Könige".
5) Im Text des Eusebius steht 28, beide Handschriften, G und E, geben aber die Randkorrektur 48. Daß diese richtig ist, bestätigt die Summe von

E—G der Königsliste zukäme, die mit Berossos' Arabern identisch seien: statt der 9 seien 7 Könige zu lesen, und diesen 7 kommen nach der Königsliste 47 Jahre 6 Monate zu.

Der Dynastie III dagegen gebühre die Zahl 245, die jetzt fälschlich den „Arabern" zugeschrieben sei.

Von anderem abgesehen (vgl. u.) ist dies deshalb unmöglich, weil die Zahl 245 sich ja als der Gruppe 2 der „Chaldäer" genau entsprechend erwiesen hat, die besteht aus den 12 letzten Königen der dritten (kassitischen) und den 11 Königen der vierten Dynastie (von Isin) = 23 Königen, die nach der Königsliste 112 + 133 = 245 Jahre geherrscht haben.

Angesichts dessen fällt der weitere gegen Schnabels Annahme sprechende Umstand, daß 245 auch unter der oben gewonnenen unteren Grenze von 268 für Dynastie III liegt, weniger ins Gewicht umsomehr, als Schnabel für Dynastie VI von anderen — allerdings sicher irrigen — Voraussetzungen (s. u.) ausgeht.

Darnach wird man das „wiederum" des armenischen Textes nicht in der Weise zu pressen haben, daß es sich gerade auf die Zahl der Könige beziehe. Daß das nicht nötig ist, zeigt auch die Art und Weise, wie Karst den Satz versteht und dann — freilich fälschlich — beurteilt[1]).

Es ist eben die zweite von den Dynastien, die im Gegensatz zu der Dynastie I des Berossos mit ihren im Ganzen 34090 (34091) Jahre herr-

---

1902 Jahren, die sich aus den Dyn. Berossos' nach ihrer Verschiebung unter Hinzurechnung der 401 Jahre von Ukinzer bis 331, dem Antrittsjahre Alexanders des Großen in Babylon ergibt (Ed. Meyer, *Klio* III 133). Karst's Annahme (Euseb. *Chronik* S. 243 sub 34), diese Randkorrektur sei willkürlich, beruhe auf eine Verwechslung des Ziffernzeichens 20 mit 40, ist also irrig. Mit Recht dagegen verwirft Karst, wie ebenfalls jene Summierung zeigt, die Randkorrektur, die aus den 224 Jahren der Mederkönige 234 machen will. Daß freilich die 224 aus einer Durchschnittszahl von 28 für je eine Regierung errechnet wären (Karst S. 243 sub 35), ist so gut wie ausgeschlossen. — Merkwürdig, aber doch wohl nur zufällig ist, daß diese aus Dyn. „II" 224 : 8 = 28 gewonnene Durchschnittszahl für die 11 Könige der Dynastie III 308 Jahre ergibt, worauf Karst hinweist, das kommt also genau auf die anderweitig gewonnene Korrektur 308 für 368 (S. 265) hinaus. Karst selbst möchte am liebsten die Dynastie III völlig ausmerzen. Ihm „ist dieser ganze Satz betr. die 11 Könige ohne nähere Dynastieangabe anstößig". Vermutlich sei er hervorgegangen aus einer mißverständlichen Auffassung der Originalquelle des Eusebius, worin diese Stelle im Zusammenhange etwa gelautet haben werde: „Darauf setzte er die Namen der medischen Dynastie, 8 an der Zahl, und ihre Jahre auf 224, indem er eine jede Regierung durchschnittlich zu 28 Jahren berechnete". Der trügerische Schutz, den die falsche Lesung 28 (statt 48) durch die Überlegung 224 : 8 = 28 erhält, wird hier zur Ausmerzung der Dynastie III verwertet. Konjekturen zu Berossos ganz ohne Berücksichtigung der keilinschriftlichen Überlieferung können keine zutreffenden Ergebnisse zeitigen.

1) Siehe die vorige Anmerkung.

schenden 10 Königen mit menschlich möglichen Jahren rechnen, die zweite historische Dynastie: darum jenes „wiederum".

Bis auf Weiteres wird man die 8 statt der 11 bei der ersten Dynastie also so erklären müssen, wie oben (und früher schon) von mir geschehen.

Schnabel's Nachweis, daß schon um 500, als die Königsliste niedergeschrieben wurde, die babylonischen Priester bereits das Jahr 2232/1 v. Chr. als Anfangsdatum der I. Dynastie (A) erhielten, geht zwar von Erwägungen aus, die auf dem Verhältnis der (ersten) Meerland- zur Hammurapi-Dynastie beruhen, hat aber ebenso wie seine weitere Forderung, dies gelte schon für die neubabylonische Zeit, die Ansetzung der dritten Dynastie zur Voraussetzung, zu deren Betrachtung wir jetzt übergehen.

Bemerkt sei nur noch, daß Schnabel's Versuch, die Verbesserung 308 für 368 zu einer Korrektur dieser Tradition zu verwenden, so daß das historische Anfangsdatum der ersten Dynastie um 60 Jahre, von 2232 auf 2172 v. Chr. herunterzurücken wäre, durch die astronomischen Angaben (ob wir Kugler oder Weidner folgen), als hinfällig erwiesen ist.

XIV. Zur dritten und vierten Dynastie der Königsliste.
Mit Beiträgen von **Walter Del Negro**.

Für die Wiederherstellung der auf der Königsliste lückenhaft überlieferten Dynastien, der dritten (kassitischen) und vierten Dynastie (von Isin), geben die Weidner'schen Listen unmittelbar verschiedene Anhaltspunkte. Es sind erst die hier obschwebenden Fragen zu regeln und dann der Vergleich mit Berossos, der in den Grundzügen feststeht, zu erörtern, auch im Hinblick auf die Frage, ob das Datum von Bavian sich halten läßt, oder ob eine verhältnismäßig geringfügige Verminderung dafür unausweichlich ist.

Mein Hörer Walter Del Negro hat hierzu in selbständiger Arbeit wertvolle Beiträge geliefert, was um so dankenswerter ist, als nicht die Geschichte, sondern die Philosophie sein eigentliches Studiengebiet ist.

Betrachtet man Ed. Meyer's Wiederherstellung der Kassiten-Dynastie[1], zu deren Beginn als Nr. 21 und 22 von den 36 Königen *Burnaburiaš* und *Kurigalzu* figurieren, und ebenso seine Erörterung der babylonisch-ägyptischen Synchronismen der El-Amarna-Zeit[2], so tritt die Tatsache in keiner Weise hervor, daß wir mit mehreren Trägern beider Namen zu tun haben. Und doch liegt hier eine Hauptschwierigkeit. Sie haben wir in erster Linie ins Auge zu fassen.

---
1) *GA* I³ 2 Tabelle bei S. 360.
2) *MVOG* 1908, *Studien z. bab.-ass. Chronol.*, p. 12 ff.

1. Das Kurigalzu-Problem
Von W. Del Negro.

a) Referat über die Lösungsversuche Winckler's, Schnabel's und Weidner's.

Im Anschluß an Schnabel[1]) sei zunächst in Kürze der gegebene Tatbestand dargelegt: Wir kennen 2 *Kurigalzu's* als **Söhne** (des *Kadašmanḫarbe* und des *Burnaburiaš*), 3 *Kurigalzu's* als **Väter** (I. des *Meli-Sipak*, II. des *Burnaburiaš*, III. des *Nazimaruttaš*). An **babylon.-assyrischen Synchronismen** sind gegeben:

Synchronistische Geschichte:	Chronik P:	
Karaindaš		*Ašur-rim-niše-šu*
Burnaburiaš		*Puzur-Ašir*
Karaindaš	*Kadašmanḫarbe*, Sohn des *Karaindaš*	
Usurpator *Nazi-Bugas*	Usurpator *Suzigas*	*Ašuruballiṭ*
Kurigalzu, Sohn des *Burnaburiaš*	*Kurigalzu*, Sohn des *Kadašmanḫarbe*	
Derselbe		*Enlilnirâri*, Sohn des *Ašuruballiṭ*.

Es seien endlich die **ägyptischen Synchronismen** angeführt:

Babylonien:	Ägypten:	Assyrien:
Vater d. *Kadašman-Enlil*	*Thutmosis* IV. ca. 1423—1414	
Kadašman-Enlil	*Amenophis* III. ca. 1414—1379	
Kurigalzu (?)		
Burnaburiaš	*Amenophis* IV. ca. 1379—1362	*Ašuruballiṭ*.

Schnabel suchte auch wahrscheinlich zu machen, daß *Burnaburiaš* noch in die Regierungszeit *Amenophis* III. zurückreiche[2]). Näheres hierüber wie auch über die anderen Fragen der ägyptischen Synchronismen folgt unten.

In gedrängter Form mögen — immer noch im Anschluß an Schnabel — Winckler's und Schnabel's Lösungsversuche vorgeführt werden[3]). Was zunächst den Widerspruch zwischen *synchronistischer Geschichte* und *Chronik P* betrifft, so folgt Winckler der letzteren als der babylonischen Quelle, sucht aber beide Quellen zu verwerten, indem er den „*Kurigalzu ṣiḫru*" den ‚kleinen *Kurigalzu*' (Sohn des *Kadašmanḫarbe* und nicht wie *synchron. Gesch.* will, eines *Burnaburiaš*) mit dem gleich-

---
1) *MVOG* 1908, *Studien z. bab.-ass. Chronol.*, p. 12 ff.
2) A. a. O. S. 13. — 3) A. a. O. p. 17 ff.

namigen Vater des *Nazimaruttaš* identifiziert, und zwar deshalb, weil *Kurigalzu ṣiḫru* nach der *synchron. Gesch.* eine Schlacht mit *Ašuruballit's* Sohn *Enlilnirâri*, dieseselbe Schlacht aber nach *Chronik P* mit *Enlilnirâri's* Enkel *Adadnirâri*, dem Zeitgenossen des *Nazimaruttaš*, schlägt. Da so die Reihe *Karaindaš—Kadašman-ḫarbe—Kurigalzu—Nazimaruttaš* gebildet ist, muß *Burnaburiaš*, der Korrespondent des (mit *Ašuruballiṭ* gleichzeitigen) *Amenophis* IV., vor *Karaindaš* angesetzt werden. Um die gegebenen *Kurigalzu*'s anzubringen, läßt Winckler *Burnaburiaš* Sohn *Kurigalzu*'s II. und diesen wieder Sohn *Burnaburiaš* I., Zeitgenossen *Puzur-Ašir*'s, sein; und weil *Kurigalzu* II. Zeitgenosse *Amenophis'* III., dieser aber auch mit *Kadašman-Enlil* und dessen Vater gleichzeitig ist und der letztere endlich auch mit *Thutmosis* IV. verkehrt, so ergibt sich, daß dieser *Kadašman-Enlil* (oder *Kadašman-Ḫarbe*) und *Kurigalzu* II. Brüder sind. Das Gesamtbild ist folgendes[1]):

Babylonien: Ägypten: Assyrien:

Karaindaš I. (**a**)   *Ašur-rim-niseš-u* (a)
Burnaburiaš I. (**b** m n)   { *Thutmosis* IV. (**m**)   *Puzur-Ašir* (b)
Kadašmanḫarbe II., s. S. (n)   } *Amenophis* III. (**n**)   *Ašurnadinaḫe*
Kurigalzu II., s. Br. (n)
Burnaburias II., s. S. (**c** o)   *Amenophis* IV. (**o**)
Karaindas II. (**d**)
Kadašmanḫarbe III., s. S. (**e**)   *Ašuruballit* (c d e f o)
   (*Nazi-Bugaš*)
Karigalzu III., S. d. *Kad.*   *Enlilnirâri* (f)
   III. (**f**)   *Arikdênilu*
Nazimaruttaš, s. S. (**g**)   *Adadnirâri* (g)

Schnabel[2]) wendet gegen Winckler ein: Der zwischen *Puzur-Ašir* und *Ašuruballiṭ* einzusetzende *Ašurnâdinaḫe* (nicht Vater, sondern „Vorfahr" *Ašuruballit's*) ist Zeitgenosse *Thutmosis'* III. (was in allerdings etwas gewagter Weise mittels ägyptisch-mitannischer Synchronismen dargetan wird). In seinem 23. Jahr, 1478, erhält *Thutmosis* III. vom Assyrerfürsten Geschenke, diese Begebenheit wird man mit der Gesandtschaft *Ašurnâdinaḫe's* zusammenbringen dürfen. Nun ist zwischen *Puzur-Ašir* und *Ašurnâdinaḫe* noch ein *Ašur-rim-niše-šu* einzufügen, weil der König dieses Namens, der einen von *Puzur-Ašir* gebauten *dûr* (Festungsmauer) „bekleidet", offenbar sein Nachfolger ist. *Puzur-Ašir*

---

[1]) Die babylonisch-assyrischen Synchronismen mögen hierbei durch Buchstaben a, b, c… angedeutet werden, die in der babylonischen Reihe fortlaufen; die babylon. und assyr. Synchronismen mit Ägypten durch Buchstaben m, n, o…, die in der ägypt. Reihe fortlaufen.

[2]) A. a. O. S. 19 ff.

rückt also bis ca. 1520 hinauf, sein Zeitgenosse *Burnaburias* I. kann also nicht Vater *Kurigalzu's* II. sein, der an *Amenophis* III. (1414— 1379) schrieb. Schnabel schlägt nun folgende Lösung vor:

Babylonien:	Ägypten:	Assyrien:
Karaindaš I. (a)		*Ašir-rim-niše-šu* I.(a)
Kadašmanḫarbe I.		
Burnaburiaš I.. s. S. (b)		*Puzur-Ašir*
		ca. 1420 (b)
Kurigalzu I. ⎱ vielleicht		*Ašir-rim-niše-šu* II.
Meli Šipak I., s. S. ⎰ vor *Karaindas* I.?	*Thutmosis* III.	*Ašurnâdinaḫe*
	1501—1447 (m)	um 1478 (m)
	Amenophis II.	
	1449—1423	
Karaindaš II.	*Thutmosis* IV.	*Eriba-Adad*
ca. 1425—1408 (c n o)	1423—1414 (n)	
Kadašmanḫarbe II., s. S.		
ca. 1408—1388 (d o)		
Nazibugaš, ca. 1388 (e)	*Amenophis* III.	
Kurigalzu II. (ṣiḫru), S. d.	1414—1379 (o)	*Ašuruballiṭ*, s. S., ca.
Kad. II. (ca. 1388/2 (f o)		1418–1370 (c d e f p)
Burnaburiaš II , s. S.		
ca. 1381—1352 (o p)	*Amenophis* IV.	
Kurigalzu III., s. S.	1379—1362 (p)	*Enlilnirari*, s. S.
ca. 1351—1327 (g)		ca. 1370—1345 (g)
		Arikdênilu, s. S.
		ca. 1345—1320
Nazimaruttaš, s. S.		*Adadnirâri*, s. S.
ca. 1326—1301 (h)		ca. 1320 – 1290 (h)

Der Fehler der *synchr.* G. erklärt sich dann einfach durch Auslassung des *Kadašmanḫarbe* II. und durch Verwechslung des *Kurigalzu* II. mit *Kurigalzu* III., der ja wirklich Sohn eines *Burnaburiaš* war.

Zur näheren Begründung dieser Lösung macht Schnabel drei mit der Amarnakorrespondenz zusammenhängende Annahmen.

1. identifiziert er den *Kadašman-Enlil*, der an *Amenophis* III. schreibt, mit dem *Kadašmanḫarbe*, Sohn des *Karaindas*[1]), auf Grund einer Kombination Knudtzons: *Kadašman-Enlil* schreibt nämlich an *Amenophis* III., daß an dessen Vater ([abi-k]a, andere Ergänzung unmöglich?) zum ersten Mal Boten geschickt wurden, — offenbar vom Vater *Kadašman-Enlil's*, da dieser erst nach *Amenophis* III.

1) A. a. O. p. 13 und Nachtrag.

Regierungsanfang auf den Thron kam —; *Burnaburiaš* aber schreibt: „Seit *Karaindaš*, seit Boten deiner Väter zu meinen kamen...;" daraus läßt sich, wenn die Angaben richtig sind, erschließen, daß der Vater des *Kadašman-Enlil*, ebenso wie der des *Kadašman-ḫarbe*, *Karaindaš* hieß; Thureau-Dangin's Einspruch gegen die sprachlich wohl zu rechtfertigende Gleichsetzung *Kadašman-* { *Enlil* / *Ḫarbe* } wird durch diese auffallende Koïnzidenz der Boden entzogen.

2. Wenn der an *Amenophis* IV. schreibende *Burnaburiaš* seinen *abu Kurigalzu* erwähnt, so heißt nach Schnabel *abu* hier Vater und nicht Vorfahr[1]); denn er schreibt, der *abu* des *Amenophis* IV. habe dem *Kurigalzu* Gold geschickt; und sein *abu*[2]) habe um jenes[3]) willen den Kananäern hein Gehör geschenkt; also an beiden Stellen ist der *abu* des *Amenophis* unbenannt, was bei einem Vorfahren wohl nicht angängig, und überdies kann *abu* in der ersten Stelle dem Zusammenhang nach nur „Vater" heißen; wäre also *Kurigalzu* Vorfahr, so müßte *abu* in der zweiten Stelle einmal als „Vorfahr", das andere Mal als „Vater" übersetzt werden. — Als Folge ergibt sich, daß der *Burnaburiaš*, Sohn des *Kadasman-Enlil*, nur *Burnaburiaš* I. sein kann, wie schon Lehmann-Haupt (*Zwei Hauptprobleme* S. 134) angenommen hatte.

3. Der an *Amenophis* IV. schreibende *Burnaburiaš* (II.) scheint nach Schnabel noch vor *Amenophis* IV. den Thron bestiegen zu haben; er schreibt an einen ägyptischen König (dessen Name weggebrochen ist): „so wie Du und mein Vater gute Freunde waren[4])." Dieser Ägypterkönig aber dürfte *Amenophis* III. sein, denn an *Amenophis* IV. schreibt er, er habe an dessen Vater einen Boten geschickt[5]) usw. (die Stelle allerdings stark beschädigt!)

Was endlich die Begründung der Datierungen betrifft, so ergeben sich bei Schnabel die Daten für *Burnaburiaš* II., *Kurigalzu* III. und *Nazimaruttaš* auf Grund seiner Identifizierung derselben mit Nr. 21—23 der Kassitendynastie (worüber an anderm Ort); für *Burnaburiaš* II. (nach den Nippurtexten $25 + x$ J.) werden 30 J. gerechnet, um ihn vor *Amenophis* IV. beginnen zu lassen. Die weiteren Daten erschließt Schnabel aus folgenden Voraussetzungen: *Karaindaš* sowohl mit *Thutmosis* IV. als auch mit *Amenophis* III. gleichzeitig; zwischen seiner Vermählung und dem Tod seines Sohnes, da letzterer eine erwachsene Tochter hat[6]), mindestens 30 Jahre.

---

1) A. a. O. p. 12 und Nachtrag. — 2) Gemeint ist *Kurigalzu* II.
3) Nämlich des *abu* des *Amenophis* IV.
4) *El-Amarna* (Knudtzon) Nr. 6. — 5) *El-Amarna* (Knudtzon) Nr. 11.
6) Vgl. J. A. Knudtzon, *Die el-Amarna-Tafeln*, S. 36 Anm.

Karaindaš II. *Thutmosis* IV.
  ca. 1425—1408 1423—1414
Kadašmanḫarbe II. *Amenophis* III. *Ašuruballiṭ*
  ca. 1408—1388 1414—1379 ca. 1418—1370
Burnaburiaš II. *Amenophis* IV.
  ca. 1381—1352 1379—1362

Ehe ich mich der Kritik dieser beiden Lösungsversuche zuwende, tut es not, auf das von Weidner in seinen *Studien zur assyr.-babyl. Chronologie und Geschichte auf Grund neuer Funde*[1]) Vorgebrachte ebenfalls in Kürze einzugehen. Mit Hilfe des Berl. Fragm. C kann Weidner die Reihe der assyrischen Könige von *Aširnirâri* II. bis auf *Adadnirâri* I. wiederherstellen: *Aširnirâri* ist Vater *Puzur-Ašir's*, dieser wieder[2]) Vater *Enlilnaṣir's*, mit dem Fragm. C beginnt; es folgen *Aširrâbi*, *Aširnirâri*, *Ašir-bêl-niše-šu*, *Ašir-rim-niše-su*, *Ašur-nadin-aḫe*, *Erîba-Adad*, *Ašuruballiṭ*, *Enlilnirâri*, *Arikdênilu*, und dieser ist genugsam als Vater *Adadnirâri's*, der mit *Nazimaruttaš* kämpft, bekannt. Die Rekonstruktion der entsprechenden babylonischen Königsreihe[3]) erfolgt in der Weise, daß der an *Amenophis* IV. schreibende *Burnaburiaš* vor *Kadašmanḫarbe* und *Kurigalzu ṣiḫru* angesetzt wird — Weidner hält dies für „naturgemäß", da *Burnaburiaš* als Korrespondent *Amenophis'* IV. „offenbar" auch Zeitgenosse *Ašuruballiṭ's* sei, dann aber ebenso „offenbar" nicht hinter dessen Urenkel angesetzt werden könne; Weidner setzt demgemäß diesen *Burnaburiaš* II. mit dem[4]) Sohne des *Kadašman-Enlil* gleich, da ja ein *Kadasman-Enlil* an *Amenophis* III. schreibt, und faßt *abu* (bei der Erwähnung des *Kurigalzu*) als „Vorfahr" auf; der *Karaindaš*, den *Burnaburiaš* als Vorfahren nennt, ist dann natürlich auch nicht der Schwiegersohn *Ašuruballiṭ's* (Weidner hält diesen für den Bruder *Burnaburiaš* II.), sondern ein früherer und wohl identisch mit dem (nach der *synchr. Gesch.*) mit *Ašir-bêl-niše-šu* gleichzeitigen (denn es habe nur einen *Ašir-bêl-niše-šu* gegeben, die *synchr. Gesch.* irre, wenn sie die Reihenfolge *Ašir-bêl-niše-šu—Puzur-Ašir* aufstellt; dieses Versehen gehe darauf zurück, daß sie *Puzur-Ašir* als Zeitgenossen *Burnaburiaš'* II. statt *Burnaburiaš'* I. ansah, wie auch der Fehler in der Benennung von *Kurigalzu ṣiḫru's* Vater[5]) auf diese Verwechlung zurückzuführen sei. Wenigstens vermutet Weidner, daß *Kurigalzu* I., „*abu*" *Burnaburiaš'* II., tatsächlich Sohn eines *Burnaburiaš* [I.] ist).
Kurigalzu II. (*ṣiḫru*) identifiziert Weidner gemäß der *synchron. G.* und entgegen Schnabel mit dem Gegner *Enlilnirâri's* (wenn Chronik P

---

1) *Mitt. Vorderas. Ges.* 20 (1915) S. 46—68.
2) Nach Dēlitzsch. — 3) A. a. O. p. 62 ff.
4) Nach Lehmann-Haupt, *Zwei Hauptprobleme* 135, gleichnamigen.
5) *Burnaburiaš* statt *Kadašmanḫarbe*.

den Kampf zwischen *Kurigalzu* und *Adadnirâri* stattfinden lasse, verwechsele sie *Kurigalzu* II. mit *Kurigalzu* III.). Nach *Kurigalzu* II. setzt Weidner die Reihe der Nippurtexte an. Auf Grund dieser Erwägungen versucht Weidner folgende Rekonstruktion des Fragmentes C (die ägyptischen Synchronismen, wie er sie sich denkt, beigefügt):

	[*Burnaburiaš* I.] ca. 1475—1460	[*Puzur-Ašir*] 1475—1460
Amenophis II.	[*Kurigalzu* I.] ca. 1460—1445	*Enlilnirâri*, *Aši*[*rrâbi*, *Aširnirâri* III.] 1460—1455—1450—1445
Thutmosis IV.	[*Karaindaš*] ca. 1445—1430	*Aširbêlniše*[*su*] 1445—1430
Amenophis III.	[*Kadašman-Enlil* I.] ca. 1430—1415	*Aširrimniše*[*šu*] 1430—1420
Amenophis IV.	[*Burnaburiaš* II.] ca. 1415—1400	*Ašurnâdinaḫe*, *Erîba-Adad*, *Aš*[*uru-ballit*], 1420—1412—1405—1385
	[*Kadašmanḫarbe* II.] ca. 1400—1395	*Enlilnirâri*[*ni ir*] 1385—1350
	[*Kurigalzu* II. ca. 1395—1380	*um-ma-an* [*Kaš-ši-i*]
	[*Burnaburiaš* III.] ca. 1380—1350	*Arikdênilu* 1350—1320
	[*Kurigalzu* III.] ca. 1350—1325	▽
	[*Nazimarutaš*] ca. 1325—1299	▽
	[*Adadnirâri* I.]	1320—1280

In dieser Rekonstruktion muß wundernehmen, daß *Enlilnirâri* in einer Zeile mit *Kadašmanḫarbe* II. steht, obwohl sein Vater noch mit *Kurigalzu* II. gleichzeitig ist; Weidner begründet dies damit, daß ein Hinaufrücken *Kadašmanḫarbe*'s II. den Anschein erwecken würde, als sei er sowohl mit *Ašurnâdinaḫe* als auch mit *Erîba-Adad*, als auch mit *Ašuruballit* gleichzeitig, und glaubt, durch das Fehlen des Trennungsstriches zwischen *Kad.* II. und *Kurigalzu* II. sei angedeutet, daß letzterer noch Zeitgenosse *Ašuruballit*'s ist. Da ihm aber offenbar doch Skrupel darüber aufsteigen, warum dann nicht *Enlilnirâri* wenigstens um eine Zeile tiefer steht, so führt er die Hypothese einer Mitregentschaft *Enlilnirâri*'s ein, so daß dieser also als Mitregent gleichzeitig mit *Kadašmanḫarbe* II. wäre.

Dem Widerspruch mit den ägyptischen Synchronismen steht Weidner mit verschränkten Armen gegenüber; er weist nur auf Mahler's Versuch einer Hinaufschiebung um 25 Jahre hin, durch den allerdings *Amenophis* IV. in die Jahre 1404 u. ff. versetzt würde, also mit *Burnaburiaš* II. gleichzeitig sein könnte.

b) Eigene Untersuchung. Blicken wir zurück: wir sind ausgegangen von jenem Widerspruch zwischen der *synchron. Geschichte* und *Chronik P*, der allgemein zugunsten der letzteren entschieden wird. Ausschlaggebend ist hierfür meines Erachtens weniger der Umstand, daß sie als die babylonische Quelle in babylonischen Dingen den Vorzug verdient, als vielmehr ein gewisser Irrationalismus in der Darstellung der „*synchronistischen Geschichte*": *Ašuruballiṭ* zieht zur Rächung seines Tochtersohnes (der hier *Karaindaš* heißt), nach Babylon, setzt aber dann den Sohn eines *Burnaburiaš* auf den „Thron seines Vaters"; mit dieser Wendung ist offenbar der letzte legitime König gemeint, der hieß aber nicht *Burnaburiaš*, sondern *Karaindaš*, oder vielmehr *Kadašmanḫarbe*; denn daß die *Chronik P* auch darin zuverlässiger ist, daß sie *Ašuruballiṭ's* Tochtersohn *Kadašmanḫarbe*, Sohn des *Karaindaš* (statt schlechtweg *Karaindaš*) nennt, hat Schnabel[1]) m. E. überzeugend dargetan; die *synchronistische Geschichte* läßt die Worte „*Kadašmanḫarbe*, Sohn des" aus Versehen aus.

Wie verhält es sich nun mit deren Angabe, daß der Babylonierkönig *Kurigalzu ṣiḫru*, also der Urenkel des Assyrerkönigs *Ašuruballiṭ's*, mit dessen Sohn *Enlilnirâri*, als dem Könige von Assyrien, kämpft? Dürfen wir dieser Angabe mit Winckler Glauben schenken, oder liegt hier, wie Schnabel will, eine Zusammenschiebung des 2. und 3. *Kurigalzu* vor? Weder das eine noch das andere trifft zu. Schnabel's Annahme zunächst halte ich für ausgeschlossen, weil *Kurigalzu* III. ja von *Kurigalzu* II., dem Urenkel *Ašuruballiṭ's*, durch die $25 + x$[2]), nach Schnabel 30 Jahre des *Burnaburiaš* getrennt, also offenbar Enkel *Kurigalzu's* II. (wie ja vielfach Großvater und Enkel dieselben Namen tragen) und damit Urururenkel *Ašuruballiṭ's* ist: es ist undenkbar, daß er mit dessen Sohne gleichzeitig sein soll. Schnabel sieht sich zu dieser barocken Annahme dadurch genötigt, daß er, wie oben gezeigt, für *Burnaburiaš* ein Hinaufreichen in die Zeit *Amenophis'* III. beweisen zu können glaubt; damit wäre erwiesen, daß *Kurigalzu's* II. Regierung vor der seines (mit *Amenophis* IV. korrespondierenden) Urgroßvaters endet. Aber abgesehen davon, daß damit noch nicht die Unmöglichkeit eines Kampfes mit *Enlilnirâri* gegeben wäre — dieser konnte ja Mitregent[3]) sein, besonders wenn man *Ašuruballiṭ* mit Schnabel eine

---

1) *MVAG* (1908). — 2) Nach den Nippurtexten; näheres darüber unten S. 283.
3) Hypothese Weidners.

abnorm lange Regierungszeit zuschreibt — so verwickelt sich Schnabel mit seiner Annahme, *Burnaburiaš* II. schreibe schon an *Amenophis* III., in noch andere chronologische Absurditäten, außer den bereits vorgebrachten. Da er nämlich, wie ich glaube mit Recht, *Ašuruballiṭ's* Schwiegersohn *Karaindaš* mit *Thutmosis* IV. und *Amenophis* III. korrespondieren und daher ca. 1425—1408 regieren läßt und seine Vermählung auf ca. 1418 ansetzt, kann er auch *Kadašmanḫarbe's* II. Geburt nicht früher, oder wenigstens nicht erheblich früher ansetzen (weil sonst *Ašuruballiṭ's* Regierung zu sehr in die Länge gezogen würde); wenn aber dies, wie soll dann *Kadašmanḫarbe's* Enkel bereits vor 1379 regieren, ja nicht nur das[1]), sondern bereits mit Ägypten korrespondieren?

Die Gleichzeitigkeit des *Burnaburiaš* mit *Amenophis* III., die durch die stark beschädigte Stelle *VAB* II 11[2]) wohl kaum ausreichend begründet werden kann, wird also wegen der Widersprüche mit den durch die ägyptischen Synchronismen gelieferten Daten[3]) nicht angenommen werden können; damit fehlt aber jeder Anlaß, den Gegner *Enlilnirâri's* mit *Kurigalzu* III. zu identifizieren. Denn Wincklers[4]) Ansicht, der Gegner *Enlilnirâri's* müsse mit dem Vater des *Nazimarutaš* ein und derselbe sein, weil die *Chronik P* statt *Enlilnirâri Adadnirâri* setzt, ist gänzlich haltlos; es liegt hier, wie Weidner richtig gesehen hat, ein Versehen der *Chronik P* vor, die *Kurigalzu* II.[5]) und III. verwechselt, in keiner Weise darf aber daraus geschlossen werden, daß *Kurigalzu ṣiḫru* in *Adadnirâri's* Nähe zu rücken ist.

Aus dem Bisherigen ergibt sich zunächst für die Zeit *Ašuruballiṭ's* und seiner 3 Nachfolger folgendes Bild als das wahrscheinlichste:

Thutmosis IV.	*Karaindaš*	
1423—1414	ca. 1425—1408	
Amenophis III.	*Kadašmanḫarbe*, s. S.	*Ašuruballiṭ*
1414—1379	ca. 1408—1388	ca. **1425—1378**
	(*Nazibugas*) ca. 1388	
	Kurigalzu, S. d. Kad.	
	ca. **1388—1377**	
Amenophis IV.	*Burnaburiaš*, s. S.	*Enlilnirâri*, s. S.
1379—1362	ca. **1377—1352**	
	Kurigalzu, s. S.	*Arikdenilu*, s. S.
	ca. 1351—1327	
	Nazimarutaš, s. S.	*Adadnirâri*, s. S.
	ca. 1326—1301	

---

1) Man könnte ja zur Not noch an vormundschaftliche Regierung denken.
2) S. o. S. 274.
3) Weidners abweichende Datierung scheint mir verfehlt, s. u. S. 281.
4) Von Schnabel stillschweigend übernommen.
5) Nach Winckler *Kurigalzu* III.

Nehmen wir an, daß *Kadašmanḫarbe* um 1420 geboren ist, so ergibt sich genügend Spielraum erstens für Schnabels Forderung, ihn nicht unter 30 Jahre alt werden zu lassen, zweitens für *Kurigalzu ṣiḫru*, der leicht um 1400 geboren sein kann, also 1377 bereits einen (unmündigen) Sohn hinterlassen konnte; auch ist die Möglichkeit gegeben, daß *Kurigalzu ṣiḫru* mit *Enlilnirâri* kämpft. Aber, wenn auch auf diese Weise Absurditäten m. E. vermieden sind, bleiben doch unleugbare Härten: zunächst einmal muß auffallen, daß einerseits *Amenophis* III. und *Ašuruballiṭ*, andererseits *Kurigalzu ṣiḫru* und *Enlilnirâri* nur je 1 Jahr gemeinsam haben (obwohl unsere beiden Quellen nicht berichten, daß *Kurigalzu* etwa in der Schlacht am Tigris den Untergang gefunden hätte); und dann ist doch merkwürdig, daß *Kadašmanḫarbe*, *Kurigalzu ṣiḫru*, *Burnaburiaš* und *Kurigalzu* alle in jungen Jahren sterben mußten (die Lebensdaten wären etwa 1420—1388, 1400—1377, 1380 bis 1352, 1360—1327). Der ersten dieser Schwierigkeiten ließe sich begegnen, wenn wir eine Mitregentschaft *Enlilnirâris* annehmen; der zweiten bis zu einem gewissen Grade, wenn wir die Geburt *Kadašmanḫarbe's* noch etwas hinaufrücken[1]) und die jeweiligen Kronprinzen bereits vor dem 20. Jahre ihrer Väter das Licht der Welt erblicken lassen, aber viel ist damit nicht geholfen. Dagegen lassen sich beide Schwierigkeiten beheben, wenn wir das Ende der Dynastie C, von dem die Berechnung ausgeht, etwas hinunterrücken oder, was in dem geforderten Maß zulässig wäre, die ägyptischen Datierungen hinaufschieben und *Burnaburiaš* dementsprechend erst in der 2. Hälfte der Regierung *Amenophis* d. IV. herrschen lassen. Wir gewinnen dann mehrere Jahre Zeit für die Synchronismen *Ašuruballiṭ*—*Amenophis* IV. und *Kurigalzu*—*Enlilnirâri* und können die Lebensdaten der babylonischen Könige etwas vergrößern; allzuviel dürfen wir dies ohnehin nicht, wenn überhaupt die von uns aufgestellte Reihe zulässig ist, denn *Nazimaruttaš* gehört der 6., sein assyrischer Zeitgenosse der 3. Generation nach *Ašuruballiṭ* an.

Wir haben nunmehr, um unser Resultat zu festigen, noch zwei Fragen zu beantworten: erstens, ob die geforderte Verschiebung um mehrere Jahre[2]) im Bereich der Möglichkeit liegt, und zweitens, ob denn die Reihenfolge der babylonischen Könige wirklich feststeht. Was das erste betrifft, so lassen nach den Ergebnissen der ägyptischen Chronologie die Daten für *Amenophis* IV. und seine Vorgänger tatsächlich eine Hinauf-

---

1) *Ašuruballiṭ* müßte dann allerdings sehr alt werden.
2) Als Maximum dürfen wir wohl 10 ansehen, um den Synchronismus *Amenophis* IV.—*Burnaburiaš* nicht zu stören; ist uns doch eine Reihe von Briefen des letzteren an *Amenophis* IV. erhalten.

schiebung um 10 Jahre zu[1]), sodaß wir uns hierbei beruhigen könnten (wir würden dann *Amenophis* IV. von 1389—1372, *Kurigalzu şiḫru* als Zeitgenossen *Amenophis* d. III. ca. 1392—1377, seinen Vater ca. 1410—1392, *Ašuruballiṭ* ca. 1430—1385 ansetzen können); aber bekanntlich stehen auch die Gesamtdatierungen für die Kassitendynastie nicht fest. Schnabel berechnet als spätestes Jahr für das Ende dieser Dynastie 1170[2]), während er seine tatsächliche Ansetzung auf 1177 durch den vermeintlichen Synchronismus *Burnaburiaš—Amenophis* III. motiviert.[3]) Lassen wir diese Voraussetzung, dem oben Gesagten gemäß, fallen, so gewinnen wir auch hier eine mögliche Verschiebung um 7 Jahre. Ed. Meyer, der wie Schnabel auf Bavian fußt, gelangt mit Hilfe des Synchronismus *Adadapaliddin* (= D_8)—*Ašurbêlkâla* allerdings zum Ergebnis, 1185 als Endjahr für C anzusehen[4]), aber seine Berechnungen sind nur approximativen Charakters. Auch Weidner[5]) fußt auf Bavian, zieht aber die Berliner Fragmente heran und glaubt dadurch das Ende von C auf 1176 fixieren zu können; dabei macht er jedoch die unbewiesene Voraussetzung, daß *Ašurdân* schon in seinem ersten Regierungsjahre mit *Zamama-šum-iddin* kämpfte; eine Voraussetzung, die zwar durch die Tatsache, daß *Ašurdâns* Vater erst zur Zeit *Marduk-abal-iddin's* (des Vorgängers *Zamama-šum-iddin's*) auf den Thron kam[6]), nahegelegt, aber nicht notwendig gemacht wird; regierte doch *Marduk-abal-iddin* 13 Jahre lang, *Ašurdâns* Vater konnte also bei kurzer Regierung sehr gut einige Jahre vor *Zamama-šum-iddin* sterben. Weidner könnte allerdings einwenden, die Frage, ob *Zamama-šum-iddin* in das erste Jahr *Ašurdâns* falle oder nicht, sei von nebensächlicher Bedeutung, er habe ja erwiesen, daß zwischen *Zamama-šum-iddin* und *Tiglatpileser* I. $1 + 3 + 18 + 6 + 16 + x + 4 + y = 48$[7]) $+ x + y$ Jahre liegen; aber erstlich berechtigt nichts dazu, diese Zahl gerade auf 60 zu erhöhen, und zweitens ist 1120 (für den Regierungsantritt *Tiglatpileser's*) bereits nach oben abgerundet.

Bei Zugrundelegung des Baviandatums ist also gegen eine mäßige Herabsetzung der Zahlen für *Burnaburias—Kurigalzu—Nazimaruttas* kein ernstlicher Einwand zu erheben. Im Gegenteil erweist sich diese Herabsetzung auch in anderer Hinsicht als vorteilhaft, was hier nur nebenbei erwähnt sei: wir können nämlich bei Herabsetzung um 5—7 Jahre den Beginn der 8. Dynastie mit 992—990 statt wie Weidner 996, den Regierungsanfang *Šamaš-mudammik's* also

---

1) Vgl. Weidner a. a. O. S. 68.
2) *MVAG* S. 61 ff.
3) Ebenda S. 66. — 4) *G. d. Alt.* I³ 2 S. 362.
5) A. a. O. S. 14 f. — 6) Vgl. Schnabel a. a. O. S. 64.
7) Das Jahr *Zamama-šum-iddin's* inbegriffen.

mit 943—941 statt 947 bestimmen und brauchen letzterem keine abnorm lange Regierung zu vindizieren, um den Synchronismus mit *Adadnirâri* III. (911—890) zu ermöglichen.

Aber auch eine mäßige Korrektur des Datums von Bavian — wenn sie sich aus anderen Gründen notwendig erweisen sollte — wird mit dem Ansatz des Endes der 3. Dynastie um 1170 nicht unvereinbar sein; wir brauchen nur den Weidnerschen Standpunkt, *Ašurdâns* Tempelrenovierung müsse in den Anfang seiner Regierung fallen, aufzugeben[1]) und gewinnen dann die Möglichkeit, *Tiglatpileser* innerhalb der beiden ersten Jahrzehnte des 11. Jahrhunderts seine Herrschaft beginnen zu lassen, statt mit Bavian um 1120.

Gehen wir zur zweiten Frage über: ob nämlich der unmittelbare Anschluß des *Burnaburiaš* der Nippurtexte an *Kurigalzu ṣiḫru* berechtigt ist, so glaube ich ihre Beantwortung mit dem Hinweis auf Schnabels Darlegungen erledigen zu können, aus denen die Bejahung wohl mit größter Wahrscheinlichkeit hervorgeht[2]). Daß *Burnaburiaš* an *Amenophis* IV., sein Vater *Kurigalzu* an *Amenophis* III., an denselben aber ein *Kadašmanḫarbe* schreibt, der wieder als Sohn eines *Karaindaš* festgestellt werden konnte, das läßt wohl keinen Zweifel mehr über die Berechtigung jenes Anschlusses übrig; erhärtet wird er auch dadurch, daß *Kurigalzu ṣiḫru*, der Vater des *Burnaburiaš* der Amarnabriefe, (nach der hier wohl zuverlässigen *synchron. Gesch.*) mit *Enlilnirâri* kämpft, also mit dem Großvater *Adadniraris*, der wieder den Enkel des *Burnaburiaš* der Nippurtexte bekämpft. Dieser zweite Gedanke ergänzt Schnabels Argumente, da er die Unmöglichkeit dartut, zwischen dem *Burnaburiaš* der Nippurtexte und der Amarnabriefe zu unterscheiden.

Hiermit glaube ich das S. 278 gegebene Bild, unter leichter Modifikation sei es der ägyptischen, sei es der babylonischen Datierungen (oder beider) für gesichert ansehen zu dürfen, ohne noch des näheren auf Weidners Auffassung eingehen zu müssen; dieselbe richtet sich ja selbst durch ihre Unvereinbarkeit mit der ägyptischen Chronologie und durch die Ignorierung der oben gegebenen Beweise für die Gleichsetzung des *Burnaburiaš* der Nippurtexte mit dem Korrespondenten *Amenophis* d. IV. Der erste Widerspruch ist in Wirklichkeit viel größer, als in Weidners Darstellung ersichtlich; denn da *Kadašmanḫarbe*, der Enkel *Ašuruballiṭ's*, mindestens 30 Jahre alt geworden sein muß (Schnabel), so wäre die Hochzeit seines Vaters spätestens 1425, dann

---

1) Jene $48 + x + y$ Jahre, welche zwischen seinem ungefähren Regierungsantritt und dem *Tiglatpilesers* liegen, können ja auch erheblich über 60 hinausgehen.
2) Vgl. o. S. 274 und unten S. 283 f.

wird aber auch dessen Bruder *Burnaburiaš* II. noch höher als 1415—1400 anzusetzen sein u. s. f.

Was die Rekonstruktion des Berliner Fragments C betrifft, so zeigt ein Blick auf den erhaltenen Teil der assyrischen Spalte (vgl. S. 14), daß hier eine merkwürdige Wiederholung in der Anordnung besteht: zunächst 3 Namen in einer Zeile, dann 2 Zeilen mit je 1 Namen ohne Trennungsstrich, dann wieder eine Zeile mit 3 Namen und wieder 2 Zeilen ohne Trennungsstrich mit 1 Namen und — was besonders charakteristisch ist — einer urplötzlich hereingeschneiten historischen Notiz, die offenbar nur als Füllsel dient[1]): sollte es sich da nicht um ein System, weniger von inneren als von formalen Gesichtspunkten bedingt, handeln? Sollte es da nicht naheliegend erscheinen, auch für die babylonische Spalte ein ähnliches Vorgehen anzunehmen? Etwa nach folgendem Schema:

	Enlilnirâri, Aši[*rrâbi, Aširnirâri*]
?	*Aširbêlniše*[*šu*]
?	*Aširrimniše*[*šu*]
[x, *Karaindas, Kadašmanḫarbe*	*Ašurnâdinaḫe, Eriba Adad, Aš*[*uruballiṭ*]
[*Kurigalzu*] [*Burnaburiaš*]	*Enlilnirâri ni-ir um-ma-an* [*Kaš-ši-i*][1])
[*Kurigalzu, Nazimaruttaš, Kadašmanturgu*]	*Arikdênilu,* [*Adadnirari, Salmanassar*]

Es soll dies nur eine Anregung sein; auch Weidner's Rekonstruktion erhebt keine höheren Ansprüche, wir haben oben gesehen, daß er sie eigentlich nur mittels der Hypothese einer Mitregentschaft *Enlilnirari's* rationell gestalten kann.

Werfen wir endlich noch einen Blick auf die Versuche, die babylonische Königsreihe zwischen *Burnaburiaš* I., dem Zeitgenossen *Puzur-Ašir's,* und den Königen der *Ašuruballiṭ-*Zeit wiederherzustellen, so scheidet der Winckler's (wie auch der verwandte der *Zwei Hauptprobleme* Lehmann-Haupt's) deshalb aus, weil nach Berliner Fragment C 7 Könige zwischen *Puzur-Ašir* und *Ašuruballiṭ* anzunehmen sind, und außerdem, weil er fälschlich den *Burnaburiaš* der Amarnabriefe vor *Karaindaš,* dem Schwiegersohn *Ašuruballiṭ's,* ansetzt; den letzteren Fehler begeht auch Weidner, so daß dessen darauf beruhende Rekonstruktion ebenfalls hinfällig wird. Wir können in die Lücke höchstens vermutungsweise mit Schnabel die Gruppe *Kuri-*

---

1) *Enlilnirâri ni-ir um-ma-an Kaš-ši-i* „E., der Besieger der Kassiten".

galzu I. und *Melišipak* I. einfügen und eventuell noch den nach der *synchronistischen Geschichte* mit *Ašurbêlnišešu* gleichzeitigen *Karaindaš*, sofern nämlich Weidner recht hat, wenn er behauptet, es gebe nur Einen *Ašurbêlnišešu* (S. 275) und die Ansetzung eines solchen vor *Puzur-Ašir* in der *synchronistischen Geschichte* beruhe auf irrtümlicher Verlegung *Puzur-Ašir's* in die Zeit *Burnaburiaš* des Zweiten statt des Ersten. Freilich ist diese Behauptung — mit unsern bisherigen Kenntnissen — gänzlich unkontrollierbar.

2. Wir schließen an diese Ausführungen Del Negro's die

Gesamtrekonstruktion der dritten (kassitischen) Dynastie (C) und der vierten Dynastie (der von Isin, D) der Königsliste
Von W. Del Negro.

a) Der dritten Dynastie. In der Königsliste sind gegeben: Nr. 1—6 (*Gandaš* 16 J., *Agum ŠI* 22 J., *Kaštiliašu* 22 J., *Du [UŠ?]-ši* 9 oder 19 oder 8 J., *Adumetaš* [oder *Abirattaš*] und *Tašzigurmaš*); ferner die Jahreszahlen von Nr. 22 angefangen, die Namen von Nr. 25 an.

Nr. 21—28 haben nach Schnabel's Nachweis[1]) auch die Nippurtexte; ich bringe die beiderseitigen Angaben in Synopsis:

	Königsliste:	Jahre:	Nippurtexte:	Jahre:
21			*Burnaburiaš*	25 + x
22		38 (25?)	*Kurigalzu*	23 + x
23		26	*Nazimaruttas*, s. S.	24 + x
24	K[	17	*Kadašmanturgu*, s. S.	16 + x
25	*Ka-diš*[	14	*Kadušman-Enlil*	6 + x
26	K[u]-d[u]r[ ]šu[2])	6 (16?)	*Kudurri-Enlil*	8 + x
27	*Ša-ga-rak*[ ]aš	13	*Sagaraktišuriaš*	12 + x
28	*Kaš-til* (*mari-šu* = s. S.)	8	*Kaštiliašu*, s. S.	6 + x

Die Differenz bei Nr. 26 (*Kudurri-Enlil*) möchte Schnabel[3]) zugunsten der Nippurtexte entscheiden auch für den Fall, daß in der Königsliste 16 gestanden haben sollte; denn es wäre zu auffallend, daß sich aus den ersten 8 Jahren 11 Texte erhalten haben sollten, aus den folgenden 8 Jahren aber kein einziger. Schnabel denkt an die Lesung ▽▽▽▽/▽▽▽▽ statt ◁▽▽▽/▽▽▽. Auch bei Nr. 25 denkt er an einen ähnlichen Fehler[4]): statt ◁▽▽/▽▽ wäre ▽▽▽/▽▽▽ zu lesen. Es muß zugegeben werden, daß diese Analogie bestechend wirkt; mehr als Wahrscheinlichkeitsgründe bietet sie freilich nicht. Aber wie dem auch immer sei, die Gleichsetzung der beiden

---
1) **MVOG** 1908, *Studien zur babyl.-assyr. Chronol.*, Sp. 5 ff.
2) Die Lesung *Iš(giš)ammeti* ist aufgegeben.
3) A. a. O. S. 6. — 4) A. a. O. S. 7.

Reihen im ganzen ist wohl durch die Übereinstimmung der Zahlenangaben für Nr. 23, 24, 27, 28 und der Namen, soweit sie in der Königsliste erhalten sind, außer Zweifel gestellt. *Burnaburiaš* allerdings scheint zunächst in der Luft zu hängen, denn Schnabel's Hinweis darauf, daß er gleichwie *Ašuruballiṭ* mit *Amenophis* IV. korrespondiert, *Ašuruballiṭ's* Sohn aber mit *Kurigalzu* kämpft[1]) ist erstens kein Argument und beruht zweitens auf der falschen Voraussetzung, daß *Enlilnirâri's* Gegner *Kurigalzu* III. ist. Man hat also die Möglichkeit heranzuziehen, daß zwischen *Burnaburiaš* und *Kurigalzu* eine Lücke anzunehmen sei[2]). Eine Möglichkeit, die, falls ernstlich in Erwägung zu ziehen, für das Kurigalzuproblem von einschneidender Bedeutung wäre; wir müßten dann annehmen, daß der *Kurigalzu* der Nippurtexte mit *Kurigalzu ṣiḫru* identisch wäre und daß *Burnaburiaš* vor *Kadašmanḫarbe* und, wenn *Karaindaš* regiert hat, auch vor diesem herrschte. Aber abgesehen davon, daß eine solche Lücke in den Nippurtexten, die sich weiterhin als lückenlos erweisen, von vornherein höchst unwahrscheinlich erscheinen muß, käme eine solche Annahme in Konflikt mit den ägyptischen Synchronismen, die wir bei Besprechung der Kurigalzufrage im Anschluß an Schnabel als die wahrscheinlichsten darzutun suchten:

Karaindaš   } *Thutmosis* IV.
Kadašmanḫarbe, s. S. } *Amenophis* III.
Kurigalzu, s. S.   }
Burnaburiaš, s. S.   *Amenophis* IV.

So werden wir also die Reihe der Nippurtexte tatsächlich mit Nr. 21—28 identifizieren dürfen und können für 23, 24, 27 und 28 die Zahlen der Königsliste einsetzen, für 25 und 26 (mit Vorbehalt) die Zahlen der Nippurtexte, die für 21 und 22 müssen offenstehen, eine erhebliche Erweiterung der in den Nippurtexten gegebenen Regierungszeiten ist jedenfalls untunlich, weil die assyrischen Synchronismen (hier 3, dort 6 Generationen von *Ašuruballiṭ* bis *Adadnirari—Nazimaruttaš*) zur Einschränkung mahnen.

In Paranthese sei bemerkt, daß der von *Nabonid* erwähnte *Šagaraktiburiaš*, Sohn des *Kudur-Eulil*, nach der dank den Nippurtexten ermöglichten Rekonstruktion offenbar mit *Šagaraktišuriaš* identisch ist.

---

1) A. a. O. S. 12.
2) Ein Gleiches auch für *Kurigalzu—Nazimaruttaš* zu versuchen, verbietet sich, weil *Nazimaruttaš* nicht durch eine so lange Regierung, wie sie die Königsliste jedenfalls für Nr. 22 verzeichnet, von seinem Vater getrennt sein kann.

Gehen wir zu den letzten Königen der Dynastie über. Die Königsliste bringt folgende Namen und Daten:

28 *Kaš-til mari-šu* 8
29 *Enlil-MU. MU* (= *Enlil-nadin-šum*, nach *Chronik P*) . . . 1½
30 *Ka-diš-man-ḫarbe* 1½
31 *Adad-MU. MU* (= *Adad-šum-iddin*, nach *Chronik P*) . . . 6
32 *Adad-MU. ŠIŠ* (= *Adad-šum-naṣir?*) 30
33 *Melišipak* (so nach Hüsing, *Or. Lit. Zeitg.* 1907, S. 236 Anm.) 15
34 *Marduk-apal-iddin mari-šu* 13
35 *Zamama-MU. MU* (= *Zamama-šum-iddin*, nach d. *synchr. Gesch.*) 1
36 *EN-MU* . . . (= *Bêl-nâdin-[aḫe]?*) 3 (2)

Die Lesung *Adad-šum-naṣir* für Nr. 32 empfiehlt sich deshalb, weil der bekannte liebenswürdige Brief an die Assyrer *Ašur-narara* und *Nabû-daian* von einem *Adad MU. ŠIŠ.-ir* geschrieben wird, der offenbar mit Nr. 32 identisch ist.

Den letzten König identifiziert Winckler mit *BE. MU. ŠIŠ*, Nachfolger des [*Zamama-*]*šum-iddin*, = *Bêl-nâdin-aḫe*.

Strittig war eine Reihe von Jahren hindurch, ob der von *Tukulti-Nimurta* entthronte *Kaštiliašu* mit Nr. 28, und dementsprechend der nach *Tukulti-Nimurta's* Sturz zum babylonischen König erhobene *Adad-šum-naṣir*(?) mit Nr. 32 zu identifizieren sind oder nicht. **Hommel und Winckler bejahten die Frage**[1]) mit Rücksicht auf das Datum von Bavian; die **7jährige Fremdherrschaft** umfaßt nach ihnen die Zeit der Könige Nr. 30 und 31, die also Vasallen sein mußten, während Nr. 29 und evtl. 30 in seinem ersten Halbjahr noch selbständig waren. Gegen diese [durch die starke Annäherung der (nach der Königsliste) zwischen Nr. 28 und 32 liegenden Jahre an die Überlieferung der 7jährigen Fremdherrschaft] recht plausible Auffassung hat jedoch Lehmann-Haupt in den *Zwei Hauptproblemen* (S. 66ff.) gewichtige Gegeninstanzen geltend gemacht. Zunächst muß auffallen, daß *Chronik P* von Nr. 29 und 31 **erst nach** *Tukulti-Nimurta* **handelt**[2]), während sie doch sonst **streng chronologisch verfährt**; zweitens hat *Tukulti-Nimurta* **Babylonien zur Provinz gemacht, wird also keine Vasallenkönige dort belassen haben**, und drittens rückt Hommel *Tukulti-Nimurta* auf ca. 1250 herab, wogegen *Sanheribs* Nachricht steht (689 + 600 = 1289).

Trotz dieser Argumente hat sich die spätere Forschung wieder auf Hommels Standpunkt gestellt; so Schnabel, der mit Winckler annimmt,

---

1) Vgl. Lehmann-Haupt, *Zwei Hauptprobleme*, S. 65.
2) Nach Bericht seines Todes und Trennungsstrich.

daß die von der *Chronik P* vermeldete Rückkehr *Tukulti-Nimurta's* nach Babylon (nachdem er *Kaštiliašu* gefangen nach Assyrien geschleppt hatte) und die damit verbundene Einsetzung von Statthaltern nicht unmittelbar nach dem Feldzug gegen *Kaštiliašu* erfolgte. Schnabel sucht weiterhin den Einwand gegen die Vasallität zu entkräften, indem er nachzuweisen unternimmt, daß die Statthalter den Titel *šar Babili*[1]) führten (wenigstens führt *Tukulti-Nimurta* nur die drei übrigen Titel der babylonischen Könige), daß aber gerade dieser Titel für die Aufnahme in die Königsliste maßgebend gewesen sei. Letztere Behauptung dürfte freilich kaum erweislich sein, steht ihr doch, wie Schnabel selbst bemerkt, die Aufnahme der gesamten 2. Dynastie im Wege. Man könnte demgegenüber freilich auf die späte Abfassung der Königsliste und daraus resultierende Unkenntnis von der Ineinanderschiebung der ersten 3 Dynastien verweisen, aber jedenfalls bewegt man sich dabei auf höchst schwankem Boden. Das letzte Argument Lehmann-Haupts beantwortet Schnabel[2]) unter Heranziehung einer Angabe *Asarhaddons* über *Tukulti-Nimurta's* Vater *Salmanassar* (681 + 580 = 1260), wonach *Tukulti-Nimurta's* Regierungsantritt ca. 1260 anzusetzen ist; Weidner folgt dieser Angabe ebenfalls[3]) und Ed. Meyer[4]) scheut sich von vornherein nicht, eine so starke Abrundung in *Sanheribs* Nachricht anzunehmen, daß *Tukulti-Nimurta* auf ca. 1250 heruntergerückt, also mit seinem Anfang in die Zeit von C 28 (die er nach Bavian auf 1263—56 berechnet) fällt.

Es leuchtet freilich ein, daß mit dem bisher Erwähnten Lehmann-Haupt's Argumente noch nicht widerlegt sind; es ist ihnen nur die absolute Beweiskraft genommen, da sich wenigstens andere Möglichkeiten eröffnen. Daß auch ein chronologischer Lapsus der *Chronik P* nichts Undenkbares ist, wird man wohl zugeben. Es fragt sich nun, ob nicht andere Umstände die Entscheidung für die eine der beiden, an und für sich gleich möglichen Richtungen erzwingen. Und in der Tat, wenn unsere Lösung des Kurigalzuproblems (und der Frage des Anschlusses der Nippurtexte nach oben und nach unten) richtig ist, dann kann kein Zweifel mehr darüber walten, daß *Tukulti-Nimurta*

---

1) [Der Fall liegt dann entsprechend wie zur Zeit *Adadnirari's* des Sohnes der *Sammuramat*, der Oberherr Babyloniens war, aber in Babylonien Vasallen oder Statthalter mit dem Königstitel beließ s. o. S. 185, 242. Vgl. auch die Stellung *Rim-Sin's*, der den Babyloniern gegenüber als König galt, aber zwiefach von *Kudur-Mabuk* als *ad-da* von *Emutbal* und von dessen Oberherrn, dem in Susa residierenden elamitischen Könige, abhängig war. 41ff. C. F. L.-H.]

2) *MUAG* 13 (1908) S. 67.

3) *MUAG* 20, *Studien zur assyr.-babyl. Chron.* S. 18.

4) *G. d. A.* I³ 2. Aufl., p. 362.

in die Zeit der Könige C 28—31 fällt; ist ja dann bis in *Ašu-ru-balliṭ*'s Zeit keine Lücke mehr vorhanden, die eine andere Ansetzung der aus den Quellen bekannten Könige *Kuš-til-ia-šu* und *Adad-šum-naṣir* (?) gestatten würde. Übrigens hat Sayce gezeigt[1]), daß der Ton, den *Adad-šum-naṣir* (Nr. 31) den Königen *Ašur-nararu* und *Nabû-daian* gegenüber anschlägt, nur unmittelbar nach *Tukulti-Nimurta*'s Sturz möglich war, und daß dieser König (wegen des akkadischen Namens) in frühkassitischer Zeit keinen Namensvetter haben konnte. Somit darf die *Tukulti-Nimurta*-Frage zu den wenigen gerechnet werden, die man als gelöst bezeichnen kann.

Suchen wir ein Gesamtbild der mit Sicherheit über die 3. Dynastie gewonnenen Resultate zu geben: Von oben angefangen kennen wir durch die Königsliste die Namen für 1—6, die Regierungszeiten für 1—3(4): von unten herauf die Namen bis *Karaindaš*, den wir (wenn der Usurpator *Nazibugaš* ausgelassen wird) mit Nr. 18 gleichsetzen können[2]), die Regierungszeiten für 23 (22)—36: doch können wir mittels der ägyptischen Synchronismen, wie bei Besprechung der Kurigalzufrage ersichtlich wurde, annähernd auch die Zeitgenossen *Ašuruballiṭ*'s berechnen und gewinnen damit zugleich einen Ausgangspunkt für die absolute Datierung. In die Lücke zwischen 6 und 18 gehören: *Kadašman-Enlil* I. und sein Sohn *Burnaburiaš* I., Zeitgenosse *Puzur-Aširs*; *Karaindaš* I., Zeitgenosse *Ašur-bêl-niše-su*'s (nach der *Synchron. Gesch.* vor *Burnaburiaš* I., was Weidner für fehlerhaft ansieht); *Kurigalzu* I. und sein Sohn *Melišipak* I.: *Agum-kak-rime* und der von *Ašurnâṣirabal* II. genannte *Sibir*.

Wir sehen uns also gegenüber dem Stand der Frage im Jahre 1898 weit zurückgeworfen; damals konnte Lehmann-Haupt den Versuch einer vollständigen Rekonstruktion wagen[3]), wobei nur zweifelhaft blieb, ob *Tukulti-Nimurtas* Fremdherrschaft oder die „*Kallima-Sin*" = *Kadašman-ḫarbe* der Amarnabriefe mitgerechnet werden sollten[4]). Inzwischen sind aber diesem Versuch eine Reihe von Stützen entzogen worden: die Identifizierung des *Šagaraktibuřiaš* Nabonid's mit *Šagaraktišuriaš* und die Feststellung der Zeitgenossen *Tukulti-Nimurta*'s rissen eine Lücke von 4 Namen, die sich wegen der Herunterschiebung der Könige von *Karaindaš* bis *Kadašmanturga* vor ersterem äußert.

---

1) Vgl. Schnabels a. a. O. S. 43.

2) Mit Weidner anzunehmen, daß *Karaindaš* nicht König war, fehlt uns jeder Anlaß.

3) *Zwei Hauptprobleme* S. 131 ff.; Listen S. 144a und hinten Tabelle III.

4) Und ein einziger König unbenannt blieb.

1—6 (Königsliste)
  Lücke (7 Namen gegeben)
18 *Karaindaš*
19 *Kadašmanḫarbe*
20 *Kurigalzu*
21 *Burnaburiaš*
22 *Kurigalzu*
23 *Nazimaruttaš*
24 *Kadašmantargu*
25 *Kadašman-Enlil*
26 *Kudurri-Enlil*
27 *Šagaraktišuriaš*
28 *Kaštiliašu*
  usw. bis zum Schluß (Königsliste).

Durch Einschiebung *Melišipak*'s 1. wird zwar 1 Name gewonnen und — da die Abweichungen in der Kurigalzufrage sich der Zahl nach kompensieren — die Gesamtzahl der fehlenden Namen auf 4 beschränkt. Schlimmer aber ist das Fehlen ausreichender Anhaltspunkte für die Herstellung einer Reihenfolge unter den 7 obengenannten Lückenbüßern.

b) Die Wiederherstellung der vierten Dynastie. Die Königsliste gibt hier folgendes Bild:

1. *ŠU*(?) (*Ma*?) . . . 18 (17?)
2. ? . . . 6
3. ? . . . ?
4. ? . . . ?
5. ? . . . ?
6. ? . . . ?
7. ? . . . ?
8. ? . . . 22
9. *Marduk-MU* (?) . . . 1 1/2
10. *Marduk-ZIR* (?) . . 12
11. *Nabû-MU*(-*šum-libur*?) 8 (9?)

An Synchronismen sind bekannt:
1. Nach Berliner Fragment D[1]):

Nabûkuduruṣur I. { *Nimurta-Tukulti-uṣur*
               Muttakil-Nusku
               Ašur-rês-iši

Enlil-nâdin-abli

Marduk-nâdin-aḫe { *Tukulti-abil-ešarra* = Tiglatpileser I.
                Nimurt-abil-êkur.

1) Weidner a. a. O. S. 3f.

Die Richtigkeit dieser Angabe kann nicht bezweifelt werden; die Synchronismen *Nabûkudurruṣur* I.—*Ašur-rêš-iši* und *Marduk-nâdi-aḫe*— *Tiglatpileser* waren schon anderweitig bekannt, ebenso die Reihenfolge *Nabûkudurruṣur* I.—*Enlil-nâdin-abli*—*Marduk-nâdin-aḫe*[1]). Zweifelhaft könnte man nur darüber sein, ob die neben *Enlil-nâdin-abli* stehende Lücke auf *Ašur-rêš-iši* und *Tiglatpileser* aufzuteilen ist oder nicht. Weidner entscheidet sich für erstere Lösung[2]): so ganz selbstverständlich ist das aber nicht, es müßten dann eigentlich korrekterweise *Marduk-nâdin-aḫe* und *Nimurta-abil-êkur* um eine Zeile tiefer stehen:

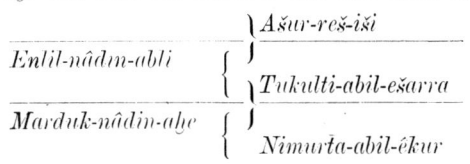

		Ašur-rêš-iši
Enlil-nâdin-abli	{	
		Tukulti-abil-ešarra
Marduk-nâdin-aḫe	{	
		Nimurta-abil-êkur

Es scheint also, da Fragment D den Eindruck großer Gewissenhaftigkeit macht, daß *Tiglatpileser's* und *Marduk-nâdin-aḫe's* Regierungsantritte ziemlich gleichzeitig sind.

2. Nach der *synchronistischen Geschichte*:

Marduk-sâpik-zêr-mâti } *Ašur-bêl-kâla* (Sohn und 2. Nach-
Adad-abil-iddin } folger *Tiglatpileser's*).

Wir haben nun zu untersuchen, wie beide Gruppen in die Liste einzuteilen sind. Zunächst steht fest[3]), daß *Nabûkudurruṣur* weder mit Nr. 1 (dessen Name sicher anders beginnt) noch mit Nr. 2 (der nur 6 Jahre regiert, während für Nr. 16 + x bezeugt sind) identisch sein kann: auch die lange Regierungszeit *Ašurdân's* scheint eine frühere Ansetzung als D₃ zu verbieten[4]). Andererseits glaubt Schnabel auch eine spätere als unmöglich dartun zu können: er hält nämlich den oben erwähnten *Adad-abil-iddin* nicht für einen Usurpator, zum mindesten nicht für einen solchen, der aus der Königsliste ausgeschlossen bleiben müßte, da er sich *šar Babili* nennt: außerdem folgt er Winckler und Peiser, die seinen Vater[5]) *Itti-Marduk-balaṭu* mit dem gleichnamigen König identifizieren[6]). Damit ist aber die Gruppe erweitert:

Itti-Marduk-balaṭu
Marduk-sâpik-zêr-mâti
Adad-abil-iddin, Sohn des *Itti-Marduk-balaṭu*.

---

1) Durch Hilprecht. *OBI* I 83. — 2) A. a. O. S. 13.
3) Vgl. Schnabel a. a. O. p. 54 ff.
4) Dazu kommt, daß nach Clay, *Misc. Inscript. in the Yale Babyl. Collect.* (New Haven 1915). p. 49 der Name von *Nabûkudurruṣur's* Vater: *Nimurta-nâdin-šum* bekannt ist.
5) Nach *Chronik K₃*. — 6) *Or. Lit.-Ztg.* 1907. S. 590 und 617.

und zugleich ihr Platz bestimmt; Nr. 9 und 10 beginnen ja beide mit *Marduk-*. Die Gruppe kann daher nicht später als Nr. 6—8 angesetzt werden, aber auch nicht früher, weil die erste Gruppe nicht früher als Nr. 3—5 sein kann. Damit wären also die Nummern 3—8 besetzt; für 3—5 sind auch Minimaldaten bekannt (16, 4, 10).

Diese Lösung steht nun in Widerspruch mit der von Lehmann-Haupt im Jahre 1898 vertretenen, die durch folgendes Schema veranschaulicht wird[1]):

Dynastie D 1112—981 (± 4)

1.	1112—1095	*Ma(rduk?)*	*Ašurdan* (Ende)
2.—5.	?	? ?	*Muttakil Nusku*, s. S.
6.		*Nebukadnezar* I.	*Ašur-reš-iši*, s. S.
7.		*Enlil-nâdin-abli*	
8.	1023—1002	*Marduknâdinaḫe*	*Tiglatpileser* I., s. S.
9.	1001	*Marduk(-aḫe-irba?)*	
10.	1000—989	*Marduk-zer* (= *M.-sâpik-zer-mâti*)	} *Ašurbêlkala*, s. S.
		Usurpator *Adad-abal-iddin*	
11.	983—981	*Nabû-šum*	

Das Motiv zu dieser Ansetzung lag darin, daß Lehmann-Haupt *Ašurdân's* Tempelrenovierung in das Ende seiner auf ca. 30 Jahre geschätzten Regierungszeit verlegt und daher den Abstand zwischen *Zamamašumiddin* (regiert 4 Jahre vor D, nach obiger Berechnung also 1116) und *Marduknâdinaḫe* so groß annimmt, daß letzterer mit D 8 identifiziert werden muß[2]); denn addiert man die 30 Jahre *Ašurdân's*, die 60 Jahre zwischen *Ašurdân* und *Tiglatpileser* und die nach Lehmann-Haupt mindestens 10 (nach Schnabel mindestens 6) ersten Jahre *Tiglatpileser's*, in denen er mit *Marduknâdinaḫe* keinen Kampf ausfocht, so erhalten wir 100 (96) Jahre, kommen also jedenfalls in die Zeit von D_8 (weil C_{35} und C_{36} 4 Jahre, D_1—D_7 89 Jahre regieren, im ganzen also 93).

Die nähere Berechnung Lehmann-Haupt's[3]) fußte damals auf derjenigen der 8. Dynastie. Da später durch die Kudurri-Inschrift *Marduknâdinaḫe's*[4]) bekannt wurde, daß der Kampf mit *Tiglatpileser* in seinem 10. Jahr stattfand, müßten die Zahlen bei Festhaltung der Reduktion des Baviandatums um 100 Jahre etwas heruntergerückt werden; *Marduknâdinaḫe* wäre dann 1015 (6)—994 (5), die Dynastie D 1104 (5)—973 (4) *Zamamašumiddin* 1108 (9).

---

1) A. a. O. S. 211, Berichtigung zu S. 127.
2) Die Gesamtzeit der 7 ersten Könige ist ja mit Hilfe der Gesamtsumme für die Dynastie zu errechnen.
3) A. a. O. S. 119 ff. — 4) Vgl. Schnabel a. a. O. S. 61 u. 63.

Aber an eine 100jährige Reduktion kann ja nicht mehr gedacht werden; es sollte nur zur Exemplifikation ein Bild der absoluten Datierungsmöglichkeiten gebracht werden, die uns ja augenblicklich nicht interessieren. Entscheidend kann für uns nur sein, ob tatsächlich zwischen *Zamamašumiddin* und *Marduknâdinahe* annähernd 100 Jahre liegen oder nicht. Die vorgängige Wahrscheinlichkeit hat entschieden Lehmann-Haupt für sich, denn der Abbruch einer begonnenen, erst von einem späteren König wieder aufgenommenen Tempelrenovierung scheint am ehesten durch den Tod des ersten Königs erklärlich zu sein. Auch Schnabel verlegt die Tempelrenovierung in eine spätere Zeit als den Kampf *Ašurdân's* mit *Zamamašumiddin*[1]), kann sie aber nicht in das Ende der Regierungszeit *Ašurdân's* versetzen, weil er sonst mit der Identifizierung *Marduknâdinahe's* = D_5 in Konflikt gerate. Ed. Meyer[2]) dagegen ist der Ansicht, daß nur die letzten Jahre *Ašurdân's* in Betracht kommen, daß aber auch der Kampf mit *Zamamašumiddin* nicht viel früher stattgefunden habe: Weidner endlich verlegt, wie wir schon an anderer Stelle gezeigt haben, beide Ereignisse in den Beginn, ja in das erste Jahr der Regierung *Ašurdân's*[3]). Allen diesen, auf dem Boden der Identifizierung *Marduknâdinahe's* mit D_5 ruhenden Auffassungen ist gemeinsam, daß sie den Zwischenraum zwischen *Zamamašumiddin* und der Tempelrenovierung stark reduzieren.

Muß nach dem bisher Vorgebrachten eine Lösung der Frage als aussichtslos erscheinen, so werfen doch die Berliner Fragmente ein erlösendes Licht: nach Fragm. D ist ja *Nabûkudurrusur* schon Zeitgenosse des unmittelbaren Nachfolgers *Ašurdâns*, kann daher unmöglich als D_6 aufgefaßt werden, da doch *Ašurdân* jedenfalls schon 4 Jahre vor Beginn der 4. Dynastie regiert. Dazu kommt, daß zwischen *Marduk-šapik-zêr-mâti's* Zeitgenossen *Ašur-bêl-kâla* und *Šamaš-mudammiq's* Zeitgenossen *Adadnirâri* 10 assyrische Könige bekannt sind: diesen 10 Königen wurden auf babylonischer Seite, wenn *Marduk-šapik-zêr-mâti* = D_{10} wäre, $8(9)$[4]) $+ 47\frac{1}{2}$[5]) $+ 36$[6]) $+ \frac{1}{2}$[7]) $+ 12(?)$[8]) $=$ ca. 104(5) Jahre entsprechen, die sich übrigens noch reduzieren, wenn man in Betracht zieht, daß *Ašurbêlkâla* noch nach *Marduk-šapik-zêr-mâti* regiert hat: freilich könnte man auf der andern Seite einen Teil der Regierung *Šamaš-mudammiq's* heranziehen, aber damit ändert sich nicht viel. Jedenfalls sind 104—110 Jahre für die Zeit von 10 Königen zu wenig und muß daher *Marduk-šapik-zêr-mâti* hinaufgerückt werden.

---
1) A. a. O. S. 64. — 2) G. d. Alt. I², 2. Aufl., p. 362. — 3) A. a. O. p. 14ff.
4) D_{11}. — 5) E, F, G. — 6) H_1. — 7) H_2. — 8) H_3.

Wir werden also doch wohl Schnabels Gruppe *Itti-Marduk-balaṭu—Marduk-šapik-zer-mâti—Adad-apal-iddin* akzeptieren und mit D_6—D_8 bezeichnen dürfen, womit dann *Nabûkudurruṣur* I. sich als D_3 ergibt. Da D_1 und D_2 23 oder 24 Jahre regieren, kämen wir dann tatsächlich zu einer ungefähr 30 jährigen Regierung *Ašurdâns*, wie sie Lehmann-Haupt schon in den *Zwei Hauptproblemen* angenommen hatte.

Wir haben also nur mehr zwischen den Ansichten Schnabels, Meyers und Weidners bezüglich der Regierung *Ašurdân's*, des Urgroßvaters *Tiglatpilesers* I., zu optieren (was freilich streng genommen nicht mehr in die Besprechung der 4. Dynastie hineingehört und daher als Anhang aufgefaßt werden möge). Zunächst dürfte wohl die Meyers auszuschalten sein; denn[1]) *Ašurdân's* Vater *Nimurta-abil-êkur* wurde erst zur Zeit *Marduk-abal-iddins* (des Vorgängers *Zamama-šum-iddins*, mit 13 jähriger Regierungsdauer) König[2]), also muß der Kampf mit *Zamama-šum-iddin* in die ersten Jahre *Ašurdân's* fallen, wie Schnabel und Weidner annehmen. Aber auch bei anderer Deutung der diesbezüglichen Stelle in der *synchr. Gesch.* kann *Zamama-šum-iddin* nicht in die letzten Jahre *Ašurdân's* verlegt werden, da nach Berl. Fragm. D der unmittelbare Nachfolger *Ašurdân's* mit *Nabûkudûrruṣur* ziemlich gleichzeitig zu beginnen scheint. Schnabel's und Weidner's Differenz besteht nun einzig und allein darin, daß der erstere zwischen jenem Kampf und der Tempelniederreißung einen mäßigen Zwischenraum stehen läßt, Weidner aber nicht. Weidners Argumentation haben wir schon im Rahmen des Kurigalzuproblems gestreift und zurückgewiesen; in der Tat kann aus dem Umstand, daß zwischen dem einen Ereignis und *Tiglatpileser* 48 + x + y, zwischen dem andern Ereignis und *Tiglatpileser* 60 Jahre liegen, nicht geschlossen werden, daß beide Ereignisse zeitlich zusammenfallen, sondern höchstens, daß ihr Abstand nicht groß ist. Dasselbe aber erhellt ja auch daraus, daß der Abstand zwischen *Zamama-šum-iddin* und dem 10. Jahre *Marduk-nâdin-aḫe*'s (= dem [6 + x.] Jahr *Tiglatpileser's*, da *Tiylatpileser* und *Marduk-nâdin-aḫe* nach Fragm. D ziemlich gleichzeitig den Thron besteigen, = 10. Jahr?) nicht viel größer als 70 (60 Jahre von der Tempelniederreißung bis *Tiglatpileser* + 10 erste Jahre desselben) sein kann; denn von *Zamamas-šum-iddin* bis D_8 sind es 93 Jahre, *Marduk-nâdin-aḫe* ist aber D_5. Wenn wir am Datum von Bavian festhalten, sind wir allerdings beinahe genötigt, den Weidner-

---

1) Vgl. Schnabel a. a. O. p. 64.
2) Wenigstens, wenn man den Zweikampf *Enlil-kudur-uṣur's* mit *Marduk-opal-iddin* stattfinden läßt.

schen Standpunkt zu teilen; denn wir sahen bei Besprechung der Kurigalzufrage, daß das Ende von C etwas später als 1176 anzusetzen ist (wenigstens solange man die ägyptischen Datierungen unberührt lassen will); nun kommen wir aber mit der Tempelrenovierung (immer vorausgesetzt, daß *Tiglatpileser* und *Marduk-nâdin-aḫe* ungefähr zur selben Zeit zur Herrschaft gelangen) schon ins Jahr 1175(6), *Zamama-šum-iddin* kann also nicht weit davon zu suchen sein, wenn das Ende von C um einige Jahre heruntergeschoben werden soll.

Ist dagegen eine kleine Korrektur von Bavian geboten, dann sind uns die Hände natürlich viel weniger gebunden; dann kann eventl. von einem mäßigen Zwischenraum zwischen *Zamama-šum-iddin* und der Tempelrenovierung gesprochen werden.

c) Die Ergebnisse dieser Untersuchung sind zumeist zusammengefaßt in der umstehenden Liste der III. und IV. Dynastie (C und D) der Königsliste und der gleichzeitigen assyrischen Könige S. 294 mit Anm. 1 u. 2.

3. An diese Ausführungen W. Del Negro's über die 3. und 4. Dynastie der Königsliste schließen wir nun den Vergleich mit Berossos.

a) Die Zahl der Könige. Die 49 Chaldäer der Ausschreiber des Berossos zerfallen, wie mehrfach betont, in (mindestens) zwei bei ihm ursprünglich getrennte Gruppen, deren zweite 23 Könige umfaßt und aus Dynastie III (C) der Königsliste Nr. 25—36 und den 11 Königen der Dynastie IV (D) besteht.

Die erste Gruppe entspricht demnach den ersten 24 Königen der Dynastie III (C), zu denen, um die $49 \div 23 = 26$ voll zu machen, noch zwei Herrscher hinzutreten müssen. Meine frühere Annahme, daß der eine von beiden in dem Usurpator *Nazibugaš* (*Suzigaš*) gegeben sei, bleibt in Kraft. Ferner faßte ich die Möglichkeit ins Auge, daß *Tukulti-Nimurta* als Fremdherrscher in der Königsliste unerwähnt geblieben, von Berossos aber mitgerechnet worden sei. Ersteres ist nun zwar richtig: die Königsliste hat, wie oben S. 285 ff. gezeigt, die ihm zukommenden 7 Jahre auf die von ihm abhängigen Vasallenkönige mitverrechnet. Aber er ist, wie sich jetzt ergibt, gleichzeitig mit Nr. 27—31, gehört also nicht der ersten, sondern der zweiten Gruppe an. Da wir nun über die nähere Gestaltung des früheren Teils von Dynastie C überhaupt im Unklaren bleiben, so müssen wir uns vor der Hand bescheiden, nicht zu wissen, welcher auf der Königsliste nicht genannte illegitime oder kurzlebige Herrscher, außer *Nazibugaš* als dem 25ten, die 26 Herrscher der ersten Gruppe des Berossos voll machte.

b) Die Regierungszahlen der Könige:

  Berossos' Gruppe I hat gelebt 458 Jahre
  seine Gruppe II . . . . . 245 „
      zusammen 703 Jahre. Folgt S. 295.

W. Del Negro: Die Dynastien III (C) und IV (D) der Königsliste.

(Die Datierungen [auf Grund des Baviandatums einerseits, der ägypt. Synchronismen der Amarnazeit andererseits] haben nur provisorischen Wert.)

	Babylonien.	Assyrien.	Sonstige Synchronismen.
	III. Dynastie ca. 1747 (8)—1172 (3).		chronismen.
1	Gandaš . . . . . . 16 J. 1747—32	Šamši-Adad (IV.?)	
2	Agum . . . . 22 J. 1731 –10	(nach Asarhaddon,	
3	Kaštiliaš I. . . . . . . 22 J. 1709—1688	434 J. v. Salmanassar I.)	
4	Ušši . . . . 9 (19) J. 1687—79 (69)		
5	Abirattaš (Adumetaš)	Tukulti-Mêr (n. Thureau-Dangin jünger als Kaštiliaš I.)	
6	Tašzigurmaš		
7			
8	In diese Zeit gehören:		
9	Kurigalzu I. und sein Sohn Melišipak I.	Ašir-nirâri (II.?)	
10	Kadašman-Enlil I. und s. S. Burnaburiaš I.	Puzur-Ašir	
11	(Zeitgenosse Puzur Ašir's)	Enlil-nâṣir	
12	Karaindaš (Zeitgenosse Ašur-bêl-niše-šu's,	Ašir-râbi I.	
13	nach synchr. G. vor Burnaburiaš I.)	Ašur-nirâri (III.?)	
14	Agum-kak-rime	Ašur-bêl-niše-šu	
15	Sibir	Ašur-rim-niše-šu	
16		Ašur-nâdin-aḫe	
17		Eriba-Adad	
18	Karaindaš . . . . ca. 1420—1405	Kar.	Thutmosis IV. 1423—14
19	Kadašman-Ḫarbe[1]) (II.), s. S. ca. 1404—1390	Ašur-uballiṭ ca. 1425—1377 Kad.	Amenophis III. 1414—1379
20	Kurigalzu II., s. S. . . . ca. 1389—1369	Enlil-nirari, s. S. Kur.	Amenophis IV. 1379—62
21	Burnaburiaš II., s. S. Mini- 25 J. 1368—44 Mini-	Arik-dên-ilu, s. S. Burn.	
22	Kurigalzu III., s. S. mum 23 J. 1343—21 mum		
23	Nazimaruttaš, s. S. . . . 26 J. 1320—1295 ←→ Adad-nirâri, s. S.		
24	Kadašman-Turgu . . . 17 J. 1294—78		Hattusil
25	Kadašman-Enlil (III.) . . 6 J. 1277—72		(ca. 1300-1270)
26	Kudur-Enlil . . . . . . 8 J. 1271—64	Salmanassar I., s. S.	
27	Šagaraktišuriaš, s. S. . . 13 J. 1263—51	(letztes Jahr 1261)	
28	Kaštiliaš II. . . . . . . 8 J. 1250—43		
29	Enlil-šum-iddin . . . . 1¹⁄₂ J. 1242—41	Tukulti-Nimurta, s. S.	
30	Kadašman-Ḫarbe (IV.) . 1¹⁄₂ J. 1241—40		
31	Adad-šum-iddin . . . . 6 J. 1239—34		
32	Adad-šum-nâṣir . . . . 30 J. 1233—04	Asur-nâṣir-apli, s. S. Ašur-nararâ u. Nabûdaian Nimurta-tukulti-Ašur	
33	Melišipak II., s. S. . . . 15 J. 1203—1189	Ašur-šum-lišir Ašur-nirâri (V.?), 6 J.	
34	Marduk-apal-iddin I. . . 13 J. 1188—76	Enlil-kudur-uṣur, 5 J. Nimurta-apil-êkur	Variante 1[2])
35	Zamama-šum-iddin . . 1 J. 1175		
36	Bêl-nâdin-aḫi . . . . . 3 J. 1174—1172	Ašur-dân	
	IV. Dynastie ca. 1171 (2)—1040 (1)		
1	Marduk (?)- . . . . . 17 (18) J. 1171—55		
2	Nimurta-nâdin-šum (?) . 6 J. 1154—49		
3	Nabûkudurruṣur I. . 16 + x J. 1148—16	Nimurta-tukulti-Ašur Muttakil-Nusku Ašur-rêš-ši I.	
4	Enlilnâdinapli . . . 4 + x J.		
5	Marduknâdiḫaḫe . . 10 + x J. 1115—?	←→ Tiglatpileser I. (1106 [7] nach Bavian Kampf mit Marduk-nâdin-aḫe)	
6	Itti-Marduk-balaṭu	Nimurta-apal-êkur II.	
7	Marduk-sâpik-zêr-mâti		
8	Adad-apal-iddin . . . . 22 J. 1082—61	Ašur-bêl-kâla, S. Tigl. d. 1.	
9	Marduk- . . . . 1 J. 1060	Šamši-Adad (V.?)	
10	Marduk- . . . . 12 J. 1059—48	Šamši-Adad (VI.?)	
11	Nabûšum-libur . . . . 8 J. 1047—40		

1) Über Ḫarbe-Enlil vgl. S. 273f. — 2) Die Reihe der assyrischen Könige vor Ašurdân

Nach der Königsliste ergeben sich:

$$\begin{array}{r} \text{Dynastie C . . 576 Jahre [9 Monate]} \\ \text{„ D . . \underline{133 „ [6 „]}} \\ \text{zusammen 709 [710] Jahre.} \end{array}$$

Die 245 Jahre der Gruppe II setzen sich zusammen aus Dynastie C Nr. 25—36, die nach der Königsliste 112 Jahre herrschen und den 133 Jahren der Dynastie D.

Für Gruppe I bleiben demnach 709 [710—245 = 454 [455] Jahre, die von den 458 des Berossos um ein Geringes verschieden sind, worüber oben S. 259 und *Klio* III am dort angeführten Orte.

kann nicht mit Sicherheit rekonstruiert werden; als Prämissen sind gegeben: 1. Der Kampf *Enlil-kudur-uṣur*'s mit einem $^{m.\ ilu}$ *ḪI-...*, der mit ihm zugleich fällt (*Synchron. Gesch.*); 2. die Reihe *Nimurta-tukulti-Ašur—Ašur-šum-lišir—Enlil-kudur-uṣur*, die mit zwei babylonischen Königen gleichzeitig ist, und zwar so, daß *Ašur-šum-lišir* in beider Regierungszeit fällt; es kann sich dabei nur um die babyl. Könige *Adad-šum-naṣir—Melišipak* II. oder *Melišipak* II.—*Marduk-apal-iddin* I. handeln (Brief *IVR.*34, 2); 3. die Reihe *Ašurnirâri* 6 Jahre—*Enlil-kudur-uṣur* 5 Jahre—*Nimurta-apil-êkur* (Berliner Fragment A Rückseite).

Außer der in der Liste gegebenen Variante (I), bei der mit Schnabel angenommen wurde, daß *Enlil-kudur-uṣur*'s Gegner kein babylonischer König sondern ein assyrischer und von Babylon unterstützter Kronprätendent war, ergeben sich noch zwei andere Möglichkeiten: einmal die, daß man den Zweikampf mit *Adad-šum-naṣir* stattfinden läßt — dann müssen 2 *Enlil-kudur-uṣur* und 2 *Nimurta-apil-êkur* angenommen werden (Var. II) und ferner die, daß man für diese Zeit der Wirren in Assyrien mehrere Könige einander befehden läßt, demgemäß *Ašur-šum-lišir* sowie *Enlil-kudur-uṣur* des Briefes *IVR.* 34, 2 als Gegenkönige auffaßt und die Nachricht vom Zweikampf auf sie bezieht (Var. III).

Variante II.

Adad-šum-nâṣir 30 J. { *Ašur-naṣir-apli* / *Nimurta-tukulti-Ašur* I. / *Ašur-nirâri* 6 J. (zus. mit *Nabûdaian*) / *Enlil-kudur-uṣur* 5 J.

Melišipak 15 J. { *Nimurta-apil-êkur* I. / *Nimurta-tukulti-Ašur* II.

Marduk-apal-iddin 15 J. { *Ašur-šum-lišir* / *Enlil-kudur-uṣur* II. / *Nimurta-apil-ekur* II.

Variante III.

Adad-šum-nâsir 30 J. { *Ašur-nâṣir-apli* / *Nimurta-tukulti-Ašur* / *Ašur-šum-lišir* *Ašir-nirâri* 6 J. (zus. mit *Nabûdaian*) *Enlil-kudur-uṣur* 5 J.

Melišipak 15 J.
Marduk-apal-iddin 15 J. { *Nimurta-apil-êkur* / *Ašurdân* Beginn?

Von den Zahlen der Königsliste für Nr. 25—36[1]) wird nun mindestens Eine, die für Nr. 26 (*Kudurri-Enlil*) als falsch erwiesen: die Königsliste gibt 6[2]), die Nippurtexte 8 + x Jahre. Ferner steht den 14 Jahren der Königsliste[3]) bei Nr. 25 *Kadašman-Enlil* nur 6 + x Jahre in den Nippurtexten gegenüber. Die Zahl 14 wird also, da die Nippurtafeln ziemlich zahlreich sind und es nicht wahrscheinlich ist, daß die Könige wesentlich länger regierten, als die Daten reichen, zu hoch sein. Tatsächlich also haben die Könige Nr. 25—36 nicht $14 + 6 + 13 + 8 + 1\frac{1}{2} + 1\frac{1}{2} + 6 + 30 + 15 + 13 + 1 + 3 = 112$ Jahre regiert, sondern etwa sechs Jahre weniger. Aber diese objektive Verbesserung der Angaben der Königsliste brauchen wir, wie S. 259 gezeigt, für Berossos nicht in Anschlag zu bringen. Ihm haben eben die Daten so oder ähnlich vorgelegen, wie sie die Königsliste und analoge Dokumente schon um 500 v. Chr. verzeichneten.

Damit ist die Übereinstimmung des unverschobenen Berossos mit den Angaben der babylonischen Dokumente nach Zahl und Regierungsdauer der Könige in allem Wesentlichen dargetan.

Diese Übereinstimmung ergibt sich, wie dargelegt, aus der Erkenntnis von drei Auslassungen und durch sie bedingte Verschiebungen, wie sie sich auch sonst bei den Ausschreibern des Berossos finden[4]).

Das Vorhandensein und die Entstehung solcher Verschiebungen gerade bei Alexander Polyhistor (oder seinen Vorläufern) können wir in sehr lehrreicher Weise noch heute in *Eusebius' Chronik* verfolgen: Abydenos (Schöne 35 ff., Karst S. 18 Z. 16 ff.) berichtet in der Hauptsache ganz zutreffend: nach Sardanapallos habe Sarakos (*Sin-šar-iškun*) über die Assyrer geherrscht, gegen ihn habe sich Nabopolassar (Bupalassaros) aufgelehnt und dieser habe die Amuhidin (Ἀμυῖτις), die Tochter der Astyages (Aždahak) von Medien seinem Sohne Nabukadnezar (Nabukodrossoros) verlobt. Bei Alexander Polyhistor dagegen (Schöne 29 f., Karst S. 14 Z. 22 ff.) sind sowohl Sarakos wie Nabopolassar ausgefallen, und es entsteht daraus der gräßliche Unsinn, daß Sardanapal für seinen Sohn Nabukodrossoros (!!) die Tochter der Astyages zur Gemahlin erbittet.

Niemand wird hier den unsinnigen Verschiebungen bei Alexander Polyhistor das Wort reden. Genau das gleiche hat für die Verschiebungen in desselben Alexander's Bericht über die Dynastien des Berossos und für diejenigen zu gelten, die ihr Vorhandensein bestreiten[4]).

Es handelt sich um folgende Auslassungen und Verschiebungen:
1. Die Regierungsdauer der zweiten Dynastie kam in Wegfall.
2. Die mindestens zwei Gruppen IV₁ und IV₂ sind zusammenge-

---

1) Vgl. hierzu oben S. 283. — 2) So Knudtzon und ich (in erster Linie, daneben schien mir 16 möglich) *Zwei Hauptprobleme* S. 20.
3) Siehe dazu Schnabel a. a. O. — 4) Vgl. *Lit. Zentr.* 1915, Sp. 526.

zogen worden unter der Bezeichnung Chaldäer[1]), und der so entstandenen Dynastie wurde die Zahl der Regierungsjahre gegeben (458). die IV₁ zukam. Die dadurch frei werdende Zahl für IV₂ (245) rückte zur Dynestie V der 9 Araber herunter, deren Zahl infolgedessen ausfiel.

3. Hinter dem Satze bei Eusebius: „Dann wiederum zählt er einzeln auf die Namen von 45 Königen und setzt deren Jahre an auf 526" ist die Gruppe mit den babylonischen Zeitgenossen der Assyrerkönigin *Semiramis* ausgefallen, so daß es den fehlerhaften Anschein gewinnt, als beginne mit Phulos (Νίνξηρος καὶ Πῶρος) eine neue Dynastie VII, während Phulos nur die zweite Gruppe der 45 Könige zählenden berossischen Dynastie VI eröffnet, unter denen *Sanherib* die 25. Stelle einnimmt.

Außerdem ist die Zahl 526 in den Zehnern verderbt.

Ein Benutzer des Berossos, dem der cyklische Charakter seines Systems bekannt war, stellte die Summe der historischen Dynastien $36000 \div 34091(0) = 1909 (1910)$ her, indem, wie es infolge jener Verschiebungen unumgänglich war, er als siebente Dynastie die Herrscher von *Ukinzêr* bis Alexander dem Großen ansetzte und durch Abzug der Summe der bekannten Dynastien die Zahl der Jahre für die zweite historische Dynastie (III) berechnete (oben S. 265).

Damit vergleiche man die Annahmen, zu denen sich Schnabel, der als letzter *Die Dynastienzahlen des Berossos und die Dynastiesummen der Königsliste a* behandelt, lediglich bezüglich der Dynastien IV—VI gezwungen sieht.

Daß er mir hinsichtlich der Zusammenziehung der Dynastie IV aus zwei verschiedenen Gruppen beipflichtet, wurde schon erwähnt „Berossos", so faßt Schnabel seine Untersuchungen zusammen, „hatte also folgende Dynastien anstelle von Dynastie IV—VI:

Dynastie IVᵃ 47 { 24 Könige mit 458 Jahren
„ IVᵇ   { 23 „   „ 251 „
„ V . . 7   „   „ 48 „
„ VIᵇ . 22   „   „ 275 „

„Durch Versehen eines Exzerptors tauschten Dynastie IVᵇ und V ihren Platz. Dynastie IVᵇ wurde so zu VIᵃ. VIᵃ und VIᵇ wurden zu einer Einheit zusammengezogen. Dynastie IVᵃ erhielt irrig die Gesamtzahl" der Könige „von IVᵃ⁺ᵇ zugeschrieben. Weiter wurden wohl durch Vertauschung von Marginallesungen die Zahlen von II und V vertauscht. In Dynastie IV und V wurde durch Abschreiberlässigkeit beidemal in den Zahlen der Könige" (49 und 9) „*EHTA* in *ENNEA* verderbt."

Diese Annahme ist mit ihren vielen Zusammenziehungen und Vertauschungen nicht nur übermäßig verwickelt, sondern läßt auch von den berossischen Zahlen neben der sicher sekundären 48 nur die 458 bebestehen. Ferner ist nach Schnabel (S. 42 [272]) seine „Dynastie VIᵇ mit der keilinschriftlichen VIII. (H) identisch", die nachweislich nicht 22 Herr-

---
[1]) Dazu *Klio* III S. 148 zu beachten.

scher gehabt haben kann. Schließlich trägt er, da er mit Phulus eine neue Dynastie beginnen läßt, der wichtigen Angabe, daß *Sanherib* der 25ste von den 45 Königen gewesen, keinerlei Rechnung.

Das wiederhergestellte ursprüngliche Verhältnis zum echten aus der Verschiebung befreiten Berossos und gleichzeitig die durch die assyrischen Synchronismen gebotene absolute Chronologie für Berossos' Dynastien IV bis VI möge die folgende Übersicht veranschaulichen. Ihr Vergleich mit der oben Band X S. 492 gegebenen, dem gleichen Zwecke dienenden Tabelle stellt die Veränderungen und Fortschritte unserer Erkenntnis klar.

Berossos	Babylonische Königsliste (und ptolemäischer Kanon)	Assyrische Synchronismen
Dynastie IV 2 (245 Jahre)	Dyn. C Nr. 25—36 = 112 Jahre Dyn. D 11 Könige = 133 „	
Berossos Dynastie V (9 Araber, denen in der Verschiebung fälschlich die der Dyn. IV 2 zukommenden Jahre zugeteilt wurden)	Dyn. E (3 Könige) 21 Jahre Dyn. F (3 „) 20 „ Der Elamit (Dyn. G) als Fremdherrscher bei Beross. nicht gerechnet, seine 6 Jahre der vorhergehenden oder der nachfolgenden Dyn. zugerechnet	
	36 Jahre Nabûmukînabli ⎫ Nimurtikudurusur II. s. Sohn ⎪ Dyn. H₁ 8 Mon., bei Beross. nicht ge- ⎬ Nr. 1 und 3 rechnet ⎪ Abkömm- Mind. 12 Jahre Marbit- ⎪ linge der aḫiddin s. Bruder ⎭ Dyn. F	Adadnirari III 911—891
Berossos Dyn. VI (45 Könige.) Deren erste ev. noch geteilte Gruppe (VI 1)	Šamašmudammiq Nabušumiškun (mind. 13 Jahre) Nabubâliddin (spät. 883 bis spät. 853) Mardukzakiršum Mardukbala(ṭ)su-iqbi	Tukulti-Nimurti II 890-85 Assurnaṣirabal III 884—60 { Salmanassar IV 860 (859) —825 (4) Samsi-Adad IV, d. Gem. der Semiramis, 825 (4) — 811 (0)
Berossos Dynastie VI	Dynastie H Bau-aḫ-iddin Marduk-bêl- Marduk-abal-	Adadnirari IV 811 (0) — 783 (2) 5 Jahre lang unter der Regentschaft, später noch unter Leitung der Semiramis, seiner Mutter Salmanassar IV, ihr Enkel 782—772 Assur-dan(kal)i 772—755
Zweite Gruppe (VI 2)	Dynastie J 22 Jahre 753—732	Asurnirari, Sohn eines Adadnirari 755—745
Dritte (ev. noch geteilte) Gruppe	Kinzer bis Kandalanu 731—626	Tiglatpileser IV 745—727 (als babyl. König Pulu 729—727)
Vierte und folgende Gruppen	Nabopolassar bis Alexander der Große 625—324 (3)	etc.

Für die ältere Zeit, die Dynastien I bis IV (A–D), können die Hauptspalten I „Dynastien" und II „Dauer (in vollen Regierungsjahren)" der Tabelle *Klio* Bd. III S. 163 in Geltung bleiben. Nur müssen in Spalte II A und B die Zahlen 318 (7) und 324 für die Dynastie B der Königsliste = Berossos III durch je ein x ersetzt und die Anmerkungen 2 und 3 gestrichen werden.

4. *Samaš-mudammiq* und das Datum von Bavian. Schnabel's Erörterungen hatten zum Hauptziel den Nachweis, „daß wir, um die Dynastien des Berossos mit den keilinschriftlichen zur Deckung zu bringen, keiner Änderung des Baviandatums bedürfen". Damit war gemeint die Verminderung der Angabe von Bavian um 100 Jahre, wie ich sie früher vertreten und für die ich in dem Vergleich mit Bavian eine Bestätigung zu finden geglaubt hatte. Davon kann nicht mehr die Rede sein, da die Umstände, die diese Änderung zu fordern schienen, durch die neueren Funde gründlich verändert worden sind. Es wäre nur zu begrüßen, wenn sich das aufs Jahr genaue Datum unverändert halten ließe. Ob das der Fall ist, wird sich aber erst nach Auffindung neuer Dokumente über die Regierungsdauer des *Samaš-mudammiq* und seines Vorgängers entscheiden lassen.

a) Erweist sich, daß *Samaš-mudammiq* mehr als mindestens 31 Jahre bezw. er und *Mar-bit-aḫ-iddin* zusammen mehr als mindestens 43 Jahre regiert haben (S. 266 sub *β*), so bleibt das Datum von Bavian unverändert, und wir müssen uns dann damit abfinden, daß, entgegen aller Wahrscheinlichkeit, die Niederreißung des Tempels des Adad schon zu Beginn von *Asurdân's* Regierungszeit erfolgt ist.

b) Ergäbe sich dagegen, daß *Samaš-mudammiq*, wie es nach der gesamten Sachlage doch das Wahrscheinlichste ist, nicht viel mehr als 20 Jahre geherrscht hat, und daß die auf der Königsliste für *Mar-bit-aḫ-iddin* erkennbaren 12 Jahre keine wesentliche Steigerung erfahren, so müßten die 418 Jahre der Angabe von Bavian eine geringfügige Veränderung erfahren.

Ohne der Entscheidung in irgendeiner Weise vorgreifen oder einer Vorliebe für die eine oder die andere Möglichkeit Ausdruck geben zu wollen, möchte ich für den Fall b) die Frage stellen, welcher Abstrich zu erfolgen hätte und wie der dann vorliegende Fehler zu erklären wäre?

Die Heilung wäre mit einer Verminderung um 10—20 Jahre erzielt. 418 müßte dann also ein Fehler sein für 408 oder 398.

Man könnte erwägen, daß $418 = 420 \div 2$ und daß $420 = 7 \times 60$ eine beliebte Rundzahl ist. Sie findet sich u. A. bei der Regierung eines sagenhaften Königs ältester Zeit von *Uruk* (Erech): („*Enmerkar*, Sohn des

Meškingašer, K. v. U., der Uruk erbaute, herrschte als König 420 Jahre[1])") und beim Umfang des Beckens von Sippar (420 Stadien[2])). Es wäre aber, selbst wenn man annehmen sollte, der Anschein großer Genauigkeit sei nur durch Abzug von dieser mit größerer oder geringerer Willkür angesetzten Rundzahl erweckt worden, — nicht ersichtlich, worauf der Abzug gerade von 2 Jahren beruhen sollte.

Wohl aber stünde eine andere geläufige Fehlerquelle für die Erklärung zur Verfügung, die Umrechnung aus sexagesimaler Schreibung mit undeutlich geschriebener Zehnerzahl.

$418 = 6 \times 60 + 58$. Lautete die Vorlage auf $6 \times 60 + 48 (38) = 408 (398)$ Jahre und waren die drei oder vier die Zehner bezeichnenden Winkelhaken undeutlich, so werden die Schreiber nach ständigem Brauche (ob. S. 266) die höchstmögliche Zahl von Zehnern, d. h. in diesem Falle 5, eingesetzt haben.

Šamaš-mudammiq hätte dann spätestens (vgl. oben S. 254, 266 sub β) 891 (92) zu regieren begonnen, und Dynastie H begänne spätestens 979 (969), Dynastie C schlösse 1159 (1149).

Einstweilen sind wir zu einer solchen Änderung des Datums von Bavian nicht gezwungen.

Abgesehen von dieser Einen Unsicherheit ist nun dank der Ergänzung der Königsliste durch die Berliner Fragmente E und F die für Berossos vorliegende Aufgabe gelöst, die sich, wie zum Schluß nochmals hervorgehoben sei, aus folgender Erwägung ergibt:

Da bei Berossos die Gesamtjahressumme der Dynastien, wie auch die Zahl der Herrscher mit den keilinschriftlichen Nachrichten stimmt, die älteste und die spätere Zeit nicht minder, dagegen die Zwischenzeit ein nicht bloß mit der Königsliste, sondern mit der gesamten Geschichte absolut unvereinbares Bild zeigt, so blieb nur der eine Schluß übrig, daß in der Tradition die an sich richtigen Posten eine der bei Alexander Polyhistor üblichen Verschiebungen erfahren haben[3]).

Der Nachweis und die Heilung dieser Verschiebung ist in den Betrachtungen, die hiermit zum Abschluß gelangen, geführt worden.

---

1) Vgl. Poebel, *University Museum*, *Philadelphia* vol. V p. 8 und dazu Ungnad, *ZDMG* 71 (1917) S. 162 Anm. 1.

2) Herodot I 185. — Diodor II 9 und Abydenos bei Eusebios (Schöne S. 37 ff., Karst S. 19) haben 1200 Stadien. — Die hydraulichen Angaben der Inschriften *Nebukadnezar*'s II. beziehen sich zum Teil auf das Becken von Sippar. Ob sich nicht die Schwierigkeiten in den Maßangaben (vgl. Ed. Meyer, *Berliner Sitzungsber.* 1912, S. 1102 ff.) dadurch erledigen, daß das *beru* (KAS.PU) hier verschiedentlich nicht als Längen- sondern als Flächenmaß zu fassen ist? wie *mana* Mine zugleich nachweislich ein Gewicht und ein Zeitmaß (und wohl auch ein Hohlmaß) bezeichnet.

3) Vgl. *Klio* X (1910) S. 484 f.

Die erhofften weiteren Funde können nur noch eine Vervollständigung ergeben, indem sie die Unsicherheit betreffs der Regierungszeit des Šamašmudammiq beheben und Alles, was damit zusammenhängt, klären.

XV. Berossos' Gesamtsystem und unsere älteste historische Kunde.

Die cyklische Gesamtrechnung des Berossos stellt sich nach Schnabel's Ausführungen, *Das chronologische System des Berossos (MVAG* 13 [1908] S. 231 [0]—240 [10]) folgendermaßen dar:

I. 466 σάροι 4 ἧροι . . . . = 1680000 Jahre der Schöpfungszeiten;
II. 120 σάροι . . . . = 432000 „ „ vorflutigen Könige;
III. 10 σάροι . . . . = 36000 „ „ nachflutigen „
IV. 3 σάροι 2 ἧροι . . . . = 12000 „ „ Endzeiten.

Sa.: 600 σάροι = ἧρος σάρων = 2160000 Jahre der Weltendauer.

Die beiden letzten Jahrtausende von Berossos' Dynastie J der nachflutigen Könige, die er mit 36000 ÷ 1910 (9) = 34090 (1) Jahre ansetzt, sind für uns längst nicht mehr mythischer Natur, sondern liegen im Lichte der Geschichte und der Chronologie, das sich durch neugefundene Dokumente immer mehr erhellt. Zu den von Hilprecht[1]) und Scheil[2]) veröffentlichten Königslisten sind die von Poebel[3]) hinzugekommen, die uns für den Beginn der historischen Kunde bis mindestens 3927 v. Chr. zurückführen. Für diese Dynastien, die der Verlegung der Residenz nach Babylon und der Einigung des Reiches unter der Amoriter-Dynastie von Babel A = Berossos II vorausgehen, sei, da ein weiteres Eingehen sich durch den Raum verbietet, auf Ungnad's leider für das allgemeine Verständnis etwas allzuknapp gefaßten Ausführungen *ZDMG* LXXI (1917) S. 162/6 verwiesen.

---

1) *Babyl. Exped. Univ. of Pennsylvania* XX 1 (1906) 39 ff. Dynastien von Ur (III) und Isin, die letztere z. T. der Amoriter-Dynastie A gleichzeitig und beendet mit der Eroberung von Isin durch *Sinmuballit*, den Vater *Ḫammurapi*'s und *Rim-Sin* von Larsa (2127 v. Chr.), dessen Herrschaft *Ḫammurapi* ein Ende machte (2093 v. Chr.).

2) *Comptes rendus de l'acad. des inscr.* Okt. 1911 p. 606 ff. und *Rev. d'Assyr.* IV 81. Dynastien von Opis (Akšak), Kiš (IV), Uruk (III) Agade, Uruk (IV). — Letzterer folgte nach der Scheil'schen Liste die Fremdherrschaft der Dynastie von Gutium, die nach den Poebel'schen Listen 21 Herrscher mit 125 Jahren zählt und der *Utuḫegal* von Uruk (V) ein Ende macht. Auf Uruk V folgte dann Ur III der Hilprecht'schen Liste (s. Anm. 1).

3) Siehe S. 300 Anm. 1.

Der Ursprung der Buchstabenschrift.

Von Ernst Kalinka[1].

Die Buchstabenschrift ist eine Schöpfung der alten Griechen. Es war die erste Großtat des griechischen Geistes, der noch viele andere folgten, und begründete zusammen mit ihnen jene Kultur, in der die heutige wurzelt. Das wesentliche Kennzeichen der Buchstabenschrift ist es, daß jeder Sprachlaut grundsätzlich durch ein eigenes Schriftbild ausgedrückt wird. Doch ist dieser Grundsatz natürlich nicht mit der Strenge der Lautwissenschaft durchgeführt, sondern es sind größtenteils nur die groben, ohrenfälligen Unterschiede berücksichtigt. Keine Buchstabenschrift, weder die griechische noch die aus ihr abgeleiteten der gegenwärtigen Kultursprachen, stellt für die große Mannigfaltigkeit der Vokale eine entsprechende Zahl von Schriftzeichen zur Verfügung. Wie verschieden klingt das e in Berg, Sendung, Vater, und doch begnügen wir uns mit einem Buchstaben für diese und noch andere Laute. Man darf damit umsoweniger streng zu Gericht gehen, als gerade die Einführung von Vokalzeichen das Hauptverdienst der griechischen Buchstabenschrift bildet[2], während die anderen Lautschriften, wie die semitischen, sich zunächst auf den Ausdruck der Konsonanten beschränkten und darum eher als Silbenschriften bezeichnet werden können, weil sie für eine aus einem Konsonanten und einem beliebigen Vokal bestehende Silbe ein einziges Zeichen zu verwenden pflegen. Allerdings sind ihnen die eigentlichen Silbenschriften, z. B. die altkyprische, dadurch überlegen, daß diese nicht für alle mit demselben Konsonanten beginnenden Silben dasselbe Schriftzeichen setzten, sondern so viele verschiedene, als verschiedene Vokale auf den Konsonanten folgten.

---

[1] Es sei von vornherein verwiesen auf C. F. Lehmann-Haupt's Abhandlung *Zur Herkunft des Alphabets, Zeitschrift der deutschen morgenländ. Gesellschaft* [*ZDMG*] LXXIII (1919), S. 51—79, in der er für den Vorgang bei der Bildung des semitischen Alphabets wichtige und lehrreiche moderne Parallelen, bes. die Erfindung einer Silbenschrift durch den Theroki Sikwâyi im 19. Jahrhundert verwertet, und auf deren Fortsetzung („Forts."), deren wesentlicher Inhalt mir durch des Verfassers Mitteilungen bekannt ist. Beide Arbeiten ergänzen sich in verschiedenen Richtungen.

[2] Vgl. über diesen Vorgang Ed. Hermann, *Der Ursprung des Alphabets* (*Deutsche Literaturzeitung* 1919, Sp. 54 f.)

Unleugbar ging die griechische Buchstabenschrift aus einer älteren Schriftart hervor, die sich aus einer Bilderschrift entwickelt hatte. Darin aber gehen die Ansichten auseinander, welches diese ältere Schrift gewesen sei. Bis zum Anfang dieses Jahrhunderts herrschte die Überzeugung, daß die Mutter der griechischen Schrift die phönizische gewesen sei, wie schon das Altertum lehrte und wie die semitischen Buchstabennamen der Griechen zu bestätigen schienen. Als aber die Ausgrabungen vorgriechischer Bauwerke besonders auf Kreta zahlreiche mit Schrift bedeckte Tontafeln zutage förderten, erhoben sich eindringliche Stimmen, die einer mittelbaren oder sogar unmittelbaren Herleitung der griechischen Schrift aus dieser vorgriechischen das Wort redeten; vgl. Bauer-Leander, *Historische Grammatik der hebräischen Sprache* I (1918) 61. Sie fanden die Zustimmung Dussauds[1]), und Lidzbarski[2]) ging soweit, einzelne Buchstaben für Bilder von Gegenständen zu erklären, deren griechische Benennung mit dem durch den Buchstaben bezeichneten Laut begann, in der Meinung, daß jene kretischen Schriftzeichen für die griechische Sprache erfunden worden seien. So erblickt er in ⋠ das Bild eines Pfluges ἄροτρον (S. 373f.). „Ich bin weit davon entfernt." sagt er freilich S. 374. „hieraus einen festen Schluß auf den griechischen Ursprung des Alphabets zu ziehen ... Vor allem ist es fraglich, ob um 1500 oder noch früher die betr. griechischen Wörter ähnlich lauteten, vor allem, ob sie so anlauteten; aber vielleicht wird doch ein kompetenter Beurteiler dieser Dinge es für wert halten, der Frage nachzugehen". Ich würde das für verlorene Mühe halten: denn wenn etwas, so steht das fest, daß die kretische Schrift, deren Anfänge ins 3. Jahrtausend zurückreichen, nicht auf die griechische Sprache zugeschnitten war, die sich damals noch gar nicht gebildet hatte, sondern daß sie vielmehr gerade dem vordringenden Griechentum zum Opfer fiel und die Griechen sich erst Jahrhunderte später neuerdings eine Schrift aneignen mußten. Wie immer, jedenfalls war der Gedanke bestechend, daß die griechische Schrift aus einer schon vorher in derselben Gegend üblichen hervorgegangen sei; und die Ähnlichkeit mehrerer Schriftzeichen schien diese Ansicht zu bekräftigen. Ein strengerer Beweis ließ sich nicht führen, weil bis jetzt weder Lautwert noch Name jener älteren Schriftzeichen bekannt sind, so daß man sich lediglich auf ihre äußere Form stützen muß. Doch schon in der Beschränkung auf diesen engen Rahmen läßt sich die Herleitung der griechischen Schrift aus der vorgriechischen Kretas widerlegen[3]). Denn

---
1) *Les civilisations préhelléniques* 1910, 297 ff.
2) *Ephemeris für semitische Epigraphik* II 371 ff.
3) Gegen Dussaud und Lidzbarski und deren Herleitung des „phönizischen" Alphabets in seiner Gesamtheit aus der kretischen Linearschrift, die sie als eine griechische Schöpfung betrachten, wendet sich auch Lehmann-Haupt a. a. O. S. 67 f.

vor allem ist es mehr als wahrscheinlich, daß die kretische Linearschrift mit ihrer großen Zahl verschiedener Zeichen, die über den Bedarf einer Lautschrift weit hinausging, eine ausgebildete Silbenschrift gewesen sei, zumal da gelegentliche Worttrennung nur wenige Zeichen zu einem Wortganzen vereinigt. Auch ist die Abhängigkeit der Gestalt griechischer Buchstaben von kretischen nur eine scheinbare, die tiefer eindringender Prüfung nicht standhält. Ohne jede Beweiskraft sind geometrische Gebilde einfacher Art, die sich ungesucht einstellen konnten, wie + × Y ○ ⊕ 田 王 [1]). Im übrigen müssen zum Vergleich natürlich die ältesten Formen der griechischen Buchstaben herangezogen werden, während die jüngeren, die sich aus ihnen im Laufe von Jahrhunderten allmählich entwickelt haben, ganz aus dem Spiel zu bleiben haben. Die vorgriechischen Schriftzeichen Kretas aber weisen, soweit sie überhaupt vergleichbar sind, eher Ähnlichkeit mit jüngeren und jüngsten Formen griechischer Buchstaben auf als mit ältesten, die doch unmittelbar aus ihnen hervorgegangen sein müßten. So findet sich in jener vorgriechischen Schrift ein E, während die älteste Gestalt dieses griechischen Buchstaben ganz anders aussah ⧽ oder vielmehr linksläufig ⧼. Es ist völlig ausgeschlossen, daß die regelmäßige Form E zunächst in ⧽ oder gar in ⧼ übergegangen sei, um sich erst später wieder in E zu verwandeln. Tatsächlich ist das griechische E aus ⧽ erwachsen infolge des Strebens nach Gleichmäßigkeit und Gefälligkeit der Form; und es ist überhaupt nur ein Zufall, daß später gerade diese Gestalt des Buchstaben allgemein durchgedrungen ist, während Ƀ und ✕, die demselben Streben ihre Entstehung verdankten, auf kleine Gebiete beschränkt blieben und schließlich eingingen. Es ist daher auch nur ein Zufall, daß dieser Buchstabe äußerliche Ähnlichkeit mit einem der geometrischen Gebilde gewann, die in der kretischen Linearschrift zahlreich vertreten sind. Nicht viel anders steht es mit Γ H Λ Δ N M. Während aber alle diese griechischen Buchstaben ihre regelmäßige Gestalt, die in der vorgriechischen Schrift erscheint, doch schon im VI. und V. Jahrhundert, wenn nicht früher, gewonnen haben, gehört Π erst der späthellenistischen Zeit, C gar erst der römischen Kaiserzeit an. Unbestritten griechische Neugebilde, die sich erst im VIII. Jahrhundert an den Grundstock der griechischen Schrift angesetzt haben, sind Y und Ω; und doch sind auch sie bereits in der vorgriechischen Schrift Kretas vertreten, Ω sogar in der jungen Form ⍉. Solche Tatsachen führen die Ableitung der griechi-

---

[1]) Vgl. Sethe, *Nachrichten der Göttinger Ges. der Wiss.* 1916, *Geschäftliche Mitteilungen* 148.

schen Schrift aus der altkretischen ad absurdum. Der einzige urgriechische Buchstabe, der in einer seiner ältesten Gestalten innerhalb der kretischen Linearschrift auftauchte, ist Я ; aber μία χελιδὼν ἔαρ οὐ ποιεῖ.

Schon die semitischen Namen der meisten griechischen Buchstaben sind eine kräftige Stütze der alten Überlieferung vom semitischen Ursprung der griechischen Schrift. Zu einem unwiderleglichen Beweismittel würden diese Namen im Zusammenhalt mit der Form und dem Lautwert der einzelnen Buchstaben, wenn für alle Buchstaben nachgewiesen werden kann, was für einige längst nachgewiesen ist, daß der Name in einer semitischen Sprache den Gegenstand, von dem der Buchstabe ein, wenn auch flüchtiges, so doch kenntliches Bild entwirft, bezeichnet, andererseits der Buchstabe den Laut ausdrückt, mit dem der Buchstabenname beginnt: die Darstellung eines Kreuzes (Taw) † bezeichnet den Laut t, mit dem der Buchstabenname anfängt.

Dieser Anschauung, die als die landläufige betrachtet werden kann[1]), suchte vor kurzem Hans Bauer[2]) den Boden zu entziehen. Er schließt seine kleine Abhandlung S. 27 mit dem Bekenntnis: „Wir glauben somit das Prinzip der Akrophonie, das uns für die Erklärung der phönizischen Zeichen eher störend als förderlich dünkt und das überdies bei dem nun wohl außer Zweifel gestellten ägyptischen Ursprung des semitischen Alphabets als Fremdkörper erscheinen muß, solange ablehnen zu müssen, als nicht durch die Auffindung älterer Zeichen seine tatsächliche Geltung einwandfrei bewiesen wird." Begründet hat er diese Ansicht S. 25f. damit, daß der Erfinder der semitischen Schrift sich an die demotischen Zeichen der Ägypter gehalten habe, „die ihm als willkürliche Figuren erscheinen mußten", und demgemäß ähnliche geometrische Gebilde, „wie sie die Eingebung des Augenblicks ihm darbot oder wie er sie nach irgend einem Prinzip formte, zu Buchstabenzeichen gestempelt hat". „Auf eine solche Entstehung weist auch die Existenz der sekundären Zeichen ⧖ ⊗ ∓ ʶ im phönizischen Alphabet hin; wenn diese allem Anschein nach durch rein geometrische Modifikation aus anderen Zeichen" (∃ O I Z) „gebildet sind, so ist doch zu vermuten, daß auch bei den übrigen Zeichen dasselbe Prinzip und nicht das der Akrophonie zugrunde liegt. Eine Art geometrischer Verwandtschaft wurde auch bei anderen aufeinanderfolgenden Zeichen, besonders für die Reihe ⟨ ◁ ⋀ ⋀ Z Z

---

1) Schon Gesenius, *Scripturae linguaeque Phoeniciae monumenta* 1837 17: *satis enim constat litterarum inventores in eligendis elementorum figuris nominibusque id egisse ut cuius rei imaginem rudiorem elementum aliquod referret, eiusdem nomen ei tribueretur.*

2) *Zur Entzifferung der neuentdeckten Sinaischrift und zur Entstehung des semitischen Alphabets* 1918.

aufzuzeigen versucht". Dieselben Gedanken hat Bauer in der gleichfalls 1918 mit Leander herausgegebenen *Hist. Gramm. der hebr. Sprache* I 64ff. vorgetragen und nur noch um etliche Belege vermehrt (so ⋏ ⋏ ⋏ und ◯ ⏀). Erst nachträglich habe man den Buchstaben, um die Verständigung über sie zu erleichtern, Namen gegeben, wofür die geläufigsten Sachbezeichnungen gewählt worden seien und teilweise auch die Gestalt des Zeichens von Einfluß gewesen sei.

Gegen diese neue Lehre muß grundsätzlich Stellung genommen werden[1]); denn nicht mit luftigen Möglichkeiten hat die Wissenschaft Fangball zu spielen, sondern sie muß erwägen, was wahrscheinlich ist. Wie eine Schrift aussieht, die sich auf geometrischen Figuren aufbaut, das lehrt beispielsweise die Kurzschrift der athenischen Burg. So krause Zeichen aber wie *beth kaf lamd pe qof* muß man Bedenken tragen als rein geometrische Figuren zu erklären. Wenn nun zudem der Buchstabenname, der so gewählt ist, daß sein Anlaut den Lautwert angibt, aufs beste zur Gestalt des Buchstabens stimmt, was für die Hälfte der semitischen Buchstaben fast allgemein zugegeben wird, so tut der wirklich den Tatsachen Gewalt an, der diese doppelte Übereinstimmung dem Zufall der nachträglichen Benennung anheimstellt. Auch ist es schwer zu glauben, daß diese Namen, wenn sie ihre Entstehung nur der Laune eines Epigonen verdankten, sich mit wenigen Ausnahmen so hartnäckig an die Buchstaben geheftet hätten, daß sie mit ihnen zu anderen Stämmen und Völkern wanderten. Muß somit die geometrische Erklärung der semitischen Buchstaben nebst der dadurch bedingten Annahme nachträglicher, willkürlicher Benennung abgelehnt werden, so gilt diese Ablehnung besonders den sogenannten sekundären Zeichen, für die sich Bauer auf Levy und Halévy beruft, und für seine eigenen Verwandtschaftsreihen. Wie unwahrscheinlich, daß zwei verschiedene Formen desselben Buchstaben ⊥ und ⊿, dessen älteste nachweisbare Gestalt überdies ⊿ war, als Vorbilder hätten dienen müssen; wie wenig überzeugend die Verknüpfung von ⋈ mit ⊿; wie willkürlich die Umgestaltung von ⊥ nicht etwa zu ≢, sondern zu ≢; wie unberechtigt vollends der Ersatz von Y durch ⋏, von ⊿ durch ⊿, von ⊥ durch ⊿, von ⋎ durch ⋀, nur um nicht vorhandene Zusammenhänge vorzutäuschen[2]). Wer kann endlich glauben, daß ⋈ und ⋎

---

1) Vgl. hierzu Gardiner, *The Egyptian Origin of the Semitic Alphabet, Journal of Egyptian Archaeology* III S. 1 ff.; Sethe, *Die neuentdeckte Sinai-Schrift und die Entstehung der semitischen Schrift, Nachr. der Gött. Ges. d. W.* 1917, S. 470 ff.; Lehmann-Haupt, *Forts.*

2) Vgl. Lehmann-Haupt S. 66: „Bei der Vergleichung der Zeichen ist zu fordern, daß wirklich eine volle Identität vorliege, denn daß man bei Gebilden,

lediglich als geometrische Figuren zu erklären sind, wenn er erfährt, daß
gerade diese Zeichen fast getreue Nachbildungen ägyptischer Hieroglyphen
sind mit derselben oder doch ähnlicher Bedeutung, die den Namen *mem*
und *nun* (*naḥasch*) zukommt? Es wird also nach wie vor grundsätzlich
daran festzuhalten sein, daß die semitischen Buchstaben Bilder von Gegenständen darstellen, deren semitische Bezeichnung den Buchstabennamen
geliefert und mit ihrem Anlaut zugleich den Lautwert des Buchstaben
bestimmt hat. Sind aber Gestalt, Name und Lautwert der semitischen
Buchstaben so eng miteinander verklammert, so ist damit auch die Entstehung dieses Alphabets außerhalb des semitischen Kulturkreises ausgeschlossen; vgl. Sethe, *Nachrichten der Gött. Ges. 1916 Geschäftl. Mitteil.*
132: „Wären die Buchstabenzeichen aus einer anderen älteren Schrift
mitsamt ihrem Lautwerte übernommen, so hätte der Phönizier wohl in
einem oder dem andern Falle, schwerlich aber in einer ganzen Reihe
von Fällen zu jedem Zeichen eine neue Deutung finden können, die
sowohl zu dem tatsächlichen Aussehen des wer weiß wie entstandenen
Bildes als auch zu seinem aus der fremden Sprache überkommenen Buch-
stabenwert paßte und dem Buchstaben einen mit demselben Laute beginnenden semitischen Namen gab."

Der Versuch, für jeden einzelnen Buchstaben den Nachweis zu
führen, daß seine älteste Gestalt den durch seinen Namen bezeichneten
Gegenstand darstellte, wird dadurch erschwert, daß sich die älteste Gestalt nicht mit Sicherheit bestimmen läßt und daß die Namen erst aus
verhältnismäßig später Zeit überliefert sind, auch ihre Deutung nicht
durchwegs feststeht. Die Überlieferung der Namen ist teils eine mehrfach gebrochene semitische, teils eine griechische; vgl. Th. Nöldeke, *Die
semitischen Buchstabennamen*[1]). Älter ist die griechische Überlieferung,
die bis ins V. Jahrhundert v. Chr. zurückreicht, aus dessen Mitte[2]) die
γραμματικὴ τραγῳδία des Kallias stammte mit den Versen:

⟨τὸ ἄλφα⟩ βῆτα γάμμα δέλτα θεοῦ γὰρ εἶ
ζῆτ' ἦτα θῆτ' ἰῶτα κάππα λάβδα μῦ
νῦ ξεῖ τὸ οὖ πεῖ ῥῶ τὸ σίγμα ταῦ ⟨τὸ⟩ ὔ
..... [3]) παρὸν φεῖ χεῖ τε τῷ ψεῖ εἰς τὸ ὤ.

Mit den griechischen Zeugnissen des V. und IV. Jahrhunderts v. Chr.
stimmen die semitischen wesentlich überein, die, wenngleich jünger, doch

---
die aus einigen wenigen Linien bestehen, durch Hinzufügen, Abstreichen oder
durch Abänderung eines dieser Elemente eine Ähnlichkeit herbeiführen kann,
versteht sich von selbst."

1) *Beiträge zur semitischen Sprachwissenschaft* 1904, 124 ff.
2) Sieh Wilhelm, *Urkunden dramatischer Aufführungen* 19.
3) Natürlich fehlt diesem Trimeter ein Fuß, wahrscheinlich gleich zu
Anfang (τέλος?).

unentbehrliche Hilfe zur Wiederherstellung des ursprünglichen Lautbestandes der Namen leisten, weil die Griechen sie sich mundgerecht gemacht hatten. Mit Hilfe der semitischen Überlieferung hat Nöldeke folgende Namensformen gewonnen: *alf, bēt, gaml, delt, hē, wau, zai, ḥēt, ṭēt, jōd, kaf, lamd, mēm, nūn, semk, ain, pē, ṣādē, qof, roš, šin, taw.* Die ältesten uns erreichbaren Buchstabenformen liegen uns in dem berühmten Siegesdenkmal des Königs Mescha von Moab aus dem Anfang des IX. Jahrhunderts v. Chr. vor (Lidzbarski, *Handbuch der nordsemitischen Epigraphik* II, Tafel 1), wozu noch einige ungefähr gleichzeitige, aber wenig umfangreiche Inschriften kommen, so die des Königs Kalumu aus Sendschirli[1]). Die hier vertretenen Buchstabenformen fallen teils mit den ältesten uns bekannten griechischen zusammen, teils sind sie als deren unmittelbare Vorläufer erkennbar.

In jüngster Zeit sind ernste Zweifel an einem Zusammenhang zwischen Buchstabennamen und Zeichen geäußert worden (Lidzbarski, *Ephemeris* I 131, 263, Bauer-Leander, *Gramm.* I 64). Die Frage ist in neues Licht gerückt durch den Fund von Inschriften auf der Sinai-Halbinsel, deren Zeichen großenteils unverkennbar ägyptischen Hieroglyphen nachgebildet sind und teilweise als Urbilder semitischer Buchstaben angesehen werden können. Insbesondere erhellt sich dadurch der Ursprung einiger südsemitischer Buchstaben, deren Abweichung von den nordsemitischen bisher rätselhaft erschienen war: ⊓ *bet* nach ◻ und ◰ , ferner ◇ *af*, ⅂ *lawi* und besonders die Hauchlaute. Wenn auch Sethe, *Die neuentdeckte Sinai-Schrift*[2]) die Bedeutung des Fundes überschätzt zu haben scheint und insbesondere die Deutung einer Zeichengruppe auf Βααλτις nach Bauer, *Zur Entzifferung der neuentdeckten Sinaischrift* 9ff. voreilig war, so ist doch nunmehr erwiesen, daß die semitische Schrift unter dem Einfluß der ägyptischen entstanden ist[3]). Sicher aber ist die nordsemitische Schrift, die Mutter der griechischen, eine von der Sinaischrift unabhängige Schöpfung (s. Bauer 11ff.); sie hat sich höchstens Anregungen von ihr geholt[4]), jedoch die Zahl der Zeichen auf das unentbehrliche Maß beschränkt und ihre Gestalt teils schärfer ausgeprägt, teils neu erfunden, was sogar Sethe 456 zugibt. Da mit diesem Neubau, zu dem immerhin einige alte Bausteine verwendet worden sein mögen, natürlich auch die Namengebung zusammenhing, heischt nach wie vor die Frage nach dem Verhältnis zwischen Namen und Gestalt der einzelnen Buchstaben Antwort.

---

1) Vgl. Littmann, *Sitzungsberichte der Berliner Akademie* 1911, 976ff.
2) Sieh S. 306 Anm. 1.
3) Sieh auch Ed. Hermann, *Der Ursprung des Alphabets* (*Deutsche Literaturzeitung* 1919, Sp. 27ff.).
4) Das ist auch Lehmann-Haupt's Ansicht; vgl. a. a. O. S. 79 und *Forts.*

Auszugehen ist von den 15 Zeichen, deren Namen auch Bauer (s. Bauer-Leander, *Gramm.* 69) für ziemlich sicher gedeutet hält: „Rind, Haus, Kamel, Tür, Waffe, Haken, Hand, Handfläche, Wasser, Fisch, Auge, Mund, Kopf, Zahn, Zeichen."

Allgemein verständlich ist die Beziehung des Buchstaben Alf auf das, was *alf* bedeutet, das Rind: ⊿ ist die stilisierte Wiedergabe eines Rindskopfes mit den wegstehenden Ohren und den charakteristischen Hörnern.

Um so rätselhafter ist ⊲ Bet = Haus; doch war schon Gesenius auf der richtigen Fährte: *domum vel potius tentorium utcunque repraesentans*. Aus assyrischen Abbildungen und aus Berichten des semitischen Altertums, die von Beschreibungen des Beduinenzeltes der Gegenwart teilweise bestätigt werden, kennen wir das Aussehen eines solchen Zeltes und die Art seiner Herstellung. Es wurden mehrere ungefähr 2 m lange Stangen schräg in die Erde so eingerammt, daß sie zudritt mit ihren Spitzen zusammenstießen, und über sie Zelttücher gespannt, deren Flächen durch Stricke, die von der Spitze ausgingen und unten an Holzpflöcken angebunden waren, festgehalten wurden[1]). Wesentlich für das Zelt war ferner der Eingang, der dadurch gebildet zu werden pflegte, daß man an einer Seite zwischen zwei Zeltstangen kein Tuch befestigte. Diesen Teil des Zeltes vergegenwärtigt das Schriftzeichen dadurch, daß das Bild des Zeltes links offen gelassen ist. Vom Dreieck zeigen die zwei schrägen Striche Zeltstangen an, deren rechte, bis zum Boden reichende nur deshalb unten eingebogen erscheint, weil die lange Grenzlinie der Buchstaben gewöhnlich eingebogen wird, s. Sethe, *Gött. Nachr.* 1916, *Geschäftliche Mitteil.* 95; der wagerechte Strich soll eine Holzspreize darstellen, die auf einem bekannten assyrischen Relief wiederkehrt und von Rutilius I 348 contus genannt wird:

Transversus subito culmine contus erat
(Quer war die Stange gelegt, die unterm Giebel verlief).

Unnötig ist die unwahrscheinliche Vermutung Sethes[2]), daß das Zeichen ebenso wie △ (vgl. Gesenius 23) aus viereckigen Bildern hervorgegangen sei, wofür die Sinai-Inschriften, deren viereckige Zeichen mit der ägyptischen Hieroglyphe ⊡ für Haus und mit dem südsemitischen Bet ⊓ übereinstimmen, eine scheinbare Stütze abgeben; aber die Stütze bricht zusammen vor der sich ungezwungen darbietenden Beziehung des ⊲ auf das Zelt.

---

1) Sieh Benzinger, *Hebräische Archäologie* 112,[2] 88.
2) *Gött. Nachr.* 1916, *Geschäftl. Mitteil.* 143; 1917, *phil.-hist. Kl.* 444 und 458.

Mit Unrecht hat noch Sethe 143 den Buchstaben Gaml auf den Kopf des Kamels bezogen, obwohl bereits Gesenius erklärt hatte: *cameli gibbum non collum ut vulgo volunt depingens*. Von den beiden Formen ⏋ und ⋀ ist die erste wegen ihrer Regelmäßigkeit, kraft deren sie die andere vollkommen verdrängt hat, sicherlich die jüngere, wenngleich Lidzbarski[1]) sie für die älteste hielt. Das Bild des Kamels ist darum in der andern zu erblicken, die keineswegs Kopf und Hals erkennen läßt, sondern mit staunenswerter Geschicklichkeit in zwei Strichen die wesentlichen Umrisse eines Kamels festhält; das Bild des Höckers, der fast in einer Geraden zu den langen Hinterbeinen abfällt, überrascht durch seine Naturtreue. Dagegen erblickt Taylor, *The alphabet* I 170 mit de Rougé in dem Buchstaben den Oberteil des hieratischen Zeichens, das aus der Hieroglyphe des Kamels hervorgegangen ist; aber nicht einmal die Form stimmt; vgl. Sethe, *Gött. Nachr.* 1916, *Geschäftl. Mitteil.* 132[1], der neuerdings (*Gött. Nachr., phil.-hist. Kl.* 1917, 453[2]) den Sinai-Inschriften zuliebe für die Deutung iunctura eintritt (schon Lenormant in Daremberg-Saglio, *Dictionnaire* I 195: γάμμα aus γάμλα joug); andere Deutungsversuche führt Lehmann-Haupt, *Zur Herkunft des Alphabets* S. 69 an.

Sowie das Haus, knüpft auch die dreieckige Gestalt der Türe (*delt*) an das Zelt an, dessen eine Seite, um als Eingang zu dienen, keinen Belag erhielt; Taylor, *The alphabet* I 170: *The triangular form of the character suggests the curtain hung before the opening of a tent rather than the wooden quadrangular door of a house.* Gegen diese Auffassung, die bis auf Gesenius zurückreicht, hat Lidzbarski, *Handbuch der nordsemitischen Epigraphik* I 174[2] eingewendet, daß Daleth nicht die Türöffnung bedeute, sondern Türe, Türflügel, und dreieckige Türflügel habe es kaum jemals gegeben; aber „Türflügel" ist sicherlich keine urwüchsige Wortbedeutung und kann sehr leicht aus der Bedeutung „Türöffnung" hervorgegangen sein[2]).

Das Zeichen des Meschasteins für Wau stellt den Versuch einer perspektivischen Wiedergabe des Zeltpflockes dar, eines im Querschnitt runden, unten zugespitzten Holzstückes . Sethe 1916, 143 denkt an die Haken zum Aufhängen der Türvorhänge; doch spielten diese eine zu untergeordnete Rolle, um der Aufnahme unter die Schriftzeichen gewürdigt zu werden.

Schwierig ist die Deutung des Zeichens Ƶ für Zai Waffe. Ich glaube, daß das Bild eines Bogens mit Pfeil zugrunde liegt, worin sich allmählich

---

1) *Ephemeris* I 131.
2) Vgl. hierzu die folgende Anmerkung.

der Bogen von der Sehne loslöste und schließlich der Bequemlichkeit halber durch einen wagerechten Strich ersetzt wurde: ⌂ ⌂ Z . Dagegen glaubte Lidzbarski, *Ephemeris* II 132f. das Zeichen als Ölzweig auffassen zu sollen; und Hermann, *Gött. Nachr.*, *phil.-hist. Kl.* 1917, 479 hält Zet = Ölbaum für den ursprünglichen Namen des Buchstaben. Doch ist die alte Erklärung, daß der griechische Name Zeta durch Angleichung an die zwei folgenden Buchstabennamen entstanden sei (vgl. Larfeld, *Griechische Epigraphik*[3] 205), viel glaublicher als der Ersatz des Namens Zet, dessen Bedeutung leidlich zum Zeichen stimmte, durch ein ganz abliegendes Wort zain.

Eng hängen Jod Z und Kaf Y mit einander zusammen. Jod bezeichnet den Arm mit der Hand: der Arm ist durch zwei größere, einen spitzen Winkel umschließende Striche angedeutet, die Hand durch zwei kleine, wagerecht angesetzte, von denen der untere den Daumen, der obere die vier zusammengelegten Finger darstellt, ähnlich wie in der Hieroglyphe ⌐. Kaf bedeutet Hand; nur ist ihre Fingerzahl, was einer vereinfachenden Skizze ohne weiteres zuzubilligen ist, auf drei beschränkt.

Der Buchstabe Mem deutet ähnlich wie die wesensgleiche Hieroglyphe für Wasser ᷉᷉᷉ die bewegte Wasserfläche an ᳘ .

In dem Zeichen Nun ᳘ erblicke ich mit Lidzbarski, *Ephemeris* I 132, Nöldeke, *Beiträge* 135 u. a. zunächst das Bild einer Schlange, wie es in der Hieroglyphe ᳘ ḏ erscheint; und die Äthiopier nannten den Buchstaben tatsächlich Naḥasch Schlange[1]). Aber selbst mit dem Buchstabennamen Nun, der Fisch bedeutet, läßt sich eine Übereinstimmung herstellen, wenn das ursprünglich für die Schlange eingeführte Zeichen zur Andeutung eines schlangenähnlichen Fischleibes verwendet wurde, wie er der im Mittelmeer heimischen Muräne eigen ist; s. S. 314.

Während O Ajn = Auge unverkennbar den Augapfel widergibt in scharfem Gegensatz zur ägyptischen Hieroglyphe ᳘ und zu der Sinai-

---

[1]) Desgl. Lehmann-Haupt a. a. O. S. 68f.: »Lidzbarski's Annahme, daß einzelne dieser Zeichen ursprünglich anders aufgefaßt und später umgenannt wurden, könnte namentlich für ᳘ , ursprünglich „Schlange" *Nâḥâs* (s. die äthiopische Bezeichnung des Buchstaben als *Naḥâs*), erst später *Nûn* „Fisch" zutreffen. Auch daß ᐊ ursprünglich דוד dûd „weibliche Brust" (mit der Wiederholung des akrophonischen Lautes am Ende des Wortes, wie in **Mem**, **Nun**, **Waw** — auf die Lidzbarski hingewiesen hat) bedeutet habe, und erst später auf *Dalet* „Tür" gedeutet worden sei, erscheint mir sehr erwägenswert.« Ich vermag der Annahme einer tiefer greifenden Umdeutung nicht beizustimmen, weil auf diesem schwanken Boden die überlieferten Buchstabennamen immer noch eine festere Grundlage bilden als die mehrdeutigen Zeichen.

Schrift, die das ganze Auge getreu abbilden, ist ⨅ Pe = Mund nicht leicht zu verstehen, zumal da jede Ähnlichkeit mit der den Mund bezeichnenden Hieroglyphe ⬭[1]) und dem von den Südsemiten beibehaltenen Zeichen der Sinai-Schrift ◇ fehlt. Ich vermute, daß für Pe zur Kennzeichnung des Mundes die Mundspalte[2]) mit dem von den Mundwinkeln herabwallenden Backenbart gewählt worden sei.

Im Rosch ⟁ ist der Hals durch den abwärts verlängerten Strich versinnlicht, der Kopf durch das vorspringende Dreieck. Ganz klar sind die zwei letzten Buchstaben W Schin = Zahn und X Taw = Kreuz(-Zeichen).

Diesen Buchstaben, deren Namen selbst Bauer für ziemlich sicher gedeutet hält, wäre vor allem Lamd anzureihen, das allgemein als Ochsenstachel erklärt wird. Dazu stimmt das Zeichen aufs beste: denn ⌒ stellt einen Hirtenstock mit Krücke dar, der natürlich das handlichste Mittel, Ochsen anzutreiben, war.

Anderes ist minder sicher. Wenn *hē* Gitter bedeutet, so stellt das Zeichen ⟁ offenbar eine Abkürzung und Vereinfachung eines älteren Zeichens dar, das vielleicht nicht bloß nach links, sondern auch nach rechts unten schräge Striche verlaufen ließ ⩙ .

Bezweifelt wurde die Deutung des Qof aufs Hinterhaupt: aber das Zeichen ⌓ bestätigt sie: der Halbkreis zeigt das Schädeldach, der wagerechte Strich die Schädelbasis an, der senkrechte ist eine abgekürzte Darstellung des herabfallenden Haares[3]). Auch Lidzbarski ist *Ephemeris* II 373 zu dieser Deutung zurückgekehrt, weil die benachbarten Buchstaben größenteils Körperteile bezeichnen. Vorher hatte er *Ephemeris* I 132 darin Bogen mit Pfeil, II 133 ff. einen Helm erblickt, mußte aber zu diesem Zweck eine ältere Form ⌒ ansetzen und selbst zugeben, daß seine Erklärung des Bildes sachlich nicht befriedige.

Übrig sind nur noch die vier „sekundären" Zeichen H Het, ⊗ Tet, ∓ Semk, ⊢ Sade, deren Erklärung deshalb nicht einwandfrei gelingen

---

1) Ed. Hermann, *Deutsche Literaturzeitung* 1919, Sp. 52 bringt allerdings das Kunststück der Herleitung aus dem ägyptischen Zeichen zuwege: „es ist nur senkrecht gestellt, und der Strich links ist als Aufstrich beim Schreiben zu denken, der nicht ganz von dem Punkt ausgeht, zu dem der rechte Strich zurückkehrt."

2) Auch Sethe wollte darin (vor der Entdeckung der Sinaischrift) *Gött. Nachr.* 1916 S. 134[1]) die von der Seite gesehene Mundöffnung erblicken.

3) Auch nach Sethe, *Gött. Nachr.* 1916, S. 143 wäre ⌓ zumal in der Gestalt ⌓ ein eigentlich gar nicht zu beanstandendes Bild des Hinterkopfes; (vgl. Lehmann-Haupt a. a. O. S. 69); dagegen Sethe, *Gött. Nachr.* 1917, S. 448.

Der Ursprung der Buchstabenschrift.

kann, weil die Bedeutung der meisten dieser Buchstabennamen gegenwärtig noch nicht feststeht; man ist daher auf Möglichkeiten angewiesen.

Unbestritten scheint die Übersetzung von Het mit „Zaun" (Gesenius: *septum.*) Das Zeichen ⊟ oder ⊟ (dies wahrscheinlich die ältere Form[1])) hat einen Abschnitt des Zaunes herausgegriffen, dessen Flechtwerk durch die Querstriche angedeutet ist. Diese Erklärung ist so sinnfällig, daß neben ihr die Herleitung von ⊟ aus ⋏ gezwungen erscheint und sich lediglich auf die Lautverwandtschaft der beiden Buchstaben berufen kann.

Sehr anschaulich ist ferner ⊗ , wenn Tet den Sinn von Ballen hatte, wie Lidzbarski, *Ephemeris* II 128f. vermutet[2]); mit einfacheren Mitteln kann das Bild eines umschnürten Warenbündels nicht wiedergegeben werden. Natürlich könnte ⊗ , für sich allein betrachtet, auch ein inhaltsleeres geometrisches Gebilde sein, als dessen Grundgestalt man mit Bauer u. a. (s. oben) ○ oder mit Sethe 1917 459 das Kreuzzeichen Taw betrachten müßte. Aber warum hat man sich diesfalls zur Unterscheidung nicht wie in der angeblichen Umwandlung von ⋏ zu ⊟ mit der Hinzufügung eines Striches begnügt, also ⊖ oder ⌽ , ✳ oder ⋈ ? Jedenfalls ist es geboten, auch für die „sekundären" Zeichen die Deutung zunächst in der Richtung zu suchen, in die uns die anderen Buchstaben weisen.

Gesichert ist die Bedeutung Stütze (Gesenius: *fulcrum*) für Samech-Semk, während das Zeichen ⟞ , wie Lidzbarski, *Ephemeris* II 136 erkannt hat, einen Ast mit wegstehenden Zweigen darzustellen scheint. Beides ist aber sehr wohl vereinbar, weil in einfachen Lebensverhältnissen ein solcher Ast die am leichtesten erreichbare Stütze, die mit den abstehenden Zweigen zugleich als Spreize oder als Tragvorrichtung dienen kann, abgibt. Auf wie schwachen Füßen die Beziehung dieses „sekundären" Zeichens zu seiner Urform steht, habe ich oben gezeigt: in der Tat leugnet sie Sethe 1917 446, 459[1]: seine eigene Erklärung allerdings, daß das Zeichen aus zwei aufrechtstehenden Fischbildern entstanden sei, wird gewiß niemanden überzeugen.

Vollends Schiffbruch leidet die Lehre von den „sekundären" Zeichen[3]) am Sade. Keiner der lautverwandten Buchstaben, die als Grundform zunächst in Betracht kämen, weder ⏃ , woran Bauer gedacht hat (s. dagegen oben S. 306), noch ⋓ (s. Sethe 1917 459), läßt sich in ⌐ ohne Künstelei wiedererkennen. Sethe gibt daher auch nachträglich (S. 460[1])

---

1) Sieh Lidzbarski, *Handbuch der nordsemitischen Epigraphik* I 175.
2) Sieh auch Lehmann-Haupt a. a. O. S. 70.
3) Gegen diese wendet sich auch Lehmann-Haupt in der Fortsetzung seines Aufsatzes *Zur Herkunft des Alphabets.*

zu, daß „das phönikische bezw. sinaitische Sade von jeher selbständig als wirkliches Bild des Angelhakens existiert habe". Freilich muß ich gestehen, daß ich einen Angelhaken von der Gestalt dieses Buchstaben wenig zweckmäßig finde; und von demselben Bedenken geleitet, hat Lidzbarski (*Ephemeris* II 127) die Deutung „Treppe", die durch das Zeichen nahe gelegt wird, vorgeschlagen. Da jedoch der Gebrauch von Treppen auf der Kulturstufe von Zeltbewohnern unwahrscheinlich ist, überdies die Bedeutung „Angelhaken" sich aus dem semitischen Sprachschatz zu ergeben scheint (s. Gesenius 42), so denke ich eher an Umbildung eines älteren Zeichens, das etwas anders ausgesehen haben mag:

Wenn ich somit den Beweis geliefert zu haben glaube, daß in jedem Buchstaben noch das Bild des Gegenstandes, der durch den Buchstabennamen bezeichnet wird, erkenntlich ist, so gewinnen wir damit eine geschlossene Fülle von Bildern, die geeignet sind, uns das Leben des Volkes, in dem diese Bilder entstanden und ausgewählt worden sind, auszumalen und seinen Gesichtskreis festzulegen. Unabweislich drängt sich der Vergleich mit den heutigen Beduinen auf, die in Zelten wohnen und ein unstetes Leben führen, wie ja das Nomadenleben der echt semitische Lebensberuf ist (s. Benzinger, *Hebräische Archäologie* 111). Die Zelte wurden hergestellt wie noch heute, indem als Gestelle mehrere Stangen schräg in die Erde eingerammt wurden, so daß sie mit ihren oberen Enden zusammenstießen; oben waren Querstangen als Spreizen eingefügt und die Zelttücher, die eine Seite, die des Eingangs, in der Gestalt eines Dreiecks ganz offen ließen, wurden mit Stricken festgehalten, die an den in die Erde hineingetriebenen Zeltpflöcken angebunden waren. Der offene Eingang wurde nachts mit einem Gitter verschlossen. Von Tieren stehen im Vordergrund des Interesses Rind und Kamel. Auffällig ist, daß das Kleinvieh und daß der Hund fehlt, ebenso die Vögel, die in den Hieroglyphen stark vertreten sind. Leicht erklärt es sich dagegen, daß das Pferd, das heute bei den Arabern eine so große Rolle spielt, nicht erscheint, weil es in Syrien und Arabien erst seit dem Ende des Altertums gezüchtet wird; auch im 10. „Gebot Gottes" wird neben dem Rind nicht das Pferd genannt, sondern der Esel. Ein anderes Tier ist durch bezeichnet: Fisch (Nun) oder Schlange (Naḥasch). Beides wäre verständlich; da aber unmittelbar davor das Wasserzeichen Mem steht und häufig in diesem Alphabet zusammengehörige Begriffe einander nahegerückt sind, so ist doch sicherlich der Fisch gemeint. Zu einem bewegten Fischwasser stimmt gut das zackige Wasserzeichen; denn wenn es auch der ägyptischen Hieroglyphe für *n* nachgebildet ist, so sollte es doch gewiß nicht das Wasser einer Zisterne mit seiner spiegelglatten Oberfläche bezeichnen. Die Frage, was dem Fisch zu dem Vorzug, unter die Buchstaben aufgenommen zu werden, verholfen hat, beantwortet das nur durch drei Buchstaben getrennte Sade: er wurde geangelt, diente somit zur Nahrung; und da Angelfischerei im Meere nicht üblich ist, hat man teilweise an Fische von Binnengewässern zu denken. Auf ein Volk von Viehzüchtern also, bei dem gleichwohl Fischnahrung als Zukost beliebt war[1]), führt der Gedankenkreis, der in Namen und Bildern der Buchstaben umschrieben ist. Es wohnte in Zelten; und da sie naturgemäß ihre Wohnsitze nur, wenn es die Weideverhältnisse erforderten, zu wechseln pflegten, richteten sie sich in den Zelten auf Monate häuslich ein und umschlossen den Weideplatz ihrer Rinder- und Kamelherden in weitem Umkreis mit einem geflochtenen Zaun. Um ihre Geräte und Gefäße, Bedarfsgegenstände und Vorräte nicht sämtlich auf die Erde stellen zu müssen, statteten sie das Zelt mit Tragvorrichtungen aus, großen Ästen, deren weit abstehende Zweige als Gestelle dienten; auch an den Querhölzern des oberen Zeltraums wurde allerlei aufgehängt, wie das bekannte Zeltrelief von Kujundschik zeigt. Wenn die Zelte abgebrochen wurden, schnürte man die Habseligkeiten in Bündel zusammen und lud sie den Kamelen auf, die mit dem Hirtenstab angetrieben wurden. Auf den Wanderzügen und namentlich bei der Wahl einer neuen Niederlassung konnte es zum Kampf mit Nachbarstämmen kommen, der gewiß mit der seit alters in Vorderasien heimischen Waffe, Bogen und Pfeil, ausgetragen wurde: denn an Jagdbetrieb ist um so weniger zu denken, als die Schriftzeichen keine Andeutung jagdbaren Wildes enthalten. Das Kreuzzeichen war von Wichtigkeit, weil es in dem, wenn auch noch so unentwickelten Rechtsverkehr zur Beglaubigung diente: vgl. Sethe 1916, 143. Von den Körperteilen des Menschen hat nur der Oberleib, besonders der Kopf, die Aufmerksamkeit auf sich gezogen. Er wird von der Seite und von hinten dargestellt, außerdem das Auge, der Zahn, der Mund, endlich Arm und Hand; keine Spur einer Rücksicht auf das Geschlechtsleben, das bei vielen Naturvölkern einseitig in den Vordergrund tritt.

Die Schrift wird von der überwiegenden Überlieferung des Altertums als phönizisch bezeichnet. Da aber die Phönizier schon im 2. Jahrtausend v. Chr. ein seetüchtiges Handelsvolk waren, so wäre es in hohem Grade befremdlich, wenn ein Angehöriger dieses Volkes die Bilder fast ausschließlich dem Nomadenleben entlehnt, nicht im geringsten Tätigkeit und Umwelt des Seefahrers einbezogen, nicht einmal ein Schiffbild aufgenommen hätte. Zudem steht fest, daß die Phönikier, so gewandte Handelsleute sie waren, sich keineswegs durch Erfindungsgabe auf geistigem Gebiet auszeichneten. Demgemäß wird sich der alte, noch von Nöldeke[2]) verteidigte Glaube an die phönizische Erfindung der Lautschrift, die der

---

1) Vgl. Benzinger, *Hebräische Archäologie*² 68.
2) *Beiträge zur semitischen Sprachwissenschaft* 1904, 135.

griechischen zugrunde liegt, nicht halten lassen[1]); sondern die Phönizier waren in diesem Falle wie in allen anderen lediglich die Vermittler[2]). Erfunden hat diese Schrift (trotz der Bedenken Lidzbarskis *Ephemeris* I 111) ein weiser Mann eines im Hinterlande Phönikiens, vielleicht im Jordantal umherwandernden Volkes von Viehzüchtern, der in unmittelbarer Anlehnung an ältere Versuche wie den durch die Sinaischrift bezeugten und in mittelbarer oder unmittelbarer an die ägyptischen Hieroglyphen es unternahm, eine seiner Muttersprache angemessene Schrift zusammenzustellen. Die stammverwandten Phönikier erkannten den Wert der Schöpfung, übernahmen sie und brachten sie zu den Griechen. Sollte das Volk, dem jener Weise angehörte, das der Israeliten gewesen sein? Auch Sethe 1916 137 wirft diese Frage auf, an die er von ganz anderen Voraussetzungen herankommt, entscheidet sich jedoch für die Hyksos, die in Ägypten die Vorteile der Schreibkunst kennen gelernt hätten und nach ihrer Vertreibung auf Ersatz bedacht gewesen seien; aber hätten die Hyksos, die nach Sethe 137[3] das Pferd in Ägypten einführten, ihm nicht ein Plätzchen in der Buchstabenreihe gegönnt? Überhaupt ist ein so hohes Alter der zu den Griechen gekommenen Schrift mehr als zweifelhaft, wenn gleich die Sinaischrift in jene Frühzeit zurückzureichen scheint; vgl. Lehmann-Haupt a. a. O. S. 70 ff.

Ein ungelöstes Rätsel bildet die Anordnung der Buchstaben, in der unverkennbar zwei Grundsätze miteinander in Widerstreit liegen, die Verwandtschaft der Laute und die sachliche Zusammengehörigkeit der Bilder. Längst bemerkt ist natürlich die Folge von Lippenlaut, Kehllaut, Zahnlaut, die nicht bloß in *bet gaml delt* erscheint, sondern in *wau — ḥet ṭet* und in *pe — qof — — taw* wiederkehrt; und jedesmal geht der Gruppe ein Stimmlaut unmittelbar voran: alf, he, ain. Auch die Reihe *lamd mem nun* kann nicht Werk des Zufalls sein. So haben denn schon Taylor, *The alphabet* I 192 ff. und unerlaubt kühn Flinders-Petrie[3]), den Larfeld[4]) schlagend widerlegte, eine ursprüngliche Lautreihe herzustellen versucht. Nicht minder augenfällig aber sind die sachlichen Beziehungen vieler nebeneinander oder doch nahe beisammen stehender Zeichen: während die erste Hälfte des Alphabets den Lebenseinrichtungen gewidmet ist,

---

1) Auch Lehmann-Haupt a. a. O. S. 77 erschien es früher „keineswegs ausgeschlossen — wenn natürlich auch keineswegs sicher —, daß gerade die Phönizier, die nachmals das Alphabet zu den Griechen brachten, auch diejenigen waren, die seine Grundprinzipien den Ägyptern abgelauscht und seine Gestaltung vollzogen hatten, wie es die Tradition des Altertums will". Er neigt sich aber nunmehr, wie er mir mitteilt, meiner Ansicht von der Entstehung innerhalb eines in Kanaan wohnenden Nomaden-Volkes zu (vgl. schon S. 76 seiner Abhandlung).

2) Bauer-Leander, *Gramm. der hebr. Sprache* I 69 f.

3) *The formation of the alphabet* (*British School of Archaeology in Egypt* III).

4) *Berliner philologische Wochenschrift* 1913, 1112 ff.

enthält die zweite hauptsächlich Namen menschlicher Körperteile: einerseits Rind — Kamel, Haus — Tür, Gitter, Zeltpflock — Zaun, Wasser, Fisch, andererseits Arm, Hand, Auge, Mund, Hinterkopf, Gesicht. In dieses Gewirre Ordnung bringen zu wollen, wäre vergebliche Mühe. Am ehesten läßt sich die Zerreißung einheitlicher Lautgruppen, deren Gleichmäßigkeit zweifellos beabsichtigt war, damit erklären, daß eine planmäßige Anordnung einer verständnislosen Überarbeitung unterzogen wurde[1]). Der Semit, der das Mutteralphabet der griechischen Schrift schuf, stützte sich auf ein älteres, vielleicht aus der Sinaischrift hervorgegangenes Alphabet, wo die Buchstaben nach ihrem Lautwert angeordnet waren; da er aber den Grundgedanken dieser Anordnung nicht erkannte oder nicht zu würdigen wußte, richtete er sich nach der sachlichen Zusammengehörigkeit der Bilder, worauf er durch zufällige Nachbarschaft verwandter Begriffe in seiner Vorlage (*bet delt*, *mem nun*, *ain pe*) aufmerksam geworden sein kann. Von den ursprünglichen Lautgruppen sind am deutlichsten erhalten *lamd mem nun* und *alf bet gaml delt*. Da aber in den dieser ähnlichen Gruppen *he wau — het tet* und *ain pe — qof — — taw* beidemale unmittelbar nach dem Lippenlaut ein Zischlaut steht, *zai* und *sade*, dessen nachträgliche Einschiebung sich schwer, keinesfalls mit der Bedeutung des Bildes erklären ließe, so vermute ich, daß auch in der Gruppe *alf bet gaml delt* ursprünglich dem Lippenlaut ein Zischlaut folgte: *schin*. Die Versetzung von *schin* an seine jetzige Stelle wurde gleichzeitig mit der von *rosch*, das sich ursprünglich an *lamd mem nun* angeschlossen haben mag, vorgenommen, weil das Bild des Hinterhauptes *qof* die nächst verwandten (*rosch* Gesicht und *schin* Zahn) an sich zog. Somit ergeben sich für das Alphabet, das als Vorbild diente, drei fünfgliedrige Gruppen gleicher Art (*alf bet ⟨schin⟩ gaml delt, he wau zai het tet, ain pe sade qof — — taw*) mit je einem Zischlaut in der Mitte, denen sich ungezwungen die fünfgliedrige Gruppe *lamd mem nun semk ⟨rosch⟩* zur Seite stellt. Die Mitte des ganzen Alphabets zwischen je zwei der ursprünglichen Fünferreihen nimmt das Bilderpaar *jod* und *kaf* (Arm und Hand) ein.

Wenn also auch noch nicht alles zu letzter Klarheit geführt werden kann, so enthüllt doch eindringende Betrachtung des Ursprungs der Buchstabenschrift und der ursprünglichen Anordnung der Buchstaben ein ansehnliches Stück Kulturgeschichte von Zeiten und von Ländern, für die andere Quellen spärlich fließen.

Innsbruck.

---

1) Vgl. Bauer-Leander, *Gramm.* I 65.

Zu Herodot.

Von Victor Ehrenberg[1]).

I.
Zu Herodots Angaben über die Gestalt Ägyptens.

Das Beste, was über H.'s ägyptischen Aufenthalt bisher geschrieben ist, ist unstreitig das Buch von C. Sourdille, *La durée et l'étendue du voyage d'Hérodote en Égypte*. — Paris 1910. Nach den verschiedensten Seiten hin hat dies Buch die Dinge geklärt[2]). Aber in einigen wesentlichen Punkten scheint es mir doch der Korrektur oder der Ergänzung zu bedürfen.

1. Zu Herodots Längenangaben.

Eine Reihe der von Sourdille gegebenen Darlegungen haben als wichtigste oder einzige Grundlage den Satz, den er so formuliert (S. 107): *Le compte par stades n'est qu'une évaluation indirecte fondée sur la durée d'un voyage*. Dieser Satz ist — zum mindesten in dieser Allgemeinheit — falsch. Sourdille oder Leake[3]), dem er folgt, ziehen jenen Schluß aus IV, 86, wo H. tatsächlich seine Längenangaben so ausrechnet, daß er die Reisedauer mit der durchschnittlichen Tagesstrecke multipliziert. Es ist das eine Ausrechnung, die (wie schon Leake richtig sah) nur bei einem einheitlichen täglichen Grundmaß verallgemeinert werden kann. Aus V, 53 schließt Leake auf ein solches von 150 Stadien für Reisen zu Lande, und Sourdille aus II, 9 auf eins von 540 Stadien für Schiffsreisen. Demgegenüber gibt H. selbst aber in IV, 101 eine tägliche Landreise von 200 Stadien an und in IV, 86 Tag- bezw. Nachtseereisen von 700, bezw. 600 Stadien, in II, 158 dagegen eine Tageswasserfahrt von nur 200 Stadien![4]) Es geht also wirklich nicht an, mit irgendeiner dieser Zahlen als einem festen Grundbegriff zu operieren, da man doch nicht gut „Spezialgrundmaße" für jedes einzelne Land und Gewässer annehmen kann. Ich will gern zugeben, daß gelegentlich (auch, wo es nicht ausdrücklich gesagt wird) eine derartige Rechnung bei H. vorliegen kann; aber öfter wird er Maßangaben von mehr oder weniger großer Genauigkeit aus seinen mündlichen oder schriftlichen Quellen geschöpft oder sie selbst geschätzt haben.

---

1) Geschrieben im Sommer 1914. — 2) Vgl. Jacoby, *RE* Suppl. II, S. 262.
3) *Journal of the Royal geographical Society of London* IX (1839).
4) Letzteres auf dem Kanal Nechos, was sich besser mit dem Nil vergleichen läßt als die Seereise. Über II, 158 vgl. unten.

Die Stelle nun (II, 9), aus der Sourdille sein Grundmaß von 540 Stadien schöpft, ist für ein genaues Zahlenergebnis denkbar ungünstig. „Von Heliopolis nach Theben fährt man 9 Tage lang aufwärts. Es sind 4860 Stadien Weges, da es 81 Schoinoi sind." Dieser letzte Zusatz allein beweist, daß H.'s Grundmaß gar nicht eine Anzahl Stadien, sondern Schoinoi sein müßte[1]). Aber lassen wir das beiseite. Daß die Längenangabe von 4860 Stadien = 863 km[2]) — statt in Wahrheit 723,5 km[3])

---

1) Zweifellos ein ganz anderes Schoinosmaß liegt II, 29 vor, wo die Fahrt durch den Dodekaschoinos, dessen Länge Roeder (*Klio* XII, S. 73) auf etwa 110 km angibt, vier Tage beansprucht (vgl. S. 320, Anm. 2). Vgl. das interessante, wenn auch sehr hypothetische Buch von W. Schwarz, *Der Schoinos. Berl. Studien f. klass. Philol.*, 1894. Eine sehr scharfe Kritik Lehmann-Haupts in der *Wochenschrift für klass. Phil.* XII (1895), Nr. 5—7. — [Nach erfolgter Drucklegung dieses Aufsatzes weist mich freundlicherweise Prof. Lehmann-Haupt brieflich darauf hin, daß er schon längst (a. a. O. S. 180 f.; *Verh. Berl. Anthr. Ges.* 1892, S. 418 f.; *Akten des VIII. Orientalisten-Kongresses* II B, S. 229; *RE* Suppl. III, S. 594) erkannt habe, daß H. den tatsächlich nur 30 Stadien langen Schoinos (den babylonisch-persischen Stundenweg) mit dem älteren von 60 Stadien (dem Doppelstundenweg), den er irrtümlich für ein ägyptisches Maß halte, verwechselt habe. Diese Erkenntnis, deren Richtigkeit nachzuprüfen ich — zumal nach fünfjähriger Arbeitsunterbrechung — außerstande bin, zwänge dazu, H.'s Maße, soweit sie auf σχοῖνοι zurückgehen, um die Hälfte zu verkleinern. Aber damit würden wir z. B. in II, 9 nur statt der zu großen Zahl eine erhalten, die zu klein ist, während allerdings einzelne vorher unverstandene Stellen nun begreiflich würden. Außerdem ist Lehmann-Haupt gezwungen, das im Dodekaschoinos vorliegende abweichende Maß damit zu erklären, daß hier „ein einheimisches, ägyptisches Maß von den Griechen durch das Wort Schoinos wiedergegeben wurde"; er muß also hier die als irrig bezeichnete Ansicht H.'s vom Zusammenhang zwischen Schoinos und einem ägyptischen Maß zugestehen. Jedenfalls haben wir keinen festen Boden unter den Füßen. Ohnedies aber bleibt für meine weiteren Untersuchungen dieses Problem belanglos, da sie nicht auf Maßangaben, sondern auf der Ortsbeschreibung H.'s basieren.]

2) Ich setze H.'s Stadion (mit Sourdille) als das attische = 177,6 m. Möglich ist aber auch, daß er das persische = 197 m benutzte (so Schwarz a. a. O. S. 25 ff.). Dann würden die durchgängig zu großen Angaben noch stärker von der Wirklichkeit abweichen. — Nach Fertigstellung meiner Arbeit erschien in dieser Zeitschrift (1914, Heft 3) ein Aufsatz Westbergs, der als H.'s Stadion das sog. Schrittstadion annimmt (= 148,5 m, nach Westberg 148,85 m) und dadurch verschiedene Längenangaben H.'s mit der Wirklichkeit in Einklang bringt. Er hat es wahrscheinlich gemacht, daß bei H. neben dem attischen und dem persischen noch dieses dritte Stadion angewendet war. Diese Tatsache aber und die hoffnungslos divergierenden Ansichten der Gelehrten in metrologischen Dingen — neuerdings nimmt noch O. Viedebantt (*Klio* 1914, Heft 2 und *Rhein. Mus.* 69, 3 [1914]) ein Stadion von 157,5 (159,8) m an — machen es zur Pflicht, bei geographischen Untersuchungen nicht von den Maßen und Zahlen auszugehen, sondern von den Objekten.

3) Sämtliche modernen Angaben stammen aus Baedekers *Ägypten*, 1913[7]. Obige Zahl ergibt sich aus der Addition der täglichen Dampferfahrten.

— falsch ist, würde zwar nichts besagen, da diese Zahl nur errechnet wäre; aber auch Sourdille gibt zu, daß die 9 Tage Fahrt (deren Richtigkeit doch Bedingung wäre) für H.'s Reise unmöglich zutreffen können.

Man überlege sich einmal, was das heißt: ein Schiff fährt täglich 540 Stadien = rund 100 km den Nil aufwärts. Die modernen Touristendampfer fahren — Aufenthalte mitgerechnet — etwa diese Strecke. Ohne Aufenthalt kommen sie auf wenig mehr als 125 km. Auch bei Richtigstellung der Angabe der Niltallänge, d. h. wenn wir die Hypothese des Grundmaßes nun endgültig fallen lassen, bleibt noch eine Tagesgeschwindigkeit von 80,4 km. Und nun nehme man die schon von vielen Seiten[1]) betonten Schwierigkeiten der Schiffahrt, des Verkehrs mit den Eingeborenen, der Verpflegung, schließlich die doch nicht auszuschaltende Neugier des Touristen hinzu, und man wird endgültig darauf verzichten müssen, in dieser Angabe der 9 Tage irgendeine für genaue Ermittlungen dienliche Zahl zu sehen[2]).

Über dies negative Ergebnis war man sich ja schon im wesentlichen einig. Wenn ich die Sache noch einmal so genau behandelt habe, so

---

1) So zuletzt von Sourdille S. 107 ff.

2) Die von Sourdille fast als bewiesen behandelte Hypothese, daß hier eine „offizielle" Angabe vorliegt, ist willkürlich. So wahrscheinlich es mir — im schärfsten Widerspruch zu Sourdilles Grundmaßhypothese — erscheint, daß die von H. im 2. Buch gegebenen Längenangaben, die alle in einem gewissen gleichen Abstand größer sind als die realen Längen, auf offiziellen, wenn auch nicht sehr genauen Messungen und damit auf offiziellen Angaben beruhen, so unwahrscheinlich dünkt mir dies bei den Zeitangaben, die so gar nicht miteinander zu vereinen sind. Wie wenig Veranlassung wir haben, den persischen offiziellen Schiffen eine solche Geschwindigkeit wie die der 9 Tage zuzutrauen, zeigt die ägyptische Inschrift der Adoption der Nitokris (Erman, Z. f. ä. S. 35. Breasted, *Anc. rec. of Egypt* IV, S. 477 ff.), auf die mich freundlicher Weise Prof. Sethe-Göttingen hinwies. In dieser aus dem Jahr 654 stammenden Inschrift fährt die Prinzessin Nitokris von Saïs nach Theben unter den allergünstigsten Fahrtbedingungen: sie hält sich nirgends auf, die Gaufürsten erwarten sie überall am Ufer mit Vorräten von Lebensmitteln, die Kräftigkeit der Matrosen wird betont. Sie gebraucht zu ihrer Fahrt 17 Tage, was einer Fahrt von 12—13 Tagen für die Strecke Heliopolis—Theben entspricht. Und selbst diese Zahl, die doch fast um die Hälfte größer ist als die H.'s, dünkt den Ägyptologen so auffallend klein, daß Erman an eine Fahrt Memphis—Theben denkt! — Wenn aber jene offiziellen Angaben sich ursprünglich auf Landreisen bezogen hätten, wie es auf Grund von Kap. 29 (4 Tage Elephantine—Tachompso) Prof. Schäfer-Berlin für möglich hält, so werden die 9 Tage noch unerklärlicher, während jene zwischen 25 und 50 km sich bewegenden Tagesstrecken (vgl. unten) auch nur z. T. passen würden. Wenn also auch möglicherweise hier oder dort eine offizielle Quelle zugrunde liegt, so beweist doch die unvereinbare Verschiedenheit der Zeitangaben, daß von einem einheitlich-methodischen Vorgehen H.'s nicht die Rede sein kann und auf keine dieser Zeiten wirklich Verlaß ist.

geschah es vor allem wegen jener nunmehr widerlegten Annahme Sourdilles, auf der, wie wir noch sehen werden, ganz wesentliche Teile seiner Erörterungen aufgebaut sind. Was anstelle der übertriebenen Angaben als durchschnittliche Tagesfahrt anzusetzen ist, wird sich unten ergeben.

2. Die Gestalt Oberägyptens.

„Für den, der von Heliopolis aufwärts geht, ist Ägypten eng. An der einen Seite nämlich breitet sich das arabische Gebirge[1]) aus, indem es sich von Norden gegen Mittag und Notos erstreckt, immer aufwärts sich ausdehnend bis zum Erythreischen Meer; in diesem Gebirge befinden sich die Steinbrüche, aus denen Steine gebrochen wurden für die Pyramiden bei Memphis. Hier nun endet das Gebirge und biegt dorthin um, wovon ich gesprochen habe: wo es aber selbst am längsten ist, hat es, wie ich erfahren habe, eine Weglänge von zwei Monaten von Osten nach Westen; seine östlichen Enden tragen Weihrauch. So ist dieses Gebirge. Was die libysche Seite Ägyptens angeht, so liegt hier ein anderes Felsgebirge[2]), auf dem sich die Pyramiden befinden; es ist mit Sand bedeckt und erstreckt sich in derselben Weise wie der nach Süden gerichtete Teil des arabischen Gebirges. So ist also von Heliopolis an nicht mehr viel Raum, wenigstens soweit er zu Ägypten gehört[3]), vielmehr ist für die Strecke von vier[4]) Tagen Fahrt stromaufwärts Ägypten eng. Zwischen den genannten Gebirgen ist zwar ebenes Land, aber, wie mir scheint, dort, wo es am schmalsten ist, ist nicht mehr als 200 Stadien von den arabischen zu den sogenannten libyschen Bergen. Von dort an ist Ägypten wieder breit."

Dies Kapitel (II, 8) ist seit alters als unsinnig und verkehrt bezeichnet worden. Eigentliche Deutungsversuche gab es nicht vor Sourdille[5]). Ich wiederhole ihn nicht, wo ich mit ihm übereinstimme, und

---

1) Vgl. Sourdille S. 114 ff.

2) Ein Einwand Prof. Eduard Meyers, dem ich für vielfache Anregung zu danken habe, hat mich überzeugt, daß die Stelle in dieser Weise zu konstruieren ist (ebenso u. a. Krüger) und nicht im Sinne Steins und Sourdilles, die Αἰγύπτου zu ὄρος ziehen und so einen Gegensatz feststellen in der Auffassung H.'s von den zwei Randgebirgen. Es ist allerdings nicht Herodots eigene Ansicht, sondern τὸ ἐπ' Ἑλλήνων νενομισμένον (II, 17), was hier zugrunde liegt: die Zweiteilung Ägyptens durch den Nil in einen asiatischen und einen libyschen Teil. Wie Jacoby (RE VII, 2704 f.) erkannt hat, geht diese Anschauung auf Hekataios zurück.

3) Dies bezieht sich, wie Westberg a. a. O. richtig betont, nicht auf die Längen-, sondern die Breitenausdehnung.

4) Die Widerlegung der unmöglichen Konjektur von 14 Tagen, wie sie sich in den meisten Ausgaben findet, bei Sourdille S. 121 f.

5) Die hübsche, aber unrichtige Idee Wiedemanns (Ägypten = Doppelaxt) ist widerlegt von Sourdille S. 122 f. [Neuerdings hat O. Viedebantt (Klio XVI, S. 100 f.) sie wieder aufgenommen.]

habe oben auf die wichtigsten Stellen aufmerksam gemacht. — Dagegen steht und fällt seine Erklärung des schwierigen letzten Teils durchaus mit der Anschauung von der Tagereise von 540 Stadien. Es erübrigt sich daher für mich, hier auf seine sehr geistvollen Ausführungen einzugehen; ohnedies werde ich bei der Darlegung meiner Ansicht gelegentlich Widerspruch gegen ihn erheben müssen[1]).

Ein Blick auf die Karte[2]) zeigt nun eine sehr auffallende Tatsache. Etwas nördlich von Kairo ist die allmähliche Verengung des Nilgebiets im wesentlichen zu Ende. Bei Kairo haben wir nur noch ca. 15 km Breite, unmittelbar südlich geht sie auf etwa 10 km zurück und bleibt ungefähr gleich bis El-Wasta. Dann folgt eine langsame Erweiterung bis auf etwa 20 km bei der Linie El Lahun-Achmant. d. h. beim Eingang ins Fayum, der von Kairo knapp 120 km entfernt ist. Von nun an behält das Tal lange Zeit die Durchschnittsbreite von 20—25 km. Erst nach etwa 600 km, südlich Farchut, tritt wieder eine Verengung ein, die mehr und mehr zunimmt, bis einige Zeit vor Assuan das Tal nur mehr auf das Flußbett beschränkt ist.

Es ist einleuchtend: Wenn wir H.'s Zahlenangaben mit den hier sich ergebenden in Einklang bringen, so ist die Stelle auf völlig eindeutige Weise klargestellt[3]). — Ich möchte nochmals betonen: Auf Grund von Zahlen Ortsangaben H.'s, die mit der Wirklichkeit übereinstimmen, für unrichtig zu erklären, halte ich für Umdrehung aller Methode! Ganz

---

1) Immerhin möchte ich hier auf ein paar besonders auffallende Tatsachen hinweisen. Sourdilles Erklärung läßt H.'s Anschauung von der Gestalt Ägyptens darauf beruhen, daß bei einer doch z. T. ungenauen Kenntnis H. ein ganz besonderes Gewicht legt auf die Nebenarme des Nil, den Bahr-el-Jussuf, den ganz unbedeutenden Cau-el-Souhagieh. Letzteren nennt H. überhaupt nicht. Vom Josefskanal sagt er nur (II, 149): „Das Wasser des (Möris-)Sees ist nicht dort selbst entsprungen, sondern kommt aus dem Nil durch einen Kanal." Aber er bedeutet ihm nur einen Verbindungskanal (wie es so viele gab), nicht etwa einen Arm des Nil (II, 17: μέχρι ... Κερκασώρου πόλιος ῥέει εἰς ἐὼν ὁ Νεῖλος!), was beweist, daß er ihm in seiner Ausdehnung nicht bekannt ist. Es ist auch gar nicht zu sehen, wie H., der mit ziemlicher Eile seine Nilfahrt machte, hierher kam. Eine Hin- und Rückfahrt auf dem Josefskanal, wie sie Sourdille annimmt, ist völlig unglaubhaft. Einen kurzen Abstecher in Richtung aufs Fayum mag er über Land gemacht haben.

2) Ich verweise auf die ausgezeichneten Karten Baedekers.

3) Man mag finden, daß für die im Grunde nicht sehr bedeutende Verbreiterung der Ausdruck: ἐνθεῦτεν αὖτις εὐρέα Αἴγυπτός ἐστιν reichlich stark und apodiktisch ist, zumal er Bezug nimmt auf die gleichen Worte im Anfang von Kap. 7, wo sie vom Delta gebraucht werden. Aber ich glaube nicht, daß man auf Grund eines derartigen, mehr oder weniger vagen Empfindens aburteilen darf. Hat mir doch Prof. Schäfer bestätigt, daß diese Verbreiterung für den visuellen Eindruck durchaus beträchtlich und auffallend erscheint, so daß H. sie vielleicht wirklich überschätzt hat. (Vgl. die Breitenangabe der 200 Stadien!)

abgesehen von der Unsicherheit der Überlieferung gerade bei Zahlen, wie sie sich auch bei H. zeigt[1], macht H. in der Erinnerung sicher leichter eine falsche Zeitangabe als eine völlig unerklärliche Ortsbeschreibung. Und nachdem wir erkannt haben, daß jene 9 Tage unzutreffend sind, müssen wir, ausgehend von H.'s Ortsbeschreibung, auf die Zeiten seiner Fahrten schließen! Ich behaupte also: H.'s Tagesfahrten betrugen nicht 80 oder 100, sondern rund 40 km, eine Strecke, die Kennern Ägyptens durchaus glaubhaft und keineswegs zu klein erschien. Selbstverständlich legt H. an Tagen, an denen die Schwierigkeiten gering waren und es wenig zu sehen gab, mehr zurück, an anderen entsprechend weniger. Für die Strecke Heliopolis—Fayum (ca. 120 km) braucht er volle vier Tage[2].

Es paßt zu dieser Annahme ausgezeichnet die Angabe in II, 158, wonach der Graben des Necho 1000 Stadien = 178 km lang ist und 4 Tage Fahrt in Anspruch nimmt. Allerdings sind diese 1000 Stadien eine abgerundete Zahl. Und ich möchte prinzipiell betonen: es kommt bei diesen Feststellungen der Tagesleistung nie entscheidend auf die Stadienangaben H.'s an, sondern auf die realen Längen. Denn man wird nicht annehmen wollen, daß H. jemals nach einer ihm bekannten Stadienzahl die Anzahl der Fahrttage berechnet. Plinius VI, 165 nun gibt als Länge des Kanals 62 röm. Milien = etwa 92 km an, eine Zahl, die nach modernen Messungen wohl etwas zu klein ist[3]. Wir kommen also auf einen Tagesdurchschnitt von nur 25 km! — Fast ebenso gut paßt II, 4, wonach man vom Meer zum Fayum 7 Tage braucht. Bei richtiggestellten Längen erhält man einen Durchschnitt von 46—48 km. Aus II, 175, wonach die Fahrt Saïs — Elephantine 20 Tage dauert, ergibt sich ein Durchschnitt von etwa 54 km, was wohl schon das Richtige übersteigt. Und die Prinzessin Nitokris legt bei aller Schnelligkeit doch nur etwa 51 km zurück. —

Ich erachte es damit als festgestellt, daß H.'s Angaben über eine neue Verbreiterung Ägyptens nach anfänglicher Verengung vollkommen richtig sind[4]. Einzig was die Breitenangabe von 200 Stadien angeht, so liegt hier sicher ein Irrtum H.'s vor[5].

---

1) Vgl. S. 324 Anm. 6.

2) Ich werde unten zeigen, wie gerade diese Angabe sich stützen läßt. Vgl. S. 327.

3) Auch mit Westbergs Schrittstadion ist H.'s Angabe (= 148,85 km) noch viel zu groß.

4) Allerdings vermissen wir die Angabe von der späteren endgültigen Verengung. Aber wie oft fehlt bei H. eine Angabe, die wir eigentlich erwarten müßten.

5) Ich verweise auf Sourdille S. 139 ff., der zeigt, wie leicht hier ein Fehlgreifen war, sodaß bei H.'s bekannter Unfähigkeit, Zahlen zu denken, diese Angabe ohne Scheu ad acta gelegt werden darf. Westbergs Versuch, die Stelle mit Hilfe des Schrittstadions zu deuten, erscheint mir nicht gelungen, da er die

3. Δῶρον τοῦ ποταμοῦ.

Daß H. den Ausdruck δῶρον τοῦ ποταμοῦ aus Hekataios (Frgm. 229) genommen hat, ist, seit es Diels bewiesen hat[1]), allgemein angenommen. Aber fast ebenso allgemein ist die Anschauung, daß H. diese Worte in einer viel weniger passenden Weise anwendet als Hekataios[2]). Denn während dieser unter dem Namen Αἴγυπτος nur das Delta begreife, fasse H. doch das Niltal bis Elephantine als Ägypten auf[3]). Nur das Delta aber sei im eigentlichen Sinne Geschenk des Flusses und ἐπίκτητος γῆ: dem Meere abgewonnen.

Bevor ich hierauf eingehe, ist es wünschenswert zu zeigen, in welcher Weise H. sich ganz Ägypten gliedert. Mit Augen sieht er die natürliche Einteilung in Delta und in übriges Ägypten, für das er aber keinen einheitlichen Namen hat[4]). Neben dieser Anschauung, wie sie sich ja jedem Besucher von selbst ergibt, tritt eine andere zu Tage, auf die wohl als erster Sethe[5]) hingewiesen hat. Es ist die der alten politischen Teilung in Ober- und Unterägypten, das, wie bekannt, nicht nur das Delta umfaßte, sondern auch noch den νομὸς Μεμφίτης. Dieser memphitische Gau, dessen Jugend gegenüber den andern Gauen Sethe auch aus seinem ägyptischen Namen beweist, ist erst infolge der durch den Damm des Menes bewirkten Trockenlegung entstanden. Diese (allem Anschein nach historische) Tradition steht bei H. (II, 99), der sie von seiner Hauptquelle erfuhr, den Priestern des Ptahtempels in Memphis[6]). Aus derselben Quelle stammt das Bild, das H. vom Aussehen Ägyptens vor dem Dammbau

---

schmalste Stelle des Niltals mit ca. 25 km annehmen muß. Da es sich aber auch bei seiner Auffassung der Dinge jedenfalls um ein bei Heliopolis beginnendes Gebiet handelt, so ist als engste Stelle das Tal zwischen Memphis und El-Wasta festzuhalten, das bis auf 10 km Breite herabgeht.

1) *Hermes* XXII, S. 423.
2) Noch Sourdille (S. 123, Anm. 1) sagt wieder: *c'est par suite assez illogiquement qu' Hérodote répète la même expression.*
3) Diesen Widerspruch betont H. selbst aufs schärfste. Vgl. II, 15—17.
4) Es ist irrig, anzunehmen, daß H. für Oberägypten einfach sage: Θηβαϊκὸς νομός. Damit meint er stets nur den Gau, so in II, 28. 42. 91. 166. Über die einzige Ausnahme (II, 4) vgl. S. 325 Anm. 1.
5) *Beiträge zur ältesten Geschichte Ägyptens.* (*Untersuchungen* Bd. III), S. 123 ff.
6) Ich möchte hier auf eine Korruptel hinweisen. In II, 99, 2 heißt es von dem Damm des Menes: ... ὅσον τε ἑκατὸν σταδίους ἀπὸ Μέμφιος. Das ist eine undenkbare Angabe. 100 Stadien = 17,7 km südlich Memphis würde kein Damm irgend etwas nützen, und weder die Priester des Ptah noch H. selbst können je dieser Ansicht gewesen sein. Tatsächlich liegt der Damm, der noch heute den Gau vor der Überflutung durch den Bahr-el-Jussuf (H.'s ἀρχαῖον ῥέεθρον) schützt, bei Koschêsche nahe El-Wasta, d. h. knapp 100 km südlich Memphis, was etwa 500 Stadien entspricht. Und da für das Zeichen Φ' sehr leicht P' eintreten konnte, so ist wohl sicher zu lesen: ... πεντακοσίους σταδίους.

entwirft (II, 4): „Zur Zeit des Menes (sagen die Ägypter) sei mit Ausnahme des Θηβαϊκός νομός¹) ganz Ägypten Sumpf gewesen und nichts habe daraus hervorgeragt von dem, was jetzt diesseits des Mörissees liegt." Herodot empfängt hier von seiner Quelle die ihm zunächst ganz fremde Anschauung von der Einheit des Gebiets des politischen Unterägypten. Und mehr noch: er lernt auch die Ursache dieser den gleichzeitigen geographischen Verhältnissen so entgegenlaufenden Tatsache kennen, er erfährt, daß bis zum Fayum der ganze Norden Ägyptens Sumpf gewesen war²).

Wir sehen, wie sehr ihm diese Anschauung eingeleuchtet hat, wenn er in Kap. 13, 2 sagt: ... Αἰγυπτίων οἱ ἔνερθε τῆς λίμνης τῆς Μοίριος οἰκέοντες τά τε ἄλλα χωρία καὶ τὸ καλεόμενον Δέλτα. Das Gebiet, das er hier umgrenzt, ist gerade das, welches durch die Anschwemmungen des Nils noch im Wachsen ist. —

Und nun zu dem Satz, daß Ägypten δῶρον τοῦ ποταμοῦ ist. Was wir zu finden erwarten, ist die Anschauung, die wir eben bei H. kennen gelernt haben, die sich dahin aussprechen müßte, daß gerade das Gebiet des politischen Unterägypten — und nur dies wirklich — δῶρον τοῦ ποταμοῦ ist.

Was steht nun da? Im Anschluß an die oben übersetzte Stelle von der Beschreibung Ägyptens vor dem Dammbau folgt: „Und richtig schienen sie mir über das Land zu reden. Denn es ist deutlich, auch wenn man es noch nicht gehört hat, aber es sieht (wenn man Vernunft hat), daß Ägypten, nach dem die Griechen Schiffahrt treiben, für die Ägypter hinzugewonnenes Land ist und ein Geschenk des Flusses, und ebenso ist das, was noch oberhalb dieses (des Möris-)Sees, bis zu drei Tagen Fahrt, liegt, (über den jene nichts mehr von der Art sagen), ein anderes ⟨Land⟩ derselben Art."

Was zunächst auffällt, ist, daß H. tatsächlich durch den Einleitungssatz: καὶ εὖ μοι ἐδόκεον λέγειν περὶ τῆς χώρης jene oben dargelegte Anschauung mit dem Folgenden in ursächliche Verbindung setzt. Damit sind wir ausdrücklich berechtigt, diese Anschauung in den folgenden Sätzen vorauszusetzen.

H. bringt dann das, was er schon im Buch des Hekataios vor sich sah: Αἴγυπτος ἐς τὴν Ἕλληνες ναυτίλλονται, d. i. das Delta (denn der normale griechische Schiffsverkehr endete sicher in Memphis), ist tatsächlich δῶρον τοῦ Νείλου. Aber H. ist auf Grund seiner priesterlichen Quelle

---

1) Hier tritt also Θηβαϊκός νομός für Oberägypten ein, aber für das politische Oberägypten, das nur bis zum Fayum reichte und dessen Hauptstadt Theben war. Die Verallgemeinerung lag hier also besonders nahe.

2) Es ist mir unverständlich, wie Sourdille (S. 134) annehmen kann, die Priester meinten hiermit alles Gebiet nördlich der Trennung von Nil und Bahr-el-Jussuf, da doch klar dasteht: ... τῶν ἔνερθε λίμνης τῆς Μοίριος. Damit fällt natürlich erst recht, was er über die Weiterbildung dieser Ansicht durch H. sagt.

über die Ansichten des Hekataios hinausgewachsen; er muß daher dessen zu engen Begriff erweitern, und das muß im nächsten Satz stehen.

Was hier nun aber steht, ist barer Unsinn. Oberhalb des Fayum ist von Sumpfboden (dem Meere abgewonnenem Anschwemmungsland) nicht mehr die Rede. Die tiefere Einsicht, daß auch das obere Ägypten durch den mitgeschleppten Nilschlamm erst aus einer Wüste zu Fruchtland geworden ist, geht H. wie auch den späteren antiken Autoren (selbst noch Aristoteles[1])) durchaus ab. Was er zeigen will, ist nur das Land, das er als ursprüngliches Sumpfland, d. h. dem Meer abgewonnenes Land ($\dot{\epsilon}\pi i\varkappa\tau\eta\tau\dot{o}\varsigma$ $\gamma\tilde{\eta}$) bezeichnen kann.

So ist es unumgänglich, hier eine Verderbnis des Textes anzunehmen, was dadurch erleichtert wird, daß, wie wir sehen werden, das Satzgefüge auch grammatische Schwierigkeiten enthält. Was wir verlangen, ist: Auch das Gebiet oberhalb des Delta, diesseits des Fayum ist Geschenk des Flusses. Ich lese daher folgendermaßen, ohne daß ich auf den Wortlaut meiner Konjektur entscheidendes Gewicht lege:

$K\alpha i$ $\tau\dot{\alpha}$ $\varkappa\alpha\tau\dot{\upsilon}\pi\varepsilon\varrho\vartheta\varepsilon$ [$\ddot{\varepsilon}\tau\iota$] $\langle\dot{\varepsilon}\nu\tau\dot{o}\varsigma\rangle$ $\tau\tilde{\eta}\varsigma$ $\lambda i\mu\nu\eta\varsigma$ .... Ich tilge $\ddot{\varepsilon}\tau\iota$, da hierdurch die Konjektur sehr erleichtert wird, gebe aber zu, daß es an sich nicht schlecht paßt. Für den Gebrauch von $\dot{\varepsilon}\nu\tau\dot{o}\varsigma =$ diesseits verweise ich auf VIII, 47: $\ddot{\alpha}\pi\alpha\nu\tau\varepsilon\varsigma$ $\dot{\varepsilon}\nu\tau\dot{o}\varsigma$ $o i\varkappa\eta\mu\acute{\varepsilon}\nu o\iota$ $\Theta\varepsilon\sigma\pi\varrho\omega\tau\tilde{\omega}\nu$ $\varkappa\alpha i$ $'A\chi\acute{\varepsilon}\varrho o\nu\tau o\varsigma$ $\pi o\tau\alpha\mu o\tilde{v}$[2]). Daß in dem Wort (genau wie in $\ddot{\varepsilon}\nu\varepsilon\varrho\vartheta\varepsilon$) zugleich der Begriff des „einschließlich" liegen muß, beweist der Zusatz $\tau\tilde{\eta}\varsigma$ $\pi\varepsilon\varrho i$ ... $\ddot{\varepsilon}\lambda\varepsilon\gamma o\nu$. Dessen grammatische Konstruktion war schon vielfach bemängelt worden. Man sah, daß er sich nur auf $\lambda i\mu\nu\eta$ beziehen konnte, daß er sich aber weder grammatisch noch auch $\varkappa\alpha\tau\dot{\alpha}$ $\sigma\acute{\upsilon}\nu\varepsilon\sigma\iota\nu$ darauf bezog. Diese Schwierigkeit ist jetzt behoben, da $\lambda i\mu\nu\eta$ nicht mehr wie bisher ausgeschlossen, sondern miteinbezogen wird, sodaß der Relativsatz im Grunde ebensogut auf $\tau\dot{\alpha}$ $\varkappa\alpha\tau\dot{\upsilon}\pi\varepsilon\varrho\vartheta\varepsilon$ wie auf $\lambda i\mu\nu\eta$ bezogen werden könnte[3]). Tatsächlich war nur das Letztere möglich; denn was in diesem Satz gesagt wird, ist die Behauptung H.'s, den Begriff des zuerworbenen Landes, über die Ansicht der Priester hinaus[4]), selbst auch auf das Fayum ausgedehnt zu haben[5]).

Und nun die Angabe der drei Tage Fahrt. Dieser Ort, der als Grenze zwischen Ober- und Unterägypten für H. von fester Bedeutung ist,

---

1) Vgl. *Meteorologia* I, 11, 12, 14.

2) Der Zusammenhang zeigt klar, daß $\dot{\varepsilon}\nu\tau\dot{o}\varsigma$ nicht etwa $=$ zwischen sein kann. — Vgl. auch Thuk. I, 16.

3) Ein vollkommen gleicher Fall steht wenige Zeilen vorher: ... $\tau\tilde{\omega}\nu$ $\nu\tilde{\upsilon}\nu$ $\ddot{\varepsilon}\nu\varepsilon\varrho\vartheta\varepsilon$ $\tau\tilde{\eta}\varsigma$ $\lambda i\mu\nu\eta\varsigma$ ... $\dot{\varepsilon}\acute{o}\nu\tau\omega\nu$, $\dot{\varepsilon}\varsigma$ $\tau\dot{\eta}\nu$ ... $\dot{\alpha}\nu\dot{\alpha}\pi\lambda o o\varsigma$ ... $\dot{\varepsilon}\sigma\tau\iota\nu$.

4) Denn sie müssen $\dot{\varepsilon}\varkappa\varepsilon\tilde{\iota}\nu o\iota$ sein, nicht etwa die Ionier, d. h. Hekataios.

5) Ob H. damit in geologischer Hinsicht recht hat, entzieht sich meiner Kenntnis. Doch ist es falsch nach dem, was Sourdille (S. 133) sagt: *La partie de la vallée gagnée directement sur la mer ne commence guère qu'au plateau des pyramides de Memphis.*

der hier als drei Tage oberhalb Memphis (ἐς τὴν Ἕλληνες ναυτίλλονται) bezeichnet wird, ist sicher identisch mit dem früher besprochenen, der vier Tage oberhalb Heliopolis liegt. Und zwar steht die ursprüngliche Zeitangabe wohl hier, wo der Ort in seiner ganzen wichtigen Bedeutung festgestellt wird. Memphis bis zur Linie El Lahun—Achmant sind etwa 100 km, wofür H. drei Tage gebraucht. Und wenn die Strecke Heliopolis—Memphis auch sicher keine ganze Tagfahrt bedeutet, so ist doch ohne weiteres verständlich, daß H. den vierten, nur begonnenen Reisetag zu den wenige Kapitel vorher genannten drei einfach hinzuzählt.

Das Ergebnis ist also, daß H. die zu enge Äußerung seines Vorgängers Hekataios in durchaus richtigem Sinne erweitert. Von einer Unlogik oder ähnlichem kann nicht die Rede sein. — Aber schon im Altertum ward er hier mißverstanden, was darauf deutet, daß jene üble Korruptel schon antik ist. Einen merkwürdigen Beleg bietet Strabo, der einmal ganz zufrieden äußert (Kap. 536): καθὸ καὶ Ἡρόδοτος μὲν δῶρον τοῦ ποταμοῦ τὴν Αἴγυπτον εἶπεν..., wobei man Αἴγυπτος als nonchalant für Unterägypten gebrauchen auffassen muß, da er ausdrücklich von dem der See abgewonnenen Lande spricht. Ganz anders klingt Kap. 30: ὥστε εἰκότως ὑπὸ τοῦ Ἡροδότου καὶ τὴν ὅλην Αἴγυπτον τοῦ ποταμοῦ δῶρον λέγεσθαι κἂν εἰ μὴ τὴν ὅλην, τήν γε ὑπὸ τῷ Δέλτα τὴν κάτω χώραν προσαγορευομένην. Hier haben wir also schon die Ansicht, daß H. ganz Ägypten als Geschenk des Niles bezeichnet habe; es ist das gleiche Mißverständnis wie bei den Modernen.

II.
Die Quelle der skythischen Stammsage in IV, 8—10.

H. erzählt in IV, 8—10 als zweite von vier Versionen der skythischen „Archäologie" die Geschichte von Herakles, der auf seiner Rückkehr von Erytheia, wo er Geryons Rinder gestohlen hat, in Skythien mit einer halb schlangenförmigen Nymphe drei Söhne zeugt: Agathyrsos, Gelon und Skythes. Wir haben hier eine der üblichen Stammsagen vor uns, die den Namen eines Volkes (hier: den der Agathyrser, der Gelonen und der Skythen) auf den seines Ahnherrn, der selbst irgendeines Gottes Sohn ist, zurückführen[1]). Als Quelle nennt H. die „Hellenen, die am Pontos wohnen".

---

1) Diodor II, 43, 3 erzählt dieselbe Geschichte etwas anders. Für Herakles tritt Zeus ein, und als einziger Sohn erscheint Skythos. Letzteres geht vielleicht darauf zurück, daß H. nur ihn als Stammvater der Skythen ausdrücklich nennt, die zwei andern als Ahnherren der Agathyrser und Gelonen aber nicht, was zum Abschluß der Geschichte tatsächlich gehörte. Übrigens findet sich dieses dann bei Stephanos v. Byzanz und Suidas s. vv.

Es ist nun gesagt worden (so zuletzt von Jacoby[1]), dieser Abschnitt gehe auf Hekataios zurück. Ich glaube aber zeigen zu können, daß diese Behauptung nicht richtig ist.

Wir haben ein Fragment des Hekataios (frgm. 349), in dem dieser ebenfalls von Herakles, Geryon und Erytheia spricht. Und zwar ist nach ihm Erytheia keine Insel ἔξω τῆς μεγάλης θαλάσσης, sondern liegt auf dem griechischen Festland, in Südepirus. Die Tendenz dieser Behauptung ist klar: dem konsequenten Rationalisten schien die Entführung einer Rinderherde über das Meer und durch die gesamte bekannte Welt undenkbar, zumal die Sage hier das eigenartige Märchenmotiv des „zerdehnten Sonnenbechers" anführt, durch den Herakles gefahren sei. Statt dieser unwahrscheinlichen Geschichte läßt Hekataios den Herakles seine Rinderherde durch halb Griechenland treiben, was ja aber wirklich kein großes Heldenstück bedeutet[2]).

Es geht aus diesem Fragment des Hekataios hervor, daß er gegen die Ansicht, Erytheia sei eine Insel jenseits des großen Meeres, polemisiert. Wir können noch an zwei Stellen der früheren Literatur diese befehdete Tradition erkennen, bei Hesiod[3]) und Stesichoros[4]). Vermutlich stammt diese Form der Sage, die später nach Erschließung des Westmeers Erytheia nach Spanien — an den Tartessos (so Stesichoros) nahe Gades (so H.) — lokalisiert, von Hesiod[5]). Bestätigt wird dies dadurch, daß anscheinend die Worte des Hekataios: ἔξω τῆς μεγάλης θαλάσσης eine Prosafassung darstellen von *Theog.* v. 294: .. πέρην κλυτοῦ Ὠκεανοῖο. — Übrigens ist der Widerspruch des Hekataios ohne Wirkung geblieben; außer Skylax von Karyanda (Kap. 26), der ihm folgt, kennt die spätere Literatur nur die andere Version.

Bei H. haben wir nun zum ersten Male die Herakles-Geryonsage verquickt mit einer skythischen Stammsage, und es ist leicht einzusehen,

---

1) *RE* Suppl. II, S. 431.

2) Verfehlt ist die Ansicht Weickers (*RE* VII, S. 1288), der die Fassung des Hekataios zur ursprünglichen machen will, weil Erytheia als die Insel des Abendrots am Westrand der bekannten οἰκουμένη liegen müsse, das dieser Version zugrunde liegende Weltbild also nach Westen nicht über die Westküste Griechenlands hinausreiche. Ganz abgesehen davon, daß es unmöglich ist, die sicher ursprüngliche Sage vom wunderbaren Sonnenbecher hiermit in Einklang zu bringen, ist die gleichsam entschuldigende Versicherung des Hekataios: οὐδὲν τοῦτον φαῦλον ἆθλον τιθέμενον ein voller Beweis dafür, daß er der Schöpfer dieser Fassung ist.

3) *Theogon.* v. 287 ff. — 4) Fragm. 4 und 5 (Hiller-Crusins).

5) Allerdings scheint die Fassung der Verse *Theogon.* 287—294 darauf hinzuweisen, daß auch Hesiod schon die Sage als im wesentlichen bekannt voraussetzt (so Weicker, *RE* VII, S. 1287). In den folgenden Versen 295—305 erscheint auch schon die schlangenschwänzige Nymphe in ihrer Höhle (H.: ἐν ἄντρῳ), wenn auch noch ohne unmittelbare Beziehung zu Herakles.

daß diese Verquickung bei Hekataios nicht vorhanden war. Denn ihre Grundlage ist die, daß Herakles auf seiner Fahrt von Erytheia nach Mykene über Skythien gekommen ist. Daß dies nicht möglich ist, wenn man von Epirus zum Peloponnes reist, leuchtet ein, und niemand wird gerade Hekataios eine so ungeheuerliche Verschiebung des Weltbilds zutrauen.

Die geographische Grundlage der Mythengeschichte ist, wie H. angibt, die, daß Erytheia jenseits der Säulen des Herakles am Okeanos lag und daß dieser die Erde umfließt. Es ist dies (mit Ausnahme der Lokalisierung von Erytheia) das Weltbild des Hekataios, das natürlich zu seiner Zeit von vielen Seiten übernommen wurde und gegen das H. sofort wieder bei dieser passenden Gelegenheit polemisiert. Wir sehen, daß H. hier außerhalb Hekataios eine Quelle besitzt, aus der er diese kombinierte Sage gewonnen hat. Welcher Art war diese Quelle?

Es scheint sehr deutlich, daß H. dort, wo sonst οἱ Ἕλληνες οἱ τὸν Πόντον οἰκέοντες als Quelle auftreten[1]), aus mündlichen (volksmäßigen) Erzählungen schöpft. Und auch bei dieser Geschichte, die so ausgesprochen volkstümlichen Charakter trägt[2]), wird man hierauf zunächst schließen. Doch erheben sich hiergegen Bedenken.

In Kap. 109 polemisiert H. gegen eine der (wohl auf Hekataios beruhenden[3])) Gesamtdarstellung widersprechende Meinung der Ἕλληνες, wonach die Gelonen nicht nur eine aus griechischen Kolonisten gebildete Stadtbevölkerung darstellen (so die Hauptquelle), sondern dies der Name des sonst Budiner genannten Volkes sei. Es scheint mir sicher, daß hier dieselbe Quelle zugrunde liegt wie bei unserer Sage, deren Fassung ja ein eingeborenes Volk der Gelonen postuliert. Dann aber erscheint das erneute Zitieren bei schriftlicher Vorlage naheliegender.

Noch stärker beweisend erscheint mir eine zweite Überlegung. An jener Stelle des H. (Kap. 8), wo er von der Geryonsage spricht, stehen neben der genauen Ortsangabe: ἔξω τῶν Ἡρακλέων στηλέων nicht recht einleuchtend die Worte: ἔξω τοῦ Πόντου. Die Merkwürdigkeit dieser Zusammenstellung ist offenbar: wie kommt H. an dieser Stelle zu der Bezugsetzung zum Pontos?[4])

---

1) IV, 24. 95. 105.
2) Vgl. Ed. Meyer, *Forschungen* II, S. 235 Anm.
3) Vgl. Jacoby, *RE* Suppl. II. S. 433, Z. 41.
4) Man könnte einwenden, H. gebrauche das Wort πόντος hier vielleicht allgemein und denke ans Mittelmeer. Nun nennt H. dieses aber sonst stets θάλασσα und verwendet das Wort πόντος ohne Zusatz — mit einer Ausnahme — ausschließlich für das Schwarze Meer (vgl. IV, 8. 10. 38. 81. 85. 86. 87. 89. 95. 99. VI, 26. VII, 36. 55. 95. 147). Die einzige Ausnahme steht IV, 99, wo er beim Vergleich der Krim mit Attika vom sunischen Vorgebirge sagt: μᾶλλον ἐς τὸν πόντον ἀνέχοντα, obwohl wenige Zeilen vorher auch ἐς πόντον = ins Schwarze Meer steht. Immerhin kann man sagen, daß hier dadurch, daß von

Ohne weiteres ist deutlich, daß eine derartige Angabe erst möglich war, als in den alten Mythus die skythische Stammsage schon eingefügt war. Vorher fehlte jede Beziehung zum Pontos. Aber auch dann war es ein unnötiger und überflüssiger Ausdruck. Denn die pontischen Griechen wußten natürlich ganz genau, daß die Säulen des Herakles von ihnen durch die ganze bewohnte Erde geschieden waren. Aus dieser Schwierigkeit hilft der Wortlaut des Hekataios: ἔξω τῆς μεγάλης θαλάσσης. Schon Klausen[1]) hatte erkannt, daß ἡ μεγάλη θάλασσα nur das Mittelmeer sein kann. Der Ausdruck ist für den Ionier durchaus verständlich. Anders der pontische Grieche, den das ihm vorliegende Wort des Hekataios[2]) veranlaßte zu der für ihn naheliegenden Umformung ἔξω τοῦ Πόντου. Daß eine derartig am Wort sich haltende Variierung eines literarischen Textes nur auf literarischem Wege möglich war, scheint mir keines Beweises zu bedürfen.

Es bestände noch die Möglichkeit, der Folgerung, daß H. hier eine literarische Quelle benutzt, zu entgehen, wenn man annimmt, H. habe jene Worte ἔξω τοῦ Πόντου selbst auf Grund des ihm bekannten Hekataiostextes formuliert. Doch glaube ich, daß gerade nur der pontische Grieche auf diesen Wortlaut kommen konnte, während es durchaus unwahrscheinlich ist, daß H. in einer von ihm befehdeten Tradition, die er zunächst nur referierend darlegt, eine ihm ganz fernliegende Textveränderung vornimmt. So sehe ich keine andere Möglichkeit, als trotz der Quellenangabe „Ἕλληνες οἱ τὸν Πόντον οἰκέοντες" eine literarische Quelle perihegetischen oder ethnographischen[3]) Charakters hier anzunehmen, wie sie H. erwiesenermaßen[4]) gerade im skythischen λόγος neben Hekataios benutzt hat[5]).

Vermutungsweise möchte ich noch folgendes feststellen. Es ist anzunehmen, daß auch bei Hekataios eine Fassung der skythischen Archäologie stand. Nun verlangt die dritte Version, der H. selbst sich anschließt, als ursprünglich die Anschauung, daß der Araxes die Grenze bilde zwischen Asien und Europa[6]). Dies widerspricht dem, was H. an anderer Stelle

der attischen Küste die Rede ist, jedes Mißverständnis ausgeschlossen ist, während in IV, 8 jeder zunächst an den Πόντος Εὔξεινος denken muß. Es erscheint mir daher nicht gerechtfertigt, hier eine Abweichung H.'s von seinem üblichen Sprachgebrauch anzunehmen.

1) *Hecataei Milesii fragmenta* ed. R. H. Klausen. Berol. 1831.
2) Oder schrieb diese Worte, gegen die Hekataios ja polemisiert, in Anlehnung an Hesiod schon jemand vor ihm? Dann wäre dieser die Vorlage des pontischen Griechen. Eine Entscheidung wird sich da kaum fällen lassen.
3) Vgl. Jacoby, *Klio* IX (1909), S. 84, 88 f.
4) Vgl. Windberg, *de Herodoti Scythiae et Libyae descriptione*. Diss. Götting. 1913, passim.
5) Übrigens bestand die Schwierigkeit, die H.'s Quellenangabe bereitet, natürlich genau so für die bisherige Ansicht, die Hekataios als Quelle annahm.
6) Kap. 11 Anfang.

sagt (IV, 45), wo er ausdrücklich den Phasis als Grenze angibt und daneben eine zweite Anschauung, die er aber nicht teilt, erwähnt, die den Tanaïs nennt. Der Araxes aber als Nordgrenze Asiens scheint bei Hekataios (Frgm. 170) angenommen zu sein, wo mit den Worten: ἐκ Μυκῶν εἰς Ἀράξην ποταμόν, wie schon Klausen gesehen hat, wohl sicher die Süd-Nordausdehnung Asiens bezeichnet werden soll[1]). Die Myker wohnen nach Her. III, 93 an der Ἐρυθρῇ θαλάσσῃ. Die dritte Version der skythischen Stammsage hat H. also vermutlich bei Hekataios gefunden.

Ist das richtig, so haben wir zugleich einen Beweis dafür, daß die geographische Hauptquelle im Massageten-λόγος (I, 201 ff.) wirklich Hekataios ist. Denn die Anschauung von Araxes und Massageten in I, 201 entspricht, wie Matzat[2]) gesehen hat, durchaus der in IV, 11 vertretenen.

Tübingen.

---

1) Allerdings behandelt Hekataios eine Reihe von Völkern nördlich des Araxes in der „Ἀσία" (frg. 164 ff. 185 ff.), so daß man hiernach auf den Tanais als Grenze geschlossen hat. Aber wenn die Stadt Phanagoreia am kimmerischen Bosporus zu Asien (frg. 164), die Kaukasusvölker der Dandarier und Tiganosser aber zu Europa (frg. 161, 162) gezählt werden, so sieht man, daß die überlieferte Teilung kein klares geographisches Bild gibt. Daher erscheint es mindestens fraglich, ob man auf Grund der Angaben des Stephanos v. Byzanz über die Zuweisung zu den zwei Büchern irgendwelche Schlüsse ziehen darf. Jacoby (*RE* VII, 2705) glaubt, daß Hekataios den Phasis als Grenze der zwei Erdteile annahm. Die Möglichkeit des Araxes scheint er übersehen zu haben.

2) *Hermes* VI, S. 472.

Das Ende des makedonischen Königshauses.

Von **Fritz Schachermeyr**.

Wir verdanken die Bekanntschaft mit den *Historiae Philippicae* des Pompeius Trogus den uns erhaltenen *Prologi* und der *Epitome* des Iunianus Iustinus. Während erstere, soweit es im Rahmen ihrer Möglichkeit liegt, uns eine ziemlich verläßliche Übersicht über Disposition und Inhalt des Werkes geben, steht die Epitome des Iustinus auf der tiefsten Stufe dieser Literaturgattung.

Es ist nun die schwierige aber mitunter lohnende Aufgabe des Historikers, Trogus aus den Wirrungen und Irrungen der Iustinischen Verarbeitung herauszuschälen. Unter den vielen Fehlern und Ungenauigkeiten, die sich der Epitomator hat zuschulden kommen lassen, soll jedoch nur jene Klasse hervorgehoben werden, die uns auch die Methode, nach welcher er die Auszüge verfertigte, beleuchten hilft, nämlich die Verwechslungen von Personen- und Ortsangaben bei sonst richtiger Detailschilderung.

Ich begnüge mich, hierfür zwei Belege zu geben, welche sich auf die Diadochenkämpfe beziehen und dem Tode der beiden letzten Prinzen vom Hause Alexanders zeitlich nahestehen.

Iust. XIII 8, 5: *Victus Neoptolemus ad Antipatrum et Polyperconta profugit eisque persuadet, ut continuatis mansionibus laeto ex victoria et securo fuga sua Eumeni superveniant. 6. Sed res Eumenen non latuit. Itaque insidiae in insidiatores versae, et qui securum adgressuros se putabant, securis in itinere et pervigilio noctis fatigatis occursum est. 7. In eo proelio Polypercon occiditur. 8. Neoptolemus quoque* ....

Es ist ohne weiteres klar, daß es sich hier um eine Verwechslung des Polyperchon mit Krateros handelt und es fragt sich nur, wie denn überhaupt hier Polyperchon in den Text hineinkommen konnte. Daß Pompeius Trogus noch *Crateros* bot, zeigt uns der Prolog zum XIII. Buch (Zeile 7 ff. der Ausgabe von Rühl): *Bellum quo Eumenes Neoptolemum et Crateron occidit*.

Der Irrtum ist also dem Iustinus selbst unterlaufen und beschränkt sich bemerkenswerter Weise auf den Namen des Crateros. Im übrigen stimmt der Bericht über die Kriegsereignisse in Kleinasien mit der sonstigen hierüber vorliegenden Überlieferung im Sachlichen überein.

Der Tatbestand findet seine Erklärung am besten in folgender Annahme: Iustinus hat sich — unter Verzicht auf eingehenderes Studium und eventuell auf direktes Kopieren seiner Vorlage — begnügt, jeweils größere Abschnitte aus Trogus seinem Gedächtnisse einzuprägen, um dann die uns vorliegenden Auszüge frei, ohne Beiziehung der Vorlage, niederzuschreiben. Eine Schlußkollation erfolgte nicht. Da er nun jeder eingehenderen Geschichtskenntnis entbehrte, so war es nur zu leicht möglich, daß — bei der zur Zeit der Diadochenkämpfe ja tatsächlich herrschenden Überfülle von höchst aktiv in das Geschehen eingreifenden Personen — Verwechslungen von Namen unterlaufen konnten, während die Ereignisse selbst, besonders wenn sie sich zu rhetorischer Ausgestaltung eigneten und so das Interesse Iustins erweckten, mit annähernder Treue wiederkehren.

Obige Beobachtung über die Arbeitsweise unseres Autors möge folgendes Beispiel noch weiter erläutern.

Diodor berichtet XVIII, 16 über die Niederwerfung des epichorischen Reiches in Kappadokien durch Perdikkas; er schließt daran c. 17—21 Ereignisse in Hellas und in der Kyrenaika, um c. 22 wieder zu den Geschehnissen in Asien zurückzukehren: Perdikkas zieht von Kappadokien nach Pisidien, um die der makedonischen Herrschaft unbotmäßigen Eingeborenen zu unterwerfen. Es gelingt ihm Laranda im Sturm zu nehmen; Isaura hingegen leistet Widerstand. Als die Stadt am dritten Tage sturmreif geworden ist, entschließen sich die Verteidiger zu folgender Verzweiflungstat:

Diod. XVIII 22, 4 ὁρῶντες γὰρ ἀπαραίτητον οὖσαν τὴν κατ' αὐτῶν τιμωρίαν καὶ δύναμιν οὐκ ἔχοντες ἀξιόχρεων τὴν ἀμυνομένην τὸ μὲν ἐγχειρίσαι τὴν πόλιν καὶ τὰ κατ' αὐτοὺς ἐπιτρέψαι τοῖς πολεμίοις οὐκ ἔκριναν, ἐμφανοῦς οὔσης τῆς μεθ' ὕβρεως τιμωρίας, νυκτὸς δ' ὁμοθυμαδὸν πρὸς τὸν εὐγενῆ θάνατον ὁρμήσαντες τέκνα μὲν καὶ γυναῖκας καὶ γονεῖς εἰς τὰς οἰκίας ἐγκλείσαντες ἐνέπρησαν, κοινὸν θάνατον καὶ τάφον διὰ τοῦ πυρὸς ἑλόμενοι. 5. τῆς δὲ φλογὸς ἄφνω πρὸς ὕψος αἰρομένης οἱ μὲν Ἰσαυρεῖς τὰ κτήματα καὶ πάντα τὰ δυνάμενα τοῖς κρατοῦσιν ὠφελείας παρέχεσθαι τῷ πυρὶ παρέβαλον, κτλ.

7. τέλος δὲ ... οἱ Ἰσαυρεῖς εἰς τὸ πῦρ ἑαυτοὺς ῥίψαντες ἐν ταῖς οἰκίαις συνετάφησαν τοῖς οἰκείοις.

Dagegen Iustinus:

XIII 6, 1: *Interea Perdicca bello innoxio Ariarathi, regi Cappadocum, inlato proelio victor nihil praemii praeter vulnera et pericula rettulit. 2. Quippe hostes ab acie in urbem recepti occisis coniugibus et liberis domos quisque suas cum omnibus copiis incenderunt 3. eoque congestis etiam servitiis semet ipsi praecipitant, ut nihil hostis victor suarum rerum praeter incendii spectaculo frueretur.*

Bei Iustinus kommt Pisidien überhaupt nicht vor, wohl aber berichtet er von der Verzweiflungstat der belagerten Stadt, welche nach seiner Ansicht, jedoch in — Kappadokien liegt und den Ariarathes mit seinem geschlagenen Heere aufnimmt. Dem in Gedanken das bei Trogus Gelesene verarbeitenden Iustinus war die ja tatsächlich unwichtige Expedition des Perdikkas nach Pisidien entfallen, wohl aber erhielt sich in seinem Gedächtnisse der tragische Schlußeffekt, der sich nun in Verbindung mit der Unterwerfung Kappadokiens in der Epitome wiederfindet.

Liegt also im ersten Fall eine Verwechslung der Person vor, so handelt es sich hier geradezu um ein Schulbeispiel für Vertauschung der Lokalität. Die Detailumstände fanden wir beide Male mit der übrigen auf Hieronymos zurückgehenden Überlieferung. (speziell Diodor) übereinstimmend.

Die so gewonnenen Erkenntnisse bezüglich der Arbeitsweise Iustinus' mögen nun zur Erklärung einer weiteren Stelle, die bisher ungeklärte Widersprüche mit Diodor aufwies, genutzt werden.

Iustinus berichtet folgendermaßen über das Ende des makedonischen Herrscherhauses:

XV 2, 3: *Deinde, ne Hercules, Alexandri filius, qui annos XIV excesserat, favore paterni nominis in regnum Macedoniae vocaretur, occidi cum tacite cum matre Barsine iubet corporaque eorum terra obrui, ne caedes sepultura proderetur, (4.) et quasi parum facinoris in ipso primum rege, mox in matre eius Olympiade ac filio admisisset, (5.) alterum quoque filium cum matre Roxane pari fraude interficit, scilicet quasi regnum Macedoniae, quod adfectabat, aliter consequi non quam scelere non posset.*

Daß Herakles bei seiner Ermordung erst vierzehn Jahre alt gewesen sei, muß uns bedenklich erscheinen, wenn wir uns erinnern, daß über intime Beziehungen zwischen Alexander und Barsine bereits aus viel früherer Zeit berichtet wird, als wir es nach obiger Angabe vermuten möchten: Plut. *Alex.* 21. Ἀλέξανδρος — οὔτε ἄλλην ἔγνω γυναῖκα πρὸ γάμου πλὴν Βαρσίνης. Αὕτη δὲ μετὰ τὴν Μέμνορος τελευτὴν χήρα γενομένη περὶ Δαμασκὸν ἐλήφθη. Πεπαιδευμένη δὲ παιδείαν Ἑλληνικὴν καὶ τὸν τρόπον ἐπιεικὴς οὖσα καὶ πατρὸς Ἀρταβάζου γεγονότος ἐκ βασιλέως θυγατρὸς ἐγνώσθη, Παρμενίωνος προτρεψαμένου τὸν Ἀλέξανδρον, ὥς φησιν Ἀριστόβουλος, καλῆς καὶ γενναίας ἅψασθαι γυναικός. Demnach datiert das Verhältnis schon aus dem Jahre 333. Es muß uns daher wunderlich erscheinen, wenn die Zeugung des Herakles nach Iustinus erst ca. 324 erfolgt sei, also zu einer Zeit, in der Alexander nicht nur Rhoxane bereits geehelicht, sondern — wie wir aus Arrian, Diodor, Plutarch (*Eumenes*) und

Iustin wissen — sich auch noch andere neue Nebenfrauen beigesellt hatte. Um so wahrscheinlicher dünkt es uns, wenn bei Diodor das Alter des Prinzen auf siebzehn Jahre angegeben wird:

XX, 20 ἐκ Περγάμου μετεπέμψατο (Πολυπέρχων) τὸν ἐκ Βαρσίνης Ἡρακλέα, ὃς ἦν Ἀλεξάνδρου μὲν υἱός, τρεφόμενος δ' ἐν Περγάμῳ, τὴν δ' ἡλικίαν περὶ ἑπτακαίδεκα ἔτη γεγονώς.

Diese Diskrepanz zwischen Diodor und Iustin hat man auf verschiedene Weise zu deuten gesucht. So wollte man die Angabe bei Iustinus aus einer andern Quelle als der des Diodor stammen, oder — so Jeep in seiner Ausgabe der Epitome — auf Verderbnis des Textes beruhen lassen. G. Bauer[1]) war schließlich nahe daran, den richtigen Weg zu beschreiten, als er darauf hinwies, daß auch der junge Alexander im 14. Jahre ermordet wurde; allerdings knüpfte er daran die Vermutung, daß der Altersangabe bei Iustin ein entstellter Hinweis auf die bereits überschrittene Grenze der Thronfähigkeit des Prinzen Herakles zugrunde liege.

Wenn wir nun die Berichte Diodors und Iustinus' über die Ermordung des Herakles, die Einzelheiten vergleichend, gegenüberstellen, so wird sich bald herausstellen, daß nicht lediglich die Altersangaben voneinander abweichen, sondern sich noch tiefergehendere Unterschiede feststellen lassen.

Diodor berichtet im XX. Buch cap. 20 von den Rüstungen Polyperchons und der Aitoler gegen Kassandros. In der Tymphaia treffen dann die Heere aufeinander (cap. 28), noch kommt es aber zu keinen Kämpfen, Kassandros knüpft vielmehr Verhandlungen mit Polyperchon an und es gelingt ihm, jenen zu gewinnen:

πέρας δὲ πολλαῖς καὶ μεγάλαις ἐπαγγελίαις πείσας τὸν Πολυπέρχοντα, καὶ συνθήκας ἐν ἀπορρήτοις συνθέμενος προετρέψατο δολοφονῆσαι τὸν βασιλέα. ὁ δὲ Πολυπέρχων ἀνελὼν τὸν νεανίσκον καὶ φανερῶς κοινοπραγῶν τοῖς περὶ τὸν Κάσανδρον, τάς τ' ἐν τῇ Μακεδονίᾳ δωρεὰς ἐκομίσατο καὶ κατὰ τὰς ὁμολογίας παρέλαβε στρατιώτας πεζοὺς μὲν Μακεδόνας τετρακισχιλίους, ἱππεῖς δὲ Θετταλοὺς πεντακοσίους.

Es geht nun aus Diodors Darstellung deutlich hervor, daß die Verhandlungen zwischen Polyperchon und Kassandros anfangs zwar im Geheimen geführt wurden, nach der Ermordung des Herakles aber die Fusion der beiden Parteien ganz öffentlich erfolgte und die Geheimhaltung des Mordes weder möglich, noch irgendwie im Interesse Polyperchons gelegen war.

Umsomehr muß es unser Erstaunen erregen, wenn wir bei Iustinus geradezu Gegenteiliges lesen — *occidi cum tacite cum matre Barsine iubet corporaque eorum terra obrui, ne caedes sepultura proderetur* — und es kann nicht mehr als zweifelhaft gelten, daß

---

[1]) *Die Heidelberger Epitome, eine Quelle zur Diadochengeschichte.* Leipziger Dissertation 1914.

Iustin nicht nur in der Altersangabe, sondern auch in den übrigen Detailumständen von Diodor abweicht.

Derartige Unstimmigkeiten würden ansonsten Verschiedenheit der Quellen vermuten lassen, bei Iustinus aber liegt es näher, an eine erst bei Verfertigung des Auszugs unterlaufene Verwechslung zu denken.

Diese Vermutung bestätigt sich bei Heranziehung von Diodor XIX 105, 2 in glänzendster Weise:

Κάσανδρος δὲ ὁρῶν Ἀλέξανδρον τὸν ἐκ Ῥωξάνης αὐξόμενον καὶ κατὰ τὴν Μακεδονίαν λόγους ὑπό τινων διαδιδομένους ὅτι καθήκει προάγειν ἐκ τῆς φυλακῆς τὸν παῖδα καὶ τὴν πατρῴαν βασιλείαν παραδοῦναι, φοβηθεὶς ὑπὲρ ἑαυτοῦ προσέταξε Γλαυκίᾳ τῷ προεστηκότι τῆς τοῦ παιδὸς φυλακῆς τὴν μὲν Ῥωξάνην καὶ τὸν βασιλέα κατασφάξαι καὶ κρύψαι τὰ σώματα, τὸ δὲ γεγονὸς μηδενὶ τῶν ἄλλων ἀπαγγεῖλαι.

Nicht Herakles, sondern Alexandros wurde in aller Heimlichkeit ermordet und verscharrt. Justinus muß das bei Trogus noch gelesen haben, verwechselt aber dann die Namen und setzt an Stelle Alexanders und Rhoxanes den Herakles' und Barsines. Aber noch eine weitere Angabe muß bei Trogus gestanden haben: die Altersangabe des Sohnes der Rhoxane; denn nicht Herakles wurde in seinem 14. Lebensjahre ermordet, sondern — der junge Alexander.

Im Herbste 323 geboren erreichte er Herbst 310 das Alter von 13 Jahren. Nach der Angabe des Marmor Parium wurde er im Jahre des Archonten Hieromnemon = 310/309 ermordet[1]). Der Königssohn war im Begriffe gewesen, die Grenze seiner Volljährigkeit zu überschreiten[2]). Von seiten der vielen königstreuen Makedonen forderte man mit vollem Recht, daß der Prinz aus der Haft befreit und in seine königlichen Rechte eingesetzt werde (κατὰ τὴν Μακεδονίαν λόγους ὑπό τινων διαδιδομένους ὅτι καθήκει προάγειν ἐκ τῆς φυλακῆς τὸν παῖδα καὶ τὴν πατρῴαν βασιλείαν παραδοῦναι). Kassandros erkannte die seiner Stellung als unumschränkter Herr Makedoniens drohende Gefahr und zögerte nunmehr nicht, den letzten Schritt zur Austilgung der makedonischen Königsfamilie in aller Stille zu tun.

So verstehen wir die Ereignisse nach Diodor; Pompeius Trogus wird ähnliches geboten haben, nur gab er auch das Alter Alexanders (welches

---

1) So Beloch III, 1 S. 14 und Bauer a. O. S. 51. Gegen die Angabe des Marmor Parium, die Seleukidenaera zugunsten der Versetzung des Todes Alexanders in das Jahr 311 ins Treffen führen (Kaerst, Gesch. d. H. II, 1 S. 62), geht nicht an. Seleukos hat seine Jahre von der Wiedererlangung der Herrschaft in Babylon gezählt und seine Nachfolger setzten diese Zählung fort. Wenn man später die Ära als vom Tode Alexanders ausgehend betrachtete, so ändert das an ihrer ursprünglichen Entstehung nichts.

2) Vgl. Bauer a. O. S. 51; dort auch die weitere Literatur.

wir bisher aus dem Marmor Parium erschließen mußten). Als Iustinus seinen Auszug verfertigte, las er das Werk des Trogus in Abschnitten, die er dann frei aus der Erinnerung in dürftig umgearbeiteter und stark verkürzter Form als Epitome zu Papier brachte. In dem Abschnitt, der den Bericht der Ermordung Alexanders und Rhoxanes brachte, fand Iustin auch die Angaben über das Ende des Herakles sowie seiner Mutter Barsine und brachte es glücklich fertig, die Paare dergestalt zu verwechseln, daß nach seiner Darstellung nicht Alexander und Rhoxane, sondern Herakles als 14jähriger mit Barsine in aller Stille getötet und, um die Entdeckung der Untat zu verhüten, im Boden verscharrt wurden.

Innsbruck.

Mitteilungen und Nachrichten.

Γνώμην εἰπεῖν.
Von **Heinrich Swoboda**.

Als ich vor einigen Jahren in dieser Zeitschrift (XI 462 m. Anm. 3. 4, vgl. 459) die Vermutung aussprach, daß für *sententiam dicere* bei Livius XXXV 25, 7 in dessen griechischer Vorlage (Polybios) *γνώμην εἰπεῖν* gestanden habe, nahm ich nicht darauf Rücksicht, daß, was wohl den entscheidenden Beweis für die Richtigkeit meiner Ansicht abgibt, das lateinische *sententiam dicere* in seiner prägnanten Bedeutung als ‚Beschluß-Vorschlag' der Mitglieder des römischen Senats[1]) von späteren Autoren mit dem erwähnten griechischen Terminus wiedergegeben wird. Ich stelle die betreffenden Stellen hier zusammen: Dionys. Hal. *Ant. Rom.* XI 19, 3; Cassius Dio LVI 28, 5; Plut. *Cato* 47[2]), *Pomp.* 17. 65, *Cic.* 20. 21 (hier auch *τῇ γνώμῃ συνειπεῖν* für ‚beistimmen'[3]). — Anderseits konnten weder Otto Schulthess, an den ich mich um Auskunft gewandt hatte, noch ich einen Beleg für *γνώμην εἰπεῖν*, statt des einfachen *εἰπεῖν*, in der Bedeutung ‚Antragstellen' aus dem griechischen Amtsstil beibringen. Es war uns Beiden entgangen, daß ein solcher zwar nicht in Inschriften, wohl aber in einigen Stellen des Thucydides vorliegt, die sich auf den Umsturz des Jahres 411 beziehen: VIII 67, 1 *καὶ πρῶτον μὲν τὸν δῆμον ξυλλέξαντες εἶπον γνώμην δέκα ἄνδρας ἑλέσθαι ξυγγραφέας αὐτοκράτορας*; ib. § 2: *καὶ ἐσήνεγκαν οἱ ξυγγραφῆς ἄλλο μὲν οὐδέν, αὐτὸ δὲ τοῦτο, ἐξεῖναι Ἀθηναίῳ ἀνατεὶ* (zur Lesung vgl. Ed. Meyer, *Forsch. z. alten Gesch.* II 418, 2; Busolt, *Griech. Gesch.* III 2, 1479[4]) *εἰπεῖν γνώμην, ἣν ἄν τις βούληται*; c. 68, 1 *ἦν δὲ ὁ μὲν τὴν γνώμην ταύτην εἰπὼν Πείσανδρος κτλ.*[4]).

---

[1]) Dazu außer Mommsen, *Röm. Staatsrecht* III 977 ff. noch P. Willems, *Le Sénat de la république romaine* II 179 ff. und jetzt auch Eduard Meyer, *Caesars Monarchie und das Principat des Pompejus* 34, 2.

[2]) Es handelt sich um den bekannten Antrag des Bibulus im J. 52 v. Chr., Pompeius zum alleinigen Konsul zu bestellen (Drumann-Groebe, *Gesch. Roms in seinem Übergange von der republikanischen zur monarchischen Verfassung* II 292 ff.; Mommsen, *Röm. Gesch.* III[5] 322; L. Lange, *Röm. Altertümer* III 1, 357; Ed. Meyer a. a. O. 228); bei Ascon. *in Milon.* p. 37 (S. 36, 2 ff. Cl.): *facto in M. Bibuli sententiam S. C. Pompeius ... consul creatus est.*

[3]) *γνώμην λέγειν*: Dionys. Hal. V 69, 1. 2. XI 6, 6; Plut. *Camill.* 32, *Cic.* 21 (*γνώμῃ εἰρημένῃ*). Dagegen bedeutet dies im SC für Oropos (*Syll.*[3] 747, z. 43), das ich früher fälschlich heranzog, *sententiam pronuntiare*, vgl. P. Viereck, *Sermo Graecus* 79.

[4]) Dagegen c. 67, 1 *γνώμην ἐσενεγκεῖν ἐς τὸν δῆμον*, vgl. ib. 2 *καὶ ἐσήνεγκαν οἱ ξυγγραφῆς* (cf. auch V 38, 4), wofür Schulthess' Bemerkungen, *Real-Enc.* VII 1483 in Betracht kommen. Bei Aristoteles *Ἀθην. πολ.* 29. 1 *τὴν δὲ γνώμην*

Beide Erscheinungen zusammengenommen — wobei darauf hinzuweisen ist, daß die späteren griechischen Schriftsteller ihrer Stilrichtung gemäß Termini des attischen Staatsrechts für die entsprechenden römischen wählten, auch wenn sie sich dem Inhalt nach durchaus nicht deckten[1]) —, ergibt sich, daß meine seinerzeit geäußerte Vermutung über die Stelle des Livius nunmehr als Gewißheit bezeichnet werden kann und damit die von mir aufgestellte Ansicht über das Antragsrecht des aetolischen Strategen in der Bundesversammlung das Richtige treffen dürfte.

Als Ergänzung gebe ich zum Schlusse eine Zusammenstellung der mir bekannten Verbindungen von γνώμη mit verschiedenen Verben, die für *sententiam dicere* (im obigen Sinn) noch gesetzt werden; sie beruht allerdings auf dem Ergebnis zufälliger Lektüre, nicht systematischer Sammlung und kann daher nicht den Anspruch auf Vollständigkeit erheben. Wenn auch dabei die bekannten Ausdrücke für ‚vorschlagen‘ oder ‚seine Meinung kundgeben‘[2]) wiederkehren, so mag doch dieser Nachtrag zu Magies bekanntem Buche, in dem unser Terminus gar nicht berücksichtigt ist, von Nutzen sein, da er darüber belehrt, welche Wendungen mehr, welche weniger gebraucht wurden.

Am Meisten kommt vor γνώμην ἀποφαίνεσθαι: Dionys. Hal. *AR* VI 19, 1. 37, 1. 57, 2. 59, 2. 67, 2. 68, 4. 83, 1. 84, 2. VII 21, 4 (hier ἀποφαίνεσθαι τὰς διανοίας). 44, 1. 47, 1. 51, 5. VIII 76, 1. IX 42, 2. 3. 52, 1. 54, 1. X 27, 2. 55, 4. XI 7, 1. 16, 2. 19, 2. 21, 4; Cass. Dio XXXVII 36, 2. XLI 5, 1. XLIII 14, 5. LVII 7, 4. LIX 8, 6; Plut. *Pomp.* 54. 66, *Cato* 22, *Cic.* 21, *Camill.* 32, *M. Cato* 27; und γνώμην ἀποδείκνυσθαι: Dionys. Hal. III 26, 6. V 27, 5. 71, 3. VI 66, 4. 67, 2. VIII 74, 1, IX 51, 3. 7. XI 15, 2. 4. 18, 5. 21, 1. 4. 5. 59, 5. 61, 1. XII 4, 3; dann γνώμην εἰσηγεῖσθαι: Dion. Hal. VIII 74, 1. IX 2, 1. XI 20, 6. 57, 3. 60, 5; Appian. *b. c.* III 37, 148. 56, 235. 94, 387; Plut. *Caes.* 30;

γνώμην εἰσφέρειν: Dionys. XI 16, 5. 55, 2. 60, 5; Appian. *b. c.* II 5, 18; Cass. Dio LV 24, 9; Plut. *Pomp.* 54. Dagegen γνώμην φέρειν für ‚abstimmen‘, Dionys. Hal. VII 39, 2. 40, 2;

γνώμην ποιεῖσθαι: Dionys. X 58, 2; Cass. Dio XXXIX 23, 1. XL 50, 4. LVII 7, 4;

γνώμην διδόναι: Dion. Hal. IX 44, 1; Cass. Dio XXXVII 36, 1. LII 32, 2 LXXVII 20;

γνώμην ἀγορεύειν: Dionys. Hal. VII 21, 4. X 31, 1. XI 6, 3; γνώμην διαγορεύειν: Dionys. XI 19, 1;

γνώμην προτιθέναι: Dionys. X 56, 1; Cass. Dio XLV 17, 1; γνώμην τιθέναι Cass. Dio LVII 7, 3;

γνώμην συμβάλλεσθαι: Cass. Dio XLI 3, 2;

ψηφίζεσθαι: Cass. Dio LIX 8, 6.

Prag.

γράψαντος Πυθοδώρου; 14, 1 Ἀριστίωνος γράψαντος τὴν γνώμην, cf. auch *SGDI* 3836, zitiert von Schulthess l. l. 1482. Diese Ausdrucksweise ist eigentlich die korrekteste, da jeder Antrag schriftlich vorgelegt werden mußte (Schoemann-Lipsius, *Griech. Altert.* I 410; Bruno Keil, *Einleitung in die Altertumswissenschaft* III[2] 381).

1) Ernst Bux, *Das Probuleuma bei Dionys von Halikarnass* (Diss. Leipzig 1915). 43.
2) Dazu Schulthess a. a. O. 1486 ff.

Gesichertes und Strittiges[1]).
Von C. F. Lehmann-Haupt.
7. Zum Tode Sargons von Assyrien[2]).

Gewisse Anhaltspunkte deuten darauf hin, daß Sargon von Assyrien im Kampfe gegen unzivilisierte Horden außerhalb des eigentlichen Zweistromlandes, ähnlich wie später Kyros, gefallen ist. Siehe H. Winckler, *Altorientalische Forschungen* I, S. 414f. Der Text K 4730 enthält eine fragmentarische Inschrift Sanheribs mit folgenden Äußerungen: „[7] Bei der Sorge, welche ich um jene Werke ... [8] trug, betreffs des Todes meines Vaters, der [9] in seinem Hause nicht begraben lag, überlegte ich folgendermaßen: das Vergehen Sargons, meines Vaters ... [11] will ich sühnen, ich will [tilgen] das Vergehen, das er gegen einen Gott begangen hat, von seinem Schatten (Totengeiste) ... [13] und Leichnam dem Gotte gegenüber, will ich es hinweg nehmen. Ich gi[ng und befragte die],[14] welchen obliegt das Orakel des Gottes und Königs, eine Sitzung (?) ... [15]hielt ich mit ihnen aber, nicht vermochten sie zu sagen] [16] die Vergehen Sargons, meines Vaters ... sie sagten:] [17] deine ... der Götter [Assyriens (?)]. Gegen die Götter Akkads (d. i. Babyloniens) ... [19] Weil er den Fluch des Königs der Götter (d. i. Marduks) auf [sich] [20] geladen hat, ist er in seinem Hause nicht begraben." Es folgen die Sühnemaßregeln, unter denen die Herstellung eines Bildes des Gottes Assur und Wiederherstellungen und sonstige Förderungen assyrischer Heiligtümer eine Hauptrolle spielen. Sargon hat sich also anscheinend gegen die Götter Assyriens nicht, wohl aber gegen die Babyloniens, vergangen. Bezeichnenderweise schlagen daraus die assyrischen Priester für den Kult des Assur Kapital.

    1) Siehe Bd. XIV S. 125f., 264, 384ff., XVI S. 193ff.

    2) Der Begründer der letzten assyrischen Dynastie wurde bisher gewöhnlich als Sargon II. bezeichnet, im Hinblick auf seine uralten Vorgänger, sein Vorbild Sargon von Agade, den Vater Narâm-Sin's. Nach unserer jetzigen Kenntnis wäre er dagegen in diesem Sinne als Sargon IV. zu bezeichnen, da wir durch die Scheil'sche Liste wissen, daß der Vater Narâm-Sin's nicht mit dem Begründer der Dynastie von Agade (Nr. 1) identisch ist, sondern diesem erst an vierter Stelle (nach 2. Urumuš und 3. Maništusu) folgte, und wir ferner nach Narâm-Sin (5) noch einen weiteren Sargon (6) anzunehmen haben. — Daß Nr. 1 uns als *Šarru kînu*, Nr. 4 und 6 dagegen als *Šargânu-šarri* entgegengetreten, beruht meiner Überzeugung nach nicht auf eine Verschiedenheit der Namen. Vielmehr führten alle vier Herrscher den Namen *Šargânu-šarri*, deren erster Bestandteil durch das biblische סרגון Sargon wiedergegeben wird. Der Begründer der Dynastie von Agade aber bediente sich zur Sicherung seiner Herrschaft mit Vorliebe des an den Namen leicht anklingenden Wortspiels *Šarru kînu*, „legitimer König", genau so wie es später sein Nachahmer Sargon von Assyrien getan hat. — Ein ähnliches, noch älteres Wortspiel verwendeten die Herrscher der Stadt Kiš. Um ihren Anspruch auf die Weltherrschaft zum Ausdruck zu bringen, bezeichneten sie sich nicht bloß als *šar Kiš*, „König von Kiš" (geschrieben KIŠ. KI mit nachgesetztem sumer. *ki* „Ort" als Determinativ), sondern als *šar Kiššati*, „König der Masse" (geschrieben KIŠ, ohne nachgesetztes KI). Gerade daß die auswärtigen Dynasten das KI regelmäßig setzten und nicht wegließen, also den Anspruch auf die Weltherrschaft nicht anerkannten, ist dafür (gegen Ed. Meyer, der darauf *Berl. Sitzungsber.* 1912, S. 1076 hingewiesen hat), die beste Bestätigung, beweist nicht, wie Ed. Meyer a. a. O. und *G. d. A.* I³ 2 § 398 A. S. 522 will, daß der Titel *šar kiššati* damals überhaupt noch nicht existierte.

    Alle drei auf die Weltherrschaft abzielenden Titel sumer. *lugal kurkurra* = sem. *šar mâtâti*, „König der Länder", *šar kiššati*, „König der Masse", *šar kibrat arba'i*

Sargon hatte nach diesem Texte in seinem [Toten-]Hause, wie es „meist im Palaste selbst stand", „also überhaupt kein Begräbnis gefunden, so daß seine Seele ruhelos umherirrte. Das werden wir kaum anders erklären können, als daß er ein gewaltsames Ende, und dann doch wohl in Feindesland gefunden hat." Dies wird nach Winckler's scharfsinnigen Darlegungen bestätigt durch das Lied Jesaja 14, 4—20a, das später von dem Sammler des Buches Jesaja auf den Sturz eines Königs von Babylon umgedeutet worden ist (wobei 20b—23 hinzugefügt wurden), sich ursprünglich aber auf den Tod eines Assyrerkönigs, und zwar einen gewaltsamen Tod, bezog. Es heißt in dem Liede (19 f.); „Du bist fern von deinem Grabe hingestreckt, wie ein verachteter Sproß, [rings] bedeckt von Schwertdurchborten wie ein zertretenes Aas" (Kautzsch, *Die heilige Schrift des alten Testaments*[3] I, S. 574). Da Sanherib nach seiner Ermordung ein regelrechtes Begräbnis gefunden hat, so bleibt nur die Deutung auf Sargon übrig. Die schwere Niederlage, die das assyrische Heer damals erlitten hat, war Winckler (1897) geneigt, auf ein Barbarenvolk zurückzuführen, etwa die „Kimmerier (oder Vorgänger von solchen)", da die Kulummäer, die die Eponymenchronik im Todesjahre Sargons nennt, nicht näher bestimmbar sind.

Unmöglich ist Winckler's Annahme zwar nicht, wenn dafür auch in den seither für die Kimmerier ermittelten Tatsachen kein Anhaltspunkt vorliegt.

(*irbitti*), „König der vier Weltgegenden (Erdviertel)", haben seit ältester Zeit ihre Bedeutung unverändert behalten. Keiner von ihnen ist nachträglich, etwa in assyrischer Zeit, erst umgedeutet und mit neuem Inhalt erfüllt worden.

Daß wir überhaupt schon in ältester Zeit drei verschiedenen Titeln dieser Art begegnen, erklärt sich m. E. naturgemäß aus der historischen Entwicklung. Die semitischen Herrscher, die sich in Kisch festsetzten und von dort aus Babylonien und die Welt zu erobern trachteten, wollten sich der sumerischen Priesterschaft von Nippur, die den Titel *lugal kurkurra* verlieh, nicht beugen, weshalb sie dafür den neuen Titel *šar kiššati* prägten. Als dann die Angehörigen einer neuen semitischen Einwanderungswelle sich in Agade festsetzten und Kiš endgiltig überflügelt hatten — Sargon I. und seine beiden Nachfolger führen bekanntlich noch den Titel *šar kiššati* —, nahm Naräm-Sin den Titel „König der vier Weltgegenden" an, nachdem sein Vater Sargon II. durch seine Eroberungen dem Anspruch auf die Weltherrschaft eine feste Begründung gegeben hatte. In der Verschiedenheit der Titulatur liegt m. E. auch eine Handhabe, die in der späteren Überlieferung zusammengeflossenen Herrscher Sargon I. und II. ihren Taten nach zu scheiden. Die späteren Herrscher bis herab auf Antiochus I., die einen oder mehrere dieser Titel in ihren Inschriften, mehrfach selbst in einer und derselben Inschrift, anwenden, bringen damit, wie ich *(Beitr. z. Ass.,* II S. 615 mit Anm.**, vgl. *Šamaššumukîn* [1892] Teil I S. 99) betonte, zum Ausdruck, daß „sie sich als Rechtsnachfolger sowohl der Herrscher, die den einen wie derer, die den anderen Titel geführt hatten", betrachteten. Daß Fremdherrscher (besonders Kassiten und Perser) den Titel „König der Länder" bevorzugen, erklärt sich (s. meine *Zwei Hauptprobleme* S. 103 m. Anm. 3, 104 m. Anm. 3) aus der Eifersucht der Nippur-Priesterschaft auf die von Babylon, das durch Chammurapi zur Hauptstadt erhoben worden.

Ich beabsichtige, Näheres in der *Zeitschrift für Assyriologie* zu geben und damit, wie ich deren Redaktion bereits angezeigt, meinen Artikel *Šar kiššati* (*ZA*. XI S. 197/206), der bisher ein Torso geblieben war, zum Abschluß zu bringen. Da aber nicht abzusehen ist, ob sich das technisch in absehbarer Zeit wird ermöglichen lassen, habe ich hier meine Ansicht wenigstens kurz skizziert.

Aber die Inschrift Sanheribs weist doch zunächst in eine andere Richtung. Da Sargon sich gegen die Götter Babyloniens versündigt hatte, so liegt es zunächst am Nächsten, seine Niederlage mit babylonischen Angelegenheiten zusammenzubringen. Sargon hatte nach der babylonischen Chronik den Chaldäer Mardukabaliddin (Merodachbaladan, den Μαρδοκέμπαδος des ptolemäischen Kanons) in dessen zwölften Jahre (710 v. Chr.) vertrieben und dann beim folgenden Neujahrsfest (Nisan 709 v. Chr.) durch Erfassen der Hände Bêl-Marduk's das babylonische Königtum in Personalunion mit dem assyrischen rite erworben: er galt während der letzten fünf Jahre seiner Regierung 709—705 als rechtmäßiger babylonischer König. Daß es aber dann bei dem Thronwechsel für Babylonien nicht ohne Erschütterungen abging, zeigt die Tatsache, daß zwar die babylonische Königsliste a für die folgenden zwei Jahre 704/3 und 703/2 den Sanherib und daß auch Berossos in dieser Zeit ihn und dann seinen Bruder als Herrscher nennt, daß dagegen der ptolemäische Kanon, — hier wie sonst staatsrechtlich besonders strenge — ein zweijähriges Interregnum verzeichnet, dem später nach der Zerstörung Babylons durch Sanherib ein zweites achtjähriges (689—682) folgt.

Die babylonische Chronik, von der genauere Aufklärung zu erwarten wäre, ist gerade an dieser Stelle verstümmelt. Aber da auf das zweijährige Interregnum (Sanherib) und die dann folgende einmonatliche Regierung Marduk-zakirsum's (Berossos: Akises 30 Tage), der durch Sargon entthronte Merodachbaladan wieder (nach Königsliste a 9, nach Berossos 6 Monate) zur Herrschaft gelangt, so ist klar, daß die assyrische Herrschaft seit Sargons Tode ernstlich erschüttert war und daß der oder ein Haupherd des Widerstandes bei den Chaldäern im Meerlande zu suchen war. Fand Sargon bei einem Kampfe mit ihnen seinen Tod, so ist sehr wohl möglich, daß seine Leiche unbegraben blieb, und die Behauptung der assyrischen Priester, er habe sich gegen die Götter Babyloniens versündigt, ist dann besonders gut erklärlich. Die babylonische Priesterschaft wird, selbst wenn der Assyrerkönig sein Möglichstes tat, die Bräuche der Babylonier einzuhalten und ihre Empfindlichkeit zu schonen, an der assyrischen Oberherrschaft mancherlei auszusetzen gefunden haben, und eine chaldäische Partei unter ihnen wird umsomehr in Betracht zu ziehen sein, als sich ja die spätere Bezeichnung der babylonischen Priester als Chaldäer (Herodot und sicher schon Hekataios) offenbar dadurch erklärt, daß sich die babylonische Priesterschaft zum Teil aus dem einst von den Sumeriern bewohnten, dann von den semitischen Chaldäern (*Kašdu*: *Kaldu*) überfluteten Süden des Zweistromlandes, der Heimat ihres Glaubens und ihrer Kultur, rekrutierte[1]).

Die Kulummäer könnten einer der vielen chaldäischen oder aramäischen Stämme des Meerlandes gewesen sein, das stets nur zeitweise mit Babylonien staatsrechtlich verknüpft war.

Wäre es also auch nicht undenkbar, daß eine nördlich Assyriens durch die Kimmerier erfolgte Niederlage, bei der Sargon seinen Tod gefunden hatte, von den assyrischen Priestern auf Beschwerden, die ihre babylonischen Kollegen gegen Sargon hatten, zurückgeführt wurde, so liegt doch der Gedanke an einen Untergang Sargon's im Süden erheblich näher. Und Sanherib's gereiztes und unkluges Verhalten (s. zuletzt Lehmann-Haupt, *Or. Lit.-Ztg.* 21 [1918] Sp. 173f.) den Babyloniern gegenüber, das in der Zerstörung Babylons gipfelte, erklärt sich besonders gut, wenn sie an seines Vaters Ende eine mehr oder minder offenbare Mitschuld trugen.

---

1) Lehmann[-Haupt], *Šamaššumukîn* (1892) Teil I S. 173.

Berichtigungen.

Klio XVI S. 189 Anm. 3 muß es heißen: „Daher schlagen wir vor (c. 51, 3) ... νῦν δ'εἴκοσι ⟨l⟩ μὲν εἰς ἄστυ δέκα (l) δ'εἰς Πειραιέα."
Tübingen.   W. Göz.

Zu oben S. 181 sub 2 u. 3 und zu S. 182 Anm. 2 vergleiche S. 244 Anm. 2. — S. 241 Anm. Zeile 3 v. u. statt ‚archäologischen' lies: „astrologischen." — S. 252 Abs. 3 v. u. Z. 6 v. u. st. ‚habe' l.: „haben muß." — S. 257 sub XII 32 st. ‚von' l.: „vor." — S. 259 Z. 6 v. u. st. ‚454' l.: „464." — S. 262 Anm. 1 hinter ‚S. 240ff.' füge ein: „*Jahresber. d. Geschichtswiss.* Bd. 30, 1907 (Berlin 1909) I, 146ff." — S. 266 Z. 2 st. ‚seiner Anschauung' l.: „einer Annäherung." — S. 268 Abs. 6 Z. 3 v. u. st. ‚VI' l.: „II." — S. 270 streiche Anm. 2 und den Hinweis darauf in Z. 4 v. u. — S. 277 Abs. 3 Z. 4 l.: „Sollen wir hier Winckler's Darstellung folgen?" — S. 282 Z. 5 st. ‚14' l.: „276." — S. 287 Z. 4 st. ‚31' l.: „32." — S. 289 sub 2 Z. 6 st. ‚Nr.' l.: „ihn." — S. 298 letzte Spalte erstes Fach letzte Zeile l.: „Assur-dan(kal)-il." — S. 299 Abs. 2 Z. 6 st. ‚Bavian' l.: „Berossos."

Personalien.

Studienrat Dr. Ernst Gerland in Homburg v. d. H. hat sich in Frankfurt a. M. für byzantinische und osteuropäische Geschichte habilitiert.

Ernst Hohl, Privatdozent an der Universität Straßburg, ist einem Rufe nach Rostock als a. o. Prof. der alten Geschichte an Kolbe's Stelle gefolgt.

Der Privatdozent für griechische und römische Geschichte und Altertumskunde an der deutschen Universität in Prag Dr. Arthur Stein wurde zum a. o. Prof. für römische Altertumskunde und Epigraphik daselbst ernannt.

Zum ordentl. Prof. der alten Geschichte und Archäologie an der neuen Hamburger Universität wurde Oberlehrer Prof. Dr. Erich Ziebarth ernannt.

An Stelle von Karl Julius Beloch wurde Ettore Pais ordentlicher Prof. der alten Geschichte an der Universität Rom.

Dr. Otmar Schissel v. Fleschenberg, Privatdozent in Graz (früher Innsbruck), wurde zum ordentl. Prof. für Byzantinistik an der Universität Laibach ernannt.

Anfang August 1917 starb in Kiel der em. ord. Prof. der alten Geschichte Aug. Volquardsen im Alter von 77 Jahren (verspätet).

O. Schrader, der verdiente Verfasser der bedeutsamen und äußerst anregenden Werke *Sprachvergleichung und Urgeschichte* (1883, ²1890) und *Linguist.-Historische Forschungen zur Handelsgeschichte* (1886), sowie des *Reallexikons der indogermanischen Altertumskunde* (1900/1, ²begonnen 1917), ist am 21. März 1919 64 Jahre alt gestorben (verspätet).

Am 8. Juni 1918 starb in Dalheux bei Lüttich der ord. Prof. der alten Geschichte Dr. Henri Francotte, 62 Jahre alt.

Im Juni 1918 starb, 75 Jahre alt, Prof. Dr. Otto Richter, der Verfasser der *Römischen Topographie*.

Ende September starb in Gotha der a. o. Prof. der alten Geschichte an der Universität Jena Dr. Wilh. Liebenam, 59 Jahre alt.

Am 23. Oktober 1918 fiel, 31 Jahre alt, an der Westfront der wissenschaftliche Hilfsarbeiter der Papyrussammlung der Berliner Museen Dr. Gerhard Plaumann, dem auch die *Klio* mehrere wichtige Beiträge verdankt.

Rudolf von Scala ist am 9. Dez. 1919 im 60. Lebensjahre gestorben, auch er ein Kriegsopfer, dem als hochgemutem Vorkämpfer deutschen Wesens der Kummer über der Deutschen Unglück und Schmach das Herz zerfraß. Während des Krieges nach Graz berufen, hat er sich des neuen Wirkungskreises nicht lange erfreuen dürfen. Auch dort wurde seine ritterliche und gewinnende Art, seine Fähigkeit, die Hörer durch das gesprochene Wort zu begeistern, wie W. Erben's

Worte am Grabe zeigten, lebhaft gewürdigt. Vor allem aber wird er an der Universität Innsbruck, der er während des weitaus größten Teiles seiner Laufbahn angehörte, als akademischer Lehrer und als Vorkämpfer der Hochschule unvergessen bleiben. Seiner Wiener Dissertation *Der pyrrhische Krieg* (1884) folgten 1890 *Die Studien des Polybios* des Innsbrucker Privatdozenten. Seine *Staatsverträge des Altertums* (Bd. I 1898) sind leider unvollendet geblieben. Als zusammenhängende Darstellungen für einen weiteren Kreis verfaßte er für Helmolt's *Weltgeschichte* die Abschnitte *Griechenland* (Bd. IV[1] [1900] S. 253—296) und *Das Griechentum seit Alexander dem Großen. Hellenismus[2]. Byzanz[2]. Neugriechenland* (Bd. IV[2] [1919] S. 1—214), sowie *Das Griechentum in seiner geschichtl. Entwicklung* (*Aus Natur u. Geisteswelt* 1913). Von seinen zahlreichen Aufsätzen und Studien sei unter den neueren als für seine Forschungs- und Darstellungsart besonders bezeichnend der über die *Constitutio Antonina* (in der Festschrift *Papyrus-Studien und andere Beiträge*, Innsbruck 1914) genannt. Noch kurz vor seinem vorzeitigen Ende hat er eine neue wissenschaftliche Unternehmung *Janus, Arbeiten zur alten und byzantinischen Geschichte*, begründet, die „mit keiner der bestehenden" „in schädlichen Wettbewerb treten" und einen „bescheidenen sinnbildlichen Beitrag zum geistigen Aufbau unseres Lebens" bilden sollte; gerade in dieser „Zeit der der tiefsten Erniedrigung des deutschösterreichischen Stammes" „soll deutschösterreichischer Verlag und deutschösterreichische wissenschaftliche Arbeit in steter Wechselwirkung mit unserer geistigen, von uns untrennbaren Nährmutter unbeugsame Arbeitskraft erweisen". In Heft 1, das als Festschrift der Universität Graz gedacht war, hatte Scala „Geschichtsforschung und Beredsamkeit bei Ephoros und Polybios" behandeln wollen. Als Heft 2 liegt vor O. Schissel-Fleschenberg, *Claudius Rutilius Namatianus gegen Stilicho, mit rhetorischen Exkursen zu Cicero, Hermogenes, Rufus* (1920). C. F. L.-H.

In Kuno Meyer, der am 11. Dezember 1919 im 61. Lebensjahre während eines Besuches in Leipzig verschied, beklagen wir nicht nur den bedeutenden Kenner des Keltischen, dessen Forschungen sich immer mehr auch in der Richtung der ältesten Geschichte, Kultur und Mythologie der Kelten und besonders der Iren vertieften, sondern auch den unvergleichlich liebenswerten und harmonischen Menschen. Sein vorbildliches Bemühen um ein innerliches Verständnis deutschen Wesens und deutscher Geisteskultur in England kann der am besten ermessen, der den tiefgreifenden Einfluß aus eigener Anschauung kennt, den er auf die Entwicklung der jungen Universität Liverpool geübt hatte und auch nach seiner Berufung nach Berlin zu üben fortfuhr. Gab es doch kaum ein Haus in den Kreisen der Universität und derer, die mit ihr Fühlung hatten, in dem man nicht seinem Bildnis begegnete. Hand in Hand damit gingen seine erfolgreichen Bestrebungen zur Neubelebung des Volkstums und des Nationalbewußtseins der Iren. Daß auch sein Wirken nach Ausbruch des Krieges in den Schmutz gezogen wurde, versteht sich von selbst. Sein Andenken wird darum nur um so heller leuchten.

Er, der nach dem Berliner Kongreß Bismarck in Kissingen Namens der Oberklassen der Gelehrtenschule des Johanneums zu Hamburg gelegentlich eines Ausfluges mit den vom Fürsten dankbar aufgenommenen Versen:
    Dir, der Frieden und Ruh den Völkern Europas gegeben,
        Wünschen aus Friedrichsruh Frieden und Ruhe auch wir.
begrüßte, hat die ungeheure Geschichtsfälschung des neuen „Friedens" noch miterleben müssen, seine Segnungen dauernd mitzugenießen blieb ihm erspart.
Multis ille bonis flebilis occidit!
C. F. L.-H.

Namen- und Sachverzeichnis.

Nicht aufgenommen sind Gegenstände, die nur gestreift, nicht neu behandelt wurden. — Die hochgestellten Zahlen bezeichnen die Anmerkungen. Das lateinische Alphabet ist auch für griechische usw. Namen maßgebend gewesen. — Inschriften, Münzen, Papyri siehe unter diesen Stichwörtern.

M'. Acilius Glabrio, Reiterstandbild in Delphi 114/6. 120; Proxeniedekret 121/2; Inschriften am Denkmal 123/40; seine Tätigkeit für Delphi . 135 ff.
Adadnirari, Verhältnis zu Babylonien 245/6. 251
Aegypten: Gestalt bei Herodot 321/7; Doppelaxt 100f. 321[5]; $δῶρον\ τοῦ\ ποταμοῦ$ 324/7
Agone, gymnische 192/3
Agnellus: als Quelle für die Chronologie der Bischöfe von Ravenna 40/59
Aitoler: ihr Verhältnis zu Delphi 123 ff.
aitolischer Stratege: Antragsrecht in der Bundesversammlung . . . 339
Akrophonie: zur Erklärung der Buchstabenzeichen und -namen 305. 307 ff.
Alexander der Große: Verhältnis zu den Griechen 211/12; zu Philipp II. 219. 227/8; seine Politik und deren letzte Ziele 209/33
Alexander, Sohn Alexanders d. Gr. 334/7
Alexander, König von Epirus . 217
Alexander Polyhistor, seine Arbeitsweise 296/7. 300
Alexandria: in der Politik Alexanders d. Gr. 226; in der der Ptolemäer 229 ff.
Alphabet: s. u. Buchstabenschrift.
Amphiktyonie, delphische: ihre Wiederherstellung . . . ˙ 141/59
Amyntas, delphischer Archont 158/9
$Ἀφάμιος$, Fluß 169. 170; Monatsname 169. 170
Apil-Sin, König von Babylonien 262
Archonten, delphische . 155/7. 171
Ašurdan, König von Assyrien 290/3
Attalos II.: Reiterstandbild in Delphi 109/13
Autonomieerklärung Delphis 132 ff.

Babylonisch: Chronologie der Könige 178/86. 242/301; Sexagesimalsystem 234/41

Balawat: Bronzetore mit Darstellung des Tigristunnels 198/9
Berossos: s. Chronologie u. Quellen 241/70. 293/301
Bilderschrift 303
Bischöfe von Ravenna: ihre Chronologie 40/59
Brettier: Gesandtschaft an Alexander d. Gr. 213. 217/8
Brutus' Beteiligung am Sturz der Königsherrschaft 83/91
Buchstabenschrift, griechische: ihre Erfinder 302; Verhältnis zur kretischen Schrift 303/5; zur semitischen 305/16; Reihenfolge der Buchstaben 316/7
Burnaburiaš I., II., babylonische Könige 271/84

Chalkis: Bestimmungen über die Steuerzahlungen athenischer Metöken daselbst 193/6
Chilperich: *edictus domni*, Datierung 72/4
Chronologie: älteste ägyptische 200/02; babylonischer Könige 178/86. 242/301; der Bischöfe von Ravenna vom 4. bis 8. Jahrh. 40/59
comes Ravennae 61
Tiberius Constantinus: Novelle $περὶ\ ἐπιβολῆς$ 72/4
M. Cornelius C. f.: Thearodokos von Delphi . . . . 122. 122[4]
Crassus: Bauspekulation . . 190/2
curator: in Ravenna . . . 61/3

Delphi: neue Funde 109, 77; Inschriften über die Befreiung Delphis durch die Römer 123/41; Wiederherstellung der Amphiktyonie 141/59; die Amphiktyonie und Thronion und Skarpheia 160/8; 4 Grenzentscheidungen 139/41; sakrale Stasis 149/54; Reiterstandbilder 109/19
Cassius Dio: Quellenforschung 75, 93

Namen- und Sachverzeichnis.

defensor civitatis: in Ravenna 64/5

edictus domni Chilperici: Datierung 72/4
Ἔγγαιοι: Grenzvergleich mit Thorion 176/7
Ἐπιφάνειαι der Götter: als Grundlage für die Geschichtsschreibung 203/6
Erdmessung: des Poseidonios, Marinos, Ptolemaios 94/100
Erytheia: Insel, ihre Lage . 327/31
Eukleidas, delphischer Archont 155/7. 159
Eukles, delphischer Neokor . . 156
Eumenes II. und die delphische Amphiktyonie 146/9

Flottenpraefekt: in Ravenna 60/1

Germanus I., Patriarch: seine Abstammung 207
Gesandtenmord an den Delphiern durch die Aitoler . . 130/2. 137/8
γνώμην εἰπεῖν = sententiam dicere 338/9
griechische Buchstabenschrift 302/17

Hekataios: als Quelle für Herodot 324/7. 328/31
Herakleidas, delphischer Archont 156/7
Herakles, Sohn Alexanders d. Gr. 334/7
Herakles: Fehlen seines Kults in Olympia 33/4
Herberge: der Römer in Delphi 124
Herodot: s. Angaben über die Gestalt Aegyptens 321/7; Berechnung seines Stadions 100/08. 318ff.; s. Quelle für die Stammsage der Skythen 327; Bedeutung von πόντος . . . 329[4]
Hieroglyphen, ägyptische: ihr Einfluß auf die semitische Schrift 308
Hymnen: beim Gottesdienst in Olympia 25/6

Inschriften, griechische: aus Delphi 109/10. 114/9. 120/77; IG I. Suppl. n. 27a 193/6
Interregnum, babylonisches: zur Zeit Adadniraris 182/5. 241; zur Zeit Sanheribs 183. 250/1
Johannes I., Bischof von Ravenna: seine Datierung 42/52
Johannes IV., Bischof von Ravenna 58/9
Junianus Justinus: seine Quellen und seine Arbeitsweise . . 332/7

Kalender: auf der Rückseite des Pap. Ebers 200/02
Karthago: Gesandtschaft an Alexander d. Gr. 213/5. 220/1; seine Rolle in der Politik Alexanders 226. 233; in der der Ptolemäer . . . 230/1
Könige, babylonische: ihre Chronologie 178/86. 242/301
Königsliste, babylonische: der 8. und 9. Dyn. 178/86. 242/57; der 1. und 2. Dyn. 260/70; der 3. und 4. Dyn. 270/301
Konstantinos Porphyrogenetos: Arbeitsweise der excerpierenden Bearbeiter 75
kretische Schriftzeichen . . 303/5
Kroton: monatliches Opfer . . . 10
Künstlerinschrift, athenische 175/6
Kurie in Ravenna 66/8
Kurigalzu I., II., III., babylonische Könige: ihre Datierung . . 271/84

Lautschrift: 302. 304; eine Erfindung der Phönizier? 315/6
Lepidus: delphisches Proxeniedekret 118
C. Livius Salinator, röm. Konsul: Senatsbrief an Delphi . . . 130/1
Lukaner, Gesandtschaft an Alexander d. Gr. 213. 217/8

Manes: griechischer Gebirgsfluß 169/71
Marduknâdinahe, babylonischer König 288/93
Marinianus, Bischof von Ravenna 57/8
Marinos: sein Problem der Erdmessung 98/100
Meidias, athenischer Künstler 175/6
Municipalverfassung: von Ravenna 59/70; Flottenpräfekt 60/1; comes Ravennae 61; curator 61/3; praefectus vigilum 62/4; defensor civitatis 64/5; Kurie 66/8; tribuni 69/70; dux 69/70

Nabûbaliddin, babylonischer König 253f.
Nabûkudurrusur, babylonischer König 288/93
Nabû-šun-iškun I. und II., babylonische Könige 178/82; N. I. 244/9. 253ff.
Naïri, Teil des späteren Armenien 197/9
Naukratis: Speisung der Opferbeamten 18/19
Nikostratos, thessalischer Hieromnemon: seine Beziehungen zur delphischen Amphiktyonie . . 141/6

Namen- und Sachverzeichnis.

Opfer, monatliches: in Olympia 1/39; die Opferhandlung 4/7: die Opferordnung 8/9. 11/13. 29 ff.; Tag und Stunde des Opfers 13/5; Abendmahl im Prytaneion 16/19; Trankopfer 19/26; Hymnen 25/6; Laienopfer 26/7; Verteilung der Altäre 31/2; fehlende Götter- und Heroenkulte 33/4; Zeit der Errichtung der Altäre 34/9; monatliches Opfer in Kroton 10
Olympia: monatliche Opferung 1/39

Papyri: Marini, *papiri diplomatici* Nr. 57 48/50
Pausanias, thessalischer Stratege: Zeitbestimmung 140 und 140 Anhang
Perseus und die delphische Amphiktyonie . . . . 149[1]
Petrus I. Chrysologus, Bischof von Ravenna 40/52
Phönizier: Erfinder der Lautschrift? 315 6
Pompeius Trogus: *historiae Philippicae* als Quelle für Junianus Justinus 332/7
πόντος: Bedeutung bei Herodot 329[4]
Poseidonios: seine metrologischen Berechnungen 94/100
πούς: βασιλικός = Φιλεταιρικός = Πτολεμαϊκός = Ῥωμαϊκός . . 96/100. 97[2]
praefectus vigilum: in Ravenna 62 4
Praxias, delphischer Archont . 157
Proxeniedekrete, delphische 120/2. 171 2
Prytaneion: in Olympia . . . 18
Ptolemaeer: die Ziele ihrer Politik 229/32
Ptolemaios: seine metrologischen Berechnungen 98/100

T. Quinctius Flamininus: sein Reiterstandbild in Delphi . 116/19
quintus iunior: Bedeutung . 46/7

Ravenna: Chronologie der Bischöfe von 4.—8. Jahrh. 40/59; Erhebung des Bistums zur Metropole 48/53; Munizipalverfassung . . . 59 71
Reiterstandbilder: in Delphi 109/19
Ῥωμαῖα in Delphi: Zeit und Anlaß ihrer Stiftung 132

Salmanassar III.: Inschriften am Tigristunnel 196/9
Šamaš-mudammiq, babylonischer König 179 ff. 244/9. 253 ff. 265/6. 291/2. 299 301
Same: Zeit und Dauer der Belagerung durch die Römer . . . 122. 130/1

Sanherib, König von Assyrien und Babylon: 183. 250/1; Verhalten gegenüber den Babyloniern 342
Sargon von Assyrien: sein Tod 340/2 šar kibrat arba'i: auf Weltherrschaft deutender Titel . . . . . . 340[2]
šar kiššati: Titel der Könige von Kiš, auf Weltherrschaft deutend . 340[2]
šar mâtati: auf Weltherrschaft deutender Titel . . . . 340[2]
Šarru kinu: Titel Sargons von Agade und Sargons von Assyrien . 340[2]
Schoinos: seine Berechnung . 319[1]
Schriftzeichen, kretische: Beziehungen zur griechischen Schrift 303; semitische: siehe daselbst
semitische Schriftzeichen: ihre Erklärung 305/14; Einfluß der ägyptischen Hieroglyphen . . . 308
Senat, römischer: Befreiung Delphis, Erteilung der Autonomie . 123/41
Sexagesimalsystem der Babylonier: seine Herleitung 234/41
Silbenschrift 302
σιτοφύλακες: ihre Zahl und ihre Befugnisse in Athen 187/90; in Priene 188
Skarpheia und die delphische Amphiktyonie 160/8; Grenzstreit mit Thronion 168/77
Skythische Stammsage bei Herodot: ihre Quelle 327/31
Sosipatros, delphischer Archont 156
στάδιον: des Herodot 100/08. 318/21; des Strabo 107 8
Strabo: Berechnung seines Stadions 107/8
Sumola-ilu: erhebt Babylon zur Residenz? 261/2
Syriskos: Verfasser einer Geschichte der Stadt Chersonnesos . . 204/6

Tarquinius, seine Vertreibung 83/91
Thearodokoi . . . . 121/2. 121 f.[4]
Theokol in Olympia . . . 2/3. 25
Thrasykles, delphischer Archont 171/2
Thronion und die delphische Amphiktyonie 160/8; Grenzstreit mit Skarpheia 168 77; Vergleich mit Ἔγγαιοι 176/7
Timokles, delphischer Archont 156
Tiglatpileser, König von Assyrien 290/3
Tigristunnel: Darstellung auf den Bronzetoren von Balawat . 198/9
tribuni: in Ravenna . . . 69/70
Tukulti-Nimurta I., König v. Assyrien: Zeit seiner Regierung . 285/7

Ursus, Bischof von Ravenna . 40/41

Valentinianus III.: Verleihung der Erzbischofwürde an Johannes eine Fälschung . . . . 48 ff.
Vitalis, Bischof von Ravenna . 53/6

Wassermessungen: der Babylonier und ihr Sexagesimalsystem 234.41

ξυλεύς in Olympia 4

Zamama-šum-iddin, babylonischer König 285. 292/3
Zeus: Trankopfer in Olympia . 23/4
Zitate: griechische: Cassius Dio Fragm. 1, 1 (Vol. I S. 12 ed. Boiss.) 76/8; Fragm. 1. 2 (Boiss. S. 14) 78/82; 12, 3b S. 34 Boiss. 82; 12, 1—11 S. 35—37 Boiss. 83/90; 32 S. 91 Boiss. und 57. 77 S. 274 Boiss. 92/3; Zonaras VII, 5 ed. Dind. vol. II S. 100, 26—28 79. 81/2; Arrian VII, 15, 5 u. 6 213/8; Diodor XVIII, 4 218/21; XIX, 105, 2 336/7; XX, 20 335/6; Herodot II, 8 101. 319. 321; II, 99, 2 324⁵; IV, 8—10 327/31; Hekataios, Fragm. 349 328; lateinische: Livius XXXVIII, 35, 1 131; Iustinus XIII, 8, 5—7 332/3; XIII, 6, 1 333/4; XV, 2, 3 334; XXI, 6 211.

Zonaras: seine Quellenbenutzung 78. 81. 84/5.

KLIO

BEITRÄGE ZUR ALTEN GESCHICHTE

Herausgegeben von
C. F. LEHMANN-HAUPT, E. KORNEMANN, F. MILTNER, L. WICKERT

BAND 17

Neudruck der Ausgabe 1921

1965

SCIENTIA VERLAG AALEN

KLIO
Beiträge zur alten Geschichte.

In Verbindung mit

Fachgenossen des In- und Auslandes

herausgegeben von

C. F. Lehmann-Haupt   und   **E. Kornemann**

Siebzehnter Band.

Mit fünf Abbildungen und einer Skizze.

Neudruck der Ausgabe 1921

1965

SCIENTIA VERLAG AALEN

Lizenzausgabe mit Genehmigung
der Dieterich'schen Verlagsbuchhandlung, Wiesbaden

Druck: Fa. M. Kluftinger, Florian-Geyer-Str. 62, Stuttgart
PRINTED IN GERMANY

Inhalt.

	Seite
DELBRÜCK, H., Marathon und die persische Taktik	221—229
HOLZAPFEL, L. (†), Römische Kaiserdaten (Schluß)	74—93
KJELLBERG, E., C. Iulius Eurykles	44—58
KORNEMANN, E., Die unmittelbare Vorlage von Appians Emphylia	33—43
LEHMANN-HAUPT, C. F., Pausanias, Heros Ktistes von Byzanz. Mit einer Beigabe: Der Sturz des Pausanias, des Themistokles und des Leotychidas	59—73
POMTOW, H., Delphische Neufunde V: Zusätze und Nachträge	153—203
ROOS, A. G., Chronologisches zur Geschichte der Dreißig	1—15
SCHACHERMEYR, F., Zum ältesten Namen von Kypros	230—239
SCHUR, W., Griechische Traditionen von der Gründung Roms	137—152
SIGWART, G., König Romulus bei Ennius	16—32
STEINWENDER, TH. (†), Ruspina	204—220

MITTEILUNGEN UND NACHRICHTEN.
94—136; 240—299.

BLECKMANN, F., Die erste syrische Statthalterschaft des P. Sulpicius Quirinius (mit einem Anhang über M. Servilius *Prosopogr. Imp. Rom.* III S. 226 n. 419 und Volumnius *PrIR* III S. 479 n. 639. 640)	104—112
BRANDENSTEIN, W., Zur ältesten attischen Inschrift	262—265
DESSAU, H., Epigraphische Miszellen	249—252
Zu den neuen Inschriften des Sulpicius Quirinius	252—258
GARDTHAUSEN, V., Die Mauern von Carthago	122—128
GÖZ, W., Libanios und die Alemannen	240—242
HILLER V. GAERTRINGEN, F., A und Α in Ptolemäerinschriften von Thera	94—98
HOMMEL, F., Zu Semiramis = Istar	286
KALINKA, E., Der Name Stambul	265—266
Die älteste Inschrift Athens	267—268
KIESSLING, E., Zur lex Ursonensis	258—260
KOLBE, W., Das Ehrendekret für die Retter der Demokratie	242—248
KORNEMANN, E., Antike Technik	287—289
LANGHAMMER, A., Die Schlacht bei Thapsus	102—104
LEHMANN-HAUPT, C. F., Gesichertes und Strittiges. 8. Zur Lage von Magan. 9. Zur Chronologie der Kimmeriereinfälle	112—122
Aus und um Konstantinopel. 2. Ein Nachklang der Argonautensage? 3. Kadi-köi = Chalkadon. 4. Der thrakische Gott Zbelsurdos. (Eine unbeachtete Emendation zu Cicero)	269—285
Zum Nachleben der assyrischen Sprache, Religion und Dynastie	286—287

IV

	Seite
LEHMANN-HAUPT, C. F., Schussenried und Buchau	289—294
Von der Philologenversammlung	295—296
Erster deutscher Orientalistentag	296—297
SCHEEL, W., Zu der lateinischen Grabschrift in Kapitalkursive	260—262
SCHISSEL V. FLESCHENBERG, O. und LEHMANN-HAUPT, C. F.,	
Eine lateinische Grabinschrift in Kapitalkursive	129—136
TÄUBLER, E., Relatio ad principem	98—101
Verzeichnis eingegangener Schriften	297—299
Personalien	136; 299

NAMEN- UND SACHVERZEICHNIS (R. BRÄUER) . . . . 300—304

Chronologisches zur Geschichte der Dreißig.
Von A. G. Roos.

Bekanntlich wissen wir aus Plutarch *Lysand.* 15, daß die Kapitulation Athens im Jahre 404 v. C. auf den 16. Munychion fällt, also den 24. April. Derselbe Plutarch, *de glor. Athen.* 7, nennt uns das Datum des feierlichen Einzuges der zurückgekehrten Demokraten in die Stadt, den 12. Boëdromion, also den 4. Oktober 403. Für die zwischenliegenden Geschehnisse besitzen wir leider solche Daten nicht und sind wir nur auf Kombinationen angewiesen. Nun hat Beloch, *Philologus* 43, 1884, S. 264, und *Die attische Politik seit Perikles,* S. 340, die Vermutung aufgestellt, die Dreißig hätten noch vor Ablauf des attischen Jahres 405/4, und zwar im Thargelion oder wahrscheinlicher noch im Skirophorion (Juni/Juli) die Regierung angetreten: „Denn," sagt er an letztgenannter Stelle, „der Archon für 404/3, Pythodoros, ist bereits von den Oligarchen ernannt worden, und nicht etwa an die Stelle eines in der üblichen Weise erlosten Archonten getreten; sonst hätte die wiederhergestellte Demokratie das Jahr, statt als Anarchie, mit dem Namen dieses legitimen Archon bezeichnen müssen". Nachdem Beloch dies geschrieben hatte, ist die Ἀθηναίων πολιτεία gefunden worden, und darin sagt Aristoteles ausdrücklich, 35, 1: οἱ μὲν οὖν τριάκοντα τοῦτον τὸν τρόπον κατέστησαν ἐπὶ Πυθοδώρου ἄρχοντος, also im Jahre 404/3. Nichtsdestoweniger hält Beloch, *Griech. Gesch.*, Bd. II S. 110 Anm. = Bd. II, Abtlg. 1, S. 430 Anm. der 2. Aufl., an seiner früheren Annahme fest, und ihm ist Eduard Meyer, *Gesch. des Altert.*, Bd. V § 748 Anm. am Ende, gefolgt, ohne daß sie eine Erklärung geben, wie Aristoteles zu dieser ihrer Meinung nach unrichtigen Ansicht gekommen sein sollte. Irgend ein Grund für die Annahme, daß Aristoteles oder seine Quelle sich hier eine bewußte Fälschung hat zuschulden kommen lassen, liegt nicht vor; es könnte sich also nur handeln um einen Irrtum von ihm oder seiner Quelle: Aristoteles hätte, wenn Belochs Ansatz des Regierungsanfanges der Dreißig richtig ist, schreiben müssen: ἐπὶ Ἀλεξίου ἄρχοντος, 405/4.

Nun sieht ja die Argumentation Belochs an sich sehr logisch aus: Pythodoros, der Archon des Jahres 404/3, wird nach dem Sturze der Oligarchie nicht in der Reihe gezählt[1]). „Wäre die oligarchische Regierung erst

---

1) Xen. *Hellen.* II 3, 1 Πυθοδώρου δ' ἐν Ἀθήναις ἄρχοντος, ὃν Ἀθηναῖοι, ὅτι ἐν ὀλιγαρχίᾳ ᾑρέθη, οὐκ ὀνομάζουσιν, ἀλλ' ἀναρχίαν τὸν ἐνιαυτὸν καλοῦσιν.

im Laufe des Jahres 404/3 eingesetzt worden, dann müßte am Anfang des Jahres ein in regelmäßiger Weise erloster Archon ins Amt getreten sein, und wenn dieser auch durch die Oligarchie beseitigt wurde, so hätte doch die restaurierte Demokratie nur um so mehr Veranlassung gehabt, seinen Namen in der Eponymenliste wiederherzustellen. Daß man das Jahr 404/3 dagegen als Jahr der Anarchie bezeichnete, beweist eben, daß es in diesem Jahre einen regelmäßig erlosten Archon nicht gegeben hat" (Beloch, *Philolog.* a. a. O.). Dieser letzte Schluß ist unbedingt richtig, beweist aber nicht, daß die Dreißig noch unter dem Archontat des Alexias, vor dem 1. Hekatombaion 404, eingesetzt sein müssen. Die Erlosung der Beamten pflegte in Athen wahrscheinlich Ende Munychion stattzufinden[1]). Im Munychion des Jahres 404 erfolgte aber die Kapitulation Athens und dann folgten die Verschwörung der demokratischen Strategen und die Vereitelung derselben infolge der Denuntiation des Agoratos, weiter das Wühlen der fünf von den oligarchischen Klubs aufgestellten ἔφοροι[2]). Es wäre nun an sich schon sehr wahrscheinlich, daß es unter diesen Umständen vor dem 1. Hekatombaion 404 nicht zu den Erlosungen der Beamten für 404/3 gekommen ist, und daß es tatsächlich am Jahresanfang keinen Archon eponymos gab, geht, wie Beloch gesehen hat, aus der späteren offiziellen Bezeichnung des Jahres 404/3 als ἀναρχία hervor. Als aber die Dreißig ans Ruder kamen und Pythodoros als Archon anwiesen, mußten diese das Jahr, auch wenn er erst nach Jahresanfang ins Amt getreten war, nichtsdestoweniger nach ihm benennen, und also auch die Vorgänge, die sich zwischen dem 1. Hekatombaion und seiner Ernennung abgespielt hatten, datieren ἐπὶ Πυθοδώρου ἄρχοντος. Da nun Aristot. Ἀθην. πολιτ. 35, 1 für die Einsetzung der Dreißig diese Datierung gibt, eine Fälschung ausgeschlossen ist und ein Irrtum höchst unwahrscheinlich, muß aus dieser Stelle gefolgert werden, daß die Dreißig eben erst nach dem 1. Hekatombaion eingesetzt sind. Aristoteles konnte ja mit demselben Rechte sagen: οἱ μὲν οὖν τριάκοντα κατέστησαν ἐπὶ Πυθοδώρου ἄρχοντος, obwohl am Tage ihrer Einsetzung Pythodoros noch nicht im Amte war, wie er 39, 1 sagt: ἐγένοντο δ' αἱ διαλύσεις ἐπ' Εὐκλείδου ἄρχοντος, obgleich Eukleides erst einige Zeit nach der Versöhnung zum Archon erlost wurde: zur Datierung rechnet er eben den Anfang des Jahres des Eukleides sowohl wie den des Pythodoros vom vorhergehenden 1. Hekatombaion ab.

Wie lange nach dem 1. Hekatombaion 404 sind die Dreißig eingesetzt? Diese Frage hängt zusammen mit einer anderen. Nach der Kapitulation Athens ist Lysander nach Samos gefahren, um dies zu be-

---

1) Gilbert, *Handbuch der griech. Staatsaltertümer*, Bd. I², S. 240.
2) Ed. Meyer, *Gesch. des Altert.*, Bd. V, S. 18; Beloch, *Griech. Gesch.*², Bd. II, Abt. 1, S. 429.

lagern: sind nun die Dreißig eingesetzt vor der Abfahrt des Lysandros (so die Meinung von Eduard Schwartz)[1]), oder nach der Einnahme von Samos bei einem Aufenthalte Lysanders zu Athen während seiner Rückfahrt nach Sparta (so Beloch[2]) und Boerner)[3]), oder ist Lysander während der Belagerung von Samos nach Athen zur Einsetzung der Dreißig herübergekommen und dann wieder nach Samos zurückgefahren (so Eduard Meyer)[4])?

Eine unbefangene Interpretation Xenophons kann nur konstatieren, daß wenigstens dieser die Einsetzung der Dreißig vor Lysanders Abfahrt nach Samos stellt: *Hellen.* II 2, 23 fährt Lysander nach der Kapitulation Athens in den Hafen des Piraeus ein; 3, 2 beschließt der Demos, dreißig Männer zu wählen, um die Gesetze der Väter zu redigieren; 3, 3 τούτων δὲ πραχθέντων ἀπέπλει Λύσανδρος πρὸς Σάμον, Ἆγις δ' ἐκ τῆς Δεκελείας ἀπαγαγὼν τὸ πεζὸν στράτευμα διέλυσε κατὰ πόλεις ἑκάστους: das ist der Schluß des Kriegszustandes. Nach Xenophon geht Lysander hier offenbar zum ersten Male nach Samos, bis dahin war er im Piraeus oder in Athen geblieben. Es folgen 3, 6 ff. die Belagerung und Einnahme von Samos durch Lysander und Lysanders Heimfahrt nach Lacedaemon. Davon, daß Lysander die Rückreise über den Piraeus nimmt und Athen besucht, ist nicht die Rede. Xenophon kommt dann 3, 11 auf die Einsetzung der Dreißig zurück: οἱ δὲ τριάκοντα ᾑρέθησαν μὲν ἐπεὶ τάχιστα τὰ μακρὰ τείχη καὶ τὰ περὶ τὸν Πειραιᾶ καθῃρέθη, und beginnt hiermit seine ausführliche Erzählung über ihre Regierung und ihren Fall. Für denjenigen, der ohne vorgefaßte Meinung und ohne die übrigen Quellen zu berücksichtigen die hier analysierte Partie des Xenophon liest, für den ist es zweifellos, das Xenophon Lysander zu Athen oder im Piraeus verweilen läßt, bis die Dreißig am Ruder sind; ihre Einsetzung findet nach ihm statt unmittelbar nach der Schleifung der langen Mauern und derjenigen des Piraeus.

Gegen diese chronologische Fixierung würde wohl, auch angesichts der abweichenden Darstellung der Späteren (Diodor und Plutarch), kein Einspruch erhoben sein, wenn nicht der Zeitgenosse Lysias in der Rede *gegen Eratosthenes* sagte, § 71, daß Theramenes für die Volksversammlung, welche die Bestellung der Dreißig beschließen sollte, μετεπέμψατο μὲν τὰς μετὰ Λυσάνδρου ναῦς ἐκ Σάμου, ἐπεδήμησε δὲ τὸ τῶν πολεμίων στρατόπεδον. Hieraus folgert Beloch, *Philol.* a. a. O. S. 264, daß die Dreißig erst nach der Rückkehr Lysanders aus Samos

---

1) *Rhein. Museum*, N. F. Bd. 44, 1889, S. 122 ff.
2) *Philologus* 43, 1884, S. 264; *Griech. Gesch.*², Bd. II, Abt. 1, S. 431 f.
3) *De rebus a Graecis inde ab anno 410 usque ad annum 403 a. Chr. n. gestis* (Diss. Götting. 1894), S. 49 ff.
4) *Gesch. des Altertums*, Bd. V, S. 19 f.

eingesetzt worden sind. Im Anschluß an Diodor XIV 3 meint er, *Griech. Gesch.*[2] II 1, S. 430, daß die Oligarchen eine Botschaft an Lysander nach Samos, welches eben eingenommen war, sandten, und dieser nun mit seiner Flotte zum zweitenmal in den Piraeus einlief. Jetzt erst wäre die Volksversammlung, in der die Demokratie aufgehoben werden sollte, einberufen. Dann wäre Lysander nach Hause weitergefahren.

Wenn diese Ansicht Belochs, der sich Boerner anschließt, richtig wäre, dann würde Xenophon, der Lysander nach der Einsetzung der Dreißig nicht nach Sparta, sondern nach Samos segeln läßt, sich eine grobe Geschichtsfälschung haben zuschulden kommen lassen. Denn er kannte ja die Folge der Ereignisse, bei denen er selbst Zeuge gewesen war, genau. Nun haben die *Hellenika* als Geschichtswerk große Fehler, vieles wird vermißt, was Xenophon erzählt haben sollte, aber bewußte Fälschungen hat er nicht begangen: die von Xenophon erzählten Tatsachen stellen sich, wo die Parallel-Überlieferung (Aristoteles, Ephorus-Diodor, die *Hellenika* von Oxyrhynchos) abweicht, bei genauer Vergleichung immer als richtig heraus, wenn er auch manchmal unvollständig und einseitig ist. Auch läßt sich kein Grund ausfindig machen, weshalb denn Xenophon die Reihenfolge der Geschehnisse geändert haben sollte. Wenigstens kann man nicht sagen, daß Xenophon im Interesse Spartas den von Beloch angenommenen Aufenthalt Lysanders zu Athen während seiner Rückreise aus Samos absichtlich gestrichen hätte, um dessen Anteil an die Einsetzung der Dreißig zu vertuschen, denn er läßt ja dieselben in Lysanders Anwesenheit ans Ruder kommen.

Nur in einem Falle würde, wenn man Belochs Ansicht als richtig voraussetzt, Xenophon sich nicht einer Fälschung schuldig gemacht haben, wenn nämlich auch die andere Hypothese Belochs richtig wäre, daß *Hellen.* II 3, § 1 und 2 nicht von Xenophon selbst, sondern von dem Interpolator herrühren, der in den beiden ersten Büchern der *Hellenika* die chronologischen Bestimmungen nach Archonten, Ephoren, Olympioniken und Kriegsjahren eingefügt hat. Nach Belochs Ansicht folgte nämlich im echten Xenophon auf II 2, 23 μετὰ δὲ ταῦτα Λύσανδρός τε κατέπλει εἰς τὸν Πειραιᾶ καὶ οἱ φυγάδες κατῇσαν καὶ τὰ τείχη κατέσκαπτον ὑπ' αὐλητρίδων πολλῇ προθυμίᾳ, νομίζοντες ἐκείνην τὴν ἡμέραν τῇ Ἑλλάδι ἄρχειν τῆς ἐλευθερίας, unmittelbar 3, 3 τούτων δὲ πραχθέντων ἀπέπλει Λύσανδρος πρὸς Σάμον, Ἆγις δὲ κτλ. Dann würden aber die Worte τούτων δὲ πραχθέντων sich beziehen auf κατέπλει, κατῇσαν, κατέσκαπτον, also das Partizip, wodurch die vollzogene Handlung gekennzeichnet wird, auf die Imperfekta, die den Anfang und Fortgang der Handlung bezeichnen, und dieses ist grammatisch und sachlich wohl nicht möglich. Dagegen paßt τούτων δὲ πραχθέντων ausgezeichnet, wenn es sich bezieht auf das vorhergehende, von Beloch athetierte, ἔδοξε τῷ δήμῳ τριάκοντα ἄνδρας ἑλέσθαι ... καὶ ᾑρέθησαν οἵδε (3, 2). Ich glaube daher, daß die Herausgeber der *Hellenika* mit vollkommenem Recht nur 3, 1 (außer den ersten Worten) einklammern und 3, 2, worin die Einsetzung der Dreißig erzählt wird, für echt halten. Dann ist auch erklärlich, wie Xenophon 3, 11 seine Erzählung der Regierung der Dreißig beginnen kann mit οἱ δὲ τριάκοντα (d. h. die Dreißig, über die ich schon geredet habe) ᾑρέθησαν μὲν κτλ., während, wenn er ihre Einsetzung vorher nicht erwähnt hätte, dieses ein sehr abrupter Übergang sein würde. Wenn Beloch. *Philol.* a. a. O. S. 264, meint, daß Lysander nach der Einnahme von Samos Athen besuchte, nicht etwa während der Belagerung nach Athen herübergekommen und dann wieder nach Samos zurückgefahren sei, gehe daraus hervor, daß er bei seiner Rückkehr von Samos nach Sparta die attischen Trieren aus dem Piraeus mit sich führte (Xen., *Hellen.* II 3, 8), so ist es klar, daß die attischen Schiffe, welche sofort als Lysander nach der Kapitulation in den Hafen einlief, ihm übergeben wurden (Lysias 13, 34), auch wenn er dieselben bei seiner Abfahrt nach Samos in ihren Schiffshäusern hat liegen lassen, was immerhin für Sparta gefährlich werden konnte und also nicht gerade wahrscheinlich ist, doch nicht von ihm selbst aus dem Piraeus herangeführt und zu der übrigen Flotte gebracht zu sein brauchen. Übrigens mag ja Lysander bei seiner Heimfahrt von Samos den Piraeus berührt haben, um die attischen Schiffe mitzunehmen, — Xenophon konnte dies a. a. O. in seiner kurzen Beschreibung der Rückfahrt Lysanders als etwas Belangloses ruhig übergehen —, in Athen zur Einsetzung der Dreißig ist er jedenfalls damals nicht gewesen.

Schließlich gibt es noch ein Argument gegen Belochs Datierung. Wenn Lysander nach der Einnahme von Samos die Dreißig eingesetzt hätte, so wäre dies geschehen τελευτῶντος τοῦ θέρους (Xen. II 3, 9). Zwar hält Beloch auch diese Worte für unecht, aber nur deshalb, weil er die Einsetzung der Dreißig vor dem 1. Hekatombaion 404 datiert und also, da er Lysander bei einem athenischen Aufenthalt während der Heimfahrt die Dreißig einsetzen läßt, dessen Rückkehr zu Sparta viel früher als am Ende des Sommers, wie Xenophon ausdrücklich sagt, ansetzen muß. Diese Beweisführung hat natürlich für denjenigen, der Belochs Datierung des Regierungsanfanges der Dreißig für unrichtig hält, keinen Wert. Übrigens ist gegen die Echtheit der Worte τελευτῶντος τοῦ θέρους nichts anzuführen, und keiner der Herausgeber hat denn auch, so viel ich weiß, dieselben eingeklammert. Boerner a. a. O. S. 69f., der mit Beloch die Einsetzung der Dreißig zwischen der Einnahme von Samos und der Rückkehr Lysanders nach Sparta ansetzt, aber an die Datierung des Aristoteles ἐπὶ Πυθοδώρου ἄρχοντος festhält, zieht nun aus der obengenannten Angabe Xenophons und aus der darauffolgenden Notiz, daß Lysander unter dem Ephorat des Eudios, der im Herbst 404 ins Amt trat, zu Sparta zurückkam — auch wenn dieselbe von einem Interpolator herrühre, stamme sie doch aus einer ausgezeichneten Quelle — die von seinem Standpunkt einzig richtige Folgerung, daß dann eben die Einsetzung der Dreißig erst am Ende des Sommers, nach dem Herbstaequinoctium, anzusetzen sei: *si igitur trigintavirorum institutionem mediis aut ultimis Boedromionis diebus tribuimus, certe non multum a vero discedimus*. Boerner will also die Dreißig etwa Anfang Oktober eingesetzt sein lassen, und tatsächlich muß, wer ihre Einsetzung nach der Einnahme von Samos verlegt, sie frühestens τελευτῶντος τοῦ θέρους ansetzen. Daran nun scheitert die ganze Hypothese. Nicht nur nach Xenophon, sondern auch nach Lysias 12, 71 befand sich bei der Einsetzung der Dreißig das feindliche Heer noch im Lande. Es ist einfach ausgeschlossen, daß die spartanische Bundesarmee, nachdem Athen Ende April kapituliert hatte, sich ohne ersichtlichen Grund noch den ganzen Sommer bis in den Herbst hätte zusammenhalten lassen, und weshalb sollten die athenischen Oligarchen mit dem Sturze der Demokratie von April bis Oktober gewartet haben, während doch dieselbe ohne Zweifel am leichtesten auszuführen war bald nach der Kapitulation, unter dem frischen Eindruck der überstandenen Not und bevor die Demokraten sich erholt hatten?

Die Annahme, daß Lysander die Dreißig erst nach der Einnahme von Samos eingesetzt habe, ist also zu verwerfen, und die Tradition bei Diodor XIV 3, welche dieses besagt, ist unrichtig.

Im Gegensatz zu Beloch meint Eduard Meyer, daß die athenischen Oligarchen sich zur Verwirklichung ihrer Pläne an Lysander wendeten, der vor Samos lag, daß dieser dann nach Athen herüberkam und nach der Einsetzung der Dreißig wieder nach Samos abfuhr. Wir sahen schon, daß bei unbefangener Interpretation Xenophon den Lysander bis nach der Einsetzung der Dreißig in Athen bleiben und ihn dann nach Samos abfahren läßt. Ist Meyers Ansicht richtig, dann muß Xenophon die erste Abfahrt Lysanders mit der Flotte aus dem Piraeus nach Samos und seine Rückkehr übergangen haben. Das wäre keine Fälschung, die Tatsachen würde er auch dann ganz richtig erzählen. Denn auch dann ist nach ihm Lysander während der Einsetzung der Dreißig zu Athen, nur würde er dessen frühere zeitweilige Abwesenheit und seine Rückkehr als belanglos unerwähnt gelassen haben. Ich halte jedoch eine solche Unterlassungssünde Xenophons in diesem Falle für nicht sehr wahrscheinlich: eine so wichtige Tatsache, wie die Rückkehr Lysanders mit der peloponnesischen Flotte nach Athen nur zum Zweck der Einsetzung der Dreißig, und also auch die wenigstens teilweise Aufhebung der Blockade von Samos, gewesen wäre, unerwähnt zu lassen, und so den

Leser glauben zu machen, daß Lysander die ganze Zwischenzeit im Piraeus oder in Athen geblieben wäre, käme fast einer Fälschung gleich. Auch ist es, wie Eduard Schwartz a. a. O. S. 123 bemerkt, höchst unwahrscheinlich, daß Lysander Athen verlassen hat, bevor die Verhältnisse in seinem Sinne geordnet waren: „wie anderswo den verrufenen Zehnmännern, übertrug er in Athen 3 × 10 Männern die oberste Gewalt; und hier wo die größten Schwierigkeiten und eine verzweifelte Demokratie der Umwälzung entgegenstanden, sollte er ruhig alles haben laufen lassen und sich nach Samos, das ihm nach Athens Fall doch nicht entrinnen konnte, begeben haben, um dort zu warten, bis Theramenes ihm meldete, er könne ohne ihn der Demokratie nicht Herr werden?" Ich glaube daher, daß Lysander nach der Einsetzung der Dreißig nicht zum zweiten, sondern zum ersten Male von Athen nach Samos abgefahren ist. Dazu stimmt, daß Lysias in der Rede *gegen Agoratos* § 34 auch nur eine einmalige Einfahrt Lysanders in den Piraeus erwähnt, diejenige nach der Kapitulation Athens: ἐπειδὴ γὰρ ἐκεῖνοι (die von Agoratos angegebenen demokratischen Verschworenen) συλληφθέντες ἐδέθησαν, τότε καὶ ὁ Λύσανδρος εἰς τοὺς λιμένας τοὺς ὑμετέρους εἰσέπλευσε, καὶ αἱ νῆες αἱ ὑμέτεραι Λακεδαιμονίοις παρεδόθησαν, καὶ τὰ τείχη κατεσκάφη, καὶ οἱ τριάκοντα κατέστησαν, καὶ τί οὐ τῶν δεινῶν τῇ πόλει ἐγένετο;

Mit der obigen Annahme scheint aber nicht im Einklang zu stehen, was Lysias in der Rede *gegen Eratosthenes* § 71 von Theramenes sagt: καὶ τὸ τελευταῖον, ὦ ἄνδρες δικασταί, οὐ πρότερον εἴασε τὴν ἐκκλησίαν (nämlich die über die Verfassung, nicht wie Lysias glauben machen will, die über den Frieden) γενέσθαι, ἕως ὁ λεγόμενος ὑπ' ἐκείνων (sc. Λακεδαιμονίων) καιρὸς ἐπιμελῶς ὑπ' αὐτοῦ ἐτηρήθη, καὶ μετεπέμψατο μὲν τὰς μετὰ Λυσάνδρου ναῦς ἐκ Σάμου, ἐπεδήμησε δὲ τὸ τῶν πολεμίων στρατόπεδον. Hier muß man genau scheiden zwischen den auch seinen Hörern bekannten Tatsachen, die Lysias mit diesen Worten im Auge hat, und der Motivierung, die er denselben unterschiebt mit dem Zweck, Theramenes so schwarz als möglich darzustellen. Die Tatsachen, die er meint, sind: 1. die Ekklesie, in der die Verfassungsänderung beschlossen wurde, fand nicht so bald statt, wie man erwartet hatte; 2. als dieselbe gehalten wurde, lagen Schiffe von Lysander im Piraeus und 3. standen feindliche Truppen im Lande. Das erste und dritte sind richtig, denn die Anwesenheit spartanischer Truppen bezeugt auch Xenophon, *Hellen.* II 3, 3, und wir haben gesehen, daß die Einsetzung der Dreißig erst ἐπ' ἄρχοντος Πυθοδώρου erfolgte. Die Ursachen dieser Verspätung sind uns im einzelnen unbekannt. Erst mußten wohl die fünf oligarchischen ἔφοροι den Boden genügend vorbereitet haben. Inwieweit die Verschiebung der Versammlung mit einer Verabredung zwischen Theramenes und den Spartanern zusammenhängt, wie Lysias sagt, ist nicht mehr auszumachen:

das mag richtig sein, und wir werden sofort sehen, worauf sich diese Verabredung bezogen haben kann, es kann aber auch nur eine von dem geriebenen Advokaten erfundene Motivierung der Verspätung der Ekklesie sein, um Theramenes anzuschwärzen. Bei der an zweiter Stelle von Lysias aufgestellten Behauptung über die Anwesenheit von Schiffen Lysanders sind seine Ausdrücke genau zu interpretieren: er sagt nicht gradezu, Theramenes habe Lysander aus Samos entboten, sondern er nennt *τὰς μετὰ Λυσάνδρου ναῦς*, die bei Lysander befindliche und unter dessen Kommando stehende Flotte. Offenbar will Lysias die Hörer glauben lassen, daß Theramenes Lysander selbst zur Herüberkunft veranlaßt hat — so einflußreich und so volksfeindlich war dieser Mann, daß er sogar den großen Lysander zur persönlichen Herüberkunft bewegen konnte nur seines eigenen Planes des Sturzes der Demokratie halber! — aber gerade der von dem Advokaten gewählte Ausdruck macht es glaublich, daß Lysander eben nicht selbst aus Samos herüberzukommen brauchte. Wie würde Lysias anders ausgepackt haben, wenn tatsächlich auf Veranlassung des Theramenes Lysander zum zweiten Male an der Spitze der spartanischen Flotte in den Piraeus eingelaufen wäre! Wir müssen uns also m. E. die Ereignisse folgendermaßen vorstellen: Nach der Kapitulation blieb Lysander im Piraeus oder in Athen. Einen Teil seiner Schiffe mag er voraus nach Samos gesandt haben, um die Insel zu blockieren, und als der Tag, an welchem die Demokratie gestürzt werden sollte, nahte, wird er einige davon von Samos haben zurückkommen lassen, oder vielleicht mögen auch zufälligerweise gerade in jenen Tagen einige Schiffe Lysanders anderswoher in den Piraeus eingelaufen sein — der Redner nimmt ja absichtlich den Mund so voll als möglich. Das Tatsächliche an Lysias' *μετεπέμψατο μὲν τὰς μετὰ Λυσάνδρου ναῦς ἐκ Σάμου* ist nur, daß damals Schiffe von Lysander den Hafen einliefen. Das mochte Aufsehen erregt haben und konnten die Hörer des Lysias im Gedächtnis behalten haben. Wer deren Ankunft veranlaßt habe und woher sie kamen, darüber konnten Lysias und die übrigen Athener nur Vermutungen äußern.

Ich habe bis jetzt von den aus Ephorus geschöpften Ausführungen Diodors (XIV 3) über die Einsetzung der Dreißig ganz abgesehen, wie es auch Eduard Schwartz in dem oben zitierten Aufsatz getan hat. Denn die Erzählung des gleichzeitigen Historikers und des gleichzeitigen Advokaten müssen m. E. streng geschieden werden von der Darstellung des mehr als fünfzig Jahre nach den Ereignissen schreibenden und auf schriftliche Quellen angewiesenen Ephorus. Bei Ephorus ist bekanntlich die Rolle, die Theramenes bei der Einsetzung der Dreißig spielte, gänzlich geändert: er muß hier einer Quelle gefolgt sein, die in der Verdrehung der Tatsachen zu Gunsten des Theramenes noch weiter ging als diejenige des Aristoteles in der Ἀθηναίων πολιτεία[1]). Die Rolle, die bei Lysias Theramenes spielt, wird bei Ephorus τοῖς τὰς ὀλιγαρχίας αἱρουμένοις (Diod. XIV 3, 4) in die Schuhe geschoben: diese schicken, als sie ihren Zweck nicht ohne Hilfe erreichen können, Gesandte nach Samos zu Lysander, der diese Stadt gerade erobert hat, um Beistand. Lysander stimmt zu und fährt mit hundert (!) Schiffen in den Piraeus ein; in einer von ihm berufenen (!) Ekklesia empfiehlt er den Athenern, dreißig Männer zu wählen, um die Stadt zu regieren, und als Theramenes dem entgegentritt (!), zwingt er diesen und die übrigen Athener, die Demokratie abzuschaffen durch die Behauptung, der Vertrag sei von den Athenern aufgehoben: die Mauern seien nämlich nicht innerhalb des bestimmten Termins geschleift gewesen. Es finden sich in dieser Erzählung zwei unzweifelhafte Unrichtigkeiten: 1. die Vorstellung, daß die Dreißig nach der Einnahme von Samos eingesetzt sind, was, wie wir sahen, unbedingt ausgeschlossen ist, und 2. die Drohung des Lysander wegen der nicht rechtzeitigen Schleifung der Mauern, denn nach Xenophon *Hell.* II 3, 11 (οἱ δὲ τριάκοντα ᾑρέθησαν μὲν ἐπεὶ τάχιστα τὰ μακρὰ τείχη καὶ τὰ περὶ τὸν Πειραιᾶ καθῃρέθη) und nach Lysias 13, 34 (siehe oben) sind die Dreißig erst nach der Schleifung der Mauern eingesetzt worden. Vielleicht ist eben das der Grund für die obenerwähnte Verzögerung ihrer Einsetzung, daß man warten wollte, bis die Mauern geschleift waren, um dadurch alle eventuellen Gelüste zum Wiederstand im Voraus aussichtslos zu machen, und bezieht sich hierauf die von Lysias 12, 71 behauptete Verabredung des Theramenes mit den Spartanern.

Ich meine nun, daß die Darstellung des Ephorus nicht auf Überlieferung beruht, sondern von ihm selbst aus den Angaben des Lysias in der Rede *gegen Eratosthenes* herausgesponnen ist. Aus den Worten des Lysias μετεπέμψατο μὲν τὰς μετὰ Λυσάνδρου ναῦς ἐκ Σάμου hat Ephorus gefolgert, daß die athenischen Oligarchen — Theramenes spielt ja bei ihm eine andere Rolle — Gesandte zu Lysander nach Samos geschickt hatten und daß dieser mit seinen Schiffen — Ephorus bringt deren Zahl auf hundert — zum zweiten Mal in den Piraeus eingelaufen ist. Dann mußte aber Samos vorher erobert sein, denn es war undenkbar, daß Lysander vor der Einnahme seine Flotte hätte wegfahren lassen und damit die Belagerung aufgehoben hätte. Also war nach ihm Lysander, als die athenischen Gesandten nach Samos zu ihm kamen, προσφάτως κατειληφὼς τὴν πόλιν. Die Drohung Lysanders aber hat Ephorus m. E. aus § 74 der Rede *gegen Eratosthenes* herausgesponnen, wo Lysias sagt: μετ' ἐκεῖνον δὲ (sc. nach Theramenes) Λύσαν-

---

[1] Ed. Meyer, *Gesch. d. Altert.*, Bd. V, § 747 Anm.; v. Mess, *Rhein. Museum*, N. F. Bd. 66, 1911, S. 380 ff.

δρος ἀναστὰς ἄλλα τε πολλὰ εἶπε καὶ ὅτι παρασπόνδους ὑμᾶς ἔχοι, καὶ ὅτι οὐ περὶ πολιτείας ὑμῖν ἔσται ἀλλὰ περὶ σωτηρίας (εἰ μὴ ποιήσεθ᾽ ἃ Θηραμένης κελεύει). Ephorus wird sich gefragt haben, in welcher Hinsicht dann die Athener παράσπονδοι waren, und er wird keine bessere Antwort gewußt haben als die, daß die Athener die Mauern nicht rechtzeitig geschleift hatten. Diese Interpretation der Lysiasstelle war aber unrichtig, denn, wie wir gesehen haben, waren die Mauern bei der Einsetzung der Dreißig schon geschleift. Lysias muß also etwas Anderes im Sinne gehabt haben, als er Lysander in der Volksversammlung die Worte in den Mund legte, daß die Athener παράσπονδοι seien. Meines Erachtens beziehen diese Worte sich darauf, daß die Athener ihre πολιτεία noch nicht geändert hatten. Lysias will nämlich in der Rede *gegen Eratosthenes*, zur stärkeren Anschwärzung des Theramenes, seine Hörer glauben lassen, daß die Lacedämonier auf Veranlassung des Theramenes, der ihnen dies selbst anbot, die Schleifung der Mauern und die Aufhebung der Demokratie in die Friedensbedingungen aufnahmen (§ 70), und deshalb wirft er in § 71, wie Eduard Meyer, *Gesch. des Altertums* Bd. IV S. 666 ausführt, mit bewußter Fälschung die ἐκκλησία περὶ τῆς εἰρήνης und diejenige περὶ τῆς πολιτείας durcheinander, denn diese Verquickung der Diskussion über den Frieden mit derjenigen über die Verfassung ist zweifellos falsch: in den tatsächlich den Athenern von den Spartanern gewährten Bedingungen kam die Forderung einer Verfassungsänderung nicht vor (Xen. *Hellen.* II 2, 20; Andokides 3, 11f. mit Berufung auf die Urkunde der στήλη; und das δόγμα τῶν ἐφόρων bei Plutarch, *Lysander* 14; erst Ephorus bei Diodor XIV 3, 2, Aristoteles Ἀθην. πολ. 34, 3, Justinus V 8, 5 fügen die Forderung der πάτριος πολιτεία hinzu; cf. Ed. Meyer a. a. O. S. 665f.), und die Verhandlungen über die Verfassung begannen erst nach dem Frieden. Zu der genannten Tendenz des Lysias paßt es, das er Lysander in der Volksversammlung die Athener παράσπονδοι nennen läßt: sie hatten ja damals die Demokratie noch nicht aufgehoben. Aus dieser Interpretation der Stelle folgt, daß Lysander die ihm von Lysias in den Mund gelegten Worte (ὅτι παρασπόνδους ὑμᾶς ἔχοι) tatsächlich nicht gesprochen haben kann, da die Athener sich beim Frieden nicht zur Aufhebung der Demokratie verpflichtet hatten. Das brauchte aber dem Advokaten, der sich in dieser ganzen Partie seiner Rede so viele Verschiebungen der Tatsachen erlaubt hat und dessen Hörer eben an eine solche von Theramenes veranlaßte Friedensbedingung glauben sollten, kein Bedenken zu bereiten. Denn Lysander war ja, wie Lysias sagt und seine Hörer sich erinnern mußten, in der Versammlung anwesend gewesen und er hatte tatsächlich die Athener zur Wahl der Dreißig gezwungen, welche Worte er aber dabei genau gesprochen oder nicht gesprochen hatte, das wußten die Hörer des Lysias nicht mehr.

Wir sahen also, daß Ephorus in seiner Darstellung der Einsetzung der Dreißig die Erzählung seiner Quelle, die analog war mit der von Aristoteles in der Ἀθηναίων πολιτεία benutzten Parteischrift eines gemäßigten Aristokraten aus den ersten Jahren des vierten Jahrhunderts[1]), und in der ebensowenig wie bei Aristoteles etwas mitgeteilt war über eine zeitweilige Abwesenheit Lysanders aus Athen, verquickt hat mit den von ihm aus Lysias gezogenen falschen Schlußfolgerungen. Seine Darstellung muß also bei der Rekonstruktion der Tatsachen beiseite geschoben werden, ebenso wie die Plutarchs im gänzlich verwirrten 15. Kapitel der Biographie Lysanders. Nach Plutarch hätte Lysander, als die Athener sich der von ihm geplanten Verfassungsänderung wiedersetzen, dem Demos die Botschaft geschickt τὴν πόλιν εἰληφέναι παρασπονδοῦσαν· ἑστάναι γὰρ τὰ τείχη τῶν ἡμερῶν, ἐν αἷς ἔδει καθῃρῆσθαι, παρῳχημένων. Diese Darstellung geht wohl indirekt auf Ephorus zurück. Die Drohung Lysanders und die darauf folgende Schleifung der Mauern setzt Plutarch an unmittelbar vor der Einsetzung der Dreißig, wohl um die Reihenfolge der Ereignisse in Übereinstimmung zu bringen mit Xen. *Hellen.* II 3, 11. Die Weise, in der Boerner a. a. O. S. 54 die Erzählung Plutarchs mit der Darstellung Diodors zu verweben sucht, ist als gänzlich unmethodisch durchaus zu verwerfen.

Kehren wir jetzt zu unserem Ausgangspunkte, der Frage nach der Datierung der Einsetzung der Dreißig, zurück. Wir sahen, daß dieselbe geschehen sein muß nach dem 1. Hekatombaion 404, aber vor Lysanders Abfahrt nach Samos und während die spartanischen Truppen noch im Lande waren. Diese beiden Umstände empfehlen, die Einsetzung bald nach Jahresanfang anzusetzen: Lysander muß nach derselben noch Zeit haben, um Samos zur Übergabe zu zwingen und τελευτῶντος τοῦ θέρους nach Sparta zurückzukehren; auch wird man die spartanischen Truppen nach der Kapitulation so kurz wie möglich unter den Waffen haben halten wollen: offenbar sollten dieselben in Attika nur bleiben, bis die Schleifung der Mauern vollendet war. Ihrer und Lysanders Anwesenheit benutzte man zur Einschüchterung der Demokraten, und als dann die Mauern geschleift waren — ein paar Monate brauchte man doch wohl dazu —, war das psychologische Moment für die Aufhebung der Demokratie da: das wird im Hekatombaion, also Ende Juli oder Anfang August geschehen sein. Dann konnten Lysander ruhig aus Athen und Agis aus Dekeleia weggehen und die Regierung Athens der neuen spartafreundlichen Behörde überlassen.

Den ersten Stoß erhielt die Regierung der Dreißig von der Besetzung Phyles durch Thrasybul. Diese geschah nach Aristoteles Ἀθην. πολ. 37, 1

---

1) v. Mess a. a. O. S. 384 ff.

ἤδη τοῦ χειμῶνος ἐνεστῶτος, wozu Xenophon, *Hellen.* II 4, 3 stimmt, der von damals vorgekommenem Schneefall spricht. Die ganze Dauer der Herrschaft der Dreißig betrug nach Xenophon, *Hellen.* II 4, 21, acht Monate. Das führt für ihren Sturz, nach dem mißglückten Angriff auf den von den Demokraten überraschten Piraeus und dem dabei erfolgten Tode des Kritias, auf Ende März oder Anfang April 403. Da, wie wir sahen, der Einzug der Demokraten in Athen auf den 12. Boëdromion, den 4. Oktober, fällt, bleibt bei dieser Datierung für die Einsetzung der Zehn in Athen, die dann folgenden Scharmützel zwischen den Männern aus dem Piraeus und den Bürgern in der Stadt, die Gesandtschaften der Dreißig aus Eleusis und der Zehn aus Athen nach Sparta, für die Intervention Lysanders, die Versammlung des peloponnesischen Bundesheeres durch König Pausanias und dessen Feldzug nach Attika, endlich für die Verhandlungen und den Friedensschluß eine Frist von etwa einem halben Jahre, in dem diese Ereignisse alle bequem untergebracht werden können.

Eine ganz andere Ansetzung des Sturzes der Dreißig bietet Beloch, *Die attische Politik seit Perikles*, S. 341. Er macht aufmerksam auf Xen., *Hell.* II 4, 25, nach dem die Demokraten im Piraeus einige Tage nach ihrem Siege bei Munychia, infolgedessen die Herrschaft der Dreißig zusammengebrochen war, gegen Athen vorgingen, und von den Feldern Holz und Früchte, ξύλα καὶ ὀπώραν, wegnahmen. „Mir scheint es,“ sagt Beloch a. a. O., „dieser Angabe gegenüber unmöglich, den Sturz der Dreißig über Mitte November hinauszuschieben, womit sich auch die Notiz über den Schneefall bei Phyle sehr wohl verträgt, denn gerade im Spätherbst fällt auf den Gebirgen im Süden oft reichlicher Schnee. Dann können wir die 8 Monate aber nicht mehr auf die Dauer der Dreißigherrschaft allein beziehen, sondern müssen von der Übergabe Athens an rechnen, als dem Zeitpunkte, wo die oligarchische Bewegung begonnen hatte. Damit erhielten wir Mitte Poseideon als ungefähres Datum für den Sturz der Dreißig; doch brauchen natürlich die 8 Monate nicht gerade voll genommen zu werden". Zu Mitte Poseideon, d. h. Ende Dezember, kommt Beloch, indem er die 8 Monate vom 16. Munychion, dem Datum der Kapitulation Athens, ab rechnet. Die Datierung auf Ende Dezember stimmt aber nicht zu der ein paar Zeilen vorher behaupteten Unmöglichkeit, den Sturz der Dreißig über Mitte November hinauszuschieben, weshalb Beloch wohl am Ende der zitierten Worte behauptet, die 8 Monate der Regierungsdauer der Dreißig brauchten nicht gerade voll genommen zu werden. In seiner *Griechischen Geschichte* äußert sich Beloch nicht ausdrücklich über die Datierung des Sturzes der Dreißig, aber er läßt, nachdem er erzählt hat, Bd. II[1], S. 120, wie Thrasybul, „noch im Spätherbst 404", wie er sich ausdrückt, die attische Grenze überschritten und Phyle besetzt hatte, die Ereignisse sehr schnell

Chronologisches zur Geschichte der Dreißig.

aufeinander folgen (er sagt z. B.: „bald war er, d. h. Thrasybul, stark genug, seinerseits zum Angriff vorgehen zu können,") und hält also an seiner früheren Ansetzung des Falles der Dreißig zu Ende des Jahres 404 fest.

Der Datierung Belochs hat sich Boerner angeschlossen, und er meint sogar, S. 72ff., eine neue Stütze für dieselbe gefunden zu haben. Er glaubt nämlich, die Worte des Isokrates im *Panegyricus* § 113: πρὸς τοῖς ἄλλοις καὶ περὶ τῶν δικῶν καὶ τῶν γραφῶν τῶν ποτε παρ' ἡμῖν γενομένων λέγειν τολμῶσιν, αὐτοὶ πλείους ἐν τρίσι μησὶν ἀκρίτους ἀποκτείναντες ὧν ἡ πόλις ἐπὶ τῆς ἀρχῆς ἁπάσης ἔκρινεν, beziehen sich auf die Regierungszeit der Dreißig, denn diese seien Ende Boëdromion, d. h. Anfang Oktober, also etwa fünf Monate nach der Kapitulation Athens, eingesetzt. Füge man zu diesen fünf die drei Monate des Isokrates, dann habe man eben die acht Monate, die Xenophon unrichtigerweise als die Regierungszeit der Dreißig angebe, während sie vom Frieden ab zu rechnen seien.

Das Argument Boerners braucht wohl nicht ausführlich wiederlegt zu werden, denn 1. sind, wie wir oben sahen, die Dreißig nicht Ende Boëdromion, sondern viel früher eingesetzt worden, und können also die acht Monate des Xenophon, auch wenn dieselben sich auf die ganze Zeit von der Kapitulation bis zum Sturze der Dreißig beziehen sollten, nicht zusammengestellt sein aus fünf Monaten, die vor, und drei, die nach der Einsetzung der Dreißig fallen würden, und 2. bezieht sich die Stelle des Isokrates nicht speziell auf Athen und die Dreißig, sondern auf die Zeit der spartanischen Schreckensherrschaft überhaupt, vgl. Ed. Meyer, *Gesch. des Altert.*, Bd. V. S. 46; v. Wilamowitz, *Aristoteles und Athen*, Bd. II, S. 380ff. Auch würde ja die Zeit von drei Monaten viel zu kurz sein, um all den Ereignissen, die während der Regierung der Dreißig geschehen sind, darin Raum zu geben.

Aber auch die Meinung Belochs, daß der Sturz der Dreißig Mitte November (oder im Dezember) anzusetzen sei, gehe aus Xen., *Hell.* II 4, 25 hervor, wonach die Demokraten kurz nach ihrem Siege im Piraeus von den Feldern ξύλα καὶ ὀπώραν wegnahmen, ist unrichtig. Die Besetzung Phyles fiel nämlich, wie wir sahen, ἐνεστῶτος τοῦ χειμῶνος (Aristot. *Ἀθ. πολ.* 37, 1), und als die Dreißig darauf Thrasybul angreifen, ἐπιγίγνεται τῆς νυκτὸς χιὼν παμπλήθης καὶ τῇ ὑστεραίᾳ (Xen., *Hell.* II 4, 3). Einen so heftigen Schneefall darf man für Attika allerfrühestens Mitte Oktober ansetzen, und er würde dann noch ganz außergewöhnlich sein. Es sammeln sich dann bei Thrasybul, der nur mit siebzig Parteigängern die Grenze überschritten hatte, allmählich 700 Mann (Xen., *Hell.* II 4, 5). Bis die Kunde von der Besetzung Phyles sich bei den attischen Verbannten verbreitet hatte und seine Schar von 70 zu 700 angewachsen war, müssen mindestens 14 Tage verflossen sein. Als seine Schar so weit gewachsen ist, überfällt Thrasybul das zu seiner Überwachung in der Nähe Phyles gelagerte spartanische Hilfskorps der Dreißig, fünf Tage nach diesem Überfall (Xen., *Hell.* II 4, 13) überrumpelt er den Piraeus und schlägt den Angriff der Dreißig zurück. Am nächsten Tag finden bei der Rückgabe der Leichen der gefallenen Bürger aus der Stadt Unterredungen zwischen den Anhängern beider Parteien statt (Xen. II 4, 19); am nachfolgenden Tage (Xen., *Hell.* II 4, 23) werden die Dreißig gestürzt und die Zehn eingesetzt; etwa zehn Tage später (Xen., *Hell.* II 4, 25 πρὶν δὲ ἡμέρας δέκα γενέσθαι) fangen die Plünderungen der Demokraten an (προνομὰς δὲ ποιούμενοι καὶ λαμβάνοντες ξύλα καὶ ὀπώραν ἐκάθευδον πάλιν ἐν Πειραιεῖ). Diese würden also allerfrühestens Ende November angesetzt werden können, und in dieser Jahreszeit gibt es in Attika schon längst keine ὀπώρα mehr an den Bäumen[1]). Auch der Ausgangspunkt der Belochschen Datierung ist also hinfällig.

Der hauptsächlichste Grund gegen Beloch liegt aber in dem Zusammenhang, in dem Xenophon über die acht Monate der Regierungsdauer der Dreißig spricht: er läßt nämlich nach dem Siege der Demokraten bei Munychia den κῆρυξ Kleokritos bei der Rückgabe der Leichen der Gefallenen zu den Bürgern aus der Stadt sagen, *Hell.* II 4, 21: καὶ μὴ πείθεσθε τοῖς ἀνοσιωτάτοις τριάκοντα, οἳ ἰδίων κερδέων ἕνεκα ὀλίγου δεῖν πλείους ἀπεκτόνασιν Ἀθηναίων ἐν ὀκτὼ μησὶν ἢ πάντες Πελοποννήσιοι δέκα ἔτη πολεμοῦντες. Es ist offenbar, daß des Gegensatzes halber die Regierungsdauer der Dreißig hier so kurz wie möglich genommen ist, daß es also unmöglich ist, unter den genannten acht Monaten die ganze Frist zu verstehen von der Kapitulation Athens bis zum Fall der Dreißig, daß im Gegenteil ihre Regierung mindestens acht Monate, vielleicht auch einen Monat mehr, gedauert haben muß. Wir müssen also bei der Annahme bleiben, den Sturz der Dreißig Ende März oder Anfang April 403 anzusetzen. Die Einnahme Phyles wird im Dezember vorher stattgefunden haben.

Wie ist dann aber das ξύλα καὶ ὀπώραν bei Xenophon II 4, 25 zu erklären? Denn im März oder April gibt es noch keine ὀπώρα zu rauben. Ich meine, wir haben hier ein Versehen Xenophons zu konstatieren, das sich psychologisch erklären läßt. Die Scharmützel und Plünderungen der Parteigänger aus dem Piraeus haben den ganzen Sommer 403 gedauert, auch noch während der Zeit, als schon wieder ὀπώρα an

---

1) Was der Grieche allererst unter ὀπώρα versteht, sagt Plato, *Leg.* 8, 844d: ὃς δ' ἂν ἀγροίκου ὀπώρας γεύσηται, βοτρύων εἴτε καὶ σύκων. Die Jahreszeit der ὀπώρα geht hervor aus Polyb. 2, 66, 7 Φίλιππος δὲ ... τοὺς μὲν Μακεδόνας διαφῆκε πάντας ἐπὶ τὴν τῆς ὀπώρας συγκομιδήν, αὐτὸς δὲ πορευθεὶς εἰς Θετταλίαν τὸ λοιπὸν μέρος τοῦ θέρους ἐν Λαρίσῃ διῆγεν.

den Bäumen saß, cf. Isokrates περὶ τοῦ ζεύγους 13: οὐ καταλαβόντες τὸν Πειραῖα καὶ τὸν σῖτον τὸν ἐν τῇ χώρᾳ διεφθείρετε καὶ τὴν γῆν ἐτέμνετε καὶ τὰ προάστεια ἐνεπρήσατε καὶ τελευτῶντες τοῖς τείχεσι προσεβάλετε; Xen., Denkw. des Sokr. II 7, 2 (als die Demokraten im Piraeus saßen) λαμβάνομεν δὲ ἐκ τῆς γῆς οὐδέν, οἱ γὰρ ἐναντίοι κρατοῦσιν αὐτῆς. Diese ganze Zeit hat Xenophon mitgemacht, und er ist Zeuge gewesen, daß die Demokraten öfter σῖτος und ὀπώρα von den Feldern holten, und er wird nun dasjenige, was im Sommer 403 tatsächlich öfter stattfand, ohne dabei weiter nachzudenken, schon das erste Mal erwähnt haben, als er diese Plünderungen nennt, wenn damals das Wegholen von ὀπώρα auch noch nicht möglich war. Wir brauchen dann nur ein psychologisch erkläriches Versehen Xenophons anzunehmen, während die Hypothese Belochs mit allem, was wir sonst wissen, im Widerspruch steht.

Groningen.

König Romulus bei Ennius.

Von Georg Sigwart.

Ennius hat die Geschichte des Königs Romulus sowohl dramatisch wie episch behandelt.

1. Sabinae[1]). Ennius hat offenbar in Nachahmung des Naevius denselben Stoff, den Naevius in seinem Romulus behandelt haben muß, den Raub der Sabinerinnen, ebenfalls in einem Drama dargestellt.

Der Titel dieses Dramas und einige Worte daraus sind uns erhalten bei Iulius Victor, *rhetores Latini minores* 6, 4 p. 402, 30 Halm: *ab eventu in qualitate ... ut Sabinis Ennius dixit: cum spolia generi⟨s⟩*[2]) *detraxeritis, quam inscriptionem dabitis?* Titel und Zitat sind klar. Das Drama hieß *Sabinae*. Die zitierten Worte aber lauten übersetzt[3]): 'Wenn ihr euren Schwiegersöhnen (in der Schlacht) die Waffen entreißt, mit welcher Inschrift werdet ihr sie den Göttern weihen?' Angeredet sind natürlich die Schwiegerväter, also die Sabiner. Redner sind die Sabinerinnen selbst (oder eine davon), vermutlich in jenem dramatischen Augenblick als die geraubten Sabinerinnen, die inzwischen glückliche Frauen geworden sind, *crinibus passis* (um mit Livius 1, 31, 1 zu reden) *scissaque veste victo malis muliebri pavore ausae se inter tela volantia inferre, ex transverso impetu facto dirimere infestas acies, dirimere iras, hinc patres hinc viros orantes, ne se sanguine nefando soceri generique respergerent*. Man sieht, bei Livius wird von den Frauen dasselbe Argument ins Feld geführt; auch dort betonen sie, daß es ein Unding ist, wenn Schwiegerväter und Schwiegersöhne sich in der Schlacht auf Leben und Tod bekämpfen. Aber bei Livius ist die Antithese (*soceri generique*, beachte auch das *respergerent*) mit Liebe ausgeführt und statt des anschaulichen Vorgangs des Abziehens der Rüstung und der Waffen ist der weit weniger anschauliche des Besprizens mit Blut eingesetzt. Der Hinweis auf die Inschrift, die die Trophaeen tragen werden, fehlt bei Livius demgemäß. Der ganze τόπος ist übrigens, wie Vahlen[4]) gezeigt hat, der griechischen Tragödie entnommen.

---

1) Vgl. Schanz, *Gesch. der röm. Lit.* I 1³ (1907) S. 113f.
2) Die Konjektur '*generis*' für das überlieferte '*generi*' ist von Vahlen (vgl. *Ennius*² p. 189).
3) Vgl. Skutsch, *RE* V 2597; Leo, *Gesch. d. röm. Lit.* (1913) S. 197.
4) *Ennius*² zu der Stelle.

Ein weiteres Fragment aus den Sabinerinnen besitzen wir nicht[1]).

2. **Annales.** Daß Ennius in den Annalen die Geschichte des Königs Romulus ausführlich behandelt hat, wäre auch dann sicher, wenn wir keine Spuren davon hätten. Es gibt aber auch Spuren davon und zwar in viel größerem Umfange, als man bisher geahnt hat.

a.
Der Sabinerkrieg mit der Tarpejasage.

Ich gehe aus von Varro *ling.* 5, 55: *ager Romanus primum divisus in partis tris, a quo tribus appellata Titiensium, Ramnium, Lucerum. nominatae, ut ait Ennius, Titienses ab Tatio, Ramnenses ab Romulo, Luceres, ut Iunius, ab Lucumone; sed omnia haec vocabula tusca, ut Volnius, qui tragoedias tuscas scripsit, dicebat.*

Varro zitiert hier drei Etymologen, die sich an den drei uralten Namen Titienses, Ramnenses, Luceres versuchten. Ennius etymologisierte zwei dieser Namen, die *Titienses* (*ab Tatio*) und die *Ramnenses* (*ab Romulo*). Diese zwei Etymologien erkannte, wie es scheint, Iunius (Congus Gracchanus) an und fügte die dritte Etymologie hinzu: *Luceres ab Lucumone.* Alle drei Etymologien verwarf Volnius und erklärte die drei Namen für etruskisch.

Recht hatte zweifellos Volnius, wie wir jetzt durch Wilhelm Schulze[2]) wissen. Aber bei unserer Untersuchung interessiert uns vor allem, daß Ennius nur zwei von den drei Namen etymologisierte und den dritten unerklärt ließ[3]). Darin berührt er sich mit Livius 1, 13, 8: *eodem tempore et centuriae tres equitum conscriptae sunt: Ramnenses ab Romulo, ab T. Tatio Titienses appellati; Lucerum nominis et originis causa incerta est.* Also Livius kennt nur die ennianischen Etymologien; daß ihm die Etymologie des Iunius Gracchanus unbekannt ist, sagt er uns mit ausdrücklichen Worten.

Die Version, die Livius mitteilt, unterscheidet sich aber in einem wichtigen Punkte von der varronischen Darstellung. Livius spricht nur von *centuriae tres equitum* der Ramnenses, Titienses und Luceres. Varro dagegen spricht von den drei **Tribus** der Titienses, Ramnes und Luceres,

---

1) Macrob. *sat.* 6, 5, 5: *ita Ennius in libro Sabinarum quarto* eqs. ist offenbar *Satirarum* zu lesen, denn ein Drama hat keine vier Bücher. Irrtümlich bezog noch diese Stelle auf unser Drama Schwegler, *Röm. Gesch.* I (1853) S. 460 Anm. 1.

2) *Zur Gesch. lat. Eigennamen* S. 218. 581.

3) So ist die Stelle zweifellos aufzufassen, vgl. Nitzsch, *RE* VI 1 (1. Aufl.; 1852) S. 548, E. Bormann, *Eranos Vindobonensis* (1893) S. 349. Falsch interpretieren die Stelle E. Pais, *Storia di Roma* I 1 S. 235, 2 (= *Storia critica di Roma* I 2 [1913] S. 386, 1) und L. Holzapfel, *Klio* I (1901) S. 231 Anm. 3. Auch J. Vahlen, *Ennius*[2] (p. CLXV, ann. frg. LIX [p. 18]) verkennt den Sinn der Worte Varros.

in die das römische Gebiet zuerst eingeteilt worden sei. Niese und Bormann haben schon betont, daß Livius hier die ältere Tradition repräsentiert[1]). Wir können hinzufügen, daß es die Tradition des Ennius ist.

Wir dürfen also die Werte des Livius *centuriae tres equitum conscriptae sunt: Ramnenses ab Romulo, ab T. Tatio Titienses appellati* als ennianisches Gut in Anspruch nehmen[2]). Die Fassung der Worte ist natürlich livianisch; der Chiasmus (*Ramnenses ab Romulo, ab T. Tatio Titienses*) allerdings könnte ganz gut ennianisch sein[3]). Indes dürfen wir von vornherein annehmen, daß Livius die Sprache des Ennius, wo sie ihm vorlag, nicht unverändert übernommen hat.

Im Einklang mit den bisherigen Ergebnissen unserer Untersuchung steht, daß wir den Lucumo, der nach einem Teile der Tradition[4]) dem König Romulus gegen den Sabinerkönig Titus Tatius zu Hilfe gekommen ist, bei Livius nicht finden. Denn das stimmt ja ausgezeichnet dazu, daß Livius die Etymologie *Luceres a Lucumone* nicht kennt. Es scheint demnach, daß dieser Lucumo sich erst aus der Etymologie *Luceres a Lucumone* heraus entwickelt hat. Daß Livius diese Figur nicht kennt, eröffnet uns die erfreuliche Perspektive, daß Livius nicht blos an der einen

---

1) B. Niese, *Gött. gel. Anz.* 1888, S. 958, *Grundr. der röm. Gesch.* [4]1910, S. 34; E. Bormann, *Die älteste Gliedernng Roms.* (*Eranos Vindobonensis* 1893) S. 345 ff. Gegen die Annahme Nieses und Bormanns, daß die (ciceronianische und) varronische Tradition von drei Tribus der Ramnes, Tities und Luceres rein konstruiert sei, haben sich ausgesprochen Ettore Pais, *Storia di Roma* I (1898) S. 279 Anm. 1 (= *Storia critica* I 2 S. 435 Anm. 1); Holzapfel, *Klio* I (1901) S. 228 ff.; Eduard Meyer, *Kl. Schr.* S. 362 Anm. 1; Rosenberg, *Der Staat der alten Italiker* (1913) S. 124. Rosenberg betont, 'daß wir uns z. B. die Entstehung der sechs alten Ritterzenturien ohne die Voraussetzung der drei Tribus gar nicht denken könnten'. Nun, die sechs alten Ritterzenturien sind zunächst wohl (durch Verdoppelung) aus drei Ritterzenturien entstanden; daß man aber drei Ritterzenturien nicht ohne drei Tribus habe schaffen können, will mir nicht einleuchten. Hirschfeld, *Kl. Schr.* (1913) S. 248 will es unentschieden lassen, ob die Existenz der Romulischen Stammtribus erwiesen oder eine erst von Varro aufgebrachte Hypothese ist.

2) Vahlen, *Ennius*[2] p. 18 (frg. LIX) hätte also besser statt der Varrostelle die Liviusstelle in den Text gesetzt. Eine Untersuchung darüber anzustellen, ob Livius den Ennius direkt oder durch eine oder mehrere Mittelquellen benützt hat, ist für meine Zwecke glücklicherweise nicht nötig. Mir genügt es, das ennianische Gut aus Livius (oder wer es sonst sei) herauszuschälen. Die Ansicht, daß Livius das ennianische Gut in der Hauptsache aus späteren Annalisten entnommen habe, vertritt z. B. Kroll, *Teuffels Gesch. d. röm. Lit.* II[6] (1910) S. 129, vgl. I[6] (1916) S. 191 (s. auch unten S. 24 Anm. 4).

3) Vgl. Stolz-Schmalz, *Lat. Gramm.*[4] (1910) S. 642.

4) Vgl. Schwegler, *RG* I 507, 5. Schwegler scheidet jedoch diesen Lucumo und Caeles Vibenna nicht genügend. Caeles Vibenna ist eine Fortbildung der Figur des Lucumo. Dionysius bringt den Lucumo und den Caeles Vibenna, die ältere und die jüngere Schicht der Tradition, nebeneinander.

Stelle 1, 13, 8, sondern auch sonst, jedenfalls bei der Darstellung des Sabinerkrieges des Romulus, sich an die älteste Tradition gehalten und die spätere Tradition überhaupt nicht gekannt oder wenigstens nicht berücksichtigt hat [1]).

Livius steht damit in schroffem Gegensatz zu Cicero. Dieser schreibt nämlich (rep. 2, 14): *Romulus populum* . . . *et suo et Tati nomine et Lucumonis, qui Romuli socius in Sabino proelio occiderat, in tribus tris curiasque triginta descripserat, quas curias earum nominibus nuncupavit, quae ex Sabinis virgines raptae postea fuerant oratrices pacis et foederis.* Also Cicero kennt die Etymologie des Iunius Gracchanus *Luceres a Lucumone*, er kennt auch den Lucumo, der Romulus zu Hilfe kam und er spricht von den drei Tribus der Ramnes, Tities und Luceres. Cicero kennt somit die antiquarische Tradition, die mit Iunius Gracchanus beginnt und die uns Varro aufbewahrt hat. Welche Vorlage Cicero benutzte, ist hier nicht der Ort zu untersuchen. Daß es nicht Varro war, hat L. Holzapfel gezeigt [2]).

Cicero bringt in der zitierten Stelle die (angeblichen) Tribus der Ramnes, Tities und Luceres in Verbindung mit den dreißig Kurien. Diese, behauptet er, seien genannt nach den Namen derjenigen unter den geraubten Sabinerinnen, die die *oratrices pacis et foederis* gewesen seien. Eine ähnliche Notiz finden wir auch bei Livius (direkt vor dem Enniusfragment über die drei Reitercenturien). Dort lesen wir (1, 13, 6): *Romulus cum populum in curias triginta divideret, nomina earum* (sc. Sabinarum) *curiis imposuit. id non traditur, cum haud dubie aliquanto numerus maior hoc mulierum fuerit, aetate an dignitatibus suis virorumve an sorte lectae sint.* Es besteht aber, wie man sieht, zwischen der Darstellung des Livius und der des Cicero ein charakteristischer Unterschied. Livius findet in seiner Quelle nur, daß man die dreißig Kurien nach den Sabinerinnen benannt habe. Er findet aber nicht, welche Auswahl zu diesem Zwecke unter den Sabinerinnen getroffen wurde (daß es mehr als dreißig geraubte Sabinerinnen waren, ist ihm zweifellos). Cicero dagegen kennt diese Auswahl; es sind die *oratrices pacis et foederis*, die Gesandtschaft, die unter Führung der Hersilia die feindlichen Heere versöhnte (von dieser Gesandtschaft hat Livius natürlich auch sonst keine Kenntnis [3]). Auch hier vertritt Livius die ältere Tradition; denn sie ist

---

1) Vgl. Schwegler, *RG* I 511: 'Die erste Einwanderung (der Etrusker), die Sage von dem romulischen Lucumo, ist überhaupt nur schwankend und unsicher bezeugt . . . Livius, der sich sonst treu an die alten Annalen hält, sagt kein Wort von ihr.'

2) *Klio* I (1901) S. 230 ff. Vgl. auch die folgende Anmerkung.

3) Zuerst scheint von einer Gesandtschaft geredet zu haben der Annalist Cn. Gellius (Gell. 13, 23, 13: vgl. Schwegler, *RG* I 463, 10, wo die übrigen Stellen aufgezählt sind). Nebenbei gesagt, weicht Cicero von Varro ab, wenn er an-

die einfachere und die naivere[1]). Wir dürfen wohl annehmen, daß auch die Worte (*Romulus*) *cum populum in curias triginta divideret, nomina earum curiis imposuit* auf Ennius zurückgehen.

Wenn wir auf diesem Wege weiter gehen und den Anfang von Liv. I 13 ins Auge fassen, das Eingreifen der geraubten Sabinerinnen in den Kampf, so finden wir auch hier eine einfache und naive, jedoch keineswegs kunstlose Form der Tradition. Wie schon erwähnt, weiß Livius nichts von einer Gesandtschaft der Sabinerinnen, die sich an die Führer der feindlichen Heere wandten[2]). Nach ihm sind es die geraubten Sabinerinnen schlechthin, die dem Kampfe ein Ende machen. *Tum Sabinae mulieres, quarum ex iniuria bellum ortum erat, crinibus passis scissaque veste victo malis muliebri pavore ausae se inter tela volantia inferre, ex transverso impetu facto dirimere infestas acies, dirimere iras, hinc patres hinc viros orantes, ne se sanguine nefando soceri generique respergerent, ne parricidio macularent partus suos, nepotum illi, hi liberum progeniem. 'si affinitatis inter vos, si conubii piget, in nos vertite iras. nos causa belli, nos vulnerum ac caedium viris ac parentibus sumus. melius peribimus quam sine alteris vestrum viduae aut orbae vivemus'.* So handeln und sprechen bei Livius die geraubten Sabinerinnen.

Ich habe oben S. 16 darauf hingewiesen, daß die Worte *ne se sanguine nefando soceri generique respergerent* eine gewisse Verwandtschaft mit dem einzigen uns überlieferten Fragment aus den Sabinerinnen des Ennius zeigen. Da anzunehmen ist, daß Ennius bei der Abfassung der Annalen die Sabinerinnen (vorausgesetzt, daß diese früher sind) benutzte, so können wir vielleicht in den obigen Worten des Livius einen Abglanz der Ennianischen Darstellung sehen. Allerdings sind die Worte des Livius gegenüber den Worten des Ennius weniger anschaulich[3]).

Die fast raffinierte Rhetorik der Stelle bei Livius (wie berechnet ist es — um nur ein Beispiel herauszuheben —, in *dirimere infestas acies*,

nimmt, daß die Kurien nach Sabinerinnen genannt worden seien. Varro bestritt dies nach Dionys. 2, 47, 4 und leitete die Kuriennamen teils von Männernamen, teils von Ortsnamen ab (vgl. Plut. *Romulus* 20; Holzapfel, *Klio* I S. 230).

1) Ob es mehr oder weniger als dreißig Sabinerinnen gewesen waren, nach denen man die dreißig Kurien benennen konnte, darüber machte sich der glückliche Erfinder dieses Mythus keine Gedanken. Erst den späteren kamen Skrupel, ob es wirklich so wenig Sabinerinnen gewesen seien. Vgl. Schwegler, *RG* I 477.

2) Vgl. Schwegler, *RG* I 463, 10: es ist dies sichtbar die alte dichterische Form der Sage.

3) A. A. Brodribb (*The Classical Review* 24 [1910] S. 13) will mit Hilfe von Umstellungen (*soceri generique nefando* und ähnliches) Hexameterbruchstücke bei Livius finden; Verdacht erweckt gegen diese Methode, daß Brodribb solche Hexameterbruchstücke auch in Partien findet, die sicher nicht auf Ennius zurückgehen (z. B. 1, 10, 6. 1, 12, 5. 7. 9; vgl. unten S. 21f. und S. 29).

dirimere iras das Konkretum *acies* dem Abstraktum *iras* gegenüberzustellen) kann ganz gut auf Ennius zurückgehen[1]). Leben und Bewegung zeigen die Worte: *crinibus passis scissaque veste (Sabinae mulieres) ausae se inter tela volantia inferre.* Hier haben wir eine plastisch geschaute Situation, ein anschauliches Bild für das Auge, nicht blos klingende Worte für das Ohr. Auf diese Stelle, glaube ich, können wir den Finger legen und sie außer der bereits angeführten Stelle für Ennius in Anspruch nehmen, allerdings nicht Wort für Wort, aber doch als geistiges Eigentum des Dichters.

Das Eingreifen der Sabinerinnen hat die erhoffte Wirkung. *movet res*, sagt Livius, *cum multitudinem tum duces. silentium et repentina fit quies.* Und nicht nur das nächste Ziel, die Kämpfenden zu trennen, wird erreicht. *inde ad foedus faciendum duces prodeunt, nec pacem modo sed civitatem unam ex duabus faciunt, regnum consociant, imperium omne conferunt Romam. ita geminata urbe, ut Sabinis tamen aliquid daretur, Quirites a Curibus appellati.*

Die Versöhnung der Feinde und Verschmelzung der beiden Völker gipfelt nach Livius darin, daß die Stadt zwar ihren Namen Roma behält, die Bürger aber sich nach der Sabinerstadt Cures Quiriten nennen. Die Etymologie *Quirites a Curibus*[2]) ist sehr alt, jedenfalls ist kein Name als der ihres Erfinders überliefert. Wir dürfen annehmen, daß schon Ennius diese Etymologie und den daran geknüpften Mythus von der Verschmelzung der Römer und Sabiner kannte. Ich stehe daher nicht an, auch diesen Passus des Livius auf Ennius zurückzuführen.

Anders steht es mit den darauffolgenden Worten (1, 13, 5): *monumentum eius pugnae, ubi primum ex profunda emersus palude equom Curtius in vado statuit, Curtium lacum appellarunt.* Diese Worte beziehen sich auf eine Geschichte, die 1, 12, 8—10 erzählt ist. Der Sabinerrecke Mettius Curtius kämpfte zu Pferde gegen die Römer. Er war in siegreichem Vordringen begriffen, als Romulus ihn mit einer Schar besonders tapferer Leute zurückschlug. Auf dem Rückzug nahm Curtius den Weg durch den Sumpf in der Mitte des Forums und rettete sich so.

Diese Geschichte, die ersichtlich nichts weiter als ein etymologischer Mythus zur Erklärung des Namens lacus Curtius ist, wird auch von Varro *ling.* 5, 149 erzählt: *Piso in annalibus scribit Sabino bello, quod fuit Romulo et Tatio, virum fortissimum Mettium Curtium Sabinum, cum Romulus cum suis ex superiore parte impressionem fecisset, [Curtium] in locum palustrem, qui tum fuit in foro antequam cloacae sunt factae, secessisse atque ad suos in Capitolium recepisse; ab eo lacum invenisse nomen.*

---

1) F. Leo, *Gesch. d. röm. Lit.* (1913) S. 180ff.
2) Die Stellen bei Schwegler, *RG* I 494, 1.

Diese Darstellung Varros stimmt vollständig zu der des Livius und da nach Varro Piso diesen Mythus zum ersten Mal erzählt hat[1]), müssen wir annehmen, daß Livius 1, 12, 8—10 und 1, 13, 5 (2. Hälfte) sich Piso angeschlossen hat. Nebenbei bemerkt, ist in der Tat diese Curtiusgeschichte so nüchtern und schwunglos, daß sie gut zu dem Bilde paßt, das man sich seit Niebuhr von Pisos Schriftstellerei gemacht hat.

Vor der Curtiusgeschichte steht eine andere Episode aus der Schlacht am Forum, die an den Tempel des Iuppiter Stator anknüpft. Es wird erzählt (1, 12, 3—7), daß nach dem Fall eines römischen Helden, des Hostius Hostilius, die römische Schlachtreihe ins Weichen gerät. Da wendet sich Romulus an Iuppiter und gelobt, wenn er seine Leute zum Stehen bringe, dem Iuppiter Stator einen Tempel. Das Gelübde hat Erfolg, die Römer kommen zum Stehen.

Auch diese Geschichte ist nichts anderes als ein etymologischer Mythus, der den Namen Iuppiter Stator erklären soll. Von wem dieser Mythus stammt, ist nicht überliefert. Bei Fabius stand er offenbar noch nicht, da dieser nach Livius 10, 37, 15 erzählte, daß der Tempel des Iuppiter Stator erst im Jahre 294 v. Chr. in der Schlacht bei Luceria gelobt worden sei. Dieses Gelübde scheint ein späterer Annalist vordatiert und auf Romulus übertragen zu haben[2]). Dieser spätere Annalist war vermutlich Piso, da bei Livius unser Mythus so eng verbunden mit dem Curtiusmythus erscheint. Dafür spricht auch die Ähnlichkeit der Mache[3]).

Ist das Vorhergehende richtig, so geht das 12. Kap. des 1. Buches des Livius mit dem Iuppiter Stator- und dem Curtiusmythus auf Piso zurück, dann beginnt im 13. Kapitel Ennius, der bis auf einen kurzen Einschub in § 5 aus Piso bis zum Schluß des 13. Kapitels Quelle bleibt.

Es bleibt uns noch übrig, diese Beobachtungen zu ergänzen durch Untersuchung der ersten Episode im Sabinerkrieg, der Tarpejageschichte (Livius 1, 11, 6—9). Diese Geschichte erzählt Livius folgendermaßen: *Spurius Tarpeius Romanae praeerat arci. huius filiam virginem auro corrumpit Tatius, ut armatos in arcem accipiat — aquam forte ea tum sacris extra moenia petitum ierat —; accepti obrutam armis necavere.* Warum die Sabiner die Jungfrau auf diese Weise töteten, läßt Livius in der Schwebe: *seu ut vi capta potius arx videretur, seu prodendi exempli causa, ne quid usquam fidum proditori esset.* Dann fügt er eine Variante

---

1) Daraus, daß Varro Piso diese Version des Curtiusmythus zuschreibt, ist zu schließen, daß Varro keinen älteren Gewährsmann dafür kannte.

2) Vgl. Pais, *Storia di Roma* I (1898) S. 275 mit Anm. 3 (= *Storia crit.* I 2 S. 430 mit Anm. 3).

3) Demnach hat Mommsen Unrecht, wenn er in der 'Weihung (sic) des Tempels des Jupiter Stator am Palatin einen allem Anschein nach ursprünglichen Teil der Legende' sieht und daraus eine 'directe Datirung' der Tatiuslegende ableitet (*Hermes* 21 [1886] S. 582 = *Hist. Schr.* I S. 33).

hinzu: *additur fabulae, quod vulgo Sabini aureas armillas magni ponderis brachio laevo gemmatosque magna specie anulos habuerint, pepigisse eam, quod in sinistris manibus haberent; eo scuta illi pro aureis donis congesta.* Hierauf folgt eine zweite Variante: *sunt qui eam ex pacto tradendi quod in sinistris manibus esset derecto arma petisse dicant, et fraude visam agere sua ipsam peremptam mercede.*

Die Autoren der beiden Varianten hat uns Dionysius von Halikarnaß überliefert. Dieser erzählt in den Antiquitäten 2, 38, 3 von Tarpeja: καὶ αὐτήν, ὡς μὲν Φάβιός τε καὶ Κίγκιος γράφουσιν, ἔρως εἰσέρχεται τῶν ψελλίων, ἃ περὶ τοῖς ἀριστεροῖς βραχίοσιν ἐφόρουν, καὶ τῶν δακτυλίων· χρυσοφόροι γὰρ ἦσαν οἱ Σαβῖνοι τότε καὶ Τυρρηνῶν οὐχ ἧττον ἀβροδίαιτοι· ὡς δὲ Πείσων Λεύκιος ὁ τιμητικὸς ἱστορεῖ, καλοῦ πράγματος ἐπιθυμία γυμνοὺς τῶν σκεπαστηρίων ὅπλων παραδοῦναι τοῖς πολίταις τοὺς πολεμίους (vgl. auch 2, 40)[1]).

Es ist, um zunächst eine Abschweifung zu machen, eine Bestätigung unserer bisherigen Resultate, daß der Schluß von Kapitel 11 auf Piso zurückzuführen ist. So ist es zu erklären, daß Livius, nachdem er einmal auf Piso gekommen war, im 12. Kapitel bei diesem Schriftsteller blieb und erst im 13. Kapitel zu Ennius zurückkehrte.

Ich sage absichtlich, daß Livius zu Ennius zurückkehrte; denn es ist wohl kein Zweifel, daß er bei der Tarpejaepisode von Ennius ausgeht. Dafür spricht wieder, wie schon früher, die Einfachheit und Naivität der Darstellung. 'Spurius Tarpejus, heißt es, war Kommandant der Burg in Rom. Dessen Tochter, eine Jungfrau noch, bestach Tatius mit Gold, damit sie Bewaffnete in die Burg hereinlasse — sie war nämlich gerade zufällig aus dem Mauerring herausgekommen, um Wasser für eine heilige Handlung zu holen —. Die Bewaffneten, die sie hereinließ, töteten sie aber, indem sie sie mit ihren Waffen überschütteten'. Man sieht, diese Darstellung reflektiert nicht viel. Sie motiviert, daß Tatius mit der Jungfrau überhaupt Gelegenheit hatte, zu sprechen. Sie macht sich aber keine Gedanken darüber, weshalb das Mädchen der Versuchung ohne weiteres erlag: *auro corrumpit* heißt es einfach. Das Gold ist der Zauberschlüssel, der alles aufschließt; mehr braucht es nicht. Es wird auch nicht erklärt, warum der Verräterin ihre Tat so schlecht bekam. Das ist nun einmal so — und es gehört sich auch so nach der volkstümlichen Moral aller Zeiten —, daß Verräter die Früchte ihres Verrats nicht genießen.

Wie ratlos Livius der ennianischen Version gegenüberstand, zeigen seine Versuche, die Tat der Sabiner zu motivieren. Wir erinnern uns, daß Livius auch 1, 13, 7 sich in Vermutungen darüber ergeht, nach welchen

---

[1] Dazu Henry A. Sanders, *The myth about Tarpeia.* (*Roman historical sources and institutions*, 1904) S. 8. (Bezüglich der Hauptdarstellung des Livius geht Sanders gänzlich in die Irre.) Vgl. auch Schwartz, *RE* V 957.

Grundsätzen wohl die 30 Sabinerinnen ausgewählt worden seien, die den Kurien ihre Namen gaben.

Im übrigen ist die ennianische Version des Dichters wohl würdig. Die Situation, wie das Mädchen zum Wasserholen herauskommt und dabei mit Tatius zusammentrifft, ist ebenso einfach als anschaulich[1]). Daß die Sabiner die Verräterin nicht niederstoßen, sondern unter ihren Schilden begraben — als scheuten sie sich, sie auf gewöhnliche Weise zu töten —, ist ein Motiv, das neuerdings von Oskar Wilde in der Salome nachgeahmt worden ist[2]).

Mit der Tarpejaepisode sind wir zum Anfang des Sabinerkriegs gekommen und haben also diesen Krieg von hinten nach vorn durchgenommen.

Es ist nun noch zu untersuchen, ob etwaige direkte Fragmente des Ennius mit den Ergebnissen unserer Untersuchung übereinstimmen. Leider sind, wie Vahlen richtig bemerkt, direkte Fragmente, die sich sicher auf den Sabinerkrieg beziehen, nicht vorhanden[3]). So sehr dies einerseits zu bedauern ist, so erfreulich ist es auf der andern Seite, daß diese Lücke durch Livius so schön ausgefüllt wird[4]).

---

1) Nach Fabius, Cincius und Piso (Dionys. *ant.* 2, 38, 2) schaut Tarpeja von der Burg herab und kommt so in Verbindung mit den Feinden.

2) S. Reinach, *Rev. arch.* 1908, 1 S. 43 ff. macht darauf aufmerksam, daß dieser Zug der Erzählung der einzige ist, der in allen Versionen konstant bleibt. Sehr wahrscheinlich erklärt er demgemäß die Tarpejageschichte als einen Mythus, der einen auf dem Kapitol an heiliger Stätte aufgeschütteten Haufen von nichtrömischen Schilden erklären sollte. Diese Schilde waren natürlich den Feinden abgenommene Beute, scheinen aber ziemlich früh verschwunden zu sein, da keiner der Antiquare sie erwähnt.

3) Vahlen, *Ennius*² p. CLXIV. Gegen frg. LIII und LIV macht sich Vahlen selbst Einwände. Für frg. LV. LVI. LVII beruft er sich mit Unrecht auf Gell. 13, 23, 13, denn dort ist von den Annalen des Cn. Gellius die Rede. Es ist unzulässig, aus den Annalen des Gellius auf die des Ennius zu schließen. Sicher ist allein frg. LIX, das wir aber bei Livius 1, 13, 8 in reinerer Gestalt besitzen.

4) Ich bemerke nochmals (vgl. oben S. 18 Anm. 2), daß es für diese Untersuchung ganz gleichgiltig ist, ob Livius den Ennius direkt oder durch eine Mittelquelle benutzt hat. Daß aber ennianisches Gut bei Livius noch exakt nachzuweisen ist, glaube ich gezeigt zu haben. Anders schreibt noch Skutsch, *RE* V 2618: 'Daß er (Livius) Sachliches aus ihm (Ennius) entlehnt habe, kann nicht als nachgewiesen gelten.' Vgl. auch Schwartz, *PW* V 957f. 'In dem romantischen Schimmer, der über seiner (des Livius) Erzählung von den Anfängen und der Königszeit liegt, verrät sich der Einfluß der gegenwärtigen und unmittelbar vorhergegangenen Poesie usw.' Diese Poesie ist aber die des Ennius. Vorsichtiger als Schwartz und Skutsch schreibt Kroll, Teuffels *Gesch. d. röm. Lit.* II (1910) S. 129: 'Den Ennius hat Livius als Quelle schwerlich stark benutzt usw.' Mehr nähert sich meinem Standpunkt H. J. Müller, Einleitung zu Weißenborns kommentierter Ausgabe des Livius (1908) S. 35. Die frühere Literatur über das Verhältnis des Ennius und Livius (besonders hervorzuheben E. Zarncke, *Commentationes Ribbeckianae* S. 274 ff.) findet man in den Handbüchern.

b.

Die Geschichte des Königs Romulus vor und nach dem Sabinerkrieg.

So präzis wie für den Sabinerkrieg läßt sich die Darstellung der sonstigen Geschichte des Königs Romulus in den Annalen des Ennius nicht feststellen. Immerhin haben wir eine ganze Reihe von Zeugnissen und Anhaltspunkten dafür, die ich im folgenden zusammenstellen will. Da vieles schon bekannt ist, kann ich summarischer als in dem Abschnitt über den Sabinerkrieg vorgehen.

Über das Augurium des Remus und Romulus hat uns Cicero *div.* 1, 107 ein umfangreiches Fragment aufbewahrt[1]). Das kostbare Stück gibt uns einen Begriff von der Darstellungsweise des Ennius[2]). Er geht durchaus chronologisch vor. Nachdem das Augurium beschlossen ist (77. 78 Vahlen: *curantes magna cum cura tum cupientes regni dant operam simul auspicio augurioque*), lassen sich Remus und Romulus zur Vogelschau nieder (79—83: *Remus auspicio se devovet atque secundam solus avem servat. at Romulus pulcher in alto quaerit Aventino, servat genus altivolantum*). In Vers 82 wird der Anlaß der Vogelschau noch einmal rekapituliert (*certabant urbem Romam Remoramne vocarent*, d. h. sie streiten, wer König wird, denn der König gibt der Stadt den Namen). Daran anknüpfend wird die Spannung der künftigen Untertanen erwähnt, wer ihr König wird (83 *omnibus cura viris uter esset induperator*). Diese Spannung wird nach homerischer Art durch ein Gleichnis charakterisiert, das dem Bereich der allen Römern vertrauten Wagenrennen entnommen ist (84—86 *expectant, veluti consul cum mittere signum volt omnes avidi spectant ad carceris oras, quam mox emittat pictis e faucibus currus*). Hierauf wird, ebenfalls nach homerischer Art, das *tertium comparationis* hervorgehoben (87. 88 *sic expectabat populus atque ore timebat rebus, utri magni victoria sit data regni*). Nun geht der Mond unter (89 *interea sol albus recessit in infera noctis;* die Brüder haben also, wie alle Auguren bei feierlichen Auspizien, ihre Beobachtungsposten mitten in der Nacht eingenommen[3]). Darauf zeigen sich die Strahlen der Morgenröte (90 *exin candida se radiis dedit icta foras lux*) und gleichzeitig erscheint schon

---

1) frg. XLVII bei Vahlen, *Ennius*[2]. Vgl. dazu *praefatio* p. CLXII sq.
2) Vgl. die treffliche Charakteristik von Skutsch, *RE* V 2605.
3) So richtig Schwegler, *RG* I 387, 3; daß *sol albus* der Mond ist, betont ebenfalls Schwegler I 388, 5 gegen Niebuhr, der darunter die Sonne versteht und daher die Brüder einen ganzen Tag und die folgende Nacht vergeblich auf ein Zeichen warten läßt (*RG* I[2] S. 228. I[3] S. 248). Diesen Irrtum Niebuhrs hat Leo, *Gesch. der röm. Lit.* I (1913) S. 177 Anm. 2 wieder aufgenommen ('das Warten dauert den Teil eines Tages und die ganze Nacht bis zum Morgen'; vgl. die Übersetzung S. 464).

in weiter Ferne ein glückverkündender Vogel (90. 91 *et simul ex alto longe pulcherruma praepes laeva volavit avis*). Es kommt noch besser. Sobald die Sonne aufgeht, lösen sich nicht nur einer, sondern zwölf heilige Vögel vom Himmel und lassen sich an heilbringenden Orten nieder (92. 93. 94 *simul aureus exoritur sol cedunt de caelo ter quattuor corpora sancta avium, praepetibus sese pulchrisque locis dant*). Daraus erkennt Romulus, daß er den Vorrang hat, daß durch die Vogelschau Thron und Reich ihm gesichert sind (95. 96 *conspicit inde sibi data Romulus esse priora, auspicio regni stabilita scamna solumque*).

Trotz seiner verhältnismäßigen Länge läßt uns das Fragment über einen wichtigen Punkt im unklaren. Wir erfahren nicht, wo Remus seinen Beobachtungsposten hatte. Daß er ihn nicht auf dem Palatin hatte, hat Vahlen sehr wahrscheinlich gemacht[1]). Wo aber nach Ennius Remus sein Schicksal erwartete, dürfte schwer festzustellen sein.

Indes trotz dieser Unklarheit steht soviel fest, daß die ennianische Version des Stadtgründungsauguriums sich von allen andern Versionen fundamental unterscheidet und zwar in zwei Punkten. Einmal sieht nach Ennius Remus überhaupt keine Vögel[2]), während die Späteren berichten, er habe sechs Vögel geschaut und zwar früher als Romulus[3]). Zweitens hat nach Ennius Romulus auf dem Aventin seinen Sitz im Gegensatz zu allen Späteren, die ihn auf den Palatin versetzen[4]).

---

1) *Ennius*² p. CLXII sq. Vgl. auch Niebuhr, *RG* I³ S. 248, 618. Schwegler, *RG* I S. 387, 4. Leo, *G. d. r. L.* I S. 177, 2.

2) Vahlen, *Ennius*² p. CLXIII meint, der eine Vogel, der beim Erscheinen der Morgenröte erscheint (Vers 91. 92), sei für Remus bestimmt gewesen. Indes das hätte Ennius wohl ausdrücklich gesagt. Außerdem ist zu beachten, daß dieser Vogel als fliegend geschildert wird (*volavit*), während die zwölf Vögel, die das Auspizium beenden, nicht vorbeifliegen (so irrig Schwegler, *RG* I S. 388), sondern sich an glückverkündenden Orten niederlassen. Ich glaube daher, daß Ennius mit dem Erscheinen des einen fliegenden Vogels nur das Erscheinen der zwölf Glücksvögel vorbereiten will. So habe ich auch die Stelle im Text aufgefaßt. (Vgl. auch Niebuhr, *RG* I² S. 228 Anm. 569 [= I³ S. 248 Anm. 619]: 'Ennius schweigt über das Gesicht des Remus' und Leo, *Gesch. der röm. Lit.* I [1913] S. 177 Anm. 2: 'daß der eine Vogel dem Remus, die zwölf dem Romulus gehören, ist nicht gesagt.')

3) Die Stellen bei Schwegler, *RG* I S. 388 Anm. 9.

4) Die Stellen bei Schwegler, *RG* I S. 387 Anm. 4. Ob der Lanzenwurf des Romulus vom Aventin auf den Palatin, von dem Serv. *Aen.* 3, 46 und andere erzählen, auch schon bei Ennius stand, sei dahingestellt (vgl. Carter, Roschers *myth. Lex.* IV [1909] S. 180). Sicher hat Ennius nicht, wie Schwegler a. a. O. meint, den Ort des Auguriums wegen des Lanzenwurfes auf den Aventin verlegt; den Aventin hat Ennius wahrscheinlich von Naevius übernommen. Der Ursprung der Lokalisierung des Auguriums auf dem Aventin ist vermutlich die Etymologie *Aventinus ab avibus*.

In diesen beiden Punkten weicht auch Livius 1, 6, 4—1, 7, 1 von Ennius ab. Livius hat also an dieser Stelle den Ennius nicht zugrunde gelegt. Ebensowenig geht es natürlich auf Ennius zurück, wenn Livius 1, 7, 2 erzählt, es sei Streit entstanden, weil Remus weniger Vögel, aber früher, Romulus die doppelte Zahl, aber später gesehen habe und bei diesem Streit sei Remus umgekommen. Nach Ennius konnte es ja über den Ausgang des Auspiziums gar keinen Streit geben, da nur Romulus Vögel zu Gesicht bekam.

Anders steht es mit der Variante, die nun bei Livius folgt (1, 7, 2): *vulgatior fama est ludibrio fratris Remum novos transiluisse muros; inde ab irato Romulo, cum verbis quoque increpitans adiecisset 'sic deinde quicumque alius transiliet moenia mea!' interfectum.* Diese Version läßt sich nicht nur mit der ennianischen Darstellung des Stadtgründungsauguriums ohne weiteres in Einklang bringen, — es wird auch durch ein direktes Fragment bezeugt, daß sie die ennianische ist (frg. L Vahlen [Macr. *sat.* 6, 1, 15 Serv. *Aen. auct.* 9, 420]: *non pol homo quisquam faciet impune animatus hoc nisi tu: nam mi calido das sanguine poenas*). Livius hat also mit 1, 7, 2 Ennius als Quelle aufgenommen[1]). Interessant ist, wie er die Worte des Ennius kürzt (*'sic deinde quicumque alius transiliet moenia mea'*: die einfachere Ausdrucksweise des Ennius hat Livius nach Rhetorenart umgebogen: Ennius sagt, keiner wird künftig die Mauern überspringen außer Remus, Livius dagegen, so wie Remus d. h. nur mit Verlust des Lebens wird auch jeder andere die Mauern überspringen).

Es würde nun unserer Untersuchung sehr zustatten kommen, wenn Livius den Ennius, den er in der Variante 1, 7, 2 aufgenommen hat, als Quelle beibehalten hätte. Leider ist dies nicht der Fall. Das zeigen die nächsten Worte des Livius (1, 7, 3): *ita solus potitus imperio Romulus; condita urbs conditoris nomine appellata.* Nach Ennius ist ja schon durch das Augurium entschieden, daß Romulus der Stadt seinen Namen gibt; nach ihm ist daher Romulus schon zu Lebzeiten des Remus der einzige König.

Die Vermutung, daß Livius nach der Variante über den Tod des Remus zu einer anderen Quelle übergegangen oder zurückgekehrt ist, wird verstärkt durch die Worte, die jetzt folgen: *Palatium primum, in quo ipse* (Romulus) *erat educatus, muniit.* Nach Ennius sind die Mauern schon vor dem Tode des Remus gebaut; sonst hätte ja Remus nicht darüber springen können. Charakteristisch ist es für die spätere Tradition, daß der Teil der Stadt, der zuerst befestigt wird, genau bezeichnet wird (der Palatin). Ennius genügte es, einfach zu berichten, daß Romulus die Stadt mit Mauern umgab. Wie diese Mauern verliefen, kümmerte den Dichter

---

1) Vgl. Schwegler I 389, 12; Vahlen, *Ennius*[2] p. CLXIII. Die andern Fragmente des Ennius (XLVIII und XLIX), die Vahlen bringt, sind nicht mit Sicherheit hierher zu ziehen.

und seine naiven Leser nicht; erst der kritische Historiker fragte darnach und hatte natürlich für seine Frage auch sofort eine Antwort.

Auch weiterhin finden sich bei Livius keine sicheren Spuren des Ennius mehr. Wir sind daher jetzt auf die direkten Fragmente und auf allgemeine Erwägungen angewiesen.

Eine solche allgemeine Erwägung sagt uns, daß der Raub der Sabinerinnen bei Ennius nicht gefehlt haben kann, denn er ist die Voraussetzung für den Sabinerkrieg. Im einzelnen läßt sich freilich nicht viel Sicheres feststellen. Der Anlaß des Raubs war wohl wie bei Livius[1]) die *penuria mulierum*[2]). (Die spätere Tradition wußte andere Gründe dafür anzuführen[3]).) Ob die Spiele, zu denen Romulus die Nachbarn einlud, schon bei Ennius die *Consualia* waren, ist zweifelhaft. Vergil singt *Aen.* 8, 635 f.: *raptas sine more Sabinas consessu caveae magnis circensibus actis* und Servius bemerkt dazu: *raptae autem sunt Sabinae Consualibus, hoc est mense Martio*[4]). *... errant ergo qui dicunt 'magnis circensibus' aut Megalesiacis aut Romanis, quos constat fieri ante Kal. Ian.* Es gab also im Altertum Leute, die *magnis circensibus* bei Vergil nicht auf die *Consualia* bezogen. Das wäre wohl nicht möglich gewesen, wenn schon Ennius von den *Consualia* gesprochen hätte. Vermutlich hatten die Spiele bei Ennius überhaupt keinen Namen. Der Gott, zu dessen Ehren in den ennianischen Annalen die Spiele gefeiert wurden, war vielleicht Juppiter. Darauf führt wenigstens Schol. Bern. Verg. *georg.* 2, 384 (p. 912 Hagen): *Romulus cum aedificasset templum Iovi Feretrio, pelles unctas stravit et sic ludos edidit, ut caelestibus (caestibus Burmann) dimicarent et curru (cursu Hagen) contenderent, quam rem Ennius in annalibus testatur.* Da, wie wir gleich sehen werden, bei Ennius der Krieg gegen Caenina, an den die spätere Tradition die Erbauung des Juppiter-Feretrius-Tempels knüpfte, nicht zu lesen war, so liegt es nahe, die Notiz der Schol. Bern. auf die Spiele zu beziehen, bei denen der Raub der Sabinerinnen stattfand. Dagegen scheint allerdings Varro, *de vita pop. Rom.* lib. I (bei Nonius p. 21 M) zu sprechen: *etiam pellis bubulas oleo perfusas percurrebant ibique cernuabant. a quo ille versus vetus est in carminibus: 'ibi pastores*

---

1) 1, 9, 1; vgl. Dionys. *ant.* 2, 31, 1.

2) Daraus ist dann vermutlich die Sage vom Asyl abgeleitet, die ihrerseits die *penuria mulierum* erklären sollte (vgl. Schwegler, *RG* I 468 oben; J. B. Carter, Roschers *myth. Lex.* IV [1909] S. 185 oben). Der Erfinder des Asyls ist vielleicht Piso, unser ältester Zeuge dafür (Serv. *Aen. auct.* 2, 761; vgl. Mommsen, die Tatiuslegende [*hist. Schr.* I S. 26. 33, 2] und Pais, *storia di Roma* I 232, 2 [= *storia critica* I 2 S. 382, 2]); Piso war wie Cato ein Gegner der Geburtsaristokratie.

3) So schon Cicero *rep.* 2, 7, 12; vgl. Dionys. *ant.* 2, 31, 1.

4) Servius verwechselt hier die *Consualia*, die am 21. August gefeiert wurden, mit den *Equirria* (Wissowa, *Religion*² S. 202, 1).

ludos faciunt coriis Consualia'. Aber es liegt nichts im Wege, anzunehmen, daß Ennius Festgebräuche der *Consualia* auf ein Fest der Juppiter übertrug[1]).

Von direkten Fragmenten bezieht sich wohl auf den Raub der Sabinerinnen frg. LII V.[2] (bei Fest. p. 325 M): *virgines; nam sibi quisque domi Romanus habet sas*. Den Jammer der beraubten Eltern schildert vielleicht frg. LIV: *maerentes flentes lacrimantes commiserantes*. Man vergleiche Liv. 1, 10, 1: *raptarum parentes tum maxime sordida veste lacrimisque et querellis civitates concitabant*.

Vor dem Sabinerkrieg stehen bei Livius 'sozusagen als Vorpostengefechte' die Kriege gegen Caenina, Antemnae und Crustumerium. Mommsen[2]) macht auf die Ungereimtheiten aufmerksam, die durch diese Partie in die Erzählung kommen. Besonders schwer 'wiegt die Ungehörigkeit einen Krieg, der nicht zum Siege des einen oder des anderen Teils, sondern zum Vertrage führt und führen soll, mit der Vernichtung dreier Städte einzuleiten'. Mit Recht fährt Mommsen fort: 'Darum scheinen diese Kriege nicht zu der ursprünglichen Erzählung zu gehören, sondern nachträglich in diesen Zusammenhang gebracht zu sein.' Daß sie jedenfalls bei Ennius noch nicht standen, zeigt die ganze Mache, die poetisches Kolorit durchaus vermissen läßt.

Nach der Verschmelzung mit den Sabinern wurden nach Ennius die 30 Kurien und die drei Reiterzenturien eingeführt. Das berichtet noch Livius (s. oben S. 17ff.). Er übergeht, daß nach Ennius Tatius in sakraler Beziehung Neues brachte. Wenigstens scheint mir das hervorzugehen aus Varro, *ling*. 5, 74 *e[t] ar[a]e Sabinum linguam olent, quae Tati regis voto sunt Romae dedicatae: nam, ut annales dicunt, vovit Opi, Flor[a]e, Vedio⟨io⟩vi Saturnoque, Soli, Lunae, Volcano et Summano, itemque Larundae, Termino, Quirino, Vortumno, Laribus, Dianae Lucinae*[3]). Bei der Weihung des Altars des Quirinus sprach er vermutlich die Worte (frg. LXIII V.[2]): *'Quirine pater veneror Horamque Quirini*[4]).'

Hierauf mußte Tatius wieder verschwinden, da er seine Rolle ausgespielt hatte. Auf einen gewaltsamen Tod des Tatius deutet vielleicht

---

1) Abzuweisen ist die Vermutung von Pais, *storia di Roma* I 235, 1 (= *storia critica* I 385, 2), der von Varro zitierte *versus vetus* beziehe sich auf die Spiele des Romulus beim Raube der Sabinerinnen. Das anzunehmen, liegt nicht der geringste Grund vor.

2) Die Tatiuslegende. *Hist. Schr*. I 23. 25.

3) Vgl. Aug. *civ*. 4, 23 *Romulus constituit Romanis deos Ianum, Iovem, Martem, Picum, Faunum, Tiberinum, Herculem ... Titus Tatius addidit Saturnum, Opem, Solem, Lunam, Vulcanum, Lucem et ... alios ..., inter quos etiam deam Cluacinam*. Dazu Dionys. *ant*. 2, 50, 3.

4) Diese Worte hat Vahlen fälschlich auf die Identifizierung des Romulus mit Quirinus bezogen; die richtige Erklärung steht bei Wissowa, *Religion*[2] S. 155, 5.

frg. LX V.[2]: *o Tite tute Tati tibi tanta tyranne tulisti*[1]). Genaueres wissen wir über die ennianische Version nicht.

Die Kriege gegen Fidenae und Veji, die Romulus nach Livius als Alleinherrscher führte, sind, wie schon Niebuhr[2]) bemerkt hat, 'ohne den Geist und die Züge eines Gedichts', sind also sicher nachennianisch.

'Das Gedicht erscheint wieder in seinem vollen Glanze wo Romulus der Erde entrückt wird.' Darüber hat uns Cicero ein schönes Fragment überliefert (rep. 1, 64):

iusto quidem rege cum est populus orbatus,
    pectora diu tenet desiderium,
sicut ait Ennius post optimi regis obitum;
          simul inter
  sese sic memorant: o Romule Romule die
  qualem te patriae custodem di genuerunt!
  o pater, o genitor, o sanguen dis oriundum!
non eros nec dominos appellabant eos, quibus iuste paruerunt, denique ne reges quidem, set patriae custodes, set patres et deos. nec sine causa; quid enim adiungunt?
  tu produxisti nos intra luminis oras.

Für Ennius war also Romulus der gute König, den sein Volk aufrichtig betrauert, nicht der Tyrann, den die spätere Tradition malt[3]). Das Verschwinden des Königs erfolgte während einer plötzlich eintretenden Finsternis (Cic. rep. 2, 17 *cum subito sole obscurato non comparuisset;* Liv. 1, 16, 1 *subito coorta tempestas cum magno fragore tonitribusque tam denso regem operuit nimbo, ut conspectum eius contioni abstulerit;* Dionys. 2, 56, 2 ζόφου κατασκήψαντος ἐξ αἰθρίας καὶ χειμῶνος μεγάλου καταρραγέντος ἀφανῆ γενέσθαι; es sei dahingestellt, ob Ennius diese Finsternis als eine eigentliche Sonnenfinsternis darstellte; Cic. *rep.* 1, 25 spricht eher dagegen als dafür). Was dieses Verschwinden bedeutete, lehrt uns wieder Cicero (*Tusc.* 1, 27):

  Romulus in caelo cum dis agit aevum,
ut famae adsentiens dixit Ennius. Dieser Vers ist vielleicht richtiger überliefert bei Serv. *Aen.* 6, 763:

  Romulus in caelo cum dis genitalibus aevum degit.

Diese Fragmente werden ergänzt durch Liv. 1, 16, 1—3: *his immortalibus editis operibus cum ad exercitum recensendum contionem in campo ad Caprae paludem haberet, subito coorta tempestas cum magno*

---

1) Vgl. Schwegler, *RG* I 516, 2; Vahlen, *Ennius*² p. CLXV denkt an die Möglichkeit einer anderen Auffassung des Verses.
2) *Röm. Gesch.* I² S. 238, I³ S. 258.
3) Vgl. Niebuhr, *RG* I² 239, I³ 259; Schwegler, *RG* I 536.

fragore tonitribusque tam denso regem operuit nimbo ut conspectum eius contioni abstulerit. nec deinde in terris Romulus fuit. Romana pubes sedato tandem pavore, postquam ex tam turbido die serena et tranquilla lux rediit, ubi vacuam sedem regiam vidit, [etsi satis credebat patribus, qui proxumi steterant, sublimem raptum procella, tamen] velut orbitalis metu icta maestum aliquamdiu silentium obtinuit. deinde a paucis initio facto deum deo natum, regem parentemque urbis Romanae salvere universi Romulum iubent; pacem precibus exposcunt, uti volens propitius suam semper sospitet progeniem.

Daß dieser Passus auf Ennius zurückgeht (vielleicht mit Ausnahme der eingeklammerten Worte), ist kein Zweifel[1]). Als neue Züge der ennianischen Tradition kommen hinzu, daß Romulus bei einer Musterung des Heeres auf dem Marsfeld bei den Ziegensümpfen verschwand (vgl. Dionys: ant. 2, 56 οἱ μὲν οὖν μυθωδέστερα τὰ περὶ αὐτοῦ ποιοῦντες ἐκκλησιάζοντά φασιν αὐτὸν ἐπὶ στρατοπέδου ζόφου κατασκήψαντος ἐξ αἰθρίας καὶ χειμῶνος μεγάλου καταρραγέντος ἀφανῆ γενέσθαι καὶ πεπιστεύκασιν ὑπὸ τοῦ πατρὸς Ἄρεος τὸν ἄνδρα ἀνηρπάσθαι), ferner das anschauliche Bild der leeren *sedes regia*, die wir uns natürlich wie die spätere *sella curulis* vorzustellen haben.

Aus der vollständigen und in sich abgeschlossenen Darstellung des Livius, der die des Dionysius zu Hilfe kommt, ergibt sich, daß die Geschichte von Proculus Iulius, dem Romulus erschienen sei, ebenso der nachennianischen Tradition angehört wie die Identifizierung des Romulus mit Quirinus[2]).

Die Aufnahme unter die Götter verdankte Romulus natürlich seinem Vater Mars, dem dies Juppiter schon früher zugesagt hatte durch den Vers (frg. XXXIX V²).

unus erit quem tu tolles in caerula caeli templa[3]).

Sehr wahrscheinlich hat Elter[4]) gemacht, daß Ennius anläßlich der Himmelfahrt des Romulus auf Hercules, Castor und Pollux, Liber exemplifizierte, die auch nach ihrem Tode unter die Götter aufgenommen wurden. Besonders deutlich wird das durch Cic. *Tusc.* 1, 27:

Romulus in caelo cum dis agit aevum,
ut famae adsentiens dixit Ennius, et apud Graecos indeque perlapsus

---

1) Vgl. Vahlen, *Ennius*² p. LXI, Pais, *storia di Roma* I 239, 2 (= *storia critica* I 2 S. 389, 2).

2) Wissowa, *Religion*², 1912, S. 155, 5 weist mit Recht die Ausführungen Elters (*Donarem pateras*, Bonn 1907, S. 40, 31 ff.) zurück, 'der die Gleichsetzung Romulus-Quirinus auf Ennius zurückführt'.

3) Vgl. Skutsch, *RE* V 2605.

4) *Donarem pateras* S. 36 ff. Elter denkt allerdings an den 'Scipio', nicht an die Annalen (S. 40, 15); daß nicht bloß Romulus, sondern auch Scipio von Ennius unter die Götter versetzt worden sei, hat sich Elter vergeblich zu beweisen bemüht.

ad nos et usque ad Oceanum Hercules tantus et tam praesens habetur deus; hinc Liber Semela natus eademque famae celebritate Tyndaridae fratres eqs. Dieselbe Zusammenstellung begegnet auch sonst bei Cicero und außerdem bei Virgil und Horaz[1]).

Damit sind wir zu Ende. Ennius hat zweifellos die Tradition über den König Romulus, die er bei Naevius vorfand, reicher ausgestaltet und bedeutend vermehrt. Genaueres läßt sich nur vermuten. Sicher schon vorgefunden hat er das Augurium des Romulus und Remus und den Raub der Sabinerinnen samt der Schlacht auf dem Forum und der nachfolgenden Versöhnung und Verschmelzung der Römer und Sabiner. Neu eingeführt hat Ennius wahrscheinlich die Tarpejaepisode und die Himmelfahrt. Die Tarpejaepisode hat er nicht frei erfunden, wie Plut. *Rom.* 17 und *parall.* 15 zeigen. Für die Himmelfahrt waren, wie oben bemerkt, griechische Analogien in Fülle vorhanden. Als nationalrömisches Element mag die Vorstellung von Romulus als dem Sippengott der Romulii mitgewirkt haben[2]).

Ulm.

---

1) Fr. Pfister, *Zu den Himmelfahrtslegenden* (*Wochenschrift für klass. Phil.* 1911, S. 81ff.) macht darauf aufmerksam, daß für die Entstehung der Entrückungssage bei Romulus nicht nur die Analogie, sondern auch das Fehlen der Reliquien wirksam war.
2) Vgl. W. F. Otto, *Römische Sondergötter* (*Rhein. Mus.* 64, 1909, S. 449ff.); Wissowa, *Religion*², 1912, S. 33 und sonst.

Die unmittelbare Vorlage von Appians Emphylia.

Von Ernst Kornemann.

Der Wert Appians beruht ähnlich wie derjenige Diodors darauf, daß bei ihm zumeist ein ausgezeichnetes Primärquellenmaterial zugrunde liegt und daß er seinerseits sklavisch seine Vorlagen exzerpiert hat. Die Forschung hat sich zunächst bemüht, die Primärquellen, die seiner Darstellung zugrunde liegen, zu ermitteln und ist dann dazu übergegangen, die Frage zu beantworten, auf welchem Wege die Primärquellen zu ihm gelangt sind, d. h. welches die unmittelbaren Vorlagen des Alexandriners gewesen sind. Dabei hat sich herausgestellt, daß Appian in der Regel an größere zusammenfassende Werke sich gehalten hat, in denen das Rohmaterial bereits verarbeitet war. Eine offene Frage blieb nur, ob er ein oder mehrere Werke zugrunde gelegt hat. Schwartz hat in seinem Appian-Artikel hierauf keine bestimmte Antwort zu geben gewagt[1]). Ed. Meyer dagegen nimmt in seinen *Untersuchungen zur Gracchenzeit*[2]) wenigstens für die Zeit von 140 bis 30 v. Chr. ein einziges, frühestens unter Augustus verfaßtes Geschichtswerk als die unmittelbare Vorlage Appians an[3]) und denkt dabei immer noch an Asinius Pollio[4]), daneben aber schon an eine große Gesamtdarstellung, wie etwa Juba[5]). Denn er spielte schon damals mit dem Gedanken, auf Grund der Äußerungen Appians in *praef.* 12, daß dieser „für die ganze Geschichte Roms überhaupt nur ein einziges Werk benutzt hat[6])". Diese zweite Ansicht wird dann in dem neuesten Werk des Berliner Forschers[7]) allein noch vorgetragen. „Die Quelle ist, wie ja auch Appian ausdrücklich sagt, ein Werk, das die gesamte römische Geschichte behandelt hat[8])."

---

1) Pauly-Wissowa-Kroll, *RE* II Sp. 234: „Ob A. nun in dem erhaltenen Teil seiner Geschichte — von der Kaisergeschichte wissen wir nichts — ein oder mehrere Werke zerschnitt und exzerpierte, das wird niemand entscheiden können." Er sucht dann allerdings das Bild eines nach-livianischen Annalisten unter Augustus oder Tiberius zu zeichnen, dem Appian alles verdankt, erklärt aber diesen Versuch selber nur „als eine schwanke Phantasie".

2) Wiederabgedruckt in den *Kleinen Schriften* (Halle, Niemeyer 1910) S. 381—439.

3) A. a. O. S. 399. — 4) S. 400.

5) S. 401 Anm. 1. — 6) S. 399 Anm. 1.

7) *Caesars Monarchie und das Principat des Pompejus* (Stuttgart-Berlin, Cotta 2. Aufl. 1919) S. 606 ff.

8) A. a. O. S. 609.

Ich glaube, daß durch diese Einquellentheorie das Problem nicht gelöst wird. Schon Meyer selbst hat in der älteren Arbeit darauf hingewiesen, daß nur, „wenn man Appians Äußerungen *praef.* 12 pressen will", die Annahme einer einzigen Vorlage möglich wird. Dazu kommt, daß ja Appians Darstellung in die Kaiserzeit hinein, also über den Zeitpunkt hinaus sich erstreckt, auf den die Vorlage zeitlich von Meyer festgelegt wird, so daß schon dadurch die Annahme weiterer Quellen nötig wird. Endlich ist zu beachten, daß neben der Vorrede zu dem Gesamtwerk noch eine zweite am Anfang der Bücher über die Bürgerkriege steht. Mit dieser wollen wir uns jetzt beschäftigen, da sie uns wichtige Fingerzeige zur Lösung des Problems gibt.

Die in Frage stehende *praefatio* umfaßt die ersten sechs Kapitel von Buch I der *Emphylia* (§ 1—25) und stellt sich dar als eine kurze Zusammenfassung, als eine Art Grundriß der dann mit Kap. 7 einsetzenden ausführlichen Darstellung. Der Verfasser verfolgt den Kampf zwischen Volk und Senat von der *secessio plebis* und der daraus hervorgegangenen Schöpfung des Volkstribunats ab und stellt fest, daß dieser Kampf in der älteren Zeit, abgesehen von der Rebellion des Marcius Coriolanus, immer unblutig verlaufen ist. Erst die Ermordung des Ti. Gracchus gab das Zeichen zum Bürgerkrieg. Seitdem hörten die Unruhen (στάσεις) in Rom nicht mehr auf und führten zu offenen Empörungen gegen den Staat, woraus sich mehrfach Gewaltherrschaften (δυναστεῖαι) einzelner Männer entwickelten. Der erste dieser στασίαρχοι μοναρχικοί (7) war Sulla, der nur dem Namen nach zum Diktator auf Lebenszeit gewählt war, in Wirklichkeit durch Gewalt und Zwang zum Alleinherrscher emporstieg, „ein Übel mit dem anderen heilend" (9), dann aber diese Gewalt aus eigenem Antrieb wieder niederlegte. Wenn auch die Ansicht mancher Leute gewesen ist, daß diese Gewaltherrschaft (τυραννίς) Sullas dem Staate Vorteil gebracht habe, so spricht doch der Verfasser als Kundgabe seiner Meinung „von dem Unheil, welches Sulla angerichtet hatte" (12). Dann folgten die Gewaltherrschaften des Pompejus und Caesar, von denen der erstere wegen seiner kriegerischen Großtaten „der Große" genannt wurde, schließlich aber dem Caesar unterlag (15). Nach dem Sieg stieg dann Caesar als zweiter zum Diktator auf Lebenszeit empor, aber die Tat des Brutus und Cassius, die hervorging aus Eifersucht auf die hohe Stellung des Diktators und aus Sehnsucht nach der von den Vätern überkommenen Verfassung (πάτριος πολιτεία) brachte auch diesen Mann zu Fall, der der größte Volksfreund und der erfahrenste Politiker Roms war (δημοτικώτατον καὶ ἐμπειρότατον ἀρχῆς γενόμενον 16) und daher vom Volke tief betrauert und wie ein Gott verehrt wurde. Von neuem verfiel der Staat der Gewalt und kam unter die Herrschaft der drei Männer Antonius, Lepidus und Octavius, der sich auf Grund der Adoption Caesar umnannte.

Die unmittelbare Vorlage von Appians Emphylia. 35

Die drei gerieten natürlich in Streit; Sieger blieb Caesar, der an Verstand und Erfahrung unter ihnen hervorragte (αὐτῶν συνέσει τε καὶ ἐμπειρίᾳ προύχων: 20), zunächst über Lepidus, dann bei Actium über Antonius, worauf er auch noch Ägypten, das einzige noch unabhängige Land der alten Alexandermonarchie, dem Römerreich einverleibte. Für diese glänzenden, alle Menschen in Erstaunen setzenden Taten wurde er als erster Mensch schon bei Lebzeiten von den Römern als Augustus angesprochen und so benannt und er machte sich mit noch ausgedehnterer Macht als sein Vater Caesar zum Herrscher über sein Vaterland und sämtliche dazu gehörigen Provinzen, ohne daß es dabei noch einer Wahl oder Abstimmung oder einer Maske (προσποιήματος)[1] bedurfte. Nachdem seine Herrschaft durch lange Dauer fest geworden war, hinterließ er, glücklich in allem und furchtbar, von sich aus ein Geschlecht und vererbte ihm seine Würde. Und abschließend heißt es dann: ὧδε μὲν ἐκ στάσεων ποικίλων ἡ πολιτεία Ῥωμαίοις ἐς ὁμόνοιαν καὶ μοναρχίαν περιέστη (24).

Dieser Überblick über das in der *praefatio* Gebotene zeigt, daß eine in sich geschlossene Gedankenführung vorliegt, die die Geschichte der Bürgerkriege unter dem Gesichtspunkte der Entstehung der Monarchie zu geben versucht. Der Verfasser steht der Popularpartei und unter den στασίαρχοι den beiden Caesaren sympathisch gegenüber.

Wer ist der Verfasser? Appian oder der Autor, der die unmittelbare Vorlage des Griechen geschaffen hat? Will man auf diese Frage eine Antwort geben, muß man das Vorwort und die eigentliche Darstellung einmal etwas eingehender in ihrem Verhältnis zueinander betrachten. Wir stellen zu diesem Zweck einzelne Stellen, die eine zum Teil wörtliche Übereinstimmung beider Darstellungen beweisen, nebeneinander[2]):

praefatio:	Haupttext:
4: πρίν γε Τιβέριος Γράκχος δημαρχῶν ... πρῶτος ὅδε ἐν στάσει ἀπώλετο καὶ ἐπ' αὐτῷ πολλοὶ κατὰ τὸ Καπιτώλιον εἱλούμενοι περὶ τὸν νεὼν ἀνῃρέθησαν.	I 70: κἀν τῷδε τῷ κυδοιμῷ πολλοί τε τῶν Γραχχείων καὶ Γράκχος αὐτός, εἱλούμενος περὶ τὸ ἱερόν, ἀνῃρέθη κατὰ τὰς θύρας παρὰ τοὺς τῶν βασιλέων ἀνδριάντας[3]).

---

1) Dieser Ausdruck wird auch mit Bezug auf Sulla gebraucht, von dem es I 456 heißt: δεόμενος δ' ἄρα καὶ τοῦ προσποιήματος αἱρετὸς εἶναι δοκεῖν.

2) Die wörtlichen Übereinstimmungen werden in Sperrdruck gegeben.

3) Über diese singuläre Lokalisierung der Mordtat, mit der plötzlich Appian von dem plutarchischen Parallelbericht in höchst sonderbarer Weise abweicht, habe ich *Gesch. der Gracchenzeit*, *Klio*-Beiheft I S. 5 und *Klio* IX, 1909, S. 382 Anm. 1 gehandelt und darin schon damals eine rhetorische Ausschmückung aus der Feder des Verfassers von Appians unmittelbarer Vorlage vermutet.

praefatio:

10: ὁ δὲ Σύλλας βίᾳ μὲν καὶ ἀνάγκῃ, λόγῳ δ' αἱρετός, ἐς ἀεὶ δικτάτωρ γενόμενος.

10: ἐπεί τε ἐκορέσθη τῆς δυναστείας, πρῶτος ἀνδρῶν ὅδε μοι δοκεῖ θαρρῆσαι τυραννικὴν ἀρχὴν ἑκὼν ἀποθέσθαι.

10: καὶ ἐπειπεῖν, ὅτι καὶ τοῖς μεμφομένοις εὐθύνας ὑφέξει.

12: (von Caesar) προυτίθει προκλήσεις ἢ ἄμφω τὰ στρατεύματα ἔχειν· ἐς τῆς ἔχθρας τὴν ἀφοβίαν ἢ καὶ Πομπήιον οὓς ἔχοι μεθέντα ἰδιωτεύειν ὁμοίως ὑπὸ νόμοις.

15: (Πομπήιον) στασιώτην τε μέγιστον, ᾧ διὰ μεγαλουργίαν πολεμικὴν Μέγας ἐπώνυμον ἦν, οὗτος δὴ μάλιστα πολέμου κράτει σαφῶς καθελών.

16: καὶ στάσεις αὖθις κατεπαύοντο πᾶσαι, ἔστε καὶ τόνδε Βροῦτος καὶ Κάσσιος ζήλῳ τε τῆς ἀρχῆς τοῦ μεγέθους καὶ πόθῳ τῆς πατρίου πολιτείας ἐν τῷ βουλευτηρίῳ κατέκανον.

16 nennt Caesar: δημοτικώτατον καὶ ἐμπειρότατον ἀρχῆς γενόμενον.

Haupttext:

I 456: ὃ δὲ ἔργῳ βασιλεὺς ἂν ἢ τύραννος, οὐχ αἱρετός, ἀλλὰ δυνάμει καὶ βίᾳ.

I 480f.: αὐτὸς δὲ τὴν μεγάλην ἀρχὴν οὐδενὸς ἐνοχλοῦντος ἑκὼν ἀπέθετο. καί μοι θαῦμα μὲν καὶ τόδε αὐτοῦ καταφαίνεται τοσήνδε ἀρχὴν πρῶτον ἀνδρῶν καὶ μόνον ἐς τότε Σύλλαν οὐδενὸς ἐπείγοντος ἀποθέσθαι, οὐ παισίν, ὡς Πτολεμαῖος ...., ἀλλ' αὐτοῖς τοῖς τυραννουμένοις.

I 484: ὅν γέ φασιν ἐπειπεῖν ἐν ἀγορᾷ, τὴν ἀρχὴν ἀποτιθέμενον, ὅτι καὶ λόγον, εἴ τις αἰτοίη, τῶν γεγονότων ὑφέξει.

II 128: περιεῖχε δ' ἡ γραφή (Brief Caesars, der am 1. Jan. 49 den neuen Konsuln übergeben wurde) πρόκλησιν ὅτι θέλοι Πομπηίῳ συναποθέσθαι, ἄρχοντος δ' ἔτι ἐκείνου οὔτε ἀποθήσεσθαι καὶ τιμωρὸς αὐτίκα τῇ τε πατρίδι καὶ ἑαυτῷ κατὰ τάχος ἀφίξεσθαι.

II 363: τόδε μὲν δὴ τοῦ βίου τέλος ἦν Πομπηίῳ τῷ μεγίστους πολέμους ἀνύσαντι καὶ μέγιστα τὴν Ῥωμαίων ἀρχὴν ὠφελήσαντι καὶ Μεγάλῳ διὰ ταῦτα ὀνομασθέντι.

II 462: ἐξιέναι δ' αὐτὸν μέλλοντα πρὸ τετάρτης ἡμέρας οἱ ἐχθροὶ κατέκανον ἐν τῷ βουλευτηρίῳ εἴτε διὰ ζῆλον εὐτυχίας τε καὶ δυνάμεως ὑπερόγκου πάνυ γενομένης εἴθ', ὡς ἔφασκον αὐτοί, τῆς πατρίου πολιτείας ἐπιθυμίᾳ.

III 1: οὕτω μὲν δὴ Γάιος Καῖσαρ πλεῖστον Ῥωμαίοις ἄξιος ἐς τὴν ἡγεμονίαν γενόμενος ὑπὸ τῶν ἐχθρῶν ἀνῄρητο und IV 562: χρησιμώτατον δὲ ὑπὲρ ἅπαντας τῇ τε πατρίδι καὶ τῇ ἡγεμονίᾳ γενόμενον.

Die unmittelbare Vorlage von Appians Emphylia. 37

praefatio:

17: καὶ τὸ σῶμα ἔθαψαν (!) ἐν ἀγορᾷ μέσῃ καὶ νεὼν ἐπῳκοδόμησαν τῇ πυρᾷ καὶ θύουσιν ὡς θεῷ.

18: καὶ φόνοι καὶ φυγαὶ καὶ ἐπὶ θανάτῳ προγραφαὶ βουλευτῶν τε καὶ τῶν καλουμένων ἱππέων, κατὰ πλῆθος ἀθρόως ἑκατέρων, ἐγίγνοντο, τοὺς ἐχθροὺς ἀλλήλοις τῶν στασιωτῶν ἀντιπαρεχόντων καὶ ἐς τοῦτο ἀμελούντων καὶ φίλων καὶ ἀδελφῶν.

Haupttext:

II 616: Verbrennung des Leichnams auf dem Forum, endigend: νῦν δ' ἐστὶ νεὼς αὐτοῦ Καίσαρος, θείων τιμῶν ἀξιουμένου.

IV 16: οἱ δὲ τρεῖς ἄνδρες ἐφ' ἑαυτῶν γενόμενοι τοὺς ἀποθανουμένους συνέγραφον, τούς τε δυνατοὺς ὑφορώμενοι καὶ τοὺς ἰδίους ἐχθροὺς καταλέγοντες οἰκείους τε σφῶν αὐτῶν ἢ φίλους ἐς τὴν ἀναίρεσιν ἀντιδιδόντες ἀλλήλοις καὶ τότε καὶ ὕστερον und IV 20: καὶ ἐγένοντο πάντες οἱ θανάτου τε καὶ δημεύσεως κατεγνωσμένοι ἀπὸ μὲν τῆς βουλῆς ἀμφὶ τοὺς τριακοσίους, ἀπὸ δὲ τῶν καλουμένων ἱππέων ἐς δισχιλίους.

Praefatio und Haupttext gehören also, wie dieser Vergleich deutlich erweist, aufs engste zusammen. aber immerhin könnte auch bei diesem Tatbestand noch die Ansicht vertreten werden, daß Appian, wie er die Vorrede zu dem Gesamtwerk selber verfaßt hat, auch dieses Prooemium geschrieben haben könnte, wenngleich es schwer einleuchten will, weshalb der Grieche seinem Exzerpt aus der Vorlage noch ein Exzerpt aus dem Exzerpt vorangestellt haben soll. Zwingend wird der Schluß, daß diese Vorrede aus der Vorlage mit übernommen ist, erst durch die andere Beobachtung, die der Leser längst selber gemacht haben wird, daß nämlich unsere Praefatio zeitlich viel weiter sich erstreckt als der Haupttext, insofern auch die Regierung des Augustus in ihr mitbehandelt wird. Genauer ausgedrückt: das uns von Appian überlieferte Vorwort gehört zu einem viel größeren Werk, als dessen *Emphylia* darstellen, zu einem Werk, das außer den Bürgerkriegen auch die Regierung des Augustus zur Darstellung gebracht hat, und in diesem Werk war offenbar die Schilderung der Regierung des Augustus, besonders der Schöpfung der Erbmonarchie durch ihn, die Hauptsache. Im Hinblick darauf war die ganze vorhergehende Geschichte konzipiert. Alle Ansätze zur Bildung von Einzelherrschaften werden hier vorgeführt. § 7 lesen wir: δυναστεῖαί τε ἦσαν ἤδη κατὰ πολλὰ καὶ στασίαρχοι μοναρχικοί. Von Sulla, einem dieser στασίαρχοι, heißt es (§ 9): μόναρχον αὐτὸν ἀπέφηνεν ἐπὶ πλεῖστον; seine Herrschaft wird bereits τυραννικὴ ἀρχή (10) bezw. τυραννίς (11) genannt. Von Caesar wird § 12 gesagt: αἱρετὴν ἀρχὴν ἐπὶ πολὺ δυναστεύων ἐν Γαλατίᾳ. Pompejus heißt § 15:

στασιώτης μέγιστος, ebenso die Triumvirn στασιῶται. Die letzteren verteilen die Herrschaft der Römer ὡς ἰδιωτικὸν σφῶν κτῆμα. Augustus endlich gelangt nach Actium zu noch größerer Macht als Caesar. Während Sulla freiwillig seine monarchische Gewalt niedergelegt hatte, Caesar ermordet worden war, gelingt es ihm, die Monarchie als dauernde Institution aufzurichten und zu vererben. Auch die ungleichmäßige Disposition des Stoffes in der nachfolgenden eigentlichen Darstellung bei Appian, der in den älteren Abschnitten bis zum Jahre 70 v. Chr. nur eine Übersicht über die Ereignisse gibt, von da ab dann aber immer ausführlicher wird[1]), erklärt sich allein unter dem Gesichtspunkt, daß der Hauptnachdruck des zugrunde liegenden Werkes auf dem zweiten Teile ruht.

Worin besteht nun aber der Anteil des Appian? Nun, er hat auch hier das getan, was er in der Vorrede zu seinem Gesamtwerk (§ 12) gegenüber seiner Vorlage für die vorgracchische Zeit auseinandersetzt. Wie er dort den ihm vorliegenden Stoff nach den einzelnen Völkern bezw. Provinzen des Reiches, d. h. also ethnographisch und geographisch zerschnitten hat, so hat er hier, wie er deutlich am Schluß unserer *praefatio* (§ 25) sagt[2]), den Stoff auf die *Emphylia* und die ägyptische Geschichte in der Weise verteilt, daß der Schluß der Bürgerkriege den Anfang der *Aigyptiaca* füllte (μέχρι τὸ τελευταῖον δὴ τῶν στάσεων καὶ μέγιστον ἔργον, τὸ περὶ Ἄκτιον Καίσαρι πρὸς Ἀντώνιον ὁμοῦ καὶ Κλεοπάτραν γενόμενον, ἀρχὴ καὶ τῆς Αἰγυπτιακῆς συγγραφῆς ἔσται[3]). In beiden Fällen war also der Stoff vorhanden, und nur die Zerlegung des Stoffes ist das Werk Appians. Ganz abgesehen von der Kaisergeschichte aber war nicht ein, sondern waren zum mindesten zwei Werke die Vorlage des Kompilators.

Zum Schluß stellen wir zusammen, was wir über die unmittelbare Vorlage der *Emphylia* und der ägyptischen Geschichte ermittelt haben bezw. noch ermitteln können. Es war ein Werk, das die römische Revolutionszeit und die Regierung des Augustus behandelte und zwar in

---

1) Daß diese seltsame Disposition der *Emphylia* unzweifelhaft der Quelle angehört, hat schon Ed. Meyer (*Kl. Schr.* S. 400) gesehen. „Während z. B. bei Livius die Geschichte der Parteikämpfe und Bürgerkriege von 133 bis 70 v. Chr. fast genau denselben Raum einnimmt wie die der Bürgerkriege von 63 bis 35, ... drängt Appian jene in ein Buch zusammen, während die Geschichte der Jahre 63 bis 35 in stets wachsender Ausführlichkeit vier Bücher füllt." Ich vermute, daß auch die Einteilung in Bücher mit Prooemien am Anfang von II, III (für III und IV) sowie V Sache der appianischen Vorlage ist. Nur das Prooemium von V ist von Appian mit Rücksicht auf die Loslösung der ägyptischen Geschichte etwas umredigiert.

2) Vgl. auch die Vorrede zum Gesamtwerk 14.

3) Fälschlich behauptet Ed. Meyer (*Kl. Schr.* S. 400), daß nur der actisch-ägyptische Krieg der Inhalt der vier Bücher der Aigyptiaca gewesen sei.

einer im Laufe der Darstellung immer mehr zunehmenden Breite. Die längst feststehende Tatsache, daß das Werk in lateinischer Sprache abgefaßt war[1]), wird auch durch manche Stellen der Vorrede gestützt[2]). Da der Grundriß der Vorrede noch der Vererbung von Augustus' Herrscherstellung gedenkt, kann das Werk frühestens erst unter Tiberius geschrieben sein. Dazu stimmt, daß *praef.* 2 zu lesen steht, das Volkstribunat sei ehedem geschaffen worden ἐς κώλυσιν μάλιστα τῶν ὑπάτων ἀπὸ τῆς βουλῆς αἱρουμένων, eine Stelle, die erst nach der Übertragung der Beamtenwahlen vom Volk auf den Senat durch Tiberius im Jahre 14 niedergeschrieben sein kann. Andererseits aber kann man mit der Entstehung des Werkes nicht allzuweit von diesem Zeitpunkt sich entfernen, da der Autor noch ein ungemein lebendiges Interesse an den geschilderten Dingen und Personen hat und offenbar noch Zeitgenosse der im letzten Teil dargestellten Ereignisse war. Denn nur so erklärt sich die oben dargelegte Stoffauswahl: so verfährt im Altertum in der Regel der Autor, der zeitgenössische Geschichte schreibt. Folglich müssen wir mit der Abfassung bezw. wenigstens mit der Herausgabe des Werkes, mit der zusammen die Vorrede, wie auch heute noch, entstand, zwar in die Zeit nach dem Jahre 14 v. Chr. heruntergehen, aber wohl innerhalb der Regierung des Tiberius bleiben.

Für einen Zeitgenossen des Tiberius aber war natürlich die Geschichte der Revolutionszeit nur so zu schreiben möglich, daß er die Ereignisse den Primärquellen nacherzählte[3]). Die Forschung hat längst festgestellt, daß der Autor in der Auswahl dieser Quellen eine glückliche Hand gehabt hat, indem er an Vorlagen, die auf der mittleren Linie sich bewegen, sich gehalten hat, wie vielleicht Rutilius Rufus für die Gracchenzeit[4]), sicherlich Asinius Pollio[5]) für die caesarische Epoche, daneben Octavians Selbstbiographie für die Triumviralzeit.

---

1) Das ergibt sich aus Ausdrücken wie πεδία μακρά (= *latifundia*) in I 29 und aus Stellen wie IV 45 und V 191, vgl. dazu Ed. Schwartz, *RE* II Sp. 217.

2) Καπιτώλιον = capitolinischer Tempel in *praef.* 4, τῶν καλουμένων ἱππέων 18, vgl. auch die ebenso wie im Haupttext häufige Verwendung von πατρίς: *praef.* 3, 6, 8, 13, 22, an der letzteren Stelle nur für Italien im Gegensatz zu den Provinzen.

3) So auch Ed. Meyer, *Kl. Schr.* S. 401: „Jedenfalls aber haben wir uns immer vor Augen zu halten, daß nicht nur der von Appian benutzte Schriftsteller, wer er auch sei, sondern ebensogut schon dessen Vorlage oder Vorlagen für die Darstellung einer Zeit, die um ein Jahrhundert von der seinigen ablag, nichts anderes hat tun können, als die Ereignisse guten Quellen nacherzählen, etwa in der Weise, wie Polybios die Geschichte des hannibalischen Krieges erzählt — mochte er auch im einzelnen noch so viel berichtigen und aus Urkunden ergänzen und sich die Selbständigkeit seines Urteils wahren."

4) Ed. Meyer a. a. O. S. 402 Anm. 1.

5) Vgl. meine Untersuchung: *Die historische Schriftstellerei des C. Asinius Pollio*, 22. Suppl.-Bd. von Fleckeis. *Jbb. für class. Phil.* (1896) S. 560ff.

Soweit nur hatte ich ursprünglich die Untersuchung zu führen beabsichtigt. Aber von selbst drängt sich nun die Frage nach dem Autor auf. Es kommen von den uns bekannten Historikern der tiberischen Zeit in Betracht: der älteren Annaeus Seneca, Aufidius Bassus und A. Cremutius Cordus. Das Werk des Seneca wird von dem Sohne in der Biographie des Vaters[1]) ausdrücklich als *historiae ab initio bellorum civilium* zitiert, würde also, was den Ausgangspunkt betrifft, sehr gut hierherpassen. Aber die von Lactantius erwähnte Einteilung der römischen Geschichte in Menschenalter[2]), die doch nur in der Vorrede des Werkes gestanden haben kann, sowie die Tatsache, daß das Werk auch noch die ganze Regierung des Tiberius geschildert hat[3]), schließt die Identifikation mit dem von uns gesuchten Autor so gut wie aus. Bei Aufidius Bassus liegt die Sache ähnlich. Während wir den Anfangspunkt seines Werkes nicht kennen — er liegt vor dem Jahre 43 v. Chr.[4]) —, steht bezüglich des Endpunktes wenigstens soviel fest, daß er frühestens mit dem Jahre 31 n. Chr. geschlossen haben kann[5]), wahrscheinlich aber sein Werk, an das bekanntlich dann der ältere Plinius angeknüpft hat, noch weiter heruntergeführt hat[6]). Aus dem Werk des Cremutius Cordus haben wir Fragmente ebenfalls nur bis zum Jahre 43 hinauf[7]), aber der Titel[8]) *annales* und der Umstand, daß der Philosoph Seneca[9]) den Autor selber von einem *saeculum* dargestellter Geschichte mit Bezug auf sein Werk sprechen läßt, zwingt zur Annahme eines früheren Zeitpunktes für den Anfang. Der Schwerpunkt seiner Darstellung aber lag auf der Regierung des Augustus[10]), wie auch die Abfassung des Werkes

---

1) H. Peter, *Hist. rom. rell.* II (1906) S. 98.
2) H. Peter a. a. O. II S. 91 Fragm. 1.
3) H. Peter II S. 92 Fragm. 2 aus dem Todesjahr des Tiberius (Suet. *Tib.* 73).
4) Vgl. die Fragmente bei H. Peter a. a. O. S. 96.
5) Die Ansicht, daß dieses Jahr das letzte der Historien des Bassus war, verficht Wilh. Pelka, *Rhein. Mus.* 61 (1906) S. 620—624 aus dem einfachen Grunde, weil Cassiodor für die Jahre 7 vor bis 31 nach Chr. das Verzeichnis der Konsuln aus ihm entnommen hat. Zwingend ist der Schluß so wenig, wie derjenige wäre, daß Bassus, weil Cassiodor ihn vom Jahre 7 an ausschreibt, mit diesem Jahre sein Werk begonnen hätte.
6) Alle übrigen modernen Datierungen des Schlusses des Werks liegen später, in den Jahren 37, 41, 44, 51 und 54, vgl. die Zusammenstellung bei Pelka a. a. O. S. 620 A. 3; die Datierung ins Jahre 51 stammt von Fr. Münzer, *Rhein. Mus.* 62 (1907) S. 161—169.
7) Die ältesten Fragmente beziehen sich wie bei Bassus auf die Flucht und den Tod des Cicero, H. Peter II S. 87 f. Fragm. 1 und 2.
8) Bezeugt durch Tacitus, *annal.* IV 34. — 9) *Ad Marc. de consol.* 26, 5.
10) Cassius Dio LVII 24, 3 zum Jahre 25 (dem Jahr seines Prozesses und Todes) ἐπὶ τῇ ἱστορίᾳ, ἣν πάλαι ποτὲ περὶ τῶν τῷ Αὐγούστῳ πραχθέντων συνετεθείκει. Ein Fragment aus dieser Geschichte des Augustus und zwar zum Jahre 18 v. Chr. ist bei Suet., *Aug.* 35 erhalten, H. Peter a. a. O. S. 89 Fragm. 4.

schon unter Augustus stattgefunden oder zum mindesten begonnen worden ist[1]). Wenn wir nun aus den eben angegebenen Gründen die Vermutung wagen, daß Cremutius Cordus die ganze Revolutionszeit von Ti. Gracchus' Auftreten ab geschildert hat, so paßt das, was über den Umfang seines Werkes uns bekannt ist, am besten zu dem über die Vorlage Appians Ermittelten. Ebenso paßt, was den Inhalt betrifft, sehr gut die allgemeine Charakteristik, die Cassius Dio[2]) von der Tendenz des Werkes gibt: τόν τε Κάσσιον καὶ τὸν Βροῦτον ἐπῄρεσε, καὶ τοῦ δήμου τῆς τε βουλῆς καθήψατο, τόν τε Καίσαρα καὶ τὸν Αὔγουστον εἶπε μὲν κακὸν οὐδέν, οὐ μέντοι καὶ ὑπερεσέμνυνε, die einen Autor uns vor Augen führt, der nach allen Seiten hin „die Selbständigkeit seines Urteils"[3]) sich wahrt und auf einer mittleren Linie sich bewegt, wie wir das früher beim Anonymus auch gesehen hatten. Im einzelnen zeigt sich diese feste und unparteiische Haltung des Cremutius Cordus in der freimütigen Art, wie er über die Bürgerkriege und speziell über die Urheber der furchtbaren Proskriptionen des Jahres 43 geurteilt hat, was der Philosoph Seneca seiner Tochter Marcia gegenüber preist, indem er von ihres Vaters *ingenium* spricht, *quo civilia bella deflevit, quo proscribentis in aeternum ipse proscripsit*[4]). Appians *Emphylia* sind angefüllt mit Klagen über das Unglück, das der Bruderkampf über Rom gebracht hat; man lese nur den Schluß der Rede der Hortensia vor den Triumvirn im Jahre 43 IV 143 f. oder vor allem die Betrachtungen vor dem Beginn der zweiten Schlacht von Philippi IV 531: οὐδέν τε ἐν τῷ παρόντι ἀλλήλων ὅτι ἦσαν πολῖται οὐδὲ ἐπεμέμνηντο, ἀλλ' ὡς ἐκ φύσεως καὶ γένους ἐχθροῖς ἐπηπείλουν. οὕτως ἡ παραυτίκα ὀργὴ τὸν λογισμὸν αὐτοῖς καὶ τὴν φύσιν ἔσβεσεν. ἐπεμαντεύοντο δὲ ὁμαλῶς ἑκάτεροι τῇδε τὴν ἡμέραν ἐν τῷδε τῷ ἔργῳ πάντα τὰ Ῥωμαίων πράγματα κρινεῖν. καὶ ἐκρίθη. Der Gedanke wird dann wiederaufgenommen und zu Ende geführt IV 580: ἀπήρτησέ γε μὴν αὐτοῖς καὶ ὃ συνιόντες ἐς τὴν μάχην ἐπεμαντεύσατο Ῥωμαίοις· ἐκρίθη γὰρ αὐτῶν ἡ πολιτεία παρ' ἐκεῖνο τὸ ἔργον μάλιστα καὶ οὐκ ἐπανῆλθεν ἐς δημοκρατίαν ἔτι[5]). Und was die Schilderung der Proskriptionen bei

---

1) Denn wir hören, daß der Autor noch im Beisein des Augustus aus dem Werke vorgelesen hatte, Sueton *Tib.* 61, 3 und Cassius Dio a. a. O. Auffällig sind die Worte πάλαι ποτὲ an dieser Stelle (s. d. vor. Anm.), weswegen H. Peter, *Die gesch. Lit. über die röm. Kaiserzeit* II S. 38 Anm. 1 mit der Abfassung bis in die erste Hälfte der augustischen Regierung hinaufgehen will. Doch dem widerspricht das Fragment aus der Geschichte des Jahres 18 und die Fassung bei Sueton a. a. O.: *ante aliquot annos*. Die Abfassung beginnt offenbar noch in den letzten Jahren des Augustus und wird unter Tiberius beendet.
2) Cassius Dio LVII 24, 3. — 3) Ed. Meyer, *Kl. Schr.* S. 401.
4) Seneca, *ad Marciam de consol.* 26, 1.
5) Ich habe auf diese Stellen schon in *Die histor. Schriftstellerei des Asinius Pollio* S. 658 hingewiesen.

Appian IV 16—224 betrifft, so kann man auf sie sehr wohl den obigen Ausspruch des Seneca anwenden. Allein schon die Tatsache, daß uns hier allein das scheußliche Ächtungsdekret der Triumvirn im Wortlaut erhalten ist (IV 31—44), noch mehr aber die scharfe Kritik, die ebenda IV 61—62 an den Urhebern, vor allem an Octavian, geübt wird, rechtfertigen die Worte des Philosophen. Aber nicht mit Rücksicht auf diese Partie des Werkes ist bei der Anklage vom Jahre 25 Cremutius Cordus der Strick gedreht worden, sondern wegen der wohlwollenden Würdigung, die die Caesarmörder in dem Werke gefunden hatten[1]), insonderheit, weil, worauf Tacitus[2]) hinweist, ein Ausspruch des Brutus darin zitiert war, daß Cassius der letzte Römer sei. Auch hier haben wir die Unterlagen bei Appian, zunächst IV 476 über Brutus: Βροῦτος δὲ Κασσίου τὸν νέκυν περικλαίων, ἀνεκάλει τελευταῖον ἄνδρα Ῥωμαίων, ὡς οὔ τινος ἔτι τοιοῦδε ἐς ἀρετὴν ἐσομένου (= Plutarch, Brutus 44), dann IV 553—567 die eingehende Würdigung der beiden Caesarmörder, die mit den Worten beginnt: ὧδε μὲν δὴ Κάσσιος καὶ Βροῦτος ἐθνῃσκέτην, ἄνδρε Ῥωμαίων εὐγενεστάτω τε καὶ περιφανεστάτω καὶ ἐς ἀρετὴν ἀδηρίτω, χωρὶς ἄγους ἑνός. Den gerecht abwägenden Autor erkennt man aber gerade hier, wenn er am Schluß der Charakteristik (562ff.) noch einmal auf das Verbrechen an Caesar zurückkommt und dasselbe aufs schärfste verurteilt.

Nur zweierlei ist der Identifikation des Schöpfers der appianischen Vorlage mit Cremutius Cordus nicht so günstig. Tacitus[3]) betitelt, wie schon erwähnt, das Werk des Cremutius Cordus *annales*, aber gerade der Annalencharakter kommt in dem Exzerpt des Appian nicht so zum Vorschein, wie man es nach dem Titel vielleicht erwarten sollte. Aber daran ist vielleicht die starke Zusammenziehung des Inhalts schuld, ebenso wie vielleicht der Charakter der Epitone, die doch schließlich nur in unseren Händen sich befindet, es veranlaßt hat, daß das größte Fragment, das wir von Cremutius Cordus besitzen, dasjenige über den Tod Ciceros[4]) in Appians Schilderung desselben Vorgangs (IV 73—82) sich so nicht wiederfindet. Auch die unmittelbar vorher bei Seneca aus Cremutius berichtete Unschlüssigkeit Ciceros, wohin er nach erfolgter Ächtung fliehen soll, ob zu Brutus, zu Cassius oder zu Sextus Pompeius, fehlt bei Appian. Den Entschluß, zusammen mit seinem Bruder zu Brutus nach Makedonien zu gehen, und auf dem Weg dorthin noch einmal ein Haltmachen und Wehklagen der beiden Flüchtlinge berichtet dagegen der Parallelbericht bei Plutarch, *Cicero* 47. Hieraus ersieht man, wie viel umfangreicher die

---
1) Cassius Dio a. a. O., Sueton, *Tib.* 61.
2) Tac., *annal.* IV 34.
3) A. a. O.
4) H. Peter a. a. O. II S. 87f. Fragm. 1 aus Seneca, *suas.* VI 19.

Die unmittelbare Vorlage von Appians Emphylia.

Vorlagen der uns erhaltenen Darstellungen gewesen sind. Immerhin ist zuzugeben, daß bei dieser Sachlage der Beweis für die Autorschaft des Cremutius nicht vollständig erbracht ist, vielmehr nur ein hoher Grad von Wahrscheinlichkeit vorliegt. Mir kam es in erster Linie aber auch nur darauf an, die unmittelbare Vorlage der *Emphylia* als ein Werk der Zeit des Tiberius darzutun und die reine Einquellentheorie für Appian als unmöglich zu erweisen. Die Benennung der Quelle mit dem Namen des Cremutius Cordus ist eine Hypothese, die abgelehnt werden kann, ohne daß mein Hauptresultat dadurch in Frage gestellt wird[1]).

Breslau.

---

1) Nachtrag. Ein Wort noch darüber, ob Cremutius Cordus, falls er der Vf. der lateinischen Vorlage Appians ist, für sein Verfahren, eine Einleitung in Form eines Grundrisses seinem Werk vorauszuschicken, Vorbilder gehabt hat. Sallust, der große Meister der historischen Monographie innerhalb der lateinischen Literatur, hat, seinem großen Vorbild Thukydides folgend, in der Einleitung nur den Rückblick gepflegt. Die römische Annalistik schrieb *ab urbe condita*. Der Verfasser einer Monographie mußte, was vor dem Anfang seiner Darstellung lag, wenigstens in einem Überblick streifen, und dieses Verfahren zeigen sowohl die kleinen Schriften Sallusts (*Cat.* 5. 9ff., *Iug.* 5. 3ff.) wie auch die Historien (I fragm. 8ff. Maur.). Ebenso verfährt, wenn auch in aller Kürze, Tacitus in seinem letzten Werk (*Ann.* I 1). Dagegen die Einleitung der Historien ist dreigeteilt. Es folgen aufeinander a) eine kurze Notiz über den Anfangspunkt des Werkes, über seine Vorgänger in der Darstellung der römischen Geschichte seit Gründung der Stadt sowie über die eigene Art Geschichte zu schreiben (cap. 1, dazu Münzer, *Klio* I S. 300ff.), b) ein Grundriß (cap. 2 u. 3), c) ein Rückblick über die unmittelbar vorausgehende Zeit vom Tode Neros ab (cap. 4—11). Für die unter a und c angegebenen Teile hat auch hier Sallust das Vorbild abgegeben. Wie steht es aber mit dem Grundriß? Daß die Voranstellung eines Grundrisses schon vor Tacitus gebräuchlich war, ergibt unsere obige Untersuchung. Es bleibt nur noch die Frage zu beantworten, ob Tacitus dieses Verfahren von Cremutius Cordus übernommen hat oder ob beide einem älteren Vorbild gefolgt sind. Ich glaube das letztere wahrscheinlich machen zu können. Gelegentlich habe ich schon auf Berührungen von *Hist.* I 2 Anf. mit den beiden ersten Strophen von Horazens Gedicht auf Pollios Geschichtswerk (*carm.* II 1) hingewiesen (*Klio* III S. 551). Was liegt näher als die Annahme, daß die Zusammenfassung des Stoffes in einem Prooemium durch Pollio den Dichter zu der in den beiden ersten Strophen gegebenen Charakteristik des pollionischen Werkes veranlaßt hat? Cremutius Cordus, zu dessen Quellen Pollio gehört hat, folgte hiernach diesem Autor auch in der Ausgestaltung seiner Einleitung. Tacitus dagegen entnahm dem Sallust den Rückblick, Pollio den Grundriß und schuf durch die Verbindung beider Verfahren das glänzende Prooemium seiner Historien, das zum besten gehört, was er geschrieben hat.

C. Iulius Eurykles.
Von Ernst Kjellberg.

Dieser Zeitgenosse des Augustus harrt noch immer einer gerechten Würdigung. Weil hat vor Jahren die numismatischen Nachrichten über ihn zum größten Teile gesammelt. In der Verwertung der Zeugnisse der Inschriften und Schriftsteller war er weniger glücklich[1]). Dittenberger hat einen wichtigen Beitrag gegeben[2]). Dagegen ist die Behandlung, die Niese dem Spartaner hat angedeihen lassen, als verfehlt zu betrachten[3]). Schürer und Kolbe sowie Dessau bieten hauptsächlich nur Materialsammlungen[4]). Dasselbe ist der Fall bei Gardthausen[5]), der im Texte den Eurykles nur mit leichter Hand berührt. Ein weiterer Grund, der mich veranlaßte, sein Leben eingehender zu untersuchen, war die Erwägung, daß man oft durch Eingehen auf die Tätigkeit der untergeordneten Werkzeuge der großen Politik unerwartete Aufschlüsse über die bestimmenden Faktoren erhalten kann.

Eurykles taucht für uns zum ersten Mal auf in der Erzählung des Plutarchos von der Schlacht bei Actium[6]). Er soll dort den Antonius auf

---

1) Weil, *Die Familie des C. Iulius Eurykles, Ath. Mitt.* VI (1881) S. 10.
2) Dittenberger, *Sylloge* I² Anm. zu Nr. 360 (wiederholt in II³ 787).
3) *P.-W.* VI, S. 1330 Nr. 5.
4) Schürer, *Geschichte des jüdischen Volkes* ³ I, S. 395 Anm. 85. Kolbe in *IG* V 1, p. XVI. Dessau, *Pros. Imp. Rom.* II, S. 189 Nr. 198.
5) Gardthausen, *Augustus* II 1, S. 219 A. 3, I 1, S. 237, 366, 393, 405.
6) Plutarchos, *Antonius* rec. Ziegler 67. 2—4 ἐν τούτῳ δὲ λιβυρνίδες ὤφθησαν διώκουσαι παρὰ Καίσαρος· ὁ δ' ἀντίπρῳρον ἐπιστρέφειν τὴν ναῦν κελεύσας, τὰς μὲν ἄλλας ἀνέστειλεν, Εὐρυκλῆς δ' ὁ Λάκων ἐνέκειτο σοβαρῶς λόγχην τινὰ κραδαίνων ἀπὸ τοῦ καταστρώματος ὡς ἀφήσων ἐπ' αὐτόν. ἐπιστάντος δὲ τῇ πρῴρᾳ τοῦ Ἀντωνίου καί, „τίς οὗτος," εἰπόντος, „ὁ διώκων Ἀντώνιον;" „ἐγώ," εἶπεν, „Εὐρυκλῆς ὁ Λαχάρους, τῇ Καίσαρος τύχῃ τὸν τοῦ πατρὸς ἐκδικῶν θάνατον." ὁ δὲ Λαχάρης ὑπ' Ἀντωνίου λῃστείας αἰτίᾳ περιπεσὼν ἐπελεκίσθη. πλὴν οὐκ ἐνέβαλεν ὁ Εὐρυκλῆς εἰς τὴν Ἀντωνίου ναῦν, ἀλλὰ τὴν ἑτέραν τῶν ναυαρχίδων — δύο γὰρ ἦσαν — τῷ χαλκώματι πατάξας περιερρόμβησε καὶ ταύτην τε πλαγίαν περιπεσοῦσαν εἷλε καὶ τῶν ἄλλων μίαν, ἐν ᾗ πολυτελεῖς σκευαὶ τῶν περὶ δίαιταν ἦσαν.

Uber den Verlauf der Schlacht siehe Kromayer, *Hermes* XXXIV 1899. Die Theorie von Ferrero, *Grandezza e decadenza di Roma* IV S. 285 (franz. Übers.) über den unlösbaren politischen Gegensatz unter den Anhängern des Antonius, der zur Katastrophe führte, ist an sich ansprechend. Der Verfasser scheint mir aber die

der Flucht verfolgt haben und ihm drohend auf die Frage, wer es sei, der sich erkühne den Antonius zu verfolgen, geantwortet haben: Ἐγώ, Εὐρυκλῆς ὁ Λαχάρους, τῇ Καίσαρος τύχῃ τὸν τοῦ πατρὸς ἐκδικῶν θάνατον. Antonius hatte nämlich den Lachares wegen Raubes hinrichten lassen.

Dieser Bericht ist als Ganzes nicht zu halten. Nachdem die Segelschiffe des Antonius und der Kleopatra die offene See erreicht, war für die Rudergaleeren Caesars nicht an eine ernstliche Verfolgung zu denken. Plutarchos erzählt weiter, Eurykles hätte das Schiff des Antonius verfehlt, dafür aber das andere feindliche Admiralschiff versenkt und außerdem ein mit reichem Gerät beladenes erbeutet. Nun hatte Antonius bei dem Anblick der Flucht der Kleopatra eine kleinere Pentere bestiegen, um sie einzuholen. Die Admiralschiffe seiner Flotte werden gar nicht an der Flucht teilgenommen haben. Die zuletzt genannten Taten des Eurykles galten eher den zurückgebliebenen als den fliehenden Schiffen.

Aus dieser Anekdote können wir doch folgendes entnehmen: die Todesart des Lachares, die Parteinahme des Eurykles für Caesar, seine Teilnahme an der Schlacht und Auszeichnung im Kampfe und seine reiche Beute.

Pausanias bezeugt auch, daß die Spartaner die Partei des Caesars in diesem Kampfe ergriffen[1].

Die Familie, der Eurykles entstammte, führte ihre Ahnen auf die Dioskuren zurück[2]. Leider ist es nicht möglich, seine Vorfahren unter den leitenden Persönlichkeiten Spartas in der Vergangenheit namhaft zu machen[3].

Dem Vater des Eurykles haben die Athener eine Statue errichtet,

---

militärischen Verhältnisse unrichtig zu beurteilen, indem er die dem Antonius zur Verfügung stehende Land- wie Seemacht bedeutend überschätzt, und die Wirkung der von den Streitkräften des Caesar durchgeführten Blockade zu gering achtet.

1) Paus. (ed Spiro) IV 31. 1 ὅτι ἐφρόνουν Λακεδαιμόνιοι τὰ Αὐγούστου.

2) *IG*. V 1 971. 6 τριακοστὸν καὶ ἕκτον ἀπὸ Διοσκούρων, 1172. 4 λς' ἀπὸ [[Διοσκ]ούρων beidemal von C. Iulius Eurykles Herklanos dem Ururenkel des Eurykles. In der ersten der genannten Inschriften folgt ἀρχιερέα διὰ βίου τῶν Σεβαστῶν ἀπὸ προγόνων, in der zweiten ἱερέα κ[αὶ ἀρχιερέα] τοῦ τῶν [Σ]εβαστῶν [οἶκον δι]ὰ βίου, was bei einigen durch falsche Verbindung mit dem vorhergehenden Διοσκούρων zu der Annahme eines in der Familie erblichen Priestertums dieser Schutzgötter des Staates geführt hat. Dieses spukt noch bei Dessau a. a. O. Nr. 199, ist aber für Eurykles Herklanos ohne sicheren Beleg. Später finden wir es *IG* V 1. 559. 6, wo Sextus Eudamos Sohn des Onasikrates der Inhaber ist. Aber dessen Verwandtschaft mit der Familie des Eurykles ist, trotz der beiden gemeinsamen Abstammung von den Dioskuren, unbezeugt. In Nr. 463. 4 ist λδ' statt λε' zu ergänzen, denn Spartiatikos war Großvater des Herklanos. Der Index zur Stelle hat S. 346 das richtige (Διόσκουροι, ἀπὸ Δ.).

3) Siehe den Stammbaum von Kolbe *IG* V 1, S. 307 und Paton, *Trans. of the Amer. Philol. Assoc.* XXVI.

die einzige, die in dieser Zeit von ihnen einem Spartaner gewidmet wurde[1]). Schon er war also eine der führenden Persönlichkeiten von Hellas, wenn uns auch weitere Nachrichten darüber fehlen. Auch der Zeitpunkt des Zerwürfnisses mit Antonius ist nicht überliefert. Caesar hatte den Spartanern ihre Parteinahme für Pompeius verziehen. Im Herbst 43 hielt sich der Flottenführer der Caesarmörder, Staius Murcus, in ihren Gewässern auf, der in Tainaron einer ägyptischen Flotte aufgelauert hatte, die den Triumvirn Zufuhr nach Italien bringen sollte[2]). Bei Philippi standen dann 2000 Spartaner im Lager des Octavianus, die in der ersten Schlacht sämtlich niedergemacht wurden. Brutus versprach seinen Truppen, im Falle des Sieges sollten sie u. a. Sparta zur Plünderung erhalten[3]). Die Triumvirn belohnten dagegen die Spartaner durch Verleihung des Denthaliatischen Gebiets, um das sie schon oft mit den Messeniern gekämpft hatten[4]).

---

[1]) *IG* II 5. 1171 b, Ditt. *Syll.*³ 786. Ἡ βουλὴ καὶ ὁ δῆμος [Λ]αχάρην Εὐρυκλέους [Λ]ακεδαιμόνιον ἀρετῆς ἕνεκα. Dieser Identifikation widerspricht Kolbe, der den Vater des Eurykles in einem Λαχάρης Ἡ[ρα]κλανοῦ sieht, der unter den spartanischen Geronten des ersten Jahrhunderts v. Chr. aufgezählt wird *IG* V 1. 94. 11.

[2]) App. *Bell. civ.* IV 74 u. 82. — [3]) Plut. *Brut.* 41. 3 u. 46. 1.

[4]) Tac. (Halm) *Ann.* IV 43. *Auditae dehinc Lacedaemoniorum et Messeniorum legationes de iure templi Dianae Limnatidis, quod suis a maioribus suaque in terra dicatum Lacedaemonii firmabant annalium memoria vatumque carminibus, sed Macedonis Philippi, cum quo bellassent, armis ademptum ac post C. Caesaris et M. Antonii sententia redditum. Contra Messenii veterem inter Herculis posteros divisionem Peloponnesi protulere, suoque regi Denthaliatem agrum, in quo id delubrum, cessisse; monimentaque eius rei sculpta saxis et aere prisco manere. quod si vatum, annalium ad testimonia vocentur, plures sibi ac locupletiores esse; neque Philippum potentia, sed ex vero statuisse. idem regis Antigoni, idem imperatoris Mummii indicium; sic Milesios, permisso publice arbitrio, postremo Atidium Geminum praetorem Achaiae decrevisse. ita secundum Messenios datum.*

Gegen die von Kolbe *Ath. Mitt.* XXIX (1904) S. 366 u. 375 f. vorgeschlagene Identifikation des in der Grenzurkunde *IG* V 1. 1431. 38 genannten Heiligtums mit dem berühmten von Tacitus oben erwähnten, wo der Sage nach König Teleklos einst ermordet wurde, spricht folgendes: Es gab im Grenzgebiete zwischen Lakonien und Messenien noch ein anderes Heiligtum der Artemis Limnatis, von dem Reste bei der Kirche Παναγία Βωλιμνιάτισσα gefunden sind, *IG* V 1 S. 261. Am Choireios sind bisher keine derartigen Funde gemacht, was darauf deutet, daß das erstere Heiligtum das bedeutendere war. Mehr noch fällt ins Gewicht, daß Pausanias die Stätte in der Nähe von Thuria erwähnt: IV 31. 3 ἔστι δὲ ἐν μεσογαίῳ κώμη Καλάμαι καὶ Λίμναι χωρίον· ἐν δὲ αὐτῷ Λιμνάτιδος ἱερόν ἐστιν Ἀρτέμιδος, ἔνθα Τηλέκλῳ κτλ. Aber der Choireios liegt weit von Thuria ab; Pharai und Abia liegen dazwischen. Die Worte Strabons von der Lage des Heiligtums VIII 362 τὸ δ' ἐν Λίμναις τῆς Ἀρτέμιδος ἱερόν .... ἐν μεθορίοις ἐστὶ τῆς τε Λακωνικῆς καὶ τῆς Μεσσηνίας widersprechen nicht der Identifikation mit den Resten bei der Volimniatissa. Von dort beträgt nämlich die Entfernung bis zum Kamm des Taygetos nur etwa 10 km, meist Wildnis; μεθόρια kann Grenzgebiet in weiterem Sinne bezeichnen. Das spartanische Gebiet wird aber noch näher ge-

C. Iulius Eurykles.

Als nach dem Falle von Perusia die Gegner des Caesar aus Italien flohen, ließen die Spartaner sich nicht durch die Waffenbrüderschaft mit ihm hindern, der Livia und ihrem einjährigen Söhnlein, dem späteren Kaiser Tiberius, ihren Schutz zu gewähren. Sie hatten nämlich zu den Claudiern alte Beziehungen. Bei dem Aufenthalte in Lakonien kamen Livia und ihr Gefolge durch einen Waldbrand in große Gefahr. Livia erinnerte sich noch lange mit Dankbarkeit ihres Aufenthalts in Sparta[1].

Als nach dem Frieden mit S. Pompeius in Misenum, wo diesem der Peloponnesos versprochen worden war, Antonius diese Landschaft mit den schwersten Erpressungen heimsuchte, um dem Rivalen so wenig als möglich übrig zu lassen, wird Sparta auch betroffen worden sein, obwohl es als *civitas libera et foederata* von ordentlichen Steuern und Abgaben befreit war[2]. Später wurde Griechenland wieder der Schauplatz der Rüstungen des Antonius. Von den Messeniern wird berichtet, daß sie seine Sache mit Eifer ergriffen hätten. Die Spartaner verhielten sich dagegen ablehnend. Offener Widerstand zu Lande war wohl nicht möglich, aber das oder die Schiffe des Eurykles stießen zur Flotte des Caesar. Die Hinrichtung des Lachares dürfte in die Zeit dieser Rüstungen fallen.

Die Spartaner erhielten reichen Lohn für ihre Parteinahme auf Kosten der Messenier. Sie bekamen die Städte Thuria und Kardamyle, während

---

wesen sein, denn es griff auf die Westseite des Taygetos über. Das lehrt eben die von Kolbe publizierte Grenzurkunde, die Zeile 39 sagt: Χοίρειον, ὃς ὁρίζει Μεσσήνῃ καὶ Λακεδαίμονι πρὸς Ἐλευθερολάκωνας. Am Nordufer des Flüßchens war also neben dem messenischen auch spartanisches Gebiet. Möglich ist, daß ein Streifen spartanischen Landes bis nach Thuria reichte, in welchem Fall die von Augustus verfügte Verbindung dieser Stadt mit Sparta wirtschaftlich und geographisch besser begründet erscheint. Das Zeile 38 der Grenzinschrift genannte Heiligtum der Artemis Limnatis dürfte mit dem von Paus. in der Nähe von Alagonia erwähnten Artemisheiligtum identisch sein: III 26. 11 θέας δὲ αὐτόθι ἄξια Διονύσου καὶ Ἀρτέμιδός ἐστιν ἱερά. Ein Grund, die Entscheidung betreffs des Denthaliatischen Gebiets dem Diktator Caesar zuzuschreiben, wie jetzt allgemein angenommen (Klebs s. v. *Atidius Geminus* P.-W. II S. 2075, Kolbe *IG* V 1 p. XV u. S. 260, *Ath. Mitt.* XXIX S. 377), liegt nicht vor. Daß Antonius später das Gebiet den Messeniern zurückgegeben habe, ist eine müssige Annahme. Die von Augustus nach Actium in diesen Gegenden verfügten Gebietsveränderungen betreffen andere Gebiete als das Denthaliatische. Dieses wurde von Tiberius den Messeniern gegeben, aber trotzdem finden wir bei Pausanias, daß das Land am linken Ufer des Choireios zu seiner Zeit lakonisch war. Die Denthaliatis lag also nicht dort, wenn man nicht einen neuen Wechsel annehmen will, zu dem sonst kein Grund vorliegt. Vgl. auch Mommsen bei Neubauer *Arch. Zeit.* 1876 S. 138 A. 16. Die Inschrift *IG* V 1 1448 kann für die Datierung nicht entscheidend sein, wie Kolbe will.

1) Suet. (Ihm), *Tib.* 6. *Lacedaemoniis publice, quod in tutela Claudiorum erant, demandatus*. Dio LIV 7. 2. Die Spartaner nennen *IG* V 1. 375. 2 den Germanicus ἀπὸ προγόνων εὐεργέταν.

2) Dio XLVIII 39. 1.

Leuktra, Gerenia, Alagonia und Pharai dem Bund der lakonischen Städte zugeteilt wurden[1]). Es scheint richtiger diese Gebietsveränderungen nicht mit dem Besuch des Augustus in Sparta in Zusammenhang zu bringen; dann würde Dio sie nicht übergangen haben, sondern sie gehören eher in die Zeit der Neueinrichtung der Provinz Achaia, die vor dem Jahre 27, wo diese dem Senate übergeben wurde, abgeschlossen gewesen sein wird.

Schließlich erhielten die Spartaner den ehrenvollen Auftrag, die vom Kaiser neu ausgestatteten Actischen Spiele zu leiten, die vom Jahre 28 an jedes vierte Jahr gefeiert wurden[2]).

Eurykles stand von dieser Zeit an bei dem Kaiser in hoher Gunst. Er erhielt das römische Bürgerrecht und fügte den Namen Gaius Iulius zu dem seinigen.

Über sein Alter liegen keinerlei direkte Nachrichten vor. Da er aber bis nach dem Tode des Augustus im Regiment war — siehe unten S. 57 — war er wahrscheinlich jünger als dieser. Andererseits kann er wohl nicht später als 50 v. Chr. geboren sein. Er wäre sonst für eine Führerstellung in der Schlacht bei Actium zu jung gewesen. Eine verhältnismäßig späte Ansetzung seines Geburtsjahres empfiehlt sich auch aus dem Grunde, daß sein Sohn Lakon noch unter Claudius in Sparta die Herrschaft führte[3]).

Zu den Besitzungen, die seine Familie besaß — sie muß nach der Bedeutung zu urteilen, die Lachares hatte, nicht unbegütert gewesen sein — kam nun die reiche Beute aus der Schlacht und Geschenke des Kaisers. Inbezug auf Reichtum gehörten er und seine Nachkommen zu den ersten in ganz Hellas.

Wir finden ihn im Besitz der Stadt und wohl damit auch der ganzen Insel Kythera[4]). Dagegen kam er nicht gleich in den Besitz der Herrschaft über Sparta. Dort sind nämlich Münzen geprägt mit dem Namen und dem Bild des Caesar, aber ohne denjenigen des Eurykles. Sie werden in die Jahre nach Actium zu datieren sein[5]).

Aber es dauerte nicht allzu lange, bis Eurykles, auf die Gunst des Augustus gestützt, die Leitung der Regierung in Sparta übernehmen konnte.

---

1) Thuria: Paus. IV 31. 1, Kardamyle III 26. 7, Leuktra wird III 21. 7 unter den Eleutherolakonen aufgezählt, die Messenier machen aber darauf Anspruch III 26. 6, Gerenia III 21. 7 und 26. 8, Alagonia III 21. 7 und 26. 11, Pharai IV 30. 2.
2) Strabon VII 325.
3) Weil a. a. O. Münzen Nr. 5—7.
4) Strabon VIII 363 Κύθηρα ... νῆσος εὐλίμενος, πόλιν ἔχουσα ὁμώνυμον, ἣν ἔσχεν Εὐρυκλῆς ἐν μέρει κτήσεως ἰδίας, ὁ καθ' ἡμᾶς τῶν Λακεδαιμονίων ἡγεμών. Beachte den Aorist.
5) Weil a. a. O. S. 16 A. 2.

C. Iulius Eurykles.

In die Zeit von Agrippas zweitem Aufenthalt im Orient dürfte, nach Weil, die von ihm als Nr. 2 aufgeführte Münze gehören[1]). Sie trägt auf der Vorderseite Name und Bild des Agrippa; auf der Rückseite den Namen Εὐρυκλε. Ein Collegium der Agrippiasten finden wir inschriftlich erwähnt, das ihrem Patron eine Statue errichtete, deren Basis zum Teil noch erhalten ist. Der Vorsitzende des Collegs war C. Iulius Deximachos, der Sohn des Pratolaos. Da wir finden, daß ein Sohn des Eurykles auch den Namen Deximachos führte, ist es wahrscheinlich, daß die Familien beider mit einander verwandt waren[2]). Die Rückseite der Agrippamünze stimmt mit einer anderen, von Weil nicht erwähnten, überein, deren Vorderseite einen jugendlichen Kopf und die Inschrift ΛΥCΙ sowie ein Monogramm trägt[3]).

Schon vor das Jahr 27 setzt Weil seine Münze Nr. 1 mit dem Bild und Namen des Kaisers, ΚΑΙC.[4]). Nachdem dieser im genannten Jahre den Titel Augustus angenommen, dürfe dieser Name nicht auf den Münzen fehlen. Aber auf mehreren, die sicher später geprägt sind, fehlt dieser Titel[5]). Wir haben also das Recht, die erwähnte Münze auf ein späteres Ereignis zu deuten. Etwa gleichzeitig mit dieser dürfte eine andere sein, die dasselbe Bild und dieselbe Inschrift auf der Vorderseite zeigt. Statt des Adlers finden wir dagegen den Namen Εὐρυκλε von einen Lorbeerkranz umgeben[6]). Dieses läßt sich ungezwungen auf die Erhebung des Eurykles zur Herrschaft beziehen. Das Bild des Kaisers wird ein Zeichen der Dankbarkeit sein, kann aber außerdem noch eine andere Beziehung

---

1) Weil a. a. O. S. 14. Sämtliche auf Eurykles sich beziehende Münzen sind bei Gardthausen II 1 S. 219 A. 3 aufgeführt, aber wenig übersichtlich.
2) *IG* V 1. 374 [*M. Agrippa*]*m cos. tert.* [*tribuni*]*c. potest.* [. . . *A*]*grippiastae* [*et prince*]*ps C. Julius* [. . . *Dexi*]*machus, Pratola*[*i f*].
[*Μ. Ἀγρίπ*]*παν ὕπατον* [*τὸ γ', δημ*]*αρχικῆς ἐξου*[*σίας τὸ* . . . Ἀ]*γριππιασταὶ* [*καὶ πρ*(*έσβυς*) *Γάϊος Ἰούλιος* [. . . *Δε*]*ξίμαχος Πρα*[*τόλα*].
IG III 801b, Ditt. *Syll.*³ 788 [ὁ δῆμος Γάϊο]*ν* Ἰ[ο]*ύλιον Δεξίμαχον* [*Εὐρυκλέους υἱόν*. Vielleicht ist der *IG* V 1. 141. 18 genannte Δεξίμαχος Εὐρυκλέους mit diesem identisch, umsomehr, als gleich nach ihm ein gleichnamiger Sohn des Pratolaos erwähnt wird. Dann müßte man aber annehmen, daß der vorher genannte Ῥαδάμανθυς Εὐρυκλέους auch ein Sohn des Tyrannen sei. Dieser letztere Vorname sticht aber zu sehr gegen die übrigen in der Familie des Eurykles gebräuchlichen ab, um die Annahme besonders wahrscheinlich zu machen.
3) Imhoof-Blumer, *Monnaies grecques* S. 172 No. 86. Λυσιξενίδας?
4) Weil a. a. O. S. 13 u. 16.
5) Siehe z. B. Cohen. *Descr. hist. d. monn. frapp. sous l'Empire Romain* I S. 77 ff. Nr. 58 *Caesar Divi f. Armen. recep. imp. VII.*, 59 *Caesar Divi f. Armen. capt. imp. VIII*, beide aus dem Jahre 20 v. Chr., Nr. 229 *S. P. Q. R. Imp. Caesari — quod viae munitae sunt*, 230 dieselbe Inschrift, aus dem Jahre 16 v. Chr., 322 *S. P. Q. R. Imp. Caesari vot. p. susc. pr. sal. et red. I. O. M. sacr.*, 327 *S. P. Q. R. Imp. Caesari* beide auch aus dem Jahre 16.
6) Imhoof-Blumer a. a. O. Nr. 88.

haben, nämlich auf den Besuch des Augustus in Sparta im Jahre 21. Dies letztere muß aber dahingestellt bleiben, bis andere Gründe gefunden sind, die dafür sprechen, daß die Ehrung des Eurykles bei dieser Gelegenheit stattfand.

Unter der Herrschaft des Eurykles kommen weiter Typen mit dem Kopfe des Zeus und dem der Sparta vor[1]). Jener ist dem auf spartanischen Münzen gewöhnlichen Lykurgos ähnlich[2]). Die Rückseite von Weil Nr. 1, stehender Adler, 2 und der „$\varLambda v\sigma\iota$"-Münze, Kerykeion, kommen oft vor[3]). Weniger gewöhnlich ist die Keule von Nr. 3[4]). Der Kopf der Sparta kommt sonst nicht auf den Münzen vor und das Bild der Rückseite, die Dioskuren zu Pferde, finden wir erst unter Hadrianus wieder[5]). Es sollte natürlich eine Anspielung auf die Abstammung des Tyrannen von den alten Landesheroen sein.

Die spartanischen Könige Areus und Nabis, die einzigen Könige, von denen Münzen erhalten sind, setzten ihren Namen im Genetiv darauf[6]). In der Zeit der ersten Kaiser gebrauchten die dem Gesetze nach höchsten Ämter dieselbe Ausdrucksweise neben dem Nominativ[7]). Andere Spartaner kommen fast ausnahmslos nur im Nominativ vor[8]). Eurykles gebraucht auf der Hälfte der Münzen die Abkürzung $E\dot{v}\varrho v\varkappa\lambda\varepsilon$, die nur als Genetiv gedeutet werden kann, folgt also dem Beispiel der Könige. Auf den übrigen Münzen hebt er den Unterschied gegen andere Beamten durch den Gebrauch der Präposition $\dot{\varepsilon}\pi\acute{\iota}$ hervor. Hierin ist sein Sohn Lakon seinem Beispiel gefolgt[9]).

Dieses Selbstzeugnis des Eurykles von seiner Ausnahmestellung wird durch Strabon bestätigt. Er nennt ihn $\dot{o}\ \varkappa\alpha\vartheta'\ \dot{\eta}\mu\tilde{\alpha}\varsigma\ \tau\tilde{\omega}\nu\ \varLambda\alpha\varkappa\varepsilon\delta\alpha\iota\mu o\nu\acute{\iota}\omega\nu\ \dot{\eta}\gamma\varepsilon\mu\dot{\omega}\nu$ und spricht von seiner $\dot{\alpha}\varrho\chi\dot{\eta}$ und $\dot{\varepsilon}\pi\iota\sigma\tau\alpha\sigma\acute{\iota}\alpha$[10]). Iosephus bezeichnet ihn nur als einen in seiner Heimat bedeutenden Mann, und Pausanias kennt ihn nur als Spartiaten[11]). Strabons Zeugnis ist für uns natürlich maßgebend. Und die Tatsache der Prägung von Münzen im Namen des Eurykles zeigt auch, daß seine Herrschaft irgendwie legalisiert war. Die Un-

---

1) Weil a. a. O. Nr. 3 u. 4.
2) *Cat. of the coins in the Brit. Mus.*, *Peloponnesus* S. 122 Nr. 14—21, 61. Vgl. ebenda Taf. XXIV. 7 mit XXV. 6!
3) Ebenda S. 122 ff. Nr. 22—34, 69 u. Nr. 14—21, 61.
4) Ebenda S. 124 Nr. 41—43. — 5) Ebenda S. 129 Nr. 73.
6) *Num. Chronicle* 1897 Taf. V. 2 u. *Ztschr. f. Num.* II (1875) S. 285 u. Taf. IX. 1, Jahrg. XXI (1894) S. 213 Taf. IV. 14.
7) *Brit. Mus.* a. a. O. S. 126 Nr. 51—53, 56—61.
8) Münsterberg, *Beamtennamen auf griech. Münzen* S. 55 (Sep. aus *Numism. Ztschr.* Wien 1911 S. 123). Der Genetiv $\varLambda\acute{\iota}\chi\alpha$ macht Ausnahme. $M\alpha\sigma\alpha\nu\acute{\iota}\sigma\sigma o\nu$ ist kaum lakonisch.
9) Weil a. a. O. Nr. 1, 3—7.
10) Siehe S. 48 Anm. 4 und unten S. 57 Anm. 3.
11) Siehe S. 54 und S. 53 Anm. 3 u. 4.

kenntnis von der Stellung des Eurykles bei Iosephus und Pausanias läßt sich erklären, wenn man annimmt, daß sein Regiment nicht die vollständige Aufhebung der verfassungsgemäßen Behörden von Sparta bedeutete. Er kann eins oder mehrere der gewöhnlichen Ämter Jahr für Jahr bekleidet haben; er kann auch durch Beschluß von Volksversammlung und Rat oder durch Dekret des Kaisers außerordentliche Vollmachten erhalten haben, durch die alle anderen Organe der Stadt zu tatsächlicher Bedeutungslosigkeit herabgedrückt wurden, obwohl sie rechtlich fortbestanden. Aus der Nichterwähnung des Dio bei Gelegenheit von Augustus' Besuch in Sparta sowie aus seinem und des Tacitus' Schweigen über seinen Fall, der in der ersten Zeit des Tiberius stattgefunden haben muß, schließe ich, daß die spartanischen Behörden formell die Vollmachten erteilten.

Jedenfalls war seine Macht so groß, daß sie zu schwerem Mißbrauch Anlaß gab, und die Lakedaimonier selbst waren ohne Eingreifen des Kaisers nicht imstande, sie zu zügeln.

Über die Gründe, die Augustus zu der in einer griechischen Stadt ungewöhnlichen Maßnahme, einen Tyrannen einzusetzen, bewegten, ist nichts überliefert. Antonius hatte es vieler Orten getan. Unter Augustus wird sonst nur von einem griechischen Stadtherrscher berichtet; und dessen Regiment war wohl nicht von langer Dauer[1]).

Günstlingswirtschaft war dem Augustus nicht fremd, wie die Geschichte seines Freigelassenen Likinos beweist, der sich in Gallien die unerhörtesten Erpressungen erlaubte und auch, als der Kaiser ihn seines Amtes enthoben hatte, noch große Reichtümer für sich retten konnte[2]). In anderen Fällen sind es politische Gründe gewesen, die Augustus dazu bewogen haben, seine Hand über Tyrannen zu halten, auch wenn sie zu schwerem Klagen Anlaß gab, wie z. B. Herodes von Judäa. Meist werden persönliche Neigungen und politische Berechnung verbunden gewesen sein. Ersteren nachzuspüren, wäre hier ein müßiges Beginnen.

Alle Ehren, die Römer und Provinzialen dem Augustus bereiteten, konnten doch den Kaiser und seine Zeitgenossen nicht darüber hinwegtäuschen, daß sowohl der Kaiser persönlich wie die von ihm geschaffenen Einrichtungen des größten Schutzes und unabläßiger Wachsamkeit für ihre Sicherheit bedurften. Die Provinzen des griechischen Ostens waren seit bald 200 Jahren gewöhnt, von den Römern Befehle zu empfangen, und die Unruhen einiger wilder Stämme in Makedonien, Thrakien und Kleinasien konnten die Sicherheit der Regierung nicht gefährden. Nicht einmal die Bürgerkriege hatten hier zu Versuchen der Erhebung geführt. Den Bewohnern der Kulturgebiete im Umkreise des östlichen Mittelmeeres

---

1) Über Nikias von Kos siehe Gardthausen II 1 S. 122 A. 20.
2) Suet. *Aug.* 67, Dio LIV 21, *Pros. Imp. Rom.* II S. 288 Nr. 193.

war der Glaube an die Unüberwindlichkeit der Römer und an ihr Recht, alle anderen zu beherrschen, in Fleisch und Blut übergegangen. Die Bürgerkriege hatten aber auch gezeigt, daß diese Unterwürfigkeit der Graeculi und der anderen Völker des Ostens diese reichen Länder zu einer leichten Beute machten für jeden Römer, der dort mit bewaffneter Macht auftreten konnte. Nur wenige Gemeinden, wie Rhodos und Sparta, wo noch von früheren Zeiten ein Rest politischer Gesinnung übrig geblieben war, hatten dem Brutus und Cassius die Heeresfolge verweigert.

Bei dem starken Mißtrauen des Augustus gegen den Senat war es selbstverständlich, daß dieser bei der Teilung der Provinzen nur solche erhielt, in denen keine Truppen standen. Außerdem mußte es dem Kaiser wünschenswert erscheinen, in den Senatsprovinzen über persönlich ergebene Männer von hervorragender Tüchtigkeit verfügen zu können, die für ihre Machtstellung ganz auf ihn angewiesen waren und die nötigenfalls zu seinen Gunsten eingreifen konnten. In Sparta war durch die Beibehaltung der alten lykurgischen Satzungen, die Erziehung der Jugend betreffend, am ehesten in Griechenland die Möglichkeit vorhanden, eine bewaffnete Macht aufzubieten — von den römischen Veteranenkolonien natürlich abgesehen. Um so wichtiger war es für den Kaiser, sich dieser Stadt zu versichern. Anderseits war Eurykles, um seine Stellung im Staate zu erhalten, ganz auf die Gunst des Kaisers angewiesen. Er hatte unter seinen Landsleuten mächtige Feinde, die ihn wiederholt beim Kaiser anklagten. Daher konnte dieser sich fest auf ihn verlassen und hielt durch ihn auch Sparta in seiner Hand. Es ist auch nicht ausgeschlossen, daß die inneren Verhältnisse in Sparta die Einsetzung eines „Tyrannen" empfehlenswert erscheinen ließen. Aber darüber ist uns nichts bekannt.

Vorsichtig, man könnte fast sagen, tastend ist Augustus zu Wege gegangen. Nachdem er Eurykles durch den Besitz von Kythera ausgezeichnet und geprüft hatte, hat er ihm die Leitung der Geschäfte Spartas übertragen. Da Veränderungen im Besitzstand und Einrichtungen der Untertanen oft bei persönlicher Anwesenheit des Herrschers oder seiner besonders bevollmächtigten Vertreter erfolgten, dürften wir nicht fehlgehen, wenn wir die Erhebung des Eurykles mit dem Besuch des Kaisers in Sparta in Zusammenhang bringen. Mit dieser Datierung läßt sich die Nachricht Dios gut vereinigen, daß der Kaiser damals Kythera mit Sparta vereinigte. Bei derselben Gelegenheit nahm er auch an den Syssitien teil. Die Spartaner haben ihn durch Tempel und Altar geehrt und später finden wir das Fest der Καισάρεια bei ihnen mit den Εὐρύκλεια vereint. Über den Zeitpunkt der Ehrungen erfahren wir leider nichts Bestimmtes[1]).

---

1) Paus. III 11. 4, *IG* V 1. 373. Woodward in *Annual of the British school at Athens* XIV (1908) S. 138. *IG* V 1. 71 b. 53, 86. 30, 168. 13, 550. 3, [603. 5].

Sparta war zu dieser Zeit nach Korinth die erste Stadt des Peloponnes. Zu den Römern stand sie im Verhältnis einer *civitas libera* mit *aequum foedus* und war frei von Steuern, mußte aber natürlich im Notfall gewisse Dienstleistungen verrichten [1]. Sein Gebiet umfaßte das lakonische Binnenland mit der Ebene des Eurotas; an einigen Punkten, wie Kardamyle und wahrscheinlich auch in der Nähe der Eurotasmündung, erreichte es das Meer. Von Bedeutung waren in dieser Zeit die Porphyrbrüche von Krokeai, wo der bunte sog. lakonische Marmor gewonnen wurde, der durch den steigenden Luxus der römischen Bauten immer mehr begehrt wurde [2].

Wie so viele führende Männer seiner Zeit, z. B. König Herodes, wurde auch Eurykles von dem Eifer beherrscht, sich durch großartige Bauten einen Namen bei Mit- und Nachwelt zu machen. In Sparta baute er ein Gymnasion im Dromos, wo seit alters her die Jugend sich im Wettlauf übte [3]. Die Hauptstadt der Provinz Achaia, Korinth, schmückte er mit prachtvollen Thermen, bei denen der bunte lakonische Stein reiche Verwendung fand. Noch zur Zeit des Periegeten Pausanias waren die Bäder des Eurykles die berühmtesten der Stadt [4].

Ein paarmal erfahren wir von Ehrungen, die dem Spartaner zuerkannt wurden. Der Stadt Asopos in Lakonien, die zu den Eleutherolakonen gehörte, hatte er eine Stiftung gemacht, aus deren Mitteln für ewige Zeiten das für das Gymnasium nötige Öl beschafft werden sollte. Dafür erhielt er von dem Städtchen den Titel εὐεργέτης [5]. Die Athener ehrten ihn und seinen Sohn Deximachos mit je einer Statue [6].

Etwas mehr als ein Jahrzehnt nach dem Besuch des Kaisers in Sparta finden wir Eurykles am Hofe des Herodes von Judäa. Nach Iosephus hat er dort verhängnisvoll in den Konflikt zwischen dem König und dessen beiden Söhnen mit der Mariamme eingegriffen [7]. Iosephus mag übertrieben haben, aber ganz kann man seinem Bericht nicht die Wahrscheinlichkeit absprechen. Denn es läßt sich schwerlich ein Grund angeben, warum er

---

1) Strabon VIII 365 fin. ἐτιμήθησαν διαφερόντως καὶ ἔμειναν ἐλεύθεροι, πλὴν τῶν φιλικῶν λειτουργιῶν ἄλλο συντελοῦντες οὐδέν.
2) Paus. III 21. 4 κώμη καλουμένη Κροκέαι καὶ λιθοτομία.
3) Paus. III 14. 6 πεποίηται δὲ καὶ γυμνάσια ἐν τῷ Δρόμῳ, τὸ ἕτερον Εὐρυκλέους ἀνάθημα, ἀνδρὸς Σπαρτιάτου.
4) Paus. II 3. 5 τὸ δὲ ὀνομαστότατον αὐτῶν (der Thermen in Korinth) πλησίον τοῦ Ποσειδῶνος. τοῦτο δὲ Εὐρυκλῆς ἐποίησεν, ἀνὴρ Σπαρτιάτης, λίθοις κοσμήσας καὶ ἄλλοις καὶ ὃν ἐν Κροκεαῖς χώρας τῆς Λακωνικῆς ὀρύσσουσιν.
5) *IG* V 1. 970 Ἁ πόλις Γάιον Ἰούλιον Εὐρυκλέ[α τὸ]ν ἑαυτᾶς εὐεργέ[τ]αν ἀνθέντα τὸ [ἔ]λαιον ε[ἰς] τὸν αἰῶνα.
6) *IG* III 801a = Ditt. Syll.³ 787 [Ὁ δῆμος Γάϊ]ον Ἰούλιον Λ[αχάρους υἱὸν] Εὐρυκλέα ἀρετῆ[ς ἕνεκα]. Vgl. S. 49 Anm. 2.
7) Josephus (ed. Niese) *Bell. Iud.* I 513—532, *Antiquitates* XVI 300—310. Der kürzere Bericht der letzteren ist vorzuziehen. Vgl. Otto Art. *Herodes*, P.-W. Suppl. II S. 136.

oder seine Quelle dem Eurykles diese Rolle angedichtet haben sollte. Es hätte ja nahe liegen können, den Antipatros, der sonst als der böse Dämon gilt, als den Hauptschuldigen zu brandmarken. Wir erhalten einige ergänzende Mitteilungen über Eurykles. Er gilt als ein in seiner Heimat angesehener Mann οὐκ ἄσημος τῶν ἐκεῖ, er verkehrt auf gleichem Fuße mit Herodes, bringt ihm Geschenke und erhält Gegengaben. Letztere sollen nach Iosephus die ersteren weit überstiegen haben. Herodes hatte also Grund, den Eurykles zu ehren, der danach noch immer in der Gunst des Kaisers gewesen sein muß.

Die Stimmung am Hofe war bei der Ankunft des Eurykles nur scheinbar ruhig. Der alte Zwist zwischen dem Könige und seinen beiden Söhnen mit der Mariamme, Alexandros und Aristobulos schien zwar beigelegt durch die Vermittlung des Archelaos von Kappadokien, des Schwiegervaters des Alexandros[1]). Aber die Wühlereien des Kronprinzen Antipatros gegen seine jüngeren Brüder hatten nicht aufgehört, wenn sie auch nicht offen betrieben werden konnten. Dazu kam in ungefähr derselben Zeit die Ungnade des Kaisers, die Herodes sich durch einen Kriegszug gegen die Räuber in der Trachonitis und ihre arabischen Helfershelfer zugezogen hatte[2]). Man gewinnt den Eindruck, als ob Herodes die engen Grenzen überschritten hatte, die den Vasallenfürsten des Reichs für ihr eigenes Handeln gezogen waren. Außerdem wird man in Rom ein weiteres Anwachsen der Macht des Königs mit Unbehagen gesehen haben. So lange eine Gefahr von der Seite der Parther bestand, hatte die kaiserliche Regierung den Herodes mit Wohltaten aller Art überhäuft, sein Gebiet erweitert usw. Auch nach dem Abkommen vom Jahre 20 wurde er weiter begünstigt. Während dieser Zeit schienen in Parthien sehr verwirrte Zustände geherrscht zu haben[3]). Etwa im Jahre 10 war die Macht des Phraates dort einigermaßen wiederhergestellt. Er traf ein Abkommen mit Rom, nach dem mehrere seiner Söhne als Geiseln an die Römer ausgeliefert wurden, die M. Titius als Statthalter von Syrien in Empfang nahm. Die Vermittlung des Archelaos in den Streitigkeiten an Herodes' Hof kann nicht viel später gewesen sein[4]). Noch im März 9 bezeugten die reichen Geschenke des Kaisers zu der Einweihung von Kaisareia dessen Gunst[5]).

---

1) Jos. *Bell.* I 499 ff., *Ant.* XVI 261 ff. — 2) Jos. *Ant.* XVI 271—299.

3) Vgl. Jos. *Ant.* XVI 253. Die dort erzählte Anklage gegen Herodes war natürlich grundlos. Darum braucht man aber den Namen des parthischen Königs, Mithradates, nicht zu verwerfen, wie Otto a. a. O. S. 134 tut. Wo sollte der Hofmann den falschen Namen herbekommen haben? Mithradates war also, wie von mehreren angenommen ist, ein von der den Römern feindlichen Partei gegen Phraates erhobener Prätendent. Vgl. Gutschmid, *Gesch. Irans* S. 115, Gardthausen a. A. I S. 1129, *Monum. Ancyr.* ed. Mommsen[2] S. 141.

4) Titius war damals Statthalter von Syrien. Jos. *Ant.* XVI 270.

5) Jos. *Ant.* XVI 136—141.

Aber gerade der bei dieser Gelegenheit gemachte Aufwand, das glanzvolle Auftreten des jüdischen Königs, mögen den Argwohn der immer mißtrauischen römischen Regierung geweckt haben. Die Weise, in der der Kaiser nach dem Tode des Herodes die entstandenen Thronstreitigkeiten löste, zeigt zur Genüge, daß ein starkes Judäa ihm unerwünscht war. Da bot dann der arabische Feldzug einen geeigneten Vorwand, den Herodes zu demütigen. Das Verfahren des Kaisers, den Gesandten des Herodes jede Verteidigung ihres Herrn abzuschneiden, macht den Eindruck, als ob die Ungnade von vornherein beabsichtigt wäre[1]). Die Folgen für Herodes zeigten sich bald. Die unruhigen Grenzstämme regten sich gegen den König und die inneren Zwistigkeiten in seiner Familie kamen zu erneutem Ausbruch. Letzteres geschah vor der Abreise des Nikolaos von Damaskos nach Rom, dem es schließlich gelang, den Zorn des Kaisers zu besänftigen[2]). Da Eurykles als der Anstifter des neuen Familienzwists gilt, muß er also einige Zeit vorher nach Judäa gekommen sein. Ohne besondere Absichten wird er wohl kaum den in Ungnade gefallenen König aufgesucht haben[3]). Dafür spricht auch der Umstand, daß er nachher auch Archelaos von Kappadokien besuchte[4]). Sein Verhältnis zum Kaiser macht es wahrscheinlich, daß er von ihm irgendwelche Aufträge hatte. Bloße Geldgier, wie Iosephus im *Bellum* will, wird es nicht gewesen sein, die ihn an die Fürstenhöfe des Orients führte. Dann muß man auch versuchen, seine Wirksamkeit an Herodes' Hof vom Standpunkt der römischen Politik zu betrachten. Dieser war es zur Tradition geworden, in Klientel- und Nachbarstaaten Parteiungen und Streitigkeiten zu fördern, durch die ein geschlossenes Auftreten gegen Rom unmöglich gemacht wurde. Rom baute nicht nur auf die Treue seiner Vasallen; es wollte ihnen auch die Möglichkeit zur etwaigen Rebellion nehmen, indem es ihnen Gegner im Lande erweckte. Im Sinne dieser Tradition der römischen Politik arbeitete Eurykles am Hof des Herodes. Die Gegensätze waren schon vorhanden, und das verschlechterte Verhältnis des Königs zum Kaiser hätte vielleicht ausgereicht, seinen Gegnern neuen Mut einzublasen und die alte Partei der Hasmonäer, zu denen die streng jüdischen Richtungen aus Haß gegen Herodes sich gesellten, zu neuer Wirksamkeit anzuspornen. Und die beiden Söhne der Mariamme, mochten sie es wollen oder nicht, waren die gegebenen Wahrzeichen und Häupter der Partei. Das war das Erbteil, das sie von ihrer Mutter hatten. Sobald sich die Gegner des Herodes im

---

1) Ebenda 289.
2) Ebenda 299f. κἀκεῖ μὲν ὁ Δαμασκηνὸς ἀπῄει Νικόλαος. ἐξετετάρακτο δὲ τὰ περὶ τὴν οἰκίαν καὶ τοὺς παῖδας αὐτῷ πολὺ χεῖρον ἐσχηκότα περὶ τὸν καιρὸν ἐκεῖνον. Beachte das Plqpf.
3) Dies verdanke ich einer Anregung von Prof. M. P. Nilsson in Lund.
4) Jos. *Bell.* I 530, *Ant.* XVI 309.

Lande rührten, mußte sich der Verdacht auf die Söhne der Mariamme richten, wie unschuldig sie auch waren. Die Arbeit des Eurykles wurde dadurch sehr erleichtert. Er brauchte nur die schon vorhandenen Kräfte auszulösen und in Bewegung zu setzen.

Er wurde von allen Parteien ehrenvoll empfangen. Er wohnte bei dem Kronprinzen Antipatros. Den König hat er vielleicht bei dessen Reise im Peloponnesos im Jahre 12 kennen gelernt[1]). Jedenfalls gewann er bald dessen Gunst. Geschenke von Herodes sollen in Sparta aufgestellt gewesen sein[2]). Bei Alexandros führte er sich ein, indem er sich auf seine Freundschaft mit dessen Schwiegervater Archelaos berief. Er verleitete den Prinzen zu unbedachtsamen Äußerungen gegen den Vater und hinterbrachte sie dann diesem und dem Antipatros, wobei es den Schein gewann, als handle es sich um eine Verschwörung gegen das Leben des Königs. Dieser war dem Eurykles äußerst dankbar für die Enthüllung der vermeintlichen Anschläge und belohnte ihn fürstlich. Antipatros bewies auch seinen Dank durch Geschenke[3]).

Die Schwächen der herodeischen Monarchie waren offenbar geworden, sobald der Schutz Roms über dem König wankte. Räubereinfälle an der Grenze, gährende Mißstimmung im Volk, blutiger Hader innerhalb seiner eigenen Familie, das war das Resultat der scheinbar so glänzenden Regierung. Und Rom konnte den Herodes wieder ruhig zu Gnaden nehmen; er war nicht und konnte nicht gefährlich werden.

Ehe gegen Alexandros und seinen Bruder Aristobulos weitere Schritte unternommen wurden, reiste Eurykles nach Kappadokien weiter.

---

1) Jos. *Bell.* I 426 f., *Ant.* XVI 149. — 2) Jos. *Bell.* I 425.

3) Die Unterschiede zwischen den beiden Berichten des Josephus über Eurykles machen es wahrscheinlich, daß in diesen verschiedene Quellen vorliegen. Auf die verwickelte Diskussion über diese hier einzugehen, würde zu weit führen. Einige Bemerkungen zu den grade vorliegenden Abschnitten mögen genügen. Die Darstellung in *Bellum* ist stark rhetorisch. Eurykles wird nicht nur als äußerst habsüchtig, sondern auch als blutdürstig beschrieben. Sein Bericht über die Verschwörung der Prinzen ist hier stärker aufgeputzt. Dieser wird hier direkt an Herodes gerichtet, während in den *Ant.* Antipatros ihn erst empfängt und durch Geschenke Eurykles bestimmt, dem Könige Anzeige zu machen. In *Bellum* finden sich auch in diesem Zusammenhange Klagen über die Regierungsweise des Herodes, die Bedrückung der Untertanen mit Steuern, die Verschwendung der Gelder zu unwürdigen Zwecken. Das sind Ausdrücke, die nicht dafür zu sprechen scheinen, daß dieser Abschnitt auf Nikolaos von Damaskos zurückgeht, dessen Darstellung dem Herodes sehr günstig war (Otto a. a. O. S. 7; vgl. dagegen Hölscher, Art. *Iosephus*, P.-W. IX. S. 1947 ff.). Die *Ant.* sprechen von der κολακεία und τρυφή des Spartaners und von seiner Kunst, sich zu verstellen. Ihr nüchterner Bericht sticht vorteilhaft gegen die Phrasen des *Bellum* ab. Bei Verschiedenheit der tatsächlichen Angaben sind immer die *Antiquitates* vorzuziehen, wie Otto S. 136 bemerkt.

Über die Tätigkeit des Eurykles dort erfahren wir nur, daß er sich rühmte, zwischen Alexandros und Herodes ein gutes Verhältnis hergestellt zu haben. Auch von Archelaos erhielt er große Geschenke und begab sich dann nach Hause.

In dieser Zeit war es zwar allgemeine Sitte, daß die Fürsten diejenigen Personen, die ihnen ihre Aufwartung machten, durch Geschenke belohnten. Die dem Eurykles gegebenen scheinen aber das gewöhnliche Maß überschritten zu haben[1]. Sonst hätten sie wohl nicht zum Vorwurf der Habgier den Anlaß geben können. An sich sind sie mehr für die Stimmung des Königs als für den Charakter des Spartaners bezeichnend. Sie sind weiter ein Zeugnis, daß dieser nicht nur als Privatmann zu seinem Vergnügen reiste.

In der Heimat hat Eurykles noch lange regiert. Seine Machtstellung überlebte doch nur um ein kurzes den Tod des Augustus, wie Dittenberger nachgewiesen hat. Es ist nicht notwendig und durch nichts bezeugt, daß er schon früher einmal in die Verbannung hat gehen müssen, wie von mehreren angenommen ist[2]. Die Angaben des Strabon und des Iosephus lassen sich nämlich ohne Zwang auf dieselbe Begebenheit beziehen[3]. Für eine längere Regierungsdauer spricht auch die verhältnis-

---

1) Einmal 50 Talente Jos. *Ant.* XVI 309.
2) Dittenberger a. a. O., Niese a. a. O.
3) Die Stellen sind folgende: Strabon VIII 366 *Νεωστὶ δ' Εὐρυκλῆς αὐτοὺς* (die Spartaner) *ἐτάραξε δόξας ἀποχρήσασθαι τῇ Καίσαρος φιλίᾳ πέρα τοῦ μετρίου πρὸς τὴν ἐπιστασίαν αὐτῶν· ἐπαύσατο δ' ἡ ἀρχὴ ταχέως, ἐκείνου μὲν παραχωρήσαντος εἰς τὸ χρεών, τοῦ δ' υἱοῦ τὴν φιλίαν ἀπεστραμμένου τὴν τοιαύτην πᾶσαν.* Dittenberger hat a. a. O. einwandfrei nachgewiesen, daß *ἐκείνου* auf Augustus bezogen werden muß und *τοῦ υἱοῦ* Tiberius betrifft, da es unmöglich die Meinung des Verfassers gewesen sein kann, daß der Sohn des Eurykles eine derartige Freundschaft mit dem Kaiser verschmähte. Der Fall des Eurykles hat also erst nach dem Tod des Augustus stattgefunden.

Jos. *Ant.* XVI 310 *Εὐρυκλῆς μὲν οὐδ' ἐν τῇ Λακεδαίμονι παυσάμενος εἶναι μοχθηρός, ἐπὶ πολλοῖς ἀδικήμασιν ἀπεστερήθη τῆς πατρίδος*. *Bell.* I 531 *Διάρας δ' εἰς τὴν Ἑλλάδα τοῖς ἐκ κακῶν κτηθεῖσιν εἰς ὅμοια κατεχρήσατο· δὶς γοῦν ἐπὶ Καίσαρος κατηγορηθεὶς ἐπὶ τῷ στάσεως ἐμπλῆσαι τὴν Ἀχαΐαν καὶ περιδύειν τὰς πόλεις φυγαδεύεται. κἀκεῖνον μὲν οὕτως ἡ Ἀριστοβούλου καὶ Ἀλεξάνδρου ποινὴ περιῆλθεν.* *Καῖσαρ* ist hier natürlich als Titel zu fassen. Die erste erfolglose Anklage von den zweien hat unter Augustus stattgefunden. Hierhin gehört die von Plutarchus überlieferte Anekdote *Apophthegm. Aug.* 14 (Moralia ed. Bernardakis II S. 98); *Τῶν δὲ Εὐρυκλέους κατηγόρων ἑνὸς ἀφειδῶς καὶ κατακόρως παρρησιαζομένου καὶ προαχθέντος εἰπεῖν τι τοιοῦτον· „ταῦτά σοι, Καῖσαρ, οὐ φαίνεται μεγάλα, κέλευσον αὐτὸν ἀποδοῦναί μοι Θουκυδίδου τὴν ἑβδόμην"· διὸ ὀργισθεὶς ἀπάγειν ἐκέλευσε· πυθόμενος δὲ, ὅτι τῶν ἀπὸ Βρασίδου γεγονότων ὑπόλοιπος οὗτός ἐστι, μετεπέμψατο, καὶ μέτρια νουθετήσας ἀπέλυσε*, deren Pointe mir leider unverständlich geblieben ist. Jedenfalls zeigt sie, daß die Ankläger des Eurykles, unter denen auch ein Nachkomme des Feldherrn Brasidas war, unverrichteter Sache abziehen mußten.

mäßig große Zahl verschiedener Münzen, die von ihm erhalten ist — nicht weniger als sechs.

Das Andenken des Eurykles kann nicht bei allen gleich schlecht gewesen sein. Seine Nachkommen erwähnen in Inschriften ihre Abstammung von ihm und zu seinen Ehren wurden in Sparta Spiele gefeiert, die *Εὐρύκλεια,* die mit den *Καισάρεια* in naher Verbindung standen[1]). Seine Familie gehörte noch lange zu den führenden des Landes, wenn auch nach seinem Sohne Lakon niemand mehr eine derartige Herrschaft ausüben konnte wie Eurykles. Nähere Untersuchungen über sie können aber nur in Verbindung mit einer Durcharbeitung des ganzen Materials, das für die Geschichte Spartas in der Kaiserzeit gesammelt vorliegt, vorgenommen werden und müssen daher hier unterbleiben.

Eurykles muß sich ohne Vorbehalt dem Kaiser angeschlossen haben, wenn er auch dessen Freundschaft zu seinen eigenen Zwecken mißbrauchte. Seine Bedeutung liegt eben darin begründet, daß er beitrug, das Prinzipat in Griechenland zu festigen, zum Segen seiner Heimat, die einer neuen Blütezeit in materieller Beziehung entgegenging. Seine Geschichte hat auch Einblicke in die Regierungsgrundsätze erlaubt, die Augustus gegenüber Provinzen und Klientelstaaten befolgte.

Norrviken (Schweden).

(Sollte etwa ἀποδοῦναι in den Worten des Spartaners gleich sein wie Rechenschaft ablegen und das 7. Buch des Thukydides genannt sein, weil es die Niederlage und Leiden der Athener auf Sizilien enthält?)

1) *IG* V 1. 971. 4 ἔγγονον Εὐρυκλέους, 1172. 3 ἔκγονο[ν Εὐρυκ]λέους. Vgl. auch S. 52 Anm. 1 sowie *IG* V 1. 655. 3, 664. 1, 665. 2, 666. 3.

Pausanias, Heros Ktistes von Byzanz[1]).
Mit einer Beigabe: Der Sturz des Pausanias, des Themistokles und des Leotychidas.
Von C. F. Lehmann-Haupt.

1. In Iustin's Angabe (IX 1, 3) über Byzanz *Haec namque urbs condita primo a Pausania rege Spartanorum, et per septem annos possessa fuit* ändert die herrschende Ansicht mit Duncker[2]) das *condita* der Handschriften in *capta*[3]), wiewohl dagegen mit Recht geltend gemacht worden ist, daß gemäß dem *prologus* zu ebendiesem, dem neunten Buche, Trogus *Byzantii origines* im Zusammenhange mit der Belagerung durch Philipp von Makedonien behandelt hatte[4]) und daß ein solcher Exkurs mit der Gründung beginnen mußte. Wer jedoch *condita* festhält, betrachtete es bisher als einen Irrtum des Iustinus und eine Folge seiner unsinnigen Arbeitsweise.

Dieser Unsinn hat aber, wie Schachermeyr[5]) zeigte, doch seine Methode. Iustin prägte sich größere Abschnitte aus Trogus ein und schrieb dann Auszüge daraus nach dem Gedächtnis nieder. So konnte er neben anderen Verwechslungen die sieben Jahre, die zwischen Pausanias' letztem Entweichen aus Byzanz und seinem Untergang verstrichen, irrtümlich von einem siebenjährigen Aufenthalt in Byzanz verstehen. Aber die Erfindung einer Gründung durch Pausanias läßt sich so mitnichten erklären.

Was dasteht, gibt jedoch einen sehr guten Sinn und braucht nicht geändert zu werden, wenn man annimmt, daß Pausanias die Ehren des

---

1) Was ich hier, durch den Raum beschränkt, in möglichster Kürze und großenteils nur anmerkungsweise mitteile, gehört zum Inhalt meines umfassenderen Vortrages *Die Perserkriege und das plataische Weihgeschenk in neuer Beleuchtung*, den ich in der Vereinigung der deutschen Professoren an der Universität Konstantinopel Frühjahr 1918 hielt. Vorträge aus verschiedenen Wissensgebieten wurden dort allmonatlich gehalten, bis auch diese verheißungsvolle Knospe geknickt wurde.

2) *Gesch. d. Alt.* VIII p. 142. — 3) Ed. Rühl p. 68. Cf. p. XXVII.

4) *Byzantii origines a cuius obsidione summotus Philippus Scythiae bellum intulit.* Dazu U. v. Wilamowitz, *Aristot. u. Athen* I 146, 40. „Die Methode, die *condita* in *capta* ändert und dann zu Gunsten der 7 Jahre die Chronologie des Thukydides ändert, steht philologisch und historisch auf derselben Höhe." Vgl. a. Miller, Art. *Byzantion*, Pauly-Wissowa III S. 1128.

5) *Klio* XVI 332 ff. Vgl. schon *Klio* III 545.

Heros Ktistes von Byzanz verliehen worden waren. Dieser Gedanke, den ich früher schon kurz gestreift habe[1]), bietet in der Tat die einzig denkbare, aber auch durchaus befriedigende Lösung. Nur das *primo* kommt dann auf Rechnung von Iustin's Gedächtnis.

Auf die unmittelbare Analogie der nachträglich an Brasidas verliehenen Ehren des Gründers von Amphipolis und an das entferntere Gegenspiel des Streites um die Gründerehren von Thurioi hatte ich schon hingewiesen[1]). Aber es ist allgemein zu betonen, daß gerade an der nordöstlichen Peripherie der griechischen Welt, in der Nachbarschaft Thrakiens, die ältesten Fälle solcher Heroisierungen Verstorbener auftraten, wie Dencken[2]) hervorhebt[3]): Timesios aus Klazomenai, der von den Thrakern vertriebene Gründer von Abdera, wurde bei der Neubesiedlung der Stadt durch die Teier, 654 v. Chr., als Heros verehrt[4]). Das Gleiche gilt von Miltiades als dem Oikisten des Chersonnes[5]); von Artachaies, — dem Achämeniden, der den Athos-Durchstich geleitet hatte, — in Akanthos, wo er gestorben war[6]); und von Hagnon, dem athenischen Begründer von Amphipolis[7]).

Es fragt sich zunächst: liegt für Pausanias einige Wahrscheinlichkeit für diese notwendige Folgerung aus Trogus-Iustin's Angaben vor, oder bestehen entscheidende Gegeninstanzen? Ersteres trifft zu.

Byzanz war im ionischen Aufstande von den Persern zerstört worden. Die Bewohner flüchteten nach Mesembria[8]). In der Zwischenzeit werden die Perser nicht viel für die Stadt haben tun können und bei der Besetzung und Belagerung durch die Griechen wird sie aufs Neue gelitten haben.

Pausanias hatte also, als er dort — wie lange immer[9]) — gleich einem Könige residierte, vollauf Gelegenheit zu einem Wiederaufbau, so daß er sehr wohl tatsächlich als der neue Begründer der Stadt gelten konnte. Und während für Brasidas der wohlbekannte ältere Gründer der Stadt, der Athener Hagnon, seiner heroischen Ehren beraubt werden mußte[10]) — und dazu nur 10 Jahre nach der Gründung —, hatte Byzanz überhaupt nur den schemenhaften eponymen Heros Ktistes Byzas, der mit Elementen und Lokalitäten der Io- und der Argonautensage schlecht und recht verknüpft wurde[11]), so daß für den wirklichen historischen Gründerhelden der Raum frei war[12]).

---

1) *Klio* II (1902) S. 346 Anm. 1.
2) Artikel *Heros*, Rocher's *Lex. d. Mythol.* I 2 Sp. 2517 ff.
3) Fast ebenso früh dann in Sizilien, ebda. Sp. 3518 ff.
4) *Herod.* I 168. — 5) *Herod.* VI 38.
6) *Herod.* VII 117. Aelian, *De nat. anim.* XIII 20.
7) *Thuk.* V 11. — 8) *Herod.* VI 33. — 9) Siehe die Beigabe.
10) Siehe soeben Anm. 7. — 11) Siehe u. S. 62 Abs. 3.
12) Vgl. zu den fingierten mythischen und den historischen Gründern andrerseits auch Rohde, *Psyche*[4] S. 187 f.

Damit ist aber die Frage natürlich nicht erledigt. Byzanz gehörte zum attischen Seebunde und Athen wird, solange es Byzanz in den Händen hielt, sicher nicht zugelassen haben, daß ein Dorer, noch dazu der Genosse des geächteten Themistokles, als eponymer Gründer in Byzanz verehrt wurde.

Wohl aber kann und wird das in einer Zeit geschehen sein, da Byzanz das athenische Joch abschüttelte und einer anfeuernden Losung bedurfte. Dazu war zweimal schon im fünften Jahrhundert Gelegenheit, beim samischen Aufstande, wo freilich Byzanz alsbald von Athen bezwungen wurde, und im peloponnesischen Kriege. Hier folgte dem Abfall im Jahre 411[1]) und der Wiedereinnahme durch Verrat 409/8[2]) die verhältnismäßig lange Periode der Zugehörigkeit zu Sparta von der Besetzung durch Lysander nach Aigospotamoi 405[3]) bis zur Befreiung durch Thrasybul 389[4]). Und gerade für Lysander, der die göttliche Verehrung bei seinen Lebzeiten erstrebte und erreichte[5]), wird man die Heroisierung eines spartanischen Vorgängers in seinem Herrschaftsgebiet begreiflich finden: sie konnte für seinen Zwecken eine vermittelnde Vorstufe bilden, wie im gleichen Falle die Heroisierung des Hephaestion für Alexander den Großen[6]). Daß in Sparta die Könige nach ihrem Tode Ehren erfuhren, die einer Heroisierung wenn nicht gleich, so doch sehr nahe kamen, mag im Falle des Pausanias als Förderung verwertet worden sein.

Allzuweit über die Mitte des 4. Jahrhunderts wird man mit der Heroisierung des Pausanias in Byzanz nicht heruntergehen dürfen, weil, um nur diesen Grund zu betonen, als Quelle der *condita*-Nachricht des Trogus in erster Linie Theopomp in Betracht kommt. So könnte man allenfalls noch an die Zeiten des Bundesgenossenkrieges und Philipps von Makedonien denken. Aber hier — wie erst recht während der Vorherrschaft Thebens, mit dem ja Byzanz eine Zeitlang gegen Athen stand, — fehlt die eindeutige spartanische Orientierung, die die Voraussetzung für die Verleihung der Ehren des Heros Ktistes an Pausanias war.

Und die Periode der nachhaltigsten Zusammengehörigkeit mit Sparta seit 405 entspricht auch am Besten den folgenden weiteren Erwägungen.

Was (Iustin-)Trogus bietet, macht bereits den Eindruck einer antiquarischen Notiz.

---

1) *Thuk.* VIII 20, 3 (vgl. Diod. XIII 34, 2).
2) Xen. *Hell.* I 3, 2. 14 ff. Diod. XIII 64, 3. 66, 4 ff. 67. Plut. *Alk.* 31, Polyaen. I 472; Frontin. III 11, 3; *IG* II *Suppl.* 446 a)
3) Xen. *Hell.* II. 21. — 4) Xen. *Hell.* IV 8, 27; Dem. XX 60.
5) Duris bei Plut. *Lys.* 18.
6) Daß Alexander d. Gr. die göttliche Verehrung nicht nur duldete, sondern erstrebte (und daß das Gleiche für Lysander zu gelten hat), ist meine feste Überzeugung: ἐπειδὴ Ἀλέξανδρος βούλεται θεὸς εἶναι, ἔστω θεός (Ael. *V. h.* II 19) u. a. m.

War die Heroisierung als Losung und Signal für den Anschluß an Sparta 405 oder kurz danach erfolgt, so werden die Athener, wenn nicht bei der Wiedereinnahme durch Thrasybul, so doch sicher bei Abschluß des Sonderbundes, die der Begründung des zweiten attischen Seebundes vorausging, dafür gesorgt haben, daß der ἥρως κτίστης Pausanias wieder in der Versenkung verschwand.

Wem aber wäre die Hervorhebung jener den Athenern peinlichen Tatsache der Anerkennung des Pausanias als Gründer von Byzanz eher zuzutrauen, als gerade der Quelle des Trogus, dem abgesagten Feinde Athens und Spartanerfreunde Theopomp, dessen Vaterstadt Chios zudem in nahen Beziehungen zu Byzanz stand? War doch Chios mit Byzanz an jenem Sonderbunde beteiligt, und standen doch Byzanz und Chios mit Rhodos und Kos im Bundesgenossenkriege gemeinsam gegen Athen.

Die Spätern (Dionys v. Byzanz, Ἀνάπλους Βοσπόρου, geschrieben kurz vor der Zerstörung von Byzanz durch Septimus Severus[1]), Hesych und Pseudo-Codinus[2])) wissen von einem Heros Pausanias nichts. Sie kennen nur den Byzas.

So erhält die vorübergehende Erhebung des Pausanias zum Gründerheros von Byzanz und ihre Erwähnung in den Philippika (des Theopomp und des Trogus) ihre befriedigende Erklärung unter der Annahme, daß sie bald nach der Einnahme durch Lysander 404 erfolgte, ohne daß darauf hinzielende Bestrebungen und Ansätze zur Zeit des samischen Krieges ausgeschlossen wären.

2. Das platäische Weihgeschenk, das mit seinem wesentlichsten Bestandteil, der Schlangensäule[3]), noch heute auf dem Hippodrom zu Kon-

---

1) Dion. Byz (ed. Wescher) S. 24.

2) Siehe *Script. Originum Constantinopolitanarum* ed Preger, Index s. v.

3) Die Schlangensäule war bekanntlich die Mittelstütze für die schwere Schale, die die Füße des Dreifußes allein nicht zu tragen vermochten. Diese drei Füße strebten gleichfalls vom Boden auf, so zuerst B. Graef, *Archaeolog. Jahrb.* I (1884) S. 189, waren nicht etwa, wie man früher annahm, auf die drei Schlangenköpfe aufgesetzt. Beste Rekonstruktion bei Springer, *Kunstgeschichte*[1] S. 231 nach Furtwängler (Dreifuß) und Bulle (Basis). Der Dreifuß war bezeugtermaßen als solcher auf dem Hippodrom in Konstantinopel noch deutlich erkennbar und wohl erhalten (vgl. außer den auf S. 65 Anm. 1 zitierten Stellen Schol. Thuk. I 132). Die Phoker haben also, als sie im 3. heiligen Kriege das Gold auch dieses Weihgeschenkes einschmolzen, keineswegs den ganzen Dreifuß geraubt (Paus. X 13, 9: χρυσοῦν τρίποδα δράκοντι ἐπικείμενον χαλκῷ. ὅσον μὲν δὴ χαλκὸς ἦν τοῦ ἀναθήματος ὅσον ἔτι ἐς ἐμὲ ἦν. οὐ μέντοι κατὰ τὰ αὐτὰ οἱ Φωκέων τότε ἐλίποντο ἡγεμόνες). „Nur einzelne Teile, wie der Kessel" (dieser ganz?), „die Ringe und einzelne Ornamente werden aus Gold bestanden haben, das Übrige, also namentlich die Beine waren aus geringerem Material gearbeitet und wohl nur teilweise mit Goldblechen belegt" (Fabricius, *Archäol. Jahrb.* I S. 184). — Die Köpfe der drei Schlangen fehlen bekanntlich; sie waren nach vielfachen Darstellungen und Berichten vorhanden und mit offenen Mäulern dargestellt:

stantinopel steht, und das bei seiner ersten Errichtung nach Pausanias' Absicht[1]) als ein von ihm gestiftetes Weihgeschenk gelten sollte, hielt also zugleich — das darf man als feststehend betrachten — die Erinnerung an den ersten historischen Neugründer von Byzanz, den ersten Griechen, der Byzanz gleich einem Könige beherrscht hat, fest.

s. Dethier und A. D. Mordtmann, *Denkschr. Wiener Ak. d. W.* 13 (1864), Fig. 14—16. Der Oberkiefer des einen Kopfes befindet sich bekanntlich im Altertumsmuseum zu Konstantinopel. Nach A. de la Motraye (*Voyage* I 216 [1696]) war die Zerstörung der Köpfe ein Vandalismus der Begleiter des polnischen Grafen Lisinsky, Palatins von Posen und außerordentlichen Gesandten seines Königs beim Sultan (Dethier und A. D. Mordtmann a. a. O. S. 33 vgl. S. 34). In einem Vortrage im Ungarischen Institut zu Konstantinopel sprach 1917 mein Kollege J. H. Mordtmann d. J. die Vermutung aus, daß die zwei anderen Köpfe sich noch in Posen befinden möchten. Nachforschungen, die ich daraufhin bei einem Aufenthalte in Posen 1918 anstellte, blieben zunächst erfolglos.

1) Das ursprüngliche Epigramm lautete (*Thuk.* I 132): Ἑλλήνων ἀρχηγὸς ἐπεὶ στρατὸν ὤλεσε Μήδων, | Παυσανίας Φοίβῳ μνῆμ᾽ ἀνέθηκε τόδε. Dieses meißelten die Spartaner aus und ἐπέγραψαν ὀνομαστὶ τὰς πόλεις ὅσαι ξυγκαθελοῦσαι τὸν βάρβαρον ἔστησαν τὸ ἀνάθημα: die auf der Schlangensäule erhaltene Inschrift. Über das zweite Epigramm s. u. S. 65f. Anm. 2. 3. Nach Beloch (*Gr. Gesch.* II² 2 [1916] S. 61 ff.) war diese Inschrift der Schlangensäule die alleinige Quelle für Herodots Angaben über die Beteiligung der Griechen, sowohl bei Salamis wie bei Plataiai wie selbst bei Artemision, und da die Schlangensäule keinerlei Zahlen der Kontingente bot, so sollen alle darauf bezüglichen Angaben bei Herodot aus der Luft gegriffen und wertlos sein. Bei Plataiai habe Herodot diejenigen Griechenstaaten weggelassen, die nach seiner Überlegung nur bei Salamis entsprechend diejenigen, die nach seiner Ansicht keine Schiffe stellen konnten. Da ihm für die Kontingente zwei verschiedene, nach Beloch gleich unzuverlässige Angaben über die Schiffszahl zur Verfügung standen, wählte er die größere für Salamis, die kleinere für Artemision. So wird das Kunststück fertig gebracht, Herodot aus der Schlangensäule die betreffenden Angaben für die drei verschiedenen Schlachten gewinnen zu lassen. Abgesehen von der auf der Hand liegenden Unwahrscheinlichkeit widersprechen dem folgende Tatsachen.

Allgemein zunächst: die Namen erscheinen bei Herodot zwar für Artemision und für Salamis in gleicher Reihenfolge, nur daß am Schluß bei Artemision die Krotoniaten (bei Sal. Nr. 21) den Meliern (bei Sal. Nr. 20) vorausgehen. Sie stehen aber in gänzlich anderer Reihenfolge als bei Plataiai und keine der beiden Listen, Plataiai und Artemision-Salamis, stimmt auch nur entfernt mit der Reihenfolge auf der Schlangensäule überein. Ferner erscheinen die Namen bei Herodot vielfach in ganz anderer Form als auf der Schlangensäule. Schl. Μυκᾶνες (Nr. 16), Herod. IX, 31 bei Plataiai Μυκηναῖοι (Nr. 10). — Schl. Ἐρχομένιοι (Nr. 9), Herod. ib. Ἀρκάδες Ὀρχομένιοι (Nr 5). — Schl. Ϝανακτοριεῖς (Nr. 27), Herod. ib. Ἀνακτόριοι (Nr. 18. — Schl. Τροζάνιοι (Nr. 11), Herod. ib. Τροιζήνιοι (Nr. 8).

Vor allem aber: bei Plataiai liegt eine ganz deutliche *Ordre de bataille* vor, die uns vom rechten Flügel, wo die Spartaner (1) und Tegeaten (2, (Nr. 2, Schl. Nr. 4 stehen, denen sich die Korinther (3) und ihre Kolonisten, die Potidaiaten (Nr. 4, Schl. Nr. 25) anschließen, über die Staaten von Nordgriechenland,

Es fragt sich, ob der zweite Neugründer, Konstantin der Große, sich dieses Zusammenhanges vielleicht bewußt war und ob dieses Bewußtsein mitwirkte, als er jenem griechischen Weihgeschenk unter allen übrigen, die er aus ihren Standorten nach Konstantinopel übertrug, den besonders ausgezeichneten Platz auf der Spina des Hippodroms anwies.

Für Konstantin, der gleich seinen Vorgängern und Nachfolgern in schweren Kämpfen mit den Persern lag, war freilich dieses Erinnerungszeichen an den großen Sieg der Griechen über die Perser an und für sich ein Fanal von unschätzbarer Bedeutung. Aber diese Erwägung, wenn sie überhaupt angestellt wurde, wird schwerlich den alleinigen Ausschlag gegeben haben.

Hellas und den Inseln zu den Athenern (Nr. 23, Schl. Nr. 2) auf dem rechten Flügel führt: zu ihnen bilden von den Anaktoriern (Nr. 18) und Paleern (Nr. 19) die benachbarten Ägineten (Nr. 20, Schl. Nr. 6) und Megarer (Nr. 21, Schl. Nr. 7) sowie die verbündeten Platäer (Nr. 22, Schl. Nr. 14) den Übergang. Ferner nennt Herodot bei Plataiai die Paleer (Nr. 19) und bei Artemision-Salamis die Seriphier (Nr. 18) sowie die Krotoniaten, die auf der Schlangensäule völlig fehlen. Von den Teniern weiß Herodot VIII 72, daß sie, weil ihre eine Triere von Salamis zu den Persern überlief und die vollendete Einschließung meldete, ἐνεγράφησαν ἐν Δελφοῖσι ἐς τὸν τριπόδα ἐν τοῖσι τὸν βάρβαρον κατελοῦσι. Er hat also doch über die Beteiligung der einzelnen griechischen Stadtstaaten Nachrichten, die von der Schlangensäule unabhängig sind. Von den Eleern aber, die auf der Schlangensäule Nr. 24 Ϝαλεῖοι genannt werden, berichtet zwar Herodot, daß sie zum Isthmos mit ausrückten (VIII 72), aber unter den Schiffs-Kontingenten bei Salamis (VIII 43 ff.) waren sie nicht vertreten. An den Kämpfen bei Plataiai aber nahmen sie ebensowenig Teil, da sie (IX 77) vor der Schlacht abrückten. All das konnte Herodot aus ihrer Nennung auf der Schlangensäule nicht entnehmen und hat sich auch nicht, gleich uns, sagen können, daß, da sie auf dem Weihgeschenk in Olympia als Hüter der Heiligtümer nicht wohl fehlen konnten, man sie auch in Delphi genannt hat. Wie aber verfährt Beloch? Er erklärt die Παλέες bei Her. IX 28. die noch dazu den Zusatz οἱ ἐκ Κεφαλληνίης haben und mit einer Handvoll (200) Kämpfern bei Plataiai vertreten sind und die in der Schlachtordnung IX 31 nochmals genannt werden, als verlesen aus den Ϝαλεῖοι der Schlangensäule. Herodot also, der nach Beloch in den Ϝαναχτοριεῖς der Schlangensäule richtig die Ἀναχτόριοι erkannte, stolperte nicht nur über die Ϝαλεῖοι, die er zu Παλέες machte und nach Anaktorion verlegte, sondern bringt es gleichzeitig fertig, obgleich die Schlangensäule seine einzige Quelle für die Beteiligung der Griechen an den Kämpfen ist, von den Eleern, nicht von den Paleern, die er in ihnen erblickt haben soll, zu berichten, daß sie am Isthmos gestanden hatten und vor Plataiai umgekehrt waren! Schlagender konnte die auf die Schlangensäule gestellte Einquellentheorie nicht widerlegt werden.

Herodot und schon Aischylos haben vielmehr wohlinformierte schriftliche, den Ereignissen auch auf persischer Seite nahestehende Quellen zur Verfügung gestanden, unter denen die Schrift τὰ μετὰ Δαρεῖον des Dionysios von Milet als die älteste einen hervorragenden Platz einnimmt (Meine *Griech. Gesch.* bei Gercke-Norden[2] S. 78 ff., Obst, *Der Feldzug des Xerxes* S. 29 f., 32, 55).

Mangels direkter Zeugnisse kann die Frage wiederum nur so gestellt werden: Konnte Konstantin der Große von der Tatsache Kunde haben, daß Pausanias, der einst Byzanz beherrschte, als dessen erster geschichtlicher Gründer galt und, wenn ja, sind entscheidende Gründe gegen die Annahme dieser Möglichkeit vorhanden? Letzteres ist zu verneinen. Wenn auch die zeitgenössischen Autoren zu Konstantins und der kurz darauffolgenden Zeit die Übertragung der Denkmäler aus Griechenland und den griechischen Städten Kleinasiens vorwiegend unter dem christlichen Gesichtspunkte betrachteten und darin einen Schlag gegen den heidnischen Götzendienst erblickten, so ist ihnen doch die ursprüngliche Bedeutung des platäischen Dreifußes bekannt[1]), wiewohl das neue Epigramm[2]), das an Stelle des von Pausanias gesetzten getreten war, mit der obersten Standplatte der dreistufigen Basis, auf der es eingemeißelt war, bei der Überführung zerstört wurde[3]) und wiewohl füglich zu

---

1) Euseb., *Vita Constantini* III 54 (p 101 s. ed. Heikel): Πάντα μὲν δὴ ταῦτα συντελῶν εἰς δόξαν τῆς σωτηρίου δυνάμεως βασιλεὺς (sc. Κωνσταντῖνος) διεπράττετο ... τὴν δέ γε τῶν ἐθνῶν δεισιδαίμονα πλάνην παντοίοις ἐξήλεγχε τρόποις. ἔνθεν εἰκότως ἐγυμνοῦτο μὲν αὐτοῖς τῶν κατὰ πόλεις νεῶν τὰ προπύλαια θυρῶν ἔρημα γιγνόμενα βασιλέως προστάγματι, ἑτέρων δ' ἡ ἐπὶ τοῖς ὀρόφοις στέγη τῶν καλυπτήρων ἀφαιρουμένων ἐφθείρετο, ἄλλων τὰ σεμνὰ χαλκουργήματα, ἐφ' οἷς ἡ τῶν παλαιῶν ἀπάτη μακροῖς ἐσεμνύνετο χρόνοις, ἔκδηλα τοῖς πᾶσιν ἐν ἀγοραῖς τῆς βασιλέως προυτίθετο, ὡς εἰς ἀσχήμονα θέαν προκεῖσθαι τοῖς ὁρῶσιν ὧδε μὲν τὸν Πύθιον, ἑτέρωθι δὲ τὸν Σμίνθιον, ἐν αὐτῷ δ' ἱπποδρομίῳ τοὺς ἐν Δελφοῖς τρίποδας, τὰς δ' Ἑλικωνίδας Μούσας ἐν παλατίῳ. Sokrates, *Hist. eccl.* I 16 (Sp. 117 Migne) Καὶ οὐ μόνον, ὡς ἔφην, ηὔξει τὰ τῶν Χριστιανῶν, ἀλλὰ καὶ τὰ τῶν Ἑλλήνων καθῄρει. Τὸ γοῦν ἀγάλματα κόσμον τῇ Κωνσταντίνου πόλει προυτίθει δημοσίᾳ καὶ τοὺς Δελφικοὺς τρίποδας ἐν τῷ ἱπποδρομίῳ δημοσιεύσας προὔθηκε. Für uns am Wichtigsten: Sozom. II 5 Sp. 945 (Migne) Ἐπειδὴ δὲ πολλοὶ δῆμοι καὶ πόλεις ἀνὰ πᾶσαν τὴν ὑπήκοον, εἰσέτι δεῖμα καὶ σέβας ἔχοντες τῆς περὶ τὰ ξόανα φαντασίας, ἀπεστρέφοντο τὸ δόγμα τῶν Χριστιανῶν ... ἀναγκαῖον αὐτῷ (sc Κωνσταντίνῳ) ἐφάνη παιδεῦσαι τοὺς ἀρχομένους ἀμελεῖν τῶν θρησκευμένων ... Τῶν δ' αὖ ξοάνων τὰ ὄντα τιμίας ὕλης, καὶ τῶν ἄλλων ὅσον ἐδόκει χρήσιμον εἶναι, πυρὶ διεκρίνετο καὶ δημόσια ἐγίνετο τὰ χρήματα. Τὰ δὲ ἐν χαλκῷ θαυμασίως εἰργασμένα παντόθεν εἰς τὴν ἐπώνυμον πόλιν τοῦ αὐτοκράτορος μετεκομίσθη πρὸς κόσμον· καὶ εἰσέτι νῦν δημοσίᾳ ἵδρυνται κατὰ τὰς ἀγυιὰς καὶ τὸν ἱππόδρομον καὶ τὰ βασίλεια. Τὰ μὲν τοῦ Πυθίου ἦν μαντεῖον Ἀπόλλωνος καὶ οἱ ἐν Δελφοῖς τρίποδες καὶ ὁ Πᾶν ὁ βώμενος (lies ὁ πᾶν βώμενος Dethier u. A D Mordtmann a. a. O. S. 12 ὃν Παυσανίας ὁ Λακεδαιμόνιος καὶ οἱ Ἑλληνίδες πόλεις ἀνέθεντο μετὰ τὸν πρὸς Μήδους πόλεμον. Ihm folgt fast wörtlich Nicephorus Callisti, *Hist. eccl.* VIII 33 ... καὶ ὁ σεμνὸς ἐκ Δελφῶν τρίπους καὶ ὁ διαβόητος Πᾶν ὃν Παυσανίας μετὰ τὸν Μηδικὸν ἀνέθετο πόλεμον.

2) Diod. XI 33, 2. Ἑλλάδος εὐρυχόρου σωτῆρες τόνδ' ἀνέθηκαν | δουλοσύνης στυγερᾶς ῥυσάμενοι πόλιας.

3) Pomtow, *Klio* VI S. 406 f. m. Abb ; Derselbe bei Dittenberger, *Syll.*³ I p. 31. Er nimmt an, das Epigramm sei nachträglich zu Beginn des 4. Jahrh. n. Chr. gedichtet und eingemeißelt worden. Grund: es sei Herodot und Thukydides nicht, sondern erst Ephorus bekannt gewesen. Herodot muß aber hier aus dem Spiel

bezweifeln ist, ob irgend jemand die archaischen Inschriften auf der Schlangensäule studiert haben werde. Das konnte man ja viel bequemer bei Thukydides, Herodot, Pausanias lesen. Und damit kommen wir zum Hauptpunkte:

Nicht nur die uns erhaltenen, sondern auch die verlorenen griechischen und römischen Autoren waren ja zu Konstantin's Zeiten und lange danach (s. Photius) erhalten und zugänglich, und so konnten auch Konstantin und seine Berater aus Trogus Pompeius oder dessen Quellen, vor allem aus Theopomp, ersehen, daß Pausanias nicht nur die treibende Kraft bei der Errichtung des Denkmals und nicht nur der Urheber der ersten Aufschrift gewesen war (Thukydides), sondern auch Byzanz lange Zeit beherrscht und als Gründer von Byzanz gegolten und heroische Verehrung genossen hatte.

Innsbruck.

Beigabe.
Der Sturz des Pausanias, des Themistokles und des Leotychidas.

1. Iustin gibt an: Byzanz sei 7 Jahre lang in Pausanias' Händen gewesen. *condita et per septem annos possessa.* Nachdem sich das *condita* als besser berechtigt herausgestellt hat, als es bisher auch die ansahen, die sich seiner Änderung in *capta* widersetzten, wäre es verlockend, auch die Angabe der Herrschaftsdauer als zutreffend zu betrachten, wie es Meyer, *GA* III § 286 n. Anm. und jetzt Beloch, *Gesch.* II² 2 S. 185 ff. wollen. Dies muß ich jedoch nach wie vor (*Klio* II S. 345 f., oben S. 59) für unmöglich erachten. Iustin ist vielmehr hier eine der Verwechslungen unterlaufen, die sich bei seiner Arbeitsweise (ob. S. 59) besonders leicht erklären. Die Umwandlung der 7 Jahre zwischen der Vertreibung aus Byzanz und der Katastrophe in eine 7jährige Besetzung von Byzanz gehört in die Kategorie der häufigsten derartigen Mißverständnissen, dem sich bei den Alten wie bei den Neueren, wie sich gleich zeigen wird, zahlreiche ähnliche an die Seite stellen.

2. Für diejenigen, die Iustin's Angabe als richtig ansprechen, ist unbewußt das an sich sehr erklärliche, auch schon ins Altertum zurückgehende Bestreben maßgebend, die Zeit zwischen der Ächtung des Themistokles und seinem Auftauchen am persischen Hofe nach Möglichkeit zu verringern. (Beloch, *Gr. Gesch.* II² 2 S. 192 f.: „Das Datum [471/0] kann sich nicht auf seine Ächtung beziehen, da er 464 zu Artaxerxes gekommen ist und seine Flucht unmöglich

bleiben, da er (IX 81) über die Inschriften überhaupt nichts sagt. Thukydides aber kam es wesentlich darauf an, daß an Stelle des Einen Pausanias die einzelnen Staaten genannt wurden (o. S. 63 Anm. 1 Abs. 1). Sein Schweigen über das neue Distichon ist nicht notwendigerweise ein Gegenbeweis gegen dessen Vorhandensein zu seiner Zeit. Daß das Distichon ein aus älteren Vorlagen zusammengestoppeltes Machwerk sei, will mir auch nicht einleuchten. Ἑλλάδος εὐρυχόρου stand ja auch in der Aufschrift des ehernen Kraters, den Pausanias am Eingang des Bosporus aufstellen ließ (*Athen.* XII 536 B).

7 Jahre in Anspruch genommen haben kann.") So wird — entgegen der ausdrücklichen Angabe des Thukydides (I 135, 3), daß die Ächtung den Themistokles traf, als er nach seinem Ostrakismos in Argos lebte (und natürlich seiner ganzen Politik gemäß für Athen und gegen Sparta wirkte) ἔτυχε γὰρ ὠστρακισμένος καὶ ἔχων δίαιταν μὲν ἐν Ἄργῳ, ἐπιφοιτῶν δὲ καὶ ἐς ἄλλην Πελοπόννησον — das für die Ächtung überlieferte Datum (471/0) für den Ostrakismos beansprucht und die Ächtung dann erheblich später („466 oder im folgenden Jahre" Beloch a. a. O.) angesetzt.

3. Gefördert wird dieser Irrtum einmal dadurch, daß Thukydides für Pausanias und Themistokles τοῖς χρόνοις οὐκ ἀκριβής ist: Daß jener lange Jahre in der Troas geblieben ist, kann man aus den Worten I 131 ἐκ τοῦ Βυζαντίου βίᾳ ἐκπολιορκηθεὶς ἐς μὲν τὴν Σπάρτην οὐκ ἐπανεχώρει, ἐς δὲ Κολωνὰς τὰς Τρῳάδας ἱδρυθεὶς πράσσων τε ἐσηγγέλλετο αὐτοῖς πρός τοὺς βαρβάρους καὶ οὐκ ἐπ' ἀγαθῷ τὴν μονὴν ποιούμενος οὕτω δὴ οὐκέτι ἐπέσχον, ἀλλὰ πέμψαντες κήρυκα οἱ ἔφοροι καὶ σκυτάλην εἶπον τοῦ κήρυκος μὴ λείπεσθαι, εἰ δὲ μή, πόλεμον αὐτῷ Σπαρτιάτας προαγορεύειν. ὁ δὲ βουλόμενος ὡς ἥκιστα ὕποπτος εἶναι ... ἀνεχώρει τὸ δεύτερον ἐς Σπάρτην mit nichten erkennen.

Das Gleiche gilt für Themistokles' geheimen Aufenthalt an der kleinasiatischen Küste oder deren Hinterland, wo er sich bei Griechen, die ihm wohlgesinnt waren, versteckt haben muß (Wilamowitz, *Aristoteles und Athen* I S. 151 Anm. 1; Busolt, *Gr. Gesch.* III S. 131 Anm. 1; Lehmann-Haupt, *Klio* II S. 346 Anm. 2). Thukydides' Worte I 137, 3 καὶ ὁ Θεμιστοκλῆς ἐκεῖνόν τε ἐθεράπευσε χρημάτων δόσει (sc. den ναύκληρος der ὁλκάς, der ihn vor der Gefahr bewahrt hatte, den Naxos belagernden Athenern in die Hände zu fallen) ... καὶ μετὰ τῶν κάτω Περσῶν τινος πορευθεὶς ἄνω ἐσπέμπει γράμματα ἐς βασιλέα Ἀρταξέρξην τὸν Ξέρξου νεωστὶ βασιλεύοντα erwecken den falschen Anschein, als wäre die Reise zum Könige unmittelbar auf die Ankunft in Ephesos gefolgt. Daß freilich der aus lampsakenischer Überlieferung (vgl. Charon v. Lampsakos [Plut. *Them.* 27] und dazu Wilamowitz, *Ar.* I 151) vorzüglich informierte Thukydides, der sich über die absichtlich geheim gehaltenen Bewegungen des Themistokles nicht klar war, selbst eine Hindeutung auf eine längere Dauer des Aufenthaltes an der Küste gibt in den das χρημάτων δόσει erläuternden Worten ἦλθε γὰρ αὐτῷ ὕστερον ἔκ τε Ἀθηνῶν παρὰ τῶν φίλων καὶ ἐξ Ἄργους ἃ ὑπεξέκειτο, betont mit Recht Busolt (*Gr. Gesch.* III 1 S. 132 Anm.). Er weist auch darauf hin, daß auch ein Aufenthalt in Kyme und in dem landeinwärts belegenen Städtchen Aigai, auf das Niemand ohne besonderen Anlaß verfallen wäre, bezeugt ist (Plut., *Them.* 26).

4. Einen weiteren Vorschub erhält die Neigung zur Herabsetzung der Katastrophen des Pausanias und des Themistokles durch die Verschiebung, die in der Liste der Eurypontiden-Könige bei Diodor vorliegt. Dadurch wird es möglich, den thessalischen Feldzug des Leotychidas und dessen Ächtung in einen inneren Zusammenhang mit dem Sturz des Pausanias zu bringen (Meyer S. 520f., Beloch II² 190f.), während in Wahrheit zwischen Leotychidas' und Pausanias' Geschicken nur der Zusammenhang besteht, daß die Athener (476) den Spartanern in Thessalien für Leotychidas, diese jenen gegen Pausanias in Byzanz freie Hand ließen (meine *Gr. Gesch.*² [*Einl. i. d. Altertumswiss.* III²] § 3 S. 36).

5. Die (7- bis) 8jährige Verschiebung der Eurypontidenkönige bei Diodor erklärt Meyer (*Forsch.* II 506) so: „Die Quelle, der Diodor XVI, 63 folgt, nahm an, Archidamos sei gleich nach dem heiligen Kriege gefallen — sein Tod galt ja als

Sühne für die Teilnahme an dem Frevel der Phoker. Daher mußte sie die Regierung seines Sohnes" (Agis II) „verlängern. Sie hat aber unterlassen, Archidamos' Regierung um die entsprechende Anzahl von Jahren zu kürzen. So kamen seine 23 Jahre in die Jahre 369/8—347/6 (resp. 368/7—346/5) anstatt in 361/0 bis 339/8. Seine Regierung ist also um 8 Jahre verschoben. Diese Verschiebung setzt sich nun aufwärts durch die ganze Eurypontidenliste Diodors fort und hat zur Folge, daß alle ihre Daten um 8 Jahre zu hoch stehen", so auch nach Meyer Leotychidas' 22 Jahre 498/7—477/6 statt richtig 490/89—469/8. — „Daß Diodor den Leotychidas nicht abgesetzt werden, sondern sterben läßt," habe „gar keine Bedeutung. Völlig einleuchtend" werde „jetzt die Verkehrtheit der weitverbreiteten Meinung" (z. B. Busolt III 1 S. 83 f. Anm. 1, Wilamowitz, *Aristoteles* I S. 147 Anm. 42) „Diodor's Datum 476/5 sei dadurch zu erklären, daß in dieses Jahr die Absetzung, ins Jahr 169/8 der Tod des Leotychidas nach 22 Regierungsjahren — als ob man dieselben nach seiner Flucht weiter gezählt hätte! — zu setzen sei". Von 22 Regierungsjahren des Leotychidas, die nach seiner Ächtung weitergezählt worden wären, kann allerdings nicht die Rede sein. Wohl aber ist eine ursprüngliche Angabe der ältesten Quelle: „15 (14) Regierungsjahre, 7 (8) Jahre von der Ächtung bis zum Tode zusammen 22 Jahre," sehr wohl denkbar. Bei Diodor oder eher schon seiner unmittelbaren Quelle fielen die Summanden weg, und die Summe wurde von den Regierungszahlen verstanden. Der Fehler hat dann einige Verwandtschaft mit Iustin's Mißdeutung der 7 Jahre bei Pausanias und mit der hier bekämpften Deutung des Datums für die Ächtung des Themistokles auf dessen Ostrakismos. Jedenfalls ist der Fehler keineswegs schlimmer als die Irrtümer, die Meyer für Archidamos und Agis annimmt. Denn von Archidamos III. wußte man, daß er auf Sizilien gefallen war, über Leotychidas' weitere Schicksale war nichts Näheres bekannt. Wenn Diodor's Quelle Agis II. viel zu früh zur Regierung kommen läßt und es versäumt, Archidamos' III. Regierung entsprechend zu kürzen, so ist das schon ein starkes Stück, das nur noch übertrumpft wird, indem Archidamos II. nach derselben Quelle 434/3, also vor dem Kriege, der nach ihm benannt wurde, gestorben sein soll, während Diodor ihn noch weiter leben und 431, 429, 428 gegen Athen kämpfen läßt, dann aber nach Meyer Gewissensbisse über die Widersprüche zwischen seiner Geschichtserzählung und seinen der Chronographie entnommenen Daten bekommt, und deshalb den Antritt und Tod des Agesilaos und den Antritt des Archidamos III. wegläßt (*Forsch.* II 506 Abs. 2). Bei Leotychidas dagegen spricht Diodor vom Tode ἐτελεύτησε, und so können wir die Hand unmittelbar auf die oben gegebene Entstehung der Mißverständnisse legen. Mir scheint es viel wahrscheinlicher, daß die Verschiebung der Eurypontidenliste in der Differenz zwischen 477/6 und 469/8 für Leotychidas' Ächtung und Tod liegt: so ist der Fehler, daß Diodor den Tod des Archidamos II. 434/3 bringt und ihn doch noch bis 428 wirken läßt, viel leichter erträglich, und der Forderung, daß für noch so folgenschwere Irrtümer ein möglichst geringfügiger und leicht erklärlicher Anlaß aufgezeigt werden soll, wird Genüge getan. Wer Meyer's Erklärung sekundär in Betracht ziehen möchte (wobei dann als Zufall ein zweimaliger auf 8 Jahre hinauslaufender Irrtum anzunehmen wäre), dem bleibt das unbenommen. Den Leotychidas-Irrtum bei der Erklärung ganz zu übergehen, halte ich für unmöglich.

6. Beloch, der ebenfalls die Ächtung des Leotychidas 469 ansetzt, erwägt zunächst die Möglichkeit, Leotychidas sei wieder zur Regierung gekommen, wie 426 König Pausanias, der aus einem ganz ähnlichen Grunde abgesetzt worden war, verwirft sie aber dann mit Recht mit Hinweis auf Herodot's Worte VI 72 ἔφυγε δὲ ἐς Τεγέην καὶ ἐτελεύτησε ἐν ταύτῃ. Der thessalische Feldzug muß, wie Beloch (II² 2 S. 192) mit Recht betont zwei Sommer in Anspruch genommen haben. Denn nach Plut., *Them.* 20, hat die peloponnesische Flotte einmal ἀπηλλαγμένον Ξέρξου in Pagasae überwintert. Dies sei zwar „eine der gewöhnlichen Themistokles-Anekdoten", „aber die historische Einkleidung kann hier so wenig wie sonst erfunden sein. Es ist nicht abzusehen, wie jemand darauf hätte kommen können, die hellenische Flotte gerade in Pagasae überwintern zu lassen, wenn sie nicht wirklich einmal da gelegen hätte" (vgl. u. A. schon Duncker, *Gesch. d. Altert.* VIII 66, Wilamowitz, *Aristot.* I S. 147, Anm. 42, Busolt III¹ S. 85f. mit Anm. 2). „Der thessalische Feldzug würde demnach in die Jahre 477 und 476 fallen, d. h. eben in die Zeit, in die er auch aus allgemeinen Erwägungen gesetzt werden muß" (gegen Ed. Meyer). Andererseits steht es für Beloch (S. 190) zweifellos fest, daß Leotychidas bis 469/8 regiert hat, und so greift er zu dem Gewaltmittel, anzunehmen, daß seine Absetzung die unmittelbare Folge seines Mißerfolges in Thessalien gewesen sein könne. Daß er der Bestrebung auf frischer Tat überführt worden, sei ein λεγόμενον, das Herodot zwar geglaubt habe, wir ihm aber nicht zu glauben brauchten. „Bei dem Prozeß werden natürlich auch die thessalischen Dinge zur Sprache gekommen sein. Daß man aber diese alten Dinge wieder hervorzog," müsse einen andern Grund gehabt haben. Es könne „doch kein Zufall sein[1]), daß Leotychidas' Sturz gerade um dieselbe Zeit falle, wie der seines Amtsgenossen Pausanias. Zwischen beiden Ereignissen müsse ein innerer Zusammenhang obwalten", Leotychidas „kann[1])" Pausanias' Plänen nicht ferngestanden haben. Wären sie Gegner gewesen, so müßte Leotychidas' Sturz die Stellung des Pausanias „befestigt haben" und kein Mensch hätte daran denken können, ihn abzusetzen. Also gehe Pausanias' Katastrophe der Absetzung des Leotychidas etwas voraus und würde „wahrscheinlich in 470 zu setzen sein, einige Zeit nach seiner Vertreibung aus Byzanz (472)". Beloch mutet uns also zu, in Herodot's Satze ἐπ' αὐτοφώρῳ δὲ ἁλοὺς αὐτοῦ ἐν τῷ στρατοπέδῳ ἐπικατήμενος χειρίδι πλέῃ ἀργυρίου ἔφυγε ἐκ Σπάρτης ὑπὸ δικαστήριον ὑπαχθείς, καὶ τὰ οἰκία οἱ κατεσκάφη· ἔφυγε δὲ ἐς Τεγέην καὶ ἐτελεύτησε ἐν ταύτῃ den letzten Teil von ἔφυγε an für geschichtlich, den ersten für ein λεγόμενον zu halten, ähnlich wie Beloch von den beiden bei Aischylos berichteten Tatsachen, der Botschaft des Themistokles und dem nächtlichen Manöver der persischen Flotte, die erstere verwirft („daß sie schon bei Aischylos erzählt war, macht sie nicht glaubwürdiger, denn solche Legenden können sich naturgemäß nur bilden, solange die Ereignisse noch in frischem Andenken stehen" [*Klio* VIII S. 485 = *Gesch.* II² 2 S. 119]), die andere als „bei Aischylos bezeugt und also ohne Zweifel wirklich erfolgt" anerkennt (*Klio* VIII ebenda = *Gesch.* II² 2 S. 120).

7. So macht auch Beloch's neueste Behandlung der ganzen Fragengruppe die Gesamtverschiebung nach unten nicht wahrscheinlicher. Sie wird im allgemeinen gekennzeichnet durch ein höchst radikales Umspringen mit der Überlieferung. Wohl Bezeugtes, das uns schwierig erscheint und das wir uns anders gedacht hätten, wird für unmöglich erklärt. Pausanias wurde von den Athenern unter Kimon aus Byzanz vertrieben 476, vor der Eroberung von Eion: so Thuk. I 98 mit *Schol. Aisch.* 2, 31, Plut. *Thes.* 36 (Wilamowitz

---

1) Von mir gesperrt.

Ar. I 146), Beloch (II² 2 S. 186) hingegen: Pausanias könne nicht vor Sommer 477 zum ersten Male abberufen und frühestens Herbst 477, wahrscheinlich erst Frühjahr 476 nach Byzanz zurückgekehrt sein. Es sei also aus chronologischen Gründen so gut wie unmöglich, daß die Athener ihn vor dem Feldzuge gegen Eion vertrieben haben sollten, und völlig unmöglich aus inneren Gründen (Rehabilitation durch die Freisprechung, bestes „Einvernehmen" zwischen Athen und Sparta, wie sich ja noch soeben durch den Verzicht" [?] „Spartas auf die Führung gezeigt hatte" [!]. „Vor allem aber hatten die Athener zunächst viel Dringenderes zu tun, als sich um Pausanias zu kümmern; galt es doch, die persischen Garnisonen zu vertreiben" etc.). — Die Angabe „des Trogus" über die Vertreibung des Pausanias habe hohe innere Wahrscheinlichkeit. Sie könne „sehr wohl aus byzantinischer Lokaltradition geflossen sein. Wollten wir sie aber trotzdem bei Seite werfen, so könnte Pausanias' Vertreibung doch nicht wohl vor 474, frühestens Ende 475 gesetzt werden; denn Kimon, der gegen Pausanias den Befehl führte (Plut., *Kim.* 6), war während der ersten Hälfte des Sommers 475 mit der Eroberung von Skyros beschäftigt, könnte also frühestens nach den Etesien nach dem Hellespont in See gegangen sein, und die Belagerung eines so festen Platzes wie Byzanz muß längere Zeit in Anspruch genommen haben" (S. 188).

Themistokles sei 464 an den Hof des Artaxerxes gekommen. (Das ist, wie die aramäischen Papyrus aus Elephantine ergeben haben, in 465 zu berichtigen; Xerxes ist bereits 465 gestorben, 465/4 ist Astaxerxes' Antrittsjahr: siehe meine Bemerkungen bei Obst, *D. Feldzug d. Xerxes* S. VIII und was dort zitiert.) Kurz vorher müsse, da die Flucht nur kurze Zeit gedauert haben kann, die Forderung seiner Auslieferung seitens der Spartaner erfolgt sein: Beloch nimmt für die Flucht und weiter die Reise zum Königshof etwa 2 Jahre an. Die Forderung wäre also 466 (nicht 467) gestellt worden: mehrere Jahre nach der Katastrophe des Pausanias (S. 193). Das für die Ächtung bezeugte Datum 471/470 könne also nicht stimmen, es muß vielmehr auf den Ostrakismos umgedeutet werden.

8. Nachdem durch solcherlei Erwägungen die bei Thukydides im engsten Zusammenhange (ξυνεπηγτιῶντο I 135,2) berichteten Ereignisse auseinandergerissen sind und Themistokles' Ächtung auf die Mitte der sechziger Jahre heruntergerückt ist, kann nunmehr Beloch ein weiteres Argument ins Feld führen. Da um diese Zeit die Herrschaft der Spartaner im Peloponnes, besonders in Arkadien schwer erschüttert war, können sie erst nach deren Wiederherstellung Themistokles' Auslieferung in Argos verlangt haben (S. 193 § 73a. E.), also nach den Schlachten bei Tegea und Dipaea, die den Spartanern zum Siege verhalfen. Diese müssen nach Beloch (S. 188) nach der demokratischen Revolution und dem Synoikismos in Elis fallen. Er bemerkt sehr richtig, daß weder Pausanias noch Leotychidas in diese Schlachten befehligt haben könnten (was auch noch Niemand behauptet hat): sie hätten unmittelbar nach solchen Siegen nicht gestürzt werden können. Mit vollem Recht betont Beloch: „Nur durch die innere Krise ist ja die antispartanische Bewegung im Peloponnes erst möglich geworden." So muß er folgern (S. 189): *terminus post quem*: „die Absetzung des Leotychidas in 469/8", *terminus ante quem*: „der messenische Aufstand nach dem Erdbeben," Her. IX 35. Wir, die wir keinen Grund gefunden haben, die Ächtung des Themistokles unter 471/70 herunterzurücken, betrachten die Erschütterung der spartanischen Herrschaft als eine mittelbare Folge der auf die Aufwiegelung der Heloten etc. hinauslaufenden

Umtriebe des Pausanias im Innern, die mit seinen verräterischen Beziehungen nach außen hin, mit Persien, in Zusammenhang standen. Ehe sich die Folgen dieser Umtriebe geltend machen konnten, erfolgte die Anzeige der Ephoren gegen Themistokles und die Auslieferungsforderung an Argos, besonders wegen der ‚antispartanischen Agitation', die er (Thuk. I 135, 3) von Argos aus trieb. Erst nachdem Themistokles flüchtig geworden war, erfolgten dann der Aufstand und der Synoikismos in Elis und die arkadisch(-argivischen) Unruhen, deren Sparta durch die Schlachten bei Tegea und Dipaea[1]) Herr wurde. Die Spartaner brauchten also für ihr Vorgehen gegen Themistokles nicht erst die „Wiederherstellung ihrer Herrschaft in Arkadien" (Beloch S. 193) abzuwarten.

9. Die Fahrt des Themistokles von Pella nach Ephesos erfolgte, als die Athener Naxos belagerten. Der Aufstand von Naxos folgte auf die Unterwerfung von Karystos (475 oder 474) und ging der Schlacht am Eurymedon voraus. Setzt man diese Schlacht mit Diodor 470/69, so kann die Belagerung von Naxos höchstens ins Jahr zuvor fallen. Setzt man sie 467 oder 466 (Meyer, *Gesch.* III S. 577), so ergibt sich ein weiterer Spielraum. Je nachdem man den europäischen Teil der Flucht des Themistokles länger oder kürzer ansetzt — oder sagen wir geradezu: der Nachricht bei Stesimbrotos (Plut., *Them.* 24) über einen Aufenthalt bei Hiero Glauben schenkt (vgl. meine *Griech. Gesch.* S. 36 § 32a. E.) oder, wie es die herrschende Meinung tut, verweigert — kann man jene Fahrt in dem verfügbaren Zeitraum früher oder später ansetzen und erhält danach eine längere oder etwas kürzere Frist für Themistokles' geheimen Aufenthalt in den Griechenstädten der kleinasiatischen Küste bei Freunden, die ihn schützten und verbargen. Thukydides' lebensvollen Bericht über die Gefährdung des Themistokles vor Naxos und sein Entrinnen kann man nicht wie Wilamowitz 1893 (*Ar.* 150) auf einen Wahn der Belagerer zurückführen. Wilamowitz ist davon auch später zurückgekommen (*Gr. Lesebuch* [1907] I 51). Ihn mit Beloch (S. 184) als eine erfundene Themistokles-Anekdote zu betrachten, geht erst recht nicht an.

Sicher ist auch Themistokles erst nach dem Tode des Xerxes, dem er so nachdrücklich geschadet hatte, aus seinem Versteck hervorgekommen und zum Perserkönig gegangen, wie sowohl Charon von Lampsakos wie Thukydides aus lampsakenischer Überlieferung berichten. Darin hat (s. schon *Klio* II 346 Anm. 2) Wilamowitz 1893 richtiger geurteilt als 1903, wo er ihn mit den späteren griechischen Autoren zu Xerxes kommen läßt. Die Einsetzung des Xerxes für Artaxerxes wie anderseits der Ersatz von Naxos durch Thasos (Plut., *Them.* 25, nach der Seidenstettner Handschrift) beruhen beide auf dem Bestreben, den Zwischenraum zwischen der Ankunft in Ephesos und der Reise zum persischen Hof auszuschalten. Thukydides' ungenaue Ausdrucksweise, die seine eigene Unklarheit über die Vorgänge der Zwischenzeit verdecken sollte, trägt daran wesentlich die Schuld.

10. Die Echtheit von Pausanias' Brief an Xerxes und von dessen Antwort, die Meyer (*Gesch.* III S. 513 A) für „evident" erklärte, „selbst wenn sie vom Schriftsteller etwas stilisiert sein sollten", während Beloch II[2] S. 155 sie für eine augenscheinliche grobe Fälschung hält, wird dadurch erwiesen, daß

---

1) Diese Schlachten setzt Ed. Meyer, *GA* III S. 515 Anm. etwa in die Jahre 473—470. Beloch (S. 189) wohl richtiger in die Jahre 468—466, da am Kriege der Argiver gegen Mykenae (468/7 Diodor XI 65) die Tegeaten als Verbündete der ersteren teilnahmen (Strabo VIII 377), was nach der 'Wiederherstellung der spartanischen Hegemonie über Arkadien schwer denkbar ist.

darin ein Brauch des persischen Hofes in der dafür üblichen ständigen griechischen Wiedergabe vorkommt, das κεῖταί σοι εὐεργεσία ἐς ἀεὶ ἀνάγραπτος, das nicht nur durch Dareios' Erlaß an Gadatas (Ditt., Syll.³ 22) κείσεταί σοι μεγάλη χάρις ἐμ βασιλέως οἴκῳ und durch den Vergleich mit Her. VIII 185 εὐεργέτης ἀνεγράφη geschützt wird, sondern besonders auch durch die noch heute bei Siwas am Felsen zu lesende Inschrift von Aranda (s. meinen Artikel Satrapen bei Pauly-Wissowa § 7): 'Ἀθάνατα μνημεῖα παρ' εὐθεμίτοις σαδράπῃσι κείσεται Ὀρομάνηι.

11. Schon um der letzteren Stelle willen ist es ganz unmöglich, die in einer Abschrift aus Tiberius' Zeit vorliegende Gadatas-Inschrift mit Beloch (S. 155) als eine späte Fälschung zu betrachten, die namentlich bewiesen werde durch die Wendung τοὺς πέραν Εὐφράτου καρποὺς ἐπὶ τὰ κάτω τῆς Ἀσίας μέρη καταφυτεύων in der Belobigung des Gadatas. Das sei vom griechischen, nicht vom persischen Standpunkt aus gesprochen. Der Hinweis auf den Eigennamen 'Abar Naharâ als Bezeichnung der Satrapie „jenseits des Stromes" sei eine Verlegenheitsauskunft. Beloch vergißt also, daß noch zur Zeit Antiochus I. die Provinz keilinschriftlich genau entsprechend als Ebir nâri bezeichnet wurde (Klio III S. 498 ff., 504 mit Anm. 3), wie er denn überhaupt in seiner Geschichte II² ganz im Gegensatz zum dritten Bande die keilinschriftlichen und selbst die griechischen Nachrichten, die durch sie erläutert werden, übergeht. Daß ein babylonischer Aufstand die Rüstungen des Xerxes verzögerte (meine Griech. Gesch. S. 29), daß ein anderer seit 480 die Grundfesten des persischen Reiches erschütterte und von Xerxes, der deshalb vorzeitig von Sardes ins Innere seines Reiches zurückkehrte, 479/78 blutig niedergeschlagen werden mußte (ebenda S. 34 und 38 und vorher Woch. f. klass. Phil. 1906, Sp. 960 ff.), wird bei Beloch nicht erwähnt, obgleich offenbar selbst Herodot (I 183) davon Kunde hatte. Daher wird von Beloch die Frage, ob nicht die in der Überlieferung hervortretende Bedenklichkeit der Perser bei Plataiai und Mykale damit zusammenhängt, überhaupt nicht gestreift. Und während der im übrigen hier skeptische Obst (Feldzug d. Xerxes S. 212 f.) die „merkwürdige Tatsache, daß Artabazos auf seinem Rückmarsch das so wichtige Sestos nicht entsetzte und doch beim Könige in höchster Gunst stand", so erklärt, „daß Artabazos tatsächlich Babylon als eiliges Marschziel angewiesen worden war", behauptet Beloch (II² 2 S. 213), ohne auch nur diese Möglichkeit in Betracht zu ziehen: „Als Artabazos an den Hellespont kam," müsse „Sestos bereits von den Griechen erobert gewesen sein, da er sonst nicht bei Byzantion übergegangen wäre; sein Heer war stark genug, um Sestos Entsatz zu bringen, und so lange eine griechische Flotte im Hellespont lag, war überhaupt an einen Übergang nach Asien nicht zu denken." So sieht er sich genötigt, Thuk. I 89, 2 (ἐπιχειμάσαντες εἷλον αὐτήν) Lügen zu strafen. In Wahrheit kam aber die griechische Flotte erst in den Hellespont, nachdem Artabazos bei Byzanz über den Bosporus nach Asien hinübergegangen war.

12. Die Folge der Ereignisse veranschauliche folgende Zeittafel, wo nötig mit Quellenangabe:

491/490: Demaratos abgesetzt. Leotychidas König (Her. VI 71).
Herbst 478: Die Griechen unter Pausanias erobern Byzanz.
Ende Winter 478/7: Stiftung des attischen Seebundes.
Darauf: Pausanias aus Byzanz abberufen.
477 Frühsommer: Pausanias kehrt auf der Triere von Hermione in die Meerengen zurück und erobert Byzanz (und Sestos?) Darauf lassen die Athener den Spartanern gegen Thessalien, diese ihnen gegen Pausanias freie Hand.

Der Sturz des Pausanias, des Themistokles und des Leotychidas.

477/6: Adeimantos Archont. Eine peloponnesische Flotte überwintert im Golf von Pagasai (Plut., *Them.* 20).

476: Themistokles leitet die Choregie für Phrynichos (Plut., *Them.* 5).

476: Themistokles als attischer Pylagore widerspricht dem spartanischen Antrag auf Ausschließung der Staaten, die nicht gegen die Perser mitgekämpft hatten, aus der Amphiktyonie: dieser richtete sich vornehmlich gegen die Thessaler und die von ihnen abhängigen Staaten. Nicht lange danach Themistokles ostrakisiert.

Leotychidas zieht gegen Thessalien, wird wegen Bestechung abgesetzt und geächtet.

476/5: Archontat des Phaidon. — Kimon erobert Eion, das letzte Bollwerk der Perser (Schol. *Aisch* 2, 31) und Skyros (Plut., *Thes.* 36).

471: Prozeß und Tod des Pausanias (7 Jahre nach seiner letzten Rückkehr nach Byzanz [so Trogus' Angabe aus Iustin IX 1, 3 herzustellen]).

471/70: Praxiergos Archont (Ol. 77, 2). Themistokles geächtet (Diod. XI 54f., Cic., *Lael.* 42, Euseb., *Chronik* S. 192 [Karst]).

Zwischen 471/70 und der Eurymedon-Schlacht: Den Athenern, die das aufständische Naxos belagern, entrinnt Themistokles auf der Fahrt von Pella nach Ephesos nur mit knapper Not. Danach Themistokles' geheimer Aufenthalt in den kleinasiatischen Griechenstädten (u. A. Ephesos, Kymai, Aigion).

470: Umwälzung und Synoikismos in Elis.

Seit 470: Kämpfe der Spartaner mit den Arkadern.

469: König Leotychidas † zu Tegea in der Verbannung, 22 (14 [15] + 7 [8]) Jahre nach seinem Regierungsantritt.

468/7: Die Tegeaten unterstützen die Argiver im Kampfe gegen Mykenae (Strabo VIII 377, Diod. XI 65, 3).

468/466: Schlachten bei Tegea und Dipaea. Wiederherstellung der spartanischen Hegemonie.

465: Xerxes †. Themistokles tritt aus der Verborgenheit hervor und begibt sich an den Hof des Artaxerxes, der ihm Magnesia a. M. und Myra sowie Lampsakos mit Perkote und Palaiskepsis schenkt.

Um 449: Themistokles † (Plut., *Them.* 31; *Kim.* 18).

Römische Kaiserdaten.

Von **Ludwig Holzapfel** (†).

(Schluß[1]).)

4. Vespasian.

Als Anfangstermin seiner Regierung betrachtete dieser Kaiser nicht etwa den 21. Dezember 69, an dem ihn der Senat als Herrscher anerkannte (XV S. 103), noch den 3. Juli 69, an welchem er von seinen eigenen Soldaten in Cäsarea persönlich den Treueid entgegennahm, sondern vielmehr die Huldigung der ägyptischen Legionen, die am 1. Juli 69 in Alexandria erfolgte (XII S. 488 A. 7). Es tritt hierin die große Bedeutung, die er dem Verhalten dieser Truppen und ihres Präfekten Tiberius Alexander beilegte, klar zutage.

Als Todestag Vespasians wird von Sueton[2]), wenn man sich an die Handschrift hält, die für die Ausgaben von Roth, Preud'homme und Ihm maßgebend sind, *VIIII Kal. Iul.* seines neunten Konsulats, also der 23. Juni 79, genannt. Demgemäß haben sich Clinton[3]), Merivale[4]), Duruy[5]), Hertzberg[6]), Ranke[7]), Schiller[8]) und Goyau[9]) für diesen Tag entschieden. Die Angabe Suetons[10]), wonach der Kaiser, dessen Geburt auf den 17. November 9[11]) fällt, ein Alter von 69 J. 7 M. 7 T. erreichte, läßt sich hiermit in inklusivem Sinne und die seiner Regierung von vielen Autoren beigelegte Dauer von 9 J. 11 M. 22 T.[12]) in kompensativem Sinne vereinigen.

---

1) S. Bd. XII, S. 483—493; Bd. XIII, S. 289—304; Bd. XV, S. 99—121.
2) *Vesp.* 24. — 3) *Fast. Rom.* I 64.
4) *Gesch. d. Römer unter d. Kaisertum*, deutsche Übers. IV (Leipzig 1872), S. 202, Note 60.
5) *Hist. des Romains* IV (1879), S. 195.
6) *Gesch. d. röm. Kaiserreiches* (in Onckens *Allgem. Gesch.* II 1), S. 311.
7) *Weltgesch.* III 256, Note 2. — 8) *Gesch. d. röm. Kaiserzeit* I 518.
9) *Chronol. de l'empire rom.*, S. 158. — 10) *Vesp.* 24.
11) Suet. *Vesp.* 2. Das Kalenderdatum ist außerdem noch in den *Fast. Philocal.* (*CIL* I² p. 276) überliefert.
12) Diese Berechnung findet sich bei Theophil. Antioch. *ad Autolyc.* III 27, im armenischen Text des Eusebianischen Kanons (Euseb. II 158 Sch.), bei Hieronymus im Kanon (ebenda S. 159) und in der Chronik (ebenda Bd. I Anhang, S. 36), bei Prosper Tiro (*Chron. min.* I 415 Momms.) und Cassiodor (ebenda II 139), im *Chron. Pasch.* I 460 Dind. und im Χρονογραφεῖον σύντομον (Euseb. ed. Schöne I Anh. S. 100) sowie in einer späteren Bearbeitung der Chronik des Isid. Hispal. (*Chron. min.* II 500).

Ein anderes Datum ergibt sich dagegen, wie bereits Tillemont[1]) gesehen hat, aus Dios[2]) Berechnung, wonach Vespasian 10 J. weniger 6 T. regierte. Diese Angabe führt, je nachdem man die Vollendung des zehnten Jahres auf den 1. Juli oder auf den 30. Juni setzt (vgl. XIII S. 290f.), auf den 25. oder den 24. Juni. Tillemont nimmt das letztere Datum an, das auch bei Sueton in der Frankfurter Ausgabe von 1588 überliefert sei.

Eine zweite Angabe Dios, die gleichfalls den 23. Juni ausschließt, liegt bei Zonaras[3]) vor, nach welchem sich Vespasians Lebenszeit auf 69 J. 8 M. 8 T. erstreckte[4]). Sein Tod fällt hiernach, da er am 17. November 9 geboren wurde (S. 74) und in Wirklichkeit nicht 8, sondern nur 7 M. zu rechnen sind, auf den 24. oder 25. oder 26. Juni.

Unter den neueren Forschern haben sich Dessau[5]), Niese[6]) und Weynand[7]) für den 24. Juni entschieden, doch wird von Dessau und Weynand als Gewährsmann für dieses Datum auffallenderweise Sueton angeführt.

Sieht man von den bei diesem Autor überlieferten Kalendertage ab, so lassen sich die sonstigen Angaben, die wir besprochen haben, mit dem 24. Juni gut in Einklang bringen. Das von Sueton angegebene Lebensalter von 69 J. 7 M. 7 T. (S. 74) führt vom 17. Nov. 9 auf den 23. oder 24. oder 25. Juni 79 und die weit verbreitete Ansetzung seiner Regierungszeit auf 9 J. 11 M. 22 T. (S. 74) vom 1. Juli 69 auf den 22. oder 23. oder 24. Juni 79[8]). Der 24. Juni erweist sich hierdurch zugleich als der einzige Tag, der sämtlichen Berechnungen genügt.

Mit diesem Datum harmoniert aufs beste die Angabe Dios[9]), daß Titus bei seiner Thronbesteigung 39 J. 5 M. 25 T. alt gewesen sei, und nicht minder die von Dio und anderen Autoren seiner Regierung beigelegte Dauer von 2 J. 2 M. 20 T.[10]). Er wurde geboren am 30. Dez. 39[11]) und

---

1) *Hist. des empereurs* II 18[b]. — 2) LXVI 17, 3.
3) XI 17. Ebenso Cod. Paris. 1712 (*Byz. Ztschr.* V 1896, S. 513).
4) Wie bei Zonaras und im Cod. Paris. 1712, so sind auch bei Xiphilinus (LXVI 17, 3), der die Tage wegläßt, 8 M. überliefert, während tatsächlich von der Vollendung des 69. Lebensjahres (17. Nov. 78, über den Geburtstag siehe S. 74) bis zum Todestage nur 7 volle Monate verflossen. Ob sich Dio selbst versehen oder sich, wie Boissevain vermutet, ein Fehler in den von Xiphilinus und Zonaras exzerpierten Text eingeschlichen hat, muß dahingestellt bleiben.
5) *Prosop. imp. R.* II 78. — 6) *Röm. Gesch.*, 4. Aufl., S. 328.
7) Pauly-Wiss. *RE* VI 2674.
8) Tillemont, *Hist. des emp.* II Anhang, S. 18[b], Note 1 betrachtet als Ausgangspunkt dieser Berechnung den 3. Juli 69, an dem Vespasian nach Tac. *Hist.* II 79 von seinem eigenen Heere zum Kaiser ausgerufen wurde (vgl. XII S. 488 Anm. 7). Er hat also die Möglichkeit einer exklusiven Zählweise ganz übersehen.
9) LXVI 18, 4. Zon. XI 18.
10) LXVI 18, 4. 26, 4. Zon. XI 18. Suet. *Tit.* 11. *Epit. Caes.* 10, 1.
11) Der Kalendertag ist durch Suet. *Tit.* 2 und *Fast. Philocal. CIL* I² 278 bezeugt. Das Geburtsjahr war nach Suet. a. a. O. das Todesjahr Caligulas, also

starb am 13. Sept. 81[1]). Wir haben es also, wenn er am 24. Juni 79 zur Regierung gelangte, bei beiden Berechnungen mit kompensativer Zählweise zu tun.

Wie verhält es sich nun aber mit dem bei Sueton für Vespasians Tod überlieferten Datum *VIIII Kal. Iul.*? Es verdient bemerkt zu werden, daß nicht nur die Frankfurter Ausgabe von 1588 (S. 75), sondern auch die Leydener von 1596, die zweite Ausgabe des Casaubonus von 1610 und die Plantiniana von 1611 die Lesart *VIII Kal.* bieten und daß nach Oudendorps Ausgabe (1751) das gleiche Datum in einigen Handschriften steht. Es liegt daher nahe, die Ziffer *VIII*, woraus sehr leicht *VIIII* werden konnte, in den Text zu setzen und so Sueton mit Dio in Einklang zu bringen.

Ein derartiges Verfahren kann aber doch nicht ohne weiteres angewandt werden. Auf Titus Regierung, die am 13. Sept. 81 endigte, rechnete man nämlich nicht bloß 2 J. 2 M. 20 T. (S. 75), sondern auch 2 J. 2 M. 22 T.[2]). Als spätester Termin für seine Thronbesteigung ergibt sich hiernach der 23. Juni.

Es muß mithin als Todestag Vespasians sowohl der 23. wie der 24. Juni überliefert gewesen sein. Dies war wohl möglich, wenn der Kaiser zwischen der Mitternacht vom 23. auf den 24. Juni und dem Anbruch des folgenden Morgens gestorben ist; denn wir haben es alsdann mit einem Zeitabschnitt zu tun, der bei dem Widerstreit der Ansichten über den bald auf die Mitternacht, bald in die Zeit der Morgendämmerung gesetzten Beginn des bürgerlichen Tages ebenso gut den 23. wie dem 24. Juni zugewiesen werden konnte. Eine auf solche Weise zu erklärende Doppeldatierung liegt tatsächlich bei Pertinax vor, der vom Senat in der Nacht vom 31. Dez. 192 auf den 1. Jan. 193 zum Kaiser ernannt wurde und dessen Regierungsantritt demgemäß bald auf den 31. Dez. 192, bald auf den folgenden Tag gesetzt wird.

Wie wir bereits bemerkten, wird Vespasians Regierungszeit von zahlreichen Autoren auf 9 J. 11 M. 22 T. angesetzt und hierbei als Aus-

---

41. Damit stimmt Vict. *Caes.* 10, 5, wonach Titus im 40. Lebensjahre starb. Auf das J. 39 führt indessen, wie O. A. Hoffmann, *De imperatoris Tit. temporibus recte definiendis*, Marburg 1883, S. 1f. zeigt, nicht nur die oben erwähnte Berechnung Dios, sondern auch andere Angaben, die den Kaiser in das 42. Lebensjahr (Suet. *Tit.* 11. Eutrop. VII 22, 1) oder zu einem Alter von 41 J. (*Epit. Caes.* 10, 15) gelangen lassen.

1) Suet. *Tit.* 11. Das Jahr ergibt sich auch aus Dio LXVI 26, 1.

2) Rein sind die 22 T. überliefert bei Theophil. *ad Autolyc.* III 27, wo jedoch die Monate fehlen. Im Lib. generat. (*Chron. min.* I 138 Momms.), bei Epiphanius *de mens. et pond.* c. 13 Lagarde und im Χρονογραφεῖον σύντομον (Euseb. ed. Schöne I Anhang, S. 100) sind von den 22 T. nur 2 T. übrig geblieben. Außerdem haben sich im Lib. gen. die *II J.* in *III J.* verwandelt (vgl. S. 82).

gangstermin der 1. Juli 69 betrachtet (S. 75). Es sind nun noch einige andere Angaben zu besprechen, die auf der nämlichen Rechnung beruhen, jedoch durch die Nachlässigkeit der Abschreiber oder der Autoren selbst mehr oder minder entstellt sind.

Um einen geringen Fehler handelt es sich bei Clemens Alexandrinus[1]). Die 11 M. 22 T. sind hier richtig überliefert, doch werden 11 J. statt 9 J. genannt, was wohl der Einwirkung der folgenden 11 M. zuzuschreiben ist.

Bei Malalas[2]), der die Tage wegläßt, sind aus 11 M. 10 M. geworden. Dies konnte leicht geschehen, wenn seine Kaiserliste aus einer lateinischen Quelle[3]) stammt, in der die Verwandlung von XI in X sehr nahe lag.

Weit auffallender ist eine in mehreren byzantinischen Chroniken vorkommende Angabe, wonach Vespasian 10 J. 8 T. regiert haben soll[4]). In der Quelle, auf die diese Zeitbestimmung zurückgeht, war wohl von 10 J. weniger 8 T. die Rede[5]).

Die schlimmste Entstellung liegt vor in der Stadtchronik des Chronographen von 354, worin eine Regierungszeit von 12 J. 8 M. 28 T. angegeben wird[6]). Zunächst scheinen durch Verwechslung aus 9 J. 11 M. XI J. und VIII M. und hieraus sodann XII J. VIII M. geworden zu sein. Die 28 T. bereiten keine zu große Schwierigkeit. Wer den Tod des Kaisers auf den 23. Juni 79 setzte (S. 75), zählte bei inklusiver Berechnung der vom 1. Juli 69 laufenden Regierungszeit 23 überschüssige Tage. Die gleiche Summe ergab sich bei kompensativer Berechnung, wenn als Todestag der 24. Juni (S. 75) galt. Die Ziffer III war nun aber der Verwandlung in VIII in hohem Maße ausgesetzt[7]).

Alle Angaben über Vespasians Regierungszeit, von denen bisher die Rede war, setzen im Einklang mit der vom Kaiser selbst vertretenen Auffassung den 1. Juli 69 voraus, an dem ihm die ägyptischen Legionen

---

1) *Strom.* I 21, 144, 4. — 2) p. 260 Dind.

3) Eine solche ist deutlich zu erkennen p. 260/61 Dind.: Οὐεσπασιανὸς δὲ ἐκ τῆς Ἰουδαϊκῆς παίδας ἔκτισεν ἐν τῇ Ἀντιοχείᾳ τῇ μεγάλῃ τὰ λεγόμενα Χερουβὶμ πρὸ τῆς πύλης τῆς πόλεως.

4) Leo Gramm. p. 64 Bekk.; Cod. Vat. 163 (*Byz. Ztschr.* V 1896, S. 513), Cod. Paris 1712 (ebenda); Cedren. I 380 Bekk.

5) Ein ähnliches Versehen findet sich in einer Angabe des Cod. Paris. 1712 (*Byz. Zeitschr.* V 1896, S. 523) über Pertinax, dessen Lebenszeit (1. August 126—28. März 193) auf 66 J. 4 M. statt auf 67 J. weniger 4 M. (so Dio LXXIII 10, 3) angegeben wird.

6) *Chron. min.* I 146 Momms.

7) Die nämliche Verwechslung begegnet im Lib. generationis (*Chron. min.* I 138), wo Otho VIII M. statt III M. erhält. Umgekehrt sind bei Eutrop. VIII 19, 1 aus den XVII J. VIII M. des Septimius Severus (2. Juni 193 bis 4. Febr. 211) XVI J. III M. geworden.

den Treueid leisteten (XII S. 488, 7; XV S. 104). Es finden sich indessen auch Spuren einer anderen Zeitrechnung, deren Ausgangspunkt der vom Senat am 21. Dezember 69 gefaßte Beschluß *de imperio Vespasiani* (XV S. 103) bildete.

Wir fassen zunächst drei Angaben ins Auge, die eine genaue Zeitabstimmung bieten sollen, jedoch fehlerhaft überliefert sind.

Nach Epiphanius[1]) soll Vespasian 9 J. 7 M. 12 T. regiert haben. Die 9 J. 7 M. kommen dem zwischen dem 21. Dez. 69 und dem Todestage des Kaisers (23. oder 24. Juni 79) liegenden Intervall von 9 J. 6 M. sehr nahe und rühren wahrscheinlich aus einer lateinischen Vorlage her, in der *VI* zu *VII* geworden war. Zu den Jahren und Monaten kamen, wenn man Vespasians Ableben auf den 23. Juni setzt, nach kompensativer Zählweise noch 2 T. hinzu uud ebenso war dies der Fall bei exklusiver Berechnung, wenn als Todestag der 24. Juni betrachten wurde. Die Verwandlung von *II* in *XII* war in einer lateinischen Quelle ebenfalls sehr leicht möglich[2]) und kommt bei Epiphanius in dem nämlichen Kapitel nochmals vor, indem Vitellius statt 8 M. 2 T. 8 M. 12 T. erhält (vergl. XIII S. 296 A. 4).

Der gleichen Zeitrechnung wie Epiphanius scheint der anonyme Verfasser der Σύνοψις χρονική zu folgen, nach welcher Vespasian 9 J. 8 M. regierte[3]). Auch diese Angabe darf man auf eine lateinische Vorlage zurückführen, in welcher sich *VI* in *VIII* verwandelt hatte.

Sehr problematisch erscheint dagegen auf den ersten Blick die Angabe Eutrops[4]), daß Vespasian *annum agens .... imperii nonum et diem septimum* gestorben sei. Man darf diese Stelle nicht etwa in dem Sinne verstehen, daß Vespasian nur acht volle Jahre regiert hätte; denn Eutrop bedient sich in solchen Fällen, wo die Zahl der vollendeten Jahre und Monate genannt werden soll, öfter der gleichen Ausdrucksweise[5]). Durch den Ausfall der Monate wird dagegen die Erklärung wesentlich

---

1) *De mensur. et pond.* c. 13 Lagarde.

2) So gibt der Lib. generationis (*Chron. min.* I 138) für Otho *VIII* M. *XII* T. statt *III* M. *II* T. (vgl. XIII S. 293 A. 6).

3) Μεσαιωνική βιβλιοθήκη, ed. Sathas VII 1894, S. 29. Die 9 J. 8 M. finden sich auch bei Malalas p. 259 Dind, aber als Regierungszeit des Vitellius, der augenscheinlich mit Vespasian verwechselt ist. Die 9 J. 10 M., die Vespasian nachher erhält (vgl. S. 77), sind aus einer zweiten, der gewöhnlichen Zeitrechnung folgenden Quelle eingefügt.

4) VII 20, 2.

5) Vgl. VII 12, 4: Caligula (16. März 37—24. Jan. 41) stirbt *anno imperii tertio, mense decimo dieque octavo;* VII 18, 6: Vitellius (19. April 69—20. Dez. 69) stirbt *imperii mense octavo et die uno;* VIII 23, 1: Severus Alexander (etwa 11. März 222—19. März 235) stirbt *tertio decimo imperii anno et die nono.* Über die nämliche Nachlässigkeit bei anderen Autoren s. XII S. 489 A. 6 gegen Ende und XV S. 104 A. 6).

erschwert. Mit den 7 Tagen, die vom 23. oder 24. Juni 79 weder auf den 21. Dez. 69 noch auf den 1. Juli 69 zurückführen, ist nichts anzufangen. Fragt man nun aber, welche Zahl in *VII* stecken soll, so bietet sich in erster Linie *IIII* dar, dessen Vertauschung mit *UII* in den Kaiserlisten wiederholt wahrzunehmen ist[1]). Wir gewinnen so auf einfache Weise die überschüssigen Tage, die der Zeitraum vom 21. Dez. 69 bis zum 24. Juni 79 bei inklusiver Rechnung enthält.

Es ist nun von Interesse zu ermitteln, inwiefern auch in solchen Angaben über Vespasians Regierungszeit, die sich auf die Jahre beschränken, die Verschiedenheit der Ansichten über die Epoche seines Prinzipats zum Ausdruck kommt. Wer vom 1. Juli 69 ausging, konnte das zehnte Regierungsjahr, das am 23./24. Juni 79 bis auf wenige Tage vollendet war, nicht wohl vernachlässigen. Es ist mithin da, wo nur 9 J. genannt werden, als Ausgangstermin der 21. Dez. 69 zu betrachten.

Wie nach unseren bisherigen Untersuchungen von vornherein zu erwarten ist, sind diejenigen Autoren, die bloß 9 J. rechnen, bei weitem in der Minderzahl. Wir finden diese Ansetzung nur bei Epiphanius[2]), bei dem der 21. Dez. 69 auch als Ausgangspunkt einer genaueren Datierung[3]) nachgewiesen werden konnte, in der Συναγωγή χρόνων eines Anonymus aus der ersten Hälfte des 9. Jahrhunderts[4]) und bei Georgius Monachus[5]) während von zahlreichen anderen Autoren 10 J. genannt werden[6]). Allerdings könnten bei manchen Schriftstellern 10 J. auch aus 9½ J. entstanden sein, da es rechnungsmäßig ebenso gut zulässig war, ein halbes

---

1) Ebenso erhält Antoninus Pius statt 74 Lebensjahren (19. Sept 86 bis 7. März 161) bei Prosper Tiro (*Chron. min.* I 428) und Cassiodor (ebenda II 143) 77, die von Malalas p. 281 Dind. übernommen worden sind, und Caligula bei Cedrenus I p. 346 Bekk., der jedenfalls einer lateinischen Quelle folgt, statt 4 Regierungsjahren 7. Umgekehrt haben sich in den *Excerpta Barb.* (Euseb. ed. Schöne I Anh. S. 233) und im Laterculus imperat. ad Iustinum I (*Chron. min.* III 420) die 7 Regierungsmonate Galbas (9. Juni 68—15. Juni 69) in 4 verwandelt (vgl. XII S. 849 A. 6 am Ende).

2) *Ancyrot.* c. 60. — 3) Vgl. S. 78.
4) In Nicephori *opusc. hist.* ed. de Boor, p. 222.
5) p. 383 de Boor. — Oros. VII 9, 12, der Vespasian im 9. Jahre seiner Regierung sterben läßt, gehört nicht hierher; denn diese Angabe ist, wie der sonstige Inhalt zeigt, aus Eutrop VII 20, 2: *annum agens .. imperii nonum et diem septimum* hervorgegangen, wo wir eine an den 21. Dez. 69 anknüpfende Zeitrechnung erkannt haben (S. 78). Das Gleiche gilt von den 9 J. im Laterc. imp. ad Iustin I (*Chron. min.* III 420).

6) Euseb. *Eccles hist.* III 13; *Epit. caes.* 9, 1; *Excerpt. Barb.* (Euseb. ed. Schöne I Anhang S. 233); Exposit. temp. Hilar. (*Chron. min.* III 416); Jordan. *Rom.* p. 34 Momms.; Isid. Hispal. (*Chron. min.* II 456); Nicephor. Χρον. σύντ. p. 93 de Boor; Maxim. Martyr, *Comput. ecclesiast* (Petavius, *Doct. temp.* Venedig 1757, III 191); Cedren. I p. 380 Bekk.; Randnote zweiter Hand zu den Excerpt. Salmas. (in Dio ed. Boiss. III S. 765 = S. 395 Cram.).

Jahr auf ein ganzes abzurunden, als es zu vernachlässigen. Die Behandlung, die der 19½ jährigen Regierung Traians zuteil geworden ist[1]), zeigt indessen deutlich, daß zu einem derartigen Verfahren (vgl. XII S. 492f.) sehr wenig Neigung bestand.

Der offiziellen Zeitrechnung hat sich auch Josephus in der Datierung von Ereignissen des Judenkrieges angeschlossen. Der Brand des Tempels in Jerusalem, der um den 6. August 70 stattgefunden haben muß[2]), wird von ihm in das zweite Regierungsjahr Vespasians[3]) und die etwa auf den 3. Sept. 70[4]) fallende Einnahme der Stadt in das nämliche Jahr gesetzt[5]). In beiden Fällen ist also der 1. Juli 69 der Ausgangspunkt der Datierung.

Der gleiche Termin wird vorausgesetzt in drei Regentenlisten, die in byzantinischer Zeit von alexandrinischen Astronomen angefertigt und von Usener herausgegeben worden sind[6]). Die in diesen Listen angewandte Zeitrechnung beruht auf der an den Tod Alexanders d. Gr. anknüpfenden Philippischen Ära, die ihren Namen von Alexanders nominellem Nachfolger Philippus Arrhidäus erhalten hat. Die Jahre, nach denen gerechnet wird, sind ägyptische Kalenderjahre von 365 T., deren Anfang sich im Julianischen Kalender alle vier Jahre um einen Tag rückwärts verschiebt[6]). Als erstes Jahr eines jeden Regenten zählt das Kalenderjahr, in dem er zur Herrschaft gelangte[7]). Im ganzen werden auf Alexanders Nachfolger und die sich hieran anschließende Reihe der ägyptischen und römischen Herrscher bis auf Vespasian 391 und für Vespasian selbst 10 J. (392—401) gerechnet. Das Jahr 392 dauerte vom 6. August 68 bis zum 5. August 69. Es wird also auch hier der Anfang der Regierung Vespasians nicht auf den 21. Dez. 69, sondern auf den 1. Juli 69 gesetzt. Sein letztes Jahr mußte das Philipp. Jahr 401 sein, das am 3. Aug. 78 endigte; denn das folgende, in dem er starb (24. Juni 79), zählte bereits für Titus als erstes Regierungsjahr[8]).

Wie Vespasian, so sind auch Galba und Vitellius lange, bevor ihnen

---

1) 20 J.: *Epit. Caes.* 13, 1. Beinahe 20 J.: *Vict. Caes.* 13, 10. 19 J.: Epiphan. *de mens. et pond.* c. 13 Lagarde und *Ancyrot.* c. 60; Oros. VII 12, 1; Isid. Hispal. (*Chron. min.* II 458); Chron. Pasch. p. 469 Dind.; Syncell p. 657 Dind.; Anonym. Συναγωγὴ χρον. p. 222 de Boor; Georg Monach. p. 450 de Boor, wo die 19 J. zu 9 J. geworden sind. — Die 18 J. bei Maxim. Martyr *Comput. ecclesiast.* (Petav. *Doct. temp* III 191) scheinen aus einer lateinischen Quelle zu stammen, in der sich *XVIIII* in *XVIII* verwandelt hat.

2) Vgl. Unger, *Sitzungsber. d. philos.-philol. u hist. Cl. d. K. Bayer. Ak. d. Wiss.* 1893, Bd. II 484 und Weynand, Pauly-Wiss. VI 2704.

3) *B. Iud.* VI 4, 8, 269. — 4) Weynand a. a. O.

5) *B. Iud.* VI 10, 1, 435; hiernach Euseb. *Eccles. hist.* III 7, 3.

6) *Chron. min.* III 438f.

7) Über die Reduktion dieser Jahre auf Julianische s. Useners Tabelle ebenda nach S. 368.

8) Usener a. a. O. S. 441.

der Senat die Regierung übertrug, von ihren Legionen dazu berufen worden (XII S. 490; XIII S. 296f.). Während indessen bei Vespasian der 1. Juli 69 im Einklang mit seiner eigenen Auffassung meist als Epoche des Prinzipats betrachtet worden ist (XIII S. 104; oben S. 77), blieb bei Galba[1]) und Vitellius[2]) die an die Anerkennung durch den Senat oder an den Tod des Vorgängers anknüpfende Zeitrechnung vorherrschend. Dieser Unterschied hat allem Anschein nach darin seinen Grund, daß Vespasian eine Reihe von Jahren hindurch den Tag, an welchem ihn die ägyptischen Legionen zum Kaiser erhoben, festlich begehen konnte[3]), während Galba und Vitellius die Wiederkehr des Tages, an dem ihnen ihre Truppen die Regierung übertrugen, überhaupt nicht mehr erlebten. Unter der Herrschaft Vespasians mußte sich ferner die Erinnerung an den 1. Juli 69 noch dadurch befestigen, daß er von diesem Termin auch die Jahre seiner *tribunicia potestas* datierte[4]), die er vom Senat erst am 21. Dez. 69 erhalten hatte (XIII S. 103).

Unter den Angaben über Titus' Regierungszeit, die sich auch auf die Tage erstrecken, ist noch eine zu besprechen, in der eine auffallende Entstellung vorliegt. Während nämlich Dio, Sueton und die Epitome *de Caes.* 2 J. 2 M. 20 T. rechnen (S. 75, Anm. 10), werden statt dessen bei Eutrop[5]) und in einer den Excerpta Salmasiana von dritter Hand beigefügten Randnote[6]) 2 J. 8 M. 20 T. genannt. Der gleiche Fehler begegnet in der Chronik des Hieronymus[7]), in dem *Laterculus imperatorum ad Justinum* I[8]) und in den Konstantinischen Exzerpten *de insidiis*[9]), wo die Tage durchgängig fehlen.

Auf Eutrop ist diese Entstellung schwerlich zurückzuführen; denn in Victors Schrift *de Caesaribus*[10]), die bereits 360 abgefaßt ist, werden ebenso wie in der aus dem 13. Jahrhundert herrührenden Σύνοψις χρόνων eines Anonymus[11]) *VIIII* M. genannt, welche Ziffer doch allen Anschein nach aus *VIII* hervorgegangen ist.

Wie ist nun die Verwandlung der 2 M. in 8 M. zu erklären? Am nächsten liegt wohl die Vermutung, daß wir es mit Entstellung einer griechischen Ziffer zu tun haben, indem sich U (= B) in Ч (= H) verwandelte. In gleicher Weise sind aus den 3 M. 2 T., die für Othos Regierung (15. Jan. 69—16. April 69) in inklusivem Sinn zu rechnen sind, bei Leo Grammaticus, bei Cedrenus und im Cod. Vat. 163 3 M. 8 T.

---

1) Vgl. XII S. 489f. — 2) Vgl. XV S. 104. — 3) Tac. *Hist.* II 79.
4) Borghesi *Oeuvres* VI 1f.; Mommsen, *R. Staatsr.* II³ 797, Note 1.
5) VII 22, 1. — 6) Vgl. Dio ed. Boissevain, Bd. III S. 765.
7) Euseb. ed. Schöne I Anh. S. 36. Im Kanon (ebenda II 159) gibt Hieronymus dagegen 2 M. Vgl. S. 82 Anm. 4.
8) *Chron. min.* III 420 Momms. — 9) p. 81 de Boor = p. 27 Cramer.
10) 10, 5.
11) Μεσαιωνικὴ βιβλιοθήκη, ed. Sathas VII 1894, S. 30.

(vgl. XIII S. 293 A. 6) und aus dem 1. J. 2 M. des Macrinus (11. Apr. 217 bis 8. Juni 218) in der Σύνοψ. χρόν.[1]) 1 J. 8 M. geworden, während umgekehrt Nero (13. Okt. 54—9. Juni 68) statt 13 J. 8 M. bei Malalas[2]) 13 J. 2 M. und Vitellius (19. April 69—20. Dez. 69) bei Georgius Monachus[3]) statt 8 M. 2 M. erhält.

Für diejenigen Autoren, die darauf verzichten, die Tage anzugeben, hätte es am nächsten gelegen, die 2 M. 20 T. auf 3 M. abzurunden. Von den meisten Schriftstellern werden jedoch nicht 3, sondern nur 2 M. genannt[4]). Sehr häufig ist auch schlechtweg von 2 J. die Rede[5]). Bei Maximus Martyr[6]), Georgius Monachus[7]) und Cedrenus[8]) sind hieraus ebenso wie im Lib. generationis, wo auch die Monate und Tage genannt werden[9]), 3 J. geworden. Es gibt sich hierin die Einwirkung einer lateinischen Quelle zu erkennen, in der aus *II* leicht *III* entstehen konnte.

Anders steht es mit den 3 J., die Titus in den bereits (S. 80) erwähnten Regentenlisten alexandrinischer Astronomen erhält[10]). Als sein erstes Jahr zählte das Philippische Jahr 402 (4. Aug. 78—3. Aug. 79), in dem er zur Regierung gelangte, und als letztes das seinem Todesjahre vorhergehende Jahr 404 (3. Aug. 80—2. Aug. 81), so daß sich im ganzen 3 J. ergeben.

5. Nerva und Traian.

Als Geburtstag Nervas ist der 8. Nov. überliefert[11]). In Hinsicht auf das Jahr seiner Geburt gehen dagegen die Angaben auseinander. Nach der *Epit. de Caes.*[12]) starb er im 63., nach Eutrop[13]) aber erst im 72. Jahre. Da sein Tod gegen Ende Jan. 98 fällt (S. 84), so wäre er nach der *Epitome* im J. 35, nach Eutrop dagegen bereits im J. 26 geboren.

---

1) Μεσαιωνικὴ βιβλ., ed. Sathas VII 1894, S. 33.

2) p. 250 Dind. — 3) p. 382 de Boor.

4) 2 J. 3 M.: Expositio temporum Hilariana aus dem J. 468 (*Chron. min.* III 416); Leo Gramm. p. 65 Bekk.; Cod. Vat. 163 (*Byz. Zeitschr.* V 1896, S. 514): Cod. Paris. 1712 (ebenda). 2 J. 2 M.: Clem. Alex. *Strom.* I 21, 144, 4; Euseb. *Eccles. hist.* III 13, ebenso im armenischen und im syrischen Text des Kanons II 158 und 213 Schöne; Hieronymus im Kanon (Euseb. II 159 Sch.); Cassiod. *Chron. min.* II 139 Momms.; Nicephorus Χρον. σύντ. p. 93 de Boor; Isid. Hispal. *Chron.* in späterer Bearbeitung *Chron. min.* II 500. *Hist. Pseudo-Isid.* ebenda II 381.

5) Oros. VII 9, 13; Malal. p. 262 Dind.; Isid. Hispal. *Chron. min.* II 456; *Excerpt. Barb.* in Euseb. ed. Schöne I Anh. S. 232; Chron Pasch. I 465 Dind.; Syncell. I 648 Dind.; Anonym. Συναγωγὴ χρόνων in Nicephori *opusc. hist.* p. 223 de Boor.

6) *Comput. ecclesiast.* (bei Petav. *Doct. temp.*, Venedig 1757, Bd. III S. 191).

7) p. 437 de Boor. — 8) I 380 Bekk. — 9) Vgl. S. 76 A. 2.

10) *Chron. min.* III 447 f. Momms.

11) *Fast. Philocal. et Polem. Silv. CIL* I² p. 255. 276 f.

12) 12, 11, — 13) VIII 1, 2.

Klebs[1]) und Stein[2]) geben der Angabe der *Epitomè* den Vorzug, weil Nerva im J. 66 die Prätur bekleidet habe[3]) und dieses Amt vermöge seiner guten Beziehungen zu Nero wohl bald nach dem frühesten zulässigen Termin, der in der Kaiserzeit an das laufende 30. Lebensjahr geknüpft war[4]), erlangt haben müsse. Ein derartiges Argument kann allerdings den Ausschlag geben, wenn es sich darum handelt, zwischen zwei Zeugnissen zu entscheiden, die sich ungefähr die Wage halten. Es kommt indessen außerdem noch eine Angabe Dios[5]) in Betracht, die weder von Klebs noch von Stein verwertet werden konnte, weil der Text erst von Boissevain ins Reine gebracht worden ist.

Im Auszug des Xiphilinus schließt sich an eine später (S. 85) noch zu besprechende Notiz über Nervas Regierungszeit eine Bemerkung über sein Lebensalter an, die man bei Zonaras[6]) vermißt. Der Cod. Vaticanus 144 bietet den Wortlaut: $\pi\varrho o\sigma\beta\epsilon\beta\iota\omega\varkappa\epsilon\iota$ δὲ πέντε καὶ ἑξήκοντα ἔτη καὶ μῆνας δέκα καὶ ἡμέρας δέκα. Für $\pi\varrho o\sigma\beta\epsilon\beta\iota\omega\varkappa\epsilon\iota$ δὲ hat der Coislinianus 320 $\pi\varrho o\epsilon\beta\epsilon\beta\eta\varkappa\epsilon\iota$ δέ. Reiske liest hierfür $\pi\varrho o\epsilon\beta\epsilon\beta\eta\varkappa\epsilon\iota$ δ' ἐς, welche Änderung von Sturz, Bekker und Dindorf angenommen worden ist. Da nun aber weder die Zahl der Monate noch die der Tage mit dem zwischen dem Geburtstage Nervas (8. Nov.) und seinem Todestage (Ende Januar) liegenden Intervall vereinigt werden kann, so hielten es Klebs und Stein für das Beste, Dios Angabe ganz bei Seite zu lassen[7]).

Anders gestaltet sich aber die Sache, nachdem Boissevain aus dem im Vat. überlieferten $\pi\varrho o\sigma\beta\epsilon\beta\iota\omega\varkappa\epsilon\iota$ mit ganz geringfügiger Änderung $\pi\varrho o\epsilon\beta\epsilon\beta\iota\omega\varkappa\epsilon\iota$ hergestellt hat. Es handelt sich hiernach um die Zeit, welche von Nervas Geburtstag (8. Nov.) bis zu seiner am 18. Sept.[8]) 96 erfolgten Thronbesteigung verfloß. Es stimmt nun nicht bloß die Zahl der Monate, sondern auch die der Tage, welch' letztere mithin in kompensativem Sinne zu fassen ist.

Da sich Dio in Hinsicht auf die Kalenderdaten der Geburt und des Todes gut unterrichtet zeigt, so wird man von vornherein geneigt sein, auch die von ihm angegebene Zahl der Lebensjahre für richtig zu halten. Wenn Nerva bei seinem Regierungsantritt (18. Sept. 96) das 65. Jahr vollendet hatte, so war er im J. 30 geboren und stand, als er im Jan. 98 starb, in seinem 68. Lebensjahre. Wenn nun in einer lateinischen Vorlage für die vollen Lebensjahre die Ziffer *LXVII* überliefert war, so konnte sich dieselbe, wie Boissevain mit Recht geltend macht, bei Eutrop sehr

---

1) *Prosop. imp. R.* I 430. — 2) Pauly-Wiss. *RE* IV 148.
3) Tac. *Ann.* XV 72; vgl. *CIL* XI 5743.
4) Vgl. S. 91). — 5) LXVIII 4, 2. — 6) XI 20.
7) Tillemont, *Hist. des emp.* II 56ᵃ ist hierdurch seinerseits verleitet worden, als Geburtstag den 17. März 32 anzunehmen.
8) Suet. *Domit.* 17; *CIL* VI 472.

leicht in *LXXII* und in der *Epitome* in *LXIII* verwandeln. Die letztere Korruptel lag namentlich dann nahe, wenn die Schreibweise *LXUII* angewandt war.

Die falsche Zeitangabe Eutrops findet sich noch, wie bereits von Boissevain bemerkt worden ist, bei Hieronymus[1]), Prosper[2]) und Cassiodor[3]). Hieronymus schöpft jedenfalls aus Eutrop, während Prosper und Cassiodor, wie ihre Angaben über Nervas Tod zeigen, ihrerseits von Hieronymus abhängig sind. In Übereinstimmung mit den genannten Autoren stehen noch drei andere Chroniken, nach denen Nerva 71 J. gelebt hat[4]).

Nach Eutrop[5]) war Nerva schon *senex admodum*, als er zur Regierung gelangte[6]). Man ist demnach berechtigt anzunehmen, daß er die entstellte Zeitangabe bereits in seiner Quelle vorgefunden hat. Das Gleiche scheint bei Victor[7]) der Fall zu sein, nach welchem Nerva, als man ihn zum Kaiser erhob, bereits in *extrema aetate* stand.

Als Todestag Nervas wird im Chron. Paschale[8]) der 25. Jan. 98 genannt. Eine Bestätigung hierfür findet Stein[9]) in der Angabe Eutrops[10]), daß die Regierung dieses Kaisers, die am 18. Sept. 96 begann[11]), 1 J. 4 M. 8 T. gedauert habe[12]), wonach sich bei inklusiver Zählweise der nämliche Tag als Endtermin ergibt.

Zu einem andern Resultat gelangte man jedoch, wenn man die sonstigen Berechnungen ins Auge faßte. Nach Clemens Alex. *Strom* I 21, 144 und der *Epitome de Caes.* 12, 1 soll Nerva 1 J. 4 M. 10 T. regiert haben. Sein Tod fiele hiernach frühestens auf den 27. Jan. Wie Stein selbst bemerkt, ist Clemens in seinen Zahlenangaben zuverlässig und die *Epitome* speziell über Nerva gut unterrichtet. Im vorliegenden Falle glaubt jedoch Stein die Angabe der *Epitome* deshalb beanstanden zu müssen, weil hiernach am Todestage Nervas eine Sonnenfinsternis stattgefunden haben soll, die damals unmöglich eingetreten sein kann[13]). Dagegen möchte

---

1) Euseb. II 163 Sch. — 2) *Chron. min.* I 419 Momms. — 3) Ebenda II 140.

4) *Laterc. imp. ad. Iust.* I (*Chron. min.* III 429; Malal p. 268 Dind; Anonym. Σύνοψ. χρόν. (*Μεσαιωνικὴ βιβλιοθήκη*, ed. Sathas, VII 1894, p. 30).

5) VIII 1, 1. — 6) Hiernach Oros. VII 11, 1.

7) *Caes.* 12, 2. — 8) I 469 Dind.

9) Pauly-Wiss. *RE* IV 149. — 10) VIII 1, 2.

11) Suet. *Domit.* 17. *CIL* VI 472.

12) Die gleiche Berechnung liegt vor in den Excerpta Salmas., wo nur die 8 T. überliefert, 1 J. 4 M. aber am Rande von zweiter Hand nachgetragen sind (Dio, ed. Boissevain, Bd. III, S. 765).

13) Wie Ginzel, *Spezieller Kanon der Sonnen- und Mondfinsternisse*, Berlin 1899, S. 205, Note bemerkt, ist für Rom in den J. 96—98 überhaupt keine halbwegs sichtbare Sonnenfinsternis nachzuweisen. Überdies fällt keiner der für Nervas Tod in Betracht kommenden Tage mit einem Neumond zusammen. Da nach Ginzels Angabe (a. a. O.) am 21. März 98 eine Sonnenfinsternis stattfand, so muß um den 21. Jan. Neumond gewesen sein.

er in dem Datum des Chronicon Paschale eine von den anderen Quellen unabhängige Nachricht erblicken, die wahrscheinlich auf eine sehr gute offizielle Überlieferung zurückgehe.

Bei dieser Argumentation ist zunächst übersehen, daß die Berechnung, wonach Nerva 1 J. 4 M. 10 T. regierte, nicht bloß bei Clemens und in der *Epitome de Caes.*, sondern auch in der Kaiserliste des Theophilus Antioch.[1]) begegnet. Was ferner das Chronicon Paschale betrifft, so finden sich darin neben brauchbaren Notizen auch Angaben, die auf Irrtum beruhen[2]). Auf einen solchen dürfte aber die Nachricht der *Epitome* von dem Eintritt einer Sonnenfinsternis bei Nervas Ableben, obwohl sie falsch ist, kaum zurückzuführen sein. Wir haben es hier ebenso wie bei den Erzählungen, die mit dem Tode des Cäsar und Augustus das nämliche Ereignis verknüpfen[3]), mit einer Tradition zu tun, die auf dem Bestreben beruhte, den Herrscher auf eine Linie zu stellen mit Romulus, von dem das Gleiche berichtet wurde[4]). Man wird kaum fehl gehen, wenn man den Ursprung dieser Überlieferung in offiziellen Kreisen sucht, die über Nervas Todestag jedenfalls am besten unterrichtet sein mußten.

Außer den Autoren, deren Angaben wir bereits besprochen haben, kommt für das fragliche Datum noch Dio in Betracht, bei dem auf Nervas Regierung 1 J. 4 M. 9 T. gerechnet werden[5]). Stein meint, diese Angabe führe vom 18. Sept. 96 auf den 26. Jan. 98, der mit keiner der beiden andern Zeitbestimmungen vereinigt werden könne, und müsse daher beiseite gelassen werden[6]). Wie man sieht, wird hier für Dio die inklusive Zählweise als selbstverständlich vorausgesetzt[7]), während fast ebenso häufig kompensative und daneben exklusive Berechnung bei ihm nachgewiesen werden kann (XIII S. 290f.).

---

1) *ad Autolyc.* III 27.
2) Als Beweis hierfür mag angeführt werden, daß I 489 Dind. der Tod des Kaisers Marcus Aurelius (17. März 180) auf den 25. März und I 360 der Ciceros (7. Dez. 43) gar auf den 1 Mai gesetzt wird.
3) Über Caesar vgl. Verg. *georg.* I 466 und dazu den Kommentar des Anonymus p. 273 Hagen; *de vir. ill.* 78, 10; über Augustus Euseb. *Chron.* II 146 Sch. und Hieronym. ebenda S. 147.
4) Cic. *rep.* I 25. Dionys. II 56. Plut. *Rom.* 27. Flor. I 1, 17. Zon. VII 4. Über andere hervorragende Menschen, deren Dahinscheiden von der nämlichen Naturerscheinung begleitet worden sein soll, vgl. Usener, *Rh. Mus.* LV 1900, S. 286f.
5) LXVIII 4, 2. Ebenso Cod. Paris. 1712 (*Byz. Zeitschr.* V 1896, S. 517) und Cedren. I p. 433 Bekk. Dieselbe Berechnung scheint in der Stadtchronik des Chronographen von 354 (*Chron. min.* I 146 Momms.) vorzuliegen, wo 5 J. 4 M. 1 T. überliefert sind; denn *U J.* können aus *I J.* und *I T.* aus *IX T.* entstanden sein.
6) A. a. O.
7) Den gleichen Fehler begeht Clinton, *Fast. Rom.* I 84 u. 104.

Hält man nun die verschiedenen Angaben zusammen, wonach Nerva 1 J. 4 M. und darüber hinaus noch 8 oder 9 oder 10 T. regiert haben soll, so lassen sie sich, wie bereits Tillemont[1]) gesehen hat, leicht in der Weise vereinigen, daß als Todestag der 27. Jan. zu betrachten ist, in welchem Falle man die erste Berechnung exklusiv, die zweite kompensativ und die dritte inklusiv aufzufassen hat. Auf solche Weise wird der im Chron. Pasch. überlieferte 25. Jan. isoliert.

Bestätigt wird der 27. Jan. durch die Angaben über Traians Regierungszeit, auf die 19 J. 6 M. 15 T.[2]) oder 19 J. 6 M. 16 T.[3]) gerechnet werden. Als Endtermin gilt hierbei, wie Tillemont[4]), Reimarus[5]) und Dessau[6]) richtig bemerken, nicht etwa der Tod Traians, über dessen Datum keine zuverlässige Überlieferung vorlag[7]), sondern nach Analogie anderer Fälle (XIII S. 296; XV 103) vielmehr der 11. August 117, an dem Hadrian seine Regierung antrat[8]). Das Intervall zwischen diesem Tage und dem 27. Jan. 98 beträgt bei kompensativer Zählweise 19 J. 6 M. 15 T. und bei inklusiver Berechnung 19 J. 6 M. 16 T.

An welchem Tage ist nun aber Traian gestorben? Den geeignetsten Anhaltspunkt für die Beantwortung dieser Frage scheint die Angabe zu bieten, daß Hadrian, der von Traian beim Antritt seiner Rückreise vom Orient nach Italien in Syrien als Statthalter zurückgelassen worden war

---

1) *Hist. des empereurs* II, Brüssel 1732, S. 209ᵃ.
2) Dio LXVIII 33, 3; Eutrop. VIII 5, 2; Cassiod. in *Chron. min.* II 140 Momms.; Cod. Paris 1712 (*Byz. Zeitschr.* V 1896, S. 517); Cedren I 436 Bekk. Der gleichen Berechnung folgt Clem. Alex. *Strom.* I 21. 144, 4, wo die Zahl der Monate in 7 entstellt ist. Es muß hier eine lateinische Quelle benutzt sein, in der sich *VI* in *VII* verwandelt hat.
3) Theophil. *ad Autolyc.* III 27.
4) A. a. O. II 223ᵇ. — 5) Zu Dio LXVIII 33, 3.
6) *Prosop. imp. R.* III 465. — 7) Vgl. S. 89.
8) Vgl. XII S. 483 A. 2. Den im Texte dargelegten Sachverhalt haben Clinton, *Fast. Rom.* I 102 f.; De la Berge, *Essai sur le règne de Trajan*, Paris 1877, S. 22, Schulz, *Leben des Kaisers Hadrian*, Leipzig 1904, S. 15 und Weber, *Untersuchungen zur Geschichte des Kaisers Hadrianus*, Leipzig 1907, S. 38 verkannt. Als Endtermin der Regierung Traians betrachten diese Gelehrten sämtlich seinen Todestag, bei dessen Bestimmung sie lediglich die seine Regierung auf 19 J. 6 M. 15 T. ansetzenden Angaben berücksichtigen und die inklusive Berechnung allein in Betracht ziehen. Auf solche Weise gelangt Clinton, indem er von dem im Chron. Pasch. als Todestag Nervas genannten 25. Jan. oder von dem aus Dio willkürlich erschlossenen 26. Jan. (vgl. S. 85, Note 7) ausgeht, auf den 8. oder 9. August, die anderen Forscher dagegen vom 27. Jan. auf den 10. August, von welchen Berechnungen sich keine mit der von Theophilus der Regierung Traians beigelegten Dauer von 19 J. 6 M. 16 T. vereinigen läßt. Bei Eutrop. VIII 5, 2 verbietet sich ferner die Annahme, daß als Endtermin der auf 19 J. 6 M. 15 T. angesetzten Regierungsdauer der Todestag zu betrachten sei, durch die an der gleichen Stelle angegebene Lebenszeit von 63 J. 9 M. 4 T, nach der Traian bereits im Juni gestorben sein muß (s. S. 89).

und sich in Antiochia aufhielt[1]), die Nachricht vom Dahinscheiden Traians am 11. August erhalten und diesen Tag als Anfangstermin seiner Regierung betrachtet habe[2]). Traian verbrachte seine letzten Tage zu Selinus in Kilikien[3]). Der die Botschaft von seinem Tode nach Antiochia überbringende Kurier hatte zu Lande 300 M.[4]) zurückzulegen, wozu mindestens zwei Tage erforderlich waren (vgl. XIII S. 295 A. 3, S. 301f.). Wählte der Bote den Seeweg, so konnte er in Alexandria scabiosa oder in Seleucia Pieria landen. In beiden Fällen kamen auf die Fahrt etwa 250 M. Zu Lande waren alsdann von Alexandria noch 32[5]) oder 33[6]) und von Seleucia noch 20 M. zurückzulegen. Auch in diesem Falle kommen, selbst wenn man mit einer großen Schnelligkeit rechnet, im ganzen zwei Tage heraus[7]). Es wäre demnach Traians Tod auf den 9. August oder kurz vorher zu setzen.

Nun soll aber Hadrian am 9. August ein Schreiben erhalten haben,

---

1) Dio LXIX 2, 1. — 2) *Vit. Hadr.* 4, 7.

3) Dio LXVIII 33, 3; Euseb. b. Syncell. I 657 Dind. (= II 164 Schöne); Hieronym. II 165 Sch.; Chronogr. v. 354 in *Chron. min.* I 146 Momms.; Chron. Pasch. I 473 Dind.; vgl. *CIL* VI 1884 (= 1792 Dessau). Die entgegenstehende Angabe, wonach Traian in Seleucia in Isaurien gestorben sein soll (Eutrop. VIII 5, 2; Hieron. II 165 Sch.; Oros. VII 12, 8; Syncell. I 657 Dind.), beruht auf Irrtum.

4) Da uns hier die Itinerarien im Stiche lassen, so kann die Entfernung nur auf der Landkarte abgemessen werden.

5) *It. Anton.* p. 146, 3f. — 6) *It. Hierosol.* p. 581, 1f.

7) Mit der Schnelligkeit, die im Altertum bei Seereisen erzielt werden konnte, haben sich zahlreiche Untersuchungen beschäftigt, doch fehlt es noch an einer erschöpfenden Darstellung. Es möge hier genügen, auf Smith, *Über den Schiffsbau und die nautischen Leistungen der Griechen und Römer im Altertum*, aus dem Engl. übers. v. Thiersch, Marburg 1851, S. 34f.; Movers, *Die Phönizier*, II 3, 190f.; Stephan, *Hist. Taschenb.*, 4. F. 9. Jahrg. 1868, S. 50f.; Breusing, *Die Nautik der Alten*, Bremen 1868, S. 12; Aßmann in Baumeisters *Denkm. des klass. Altert.* III 1622f.; Friedländer, *Sittengesch. Roms* I[7] 310f. und besonders auf die Bemerkungen Kromayers (*Herm.* XXXIV 1899, S. 12, Note 1) zu verweisen, der zwei bei Smith vorkommende und von anderen Gelehrten übernommene Irrtümer berichtigt und für sechs von Plinius *NH* XIX 3f. wegen ihrer Schnelligkeit gerühmten Fahrten die auf die Stunde durchschnittlich kommende Kilometerzahl feststellt. Zieht man aus diesen Berechnungen das Mittel, so ergeben sich rund 10 km. Demnach hätte die Seereise des von Selinus nach Antiochia geschickten Kuriers, bei der etwa 370 km (1 M. = 1,48 km) zurückzulegen waren, 37 Stunden und der alsdann noch verbleibende Landweg von 50 oder 30 km einige weitere Stunden erfordert. Schulz a. a. O. S. 15 irrt also, wenn er annimmt, daß die ganze Reise bequem in 30 Stunden habe bewerkstelligt werden können, wobei der Landweg gar nicht berücksichtigt wird. Wenn der Konsul L. Ämilius Paullus im Frühling 168 v. Chr. mit einer ganzen Flotte den mindestens 170 km messenden Weg von Brundisium nach Kerkyra in 9 Stunden zurücklegt (Liv. XLV 41, 3; vgl. Plut. *Aemil. Paul.* 36), so haben wir es hier mit einer ganz isolierten Ausnahme zu tun, die man keiner chronologischen Berechnung zugrunde legen darf.

wonach er von Traian adoptiert worden war[1]). Es ist bereits im Altertum behauptet worden, daß Traians Gattin Plotina, die sich zur Zeit seines Todes bei ihm befand, jenen Akt erst nachher in Szene gesetzt und das Ableben des Kaisers einige Tage verheimlicht hätte, um der Nachricht von der angeblichen Adoption Hadrians einen Vorsprung zu verschaffen[2]). Wenn diese Ansicht, für die man neuerdings sehr gewichtige Gründe geltend gemacht hat[3]), richtig ist, so war Traian, als das die Adoption meldende Schreiben von Selinus nach Antiochia abging, bereits tot und ist demnach spätestens am 7. August gestorben.

Nach der Stadtchronik des Chronographen von 354 war der Todestag *VII Id. Iul.*[4]) Auf den ersten Blick scheint Mommsen[5]) das Richtige getroffen zu haben, wenn er hier einen Textfehler für *VII Id. Aug.* vermutete; denn diese Änderung führt ja gerade auf den Tag, den wir als spätesten Termin für Traians Tod ermittelt haben. Die überlieferte Lesart wird indessen gestützt durch andere Angaben, die dieses Ereignis gleichfalls in eine frühere Zeit verlegen.

Usener[6]) hat bereits darauf hingewiesen, daß in den drei Regentenlisten, die in byzantinischer Zeit von alexandrinischen Astronomen angefertigt sind (vgl. S. 80), das Ende Traians in das 440. Jahr der an den Tod Alexanders d. Gr. anknüpfenden Philippischen Ära (s. S. 80) gesetzt wird[7]), das am 24. Juli 117 endigte[8]). Seine Annahme, daß diese Zeitrechnung auf einer Verwechslung des Tages, an dem Traian gestorben sei, mit dem Datum der Adoptionsurkunde beruhe, ist allerdings unhaltbar; denn mag die Urkunde echt oder gefälscht gewesen sein, so kann sie, wie Dessau[9]) mit Recht geltend macht, nicht wohl ein Datum getragen haben, das sich von dem 9. August, den Hadrian als den Tag seiner Adoption betrachtet wissen wollte, um einen vollen Monat entfernte. Immerhin wird durch

---

1) *Vit. Hadr.* 4, 6.
2) Dio LXIX 1, 2 f.; *Vit. Hadr.* 4, 8 f.; Vict. *Caes.* 13, 12; Eutrop. VIII 6, 1.
3) Vgl. Dessau, *Festschr. f. H. Kiepert*, Berlin 1898, S. 85 f.; Kornemann, *Kaiser Hadrian*, Leipzig 1905, S. 11 f.; Weber, *Untersuchungen zur Geschichte des Kaisers Hadrianus,* Leipzig 1907, S. 1 f.
4) *Chron. min.* I 146 Momms.
5) In seiner ersten Ausgabe in den *Abh. d. K. Sächs. Ges. d. Wiss.* II, Leipzig 1850, S. 653, Note 64.
6) *Chron. min.* III 442 Momms.
7) Ebenda S. 447 f. Im ganzen werden auf die nach Alexander d. Gr. herrschenden Regenten von Philippus Arrhidäus bis auf Traian einschließlich 439 ägyptische Jahre von 365 T. gerechnet. Nach dem durchgängig befolgten Grundsatz, das Todesjahr eines Regenten als das erste seines Nachfolgers zu betrachten, zählt hierbei das Jahr, in dem Traian starb, nicht mehr mit (vgl. Usener a. a. O. S. 441 f.).
8) Siehe Useners Tabelle a. a. O. nach S. 368.
9) A. a. O. S. 87, Note 3.

die Kaiserlisten der Alexandrinischen Astronomen die Existenz einer Tradition erwiesen, die das Ende Traians über den 25. Juli 117 hinaufrückt, und das bei den Chronographen überlieferte Datum *VII Id. Iul.* geschützt.

Nach einer anderen Überlieferung soll Traian sogar noch früher gestorben sein. Nach Eutrop[1]), Hieronymus[2]) und Cassiodor[3]) erreichte er ein Alter von 63 J. 9 M. 4 T. Sein Geburtstag war der 18. Sept.[4]) Als Todestag ergibt sich mithin, je nachdem man rechnet, der 21. oder 22. oder 23. Juni 117. Auf die nämliche Zeit führt eine in der Stadtchronik des Chronographen von 354 überlieferte Angabe, wonach Traian 19 J. 4 M. 27 T. regierte[5]). Man gelangt hiermit vom 27. Januar 98 (S. 86) auf den 22. oder 23. oder 24. Juni 117. Wir haben es also mit zwei von einander unabhängigen Angaben zu tun, die sich in der Weise vereinigen lassen, daß als Todestag der 22. oder der 23. Juni angenommen wird. Im ersten Falle ist die Dauer des Lebens nach kompensativer und die der Regierung nach inklusiver, im zweiten Falle dagegen die Lebenszeit nach exklusiver und die Regierung nach kompensativer Zählweise berechnet[6]).

Es hat also eine weitverzweigte, in verschiedenen Variationen auftretende Überlieferung bestanden, nach der Traian bereits 1—1½ Monate vor dem Regierungsantritt seines Nachfolgers gestorben sein soll. Derartige Angaben können nur auf der Voraussetzung beruhen, daß das Ende des Kaisers nicht bloß einige Tage[7]), sondern längere Zeit verheimlicht worden sei. Jedenfalls beweisen die starken Schwankungen, denen die Ansetzung des Todestages unterliegt, den Mangel eines authentischen Kalenderdatums und lassen auch ihrerseits das Dunkel erkennen, das über den letzten Tagen Traians gelagert ist.

Es erübrigt nun noch die Besprechung einer Angabe, die in der im Cod. Paris. 1712 überlieferten Weltchronik enthalten ist. Hiernach soll Traian 68 J. 10 M. 22 T. gelebt und 19 J. 6 M. 15 T. regiert haben[8]). Da die zweite Angabe mit Dio[9]) übereinstimmt, so ist Boissevain[10]) geneigt, auch die erste auf den nämlichen Autor zurückzuführen, bei dessen Epi-

---

1) VIII 5, 2. — 2) Euseb. II 165 Sch.
3) *Chron. min.* II 141 Momms.
4) *Fast. Philocal. CIL* I² p. 255. 272; *Not. Scav.* 1894, S. 96. Über das Jahr der Geburt, die nach den obigen Angaben in das Jahr 53, nach anderen Autoren dagegen in eine frühere oder spätere Zeit gesetzt werden müßte, s. u. S. 91.
5) *Chron. min* I 146 Momms.
6) Diese Möglichkeiten hat Dessau, *Prosop. imp. Rom.* III 465, der sowohl bei der Angabe der Lebensdauer als auch bei der der Regierungszeit ohne weiteres kompensative Zählweise annimmt und so aus der einen Zeitbestimmung den 22., aus der anderen dagegen den 23. Juni als Todestag erschließt, außer Acht gelassen.
7) Dio LXIX 1, 3. — 8) *Byz. Zeitschr.* V 1896, S. 517.
9) LXVIII 33, 3. — 10) Zu Dio LXVIII 33, 3.

tomatoren man eine Notiz über die Lebensdauer vermißt, hält jedoch die Zahl der Jahre und die der Tage für verderbt.

In den Jahren müßte allerdings, wenn Dio die Quelle gewesen wäre, ein Fehler stecken, denn nach Dio[1]) stand Traian, als er zur Herrschaft gelangte (27. Jan. 98), erst im 42. Lebensjahre[2]) und hätte demnach nur ein Alter von 60 vollen Jahren erreicht.

Wie steht es aber mit den Tagen? Läßt man die Jahre, auf die es hier nicht ankommt, bei Seite, so gelangt man vom 18. Sept., an dem Traian geboren ist (S. 89 Note 4), mit 10 M. 22 T. bei inklusiver Zählweise auf den 8., bei kompensativer auf den 9. und bei exklusiver Berechnung auf den 10. August, also ganz nahe an den 11. August, an dem die Nachricht vom Ableben Traians nach Antiochia gelangt sein soll (S. 86f.). Wir haben es demnach mit einer Angabe zu tun, die auf der offiziellen Tradition beruht; denn wenn Hadrian erst am 11. August Kenntnis vom Tode Traians erhielt, so mußte dieses Ereignis bei einer rationellen Berechnung der für die Beförderung der Botschaft von Selinus nach Antiochia notwendigen Zeit (S. 87) auf den 8. oder 9. August gesetzt werden.

Damit ist zugleich erwiesen, daß Dio nicht die Quelle der Chronik gewesen sein kann; denn Dio war nach den Informationen, die sein Vater Apronianus kurz vor dem Jahre 182 als Statthalter Kilikiens erhalten hatte, davon überzeugt, daß Traians Tod von seiner Gattin Plotina einige Tage verheimlicht worden sei[3]), und mußte daher eine frühestens auf den 8. Aug. führende Angabe verwerfen. Im Hinblick auf die Differenz, die in diesem Punkte zwischen Dio und der Chronik besteht, wäre es verfehlt, die Angabe der Chronik, wonach Traian 68 Jahre alt geworden sein soll, durch eine Änderung des Textes mit Dio in Einklang zu bringen. Die Existenz von zwei Varianten kann in keiner Weise auffallen, da sich noch mehrere andere hinzugesellen.

Wie wir bereits bemerkten (S. 89), erreichte Traian nach Eutrop, Hieronymus und Cassiodor ein Alter von 63 J. 9 M. 4 T. Im Einklang hiermit steht die *Epitome de Caesaribus*, die rund 64 J. rechnet[4]). Nach dem Chronicon Paschale[5]) lebte Traian 65 und nach Malalas[6]) 66 J. Alle diese Autoren halten zwischen den Angaben Dios (60—61 J.) und des Cod. Paris. (68 J. 10 M. 22 T.) die Mitte.

Es fragt sich nur, welche von diesen Berechnungen den Vorzug verdient. Bei der Entscheidung dieser Frage hat man in erster Linie die Ämterlaufbahn Traians zu berücksichtigen.

---

1) LXVIII 6, 3; vgl. Zon. XI 21.
2) Bei Suidas s. v. πονεῖσθαι ist aus dem 42. J. das 40. geworden.
3) LXIX 1, 3; vgl. S. 88. — 4) 13, 14.
5) p. 473 Dind. — 6) p. 277 Dind.

Ein fester Punkt wird uns hier dadurch gegeben, daß Hadrian, als er im 10. Lebensjahre seinen Vater verloren hatte, den Prätorier Traian zum Vormund erhielt[1]). Hadrian war am 24. Jan. 76 geboren[2]). Sein 10. Lebensjahr erstreckte sich demnach vom 24. Jan. 85 bis zum 23. Jan. 86. Als spätester Termin für Traians Prätur ist also nicht mit Dessau[3]) das J. 86, sondern mit Dierauer[4]) das J. 85 anzunehmen. Wir erfahren ferner noch, daß er sich zehn Jahre lang als Kriegstribun an Feldzügen in den verschiedensten Ländern beteiligt hat[5]).

Gesetzlich war seit dem Jahre 29 v. Chr. die Übernahme der Prätur geknüpft an die Vollendung des 30. Lebensjahres[6]), welche Bestimmung indessen durch die Gewohnheit, das laufende Jahr als voll zu rechnen[7]), eine Milderung erfuhr. Als spätester Termin für Traians Geburt ergibt sich hiernach das Jahr 55. Die Angabe Dios, wonach er bei seiner am 27. Jan. 98 erfolgten Thronbesteigung im 42. Lebensjahr stand (S. 90) und am 18. Sept. 56 geboren sein müßte, wird hierdurch ausgeschlossen, noch mehr aber durch die Zeit, die das zehnjährige Kriegstribunat und die Bekleidung der vor der Prätur zu übernehmenden Ämter bei Beobachtung des gesetzlichen einjährigen Intervalls[8]) in Anspruch nahm.

Die unterste obligatorische Stufe der Ämterlaufbahn war das Vigintivirat. Wie aus zahlreichen Inschriften erhellt[9]), pflegte dieses Amt nach Neros Zeit noch vor dem Kriegstribunat bekleidet zu werden, das vom 18. Lebensjahre an zugänglich war[10]). Um zur Prätur zu gelangen, war nach Ableistung des Kriegsdienstes noch die Verwaltung der Quästur und des Volkstribunats oder der Ädilität erforderlich. Volkstribunat und Ädilität mußten von der Quästur und andrerseits auch von der Prätur durch ein amtfreies Jahr getrennt sein[11]). Traians Laufbahn bis zur Prätur nahm demnach, da er zehn Jahre lang Kriegstribun war, statt sich mit dem gesetzlich genügenden Zeitraum von einem Jahre[12]) zu begnügen, im ganzen 15 Jahre in Anspruch. Er kann mithin, wenn er im 17. Jahre das Vigintivirat bekleidete, frühestens erst im 32. Jahr zur Prätur zugelassen worden sein. Da er dieses Amt spätestens im Jahre 85 bekleidete, so ergibt sich für seine Geburt das Jahr 53 als spätester Termin.

---

1) *Vit. Hadr.* 1, 4.
2) Ebenda 1, 3. Klebs (*Prosop. imp. R.* I 16) nennt irrtümlich das J. 75.
3) *Prosop. imp. R.* I 464.
4) *Beiträge zu einer krit. Geschichte Traians* in Büdingers *Untersuchungen zur röm. Kaisergesch.* I (1868) S. 11.
5) Plin. *Paneg.* 15. — 6) Dio LII 20, 2.
7) Ulp. *Dig.* L 4, 8; Paulus ebenda XXXVI 1, 76; vgl. Mommsen, *Röm. Staatsr.* I³ 573.
8) Mommsen, *R. Staatsr.* I³ 535. — 9) Ebenda S. 546, Note 3.
10) Dio LII 20, 1; vgl. Mommsen, *R. Staatsr.* I³ 546, Note 1 und S. 506, Note 2.
11) Mommsen, *R. Staatsr.* I³ 535. — 12) Ebenda S. 547.

Eben auf dieses Jahr führt nun die Angabe Eutrops, wonach Traian 63 J. 9 M. 4 T. gelebt haben soll. An einen Textfehler ist hier schwerlich zu denken, da die gleiche Berechnung bei Hieronymus und Cassiodor wiederkehrt (S. 90). Man wird dieser Angabe um so mehr Beachtung schenken müssen, als sie gestützt wird durch die von Eutrop unabhängige *Epitome de Caesaribus*, wonach Traian ein Alter von rund 64 J. erreichte (s. ebenda). Zu Gunsten dieser Tradition, für die sich auch Dierauer[1]) entscheidet, spricht ferner die Erwägung, daß sämtliche Angaben über Traians Lebenszeit, wenn sie aus lateinischen Urquellen herrührten, paläographisch sehr leicht auf Entstellung von *LXIII* oder *LXIV* zurückgeführt werden können. Die Verwandlung von *LXIII* in *LXVI* (Malalas, siehe S. 90) und von *LXIV* in *LXV* (Chron. Pasch., s. ebenda) lag ja außerordentlich nahe und ebenso kann der Übergang von *LXIII* in *LXVIII* (Cod. Paris., s. S. 89) in keiner Weise auffallen[2]). Auf sehr einfache Weise erklärt sich ferner bei Benutzung einer lateinischen Quelle (vgl. XII S. 493) die Angabe Dios, daß Traian bei seiner Thronbesteigung (27. Jan. 98), die in sein 45. Lebensjahr fällt, im 42. Jahre gestanden habe (S. 90 f.); denn aus *LXV* konnte sehr leicht *XLII* entstehen.

Wenn wir demgemäß als Geburtstag Traians den 18. Sept. 53 betrachten dürfen, so ist wohl anzunehmen, daß er im J. 70 das Vigintivirat bekleidet hat und sodann von 71 bis 80 Kriegstribun gewesen ist. Dann mag er entweder vom 5. Dezember[3]) 80 bis zum 4. Dezember 81 eine städtische Quästur oder, was bei der weit größeren Anzahl der Provinzialquästuren wahrscheinlicher ist, eine solche vom Sommer[4]) 80 bis zum Sommer 81 verwaltet haben, in welchem Falle Plinius die Zeit seines Kriegsdienstes ebenfalls noch auf zehn Jahre angeben konnte. Für 83

---

1) A. a. O. S. 9, Note 1.

2) 6 M. für 3 M. hat auch Otho im *Chron. Pasch.* I 460 Dind. und 6 volle Jahre statt 3 J. Heliogabalus (Juni 218—März 222) in der Stadtchronik des Chronographen von 354 (*Chron. min.* I 147 Momms.) erhalten. — Als ein Beleg für die Verwandlung von *III* in *VIII* möge angeführt werden, daß sich Othos Regierungszeit im Liber generationis von 3 M. auf 8 M. erhöht (XIII S. 293 A. 6).

3) Dieser Tag, an dem die Quästoren in der republikanischen Zeit ihre Amtsführung begannen, darf mit Mommsen, *R Staatsr.* II³ 531 auch für die Kaiserzeit, in der kein Grund zu einer Änderung vorlag, als Antrittstermin betrachtet werden.

4) Als normalen Antrittstermin für die Provinzialquästoren der Kaiserzeit hat Mommsen ebenso wie für die Statthalter früher (*Herm.* II 1868, S. 110) den 1. Juni, später aber (*Staatsr.* II³ 258, vgl. 255 f.) den 1. Juli angenommen. In Wirklichkeit können die von ihm zitierten Angaben Dios, wonach Tiberius den mit ihrer Abreise in die Provinzen zu lange zögernden Statthalter den 1. Juni (LVII 14, 5), Claudius aber erst den 1. April (LX 11, 6) und nachher den 13. April (LX 17, 3) als Termin setzte, nur beweisen, daß ihre Abreise stattzufinden hatte, sobald die hierfür günstige Jahreszeit gekommen war.

konnte er hierauf zum Tribunat (vom 10. Dez. 82 an) oder zur Ädilität und für 85 zur Prätur zugelassen werden.

Anders gestaltet sich Traians Laufbahn nach den Aufstellungen De la Berges[1]), der seine Geburt in das J. 52 hinaufrücken zu müssen glaubte. Hiernach wurde Traian schon Anfang 68 nach Anlegung der *toga virilis* Kriegstribun und verblieb in dieser Stellung bis Ende 77. Im J. 78 bekleidete er alsdann das Vigintivirat, hierauf vom 1. Juni[2]) 80 bis zum 1. Juni 81 die Quästur, sodann 83 das Volkstribunat oder die Ädilität und 85 die Prätur. Diese Konstruktion leidet zunächst an dem Fehler, daß die Zulassung zum Kriegsdienst geraume Zeit vor das 18. Lebensjahr gesetzt und hiermit als Regel angenommen wird, was höchstens als Ausnahme zugelassen werden konnte[3]), ist aber ferner auch insofern unwahrscheinlich, als sie mit der herkömmlichen Bekleidung des Kriegstribunats nach dem Vigintivirat im Widerspruch steht. Außerdem ist es zweifelhaft, ob auch zwischen dem Vigintivirat, das allem Anschein nach erst von Augustus in die Ämterreihe eingefügt wurde[4]), und der Quästur ebenfalls ein amtfreies Jahr liegen mußte[5]). Wir haben demnach keinen Anlaß, zugunsten der von De la Berge aufgestellten Ansicht die Angabe Eutrops zu verwerfen.

---

1) *Essai sur le règne de Trajan*, Paris 1877, S. 9f. 299f.

2) Über den 1. Juni s. S. 92, Note 4.

3) Eine solche fand statt in dem von De la Berge S. 300 erwähnten Falle Hadrians, der im 15. Jahre die männliche Toga erhielt und dann sogleich in den Kriegsdienst eintrat (*Vit. Hadr.* 2, 1 [bessere Erklärung dieser Stelle bei Kornemann, *Kaiser Hadrian* S. 9; vgl auch Rostowzew, *Klio-Beiheft* III S. 62f.]), nicht minder bei der nach der Schlacht bei Cannä veranstalteten Aushebung, bei der auch *praetextati* herangezogen wurden (Liv. XXII 57, 9). Über weitere Fälle s. Marquardt, *Privatleben d. Römer* I² 133, Note 4.

4) Mommsen, *R. Staatsr.* I³ 544; II³ 592. — 5) Ebenda I³ 535.

Mitteilungen und Nachrichten.

A und A in Ptolemäerinschriften von Thera.

Von F. Hiller von Gaertringen.

Als ich vor Jahren die Ausführungen von Maurice Holleaux über die beiden Ptolemäerinschriften aus Thera in Band VI S. 21 von Wilckens *Archiv f. Papyrusforschung* erhielt, zwei Inschriften, an denen ich immer noch einen gewissen persönlichen Anteil nehme, weil ich sie selbst gefunden habe, erneute sich bei mir der Eindruck, daß diese Frage zusammen mit der Chronologie des Briefes eines Königs Ptolemaios zu erledigen sei, der für die Theräische Garnison Vorsorge traf. Obwohl ich glaube, in der *Festschrift für Otto Hirschfeld* 1903 wenigstens über die Zeit dieses wichtigen Steines das Richtige gesagt zu haben, komme ich gern darauf zurück, um einen in jener Schrift nur gestreiften Gesichtspunkt noch schärfer ins Auge zu fassen, den Wechsel zweier Schriftarten, oder sagen wir zweier Steinmetzen, von denen der eine, frühere, das A mit gebrochenem Querstriche beliebte, der andere, spätere, das im allgemeinen mit Recht für älter geltende A mit geradem Striche.

I. Der schöne Stein, *IG* XII 3, 327 (cf. Add.), auch abgebildet *Thera* I Tafel 25 und in Kerns *Inscriptiones graecae* Tafel 33, teilweise wiederholt von Dittenberger *OIG* I 59, enthält den besagten Brief: Βασιλεὺς Πτολεμαῖος Ἀπολλωνίωι χαίρειν - -, datiert: ἔτους ιη′ Αὐδναίου ιε′, Ἐπεὶφ ιε′ - -. Seine Zeit, in der die Tage des ägyptischen Monats denen des makedonischen genau entsprechen, d. h. das makedonische Jahr vor dem ägyptischen kapituliert hat und nur noch die makedonischen Bezeichnungen neben den ägyptischen weitergeführt werden, ist in den scharfsinnigen Untersuchungen von Strack, Krall, den englischen Gelehrten sehr verschieden angesetzt worden; man hat Philadelphos, Euergetes, Epiphanes, Philomotor als Urheber genannt. Nach der Tabelle in den *Hibeh Papyri* I 336/7 erscheint das III. Jahrhundert völlig ausgeschlossen, und nur das 18. Jahr von Epiphanes oder Philomotor denkbar: 188/7 oder 164/3. Grenfell-Hunt haben Epiphanes[1]), ich Philomotor vorgezogen; und so gern ich sonst meine Irrtümer zurücknehme, so glaube ich diesmal den im übrigen weit kompetenteren Gelehrten gegenüber im Recht gewesen zu sein. Dazu bitte ich die folgenden Inschriften zu berücksichtigen.

Zuerst den erwähnten Königsbrief. Sein Steinmetz schreibt A.

Auf demselben Stein ist später ein Verzeichnis eingehauen: οἵδε εἰσήνεγκαν τὴν γενομένην δαπάνην εἰς τὴν ἐπισκευὴν τοῦ γυμνασίου τὰς ιϛ′ (δραχμὰς) ἀπὸ τοῦ ιη′ L ἕως τοῦ κβ′ L. Das führt auf das 18.—22. Königsjahr, also entweder

---

[1]) Zu den Doppeldaten aus der Regierung des Epiphanes, die Grenfell-Hunt zusammenstellen, fügt Wilcken den Erlaß bei Preisigke, *Sammelbuch* 5675 hinzu: Lκβ′ Δαισίου κϛ′, Χοιὰχ κϛ′ = 184/3.

Mitteilungen und Nachrichten. 95

188/7—184/3, Epiphanes, oder 164/3—160/59, Philometor. Ich verweise auf die übersichtliche Tabelle, wie wir deren noch recht viele haben möchten, in Stracks *Dynastie der Ptolemäer* 183. Der Steinmetz verwendet das A.

Nun zu den von Holleaux behandelten Steinen, die ich der hier unentbehrlichen Abbildungen wegen, trotz der gänzlich überholten Umschriften und Erklärungen, nach dem Corpus (*IG* XII 3; vgl. auch hier die Supplemente im besonderen Hefte) anführe.

II. *IG* XII 3, 466 I (= Dittenberger *OGI* I 102 = *Archiv* VI 20) Altar mit Stierschädeln und dionysischen Epheuguirlanden, wie sie der Abstammung der Ptolemäer von Dionysos und der Verbindung ihres Kultes mit dem des (Dionysos-) Ἀνθιστὴρ Πυθόχρηστος und seinem Tempel so wohl anstehen. Ein Teil ist ausradiert und durch eine neue Inschrift ersetzt. Der ersten Fassung, in der die Form A angewandt wird, gehört Folgendes an:

```
        (Drei Zeilen ausradiert)
        Πτολεμα[ίωι κα]ὶ τοῖς ἄλλοις           23 B.
    5   θεοῖς τὸν [βω]μὸν (Rasur)
        (Drei Zeilen ausradiert)
        (Rasur) Εἰρηναῖος
   10   Νικίου ['Αλε]ξανδρεὺς                  18 B.
        ὁ γραμμα[τεὺ]ς τῶν κατὰ Κρήτην          24 B.
        καὶ Θήραν [κ]αὶ 'Αρσινόην               19 B.
        τὴν ἐν [Πε]λοποννήσωι                   17 B.
        στρατιω[τ]ῶν καὶ μαχίμων                20 B.
   15   καὶ οἰκον[ό]μος τῶν αὐτῶν τόπων        25 B.
```

Die Ergänzungsmöglichkeiten werden sich aus der späteren Fassung und einem anderen Stein ergeben.

III. *IG* XII 3, 467; suppl. p. 303 (= Ditt. *OGI* 110). Form: A.

```
    [βασιλεῖ Πτολεμαίωι καὶ βασιλίσσηι]                     30 B.
    [Κλεοπάτραι, θεοῖς Φιλομήτορσι, καὶ τῶι υἱῶι]           36 B.
    αὐτῶν Π[τ]ολεμαίωι καὶ θεοῖς Ἐ[πιφανέσιν 'Αρίστιππος]   43 B.
    Θεοξένου 'Αλεξανδρεὺς τῶν δ[ιαδόχων]                    30 B.
    ὁ τεταγμένος ἐπὶ Θήρας                                  19 B.
```

Die Berechtigung der Ergänzung wird durch die zweite Fassung der vorigen Inschrift erwiesen.

IV. *IG* XII 3, 466 II (das Gesperrte steht in Rasur bezw. ist zugefügt). Form: A.

```
        ὑπὲρ 'Αρισ[τίπ]που τοῦ Θεο-                20 B.
        ξένου 'Αλ[εξαν]δρέως τῶν δια-              22 B.
        δόχων τοῦ [τετ]αγμένου ἐπὶ Θήρα-           25 + 1 B.
                                           ς
        βασιλεῖ Πτολεμα[ίωι κα]ὶ τοῖς ἄλλοις       7 + 23 B.
    5   θεοῖς τὸν [βω]μὸν ἕνεκεν τῆς              22 B.
        εἶχεν καλο[κἀγ]αθίας εἰς τε τοὺς στρα-     30 B.
        τιώτας κα[ὶ τ]ὴν πόλιν καὶ τὰ τοῦ          25 B.
        βασιλέως [πρ]άγματα καὶ εἰς τοὺς           26 B.
        θεοὺς εὐ[σε]βείας Εἰρηναῖος usw. wie oben  23 B.
```

Die vier Steine greifen in Formen und Inhalt so eng ineinander über, daß man sie nur zusammen betrachten kann. Die Form des A im Brief I und der ersten Fassung des Altars II steht der Form A in der Basis III und der zweiten Fassung des Altars IV gegenüber. Dasselbe A hat die Stifterliste des Steines I. Daraus wird man folgern: Die A-Gruppe gehört in das 18. Königsjahr, die A-Gruppe in das 19.—22. Jahr; nach dem Epeiphi des 18. Jahres hat der Steinmetz gewechselt.

Inhaltlich ist es klar, daß der Stifter von III in IV wiederkehrt, indem sich die Ergänzung von selbst ergibt In IV hat Holleaux mit Recht das εἶχεν in Z. 6 hervorgehoben; Aristippos ist aus seinem Amt als Kommandant von Thera geschieden, das er in III noch inne hat; also IV ist später als III. In beiden hat er den Ehren- und Hoftitel τῶν διαδόχων, wodurch wir, wie P. Meyer und Strack gesehen haben, in das zweite Jahrhundert gewiesen werden. Damit scheiden alle Ptolemäer vor dem fünften, Epiphanes, aus, nicht nur für III, IV, sondern auch für die eng verbundenen Steine I, II. Aber auch Epiphanes läßt sich beseitigen. Denn in III 4 kann θεοῖς Ε-, wenn nicht zu Ε[ὐεργέταις], nur zu Ἐ[πιφανέσιν] ergänzt werden, und es können damit nur die unmittelbaren Vorgänger des Königs oder des Königspaares gemeint sein. Da nun die ersten Euergeten des III. Jahrhunderts zu alt, die zweiten nach 146 v. Chr. zu jung sind, bleiben nur die Ἐπιφανεῖς, und so kommt man auf Philometor und Kleopatra. Und so wird man deren Namen auch in IV 1—4 ergänzen, den Zeilen, die bisher noch nicht erledigt sind. Auch dort stand — wie Wilcken sofort sah, als ich ihn bat, II und IV zu vergleichen — nichts anderes als:

II 1   [βασιλεῖ Πτολεμαίωι καὶ]   20 B.
     [βασιλίσσηι Κλεοπάτραι θε]-   22 B.
     [οῖς Φιλομήτορσι καὶ τῶι υἱῶι]   24 B.
     Πτολεμα[ίωι κα]ὶ τοῖς ἄλλοις   .23 B.
  5 θεοῖς,

wo die ἄλλοι θεοί natürlich die θεοὶ Σωτῆρες καὶ Ἀδελφοὶ καὶ Εὐεργέται καὶ Φιλοπάτορες καὶ Ἐπιφανεῖς sind. Schwer ist es, die zweite Lücke hinter 5 βωμόν auszufüllen. Ein Zusatz zur Weihung, z. B. καὶ τὸ ἄγαλμα ἀνέθηκεν füllt die Lücke nicht aus. Man sucht also einen zweiten Stifternamen, einen Vorgesetzten des Eirenaios, und denkt dabei zunächst an denselben Aristippos. Also etwa:

  5 θεοῖς τὸν [βω]μὸν [κατε]-   17 B.
     [σκεύασαν Ἀρίστιππος]   18 B.
     [Θεοξένου Ἀλεξανδρεὺς]   19 B.
     [τῶν διαδόχων ὁ τεταγμέ]-   19 B.
     [νος ἐπὶ Θήρας, καὶ] Εἰρηναῖος usw.   23 B.

Das wäre eine gute, normale Weihinschrift. Aber was hat der μεταγράψας daraus gemacht! Sein Vorgesetzter schied von Thera und sollte geehrt werden. Aber eine neue Basis kostete Geld, und Eirenaios war ein schlauer Alexandriner. So nahm er den vorhandenen Altar des Ptolemaios und korrigierte in den Anfang mit einer Formel, die doch nur den Herrschern zustand (vgl. schon IG XII 3, 464 ὑπὲρ βασιλέως Πτολεμαίου θεοῖς), nach der anderen, alten Formel ὁ δεῖνα ὑπὲρ τοῦ υἱοῦ τοῦ δεῖνος θεοῖς oder ähnlich das ganz unmögliche ὑπὲρ Ἀριστίππου - -, und schob an Stelle des ersten Namen, der nun an andere Stelle gerückt war, eine Lobeserhebung im Stile der Ehreninschriften ein. So wurde der Ptolemäeraltar zu einer Ehreninschrift verballhornt. Man kann diese Zwitternatur meines Erachtens nicht scharf genug richten, um sie ganz zu begreifen. Auch die alten Griechen waren eben Menschen, und nicht alles, was sie schufen, war großartig und klassisch. Und bekanntlich war nicht Dion der erste, der der vornehmsten Griechenstadt seiner Zeit die pietätslose Wiederverwendung von Ehrenbasen vorwerfen mußte.

Es gibt noch andere Zeugnisse der Ptolemäermacht auf Thera; den Altar *IG* XII 3, 468 = Dittenb. *OGI* 112, vom theräischen δᾶμος für Ptolemaios und Kleopatra und ihre Kinder dem Dionysos geweiht, wegen der Mehrzahl der Kinder jünger als III; den Beschluß der Bakchisten für Λάδαμος Διονυσοφάνους Ἀλεξανδρεὺς τῶν περὶ αὐλὴν διαδόχων ὁ τεταγμένος ἐπὶ Θήρας *IG* XII 3 s. 1296; den Beschluß der ἀλειφόμενοι für Βάτων Φίλωνος *IG* XII 3, 331 mit Suppl. p. 285 aus den Königsjahren 24—29, also 158/7—153/2 v. Chr. Aber das wichtigste Ergebnis bleibt die durch den engen Zusammenschluß von Nr. I—IV gesicherte Ansetzung des Königsbriefes unter Philometor.

Damit hat sich, worauf es hier in erster Linie ankam, die schon in der *Hirschfeldfestschrift* vertretene Ansicht von der Kalenderverschiebung bestätigt, die im Laufe des 18. Jahres des Ptolemaios Philometor erfolgt ist. Deren Wesen ist, wie man jetzt, bequemer als es früher möglich war, aus der angeführten Tabelle (S. 95) ablesen kann, darin enthalten, daß der makedonische Mondkalender, früher ganz unabhängig vom ägyptischen Sonnenkalender, in den späteren Jahren des Epiphanes, 22, 23 und 24, in der Weise gleichgesetzt wurde, daß der 1. Dios dem 1. Pachon, und dann weiter Monat für Monat vom ersten bis letzten Tage sich genau entsprachen. Das währte bis zu jenem 18. Jahre des Philometor — wir haben Belege für das 2., 5., 8., 16. Jahr in der besagten Liste. Und dann wird es plötzlich anders! Im selben 18. Jahre macht sich der makedonische Kalender noch einmal unabhängig, so daß nun der 22. Mesore dem 1. Peritios, der 24. Pachon dem 1. Dios entspricht. So bleibt es bis zum 24. und wohl auch 26. Jahre des Philometor und vermutlich bis zum Tode dieses Königs. Unter Euergetes II. wird dann der 1. Thot gleich dem 1. Dios; Ägypten hat über Makedonien gesiegt!

Diese Kalenderreform vom Jahre 163 hat einen großen geschichtlichen Hintergrund. Von 169 bis Winter 164, Jahr 13—18 des Philometor, hatten der König und Kleopatra und Euergetes als θεοὶ Φιλομήτορες über das ganze Reich regiert. Um die Wende 164/3 wurde Philometor durch Euergetes vertrieben. Im Sommer — wie Wilcken an anderer Stelle zeigen wird, vermutlich im Juli, spätestens Anfang August — 163 ging Euergetes nach Kyrene, kehrte Philometor nach Ägypten zurück. Sein Brief vom 15. Epeiphi = 15. Audnaios = 13. August 163 setzt schon einige Wochen Regierungstätigkeit, eine Korrespondenz mit der theräischen Garnison, als geschehen voraus. Am 19. Epeiphi = 17. August 163 erließ Philometor seinen Gnadenerlaß; vom 4. Peritios = 25. Mesori = 22. September ist sein Brief an Dionysios datiert[1]). Die Reform ist also vermutlich am 1. Peritios in Kraft getreten. Nachdem im Königsjahr 19, Ende 163, Ptolemaios Eupator geboren war, wurde der Altar II von (Aristippos? und) Eirenaios gesetzt, noch mit A. Bald darauf weihte Aristippos die Basis III. Von hier beginnt das Ἀ wieder und bleibt bis zum Ende der Ptolemäermacht,

---

1) Wie Wilcken mir mitteilt, hat er in *UPZ* I 111 zu zeigen gesucht, daß der Königsbrief *Par.* 63 XIII nicht, wie vielfach angenommen ist, der Gnadenerlaß ist, der vielmehr am 19. Epeiph vorausgegangen ist, sondern nur eine Ermahnung an den Strategen von Memphis zur strikten Durchführung des Erlasses, veranlaßt durch eine vom König beabsichtigte Reise nach Memphis, die er nach anderen Akten kurz darnach auch tatsächlich ausgeführt hat. (*UPZ* = *Urkunden der Ptolemäerzeit.*)

146 v. Chr., mit Ausnahme von *IG* XII 3, 1296. Die Weihung des theräischen δᾶμος (*IG* XII 3, 468) kennt schon mehrere Kinder des Philometor, ist also etwas später. Wiedereingeführt ist das A schon im 22. Königsjahr, 160/159, vgl. I. Inschrift (Liste).

Die weiteren Folgerungen für die Geschichte Ägyptens zu ziehen, fühle ich mich nicht berufen; mir genügt es, die grundlegende Beobachtung von U. Wilcken anerkannt zu wissen. Hoffentlich erweist sich der Grund nunmehr so haltbar, daß andere es wagen können, darauf weiterzubauen!

Westend.

Relatio ad principem.
Von E. Täubler.

„Es hat in der früheren Kaiserzeit ein doppeltes höchstes Kaisergericht gegeben, beide wahrscheinlich auch terminologisch geschieden als Provocation an den Kaiser und Appellation an denselben. In lebendiger Gestalt tritt uns das erstere aus unseren Rechtsquellen verschwundene Verfahren lediglich entgegen in dem Bericht der Apostelgeschichte über den Majestätsprozeß des Paulus vor dem Statthalter von Judaea „Porcius Festus"[1]). Der Unterschied besteht darin, daß die Appellation ein Urteil voraussetzt, also ein Urteil zweiter Instanz erwirkt, die Provokation dagegen angemeldet wird, bevor ein Urteil ausgesprochen ist, mit der Wirkung, daß das Urteil verhindert, ein inkompetentes Gericht abgelehnt wird, wie es im Kapitalprozeß römischen Bürgern gegenüber das Statthaltergericht war[2]), wenn der Statthalter nicht das Schwertrecht besaß[3]). Ohne dieses mußte sich der Statthalter der formalen Urteilsfällung überhaupt enthalten und den Angeschuldigten nach Rom schicken, und auch das Schwertrecht, welches erst im 3. Jahrh. allen senatorischen Provinzialstatthaltern zugesprochen, durch Spezialmandat aber schon von Augustus verliehen wurde[4]), gab dem Statthalter nicht immer volle Urteilsfähigkeit, sondern „scheint häufig mit der Beschränkung verliehen oder wenigstens gehandhabt worden zu sein, daß dem Statthalter wohl die Führung des Prozesses und die Fällung des Urteils übertragen ward, er aber vor der Exekution die kaiserliche Bestätigung einzuholen hatte"[5]).

Diese Ansicht bedarf einer kleinen Modifikation. Das von Mommsen angeführte Beispiel aus der Zeit des Marcus, der Prozeß gegen den gallischen Christen Attalus, erlaubt nämlich nicht mit Sicherheit, das Urteil vor Einholung des kaiserlichen Spruchs als gefällt zu bezeichnen. Die Worte μαθὼν ὁ ἡγεμὼν ὅτι Ῥωμαῖός ἐστιν (sc. Attalus) ἐκέλευσεν αὐτὸν ἀναληφθῆναι μετὰ καὶ τῶν λοιπῶν τῶν ἐν τῇ εἱρκτῇ ὄντων, περὶ ὧν ἐπέστειλεν τῷ Καίσαρι καὶ περιέμενεν τὴν ἀπόφασιν τὴν ἀπ' ἐκείνου[6]) lassen eher annehmen, daß der Statthalter sich des Urteils

---

1) Mommsen, *Die Rechtsverhältnisse des Paulus*, in der *Zeitschrift für die neutestamentliche Wissenschaft* II 1901 S. 95/6.
2) Mommsen, *Röm. Strafrecht* S. 242. 262. 478.
3) Mommsen a. a. O. S. 243 f.
4) Mommsen a. a. O. und *Staatsr.* II S. 270 f. Hirschfeld, *Verw.-Beamte*[2] S. 404.
5) Mommsen, *Strafr.* S. 244.
6) Eusebius *hist. eccl.* V 1, 44 = Rufinus: *cum praesidi indicatum fuisset esse eum Romanae civitatis virum, iubet eum cum ceteris in carcerem recipi, simul et ad Caesarem refert eiusque sententiam, quid de eo iuberet, expectat.*

überhaupt enthielt, Attalus in Haft nahm und auf Grund eines Berichtes das kaiserliche Urteil erbat. Wir hätten dann die Entwickelung, daß der Statthalter ohne Schwertrecht den römischen Bürger nach Rom schicken muß, der Statthalter mit beschränktem Schwertrecht den Prozeß führen, den Angeklagten in Haft behalten, das Urteil jedoch zunächst nur als Vorschlag mit den Akten an den Kaiser weitergeben, wahrscheinlich aber, wenn es von diesem bestätigt ist, auf seinen eigenen Namen verkünden darf. In dieser Form zeigt, die vorausgehenden Bemerkungen bestätigend, ein Beispiel aus der frühesten Kaiserzeit dieses Verfahren, das im Gegensatz zu der vom Angeklagten ausgehenden Provokation als Relation erscheint[1]). Das Verfahren gleicht bis auf diesen Unterschied vollständig dem gegen den Apostel Paulus.

Es handelt sich um die Anklage gegen Antipater, den Sohn des jüdischen Königs Herodes, wegen Anstiftung zum Bruder- und Vatermord (5 v. Chr.). Antipater besaß das römische Bürgerrecht, das bereits der Vater des Herodes erhalten hatte[2]). Deshalb führte Herodes den Prozeß nicht selbst, sondern übergab ihn dem syrischen Statthalter Quintilius Varus[3]). In den Jahren 12 und 8 v. Chr. hatte er die Anklage gegen die Söhne Alexander und Aristobul unmittelbar bei Augustus vorgebracht[4]). Das zweite Mal hatte Augustus dem Herodes die Vollmacht gegeben, gegen die Söhne nach eigenem Ermessen zu verfahren, ihm aber die Zuziehung eigener Freunde und des Statthalters nebst seinen Räten und die Abhaltung des Prozesses in der römischen Kolonie Berytos zur Pflicht gemacht[5]). Mommsen hat mit Bezug auf diese Stellen und eine bald zu erwähnende im Prozeß gegen Antipater bemerkt, „daß Augustus den Clientelfürsten die Capitaljustiz über die Prinzen ihrer Häuser nahm. Bekannt genug sind die fürstlichen Familienschlächtereien, die eine solche Maßregel begreiflich machen"[6]). Mommsen übersah, daß es sich bei diesen Prinzen um römische Bürger handelte, aus diesen Beispielen also absolut nicht eine Beschränkung der Clientelfürsten herausgelesen werden darf. Es ist das gewöhnliche Verfahren gegen römische Bürger in der Provinz, das sich gegenüber den jüdischen Prinzen zeigt.

Herodes selbst bezeichnet Varus als Richter[7]). Josephus nennt den König

---

1) Vgl. *Cod. Theod.* XI 29 u. *Cod. Just.* VII 61, wo in l. 2 bezw. 1 ausdrücklich die Befragung vor dem Urteil angeordnet wird: *si quis iudicum duxerit esse referendum, nihil inter partes* (i. p. fehlt im *Theod.*) *pronuntiet* usw.

2) Joseph. *antiqu.* XIV 137, *bell. Jud.* I 194.

3) *Ant.* XVII 89: ἥκων ..... σύμβουλος Ἡρώδῃ περὶ τῶν ἐνεστηκότων αὐτῷ δεηθέντι = *b. J.* I 617. Der Ausdruck σύμβουλος trifft nicht die Sache, wie oben ausgeführt wird.

4) *Ant.* XVI 90f. 332f. = *b. J.* I 452f. 535f.

5) *Ant.* XVI 356: αὐτῷ γὰρ ἐφιέναι ταύτην τὴν ἐξουσίαν usw. = *b. J.* I 537: κύριον μὲν αὐτὸν καθιστάς usw.

6) *Zeitschrift für die neutest. Wiss.* III 1902 S. 199, ebenso *Strafr.* S. 105. 114. 229. 261.

7) *Ant.* XVII 91: πάντων τε ἀκροατὴν καὶ δικαστὴν ἔσεσθαι Οὔαρον τῇ αὔριον = *b. J.* I 618: δίδωμι δέ σοι δικαστήριον καὶ δικαστὴν εὐκαίρως ἥκοντα Οὔαρον. Jos. stellt es beide Male falsch so dar, als ob bereits die erste Begegnung vor Varus stattgefunden hätte (*ant.* XVII 90 = *b. J.* I 617). Dann hätte Herodes nicht das Recht gehabt, das Verfahren auf den nächsten Tag zu verschieben. Das erste Zusammentreffen des Königs mit dem Prinzen muß privater Natur gewesen sein. Das Gericht trat erst am nächsten Tage zusammen (*ant.* XVII 93 = *b. J.* I 620).

neben Varus als Richter und läßt sie ihre beiderseitigen Freunde hinzuziehen[1]). Man kann dies nur so verstehen, daß der König und seine nächsten Freunde zum Rate des Statthalters hinzugezogen wurden, ohne damit aber die Selbständigkeit und alleinige Verantwortlichkeit des Statthalters zu beschränken[2]). Ebenso gehört König Agrippa bei der zweiten Vernehmung des Apostels Paulus zum Rate des die Untersuchung leitenden Prokurators[3]). Korrekt sprechen in der Anklagerede sowohl Herodes wie Nikolaos nur Varus an und erwarten nur von ihm das Urteil[4]). Varus fordert dann Antipater zur Verteidigung auf und prüft die Beweise[5]); er ist es, der das Verhör beendet, indem er sich mit Herodes zu einer geheimen Beratung zurückzieht, als deren Resultat sich ergab, daß Herodes den Antipater fesseln ließ und daß Varus und Herodes gesonderte Berichte über das Verhör an den Kaiser nach Rom senden[6]). Ebenso zieht sich Felix mit Agrippa und den anderen nach dem Verhör des Apostels zur Beratung zurück[7]). Auch in der Fesselung kommt römischer Brauch zum Ausdruck. Der Unterschied zu der Behandlung des Paulus ist bezeichnend. Paulus hatte vor dem Urteil an den Kaiser provoziert und blieb deshalb in der leichten militärischen Haft ohne Kerker und ohne Fesselung[8]). Hätte er gegen ein Urteil erster Instanz appelliert, so wäre er nach dem Brauche der Kaiserzeit zunächst als Verurteilter angesehen worden und hätte die schwere, mit der Exekutionshaft verbundene Fesselung zu erdulden gehabt[9]). Das ist der Fall bei Antipater. Er wird wie ein Verurteilter behandelt, obwohl ein Urteil gar nicht gesprochen ist[10]). Varus hat, wie der gallische Statthalter im Verfahren gegen Attalus, dem Kaiser berichtet und erwartet dessen Urteil, hat aber offenbar nicht nur be-

---

1) *Ant.* XVII 93: τῇ δ'ἑξῆς συνήδρευεν μὲν Οὐαρός τε καὶ ὁ βασιλεύς, εἰσεκλήθησαν δὲ καὶ οἱ ἀμφοῖν φίλοι καὶ οἱ συγγενεῖς βασιλέως. Im *b. J.* ist die Stellung des Königs noch viel mehr verschoben: τῇ δ'ἐπιούσῃ συνέδριον μὲν ὁ βασιλεὺς ἀθροίζει τῶν συγγενῶν καὶ φίλων, εἰσεκάλει τε καὶ τοὺς Ἀντιπάτρου φίλους. προκαθέζεται δὲ αὐτὸς ἅμα Οὐάρῳ (I 620).

2) *Mommsen, Strafr.* S. 239.

3) *Apostelgesch.* XXV 23 f. Auch damals nahm, wie in unserem Falle Salome (*ant.* XVII 93), eine Frau an den Beratungen teil (v. 23 und XXVI 30), was man nur aus dem Gesichtspunkt verstehen kann, daß die Beisitzer nicht ein Spruchkolleg bilden, sondern den Richter nur unverbindlich beraten (Mommsen a. a. O.).

4) *B. J.* I 622. 625. 627. 628. *Ant.* XVII 120.

5) *Ant.* XVII 127 f. = *b. J.* I 639.

6) *Ant.* XVII 132 = *b. J.* I 640. Der kürzere Bericht des *b. J.* ist korrekter und in der Anordnung geschickter. In den *ant.* fehlt, daß Varus selbst nach Rom berichtete; vgl. aber S. 101. Dieser Bericht ist nach *b. J.* der erste. Herodes handelte bei der Fesselung und Berichterstattung im Auftrage des Varus (*ant.* 133).

7) *Apostelgesch.* XXVI 31. In diesem Berichte überwiegt die Autorität des Königs die des Prokurators so sehr, daß bei dem Aufstehen und Herausgehen zuerst Agrippa genannt wird, obwohl Felix das Verhör leitete.

8) Mommsen, *Neutest. Zeitschr.* II 93, *Strafr.* S. 315 f.

9) Mommsen, *Strafr.* S. 961, besonders die dort Anm. 6 angegebenen Beispiele.

10) Darüber läßt der Bericht des Josephus keinen Zweifel. Daher die Vermutung der Anwesenden, daß die Fesselung auf die Meinungsäußerung des Varus im geheimen Gespräch mit Herodes zurückgehe (*ant* XVII 133). Die Tendenz, Varus nur als Ratgeber des Herodes hinzustellen, zeigt eine vollständige Unkenntnis des römischen Verfahrens und ist wohl davon beeinflußt, daß in der zweiten Hälfte des Anklageverfahrens Varus ausscheidet (S. 101).

richtet, sondern zugleich ein Urteil vorgeschlagen, nach dessen Wirkungen er den Angeklagten wie einen in erster Instanz Verurteilten behandelt.

Der Parallelismus mit dem Verfahren gegen Attalus ist vollständig. Auch dort wird der Angeklagte, während der Bericht nach Rom abgeht, in der schweren Haft gehalten. Auch dort ist deshalb aus diesem Umstand noch nicht, wie Mommsen tat, ein gefälltes Urteil zu folgern, sondern nur, wie hier, ein Urteilsvorschlag; auch für den syrischen Statthalter der augustischen Zeit ist, wie für den gallischen der Zeit Marc Aurels, nur das beschränkte Schwertrecht anzunehmen, und die eigenartige Mischung, daß der Angeklagte von dem Statthalter ohne förmliches Urteil dennoch in die schwere Exekutionshaft genommen werden darf, ist das rechte Gegenstück zu der Belehnung des Statthalters mit dem Schwertrecht ohne die Fähigkeit, das Urteil vor seiner Billigung durch den Kaiser zu sprechen.

Im Gegensatz zu der vom Gefangenen ausgehenden Provokation liegt hier also, wie im Prozeß des Attalus, das Beispiel einer Relation an den Kaiser vor, welche in ihrer Anwendung wiederum durch das beschränkte Schwertrecht des Statthalters modifiziert erscheint.

Die Fortsetzung bedarf keiner Erklärung. Ein neuer Schuldfall Antipaters veranlaßt ein zweites Schreiben des Herodes an den Kaiser, der nun nicht Varus, sondern Herodes selbst die Vollstreckung der Exilierung oder der Todesstrafe mandiert[1]). Augustus gibt ihm also nicht vollständige Freiheit, sondern, was allein dem Verfahren entspricht, unter Verurteilung des Prinzen nur die Wahl zwischen zwei Strafen.

Ich schließe eine Textbemerkung an. Die Relation an den Kaiser enthält zugleich eine Anfrage über das Urteil. Bei Josephus ist *ant.* XVII 133 überliefert: δήσας δὲ αὐτὸν εἰς Ῥώμην ὡς Καίσαρα ἐκπέμπει γράμματα περὶ αὐτοῦ καὶ τοὺς ἀπὸ γλώσσης διδάξοντας τὸν Καίσαρα τὴν κακίαν τοῦ Ἀντιπάτρου † καὶ Κωπωνίου γνώμῃ τὴν (τῇ AM) Καίσαρος. Die fünf unverständlichen Schlußworte finden sich in allen Handschriften[2]). Naber strich sie in seiner Ausgabe. Niese übernahm sie mit der Bemerkung, daß sie unverständlich seien. Das Relationsverfahren macht es gewiß, daß nach dem Bericht an den Kaiser in den verdorbenen Worten die Bitte um die Meinungsäußerung des Kaisers liegt. Coponius ist bei Jos. *ant.* XVIII 1 als erster jüdischer Prokurator (6 n. Chr.) bezeugt. Es liegt nahe genug, anzunehmen, daß er schon vorher im syrischen Provinzialdienst tätig war. Da man aber in die verderbte Stelle nicht hineinlegen kann, daß Coponius elf Jahre früher von Herodes mit dem Prozeßberichte an Augustus geschickt wurde, ist es mir wahrscheinlich, daß an dieser Stelle der als fehlend erwähnte Bericht des Varus an den Kaiser (S. 100, 6), vielleicht durch den Wegfall einer ganzen Zeile, ausfiel, die Stelle also vollständig etwa so zu denken ist: und (auch Varus sandte einen Bericht nach Rom und erbat durch) Coponius die Ansicht des Kaisers.

Berlin-Halensee.

---

1) *Ant.* XVII 134 f. 182 = *b. J.* I 641 f. 661.

2) Nur eine Epitome, die älter ist als Zonaras (9./10. Jahrh., Niese, *Einleitung der ed. magna des Josephus* vol. I p. XXIII s., vol. III p. XIII s.) und eine lateinische Übersetzung aus dem Anfang des 6. Jahrh. haben sie fortgelassen, offenbar, weil sie bereits unverständlich waren. Die Verderbnis ist also sehr alt.

Die Schlacht bei Thapsus.

Von A. Langhammer.

Im 3. Bande von Kromayers *Antiken Schlachtfeldern* hat G. Veith mich scharf angegriffen und, indem er meine Auffassung des Feldzuges von 46 und der Schlacht bei Thapsus mit wohlfeilem Hohne überschüttete, in Übereinstimmung mit meiner Annahme einer Doppelschlacht (*Berl. phil. Woch.* 1906, 1598f.) und einer leitenden Stellung des Labienus im Hauptquartier Scipios (*Berl. phil. Woch.* 1911, 949) eine Darstellung der Schlacht konstruiert, die ich nur ein abenteuerliches, auf widerspruchsvollen Annahmen beruhendes Phantasiegebilde zu nennen vermag. Er hatte das Recht, an Einzelheiten meiner ersten Artikel, die vom Standpunkt des Militärs z. Teil angreifbar waren, als Fachmann Kritik zu üben; aber er hatte nicht das Recht, meine letzten Artikel und die von mir vorgebrachten rein philologischen und quellenkritischen Argumente fast ganz zu ignorieren, noch viel weniger durfte er es übersehen, daß ich in meinen letzten Artikeln die Streitfrage hauptsächlich vom Standpunkt des Philologen behandelt habe; so hat Veith[1]) mich als einen verrannten Dilettanten hingestellt. Aber die gänzliche Ausschaltung der philologischen Fragen konnte nur eine Folge haben: Veiths Konstruktion mußte in der Luft schweben und der Überlieferung Gewalt antun. Hierfür nur ein Beispiel, das aber genügen dürfte, um Veiths Konstruktion umzuwerfen. S. 840 ff. erörtert Veith eingehend die Ursachen von Cäsars auffälligem Zögern im Beginn der Schlacht, in der richtigen Erkenntnis, daß von dieser Tatsache die ganze Auffassung der militärischen Lage abhängt. Er erkennt sehr wohl, daß dies Zögern sich mit dem von ihm konstruierten abenteuerlich-phantastischen Plane Cäsars nicht in Einklang bringen läßt: wenn Caesar sich, wie Veith annimmt, mit seinem numerisch weit schwächeren, durch Entbehrungen sicher heruntergekommenen Heere in Thapsus absichtlich einkreisen ließ, um das feindliche Heer zur Teilung seiner Streitkräfte zu zwingen und dann den einen Teil überraschend anzugreifen, so durfte er nicht zaudern, als es ihm gelungen war, überraschend an das eine der

---

1) Bezeichnend für Veiths Verfahren ist die Bemerkung S. 906/7: „Ich halte eine Redaktion in diesem Sinne für unwahrscheinlich; sie müßte sich an einer sehr großen Zahl anderer Stellen, wo ihr Eingreifen weit dringender gewesen wäre (?!), bemerkbar gemacht haben. Darüber vielleicht (?) ein andermal." Ferner hat Veith meinen Artikel *B. ph. Woch.* 1910, 412ff. gänzlich unbeachtet gelassen, obwohl hier eine parteiische Entstellung der Tatsachen zugunsten Sallusts und damit eine Redaktion von mir ziemlich wahrscheinlich gemacht wird. —

Zu dieser Frage möchte ich vorläufig noch bemerken, daß ich außer *BA* 79—85 auch 62—64, 13ff., 52, 69—70, 75, 78 für redigiert halte; es sind meist Berichte über Reitergefechte. Bei Kap. 78 ist besonders merkwürdig, daß trotz des glänzenden Erfolges der Reiterei Cäsars unmittelbar danach Cäsars Zug auf Thapsus stattfindet, sowie daß Cäsars Kavallerie in der Schlacht und bei der Verfolgung, wie auch Veith bemerkt, fast ganz verschwindet. Sollte vielleicht in dem letzten Gefecht vor Tegea (Kap. 78) Cäsars Reiterei, statt den Gegner glänzend zu schlagen, so übel zugerichtet worden sein, daß sie fernerhin ausschied? Und sollte das einer der Gründe für Cäsars Rückzug auf Thapsus sein? — Kapp. 48,3—4 und 19,4—5 sind unzweifelhaft spätere Zusätze, die bei einer Durchsicht resp. Überarbeitung in den Text gelangten.

beiden feindlichen Korps zu kommen, um so weniger, als hier, wie es scheint, Verwirrung herrschte (*BA* 81, 1). So wird eine Hilfskonstruktion notwendig; Veith zögert nicht, seine Hypothese durch eine zweite zu stützen. Er vermutet S. 480 ff., Cäsars Aufmarsch sei nie zur Vollendung gekommen; der rechte Flügel, an der Spitze die 10. Legion, sei vor beendetem Aufmarsch ohne Befehl vorgebrochen und habe so Cäsars Plan, den überraschten Gegner beim ersten Zusammenstoß völlig zu vernichten, vereitelt. Abgesehen von dem schweren methodischen Bedenken widerspricht diese Hypothese allem, was wir über den Verlauf der römischen Feldschlacht zu Cäsars Zeit wissen; außerdem geht aus der Quelle selbst das Gegenteil hervor.

Es steht fest, daß die *cohortatio militum instructa acie* stattfand; das beweist außer vielen anderen Stellen *BG* II, 20,1, wo die Tätigkeit des Oberfeldherrn beim Aufmarsch zur Schlacht also resümiert wird: *Caesari omnia uno tempore erant agenda: vexillum proponendum, signum tuba dandum......., acies instruenda, milites cohortandi, signum dandum*. Ein *allocutio* aber hat nach der bestimmten Angabe des Auctor *bell. Afr.*, Kap. 81, nach Aufstellung der Schlachtlinie stattgefunden; sie wird sogar sehr anschaulich geschildert, wobei der Verfasser resp. Redakteur mit größter Kunst durch die Mittel der Sprache die aufs höchste aufregende Situation zu veranschaulichen weiß: „*Quo postquam Caesar pervenit et animadvertit aciem pro vallo Scipionis constitutam elephantis dextro sinistroque cornu conlocatis et nihilo minus partem militum castra non ignaviter munire, ipse acie triplici conlocata, legione X. VIII. que (?) dextro cornu, XIII. et XIIII. (?) sinistro oppositis, quintae legionis in quarta acie ad ipsa cornua quinis cohortibus contra bestias conlocatis, sagittariis, funditoribus in utrisque cornibus dispositis levique armatura inter equites interiecta, ipse pedibus circum milites concursans virtutesque veteranorum proeliaque superiora commemorans blandeque appellans animos eorum excitabat. Tirones autem, qui numquam in acie dimicassent, hortabatur, ut veteranorum virtutem aemularentur eorumque famam, locum, nomen victoria parta cuperent possidere*. Nun könnte ja eingewendet werden, die Ansprachen seien während des Aufmarsches erfolgt, jeweils an die in die Linie eingerückten Truppenteile und der wiederholt gebrauchte Ausdruck *conlocare* gehe auf die Dispositionen zur Schlacht, die *Ordre de bataille*, nicht auf die Aufstellung selbst. Diese Auffassung verbietet sich aber; denn *BA* 82, 2 wird ausdrücklich berichtet, die Legaten und Freiwilligen, also altgediente Krieger, hätten Cäsar dringend um das Signal zum Kampf gebeten. Man kann kaum annehmen, daß dies geschehen wäre, wenn die Aufstellung nicht vollendet gewesen wäre. Nun hätte Veith, um seine Hypothese zu halten, noch die Möglichkeit, den Bericht Plutarchs über Cäsars epileptischen Anfall vor der Schlacht (*Caesar* 53) für glaubhaft zu erklären, wie ich es tat, und zu behaupten, der Anfall habe Cäsar gehindert, zum Angriff blasen zu lassen. Dagegen müßte ich einwenden, daß der Bericht Plutarchs mit der von mir angenommenen militärischen Lage sehr wohl im Einklang stände, dagegen mit Veiths Auffassung nicht.

Mit dieser unverständlichen Hypothese Veiths fällt auch seine willkürliche Interpretation der viel umstrittenen Worte *sibi non placere eruptione pugnari* (*BA* 82,3). „Hier hat Cäsars *eruptione pugnari* einen Sinn: dieses unaufhaltsame Vorbrechen ohne regelrechten Aufmarsch war eine tatsächliche *eruptio*. Cäsar aber wollte eine rangierte Schlacht und mit gutem Grund" (S. 841). Ich muß an meiner Erklärung dieser Stelle, die ich *B. phil. Woch.* 1907, 1278 f., gab, festhalten. Ich beziehe *eruptione pugnare* auf das Vorbrechen aus der festen Stellung vor Thapsus gegen den anrückenden Feind.

Damit ist der 1. Hypothese Veiths, Cäsar habe sich in Thapsus absichtlich einkreisen lassen, um gegen den geteilten Feind einen vernichtenden Schlag zu führen, jede Grundlage entzogen. Denn hatte Cäsar diesen Plan gefaßt, warum wollte er den einzigen Zeitpunkt, der sich ihm für die Durchführung bot, unbenutzt lassen? Auch die neue Lokalisierung von Aggar, die allerdings richtiger erscheint als die Versuche Tissots und Stoffels, weil sie keine gewaltsamen Textänderungen erfordert (Veith S. 811 ff.), macht Veiths Hypothese nicht annehmbarer; im Gegenteil, sie stützt meine Annahme, daß Cäsar durch eine Umgehung zum Rückzug auf Thapsus gezwungen worden sei. Labienus hatte hier nur das Manöver von Uzitta zu wiederholen: indem er den Kamm des in südwestlicher Richtung verlaufenden Hügelzuges, auf dessen äußerster Spitze Cäsars Lager nach Veith stand, besetzte, gewann er eine beherrschende Stellung und schnitt Cäsar völlig vom Innern des Landes ab.

Ich halte deshalb an meiner Auffassung des Feldzuges und der Schlacht fest, wie ich sie vor allem *B. ph. Woch.* 1907, 1278 f., *Klio* IX, 395.; *B. phil Woch.* 1911, 948 ff. dargelegt habe. Ja, ich gehe noch weiter. Im Gegensatze zu Veith behaupte ich, daß die Bedrängnis, in die Cäsar durch seinen früheren Legaten Labienus gebracht wurde, ihn gar nicht dazu gelangen ließ, einen Feldzugsplan aufzustellen. Die Strategie der Umklammerung, die Labienus gegen Cäsar anwandte, schnürte den großen Schlachtenmeister, dem die Schlacht immer und überall verweigert wurde, so ein, daß ihm der Atem benommen wurde. Er ist von Labienus völlig in die Defensive gedrängt worden. Immer erneuert Labienus seine Versuche zur Einkreisung Cäsars, vor Ruspina, Uzitta, Aggar; immer enger wird das Operationsfeld, bis bei Thapsus der Ring geschlossen wird. Man sieht, Labienus hatte aus den Kämpfen zwischen Crassus und den Parthern, zwischen Cäsar und Vercingetorix gelernt. Er hat systematisch die Offensivkraft der Legionen Caesars lahmgelegt. Indem er die von Hannibal geübte Einkreisung des Gegners in der Feldschlacht zur strategischen weiter entwickelte, die Überlegenheit seiner Reiterei voll ausnutzte und die Feldbefestigung meisterhaft verwendete wie vor Uzitta, brach er die Stoßkraft der Legion völlig und stellte sich in eine Reihe mit den größten Feldherrn aller Zeiten, mit Alexander dem Großen, Hannibal, Cäsar, Friedrich dem Großen und Napoleon.

Friedenau b. Berlin.

Die erste syrische Statthalterschaft des P. Sulpicius Quirinius
(mit einem Anhang über M. Servilius *Prosopogr. Imp. Rom.* III S. 226 n. 419 und Volumnius *PrIR* III S. 479 n. 639. 640).

Von **Dr. F. Bleckmann.**[1])

C. Carista[nio]
C. F. Ser. Front[oni]
Caesiano Iuli[o]
praef(ecto) fabr(um), pon[tifici],
sacerdoti, praefecto
P. Sulpici Quirini duumviri,
praefecto M. Servili.
Huic primo omnium
publice d(ecurionum) d(ecreto) statua
posita est.

1) Geschrieben 1914, ergänzt 1916.

Mitteilungen und Nachrichten. 105

Die vorstehende Inschrift mit dem Namen des aus dem Lukasevangelium (c. 2) bekannten Statthalters Quirinius vermehrt die schon beträchtliche Zahl lateinischer Inschriften, die dem Boden des alten Antiochia Pisidiae entstammen, wohin unter Augustus eine römische Kolonie entsandt wurde. W. M. Ramsay hat die Inschrift im *Expositor* 1912 S. 401 publiziert und mit zwei ausführlichen Kommentaren versehen[1]).

Ihm kommt es vor allem darauf an, auf Grund der neuen Inschrift nachzuweisen, daß die Glaubwürdigkeit des Lukasberichtes über die Schatzung unter Quirinius zur Zeit der Geburt Jesu keinem Zweifel mehr unterliegen könne. Ich gehe auf dieses meines Erachtens aussichtslose Bemühen nicht ein. Wohl aber scheint es mir auch nach Ramsays Erörterungen lohnend, die Frage nach der Zeit der ersten syrischen Statthalterschaft des Quirinius aufzuwerfen, da sich hierfür aus der Inschrift allerdings etwas lernen läßt.

P. Sulpicius Quirinius wurde im Jahre 6 n. Chr., als die Römer nach der Entsetzung des Ethnarchen Archelaos Judäa übernahmen, Statthalter von Syrien und führte als solcher den in dem neu übernommenen Lande notwendigen Census der Bevölkerung durch. (Josephus *Ant. Jud.* [*AJ*] XVII 355. XVIII 1. 26.) Aber längst hat man erkannt, daß Quirinius schon vorher einmal syrischer Statthalter war. Diese Annahme stützt sich auf eine Stelle in Tacitus' *Annalen* (III 48). Tacitus erzählt den im Jahre 22 n. Chr. erfolgten Tod des Quirinius und sagt: *nihil ad veterem et patriciam Sulpiciorum familiam Quirinius pertinuit, ortus apud municipium Lanuvium: sed impiger militiae et acribus ministeriis consulatum sub divo Augusto, mox expugnatis per Ciliciam Homonadensium castellis insignia triumphi adeptus, datusque rector Gaio Caesari Armeniam obtinenti Tiberium quoque Rhodi agentem coluerat.* Der Konsulat des Quirinius fällt in das Jahr 12 v. Chr., die Dienste, die er C. Cäsar in Armenien leistete, in das Jahr 3 n. Chr. Zwischen 12 v. Chr. und 3 n. Chr. kämpfte also Quirinius gegen die Homonadenser. Das räuberische Bergvolk der Homonadenser im Taurus hatte im Jahre 25 v. Chr. Amyntas, den letzten König von Galatien, erschlagen und harrte seitdem seiner Bestrafung durch die Römer, die das Erbe des Galaterkönigs angetreten hatten. Den Kampf gegen die Homonadenser konnte aber Quirinius nur als Statthalter einer kaiserlichen Provinz führen, da nur einem solchen eine größere Truppenmacht zu Gebote stand. Von den in Betracht kommenden Provinzen Cilicien und Syrien scheidet Cilicien aus, da es aller Wahrscheinlichkeit nach damals mit der Provinz Syrien vereinigt war. Die

---

1) Eine zweite, ähnliche Inschrift aus Antiochia Pisidiae bestätigt die Angaben der erstgenannten. Sie findet sich in Ramsays zusammenfassendem Buch *The bearing of recent discovery on the trustworthiness of the New Testament* (1915) S. 291, das mir durch die Güte von Herrn Professor Deißmann zugänglich gemacht ist, und lautet:

> C. Caristani[o C. F. Ser(gia)
> *Frontoni Caesiano*
> Iulio praef(ecto) fabr(um), tribuno mil(itum)
> leg(ionis) XII fulm(inatae), praef(ecto)
> coh(ortis) Bos(porianae),
> pontif(ici), praef(ecto) P. Sulpici
> Quirini
> II vir(i), praef(ecto) M. Servili, praef.

Daselbst S. 285 die obenstehende Inschrift mit einer Photographie des Steines.

Tacitusstelle nötigt also zu dem Schluß, daß Quirinius zwischen 12 v. Chr. und 3 n. Chr. Statthalter von Syrien war. Mommsen, der diesen Nachweis im Anhange zu seiner Ausgabe des *Monumentum Ancyranum* führt, meinte, die erste syrische Statthalterschaft des Quirinius nicht anders unterbringen zu können als in der Lücke, die zwischen Quinctilius Varus und C. Caesar klafft, und setzte sie in die Jahre 3/2 v. Chr. Ihm folgten v. Rhoden und Dessau in der *Prosopogr. Imp. Rom.* III S. 287 n. 732 und, wenn auch zweifelnd, Schürer in der *Gesch. d. jüd. Volkes zur Zeit Jesu Christi* I² 260.

Diese Ansetzung ist durch die neue Quiriniusinschrift ins Wanken gebracht. Was sagt nun die Inschrift? C. Caristanius Fronto Caesianus Iulius, der Sohn des Gaius, aus der Tribus Sergia, gehört einer Familie an, die, wie wir schon aus einer Reihe von Inschriften wußten, in Antiochia Pisidiae sich großen Ansehens erfreute und, wie wir jetzt sehen, schon unter der ältesten Bevölkerung der Kolonie vertreten war. Auch er bekleidete verschiedene Gemeindeämter und war Präfekt des P. Sulpicius Quirinius. Kein Zweifel, daß der Statthalter gemeint ist. Die neue Inschrift vermehrt die geringe Zahl der Zeugnisse dafür, daß nicht nur Angehörige des Kaiserhauses, sondern auch hochgestellte Private es sich gefallen ließen, daß Gemeinden ihnen eines ihrer vornehmsten Gemeindeämter, den Duumvirat, übertrugen. (Vgl. Pauly-Wissowa, *RE* V₂ Sp. 1820). Quirinius konnte natürlich das Amt nicht selbst bekleiden und bestellte den Caristanius zu seinem Präfekten. Es ist auch klar, wofür die Kolonisten in Antiochia dem Quirinius die Auszeichnung des Duumvirates zu teil werden ließen: den Anlaß gab ihnen sein Kampf gegen die Homonadensier, dessen Erfolge nicht zuletzt ihnen zu gute kamen.

In welche Zeit gehört nun die neue Inschrift? Die Inschrift sagt am Schluß: „Ihm als dem ersten von allen ist von staatswegen auf Beschluß der Dekurionen eine Statue errichtet worden." Unsere Inschrift, die unter dieser Statue stand, gehört demnach zu den ältesten Inschriften, die in der neuen Kolonie aufgezeichnet wurden. Nun beweist ein Meilenstein von Comana mit der Kaisertitulatur (*CIL* III 6974), daß im Jahre 6 v. Chr. die Straße schon vorhanden war, die Antiochia Pisidiae mit den anderen in Cilicien und Pisidien begründeten römischen Kolonien verband. Die Gründung der römischen Kolonie in Antiochia fällt mithin vor das Jahr 6 vor Chr., was ja auch durch die von Ramsay, *The bearing* usw. S. 283 erwähnte Tatsache erwiesen wird, daß die Kolonie für zwei Jahre nacheinander den Drusus Germanicus zu ihrem Duumvirn machte, der schon im Jahre 9 v. Chr. starb. Das alles legt es nahe, den Homonadensierkrieg und die Statthalterschaft des Quirinius früher anzusetzen als Mommsen, und es soll nun untersucht werden, erstens, ob eine frühere Ansetzung möglich ist, zweitens, welche Gründe für eine solche sprechen.

Wir müssen die uns bekannten syrischen Statthalter des letzten vorchristlichen Jahrzehntes kurz durchmustern. Da steht zunächst durch das Zeugnis von Münzen (Eckhel, *Doctr. num. vet.* Pars I vol. III S. 275. Mionnet, *Descript. des Médailles* V S. 156) fest, daß in den Jahren 6—4 v. Chr. P. Quinctilius Varus Statthalter der Provinz Syrien war, derselbe, der später in Germanien endete. Eine unter seiner Statthalterschaft geschlagene Münze aus dem 25. Jahre der *aera Actiaca* beweist, daß er jedenfalls vor dem Herbst des Jahres 6 nach Syrien kam. Anderseits kann man über das Jahr 6 nicht hinaufgehen, weil sonst nicht genug Zeit für seine Vorgänger bleibt. Sein unmittelbarer Vorgänger war C. Sentius Saturninus (Joseph. *AJ* XVII 89: Οὔαρος Κοϊντίλιος διάδοχος μὲν Σατουρνίνῳ ἀπεσταλμένος). In die Zeit seiner Statthalterschaft fällt eine Fülle von Ereignissen: Der Feldzug des Herodes gegen die Araber, die drei Gesandtschaften, die Herodes aus Anlaß dieses Krieges nach Rom schickt, die Gesandtschaft, die die Söhne des Herodes bei Augustus verklagt, der Gerichtstag in Berytos, und auch nach dem Tage von Berytos und der Hinrichtung der Söhne des Herodes muß Saturninus eine geraume Zeit in Syrien gewesen sein. Man muß also annehmen, daß er mindestens zwei Jahre Statthalter war, vielleicht drei Jahre; drei Jahre aber höchstens (Sanclemente, *De vulgaris aerae emendatione* p. 338 sqq. meint freilich: *ad minus integrum triennium*), sonst bleibt für seinen Vorgänger kein Platz. Die Statthalterschaft des Saturninus fällt danach in die Jahre 9—6 oder 8—6 v. Chr. Sein unmittelbarer Vorgänger war M. Titius. Zwar sagt das Josephus nicht mit ausdrücklichen Worten. Aber er erwähnt den M. Titius (*AJ* XVI 270) kurz, bevor er erzählt, daß Herodes seine dritte Reise nach Rom antritt. Im nächsten Kapitel (XVI 277) erzählt er die Rückkehr des Königs, und da ist bereits Saturninus Statthalter. Da ferner Josephus die Ereignisse ihrer zeitlichen Aufeinanderfolge nach berichtet und des Titius erst Erwähnung tut, nachdem er die Einweihung Cäsareas erzählt hat, die in das Jahr 10/9 fällt (*AJ* XVI 136 ff.) kann die Statthalterschaft des Titius keinesfalls vor dem Jahre 10 abgelaufen sein. Daß er besonders lange in Syrien gewesen ist, wird durch die Überlieferung jedenfalls nicht nahegelegt. Nur Strabo XVI 1, 28 p. 748 berichtet, daß ihm Phraates seine vier Söhne als Geiseln übergab, um sie nach Rom zu schicken. Weiteres über seine Zeit s. gleich unten. Wenn man weiter hinaufgeht, so kommt man auf Agrippa, den vertrauten Freund des Augustus. Er verwaltete seit dem Jahre 23 v. Chr. in der Stellung eines *collega minor*, wie es Mommsen nennt, die ganze östliche Reichshälfte und kehrte erst nach zehn Jahren, 13 v. Chr., endgültig nach Rom zurück. (Jos. *AJ* XVI 86). In die Lücke zwischen Agrippa und M. Titius ist des Quirinius erste Statthalterschaft zu setzen. Im Jahre 12 v. Chr. war er Konsul, im Jahre 11 kam er nach Syrien, in den Jahren 11/10 oder, wenn man will, 11/9 kämpfte er mit den Homonadensiern, im Jahre 10, evtl. im Jahre 9, triumphierte er. Die Statthalterschaft seines Nachfolgers M. Titius fällt danach, je nachdem, in die Jahre 10—9 oder 10—8 oder 9—8.

Das Ergebnis, zu dem wir soeben gelangten, wird durch mehrere Erwägungen gestützt und bestätigt.

Daß Agrippa, der das ganze Reich jenseits des jonischen Meeres, wie Josephus sagt, verwaltete, der bald hier, bald da eingriff, der auch gar nicht immer im Osten weilte, nicht dazu kam, die Homonadensier zu züchtigen, ist begreiflich. Schwer begreiflich aber wäre es, weshalb man in Rom, als in der Verwaltung Syriens, wie überhaupt der östlichen Provinzen, wieder normale Verhältnisse eingetreten waren und wieder Statthalter geschickt wurden, die unmittelbar dem Kaiser unterstanden, die Bestrafung des räuberischen Volkes, die schon zwölf Jahre auf sich warten ließ, noch weiter hinausgeschoben haben sollte, und gar noch zehn Jahre, wie man bei Mommsens Ansetzung annehmen müßte. Vielmehr scheint es, daß Quirinius im Jahre 13, dem Jahre der Rückkehr des Agrippa, zum Konsul für das Jahr 12 v. Chr. designiert wurde gerade im Hinblick darauf, daß er alsbald nach Ablauf seines Konsulates das Kommando im Orient führte sollte. Nichts steht der Annahme im Wege, daß er sogleich im Jahre 11 den Kampf gegen die Homonadensier begann. Ramsay, der sich nicht ganz klar darüber ausspricht, in welche Jahre die erste syrische Statthalterschaft des Quirinius falle (vgl. *Expositor* 1912 S. 400. 404. 406. 481), meint, er habe den Kampf vor dem Sommer 10 nicht eröffnen können, weil erst die nötigen Vorbereitungen hätten getroffen werden müssen. Aber es könnten sehr wohl alle Vorbereitungen vor seiner Ankunft getroffen sein. Es kam nur darauf an, daß der richtige Mann an die Spitze trat, und der war Quirinius. Man denke auch daran, daß Cäsar im Frühjahr des Jahres 58 v. Chr. in Rom weilte und von dort Weisungen nach Gallien ergehen ließ. Kaum angekommen in Gallien, eröffnete er die Feindseligkeiten gegen die Helvetier.

Ramsay, der die Glaubwürdigkeit der im Lukasevangelium erzählten Schatzung verficht, ist davon überzeugt, daß dieser Census von dem bei Josephus erzählten Census des Jahres 6 n. Chr. zu unterscheiden sei und unter der ersten Statthalterschaft des Quirinius stattgefunden habe, und versichert, diese habe jedenfalls bis in das Jahr 9/8 v. Chr. gedauert (*Expositor* 1912 S. 406), und in dieses Jahr falle die erste Schatzung[1]). Davon, daß Quirinius noch im Jahre 9/8 v. Chr. Statthalter gewesen ist, kann nach den obenstehenden Darlegungen keine Rede sein. Ich weise aber auf Ramsays Irrtum nur deshalb hin, weil betont werden muß, daß die Aufgabe, die Quirinius zu lösen hatte, durchaus militärischer Natur war. Als er die Homonadensier niedergeworfen und Ruhe und Sicherheit in Cilicien und Pisidien hergestellt hatte, hatte er geleistet, was er leisten sollte. Darum kommt seine erste Statthalterschaft bei Josephus, den die Kämpfe mit den Homonadensiern nicht interessieren, gar nicht vor. Die Sache steht so, daß wir in unserer freilich dürftigen Überlieferung nicht nur keine Spur von irgend einer Verwaltungstätigkeit des Quirinius während seiner ersten Statthalterschaft finden, sondern daß die Überlieferung noch zeigt, daß ihm die syrische Statthalterschaft nur verliehen wurde, weil er gegen die Homonadensier kämpfen sollte. Wir müssen noch einmal auf die oben (S. 105) citierte Tacitusstelle zurückkommen. Tacitus weist auf Höhepunkte in der Laufbahn des Quirinius hin: er wurde Konsul, er triumphierte nach dem Kriege gegen die Homonadensier, er stand dem C. Cäsar in Armenien zur Seite, er machte Tiberius auf Rhodus seine Aufwartung. Es sondern sich aber zwei Gruppen. Wie die Dienste, die er den beiden kaiserlichen Prinzen leistete[2]), zusammengehören, so besteht auch eine enge Beziehung zwischen dem Konsulat und dem Homonadensierkrieg, oder vielmehr dem Triumph infolge des siegreich geführten Krieges. Man sehe, wie Tacitus schreibt. Von demselben Verbum *adeptus* hängen zwei Objekte ab: *consulatum* und *insignia triumphi*. „Ein rühriger Soldat und eifriger Diener seines Herrn erlangte er unter Augustus den Konsulat und dann[3]) nach Eroberung der Kastelle der

---

1) Auch A. Reinach (*Revue Épigraphique* N. S. I [1913] S. 115) folgt Ramsay und meint, C. Sentius Saturninus (und wie man dann doch auch annehmen müßte M. Titius) hätten als Legaten des Quirinius das südliche Syrien verwaltet, während der Statthalter im nördlichen Teil der Provinz zu tun hatte. Diese Annahme findet in der Überlieferung keine Stütze. Wenn Josephus *AJ* XVII 89 den Varus, der doch sicher dem Kaiser unmittelbar unterstand, als Nachfolger des Saturninus bezeichnet, so folgt daraus, daß die Stellung des Saturninus dieselbe war wie die des Varus. Quirinius mag wohl Legaten mit der Verwaltung des südlichen Syriens beauftragt haben, aber wir wissen nichts darüber. M. Titius und C. Sentius Saturninus waren jedenfalls seine Nachfolger in der Statthalterwürde.

2) Trotz Mommsen, *Monum. Anc.*[2] S. 174 muß man doch annehmen, daß Quirinius den Tiberius, der bis zum Sommer 2 n. Chr. auf Rhodus weilte, noch im Jahre 2 dort aufsuchte, als er nach dem Tode des Lollius zu C. Cäsar eilte.

3) Über die Bedeutung von *mox* bei Tacitus gleich unten S. 109.

Homonadensier in Cilicien die Triumphalinsignien." Der Homonadensierkrieg und der Triumph infolge des Krieges erscheinen geradezu als Fortsetzung und Vervollständigung des Konsulates. Militärische Tüchtigkeit bahnte dem Quirinius den Weg zum Konsulat, aber erst sein Triumph war der Höhepunkt seiner militärischen Laufbahn. Daß er nach dem Konsulat Statthalter in Syrien wurde, sagt Tacitus mit keinem Wort. Das Wichtige, das, was den Inhalt seiner Tätigkeit im Orient ausmachte, war eben der Krieg gegen das räuberische Bergvolk. Die Darstellung des Tacitus macht doch den Eindruck, daß zwischen Konsulat und Triumph des Quirinius keine allzulange Spanne Zeit liegt. Auch das *mox* verdient Beachtung. *Mox*, das von Tacitus meistens mit Tempora der Vergangenheit gebraucht wird, nimmt bei ihm geradezu die Bedeutung von *deinde* an oder kommt ihr doch nahe. Fast immer läßt es sich mit „dann, alsdann" übersetzen. Aus der von mir zufällig gewählten Erzählung des Aufstandes der pannonischen Legionen im ersten Buch der Annalen notiere ich die Stellen, an denen das Wort vorkommt. I 20: *Rufus diu manipularis, dein centurio, mox castris praefectus.* I 23: *Incendebat haec fletu et pectus atque os manibus verberans. Mox disiectis quorum per humeros sustinebatur praeceps et singulorum pedibus advolutus tantum consternationis invidiaeque concivit* . . .

I 30: *Nonanus* (sc. miles) *opperiendas Tiberii epistulas clamitaverat, mox desolatus aliorum discessione imminentem necessitatem sponte praevenit.*

Vgl. auch ann. 12, 36: *tunc . . phalerae torques quaeque bellis externis quaesiverat traducta, mox fratres et coniunx et filia, postremo ipse ostentatus.* Germ. 13: *antehoc* (i. e. *antequam arma sumpsere adulescentes) domus pars videntur, mox rei publicae.* So spricht auch das Wort *mox* für einen engen zeitlichen Zusammenhang zwischen dem Konsulat und dem Triumph des Quirinius.

Die Römer begannen im Jahre 11 v. Chr. eine große Aktion in Cilicien und Pisidien. Römische Legionen nahmen die Schlupfwinkel des räuberischen Bergvolkes der Homonadensier, unter dem Schutze der Legionen ging der Bau der Militärstraße von statten, die die römischen Kolonien verband. Denn zweifellos besteht, wie das auch schon Ramsay betont hat, ein Zusammenhang zwischen dem Feldzug des Quirinius und der Gründung der fünf römischen Militärkolonien. Ich möchte nur noch auf eines aufmerksam machen. Wir sahen oben, daß die neue Inschrift eines der ersten öffentlichen Ehrendekrete, wenn nicht das erste, aus der römischen Kolonie in Antiochia Pisidiae ist. Als die Inschrift aufgezeichnet wurde, lag aber die Zeit, in der die Kolonisten den Statthalter Quirinius zu ihrem Duumvirn machten, schon zurück. Es war dies eine Zeit, in der man in der neuen Kolonie noch nicht daran denken konnte, Ehrenurkunden auszufertigen, eine Zeit, in der die Kolonie noch mit notwendigeren Dingen beschäftigt war. Vor dem Jahre 11 v. Chr., dem Jahre seiner Ankunft in Cilicien, haben die Kolonisten dem Quirinius den Duumvirat nicht übertragen, es muß dies in den Jahren von ca. 11—9 v. Chr. geschehen sein. Man darf aus der Inschrift auch schließen, daß C. Caristanius die Ämter eines *pontifex* und *sacerdos* bekleidete, bevor er Präfekt des Quirinius wurde. Eben die Art, wie er diese Ämter verwaltete, veranlaßte Quirinius, ihn zu seinem Präfekten zu machen. Die römische Kolonie in Antiochia bestand also schon eine Reihe von Jahren, bevor Quirinius nach Cilicien kam. Ihre Gründung fällt mithin einige Zeit vor das Jahr 11 v. Chr., und wir sehen, wie in den Jahren 11—9 v. Chr. die römische Kolonie in Antiochia noch in ihren Anfängen steckte.

Zur Bestätigung unserer Ansetzung der ersten Statthalterschaft des Quirinius kann noch das tiburtinische Fragment dienen. Das Fragment ist, obwohl es den Namen des Mannes nicht enthält, von Mommsen mit größter Wahrscheinlichkeit auf Quirinius gedeutet. Ich setze die Inschrift (*CIL* XIV 3613) mit den Ergänzungen Mommsens hierher:

.[*bellum gessit cum gente Homonaden-*]
[*sium quae interfecerat Amyntam*]
[*r*]*egem, qua redacta in pot*[*estatem imp. Caesaris*]
Augusti populique Romani senatu[*s dis immortalibus*]
supplicationes binas ob res prosp[*ere ab eo gestas et*]
ipsi ornamenta triumph[*alia decrevit*],
pro consul[*e*] *Asiam provinciam op*[*tinuit, legatus pr. pr.*]
divi Augusti [*i*]*terum Syriam et Ph*[*oenicen optinuit*]

Nach dieser Inschrift war Quirinius zwischen seiner ersten und zweiten syrischen Statthalterschaft Prokonsul der Provinz Asien. Das könnte bei Mommsens Ansetzung der ersten Statthalterschaft nur in den Jahren 1 v. Chr.–2 n. Chr. gewesen sein, denn im Jahre 3 n. Chr. war er an der Seite des C. Cäsar in Armenien, und das Jahr 4/5 n. Chr. kommt wohl nicht in Betracht, begann doch schon im Jahre 6 n. Chr. seine zweite syrische Statthalterschaft. Da nun im Jahre 1 v.–1 n. Chr. (753–754 der Stadt) Cn. Lentulus Augur Prokonsul Asiens war, bliebe nur das Jahr 1–2 n. Chr. Mithin wäre Quirinius erst zwölf Jahre nach seinem Konsulat Prokonsul geworden. Im allgemeinen galt seit Augustus als Regel, daß zwischen Konsulat und Prokonsulat ein Intervall von fünf Jahren liegen solle. Ausnahmen lassen sich freilich nachweisen. C. Asinius Gallus, der Sohn des Asinius Pollio, war Konsul im Jahre 8 v. Chr. Die Gunst des Kaisers verschaffte ihm schon nach zwei Jahren (6 v. Chr.) den Prokonsulat Asiens (Le Bas-Waddington, *Voyag. Arch. Expl. des Inscr.* III p. 687). Anderseits ist es doch schon auffällig, daß Cn. Lentulus Augur, der 14 v. Chr. Konsul war, dreizehn Jahre, bis zum Jahre 1 v. Chr., auf den Prokonsulat warten mußte. (Waddington ebd. 689). Freilich war es wohl nach den Stellen bei Seneca *de benef.* II 27 und Sueton *Tiberius* 49 mit seiner Befähigung nicht weit her. Schwer begreiflich aber wäre es in der Tat, weshalb ein zweifellos tüchtiger Mann wie Quirinius, der sich dauernd der kaiserlichen Gunst erfreute, erst zwölf Jahre nach seinem Konsulat zum Prokonsulat hätte gelangen sollen. Waddington (a. a. O. 687) ist geneigt, bei ihm das regelmäßige Intervall von fünf Jahren anzunehmen und seinen Prokonsulat in das Jahr 7/6 v. Chr. zu setzen, und das wird richtig sein.

So ergibt sich für die Laufbahn des Quirinius folgendes: Vor dem Jahre 12 v. Chr. machte er die niederen Ämter durch, vor das Jahr 12 fällt auch sein Kampf gegen die afrikanischen Stämme der Marmaridae und Garamantes, den er nach Mommsens Vermutung (*Mon Anc.*[2] p. 170. 171) als Prokonsul von Kreta und Kyrene führte. Im Jahre 12 war er Konsul, von 11–10 oder von 11–9 zum ersten Mal Statthalter Syriens, im Jahre 10 (evtl. 9) feierte er seinen Triumph. Von 7–6 v. Chr. war er Prokonsul Asiens, im Jahre 2 n. Chr. sehen wir ihn wieder auf der Reise nach dem Osten, wo er die Besetzung Armeniens durch C. Cäsar mitmachte. In den Jahren 6–7 n. Chr. gab ihm seine zweite syrische Statthalterschaft noch einmal Gelegenheit, seine Kenntnis des Orients und, im Kampf gegen den Aufrührer Judas, sein militärisches Können zu beweisen.

Anhang.

M. Servilius (*Pros. Imp. Rom.* III S. 226 n. 419).

Auch dem M. Servilius übertrugen die römischen Kolonisten von Antiochia, wie die neue Inschrift zeigt, den Duumvirat, aber nicht in demselben Jahre wie dem Quirinius, wie Ramsay für möglich hält. Denn wäre Caristanius in demselben Jahre Präfekt der beiden Duumvirn Quirinius und Servilius gewesen, so wäre damit der Duumvirat für dieses Jahr aufgehoben gewesen. Aber sicher ist Servilius bald nach Quirinius Duumvir in Antiochia geworden, wenn nicht schon im folgenden Jahr. Denn die Veranlassung zu dieser Auszeichnung war doch wohl dieselbe wie bei Quirinius, seine Tätigkeit im Homonadensierkrieg. Nach Tacitus *ann.* III 22 trat er als Zeuge in dem Prozesse gegen Lepida auf, die der alternde Quirinius nach den schweren Beschuldigungen, die gegen sie erhoben wurden, verstoßen hatte. Danach scheint er mit Quirinius befreundet gewesen zu sein. Er war wohl von den beiden der jüngere Mann, jedenfalls wurde er erst vierzehn Jahre nach Quirinius, 3 n. Chr., Konsul. Da darf man wohl annehmen, daß sein einflußreicher Freund ihn im Jahre 11 v. Chr. nach dem Osten mitnahm, wo Servilius im Homonadensierkrieg unter dem Oberbefehl des Quirinius ein besonders wichtiges Kommando führte, vielleicht als dessen *praefectus exercitus* (vgl. Mommsen, *Röm. Staatsrecht* II₂ 853).

Volumnius (*Pros. Imp. Rom.* III S. 479 n. 639. 640).

Josephus nennt an mehreren Stellen (*AJ* XVI 277. 283. 344 zusammen mit dem syrischen Statthalter C. Sentius Saturninus den Volumnius; beide bezeichnet er als ἡγεμόνες. Das ist inkorrekt. Schon aus der sachlichen Erwägung, daß die Provinzen jeweils nur einen Statthalter hatten, konnte man das schließen. Aber der Schluß läßt sich auch aus Josephus selbst ziehen. An einer Stelle, im *Bell. Jud.* [*BJ*] I 538, spricht Josephus von den ἡγεμόνες und bezeichnet als solche den Saturninus und die ihm zum Zwecke der Urteilsfällung über die Söhne des Herodes beigegebenen περὶ Πεδάνιον πρέσβεις, die dem Statthalter doch sicher untergeordnet waren. Volumnius stand also in einem Verhältnis der Unterordnung zu Saturninus wie die eben genannten πρέσβεις und wie die Söhne des Saturninus selbst, von denen Josephus *AJ* XVI 369 sagt: εἵποντο γὰρ αὐτῷ πρεσβευταὶ τρεῖς ὄντες[1]).

Übrigens ist Volumnius nur für die erste Zeit der Statthalterschaft des Saturninus bezeugt, als Herodes sich mit den Römern über seinen Feldzug gegen die Araber zu verständigen suchte. Man muß daher schließen, daß er entweder später nicht mehr in Syrien war oder daß er dem Statthalter für militärische Angelegenheiten beigegeben war. Daß Saturninus alleiniger Statthalter war, geht aus Stellen wie *AJ* XVII 6. 24. *BJ* I 554 hervor, an denen er allein genannt wird, und *AJ* XVII 89 sagt Josephus: Οὔαρος Κουιντίλιος διάδοχος μὲν Σατουρνίνῳ τῆς ἐν Συρίᾳ ἀρχῆς ἀπεσταλμένος.

Nicht identisch ist der Römer Volumnius mit dem Volumnius, der nach *AJ* XVI 369 und *BJ* I 538 ff. bei der Verhandlung zu Berytos gegen die Söhne des Herodes eine Rolle spielt. Josephus erzählt: προκαθίζουσίν τε οἱ ἡγεμόνες, γραφὲν αὐτοῖς ὑπὸ Καίσαρος, Σατουρνῖνός τε καὶ οἱ περὶ Πεδάνιον πρέσβεις, σὺν οἷς

---

[1]) Man vergl. auch *AJ* XVI 283: τῶν περὶ τὸν Σατουρνῖνον καὶ Οὐολούμνιον ἐπιτρεπόντων ἀγνωμοῦντας ἐπεξιέναι. Es sind hier römische Beamte gemeint, die dem Saturninus und dem diesem untergeordneten Volumnius zur Seite stehen.

[καὶ] Οὐολούμνιος ἐπίτροπος, ἔπειθ' οἱ βασιλέως συγγενεῖς καὶ φίλοι, Σαλώμη τε καὶ Φερώρας, μεθ' οὓς οἱ πάσης Συρίας ἄριστοι πλὴν Ἀρχελάου τοῦ βασιλέως. Also gehörte Volumnius nicht zu den ἡγεμόνες, unter denen der Schriftsteller Saturninus und οἱ περὶ Πεδάνιον πρέσβεις versteht. Es wäre auch nicht einzusehen, weshalb der Römer Volumnius nicht wie sonst neben Saturninus, sondern erst an dritter Stelle, hinter den περὶ Πεδάνιον πρέσβεις aufgeführt wird. Wie unklar Josephus an der vorliegenden Stelle über die Persönlichkeit des Volumnius dachte, geht daraus hervor, daß er ihn weder der Gruppe der Römer noch der der Freunde des Herodes zuweist. Josephus hat eben den Römer Volumnius mit dem Volumnius konfundiert[1]), der nach AJ XVI 354 und BJ I 535, zwei Stellen, die der Erzählung von dem Gerichtstage in Berytos unmittelbar voraufgehen, zusammen mit Olympos im Auftrage des Herodes nach Rom ging, um dort die Söhne des Königs bei Augustus zu verklagen. Nach dem BJ war er Heerführer (στρατοπεδάρχης), wie man annehmen muß, des Herodes. Die Konfusion ist durch die Gleichheit der Namen veranlaßt, möglich, daß in dem Namen des Herodianers eine Korruptel steckt. An dem Gerichtstage in Berytos nahm nicht der Römer Volumnius teil, sondern der Herodianer. Nun versteht man auch das Auftreten des Mannes. Die Römer sprechen sich für eine milde Behandlung der unglücklichen Prinzen aus, Volumnius, der schon in Rom die Sache des Herodes geführt hatte, brach mit so heftigen Anschuldigungen gegen sie los (τῆς σκυθρωπῆς ἀποφάσεως ἤρξατο), daß alle, die nach ihm sprachen, seinem Beispiel folgend, auf Todesstrafe erkannten.

Berlin-Halensee.

Gesichertes und Strittiges[2]).

Von C. F. Lehmann-Haupt.

8. Zur Lage von Magan.

Während meiner Lehrtätigkeit in Konstantinopel beschäftigte mich unter Anderem das Problem der Lage von Magan. Es ist eine derjenigen Fragen, für deren Lösung alle Grundlagen vorhanden sind, die aber vom Schreibtisch aus allein nicht gelöst werden können. Da Magan vielfach und regelmäßig mit Meluḫ(ḫ)a verbunden ist und Letzteres als Bezeichnung für die Malachit spendende Sinai-Halbinsel feststeht, so muß es ihr einigermaßen benachbart sein.

Da ferner *Narâm-Sin*, der Magan eroberte, Ägypten sicher nicht betreten hat, so ist Magan jedenfalls östlich der Sinai-Halbinsel zu suchen.

Die Statuen des Gudea sind aus dem Gestein von Magan hergestellt. Das schwarzgrüne, basaltische Gestein der Gudea-Statuen („Diorit") ist somit das Hauptprodukt von Magan. Es muß also ein Gebiet östlich der Sinai-

---

1) Der Bericht des Josephus über den Tag von Berytos ist auch sonst nicht einwandsfrei. Nach den *AJ* sprechen zu gunsten der Söhne des Herodes Saturninus und seine drei Söhne, die ihn als Legaten begleiten. Im *BJ* ist von den Söhnen des Statthalters keine Rede, dafür erscheinen dort οἱ περὶ Πεδάνιον πρέσβεις. Diese müssen ein Kollegium von mindestens drei Männern gewesen sein, das dem Saturninus zur Seite stand. Nachher aber sprechen nur die beiden Legaten (οἱ δύο πρέσβεις).

2) Siehe oben Bd. XIV S. 125f., 264, 384ff.; XVI S. 193ff., 340ff.

Halbinsel gefunden werden, in welchem diese spezielle Spielart des Gesteins ansteht und an dem womöglich der Name Magan noch heute haftet.

Als ich das Problem meinen türkischen Schülern vortrug, trat mir aus ihrer Mitte ein mir selbst schon nicht fremder Gedanke entgegen. Es wurde auf Ma'an, die wichtige Station an der Hedjas-Bahn südlich von Petra, dessen Felsen ja aus rotem Sandstein bestehen, hingewiesen. Der betreffende Hörer behauptete, in der Nachbarschaft von Ma'an sei vielfach schwarzer Stein zu finden. Von anderer Seite wurde das aber in Abrede gestellt. Weitere Untersuchungen waren von mir eingeleitet und im Fortgange, als der Umschwung aller Dinge ihre Vollendung zunächst abschnitt. Ich hatte mich an meinen Kollegen, den Geologen W. Penck, mit der Bitte gewandt, mir die ihm bekannten Stellen, wo Diorit im südlichen Palästina, oder im nördlichen Arabien ansteht, mitzuteilen. Und es war zwischen ihm und mir vertraulich verabredet, daß er das Gestein der Gudea-Statuen im Museum zu Konstantinopel untersuchen und ermitteln möchte, ob und wo es in den genannten Gebieten zu finden sei.

Ich teile dies mit, weil R. Eisler in seinem sehr wichtigen Buch *Die Kenitischen Weihinschriften der Hyksoszeit im Bergbaugebiet der Sinaihalbinsel* (S. 112) schreibt:

„Bei der Grenzberührung von 'Magan und Meluḫḫa'[1]) der Keilinschriften, des 'Malaḫitlandes' Sinai (biblisch Amaleḳ) mit מעון Ma'ōn (kanan. für Ma'ān[1]), d. h. der nach dem Zeugnis der Inschriften Kananäisch sprechenden Bewohnern der Sinaihalbinsel mit den Arabisch sprechenden Minäern, deren vorgeschobene Siedelungen — Ma'on südlich von Hebron, heute Tell Ma'în und Ma'an südlich von Petra[1]), — weit nach Norden und vor dem Philistereinfall vielleicht in Gaza Minoa bis ans Meer reichten, wäre dieser Tatbestand" (Auftreten südsemitischer Hauchlautzeichen in altnordarabischen Alphabeten, die sich durch Wanderungen und den minäischen Handelsverkehr erklären und Verbreitung entsprechender Zwischenformen nach Kleinasien und Großgriechenland durch den Weihrauchhandel) „durchaus zu verstehen".

Eisler, auf dessen weitergreifende Schlußfolgerungen hier nicht eingegangen werden soll[2]), ist also ganz unabhängig von mir auf den Gedanken gekommen, daß Ma'an im Gebiet des alten Magan liegt und dessen Namen festgehalten hat.

Die sichere Antwort liegt jedoch in den Händen der Geologie und Mineralogie.

9. Zur Chronologie der Kimmeriereinfälle.

a) Der Tod des Gyges.

1. Für die Chronologie des Auftretens der Kimmerier im westlichen Kleinasien bilden der Tod des Gyges gelegentlich eines Kimmerier-Einfalles und die zweite Eroberung von Sardes im 7. Jahre des Ardys die Angelpunkte.

Das einzige absolut feststehende Datum der lydischen Geschichte ist die Eroberung von Sardes durch Kyros und damit das Ende der Regierung des Kroisos im Jahre 546 v. Chr. Dieses Datum der Chronographen (Ol. 58, 3), das ja an sich nicht zuverlässiger zu sein braucht als jede andere ihrer Angaben, wird schlagend bestätigt durch die Nachricht der Annalen des Nabonid, wonach im 1. Monat (Nisan) des 9. Jahres (547/46) dieses Königs, d. h. im April 547

---

1) Von mir gesperrt.

2) Siehe darüber den Schluß meines Aufsatzes *Zur Herkunft des Alphabets* in der *ZDMG*.

Kyros gegen Lydien gezogen sei. Siehe C. F. Lehmann-Haupt, *Verh. Berl. Archäol. Ges.* April 1898 = *Archäol. Anzeiger* 1898, S. 122. *Klio* II 344.

Da der dort festgestellte Befund neuerdings mehrfach wieder unbeachtet geblieben ist[1]), so ist nochmals ausdrücklich daran zu erinnern, daß nicht nur die Annalen des Nabonid ausschließlich Ereignisse von grundlegender, die Interessen Babyloniens ernstlich berührender Bedeutung erwähnen, wofür zwischen 550 und 540 nur der Zug gegen Lydien in Betracht kommt, sondern daß außerdem auf der Originaltafel nach der Untersuchung von Pinches hinter dem Landesdeterminativ das Zeichen *lu* deutlich erkennbar ist und dahinter Spuren eines zweiten Zeichens, dessen nächstliegende Ergänzung die zu *ud* wäre. Befund also: *ana* ᵐᵃᵗ *Lu-u[d-di]*[2]) — genau die Schreibung, die wir für den Lydernamen aus den Berichten Assurbanabals über die Gesandtschaft des Gyges und des Ardys kennen. Man darf also nicht mit dem Marmor Parium Kroisos' Regierungsantritt 542, oder 541 40 (so auch Hiller von Gaertringen bei Dittenberger *Sylloge*³ Nr. 6 p. 7) setzen und seine Regierung (nach Herodot 14, nach den Chronographen 15 Jahre) 556/55 oder 555/4 beginnen lassen. Vielmehr müssen von 546 als Kroisos letztem Jahre aus alle Daten der lydischen Geschichte berechnet werden, und damit auch der Tod des Gyges und das ohne Weiteres damit gegebene Jahr 7 des Ardys.

2. Dieses Datum lag denn auch den Untersuchungen über den Tod des Gyges zugrunde, die von mir[3]) geführt wurden und bei denen es sich ergab, daß zwei antike Ansätze (Herodot und Euphorion bei Clem. Alex.) für die Herrschaft der mermnadischen Lyderkönige unhaltbar sind, weil sie uns für Gyges' Tod in die Zeit vor Assurbanabal (668—626) führen, mit dem er doch nach dessen Inschriften in diplomatischen Verkehr stand. Dagegen läßt der Ansatz des Afrikanus für Gyges 698—663 ihn zwar erst im sechsten Jahre Assurbanabals sterben, setzt sich aber mit Assurbanabals Berichten, die ein wesentlich späteres Datum für Gyges' Ende fordern, in Widerspruch und muß ferner das Datum des Marmon Parium (wie nachzutragen) als erheblich zu niedrig außer Betracht bleiben.

Gelzer hielt sich daher, um einen vertretbaren Ansatz zu erhalten, an die Zahlen, die Eusebius in der *Chronik* gibt, und die im Widerspruch stehen zu seinen eigenen Angaben im *Kanon*, zu Synkellos und zu den Excerpta Barbari, die alle mit Afrikanus übereinstimmen.

Eusebius (Chronik).		Eusebius Kanon und Afrikanus.
Gyges . .	35	36
Ardys . .	37	38
Sadyattes .	5	15
Alyattes .	49	49
Kroisos . .	15	15

Die Zahlen der Chronik ergeben für Gyges' Tod das Jahr 652; diesen Ansatz hatte Gelzer, *Rhein. Museum* 30 (1875) S. 230 ff. vertreten, und ich war ihm[4]) darin gefolgt.

Dabei hatte ich aber übersehen, daß Gelzer selbst auf E. Rohde's Einspruch (*Rhein. Museum* 33 [1878] 196 f.), es könne sich in Eusebius' *Chronik* lediglich um Schreibfehler handeln, diese Auffassung zurückgenommen hat. Siehe *Sextus Julius Afrikanus* I 219 ff. (vgl. Ed. Meyer, *GA* II § 413 Anm. S. 501).

---

1) Siehe bes. G. Hüsing, *Oriental. Lit.-Ztg.* 18 [1915], Sp. 177 ff.
2) *Archäol. Anzeiger* 1898, S. 122 f. — *Klio* II 344.
3) Artikel *Gyges*, Pauly-Wissowa, *Realenz.* (*RE*) VII Sp. 1960 ff.
4) *RE* VII a. a. O.

Die Abweichungen in der Chronik des Eusebius von der auf Afrikanus zurückgehenden Tradition (Gyges 35 statt 36, Ardys 37 statt 38, Sadyattes 5 statt 15 Jahre) lassen sich allerdings durch Schreibfehler so bequem erklären, das die immerhin vorhandene Möglichkeit, sie beruhten auf einer gesonderten Tradition, von vornherein als sehr gering zu veranschlagen ist (s. u. § 9). Jedenfalls ist es angezeigt, sie für die Bestimmung von Gyges' Todesjahr zunächst bei Seite zu lassen und die Untersuchung ganz unabhängig davon zu führen.

3. Anderseits aber wird durch eine neue Erkenntnis ein Hemmnis hinweggeräumt, das sich einer Ansetzung von Gyges' Tod vor 648 entgegenstellte und das man nur mit nicht ganz unbedenklichen Annahmen gleichsam umgehen konnte. Assurbanabal's Cylinder B berichtet, wie *RE* VII 1961 und Artikel *Kimmerier* (*RE* XI Sp. 41) betont, noch nicht vom Tode des Gyges, sondern nur von seiner Huldigung nach dem glücklichen abgeschlagenen ersten Angriff der Kimmerier. Cyl. B gibt gleichfalls nur die allerersten Ereignisse des im Jahre 652 ausgebrochenen babylonischen Aufstandes, der im Jahre 648 mit dem Falle Babylons und dem Tode seines Urhebers, des Šamaššumukîn, durch Selbstverbrennung abschloß.

Das Hauptexemplar des Cyl. B ist unter dem Eponymat des *Bêl-šunu*, des Statthalters der mesopotamischen Landschaft Ḫindanu, geschrieben.

Daß dieses ins Jahr 648 zu setzen ist, steht jetzt fest[1]), während man früher mit dem Eponymat des *Bêl-šunu* möglicher Weise in das Jahr 650 zurückgehen konnte (*RE* Bd. VII Sp. 1964). Durch diese nähere Bestimmung steigert sich die Schwierigkeit, die hier zur Erörterung steht.

So unsicher wir sind, ob *Bêl-šunu* in das früheste für ihn zur Verfügung stehende Jahr gehört, so sicher ist es, daß er über 648 rückwärts nicht hinausgerückt werden könnte. Es ergab sich also die Tatsache, daß im 5. und Abschlußjahre des babylonischen Aufstandes und der damit zusammenhängenden Kriege ein Schriftstück abgefaßt sein sollte, das sich nur mit dessen Anfängen befaßt. Das ist natürlich so gut wie undenkbar, und in der Tat beruht die Annahme, Cyl. B sei als historischer Bericht unter dem Eponymat des *Bêl-šunu* abgeschlossen, auf irrigen Voraussetzungen.

4. Wir haben nämlich Fassungen desselben Textes, die aus ganz anderen Eponymaten datiert sind, die eine aus dem Eponymat des *Nabû-šar-aḫe-šu*, des Statthalters von Samaria (nach Johns, *Proc. Soc. of Biblical Archaeology* XXV p. 238, XXVII p. 295, Eponym des Jahres 647 oder 645), und einer aus dem Eponymat eines Beamten, dessen Namen weggebrochen ist und von dem wir nur wissen, daß er Statthalter einer Stadt war, deren Namen vielleicht zu Damaskus zu ergänzen ist[2]).

Jedenfalls ist dieser letztgenannte Eponym weder mit *Bêl-šunu*, dem Statthalter von Ḫindanu, noch etwa mit dem soeben genannten *Nabû-šar-aḫe-šu* identisch, denn das von ihm verwaltete Gebiet hat das Städte-Determinativ, während bei Ḫindanu und Samaria das Länder-Determinativ steht. Auch paßt das von dem Stadtnamen erhaltene Eine Silbenzeichen weder zum Namen *Samirina* noch etwa gar zu Ḫindanu.

Wir sehen also, daß der Cylinder B, obgleich er mitten im Verlaufe der wichtigsten Ereignisse abbrach, doch als ein bedeutsames Erzeugnis assyrischer

---

1) Siehe darüber außer der *RE* VII 1961 und 1963 angeführten Literatur jetzt Streck, *Assurbanipal* Bd. I S. CDLXX und besonders den Schluß seiner Seite CDLVIII—CDLXI gebotenen Liste. — 2) Streck S. 136 ff. sub. I, II, III.

geschichtlicher Berichterstattung, dem auch literarische Verdienste zugesprochen sein mögen, vielfach und in verschiedenen Jahren nach seiner Abfassung, die 652 oder spätestens 651 erfolgte, noch abgeschrieben worden ist.

Damit wird der Voraussetzung, daß gerade das Eponymat des *Bêl-šunu* in dasjenige Jahr fällt, in dem dieses Erzeugnis der historischen Literatur als solches abgeschlossen wurde, der Boden entzogen, und wir sind, wenn innere Gründe dagegen sprechen, keineswegs gezwungen, diese Annahme aufrecht zu erhalten. Sie wurde bedingt durch die Unkenntnis oder Nichtberücksichtigung der beiden anderen Datierungen und beruhte auf der Voraussetzung, daß wir es in dem am längsten bekannten und besterhaltenen Exemplar des Cylinders B mit der Original-Niederschrift oder wenigstens mit einem Hauptexemplar der ersten Niederschrift zu tun hätten. Letzteres scheint dagegen für die erhaltenen Exemplare der großen Hauptredaktion der Annalen bis zu einem gewissen Grade zuzutreffen, denn „Cyl. A" stammt aus dem 1., „R^m" aus dem 2. und ein drittes Exemplar aus dem 6. Monat eines und desselben Eponymats (Eponym. *Šamaš-danin-anni* [Streck S. 91 Anm. 9]). Da Cyl. A schon vom 8. Tage des 1. Monats datiert ist, so wird also der Bericht im vorhergehenden Jahre abgeschlossen worden sein.

Da Cylinder B ebenso wie der ältere Bericht K. 228 + K. 2675 nur von der ersten Gesandtschaft des Gyges an Assyrien und seinem Siege über die Kimmerier, nicht aber von seinem Tode und dem zweiten Einfall der Kimmerier berichtet, so mußte man bisher schließen, daß der Tod des Gyges entweder nach 648, dem Eponymat des *Bêl-šunu* als vermeintlichem Abfassungsjahr der ‚Annalen' in der Fassung der B-Gruppe anzusetzen sei oder daß er erst mehrere Jahre, nachdem er erfolgt sei, durch eine verspätete Gesandtschaft des Ardys zur Kenntnis der Assyrer gekommen sei — eine Gesandtschaft, die erst dann abgegangen wäre, als Ardys in oder kurz vor seinem 7. Reg.-Jahr aufs Neue von den Kimmeriern bedroht wurde (*RE* Bd. VII 1952f.).

Dieser Schluß ist nun nicht mehr notwendig, wir haben bis zur Abfassungszeit des Berichtes der B-Klasse (652) freien Spielraum nach oben hin.

Nun wissen wir aus ägyptischen Quellen, daß Psammetich bereits in seinem 9. Regierungsjahr, 654 v. Chr., die Alleinherrschaft in Ägypten errungen hatte (s. *RE* VII Sp. 1964). Da das nur geschehen konnte, indem die übrigen Kleinkönige von Assyriens Gnaden beseitigt wurden (Her. II 152), so war damit die Befreiung vom assyrischen Joche im Grunde schon gegeben. Jedenfalls stand sie unmittelbar bevor. Die Vorbereitungen zu dem großen Aufstande der assyrischen Vasallenvölker unter *Šamaššumukîn*, dessen Ausbruch im Jahre 652 Cyl. B schildert, reichen also, was nicht weiter überrascht, bis 654 zurück.

Daß Psammetich von Gyges durch Truppensendungen unterstützt wurde, betont Assurbanabal (Hauptfassung der Annalen II 144ff.) ausdrücklich. Also können wir den in Cyl. B berichteten Abfall des Gyges nicht wesentlich unter 654 herabrücken. Der Abfall des Gyges war also schon vollzogen und das von Ardys als ein Fluch bezeichnete Gebet Assurbanabal's[1]) ausgesprochen worden, als der Bericht des Cyl. B abgeschlossen wurde (652). Dagegen ist angesichts der ständigen assyrischen Gepflogenheit, Mißerfolge und Niederlagen zu vertuschen, nichts einzuwenden.

Erst nachdem Gyges zur Zeit eines Kimmerier-Einfalles sein Ende gefunden und sein Sohn Ardys sich Assyrien wieder unterworfen hatte, also als

---

1) „Vor seine Feinde werde sein Leichnam geworfen!".

wieder ein Erfolg zu verzeichnen war, hatten Assurbanabal und seine Hof-Historiographen Anlass, Lydiens wieder zu gedenken.

6. Es fragt sich nun, wann vollzog sich die Erfüllung jenes Gebetes, wann ist Gyges gestorben? Mit absoluter Sicherheit läßt sich dieses Ereignis nach den vorhandenen Nachrichten nicht feststellen, nur soviel ist sicher, daß es frühestens um die Zeit, da der B-Bericht abgeschlossen wurde, stattfand, aber zu spät, als daß vor dessen Abschluß Kunde davon nach Assyrien hätte dringen können. Also frühestens 652/51. Dieser früheste Termin ist nun aber auch der wahrscheinlichste. Zunächst kommt er einem Minimaldatum gleich. Rechnen wir vom Falle von Sardes unter Kroisos 546 mit den kürzest verfügbaren Angaben (Kroisos 14 J. [Herod.], Alyattes 49 J. [Afric. u. Euseb.], Sadyattes 5 und Ardys 37 J. [Euseb. Chron.]) zurück, so ergeben sich 105 Jahre, Ardys 1 also = 550. Die übrigen Daten führen erheblich weiter hinauf (*RE* VII 1961), das Marmor Parium dagegen zu weit nach unten (ob. S. 114). Gyges' Tod ist also so früh wie irgend möglich anzusetzen. Ein weiteres kommt hinzu.

7. Die sogenannten Annalen Assurbanabal's sind, wie längst erkannt (Lehmann-Haupt, *Klio* II, S. 136 Anm. 3, 140 Anm. Abs. 2, Streck, *Assurb.* S. XVI, CCXXXVI mit Anm. 1), nicht im strengen Sinne annalistisch gehalten. Die eigentlichen Annalen der Assyrerkönige rechnen nach Regierungsjahren, so die Salmanassar's III.; bei ihnen ist im Allgemeinen jeder Zweifel an der Reihenfolge der Ereignisse ausgeschlossen.

Weniger streng ist schon die Berichterstattung nach Feldzügen: „in meinem 1. (2., 3.) Feldzuge vollbrachte ich das und das."

Wenn hier nicht eine Kontrolle durch die Eponymenlisten vorliegt, so ist man niemals sicher, ob die Zahl der Feldzüge mit der Zählung der Regierungsjahre übereinstimmt, mit anderen Worten, ob jedem Feldzug ein Regierungsjahr entspricht.

Dies ist z. B. nicht der Fall bei den Annalen von Salmanassar's III. Sohn Samsi-Adad: nach den Eponymenlisten fallen die vier ersten Feldzüge nicht in die vier ersten Regierungsjahre, die vielmehr durch einen schweren Aufstand ausgefüllt waren (*Klio* I, S. 261 Anm. 4).

Die „annalistischen" Berichte Assurbanabal's datieren nur nach Feldzügen, und es kommen noch zweierlei weitere Hemmungen hinzu.

Erstens ist die Zählung der Feldzüge in den beiden Textklassen, dem späteren Haupt- und dem älteren B-Bericht, mehrfach ganz verschieden. Sie stimmt nur in den drei ersten Feldzügen (zwei gegen Ägypten, dem dritten gegen Tyrus) überein.

Außerdem aber werden nach geographisch-politischen Gesichtspunkten spätere Ereignisse, die sich auf das Gebiet eines Feldzuges beziehen, auch dann berichtet, wenn sie erweislich und sicher überhaupt nicht in einem Jahre des betreffenden Feldzuges erfolgt sein können. Es handelt sich also um eine Mischung von annalistischer Berichterstattung mit einer sachlich-geographischen Gruppierung, welch letztere sonst den sogenannten „Prunkinschriften" eignet.

8. Anderseits wird aber in solchem Falle bei Assurbanabal die Zeitfolge doch nicht vollständig verwischt, sondern wenigstens andeutungsweise zum Ausdruck gebracht. So werden die Beziehungen zu Lydien zwar sowohl in B wie im Hauptbericht dem zunächst gegen *Ba'al* von Tyros gerichteten dritten Feldzuge zugeordnet, der auf die beiden ägyptischen Feldzüge folgte[1]. Der

---

1) In dem nicht nach Feldzügen datierten Bericht K. 223 + K. 2675 (ob. S. 116) steht das auf Gyges Bezügliche hinter dem Feldzuge gegen Kirbit, den der B-Bericht als vierten zählt, während der Hauptbericht ihn übergeht.

Hauptbericht läßt aber deutlich erkennen, daß zwischen der Huldigung des Gyges und seinem ersten Sieg über die Kimmerier eine Zeit von mehreren Jahren verstrichen war. Auf die Nachricht von der Übersendung zweier Kimmerier-Häuptlinge folgen nämlich die Worte: „Seinen Gesandten, welchen er um mir zu huldigen, beständig geschickt hatte, ließ er aber in Wegfall kommen"; solche Huldigungs-Gesandtschaften fanden schwerlich öfter als höchstens einmal im Jahre statt. In der Fortsetzung des Berichtes gibt es aber dann zwischen den Nachrichten über die Unterstützung des Psammetich, den Tod des Gyges und die Huldigungsgesandtschaft seines Sohnes keinerlei Hemmung, sie gehören also eng zusammen.

Der zweite ägyptische Feldzug Assurbanabal's, an den sich der gegen Tyros anschloß, gehört in das Jahr 662. Denn *Taharka* von Aethiopien starb 664, nachdem er von Assurbanabal im 1. Feldzug besiegt worden war. Sein Nachfolger und Schwestersohn *Tanut-Amon* machte einen erfolgreichen Zug gegen die assyrische Provinz Ägypten 663. Daraufhin erfolgte Assurbanabal's zweiter ägyptischer Feldzug 662.

Die erste Huldigungsgesandtschaft des Gyges und ihre Veranlassung, sein erster Zusammenstoß mit den Kimmeriern fand somit um 660 v. Chr. statt. Wenn man also für den Abfall des Gyges und des Psammetich spätestens das Jahr 654 ansetzt, so sind die lydischen Gesandtschaften ca. 6 Jahre lang regelmäßig in Niniveh erschienen. Für die folgenden, in einem Zuge berichteten Ereignisse ist dann ein Zeitraum von 2—3 Jahren schon einigermaßen reichlich bemessen, und es ergibt sich also wiederum, daß wir mit dem Tod des Gyges nicht wesentlich unter 652/51 herabzugehen haben.

Die früher naheliegende Annahme (*RE* VII, Sp. 1965), daß erst die unmittelbar bevorstehende Bedrohung Lydiens durch die Treren Ardys wieder zu Assur habe beten lehren, daß also die Gesandtschaft des Ardys erst etwa in dessen 6. Regierungsjahr fiele, kommt in Wegfall. Vielmehr hat Ardys gleich nach dem Tode des Gyges gelegentlich des zweiten Kimmerier-Einfalles (wie immer die Todesart gewesen sein möge [*RE* VII, Sp. 1959]) die Gesandtschaft an Assurbanabal ergehen lassen. die von seiner Thronbesteigung und von seiner Unterordnung an Assyrien Kunde gab. Denn nach dem Wesen solcher nomadischen Völkerwanderungen, das für unsern Fall Strabo (I 61) πολλάκις δὲ καὶ οἱ Κιμμέριοι καὶ οἱ Τρῆρες ἐποιήσαν τὰς τοιαύτας ἐφόδους zutreffend kennzeichnet, war ein erneuter Überfall der Kimmerier ohne Weiteres zu erwarten, selbst wenn Ardys der damals eingebrochenen Horden eventl. mit assyrischer Hilfe Herr wurde.

Diese Gesandtschaft und eine etwaige ihr voraneilende Kunde war, als der B-Bericht abgeschlossen wurde, noch nicht in Niniveh angelangt, wird aber nicht viel später eingetroffen sein. Gyges' Tod kann keinesfalls wesentlich später als 652/651 angesetzt werden.

9. So ergibt sich überraschender Weise, daß die Daten des Eusebius in der Chronik (Gyges † 652) den tatsächlichen Verhältnissen vollkommen entsprechen oder ihnen doch, im Gegensatz zu allen sonstigen Überlieferungen so nahe kommen, daß die Frage erörtert werden muß, ob hier ein bloßer Zufall vorliegt, oder ob Gelzer's ursprünglicher Ansicht, Eusebius habe in der Chronik eine von der Tradition des Afrikanus abweichende Überlieferung vertreten und sei in der Chronik bei minder sorgfältiger Arbeit unbewußt und irrtümlich zu der bei Afrikanus vorliegenden Rechnungsweise übergegangen, zu Recht besteht — eine Frage, die über den Einzelfall hinaus für die Kritik des Eusebius

von Wichtigkeit ist. Im ersteren Falle liegen einfache Schreibfehler in der Chronik vor: 5 statt 15 bei Sadyattes und 37 statt 38 bei Ardys. Die so entstandene Verminderung des Afrikanus-Ansatzes um 11 Jahre träfe dann zufällig genau oder sehr nahe mit den tatsächlichen Verhältnissen zusammen.

Sind dagegen Eusebius' Zahlen in der Chronik als die richtigen anzusehen und ist er nur versehentlich im Kanon in die Zahlen des Afrikanus hineingeraten, so hat umgekehrt die nahe Verwandtschaft der abweichenden Zahlengruppen bei sonstiger völliger Identität die Verwechslung gefördert.

10. Eine bestimmte Entscheidung läßt sich schwerlich treffen. Doch hatte einerseits Gelzer von vornherein auf einen verwandten Fall bei Eusebius hingewiesen und ist andererseits Rohde's Kritik an Gelzer's Aufstellungen nicht durchweg als stichhaltig anzuerkennen.

Schon *RE* VII, Sp. 1962 wurde erinnert an Gelzer's Hinweis, *Rh. Mus.* 30, S. 241, auf die analoge „Textesgestalt der korinthischen Liste, wo nur der armenische Text des Eusebius (und ebenso Synkellos) die echten Zahlen des Diodoros bietet, während unmittelbar an den diodorischen Auszug ein Königsverzeichnis mit den kirchlich recipierten Zahlen angehängt wird, das seinerseits im Kanon, in der Series Regum und bei Samuel von Ani reproduciert wird".

Auch in diesem Falle (*Euseb.* Schöne p. 219—221, deutsch von Karst S. 104f.) differieren die Jahreszahlen bei zwei Königen (Aletes Diodorauszug 38, Liste 35, Ixion Diod. 38, Liste 37). Das 35 der Liste, wie es beide armenischen Handschriften haben, will Karst schwerlich mit Recht in 37 verändern wegen Ähnlichkeit der Zahlen 5 und 7 im Armenischen: um so weniger einleuchtend, als dadurch doch zwischen dem Diodorauszug und der Liste, ebenso wie bei Ixion, keine Übereinstimmung erreicht wird. Sehr wichtig ist Gelzer's weiterer Hinweis (*Rhein. Mus.* 30, S. 241 Anm. 6) auf das Vorhandensein einer „kirchlich zurecht gemachten Recension" des ptolemäischen Kanon. „Synkellos nämlich verzeichnet eine Liste der chaldäischen und persischen Fürsten bis auf Alexander zuerst κατὰ τὸν ἀστρονομικὸν κανόνα, doch schon mit mehrfachen Entstellungen. Dann fügt er aber eine sehr stark entstellte Recension bei: κατὰ τὴν ἐκκλησιαστικὴν στοιχείωσιν. Daran hält er sich auch gewöhnlich in den von ihm recipierten Königsregistern. So gibt er gemäß der kirchlichen Rechnung dem Nabonassar 26 (Ptol. 14), dem Nadios 8 (Ptol. 2), dem Illoarudamos (Evil-Marduk) 5 (Ptol. 3), dem Neriglesaros 3 (Ptol. 4) Jahre". Rohde, *Rh. Mus.* 33, S. 196 Anm. 1), hat diese Analogien nicht beachtet, er sieht in den Abweichungen des Kanon bei den Lyderkönigen Schreib- oder Lesefehler des armenischen Eusebius-Übersetzers, was jedem unbenommen ist. Aber sein Beweis gegen Gelzer ist nicht geglückt. „Das Jahr, in welches Eusebius den Regierungsantritt des Gyges fallen lassen wollte", sei „viel sicherer durch Rechnung von oben herunter als von unten (Einnahme von Sardes) herauf zu finden. Die Discrepanzen in den Zahlen beginnen in den verschiedenen Versionen der eusebianischen Berichten erst bei Gyges selbst, vorher sind sie alle völlig einig: sie geben dem Ardys (I.) 36, Alyattes I. 14, Meles 12, Candaules 17, zusammen 79 Jahre. Nun" stehe „die Regierungszeit sämtlicher Könige, 232 Jahre, völlig fest, ebenso fest die Einnahme von Sardes, 546: die ganze Reihe" beginne „daher 778". „778 ÷ 79" führe „auf 699 als Anfang der Regierung des Gyges". Die Summenzahl 232 ist aber die des Afrikanus — Eusebius in der Chronik gibt 221 Jahre — und man kann die Behauptung, Eusebius folge in der Chronik nicht dem Ansatz des Afrikanus, nicht damit widerlegen, daß man voraussetzt, er folge ihm doch. Dieser Gegenbeweis versagt also völlig, und so ist auch Rohde's Schlußergebnis daß, „wie sicher oder unsicher auch die Ergebnisse der assyriologischen Forschung in Betreff der Regierung des Gyges sein mögen, die Überlieferungen der griechischen Chronographen sie nicht unterstützen", keineswegs so gewiß als es ihm erscheint.

Können wir nun auch nicht mit Bestimmtheit entscheiden, ob die Rechnung des Eusebius im Kanon zufällig oder auf Grund gesonderter Quellenverwertung mit den tatsächlichen Verhältnissen übereinstimmt: das Datum 652 für Gyges' Tod hat unabhängig davon seinen Bestand: höchstens können wir, wenn wir von Eusebius' Chronik (ob. S. 115 sub. 2) absehen, einen Spielraum von einem oder allenfalls zwei Jahren nach unten in Betracht ziehen.

11. Das 7. Jahr des Ardys, das wegen des Kimmerier (richtiger Treren)-Einfalles eine Epoche bildete (Bd. VII 1332 u. 1964f.), fällt dann 646 oder höchstens 1—2 Jahre später. Daß das Todesjahr des Gyges nicht in das 7. Jahr des Ardys verlegt werden kann, wie neuerdings mehrfach geschehen, wurde *RE* VII 1965 gezeigt. Daß dagegen Kallinos' Zeugnis für die zweimalige Eroberung von Sardes vor dessen Fall unter Kroisos durchaus einwandfrei ist und nicht etwa auf einer falschen Schlußfolgerung des Kallisthenes beruht, zeige ich in § 37 des Artikels *Kimmerier* (*RE* XI Sp. 418).

b) Der Untergang des *Dugdamme-Lygdamis*.

12. Die letzten Nachrichten über die Beziehungen der Kimmerier zu Lydien betreffen eine Niederlage, die zur Zeit Assurbanabal's unter ihren Führern *Dugdamme* und dessen Sohn *Šandakšatru* erfolgte, ein Ereignis, von dem auch Strabo's Quellen Kunde hatten.

In der Weihinschrift Assurbanabal's an Marduk Z. 18 ff. (Winckler, *AOF* I, S. 492, Streck S. 280 ff.) heißt es: „Ich Assurbanabal ... eroberte auf seinen (Marduk's) Befehl hin Elam ... verwüstete sein (des Königs) Land ... Und *Dug-dam-me-i*, der König der Ummân-Manda, das Geschöpf des Tiamat (d. i. des Chaos), das Ebenbild eines Teufels (?), den Schwur bei den Göttern, (nämlich) nicht Frevel zu verüben noch sich einer Verletzung der Grenze meines Landes schuldig zu machen, mißachtete er und fürchtete nicht deinen gewichtigen Namen, den die Igigi [ehren]. Zur Vergrößerung deiner Herrschaft und deiner göttlichen Macht [schlugst du (Marduk) ihn (den Dugdamme) nieder], gemäß deiner göttlichen Botschaft, die du folgendermaßen sandtest ‚Ich werde auflösen die Macht [des Dugdamme?]; den *Sa-an-dak-šat-ru*, den Sprößling seines Leibes, welchen sie an seine Stelle gesetzt hatten, werde ich [zu Boden stürzen, vernichten]'. Nachdem ich dies vernommen, pries ich Marduk den Helden und habe für (ihn und) die Göttin Erûa (Beiname von Marduk's Gemahlin Ṣarpanit) eine Räucherschale von rotglänzendem Golde anfertigen lassen" (folgen weiter rituelle Maßnahmen).

Zur Auffassung des Textes sind einige Bemerkungen unumgänglich. Streck's Übersetzung bedeutet zwar einen Fortschritt in den Einzelheiten, aber dem Gesamtzusammenhang ist in diesem Falle Winckler besser gerecht geworden. So sind die Worte *a-na la epeš anni la ḫa-ṭi-e mi-ṣir mâti-ia* „um nicht zu begehen Sünde, nicht zu freveln gegen die Grenze (das Gebiet) meines Landes" sicher Inhalt des Schwures bei den Göttern, von dem unmittelbar dahinter (ungewöhnliche Wortstellung) die Rede ist. Streck's „ohne (?) Frevel zu verüben oder sich an dem Gebiete meines Landes zu vergehen", ist sachlich ganz unmöglich. Ebenso bilden die göttliche Botschaft und deren Erfüllung den Grund für des Assyrerkönigs frommes Verhalten gegenüber Marduk und seiner Gemahlin. Die Worte „Gemäß dieser göttlichen Botschaft" bis „werde ich [vernichten]" bilden also gegen Streck, der sonst so vielfach das Richtige trifft, keinen selbständigen Hauptsatz.

Dugdamme erscheint, wie Teušpa als Ummân-Manda, d. i. eine allgemeine Bezeichnung für die nomadischen Nordvölker, *ummân* ‚Heer', *manda* für *ma'da* ‚viel, zahlreich'), die sich möglicher Weise volksetymologisch an den Namen Mandai(a) eines, wahrscheinlich iranischen Stammes anlehnt, der uns in den Annalen Sargon's II. begegnet. Vgl. Streck S. 281 Anm. 10. *RE* XI Sp. 417 § 35, Sp. 423 § 44 f.

Dugdamme hat die assyrische Grenze überschritten. Wo? Darüber gibt uns Strabo C. 61 Auskunft: Λύγδαμις δὲ τοὺς αὑτοῦ ἄγων μέχρι Λυδίας καὶ Ἰωνίας ἤλασε καὶ Σάρδεις εἷλεν, ἐν Κιλικίᾳ δὲ διεφθάρη.

Wann aber erfolgte dieser Untergang in Kilikien?

13. Winckler wollte den Keilschrifttext in die Zeit nach Assurbanabal's Feldzuge gegen Teumman von Elam (ca. 656/655), bei dem der Assyrerkönig das Land betrat und verwüstete, und vor dem Beginn des babylonischen Aufstandes verlegen. Diesen Aufstand ließ Winckler 650 beginnen; wir wissen jetzt, daß dafür 652 gesetzt werden muß; die Inschrift gehörte also danach zwischen 656/5 und 652, was Streck (II S. 276 f. Anm. 5) übersah, als er ihre Abfassung mit Winckler um 650 setzte. Da nun Gyges 652 oder allenfalls 1—2 Jahre später zur Zeit des Kimmerier-Einfalles gestorben ist, so müßte der Untergang des Lygdamis dem Untergang des Gyges fast unmittelbar gefolgt sein.

14. Das ist kaum anzunehmen; für die wiederholten (Strabo πολλάκις) Angriffe und Brandschatzungen der Kimmerier und ihre Züge gegen die Küstenstädte müßte man doch größeren Spielraum annehmen. Ferner aber müßte man zu dem obigen Zeitansatze annehmen, daß die Niederlage des Lygdamis von Assurbanabal's Historiographen in dem Hauptbericht der Annalen, der bis zur großen Siegesfeier in Ninive ca. 637/6 reicht[1]), einfach übergangen worden wäre. Das ist ausgeschlossen. Vielmehr läßt sich mit Sicherheit behaupten, daß wenn eine auch nur halbwegs empfindliche Schwächung der Kimmerier, sei es durch die Assyrier, sei es durch ein von ihnen abhängiges, oder benachbartes Volk, in der Zeit vor dem Abschluß des Hauptberichts der Annalen erfolgt war, diese bestimmt darauf Bezug genommen hätten. Die Unterwerfung des Ardys, die gerade als Folge des Kimmerier-Einfalles erscheint, wäre dann sicher nicht das letzte gewesen, was wir von Lydiern und Kimmeriern in dem Hauptbericht gehört hätten. Wenn also nicht ein absoluter Zwang vorliegt, müßte die Erwähnung des Dugdamme und Šandakšatru durch Assurbanabal in die Zeit nach dem Abschluß des Annalenhauptberichtes fallen.

Und so verhält es sich in der Tat. Es handelt sich um die in zwei Exemplaren vorliegende Kopie oder das Konzept einer Weihinschrift des Assurbanabal an Marduk, den obersten Gott Babyloniens und seine Gemahlin Ṣarpanit auf einer goldenen Räucherschale. Assurbanabal hat Babylonien in Personalunion mit Assyrien vom Tode Šamaššumukîn's 648 bis zu seinem Ende 626 beherrscht. Daß die Inschrift aus dieser späteren Zeit stammt, wo Assurbanabal Babylonien friedlich beherrschte, zeigt auch die Vermeidung des Titels „König von Assyrien", er nennt sich nur „König der Welt und Herr der 4 Weltgegenden"[2]). Hieran kann die Bezugnahme auf Elam nichts ändern. Entweder Assurbanabal will die Vernichtung des Kimmerierführers mit der vormaligen Vernichtung

---

1) Streck I, S. CCCLXXVI und CDLXVII.
2) Wincklers Ergänzung 2, 14 š[ar mât Aššur] war irrig, es muß heißen be-[el kibrat irbitti], Herr der 4 Weltgegenden; Streck II, S. 280.

Elams in Vergleich setzen, wobei die Grösse der Gefahr das tertium comparationis sein konnte oder aber — und das ist wesentlich wahrscheinlicher — wir erfahren durch diesen Text von einem späteren, bisher unbekannten Zuge gegen Elam, der der Besiegung des Dugdamme in Kilikien nahe voraus ging. Wir wissen ja über die Vorgänge von Assurbanabal's Regierung nach 637/6 so gut wie gar nichts. Daß die Elamiten, nachdem Susa ca. 640 zerstört war, sich einfach in ihr Schicksal ergeben hätten, ist ohnehin nicht notwendigerweise anzunehmen. Gehörten sie doch gleich den Babyloniern zu denen, die auch Dareios, zu Beginn seiner Regierung am meisten zu schaffen machten, und erhoben sie sich doch später nach Ausweis der 5. Kol. der großen Bisutûn-Inschrift nochmals (im 4. und 5. Regierungsjahr) gegen ihn. Selbst ein ursächlicher Zusammenhang zwischen einem neuen Elamitenaufstand und einer Bedrohung der Provinz Kilikien durch die Kimmerier ist denkbar.

15. Somit belehrt uns der assyrische Text, daß Lygdamis' Tod in die Zeit von Assurbanabal's babylonischem Königtum 648—626, näher in die Zeit nach Abschluß des Hauptberichts der Annalen (637/6) fällt. Man wende nicht ein, daß Assurbanabal doch als babylonischer König ähnlich wie Tiglatpileser IV. und Salmanassar V. einen besonderen Namen geführt hätte. Wie jene in Babylonien Pulu und Ululai ($Π\~ωρος$ und $\mathrm{'Ελουλαῖος}$) hießen, so ist für diesen der Name Kandalanu ($Κινηλάδανος$) bezeugt. Aber wenn auch schwerlich an der Identität Assurbanabal's mit Kandalanu zu zweifeln ist (vergleiche Streck I, S. CLIXb), so wissen wir doch bestimmt, daß Assurbanabal's assyrischer Thronname auch in Babylonien Geltung hatte. Ein in Nippur gefundener Text aus dem 26. Jahre (643) beweist dies unwiderleglich.

16. Demnach fällt die Vernichtung des Lygdamis-Dugdamme in die Zeit zwischen 637/6 und 626, so daß wir für die Heerzüge des kimmerischen Attila genügenden Spielraum von mindestens 652 oder wenn er schon den ersten Kimmerierangriff gegen Lydien führte, von ca. 660 bis mindestens 637 und bis höchstens 626 gewinnen.

Innsbruck.

Die Mauern von Karthago.

Von V. Gardthausen.

Carthago in domibus, Carthago in moenibus ampla.

Die Halbinsel von Karthago beginnt mit einem flachen, nicht sehr langen, aber breiten Isthmus ($αὐχήν$), der sich im Osten trompetenförmig erweitert. Im Norden wird er bespült von der See von Utica, im Süden dagegen von der Bai von Tunis. Um diesen Isthmus vollständig zu sperren, baute Scipio bei der Belagerung von Karthago eine Befestigung von Meer zu Meer[1]); 25 Stadien beträgt aber auch gerade die Breite des Isthmus nach Appian *Libyka* 95: $αὐχὴν\ γὰρ\ αὐτὴν\ ἀπὸ\ τῆς\ ἠπείρου\ διεῖργεν\ εὖρος\ ὢν\ πέντε\ καὶ\ εἴκοσι\ σταδίων.$ Vgl. Polyb. I 73, 4. Herr Prof. Partsch schreibt mir: „Auf der englischen Seekarte (1:48600) ergibt eine Messung des Isthmus an der heute schmalsten Stelle 4,8 km Breite; 25 Stadien (olympische à 192 m) messen genau 4,8 km."

Dieser Isthmus verbreitert sich im Osten nach beiden Seiten; während seine Achse von W. nach O. gerichtet ist, läuft die des östlichen, breiteren

---

1) Appian *Libyka* 119: $τεῖχος\ παρῳκοδόμησεν\ ἐπὶ\ τοὺς\ πέντε\ καὶ\ εἴκοσι\ σταδίους.$

Teiles von N. nach S. Auf der ersten Karte bei Hennebert, *Hist. d' Annibal*, hängt die Nordspitze durch einen schmalen Landstreifen mit dem Festlande zusammen, der aber im Altertum wohl noch nicht existierte. Der nördliche Vorsprung (z. T. versumpft) scheint einen besonderen Namen nicht geführt zu haben[1]), der südliche endet mit der Taenia (Goletta), welche die See von Tunis vom offenen Meere trennt. Nach Osten ragte die Halbinsel am weitesten ins Meer vor beim Kap Karthago. Dieser östliche Teil der Halbinsel war allein bebaut, hier lag die Stadt Karthago mit der Burg (heute S. Ludwigshügel) und den Häfen.

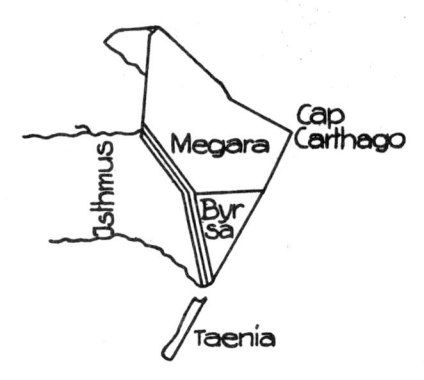

Während nun die Lage der Stadt im allgemeinen durch die Byrsa und die Häfen sichergestellt ist, streitet man heute über ihren Umfang, d. h. den Mauerring[2]). Fest steht nur die Lage der Hafenmauern, der durch die Linien der Küste bestimmt ist; diese lassen wir hier also beiseite.

Auf den älteren Plänen und Karten (s. Audollent, *Carthage rom.* p. XXXI) wird der Umfang der Mauern verschieden angegeben. Nach dem Plan von Dureau de la Malle schätzt Partsch den weitesten Mauerkranz, wenn man ihn durch eine außen um die Häfen herumführende Linie ergänzt, auf 19,340 m. Tissot, *Géogr. comparée* (Paris 1884) 1,584 n. 1 dagegen hat in seinem Stadtplan die Festungsmauern in größerer Ausdehnung (32,625 m s. u.) eingetragen.

Da die dreifache Mauer Karthagos (60 Stadien = 10,656 m lang), wie wir unten sehen werden, nur die eine Hälfte der Ringmauer bildete, und wir für die andere Hälfte an der Küste ungefähr ebensoviel hinzurechnen können, so muß die ganze Ringmauer mindestens einen Umfang von 21 kl gehabt haben.

Auf dem neuesten Plane von Kahrstedt (Meltzer, *Gesch. d. Karth.* 3 T. I) ist dagegen ein ungefährer Gang der Ringmauer eingezeichnet, den Partsch ebenfalls nachgemessen hat, von 6,080 m, wenn man die Hafenmauer (mit 2730 m) einrechnet, im Ganzen 8,810 m; das wäre noch nicht die Hälfte resp. ein Drittel der früheren Annahme.

1) Polyb. I 73, 4: ἡ γὰρ Καρχηδὼν αὐτὴ μὲν ἐν κόλπῳ κεῖται, προτείνουσα καὶ χερρονησίζουσα τῇ θέσει, τὸ μὲν τῇ θαλάττῃ τὸ δέ τι καὶ λίμνῃ περισχομένη κατὰ τὸ πλεῖστον· ὁ δὲ συνάπτων ἰσθμὸς αὐτὴν τῇ Λιβύῃ τὸ πλάτος ὡς εἴκοσι καὶ πέντε σταδίων ἐστίν, τούτου δ' ἐπὶ μὲν τοῦ πρὸς τὸ πέλαγος.

2) Meltzer, *Gesch. d. Karth.* 2, 170 Stadtbefestigung; vgl. 534. Tissot, *Géogr. comp.* 1 p. 570.

Auf die Ergebnisse der neueren französischen Ausgrabungen kann er sich nicht berufen, denn er selbst gibt zu, daß man Gräber, aber nirgends Spuren der altpunischen Stadtmauern gefunden hat. „Die Bastionen von Daux, Tissot und Meltzer dagegen fand man in römische Wohnhäuser und Theater aufgelöst" (Kahrstedt 3 S. 11).

Auf diese Gräberfunde[1]) stützt K. seine Hypothese von dem Umfang der Stadt und der Mauer; denn es scheint ihm selbstverständlich, daß die Stadt der Lebenden und der Toten sich räumlich anschließen. So selbstverständlich, wie es uns scheint, ist die Sache allerdings nicht. Je mehr die Verbrennung der Leichen allgemein wurde, um so weniger Gefahr war vorhanden.

Für Rom z. B. kennen wir noch die Zeit, wo der Tote neben seinem Wohnhause bestattet wurde; und erst die Zwölf Tafeln verboten *hominem mortuum in urbe ne sepelito neve urito* (Tab. X). Ob die Karthager damals um das Jahr 450 v. Chr. ebenfalls bereits zu dieser vernünftigen Anschauung vorgedrungen waren, ob ihre mächtigen Stadtmauern mit den Stallungen für Elephanten[2]) damals bereits existierten, wissen wir nicht.

Aber vielleicht ist die dreifache Mauer (s. u.) mit den Elephantenställen an die Stelle einer älteren Anlage getreten; denn daß Karthago bis auf die Zeit Alexanders keine Mauer gegen das Festland gehabt habe, ist durchaus nicht wahrscheinlich. Also für das Alter der dreifachen Mauer sind wir bloß auf Vermutungen angewiesen.

Aber nehmen wir auch einmal an, daß beim Bau der dreifachen Mauer ein ähnliches Verbot auch in Karthago bereits vorhanden war, so ist die Möglichkeit doch nicht ausgeschlossen, daß moderne Ausgrabungen innerhalb dieser Mauern dennoch auf altpunische Necropolen stoßen. Wenn z. B. Karthago sich auf eine Belagerung vorbereitete und seine Mauern verstärkte und erweiterte, so mußte man das Terrain wählen, das sich dazu eignete, ohne Rücksicht darauf, daß es von einem Kirchhof in Anspruch genommen war. Oder in anderen Fällen wußte man vielleicht nichts mehr von den alten Nekropolen früherer Zeit. Wenn der Kirchhof voll war, vielleicht seit Jahrhunderten nicht mehr benutzt und eingeebnet, dann wußte man beim Bau der Mauern nichts mehr von seiner Existenz, die erst durch moderne Tiefgrabungen wieder erwiesen wurde, und solche alte Necropolen hat es in der Stadt gegeben. Wie Alle zugeben, war die Byrsa das Zentrum Karthagos und seiner Befestigungsanlagen, und auf der Byrsa war eine der ältesten Nekropolen.

Die Annahme von Lavigerie und Delattre[3]) wird auch durch Kahrstedt indirekt bestätigt, der allerdings nicht auf der Burg, sondern in der Ebene

---

1) Beulé, *Fouilles à Carth.* p. 121. Delattre, *Les tombeaux puniques de Carthage* 1890. Über die Chronologie der Gräber s. Kahrstedt 3, 11 A. 1.

2) Nach Armandi, *hist. milit. des éléphants*, p. 182 haben die Karthager erst nach dem Tode Alexanders d. Gr. angefangen, Elephanten zu zähmen und für den Krieg zu verwenden, nach Heeren, *Ideen* I, 189 A. sogar erst zur Zeit des Pyrrhus.

3) *Ce qui semble prouver, comme l'a dit le cardinal Lavigerie, que Byrsa fut primitivement une nécropole, c'est que le P. Delattre à trouvée dans les fouilles pratiquées sur la coline à plus de 7 m au dessous du sol actuel, des caveaux funeraires, dont la construction massive paraît remonter à la période la plus ancienne de l'existence de Carthage.* Babelon: *La Grande Encyclopédie* u. d. W. *Carthage* p. 608; vgl. Tissot, *Géogr. comp.* 1, 592.

unmittelbar daneben, aber außerhalb seines Mauerrings, auf der Karte I eine Byrsa-Nekropole verzeichnet. Wenn er meint, daß wir den Mauerring von Karthago nach den Nekropolen bestimmen können, so hätte er wenigstens konsequent sein müssen; aber von den 9 Nekropolen seines Planes liegen drei innerhalb des von ihm gezeichneten Mauerrings.

Also Nekropolen hat es innerhalb des Mauerrings gegeben, mögen wir ihn nun groß, oder wie Kahrstedt, klein denken; und bei der ersten Annahme war die Sache auch nicht einmal so bedenklich. Denn die Vorstadt Megara, die bei Kahrstedt sehr zusammenschrumpft, war nach den Angaben der Alten ein großer Stadtteil[1]), weitläufig angelegt mit Landhäusern und Gärten innerhalb der Ringmauer, der auch für die Anlage von Kirchhöfen fern von den Wohnungen der Lebenden Platz genug bot.

Wenn Kahrstedt sich den Umfang der Mauern Karthagos zu klein denkt, so hängt das wohl damit zusammen, daß er auch eine zu kleine Einwohnerzahl annimmt; er schätzt die Bevölkerung der Stadt beim Beginn des letzten punischen Krieges auf ungefähr 125—130000. Nach Strabo 17 p. 833 dagegen hatte Karthago noch beim Beginn der römischen Belagerung 700000 Einwohner: ἀνθρώπων δ' ἐν τῇ πόλει μυριάδας ἑβδομήκοντα. Beloch, *Bevölkerung* S. 566 hält diese Zahl für übertrieben, fügt aber hinzu: „Karthago gehörte bis zu seiner Zerstörung im J. 146 zu den größten Städten der Erde." Dazu würde eine Stadt von 125000 Einwohnern allerdings nicht gehören. Eine solche Stadt hätte nie das Zentrum einer Großmacht werden können, die über ein Jahrhundert der Macht des geeinten Italiens trotzen konnte; das hebt mit Recht bereits Strabo 17 p. 832 hervor: πόλιν τε ἀντίπαλον τῇ Ῥώμῃ κατεσκευάσαντο καὶ τρεῖς ἐπολέμησαν μεγάλους πρὸς αὐτοὺς πολέμους.

Kahrstedt zeichnet ein Klein-Karthago, das nicht die trompetenartige (s. o.) Erweiterung der Halbinsel einnimmt, sondern nur den SO. (ungefähr ein Viertel von der gewöhnlichen Annahme). Seine Mauerlinie geht parallel der Küste bei den Häfen in einer Entfernung von ungefähr 600 Meter; dann kommt die Byrsa, die bastionartig nach Westen vorspringt; nördlich davon verbreitert sich seine Stadt bis auf ungefähr 700 m; seine Mauer erreicht die Küste bedeutend südlicher als Cap Karthago; diesen nördlichsten Teil der Festung nennt er Megara, während man bisher diese Vorstadt viel weiter im NW. suchte. Der Junohügel liegt halb innerhalb, halb außerhalb seiner Ringmauer; der fortifikatorisch bedeutende Hügel La Malga mit seinen für eine Belagerung wichtigen Zisternen[2]) ist ganz ausgeschlossen. Ob die Byrsa überhaupt eigene Quellen und Brunnen hat, kann ich nicht sagen.

Mit den Zeugnissen der alten Schriftsteller, Polybius, Strabo, Appian usw. läßt sich diese Rekonstruktion absolut nicht in Einklang bringen. Aber das versucht Kahrstedt auch gar nicht. Die ganze antike Überlieferung (mit Ausnahme von Orosius) wird einfach als „Vulgata" beiseite geschoben. Diese Zeugnisse voneinander unabhängiger Schriftsteller geben allerdings ein wesentlich anderes Bild.

Zunächst behauptet Orosius 4, 22, 5, Karthago sei fast überall vom Meere umgeben: *tota paene mari cingebatur*. Das paßt für die alte Annahme, daß die

---

1) Appian *Libyka* 117: Χωρίον δ' ἐστὶν εὐμέγεθες ἐν τῇ πόλει τὰ Μέγαρα τῷ τείχει παρεζευγμένον.

2) *Grands citernes de la Malga. Ces citernes se trouvent à 700 m au nordouest de Byrsa ... la construction primitive remonte probablement à l'époque punique.* Babelon, *Carthage* 1896, p. 147; vgl. Tissot, *Géogr. comp.* 1, 594.

Festung den ganzen Osten der Halbinsel bedeckt habe; aber nicht für Kahrstedts Hypothese, der ihr nur einen kleinen Küstenstreifen im SO. zuweist.

Ferner haben wir positive Angaben über den Umfang der Küste und der Ringmauern; vgl. Strabo 17, 3, 4 p. 832: Καὶ Καρχηδὼν δὲ ἐπὶ χερρονήσου τινὸς ἵδρυται περιγραφούσης κύκλον τριακοσίων ἑξήκοντα σταδίων ἔχοντα τεῖχος, οὗ τὸ ἑξηκοντάδιον μῆκος αὐτὸς ὁ αὐχὴν ἐπέχει, καθῆκον ἀπὸ θαλάττης ἐπὶ θάλατταν. 360 Stadien sind 63,936 km.

Strabo meint nicht den Umfang der Festungsmauern, sondern den der ganzen Halbinsel (Isthmus und östliche Erweiterung); aber auch dafür scheint die Zahl zu groß zu sein.

Über die Größe der Stadt sagt Appian *Libyka* 95 nur im Allgemeinen, daß die Festungsmauern Karthagos so umfangreich gewesen seien, daß im Kriege ein ganzes Heer innerhalb der Mauern lagern könne. Genauer ist die Angabe des Livius *per.* 51: *Carthago in circuitu milia viginti tria passuum patens.* Orosius dagegen, der von Livius abhängig ist, redet nur von 22 *m. p.*

Oros. 4, 22, 5: *uiginti duo millia passuum muro amplexa, tota paene mari cingebantur absque faucibus, quae tribus milibus passuum aperiebantur. is locus murum triginta pedes latum habuit saxo quadrato in altitudinem cubitorum quadraginta.* 23 *m. p.* = 34,040 km.

Tissot, *Géogr. comp.* 1, 584 n. 1 gibt eine Übersicht über die einzelnen Posten dieser Summe:

Enceinte de la ville proprement dite:

Triple défense	4,678 m
Longueur du mur de mer	3,867 „
Mur séparant la ville de Megara	3,360 „
	11,905 m

Enceinte de Megara:

Triple défense	4,717 m
Mur de mer	13,643 „
Mur séparant Megara de la ville propr. dite	3,360 „
	21,720 m

Das macht zusammen 32,625 „

Der Unterschied ist nicht groß, noch nicht 2 Kilometer, und würde noch kleiner, wenn Orosius mit seinen 22 *m. p.* Recht hätte; dann könnten wir noch 1480 km von der Differenz abziehen; er erklärt sich am einfachsten dadurch, daß wir die Zwischenmauer der Stadt und namentlich am Hafen nicht genau kennen.

Ferner spricht gegen Kahrstedts Hypothese eines Klein-Karthagos, daß seine Festungsmauern nicht an den Isthmus heranreichen, der die Halbinsel mit dem Festlande verbindet, sondern sich im wesentlichen auf die Ostküste beschränken. Die Festungsmauer muß vielmehr den ganzen breiten Teil der Halbinsel von dem Isthmus abgesperrt haben; das ergibt sich aus der Geschichte der römischen Belagerung. Manilius eröffnet den Angriff auf die Stadt vom Isthmus aus; s. Appian *Libyka* 97: Μανίλιος rückte gegen den Feind μὲν ἀπὸ τῆς ἠπείρου κατὰ τὸν αὐχένα ... Μανίλιος baute ein Lager δ' ἐν τῷ αὐχένι τῆς ἐς τὴν ἤπειρον ὁδοῦ.

Auch Scipio hatte ein Lager gebaut, das die ganze Breite des Isthmus sperrte, ἀπέχων τῶν πολεμίων (d. h. der Stadt) ὅσον ὁρμὴν βέλους (Appian *Lib.* 119).

Da die Ausdehnung dieses Lagers genau der Breite des Isthmus entspricht (25 Stadien s. o.), so hatte es genau die Richtung von S. nach N. Wenn die belagerte Festung dagegen so klein gewesen wäre wie Kahrstedt annimmt, hätte dieses Sperrfort vielmehr die Richtung von SW. nach NO. haben und das Mittelmeer südlich von Cap Karthago erreichen müssen, um die Stadt wirksam von der Außenwelt abzusperren. Auch die oben (S. 126) bereits angeführte Stelle des Strabo (p. 832) rückte die Mauer dicht an den Isthmus (αὐχήν); dort heißt es τεῖχος, οὗ τὸ ἑξηκοντασταδιον μῆκος αὐτὸς ὁ αὐχὴν ἐπέχει καθῆκον ἀπὸ θαλάττης ἐπὶ θάλατταν. Dieses Sechzigstadienstück der Mauer, das ebenfalls die Richtung von S. nach N. hatte, war wohl das Hauptstück der berühmten dreifachen Mauer mit den Stallungen für 300 Elephanten, welches den Isthmus im Osten sperrte. Der Isthmus war 25 Stadien breit; unmittelbar daneben verbreitert sich aber die Halbinsel so sehr, daß dort in der Richtung von S. nach N. Platz für eine Mauer von 60 Stadien Länge reichlich vorhanden ist.

Diese berühmte dreifache Mauer war ein Wunderwerk antiker Befestigungskunst, die durch künstliche Anlagen den Mangel an natürlichem Schutz ausgleichen sollte. Es war ein dreifacher mächtiger Wall, ganz aus gewaltigen Quadern erbaut, in zwei Stockwerken mit Festungstürmen in bestimmten Abständen (Appian *Libyka* 95; Orosius 4, 22; Armandi, *Hist. milit. des éléphants*, Paris 1843, p. 135—36). Die unteren Teile waren kasemattiert mit Stallungen für 300 Elephanten und den nötigen Magazinräumen für ihr Futter; im zweiten Stock waren Kasernen und die Pferdeställe untergebracht neben den Kornvorräten. Die Beschreibung dieser riesigen Anlage bei Appian (Polybius) und Orosius (Livius) ist durchaus sachgemäß und klar, wenn auch die Zahlen der Höhe und Dicke der Mauern bei Appian und Diodor etwas verschieden sind; sie ist verständig und verständlich, so daß Tissot, *Géogr. comp.* 1 p. 575 pl. V danach einen Aufriß der ganzen Anlage konnte herstellen lassen. Auf alle Fälle ist sie mit ihren ganz detaillierten Angaben kein Phantasiegebilde, sondern in allen wesentlichen Angaben vollständig historisch. Daran hat noch nie Jemand gezweifelt; auch Mommsen *RG* 2, 29 trägt kein Bedenken, sie in diesem Sinne zu verwerten.

Was sagt denn nun aber Kahrstedt zu dieser Frage? Garnichts. Bei seinen topographischen Erörterungen (3 S. 8—21) wird die dreifache Mauer mit keinem Worte erwähnt; das zeigt wohl am besten, daß sie in seinen Stadtplan absolut nicht paßt. Diese Mauer von 60 Stadien (oder 10,656 m) kann nicht an irgend einen beliebigen Teil der Mauer verlegt werden; die Seeseite ist z. B. ausgeschlossen[1]); ihr Platz ist vielmehr die Landseite am Isthmus (s. o. Strabo); also 60 Stadien (10,656 m) entsprechen ungefähr der Hälfte der Ringmauer. Da nun aber Kahrstedts ganze Ringmauer nur 6,080 (resp. 8,810) m mißt, so ist es natürlich für ihn unmöglich, einen Platz für die dreifache Mauer zu finden.

Die Örtlichkeit der dreifachen Mauer wird aber genau genug bestimmt durch die oben bereits angeführten Stellen; nach Appian *Libyka* 95 war die Byrsamauer (zugleich Außenmauer gegenüber dem Isthmus) eine dreifache, nach Strabo (p. 832) war das ἑξηκοντασταδιον ebenfalls am Rande des Isthmus ἀπὸ θαλάττης ἐπὶ θάλατταν, der Ort, ὅπου τοῖς Καρχηδονίοις ἦσαν αἱ τῶν ἐλεφάντων στάσεις; also sollte man denken, daß die Zahl der 300 Elephanten bedingt sei durch die 60 Stadien der Mauerlänge. Ein Stadion ist nach Nissen, *Metrologie* S. 31 gleich 600 Fuß (0,178 km), das ἑξηκοντασταδιον also gleich 36000 Fuß

---

[1]) Appian *Libyka* 96 τεῖχός τε γὰρ αὐτοῖς διπλοῦν περιέκειτο.

(10 km 656). Wenn wir die 300 Elephanten in einer Reihe (rechtwinklig gegen die Mauer) geordnet denken, so kommen auf jedes Tier ungefähr 120 Fuß. Das scheint für eine Festungsanlage zunächst etwas reichlich. Allein nun müssen wir noch die massiven Zwischenwände zwischen den einzelnen Ställen berücksichtigen und die Magazinräume für das Futter, die im Hinblick auf eine lange (vielleicht jahrelange) Belagerung der Stadt einen sehr bedeutenden Raum in Anspruch nehmen mußten. Auf alle Fälle reichten die 60 Stadien der dreifachen Mauer für 300 Elephanten vollständig aus, wenn nur eine Reihe, die hinterste und stärkste Mauer, Elephantenställe hatte, und die beiden äußeren Mauern frei blieben; denn sonst müßten wir mit 900 Elephanten rechnen (siehe Graux, *sur les fortifications de Carthage* p. 193); soviel wird weder Karthago noch ein anderer Staat jemals besessen haben.

Endlich müssen wir noch die Byrsa[1]) erwähnen, die Zitadelle der Festung und ihr Verhältnis zu den Außenmauern; sie lag nach Strabo p. 832 κατὰ μέσην δὲ τὴν πόλιν ἡ ἀκρόπολις ἣν ἐκάλουν Βύρσαν ... κύκλῳ περιοικουμένη.

Auf dem Stadtplan von Kahrstedt liegt die Burg durchaus nicht in der Mitte der Stadt, von Häusern rings umgeben, sondern hier liegt sie am Rande bastionartig nach Außen vorspringend; ihre Außenmauer bildet zugleich auch die Außenmauer der Stadt; das Letztere bezeugt allerdings eine Stelle des Oros. 4, 22, 6: *Arx, cui Byrsae nomen erat, paulo amplius quam duo milia passuum tenebat. ex una parte murus communis erat urbis et Byrsae imminens mari, quod mare stagnum vocant, quoniam obiectu protentae linguae tranquillatur.*

Hier fragt es sich aber, was unter Burg zu verstehen ist; Burg allein, oder auch das Stadtquartier um die Burg? Beulé und mit ihm Kahrstedt S. 16 entscheiden sich für die erste Erklärung, die meiner Meinung nach ausführlich widerlegt ist durch Graux, der u. a. auch verwiesen hat auf Servius *in Verg. Aen.* 1, 368: *Carthago antea speciem habuit duplicis oppidi, quasi aliud alterum complecteretur; cuius interior pars Byrsa dicebatur exterior Magalia. Huius rei testis est Cornelius Nepos.* — *Le nom de Byrsa ... doit signifier, tantôt proprement l'acropole ...* Graux, *Bibl. d. l'éc. d. haut. ét* 35, 1878, 205—6; ebenso Mommsen *RG* 2 (1865) S. 29 A.

Auch Appian *Libyka* 95 ἔνθα καὶ ἡ Βύρσα ἦν ἐπὶ τοῦ αὐχένος, τριπλῷ τείχει spricht dafür, denn nicht die Byrsa liegt am Isthmus (αὐχήν), sondern das Stadtquartier der Byrsa. Im Süden ist die westliche Mauer der Byrsa an der Landseite zugleich die Außenmauer der Stadt, daher *communis murus* (Orosius s. o.); dieser Teil ist der Anfang des Sechzigstadien-Stückes der dreifachen Mauer (τριπλῷ τείχει); nach Süden reicht dieser Teil (neben den Häfen) bis ans Meer (*imminens mari;* Orosius s. o.).

Gern erkennen wir rückhaltlos das Verdienst an, das sich Kahrstedt durch Vollendung des Meltzerschen Werkes erworben hat[2]); aber bei unserer Frage hat er fehlgeschossen; sein Ausgangspunkt war falsch, und also auch sein Resultat. Wir können also hoffen, daß das, was er verwerfend als „Vulgata" bezeichnete, auch ferner Vulgata bleiben werde.

Leipzig.

---

1) Beulé, *Fouilles à Carth.* 1861, p. 1 *Byrsa*.
2) Siehe Kromayer, *Gött. G.-Anz.* 1917, 449.

Eine lateinische Grabinschrift in Kapitalkursive.
Von O. Schissel v. Fleschenberg und C. F. Lehmann-Haupt.

Unter den lateinischen Inschriften, die Rudolf von Scala in Rom für das Innsbrucker epigraphische Seminar erwarb, befindet sich folgende, soviel wir sehen[1]), noch unveröffentlichte Grabinschrift:

```
    D  M  S
  CALLIMACH
  VSFECIT·
  CLAVDIAE
5 INVENTAE
  CONTVBER
  NALI·S·VAE·
   ·V· B, M,
```

D(iis) M(anibus) s(acrum). Callimachus fecit Claudiae Inventae contubernali suae. V(ovit?) b(ene) m(erenti?).

„Den Manen geheiligt! Callimachus errichtete (diesen Stein) der Claudia Inventa, seiner Lebensgefährtin. Er weihte ihn der Wohlverdienten".

Die Inschrift ist in eine weiße Marmorplatte von etwa 38,5 cm Länge, 25,5 cm Breite, 3,3 cm Dicke gemeißelt. Diese Maße sind jetzt nicht mehr allenthalben gewahrt. Denn die Platte ist, besonders an den Rändern, stark beschädigt. Der dünne Mörtelbelag, der vielfach auch noch die Schriftseite überdeckt und ihr ein fleckiges Aussehen verleiht, beweist, daß das Denkmal später als Baustein gedient hat. Gefunden wurde es in Rom. Nähere Angaben sind über den Fundort nicht bekannt. Für das beigegebene Lichtbild (von Richard Müller in Innsbruck) wurden die Buchstaben der Inschrift mit roter Wasserfarbe bemalt.

Die Buchstabenhöhe schwankt zwischen 15—29 mm. Die Charaktere sind wohl mit dem Meißel in den Marmor gehauen, aber freihändig, d. h. ohne daß Zeilen und Buchstaben vorher ausgemessen und mit Hilfe von Lineal und Zirkel vorgezeichnet worden wären. Daher verlaufen die Zeilen nicht ganz gerade und nicht immer parallel. Die Buchstaben sind keine *litterae quadratae*, sondern gehören der Schrift des täglichen Gebrauches, der Kursive an. Nach allen diesen Merkmalen liegt uns ein deutliches Beispiel für eine bestimmte Art der epigraphischen Vulgärschrift Emil Hübner's[2]) vor. Auch Herkunft und Zweck des Monumentes passen zum Schriftcharakter. Nach Hübner's Beobachtungen[3]) findet sich nämlich die Vulgärschrift am häufigsten in Grabdenkmälern von Leuten plebeischen Standes, von Bauern, Soldaten, besonders Fremden angewendet, denen allen eine regelrecht ausgeführte Inschrift zu teuer gewesen wäre.

---

1) Sie steht weder im *CIL* VI 3 p. 1778; VI 4 fasc. 2 p. 3612; VI 5 p. 123*, noch unter den Columbarieninschriften in VI 2 und VI 4 fasc. 2. Auch bei Cagnat und Besnier, *Revue des publications épigraphiques* (in der *Revue archéologique*) 1892—1913 und bei A. Stein, Bericht über röm. Epigr. (Italien) 1893—1906. Jb. über d. Fortschr. d. klass. Altertumswiss. 144 (1909) S. 157ff. fand sich unser Denkmal nicht ausgewiesen. Die Bedeutung des Steines hat, wie uns E. Diehl mitteilte, R. v. Scala sehr hoch bewertet.

2) *Exempla scripturae epigraphicae latinae a Caesaris dictatoris morte ad aetatem Justiniani. Auctarium CIL* Berlin 1885, S. XLVI[a].

3) A. a. O. S. XLIX. 415.

Unser Denkmal gehört zu den Grabsteinen, die den Bauinschriften nahestehen[1]). Das Alter der Verstorbenen wird nicht angegeben. Am Schlusse eine **Ak**klamation statt eines Epithetons zur Verwandtschaftsbezeichnung.

Die Sitte, das Grab den Manen zu heiligen, entstand erst unter Augustus und wurde in Rom zu Ende des ersten Jhs. üblich[2]). Doch setzt die Abkürzung der Weiheformel das Bekanntwerden der Formel voraus, kommt also erst vom 2. Jh. an gewöhnlich vor[3]). Die Abkürzung *DMS* ist indeß in Rom und Italien viel ·seltener als *DM* und hat sich in manchen Provinzen, wie Rätien, überhaupt nicht eingebürgert, während sie freilich in Afrika (ohne Numidien) und in Spanien überwiegt[4]). Ohne nun diesen Merkmalen besonderes Gewicht für die Zeitbestimmung beizumessen, würde ihnen zufolge unser Grabstein am besten ins ausgehende 2.—4. Jh. passen.

Der Errichter des Denkmals trägt weder *praenomen*, noch *nomen gentilicium*, sondern nur ein griechisches *cognomen;* er war ein Sklave oder eher ein Provinziale aus den niederen Volksschichten. Der Name *Callimachus* ist auf Inschriften als Sklavenname[5]) und als *cognomen*[6]) belegt. *Inventa* findet sich auf Inschriften mehrfach als *cognomen*[7]). Claudia Inventa lebte gemäß ihrer Bezeichnung als *contubernalis* in ehelicher Verbindung mit Callimachus. *Contubernium* hieß das eheliche Zusammenleben zunächst von Sklaven oder von hörigen Bauern mit ihresgleichen[8]), dann auch von Freien (Männern, wie Frauen) mit Sklaven[9]) und endlich von Freien miteinander[10]). Die Benennung *contubernalis* wird in dieser engeren Bedeutung eines dauernden Geschlechtsverhältnisses häufiger von Weibern, als von Männern gebraucht[11]).

Unser Stein beansprucht vorzüglich paläographisches Interesse. Zeigt er doch die Vulgärschrift ausgeprägter, als alle Beispiele, die Hübner aus Rom und Italien (Nr. 1153—1178), wie aus den Provinzen (Nr. 1179—1187) beibringen konnte, ausgeprägter selbst, als die bekannte Grabschrift der Knaben Torquatianus und Laetianus[12]), die von den Epigraphikern immer wieder zur Veranschaulichung der Kapitalkursive herangezogen werden muß[13]). Die Buchstaben sind nämlich

---

1) René Cagnat, *Cours d'épigraphie latine.* ⁴Paris 1914, S. 288.

2) Waltharius Schwarzlose, *De titulis sepulcralibus latinis quaestionum capita quattuor.* Diss. Halle a. S. 1913, S. 7.

3) Schwarzlose S. 18.

4) Schwarzlose S. 19. Fr. Vollmer, *Inscriptiones Baivariae romanae sive inscriptiones prov. Raetiae.* München 1915, S. 232 zu 1.

5) H. Dessau, *Inscr. lat. sel.* III 2 (1916) Nr. 9029.

6) *Thesaurus, Onomastic.* II 90, 11.

7) Cosidia Inbenta *CIL* XIV 892. Julia Inventa VIII 1, 2508. Philumina Inventa IX 1870. Pompeia Inventa II 935. Publicia Inventa III 1, 2497. Inventa X 1, 5480. Vgl. Gu. Otto *Fleckeisens Jahrbücher*, 24. Suppl.-Bd. S. 797 f.

8) R. Leonhard, *RE* IV 1, 1164, 61. — 9) Ebenda 1165, 13 ff.

10) Dessau, *Inscr. lat. sel.* III 2 S. 932.

11) Vgl. Thesaurus IV 790, 55. 77. 64 (*CIL* III 14600 *contubernali suae bene merenti fecit*).

12) Hübner S. XLIX. 416ª. Nr. 1169 = H. Dessau, *Inscr. lat. sel.* II 2 Nr. 8473

13) Z. B. von Ernst Diehl, *Inscriptiones lat.* (*Tabulae in usum scholarum editae sub cura* J. Lietzmann IV), Bonn 1912, Taf. 29c. Aus Mangel an anderen bekannten Denkmälern in gemeißelter Kapitalkursive konnte Diehl (S. XXIII ff.) zur Veranschaulichung dieser Schriftart nur auf pompeianische Wachstafeln und

auf unserem Steine ziemlich tief eingehauen und einigermaßen regelmäßig ausgeführt, dabei aber durchwegs kursiven Charakter. Diese beiden Eigenschaften sind selten gepaart. Denn gewöhnlich handelt es sich um eine Kursivkritzelei auf geglättetem Stein, auf Mauerwerk, auf weichem Metalle oder aber um unsorgsame Monumental- und Aktenschrift mit einzelnen Kursivbuchstaben, die dem Steinmetz oder Graveur versehentlich unterliefen[1]).

Eine lateinische Grabinschrift in Kapitalkursive.

Die Schriftart unseres Denkmales ist als Kapital- oder Majuskelkursive anzusprechen. Nach Hübners Erfahrungen erscheint sie erst im 2. Jh. n. Chr. häufiger auf römischen und italischen Monumenten, um im 3. Jh. oft zu begegnen[2]). Sie wird auf Stein- oder Erzdenkmälern nur mißbräuchlich angewendet; hat sie

---

Graffiti greifen. Auch Vollmer konnte aus der Provinz Rätien nur eine einzige reine Kursivinschrift (Nr. 75 B) abbilden, aber eine viel jüngere und weniger sorgfältig gearbeitete, als die hier veröffentlichte.

1) Hübner S. 415—416. — 2) Hübner S. 415.

sich doch von der epigraphischen Kapitale bloß in Anpassung an andere Schreibstoffe und deren Schreibwerkzeuge abgespaltet. Die Schreibstoffe der Kursive waren vornehmlich Papyrus, Wachs, Blei, ungebrannter Ton; bei geringerer Dauerhaftigkeit des Schriftstückes ermöglichten sie größere Geläufigkeit des Schreibens. Alle Abweichungen der Kapitalkursive von der epigraphischen Kapitale sind nun aus jener technischen Verschiedenheit abzuleiten und allein die größere Sorgsamkeit der Ausführung wird durch den Zweck des Schriftstückes, der ein literarischer oder privater sein konnte, mitbedingt[1]).

Eine Hauptgruppe von Verschiedenheiten zwischen epigraphischer Kapitale und Majuskelkursive erklärt sich aus der Schrägstellung der Schrift in letzterer, aus einer Lage, die der Papyrus und die verwandten Schreibstoffe besonders begünstigten. Dies Moment kommt in unserem Denkmale voll zur Geltung. Seinetwegen erscheinen daselbst M und V stark verbreitert, A aber nur deshalb weniger, weil der Schrägbalken links vom Beschauer erst im oberen Drittel des rechten Balken ansetzt, also kürzer ist, als dieser. Die Schaftbuchstaben EFS werden eben deshalb so stark verschmälert, daß sie sich in einzelnen Fällen dem Kursivideale des langen Schrägstriches deutlich nähern, so SE in Z. 3, S in Z. 7. Beim S in Z. 1 wäre die Gerade schon voll erreicht; nur wurde der obere Auslauf statt durch ein Häkchen durch einen in spitzem Winkel zum Schafte gestellten kleinen Ansatzstrich wiedergegeben. Der untere Querstrich des E verschwand in eine Krümmung. Bloß in Z. 6 ist er noch deutlich erhalten; doch ist die Schrägstellung aller Striche in diesem Falle beispielmäßig. Auch die zwei Schäfte des H sind leicht gekrümmt und der Querstrich ist in die obere Schafthälfte gerückt und etwas schräg gestellt. Die Neigung der Kursive zur Abschrägung macht sich auch in der eiförmigen Rundung des O in Z. 6 geltend. Sie entstand dadurch, daß das Schreibrohr im Papyrus von rechts nach links eine Schlinge beschrieb, die entweder im Ausgangspunkte endete oder auch das linke Ende der Kurve durchschnitt, so daß dann eine Schlinge mit überragenden Enden gebildet wurde[2]). Ein anderes Beispiel für die Wandlung der Kreisrundung, und zwar zur Parabel ist das C in Z. 6. Der untere Bogen verschwand, der obere läuft weit und flach aus, wie etwa der obere E-Bogen in Z. 3. Die einschneidendsten Veränderungen an den Kapitalcharakteren bewirkte die Neigung zur Schräglage wohl bei BRD. In unserer Inschrift zeigen sich diese Veränderungen sehr ausgeprägt an BR (Z. 6 und 8), während D in Z. 4 auf halbem Wege von der Monumentalschrift zur Kursive stehen blieb und D in Z. 1 noch ganz monumentalen Typus aufweist. Bögen und Schweif im monumentalen BR wurden in unserem Denkmale in gerade Striche aufgelöst, die schräg von links nach rechts verlaufen und in Häkchen enden; die Normal-

---

1) Vgl. darüber und für das Folgende die vortrefflichen Ausführungen von Bertold Bretholz, *Lat. Paläographie.* ²Leipzig 1912, S. 42. 45 ff. — H. B. van Hoesen, *Roman cursive writing.* Diss. Princeton 1915. University Press. 268 S. 8⁰ und V. Federici, *Esempi di corsiva antica dal secolo I. dell'era moderna al IV. racolti ed illustrati* [*Roma*] 1908 blieben leider unzugänglich. Nach dem Inhaltsverzeichnisse berücksichtigte van Hoesen nur Kursive auf Mauerwerk, Blei, Wachs, Ton, Papyrus, also keine Steine; bei ihm wäre aber gewiß das maßgebendste Vergleichsmaterial für unsere Buchstabenformen zu finden gewesen.
2) Vgl. C. Wessely, *Schrifttafeln zur älteren lat. Paläographie.* Leipzig 1898. Taf. I Col. 1 Z. 6. C. Zangemeister, *Inscriptiones parietariae pompeianae herculanenses stabianae* etc., *CIL* IV (1871) Tab. I: III 3. IV 4ᵇ. IV 5.

striche verkümmerten zum Häkchen im B[1]), zu einem in spitzem Winkel gegen den Hauptstrich gestellten Schaftreste im R. Aber auch das für die Kursive auf Papyrus übliche Schreibwerkzeug bewirkte Veränderungen in der Monumentalschrift, die der Meißel unseres Steinmetzes deutlich festgehalten hat. So laufen die Buchstaben unserer Inschrift vielfach in Spitzen (z. B. ESFI in Z. 3) oder Krümmungen aus (z. B. N in Z. 7, M in Z. 1 und 8, V in Z. 8, A in Z. 7, R B). Überhaupt herrscht die Tendenz, die Ecken zu runden, die geraden Striche zu krümmen in den Buchstaben unseres Monumentes offensichtlich. T in Z. 3 erhielt z. B. einen spitz auslaufenden, leicht aufwärts gekrümmten Querstrich. Ähnlich wurden lapidare Trennungspunkte in Z. 7 und 8 unserer Inschrift in schräg oder horizontal gestellte Beistriche aufgelöst. Aber auch die durch das Auslaufenlassen der Linien in der Kursive bewirkte Schaftverlängerung einzelner Buchstaben sucht man in unserem Denkmale nicht vergebens. Um die Zeile einzuhalten und wohl in Angleichung an das vorhergehende S ist der Schaft des F in Z. 3 noch umgebogen. Der erste Schaft des ersten N in Z. 5 und desjenigen in Z. 7 reicht aber deutlich, wenngleich nicht weit unter die Zeile herab, etwa wie das erste N bei Wessely I, Col. 2, Z. 14, also in einer Papyruskursive aus dem Beginne des ersten Jhs. n. Chr.

Nun sei noch zu den einzelnen Buchstabenformen Vergleichsmaterial beigebracht, das auch die Zeitbestimmung der Inschrift ermöglichen soll. Zu Grunde liegen für die Stein- und Erzschrift im allgemeinen Hübner a. a. O. S. LIII ff. und Cagnat S. 11 ff., sowie Diehl Taf. 29 c; für Inschriften vom 3. bis zum Ende des 7. Jhs. E. Le Blant, *Paléographie des inscriptions latines du III*[e] *siècle à la fin du VII*[e]. *Revue archéologique*, 3e série XXIX (1896), 177—197 (A—E); 345—355 (F—I). XXX (1897), 30—40 (K—P); 171—184 (Q—T). XXXI (1897), 172—184 (V—Z, Zahlen, Interpunktion). Für die Wandinschriften wurde herangezogen C. Zangemeister a. a. O. Taf. I; für Ziegeldenkmäler Johann Paur, *Zwei römische Ziegeldenkmäler aus Steinamanger in Ungarn*. S-B. der kais. Akad. d. Wissensch. in Wien, phil.-h. Cl. XIV (1854), 133 ff. (wohl aus dem 2. Jh.); K. Körber, *Neue Inschr. des Mainzer Museums*. Mainz 1905, Nr. 80; für Wachs, Papyrus usw. Wessely a. a. O.

A Z. 2[2]. 4[2]. 5. 7[2]. Nach Hübner (S. LIV[b] unten) und Cagnat S. 12 eine archaische epigraphische Form; in der Vulgärschrift der Kaiserzeit vom Beginn des 2. Jhs. n. Chr. reichlich belegbar, doch schon in Grabinschriften des 1. Jhs. verwendet. Beispiele aus dem Ende des 2. Jhs.: Hübner Nr. 301 Z. 3 (Rom); Nr. 371 (Athen). Vulgärschrift: Nr. 1173 Z. 2; Nr. 1165 Z. 4. Vgl. Le Blant XXIX 187, 4 (Rom, undatiert); 188, 2 (Spanien, undatiert). Vollmer Nr. 76; 194. Zangemeister II 5 (jüngere Pinselschrift); III 1, 3 (Kohle oder Kreide). Wessely Taf. I (Brief des Paconius) Z. 7; 8 (satisfacias); 12 (lacerat); 13.

B Z. 6. 8. Le Blant XXIX 188, 3 (301 n. Chr.). Zangemeister III 2 (Kohle oder Kreide). IV 6 (Griffel). Durch das weitabstehende schmale Häkchen ähnelt die Kursivform Zangem. IV 4 besonders unserm B in Z. 8. — Paur Taf. I Z. 2. 3. Körber Z. 6. Wessely Taf. I (Paconius) Z. 3, 12.

C Z. 2[2]. 3. 4. 6. Nach Hübner S. LV[b] fehlen dem kursiven C beide Hörner. Bei uns besitzt nur das C in Z. 6 eine Verdickung des Fußes, wie in Pinselschrift, die gemeißelte nachahmt; vgl. Hübner Nr. 1179; 1160 d. — C in Z. 2—4

---

1) Z. 8 wurde das Häkchen im widerstandskräftigen Marmor zum spitzen Winkel.

= Zangem. I 1 (ältere Pinselschrift). C in Z. 6 = Diehl Taf. 29 c; vgl. Hübner Nr. 1153 Z. 1. Zangem. IV 7 (Griffel). Wessely Nr. 3 Z. 3, 4 (Wachstafel v. J. 55 n. Chr.).

D Z. 1. 4. In Z. 1 ohne Hörner, wie zuweilen in der älteren Schrift (Hübner S. LV[b]). Die Verlängerung des Bogens über das obere Ende des Vertikalstriches kommt in der Akten-, Pinsel- und Kursivschrift vor (vgl. Hübner Nr. 1193; 1174 Z. 3). Nach Cagnat S. 13 erscheint diese Form seit dem 2. Jh. Zu unserem D Z. 4 vgl. besonders Diehl Taf. 29 c, Z. 7. Zangem. II 3 (jüngere Pinselschrift). Wessely Taf. I (Paconius) Z. 1, 5 (iucundum), 11 u. s. f

E Typ. I: Z. 6. Die rustikale E-Form mit den aufwärts gerichteten Querstrichelchen eignet nach Hübner (S. LVI[a]) der Pinselschrift und der Steinschrift des 3. Jhs. (vgl. Nr. 472; 272), nach Cagnat S. 14 schon des 1. Jhs.
Typ. II: Z. 3. 4. 5. 7 und da vornehmlich das E in Z. 3 steht der seit dem 2. Jh. in Inschriften nachweisbaren, seit dem 3. Jh. häufigen (Hübner, Cagnat) mondförmigen E-Form nahe. Doch ist der untere Bogen hier nicht immer gut ausgeführt, so daß das E in Z. 7 einem F ähnelt. was auch beim eckigen E öfter begegnet (s. Hübner Nr. 607 aus dem 3. Jh.). Der Mittelbalken verschwindet zum Punkte, hier ein Zeichen nachlässiger Ausführung. Vgl. Zangem. IV 2 (Griffel). Wessely Taf. I Col. II 13 (ex); Col. I 8 (sollice); Paconius 4 (scriberem). Zur Mischung beider E-Typen unseres Denkmals s. Diehl Taf. 29 c. Vollmer Nr. 75 B. Wessely (passim).

F Z. 3. Vulgäre, von der Kursive herübergenommene Form (Hübner S. LVII[a] unten. Cagnat S. 15). Vgl. Le Blant XXIX 348, 10 (ohne den geschweiften Auslauf des Schaftes). Zangem. IV 11 (Griffel).

H Z. 2. Die schmälere H-Form mit hinaufgerücktem Querbalken ist der älteren Monumentalschrift eigen, erscheint aber auch später und überwiegt in der Pinselschrift (Hübner S. LVIII; Cagnat S. 16).

I Z. 2. 3. 4. 5. 7. Kopf und Fuß, wie sie unsere I alle haben und Krümmung des Kopfes, wie in Z. 3 erhält I regelmäßig erst in der späteren Kaiserzeit (Hübner S. LIX[a]). Diese Merkmale finden sich aber schon im 1. Jh. da und dort (Cagnat S. 17). Die Rechtskrümmung des Kopfes, wie in Z. 3, erklärt Hübner (S. LIX[b] unten) überzeugend als vulgären Einfluß. Vgl. Diehl Taf. 29 c Z. 5 (annis). Unserem Beispiel ist ähnlich Zangem. II 3[b].

L Z. 2². 4. 7 ist eine schon früh (vgl. Hübner Nr. 20) in die epigraphische Kapitale eingedrungene Vulgärform; Hübner nennt als ältestes stadtrömisches Beispiel eine Inschrift aus der Zeit des Kaisers Claudius. Im 2. und 3. Jh. erscheint sie häufiger in der Monumentalschrift (Hübner S. LXI[a] unten; Nr. 1178. Cagnat S. 18). Vgl. Le Blant XXX 31, 1 aus dem Jahre 454. Es gibt zahlreiche Varianten, so eine mit elegant geschwungenem Schafte, an die L Z. 4 erinnert; mit Schrägstrich, der vom Normalstrich abgesetzt ist, wie in Z. 7 (Hübner Nr. 1165, Rom 2. oder 3. Jh.; Le Blant XXX 31, 10 Gallien aus d. J. 582. Zangem. IV 11 kursive Griffelform).

M Z. 1. 2. 8. M mit dem links übergreifenden 2. und 4. Schafte findet sich in der Akten- und der Vulgärschrift häufig (Hübner S. LXI[b] oben). Nach Hübner (S. LXII[b]) ist diese Form als vulgäre Nachahmung der Aktenschrift in die Monumentalschrift eingedrungen; vgl. Nr. 514; 544 aus dem Ende des 3. Jhs. und von den Beispielen für die Vulgärschrift Nr. 1167. Diehl Taf. 29 c; für die Pinselschrift Nr. 1188; 1193. Cagnat S. 19 betont mit Recht, daß hier eine von der epigraphischen Kapitale früh übernommene Kursivform vorliegt. Vgl.

noch Le Bant XXX 33,12 aus d. J. 410. Zangem. II 1 (ältere Pinselschrift). Unser M Z. 1 und 2 steht zwischen Zangem. I 2 und II 1. Wessely Taf. I, Col. I Z. 12, 13 16, 18 u. s. f.

N Z. 5². 6. 7. Diehl Taf. 29c. Vgl. Zangem. IV 2 (Griffel). Paur Taf. I Z. 1 (senem). Wessely Taf. I Col. 1 Z. 10 (agunt), 15, 20. Col. 2 Z. 2, 4, 14 (nuc) u. s. f.

O Z. 6 eirund, oben spitz zulaufend, wie Zangem. II 2 (jüngere Pinselschrift). Vgl. Le Blant XXX 37,8 (Gallien v. J. 498). Wessely I Col. 1 Z. 15 (tanto), 16 (tiorem); Col. 2 Z. 20 (rino).

R Z. 6. Unsere Form ist nach Hübner S. LXV^b eine in die Vulgärschrift eingedrungene Kursivtype. Sein Beispiel Nr. 1153 aus der Wende des ersten und zweiten Jhs. zeigt die Form mit senkrechtem, noch unverkürztem Schafte. In Nr. 1175 verläuft wohl der Schaft schräg links (vom Beschauer), wie in unserem Falle; Rundung und Schweif sind aber hier noch nicht ganz zu einer Linie verschmolzen, wie in Z. 6. Unserm R sehr ähnlich ist das von Vollmer in Nr. 423 als L verlesene auf einem Legionsziegel. Vgl. noch Hübner Nr. 918 (Silberkritzelei vom J. 234). Vollmer Nr. 75 B. Paur Taf. I. Körber Z. 6. Zangem. IV 8 (Griffel; unser R ist geschlossener); III 3 (Kohle und Kreide). Wessely Taf. I Col. 1 Z. 15; Col. 2 Z. 14, 21; Paconius Z. 5.

S Typ. I: Z. 3, 7, in dem sich S dem einfachen Schrägstrich nähert, wurde von Hübner (S. LXV_b unten) als epigraphische Kursivform verbucht; vgl. Nr. 1161 und Diehl Taf. 29c. Typ. I stellt eine Zwischenform dar zwischen Zangem. I 2 und I 3 (ältere Pinselschrift). Wessely Taf. I Col. 1 Z. 16; Col. 2 Z. 21 (lycisco); Brief des Paconius Z. 3, 11.

Typ. II: Z. 1 ist eine deutliche Schreibform; die untere Rundung fehlt und die obere wird durch einen Ansatzstrich ersetzt, der in den ältesten Papyrustexten meist aufwärts gerichtet ist. In der Abwärtskehrung in unserem Beispiele ist der Versuch des Steinmetzes zu sehen, die Rundung besser zu ersetzen. Vgl. Wessely Taf. I Col. 1 Z. 3, 7, 8 (sollice), 13 (se); Col. 2 Z. 13.

T Z. 3. 5. 6. In der Pinselschrift, schon zur Zeit des Augustus, ist der Querbalken leicht gekrümmt und rechts (vom Beschauer) aufwärts gebogen. Im 2. Jh. findet sich diese Form auch in Grabschriften häufiger, im 3. und 4. wird sie sehr gewöhnlich. Aus Hübners Vulgärinschriften vgl. Nr. 1154, 1178. In Zeile 3 unserer Inschrift ist der Querbalken des T nach beiden Seiten leicht aufwärts gekrümmt, was bei Paur Taf. I Z. 3 stark sichtbar ist. Vgl. Zangem. IV 6 (Griffel), wo aber der Schaft einen Auslaufhaken hat, wie meist in der Kursive Wessely Taf. I Col. 1, 7 (utrosque), 16 (tiorem), 17 (citudinem); Paconius Z. 14.

V Z. 3. 4. 5. 6. 7. 8. Durch die Vergrößerung des Winkels, den die beiden ursprünglich gleich langen Schenkel des Buchstabens bilden, nach links wird der linke Schenkel länger und ragt dann oft (wie in Z. 6) über die Zeile hervor. Das älteste Beispiel für diese Erscheinung liefert die Pinselschrift schon zu Beginn des 1. Jhs. (Hübner S. LXVI^b). Auch durch die Rundung des Winkelscheitels ähnliche Beispiele aus dem 1. Jh. bei Hübner Nr. 286; 301; aus dem 2. oder 3. Jh. Nr. 899 (Erz); Vulgärschrift Nr. 1153; 1155; 1158; 1164. Diehl Taf. 29c. Den Kursivcharakter dieser Form erhebt über jeden Zweifel Wessely Taf. I Col. 2 Z. 5 (eum), 10 (novi), 20. Brief des Paconius Z. 3 (potui).

Die Interpunktion geht besonders in Z. 7 und 8 unseres Denkmales in Striche über. Das Eindringen dieser Kursivgewohnheit in die epigraphische Kapitale läßt sich schon am Ende des 2. Jh. nachweisen (Hübner S. LXXVI[a]). Unsere Form der Trennungsstriche ist selten (Cagnat S. 28), ihr Gebrauch nicht weniger vernunftwidrig, als in dem von Cagnat S. 29 vorgelegten Beispiele. Dort werden ebenfalls einzelne Buchstaben desselben Wortes durch Satzzeichen voneinander getrennt. Vgl. noch Vollmer Nr. 90. 236. 411.

Die Buchstabenformen unserer Inschrift sind somit fast ausnahmslos in der Papyruskursive und in der Kursive der Wandinschriften schon des 1. Jhs. nachweisbar. Sie stehen der Pinselschrift besonders nahe. Auf Stein sind sie indessen nach dem hier zu Gebote stehenden Vergleichsmateriale nicht vor dem 2. Jh., z. T. nicht vor dessen Ende regelmäßiger zu belegen, während sie im 3. Jh. häufig vorkommen. Unser Denkmal gehört demnach wahrscheinlich in die Zeit des Septimius Severus, also in die Wende des 2. und 3. Jahrhunderts.

Innsbruck.

Personalien.

Gestorben sind:

J. A. Knudtzon-Christiania, dem wir eine musterhafte Ausgabe der Tell el-Amarna-Tafeln (1907) verdanken, während des Krieges in Christiania (verspätet).

L. W. King-London, der verdiente Herausgeber vieler babylonischer Texte und Verfasser der *History of Sumer and Accad*.

W. Max Müller, der Verfasser des bedeutsamen Werkes *Europa und Asien nach aegyptischen Monumenten*.

Fr. Imhoof-Blumer, der große Meister antiker Numismatik, am 26. April 1920 in Winterthur.

Max Weber, der historisch so stark interessierte Nationalökonom der Münchener Universität, der seine *römische Agrargeschichte* zu dem ausgezeichneten Artikel über die Agrargeschichte des Altertums im *Handwörterbuch der Staatswiss*. I. 3. Aufl. erweitert hatte, am 15. Juni 1920 in München.

Georg Busolt-Göttingen, nachdem er kurz vorher durch Operation ein Bein eingebüßt und infolgedessen seine Emeritierung beantragt hatte, am 1. September 1920. Die *Griechische Geschichte*, die er jetzt zu Ende führen wollte, wird nun ein Torso bleiben. Dagegen liegt die *Griech. Staatskunde* (3. Aufl. seiner *Griech. Staatsaltertümer*) im Manuskript vor.

J. H. Lipsius, der ausgezeichnete Kenner griechischen Rechtswesens, 87 Jahre alt, am 6. September 1920 in Leipzig.

Habilitiert haben sich für alte Geschichte:

Ernst Stein in Wien, Friedrich Oertel in Berlin.

Josef Marquart, a. o. Prof. der iranischen und armenischen Philologie und Ernst Herzfeld, a. o. Prof. für orientalische Hilfswissenschaften, beide in Berlin, wurden zu Ordinarien ihres Faches daselbst, Victor Gardthausen-Leipzig zum ord. Hon.-Professor ernannt.

Alfred Wiedemann-Bonn, seither ord. Hon.-Professor, wurde zum o. Prof., Privatdozent Otto Th. Schulz-Leipzig zum a. o. Prof. ernannt.

F. v. Duhn-Heidelberg, Carl Robert-Halle und Richard Foerster-Breslau traten vom Lehramt zurück; auf ihre Stellen wurden L. Curtius-Freiburg, Georg Karo-Athen und Fritz Weege, seither Privatdozent in Halle, berufen. Curtius' Nachfolger in Freiburg wurde Ernst Buschor-Erlangen. Auf das durch den Tod Br. Sauers erledigte Ordinariat für Archäologie in Kiel wurde August Frickenhaus-Straßburg berufen.

Griechische Traditionen von der Gründung Roms[1].
Von **Werner Schur**.

Gelegentlich der Vorarbeiten für meine Dissertation[2] habe ich auch eine Untersuchung über die griechischen Traditionen von der Gründung Roms geführt. Ihre Ergebnisse, die bei Kriegsausbruch nur noch der letzten Feile bedurften, lege ich hier vor, soweit ich darin Neues zu sagen habe. Es handelt sich dabei um eine genauere Bestimmung der timäischen Äneassage, um die Abwehr verfehlter Vorstellungen von der Gründungssage der Pontificalannalen, um die Entstehung der Sage von der Verbrennung der Schiffe durch die gefangenen Troerinnen und um die Stesichorosfrage. Wieder und wieder wird uns dabei der beherrschende Einfluß der griechischen Literatur auf die Entwicklung der römischen Geschichtsüberlieferung vor Augen treten. Aber gerade das Verhältnis des Timaios zu den ersten Annalisten wird uns zeigen, daß wir die Abhängigkeit der Römer von ihren griechischen Vorbildern nicht überschätzen dürfen. Auch hier hat, wie ich nächstens einmal zu zeigen gedenke, die Selbständigkeit in der Nachahmung, die Leo in seiner leider unvollendet gebliebenen Geschichte der römischen Literatur in so glänzender Weise herausgestellt hat[3], von allem Anfang an bestanden. Doch hier haben wir es nur mit den griechischen Fäden des kunstreichen Gewebes zu tun, das die römische Gründungssage schon in den Annalen des Fabius und Cincius bedeutet.

1. Roms Gründung bei Timaios.

Der Verlust der Werke des Timaios von Tauromenion gehört zu den schwersten, die wir für die Kenntnis der alten Geschichte, namentlich des Westens, zu beklagen haben. Er war der erste Grieche, der sich mit römischen Dingen eingehend beschäftigt hat. Aber nur drei bescheidene Bruchstücke seiner Darstellung der römischen Gründungssage, die die Brücke von der griechischen Literatur zur römischen schlägt,

---
1) Abgeschlossen am 20. April 1920.
2) *Die Äneassage in der römischen Literatur*, Straßburg 1914.
3) Siehe insbesondere S. 85 ff. über Fabius.

haben sich erhalten. Er hat den Penatenkult[1]) und das Oktoberroß[2]) aus Troja hergeleitet, also die Äneassage in den Mittelpunkt seiner Erzählung gerückt. Und er hat die Gründung Roms gleichzeitig mit der von Karthago angesetzt[3]). Was wir sonst wissen wollen, muß uns die Kritik seiner notorischen Benutzer lehren.

Unter diesen nimmt der Tragiker Lykophron von Chalkis, der am Hofe des Ptolemaios Philadelphos gelebt hat, die erste Stelle ein. In seinem dunklen Dithyrambos Alexandra legt er der troischen Seherin auch eine Erzählung der Wandersagen des Westens in den Mund und behandelt in diesem Zusammenhang auch die Äneassage mit ihrem Abschluß in Latium. Daß er für diesen ganzen Sagenkreis das eben damals publizierte Sammelwerk des Timaios benutzt hat, hat J. Geffcken[4]) aus den Parallelquellen endgiltig nachgewiesen. Er hat auch gezeigt, daß Lykophron Sagen verbindet, die bei Timaios keine Beziehung aufeinander haben, insbesondere Lokalmythen in die Wandersagen der einzelnen Helden hineinzieht, die bei Timaios selbständig waren[5]).

Die beiden Römerepisoden, die Äneassage[6]) und der prophetische Hinweis auf den kommenden Rächer von Ilion[7]), haben lange für unecht gegolten. Niebuhr hat die These mit seiner ganzen Autorität verfochten[8]). Andere halten sie noch heute aufrecht[9]). v. Wilamowitz hingegen hat mit richtigem literarischen Takt die Echtheit der Stücke behauptet[10]). Den vereinigten Bemühungen von Günther[11]), Geffcken[12]), Holzinger[13]) und Corssen[14]) ist es gelungen, seine These auf eine feste Grundlage zu stellen.

Die Prophetie vom Rächer Trojas bezieht sich auf den römischen Besieger des Pyrrhos, des sechsten Nachfolgers Alexanders auf dem makedonischen Königsthrone[15]). Der troische Römerfeldherr besiegt den

---

1) *FHG* I, S. 197, fr. 20 ap. Dion. I, 67, 4.
2) *FHG* I, S. 231, fr. 151 ap. Pol. XII, 4, 6.
3) *FHG* I, S. 197, fr. 21 ap. Dion. I, 74, 1.
4) *Timaios und die Geographie des Westens. Phil. Unters.* 13, 1892, S. 1—4.
5) S. 4 am Beispiel der Odysseus- und Menelaossage.
6) V. 1226—1280. — 7) V. 1435—1450.
8) *Über das Zeitalter Lyk. des Dunklen*, 1826, *Kl. Schr.* I, S. 438 ff. Die Bezeichnung Roms als der Herrscherin über Meer und Land scheint ihm erst nach dem Antiochuskriege möglich.
9) S. C. F. Hermann (*Rhein. Mus.* VI, 1848, S. 610), Welcker (*Griech. Trag.* III, S. 1257), Nissen (*Fleckeis. Jbb.* 91, 1866, S. 379 ff.), Skutsch (Pauly-Wissowa, *RE* VI, Sp. 1174ff. Art. *Euphorion* 4), Beloch (*Gr. Gesch.* III, 2, S. 478ff.) und Sudhaus (*Rhein. Mus.* 63, 1908, S. 481 ff.).
10) *De Lyc. Alex. comment.* Ind. lect. Gryph. 1883/84.
11) *De ea quae inter Timaeum et Lycophronis Alexandram intercedit ratione.* Diss. Lips. 1889.
12) A. a. O. — 13) *Lykophrons Alexandra*, 1896, S. 53 ff.
14) *Rhein. Mus.* 68, 1913, S. 321 ff. — 15) So Corssen a. a. O. S. 325.

Makedonenkönig und gewinnt so das Weltenszepter, das Alexander dem Occident errungen hatte, für den troischen Orient zurück[1]). Auch historisch paßt die Abfassung recht gut in die Jahre 274—272. Rom hat damals insbesondere durch die Unterwerfung der großgriechischen Städte die Seegeltung gewonnen, die ihm Lykophron nachrühmt. Benutzung des Timaios für die Sagen des Westens ist bei einem Autor der siebziger Jahre des dritten Jahrhunderts selbstverständlich. Für die Äneassage hat sie Geffcken eingehend nachgewiesen[2]).

Die Rätselmanier des Dichters stellt dem Verständnis unseres Abschnitts große Schwierigkeiten in den Weg. Namentlich ist der Ort des neuen Äneasreiches schwer zu fassen. Hier kann uns nur genaueste geographische Ausdeutung zum Ziele führen.

Ein troischer Fürst wird zwei junge Löwen hinterlassen, ein ἔξοχον ῥώμῃ γένος[3]). Es ist Äneas, der Vater des Brüderpaares Rhomos und Rhomylos. Von der Tochter des Äneas und ihrem poetisch so brauchbaren Geschick ist mit keiner Andeutung die Rede, ebensowenig von der Wölfin und den Zwillingen. So stellt sich Timaios hier durchaus in den Kreis der griechischen Überlieferung und verdankt römischer Kunde nur das Zweigründermotiv und den Namen Romulus.

Nach langer Irrfahrt landet Äneas in Etrurien, dessen Grenzbeschreibung Lykophron aus Timaios gibt[4]). Pisa und Agylla nennt er als Grenzstädte, den Arnus in verdunkelter Weise als nördlichen Grenzfluß. Aber der latinisch-etruskische Grenzfluß Tiber fehlt hier wie in der Grenzbeschreibung von Latium[5]). Timaios hat den Namen zweifellos gegeben[6]). So gewinnt es den Anschein, als habe Lykophron aus irgend einem Grunde die Grenze zwischen Latium und Etrurien verwischen wollen.

Hier beginnt bereits merklich die Sagencontamination. Äneas trifft mit einem νάνος zusammen, der sein alter Feind ist, die ganze Welt durchreist hat und ihm jetzt seine Freundschaft aufzwingt[7]). Es ist der Odysseus des Hellanikos[8]). Aber der Name und die etruskische Lokalität deuten auf den Nanas-Odysseus von Cortona hin.

Tarchon und Tyrsenos, die Söhne des mysischen Herakliden Telephos, schließen sich dem Bunde an[9]). Daß diese Stifter des etruskischen Reiches nicht Lyder, sondern Telephiden sind, ist eine Sondertradition

---

1) Daß auch die Schlußpartie sich dem herodoteischen Grundgedanken des ganzen zweiten Teiles einfügen muß, hat bereits Sudhaus erkannt.
2) S. 39 ff. — 3) V. 1235 ff.
4) V. 1238—1241. Siehe dazu Holzinger S. 339. — 5) Siehe unten S. 140.
6) Wilamowitz (S. 11) und Geffcken (S. 42) hätten das nicht bezweifeln sollen.
7) V. 1242—1245.
8) Geffcken (S. 45) bezweifelt das zu Unrecht. — 9) V. 1245—1249.

des Timaios, die wir nur noch bei Dionys wiederfinden[1]). Die Verbindung dieser etruskischen Ursprungssage mit der römischen Gründungssage ist ein merkwürdiger Zug des lykophronischen Sagengemenges.

In den drei folgenden Versen, die das bekannte Tischprodigium behandeln[2]), liegt der große Bruch, der die ganze Geographie des Abschnitts so unklar macht. Die Partikel ἔνθα kann nur auf das vorgenannte Etrurien bezogen werden[3]). Das Ereignis selbst kann aber nur in Latium seinen Schauplatz haben.

Dann wird die geographische Anschauung wieder klarer. Äneas bleibt infolge des Wunders im Lande der Boreigonèr, das sich ὑπὲρ Λατίνους Σαυνίους τε ausdehnt[4]). Nach der Zahl des Wurfes der schwarzen Sau vom Ida gründet er die dreißig Latinerstädte[5]). Das Wunder hat Timaios von dem Hügel von Lavinium erzählt, wo Dionys noch das von Lykophron erwähnte Bild sah[6]). Das Boreigonerland ist also identisch mit dem erweiterten Latium des dritten Jahrhunderts, das Völker latinischer und sabellischer Zunge umfaßt.

Die anschließende Geschichte der laviniatischen Penaten[7]) hat Wissowa mit großem Scharfsinn für Timaios gewonnen[8]). Die Rettungstat des Äneas ist hier zum ersten Male mit dem Penatenkult verbunden. Wenn Lykophron die Heiligtümer in einem Pallastempel ruhen läßt, so läßt sich daraus nur die Erwähnung des Palladiums bei Timaios, nichts weiter folgern[9]).

Es bleibt noch der rein geographische Schluß der Äneassage[10]). v. Wilamowitz und Geffcken sehen hier einen Hinweis auf Äneas als Gründer von Rom, dessen Lage durch bekannte Punkte der Mythengeographie Italiens angedeutet werde[11]). Holzinger hat die Unmöglichkeit dieser Interpretation dargetan[12]). Die neue πάτρα des Äneas ist nicht Rom, sondern Latium, dessen Grenzen nach lykophronischem Sprachgebrauch durch eine Reihe von Ortsnamen im Accusativ nach ἀμφί gegeben werden. Es ist das Latium des Timaios. Die Grotte des kymäischen Apoll und der Fucinersee bezeichnen genau die in seiner Zeit giltige Süd- und Ostgrenze der Landschaft. Aber der nördlich abschließende Tiber fehlt hier

---

1) Siehe unten S. 141. — 2) V. 1250—1252.
3) Siehe dazu Holzinger S. 340.
4) V. 1253—1260. Es ist das von Latinern und Sabellern bewohnte Latium des dritten Jahrhunderts. Siehe Holzinger S. 341, gegen Geffcken S. 42 f.
5) Die *sus alba* kennt erst Fabius mit der Beziehung auf Alba.
6) Varro *rr.* II, 4, 18; Dion. I, 57, 1.
7) V. 1261—1269. — 8) *Hermes* 22, 1887, S. 41 ff.
9) Geffcken (S. 45 f.) zieht hier falsche Schlüsse auf römische Sagen.
10) V. 1270—1280.
11) v. Wilamowitz a. a. O. S. 11 und Geffcken S. 42. — 12) S. 343.

wie in den etruskischen Grenzangaben[1]). Beide Grenzbeschreibungen fordern aber gebieterisch die Ergänzung durch den Tiber[2]). Warum Lykophron, der sonst mit Vorliebe auch kleinste Flüsse nennt, diesen bedeutenden Grenzstrom nicht erwähnt, werden wir gleich sehen.

Betrachten wir seine geographischen Angaben im Zusammenhang. Etrurien mit den Grenzorten Pisa und Agylla ist der Schauplatz des Zusammentreffens mit Odysseus und den Telephiden, also spezifisch etruskischen Sagenhelden. Vom Sauprodigium an, das die Niederlassung des Äneas entscheidet, ist es das Boreigonerland, wo er in den timäischen Grenzen von Latium die dreißig Latinerstädte gründet. In den dazwischen eingeschobenen drei Versen wird absichtlich der Eindruck erweckt, als sei in beiden Teilen von demselben Lande die Rede. Das Verschweigen des Tiber dient offenbar demselben Zwecke der Grenzverwischung. Das Ergebnis ist klar. Lykophron hat zwei römische Gründungssagen, die bei Timaios als Varianten nebeneinander standen, contaminiert und so eine Verwirrnng geschaffen, die wir auflösen müssen.

Auf der einen Seite schimmert die Tradition des Hellanikos durch, der Odysseus und Äneas in Latium kennt. Auf der anderen Seite scheint eine Überlieferung vorzuliegen, die den Äneas mit den Oikisten des etruskischen Stammes, den Telephiden Tarchon und Tyrsenos, zusammenbrachte. Diese Tradition hat uns Plutarch erhalten, wenn er Rom nach Rhome, der Tochter des Telephos und Gattin des Äneas, seinen Namen führen läßt[3]).

Das ist offensichtlich die bei Lykophron angedeutete etruskische Variante des Timaios. Sie ließ den Äneas in Etrurien die Telephiden antreffen, ihre Schwester ehelichen und die neue Troerstadt an der Südgrenze des etruskischen Reiches nach ihrem Namen nennen. Rom ist für diese Auffassung eine griechisch-etruskische Stadt, wie es dies auch für des Timaios jüngeren Zeitgenossen Kallias ist[4]). Wir können nicht ahnen, ob Timaios hier etruskischer Überlieferung folgt, oder welchem westgriechischen Autor er diese interessante Nachricht entnommen hat. Lykophron sah jedenfalls in der Doppelüberlieferung des Timaios eine günstige Gelegenheit zu der bei ihm so beliebten Rätselbildung und hat die Sache durch die Hindeutung auf den Nanas-Odysseus von Cortona noch weiter verdunkelt. In den geographischen Angaben hat er die Spuren dieser seiner Tätigkeit nach Möglichkeit verwischt.

Neben der etruskischen Äneassage, die wir eben aus Lykophons Rätseln herausgeschält haben, gibt Timaios aber die latinisch gefärbte

---

1) Siehe oben S. 139. — 2) Siehe Holzinger S. 70.

3) Plut. *Rom.* 2: οἱ δὲ Τηλέφου τοῦ Ἡρακλέους (παῖδα Ῥώμην) Αἰνείᾳ γαμηθεῖσαν. Tyrsenos Sohn des Telephos auch bei Dion. I, 28, 1.

4) Über ihn siehe Mommsen, *Die Remuslegende*, *Hermes* 16, 1881 S. 3 ff. = *Ges.Schr.* IV, S. 2 ff.

Haupttradition, die von so, starkem Einfluß auf die römische Entwicklung gewesen ist. Hier sind griechische und einheimische Elemente verbunden. Die Rettung der troischen Götterbilder durch Äneas, sein Aufenthalt in dem thrakischen Aineia, sein Zusammentreffen mit dem kurz vorher in Latium gelandeten Odysseus sind offenbar Anklänge an den Bericht des Hellanikos, der zugrunde zu liegen scheint[1]).

Die latinischen Anknüpfungen weisen nach Lavinium. Hier ist der Penatenkult und das Sauprodigium lokalisiert. Hier steht das Erzbild der idäischen Sau. Und eben dorthin weist auch die Deutung der dreißig Ferkel auf die dreißig Städte des latinischen Bundes. Spezifisch römische Anknüpfungen hingegen lassen sich nicht nachweisen.

Timaios hat aus dem Nacheinander des Odysseus und des Äneas bei Hellanikos ein Nebeneinander gemacht. Er hat die Anknüpfung des Äneassage an bestimmte Orte und Heiligtümer in Latium geschaffen. Insbesondere hat er die Verbindung des latinischen Gesamtvolkes mit Äneas hergestellt[2]) und für dies Gesamtvolk den Boreigonernamen eingeführt, den allem Anschein nach erst Cato in der bekannten Weise latinisiert hat[3]).

Zu Unrecht werden in diesen Zusammenhang das Gründungsdatum des Timaios und die Didogeschichte eingereiht. Timaios hat nur die allgemeine Angabe gemacht, Rom und Karthago seien in einem Jahre gegründet worden[4]). Das besagt nur, daß die beiden Staaten politisch ebenbürtig und in ihrem gemeinsamen Interessenkreise auf einander angewiesen sind. Ein neuer Ansatz des Äneas in das Ende des 9. Jahrhunderts ist damit bei dem peinlichen Chronologen Timaios sicher nicht beabsichtigt. Es handelt sich demnach um eine politische Floskel aus einem zeitgeschichtlichen Werk, nicht um eine irgendwie chronologisch verwertbare Angabe aus dem mythographischen Handbuch des Autors.

Auch die Gründungssagen der beiden Städte waren getrennt. In die timäische Didosage läßt sich Äneas mit zulässigen Mitteln nicht einführen[5]). Und in der Äneassage weiß Lykrophron, der die Reiseroute seiner Helden mit besonderer Vorliebe und Genauigkeit angibt, nichts von einem libyschen Aufenthalt des troischen Irrfahrers. So ist auch diese Verbindung zwischen Rom und Karthago erst von Naevius geschaffen[6]).

Zum Schluß noch ein Wort über die Frage nach der Quelle der latinischen Nachrichten des Timaios. Es ist auffallend, daß er mit einer recht guten allgemeinen Orientierung über Latium und einer nicht weniger guten Kenntnis der laviniatischen Verhältnisse eine absolute Unkenntnis

---

1) Geffcken S. 45. — 2) Siehe Holzinger S. 344.
3) Siehe Th. v. Zielinski in *Xenien d. 41. Philol.-Vers. in München*, 1891, S. 41—45.
4) Siehe oben S. 138. — 5) Trog. ap. Just. 18. 5.
6) Das hoffe ich nächstens zu zeigen.

der einheimischen Gründungssage verbindet. Die moderne Forschung will hierin vielfach einen Beweis dafür sehen, daß diese Sagenform erst durch Naevius oder seinen Vorgänger Diokles geschaffen worden sei[1]). Aber die ogulnische Wölfin und die zugehörigen campanischen Münzen scheinen mir einen vollgültigen Beweis für die Existenz einer derartigen Gründungssage zu bilden[2]). So bleibt zur Erklärung der Aporie nur der bereits von Niebuhr betretene Weg, daß man die Nachrichten des Timaios auf laviniatische Gewährsmänner zurückführt[3]). Beruft er sich doch für die Penatengeschichte auf epichorische Zeugen. Aber der Satz besagt nicht, daß er selbst Lavinium besucht hat. Denn ein Grieche von seinen wissenschaftlichen Qualitäten[4]) begnügt sich nicht mit dem Besuch von Lavinium, wenn er Rom auf guten Straßen in einigen Stunden erreichen kann. So ist die starke laviniatische Note der timäischen Tradition wohl dem Umstande zuzuschreiben, daß der Autor, ohne jemals selbst in Latium gewesen zu sein, seine Kunde laviniatischen Handelsleuten verdankt[5]). Diesem Zufall verdankt Lavinium seine hohe Stellung in der römischen Äneassage.

Denn die große Bedeutung des timäischen Berichtes liegt ja weniger in seiner Stellung am Ende der griechischen Entwicklung als in dem gewaltigen Einfluß, den er auf die literarische Ausgestaltung der einheimischen Überlieferung ausgeübt hat. Naevius hat sich von ihm zur Erfindung der Didogeschichte anregen lassen. Fabius zeigt starke Spuren seiner Einwirkung. Und auch Cato hat ihm die Vorstellung der Boreigoner, des Nordvolkes, das in den späteren Sitzen der Latiner, Sabeller und Etrusker wohnt, zu verdanken. So haben wir in der timäischen Version der mittelitalischen Urgeschichte eine der einflußreichsten Formulierungen der Sagengeschichte zu erkennen, die jemals erdacht worden sind.

2. Eine campanischs Chronik des ausgehenden vierten Jahrhunderts.

Das 73. Kapitel des ersten Buches der römischen Archäologie des Dionys spielt, wie in den ganzen Untersuchungen über die Entstehung der römischen Geschichtstradition, so insbesondere bei der Beurteilung der Herkunft der römischen Gründungssage eine große Rolle. Soltau hat von hier aus versucht, einen Einblick in die Vorstellungen der Römer von der Stadtgründung, wie sie vor der literarischen Wirksamkeit des Naevius

---

1) Siehe namentlich W. Soltau i. d. gleich zu zitierenden Aufsätzen.
2) Auch diese Frage gehört in einen anderen Zusammenhang.
3) Siehe Niebuhr, *RG* I, S. 151 und v. Wilamowitz S. 11.
4) Die man auf Grund des harten polybianischen Urteils zu gering eingeschätzt hat. Siehe Geffcken S. 173 ff.
5) So schon Mommsen (*RG* I[8] S. 467) und Cauer (*Berl. Stud.* I S. 482) ohne nähere Begründung.

waren, zu gewinnen¹). Unzulässige Interpretationen haben ihn hier zu falschen Schlüssen geführt.

Der entscheidende Absatz hat folgenden Wortlaut: παλαιὸς μὲν οὔτε συγγραφεὺς οὔτε λογογράφος ἐστὶ Ῥωμαίων οὐδὲ εἷς· ἐκ παλαιῶν μέντοι λόγων ἐν ἱεραῖς δέλτοις σωζομένων ἕκαστός τι παραλαβὼν ἀνέγραψεν. τούτων δέ τινες μὲν Αἰνείου γενέσθαι υἱοὺς λέγουσιν Ῥωμύλον τε καὶ Ῥῶμον τοὺς οἰκιστὰς τῆς Ῥώμης, ἕτεροι δὲ θυγατρὸς Αἰνείου παῖδας, ὅτου δὲ πατρὸς οὐκέτι διορίζοντες. Darauf folgt ein Beispiel für jede der beiden erwähnten Traditionsformen.

Der erste Satz ist eine der wenigen Stellen, an denen von den Aufzeichnungen im Pontificalarchiv die Rede ist. Kornemann hat aus ihnen und aus dem einheitlichen Charakter der alten annalistischen Überlieferung den unbestreitbaren Schluß gezogen, daß bereits vor den literarischen Bemühungen des Naevius, Fabius und Cincius ein priesterliches Annalenwerk bestanden hat, das die Geschichte der Stadt von der Gründung an in den wesentlichen Zügen festgelegt hat²). Soltau hat seinerseits richtig erkannt, daß der zweite Satz lediglich die Einleitung zu den beiden an ihn angeschlossenen Beispielen ist, also nur auf sie, nicht etwa auch auf die Tradition des Fabius³), bezogen werden darf. Aber er begeht das schwere Mißverständnis, die beiden Beispiele aus den Pontificalannalen herzuleiten.

Das Mißverständnis konnte entstehen, wenn man den Abschnitt nur im Rahmen seines Kapitels betrachtete. Aber der wahre Sinn ergibt sich erst aus seiner Stellung in der Gesamtkomposition des ersten Buches. Dionys zieht an dieser Stelle zum ersten Male offen die römische Literatur in weiterem Umfange heran. Da ist· es nur natürlich, wenn er die römische Überlieferung gerade an dieser Stelle noch einmal in ihrer Eigenart und ihrem Quellenwert charakterisiert. „Die durchweg junge literarische Überlieferung der Römer fußt auf alten Priesteraufzeichnungen, aus denen jeder Annalist die ihm richtig erscheinende Auswahl trifft." Die starken Abweichungen der Annalistik veranlassen den Griechen also zu der Vermutung, daß die Priesterannalen eine reiche Auswahl von Varianten über die Stadtgründung boten. „Von diesen Annalisten machen einige die Stadtgründer zu Söhnen, andere zu Tochtersöhnen des Äneas." Mit diesem Satze geht der Autor von der allgemeinen Charakteristik der Literaturgattung zum Bericht über ihre Traditionen im Einzelnen über, erwähnt in diesem Kapitel zwei von der Vulgata völlig abweichende Varianten, um sich im nächsten Kapitel zur Darstellung der herrschenden Meinung zu wenden.

---

1) *Arch. f. Religionswissenschaft* XII, 1909, S. 112. *Philologus* 68, 1909, S. 155. *Entst. d. röm. Geschichtsschr.*, 1909, S. 24 f.
2) *Der Priestercodex i. d. Regia.* Tüb. Dokt.-Verz. 1912, S. 9 ff.
3) So Mommsen, *Röm. Chron.*², S. 152, Anm. 288.

Zitiert werden also in diesem Kapitel nicht die Pontificalannalen, sondern nur die stark voneinander abweichenden jungen Annalisten, als deren gemeinsame Quelle die Priesterannalen genannt werden. Daß Dionys sie nicht selber eingesehen hat, folgt meines Erachtens aus der vorsichtigen und unklaren Weise, in der er von ihnen spricht[1]). Ob die beiden Traditionen dieses Kapitels wirklich in dem von Soltau behaupteten nahen Verhältnis zum Priestercodex stehen, kann danach nur die Kritik ihres Inhalts lehren.

In der erhaltenen Form sind beide unbestreitbar sehr jung. Die erste stellt einen Ausgleich dar zwischen der Dichterversion, nach der die Zwillingsgründer Tochtersöhne des Äneas sind, und der herrschenden Tradition, Äneas habe seine latinische Herrschaft durch Erbvertrag mit Latinus gewonnen[2]). Aus fast allen Einzelheiten läßt sich der junge harmonistische Charakter des Machwerks erkennen. Insbesondere sei die Unterdrückung der Gottessohnschaft der Stadtgründer erwähnt.

Schwieriger ist die zweite Tradition zu beurteilen. Wenn sie die doppelte Gründung Roms berichtet, so gehört sie in der überlieferten Form mit Sicherheit dem ersten Jahrhundert an[3]). Aber auch die erste Gründung der Stadt durch die Söhne des Äneas, die allein im Sinne Soltaus verwendet werden könnte, trägt deutlich Spuren einer Überarbeitung aus derselben Zeit.

Askanios teilt nach dem Tode des Äneas das Latinerreich mit seinen Brüdern Rhomos und Rhomylos. Er gründet in seinem Reichsteil Alba und einige andere Orte. Rhomos gründet in dem seinen Capua, Anchise, Aineia, das später Ianiklon umbenannt wurde, und Rom, die Namen nach der Geschlechterfolge seines Hauses vom alten Kapys her wählend. Von dem dritten Bruder Rhomylos ist nicht mehr die Rede[4]).

Anchise und Aineia möchte man demselben Überarbeiter zuschreiben, dem die Gleichung Aineia-Ianiklon gehört. Der echt römische Name des Rhomylos fällt so völlig aus dem Rahmen heraus, daß wir ihn ausscheiden müssen. So bleibt eine rein griechische Version als Kern übrig: Askanios, der Älteste des Äneas, gründet Alba und die Latinerstädte; sein jüngerer Bruder Rhomos ist der Gründer von Rom und Capua. Diese griechische Tradition, die das um 300 bereits in Rom offiziell anerkannte

---

1) Derartige Zitate primärer Quellen bei Dionys sind tralaticisch. Siehe E. Schwartz in Pauly-Wissowa *RE* V, Sp. 955, Art. *Dionysios* 113.

2) Dion. I, 73, 2.

3) Trotz Unger (*Rhein. Mus.* 35, 1880, S. 19 ff.), Holzapfel (*Röm. Chron.* S. 112) und Soltau (*Arch.* XII, S. 114, *Philol.* 68, S. 155, *Röm. Geschchr.* S. 25) läßt sich die doppelte Gründung Roms nicht vor Sulla nachweisen. Siehe Leuze, *Röm. Jahrz.*, S. 287 f.

4) Dion. I, 73, 3.

Zwillingsmotiv mit der Wölfin[1]) völlig außer Acht läßt, hat allem Anschein nach ein römischer Annalist des ersten Jahrhunderts seinem Werke einverleibt.

B. Niese hat richtig gesehen, daß hier die Gliederung des römischen Staatsgebiets, wie sie sich bald nach der Mitte des vierten Jahrhunderts entwickelt hatte, in sachverständiger Weise wiedergegeben ist[2]). Die Latiner sind Verwandte der Römer, ihre um Alba vereinten Bundesstädte von einem Bruder des Rhomos gegründet. Die Campaner hingegen sind selbst Römer, ihre Hauptstadt also eine Gründung des Rhomos selber. Wenn unser sachverständiger Autor die Abhängigkeit Capuas von Rom in die ehrenvolle Form einer gemeinsamen Gründung kleidet, so werden wir in ihm einen Campaner oder campanischen Griechen vermuten. Läßt er die Zwillingslegende völlig außer Acht, so fehlte ihm jede offizielle Mission[3]). Und wir werden gut tun, ihn möglichst hoch hinaufzusetzen. So kommen wir auf eine private campanische Chronik bald nach der Mitte des vierten Jahrhunderts als Quelle der Tradition, die Soltau als Hauptbeispiel für die vorliterarische Gründungssage der Römer verwertet hat.

3. Die Sage von der Verbrennung der Schiffe.

Mit den Sagen von der Landung des Äneas und des Odysseus in Latium hat Hellanikos die Tradition von der Troerin Rhome verbunden, die durch Verbrennung der Schiffe die Niederlassung ihrer Fahrtgenossen in dem fernen Lande und die Gründung Roms erzwungen habe[4]). Plutarch[5]) und Polyän[6]) geben zwei junge Versionen derselben Erzählung, in denen ohne Nennung des Äneas Troerinnen ihre Männer in Rom festhalten. Aristoteles[7]) und der von ihm abhängige Herakleides[8]) berichten dasselbe von Troerinnen, die ihren griechischen Herren am Tiberstrand die Schiffe verbrennen.

Dies Motiv der Schiffsverbrennung durch Frauen, die des Weiterfahrens überdrüssig sind, tritt an sechs verschiedenen Stellen der griechischen Welt auf[9]), in Italien neben Rom in Caieta[10]), Pisa[11]) und

---

1) Siehe oben S. 139. — 2) *Hist. Z.* 59, N. F. 23, 1888, S. 490.

3) Capua erkannte nach Ausweis seiner Münzen bereits vor 312 die Zwillingslegende an.

4) *FHG* I, fr. 52, fr. 53 = Dion. I, 72, 2.

5) *quaest Rom.* 6, *de mul. virt.* 1, *Rom.* 1.

6) *Strateg.* VIII, 25, 2. — 7) Dion. I, 72, 3.

8) Fest. p. 266 M. s. v. *Romam*.

9) Zusammengestellt von Geffcken, *Timaios*, S. 22.

10) Auct. *de or. g. R.* 10: Caieta ἀπὸ τοῦ καίειν, weil hier die Troerinnen die Flotte des Äneas verbrannt haben.

11) Serv. *ad Aen.* X, 179: Gefangene Troerinnen verbrennen die Schiffe des Epeios.

der Siritis¹), auf Sizilien im Elymerland²) und auf der Chalkidike in Skione³).

Wenn man bisher auf Grund dieser gewaltigen Verbreitung des Motivs die Frage nach seinem Ursprung für unlösbar erklärt⁴), so geht diese Skepsis entschieden zu weit. Vielmehr ergibt eine genaue Betrachtung des Materials eine glatte Antwort. Die Tradition über Caieta ist die etymologische Spielerei eines späten Römers, der so einen wesentlichen Zug aus der Erzählung des Hellanikos in die offizielle Version eingefügt hat. Auch die Verbrennung eines Teils der Flotte des Äneas im Elymerlande ist eine Ausgleichsversion des Varro⁵), der so die herrschende Tradition mit der Sage von der troischen Siedlung in Westsizilien und mit der Tradition des Hellanikos zu verbinden wußte.

Gegenüber diesen jungen Fortbildungen der Version des Hellanikos schließen sich die Traditionen von Pisa, Skione und der Siritis in dem gemeinsamen Zuge zusammen, daß hier überall gefangene Troerinnen die Schiffe ihrer griechischen Herren verbrennen. Auch läßt sich der Ursitz des Motivs feststellen. Die Anknüpfung in Skione ist sekundär, weil hier im Gegensatz zu allen anderen Parallelen der Herakleszug den historischen Hintergrund bildet. Und die Nachricht über Pisa ist zu jung und zu isoliert, als daß wir daraufhin den Ursprung des verbreiteten Motivs in diesem äußersten Winkel der alten Welt suchen dürften. Es bleibt demnach als Anfang die Lokalisierung in der Siritis.

So erweist sich Rom als ältester Schauplatz der Sage von den Troerinnen des Äneas, die Siritis als ältester Sitz des Motivs der gefangenen Troerinnen. Daß diese beiden westgriechischen Motive unter sich zusammenhängen, kann nicht bezweifelt werden. Aus den verschiedensten Gründen ist die Wahrscheinlichkeit größer, daß die Sage aus dem früh kolonisierten Umlande von Kroton nach dem fernen Tiberufer verpflanzt wurde. Und so finden wir denn auch in der Siritis den Flußnamen Nauaithos, aus dem sichtlich die ganze Erzählung herausgesponnen ist.

Die Brücke zwischen der siritischen Version, nach der auf Anraten der Setaia gefangene Troerinnen am Nauaithos die Schiffe ihrer griechi-

---

1) Timaios b. Lyc. *Alex.* v. 921, 1075 (mit Scholien). Etym. M. s. v. Σήταιον. [Arist.] *mir. ausc.* 109. Schol. ad Theocr. IV, 24. Strabo VI, 1, 12. Siehe Geffcken S. 22.
2) Dion. I, 52, 4. Virg. *Aen.* V, 613 ff.
3) Str. VII, fr. 25. Polyaen. *Strat.* VII, 47. Con. *narr.* 13. Steph. Byz. s. v. Σκιώνη.
4) Cauer, *Berl. Stud.* I, S. 468. Geffcken a. a. O.
5) Siehe A. Kießling, *de Dion. Hal. antt. Rom. auctt. Lat.* Diss. Bonn 1858, p. 40.

schen Herren verbrennen, und der Tradition des Hellanikos bildet die Erzählung des Aristoteles[1]) mit der Ergänzung durch den davon abhängigen Herakleides[2]). Hier ist weder von Äneas, noch von Odysseus die Rede. Nach Aristoteles verbrennen Troerinnen in Latium die Schiffe ihrer achäischen Gebieter und erzwingen so die Gründung von Rom. Herakleides gibt als Ergänzung den Tiberstrand und die Anstifterin Rhome. Dem Aristoteles hat also noch am Ende des vierten Jahrhunderts ein Bericht vorgelegen, der eine einfache Übertragung der siritischen Urversion vom Nauaithos an den Tiber darstellt.

Das Sagenmotiv von der Verbrennung der griechischen Schiffe durch troische Weiber ist also zunächst unverändert auf Rom übertragen worden, weil es einen vorzüglichen Ausgleich zwischen der griechischen und der troischen Version der Gründungssage zu bieten schien[3]). Ihre große Bedeutung für die Geschichte der Tradition verdankt diese Schöpfung eines unbekannten westgriechischen Literaten aber einem anderen Umstande. Während die alte Äneassage den Helden selbst zum Gründer der Stadt macht, und die Odysseussage wohl den Kirkesohn Latinos in diese Stellung schiebt, tritt hier mit der Troerin Rhome, die der Setaia nachgebildet ist, die erste echte Eponyme Roms auf[4]). Dieser glücklichen Erfindung dankt die Tradition einerseits das Interesse des Aristoteles, andrerseits die Aufnahme in die Mischtradition des Hellanikos.

Der lesbische Logograph war der Schöpfer der unter seinem Namen überlieferten Mischtradition. Er begann seine Urgeschichte von Latium mit der Landung des Odysseus, der hier wohl mit Kirke den Stammeseponymen Latinos erzeugte[5]). Danach ließ er den Äneas ankommen und verband mit der Sage von seiner Stadtgründung die von der Verbrennung der Schiffe durch troische Weiber, die von der Rhome dazu angestiftet sind. Diese Verdrehung des Troerinnenmotivs hat durch seine Autorität eine gewaltige Wirkung erzielt. Nur Aristoteles hat die ursprüngliche Version dagegen erhalten.

---

1) Dion. Hal. I, 72, 3. Er ist dem verfälschten Plutarchexzerpt, das auf Iuba zurückgeht, vorzuziehen. Siehe H. Peter, *Über d. Wert d. hist. Schriftst. d. K. Iuba* II. *v. Maur.* Progr. Meißen 1879, S. 3.

2) Fest. p. 266 M. s. v. *Romam.* Holzinger, *Lykophron* S. 64, hat den Zusammenhang richtig erkannt, stützt sich aber zu Unrecht auf Plutarch.

3) Die Begründung schon richtig bei R. H. Klausen, *Äneas und die Penaten* II, S. 568. Doch hat er die ursprüngliche Selbständigkeit des Motivs auf römischem Boden noch nicht erkannt.

4) Die Rhome auf den aineiatischen Münzen des sechsten Jahrhunderts, die C. Robert nachweisen will (*Arch. Ztg.* 1879, S. 23ff.), ist nicht zu halten. Siehe L. Friedländer, *Zeitschr. f. Numism.* VIII, 1880, S. 222.

5) So bereits Hes. *Theog.* v. 1011ff.

4. Die Sage von der Westlandfahrt des Äneas.

Die Sage von der Westlandfahrt des Äneas ist eine westgriechische Erfindung und den Ostgriechen, sogar noch dem Hellanikos der Troika, völlig unbekannt[1]). Erst die umfassenden Studien für die Weltchronik setzen den Logographen in den Stand, dem Mutterlande die Äneassage des Westens zu vermitteln. Vor ihm hat nach dem unanfechtbaren Zeugnis der *tabula Iliaca*[2]) der Dichter Stesichoros in seiner Ἰλίου πέρσις von der Einschiffung des Äneas nach Hesperien berichtet. Doch ist mit diesem ältesten Zeugen keine chronologische Fixierung gegeben, da die alexandrinische Philologie in dem Material über die Dichter Namens Stesichoros eine heillose Verwirrung angerichtet hat.

v. Wilamowitz hat die erhaltenen Reste einer scharfsinnigen Kritik unterzogen und kommt dabei zur Annahme dreier Dichter dieses Namens[3]). Neben dem jungen Tragiker des vierten Jahrhunderts scheidet er von dem Himeräer aus der Zeit des Phalaris, den wir nicht mehr fassen können, den Lokrer Stesichoros, der um die Zeit der Perserkriege als Meister der Chorlyrik berühmt ward. Er ist im Jahre 485/484 nach dem Mutterlande übergesiedelt[4]). Um die Zeit der Schlacht an der Sagra, also um die Jahrhundertwende, hat er die beiden Helenalieder geschaffen[5]). Er soll aus Matauros stammen, in der lokrischen Politik eine Rolle gespielt haben und einen Bruder Mamertios besessen haben, der als ausgezeichneter Geometer nicht über den Ausgang des sechsten Jahrhunderts hinaufdatiert werden kann[6]). Neben diesem deutlich erkennbaren Lokrer ist aber die Existenz des alten Himeräers, den die Alexandriner bei der frühen Verwirrung der Tradition[7]) für den einzig historischen erklärt haben, durch das Zeugnis des Glaukos von Rhegion gesichert[8]).

Von den Werken gehören dem Lokrer die beiden Helenalieder. In der Geryoneis steht ein Dorismus von solcher Stärke, daß er den Himeräer

---

1) Das zweite Äneasfragment des Hellanikos endet in dem thrakischen Aineia und ist dem Jugendwerk Troika entnommen. Siehe F. Cauer, *Berl. Stud.* I, S. 466 gegen F. Jacoby in Pauly-Wissowa *RE* VIII, S. 144, Art. *Hellanikos* 7.
2) Ausgabe von Mancuso, *Memorie dei Lincei* XIV, 8. Unterschrift des Hauptbildes: Ἰλίου πέρσις κατὰ Στησίχορον. Dicht darüber: Αἰνήας σὺν τοῖς ἰδίοις ἀπαίρων εἰς Ἑσπερίαν. Literaturnachweise siehe dort.
3) *Simonides und Sappho*, 1913, S. 233—242.
4) *Marm. Par.* Ep. 50 = 485/84: Στησίχορος ὁ ποιητὴς εἰς τὴν Ἑλλάδα ἀφίκετο.
5) Siehe Wilamowitz S. 234f.
6) Matauros: Suid. s. v. Στησίχορος, Steph. Byz. s. v. Μάταυρος. Politik: Arist. *Rhet.* II, 1398b, III, 1412 a. Philod. *de mus.* I, p. 18 Kemke. Mamertios: Hippias v. Elis ap. Heron. IV, 108 Heib.
7) Bereits Platon (*Phaedr.* 243) und Aristoteles (l. l.) vermögen die beiden Dichter nicht mehr zu scheiden.
8) Ps. Plut. *de mus.* 7.

ausschließt[1]). Und im Kyknos zitiert der Dichter, auch hier natürlich der Lokrer, den im sechsten Jahrhundert entstandenen Heraklesschild als echten Bestandteil des hesiodeischen Werkes[2]).

Wenn v. Wilamowitz bis hierher völlig das Richtige getroffen hat, so kann ich ihm in der Behandlung der Beziehungen zwischen Simonides und Stesichoros nicht folgen. Simonides zitiert Homer und die $\mathring{α}θλα\ \mathring{ε}πὶ\ Πελίᾳ$ des Stesichoros in einem Atem[3]). Daß sich hieraus eine in seinem sagenhaften Alter wurzelnde besonders hohe Autorität des Dichters Stesichoros ergebe, ist ein Trugschluß, der sich von Apollodor[4]) bis auf Wilamowitz[5]) erhalten hat. Nur die homerische Autorität des Stesichoros wird dadurch erwiesen, über sein Alter gar nichts ausgesagt. Wilamowitz weist selber den richtigen Weg mit dem Hinweis, daß die $\mathring{\ }Αθλα\ \mathring{ε}πὶ\ Πελίᾳ$ auch dem Ibykos zugeschrieben werden[6]). Sie sind also mit großer Wahrscheinlichkeit auf den lokrischen Zeitgenossen des Simonides und des Ibykos zurückzuführen. Wenn weiter Simonides in der Angabe, Amyklai sei die Residenz des Agamemnon gewesen, mit der Orestie des Stesichoros übereinstimmt[7]), so hat er auch hier den lokrischen Dichter benutzt, dessen $\mathring{\ }Αθλα$ er so hoch stellte. Damit sind die Hauptstücke des stesichoreischen Schriftenkreises mit aller wünschenswerten Klarheit auf den Lokrer des beginnenden fünften Jahrhunderts zurückgeführt.

Der von Wilamowitz entdeckte neue Dichter tritt somit völlig an die Stelle des alten Himeräers, der ungreifbar im Dunkel der Vorzeit verschwindet. Er hat in seinen Chorliedern die Heldensage mit großem Erfolge eigenartig behandelt und bereits in den Augen seines Zeitgenossen Simonides eine fast homerische Autorität besessen. Als Erneuerer der mythischen Vorstellungen gehört er in den Kreis der Männer, die von der Mitte des sechsten Jahrhunderts ab die klassische Geisteskultur der Hellenen geschaffen haben.

Auch die Iliupersis mit der Westlandfahrt des Äneas gehört unstreitig diesem Stesichoros. Nur dem schöpferischen Geiste dieses Neugestalters der alten Mythen kann der Gedanke entsprossen sein, einen troischen Helden zum Stammvater nichtgriechischer Völker im fernen Westen zu machen. Mommsen hat denn auch mit vollem Recht den Dichter der Iliupersis für den Schöpfer der Sage von der Westlandfahrt des Äneas erklärt[8]).

---

1) Siehe Wilamowitz S. 240. — 2) Ebd.
3) fr. 53 = Athen. IV, p. 172 E: οὕτω γὰρ Ὅμηρος ἠδὲ Στησίχορος ἄεισε λαοῖς.
4) Siehe F. Jacoby, *Apollodors Chronik*, S. 196. — 5) A. a. O. S. 236.
6) Athen. IV, p. 172 D. Siehe Wilamowitz S. 236.
7) Stes. fr. 37 = *Schol. ad Eur.* Orest. 46. Sim. fr. 211 ebd. Siehe Wilamowitz S. 241f.
8) *RG* I[8], S. 466.

Griechische Traditionen von der Gründung Roms.

Aber seine Annahme, Stesichoros habe den Äneas bereits nach Rom geführt, hat schon sein Schüler F. Cauer aufgegeben[1]). Das Schweigen des Dionys, der doch möglichst alte Zeugen für den römischen Aufenthalt des Äneas sucht, zeigt unzweideutig, daß der Lokrer Rom nicht erwähnt hat[2]). Auch die für Römer gearbeitete *tabula Iliaca* würde zweifellos statt des allgemeinen Namens Hesperien die Hauptstadt der Welt nennen, wenn sie es irgend dürfte[3]). Aber auch Cauers neue Hypothese, der Dichter habe die Reise nach dem Westen nur nebenbei ohne genauere Angabe des Endziels erwähnt, ist unhaltbar. Denn derartige Wandersagen pflegen doch gerade um der Reiseziele willen erfunden zu werden. So müssen wir uns unter den übrigen Stationen der Reise des Äneas im Westen nach einem geeigneten Endziel umsehen.

In Campanien finden wir keine alte Anknüpfung des Äneas. Was hier vorliegt, ist römische Ausschmückung, wie sie uns bei Vergil in großer Auswahl vorliegt[4]). So kommt nur noch das Elymerland im Westen Siziliens in Betracht. Hier kennt bereits Antiochos von Syrakus, den Thukydides in der Vorgeschichte seiner Heimatinsel benutzt, troische Siedelung[5]). Wer die Art des Antiochos, Heldensage in Eponymengeschichte umzusetzen, zu würdigen versteht, wird nicht zweifeln, daß die hier genannten Troer Elymos und Aigestos die legitimen Vertreter des westsizilischen Äneas sind. 150 Jahre später hat die alte Elymerstadt Segesta, als sie Roms Hilfe im Kampf gegen die Nachbarn brauchte, den gemeinsamen Stammvater Äneas benutzt und die Sage von seinem sizilischen Aufenthalt in Rom zu offizieller Anerkennung gebracht[6]). Es ist die von dem Lokrer Stesichoros erfundene älteste Gestalt der Sage von der Westlandfahrt des Äneas.

Noch vor Hellanikos ist Äneas aber nach Rom übertragen worden, was aus der selbständigen Fortbildung der römischen Äneassage nach der Mischtradition des Lesbiers hervorgeht. Die innere Begründung dieses Vorgangs ist schwer zu geben. Daß damit irgendeine Aussage über die Nationalität der Römer beabsichtigt war[7]), ist nicht anzunehmen, da die Troer im fünften Jahrhundert bereits als vollwertige Griechen anerkannt waren. Mir scheint der Grund für die Entstehung einer zweiten römi-

---

1) *Berl. Stud.* I, S. 465.
2) Siehe H. Nissen, *Fleckeis. Jbb.* 91, 1866, S. 379 ff.
3) Der Name Hesperien kommt erst in hellenistischer Zeit vor, gehört also nicht dem Dichter, sondern dem Bildhauer.
4) Siehe Nissen (a. a. O.), der auch bereits richtig den sizilischen Ursprung der Äneassage erkannt hat.
5) Thuk. VI, 3, 2.
6) Strab. XIII, 1, 3, p. 608. Cic. *Verr.* IV, 33, 72. Fest. p. 340 M. s. v. *Segesta*.
7) Siehe Mommsen, *RG* I[8], S. 466.

schen Gründungssage neben der Tradition von dem Odysseussohn Latinos in den Machtverschiebungen innerhalb der westgriechischen Welt zu liegen, wie sie sich gegen die Mitte des fünften Jahrhunderts hin infolge der großen etruskischen Ausdehnungsbewegung eingestellt haben. Das campanische Griechentum war in diesen Kämpfen völlig verbraucht und konnte sich nur durch die Hilfe des syrakusanischen Tyrannen Hieron halten. Das politische Übergewicht der Sikelioten mußte aber auch ihren Handel nach Mittelitalien bringen. Die hieraus erwachsenden römisch-syrakusanischen Beziehungen fanden ihren natürlichen Ausdruck in einer genealogischen Sage, die in Anknüpfung an Stesichoros den Troer Äneas zum Gründungsheros der befreundeten Barbarenstadt am Tiber machte. So hat hier die Geschichte der Staaten und der Wirtschaft einen beherrschenden Einfluß auf die Entwicklung der pseudohistorischen Tradition ausgeübt.

Breslau.

Delphische Neufunde. V.

Von H. Pomtow.

V. Zusätze und Nachträge.

(Fortsetzung und Schluß von Bd. XVI S. 109—177).

Eine große Anzahl wichtiger Inschriften ist in den letzten Jahren entziffert worden. Da die Raumrücksichten möglichste Kürze gebieten, mußten die Kommentare, besonders zu den längeren Texten, sehr beschränkt werden, z. T. ganz fortfallen. Auch die Ergänzungen konnten nicht immer mit der bisherigen Gründlichkeit ausgeführt oder motiviert werden; hier bleibt den Fachgenossen noch manche Nachlese übrig. — Im Anschluß an die wichtigen Römer-Urkunden in Teil IV Nr. 114 ff. seien zunächst die neuen Römer-Statuen und -Texte zusammengestellt.

1. Die Römerstatuen in Delphi.

Als erste Römerbasis zählt das lebensgroße Reiterdenkmal des Consuls M'. Acilius Glabrio vom J. 190, rekonstruiert in Bd. XVI S. 115: vgl. S. 120, Text Nr. 115.

138/9. Die zweite Römerbasis ist die des P. Cornelius Scipio, gleichfalls aus dem J. 190. Sie trug aber nicht seine von anderen geweihte Statue, sondern ein von ihm selbst gestiftetes Weihgeschenk, ist also wie die dritte und dreizehnte Römerbasis (Q. Minucius) nicht zu den eigentlichen Statuen zu zählen[1]).

Inv.-Nr. .... nicht zu ermitteln, daher Fundort unbekannt. — Kalksteinquader, auf Oberseite an rechter Kante kleines Klammerloch (2 × 3; tief 3) die rechte Seite hat oben glatten, 7 $^{1}/_{2}$ cm hohen Saumschlag, sonst gekrönelt; links, hinten, unten Bruch. H. 43 max.; br. 20 max.; tief 24 max. — Liegt im Museumskeller. — Buchst. 13—15 mm.

138. Inv.-Nr. ....
- - ο]ς Ποπλίου
- - δ]ῶρον.

Die schöne Schrift weist auf die J. 200—150, ihr älteres Omega mit höher aufgesetzten Seitenstrichen steht z. B. noch in der Weihinschrift des Eumenespfeilers a. 182, Syll.^{3} 628, kommt aber später kaum mehr vor. Wenn wir in jener Zeit das große *donum* eines Publius-Sohnes in Delphi finden, so wird man zu allererst an die Scipionen denken, an die Weihgeschenke des Flamininus als Parallelen erinnern (vgl. Bd. XVI S. 119), und die Ergänzung [Πόπλιος Κορνήλιο]ς Ποπλίου für möglich halten. Nun steht im Inv. 3564 ein von uns nicht aufgefundenes Fragment, das hierzu stimmte:

Inv.-Nr. 3564. — Gefunden am 22. April 1896 außerhalb des Ostperibolos nahe der Wasserleitung und dem Hause Diamantopulos. Kalksteinfragment, das links erhaltene Kante hat; h. 30 [max.]; br. 25 [max.]; tief 29 [max.]. Soll sich im Museum befinden (?).

139. Inv.-Nr. 3564.
Πόπλιος Κ - -
υἱὸς Ἀπ. Ο. - -

Auch hier wird man bei Πόπλιος Κ - - zunächst Scipio vermuten, und es ist wohl kein Zufall, daß die Zweizeiligkeit, die linke Kante, die Maße etc. dem des vorigen Bruchstücks gut entsprechen. Ich möchte daher folgende Zusammensetzung wagen:

---

1) Die Anatheme Nr. 138—141 sind erst zuletzt erkannt worden und veranlaßten die Umnummerierung der Texte 142—144, die in Bd. XVI S. 118 als Nr. 138—140 angegeben waren.

138/9.   Inv.-Nr. 3564 +(?) Inv.-Nr. . . .

Πόπλιος Κ[ορνήλιο]ς, Ποπλίου
υἱός, Ἀπό[λλωνι ὁ]ῶρον.

Statt Ἀπό[λλωνι] paßte zu den Resten auch ἀν[έ]θ[ηκεν], doch werden die Lücken im Inv. meist zu groß angegeben und der Götternahme durfte noch weniger fehlen, als das ungern entbehrte Ῥωμαῖος. Nur die Auffindung von 3564 kann zeigen, ob die Buchstabenhöhe zu dem rechten Fragment stimmt, — früher sah ich in ersterem einen Briefanfang — und ob auch Ἀπο breiter als Z. 1 geschrieben ist, d. h. so breit wie δῶρον. Aber selbst wenn 3564 nicht zugehörig wäre, möchte ich an Scipio als Stifter unseres δῶρον[1]) festhalten aus folgenden Gründen.

Im J. 193 weihte Scipio Africanus auf der ersten Reise nach Asien dem Apollo in Delos einen goldenen Kranz mit der Aufschrift

Πόπλιος Ποπλίου Κορνήλιος, στρατηγὸς ὕπατος Ῥωμαίων

und erhielt dafür von Delos die Proxenie. Im J. 190 auf dem Feldzug gegen Antiochos oder richtiger a. 189 auf der Rückfahrt von Asien wird ihm in Delos ein Lorbeerkranz dekretiert, weil er als früherer *πρόξενος καὶ εὐεργέτης* wiederum *τὴν πᾶσαν ἐπιμέλειαν ποιεῖται περί τε τοῦ ἱεροῦ καὶ Δηλίων* (*IG* XI 4, 712 = *Syll.*³ 617). Auch sein Bruder Lucius Scipio (cos. a. 190) hatte in jener Zeit in Delos **drei** goldene Kränze gestiftet[2]). Es sei betont, daß die Scipionen mit solchen Stiftungen nicht vorangingen, sondern dem Flamininus und seinem Bruder Lucius (Flottenkommandant) nachfolgten, die als erste Römer im J. 197 eine Spange und zwei goldene Kränze in Delos weihten und darin bald Nachahmer fanden, z. B. den Praetor Atilius Serranus a. 192, den Admiral Livius Salinator a. 191 u. a.[2])

---

1) Vgl. *Sylloge*³ n. 1154 aus dem IV.—III. Jahrhundert auf einer Rundsäule des Piraeus: *Νικαγόρα | Φιλιστίδου | γυνὴ Παιανιέως | Διὶ δῶρον | κατὰ μαντείαν | ἀνέθηκε* (*IG* II 3 p. 351, n. 1571*b*) und ebenda n. 1141 aus der Kaiserzeit unter einem Adoranten-Relief aus Philippopel: *Ἀγαθῇ τύχῃ | Στρατία ὑπὲρ τῆς ὁράσεως | θεᾷ Δήμητρι δῶρον.*

2) Die Belegstellen für Spange und Kränze stehen im Delos-Inventar Dittenb. *Syll.*² n. 588: vs. 85f., L. und T. Flamininus, Atilius und Livius Salinator; v. 89, T. Flamininus, L. Scipio als Praetor; v. 100 derselbe als Consul; v. 102 Africanus (fehlt in Henze's Artikel *R-E* IV 1469); vgl. auch v. 103 Q. Fabius Labeo, Praetor und Flottenchef a. 189; v. 104 L. Aemilius Regillus, Praetor und Flottenchef a. 190. — Zu des Africanus erster Reise nach Asien, s. Henze *R-E* IV 1469; sie galt als zweifelhaft, wird jetzt aber durch das Delos-Dekret *IG* XI 4, 712 erwiesen, s. Holleaux, *Hermes* 48, 1913, S. 92ff. — Über die genaue Datierung dieser Kränze läßt sich noch nicht sicher urteilen. In *Syll.*³ ist die Demares-Urkunde nicht aufgenommen, weil ihre neue Bearbeitung in *IG* XI, 3 nr. 442,*B* bevorstand (vgl. das Citat *IG* XI 4, 712 = *Syll.*³ 517); der Druck dieses Fascikels ist durch den Krieg unterbrochen, und jeder, der sich ohne Kenntnis der zahlreichen noch unedierten Schatzmeisterurkunden in die Datierungsfragen der Einzelstücke wagt, muß in die Irre gehen. Ich möchte hier nur zweierlei betonen: 1. die Titel der röm. Magistrate sind nur da zuverlässig, wo der Wortlaut der *ἐπιγραφή* selbst mitgeteilt wird (s. oben bei Scipio Africanus); dagegen haben die Angaben der Schatzmeister selbst nicht als korrekt zu gelten, z. B. *στέφανος, ὃν ἀνέθηκεν Λεύκιος Κορνήλιος Σκιπίων, στρατηγὸς Ῥωμαίων* (*Syll.*² 588, 90 und 91) braucht nicht von ihm als Praetor a. 193 geweiht zu sein, sondern paßt besser zu seinem Consulat a. 190 (*στρατ. ὕπατος*), wie es v. 100 steht, — es geht ja auch der delische *ἀ.* Menekrates vom J. 191 ersterem voran (v. 88). — Oder: v. 103 steht als *ἐπιγραφή*: *Κόϊντος Φάβιος, Κοίντου υἱός, στρατηγὸς Ῥωμαίων*, also richtig als Praetor a. 189, — dagegen erscheint in den späteren Listen unter att. *ἀ.* Archon a. 151 derselbe Kranz als *ἀνάθεμα Κοίντου Φαβίου ὑπάτου*, d. h.

Sahen wir nun, daß Flaminin a. 197 auch nach Delphi dem Apollo einen goldenen Kranz, den Dioskuren silberne Schilde und den eigenen Schlachtschild ὤπασε δῶρον, wie es im Weihegedicht heißt (Bd. XVI S. 119), so ist es fast sicher, daß die Scipionen ihn auch hierin nachahmten, sich gegen den delphischen Apollo nicht weniger fromm zeigten als gegen den delischen und auch in Delphi ein δῶρον geweiht haben, wenn anders ihre dortige Anwesenheit sich erweisen läßt. Sie haben in der Tat im Frühjahr 190, als M'. Acilius Amphissa berannte (Bd. XVI S. 135), längere Zeit dort mit ihrem Heere gelagert, zuerst 10½ km von dieser Stadt entfernt (Polyb. 21, 4, 9) — später wohl in größerer Nähe —, und etwa dieselbe Entfernung von Amphissa haben Delphi und Kirrha. Es ist nicht zweifelhaft, daß sie damals die Orakelstätte besuchten und daß Africanus wohl auch hier die Proxenie für sein δῶρον erhielt, obgleich er wie M'. Acilius in der Proxenenliste fehlt. Hierzu stimmt, daß er in unserer Weihinschrift weder στρατηγός noch ὕπατος heißt; er begleitete seinen Bruder, den Consul Lucius, nur als Legat.

140. Etwa 3 cm unterhalb der Weihinschrift Nr. 138 beginnt ein sorgfältig getilgter Text, der bis unten an den Bruch hinabgeht und in dessen Z. 2 ich - - EPAN (?) - - erkenne. Seine Buchstaben waren nicht so hoch wie die der Weihinschrift; diese aber ist rechts und unten vollständig, da dort freier Raum blieb (auch am Schluß von Z. 1 ist noch leerer Raum für 1 Buchstaben), — so wird man kaum an ein Ehrendekret für Scipio oder an ein Weihegedicht denken können, da deren spätere Ausmeißelung unverständlich wäre, sondern an irgendein Proxeniedekret, das als nicht zugehörig ebenso getilgt wurde, wie die Texte der Tarentiner-Mauer (früher 'Phokiermauer', s. Bd. VI S. 406). Unser Stein hatte c. 60—65 cm Breite, aber da rechts Anschluß ist, war die Basis selbst breiter, — oder rührt das auffallend kleine kurze Klammerloch eher von einem Dübel her, der ein Seitenprofil festhielt? Worin das hier aufgestellte δῶρον bestand, läßt sich natürlich nicht einmal vermuten.

---

des Consuls a. 183, während er damals in seiner Provinz Ligurien war (*R-E* VI 1774); vgl. über diese unedierte Liste *Bull.* 29, 559. Man sieht, wie στρατηγός und ὕπατος durcheinander gebraucht wird [ähnlich, wie ich nachträglich sehe, *Bull.* 28, 272ff.]. — 2. steht nicht fest, wie weit die häufig praescribierten delischen Archontenjahre die folgenden Anatheme umfassen, ob nur das erste oder alle bis zum nächsten Archontennamen. — Wenn übrigens Münzer *R-E* IV 1472 den L. Scipio von den Thermopylen a. 191 über Delos nach Italien segeln läßt, so ist das unmöglich. Denn gleich nach der Thermopylenschlacht beherrschte noch das Antiochos Flotte das Cykladenmeer. Atilius Serranus war 192 in Delos vor dem eigentlichen Kriegsausbruch, — Livius Salinator aber erst Ende 191, als des Antiochos Flotte schon das Meer geräumt hatte und der König nach Ephesus flüchtete, also lange nach der Thermopylenschlacht (die etwa Mitte Sommer war). Scipio kann also nicht Delos gleich nach der Schlacht angelaufen haben, sondern muß naturgemäß durch Thessalien und Epirus-Apollonia nach Rom gereist sein, d. h. auf demselben Weg, den er mit M'. Acilius gekommen war. Kato dagegen suchte ihm zur See zuvorzukommen über Kreusis, Patras, Corcyra, Otranto, Rom. — Daß dagegen Flaminin Ende 191 etwa mit Livius Salinator auch in Delos gewesen sein könne, ist zuzugeben. Sein 2. Kranz kann also damals geweiht sein. — [Zu der Scipiostatue, die *Bull.* 8, 137 und 29, 238 und 36 (1912), 198 ediert und zuletzt zögernd auf das 2. Consulat des Africanus minor (a. 134) bezogen wird, bemerke ich, daß am Schluß von Z. 1 die Ergänzung [Ποπλίου] und in Z. 2: Α[ἰμυλιανὸν Ἀφρικανόν] hinzuzufügen ist. Darnach lauten diese Zeilen: [Πόπ]λ[ιον Κορνήλιον Ποπλίου] | [Σ]κιπί[ων]α Α[ἰμυλιανὸν Ἀφρικανόν], | [σ]τρατηγ[ὸ]ν [ὕπ]α[τον Ῥ]ωμα[ίων]. | κτλ.].

141. Die dritte Römerbasis (?). — Nur zögernd reihe ich folgendes Stückchen aus dem Inventar ein: Kalksteinfragment, h. 34; br. 18; dick 21; gefunden am 4. Mai 1894; Fundort fehlt.

Inv.-Nr. 1422.
ος Μάαρκου
- - αριστη

Bei der Breite von 18 cm [max.] für 9 Buchstaben darf man ziemlich sicher an eine Weihinschrift denken, nicht an ein Proxeniedekret. Dann kann in Z. 2 nur χ]αριστή[ριον] ergänzt werden, so daß der Wortlaut sehr ähnlich dem vorigen Anathem Nr. 138/9 wird. So selten bisher in Delphi solche Dankesanatheme vorkommen, so häufig waren sie in Delos, wo z. B. auf einem Kranze stand: Λεύκιος Ὄππιος Ῥωμαῖος Ἀπόλλωνι χαριστήριον[1]). Und da wir bei den zwei in Betracht kommenden Oppii (s. d. Anm.) den Vatersnamen nicht kennen, könnte der Praetor gemeint sein und c. a. 192 zwei χαριστήρια geweiht haben, nach Delos den Kranz, nach Delphi unsere Basis. — Aber sichere Marcus-Söhne verdienen doch den Vorzug, so daß man etwa folgendes vorschlagen möchte:

141. Inv.-Nr. 1422. [Λεύκιος Αἰμύλι?]ος, Μάαρκου [υἱός],
 [Ῥωμαῖος, Ἀπόλλωνι χ]αριστή[ριον].

Dabei könnte sowohl M. Aemilius M. f. Lepidus gemeint sein — Λεύκιος ist ebenso lang wie Μάαρκος —, dem wir a. 188 als delph. Proxenos im Text Nr. 143 begegnen, der aber schon a. 200 Gesandter an König Philipp gewesen war (*R-E* I 553), als auch besser L. Aemilius M. f. Regillus, Praetor und Admiral a. 190, der für seinen Seesieg gegen Antiochos *Laribus permarinis* einen Tempel gelobt und in Delos einen goldenen Lorbeerkranz stiftet mit der Aufschrift: Λεύκιος Αἰμύλιος, στρατηγὸς Ῥωμαίων, vgl. Dittenb. *Syll.*[2] 588, 104 und *R-E* I 582, wo aber der Kranz fehlt[2]).

Schließlich ist auch die Möglichkeit nicht abzuweisen, daß unser Fragment vielmehr mit Text Nr. 139 zusammenzusetzen sei:

Πόπλιος Κ . . . . . . ος, Μάαρκου
υἱός, Ἀπό[λλωνι χ]αριστή[ριον].   Sobald die
Bruchstücke wiedergefunden sind, genügt ein Blick zur Entscheidung.

[**141ᵃ**. — Nachträglich stoße ich im Inv. auf ein unscheinbares Fragment weißen Marmors, rechts und links gebrochen; H. 0,12; br. 0,18;

---

1) Vgl. Dittenb. *Syll.*[2] 588, v. 148. Diesen Oppius hält Dittenb. für den Volkstribunen des J. 197 (Liv. 32, 28, 3), ohne zu fragen, wie der nach Delos gekommen sei; dagegen war L. Oppius Salinator im J. 192 wenigstens Flottenkommandant zum Schutze Siciliens gegen Antiochus (Liv. 35, 23; Praetor a. 191 auf Sardinien, Liv. 35, 24 und 36, 2) und wurde a. 154 mit anderen Gesandten nach Asien geschickt (Polyb. 33, 13). Aber das Delos-Inventar, in welchem der obige Kranz steht, schloß mit dem Demares-Archontat, a. 180. — Die übrigen Delischen χαριστήρια außerhalb der Schatzmeisterurkunden stammen auch aus dem Anfang des II. Jahrhunderts, vgl. *IG* XI 4, 1226, 1236, 1254, 1255, 1260, 1267 (sämtlich an Sarapis, Isis, Anubis). Aus späterer Zeit sind *Sylloge*[3] 1126, 1130, 1132, 1136, 1137. Älter waren die χαριστήρια des Attalos I im Demares-Inventar, *Syll.*[2] 588, 183. Vgl. auch aus Rhodos: Ἑρμίας Ἀθαναγόρα | Σολεὺς Ἑκάται, | Σαράπιδι χαριστήριον | σωθεὶς ἐκ μεγάλου κινδύνου in *Anc.Gr.J. Brit.Mus.* IV 2, nr. 967 (*GDJ* III 1, n. 4143). Vgl. aus Athen eine φιάλη τῆι τε Δήμητρι καὶ τῆι Κόρηι χαριστήριον vom J. 100, *Syll.*[3] 717, 30 und das etwas jüngere Säulenanathem an Asklepios, Hygieia, Hypnos ebenda nr. 1143. — Andere bei Ditt. *Or.* (Index).

2) Auch an M. Fulvius Nobilior, M. f. ließe sich denken, der für die Eroberung von Same und den aetolischen Krieg a. 189 das Dankesanathem geweiht hätte, vgl. Bd. XVI, S. 130. Dann wäre zu ergänzen:
  [Μάαρκος Φολόυι?]ος, Μάαρκου [υἱός].
  [Ῥωμαῖος, Ἀπόλλωνι χ]αριστή[ριον].

Die Römerstatuen in Delphi. 157

d. 0,16; "Höhe des ganzen Stücks 0,24". Fundort und Datum fehlen. Ich
Inv.-Nr. 2138. ergänze die Maiuskeln
[Praenomen, nomen, ... o]υ υἱός, Ῥω[μαῖος] wie nebenstehend. In
[τῶι Ἀπόλλωνι τῶι Πυθί]ωι χαριστ[ήριον]. Z. 2 beginnt __I, wovon man den ersten
Rest wohl nur für den rechten Querstrich eines Ω halten kann. Im Inv.
steht noch der Zusatz 'auf der breiteren Seite unterscheidet man noch
Spuren von Buchstaben am (oberen) Rande'. — Die bei Text 141 vorgeschlagenen Personen kommen auch für 141[a] in Betracht, außerdem andere,
die nicht Marcus-Söhne sind. [Siehe Nachtrag III.] Jedenfalls wird die
vorige Ergänzung von [χ]αριστή[ριον] jetzt als richtig erwiesen. Der Zusatz
[τῶι Πυθί]ωι wäre für einen Römer um 190—130 zu weitschweifig.]

Die vierte Römerbasis trug die Reiterstatue des T. Quinctius
Flamininus ($^2/_3$ lebensgroß) von J. 188; s. Bd. XVI S. 116 und Text
Nr. 114. Es ist möglich, daß sie mit der fünften identisch ist (a. a. O.
S. 118), hätte aber dann kein Reiterbild getragen; s. zu Text Nr. 142.

142—144. Die fünfte Römerbasis und ihre Proxenieen für:
e. Syrakusaner; M. Aem. Lepidus; L. Hortensius. — Vermutlich
im Winter 1893/4 wurde vor dem Opisthodom "ein wenig jenseits der
Westpolygonmauer" der untere Teil einer Basis aus Kalkstein ausgegraben.
Da sie zwischen den Quadern des Aitolisdenkmals (s. Text Nr. 64, Bd. XV
S. 42) zutage kam, darf man annehmen, daß sie unweit des letzteren
auf der Tempelterrasse gestanden hat. Falls die Unteransicht in der Tat
94×92 cm maß, hätten wir nur an eine Sitzstatue zu denken.

Die Inv.-Nr. [1039] fehlt auf dem Stein. — Leider ist Rüsch's Denkmalszeichnung für eine Reproduktion nicht ausreichend; ich beschränke mich daher auf folgende Angaben von ihm: rechts, oben und unten Bruch, doch scheint von der rechten Seitenfläche ganz unten ein Stückchen erhalten, desgl. vielleicht (?) von der Rückseite unten. Der Oberteil ist ganz abgeschlagen, doch sollen hier Reste von Standspuren existieren [wohl richtiger Zapflöcher für die Deckplatte?]. Unten ist ein. 6 cm hohes Profil erhalten, die Unteransicht hat 94 cm Breite 92 [max.?] Tiefe und zeigt links vorn ein oblonges Dübelloch. Die linke Seitenfläche ist nur bis 69,5 cm Breite erhalten, dann folgt bis hinten Bruch. Die Basis ist vorn hoch: 41 max.; breit: unten max.; im Profil 71 max., im Schaft 55 max.; tief: links unten 69,5 max. Bei dieser Beschreibung ist die Seite mit dem ältesten Dekret Nr. 142 als Front angenommen, aber da der Text wiederkopiert scheint, kann auch die sogen. linke Seite mit Nr. 143/44 die einstige Vorderseite gebildet haben. — Standort: außerhalb des Westperibolos, c. 7 m von Tor 2a entfernt, dicht (nördlich) am Wege. — Buchst. im Text A 11—13 mm (Linien vorgerissen), B 6—7, C 7—8 mm.

142. Inv.-Nr. 1039 A. An der Front (?) bez. der rechten Seite (a. 205/3).

Δελφοὶ ἔδωκαν Νέωνι Λέοντος Σ[υρα]-
κοσίωι × Ῥ[ωμαίω]ι, αὐτῶι καὶ ἐκγόνοις, π[ρο]-
ξενίαν, προμαντείαν, προεδρίαν, πρ[οδι]-
κίαν, ἀσυλίαν, ἀτέλειαν πάντων καθάπερ
5 Δελφοῖς, καὶ τἄλλα ὅσα καὶ τοῖς ἄλλοις
προξένοις καὶ εὐεργέταις. Ἄρχοντος
Μεγάρτα, βουλευόντων Μνασιθέου, × Ἀθάμβου, Φιλίνου, Νικοβούλου, Πρωτάρχου.
(Kranz.)

Die Schrift ist jung, so daß spätere „Wiederkopie" wahrscheinlich, vgl. das dritte -ῳ in Z. 2. — Συρακόσιος Ῥωμαῖος hier als frühestes Beispiel, vergl. in Text Nr. 157 die Parallele(?) Γάλλος Ῥωμαῖος. Etwa gleichzeitig mit Nr. 142 ist das syrakusanische Psephisma, *I. v. Magnesia* n. 72, über das Niese III 379, add. zu p. 558 richtiger urteilt als Kern, der es

244

"wenige Jahre nach der Zerstörung durch Marcellus" datiert, was unmöglich ist. Ich vermute immer mehr, daß diese Magnesiatexte viel jünger sind; denn oben hat der Syrakusaner das röm. Bürgerrecht. Der Kranz unter dem Text zeigt an, daß in dem ursprünglichen Dekret die Formel καὶ στεφανῶσαι δάφνης στεφάνωι enthalten war. Auch dies spricht dafür, daß hier eine spätere verkürzte Wiedergabe des alten Dokuments vorliegt. Der ἄ. Megartas gehört in die letzten Jahre vor 200 v. Chr., vgl. *Syll.*³ 564 not. 1.

143. *B.* — Auf der linken Seite (?), bez. Front. (a. 189/8).

[Θ ε ό ς].   Τ ύ χ [α].
[Ἄρχοντος Ξένωνος τοῦ Ἀτεισίδα, βου]λευόντων Δεξικράτεος, Κλεοδάμ[ου],
[Ξένωνος, ἔδοξε τᾶι πόλει τῶν Δελφῶν ἐ]ν ἀγορᾶι τελείωι σὺμ ψάφοις ταῖς ἐννόμοι[ς]·
[ἐπειδὴ Ἥρυς Εὐδώρου, Δαμοσθέ]νης Ἀρχέλα ποτιπορευθέντες ποτὶ τὰν ἐκκλη-
5 [σίαν διελέγην περὶ Μάαρκον Αἰμ]υλίον Λέπιδον Ῥωμαῖον, ἀπολογιζόμενοι ἃν ἔχει
[αἵρεσιν ποτί τε τὰν πόλιν καὶ] πάντας Δελφούς· δεδόχθαι τᾶι πόλει, ἐπαινέσαι
[Μάαρκον Αἰμύλιον Λέπεδον] Ῥωμαῖον καὶ εἶμεν αὐτὸν πρόξενον κα[ὶ εὐεργέταν
[τοῦ τε ἱεροῦ καὶ τᾶς πόλιος, ἀ]ἐτὸν δὲ αὐτῶι καὶ ἐκγόνους ὑπάρχειν δὲ αὐτῶι προμαν-
[τείαν, προδικίαν, ἀτέλεια]ν, ἀσυλίαν, προεδρίαν ἐμ πᾶσι τοῖς ἀγ[ώ] × νοις, οἷς
10 [ἁ πόλις τίθητι, καὶ τἆ]λα ὅσα καὶ τοῖς ἄλλοις προξένοις καὶ εὐεργ[έ] × × έταις.

Über dieses Sonderdekret für Aemilius Lepidus ist im Bd. XVI S. 118 gehandelt. Er steht in der großen Proxenenliste *Syll.*³ 585 als prox. 48 beim J. 189/8 und wurde gleich darauf Consul (a. 187). — So wie in jener Liste als Proxenen vorangehen Flamininus (pr. 46) und L. Acilius (pr. 47), möchte man auch deren Ehrendekrete auf unserem Denkmal voraussetzen und dieses selbst dem Flamininus zuweisen. Dessen Standplatte war in Bd. XVI S. 116 auf 93 cm Breite ergänzt, stünde also zu der Breite unseres Unterprofils (94 cm) in richtigem Verhältnis. Falls aber die Unteransicht des letzteren in der Tat nur 92 cm Tiefe hat, hätten wir nur an eine Sitzstatue zu denken. Vielleicht befand sich das Sonderdekret für Flamininus auf der Front (?) über Nr. 142, das des L. Acilius auf der Seite über Nr. 143, wo jetzt überall Bruch ist. — Sehr interessant sind die Namen der beiden Antragsteller [Ἥρυς Εὐδώρου, Δαμοσθέ]νης Ἀρχέλα, von denen der erste nach Ausweis der Lücke ganz kurz gewesen sein muß; denn es sind die in Bd. XVI S. 130 Nr. 119, Z. 3 genannten Gesandten nach Rom (Dez. 189), die sich durch dieses Dekret dem Griechenfreunde Lepidus für die im Senat gewährte Hilfe dankbar erzeigten. Vgl. die Ausführungen in *Syll.*³ vol. II, add. ad n. 611 a.

144.   *C.* — Dicht unter Text Nr. 143.   (a. 168).

[Ἀ γ α] ϑ ᾶ ι τ ύ χ α ι.
[Ἄρχοντος Κλ]έωνος, βουλευόντων τὰν πρώταν ἐξάμηνον Καλλία, Ἥρυ-
[ος, Πασίωνος, Δε]λφοὶ ἔδωκαν Λευκίωι Ὁρτησίωι Βρεντεσίνωι, αὐτῶι καὶ ἐκγό-
[νοις, προξεν]ίαν, προμαντείαν, προεδρίαν, προδικίαν, ἀσυλίαν, ἀτέλειαν πάν-
5 [των καὶ τὰ ἄ]λλα ὅσα καὶ τοῖς ἄλλοις προξένοις καὶ εὐεργέταις τᾶς πόλιος·
[εἶμεν δὲ αὐ]τὸν καὶ θεωροδόκον τῶν τε Πυθίων καὶ Σωτηρίων.

Es wäre bestechend, in dem Geehrten den bekannten Praetor Lucius Hortensius zu sehen, der als Flottenkommandant gegen König Perseus im J. 170 ernannt war und in Athen (*IG* II² 907, cf. Liv. XLIII 4. 6. 7.) und Delos (*Bull.* II 576₈₃, vgl. 583; VIII 91) geehrt wurde; s. *R-E* VIII 2466. Denn das Jahr und die äußeren Umstände passen vorzüglich, und die Hortensier sind selten. Aber Dessau teilt mir freundlichst mit, das Ethnikon

245

Die Römerstatuen in Delphi.

zeige, daß es sich hier um Landstadt-Adel (Brundisium) handele, also kein hauptstädtischer Hortensius gemeint sein könne. Übrigens war im J. 190 schon ein Brundisiner delphischer Proxenos geworden (C. Statorius C. f., vgl. *Syll.*³ 585, prox. 27).

Als sechste Römerbasis hat der große Marmorpfeiler mit dem Reiterstandbild des Aemilius Paulus zu gelten, obwohl er ursprünglich von König Perseus errichtet war. Die Zeit der Statuenaufstellung ist das Jahr nach der Pydna-Schlacht, also 167 v. Chr. Über die Weihinschrift und die Rekonstruktion des Denkmals s. unten Abschnitt 3.

145 und 146. Siebente und achte Römerbasis. — Statue des Legaten . . . . . us, Marci filius. — Auf einer niedrigen Kalksteinstufe, über der wohl die Standplatte lag, steht folgende Weihinschrift:

145. Inv.-Nr. 4150. Buchst. 2—2½ cm (A).

Τὸ κοινὸν τῶν Φωκ[έων praenomen, nomen]
ον, Μάρκου υἱόν, πρεσβευ[τὰν Ῥωμαίων, τὸν αὑτοῦ]
πάτρωνα καὶ εὐεργέταν Ἀ[πόλλωνι Πυθίωι].

Inv.-Nr. 4150 (die Zahl fehlt auf dem Stein). — Gefunden am 11. Aug. 1898 im Pflaster der heil. Straße gegenüber Sibyllenfels. — Niedrige Kalksteinbasis, rechts und hinten Bruch, links glatt, Oberseite rauh gekrönelt; h. 0,22; br. 0,60 max.; tief 0,63 max. — Liegt in der 8. Reihe des Stratiotenfeldes. —

Über die Schreibung Μάρκου und Μαάρκου s. die Anmerkung[1]).

---

[1]) Man konnte mit Recht annehmen, daß aus der Schreibung Μάαρκος statt Μάρκος ein zeitliches Criterium herzuleiten sei. Ich habe darum (lange vor der Bearbeitung des Sylloge-Index durch v. Hiller) alle Beispiele beider Schreibungen aus *Sylloge*³ zusammengestellt (s. unten) und gefunden, daß die Gemination die Regel ist für die Jahre 190—73 v. Chr. Nur gerade der einzige ältere Marcus vom J. 193 lautete Μάρκος Οὐαλάριος Μάρκου (Messala), nr. 601, und a. 112 findet sich in dem einen Text n. 705,5 Μάρκος Αἰμίλιος, Μάρκου υἱός neben Μάαρκον Λείβιον ὕπατον in Z. 62. So besteht die Möglichkeit, daß Μάρκου υἱόν oben im Text Nr. 145 die dritte Ausnahme von der Regel bildet und um a. 140 gesetzt werden kann; s. S. 162 (am Schluß von Nr. 146a); eine vierte Ausnahme bildet unser Text Nr. 157 vom J. 91. — Während Th. Mommsen, *Eph. epigr.* I p. 286 die Ursache dieser Gemination in einer Urform *Maharcus* vermutet hatte, suchte sie F. Marx, *R-E* I 147 in dem Umstand, daß die Inschriften der Umbrer, Osker, Etrusker überhaupt die Vokallängen durch Verdoppelungen wiedergeben, und daß diese Schreibung durch L. Accius, den aus Umbrien stammenden Dichter und Grammatiker, in seine Orthographie eingeführt war. Die latein. Inschriften zeigten die Gemination seit a. 132 bis in Cicero's Zeit. Und W. Schulze, *Latein. Eigennamen* 1904, S. 464⁶ bemerkte, "die Griechen hätten mit ihrem Μάαρκος die oskische Vokalverdoppelung nachgeahmt, wie beträchtlich später die Römer selbst es getan haben (Marx, a. O.). Auch die Messapier hätten sich gelegentlich desselben Mittels zur Darstellung der Vokallänge bedient (Kretschmer, *Einleitung* 263). . . . sonderbar sei es, daß man in das Doppel-a von Μάαρκος allerlei hineingeheimnissen zu müssen geglaubt habe (Eckinger *Orthogr. lat. Wört.* S. 10, wo Th. Mommsens *Maharcus* angeführt war)." — Trotz dieser Autoritäten vermag ich an die oskische Herkunft von Μάαρκος nicht zu glauben. Wie sollten die Delphier bereits im J. 190 und 189 die Gewohnheiten der oskischen, umbrischen, etruskischen Inschriften nachgeahmt haben (von den messapischen ganz zu schweigen), die sie damals noch gar nicht kannten, und die bei ihren römischen Lehrmeistern und Gewährsmännern erst 60 Jahre später in den Inschriften rezipiert wurden? Mag man selbst die nächsten 2 Fälle: die Briefe und Erlasse des Senats vom J. 189 und 170 auf die Übersetzer in Rom zurückführen, — die 2 älteren Stellen in der delph. Proxenenliste (a. 190 und 189) sind jedenfalls ohne römische Dolmetscher abgefaßt, sie müssen also das Doppel-a der damaligen Aussprache nachgebildet haben. Wer das bestreitet, muß uns erklären, warum diese 'oskische'

Es schien mir früher möglich, mit dieser Statue die Aufschrift einer Römerbasis zu verbinden, welche die bei Nr. 145 fehlende rechte Hälfte der Weihinschrift darbieten konnte. Wir kannten den Text nur aus dem Inv. 909 und setzten ihn mit dem vorigen so zusammen:

Τὸ κοινὸν τῶν Φωκ[έων praenomen, nomen, cognomen]
ορ, Μάρκου υἱόν, πρεσβευ[τὰν ἀντιστράτα]γον Ῥωμαίων, τὸν αὐτο[ῦ
πάτρωνα καὶ εὐεργέταν ἀ[ρετᾶς ἕνεκεν] καὶ εὐνοίας τᾶς ἐν αὐτὸ Ἀπό[λ-
[λωνι Πυθίωι].

Dabei muß das an sich anstößige τῶν Ῥωμαίων des Inventars als Versehen für -γον oder [ὕπα]τον, bez. [ἀνθύπα]τον erklärt werden, denn πρεσβευ[τηθέντα ὑπὸ] τῶν Ῥωμ. war unwahrscheinlich. Nun hatte aber Kontoleon eine flüchtige Steinskizze beigefügt, durch welche die Existenz einer neuen Römerbasis Nr. 146 gesichert erscheint:

146. Achte Römerbasis. — Kontoleon zeichnet unter der Inschrift ein sehr hohes Unterprofil, das sogar vielleicht die ganze Inschriftseite einnimmt, so daß die 2 Zeilen auf der gekrümmten Fläche stehen (?). Ob rechts oder links Bruch sei, wird nicht gesagt; daß es rechts der Fall ist, geht aus dem Fehlen der Wort- oder Silbenenden hervor, links aber könnte (und scheint nach dem oberen Eckprofil) profilierte Kante. also Zeilenanfang sein. Jedenfalls schließt die ganze Profilierung und die Plattenhöhe (0,31) die Zugehörigkeit zu der niedrigen Stufe von Nr. 145 aus (0,22), auch schreibt letztere Α, erstere anscheinend A.

Inv.-Nr. 909. — Gefunden am 11. Okt. 1893 östlich des Tempels, links von der heiligen Straße. — Platte aus Kalkstein, h. 0,31; br. 1,00 [max.]; tief 0,77.

146. Inv.-Nr. 909.

[Τὸ κοινὸν τῶν - - - praenomen, nomen, . . . ου υἱόν, στραταγὸν ὕπα]-
τον Ῥωμαίων, τὸν αὐτο[ῦ πάτρωνα καὶ εὐεργέταν, ἀρετᾶς ἕνεκα]
καὶ εὐνοίας τᾶς ἐν αὐτὸ Ἀπό[λλωνι Πυθίωι].

Die erste Zeile, in der auch [ἀνθύπα]τον möglich ist, habe ich hinzugefügt, obwohl im Inv. die Worte τῶν Ῥωμαίων τὸν αὐτο[ῦ ganz dicht unter der Oberkante stehen. Man kann kürzen durch Weglassung von πάτρωνα καὶ und andere Verteilung:

[Τὸ κοινὸν τῶν - - - praenomen, nomen, . . . ου υἱόν.]
[στραταγὸν ὕπα]τον Ῥωμαίων, τὸν αὐτο[ῦ εὐεργέ]-
[ταν, ἀρετᾶς ἕνεκα] καὶ εὐνοίας τᾶς ἐν αὐτὸ Ἀπό[λλωνι]
[Πυθίωι],

---

angebliche Bezeichnung der Vokallänge sich niemals in Μάνιος oder Γάιος geschrieben findet, sondern nur in Μάαρκος. Bei dieser Sachlage scheint mir Mommsen's Annahme von *Mahareus* die einzig mögliche Lösung.

Die Belege aus Sylloge[3] sind folgende; für Μάαρκος: a. 190, nr. 585, proxenos 32 und 35 ‖ a. 189, ebenda, proxen. 48 ‖ a. 189, nr. 611,10 ‖ a. 170, nr. 646,15 ‖ a. 169, nr. 649 (Μαάρκιον Φίλιππον, cos.) ‖ a. 143, nr. 679,35 und öfter ‖ a. 117, nr. 700,2 und öfter ‖ a. 112, nr. 705,62 ‖ a. 107, nr. 710 A (ergänzt) ‖ nach a. 90, nr. 1053 ‖ a. 74, nr. 746, mehrere ‖ a. 73, nr. 747, mehrere ‖ a. 71, nr. 748 ‖. Hierzu kommt: etwa a. 190 ff. oben im Text Nr. 141. ‖ — Dem gegenüber steht Μάρκος: a. 193, nr. 601 ‖ a. 112, nr. 705,5 ‖ a. 71, nr. 748,11 (Μαρκίλιος) ‖ a. 67, nr. 750 (Μαρκελλῖνος) ‖ a. 46, nr. 763 ‖ a. 23, nr. 774 (Μάρκελλος) a. 14/13, nr. 776 ‖ a. 22—12, nr. 777 ‖ a. 16—12, nr. 779, D (ergänzt) ‖ a. 17 p. Chr., nr. 792 ‖ es folgen noch Kaisernamen. ‖ Hierzu kommt etwa a. 140, oben Text Nr. 145 ‖ a. 91, Text Nr. 157. — Gewiß geben diese Syllogestellen nur eine kleine Auswahl aus den griech. Inschriften, aber als Übersicht und Querschnitt bilden sie eine lehrreiche Grundlage.

aber sehr lang bleibt der Stein doch. Das deutet auf die Längsseite eines großen Reiterdenkmals, die längs der Straße die Inschrift trug. In derselben Gegend wurde der große Hauptblock des M. Minucius-Postaments (*Syll.*³ 710) gefunden, aber eine Verbindung mit ihm oder mit einer zweiten Minuciusstatue (an deren Existenz Bourguet einst glaubte) kann ich nicht weiter verfolgen, so lange H. Bulle uns die Minucius-Aufnahmen nicht aushändigt, auf die unsere Scheden Bezug nehmen. — Über die Zeit der Texte 145/46 wird am Schluß von Nr. 146a gehandelt.

146a. — Neunte Römerbasis, Reiterstatue des Q. Coponius. — Im J. 1882 edierte Haussoullier nach einem Abklatsch, den man an Foucart gesendet hatte, die folgende Weihinschrift, ohne ihr Original in Delphi ermitteln zu können. Es kam später lange nach den Ausgrabungen als Unterschwelle der Kirche des Hag. Elias zutage, ist aber von niemand nachgeprüft, obwohl die bisherige Deutung auf Q. Cosconius vor dem Stein leider hinfällig wird.

Inv.-Nr. 4500. — Gefunden gegen Ende 1903 als Unterschwelle der Kirche Hag. Elias. — Deckplatte eines großen Postaments, aus Kalkstein; h. 0,19, darunter vorn, r. und l. als Profil tiefe (11 cm) eingezogene Hohlkehle 0,13 hoch (also Gesamthöhe 0,32); br. 0,76; tief 0,52; r. und l. glatt; hinten keine Hohlkehle, sondern ganz grob abgearbeitet und für spätere Verwendung längs Oberkante eingeschnitten (je 6 cm tief und breit). — Liegt jetzt auf der Museumstreppe (Südhälfte). — Buchst. 16—20 mm.

146a. Inv.-Nr. 4500 = *Bull.* VI, 1882, p. 448 nr. 77.

Τὸ] κοινὸν τῶν Φωκέων Κόϊντον Κοπ[ώ-
ν]ιον, Κοΐντου υἱόν, πρεσβευτὴν Ῥωμαί[ι-
ω]ν, ἀρετῆς ἕνεκεν καὶ εὐνοίας τῆς
ε]ἰς αὐτὸ Ἀπόλλωνι Πυθίωι.

Auf der Oberseite unweit der rechten Vorderecke (8 und 9 cm von vorderer und rechter Kante) ist ein großes rundes Hufloch erhalten (17 cm Dm.), dessen geringe Tiefe (5 cm) beweist, daß dieser Vorderfuß nur leicht aufgesetzt war, — der andere schwebte frei. — Haussoullier las Ende Zeile 1: *ΚΟ .. Σ* und gab mit falscher Zeilentrennung *Κο[σκ]ώνιον*, bemerkt jedoch "Cosconius ou Coponius; le personnage n'est pas connu." Dagegen zog Münzer *R-E* IV 1215 zuerst Coponius vor, weil bei den Cosconiern das Praenomen Quintus anscheinend noch nicht nachgewiesen sei, hat sich dann aber IV 1669 doch für Cosconius entschieden und versucht, ihn mit dem Q. Cosconius zu identifizieren, der im J. 159 die Nachricht vom Tode des Terenz auf dem Meer aus Griechenland verbreitet habe (Sueton, *vit. Ter.* 32, 13 Reiffersch.; aus Varro)[1]). Aber die genaue Prüfung von Stein und Abklatsch zeigt, daß zu drei Buchstaben, wie sie Hauss. gab, .. Σ (= ΣΚΩ) absolut kein Platz ist, und wenn er das Σ auf Abkl. las, so ist links von ihm nur Raum für éin Zeichen, rechts aber sogleich die Kante[2]).

---

1) Sonst käme noch der Bruder des Marcus Cosconius in Betracht, des Besiegers der Scordisker (als Praetor von Makedonien a. 135; Nr. 8 bei Münzer a. O.), aber diese Brüder waren Gaius-Söhne.

2) Ich kann das darum so bestimmt versichern, weil ich auf der Steinzeichnung vor dem Original ausdrücklich angab, zwischen dem *H* am Ende von Z. 3 und der rechten Kante seien nur 7 cm Abstand (Z. 1 hat von Oberkante 2 cm, Z. 4 von Unterkante 8½ cm Abstand). Darnach kommt das etwas unsichere Ω in Z. 1 ganz dicht an die Kante zu stehen und läßt links nur éine Zeichenlücke bis Κο- frei.

Damit ist *Κο[σκ]ωί-* oder gar *Κο[σκ]ών-* ausgeschlossen, es bleibt nur *Κοπώ-* übrig, und rechts von *Κο-* ist ein linker oberer Apex erhalten, der sowohl zu dem Querstrich des *Π* wie zu dem des *Σ* gehören kann.

Betreffs der Zeit hat Hauss. geglaubt, daß das Fehlen des Cognomen und der Zusatz *Ῥωμαίων* die Inschrift noch vor a. 146 verweise, d. h. bevor Griechenland röm. Provinz wurde, — und Münzer ist ihm hierin gefolgt. Aber den Zusatz *Ῥωμαίων* finden wir auch später, z. B. a. 107 bei M. Minucius *Syll.*[3] nr. 710 *A*, vgl. oben in Nr. 145 und 146, und das Cognomen konnte gerade im Ausland leichter wegbleiben (s. die Pollius-Basis Nr. 149). Gewiß wird unser Reiterdenkmal dem einzigen bisher bekannten Quintus Coponius gelten, dessen Verurteilung Plinius als Beispiel altrömischer Sittenstrenge anführt[1]), aber da dessen Zeit gleichfalls unbekannt ist, bleibt nur die Datierung nach Formeln und Schrift. Letztere rührt nun von demselben Steinmetzen her, der später die Minucius-Inschrift einschlug (*Syll.*[3] 710 *A*), dieselben feinen Buchstaben mit Apices, das *Φ* mit dem Doppelbuckel usw., nur sind unsere Zeichen größer, noch nicht ganz so sorgfältig und das *Σ* hat noch etwas schräge Schenkel. So werden wir an die Zeit von 140—110 v. Chr. denken müssen, und es läge nahe, die Verdienste des Legaten um Phokis in die Jahre 140 ff. zu setzen, als von den Römern die Wiederherstellung des phok. *κοινόν* zugleich mit dem der Lokrer, Boeoter u. a. gestattet wurde. Aber es ist auch möglich, daß sich auf diesen Anlaß vielmehr die Statue des Marcus-Sohnes Nr. 145 bezieht, deren Schrift 20—30 Jahre älter ist als die der Coponius-Basis, sodaß letztere, die nicht mehr dorisch verfaßt ist, auf c. 120 herabrückte. Und vielleicht enthält auch die dorische Weihinschrift Nr. 146 den Dank eines a. 140 ff. wiederhergestellten *κοινόν*, etwa der Lokrer, wohl an den Proconsul oder Praetor von Makedonien (*στραταγὸν ἀνθύπατον*).

Als zehnte Römerbasis zählt die des P. Cornelius P. f. Lentulus aus dem J. 128, Text Nr. 24 (Bd. XIV, S. 302) = *Syll.*[3] n. 704 *B*.

147. Die elfte Römerbasis. — Reiterstatue des Postumius Albinus. — Inv.-Nr. 4075. — Gefunden am 12. Aug. 1897 in den Fundamenten des Backofens des Hauses Maï (= mission française). — Kalksteintafel, rechts und unten Bruch, links glatt, Rückseite Anathyrosis, die Oberseite hat vorn unweit der l. Ecke ein quadratisches Dübelloch (5 × 5 cm) und hinten links eine U-Klammer. — H. 0,70 max.; br. 0,46 max.; dick 0,31. — Standort: auf Südhälfte der Museumstreppe. — Buchst. 15—20 mm (A, Π).

147.   Inv.-Nr. 4075.

Ἁ πόλις τῶν Δελφῶν Πο[στόμιον Ἀλ]-
βεῖνον, τὸν ἑαυτᾶς πάτρω[να καὶ εὐ]-
εργέταν × × ὑπὲρ τᾶς τῶν Ἑλλ[άνων ἐλευ]-
[θερ]ίας × × Ἀπόλλωνι × × Πυ[θίωι].

Die Platte bildete den Orthostat der Stirnseite eines Reiterpostaments, das ebenso zusammengesetzt war, wie das Philopoemens (rekonstruiert in *Klio* IX 163 ff.) und des Aristainos (*Syll.*[3] n. 702, not. init.). Da rechts etwa 1/3 der Inschrift fehlt, erhalten wir die übliche Stirnbreite von 46 + c. 23 = c. 69 cm bei der bekannten Höhe von c. 70—76 cm (unten scheint nur ganz wenig zu fehlen), vgl. die Denkmäler in Bd. XVI S. 110 ff. (Nr. 113—115). —

---

1) Plin. *nat. h.* 35, 162: *Q. Coponium invenimus ambitus damnatum quia amphoram dedisset dono ei, cui suffragii latio erat.* So nach Münzer *R-E* IV 1215 nr. 6, der gleichfalls die Identifikation für wahrscheinlich hält.

Während ich in Z. 1f. an [Σα]|βεῖνον dachte, wies Dessau auf ['Αλ]βεῖνον hin, lehnte aber sowohl Πό[πλιον] ab, weil kein Postumius Albinus diesen Vornamen führte, als auch sei Πο[στόμιον] nicht möglich, weil "die Bezeichnung eines vornehmen Römers mit Gentilicium und Cognomen unter Auslassung des Praenomen in offiziellen Urkunden aus der Zeit der Republik wohl unerhört sei." Trotzdem erlaubt der Raum keine andere Ergänzung — es fehlen in Z. 1—3 je 9 Buchstaben (nur die etwas breiter geschriebene Z. 2 verlor 8) —, so daß für Πό[πλιον] vor einem noch so kurzen Gentilicium kein Platz ist. Ähnlich fehlt das Praenomen bei der delph. Marcellusbasis vom J. 23 (Syll.³ 774 A): ἡ πόλις τ. Δελφῶν Μάρκελλον Κλαύ-διον τὸν ἑατῆς πάτρωνα, und in Griechenland konnten solche Ausnahmen eher vorkommen als in lateinischen Texten.

Bei Postumius Albinus wird man zuerst an den Consul des J. 151 denken; er war anerkannter Griechenfreund, schriftstellerte griechisch (Niese III 3⁴), war im Winter 156/5 Praetor und Vorsitzender des Senats (Niese III 317 und 327), dann im J. 146 das Haupt der 10 Legaten, welche in Griechenland die endgültige Ordnung der besiegten Landschaften besorgten und Mummius zur Seite standen (Niese III 351f.). Auf dem Isthmus erhielt er ein Ehrenstandbild und in Olympia stand seine Statue in der großen Gruppe des Mummius und der 10 Legaten (Cic. ad Att. XIII 30, 3; 32, 2; 33, 3; Inschr. v. Olymp. nr. 322, fehlt bei Niese III 351, 4). So wäre es selbstverständlich, daß ihm auch Delphi, das er gewiß besuchte, ein Denkmal weihte, aber erst einige Zeit später, da in der Aufschrift jede Amtsbezeichnung fehlt, also wohl c. 140 v. Chr., als die Phokier, Lokrer, Boeoter wieder 'frei' wurden, so daß sich die Worte ὑπὲρ τᾶς τῶν Ἑλλ[άνων] ἐλευθερ]ίας — besser als [σω]τηρ]ίας — auf eine zweite Anwesenheit und Hilfe bezögen. Bedenken macht mir nur die zwar schöne Schrift, die wegen des Π mit gleichlangen Schenkeln usw., besonders aber wegen der dreimaligen Worttrennungen durch Zwischenräume viel jünger erschien und am besten in die Jahre 88—84 passen würde, als die ἐλευθερία τ. Ἑλλάνων auch des Schutzes bedurfte. Aber außer Sulla's Leib-Haruspex C. Postumius (R-E VII 2434, 36), dessen Cognomen unbekannt ist, kennen wir in jener Zeit keinen Postumier in Griechenland, — und auch bei dem Consul Sp. Postumius Albinus vom J. 110 oder seinem Brude Aulus, cos. 99, fehlt bisher jede Beziehung zu Hellas. Obwohl nun unsere Schrift in auffälligster Weise mit derjenigen der Metellus-Basis in Olympia vom J. 143 übereinstimmt (Olymp. V n. 325, auch die der Mummiusstatue n. 278 ist sehr ähnlich), wie es die dankenswerten Purgold'schen Facsimili beweisen, in denen selbst die eben beanstandete Worttrennung sich wiederfindet, habe ich noch nicht gewagt, unsern Text beim J. 140 einzureihen; denn die Steinmetzentechnik im abgelegenen Delphi war meist um Jahrzehnte gegen die des übrigen Griechenland zurückgeblieben, sodaß olympische oder athenische Schreibart dort erst nach 20—40 Jahren recipiert wurde.

Die zwölfte Römerbasis trug die Reiterstatue des Proconsuls M. Minucius Rufus, von dem dankbaren Delphi a. 107 mit bilinguer Inschrift geweiht für die Besiegung der Scordisker, Besser etc., Syll.³ 710 A-C.

Auf der dreizehnten Basis stand ein Weihgeschenk des Legaten Q. Minucius Rufus, Bruders des vorigen, ebenfalls c. 107; Syll.³ 710 D.

148. Die vierzehnte Römerbasis, vielleicht für Lucullus a. 87. — Im Inventar steht folgendes unscheinbare Fragment:

Inv.-Nr. 2816. — Gefunden am 13. Juli 1895 in einem Graben unterhalb der Rhodini, oberhalb des Hauses Petros = Convert. — Basisfragment aus Kalkstein, links und rechts gebrochen, h. 0,15; br. 0,32; tief 0,15 [?].

148. Inv.-Nr. 2816.

Τὸ] κοινὸν τῶν [Αἰνιάνων? Λεύκιον Λικίνιον?],
Λε]υκίου υἱόν, ταμ[ίαν Ῥωμαίων, ἀρετᾶς ἕνεκα]
καὶ] εὐνοίας τᾶς ἐν [αὐτὸ Ἀπόλλωνι Πυθίοι].

Im Inv. steht Z. 2 Ende das unverständliche TAN, das zu keinem Cognomen paßte; so blieb nur die Emendation ταμ[ίαν] übrig. Auffällig ist die Ähnlichkeit mit der Lucullus-Basis aus Hypata:

IG IX 2,38 = Syll.³ n. 743. Ich habe darum gewagt, auch die del-
[Τὸ κ]οινὸν τῶν Αἰνιάνω[ν Λεύ]- phische Basis auf Lucullus zu beziehen,
[κι]ον Λικίνιον, Λευκίου [υἱόν], obwohl hier das Cognomen fehlte; aber
Λεύκολλον, ταμίαν, εὐεργ[έταν]. letzteres fehlt bei demselben Manne auch
Syll.³ 747₄ — freilich in einem SC und bei der Consulatsangabe (ἐπὶ Λευκίου Λικινίου, Μαάρκου Αὐρηλίου ὑπάτων, a. 74) und bliebe bei unserem Quaestor gerade so auffallend wie bei Lucullus. Ich möchte daher bis zur Nachprüfung des Schriftcharakters die Deutung auf Lucullus beibehalten und bemerke, daß beide Brüder, der ältere Lucius und der jüngere Marcus, gleichzeitig als Quaestoren a. 87 mit Sulla in Griechenland waren, daß Lucius schon im Winter 87/6 nach Aegypten ging und die a. 80 das Kommando gegen Mithridates in Asien führte, während Marcus bei Sulla blieb und im Frühj. 83 mit ihm in Italien landet. Da aber letzterer von Terentius Varro adoptiert, auch in griech. Texten dessen vollen Namen führt, höchstens mit dem Zusatze Λεύκολλος (Syll.³ n. 747 als Consul a. 73), während Lucius später richtig als Proquaestor bezeichnet wird (ἀντιταμίας, Syll.³ 745₈), so gehört die Hypataeer-Basis genau in das Jahr 87, — nicht wie in Syll.³ angegeben „88—80" —, und setzt besondere Verdienste des L. Lucullus um die Aenianen voraus, denen er in Sulla's erstem Kriegsjahr wohl Erleichterungen zuteil werden ließ. Und da die Lücke in unserer Z. 1 etwa 8 Buchstaben enthalten haben muß, wäre es sehr möglich, daß wir wiederum [Τὸ] κοινὸν τῶν [Αἰνιάνων] zu ergänzen hätten. — Wenn die delphische Platte wirklich nur rechts und links gebrochen war, müsste sie als niedrigste Deckplatte (0,15 hoch) über dem Profilblock gelegen haben, und da sie mindestenst 1,15—20 m breit war, — es fehlen zwei Drittel der Zeilen —, wird auch sie ein Reiterdenkmal getragen haben, das wohl die Aenianen auch in Delphi aufstellten. Aber auch [Ἀμφικτυόνων] u. dgl. wäre möglich.

Die fünfzehnte Römerbasis errichteten die Amphiktyonen dem Proconsul von Makedonien Q. Ancharius im J. 55. Vgl. Bd. XV S. 70 nr. 99.

149. Die sechszehnte Römerbasis; für C. Pollius C. f.

Inv.-Nr. 4151. — Gefunden am 12. Aug. 1898 umgedreht im Pflaster der heil. Straße nahe Alexanderjagd (Krateroshalle). — Fragment einer Stufenbasis aus Kalkstein; rechts, links hinten Bruch, von der Oberseite ein kleines Stück erhalten (glatt); h. 24; br. 0,39½; tief 0,12½. — Liegt im Museumskeller. — Buchst. 16—17 mm. (A mit gebrochenem und bisw. mit gebogenem Querstrich).

Inv.-Nr. 4151.

[Ἀ π]όλις τῶν Ἀμ[φιλόχων ἐξ Ἄργεος?]
[Γ]άϊον Πόλλιον, Γαΐο[υ υἱόν, Ῥωμαῖον],
[τ]ὸν αὐτᾶς εὐεργέταν [Ἀπόλλωνι]
Πυθίοι.

251

In Z. 1 ist dicht neben dem A des Stadtnamens der Unterteil einer senkrechten Hasta sichtbar, die zu *N, M, Π, I, Γ, T, P, K* gehört hat, also wohl von Ἀμ[φισσέων], Ἀμ[πρακιωτᾶν] etc. herrührt; weil der außergewöhnlich lange Name den Rest der breiter als Z. 2—4 geschriebenen Z. 1 füllte, kommt wohl nur Argos Amphilochikon in Betracht, s. unten Text 188. Da in Z. 2 das Omikron unter dem von Z. 1 steht, ist [Γν]αῖον ausgeschlossen. Am Schluss kann man schwanken, ob nicht [υἱόν] gefehlt hat.

Obwohl der Gentilname Pollius nicht so ganz selten ist, sei doch keiner bekannt, der Anspruch darauf habe, in Delphi geehrt zu werden (Dessau, briefl.). Ein Cn. Pullius Pollio ʿAthena[s ivit ab imp. Caes.] *Augusto legatus in [Achaiam]*, Inschr. bei Mommsen *Ges. Schr.* 8, 541 (= Dessau, *Inscr. sel.* 916), aber unser Pollius hieß Gaius, kann also, selbst wenn man die Identität von Πόλλιος mit Pullius zugibt, oben nicht gemeint sein; vgl auch die *tribus Pollia*, z. B. Livius 8,37 und *Syll.*[3] n. 668[4]. So bleibt nur die Datierung nach der Schrift, die dünn und schlecht ist und etwa von 50 a. Chr. bis 30 p. Chr. gehört. Die Stadt war offenbar arm, die Statue stand wohl nur auf einer einfachen Stufe.

150. Die siebzehnte Römerbasis(?) — Der Vollständigkeit wegen wird folgendes Anathem beigefügt (Buchst. 15—20 mm):

Inv.-Nr. 3860. — Gefunden am 29. Mai 1896 außerhalb des Temenos (östlich) an der Stelle der Ölmühle. — Kalksteinfragment mit der rechten Ecke einer unten schön profilierten Deckplatte. Links und hinten Bruch. H. 32,4 (davon 18 die Plinthe; 14,4 das untere Profil); Br. 33 max.; Tiefe 38 max. Das Profil vorn und rechts erhalten. Standort: Stratiotenfeld, 4. Reihe von Süden. —

Inv. nr. 3860.

[Ἀ πόλις (?) τῶν - - - - τὸν δεῖνα - - - - Ῥ]ωμαῖον, τὸν
[αὐτᾶς πάτρωνα καὶ εὐεργέταν Ἀπόλλωνι] Πυθίωι.

Die 6 Buchstaben von Πυθίωι sind 0,13 lang mit linkem Intervall und haben von rechter Kante 0,18 Abstand; die 32 Zeichen [αὐτᾶς — Ἀπόλλωνι] wären darnach c. 0,69 lang gewesen, die ganze Front hätte eine Breite von c. 1,00 m gehabt. Man kann sie auf 0,80 reduzieren durch Weglassung von πάτρωνα καὶ wie in Text Nr. 149, doch wird dann der Raum für die Ergänzungen in Z. 1 sehr knapp. — Jedenfalls haben wir auch hier die Front eines Reiterdenkmals, bez. seiner Standplatte vor uns, das in den Maßen denen des Attalos, Acilius, Philopoemen entspricht. Denn der rings um 15 cm zurücktretende Schaftansatz unter dem Profil beweist, daß darunter der gewöhnliche Orthostat von c. 0,70 oberer Breite stand. Nicht sicher ist die Lesung [Ῥ]ωμαῖον, weil von *M* nur die Außenschenkel, von Ω vielleicht die rechte Ecke erhalten ist und ich lange Zeit vielmehr [Ἀ]τίλιον las (der Querstrich des *A* ist ganz undeutlich). Aber man erwartet hier das Ethnikon, so daß [Ῥ]ωμαῖον wahrscheinlich bleibt. Statt [ἁ πόλις] und [αὐτᾶς] ist auch [τὸ κοινὸν] und [αὐτῶν] möglich. Als Zeit kommt nach der Schrift das I. Jhdt. v. Chr. in Betracht.

Die **18.** Basis ist die des Claudius Marcellus, a. 23, *Syll.*[3] 774; die **19.—22.** die von L. Caesar, Julia, C. Caesar(?), und von Agrippina maior, a. 16—12, *Syll.*[3] 779, *A-D*; die **23.** und **24.** erhielt Tiberius a. 14—16 p. Chr., *Syll.*[3] 791 *A, B*.

151. 152. Die fünf- und sechsundzwanzigste Römerbasis war dem Kaiser Gaius geweiht, davon die zweite bisher nicht identifiziert.

151. Gaius-Statue der Panhellenen a. 37 n. Chr. — In dem bekannten Antwortschreiben des Kaisers vom 19. Aug. 37 n. Chr. an das κοινὸν Ἀχαιῶν καὶ Βοιωτῶν καὶ Λοκρῶν καὶ Φωκέων καὶ Εὐβοιέων aus Anlaß der für ihn dekretierten Ehrenbezeugungen heißt es (*IG* VII 2711) v. 30: Τῶν ἀνδριάντων οὕς ἐψηφίσασθέ μοι, τὸ πολὺ πλῆθος, ἐὰν ὑμεῖν δοκῇ, ἀφελόντες ἀρκέσθητε τοῖς Ὀλυμπίασι καὶ Νεμέᾳ καὶ Πυθοῖ καὶ Ἰσθμοῖ τεθησομένοις. Daß diese 4 Statuen wirklich aufgestellt wurden, ist ausser Zweifel.

152. Gaiusstatue der Amphiktyonen. — Es steht im *CIG* 1696 ein unscheinbares Fragment in Maiuskeln, das Boeckh unergänzt ließ; es war von Clarke auf dem Platze vor den Häusern 69—70 aufgefunden (*Beitr. Top. v. D.* Taf. I), also an der Südseite des Apollotempels unweit des Pronaos. Wie in den Scheden *IG* VIII n. 320/22 nachgewiesen, habe ich zwei Brocken des Clarkeschen Steins aufgefunden, — den einen mit erhaltener linker Kante, a. 1887 eingemauert in Augenhöhe in Haus 71 (Südwand), den zweiten rechts anschließenden, rings gebrochenen, im alten Museum n. 162 (jetzt Inv. 2204), — und ergänzte sie nach der Tiberiusstatue *Syll.*[3] n. 791, *B* zu dem Namen eines der folgenden Kaiser. Da von Claudius schon drei Statuen (*Syll.*[3] n. 801, *A-C*), von Nero eine (ebda. n. 808) bezeugt sind, mußte man unsere Bildsäule mit Wahrscheinlichkeit zwischen die beiden des Tiberius (ebda. 791, *A, B*) und die drei des Claudius setzen, sie also auf Caligula beziehen. Dann wäre sie wie nebenstehend zu ergänzen.

152.   *CIG* 1696.

(Αὐτοκράτορα Γάϊον)
(Καίσαρα Γερμανικόν),
(Σεβαστόν, θεοῦ Σεβαστοῦ)
(ἔκγονον, Τιβερίου Καί)-
5 (σαρος υἱωνόν, ἀρχιερῆ),
(δημαρχικῆς ἐξουσίας),
(ὕπατον, τὸ κοινὸν τῶν)
[Ἀμφικτυόν]ων [καθιέρ]-
ωσεν ἐπιμε[λητεύοντος]
10 αὐτῶν Καλλιστράτου [τοῦ]
Καλλιστράτου Δελ[φοῦ].
  vacat
dom. 71 + Inv. 2204.

Das Wort καθιέρωσεν statt ἀνέθηκεν findet sich in Delphi bisher nur noch in jener Parallelinschrift für Tiberius *Syll.*[3] 791, *B*, Z. 5. Auch dieser Umstand spricht für ungefähre zeitliche Zusammengehörigkeit beider Texte[1]), und die Kürze der Zeilen wies auf einen ähnlichen Schmalpfeiler hin, wie es dieser Parallel-Cippus des Tiberius war (br. 52; tief 40), oder der des Nero (72 × 54 × 36; *Syll.*[3] 808). Den Wortlaut des fehlenden Hauptteils habe ich dem Anfang des Caligula-briefes *IG* VII 2711, Z. 21 ff. nachgebildet. In Z. 10 gab Clarke's Abschrift Καλλιστρατος statt -άτου, so daß auch folgende Ergänzung denkbar wäre: [καθιέρ]ωσεν· ἐπιμε[λητεύων δ᾽ ἦν] | αὐτῶν Καλλίστρατος Καλλ. Δελ[φός], oder ἐπιμε[λητὴς δὲ ἦν], vgl. *Syll.*[3] 808 (Nero) ἐπὶ - - ἐπιμελητοῦ Ἀμφικτυόνων Ποπλίου Μεμμίου Κλεάνδρου.

Doch bleibt folgendes Bedenken. Alle drei Cippi — wohl Hermen — (Tiberius, Caligula, Nero) sind von den Amphiktyonen geweiht; denn die gleichlautende Fassung der 2 ersten Texte verbietet uns, in dem des

---

1) In Z. 8 desselben Textes ist fälschlich von Bourguet *Bull.* 21, 475 noch einmal [ἡ δὲ καθιέ]ρωσ[ις . . .], ergänzt, statt [Φιλοκαίσα]ρος. Der Gebrauch von καθιέρωσεν beschränkt sich auf den Anfang unserer Zeitrechnung, vgl. die drei Aufschriften der Kaiserstatuen in Priene, *Inschr. v. P.* nr. 225 (Julia), 227 (Tiberius), 228 (Drusilla), dann nr. 157 (ergänzt) die Dedikation des Tempels für Athena und Augustus, n. 209 (unbestimmt), sowie in Magnesia a. M. die Weihinschrift nr. 157*b*, Z. 22 für Claudius (?).

Caligula etwa seine von den Panhellenen errichtete Statue Nr. 151 wiederzuerkennen; deren Basis ist also noch nicht gefunden. Jedoch auch unter den 3 Claudiusstatuen ist keine amphiktyonische, sondern sie rühren alle von der Stadt Delphi her. So besteht immerhin die Möglichkeit, daß wir in Nr. 152 den Namen des Claudius zu supplieren hätten statt des Caligula. Bei dem geringen Zeitunterschied kann auch die Person des Amphiktyonenepimeleten Καλλίστρατος Καλλιστράτου keine Entscheidung bringen, der übrigens in der chronologischen Liste dieser Epimeleten bei Bourg. *de reb. Delph.* 58 ausgelassen ist. Er war βουλ. a. 20; 33; 42 (γραμμ.); ἄρχων (τὸ ά) a. 44/5, τὸ β' a. 48/9, τὸ γ' a. 54/5; und war Priester der XXVII Pr.zt. a. 52—56; vgl. *Delph. Chron.* R-E IV 2667. Da die Pythiade a. 51/2—54/5 p. durch P. Memmius Kleandros besetzt ist, der Ende a. 54 die Nero-Statue *Syll.*³ 808 aufstellt, so bleiben für Kallistratos als Epimeleten nur die 4 Pythiaden a. 35, 39, 43, 47 übrig. Genauer nur die zwei ersten, denn auch unsere Herme wird gleich nach den Regierungsantritt des Kaisers zu setzen haben, also a. 37 bei Caligula oder a. 41 bei Claudius. — Die Möglichkeit einer 3. Caligulastatue (seitens der Stadt Delphi) wird beim nächsten Denkmal besprochen.

153. Siebenundzwanzigste Römerbasis: Statue der Caligula-Schwester Drusilla. — Auf dem trümmerbedeckten Tempelvorplatz steht eine 0,48 hohe, fast quadratische Stufenbasis aus Kalkstein, deren Unterkante nach Art der Gebäudestufen sehr fein unterschnitten ist. Die 7½ cm hohe, 4 cm tiefe Unterschneidung läuft an drei Seiten herum und wird wie üblich an den Ecken durch senkrechte flache Stege begrenzt. Auf der Oberseite der Basis sieht man eine Säulenstandspur. Ich konnte a. 1906 nur eine ganz flüchtige Skizze nehmen und vorstehende Angaben machen; die Maße sollte das Inventar geben, dessen Nr. 1512 aufgemalt war. Die sehr verloschene Inschrift kopierte und ergänzte ich wie folgt:

153.   Inv.-Nr. 1512.   (a. 37/8 p. Chr.).
[Ἡ πόλις τῶν Δελφῶν (?) Δρούσιλ-]
[λαν] Θ[εά]ν, Γαίου Καίσαρος Αὐτοκράτορος Σεβαστοῦ ἀδελφήν,
Ἀπόλλωνι Πυθίωι.

Da nicht anzunehmen ist, daß die Statue damals auf einer hohen Säule stand, muß man vielmehr an eine Rundbasis denken etwa in der Art der beiden in v. Hillers *Inschr. v. Priene* n. 236/7 abgebildeten; doch war sie, weil unser Text auf der Unterstufe steht, wohl viel niedriger als jene, und bestand nur aus rundem Torus mit oberem Anlauf. Die nicht unterschnittene Rückseite mußte gegen eine Mauer oder andere Stufen gestoßen sein. Das Inventar ließ uns hier leider im Stich; Höhe und „Dicke" (!) wurde zwar zweimal als 0,48 angegeben, aber zu der Breite 1,17 konnte die „ganze Höhe" 1,9 kaum stimmen; man vermutet ein Versehen statt 1,19 od. 1,09. Der Text selbst war im Inv. wegen Unleserlichkeit nicht kopiert. Gefunden im Mai 1894 östl. vom Tempeleingang.

[Erst später bemerkte ich, daß der Text von Bourguet, *de reb. Delph.* p. 64 ediert war. Seine Irrtümer sind folgende: er sagt, es sei nicht zu entscheiden, welche der 3 Caligulaschwestern hier gestanden habe, und läßt darum den Namen unergänzt. In Z. 2 gibt er im Anfang 6 Lücken, statt 3—4, und warnt 'cave ne suppleas Θεάν'. Endlich behauptet er, die Statue sei aus Sparsamkeitsrücksichten direkt auf eine der Tempelstufen gesetzt worden, wie später die beiden Constantinstatuen. — Vergleicht man jedoch alle die Ehrungen, die gerade der

Drusilla als Lieblingsschwester des Kaisers zuteil wurden, vor und nach ihrem Tode, und nur ihr allein, so heißt es wirklich, den Wald vor Bäumen nicht sehen, wenn man hier noch an Julia oder Agrippina denken wollte. Nur Drusilla wurde τότε οὖν Πάνθεά τε ὠνομάζετο καὶ τιμῶν δαιμονίων ἐν πάσαις ταῖς πόλεσιν ἠξιοῦτο (Cass. Dio, 59, 11, 3); ihr wurden als Θεὰ νέα Ἀφροδείτη Δρούσιλλα Festspiele in Cyzicus gefeiert (Syll.³ 798₁₂); vgl. Δρούσιλλα νέα Ἀφροδίτα in Mytilene (JG XII 2, 172); in Epidauros hatte sie eigene Priesterinnen für ihren Cultus, die ihr Statuen setzten: Θεὰν Δρούσιλλαν [Σεβαστήν], Γερμανικοῦ Καίσαρος θυγατέρα, Αὐτονόη Ἀριστοτέλους Ἐπιδαυρία, ἡ ἱέρεια αὐτῆς; vgl. ihre Basis in Priene [Θ]ε[ᾶι Δρουσ]ίλληι καθιέρωσεν (I. Priene 228). Wenn wir daher in Delphi eine Caligulaschwester treffen, deren Namen Θ[εά]ν hinzugefügt ist, so kann es nur Drusilla sein. Fraglich bleibt nur, ob nicht [Δρούσιλλαν] | [νέαν] Θ[εά]ν oder [Πάν]θ[εα]ν dagestanden habe. Im übrigen vgl. in Gelzers ausgezeichnetem Artikel RE X: S. 392f. und Fitzler ebda S. 935f. — Endlich kann von unserer Basis als Tempelstufe keine Rede sein; diese sind nur 0,43 hoch und zweifach unterschnitten, um den einzig es sich handeln könnte, hat größere Längen und Tiefen in seinen Blöcken. Oder hat Bourguet die runde Auflagespur auf der Oberseite übersehen? Auch seine Behauptung (reb. delph. 64 und 93), daß beide Konstantinbasen Tempelstufen seien, ist falsch für die erste derselben, die vielmehr in die Stoa-Stufen eingelassen war, vgl. Syll.³ n. 903 A, not. init.; denn sie ist nur 0,35 hoch und bildet eine Ecke. Aber die zweite Basis, Syll.³ 903, B, kann wohl zu der untersten Tempelstufe gehört haben¹)].

Unsicher bleibt der Stiftername, aber da die bei Text Nr. 150 aufgezählten 'Panhellenen' viel zu lang sind und selbst für [Τὸ κοινὸν τῶν Ἀμφικτυόνων] der Raum nicht reicht, kommt eigentlich nur die Stadt Delphi in Frage (so auch Bourg.). Vielleicht haben wir ein Doppelmonument vor uns, dessen verlorene Basis hinten anstieß und die Rundbasis einer dritten Caligulastatue trug (?).

153ª. Die achtundzwanzigste Römerbasis war die des P. Memmius Regulus, in Maiuskeln flüchtig ediert von Homolle, Bull. 20, 710. Den Stein fanden wir nicht.

Inv.-Nr. 3085. — Gefunden am 15. Sept. 1895 unterhalb des Thes. von Siphnos, oberhalb der Chaussee, im Acker des Charal. Antonios. — Kalksteinbasis, oben und rechts Bruch [bestoßen?]; h. 49: br. 63; tief 38 (nach Homolle: 47).

Inv.-Nr. 3085 = Bull. 20, 710.

[Πόπ]λιον Μέμμιον
Ποπλίου υἱόν Ῥῆγλον
ὕπατον πρεσβευτὴν Σεβαστῶν ἀντιστράτηγον,
5 ἱερέα ἐν τρισὶ συστήμασι
ἱερεωσύνων, ἀρθύπατον
Ἀσίας, καὶ τὸν υἱόν αὐτοῦ.

Der Text kann unmöglich vollständig sein, was Homolle nicht bemerkte. Es fehlt der Stifter und wahrscheinlich der Göttername. Im Inv. steht „oben Bruch", man würde also:
über Z. 1: Ἡ πόλις τῶν Δελφῶν
oder: Τὸ κοινὸν τῶν Ἀμφικτυόνων,
und unter Z. 7: Ἀπόλλωνι Πυθίωι
hinzufügen wollen. Der Geehrte war
cos. suff. a. 31 p., starb a. 61, verwaltete als *legatus pro praetore* die Pro-

---

1) Da ich nicht so bald wieder auf die Tempelstufen zu sprechen komme, sei folgendes mitgeteilt. An der Nordseite des Tempels hat man als Probestücke zwei Stufen und darüber den Stylobat aufgebaut; alle drei sind je 0,43 hoch; an der Unterkante sind sie sehr fein unterschnitten und zwar doppelt, d. h. in zwei Streifen (5 und 5½ cm hoch). So hat sie Durm³ p. 151 gezeichnet. Ich glaube jedoch, daß die Unterstufe fälschlicherweise wieder aus Stücken der Mittelstufe aufgebaut ist und erstere nur einfach unterschnitten war, wie es z. B. auch bei der Großen Tholos der Fall ist (Klio XII S. 184). Hinzu kommt, daß auf dem Tempelvorplatz Stücke von Unterstufen herumliegen, einfach unterschnitten, aber ebenfalls 42—43 hoch. Zu ihnen kann auch die 2. Konstantinbasis zählen, die weit entfernt der Ostseite des Fundaments des Akanthierhauses deponiert war, als ich dieses 1908 ausgrub und als Korintherthesauros ansprach. Aber ich habe von dieser 2. Basis nur eine flüchtige Skizze (1906).

vinzen Moesien, Macedonien, Achaia unter 3 Kaisern von 36—c. 43/4 p., hatte Statuen in Athen (JG III 613 und 615; sein Sohn 617ff.) und, wie Homolle angibt, in Delos. Das delphische Standbild wird a. 45ff. gesetzt sein, da des Memmius Proconsulat von Asien in Z. 6f. an letzter Stelle steht und in den athenischen Weihinschriften noch fehlt. — Augenscheinlich nach diesem P. Memmius als ihrem Patronus haben sich die delphischen Μέμμιοι bei der Bürgerrechtsverteilung genannt, und zwar scheinen mehrere Geschlechter diesen Gentilnamen angenommen zu haben. Außer den in der Anmerkung¹) Genannten sei erwähnt:

[**154.** — Die Statue der Memmia Eurydice. c. a. 100 p. Chr. —

Inv.-Nr. 3363.

Φλαβία Κλε[αρέτα?
Μεμμία[ν
Εὐρυδίκ[ην
τὴν ἰδί[αν
μητέρ[α
Ἀπ]όλλ[ωνι.

Gefunden am 4. März 1896 an der S.W. Ecke des Theaters, außerhalb des Peribolos, gegenüber der S W. Ecke des Tempels. — Kalksteinbasis, rechts, links, unten Bruch; H. 40 max., Br. 42 max., Tiefe 53. Standort: Ostfeld (östl. des Stratiotenfeldes). Es ist nur die kürzeste Ergänzung gewagt, obwohl rechts noch mehr Worte fehlen könnten].

Die **29.—31.** Römerbasis galt dem Kaiser Claudius; die erstere trug einst ein Pharsalisches Anathem und erhielt a. 41 die Claudiusstatue *Syll.*³ n. 801 *A*; die zweite stammt aus dem J. 42, ebda. *B*: die dritte vom J. 46, ebda. *C*. — Auch die **32.** Basis war wiederverwendet; statt der Statue des Pythioniken Thuros setzte man a. 54 die der jüngeren Agrippina, der Nero-Mutter darauf *Syll.*³ n. 809, während die **33.** Basis in einem Cippus für die Büste des Nero selbst bestand, a. 54, ebda. n. 808. — Mit Nero breche ich die Statuenaufzählung aus Raumrücksichten ab.

2. Andere Römertexte.

Den oben als Nr. 142—144 mitgeteilten drei Proxeniedekreten für Römer seien folgende Urkunden angeschlossen:

155. Proxeniedekret für P. Carsuleius, c. a. 103. — In Bd. XVI S. 159, not. 1 war auf die unedierten Texte der Exedrai an der ἅλως hingewiesen, die u. a. Urkunden aus dem neuen Archontat des Εὐκλείδας

---

1) Der älteste Träger des Namens ist der S. 167 erwähnte Amphiktyonen-Epimelet Π. Μέμμιος Κλέανδρος in der Pythiade a. 51—55. — Dann folgt der Archont des J. 56 Πόπλιος Μέμμιος Κριτόλαος, er war wohl der Sohn des ἄ. Κριτόλαος Κριτολάου a. 42 (βουλ. a. 62), wurde ἄρχ. τὸ β' im J. 62, Priester-Stellvertreter a. 64 ff., βουλ. a. 65 usw. — Eine dritte Familie kennen wir durch 4 Generationen: den Priester Π. Μέμμιος Σωτῆρος um 50 p. Chr. (neue Priesterzeit, wohl XVIa); seine Tochter Μεμμία Λοῦπα, ἀρχηίς, c. 70 p.; deren Sohn, den bekannten Γάϊος Μέμμιος Εὐθύδαμος, ἄρχ. c: a. 75, τὸ β' c. a. 80—90, τὸ γ' c. a. 95, Apollopriester c. a. 95—120 (später Kollege Plutarchs); dessen Schwester Μεμμία Εὐθύδαμιλλα (bei Bourguet irrig: Ehefrau); dessen Sohn Μέμμιος Νείκανδρος. Die Belege stehen *Delph. Chron.*, *RE* IV 2667 ff., deren Jahreszahlen jedoch oben z. T. geändert sind, und in den 2 von Bourguet edierten Texten: *de reb. delph* S. 13f. In dem ersten kommt noch ein Verwandter hinzu: Π. Μέμμιος Στάσιμος, der die Statue (richtiger: Herme) der Memmia Lupa, seiner εὐεργέτις geweiht hat. — Andere sind unediert; außer Μεμμία Εὐρυδίκη oben in Text Nr. 154, noch: Μεμμία [Δάφ]νη, Μεμμία Καλ--η, Μέμμιο[ς . . . .], Μεμμία Ξεναίν[α]. Sie finden sich c. a. 150 p. im Verein mit Μεστρία Δρακοντ[ίς], Μέστριος Φοῖβος u. a. auf der dünnen Marmorplatte Inv. 3569, die wir nicht auffanden, auf die aber Homolle, *Bull.* 20, 719, not. 2 anzuspielen scheint, wenn er von einer Inschrift spricht, „où alternent les noms de Memmios et Mestrios"

Ἡρακλείδα enthielten. Zu ihnen gehört folgende, auf dem Nordeckstein von Exedra III zu oberst stehende Römer-Ehrung:

Inv.-Nr. ..... (fehlt).   (c. a. 103).

[Ἔδοξε τᾶι πόλει τῶν Δελφῶν· ἐπειδὴ - - -]νεατε - - - - - - - - - ης. λ - - - - - -
[- -]ἐπελθόντες ἐπ' ἔννομον ἐκκλησίαν
[διελέγησαν ὑπὲρ] Ποπλίου Καρσοληίου Ῥωμαίου, [ἂν ἔχει] εὔνοιαν καὶ φιλαγαθ[ί-
[αν ὑπὲρ ἀμῶν, καὶ διότι - -]ιος τε - - - - - - - - - παρὰ τᾶς πόλιος συμποτιγ[ι-
5 [νόμενος εὔχρηστον ἑαυτὸν] παρέχεται, σπουδᾶς καὶ φιλοτιμίας οὐθὲν ἐνλείπων κ[αὶ
[κοινᾶι καὶ ἰδίαι - - - -] υνιον. πατωνδεχηι, ἐπὶ τούτοις· × × × × ἀγαθᾶι τύχαι·
[δεδόχθαι] τᾶι πόλει τῶν Δελφῶν ἐν ἀγορᾶι τελείωι σὺμ ψάφοις ταῖς ἐννόμοις,
[ἐπαινέσαι Πόπ]λιον Καρσολήιον ΥΟΥΛΟΣ Ῥωμαῖον ἐπί τε τᾶι προαιρέσει καὶ ε[ὐ-
[νοίαι ἇς ἔχει] ποτὶ τὰν πόλιν τῶν Δελφῶν καὶ ἐφ' ἇι ποιεῖται ἐκτενείαι καὶ σπουδ[ᾶι
10 [διὰ παντὸς? φ]ιλοπόνως τοῖς πρεσβευταῖς τοῖς ἀπὸ τᾶς πόλιος ἀπο[στε]λλομένοις, κ[αὶ
[στεφαν]ῶσαι αὐτὸν τῶι τοῦ [Π]υθίου στεφάνωι, ᾦ πάτριόν ἐστι Δελφοῖς· δεδόσθ[αι δὲ
[αὐτῶι·κ]αὶ ἐκγόνοις παρὰ τᾶς πόλιος προξενίαν, προμαντείαν, προδικίαν, ἀσυλίαν, [ἰσο-
[πολιτείαν], ἀτέλειαν πάντων, προεδρίαν ἐμ πᾶσι τοῖς ἀγῶνοις, οἷς ἁ πόλις τίθηντι καὶ
[τὰ ἄλλα τί]μια πάντα ὅσα καὶ τοῖς ἄλλοις προξένοις καὶ εὐεργέταις τᾶς πόλιος ὑπάρχει·
15 [ἐπιμελεῖσθα]ι δὲ τοὺς ἄρχοντας, ὅπως ἀναγραφῇ ταῦτα ἐν τῶι ἱερῶι τοῦ Ἀπόλλωνος
[τοῦ Πυθίου ἐ]ν τῶι ἐπιφανεστάτωι τόπωι, ἀντίγραφον [δὲ] ὅπως ἀποσταλῇ τούτων
[ποτ' αὐτὸν τὸ]ν Πόπλιον, (ὅτι) ἐδόθησαν αἱ τιμαὶ αὐτῶι. Ἄρχοντος Εὐκλείδα, βουλευόντων [Καλ-
[λία τοῦ Ἐμ]μενίδα, Ἀζαράτου τοῦ Ἀντιχάρεος, γραμματεύοντος δὲ βουλᾶς Τιμοκρί[του
τοῦ Ἀντιγένεος.

Die Inschrift ist stark zerstört, bez. verwaschen; Buchst. 6—7 mm. Die Datierung nach den kaum leserlichen Buleuten-Namen bringt ein Text von Exedra II. Der in absentia Geehrte ist unbekannt, der Name findet sich bisher nur als Καρσουλήιος in Appian bell. civ. 3, 272, 274, 275, 282 bei dem Führer von Octavians Leibcohorte (στρατηγὶς τάξις) in der Schl. bei Mutina, a. 43. Aber da Cicero ad famil. X 33, 4 denselben Mann Carfulenus nennt, hat sich letztere Form allgemeine Geltung verschafft[1]), so daß man auch bei Appian Καρφουλῆνος herstellen müsste. Denn wenn auch Carsuleius von der Stadt Carsulae abgeleitet ist, wie Calenus von Cales, während Carfulenus nach W. Schulze etruskischer Herkunft sein soll (Lat. Eigenn. 353, Anm. 3), hat doch Cicero den Namen besser gekannt als Appian, der immerhin durch den jetzt auftauchenden Καρσολήιος beeinflußt sein konnte[2]).

156. Das Piratengesetz des Senats vom J. 100. — An der Schmalfront des Aemilius-Paulus-Pfeilers stand auf drei übereinanderliegenden Quadern die wichtige Urkunde über die Bekämpfung der Seeräuber. Häufig angekündigt und dem Inhalt nach citiert, blieb sie gleichwohl unediert, darf aber in der Aufzählung unserer Römertexte nicht fehlen. Leider ist der oberste Block mit dem wichtigsten Teil des Textes verloren und am Denkmal durch Gips ersetzt, die zwei unteren bilden die 2. und 3. Lage des Schaftes über dem oberen Ablaufprofil des Sockels. Wegen des großen Umfangs der Urkunde verbietet sich hier ein historischer Kommentar; wir beschränken uns auf die Textfeststellung und schicken zur Orientierung die Inhaltsangabe Ad. Wilhelms voraus (*Jahresh.* XVII,

---

1) Vgl. Mendelssohn-Viereck, Appian Bd. II zu p. 357, 15, und Münzer in R-E III 1589, der Appians Καρσουλήιος für falsch erklärt gegenüber dem *Carfulenus* des bell. Alex. und Ciceros. Daher fehlt die griech. Form in *RE X*.
2) Vielleicht stand in Z. 8 das Patronymikon Ποπλίου, aber alle Lesungsversuche geben statt dessen ΥΟΥΛΟΣ oder ΤΟΥΛΟΣ, was ich nicht zu deuten vermag; denn weder die Tribus noch ein Cognomen können mit -ος schließen.

1914, 98): „im Jahre 100, unter dem sechsten Konsulat des Marius, ließ der Senat, laut einem Beschlusse, der auf dem Denkmal des Aemilius Paullus in Delphi eingezeichnet war, aber bis auf die letzten Zeilen der griechischen Übersetzung verloren ist, Anweisungen an die Statthalter der östlichen Provinzen zur Niederwerfung der Seeräuber ergehen, und richtete an die freien Städte und die Könige von Aegypten, Syrien und Kyrene Briefe mit der Aufforderung, den Seeräubern die Häfen zu verschließen und ihnen die Versorgung mit Lebensmitteln und den Verkauf der Beute unmöglich zu machen (*Bull.* XXI 623; Foucart *Journ. d. Savants* 1906, 569; Colin, *Rome et la Grèce* 659)." Auch Niese, *Grundr. röm. Gesch.*[4] 184 not. 7 und 11 hat den Text nach dem Bericht der *C. R. de l'acad. inscr.* 1904, 532f. erwähnt. — Die beiden wichtigen Datierungen stehen Z. 20: Γαίωι Μαρίωι καὶ Λευκίωι Οὐαλερίωι [ὑπάτοις] = a. 100 (s. Mommsen *RG* II 200ff.) und Z. 28: der Sieg des T. Didius (Praetor a. 101), des Statthalters von Makedonien, über die Skordisker (Triumph a. 100), was den Ausführungen von Münzer *RE*, V 407ff. erwünschte Bestätigung bringt.

Die Graecität der Urkunden ist fürchterlich, man versteht sie bisweilen nur, wenn man die Worte in das Lateinische retrovertiert; vielleicht liefert uns ein röm. Epigraphiker die vollständige Rückübersetzung? Die Lesung selbst wird nicht selten — besonders in den Anfängen von Z. 23—33 — durch die Überschmierung von Gips erschwert oder unmöglich (vgl. Bd. XVI, p. 161 not.), mehrmals konnte der ursprüngliche Wortlaut nur aus dem Inventar hergestellt werden, in welchem ich die Fragment-Nummern 700, 3439, 3586, 3588 identifizierte; sie waren dort nur zum kleineren Teil in Maiuskeln kopiert. Das erste Bruchstück (Anfänge von Z. 8—13) war im lnv. nicht aufzufinden, dagegen gelang es, noch ein neues, sicher zugehöriges in der Nr. 3457 (Enden von Z. 9—19) zu ermitteln, das am Denkmal selbst fehlt, aber leider nur in Z. 14—19 kopiert war; wo das Original sich befindet, ist unbekannt. — Buchst. 6—8 mm (Mittelblock); 8—10 mm (Unterblock).

156. Siehe die Texte auf S. 172 u. 173, = Aem. Paul.-Text Nr. 3.

Mittelblock = Quaderlage VII des Schaftes (von oben gezählt); besteht aus 6 Fragmenten. — Die allgemeinen Maße usw. stehen links über dem griech. Text auf S. 172; die Einzelangaben sind folgende: Bei dem Fragm. links oben (Z. 8—13) war die Inv.-Nr. . . . . nicht aufzufinden. — Bei Inv. 700 fehlt Fundort und Datum; H. 0,15(?); br. 0,21(?). — Die 4 übrigen Fragmente sind gefunden: "an der SO.-Ecke der Ostmauer des Tempels, unterhalb und südl. des Altars, auf der Zwischenterrasse". Die Maßangaben des Inv. sind meist fehlerhaft, ich verbessere sie auf Grund der Abklatsche. — Inv.-Nr. 3586 (25. April 1896); h. 0,29; br. 0,25; tief 90(?) muß links und unten z. T. erhaltene Kante haben (jetzt Gips). — Nr. 3588 (desgl. 25. April 1896); h. 0,46; br. 0,60 m; muß oben erhaltenes Lager zeigen, während das untere bestoßen ist (Gips), sonst Bruch. — Nr. 3457 (13. April 1896) fand ich im Inv. hinzu, fehlt am Denkmal; "h. 19; br. 13; d. 18"(?); muß rechts bestoßene Kante haben. Von den Zeilenenden 9—19 sind nur 14—19 kopiert; hoffentlich läßt sich das Stück noch wiederfinden. — Nr. 3439 (11. April 1896), h. 20½; br. 24 cm; d. c. 36; rechte Seite z. T. erhalten, auch die Unterseite muß im Gips vorhanden sein.

Unterblock (Quaderlage VIII). — Inv.-Nr. 890. Große Marmorplatte, auf 3 Seiten beschriftet; gef. am 1. Sept. 1893 auf der heil. Straße, östl. vom Tempel. H. 0,493; Br. 1,19; Tiefe 0,84 m. Ist oben und unten stark bestoßen.

Das Material aller Schaftstücke ist weißer Marmor, das des Orthostats und Sockels bläulicher Marmor; von beiden nahm ich leider keine Probestücke.

Zur Textfeststellung. — Der fehlende Oberblock enthielt etwa 35 Zeilen, da er 4 cm höher war als der Mittelblock (50,2 gegen 46,3 cm).

156. Das Piratengesetz des römischen Senats vom J. 100. — Mittel-Block. (Der Oberblock darüber ist verloren). Aem. Paul.-Text Nr. 3.

156. Von den 3 Quaderlagen VI—VIII des Schaftes, auf denen das Piratengesetz einst stand, ist die oberste verloren (jetzt Gips), die mittlere (VII) stark zertrümmert, die unterste (VIII) leidlich erhalten. — Von dem Mittelblock (VII. Lage) existieren
Inv.-Nr. . . . + 700 + 3588 + 3457 } 6 Fragmente in nebenein. + 3586 " + 3439 } stehender Anordnung. Die Maße des ganzen zusammengegipsten Blocks sind: H. 0,463; Br. 1,18; T. 1,16. Die Einzelmaße der Fragmente s. S. 171.

156 (Forts.). — Das Piratengesetz vom J. 100 (Forts. u. Schluß). — **Unter-Block** (= Quaderlage VIII des Schaftes). Inv.-Nr. 890 (s. S. 171).

```
35  Σ - - - - - - - - - - - - - - - - - - - - - - - - - - - - - - - - - - - - - - - - - - - - - - - - - - - - - - - - - - - - - - αν ἀναφέρει.
    [....φι?]ναν και[- - - - - - - - - - - - - - - - - - - - - - - - - - - - - - - - - - - - - - - - - - - - - - - - - - - - ει]ς 'Ρώμην εἰσῆλθεν.
    ἀντι]αμίας, φ' ἡ Ἀσία (ἡ) Μακεδο[νία ἐπαρχεία ἐστίν - - - - - - - - - - - - - - - - - - - - - - - - - - - - - ]φροντιζέτω τῶν δημοσί[ων
    πραγμ]άτων καὶ ζημιούτω παρὰ - - - - - - - - - - - - - - - - - - - - - - - - - - - - - - - - - - - - - - - - - - ]ται ὅτε ἤδη οὗτός τε ἀντ[ιτα-
(5) μίας] ἔστω ἕως ἂν εἰς 'Ρώμην ε[ἰσέλθῃ . . . . . . . . . . . . . . . . . . . . . . . . . . . . . . . . . . . . . . . . c. 27. . . . . τῇ]ν οὐ[x]έλητον - - - ὅσα ἂν κ]ατὰ τοῦτον τὸν νόμον δείπο[ι-
    εῖν], ποιείτω μήτε τις ἄρχων μ[ήτε - - - - - - - - - - - - - - - - - - - - - - - - - - - - - - - - - - - c. 19 . . . . . . ]ντα κατὰ τὸν νόμον τοῦ-
    τον δ] δεῖ γείνεσθαι ἐλασσ(ο)ν ταῖς ἔγγιστα - - - - - - - - - - - - - - - - - - - - - - - - c. 13 . . . . . . . ]ν σταρ[ατηγὸς ἢ ὕπατος ἢ ταμίας, φ] ἢ Ἀσία ἢ Μακεδονία ἐπαρχεία ἐστίν,
    οὗτοι] ἐν ἡμέραις δέκα ταῖς ἔγγιστα [- - - - - - - - - - - - - - - - - - - - - - - - - c. 19-20. . . . . . . . . . . . ]ν νόμον τ[οῦτον - - - - - - - - - ]ἐν τῇ ἐκκλησίᾳ ὀμνύετο × δὴ ×
(10) [μὲ]ν ἐν τούτοι τῶι νόμοι κελεύει ποιεῖν, πάντα ποιήσειν γῇ[· - - - - - - - - - - - - - - c. 8-9 . . . . . . κατὰ τ]ὸν νόμον τοῦτον - - - - - - - - - - - - οὔτε νοήσειν οὔτε παιήσειν· × δὴ ×
    [ν]οῦν ἔχων ἑκὼν τῶν δημοσίων καὶ ἐσάρχων, οὔτοι ἐν ἡμέραις πέντε ταῖς ἔγγιστα (ὀμνύετο), ὑπὲ]ρ ὁ νόμος τοῦτον τὸν νόμον κρούοι· ὅσοι μετὰ
    τα[ν]ύτα ἀρχήν τινα ἔξουσι τῶν δημοσίων τ[ῶν τούτωι τῶι] νόμωι γεγραμμένων πάντα ποιήσ[ουσιν· - - - - - - - - - - - - τινὲς δὲ αὐτῶν ὅσοι μετὰ ταῦ]τα ἐν ἡμέραις πέντε ταῖς ἔγγιστα ἐν αἷς ἂν τὴν ἀρχὴν εἰσέλθωσιν, ὅτα]ν εἰς τὴν ἀρχὴν ἔλθωσι (ν), εἰς 'Ρώμῃν
    [ε ἰ σ ί]ν ὀμοσάτω τὸν Δία καὶ τοὺς Θεοὺς τοὺς σωτῆρας, ποιήσειν ὅσα ἐν τούτωι τῶι νόμωι κατακεχωρισμένα πάντα π[οιήσειν, - - - - - - - - - - ἀλλ' εἰς τὴν ἀρχὴν ἐν 'Ρώμῃ
(15) [νηταὶ] ὑπεναντίον μήτε ὑπεναντίον τούτωι τῶι νόμωι ποιήσειν οὐδέ τι. Ε[ἂν] τις ὑπεναντίον τῶι νόμωι τούτωι ποι(ή)σῃ, μ[ὴ] κατὰ τοῦτον τὸν νόμον ὀμόσῃ, οὔτε τι οὐ δεῖ κατὰ
    [τ]ον τινοῖν καὶ χρήματα ἀποκαταστασθῶσι τὰ χρήματα. ⸙ Ἐάν τις ὑπεναντίον τῶι νόμωι τούτωι ποιήσῃ, ἔστε τε κατὰ τοῦτον τὸν νόμον ὅμοσῃ, ὅπως αὐτῶι
    [ά]ξηνται μὴ ἐξῆ εἶναι, μήτε ἔλασσον αὐτὸν κρίνει βούληται, ἐξέστω. ⸙
    [ὅπ]ως ὑπεναντίον ἐστὶ νόμῳ ἢ ἐπικρίνῃ ἢ ἐπικρίνει μὴ ἐ(π)ικρίνῃ μηδὲ ὁμοίῳ, ὡσεὶ ἐν τούτῳ τῷ νόμῳ ἔλασσον πεπαγράφθαι ἢ ἔξω τούτου τοῦ νό-
(20) [μο]υ γεγραμμένον ἐστὶν ποιήσῃ ἢ ἐπικρίνει ἢ παρακωλύσῃ ὅ τι ἐν τούτωι τῶι νόμῳ γέγραπ[ται] ἐπικεχωρισμέν[ο]ν ἐστὶ[ν] (ν), μήτε εἴς ἄρχων γένηται, [ἵνα τις
    οὐδ' ἐξὶι καὶ ἐὰν τι μὴ ποιήσῃ (ἢ) ποιῇ ὁ ὀφειλέτω σ(ν)τι(α)σαρσ(τ)ραρα[νυ]χ.ροι εἰσαγ(.....) τοῦ δήμου τοῦ 'Ρωμαίων. μηδὲ α(χε)υνομοσω[νε]δὲ ἀπελ(.)τηθῇ καὶ κριτήριον γίνηται [..] κατα ξοσσ
    τὸ χρῆμα ὀφειλέτω δοῦναι, ταῦτά τε τὰ χρήματα ἔξει ὁ βουλόμενος, οὕτος ἀγείτω καὶ ζημωσιέτω τὸ τε ὄνομα καταγραφέσθω περὶ τοῦτου (ν)....μήτε τις ἄρχων μήτε τις
(25) μον ζημίαν ἐπαιτήσει καὶ κρίνεσθαι καὶ ἔλασσον κρινή · Ὅς ἂν ὑπεναντίον τούτῳ τῷ νόμῳ τι ποιήσῃ, ἐάν τινὶ τὰ χρήματα ὅταν ἀπαιτηθῇ [π](α)ρ]ὲς κριτήριον ὅν....Α..ῷ ὅσον ἂν vacant 16 litt.
    ἐπακατασταθῇ τὰ χρήματα. ⸙ ⸙
    ὁθι καὶ ἐπὶ τῶν ἄλλων γέγραπται. Ὁς ἂν ὑπεναντίον τούτῳ τῷ διοικήσ(ει)ῃ ὅσα χρήματα κατὰ τοῦτον τὸν νόμον ἀπαιτηθῇ, ἐὰν ταῦτα τὰ χρήματα ὅταν ἀπαιτηθῇ [π]ο]λος κριτήριον ου....Α....ὅσον αν vacant 16 litt.
(30) ....c. 12.....τῷ δή[μ]ω [ν]?] ] ...δὴ]οῷ τούτων τὸν ν] νόμον καὶ περὶ τούτων ο(υ)? ὡς  τοῦ πα(ρ?)οῦ ουναπτωνι[σ]ν. Υ⁻¹ προσδ(η)[λ]τ[αι...]·ε κρινε....  Ν⁻¹
```

Die oben in Z. 2 und 23—34 unterstrichenen Buchstaben sind jetzt unter Gips verschwunden und wurden (falls nicht eingeklammert) aus dem Inv. hinzugefügt. — Die Kreuze × × bezeichnen freigelassene Stellen des Steins, je ein Kreuz für jeden Buchstabenraum.

Mittelblock: Z. 1 *KΩ--AT* im Inv., σκως ας αν Hi(ller) auf meinem Abklatsch. — **11** statt |τὰς νήσους [. . τοὺ]ς schlug Klaffenbach überzeugend vor [μηδένα]ς. — **13** Anfang, Ῥοδίων scheint den Resten zu widersprechen, ich las |Σιδίων (von Hi. bestätigt), was mit falscher Trennung nur [ἐ]|ς ἰδίων sein könnte; aber Ῥοδίων steht in Z. 17. — In der Mitte ist statt *OY* auch *OΣ* möglich. — **16** im Inv. steht δόγματος ἢ ἄρχων, was ich emendierte. — **17** Ende, ἐκτὸ[ς τῆς] | σν[ν]τάξεως extra ordinem. — **19** Ende; im Inv. wird mehrfach *Z* statt *T* gegeben, so z. B. Z. 29 *ZΩTE* statt τω τε, also ist auch in 19 wohl zu lesen ὅπως ᾖ τοῦτό τε ατ -- **20** Ende, für [ἀπεστέλ]- oder [ἐστελ]- kaum Platz. — **22** Ende, *TEPAΣ* im Inv., aber statt *P* steht nur *I* auf Stein. — **25** statt [ἐν ἱερῶι] wünschte man [ἐν ἀκροπόλει], was wohl zu lang ist. — **28** Mitte, statt *EXI* gibt das Inv. *EY*. — **29** Anf., vielleicht [ἐπαρχείας oder Μακεδονίας]; dann statt ἐπαν wohl τοῦ τε ἐπάρ[χου]. — **30** Mitte, auch das Inv. gibt *IΔIΩΣINKAPΓEYΩN*⁻ gegen Hillers γαίωσιν. Die Lexica kennen ἰδίωσις nur als 'Vereinzelung' und von καρπεύω 'benutzen' kein Medium. Aber wer in dem Throniontext Bd. XVI S. 162, Z. 15 die Worte καὶ ἐξιδιάζεσθαι θέλεις ἀδίκως τὸ ἐμὶν ἐπιβάλλον μέρος vergleicht, wird auch hier denselben Sinn voraussetzen "unrechtmässig zum Eigennutz für sich abernten." Also etwa [μὴ ἀδίκως εἰς ἑαυτῶν] ἰδίωσιν würde der Grösse der Lücke genau entsprechen.

Unterblock. Die Zeilenintervalle und die Buchstaben sind größer und breiter als beim Mittelblock. Daher stehen hier nur 30 Zeilen, statt 33 dort. — **41** Anf., für [οὗτοι] scheint kein Platz, aber vgl. die ähnlichen Worte in Z. 44; nicht nur nach οἵτινες steht der Singular ὀμοσάτω Z. 45, sondern auch nach οὗτοι, vgl. ὀ[μνυέτω] und εἴσεται in Z. 44. — **43** Mitte, es muß (ὀμνυέτω) ausgefallen sein. — **44** εἴσειμι τὴν ἀρχήν ist t. t. bei Demosthenes; oben steht aber das epische Futurum von εἶμι = εἴσεται εἰς. Zum Singular ὀμνυέτω u. εἴσεται s. zu Z. 41. — **54** Mitte, in der Lücke sind die Zeichen ἐστὶ . *ΧΑΙΤΑ* ἢ erst durch Klaffenbachs Scharfsinn gedeutet worden. — **56** Ende: hinter τούτων ist wohl (......)ν ausgefallen. Das Folgende lautete im Original etwa: *neve quis magistratus neve quis ἀντάρχων facito quominus damnetur, neve prohibito quominus hae pecuniae in dubium vocentur*, etc. — **61** Mitte, προσαχθῇ [πρ]ός ergänzt von Hi. — Gegen Ende konnte der Steinmetz c. 16 Buchstaben im Original nicht mehr lesen und ließ ihren Raum leer; aber schon in **60** scheint manches von ihm verschrieben oder doppelt geschrieben, da er das römische Griechisch nicht verstand.

157. Proxeniedekret für M. Caphranius M. f. Gallus, a. 91.

— Am Orthostat des Sockels der Schmalfront des Aemilius-Paulus-Denkmals steht unmittelbar unter der Weiheinschrift folgendes Dekret:

Inv.-Nr. 926 (Aemil. Paulus-Text Nr. 9).   (a. 91).

Μάρκωι Καφρανίωι, Μάρκου υἱῶι, Γάλλωι.

2 Ἐ]πειδὴ Μᾶρκος Καφράνιος, Μάρκου υἱός, Γάλλος Ῥωμαῖος εὐσεβῶς μὲν διακείμενος τυγχάνει ποτὶ τὸν θεόν, εὐνοϊκῶς δὲ καὶ ποτὶ τὰν πόλιν, εὔχρηστον

3 α]ὑτὸν παρεχόμενος διὰ προγόνων τοῖς ἐντυγχανόντοις τῶμ πολιτᾶν, σπουδᾶς καὶ φιλοτιμίας οὐθὲν ἐλλείπων, ὅπως οὖν καὶ ἁ πόλις φαίνηται τιμέουσα τοὺς ἀξίους τῶν ἀνδρῶν· ἀγαθᾷ τύχᾳ·

4 δε]δόχθαι τᾶι πόλει τῶν Δελφῶν, ἐπαινέσαι Μᾶρκον Καφράνιον, Μάρκου υἱόν, Ῥωμαῖον, καὶ ὑπάρχειν αὐτῶι καὶ ἐκγόνοις παρὰ τᾶς πόλιος προξενίαν, προμαντείαν, προδικίαν, ἀσυλίαν, ἀτέλειαν,

5 προ]εδρίαν ἐμ πᾶσι τοῖς ἀγώνοις, οἷς ἁ πόλις τίθητι, καὶ τἆλλα τίμια πάντα, ὅσα καὶ τοῖς ἄλλοις προξένοις καὶ εὐεργέταις τᾶς πόλιος ὑπάρχει. Ἄρχοντος Βαβύλου, βουλευόντων Κλεομάντιος, Μελισσίωνος, [Ἄρχωνος].

Über die Orthostat-Maße vgl. Bd. XVI S. 161, Abb. 22; Buchst. 8—10 mm (in Überschrift: 15—20 mm). — Der geehrte Römer ist unbekannt. Als Archont ist Βαβύλος Λαϊάδα gemeint, der früher das Pythienjahr 90 innehatte, das in Bd. XV S. 30 dem ἄ. Κλέανδρος (bisher a. 91) zugeteilt wurde. In der *Delph. Chron. R-E* IV 2650 war bemerkt, daß im Babylosjahr zwei Manumissionen: *Bull.* 22,26 (25 ist Druckfehler) und *Hermes*

8,412 (= 41,363) nur 3 Buleuten aufweisen, während *Bull.* 22,24 u. 25 vor den drei als ersten noch Τιμολέων Ἐμμενίδα nennen, daß also vielleicht hier der Übergang von der Epoche der 2 × 3 Semesterbeamten zu der der 4 Jahresbuleuten liege. Unser obiger Text hat sicher auch nur die 3 enthalten, obwohl Μελισσίωνος ganz verscheuert ist; aber nach ihm kann nur noch das kurze Ἄρχωνος die Zeile geschlossen haben.

[**157a. Proxenie für einen Ta[nagraeer]**, a. 91. — In *Ath. Mitt.* 1909, S. 43 edierte Keramopulos in Maiuskeln ein Proxeniefragment, das an der Plinthe einer Dreifußbasis (Abb. E, a. a. O. p. 40) aus schwarzem Kalkstein stand. Ich ermittelte die Inv.-Nr. 862, wonach die Basis am 29. August 1893 an der Ostseite des Tempels auf der heil. Straße gefunden war, und ergänze den Text folgendermaßen:

Inv.-Nr. 862. Text B.   (a. 91.)

[Ἄρχοντος Βαβύλου, βουλευόντων Τιμολέωνος, Ἄρχωνος],
Κ]λευμάν[τιος, Μελισσίωνος, Δελφοὶ ἔδωκαν ...c. 9...]
Κ]αλλίππου Τα[ναγραίωι, αὐτῶι καὶ ἐκγόνοις, προξενίαν],
π]ρομαντείαν, προ[εδρίαν, προδικίαν, ἀσυλίαν, ἀτέλειαν]
5 π]άντων καὶ τἆλλα [ὅσα καὶ τοῖς ἄλλοις προξένοις].

Augenscheinlich fehlt die 1. Zeile — ich habe den Stein nicht verglichen —, und wenn man von der sicheren Ergänzung von Z. 4 ausgeht, ergibt sich, daß die Buchstabenzahl von Z. 1—3 ganz genau zu der von Z. 4 stimmt, sobald man Archon und Buleuten des vorigen Textes Nr. 157 einsetzt. Das ist schwerlich Zufall, und wenn auch: [ἄρχοντος Ἀνδροτίμου, βουλευόντων Εὐδόκου, Νικοδάμου, | Κ]λευμάν[τιος, Ἀριστίωνος κτλ.] und damit das J. c. 264 (früher 268) noch leidlich stimmen würden, so spricht doch die außerordentlich seltene Voranstellung von Archon und Buleuten in Proxenieen (häufiger in Dekreten!) für unsere Zeit. Denn sie kommt nur noch vor a. 109, ἄ. Πυρρία; a. 118/6, ἄ. Ἡρακλείδα; a. 167, ἄ. Ξενέα. Aus diesem Grunde ist der ganz unbeachtet gebliebene Text 157a an 157 angeschlossen, so daß wir aus dem Babylosjahr bisher 3 Proxeniedekrete (davon 1 Proxenie) und 3 Manumissionen kennen. — Statt Τα[ναγραίωι] würde auch Τα[ραντίνωι] passen, aber Tarentiner sind im J. 91 in Delphi ganz unwahrscheinlich, und der Name Kallippos ist in Boeotien überaus häufig; vgl. auch den Proxenos - - ου Ταναγραῖος um 150—140 in *Fouill.* III 1, n. 280. Da von der Weihinschrift auf dem Torus nur ... ίδας erhalten ist, läßt sich über das Ethnikon des Stifters nichts entscheiden].

158. Proxeniedekret für C. Orconius C. f., a. 86. — Dicht über der Weiheinschrift des Aemilius Paulus ist in der linken oberen Ecke des Orthostats folgende Urkunde eingehauen:

Inv.-Nr. 926 (Aemil. Paulus-Text Nr. 7).   (a. 86).

```
- - - - - - - - - - - - - - - - - - - - - - - - - - - - - ΛΓ.ΥΠΝL
- - - - - - - - - - [παρέ]χετ[αι] - - - - - - - - - - - τα..
- - - - - - [ἀεὶ ἀγαθοῦ τινος] παραίτιος γενόμενος κοι[νᾶι καὶ ἰ]δίαι τοῖς
[ἐντυγχάνοντις τῶν πολιτ]ᾶν ἐν ἅ κά τις αὐτὸν παρακαλῇ, σπουδᾶς καὶ φιλοτιμί-
5 [ας οὐθὲν ἐλλείπων, ὅπως οὖ]ν καὶ ἁ πόλις φαίνηται τιμέουσα τοὺς ἀξίους τῶν ἀν-
[δρῶν· ἀγαθᾶ τύχα· δεδό]χθαι τᾶι πόλει τῶν Δελφῶν, ἐπαινέσαι Γάϊον Ὀρκώνιον, Γ|
[ίου υἱόν, ἐπὶ τᾶι πο]τὶ τὸν θεὸν εὐσεβείαι καὶ τᾶι ποτὶ τὰν πόλιν εὐνοίαι, καὶ ὑπά
[χειν αὐτῶι καὶ ἐκγ]όνοις προξενίαν, προμαντίαν, προδικίαν, ἀσυλίαν, ἀτέλειαν,
[προεδρίαν ἐν το]ῖς ἀγώνοις οἷς ἁ πόλις τίθητι. Ἄρχοντος Ἀβρομάχου, βουλευόντε
10 [Ἀντιφίλου, Στρ]ατάγου, Δάμωνος, Κλέωνος.
```

Die ganze linke Partie und die ersten Zeilen des Textes sind abgestoßen; Buchst. 8—9 mm. — Der Geehrte ist unbekannt. Schwierigkeiten bereitete die Datierung, weil außer dem ἄ. Ἁβρόμαχος vom J. 86 noch ein homonymer c. 10—20 Jahre später fungiert haben sollte, s. *Delph. Chron.*, *R-E* IV 2651 zum J. 76. Diesen letzteren kannten wir nur aus Colins kurzer Angabe *Bull.* 22,37 not., aber nachdem ich seine Textquelle — es ist unser Orconius-Dekret — selbst kennen gelernt, bin ich überzeugt, daß sein zweiter ἄ. Ἁβρόμαχος apokryph ist. Denn dessen angebliche Buleuten [. . . . . . ., Θρ]ασυκλέος, Φίλωνος, Κλέωνος heißen oben nach wiederholter Prüfung richtiger [Ἀντιφίλου, Στρ]ατάγου, Δάμωνος, Κλέωνος, sind also dieselben, wie die zweimal bezeugten des Habromachosjahres 86; vgl. Bd. XV p. 30, Text Nr. 52/3 (*Syll.*³ 738 *A* u. *B*), wo dies Pythienjahr genau fixiert ist. Die Richtigkeit dieser Identifizierung und unserer Lesung beweist auch der Umstand, daß in unserm Text nach Ausweis der Lückengröße das Wort πᾶσι vor ἀγώνοις gefehlt haben muß, was mir lange unmöglich schien, weil es kaum jemals vorkam, daß es aber gerade in den zwei andern Texten des J. 86 gleichfalls ausgelassen ist! Darnach ist der ἄ. Ἁβρόμαχος des J. 76 ff. in der Tat zu streichen.

159. Proxeniedekret für T. Varius T. f. Sabinus, a. 66. Der Text steht unmittelbar über dem vorigen, aber schon an dem Oberprofilblock des Sockels, an dem geraden senkrechten Schaftstück. — Buchst. 9—10 mm.

Inv.-Nr. 908 + ... (Aemil. Paulus-Text nr. 6). (*a. 66*)

[Ἄρχοντος Ἀγίωνος, βουλευόντων Πολυτιμίδα τοῦ Μελισσίωνος, Εὐκλείδα τοῦ
                  Αἰακίδα(?), Στράτωνος τοῦ Νικοδά]-
[μου], Ἁβρομάχου (τοῦ Ξεναγόρα?, μηνὸς) Βυσίου, ἔδοξε τᾶι πόλει τῶν Δελφῶν·
ἐπειδὴ Τίτος Ὀάρι(ην)ος, Τίτου υἱὸς Σαβεῖνος, ἀνὴρ καλὸς καὶ ἀγαθὸς
ἐνδαμήσας ἐν τὰν πόλιν ἁμῶν μετὰ τοῦ στρατηγοῦ Πλαιτωρίου ἀνεστράφη εὐσεβῶς μὲν πο[τὶ τὸν] Ἀπόλλω τὸν Πύθιον, εὐνοϊ-
[κῶ]ς δὲ καὶ ποτὶ τὰν πόλιν ἁμῶν, σπουδᾶς καὶ φιλοτιμίας οὐθὲν ἐ(λ)λίπων, τόν
τε στρατηγὸ[ν Πλαιτ]ώριον παροχέστατον παρέσχε,
5 [ἐπὶ] οὖν τούτοις πάντοις· δεδόχθαι τᾷ πόλει, ἐπαινέσαι Τίτον Οὐάριον, Τίτου υἱὸν
Σαβῖνον καὶ δ[εδόσθαι αὐ]τῶι ἀπὸ τᾶς πόλιος ἁμῶν προ-
[ξενί]αν, προμαντείαν, προδικίαν, ἀσυλίαν, προεδρίαν ἐν πᾶσι τοῖς ἀγώνοις οἷς ἀ
πόλις τ[ίθητι καὶ τἆλ]λα τίμια πάντα, ὅσα καὶ τοῖς
[ἄλλοις προξένοις καὶ εὐεργέταις τᾶς] πόλιος ⟨. . . οις⟩ [ὑ]πάρχει.

Im Namen des Geehrten hat sich der Steinmetz geirrt, er schrieb in Z. 2 falsch Ὀαριηνός, in Z. 5 richtig Οὐάριον. Der Praetor M. Plaetorius Cestianus war a. 66 im Amte (Mommsen, Strafr. 648) und kam gewiß zur Pythienfeier nach Delphi (s. u.)[1]. — Da links Kante ist, fehlen vor Ἁβρομάχου nur 3, höchstens 4 Buchstaben; also kann das kein Archon sein, sondern wir müssen noch eine verlorene erste Zeile ergänzen. Nun kommt zwischen a. 123 und a. 34 nur ein einziger Buleut Habromachos vor, der vom J. 68: ἄ. Ἀγίωνος τοῦ Δρομοκλείδα, βουλευόντων Ἁβρομάχου, Πολυτιμίδα, Εὐκλείδα, Στράτωνος in den 2 Manumissionen LeBas II 959/60, s. *Delph. Chron. R-E* IV 2654. Darnach muß auch unser Dekret aus diesem Archontat stammen, das also fast genau datiert war (a. 68, statt jetzt 66). Setzte man es in Z. 1 ein und ergänzte die Patronymika der Buleuten[2]),

---

[1]) Er wird in Z. 4 als παροχέστατος bezeichnet; nur diese Form παροχής kommt bei den Autoren vor. Der Stein scheint πανοχέστ. oder παρεχέστατ. zu haben.

[2]) Für Πολυτιμίδας kommt als Vater nur Μελισσίωνος in Betracht (vgl. den β. im bisherigen a. 66, ἄ. Κλεοξενίδα, Lebas 950). — Bei Εὐκλείδας kann man

263

Römertexte in Delphi.

so erhalten wir dort 88 Buchst. gegen 93 in Z. 2, 95 in Z. 3 also eine passende Zahl, da die erste Zeile meist etwas breiter geschrieben ist. Der Vatersname des Archonten (τοῦ Δρομοκλείδα) hat demnach ebenso gefehlt wie in Text Nr. 160 und in LeBas 960, da oben sonst 102 Buchstaben herauskämen. Schwierigkeit machte auch Z. 2, hier muß nicht nur μηνός ausgefallen sein, sondern auch das Patronymikon des Habromachos. Für die Hinzusetzung des Monatsnamens in Dekreten gibt unser Text jetzt das älteste Beispiel (bisher a. 62 = Text Nr. 173/4; a. 61 = *Philol.* 54, 230, vgl. *Delph. Chron.* 2654). —

Als Nr. 160 folgt ein zweiter Text des ἄ. Ἁγίων. Außer diesen zwei Dekreten und den beiden Manumissionen LeBas 959/60 sind keine Texte dieses Archontats bekannt. Es ist durch den Praetor **Plaetorius** ebenso sicher auf 66 v. Chr. fixiert, wie das des ἄ. Ἁβρόμαχος (Text Nr. 158) durch den Sullanischen Krieg auf 86 v. Chr., und war wie dieses ein Pythienjahr. Unser Abklatsch von LeBas 959 zeigt deutlich die Priester Ἐμμενίδας—Λαϊάδας, also **Priesterzeit XVI**, während *Delph. Chron.* 2654 auf Grund von LeBas' Lesung ... ΛΑΣ nur XIV—XVI erschlossen werden konnte.

[160. Inv.-Nr. 3554 B. (*a. 66*).

8 [παρὰ] τᾶς πόλιος προξενίαν, [προμαν]-
τ]είαν, προδικίαν, ἀσυλίαν, ἀτέ-
10 λ]ειαν καὶ γᾶς καὶ οἰκίας ἔνκτησιν [καὶ]
τὰ ἄλλα τίμια πάντα ὅσα καὶ τοῖς ἄλλοις προξένοις ὑπάρχει. Ἄρχοντος
13 Ἁγίωνος, βουλευόντων [Πολυ]τιμίδα,
[Εὐκλείδα, Στράτωνος, Ἁβρομάχου].

Kalksteinfragment. Gefunden am 22. April 1896 vor dem Temenoseingang, wenige Schritte außerhalb. — Der Stein war in mehrere Stücke zerborsten; damit sie sich nicht verlören, schrieb sie Kontoleon sogleich ab. Rings Bruch, H. 0,24, Br. 0,16. An der Front kleiner

Dekret-Rest A; an der Seite der aus 13 Zeilen bestehende Text B, von dem im Inv. leider nur die zweite Hälfte in Maiuskeln kopiert ist. Den Stein fanden wir nur. Die Worte προεδρίαν ἐμ πᾶσι τοῖς ἀγώνοις κτλ. sind vom Steinmetzen oder vom Abschreiber ausgelassen].

161 und 162. Unterhalb des bekannten Dekrets *Syll.*³ 682, in welchem die drei Pergamenischen Maler a. 140 die Proxenie erhielten, folgt eine Kranzverleihung etwa aus dem J. 80 und dann die Zeilenanfänge einer Römer-Proxenie um a. 50.

161. Inv.-Nr. 2274, B und C, vgl. *Beitr. Top. D* S. 9. (*c. a. 80*).

(B) [Ἄρχοντ]ος Λαϊάδα τοῦ Βαβύλου, βουλευόντω[ν Ἀρχία, Δι]-
[ονυσίο]υ, Νικοστράτου, ₁₃Θεοχάριος, ἁ πόλις τῶν Δ[ελφῶν]
[ἐστεφάν]ωσε Φιχ××××××××××λιστίωνα Φιλ[ιστίω?]-
[νος] vacat

(C) δυ[νάμε]νον
   σ]τα[θ?××]μὸν
   δρα[χμ]αῖς δια-
   κοσίαις.

Kranz, linke Hälfte.

Z. 1 und 2 sind ediert *Beitr. Top. D.* p. 9, die dort noch fehlenden 2 Buleuten bietet die Urkunde *Bull.* 22, 308. Die Texte B und C sind

zwischen Ἡρακλείδα (zuletzt a. 91, dann der Enkel ab a. 47) und Αἰακίδα (zuerst a. 54) schwanken; auch a. 73 fehlt ihm das Patronymikon. — Στράτων Νικοδάμου, β. a. 81 und dann ohne Vatersnamen dreimal Buleut bis a. 60. — Ἁβρόμαχος Ἀθάμβου war Archont a. 86, Ἁβρ. Ξεναγόρα beginnt a. 48 als προστάτας, darnach bleibt unentschieden, wessen Sohn oben gemeint war.

264

vereinigt· in Sched. *IG* VIII 187/8, denn offenbar haben wir die Kranzverleihung von *B* in *C* spezifiziert nebst der Abbildung des Kranzes[1]).
Der Geehrte ist unbekannt; wenn kein Ethnikon dabei stand, war es ein
Metoeke, andernfalls würde man Φίλ[ωνος . . | . . . .] ergänzen, mit
7—9 Buchstaben für das Ethnikon. Den freien Raum in Z. 3 verstehe ich
nicht. Auch in *C* bleiben die zwei ersten Zeilen unsicher und unklar.
162. Proxenie für — — — Luci f., c. a. 50. — Neben die obige
Kranzhälfte und in sie hinein hat man später eine Proxenie eingehauen,
die auf die Blätter des Kranzes Rücksicht nimmt, also in die Mitte des
I. Jahrhunderts gehören wird:

Inv. 2274. Ἄρχον[τος - - - - -, βουλευόντων - - - Ἐμμε- (oder Κλεοξε)-]
(**D**) νίδα, Δ[ελφοὶ ἔδωκαν τῶν δεῖνι, nomen, cognomen
Λευκίο[υ υἱῶι, - - - - - - - - - - - - - -
ι ΩΧΟ [- - - - προξενίαν, προμαντείαν],
5 προ[δικίαν, ἀσυλίαν, ἀτέλειαν κτλ.]

Ἐμμενίδας war β. a. 75; Archont a. 56; Κλεοξενίδας war ἅ. c. a. 65; β. a. 63,
56, 50; auch Ἀντιγενίδας käme in Betracht (der meistens -γενείδας geschrieben wird), aber nur als Vater des Buleuten Δίων.
162a. Proxeniedekret für C. Sulpicius Galba, c. a. 19—14. —
Bourguet, *de reb. delph.* p. 22 hat 7 Zeilen eines Dekrets ediert (Inv. 1738),
zu dem später im Inv. Nr. 3271 ein größeres Maiuskel-Fragment hinzugefügt ist[2]); im ganzen 18 Zeilen. Aus ihm ergibt sich der volle Name
des Geehrten als C. Sulpicius Galba, während Bourg. auf die Ergänzung
und Datierung des Textes verzichtete, weil sich nicht feststellen lasse, ob
Servius oder Gaius Sulp. G. gemeint sei. Er verwarf die Beziehung auf
den Gaius-Bruder des Kaisers Galba,

162a. Inv.-Nr. 3271 + 1738 (1738 = Bourg. *reb.*
['Αγαθῇ] Τύχη. *delph.* p. 22).
[Ἄρχοντος Ἀντιφίλο]υ τοῦ Γοργίλου, μηνὸς Βυ-
[σίου, βουλευόντ]ων [Ἀρι]στοκλέα τοῦ Φιλονίκου, Δ[ά-
[μωνος τοῦ Πο]λεμάρχ[ο]υ, ἔδοξε τᾷ πόλει τῶν Δ[ελ-
5 [φῶν· ἐπεὶ Γ]άϊος Σολπίκιος Γάλβα(ς), υἱὸς [Γαΐου?, ἀνὴρ]
[καλὸς κ]αὶ ἀγαθός, ἀπὸ τῆς πρώτ[ης ἀρχῆς - - - - - - - -
. . . . . τῆς τε Ῥωμαίων ἡ γεν[εὰ oder - εαλογία - - - - - -
. . . \είας εὐσεβῶ[ς μὲν διάκειται ποτὶ τὸν Ἀ]-
[πόλλω]να τὸν Πύθιον, [εὐνοϊκῶς δὲ καὶ ποτὶ τὰν πόλιν]
10 [ἀμῶν, π]ερὶ τοί -
. . . . . τῶν -
- -
- - - - - - ουδ -
- - - - τ]ῶν ἐντ[υγχανόντων?
15 - - - ὡς] πάτριον Δελφ[οῖς - - - - - - - - - - - - - -
- - - - - - ὑπὸ τῆς συνκ[λήτου - - - - - - - - - - - -
- - - - - - - - νσυντ - - - - - - - - - - - - - - - - -
- - - - - - - λο -

da unser Text viel älter sei als dessen Consulat (22 n. Chr.) u. entschied sich lieber für Servius, den Vater des Kaisers, cos. 5 v. Chr. Dies wird hinfällig durch das neue Fragment, dessen Maiuskeln ΑΦΟΣΣΟΛΤnur zu [Γ]άϊος Σολπίκιος passen. Darnach handelt es sich um den Großvater

des Kaisers (Sueton, Galba 3), der Praetor war und ein von Iuba zitiertes
historisches Werk schrieb. Vielleicht hat er darin Delphi lobend erwähnt;

---

1) Einige unvollständige und unverstandene Brocken von Text *B* und *C*
hat Baunack nach einem Abklatsch ediert in *GDI* II p. 822 ad nr. 2644.
2) Inv.-Nr. 3271. Stelenfragm. (Museum), weißer Marmor, rings Bruch.
H. 0,27 max., Br. 0,12 max., Dicke 0,07. Fundort fehlt, Zeit: wohl Oktober 1895.

leider sind seine Verdienste aus dem verstümmelten Text nicht sicher zu erkennen, so lange nicht das unterhalb von Inv. 1738 fehlende Stück wiedergefunden wird, aber die Reste in Z. 6 und 7 lassen sich gut auf die Erwähnung solchen Werkes deuten. Schwierigkeit machen auch in Z. 5 die Worte Γάλβα υἱός . . . . . (so Bourg.), bez. Γάλβα υἱοῦ (Inv.). Denn Γάλβα ist von rechtswegen der Genetiv von Γάλβας und υἱός wird sonst nachgestellt. Vorläufig schrieb ich daher: Γάλβα(ς), υἱός [Γαΐου?].

3. Zum Aemilius-Paulus-Denkmal.

Auf dem Marmorpfeiler des Aemilius Paulus, dessen Rekonstruktion in *Delphica* III, 107, Taf. V (*Berl. ph. W.* 1912, 409, Abb. 14) gegeben war[1]), waren 32—35 spätere Urkunden eingehauen. Sofern sie Römer betreffen, haben wir sie schon mitgeteilt (bis Nero), von den übrigen sollen die meisten hier folgen, damit diese vor c. 25 Jahren ausgegrabenen Texte endlich für die Wissenschaft benutzbar werden. Unsere Absicht, die 4 Denkmalsseiten mit den numerierten 32 Inschriftfeldern abzubilden, scheiterte an den Raumrücksichten. So muß die folgende **Übersichtstabelle auf S. 185** genügen; sie beginnt mit den Texten der Front und geht links herum (linke Seite vom Beschauer, Rückseite, rechte Seite); auf jeder Seite wird von oben nach unten gezählt unter Beifügung der Quaderlagen (I—X am Schaft). Für eine zweite Tabelle, welche die Texte in chronologischer Ordnung aufzählte, reichte der Raum gleichfalls nicht aus. —

163. Proxeniedekret und Statue für einen Patrenser, c. 104. Am Orthostat der Schmalfront, rechts neben d. Amphiktyonendekr. Nr. 125. ‖ Z. 18, zu παρακολουθέω m. Accus. vgl. Bd. XVI, 164. ‖ Buchst. 8 mm.

Inv.-Nr. 926 (Aemil. Paul.-Text nr. 11).   (c. a. 104)

Ἔδοξε τᾶι πόλει τῶν Δελφῶν ἐν ἀγοράι τελείωι σὺν ψάφοις ταῖς ἐννό-
μοις· ἐπεὶ Ἀριστόδαμος Λυκίνου Πατρεὺς εὐσεβῶς μὲν διακείμενος
ποτὶ τὸν θεόν, εὐνοϊκῶς δὲ καὶ ποτὶ τὰν πόλιν τῶν Δελφῶν πρότερον μὲν εὔχρηστος ὢν διατελεῖ ⟨ΙΕ⟩ καὶ κατὰ κοινοῖ τᾶι πόλει καὶ κατ᾽ ἰδί-
5 αν τοῖς ἐντυγχανόντοις τῶν πολιτᾶν καὶ νῦν δὲ χρείαν αὐτοῦ ἐχούσας
τᾶς πόλιος καὶ ἀποσταλέντων ποτ᾽ αὐτὸν πρεσβευτᾶν Τεῖσιος τοῦ Θεοχάριος, Κλέωνος τοῦ Ἥρονος συνεπέδωκε αὐτοσαυτὸν ἐν τὰ παρακα-
λείμενα ἀπροφασίστως· δεδόχθαι τᾶι πόλει τῶν Δελφῶν, ἐπαινέσαι Ἀρι-
στόδαμον Λυκίνου Πατρῆ ἐπὶ τᾶι ποτὶ τὸν θεὸν εὐσεβείαι καὶ τᾶι ποτὶ τὰν
10 πόλιν εὐνοίαι, καὶ στεφανῶσαι αὐτὸν τῶι τε τοῦ θεοῦ στεφάνωι ὧι πάτριόν
ἐ[στι] Δελφοῖς, καὶ εἰκόνι χαλκέαι, καὶ τὰν ἀναγόρευσιν ποιῆσαι καὶ τοῦ στεφάνου
καὶ τᾶς εἰκόνος ἐν τῶι ἀγῶνι τῶν Πυθίων, ὁμοίως δὲ καὶ ἐν τῶι ἀγῶνι τῶν Σωτηρίων ἀ-
κόλουθον τῶι ψαφίσματι· εἶμεν δὲ αὐτὸν πρόξενον καὶ εὐεργέταν τᾶς πόλιος ἁμῶν καὶ τοὺς
ἐκγόνους αὐτοῦ, καὶ ὑπάρχειν αὐτοῖς προμαντείαν, προδικίαν, ἀσυλίαν, ἀτέλειαν, προε-
15 δρίαν ἐμ πᾶσιν τοῖς ἀγώνοις οἷς ἁ πόλις τίθητι, καὶ τἆλλα τίμια ὅσα καὶ τοῖς ἄλλοις
προξένοις καὶ εὐεργέταις τᾶς πόλιος ὑπάρχει· ἀναγράψαι δὲ τὸ ψάφισμα τοὺς ἄρχοντας ἐν τῶι ἱερῶι τοῦ Ἀπόλλωνος ἐν τῶι ἐπιφανεστάτωι τόπωι· ἀποστεῖλαι δὲ καὶ ποτὶ
τὰν πόλιν τῶν Πατρέων, ὅπως παρακολουθ(ῇ)μεν (!) τὰς δεδομένας αὐτῶι τιμὰς ὑπὸ τᾶς
πόλιος ἁμῶν. Ἄρχοντος Ἁγίωνος, βουλευόντων τὰν δευτέραν ἑξάμηνον Πάτρωνος
20 τοῦ Ἀριστοβούλου, Ἀρίστωνος τοῦ Δαμοφάνεος, γραμματεύοντος δὲ βουλᾶς Ἡρακλείδα
τοῦ Ἀριστοδάμου.

---

1) Der hier beabsichtigte Abdruck des Kliché's wurde weggelassen, weil sich ergab, daß über Quaderlage I noch als Schaftabschluß zwei große herrenlose Blöcke mit Rosetten einzuschieben sind, die nördl. oberhalb des Museums stehen und viel Kopfzerbrechen verursacht hatten.

164. Proxeniedekret für einen Opuntier, c. a. 98. — Unter dem Amphiktyonendekret Nr. 125. — Buchst. 8 mm.

Inv.-Nr. 626 (Aemil. Paul.-Text nr. 12).   *(c. a. 98)*

["Ἔδοξε τᾶι πόλ]ει τῶν Δελφῶν· ἐπεὶ Καλλιστόνικος Ξένωνος Ὀπούντιος εὔνους ὑπάρχων δια-
[τελεῖ ποτὶ τὰν πόλι]ν καὶ τοῖς ἐντυγχανόντοις τῶν πολιτᾶν εὔχρηστον αὑτὸν παρασκευάζει
[καὶ κοινᾶι καὶ καθ᾽ ἰ]δ[ί]αν περὶ ὧν κά τις αὐτοῦ τυγχάνῃ χρείαν ἔχων· ἀγαθᾶι τύχαι· δεδόχθαι, ἐπαινέ-
[σαι Καλλιστόνικον Ξέ]νωνος Ὀπούντιον καὶ ὑπάρχειν αὐτῶι καὶ ἐκγόνοις προξενίαν, προμαντεί-
5 [αν, ἀσυλίαν, ἀτέλει]αν, προεδρίαν καὶ τἆλλα τίμια πάντα, ὅ[σα] καὶ τοῖς ἄλλοις προξένοις
[καὶ εὐεργέταις παρὰ τᾶ]ς πόλιος ὑπάρχει. Ἄρχοντος Ξένωνος, βουλευόντων Μελισσίωνος,
[Ἄρχωνος, Νικοδάμου (?)]. Ἔδοξε κτλ. neues Dekret = Text Nr. 166.

Der ἄ. Xenon war schon in Bd. XV, S. 28f., nr. 50 etwa dem J. 98 zugewiesen (früher a. 107); hier und in Nr. 165 erhalten wir die neuen Buleuten des I. Semesters. In Z. 5 fehlte προδικία oder ἀσυλία oder ἀτέλεια.

165. Proxeniedekret und Statue für einen Drymier, c. a. 98. — In der obersten rechten Ecke des Sockelorthostats der Schmalfront. —

Inv.-Nr. 926 (Aemil. Paulus-Text nr. 8).   *(c. a. 98)*

["Ἔδοξε τᾶι πόλει τῶν Δελφῶν· ἐπειδὴ Κρίτων Π]άτρων[ος Δρύμιος εὔνους ὑπάρ]-
χ[ων διατελεῖ ποτὶ τὰν πόλιν καὶ τοῖς ἐντυγχ]ανόντοις [τῶν πολιτᾶν εὔχρηστον παρ]-
ασ[κευάζει αὐσαυτὸν καὶ νῦν δὲ τᾶς] πόλιος χρεία[ν αὐτοῦ ἐχούσας καὶ]
πρεσβ[ευτὰς ἀποστειλάσας ποτὶ αὑ]τὸν ἐπέδωκε ἑα[υτὸν ἐν τὰ παρακα]-
5 λείμενα, [ὅπως οὖν καὶ ἁ πόλις φαί]νηται τιμέουσα τοὺ[ς εὐεργετεῖν αὐτὰν]
προαιρουμ[ένους ἀγαθᾶι τύχαι· δεδόχθαι τᾶ]ι πόλει τῶν Δελφῶν ἐν ἀγ[ορᾶι τελείωι]
σὺν ψάφοις [ταῖς ἐννόμοις, ἐπαιν]έσαι Κρίτωνα Πάτρωνος Δρύμιο[ν καὶ στεφα]-
νῶσαι αὐτὸν [ ] εἰκόνι χαλ[κέαι, κα]ὶ δεδόσθαι αὐτῶ[ι καὶ]
ἐκγόνοις παρὰ τᾶς πόλιος προξενίαν, προμαντείαν, προδικίαν, ἀσυλίαν, [ἀτέλειαν],
10 προεδρίαν καὶ τἆλλα τίμια πάντα, ὅσα καὶ τοῖς ἄλλοις προξένοις καὶ εὐεργέταις
τᾶς πόλιος. Ἄρχοντος Ξένωνος, βουλευόντων Μελισσ[ίω]νος, Ἄρχωνος, Ν[ικο]δάμου(?).

Buchst. 7—8 mm. — In Z. 6 ist der Anfang ganz unsicher; ich las *ΑΡΙΕΛΙΑΤ*. — In Z. 7 kann das Ethnikon auch *Δρυμαῖον* gelautet haben. — In Z. 8 hat in der Lücke und Rasur augenscheinlich die Geldsumme gestanden, die man später ausradierte; also: δραχμαῖς πεντακοσίαις καί. Über die Gründe zur Tilgung der Geldbelohnung und über die damaligen Parallelen s. Bd. XV, S. 29, nr. 51f.

166. Ehrendekret (und Erneuerung) für einen Orchomenier, c. a. 88—86. — Unterster Text des Sockelorthostats, unmittelbar unter Nr. 164 (und 163) fast über die ganze Steinbreite reichend und in der Schlußzeile von Nr. 164 neben den verlorenen Buleuten beginnend. — Buchst. 10 mm; Z. 8—10 stehen in der 1. Hohlkehle des Unterprofilblocks.

Inv.-Nr. 926, +3219 +.... (Aemil. Paul.-Text nr. 13).   *(c. a. 88—86)*

Ἔδοξε τᾶι πόλει τῶν Δελφῶν, ἐν ἀγορᾶι τελείωι σὺν ψάφοις ταῖς ἐννόμοις· ἐπεὶ Καφισίας Κηφισο-
δώρου Ὀρχομένιος εὐσεβῶς μὲν διακείμενος (τυγχάνει) πο[τὶ]
τὸν θεόν, εὐνοϊκῶς δὲ καὶ ποτὶ τὰν πόλιν τῶν Δελφῶν, καὶ πρότερον μὲν εὔχρηστος ἐγίνετο καὶ κατὰ
κοινὸν τᾶι πόλει ἁμῶν καὶ κατ᾽ ἰδίαν τοῖς ἐν[τυγ]-
χανόντοις τῶν πολιτᾶν, ἐν (sic) οἷς καὶ ἁ πόλις ἐτίμασε αὐτὸν ταῖς καταξίαις τιμαῖς, καὶ ἐν τῶι ἐνεστα-
κότι δὲ ἐν[ιαυτῶι χρ]είας γενομένας [τᾶι πόλει]
ἁμ]ῶν διὰ τὸν περιεστακότα(κότα) καιρὸν [παρακλη]θεὶς ὑπὸ τῶν πολιτᾶν, ὅπως χοραγήσῃ σῖτον
Καφισίας μεγαλ[οψυχῶς τὸν] χρησάμενον τῶ[ν .. 6–7..
5 ...... Λ. Λ περὶ τῶν λυσιτελῆ[ς ...... 14...... χ]ρῆσθαι (?) τᾶι πόλει ἁμ]ῶν κατακολουθήσας τοῖ[ς
...... 13 ......]ἂν παρακαλ[ειμένοις ..]

Zum Aemilius-Paulus-Denkmal. 181

..........12......τον ἔν τε τοῖς..........c. 19..........⎺IKAN....8....ων ἐκτένειαν καὶ εὔν[οιαν....c. 14..........
                                                                                π[όλ]ιν τ....c. 12....

--[ὅπως οὖν

[καὶ] ἁ πό[λι]ς [φαίνηται τι | μέουσα τῶν ἀνδρ]ῶν τοὺς εὐεργετεῖν α[ὐτ]ὰν προαιρουμέν[ους]· ἀγαθὰ τύχ[α
(Inv. 3219)   (Inv. .....)   δε]δό[χθαι τ]ᾶι πόλ[ει τ]ῶν Δελφῶν, ἐπαινέ[σαι Κα]-
φισίαν Καφισοδώρου Ὀ[ρχομένιον ἐπὶ] τᾶι ποτὶ τὸν θεὸν εὐσεβείαι καὶ τᾶι ποτὶ τὰ[ν] πόλιν ἁμῶι
                                    εὐνοίαι, καὶ τά τε προϋπάρχοντα αὐτῶι πάν[τα]
10 τᾶς πόλιος τίμια καὶ φιλ[άνθρ]ωπα κατάμονα ᾖ.   vacat.

Der besonders in Z. 4—8 sehr verscheuerte Text ist später als Nr. 164, an den er angehängt ist. Wir lesen wieder von schwierigen Zeiten für Delphi, die sich bis zum Mangel an Getreide steigerten, und am besten zu Sulla's Besetzung von Mittelgriechenland (a. 88—86) passen würden, bez. vor seinen Sieg bei Orchomenos (a. 86) gehören; vgl. Bd. XV S. 31.

167. Proxeniedekret. — In der 2. Hohlkehle unter Nr. 166 stehen, als Aem. Paul.-Text nr. 14, 5-6 völlig verloschene Zeilen; die erste beginnt
['Επεὶ ὁ δεῖνα .... μ]άχο[ν ethnicon - -],
die letzte läßt sich wohl allmählich noch entziffern. (Buchst. 9 mm).

168. Proxeniedekret der Stadt Daulis und Bildnisse für einen Stratonicenser, c. a. 90—85 (?). Erste Schicht über dem Oberprofil des Sockels, auf der linken Schmalseite des Frontblocks. Buchst. 8—9 mm.

Inv.-Nr. 906 (Aemil. Paul.-Text nr. 20).   (c. a. 90—85?)

['Επειδὴ Ἑρμίας Ἰσοδότου Σ]τρατονικεύς, περιστά[ντων] τὰ[ν
[πόλιν φόβων πολλ]ῶν κα(ὶ) κινδύνων μεγάλων, χρήσιμος γέγο-
[νε τᾶι πόλει] συνπαραγινόμενος φιλοπόνως καὶ προνοῶ[ν
[τᾶς σω]τηρίας ἁμῶν καὶ παρακληθεὶς ὑπὸ τῶν ἀρχόν-
5 [των]ν καὶ τῶν ἄλλων πολιτᾶν εἰπεῖν υ×π×ἑ×ρ× τοῦ δάμου ἐπὶ
τῶν ἀγειμένων, ἐπέδωκε αὐτοσαυτὸν καὶ πάντα τὰ συμ-
φέροντα τᾶι πόλει ἔπρασσε προθύμως· × δεδόχθαι τᾶι
πόλει, ἐπαινέσαι Ἑρμίαν Ἰσοδότου Στρατονικῇ καὶ πρόξενον ὑπάρχειν τᾶς πόλιος τᾶς Δαυλιέων καὶ πολίταν αὐ-
10 τὸν καὶ ἐκγόνους αὐτοῦ, ἀτέλειάν τε ἔχειν καὶ ἀσυλίαν
[ἐν] εἰράνα καὶ ἐν πολέμῳ· στεφανῶσαί τε αὐτὸν χρυσῷ στε-
[φάν]ῳ ἐν τῷ ἀγῶνι τῶν Πυθίων, ὥστε πάντες οἱ Ἕλληνες γνῶ[σι,
[ὅτι ὁ δ]ᾶμος ὁ τῶν Δαυλιέων εὐχάριστος ὑπάρχει ποτὶ τοὺς αὐτῷ
[φιλο]κάλως χρησαμένους· εἰκόνας τε αὐτοῦ ἀναθέμεν [γρα-
15 [πτὰς δ]ύο ἐν ὅπλοις ἐπιχρύσοις, μίαν μὲν ἐν Δελφοῖς ἐν τῷ ἱε-
[ρῷ τοῦ Ἀ]πόλλωνος, ἑτέραν δὲ ἐν Στρατονικείᾳ ἐν τῷ ἱερῷ τοῦ
[Διός, ἐ]χούσας ἐπιγραφάν· "ἁ πόλις ἁ τῶν Δαυλιέων Ἑρμίαν Ἰσο-
[δότου] Στρατονικῇ, ἄνδρα καλὸν καὶ ἀγαθόν, δικαιολογηθέντα
[ὑπὲρ τοῦ δ]άμου ἐπὶ τῶν ἀγειμένων, τὸν αὐτᾶς σωτῆρα καὶ εὐ-
20 [εργέταν Ἀπόλ]λωνι Πυθίῳ." Ἀναγράψαι τε τοῦτο τὸ ψάφισμα ἐν
[Δελφοῖς καὶ ἐν Στρ]ατονικείᾳ ἐν στάλαις λιθίναις, πέντε
[τε πρέσβεις Δαυλιέ]ων ποτὶ Στρατονικεῖς τοὺς ἀπὸ Χρυσα-
[ορέων ἔθνεος πέμψαι], γράψαντας τᾷ ἐπιστολᾷ τὸ γεγονὸς
[ἁμῖν περὶ τούτων ψάφισ]μα. vacat.

Dies ist das erste vollständige Dekret von Daulis, das wir kennen; die unruhigen Zeiten und großen Gefahren werden sich wohl auf die

268

182   H. Pomtow.

sullanische Zeit beziehen. Zu Z. 14f. zitiert Klaffenbach Dittb. *Or. Gr. J.* 470, 26 τει[μᾶσθαι εἰκόνι γραπτῇ] ἐν ὅπλῳ ἐπιχρύσῳ, d. h. ein vergoldeter Schild mit aufgemaltem Bildnis. Der Name Ἰσόδοτος ist bisher nur zweimal aus Rhodos belegt; zu Z. 2 vgl. dieselben φόβοι *Syll.*³ 326, 21; 410, 10. Stratonicea in Karien (Z. 22) war von Antiochos I Soter gegründet (Niese II 89).

169. Proxeniedekretfragment für einen anderen Stratonicenser. — Kleiner Fetzen weißen Marmors, oben vollständig, h. 0,075: br. 0,10; dick 0,10. Gefunden am 30. Mai 1896 an demselben Orte, wo die Quadern und Fragmente des Aemil. Paul.-Denkmals lagen (S. O. Ecke des Tempels, südwestlich des Altars), mir nur aus dem Inv. bekannt.

Inv.-Nr. 3831.   [Ἀ γ α θ ᾶ ι τ ύ χ] α ι.
[Ἐπεὶ ὁ δεῖνα τοῦ δεῖνος Στρατο]νικεὺς εὐ[σεβῶς μὲν διακείμενος]
[τυγχάνει ποτὶ τὸν θεόν, εὐνοϊκῶ]ς δὲ καὶ π[οτὶ τὰν πόλιν ἁμῶν]
- - - - - - - - - - - - - - - ΣΓΙΝΕ - - - - - - - - - - - - - - -
- - - - - - - - - - - - - - - - - - Τ⊃ - - - - - - - - - - - - - - - - -

170. Gleichfalls auf Daulis bezieht sich ein anderes Marmorfragment:
Inv.-Nr. 3797. — Gefunden am 23. Mai 1896 unterhalb der Naxiersäule. — Weißer Marmor, rechts und unten erhalten, h. 0,24: br. 0,30, Standort: Ostfeld (östl. des Stratiotenfeldes). — Buchst. 5—6 mm.

- - - - - - - - - - - - - -[π]ᾶσι τοῖς γενομένοις ἐγ/
- - - - - - - - - - - - - - -ς ἀπέχειν τὰ κατὰ τὰν
- - - - - - - - - - - - - - δὲ τὰ διδασκαλεῖα παρὰ
- - - - - - - - - - - - - -ν τὰ τῶν Δαυλιέων γνωτὰν
5 - - - - - - - - - - - - -ι μηδεμίαν παρεύρεσιν
- - - - - - - - - - - - - θύοντος ἐγένοντο καὶ πε-
[ρὶ - - - καὶ τῶν διδασ]καλείων κρίνομεν, ἀποδό-
[μεν - - - - - τὸν] ἔκγονον Ἀρίσταρχον ἢ τοὺς
[υἱούς? - - -]

Wir haben den Rest einer großen Urkunde vor uns, offenbar eines Schiedsrichterspruchs über die Schulen (διδασκαλεῖα) von Daulis, die wohl dem 'Enkel Aristarchos' zurückgegeben werden sollen. Ich kann mich der Vermutung nicht erwehren, daß beide Fragmente Nr. 169 u. 170 zum Aemilius-Paulus-Denkmal gehören; sie sind gleichzeitig und unweit von einander gefunden, haben dasselbe Material, und der Wortlaut in Nr. 170 — "μηδεμίαν παρεύρεσιν" = keinerlei Vorwand, sowie κρίνομεν — könnte sich gut und gern in einem *SC* vorfinden. Leider ist von uns keine Steinzeichnung genommen, so vermag ich nicht zu sagen, ob die erhaltenen Kanten Anschluß zeigen und das Stück etwa am Denkmal selbst eingefügt werden kann. Die Schrift ist gut und weist auf a. 150—100.

171. Manumission für Aphrodeisios, c. a. 81—78. — Auf der linken Schmalseite des Sockelorthostats, rechts oben in der Ecke steht die in Bd. XVI S. 161 erwähnte Manumission aus Priesterzeit XIV, die wegen der neuen Pr.zt. XIV a jetzt a. 78 schließt. Oben im Bruch war noch Platz für höchstens 6 ganz weggebrochene Zeilen; vorläufig wurden 4 ergänzt, die kürzeste Fassung.

(Ἄρχοντος τοῦ δεῖνος, μηνὸς)
(. . . . . ου, βουλευόντων τοῦ)
(δεῖνος, τοῦ δεῖνος, τοῦ δεῖνος,)
(τοῦ δεῖνος, ἐπὶ τοῖσδε ἀπέδο-)
5 [το ὁ δεῖν]α [τοῦ δεῖνος καὶ ἡ δεῖνα]
[τοῦ δεῖνο]ς τ[ῶι Ἀπόλλωνι τῶι]
[Πυθίωι σ]ῶμα ἀν[δρεῖον ᾧ ὄνο]-
[μα Ἀφ]ροδείσιος, τι[μᾶς ἀργυρί]-
[ου μν]ᾶν ἕξ, καὶ τὰν [τιμὰν ἔχον]-
10 [τι πᾶ]σαν. Βεβαιωτὴρ [κατὰ τοὺς]
ν ό μ ο υ ς Λαϊάδας Βα[βύλου. Εἰ δέ]
τις ἐφάπτοιτο Ἀφροδει[σίου ἐπὶ]

269

καταδουλισμῷ, βέβαιον [παρεχόν]-
τω τῷ θεῷ τὰν ὠνὰν οἵ τε ἄ[πο]-
15 δόμενοι καὶ ὁ βεβαιωτὴρ βεβαι[ού]-
τω κατὰ τοὺς νόμους· κύριος ἔ-
στω καὶ ἄλλος ὁ παρατυχὼν [συ]-
λέων Ἀφροδείσιον ὡς ἐλεύθ[ε]-
ρον ὄντα ἀζάμιος ὢν καὶ ἀν[υπό]-
20 δικος πάσας δίκας καὶ ζαμί[ας].
Μάρτυροι οἱ ἱερεῖς τοῦ Ἀπόλ[λω]-
νος τοῦ Πυθίου Αἰακίδας Βα[βύ]-
λον, Ξενοκράτης Ἀγησιλά[ου καὶ]
ἰδιῶται Βαβύλος Λαϊ[άδα, Ἀρχίας]
25 Διοδώρου, Ἀγάθων Ἀθάμβ[ου].

die durch Patronymika von Archon und Buleuten vermehrt werden kann. In Z. 24 ist des Raumes wegen der kürzeste Diodoros-Sohn [Ἀρχίας] eingesetzt, β. (ohne Patronymikon) a. 80, dann (dito) a. 55 (*Bull.* 22,38); mit Patronym. a. 54, *Bull.* 22,39 und a. 38, *Bull.* 22,51. — Inv.-Nr. 926, linke Seite (Aem. Paul.-Text Nr. 24). — Buchst. 8 mm.

172. Manumission für Soteris, a. 74. An der rechten Seitenfläche des Sockel-Orthostats, rechts neben dem großen Grenzstreit-Text Nr. 131.

Inv.-Nr. 1021 = 3330 (Aem. Paul.-Text nr. 31). (*a. 74.*)

Ἄρχοντος Λα[ϊ]άδ[α τοῦ Ἄγωνος, μηνὸς]
Βουκατίου, βουλ[ευόντων Δάμωνος],
Στρατάγου, Κλε[οδάμου, Ἡρακλείδα].
ἀπέδοτο Σωσί[ξενος, συνευδοκέοντος]
5 καὶ τοῦ υἱοῦ Τ[...?... τῶι Ἀπόλλωνι]
σῶμα γυναικεῖο[ν οἰκογενές, ᾇ ὄνομα Σω]-
τηρίς, τιμᾶς ἀργ[υρίου μνᾶν τριῶν καὶ τὰν]
τιμὰν ἔχει πᾶσαν, [καθὼς ἐπίστευσε Σω]-
τηρὶς τὰν ὠνὰν τῶ[ι θεῶι, ἐφ' ᾧτε ἐλευθέραν εἶ-]
10 μεν καὶ ἀνέφαπτον [ἀπὸ πάντων τὸν πάντα χρό]-
νον. Βεβαιωτὴρ κατὰ το[ὺς νόμους τᾶς πόλιος]
Δωρόθεος Διοδώρου. [Εἰ δέ τις ἐφάπτοιτο Σωτή]-
ριος ἐπὶ καταδουλισμ[ῷ, κύριος ἔστω συλέ]-
ων ὁ παρατυχών, ἀζά[μιος ἐὼν καὶ ἀνυπόδικος]
15 πάσας δίκας καὶ ζαμί[ας, καὶ ὁμοίως ὁ βεβαιω]-
τὴρ βέβαιον παρεχέτω τ[ὰν ὠνὰν τῷ θεῷ. Μάρτυροι]
οἱ ἱερεῖς τοῦ Ἀπόλωνος [Αἰακίδας, Ἐμμενίδας· Ἀρίσ]-
τόνικος, Δείνων, Ἀγαθοκ[λῆς - - -].
vacat.

Buchst. 10—12 mm.

Als Freilasser kommt in jenen ganzen Zeiten — vor und nach Pr. zt. XV/VI — nur Σωσίξενος Καλλιδάμου in Betracht, bekannt aus Polyg. m. (73), ά. Διονυσίου = a. 67.

173. 174. Proxeniedekret für einen Hypataeer, c. a. 62. — Auf dem untersten Schaftblock, also über dem Oberprofil des Sockels, an der Schmalfront des Denkmals stehen neben einander 2 gleichlautende Dekrete. Das linke (Nr. 174) in 22 längeren Zeilen weist zahlreiche Fehler auf und wurde wohl darum rechts daneben mit geringen Varianten korrekter wiederholt (Nr. 173), in 29 kürzeren Zeilen, deren 3 letzte noch auf das gerade senkrechte Halsstück des Oberprofils herabreichen.
(Siehe den Text Nr. 173 auf S. 184.)

Buchstaben 8—10 mm. — In Z. 7 stand zuerst τὸ ἱερόν, wie in Nr. 174, wurde dann in τὸν θεόν geändert.

Der bevorzugte Platz der Denkmalsfront, an der Nr. 173/4 die ganze Quader unterhalb der 3 Piratengesetz-blöcke bedecken, beweist ebenso wie die doppelte Einmeißelung, daß der Geehrte eine hochgestellte Persönlichkeit war. Finden wir nun unter den Thessalischen Strategen, bald nach der Strategie des Kaisers Augustus (nach 27 v. Chr.), zwei Strategien eines Σώσανδρος Ἀριστονόου, dessen Vaterstadt unbekannt war, so wird

173. Inv.-Nr. 906 + 902 (Halsstück); Aem. Paul.-Text nr. 5. (c. a. 62.)

["Ἄρχοντος Ἥρυος τοῦ Κλέωνος, μηνὸς ... ίου, βουλευ]-
[όντων Ξενοκρίτου τοῦ Μένητος, Χαριξέ]νου τοῦ Σω-
[τύλου, Ταραντίν]ου τοῦ Δρο[μοκλείδα], Ἀρχελάου
[τοῦ Εὐ]δώρου· ἐπεὶ Αἰακίδας Β[αβύλου ἐπ]ελθὼν ἐπὶ
5 [τὰν ἐ]κκλησίαν διελέγη ὑπὲρ Ἀριστόνου τοῦ Σωσάνδρου Ὑπαταίου, διότι ἐκτενὴς καὶ εὔνους ὑπάρχει ποτί τε τὸν θεὸν καὶ τὰν πόλιν τῶν Δελφῶν καὶ περὶ πλεί-
στον ποιείμενος τὰν ποτὶ τοὺς θεοὺς εὐσέβειαν, αὐτοσαυτὸν εὔχρηστον ἐν παντὶ καιρῶι παρασκευάζων
10 καὶ κοινᾶι τᾶι πόλει καὶ κατ' ἰδίαν τοῖς ἐντυγχανόντοις
τῶν πολιτᾶν, ἐν ᾆ κά τις αὐτὸν παρακαλῆι, συνποτιγινό-
μενος μετὰ πάσας προθυμίας ἐν οἷς κα τυγχάνωντι
χρέαν ἔχοντες, καὶ λέγων καὶ πράσσων διὰ παντὸς περὶ τοῦ ἱεροῦ καὶ τᾶς πόλιος [καὶ] τῶν Δελφῶν, σπουδᾶς καὶ φι-
15 λοτιμίας οὐθὲν ἐλλείπων, ἐπὶ δὲ τούτοις· ἀγαθᾶι τύχαι·
δεδόχθαι τᾶι πόλει τῶν Δελφῶν ἐν ἀγορᾶι τελείωι σὺμ
ψάφοις ταῖς ἐννόμοις, ἐπαινέσαι Ἀριστόνουν Σωσάνδρου Ὑπαταῖον ἐπί τε τᾶι προαιρέσει ᾆ ἔχων διατελεῖ
ποτί τε τὸ ἱερὸν καὶ τὰν πόλιν τῶν Δελφῶν, καὶ ὑπάρ-
20 χειν αὐτῶι καὶ ἐκγόνοις παρὰ τᾶς πόλιος προξενίαν,
προμαντείαν, προδικίαν, ἀσυλίαν, ἀτέλειαν πάντων,
προεδρίαν ἐμ πᾶσι τοῖς ἀγώνοις, οἷς ἁ πόλις τίθητι,
καὶ γᾶς καὶ οἰκίας ἔγκτησιν καὶ τἆλλα τίμια, ὅσα καὶ τοῖς
ἄλλοις προξένοις καὶ εὐεργέταις τᾶς πόλιος ὑπάρχει· ἀ-
25 ναγράψαι δὲ τοὺς ἄρχοντας τὸ ψάφισμα ἐν τῶι ἱερῶι τοῦ
Ἀπόλλωνος ἐν τῶι ἐπιφανεστάτωι τόπωι, καλέσαι
[δὲ αὐτὸν καὶ ἐπ]ὶ ξ[ένια ἐν τὸ βρυτανεῖον ἐπὶ τὰν κοινὰν]
τᾶς πόλιος ἑστίαν· ἀποστεῖλαι δὲ καὶ ἀντίγραφον τᾶν
τιμᾶν ποτὶ τὸ κοινὸν τῶν Αἰνιάνων, ὅπως εἰδῶντι.

jetzt klar, daß er der Sohn unseres Hypataeers Ἀριστόνους Σωσάνδρου
gewesen ist, wie denn die Stadt Hypata seit dem Aufgehen der Aenianen
in dem Thessalerbund zahlreiche Strategen gestellt hat.[1]) — Zu diesen
2 Generationen der vornehmen Familie kommen noch 2 weitere. Bei
Text Nr. 176 wird die Statue des Germanicus angeführt, die ihm als ξένος
καὶ εὐεργέτης — also offenbar bei seiner Anwesenheit in Griechenland
a. 17/18 p. Chr. (Syll.³ n. 779, D, not. 3) — von dem Hypataeer Πλείσταρχος Πλειστάρχου, φύσει δὲ Σωσάνδρου errichtet war. Daß dieser
Πλείσταρχος Σωσάνδρου der Sohn des Strategen der Jahre 25 ff. a. Chr.
ist, liegt auf der Hand. Und dessen Sohn wiederum ist der Agonothet

---
1) Über die 2 Strategieen des Sosander Aristonoi f. vgl. Kroog, *de Thessal. praetor.* S. 29 f. und 33 f.; ebenda die übrigen Hypataeer (5) in der Liste S. 60 f. Zu ihnen kommen oben im Text noch 3 hinzu. — Zu erwähnen sind endlich noch zwei Hypataeer-Texte: 1) *Bull.* 23, 556 A = Inv. 1712, Ehrendekret für einen Epimeleten (es ist zu ergänzen [τὸν ἀγῶ]να ἐπετέλεσεν); — 2) *Bull.* 21, 157 = Inv. 2605, Basisaufschrift, gleichfalls für einen Agonotheten. Es bleibt zweifelhaft, zu welchem der 3 Epimeleten aus Hypata: Cassius Petraeus, oder Flavius Eubiotus, oder Sosandros das Ehrendekret gehörte, wahrscheinlich zu einem der zwei ersten. Die Statue aber könnte auf Sosandros gehen, obwohl die Ligatur ⱻN für a. 50 p. etwas früh ist.

271

Die Texte des Aem. Paulus-Denkmals in örtlicher Abfolge.

Quader-lage	Text-zählung	Textbezeichnung	Archont (ἄρχοντος)	Jahr	ediert	Inv.-Nr.
		Front:			Klio-Text:	817, 1804, 3757,
von oben: [I], II	1	Pol. f. Asinius Flaccus u. a. . .	ἀναρχία	c. 150 p.	Nr. 179	4507c, ⟨746, 2208⟩
IV, V	2	„ „ Proconsul Caristanius . .	Σωκλάρου	98 p.	reb.delph. 28	3721 + 3325,
VII, VIII	3	Piratengesetz des Senats		100	Nr. 156	...., 700, 3586, 3588,
IX	4	Proxen.dekr. f. Ἀριστόνους Ὑπαταῖος	Ἥρυος	c. 62	„ 174	|3457[1]), 3439 || 890.
„ + X	5	„	„	„	„ 173	906 + 902
XI Profil	6	„ T. Οὐάριος Σαβεῖνος	[Ἀγίωνος]	66	„ 159	908 + ...
XII	7	„ Γ. Ὀρκώνιος . . .	Ἀβρομάχου	86	„ 158	
	8	„ Κρίτων Δρύμιος . .	Ξένωνος	c. 98	„ 165	
Orthostat	—	Weihinschrift des Aem. Paulus .		167	Syll.[3] 652a	
	9	Prox.d. f. M. Καφράνιος Γάλλος	Βαβύλου	92	Nr. 157	926:
	10	Amph.Dekr. f. d. 13 Verbannten .		117/16	„ 125	Orthostat
	11	Prox.d. f. Ἀριστόδαμος Πατρεύς .	Ἀγίωνος	104	„ 163	
	12	„ Καλλιστόνικος Ὀπούντιος	Ξένωνος	98	„ 164	
XII, XIII	13	„ Καφισίας Ὀρχομένιος . .	(fehlte)	nach c. 98	„ 166	926 + 3219, A
XIII	14	„ - - μ]αχο[ς, od. - ο[ν . .	—	„	„ 167	3219, B
„	15	„ Φιλώτας Ἀμφισσ., ἰατρός		c. 1	„ 175	„ C
„	16?	„ ... (oder Schluß von 15?)		—	„ „ (?)	„ D
„	17	Späte Manumission, c. 11 Z. . .		c. I Jh. p.	unediert	„ E
		Linke Seite:				
V, VI	18	Dekr. f. Λεύκιος Λικίνιος . . .		c. I Jh. p.	„	[21 Inv.-Nr.n][2])
VIII	19	Manumission f. Σωτηρίχα. . .	Νεικάνδρου	c. 8 p.	Bull. 22, 83	890 (linke Seite)
IX	20	Daulis-Dekr. f. e. Στρατονικεύς .	—	c. 90—85	Nr. 168	906 „ „
XII	21	Prox.d. f. Θε[σπιεύς?]		c. 115 (?)	„ 129	3295,
Ortho-stat	22	Amph.stimme v. Θρόνιον-Σκάρφεια		c. 110	„ 130	3802, 3402, 3295
	23	Prox.d. f. .... (nur 16-17 Zeilenenden)		vor 85	uned.	926 (linke Seite)
	24	Manumission f. Ἀφροδείσιος . .	Pr.zt. XIV	82—78	Nr. 171	„ „ „
	25	verloschenes Dekret		—	uned.	„ „ „
		Rückseite:				
III, IV	26	Dekr. f. Σώσανδρος Ὑπαταῖος Σεβ.	fehlte	c. 50 p.	Bull. 21, 154 u. Nr. 176	3294 3587[1]), 3648, 3303 | 3491, 879
VII	27	Pol. f. Τιβ. Κλαύδιος Κέ[λσος] . .		75—79 p.	„ 177	847 | 3558
VIII	28	„		c. II Jh. p.	„ 178	3590, 3297
		Rechte Seite:				
VIII, IX	29	Prox.d. f. Ἀρτεμίδωρος Μαζακηνός.	fehlte	a. 1	Bull. 23, 573 u. Nr. 175a	890, 906 (rechte S.)
XII	30	die ὁροθεσία v. Thronion-Skarpheia		c. 110	Nr. 131	926, 3330 = 1021
Ortho-stat	31	Manumiss. f. Σωτηρίς	Λαϊάδα	74	„ 172	3330 = 1021
	32	Prox.d. f.	[Θρασυκλ.]	151	„ 132	[2106] nicht zuge-
XV	33	verloschene Texte	—	—	uned.	[hörig!
		Unbestimmt (ob zugehörig?):				
—	34	Prox.d. f. [........ Στρατο]νικεύς	—	c. 90—50	Nr. 169	3831[1])
—	35	Dekr. über διδασκαλεῖα v. Daulis	—	c. 150-100	„ 170	3797[1])

1) Inv.-Nr. 3457 fehlt am Denkmal. — Desgl. 3587 und 3831 und 3797. — Die Nummern in ⟨ ⟩ sind von Bourguet irrigerweise genannt.

2) Der Aem. Paul.-Text 18 besteht aus folgenden 21 Inv.-Nrn.: 3217 +.... +.... + 3327 + 3605 + 3498 + 838 + 3521 + 3760 \|\| 740 + 3325 + 3556 \|\| 3473 + 2330 + 4507b + 4507a + 3706 \| 4238 + 3221 + 2324 + 802.

der Pythien und Epimelet der Amphiktyonen Σώσανδρος Πλειστάρχου Ὑπαταῖος, dem die Stadt Delphi um 50 p. Chr. das Ehrendekret Nr. 176 und die Statuenerrichtung beschließt. Es ist darum kein Zufall, daß dieser Text gleichfalls auf dem Schaft unseres Denkmals eingemeißelt wurde, auf der Rückseite, dos-à-dos der Doppel-Urkunde des Urgroßvaters Ἀριστόνους Σωσάνδρου (Nr. 173/4). Schließlich wird man es nach alledem für sehr wahrscheinlich halten, daß auch dieser Urenkel, der Amphiktionenepimelet um 50 p. Chr., Stratege war und identisch ist mit dem patronymikonlosen Σώσανδρος, der genau in jener Zeit, nämlich im J. 45/6 p. Chr. fungiert hat (über das Jahr s. Kroog a. O. S. 48).

Wenn bisher die Lucullus-Statue in Hypata als letztes Zeugnis der Existenz des Aenianenbundes galt (*Syll.*[3] n. 743, not. 1; Kip, *Thessal. Stud.* 30), das oben bei Text Nr. 148 auf a. 87 fixiert ist, so bietet uns jetzt die Schlußzeile von Nr. 173 einen um 25 Jahre jüngeren Beleg Um 30 v. Chr. erscheint der erste Hypataeer unter den Thessal. Strategen, die Aenianen waren also durch Augustus anläßlich der Neuordnung der Amphiktyonie zu Thessalien geschlagen.

174. Den Wortlaut der Dublette von Nr. 173 = Aem. Paul.-Text nr. 4 vollständig abzudrucken, lohnt nicht. Die Varianten gegenüber Nr. 173 sind folgende (Buchst. 8—9 mm): Z. 7/5 (Nr. 173/4) ποτί τε τὸ ἱερόν; 8f./6 αὐτός fehlt vor αὐτόν; 9/7 -σκαυάζων; 10/7 κοινᾶι, πόλι, καθ', es fehlt ἐντυγχανόντοις; 11/8 πολειτᾶν, ἐν ἃς κα; 12/9 τυγχάνωντι; 13/10 πάρσων; 14/10 τε τοῦ; 14/11 τὰ κάλλιστα σφοδᾶς; 15/11 ἐλλίπων, ἐν τούτοις οὖν, ἀγαθᾶι τύχαι; 16/12 δεδόχται τᾶ, es fehlt ἐν ἀγορᾶι τελείῳ, σὺν; 18/13 ἆι; 20/14 -χει, ἐκγόνοις; 23/16 τάλα; 24/17 τᾶς πόλιος irrtümlich zweimal; 25/18 ἐν τῷ. — Z. 1 ist weggebrochen außer Ἀρ[χοντος], auch in 2 ist fast die Hälfte zerstört, vollständig aber ist die in Nr. 173 abgestoßene Z. 27/20.

175. Proxeniedekret für einen Arzt aus Amphissa, um Chr. Geb. — Am Unterprofil des Sockels, Schmalfront. In den 4 Hohlkehlen standen: in der ersten der Schluß von Text Nr. 166; in der zweiten die verloschene Nr. 167; in der dritten Nr. 175, von dem zwei Zeilen unten abgedruckt sind, während noch 3 ganz verloschene folgen; in der vierten schmalen Hohlkehle stand vielleicht der Schluß von Nr. 175, von dem wohl 1—2 Zeilen noch zu entziffern sind; auf der kleinen senkrechten Platte darunter steht, völlig verloschen, entweder ein neues Dekret — als Aem. Paul.-Text nr. 16 — oder der Schluß von Nr. 175.

Inv.-Nr. 3219 (Aem. Paul.-Text Nr. 15 und 16?).   (*c. a. 1.*)

1 Ἐπεὶ Φιλώτας Νίκωνος Ἀμφισσεύς, ἰατρί ς, ἐπ[ιδ]ημῶν πλείονα χρόνον ἐν τῆι πόλει ἡμῶν εὐσεβῶς μὲν διάκειται τὰ πρὸς τὸν θεόν, εὐνοϊκῶς δὲ καὶ πρὸς τὴν πόλιν
2 ἡμῶν, τήν τε ἀναστροφὴν εὐσχήμονα ΚΛΕΑΡΕΤΟ.ς [ποιεῖται καὶ τῶν πολιτᾶν τοῖς] ἐντυγχανόντοις τε δέον ἐν αὐσαυτόν καὶ χρήαν ἔχουσιν ἐν τοῖς νόσοις . νΛΟΤΕΟΗ ἀπροφασί-
3 στως] -
(es folgen noch mehrere ganz erloschene Zeilen).

Buchst. 10—11 mm; ⊔ und Σ, Α, auch mit gebogenem Querstrich. — In Z. 2 vielleicht καὶ ἐνδόξως und am Ende etwa πονήθη? Wir haben wohl den Bruder von Ὀνασιφόρος (oder -φόρον) Νίκωνος vor uns, der um 15 p. Chr. in Amphissa bezeugt wird, in *IG* IX 1, 1066, 8. Denn diese Manumission ist gleichaltrig mit ebda. nr. 318 (in beiden fungiert der θεοκόλος Ἀρχίας), welche durch den Delphier Κριτόλαος Δωροθέου genau datiert werden kann. Er war βουλ. a. 15/16 p. (ἀ. Εὐδώρου) und ist statt des Κριτοδά[μο]υ der Herausgg. in Nr. 318, 4 herzustellen; denn ein Κριτόδαμος Δωροθέου kommt in Delphi nicht vor.

273

175a. Zum Proxeniedekret für einen Mazakener, c. a. 1. —
Im *Bull.* 23, 573 sind 16 Zeilen des großen Dekrets ediert, zu ihnen finden sich jetzt auf dem darunter stehenden Steine neue Zeilen. Auf der rechten Denkmalsseite, Schaftlage VIII von oben der edierte Text (Inv. 890), auf IX der neue Schluß (ὑπὸ δημοσίαν σφραγεῖδα auch a. 35 p., Inv. 1027, uned.):

Inv.-Nr. 906, zum Aem. Paul.-Text nr. 29 (*Bull.* 23, 573). (*c. a. 1.*)

16 [πόλεως ὑ]πάρχει· ἀναγρ[άψαι δὲ τάδε τὰ] τείμ[ια ἐν] τῷ ἐπιφανεστάτῳ [τό-
17 [πῳ τοῦ ἱεροῦ τοῦ Ἀπόλλωνος τοῦ Πυθίου ἐν στάλαν λιθίναν· ἀποστεῖλαι]
18 [δὲ πρὸ]ς τὴν πόλιν τῶν Μαζα[κ]ηνῶν δι' ἐπιστολῆς ὑπὸ [σφρ]αγῖ[δ]α [δ]ημοσίαν,
19 [ἐν]γράψαντας τοὺς ἄρχοντας τῆς πόλεως τάσδε τὰς τιμάς.

176. Proxeniedekret und Statue für den Amph.-Epimeleten Sosandros aus Hypata, c. a. 50 p. Chr. — An der Rückseite des Denkmals, auf Schicht III und IV des Schaftes (von oben) sieht man die Fragmente eines großen Dekrets, dessen 4 Anfangszeilen auf Schicht III stehen. Von den 7 Fragmenten ist nur eins, das größte (Inv. 3294) durch Homolle im *Bull.* 21, 154 in Maiuskeln ediert; ein anderes (Inv. 3587), das die Anfänge von Z. 2—4 enthält, ermittelte ich aus dem Inv., während es am Denkmal fehlt. Beim Zusammengipsen sind manche Buchstaben verschwunden, sie werden durch untergesetzte Linien markiert.

Inv.-Nr. 3587 + 3648 + 3303 + 3491 + 3294 + 879 + 3558
(davon ediert: 3294 = *Bull.* 21, 154) (Aem. Paul.-Text nr. 26) (*c. a. 50 n. Chr.*)

Inv. 3587   Θεός⟨ι⟩.   Τύχαι ἀγαθᾶι.   Inv. 3648
Ἐν προσκλήτῳ ⸱ ⟨σ⟩ἐκκλησία, ⸱ ἔδοξε τῇ π[όλει τῶν]
Δελφῶν· ⸱ ἐπεὶ Σώσανδρος ⸱ Πλειστάρχου Ὑπατα[ῖος]
Σεβάστηος ⸱ Λ εὐσεβέστατος μὲν πρὸς τὸ[ν θεόν],
5 ε]ὐ[ροϊκότ]ατος δὲ πρὸς τὴν [πόλιν - - - -] 3491
τησ . . . χρόνοις ἁγνῶς τε καὶ λα[μπροφυχῶς ἀγωνο]-
3303 θε[τήσας δ]ιετέλεσε ⸱ ἐπιμελη⸱τ[εύων τῶν Ἀμφικτυόνων,]
τοῦ τε ἱερ]οῦ ⸱ προέστη κατὰ τὸ[ν νόμον, ἐφ' οἷς καὶ ἡ]
πό[λις ἡ Δελ]φῶν ἐτείμησεν ὡ[ς - - - - - - - - - - - -
10 τ . . . . τ | | | | [φιλα]νθρώ[πως - - - - - - - - - - - -
Λ _ _ _ _ _ _ _ _ _ _ _ 3294 _ _ _ _ δίκαιον ημη - - - -
- - - - - - - - - - - - - - ‖ ἀγωνοθέτην καὶ ἐπιμελη[τὴν]
...ICΛ - - - - - - ‖ ὑ ἀμείβεσθαι, ἔδωκεν αὐτῷ προμαν[τείαν],
προεδρίαν, ἀτέλιαν, ἀσυλίαν, γᾶς τε καὶ οἰκίας ἔνκτησιν, [τἆλλά]
15 τε τείμια ὅσα τοῖς καλοῖς καὶ ἀγαθοῖς ἡ πόλις ἔθος ἔχε[ι διδόναι]·
ἀναθεῖναί τε αὐτοῦ καὶ εἰκόνα χαλκὴν ἐν τῶι ἱερῶ το[ῦ] Πυθίο[υ Ἀ]-
πόλλωνος, ἐπιγραφὴν ἔχουσαν· "ἁ πόλις τῶν Δ[ε]λφῶν [Σ]ώ- 879
σανδρον Πλειστάρχου, ἀγωνοθετήσαντα κα[ὶ ἐ]πιμε[λη]τεύ- 3558
σαντα ἁγνῶς τε καὶ λαμπροφύχως, εὐσεβεί[ας τε τ]ῆς ε[ἰς τ]ὸν
20 θεὸν καὶ εὐνοίας τῆς εἰς τὴν πόλιν Ἀπόλλω[νι." Ἀποσταλῆ]-
ναι δὲ καὶ πρὸς τὴν Ὑπαταίων πόλιν καὶ πρ[ὸς τὸ Θεσσαλῶν]
ἔθνος τοῦτο τὸ ψήφισμα κατασημειω[θὲν τῇ δη]-
μοσίᾳ σφραγεῖδι.   In Z. 19 hat ἕνεκα hinter εὐσεβείας gefehlt!

Buchst. 2—2½ cm (Überschrift 5 cm). Über die drei Vorfahren des Hypataeers und diesen selbst als Thessalischen Strategen des J. 45/6 n. Chr. ist oben bei Text Nr. 173 gehandelt. — Noch vor unserer Ankunft in Delphi hatte ich den Namen des Geehrten, den Homolle nicht ergänzen konnte, aus folgender Weihinschrift hergestellt (*Bull.* 21, 158 = *IG* IX 2, 41): Γερμανικὸν Καίσαρα| Πλείσταρχος Πλειστάρ|χου, φύσι δὲ Σωσάνδρου,| Σεβάστηος Ὑπαταῖος | τὸν ἑαυτοῦ ξένον | καὶ εὐεργέτην. Offenbar haben wir in diesem Stifter der Germanicus-Statue den Vater unseres Amphiktyonen-Epimeleten vor uns. Bourguet, *de reb delph.* 58 hat allerdings — wohl wegen der späten, schlechten Schrift — letzteren unter Hadrian angesetzt (c. 131 p.), aber er gehört fast 100 Jahre früher, in die Generation nach a. 18 p., also unter die ersten Epimeleten, nicht unter die letzten. Augustus hat mehreren Städten gestattet, sich nach ihm zu benennen (Dio Cass. 54, 23, nach Homolle), und so finden wir in der Tat Σεβάστηος Ὑπαταῖος (s. o.), Σεβάστηοι Λαμιεῖς *IG* IX 2, 80, Σεβάστηος Λαρεισαῖος ibid. 1296, 19. Da aber nur in diesen 2 Hypatatexten (oben Nr. 176 und *IG* IX 2, 41) sich dieser Zusatz findet, in den späteren nie wieder, so gehören sie zeitlich eng zusammen, und die schlechte späte Schrift findet sich auch auf der Germanicus-Basis wieder. Ich habe danach Σώσανδρος Πλειστάρχου als Epimeleten etwa der Pythiade 47/8—50/51 p. zugewiesen.

177. Politie-verleihung an Tib. Claudius Celsus, c. 75—78 p.
An der Denkmalsrückseite auf Schicht VII steht folgendes Fragment:

Inv.-Nr. 847. Aem. Paul.-Text nr. 27. (*c. 75—79 p. Chr.*)

|Τιβ. Κλαύδιον Κέ[λσον Νικοπολίτην Δελφοὶ Δελφὸν]
ἐποίησαν. Ἄρχο[ντος ... ..., βουλευόντων Τιβ.]
Ἰουλίου -

Buchst. 2—2½ cm. — Die Statuenunterschrift der Frau des Geehrten edierte Bourguet, *reb. delph.* 50, kannte aber die obige Inschrift nicht. Jene lautet: Ἰουλίαν Χρυσέαν, Ἰουλίου | Σελεύκου θυγατέρα, γυναῖκα Τιβ. Κλαυδίου | Κέλσου, Νικοπολίτου καὶ Δελφοῦ, ἐπιμε|λητοῦ, ἡ πόλις ἡ Δελφῶν ἀρετῆς ἕνεκα | Πυθίῳ Ἀπόλλωνι. Die Identifikation wurde nur dadurch ermöglicht, daß im Inv. sich der entscheidende Buchstabe Ε in Z. 1 Κέ[λσον] kopiert fand, der am Original unsichtbar ist, weil durch Gips verdeckt. Den Amphiktyonen-Epimeleten Tib. Claudius Celsus setzte Bourguet a. O. 58 zwischen Nero und Domitian, darnach habe ich die Pythiade 75—78 vorgeschlagen. — Schließlich die Frage: warum gehört dies Stück zu unserm Denkmal? warum zur Rückseite? warum zu Schicht VII? Oben ist freier Raum, unten wohl auch, ferner überall Bruch, außer links.

178. Inv.-Nr. 3590 + 3297.

ἀνδρ[άσι δίδοται - - ἐπὶ τῇ εὐνοίᾳ τῇ]
πρὸς τὴν πό[λιν· Ἄρχοντος - - - -, βου]-
λευόντων - - - - - - - - - - - - - - - -

Dieselben Fragen betreffs Zugehörigkeit zum Denkmal verlangt der nächste Inschriftenfetzen (warum Rückseite, warum Schicht VIII?) Aem. Paul.-Text nr. 28. Unten erhaltene Kante, wohl auch links laut Eingipsung. Buchst. 2—2½ cm.

179. Politeia für . . . . und Asinius Flaccus, c. a. 150 p. — Auf dem Schaftblock II der Schmalfront, doch wird Z. 1 durch die Lagerfuge quer durchschnitten, so daß der Anfang des Textes auf dem heut verlorenen Block I gestanden haben muß. Unsere frühere Ergänzung noch einer Lage über der jetzt obersten war also richtig.

275

Zum Aemilius-Paulus-Denkmal.

Inv.-Nr. 3757 (rechts oben) + unten: 817 + 1804 + 4507 c.
(Aem. Paul.-Text nr. 1).   (c. *150 p.*)

(Δελφοὶ ἔδωκαν τῶι δεῖνι τοῦ δεῖνος καὶ) - - - - - - -
[- -]ανοῖς

[καὶ . . . . . ου . . . . . ου υἱῷ, praenomen Ἀ]σινίῳ Φλάκκ-
[ῳ, αὐτοῖς καὶ ἐκγόνοις αὐτῶν, πολ]ειτείαν, προ-
[μαντείαν, προδικίαν, προεδρία]ν, γᾶς καὶ οἰκί-
5 [ας ἔν]κτησ[ιν καὶ τἆλλα τείμια, ὅσα] τοῖς καλοῖς κἀγαθοῖ[ς ἀνδράσιν δίδοτ]αι ἐ[πὶ τῇ εὐσε]-
βείᾳ τῇ πρὸς [τὸ]ν θεὸν [καὶ τῇ εὐ]νοίᾳ τῇ [πρὸς]
τὴν πόλιν. Μετὰ [τὴ]ν Νεικοστράτου τοῦ . . . .
ἀρχήν, βουλευόν[τ]ων Τιβ. [Ἰουλίου Πατρίκου καὶ]
10 (Κλέωνος τοῦ - - -).

Buchst. 4½—5 cm. — Bourguet hat *de reb. delph.* 40 not. 2 unsern Text avisiert, fügt jedoch irrig noch die Inv.-Nr. 746 + 2288 hinzu, welche nicht zum Denkmal gehören, läßt aber 4507 c ganz aus. — In Z. 1 hat \λοις oder \νοις gestanden, also ein Ethnikon im Plural, dann wären mehrere Geehrte anzunehmen, wie z. B. *Syll.*[3] 868, *B* (vom J. 165 p.). Dieselbe Stellung der Ehrenrechte gibt der Text Bourg. *reb. delph.* 30. Unsere Inschrift stammt aus demselben Jahre der ἀναρχία wie die Urkunde Bourg. *reb. delph.* S. 40, deren Anfang lautet: [Δελφοὶ ἔ]δωκαν Κυπρίῳ Σαλαμινίῳ . . . . . | . . . ? [Γε]λλίου Πύρρου υἱῷ, Κοΐντῳ Ἀδ . . . . . . | . . μῳ καὶ τῇ γυναικὶ αὐτοῦ Κλ[αυδίᾳ - - | - - ιᾳ καὶ τοῖς υἱοῖς αὐτοῦ καὶ τῇ θ[υγατρὶ | αὐτοῦ, αὐτ]οῖς τε καὶ τοῖς ἐγγόνοις α[ὐτῶν | πολειτεία]ν κτλ. Darnach habe ich unsere Z. 2 zu ergänzen versucht. Über Z. 1 können außer der angegebenen noch mehrere gestanden haben, wohl auch noch eine Überschrift darüber, da es wenig wahrscheinlich ist, daß der Steinmetz an der Unterkante einer Quader begonnen hat, wo sogleich die Lagerfuge die Z. 2 durchschneiden mußte.

Nachtrag III (*A*) und Berichtigungen (*B*).

Die Nachträge enthalten die ausführlicheren Erörterungen und Zusätze nebst den betr. Inedita; die kürzeren Berichtigungen stehen in Abschn. *B*. — Der Kürze halber werden nur die unteren Seitenzahlen zitiert; sie sind für die ganzen Delph. Neufunde I—V durchlaufende und entsprechen den Klio-Seiten: Bd. XIV 265—320 = Sep. S. 1—56; XV 1—77 u. 303—338 = Sep. S. 57 bis 134 u. 135—170; XVI 109—177 = Sep. 171—239.

A. Nachträge. — Separatseite **13**, Mitte. Zu den delph. Asylieerklärungen kommen hinzu: in Abae beim Ptoïon a. 178, *Syll.*[3] 636; in Tenos beim Poseidonheiligtum *IG* XII 5, 802, cf. n. 868, 20 ff., *IG* IX 1, 97; in Samos beim Heraion und in Kos beim Asklepieion: Tacit. *Ann.* IV 14, wo sich die Samier a. 23 n. Chr. in Rom auf das alte Amphiktyonendekret berufen; in Teos beim Dionysosheiligtum, c. a. 205, *Syll.*[3] 564/5. Die aitolischen Asylieerklärungen sind gesammelt bei Swoboda, *Staatsalt.* 351 not. 1. —

14 u. **15** (Anm.). Über den Ausdruck ἰσοπύθιος hat später Klee, *Gymn. Agone* p. 50 zusammenfassend gehandelt. Wo er allein steht oder mit dem Zusatz ταῖς τιμαῖς, bedeutet er „gleich den Pythien an Ehren und sonst in nichts". Das einzige Mal, wo auch noch ταῖς τε ἡλικίαις hinzugesetzt ist, bezieht sich auf das zweitälteste der neuen Feste, d. h. auf die a. 276 gestifteten Soterien (nur die Ptolemaia, a. 279/8, waren älter). Diese Bestimmung sei aber nur ein — wenig gelungener — Versuch gewesen, den man später bei anderen Festen nicht wiederholte, weil man in der Einteilung der Alters-Klassen nicht mehr gebunden sein wollte. — Daher ist auf S. **14** (unten) zu schreiben: „- - abgehalten wurden, zeitlich und örtlich coincidiert", also die Worte 'nicht nur' und 'sondern — gefolgt wäre' sind zu streichen; desgl. fallen S. **15** (oben) die Worte „sowie das partiell inhaltliche" weg und die ganze zweite Hälfte der Anmerkung ist zu streichen; ferner S. **16** (oben): bei den Soterien fehlte die Bestimmung ἰσολύμπιος nicht darum, weil die Olympien kurz zuvor gefeiert waren, sondern weil der statt dessen beliebte ἰσονέμεος ἀγών drei Altersklassen hatte, während der olympische und pythische nur zwei aufwiesen (vgl. diese Altersklassen bei Klee S. 43). Also mit dem Programm der betr. Feste haben die Ausdrücke ἰσολύμπιος, ἰσοπύθιος, ἰσονέμεος nichts mehr zu tun, aber unsere übrigen Folgerungen für die erste Festfeier und das Polyeuktosjahr bleiben unberührt; denn die zeitliche und örtliche Nähe der ersten Soterienfeiern mit den Olympien bleibt ausschlaggebend, und S. **16** (oben) ist hinzuzusetzen: - - die chiischen Theoren für die Olympien diesmal schon erannt „und abgereist" gewesen.

20. Mitte: Der Argiver war auch schon im Frühj. 342 bezeugt (*Syll.*³ n. 230, 40 u. ebda. p. 315), fungierte also noch im Herbst 342 und liefert so das dritte (älteste) Beispiel für den fünfjährigen Turnus der Dorerstimme! Übrigens müssen früher auch noch die Korinther an ihr partizipiert haben, wurden aber dann im Herbst 346 aus der Amphiktyonie ausgeschlossen, vgl. *Syll.*³ 221, *A* = Diod. XVI 60. Daß sie jedoch später — wohl erst a. 188 — wieder aufgenommen wurden, beweist im J. 184 der Amphiktyonen-Schreiber Μνασίδαμος Κορίνθιος, s. S **204**, Text 123*a*, Z. 2 u. S. 206, Anm. 1.

21. Text 8. Der Philosoph Menedemos in Delphi: im Herbst a. 274, ἄ. Ἡρακλείδα, war [M]ενεδημος Hieromnemon der Eretrier, wie Klaffenbach in Text 31, 5 las, S. **56**, Anm.; im Herbst 275, ἄ. Χαριξένου war es Theokritos gewesen (*Syll.*³ 404, Z. 4; derselbe Θεοκρίτου statt „Σωσιβίου (?)" ist jetzt zu korrigieren Frühj. 275, ἄ. Ἀρισταγόρα, ebda. 405, 5). Beide vereint bringen die Beiträge zur Tempelkollekte auf dem kleinen Stelenfragm. Nr. 179*a*, auf das schon *Syll.*³ add. ad p. 643, nr. 406 not. 7 hingewiesen war. Von Logiotatides 1864 aus Delphi nach Athen gebracht, ward es von W. Kolbe auf meine Bitte dort

Text **79a.**
```
- -· δραχμὰς τριά?κοντ]α. Ἅρμων [........ δραχμὰς - - -
- - - - - - - -· δραχμὰ]ς εἴκοσιν. Θερσίων [........ δραχμὰς - -
- - - - - - - - - - -. Μ]ενέδημος Ἐρετριε[ύς· δραχμὰς - - - - -
- - - - - - - - - - -. Θε]όκριτος Ἐρετριεύς δ[ραχμὰς - - - - -
5 - - - - - - - - - - ε]ύς· ἂν ἐδεδίκαστο | - - - - - - - - - - -
- - - - - - - - - [κεφάλαιον τῶ]μ ποθόδομΓ - - - - - - - - - -
- - - - - - - - - - - - - - - - - - - ο ς - - - - - - - - - - - -
```

im Zentralmuseum ermittelt und abgeklatscht (N.O.Ecke des Hofes, Regal der Tainaron-Steine); weißer Marmor, rings Bruch, 10×16×4 Buchst. 8 mm. Es gehört jedenfalls auch in das J. 274 Wissen wir nun aus Antigonos Caryst. bei Diog. L. II 136 (vgl. *Syll.*³ 406 not. 4), daß Menedemos die Frau seines Gegners Alexinos auf der Rückkehr von Delphi bis Chalkis geleitete und schützte, so ist klar, daß es sich um die Pythien a. 274 handelte, an denen er Hieromnemon war (*Syll.*³ 406, not. 7). Bei dieser Sachlage deute ich in Text 8, der den nächsten Pythien, a. 270, ἄ. [Ἀρίστωνος] zugewiesen war, die sonderbare Bezeichnung des geehrten Eretriers als „Finder, Spender des Guten" gleichfalls auf Menedemos und ergänze Z. 3: Zu Text Nr. 8:

3 [ἐπειδὴ Μενέδημος Κλεισθένους Ἐ]ρετριεὶς ἀγαθῶν εὑρετὴς τῶι θεῶι καὶ τοῖς Ἕλλησιν [γενό-
4 [μενος - - - - - - - - - - - - εὐσεβ]είας καὶ τὸν ὁδὸν κεκόμικεν τῶι θεῶι καὶ κτλ.

Über die Stiftung der Tempelschwelle s. S. **22** Anm. Sodann wird man in Z. 6 die Worte καὶ στῆσαι ἐν τῶι ἱερῶι auf ein vorhergehendes [στεφανῶσαι εἰκόνι χαλκέαι] beziehen und vermuten, daß diese Statue des greisen Philosophen sich auf unserer Basisquader erhob und eine Kopie der im Alten Stadion zu Eretria errichteten war, die Antigonos Caryst. ausführlich beschreibt (Diog. L. II 132; v. Wilamowitz *Antig.* 97). Ich möchte sogar weitergehen und glauben, daß die Amphiktyonen damals beide Statuen geweiht haben; denn wir kennen z. B. für den kurzen Zeitraum von a. 214—198 nicht weniger als sechs solcher amphikt. Doppelstatuen: für [Καλλίας Λυσι]μαχίδου im Piraeus und für 5 Hie-

277

romnemonen von Chios, davon die letzte wieder an den Pythien. Unsere Basis war einst wenigstens 1 m bis 1,20 breit, könnte also auf eine Sitzstatue schließen lassen (wie ist die Oberseite?), während man bei dem Bericht des Antigonos bisher an ein stehendes Greisenbild dachte (Wilamowitz p. 91). Endlich sei noch bemerkt. daß des Menedemos alter politischer Gegner Aischylos (Diog. L. II 141, Wilamowitz 101 Anm.) gleich nach ihm Hieromnemon wurde: Herbst 273, ἄ. Ἀρχιάδα, Syll.³ 416, 5; ferner daß die Lebenszeit des Philosophen, die man schon bald nach 278 (Lübker, R.-Lex.) oder 273 endigen ließ, sich bis nach a. 269 erstreckt hat, weil sein Aufenthalt als Verbannter in Oropos und sein Tod am Hofe des Antigonos erst nach dem Herbst 270 (Text 8) und der Statuenerrichtung angesetzt werden können; sodann daß c. 20 Jahre später auch der bekannte Philosoph Lykon durch die Amphiktyonen geehrt und bekränzt wurde, Syll.³ 461; endlich daß der Beginn des Euboeischen Jahres, über den man bisher ebensowenig wußte, wie über die Monate und ihre Reihenfolge (Bischoff, R-E X 1569, 59; 1583) sich durch die Hieromnemonenlisten feststellen läßt; es war nicht wie in Athen die Sommersonnenwende, sondern wie in Delos das Wintersolstiz, denn die Hieromnemonen von Histiaea und Eretria bleiben innerhalb eines julian. Jahres, d. h. im Frühjahr und Herbst (August) dieselben: vgl. den Histiaeer [Ξεν?]οφίλον a. 333, Syll.³ p. 445 (tab. Amph. II) und die Eretrier Θεοκρίτου a. 275: im Frühj. (oben hergestellt statt Σωσιβίου) und im Herbst Syll.³ 406, 4, — sowie Ἐπηραστον a. 272 Frühj. (Syll.³ 417, 4) und Herbst (418, A, 3). Die Euboeischen Monate, deren Aufzählung bei Bischoff, R-E X 1591 jetzt nach JG XII 9, p. 216 stark zu modifizieren ist (5 Namen zu streichen), stimmen am meisten mit Delos (ebda.): Lenaion (1), Anthesterion-Hieros (2), Hippion u. Targelion (5), Buphonion (9) [fehlt bei Bischoff], Apaturion (10). Areios-Aresion (11). Von den bisher bekannten 8—9 euboeischen Monaten fehlen also in Delos nur der Olympion u. Demetrion, so daß man den delischen Jahresanfang (Ende Dezember) in Euboea für wahrscheinlicher halten wird als etwa den von Milet (Ende September), wo nur 4 Namen übereinstimmen (R-E X 1591).

31. Zu Text 17 = Syll.³ 489 ist eine wichtige Parallelurkunde ermittelt worden:

Text Nr. 180.   Inv.-Nr. 2146.   (a. 230)

[Ἐπὶ Πειθαγόρα ἄρχοντος ἐν Δελφοῖς, ἱερομνημονούντων Αἰτωλῶν]· Τελέσωνος, Βίττου, Λεοντομέ-
[νεος, Ἰρωπάχου, Βούχριος, Ὁμάρρου, Χηρία, — Δελφῶν Λύσωνος, Ζακυνθίου, —] Φωκέων· Νικάρχου, Τιμασιχρά-
[τους, — Βοιωτῶν· Οἰνάδου, Ξενοφάνους, γραμματεύοντος Μελανθία Αἰτωλο[ῦ]—ἐπὶ ἱερέως δὲ Πυθοκλέ-
[ους τοῦ Ἀριστάρχου Ἑρμιονέος ἐκ τῶν τεχνιτῶν τὸ κοινὸν τῶν τεχ]νιτῶν ἐπέδωκε τῶι θεῶι καὶ τοῖς
5 [Ἀμφικτύοσιν εἰς τὰ Σωτήρια. — Τὸν ἀγῶνα ἠγωνίσαντο παντ]ελῆ οἵδε· - Ῥχ×αψωδοί. Ἀρισταγό- 5
[ρας - - -
                                                              - - - ς Σωκράτης Βοιώτιος
 Text Nr. 180. Soterien-   [Ἐπ]ήρατος Ἀλκίνου Μεγαλοπολίτης
 liste, ἄ. Πειθαγόρα, a. 230 (?). —   - - - ων Ἱππία Στυμφάλιος
 Inv. Nr. 2146, gef. im Winter 1894/5   - - - ένης Κάλλιος Ἀρκάς
 unterhalb des Athenerthesauros.
 Großes Kalkstein-Fragment; oben,   [Παῖδας?] ἡγεμών· Ποδέας Ἀργειώνδου Βοιώτιος 10
 links, hinten Bruch; h. 60½ cm   [Νικ]ίας Νίκωνος Δελφός
 max., br. 24—27 max., d. 9½ bis   - - - ένης Ἀσωποδότου Βοιώτιος
 15 max.; rechte S. charriert (unten   [Ἐργ]ῖνος Σιμύ[λ]ου Κασσανδρεύς
 etwas erhabener, 1,8 cm hoher   Ἄνδρας ἡγεμών· Πυθοκλῆς
 Saum), Unterseite gekrönelt (vorn   [Ἀρι]στάρχου Ἑρμιονεύς.   15
 2½ cm breiter, charrierter Saum).
 Scheint von einem Bau (Theben?)   [Θευδό?]τος × [Θευ]δότου Ἀθηναῖος
 oder einer dicken Platte herzu-   [Σώ]σανδρος Σω[τύ?]λου Σικυώνιος
 stammen. Standort: Museums-   [Σώ?]στρατος Σωσιστράτου Συρακούσιος
 keller; Buchst. 7 mm (in ο, θ, ω   [χορ.?κωμωιδ]οῦ· Εὐκλῆς Διονυσίου Ἀργεῖος
 kleiner). Unter der Inschrift ist   [Ὀλυμ]πίων Ὀλυμπίωνος Βοιώτιος   20
 freier Raum (6 cm hoch), über ihr   . . . . . ικόρου [Π]ελλαῖος
 gleichfalls (14 cm hoch, darüber   . . Σ . . . . . ης Ἀγαθοκλέους Βοιώτιος
 9 cm abgestoßen), doch ist die   [Τι]μ?αγένης Θευδώρου Ἀθηναῖος
 ganze Vorderseite ebenso grob
 charriert, wie die r. Seite, nur
unter dem Text sind 3 cm hoch ganz glatt (darunter noch 3 cm Bruch), also
Quadersaum. — Obwohl der Stein stark verscheuert und wegen der Charrierung
schwer lesbar ist, auch links etwa zwei Drittel des Textes fehlen, hätte man

doch diese hochwichtige Urkunde nicht ein Viertel Jahrhundert lang unediert lassen dürfen; denn sie wird eine Umwälzung in der Chronologie von a. 270—240, bez. 230 herbeiführen und hätte uns allen seit 2 Dezennien jahrelange mühsamste Arbeit erspart! Der Raum gestattet hier nur vorläufige Hinweise: die Hieromnemonen sind die des ἄ. Πειθαγόρας, und wegen der Soterien haben wir nicht das Frühjahr, sondern dieselbe Herbstpylaia vor uns, wie in Syll.³ 494 u. 498; der Wortlaut der Einleitung in Z. 3f. ἐπὶ ἱερέως — οἵδε stimmt genau mit Text 17, Z. 7—11, also gehören beide Listen zeitlich eng zusammen. Wenn aber der Dionysospriester Pythokles, über den man Syll.³ 489 not. 5 nachlese, auch hier noch als Chorführer auftritt (Z. 14f.), wie es bereits in der 2. großen Soterienliste ἄ. Ἐμμενίδα, a. 267, W-F 4, Syll.³ 424 B₃, geschehen war (der einfache Choreut von S. 32 ist schon in Syll.³ 489 not. 5 verbessert), so wird klar, daß nicht 37 Jahre dazwischen gelegen haben können, sondern daß beide Gruppen, d. h. die großen Soterienlisten und Peithagoras mit seinen Vorgängern, enger zusammengehören[1]); denn der Histiaeer Kleomedon im Text 17 fungierte bereits unter Damaios u. Damosthenes im jul. Jahr 234, vgl. Syll.³ 489 not. 1 u. 4. Ferner steht [Ἐπ]ήρατος Ἀλκίνου Μεγαλοπολίτας von obiger Z. 7 gleichfalls in der Liste ἄ. Ἐμμενίδα, a. 267, W-F 4, 22 aber als Ἀρκάς und Chorführer des 2. Knabenchors (ἔκθεσις von 2 Buchst.). Sodann ist [Ἐργ]ῖνος Σιμύ[λ]ου Κασσανδρεύς von obig. Z. 13 identisch mit dem homonymen τραγῳδός (Protagonist) der 3. Soterienliste ἄ. Νικοδάμου, a. 266 (Πυθίοις), W-F 5, 48. Auch ist vielleicht [Θεύδο]τος [Θευ]δότου Ἀθηναῖος in Z. 16 derselbe wie der χορ. κωμικός Syll.³ 424, 79 u. W-F. 4, 71; 5, 73. Und über die Identität des Rhapsoden Κλειτόβιος Ἀριστείδου Ἀρκάς in Text 17, 12 mit den 3 Stellen der Soterienlisten (a. 268—65) war schon Syll.³ 424 A, zu Z. 11 gehandelt. So sind einschl. Pythokles bisher 4—5 Teilnehmer als in beiden Gruppen vorkommend nachgewiesen. — Zu Ποδέας in Z. 10 vgl. die kontrahierte Form Ποδῆς, doch scheint eher Πολέας dazustehen. — Zu Νικίας Νίκωνος Δελφίς in Z. 11 vgl. seinen Sohn Νίκων Νικία als Freilasser a. 185, GDI. 2230; auch andere Delpher tanzten im Knabenchor, z. B. ἡγεμὼν παῖς· Ἀρίστων Στράτωνος, vor a. 130, Syll.³ 690, 10. — Auf die Anordnung der Agonisten in Text 180, Z. 6—23 kann ich hier nicht eingehen, sie waren wohl in 2 Kolumnen aufgezählt; hoffentlich bringen neue Fragmente die Entscheidung. Es wäre hohe Zeit, daß alle neuen Soterientexte endlich gesammelt und vollständiger und besser ediert würden, als es von Jardé versucht war, denn sie geben die Entscheidung für die endgültige Rangierung der Hieromnemonenlisten und damit für die Chronologie der 50 Jahre 270—220!

Daß die Techniten auch sonst hochgeachtet waren, beweist nicht nur die Proxenie für das ganze Isthmische Koinon a. 247 (?), Syll.³ 460, die man jetzt als Belohnung für die wiederholten Gratisaufführungen der Soterienagone in Text 17 u. 180 auffassen und ihnen zeitlich ganz nahe rücken darf (so schon S. 33), — sondern auch die Proxenien der einzelnen Techniten, z. B. des Pythokles ἄ. Θεσσάλου a. 238 (?), Anecd. n. 66; des eben genannten Eperatos Ἀλκίνου Μεγαλοπολίτας, ἄ. Καλλικλέος I, a. 269 (? besser II, c. 239) auf dem Arkaderbathron, Fouill. III 1, n. 21 (nach Preuner); des Kitharoeden Menalkes aus Athen, a. 267, ἄ. Ἐμμενίδα, Syll.³ 431, der im gleichen Jahr als Choreut erscheint W-F 4, 35; des Xenotimos Θήρωνος Βοιώτιος, der an den Pythien ἄ. Νικοδάμου a. 266 im Knabenchor tanzte; denn W-F 5, 27 ist zu ergänzen: [Ξενότ]ιμος wie sein späteres Ehrendekret Text Nr. 182 lehrt, von dem ich nur den dürftigen Auszug kenne: Inv. 1212, Kalksteinfragm., links Bruch. h. 30, br. 32, d. 15;

Text 181—183.   Inv.-Nr. 1212.   (a. 263)

181. (Δελφοὶ ἔδωκαν τῶι δεῖνι τοῦ δεῖνος ......)
(αὐτῶι καὶ ἐκγόνοις, προξενίαν, προμαντείαν, προεδρί)-
[αν, προδικίαν], ἀσυλίαν, ἀ[τέλει]αν πάντων [καὶ
[τἆλλα ὅσα καὶ τ]οῖς ἄλλοις προξένοις καὶ εὐεργέ-
5 [ταις. Ἄρχοντος Ἀχαιμ]ένευς, βουλευόντων Κλευ-
(μάντιος, Ἄνδρωνος, Βούλωνος · ·).

---

1) Doch ist zu bemerken, daß auch Beloch (III 2, 333) z. B. bei dem κωμῳδός Τελέστης Θεοκλείδου Ἀθηναῖος W-F 5, 58, der schon a. 286 in Delos aufgetreten sei, eine Zeit von 28 Jahren verstreichen läßt bis zu seinem Erscheinen in Delphi, ἄ. Νικοδάμου, das Beloch auf a. 258 ansetzt.

Delphische Zusätze und Nachträge. 193

182. Z. 1—4 fehlen im Inv., sie enthielten die Praescripte u. Datierung:

5 [ταῖς ἐννόμοις]· ἐπειδὴ Ξενότιμος Θήρωνος Βοιώτ[ιος
[ᾆσμα? ἐπέ]δωκε τῶι θε]ῶι μετὰ χοροῦ, ἔδοξεν τᾶι πόλει,
[Ξενότιμον πρόξενον] εἶναι καὶ εὐεργέταν τᾶς πόλιος
[τῶν Δελφῶν, αὐτὸν κ]αὶ τοὺς ἐγγόνους.

183. auf Schmalseite:
Δε[λφοὶ ἔδωκαν δεῖνι δεῖνος . . . . . ., αὐτῶι καὶ ἐκγόνοις,]
προξενί[αν, προμαντείαν, προεδρίαν, προδικίαν, ἀσυλίαν] κτλ.

gef. 4. Apr. 1894 südwestl. des Athenerthesauros, „im Museum" (?); auf Vorderseite Text 181 u. 182, zusammen 14 Zeilen, auf Schmalseite die Reste einer dritten Proxenie 183.

Und schließlich muß man auch hierher einfügen:

Text **184.** Proxeniedekret für **Menekrates** aus Theben, a. 139. — Inv.-Nr. fehlt; im Museumskeller liegt die rechte Hälfte einer dicken Stele aus Konglomerat, links u. unten Bruch; h. 35, br. 19, d. 19½; — 12 cm unter der Oberkante läuft ein 6 cm hohes, 2 mm erhabenes Bandringsherum, oberhalb dessen alles abgestoßen ist. Buchstaben 5 mm.

['Α γ α θ ὰ]   τ ύ χ α.   (a. 139)
["Αρχοντος Σωσ]ιπάτρου, βουλευόν-
[των τὰν πρώτ]αν ἑξάμηνον Ἀντιγένε-
[ος τοῦ Διοδώρου], Ἁγίωνος τοῦ Κλεοδά-
5 [μου, γραμματ]εύοντος δὲ Ὑβρία τοῦ Ξ[έ-
[νωνος· ἐπειδὴ Ἀ]ντιγένης Διοδώρου πο[τι-
[πορευθεὶς ἐπὶ τ]ὰν ἐκκλησίαν διελέγη ὑπὲρ
[Μενεκράτεο]ς τοῦ Σωπάτρου Θηβαίου,
[ὅτι εὐσεβὴ]ς καὶ εὔνους ὑπάρχει πο-
10 [τὶ τὰν πόλιν ἁ]μῶν καὶ αὐτοσαυτὸν εὐχρή-
[στον ἐμ παντί] καιρῶι παρασκευάζει καὶ κοι-
[νᾶι τᾶι πόλει καὶ] ἰδίᾳ πᾶσι τοῖς ἐντυγχα-
[νόντοις τῶν πο]λιτᾶν, ἐν ἅ κά τις αὐτὸν πα-
[ρακαλῇ, συμποτ]ιγινόμενος μετὰ πάσας
15 [σπουδᾶς   ἀγ]αθᾶι τύχαι· δεδόχθαι τᾶι πό-
[λει τῶν Δελφῶν] ἐν ἀγορᾶι τελείωι σὺμ ψά-
[φοις ταῖς ἐννό]μοις, ἐπαινέσαι Μενεκράτ[η
[Σωπάτρου Θηβαῖο]ν ἐπὶ τᾶι προαιρέσει ἇι ἔ-
[χων διατελεῖ ποτ]ὶ τὰν πόλιν ἁμῶν, καὶ ὑπά[ρ-
20 [χειν αὐτῶι καὶ ἐκγ]όνοις παρὰ τᾶς πόλ[ος προ-
[ξενίαν, προμαντείαν], προδικίαν, ἀσυλ[ίαν],
[ἀτέλειαν πάντων, π]ροεδρίαν ἐ[ν πᾶσι τοῖς]
[ἀγώνοις οἷς ἁ πόλις τίθητι, κτλ.]

Zuerst schien es zweifellos, daß der bekannte Bildhauer gemeint sei, über dessen Familie ich mehrfach gehandelt habe, vgl. S. **109** und zusammenfassend *Syll.*² 597, not. 2, aber nach der obigen Aufzählung möchte ich vielmehr denjenigen Μενεκράτης Σωπάτρου Θηβαῖος hier wiedererkennen, der als letzter χορηγὸς κωμωιδῶν an den Winter-Soterien vor a. 130 gratis mitgewirkt hatte in *Syll.*³ 690, 22. Denn so vorzüglich das J. 139 unseres Dekrets zu ihm stimmt, so schlecht paßt es zu der Bildhauerfamilie, und damit ist ein wertvolles Datum für jene letzte Soterienliste gewonnen.'

41 ff. Zu der Archontenliste des III. Jhdts. sei zunächst folgendes nachgetragen:

Text **185.** Proxenie für e. Korinther, c. a. 298. — Inv.-Nr. fehlt, Kalksteinquader, rechts und hinten Anschluß, links glatt; 28×1,01×88; auf Oberseite hinten ovales Fußloch (12×7 cm, tief 9—10), mehr vorn 3 Stemmlöcher (wohl von zweiter Benutzung), liegt vor Museum neben der Rheginerbasis; Buchst. 8—9 mm (Ξ).

[Δελφοὶ ἔδωκαν . . . . Φι]λοξένου Κορινθίωι, αὐτῶι καὶ ἐκγόνοις,
προξενί[αν, προμαν]τείαν, προεδρίαν, προδικίαν, ἀσυλίαν,
ἀτέλει[αν πάντω]ν καὶ τἆλλα ὅσα καὶ τοῖς ἄλλοις προξένοις.
Ἄρχοντος [Τίμων]ος, βουλευόντων Εὐπόλιος, Ἀρχιδάμου, Ξένωνος,
Εὐαινέτου, Νικάνδρου.   (c. a. 298)

Bisher war nur ein Text des ἄ. Timon bekannt, in ihm fehlen der 1. und 4. unserer Buleuten; die

Schrift sieht eigentlich jünger aus als a. 298. Die Stufe gehörte wohl zu einem größeren Korintheranathem.

Text **186.** Proxenie für e. Milesier, a. 291. — Südlich der ἅλως kamen 2 Steine eines großen, anscheinend unbekannten Reihen-Anathems zutage, als dessen Stifter ich zuerst nach Text 186 Milet vermutete; Zeit: wegen der Klammern der Oberseite und der merkwürdigen, fast dreieckigen Fußlöcherpaare jedenfalls 5. Jhdt. Der 1. Stein liegt nördl. des Museums auf Westfeld.

Inv. Nr. fehlt; Kalksteinquader, h. 30; br. vorn 91½, hinten 1,02 m (!); tief 1,18½; der 2. Stein (ohne Inschrift) ist nach Kontoleon gefunden bei Exedra III, nahe der ἅλως, steht aufrecht im Knidierthesauros, h. 30½; br. 89½, t. 1,19 m; beide haben r. und l. Anschluß und sind hinten gekrönelt; auf jedem 3×2 Fußlöcher (also je 3 Füße), also standen auf beiden Steinen zusammen 3 Statuen; andere müssen auf den verlorenen Nachbarn gestanden haben. Schließlich ergab die genaue Vergleichung mit den Basisquadern der 'Unteren Tarentiner', daß nach Höhe, Klammern, Fußlochpaaren (u. a. auch Pferdefüße) etc. wir hier wahrscheinlich 2 neue Steine von der hinteren Plattenreihe dieses Denkmals zu erkennen haben; zu ihm vgl. *Klio* VIII 333, Abb. 15; *Fouill.* III 1, p. 74, fig. 26; *Bull.* 36, 442; *Syll.*[3] n. 21.

Text 186. Δελφοὶ ἔδ[ωκαν Εὐά?]ρε[ι
Εὐκράτου Μιλη[σίωι, αὐτ]ῶι
καὶ ἐκγόνοις, ἀτέλειαν πάντων καὶ γῆς καὶ οἰκίας ἔν-
5 κτησιν. Ἐπὶ Δεξίππου ἄρχοντος, βουλευόντων Ἴσωνος,
Νικία, Λυκίνου, Δ[αμέα].

Text 187. [Θεός. Δελφοὶ ἔδ]ωκαν (c. a. 291)
[. . . . .¹⁰ . . . . Ἀ]μινίου
[. . . . . , αὐτῶι κ]αὶ ἐκγό-
[νοις, προξενί]αν, προ-
5 [μαντείαν, προ]εδρίαν, ἀ-
[τέλειαν, προ]δικίαν ποτὶ
[Δελφοὺς καὶ] τἆλλα ὅσα
[καὶ τοῖς ἄλλ]οις προξέ-
[νοις καὶ ε]ὐεργέταις. Ἄρ-
10 [χοντος Δ]εξίππου, βου-
[λευόντ]ων Νικία, Ἴσω-
[νος, Δ]αμέα.

Der Milesier schreibt in schönen, fast 2½ cm hohen Buchstaben selbst (γῆς, Εὐκράτου) auf die alte Basis schräg gegenüber der Lysanderhalle seine ἀτέλεια und ἔνκτησις; die anderen Ehren hatte er also wohl schon und war vielleicht ein Nachkomme des Nauarchen Aiantides Παρθενίου Μιλήσιος; zu den Proxenien solcher späten Nauarchenabkömmlinge s. *Syll.*[3] 115 not. 5 u. 7.

Text 187. Inv. Nr. 4173, Marmorstele im Museumskeller, links u. oben Bruch, h. 44½ max., br. 23 max., d. 6 cm; Ⅎ. — Die ἀσυλία fehlt unter Dexippos auch *Fouill.* III 1, n. 102 u. 116.

Text 188. Proxeniedekret für e. Amphilochier, c. a. 290. Inv. Nr. 1540. Gehörte einst zur Quadermauer hinter dem Gelondreifuß. Kalksteinquader, h. 46, br. 1,52½ m, t. 54 max.; r. u. l. Anschluß; auf Oberseite Stemmloch, Rückseite roh u. unregelmäßig; liegt südöstl. der Gelonbasis auf einer Mauer.

Θ ε ο ί. (c. a. 290)
Δελφοὶ ἔδωκαν Θερσαγόραι Κριτολαΐδα
Ἀμφιλόχωι ἐξ Ἄργεος, αὐτῶι καὶ ἐκγόνοις,
προξενίαν, εὐεργεσίαν, προμαντείαν,
5 προεδρίαν, ἀσυλίαν (ἐν Δελφοῖς),
προδικίαν, ἀτέλειαν πάντων, ἐπιτιμὰν
καθάπερ Δελφοῖς καὶ τἆλλα ὅσα
καὶ τοῖς ἄλλοις προξένοις καὶ εὐεργέταις.
Ἄρχοντος ⁝ Ξενοκλέος, βουλευόντων
10 Ἀλκαμένεος, Ὀρέστα, Ἀριστομάχου, Ἀγέλα.

Dem ἄ. Xenokles war bisher das J. 220 zugewiesen, er gehört aber vor 280; denn unser Text hat Ⅎ und die Interpunktion ⁝ und kommt deswegen am besten zwischen Dexippos und den neuen Xenochares I zu stehen auf c. a. 290 (Pythienjahr). Aus demselben Semester sind noch unediert: Inv. 4558 (Proxenie auf Marmorstele) und Text D des Orneatensteins (Inv. 1514?); aus dem anderen Sem.: die Proxenie in Sched. *JG* VIII n. 114, so daß wir mindestens 11 Texte dieses Archonten kennen (5 + 6). Und vielleicht ist sein Grabtein in dem Kalksteinfragment Inv. 2140 erhalten, wo das Inv. nur:

Text 189: [Ξ]ενοκλῆς bewahrt hat (h. 10 max., br. 17 max.; d. 6 cm).

Text Nr. 190—192. Inv. Nr. 4343. Kalkstein-Cippus im Nikesaal, r. vom Eingang; h. 1,24½; br. 27½; d. 28.2 (Oberseite rauh, mit 2 kl. runden Löchern von 5 u. 2 cm Dm.). Nach Kontoleon gef. im Juni 1901 in der Marmaria südöstl. des Ergane-Altärchens, wo auch Reste des Rundaltars der Tholos lagen (s. Bd. XII, 205 Anm.), völlig verscheuert, so daß im Inv. statt der Texte leerer Raum gelassen ist und alle übrigen Angaben fehlen. Nach jahrelangen Versuchen gelang die Entzifferung; es waren drei Proxenien für Phoker (darüber vielleicht eine 4. zerstörte), sie legen die Frage nahe, ob dieser 'Phokische Cippus', der die Verwüstung des Pronaia-Temenos durch Brennus und die Felsstürze überdauert hat, etwa vor dem Thes. v. Massalia (= Jon. Bußtempel) stand, dessen Mutterstadt Phokaia bekanntlich von den Phokern unter Teilnahme der Athener gegründet war (vgl. Paus. VII 2, 3; 3, 10).

190.   Θ ε ο [ί]. (c. 290/80)
Δελφοὶ ἔδωκαν Εὐξιθέμιδ[ι
Εὐξένου [Φ]ωκεῖ ἐκ Χαράδρ[ας,
αὐτῶι καὶ ἐγγόνοις, προ[ξενί-
5 α]ν, εὐεργεσίαν, ἀτέλειαν πάντων καὶ τὰ ἄλλα πάντα [ὅσ-
α] καὶ τοῖς ἄλλοις προξέν[οις
κ]αὶ εὐεργέταις. Ἄρχοντο[ς
. . σωνος, βουλευόντων Θ[εν-
10 τέλ]ευς, Καλλίχωνος, ΛΕ . . .
      vacat 2½ cm
191.   Θ ε ο ί. (c. a. 285)
Δε]λφοὶ ἔδωκαν Ξενοχ- (στοιχηδ.)
ά̄]ρει Δυνάτου, Φαΰλλω[ι
Εὐ]άνθευς Φωκεῦσι ἐκ
5 Τε]ιθρωνος, αὐτοῖς κα-
ὶ ἐκγόνοις, προξενία-
ν, εὐεργεσίαν, προμαν-
τείαν, ἀτέλειαν πάντ-
ων, προεδρίαν, ἀσυλία-
10 ν ἐν Δελφοῖς, προδικί-
αν ποτὶ Δελφούς, καὶ τ-
ἀ ἄλλα ὅσα καὶ τοῖς ἄλ-
λοις προξένοις. Ἄρχο-
ντος Ὀρνιχίδα, βουλε-
15 υόντων Καλλικράτεο-
ς, Ἱππάρχου, Ἀγέλα.
      vacat 2 cm
192.   Θ ε ο [ί. (c. 260)
Δ]ελφοὶ ἔδωκαν Πάτρωνι Εὐπο-
λέμου Ἐλατειεῖ, αὐτῶι καὶ ἐκγό[ν-
οι]ς, προξενίαν, εὐεργεσίαν, πρ[ο-
5 μα]ντείαν, ἀτέλειαν πάντων, πρ[ο-
εδ]ρίαν, ἀσυλίαν ἐν Δελφοῖς, πρ[ο-
δ]ικίαν ποτὶ Δελφούς καὶ τὰ, π[ρο-
όσα καὶ τοῖς ἄλλοις προξένοις.
Ἄρχοντος Ἀρχελάου, βουλευόν-
10 των Νικοδώρου, Λαρισίου, Κ . . Λ . .

Nr. **190.** Buchst. 8—9 mm; Z. 1 ist unsicher, desgl. der wohl neue Archontenname, der auch -τωνος, -έωνος, -ονος etc. lauten kann; zum 1. Buleuten vgl. die Schreibung ἄ. Θεντέλευς c. a. 259 (Fouill. III 1, 142); der 3. Buleut reichte wohl noch in Z. 11. Es wäre denkbar, daß Text 190 erst nachträglich über 191 (στοιχηδ.) gesetzt wurde, aber man wird zunächst dem neuen Archon, bez. Semester die Jahre 290—280 zuweisen; fehlen hier doch die meisten *honores* ähnlich wie in Text 186, a. 291. — Nr. **191.** Buchst. 7—8 mm (ο, ϑ, ω kleiner), στοιχηδόν. Z. 1, statt Ξενοχ[ά]ρει (Amphissa) auch Ξενοφ[άν]ει möglich, der sich in der Nachbarstadt Lilaia ebenso findet wie Φαΰλλος (Syll.³ 692, 10 u. W-F 35). Z. 5, Τείθρων ist der ursprüngliche Stadtname, in der Literatur und daher in den Lexicis ganz fehlend, weil durch das spätere Τειθρώνιον verdrängt (Paus.; Steph. Byz.), aber inschriftlich mir aus 3 Zeugnissen bekannt, vgl. in dem schönen Epigramm des Poseidippos Δελτ. ἀρχ. I, 1915, S. 55, nr. 35 Z. 2: Τείθρωνος κτεῖνεν ὑπὸ στεφάναις, genau uns. Zeit um 290), und 100 J. später W-F 318 (a. 194). — Nr. **192.** Buchst. 6—7 mm; Z. 3, das Ethnikon war schwer zu ermitteln, in Betracht kam nur Χαλειεῖ, was zu den Resten nicht stimmte; erst als ich in Syll.³ 232, 4 f. (a. 339) neben mehrfachem Ἐλατεύς zweimal Ἐλατειέος fand (im Index leider Druckfehler: Ἐ-τ α ι ε υ ς), wurde klar, daß die casus obliqui das ει von Ἐλάτεια ursprünglich beibehielten. Im Jahr des Archelaos I (260) hießen die Buleuten Καλλικλέος, Ἀριστομάχου, Νικοδώρου (S. 99); es ist möglich, daß auch in Z. 10 f. stand × Ἀριστομά(χ)ου, Καλ-[λι]κλέος], aber vorläufig war mir statt der Lücke und 2 ausgefallener Zeichen doch Λαρισίου wahrscheinlicher.

Text Nr. **193** u. **194.** Zwei Proxenien, die erste aus dem neuen Archontat des Sotion, den wir in das bisherige Jahr des Xenokles, a. 220, setzen können (vgl. Text 188). Denn Σωτίων war Buleut unter Lyson III c. a. 222, also der Enkel des homonymen Soterienverkünders († a. 276 in Alexandreia, vgl. S. 49). Inv. Nr. 1304, dünnes Marmorstelenfragm., rings Bruch, h. 18, br. 11½, d. 4 cm, Museumskeller; gef. 12. Apr. 1894 westl. des Athenerthes.; Buchst. 7—8 mm.

193. [Δελφοὶ ἔδωκαν τῶι δεῖνι . . Ε]ἰρήνου |ᴵᴵᴵ A [. . ., αὐτῶι καὶ ἐκγό]-
[νοις, προξενίαν, προμαντείαν, π]ροεδρίαν, [προδικίαν, ἀσυλίαν],
[ἀτέλειαν πάντων καὶ τἄλλα ὅ]σα καὶ το[ῖς ἄλλοις προξένοις]
[καὶ εὐεργέταις. Ἄρχοντος Σωτίωνος ?, β[ουλευόντων τοῦ δεῖ]-
5 [νος, τοῦ δεῖνος, τοῦ δεῖνος.   (c. a. 220)
      vacat 1 Zle.

194. [Δελφοὶ ἔδωκαν τῶι δεῖνι . . . . .] ωνος Χίωι, αὐτ[ῶι καὶ ἐκγόνοις, προξενί]-
[αν, προμαντείαν, προεδρίαν, προ]δικίαν, ἀσυλία[ν, ἀτέλειαν πάντων καὶ τἄλ]-
[λα ὅσα καὶ τοῖς ἄλλοις προξένοι]ς καὶ εὐεργέτ[αις. Ἄρχοντος . . . . , βου]-
[λευόντων τοῦ δεῖνος, τοῦ δεῖνος, Μέν]ητος, Νικέα.

Z. 1. Hinter Εἰρήνου entweder Πα[τρεῖ?], oder Γα-, oder Κα-. Z. 4. Σωτίωνος in Rasur, vorher stand wohl da . . . . . | . . ίου (oder -νου). — Nr. **194**, Z. 4 als vorletzter Buleut kommt nur [Μέν-] oder [Χάρ-]ητος in Betracht, ersterer im III. Jhdt. bisher nur als βουλ. a. 237, ἄ. Εὐκλέος vorkommend u. darum oben eingesetzt, letzterer war von 275—247 viermal Buleut; Νικέα im III. Jhdt. nur hier, sonst findet sich diese Orthographie einmal im IV. Jh. (Ende), *Bull*. 23, 531; (dito bei Πραξέας a. 336 u. 322); wohl derselbe wie Νικίας, βουλ. c. a. 227 (Patrondas) und ἱερομνήμ. a. 226 (Kallias). Vielleicht haben wir auch in Text 194 das Sotion-Archontat vor uns, da die Semester-Behörden gleichfalls neue sind.

Nach den vorstehenden und folgenden Nachträgen sind nebenstehende Änderungen in der Archontentafel von S. **41** einzutragen. Außerdem ist *Syll*.³ 482, not. init. bemerkt, daß Eudokos III, a. 235, wohl wegfällt und seine Nachfolger Damaios, Damosthenes, Pleiston, Onymokles ein Jahr höher rücken, so daß a. 231 vorläufig frei bleibt.

290 Xenokles (220)
254 Kleutimos (241)
243 Damochares (222)
241 Diodoros II (240)
240 Archelas II, neu
229 Herys (228)
228 Herakleidas III (229)
222 Lyson III (243)
220 Sotion, ganz neu
217 Battos (210)

210 Phrikidas (219)
209 Kalleidas (206)
208 Babylos
206 Nikodamos II (205)
205 Megartas (203)
203 Philaitolos (202)
202 Archelas III (217)
201 Euangelos
200 Mantias.

Sep. S. **49**. Bei den Lyson-Archontaten fehlte der Text *Bull*. 6, 229 n. 64 + 23, 503 n. 19 für 1 Athener δᾶμον Περγασῆθεν, den man dem Lyson I zuwies; aber da auch unter Lyson II nur der δῆμος steht, während sonst noch die Phyle hinzugesetzt ist, wird er besser dem L. II (a. 294) gegeben.

Text Nr. **195/6**. Inv. Nr. 1073. Aus Lysons Pythodoros-Semester stammen noch zwei Texte (a. 294) mit dem neuen β. Ἀριστείδας. Große Bauquader (Kalkstein), gef. „im J. 1893" nahe Athenerhaus, h. 54; br. 1,15; d. 46½; r. u. l. Anschluß, auf Oberseite längs Vorderkante ganz hohe glatte Anathyrosis. Buchstaben 8—9, zuletzt 10 mm.

195. Δε[λφοὶ] ἔδωκαν [..] . . . . ίνωι [Ἐ-
G πιμενίσκου Βοιωτίωι ἐκ Κορωνείας,
αὐτῶι καὶ ἐγγόνοις, προξενίαν,
προμαντείαν, προεδρίαν, ἀτέλειαν
5 πάντων, προδικίαν πρὸς Δελφοὺς καὶ
τἆλλα ὅσα καὶ τοῖς ἄλλοις προξένοις
καὶ εὐεργέταις. Ἄρχοντος Λύσωνος,
βουλευόντων Πυθοδώρου, Βούλωνος,
Ἀριστείδα, Ε[ὐδώρου?].
vacat 3 cm.   (c. a. 294)

196. Δελφοὶ ἔδωκαν Ἀρχω[...] . . . .
H κρίτον Βοιωτίωι [ἐκ Κορω]νείας,
αὐτῶι καὶ ἐκγό[νοις], προξενίαν, προμαντε[ίαν], προεδρίαν,
5 ἀτέλειαν πάντων, προδικίαν
πρὸς Δελφοὺς καὶ τ[ἄλλ]α, ὅσα
καὶ τοῖς ἄλλοις π[ροξένοις] καὶ
εὐεργέταις. Ἄρχοντος Λύσωνος, βουλευόντων Πυθοδώρου,
10 Βούλωνος, Ἀριστείδ[α].

Da der merkwürdige Stein acht stark verloschene Proxenieen für Boeoter trägt, wird er vom Thebanerthesauros oder von dem großen Boeoter-Denkmal stammen, dessen 5 m langer Unterbau unterhalb des Sibyllenfelsens längs der heil. Straße sich erhebt und zu dem z. B. noch der Schwesterstein Inv. 2603 gehörte (h. 53; br. 1,16; d. 53 (?!); gef. 1. Juni 1895, östl. d. Athenerhauses in S. W. Ecke des Buleuterion; der erste Text subscribiert den ἄ. Sylochos a. 301). Auf 1073 stehen die 8 Texte in 3 Columnen: A-C, D-F, G u. H; und zwar C, ἄ. [Νικο]δάμου a. 266; D, ἄ. Τιμοκράτεος a. 309; E, ἄ. Εὐδόκου = Text 197; F, ἄ. Ἀρχιάδα a. 274; G u. H, ἄ. Λύσωνος = Text 195/6. In letzteren beiden sind die Proxenennamen auf dem schlechten Abklatsch nicht ganz sicher, ich habe in Z. 1 f. das neue [Ἐ]πιμενίσκου gewagt, von Ἐπιμένης wie Παρμενίσκος von Παρμένης. —

Umgekehrt ist in Text **197** der Proxenos sicher, während der Archon und die neuen Buleuten nicht ganz feststehen; denn es steht in Z. 5/6 da: ΕΥ | ΚΟΥ,

197. Δελφοὶ ἔδωκαν Χάροπι Ἐπιχάρευς Θηβαίωι,
E αὐτῶι καὶ ἐκγόνοις, προξενίαν, προμαντείαν, προεδρίαν, προδικίαν, ἀσυλίαν, ἀτέλειαν πάντων καὶ τἆλλα ὅσα καὶ τοῖς ἄλλοις

aber über ΕΥ scheint ΔΟ nachgetragen (hart rechts stieß Nr. 196 an). Obwohl sich dasselbe Semester auf dem unedierten 2. Orneatenstein fand, blieb dort wieder

Delphische Zusätze und Nachträge.

5 προξένοις καὶ εὐεργέταις. Ἄρχοντος Εὐδό- gerade der Archon und der 3. Buleut
κου, βουλευόντων Καλλικλεῦς, Ὀρέστα, unsicher: ä. [Εὐδόκ?]ον, βουλευόν-
Εὐαγγέλου (od. Σωτύλου?). (a. 300 od. 272) των Καλλικλέ[ος, ...].' Ὀρέστα,
Σωτύλου? oder Εὐαγγέλου? oder
Εὐαινέτου?, welche 3 Möglichkeiten auch für Text 197 in Betracht kommen. Jedenfalls haben wir zweimal das erwünschte 4. Semester von Eudokos I/II vor uns.

Sep. S. 68/69. Zu den aitol. Strategen **Pantaleon I u. II.** — Nach frdl. Mitteilung Weinreichs steht auf der rechten Schmalseite des unedierten Thermontextes 31 eine Reihe von aitol. Proxenieen (die zweite für Φάνης Δεινίου Χῖος, Lesung v. Hillers) unter dem gemeinsamen Praescript: ἐπὶ στραταγοῦ Πανταλέωνος Πλευρωνίου τὸ πέμ[πτον], ἱππαρχέοντος Ἀγελάου Ἀ[ρσι]νοέος, γραμματεύοντος [Φί]λωνος Τριτέος. (πέμ[πτον] und Ἀρσιν- von Hi. ergänzt, [Φί]λωνος von mir, cf. Φίλων Φιλλέα Τριτεύς, βεβ. a. 173, W-F 65). Hieraus folgt: 1) der Meliteia-Perea-Vertrag, der als Text 15 B (Bd. XV, S. 11) an den Meliteia-Xyniae-Vertrag Nr. 15 A angehängt ist, kann nicht aus derselben 5. Pantaleon-Strategie wie A stammen, was in Syll.³ 546 A. not. 1 als selbstverständlich gefolgert war; denn in B, Z. 35 war Hipparch: Ἀλέξων Ἑρμάττιος, Staatsschreiber: Λύκος Ἐρυθραῖος, also beides andere, als in obiger Thermonliste; — 2) der in Syll.³ 546, B 35 gleich folgende Privatzeuge Πανταλέων Πετάλου Πλευρώνιος ist also nicht verschieden von dem Strategen in A, was wegen des Fehlens von στρατηγός allgemein angenommen war, da den 2 anderen Behörden die Amtsbezeichnung zugesetzt ist, cf. Syll.³ 546 not. 38; — 3) die delphische Pantaleon-Statue Syll. 621 bezieht sich daher auf P. I (und ist wohl bald nach 217 gesetzt), nicht auf Pantaleon II Πλευρώνιος, der von a. 186 an dreimal Stratege war und bis a. 169 bezeugt ist; sein Patronymikon kennen wir noch nicht, er war wohl der Enkel von P. I, also der Sohn eines zu supponierenden Πέταλος oder des a. 219 gefallenen Sohnes (?) Ἀρχίδαμος, über den S. 68 gehandelt ist; — 4) der aitol. Epimelet Πανταλέων Νέωνος Ἀρσινοεύς in Text 64, S. 97 = Syll.³ 534 war mit jenen Pleuroniern überhaupt nicht verwandt; — 5) auch der spätere Stratege des J. 163. der in R-E IV 2679 nach IG IX 1, 411 als Phillis oder Phillidas Πανταλέωνος [Πλευρ]ωνίος aufgeführt war, hat mit jenen nichts zu tun; man konnte schon aus der neuen Urkunde bei Nachmanson, Ath. M. 32, S. 28 nr. 20 στραταγέοντος τῶν Αἰτωλῶν Φύλακος τὸ β' folgern, daß der Strateg vom J. 163 nicht Phillis, sondern Phylax hieß, und da ein Phistyontext nach Weinreich beginnt: [στραταγ]έοντος Φύλακος Καλυδωνίου, μηνὸς Λοφρίου, ἀπέδοτο, so muß Dittenbergers Ergänzung IG IX 1, 411 [Πλευρ]ωνίου in [Καλυδ]ωνίου geändert werden; der Name Pantaleon war eben nicht selten, cf. Ξενότιμος Πανταλέωνος Φυσκεύς, a. 139, Bull. V 423, 36.

S. 72 -74. Inv. 2955 = Text 39/40 (linke Hälften) ist unter den Zeichnungen und Abklatschen des Museumskellers nachträglich aufgefunden. Er bringt eine willkommene Überraschung: in Text 40, Z. 6 steht AMOΣYNAN, das kann nur [ἱερομν]αμοσύναν sein, d. h. es ist in diesen Urkunden nicht von 'Grenzstreitigkeiten' die Rede, sondern Eretria, Karystos, Chalkis streiten sich um die Teilnahme an der Euboeischen Amphiktyonenstimme, wie 14 Jahre vorher die Doris und Sparta um die der Metropolis (Syll.³ 668) und 40 Jahre später Thronion und Skarpheia um die der Opuntier (Text 129/30, Bd. XVI S. 160 ff.).

Inv.-Nr. 2955. Kalksteinplatte, r. und hinten Bruch, Oberseite gekrönelt, Rückseite rauh oder Bruch; h. 48 max. (Schriftfläche 44 max.), br. 33 max. oben hinten (Schriftfl. 20 max.), dick 16 cm; also wohl Antithemastein des Orthostats; Standort: Museumskeller. (Siehe Text 39/40 auf S. 198.)

Zu dem J. 146, ä. Βαβύλου, Text 39ᵃ, 1 paßt es vorzüglich, daß das Euboeerκοινόν gerade damals aufgelöst war, also die Frage der Partizipierung der Einzelstädte an der Hieromnemonen-Ernennung akut werden mußte. Andererseits stellt sich heraus, daß Inv. 2955 leider nicht die linke Hälfte der beiden Texte gebildet hat, denn die Schrift und die Zeilenintervalle stimmen nicht zu der rechten Hälfte Inv. 2958, und auch der freie Raum von 2 cm unter Z. 24 der letzteren, der den der linken Hälfte fortzusetzen schien, ist nicht vorhanden, sondern die ganz verloschenen Zeilen 25 ff. laufen ohne Unterbrechung bis zur Unterkante. Trotzdem Nr. 2955 oben Kante hat, kann es auch nicht unterhalb von 2958 angesetzt werden, weil unter dem Orthostat sogleich die etwas ausladenden Stufen folgten, zu denen 2955 nicht gehörte; so bleibt nur übrig, daß es 2 selbständige Texte enthält, die natürlich auf einem Nachbarstein standen, aber es ist sehr auffällig, daß in den rechten Hälften (also auf 2958), die wir als Text 39ᵃ u. 40ᵃ bezeichnen

39. [Θ   ε   ό]   ς.   Τ [ύ χ α.
   γ]ενομένης κρ[ίσεως
   ω]ν τῶν ἐν Εὐβοίαι
   Φιλίσκου γενομέν
5 [από τοῦ βελτί]στου κατὰ Πύθια
   ὁ Εὐβοιέων ἑαυτοῖς
   πό]λεως πρεσβευτῶν κ[
   τῶ?]ν πάντων Εὐβοιέων καὶ δει[·
   Ἀμφικτ]ιόνων δόντων κριτήριον τ
10 ἐ]ν ἀνδράσιν τριάκοντα ἑνί
   κα?]ὶ τὸν χρόνον ἐν ὧι ['Ι]στ[ιαιεῖς?
   συντε]φώνησαν τοῖς Ἀμ[φ]ικτ[ίοσι
            vacat 2½ cm = 1 Zeile.

40. Τῶν] Ὑπαταίων [ο]ἱ ἄρχοντ[ες καὶ ἁ πόλις
   δε]δωκέναι κριτήριον τῶ[ν
   ἁμε]τέραν πόλιν περὶ τᾶς [ἱερομναμοσύ-
          Χαλκιδέων φαμέν[ων | ρας
5   ιαν ἁμέρα[ν
       ἱερομν]αμοσυνᾶν ..
              υχαν ἐμ μηνὶ Ἡ[ραίωι
              ΑΡΤΥΙ .... ΥΑ .
              νήτων .. ιστη
10   ]ησο . ⊙Λ αν
              ωσια ...
              κασσ . Ι
              . Τ

wollen, der erste, in attischer Κοινή geschriebene eine amphikt. Urkunde (Z. 1—9), der zweite einen dorischen Brief an die Amphiktyonen enthält (Z. 10—30), und daß in Text 39 u. 40 genau dasselbe der Fall ist! Nr. 39 u. 39a gelten der γενομένη κρίσις in Hypata, Nr. 40 u. 40a geben dorische Städte-Briefe, und da Nr. 40 von Hypata geschrieben ist, könnte bei 40a derselbe Schreiber — statt Theben — vermutet werden, wenn damit nicht die Erklärung dafür wegfiele, daß man den Urkundenkomplex auf den Thebaner-Orthostat schrieb. Wahrscheinlich ist vielmehr folgendes: während das Anrecht von Histiaea auf etwa die halbe Stimme (d. h. jedes 2. Jahr) anerkannt scheint, da es nicht erwähnt wird (?), wenden sich die übrigen 3 Städte an die Amphiktyonen zur Festsetzung der betr. 3 Stimm-Anteile, und letztere beschließen an den Pythien (Nr. 39, 5) ein Schiedsgericht von 31 zu erlosenden Männern in Hypata (Nr. 39, 10 = 39a, 6), das 1½ Monate darauf im delph. Monat Heraios stattfand (Nr. 39, 5 u. 40, 7 = 39a, 1 u. 17). Gegen das Urteil erhebt Chalkis Einspruch, woraufhin das Rechtfertigungsschreiben der Hypataeer Nr. 40 erfolgt. Trotzdem setzen die Chalkidier das Wiederaufnahmeverfahren bei den Amphiktyonen durch — in Nr. 39a las ich jetzt auf Abkl. in Z. 8 πάλιν ἐνίκησαν Χαλκιδεῖς —, woraufhin eine neue Richterstadt (Theben?) mit 31 ἀριστίνδην gewählten Männern bestimmt wird (Nr. 39a, 7), die über den Verlauf des zweiten Schiedsgerichtes in Nr. 40a an die Amphiktyonen berichtet. Hoffentlich lehren uns neue Fragmente noch Genaueres, aber man darf schon jetzt sagen, daß auch der Streit von Thronion-Skarpheia um den Anteil an der Opuntischen Stimme gleichfalls im J. 146 begonnen haben wird, als die κοινά aufgelöst wurden, und daß die bisher beziehungslosen Thronion-Worte in Text 130, B 11 (Bd. XVI, 163) καὶ καθ' ἃ κέκριμαι πρότερον περὶ τούτων ἐν Ἀμφίσσαι κατὰ τὸν Ἀμφικτυονικὸν νόμον auf das damalige Schiedsgericht gehen, während die Berufung von Skarpheia, ebda. C 19 auf frühere Entscheidung eines Athener-Schiedsgerichts sich dann auf die Zeit der Neugründung des Koinons im J. 168 bezieht.

76. Text 41, dessen Abklatsch gefunden ist, besteht vielmehr aus 3 Urkunden-Resten; der betr. Stein gehört in der Tat zum Thebanerhause, ist in *Fouill.* III 1, p. 194 kurz erwähnt und auf der sogen „Nord-Ante" p. 193, Fig. 34 eingezeichnet (in Wirklichkeit ist das die Türlaibung); indessen wird dort noch ein ebenso großes zweites Fragment links von dem unserigen in Umrissen angegeben, das weder im Inv. steht noch wiedergefunden wurde, also wohl verloren ist. Es dürfte wesentlich zum Verständnis der 3 Texte beitragen.

41. - - - - - - - - - - - - - - - Σ - - - - - - - - - - - - - - -
    - - - - - - - - - - - - Δωριμάχου - - - - - - - - - - - -
    - - - - - - - - - - - - - - τε κα εις ει - - - - - - - - -
              vacat 3 cm

41a. [Στραταγέοντος τῶν Αἰτωλῶν] Δωριμάχου Τριχο[νέος - -
    [μηνὸς - - - - - - - , ὡς Αἰτω]λοὶ ἄγοντι, Θητων[ίων δὲ - -
    [- - - - - - - ἔ]δοξε τᾶι πόλει τῶν Θηβαίων, κα - - - - - -
    [- - - καθὼς ἐντὶ αἱ προδί]κιαι τᾶς πόλιος τῶ[ν Θηβαίων - -
5   - - - - - - - - - - - - - - Ἀξίοχος Ὑπαταῖος - - - - - - - -
              vacat 2,8 cm

Statt οντων in 41a, Z. 2 las ich jetzt Θητων[ίων] mit etwas lädiertem H. Die Stadt Thetonion bei Kierion kam nur je einmal vor, *Syll.*³ 55 und bei Steph. Byz. s. v. Θηγώνιον (so), so daß das

Delphische Zusätze und Nachträge.

41ᵇ. ['Α γ] α ϑ ὰ [τ ύ χ α]. neue Zeugnis [Στραταγέοντος τ]ῶν Αἰ[τωλῶν - - - - - - - - - - - - -] sehr willkommen wäre. Der Strateg Dorimachos ist doch der ältere, also eine der 4 Strategieen a. 219, 211, 208, 204, desgl. der Hypataeer Axiochos (a. 198), hier vielleicht als ἔγγυος genannt.

77/8, Text 42 A. Die Absicht, hier alle delphischen Richtertexte mit vielen Inedita zu vereinigen, scheiterte an den Raumrücksichten. Mehrere Parallelen lassen den Text 42 A jetzt besser ergänzen: Z. 1 [ἐπειδὴ παραγενόμενοι παρὰ τᾶς πόλιος τῶν Θηβαίων δικασταί]. — Z. 4 [πόλιος καὶ αὐτοσαυτῶν, τῶν τε ἐγκλημάτων εἱλκυσμένων χρόνον πλείονα], — Z. 5 ἔκριναν [σπονδὰς καὶ φιλοτιμίας οὐδὲν ἐλλείποντες, τὰ δὲ διέλυσαν ἀπὸ τοῦ βελτίστου πλεῖσ]τον λόγον ποιεῖμε[νοι τοῦ δικαίου καὶ συμφέροντος πᾶσι Δελφοῖς· τύχαι κτλ.]. Die wichtigsten Änderungen betreffen den Schluß: Z. 12 f. ἀποστεῖλαι δὲ αὐτοῖς [καὶ τὸν ἐπιδαμιοργὸν ξένια τὰ μέγιστα ἐκ τῶν νόμων. Ἄρχον|τος] Ἥρυος τοῦ Πλείστωνος, βουλ[ευόντων Ξενέα, Δεξώνδα τοῦ Πολυκράτεος, Ἀριστοβούλου τοῦ Πάτρωνος]. Statt ἄ. Ἀθάμβου habe ich den Nachfolger ἄ. Ἥρυος a. 156 eingesetzt; die Manumission Inv. 2959, die als „vielleicht für das freie I. Semester a. 155 in Betracht kommend" genannt war, gehört vielmehr in ein II. Sem. (μηνὸς Ἡρακλείου). — Die verschollen geglaubte Parallelurkunde für Thebanische Richter *Bull*. VI, 238 ist auf einem schlechten Abklatsch aufgefunden und läßt sie fast vollständig herstellen. Diese Richter heißen jetzt: Σθένιος, Πατροκλέας, Τιμοκράτης Μνασία, der γραμμ. Εὐκράτης [Χ]άρη[τος] oder [Χ]αρί[α. Wer die Zeugen im Drymaea-Vertrage a. 161, *IG* IX, 1, 226, 20 vergleicht: Πατροκλέας, Τιμοκράτης Διλαιεῖς, sowie den Freilasser a. 160 Εὐκράτης Χάρητος Διλαιεύς Ostm. VI (*Philol*. 58, 58), bei dem wieder Τιμοκράτης Διλαιεύς Zeuge ist, wird nicht zweifeln, daß die ganze Urkunde Richtern aus Lilaia gilt, nicht aus Theben. Vgl. noch die Zeugen a. 147, Εὐκράτης Χαρία Διλαιεύς W-F 21 und Τιμοκράτης Ξένωνος Διλαιεύς a. 167, W-F 128; offenbar wegen dieser Homonymen wurden unseren Richtern und dem γραμμ. als Distinctive die Patronymica Μνασία und Χάρητος (Χαρία) hinzugefügt.

79. Von Text 46 ist ein schlechter Abklatsch gefunden, er enthält aber zwei Urkunden; darnach ist zu lesen:

Text 46. ['Α γ α ϑ ὰ] τ ύ χ α.
["Ἔδοξε τᾶι πόλει τῶν Δελφῶν ἐν ἀγ]ορᾶι τελείωι σὺμ ψάφοις ταῖς ἐν[νό-
μοις· ἐπειδὴ ἐξαποσταλέντες δ]ικασταὶ ὑπὸ τᾶς πόλιος τῶν Λα[μιέ-
ων κατὰ τὸ σύμβολον ὁ δεῖνα ... Δ]ιοκλέος, Ἀριστόνικος Καλλικ[λέος,
5 ὁ δεῖνα δεῖνος καὶ γραμματεὺς Κρά?]των Μενεκράτεος, ἐπὶ τὰς δίκας (τὰς)
(ὑπαρχούσας ἁμῖν ποτὶ - - - -), unvollendet; vacat 2½ cm.

Z. 3 Ende, ΛΔ. || 4 auch [Τι- oder Δα]μοκλέος allenfalls möglich || 4, Ende: oder Καλλικ[ράτε]ος]. || 5 Wohl [Στρα- oder Κρά-]των, kaum [Μέ- oder Ξέ]ρων. Da nicht weitergeschrieben war, setzte man später ein interessantes Proxeniedekret für Λύκος Μορτύλου darunter, aus neuem Semester, etwa a. 90—70, in 21 Zeilen, leider gleichfalls in linker Hälfte verloren.

96 f. Zu Text 64. Die aitolischen Epimeleten in Delphi. — Die

Text 198. Θ ε ο ί. (a. 201)

Ἄρχοντος Εὐαγγέλου, βουλευόντων Κλέωνος, Κλεοδάμου, Ἀμύντα,
ἔδοξε τᾶι πόλει τῶν Δελφῶν ἐν ἀγορᾶι τελείωι σὺμ ψάφοις ταῖς ἐννόμοις·
ἐπειδὴ Φιλλέας Μίκκου Ναυπάκτιος ἐν τοῖς ἔμπροσθεν χρόνοις
5 εὔνους ὢν διετέλει τᾶι πόλει, καὶ νῦν κατασταθεὶς ὑπὸ τῶν Αἰτωλῶν
ἐπιμελητὰς τοῦ τε ἱεροῦ καὶ τᾶς πόλιος ὁσίως καὶ ἐνδόξως τό τε ἱερὸν
καὶ τὰν πόλιν διεφύλαξε καὶ τοῖς πολίταις συναναστράφη καλῶς
καὶ εὐγνωμόνως, τὰν γε ὑπάρχουσαν ὁμόνοιαν ποτὶ τε αὐτοσαυτοὺς
καὶ ποτὶ τοὺς Αἰτωλοὺς ἐπὶ πλεῖον συναύξησε· δεδόχθαι, ἐπαινέσαι
10 Φιλλέαν Μίκκου Ναυπάκτιον εὐσεβείας ἕνεκεν καὶ εὐεργεσίας
τᾶς εἰς τὸ ἱερὸν καὶ τὰν πόλιν, καὶ εἶμεν αὐτὸν πρόξενον τᾶς πόλιος
καὶ ἐκγόνους, ὑπάρχειν δὲ αὐτῶι καὶ ἐκγόνοις προμαντείαν, ἀσυλίαν,
ἀτέλειαν, προεδρίαν ἐμ πᾶσι τοῖς ἀγώνοις, οἷς ἁ πόλις τίθητι,
καὶ τἆλλα ὅσα καὶ τοῖς ἄλλοις προξένοις καὶ εὐεργέταις τοῦ ἱεροῦ
15 καὶ τᾶς πόλιος· δεδόσθαι δὲ αὐτῶι καὶ ἐκγόνοις καὶ ἐπινομίαν
ἐν τᾶι Δελφίδι τὸν πάντα χρόνον.

zwei Epimeletentexte *ἄ. Ἀρχελάου* waren am Schluß von *Syll.*[3] Bd. I aufgenommen als n. 534 *A* (= Text 64) und *B* (*Ἐφημ. ἀρχ.* 1883, 165), und vermutungsweise dem Bundesgenossenkriege (220—17) oder dem I. makedonischen (215—205) zugewiesen. Ein dritter Text für den Epimeleten Philleas wurde ebda. Bd. II n. 553[a] auszugsweise ediert; er stand auch auf einem Aitolis-Stein, sollte als unser Text 125 erscheinen, wurde aber wegen des Raumes aufgeschoben und lautet wie umstehend (Inv.-Nr. 1040. Kalksteinquader, gef. im Winter 1893/4, außerhalb Westperibolos in Höhe des Opisthodoms; h. 74, br. 1, 15, t. 52).

Der Archont Euangelos fungierte in der ältesten Manumission W-F 384 vom J. 201, war aber in *Syll.*[3] 553[a] wegen des neuen Epimeleten in das letzte Kriegsjahr 206 emporgerückt, also die zwei früheren auf 209/7 herabdatiert worden. Ein neuer vierter Epimeletentext Nr. 199 für Satyros lehrt uns aber, daß Euangelos an seinem alten Platze bleiben konnte, denn jener ist unter Mantias, dem bisherigen Nachfolger des Euangelos verfaßt, a. 200 (vgl. *Syll.*[3] II add. ad. p. 41). Daraus folgt, daß die 4 Epimeleten doch in die Friedenszeit gehören, nämlich Pantaleon und Aristarch in die Jahre 203 oder 202 (Archelas III), Philleas in das J. 201 (Euangelos), Satyros in das J. 200 (Mantias). Leider ist von dem neuen Text nur das linke Sechstel erhalten, auch er stimmt mit den ersten drei überein, enthält aber in Z. 9 und 10 einen Zusatz, den man aus *κατοικέοντες* und *καλῶς* nicht zu definieren vermag. Ich kenne den Text, dessen Inv.-Nr. fehlt, nur aus einem schlechten Abklatschfetzen (h. 30½, br. 19 oben, 5 cm unten) eines Kalksteinfragments weit oberhalb (nördl.) des Museums.

Text **199.** [Θ ε ο ί.] (a. 200)

Ἄρχοντος Μαντ[ία, βουλευόντων τοῦ δεῖνος, τοῦ δεῖνος, τοῦ δεῖνος, ἔδοξε]
τᾶι πόλει τῶν Δ[ελφῶν ἐν ἀγοραῖ τελείωι σὺμ ψάφοις ταῖς ἐννόμοις· ἐπειδὴ]
Σάτυρος Πολ[έμωνος? Ναυπάκτιος? ἐν τοῖς ἔμπροσθεν χρόνοις εὔνους ὤν]
5 διετέλει τᾶι π[όλει καὶ νῦν, κατασταθεὶς ὑπὸ τῶν Αἰτωλῶν ἐπιμελητὰς]
[τ]οῦ τε ἱεροῦ κα[ὶ τᾶς πόλιος, ὁσίως καὶ ἐνδόξως τό τε ἱερὸν καὶ τὰν πόλιν διε]-
φύλαξε καὶ το[ῖς πολίταις συναυεστράφη καλῶς καὶ εὐγνωμόνως, τάν τε]
ὑπάρχουσαν [ὁμόνοιαν ποτὶ αὐσαυτοὺς καὶ ποτὶ τοὺς Αἰτωλοὺς ἐπὶ πλεῖον]
συναύξησε -
10 κατοικέοντες -
καλῶς καὶ ε[ὐσχημόνως· δεδόχθαι, ἐπαινέσαι Σάτυρον Πολέμωνος? Ναυπάκτιον?]
εὐσεβείας ἕ[νεκεν καὶ εὐεργεσίας τᾶς ἐν τὸ ἱερὸν καὶ τὰν πόλιν. καὶ εἶμεν αὐτὸν]
πρόξενον τ[ᾶς πόλιος καὶ ἐκγόνους· ὑπάρχειν δὲ αὐτῶι καὶ ἐκγόνοις προμαντείαν],
[ἀ]συλ × ί × α × ×ν, ἀτ[έλειαν, προεδρίαν ἐν πᾶσι τοῖς ἀγώνοις. οἷς ἁ πόλις τίθητι, καὶ τἆλ]-
15 [λα ὅσα κ]αὶ τοῖς [ἄλλοις προξένοις καὶ εὐεργέταις τοῦ ἱεροῦ καὶ τᾶς πόλιος. δεδόσθ]-
[αι δὲ] αὐτῶι κ[αὶ ἐκγόνοις καὶ ἐπινομίαν ἐν τᾶι Δελφίδι τὸν πάντα χρόνον].

Ein Satyros war Hieromnemon a. 236 (Bd. XIV, 291, Text 14); von den bisher bekannten Satyroi kommen nur Naupaktier a. 200—190 in Betracht, vgl. *IG* IX 1, 379 und 381; dort auch Πολέμων, Πολίαρχος, Πολύων; der spätere zweimalige Stratege Satyros (c. a. 143 und 134) hieß nach freundlicher Mitteilung Weinreichs: Σάτ. Ἀνδρονίκου Ἀγρινιεύς.

99. Zu den 3 Archelas-Archontaten. Unter der Weihinschrift der Basis des Aristomachos von Sikyon *Syll.*[3] 458 (Delphica II, 51, wo das Ethnikon irrig in Z. 2 gesetzt war, statt in Z. 1), steht folgende Proxenie f. 4 Erythraeer:

Text **200.** Δελφοὶ ἔδωκαν Ἀπολλοδώρωι Δημώνακτος, Ἀπολλοδότωι Δημάδος (σ)τρατηγῶ[ι.
Inv. Ἀπολλωνίωι Ἀντιπάτρου, Μενεκλεῖ Ἀριστοδήμου Ἐρυθραίοις,
3660. αὐτοῖς καὶ ἐκγόνοις, προξενίαν, προεδρίαν, προδικίαν, προμαντείαν,
ἀσυλίαν, ἀτέλειαν καὶ τἆλλα ὅσα καὶ τοῖς ἄλλοις προξένοις.
5 Ἄρχοντος Ἀρχέλα, βουλευόντων Ἀλεξά[οχον, Ἐρα]σίππου, Κλεινία. (c. a. 240)

Obwohl ein Buleut Alexarchos auch das bisher bekannte Semester von *ἄ. Ἀρχελας* II. c. a. 240 eröffnete, haben wir hier doch fraglos das neue andere Semester dieses Jahres vor uns; es kommt auch sonst vor, daß homonyme Buleuten in beiden Semestern fungieren, und Kleinias erscheint nur noch als Buleut c. a. 242 *ἄ. Δαμοτίμου*. Die Proxenennamen und Patronymika kehren fast alle in Erythraetexten des III. Jhdts. wieder (s. den Index in *GDI* IV p. 999). Schwierigkeiten macht nur das 2. Patronymikon und der Schluß von Z. 1, wo ich *Δημάδος* lese, wie auf der erythr. Münze *GDI* 5697, 5. Das verloschene Wort dahinter scheint später hinzugesetzt; es war offenbar (σ)*τρατηγῶι* und gehört zum vorangehenden Namen[1]). Über die Strategen vgl. Gaebler, *Erythrae* S. 118. — In dem am Schluß auf S. 99 angeführten Amph.-Dekret braucht nicht *ἄ. Ἀρ[χέλα]* ergänzt zu werden, denn da Archelas III jetzt auf a. 203/2 rückt, wie oben zu S. 96 ausgeführt, müßten die Hieromnemonen-Ethnica dabeistehen.

108. Das Aetolerin-Denkmal sollte oben als Abschn. 5 behandelt und aus neuen Stücken mit zahlreichen Inedita aufgebaut werden, muß aber wegen des Raumes wegbleiben. Gesagt sei nur, daß Text 73, der Charesstein, nicht zugehörig ist (seine Maße 74 × 52 sind sehr courant, = $2^{1}/_{2}$ gr. Fuß × 1 Elle), wohl aber der Antochosstein; daß die Weihinschrift gelautet hat: *Ἄντοχος Τα[υρίωνος Αἰ|τωλὸς καὶ ἡ δεῖνα Ταυρίωνος] Αἰτωλὶς τὸμ π|ατέρα καὶ τὰμ ματέρα καὶ τοὺς ἀδελφοὺς Αἰ|..........19.........ιρν Ἀπόλλωνι*, wir also an Geschwisterehe zu denken haben; daß ferner nicht nur die 3 Epimeletensteine (oben zu S 96) dazugehören, sondern auch der große Text für Richter aus Hermione a. 131 (*Delphica* III, 147) und die Proxenie für einen *Ἀρσινοεύς* a. 118/16 (*Beitr Top. D*. 117), die aus vielen Fragmenten vollständig zusammengesetzt werden konnten, und daß eine neue Hypataeer-Ehrung a. 142 beweist, wie eng damals die Verbindung Delphi's mit Hypata gewesen ist (s. oben zu S. 72/4).

109. Text 74 ist in Zeichnung und Abklatsch gefunden, Museumskeller, die Basis ist auch hinten gebrochen, tief $27^{1}/_{2}$ max.; Oberseite gekrönelt, nur vorne erhalten, Buchst 2 u. 1 cm. In Z. 1 erscheint *Θεόφρα[στος]*, in 4: *Σώπατρος Θη[βαῖος]* vollständiger. Vielleicht steht hiermit eine andere Basis in Beziehung, von der im Inv. 866 beistehendes Fragment kopiert ist; Kalkstein, rings Bruch; h. 20, br. 20, d. 32; gef. am 22. Sept. 1893 östl. des Tempels bis zur heil. Straße.

Text **200**ᵃ. *ΑΙΝΙ[άνων?
ος Θεοφράστ[ου?
\|ΙΟΝ τοῦ Ἀπό[λλωνος?*

122. Zu Text 94 — auf dem Anathem des *Ξένων Ὀπο[ύντιος]* — wies mich v. Hiller darauf hin, daß wir keine Proxenie vor uns haben, sondern drei Disticha, wie es Z. 2: *προγόνων τ[ε ἄ]ξιοι[‿ ⌣⌣ ‿]* erkennen lasse; auch stünde wohl Z. 3 *Φοῖβον*, 4 *κέρδος* da. Wir haben dann den Abklatsch auch gemeinschaftlich genau geprüft und bisher gelesen:

*Οὗτοι σεμνὸν [ἄγ]αλ[μ]α? ‿ ‿ ⌣⌣ ‿ ⌣⌣ ‿ —
‿ ⌣⌣ ‿ [π]ρογόνων τ[ε ἄ]ξιοι[‿ ⌣⌣ ‿
Φοῖβον γὰρ [ζά]θεον τεύξας ⌣⌣ ‿ ⌣⌣ ‿ —
δόξαν ἀεὶ μο[γερ]ὸν κέρδος ἀ[μειψάμενοι]
5 ‿ ⌣⌣ ‿ ⌣⌣ ‿ ⌣⌣ ‿ [Ἀ]μφικτυ[όνεσσι]
Δελφοί [τ' ἀρχαί]αν προξενί[αν ἔνεμον].*

Z. 3 auch *παρ'* möglich; hinter [ζάθ]εον dann *ΓΓ. ΛΑΡΠ.* — Z. 5: *ΣΝΓΑ..μφικτυ.* — 6, als 2. Wort: *ΚΛ.ΞΕΣαν.* Ich weise kurz darauf hin, daß wir wieder ein Epigramm des Posidippos vor uns haben (zu *οὗτοι* vgl. in *Syll.*³ 361 not. 5, vs. 7 *οὗτος καὶ βασιλῆα*), der auch das Peisisepigramm gedichtet hat, und daß des letzteren *ὀνοσομένους Ὀπόεντα* es wahrscheinlich macht, daß auch unser Opuntieranathem derselben Zeit und denselben kriegerischen Ereignissen angehört. Ein neues Stückchen der Peisisverse aus Ms. Ulrichs ediert Preuner, *Rh. Mus.* 74, 1920, 281 f.

241. Text 141ᵃ und seine Marmorquader kann nur von einem siegreichen Feldherrn der späteren Zeit herrühren, also wohl von M. Minucius Rufus, dem Skordiskersieger, a. 107 (*Syll.*³ 710 *A, C*), obwohl dessen Bruder lateinisch schrieb: *Q. Minucius, Q. f. Rufus, leg. Apollinei Phutio merito* (ebda. *D*). Denn hinter *υἱὸς* gibt das Inv. *Pc*, was besser zu *Ῥο[ῦφος* paßt, als zu *Ῥω[μαῖος]*, und der Zusatz *τῶι Πυθίωι* kehrt in *Phutio* wieder. Ich ergänze daher, wie nebenstehend.

Text **141**ᵃ. *[Μάαρκος Μινύκιος, Κοίντο]υ υἱός, Ῥο[ῦφος]
[τῶι Ἀπόλλωνι τῶι Πυθί]ωι χαριστ[ήριον].*

---

[1]) Preuner weist bei der Korrektur darauf hin, daß nach Schweizer Mitteilungen der Text in *Rev. arch.* 1918, 23 stehen soll, die noch nicht nach Deutschland gelangt ist, und daß dort als Schlußwort von Z. 1 *Ἀ[πο]λλο[φά]νεος* gelesen ist; nach erneuter Prüfung der guten Abklatsche kann ich jedoch versichern, daß jene Lesung falsch ist. [Auch Klaffenbach liest Z. 1 wie oben.]

B. Berichtigungen und Zusätze.

Separatseite **7,** Mitte, lies: *Bull.* 20, 626, statt 20, 26. — **8.** Text 1 jetzt = *Syll.*³ 402; zu εἶν = εἶναι in Z. 38 vgl. ebda. not. 11. — **12** oben; die Erythraedekrete sind nicht 'koaetan', sondern c. 16 Jahre jünger; sie stehen jetzt *Syll.*³ 412/13. — Mitte über Text 5: lies: Inv. Nr. 1597, statt 1579. — **24.** Text 12 = *Syll*³ 443, wo Z. 12/13 besser [τὸ ψήφι|σμα ἐμφανίσαντες τὴν] ergänzt wird. Auch in *Fouill.* III 1, p. 199 not. 5 wird dies Chiosdekret erwähnt, aber irrig auf das Jahr des ἄ. *Δαμότιμος* datiert. — **27.** In Text 14, Z. 12 f. ist zu ergänzen: [τῶ]ν περὶ Σάτυρον, [Κυδρίωνα, Ματτυχίδαν, Στρατόλαον], denn dies waren die ersten 4 aitol. Hieromnemonen im Frühjahr ἄ. *Εὐκλέος* und Herbst ἄ. *Ἀθάμβου*, s. *Syll.*³ 482. — Unten, Anm. 1: die Smyrnaatelie ist wiedergefunden, Inv. 1338 steht auf Block 1 des Seleuciden-Denkmals, Separatseite 236 bei Text Nr. 134/7. — **29,** Text 15, Z. 1 zu ergänzen: [μνᾶς ... καὶ ἡ]μιμναῖον· ἀπέφερε κτλ. und Z. 2 besser ein Ethnikon, z. B. [Τιθορ]ρεῖς μνᾶς ἑπτά· ἀπέφερον κτλ. statt [τ]ρεῖς. — **30.** Text 16, Z. 3 der zweifelhafte Ἑκτορί[δου] ist gesichert, vgl. gerade in Eretria *JG* XII 9, 249 *B*, 32 (III. Jhdt.) Ἑκτορίδης Ἱπποστράτου Κοτ.; n. 244 *A*, 18 (Anfg. III. Jhdts.) [Ἑκτ]ορίδης Ἀβλαβίωνος Ὠρω. und aus Zarax, aber in eretrischem Katalog, n. 245, *A*, 159 (Anfg. III. Jhdt.) Μνησίας Ἑκτορίδου Ζαρ. Der erste der drei ist wohl in Text 16 wieder zu erkennen. — **33,** Mitte: die delphischen Hieromnemonen mußten in der Tat seit Mitte III. Jhdts. dem aitol. Modus folgen und der Zeitraum des aitolischen, nicht des delphischen Jahres fungieren; vgl. *Syll.*³ 488 not. 3; 483 not. 7; 444 not. 16. — **37.** Text 22/3 = *Syll.*³ 425 *B* u. *A*. — **38.** Text 24 = *Syll.*³ 704, *B*, a. 128. — **44.** Das aus *GGA.* 1913, 168 zitierte Lykondekret hat die Inv. Nr. 3151, stammt nicht vom 'Massalia-thesauros', sondern von dem sogen. 'Kyrene'haus und steht jetzt *Syll*³ 461. — **44,** unten: lies Inv. Nr. 930 (statt 910); auch kann hier ἄρχ. ἐν Δελφ. Ἀρ[ισταγόρα] unverändert bleiben, so Ἀρ[χέλα] also wegfallen, s. oben den Nachtrag zu S. **99.** — **45,** Anm. In Attica ist doch belegt: Εἰρηνίων Ἑρμαίου *IG* II 3649 in Grabinschrift guter Zeit (Ἑρμαίο); fehlt in *Pros. Att.*, auch im Nachtrag und bei Sundwall, *Nachträge*, war aber von Nikitsky zitiert. — **47,** Mitte: die Seeschl. bei Kos gehört nach Kolbe, *GGA.* 1916, 458 sicher in a. 261 oder 260. — **53,** oben: die 4 großen Soterienlisten sind sicher nachträglich eingehauen (vgl. *Syll.*³ 424 not. init.), könnten also wie die sie umgebenden Texte erst a. 235 ff. in diese Polygonmauergegend geschrieben sein. — **56.** Zu Text 31 sind in *Syll.*³ 406 not. 7 Nachträge gegeben; auch ist der in Z. 4 genannte boeot. Hieromnemon identisch mit dem ναοποιὸς Νικασιχάρης Νικάνορος Πλαταιεύς aus dem Frühj. desselben Herakleidasjahres (274/3), vgl. *Syll.*³ 238, *A* col. II, 7. — Von Text 32 ist der Abklatsch gefunden; Buchst. 11 mm; die Worte „Andernfalls — zu gewaltsam" sind daher zu streichen. — **60.** Auch Boesch, *Hermes* 52, 1917, 144 hält neuerdings die „geograph. Liste um 175 v. Chr" für ein Thearodokoi-Verzeichnis. — **61.** Über Text 34 (= *Syll.*³ 366) lies: Inv. Nr. 1846, statt 1840. — **62,** oben: die attischen Schwurformeln jetzt = *Syll.*³ 435, 87. — Unten, Schluß der Anm.: lies *Bull.* VII, S. 194, statt 94, und streiche die Stadt Thermon; gemeint ist vielmehr Θερμά in Sizilien (Nikitsky a. O.). — **66.** Text 37 = *Syll.*³ 546. — Unten: statt „Weder — erkennen" ist zu schreiben „Nur das achaeische Pellana kann in Betracht kommen, cf. *Syll.*³ Add. ad vol. II, 546 *A*⁶." — **67,** zu Z. 16: vgl. τὸ χῶμα als Mole bei Kirrha *Syll.*³ 241, 45. — **68** oben: die Prox.liste von Histiaia = *Syll.*³ 492; auch beweist der Γεννάδας Αἰ[τωλὸς ἐκ Μελιτείας] vom J. c. 257 wohl die Zugehörigkeit Meliteias, s. *Syll.*³ 444 not. 10. — **70.** Text 38 = *Syll.*³ 550. — **71,** Anm. 1, Ende: vgl. Rüsch a. O. p. 259. — **76,** Mitte: Daß der bisherige Archont des J. 122 Babylos III herabrückt in Pr.zt. XI, d. h. etwa auf a. 104, ist später auf S. **219** bemerkt worden. — **78.** Die bei Text 44/5 fehlende Inv. Nr. ist **1337**, also da westl. des Opisthodoms gefunden, nicht z. Thebanerthes. gehörig. — **80.** Zu Text 47 vgl. *Jahrbuch* 35, 1921, S. 117 Anm. 2, wo die Ergänzung [πε|ρ]ιραντ]ήριον verteidigt und die Verschiedenheit dieser Diokleas-Säule etc. von dem alten Pherae-Anathem nachgewiesen ist. — **85 f.** Text 51,

52, 53 = *Syll.*³ 737, 738 *A*, ˙*B*. In *B*, Z. 5 lies: αὐθαμεράν (statt -μέραι), so auch *Syll.*³ 559, 55, sonst nur αὐθαμερόν. Z. 7, [ας ἁ]μέρας u. Z. 16 αὐτᾶ[ι], statt αὐτά[ν]. — **88,** Anm. 1, lies: 4 Zeichen, statt Zeilen. — **90,** oben: der ἄ. Ἀβρόμαχος des J. 76 ist apokryph. vgl. zu Text 158, S. **263.** — **91.** Text 55 = *Syll.*³ 770, *A*. — **92.** Text 58 = *Syll*³ 770, *B*; hierzu ein kl. neues Fragm. gefunden, Inv. 2833, mit den Worten: Z. 4 δεδομένων, 5 -δώρωι Δωρο-, 6 -ν ὑμῖν ἀ[ντίγραφον], 7 δωριαρχέον-τος Χ[αριγ⸍νεος], 8 γραμματεύοντο-ς δὲ [τᾶς]. — **95.** Text 61 = *Syll.*³ 771, wo in Z. 3 ergänzt γυ[μνασίωι ἁμέρας - -]. — **98.** 'Das große Söldnercorps' aus *GGA* 1913, 188 ge ört nicht hierher, sondern nach Lilaia; dieser Stadtname steht Z. 4 Ende u. Anfg., und Z. 9 ist zu lesen ἱερητεύοντος τῶι Καφισῶι Τιμαγγέλου. — **102.** Text 65, 18 vielleicht besser [σοὶ δὲ χαριζόμενοι θυγα]τρὸς μνημεῖ᾽ ἀνέγραψαν. — **104.** Zu Text 67: eine zweite ältere Parallele vom J. 346 dafür, daß ein früherer Proxenos später die anderen Ehren erhält, steht *Bull.*. 21, 105 n. 2, eine dritte, gleichfalls aus dem IV. Jhdt., für [Κα]φισοδότωι Εὐ|[κλ]είδα Θεσπι[εῖ] ist unediert, Inv. Nr. 2139 (Stele mit Giebel). — In Text 67 ist vielleicht doch zu ergänzen: [᾽Αγα|θί]ωνι ᾽Αγαθίωνος (statt [᾽Αγ|άθ]ωνι), die Überschreitung des στοιχηδόν kommt vor; der gleichnamige Hieromnemon c. a. 257 steht *Syll.*³ 444, not. 11. — **106,** oben: viereckige omikron u. theta auch *IGA* 347 als Steinschrift. — **107.** Zu Text 72: ein Χαιρέστρατος ist auch att. Hieromnemon a. 234, *Syll.*³ 438, 36, aber konnte ein Bildhauer als Hieromnemon fungieren? — **110 f.** In Text 77 sind alle Buchst. nur 9 mm (max.) hoch, auch die der Signatur. — **112,** Mitte: über die Bezeichnung der arkad. ἀργυρολόγοι als ᾽Αρκάδες oder Μαντινεῖς κτλ. vgl. *Syll.*³ 239 not. 9 u. 26. — **113,** Mitte: auch in später naupaktischer Manumission findet sich Εὐρύδαμος ᾽Ερυμνίωνος Εὐπαλιεύς, *Ath. M*. 1907, 37 n. 23, Z. 8 u. 14. — **114,** Mitte: lies *Bull.* 23, 349, statt 23, 375. — Das Pellana-Symbolon Haussoullier's ist jetzt als Buch erschienen 'Traité entre Delphes et Pellana' Paris 1917, nach der Angabe Tod's in *Journ. Hell. Stud.* 39, 220 ff. Über Richter aus Pellana s oben zu S. 66. — **116.** Text 87 = *Syll.*³ 20 (Σάμιοι). — **118.** Text 88 = *Syll.*³ 49 (Κορτύνιοι). — **125.** Zu Text 97/8: vgl. den Vater Δαμαίνετος auf S. 188, Text 118, Z. 6 und den Sohn Εὔδικος ebda. Z. 55 (= *Syll.*³ 610 not. 4). — **131,** Mitte, u. **133** unten (Tabelle, bei a. 41 p): lies 'Novius, Philini f.', statt Novius Philinus. — **149 ff.** Betreffs der Gesandtschaftsrede und ihrer historischen Verwertung schrieb mir Busolt ,1919⟩, daß er die Darstellung der Quellenverhältnisse in Bezug auf den I. heiligen Krieg im wesentlichen für richtig halte. — **161** oben: außer Ulrichs *Reisen* I 7 f. ist noch ebda. II 207 zu vergleichen, nach Preuner, *Rh. Mus*. 73, 281. — **166.** Zu Text 109ᵃ bemerkte Preuner (briefl.), daß „wegen des Arztnamens Philistion auch der geehrte Metoeke Arzt gewesen sein wird, der als solcher kein ἰατρικόν zu bezahlen brauchte". Aber als der Neugeborene diesen Namen erhielt, stand wohl kaum fest, daß er einmal Arzt werden würde. — **170,** Anm., Anfang u. Ende: lies Inv. Nr. 1752, statt 1754. Zu der angekündigten Edierung der neuen Priesterzeiten-Texte fehlt leider der Raum. — **171** unten: lies [ἀρετ]ᾶς, statt ἀρετᾶς. — **195.** Zu Text 120 hat Preuner aus Ulrichs' Tagebuch ein kl. von diesem nicht publiziertes Fragm. mitgeteilt im *Rh. Mus*. 73, 1920, 286, das ich wie nebenstehend ergänze; es steht etwa über

κυριεῖον[τες - -
δεδο]γμ[έ]νον ὑμῖν γρά[φω - -

vκιον υἱὸς στρ von Text 121, berührt sich wörtlich mit dessen Z. 6 und beweist, daß Nr. 120 kein Dekret war, sondern ein Brief, wahrscheinlich des M.' Acilius. — Auch scheint nach Tod's Angabe im *Journ. Hell. Stud.* 39, 1919, 220 ein großes neues Stück zu Text 121 (Spurius Postumius) in der *Rev. Arch.* 1917, II S. 342 publiziert zu sein, die noch nicht nach Deutschland gelangt ist. — **208** oben: lies *Syll.*³ 643 not. 15, statt nr. 15, — **209.** In Text 124 ist ferner zu ergänzen: Z. 5 [εὐνοίας καὶ φιλίας], Z. 6 [καὶ φιλίαν πᾶσι τοῖς εἰς τὸ ἱερὸν π]αραγινομένοις (zu φιλίαν vgl. S. 210, Mitte). — **221** unten: auch ᾽Ορθαῖος ᾽Αγίωνος, γραμμ. c. a 100 99 (ἄ. Ἄρχωνος) kommt in Betracht. — **223,** Mitte: die Manumission aus Pr.zt XIV ist ediert als Text 171, Separ. S. 269. — **36 f.** Zu Text 135/6 scheint eine Parallele in *IG* II 3, n. 1624ᵇ (add. p. 353) enthalten; denn Koehlers Umschrift: [-ε]ιδίας ἐπόησε möchte ich ziemlich sicher als [Με]ιδίας ἐπόησε ergänzen und als die erste in Attica selbst (Akropolis) zutage kommende Signatur dieses Künstlers erklären. —

Ruspina.

Von **Theodor Steinwender** (†).

Keine Begebenheit der antiken Kriegsgeschichte hat den neueren Forschern soviel Kopfzerbrechen verursacht wie das von dem Verfasser des *Bellum Africanum* c 12—18 beschriebene Gefecht bei Ruspina. Es sei daher gestattet, die verschiedenen Auffassungen zusammenzustellen und auf ihren Wert zu prüfen. Die Reihe beginnt mit:

1. Guischardt, *Mémoires militaires des Grecs et des Romains*, 1758, II, S. 267 ff.

Cäsar formiert, um mit der Front diejenige des weit überlegenen Feindes zu decken, eine *acies simplex* ohne Intervalle. Trotzdem wird er umgangen, und seine 30 ausnahmsweise auf neun Glieder rangierten Kohorten machen nach allen Seiten Front und verschilden. Aus dieser Notlage kann ihn nur der Angriff retten; dazu aber bedarf es gewisser Evolutionen. Vor allem gilt es, durch Dehnen der Schlachtlinie den Ring des Feindes zu sprengen. Soweit ist die Darlegung Guischardts zweifellos richtig, der Art aber, wie er sich die Ausführung des als *évolution principale* bezeichneten Manövers denkt, muß widersprochen werden. Danach ziehen von einem bestimmten Punkte an die drei innersten Glieder, die einen mit rechts-, die anderen mit linksum nach den Flügeln und schließen sich rottenweise abwechselnd an, während die hier noch standhaltende Reiterei Raum gibt, vielleicht auch eine Abteilung Fußvolk vorstößt. So nur wäre das Dehnen, meint der Autor, möglich gewesen. Indessen, seine Darstellung ist unklar, insofern man nicht sieht, ob die defilierenden Rotten sich an ihre Kohorten schließen oder an ihnen vorüber- und weiterziehen, derart, daß alle taktischen Verbände gelöst werden. Nach dem Wortlaut ist man geneigt, das letztere anzunehmen, womit aber nicht stimmen würde, daß gleich darauf wieder nur von den 30 Kohorten die Rede ist. Sodann hätte die Lage, in der die Cäsarianer sich befanden, ein Manöver, das ihnen *ad hoc* erst beigebracht werden mußte, schwerlich gestattet; auch sind die von Guischardt angenommenen neun Glieder ganz unwahrscheinlich. Nun verteilt sich die Reiterei auf beiden Fronten mit kohortenbreiten Zwischenräumen in sovielen Abteilungen, wie Kohorten vorhanden sind, und als der Befehl zum Angriff gegeben wird, machen die drei Glieder hinter den Reitern kehrt, schließen auf und gehen neben den Reitern des eigenen Treffens, welche nun die Stelle der Kohorten entgegengesetzter Richtung einnehmen, vor. Da die feindliche Linie bereits durchbrochen ist, sind alle Teile derselben gleichmäßig in Anspruch genommen, so daß sie Flanken und Rücken der Cäsarianer nicht anzugreifen vermag. Indessen warum sollte das bei der Überlegenheit ihrer Streitkräfte nicht dennoch möglich gewesen sein? Überdies ist die Aufstellung der Reiter in je 15 Gruppen auf beiden Seiten sowie ihr Vorgehen neben und zwischen den Kohorten abzulehnen. Man denke, eine vom Feinde zerzauste Schar wird noch während des Gefechts in 30 neue taktische Einheiten geteilt, und jeder wird ein gleichfalls neuer, ihr gänzlich ungewohnter Platz in der Schlachtordnung angewiesen. Guischardt scheint die Unzweckmäßigkeit seines Vorschlages auch selber gemerkt zu haben; denn er bezeichnet diesen Teil der Anordnungen Cäsars wenigstens als den schwierigsten von allen. Der Text des Kommentars weiß davon nichts, und das *equitibus intrinsecus* wird damit nicht erklärt. Verfehlt ist auch seine Deutung der Stelle: *ut una post, altera ante signa tenderet*. Er meint nämlich, daß die Fahnen zur Zeit Cäsars regulär in der Mitte ihrer Schlachthaufen gestanden hätten, daß sie also bei Ruspina, nachdem die hinteren drei Glieder Kehrt gemacht und aufgeschlossen hatten, in das letzte Glied gelangten, wobei er sich überdies verrechnet, da sie dann nicht im sechsten, sondern im fünften zu stehen kamen. So hätten sie, meint er, ihre Kohorten teils vor sich, teils hinter sich gehabt, was freilich nur richtig ist, wenn man den modern taktischen Sinn zugrunde legt, woran er nicht gedacht zu haben scheint.

2. Rüstow, *Heerwesen und Kriegführung C. Julius Cäsars*, 1862, S. 131 ff.

Ihm ist die Bedeutung und der Zusammenhang der Worte *porrigi in longitudinem quam maximam* und *ita coronam hostium dextro sinistroque cornu mediam dividit* gänzlich entgangen. So kommt er zu der irrigen Meinung, daß die Cäsarianer, welche er sich nur an den Flanken, nicht, wie es doch der Fall war, auch schon im Rücken umgangen vorstellt, mit je einer Hälfte ihrer zwei Treffen bildenden 30 Kohorten nicht frontal, sondern nach den Flügeln erfolgreich vorgegangen seien, während die dadurch degagierte Reiterei den Feind im Zentrum (*intrinsecus*) angegriffen und so in dritter Richtung geworfen habe. Von einem Vorrücken der Cäsarianer im Kehrt ist bei ihm überhaupt nicht die Rede; überdies verlangte das gedachte Manöver künstliche Achsschwenkungen, die, was schon Göler[1]) mit Recht geltend macht, kaum auf dem Exerzierplatz gelingen konnten, angesichts des Feindes aber, zumal mit Truppen,

---

[1]) *Cäsars gallischer Krieg und Teile seines Bürgerkrieges*, 1880, II, S. 276 f.

deren Haltung teilweise bereits erschüttert war, gänzlich unausführbar gewesen wären. Überdies stehen sie mit den Worten *alternis conversis cohortibus*, wonach nicht alle Kohorten, sondern nur die Hälfte ihre Stellung änderten, in offenbarem Widerspruch. Mit einer Erklärung des *ut una post, altera ante signa tenderet* hat Rüstow sich nicht aufgehalten.

3. Galitzin, *Allgemeine Kriegsgeschichte* IV, 1876, übersetzt von Streccius, S. 257 f.

Cäsar formiert nur ein Treffen. Die auf den Flügeln stehenden Reiter, von denjenigen des Labienus zurückgedrängt, schließen sich eng an das Fußvolk, und das ganze Heer macht nach allen Seiten Front. Dabei ist die Umzingelung noch gar nicht vollendet; vielmehr denkt der Autor wie Rüstow nur an eine Umfassung der Flügel. Trotzdem bezeichnet er die Gefechtslage als „äußerst schwierig und gefahrvoll, denn jeden Augenblick mußte Cäsar erwarten, vollkommen umfaßt zu werden". Da befahl er „den drei mittleren Gliedern der Kohorten des rechten Flügels eine Wendung nach rechts zu machen, ebenso des linken nach links, um so die Frontlinie zu verlängern". Es ist das von Guischardt beschriebene Manöver in abgekürzter und darum noch unklarerer Ausführung. Auch die Aufstellung der Reiter, nachdem sie, um „die angegebene Bewegung des Fußvolks zu verdecken und zu schützen", die Numider auf beiden Flanken und vor der Front vertrieben haben, was ihnen freilich in dem vom Verfasser vorhin richtig gekennzeichneten Zustande schwerlich gelungen wäre, ist genau dieselbe wie dort. Denn er läßt sie „sich vor den Kohorten in Schachbrettordnung mit Intervallen zum Durchlassen des Fußvolks" sammeln; nur sieht man nicht, ob, wie bei Guischardt, auch im Rücken. Denn bisher ist immer nur von einer Linie die Rede gewesen, erst in der Folge sind es mit einem Male deren zwei: „Nachdem dies alles sowohl nach vorn wie nach hinten in größter Schnelligkeit ausgeführt war, stürzten plötzlich beide Linien ... auf den Feind und trieben ihn in die Flucht." Wie aber die zweite Linie gebildet wurde, sagt der Autor nicht; desgleichen sucht man eine Erklärung der Ausdrücke *alternis conversis cohortibus* und *una post, altera ante signa* bei ihm vergebens. Im übrigen folgt er den Ausführungen Guischardts, obwohl er in einer Anmerkung auf S. 258 zugibt, daß es den Bemühungen desselben keineswegs gelungen sei, den „dunkeln und unverständlichen" Bericht des Kommentars über die Evolutionen Cäsars aufzuklären.

4. Göler, *Cäsars gallischer Krieg und Teile seines Bürgerkrieges*, 1880 II S. 272 ff.

Seine Auffassung ist von vornherein schon darum verfehlt, weil sie aus der *acies simplex* irrtümlich eine *triplex* macht mit 12 Kohorten im ersten und je 9 in den beiden hinteren Treffen. Sodann läßt Göler in mißverständlicher Auslegung der Stelle *copiis in orbem compulsis* die auf allen Seiten vom Feinde umschwärmten Cäsarianer ein regelrechtes Karree bilden, was in der *acies triplex* mit ungleich langen Treffen komplizierte Verschiebungen innerhalb der Schlachtordnung erfordert hätte, die unter den obwaltenden Umständen schwerlich ausführbar gewesen wären. Vollends unverständlich und geradezu unmöglich aber ist die Art, wie er sich das *aciem in longitudinem quam maximam porrigi* und das *alternis conversis cohortibus* vorstellt. Danach ließ Cäsar in der nun als vorhanden gedachten *acies duplex* „die Kohorten je mit Überspringung einer derselben rechtsum und resp. linksum machen, so daß die eine Kohorte . . . hinter der Frontlinie (Fahnenlinie), die andere . . . vor der Frontlinie, also beiderseitige Kohorten im Innern des Karrees nach den Flügeln marschierten, um daselbst die Fronten zu verlängern", während die stehengebliebenen Kohorten „durch ein Deploiment resp. Verringern der Gliederzahl" die zwischen ihnen entstandenen Intervalle ausfüllten[1]), und die das Karree an den Enden schließenden Flankenkohorten frontal vordrangen, den Ring des Feindes an den Flügeln durchbrachen und auf diese Weise zum Einrücken in die Frontlinie Raum schafften. Angenommen, dies ganze verwickelte Manöver wäre möglich gewesen, so fragt man sich doch: Wozu das alles? Wäre es hier nicht auch ohne die Überspringung gegangen, die nicht den geringsten Zweck hatte? Der Vorschlag Gölers leidet mithin an demselben Fehler, weswegen er die Darlegung Rüstows beanstandet. Schließlich hat er auch die Stelle *unam partem ab altera exclusam equitibus intrinsecus adortus cum peditatu telis coniectis in fugam vertit* falsch gedeutet; denn er schreibt: „Nachdem durch das beschriebene Manöver der Ring des Feindes gesprengt war, geht Cäsar mit seiner Reiterei . . . und zugleich mit seinem Fußvolk von innen heraus an." *Intrinsecus* heißt aber nicht „von innen heraus", was ohnehin keinen Sinn gäbe, sondern „inwendig" oder „darin". Nach Gölers Darstellung müßte man auch glauben, daß die Reiter bei dem Angriff die Hauptrolle gespielt haben, während sie wahrscheinlich überhaupt nicht mehr zur Aktion kamen und, wie im nächsten Kapitel ausdrücklich bemerkt wird, dazu auch kaum noch fähig gewesen wären.

5. Heller im *Philologus* XIII S. 576ff. bemerkt zutreffend, Göler tadele an dem von Rüstow beschriebenen Manöver, daß es kaum auf dem Exerzierplatz ausführbar gewesen wäre, aber das seinige mit dem Karree sei erst recht kompliziert. Er habe die Worte *copiis in orbem compulsis* falsch verstanden, die nicht ein Verdichten auf Kommando, sondern aus freien Stücken bezeichnen, wobei die Soldaten nach allen

---

1) Göler a. a. O. S. 284 ff.

Seiten Front machen. Fand aber keine Karreebildung statt, so muß das Verfahren bei der Frontverlängerung ein ganz anderes gewesen sein. Das gehe auch aus dem Wortlaut der Stelle deutlich hervor. Der Berichterstatter sage nicht *alternis conversis cohortibus aciem . . . porrigi iubet*, sondern umgekehrt *iubet aciem . . . porrigi et alternis conversis cohortibus*. Die Frontverlängerung gehe also der Schwenkung (*sic!*) voraus und wurde wie in der Nervierschlacht *b. g.* II 25 durch *laxatio* bewerkstelligt, indem die beiden Flügelkohorten nach drei Seiten Front machten und, von den allmählich nachrückenden anderen Kohorten getrieben, als Keil den feindlichen Ring sprengten. Dann erst erfolgte die Schwenkung (?), welche die beiden Flügelkohorten nicht mitmachten. Sonst aber führten die letzten Glieder der nicht zur Schwenkung gelangenden Kohorten die Kehrtwendung (?) aus. Alsdann wurde mit der Reiterei in den Intervallen, während die Flügelkohorten stehen blieben, von der Mitte aus, was der Berichterstatter „kurz und bezeichnend" mit *intrinsecus* ausdrückte, nach beiden Richtungen zum Angriff übergegangen. Diese Darlegung ist in den Hauptpunkten zutreffend, nur wird dabei Schwenkung gesagt und Kehrt gemeint, sowie den letzten Gliedern der stehen bleibenden Kohorten eine Kehrt- statt Frontwendung zugeschrieben. Die Verteilung der Reiter auf die Intervalle ferner ist unwahrscheinlich, und *intrinsecus* heißt nicht „von der Mitte aus". Zu beanstanden ist endlich, was Heller über den Standort der Fahnen sagt. Nach vollzogener Schwenkung soll die eine Kohortenhälfte vor, die andere hinter den Fahnen gestanden haben, „die im letzten Gliede (oder wenn man die Antesignanen mitrechnet, im vorletzten Gliede) getragen wurden. Oder, was dasselbe ist, die eine Kohortenhälfte hatte die mit ihm fechtenden Antesignanen vor sich im ersten Gliede, die andern hinter sich im letzten Gliede. So erklärt sich einzig und allein der Zusatz *ut una post, altera ante signa tenderet*". Damit widerspricht Heller sich selbst, da er vorher zutreffend gesagt hatte, daß die Feldzeichen beim Angriff vorangehen. Sie mußten also auch in den Kohorten des verkehrten Treffens vorgenommen werden, gleichviel ob das erste Glied vorn oder hinten stand.

6. Nipperdey, *quaestiones Caesarianae*, Einl. zur großen Caesarausgabe, 1847, S. 204.

Er empfiehlt mit Recht die Lesart Ablancourts *ut una post, altera ante signa tenderet*. So hätten die geraden Kohorten nur kehrt zu machen gebraucht, um eine doppelte Schlachtlinie entgegengesetzter Richtung zu bilden, wobei dann die stehenbleibenden *post*, die anderen *ante signa* sich befunden hätten. Er setzt also voraus, daß ursprünglich die Fahnen sämtlich vorn gestanden, und diejenigen der Kehrtmachenden auch nachher ihren Platz nicht geändert hätten, was unzutreffend ist, da bei jeder Bewegung, gleichviel in welcher Richtung, die Feldzeichen geführt haben.

Mit der Kehrtwendung aber hat es zweifellos seine Richtigkeit. Auch ist die Ansicht des Autors zu billigen, daß *ita* dem Text an falscher Stelle eingefügt sei, nur möchte ich es, abweichend von ihm, mit den folgenden Worten bis *dividit* unmittelbar hinter *porrigi* setzen und das *et* vor *unam partem* gänzlich streichen. Von den Gründen, welche für diese Umstellung sprechen, wird weiter unten die Rede sein. Die Hauptsache ist, daß auch schon Nipperdey die Trennung des Ringes als eine Folge des *porrigi* auffaßt: *Itaque cum milites in longitudinem quam maximam porrexisse et ita dextro sinistroque cornu coronam hostium divisisse dicitur*. Auch trifft der Autor zweifellos das Richtige, wenn er c. 18 in dem handschriftlichen *cohortibus equitibusque circumdatis* das *que* tilgt. Denn die Reiter, so urteilt er zutreffend, seien zum ferneren Kampf unfähig gewesen. Also habe Cäsar sie mit Kohorten umgeben, damit sie sich erholen konnten und vor den Angriffen des Feindes geschützt waren.

7. v. Domaszewski, *Die Fahnen im römischen Heer*, Wien 1885, S. 3f.

Cäsar bildet, umringt von den Reitern und Leichtbewaffneten des Labienus, aus der *acies simplex*, indem er jede zweite Kohorte kehrt machen läßt, eine *duplex*, wobei das zweite Treffen mit verkehrter Front schlägt. In dem sich dadurch bildenden Raum zwischen beiden sammelt sich die Reiterei zu erneutem Angriff und wirft, wahrscheinlich an den Flügeln Stellung nehmend, im Verein mit dem Fußvolk den Feind zurück. „Wenn also beim einfachen Kehrtmachen ohne Formationsänderung die Signa in der ursprünglichen Frontlinie blieben, so ist das ein deutlicher Beweis, daß ihre Stellung nach der taktischen Ordnung der Römer an die Frontlinie gebunden war." Dagegen ist zu bemerken, daß aus dem Wortlaut des Textes ihr Verbleiben in der bisherigen Stellung keineswegs hervorgeht. Wahrscheinlich zogen sie, sobald angetreten wurde, wie auch sonst bei Truppen in der Bewegung voran, gleichviel, ob das erste oder letzte Glied unmittelbar hinter ihnen folgte. Die Worte *una post, altera ante signa* bedürfen mithin einer anderen Erklärung. Daß die Reiterei Cäsars sich in das Treffenintervall zurückzieht und daselbst sammelt, ist jedenfalls richtig. Aus der Darstellung Domaszewskis erhellt jedoch nicht, ob er sie auch beim Angriff sich hinter den Flügeln oder vielmehr auf, das heißt neben ihnen stehend denkt. Da sie sich nach ihm aber „zu einem neuen Angriff" sammelt und nachher im Verein mit dem Fußvolk den „Feind zurückwirft," muß man das letztere annehmen. Der Ausdruck *intrinsecus* aber spricht dagegen.

8. Stoffel, *Histoire de Jules César*, Paris 1887, II, S. 112ff. und 284ff.

Von den Truppen des Labienus konzentrisch angegriffen, werden die Kohorten Cäsars so eng zusammengedrängt, daß die Kohortenintervalle, welche ursprünglich *assez larges* waren, aufgehen, und die Legionare schließlich nur noch einen *cercle étroit* bilden und nicht mehr den zur Führung ihrer Waffen notwendigen Spielraum haben. Da gibt Cäsar den bekannten Befehl *aciem—tenderet*. Um ihn zu begreifen, müßte man wissen, was *ante signa tendere* bedeutet. Da die Fahne sich regulär im zweiten (?) Gliede befand, hatte sie das Gros ihres Schlachthaufens hinter sich. Machte der letztere aber kehrt, so hatte sie die Mehrzahl der Glieder vor sich. Die Worte *alternis conversis cohortibus, ut una post alteram ante signa tenderet* bedeuten also einfach, daß die Kohorten der geraden Nummer kehrt machten, wodurch sie vor den Fahnen zu stehen kamen. Der Ausdruck *post alteram* aber besagt, daß jede von ihnen sich hinter die benachbarte Kohorte der geraden Nummer setzte. Damit bildete Cäsar eine zweite Linie von 15 Kohorten entgegengesetzter Front, immer je zwei mit dem Rücken aneinander, und in dieser Formation durchbrach er, indem er seine Schlachtlinie bis zum Überragen derjenigen des Feindes dehnte, den Ring. Die je zwei Kohorten an den Flügeln hätten dabei die schwierigste Aufgabe gehabt; sie wären aber, wie auch sonst, die kriegstüchtigsten gewesen. So erkläre sich ihr Erfolg. Die von Perrot d'Ablancourt vorgeschlagene Änderung der handschriftlichen Lesart *alteram* in *altera* beruhe auf Mißverständnis.

An dieser Darlegung ist vor allem die Stellung der Fahnen im zweiten Gliede zu beanstanden: denn die an den *Remarques générales* S. 330 ff. geltend gemachten Gründe genügen keinesfalls, um die jetzt allgemein gebilligte Annahme, daß sie in der Bewegung, also auch beim Vormarsch zum Angriff geführt, während des Kampfes aber hinter ihrem Schlachthaufen gestanden haben, zu erschüttern. Sie werden auch hier, sobald die von Cäsar befohlene Kehrtwendung geschehen war, und beide Linien antraten, in der einen wie in der anderen Kohortenreihe, nicht, wie Stoffel meint, nur in derjenigen ungerader Nummer geführt haben. Ferner war es durchaus nicht nötig, daß die Kohorten 2, 4, 6 usw. dann rechts seitwärts zogen und sich mit dem Rücken an die stehen gebliebenen 1, 3, 5 usw. lehnten. Das Manöver wäre wohl angesichts des Feindes möglich gewesen; es hätte dazu, wie Stoffel selbst sagt, nur des Vormarsches um die Tiefe der Nachbarkohorte, einer Wendung nach links, des Flankenmarsches um die Frontbreite derselben und schließlich einer Wendung nach rechts bedurft. Das alles aber würde nicht den geringsten Zweck gehabt und die Ausführung, wobei es auf größte Schnelligkeit ankam, unnötig verzögert haben. Die Stelle *una post alteram*, auf welche Stoffel sich dabei bezog, wird jetzt allgemein mit Recht für verderbt gehalten und nach dem Vorschlage Ablancourts dafür *una post altera* gelesen. Wenn also nun in beiden Linien die Fahnen führten, so gingen **sie in der Kohortenreihe ungerader Nummer vor dem ersten Gliede; es zogen mithin ihre Abteilungen** *post signa*, in der Kohortenreihe gerader

Nummer, die keine Frontveränderung durch Achsschwenkungen oder den Kontremarsch der Rotten ausgeführt, sondern einfach die Kehrtwendung gemacht hatte, gingen sie vor dem letzten Gliede, es zogen also ihre Abteilungen in militärischem Sinne *ante signa*. Ferner irrt Stoffel, wenn er glaubt, daß Cäsar seine Kohorten mit Intervallen aufgestellt habe; deren gab es im Gefecht überhaupt nicht, und hier in der *acies simplex* waren sie einfach unmöglich. Die Dehnung der Schlachtlinie endlich ging nach dem Wortlaut des Textes der Bildung des zweiten Treffens, wie schon gesagt, voraus und war nicht umgekehrt davon erst die Folge. Von dem frontalen Vorgehen und Kampf der beiden Linien ist in den *Explications et remarques* nicht die Rede, wohl aber in der zusammenhängenden Darstellung S. 116.

9. Wölfflin, *Sitzungsberichte der philos.-philol.-histor. Klasse der k. b. Akad. der Wissenschaften*, München 1889, S. 343 ff. nimmt an Stelle der 400 Reiter des Kommentars wie schon Guischardt, der ein eventuell ausgelassenes *M* einschaltet[1]), 1400 an gegen Stoffels 2000, die übertrieben seien, da nur so viele in Lilybaeum eingeschifft wären, und man mit Abgängen zu rechnen habe. Die Kohorten stehen, so führt Wölfflin des weiteren aus, mit Intervallen und vielleicht 8 Gliedern in einer Linie. Der Feind beabsichtigt keinen eigentlichen Kampf, sondern umschwärmt die Cäsarianer, um sie zu ermüden und schließlich die Erschöpften, wie im Jahre vorher Curio, zusammenzuhauen. In ihrer Not bilden die Cäsarianer den *orbis*, aber nicht im ganzen, sondern jede Kohorte für sich, und beschränken sich auf die Verteidigung. Da konnte nur ein kühnes Manöver helfen, über dessen Ausführung viel gestritten sei. Rüstow und Göler wären abzulehnen, recht dagegen habe im allgemeinen Stoffel; aber auch schon Domaszewski und Nipperdey hätten die annähernd richtige Lösung gefunden. Offenbar mußte ein kräftiger Vorstoß nach zwei Seiten unternommen werden; die je 4 Glieder aber konnten ihn nicht ausführen, da sie zu schwach waren, und die taktischen Verbände dann zerrissen wären. So blieb nur die *acies duplex* übrig, wobei die ungeraden Kohorten ihre ursprüngliche Stellung wieder einnahmen, die geraden aber vollends kehrt machten. Die Fahnenträger, ursprünglich überall im ersten Gliede, standen nun dort im ersten, hier im achten, von den Kohorten also immer *una post, altera ante signa*, das heißt, die einen hatten den Fahnenträger vor, die anderen hinter sich. Alsdann werden die geraden Kohorten aus der Linie herausgezogen, derart, daß alle paarweise sich gegenseitig den Rücken decken, und die dadurch entstandenen Zwischenräume durch Dehnung der Fronten ausgefüllt. Hierauf nämlich bezieht Wölfflin den Befehl Cäsars *aciem in longitudinem quam maximam porrigi*;

---

1) Guischardt a. a. O. II, S. 270 A.

denn „daß dies erst geschehen konnte, nachdem die zusammengepferchten Kohorten durch Abmarsch der Hälfte aus der Linie Luft bekommen hatte, ist," meint er, „selbstverständlich". Die abweichende Version des Textes sei als ein ὕστερον πρότερον zu erklären, oder einfacher noch möge man das *et* nach *porrigi* streichen. „Endlich machen je 4 (eventuell 5 oder 6) Kohorten der Flügel rechts- und linksum, durchstoßen, verstärkt durch die beiden Hälften der Reiterei, den feindlichen Gürtel und kehren dann in ihre Stellung zurück, worauf der Rückzug sofort angetreten wird." Diese Darlegung ist für den Autor vollkommen klar; nur über den Ausdruck *intrinsecus adortus* könne noch gestritten werden.

Dagegen ist wieder einzuwenden, daß frontale Intervalle in der *acies simplex* unmöglich sind. Eine Folge der irrtümlichen Annahme sind die 30 *orbes* anstatt des überlieferten einen. Das ὕστερον πρότερον, wonach zuerst die Bildung der zweiten Gefechtslinie und dann erst der Durchbruch an den Flügeln erfolgt sein soll, ist Willkür, desgleichen die Tilgung des *et* vor *porrigi*. Der Befehl Cäsars *aciem in longitudinem quam maximam porrigi* bezog sich zweifellos auf die ganze Schlachtlinie, nicht auf die einzelnen Kohorten. Wie wäre es ferner möglich gewesen, die Schließung der frontalen Intervalle, die nun durch das Herausziehen der einen Kohortenhälfte sich annähernd verdoppelt hatten, durch bloßes Lockern herbeizuführen, ohne daß die Abstände von Mann zu Mann übermäßig groß geworden wären? Oder sollte nur der frontbreite Zuwachs ausgefüllt werden? Dann blieben immer noch die ursprünglichen Lücken. Von dem Kampf der beiden Linien und seinem Ergebnis, also dem wichtigsten Teil des ganzen Manövers, ist überhaupt nicht die Rede; vielmehr wird sogleich nach dem Durchbrechen des feindlichen Ringes der Rückzug angetreten. Infolgedessen hält sich der Autor auch bei dem *intrinsecus adortus*, obwohl es, wie er sagt, verschiedene Deutungen zuläßt, nicht weiter auf.

10. F. Fröhlich, *Das Kriegswesen Cäsars*, 1889, S. 193ff. polemisiert gegen Guischardt, Rüstow und Göler; sie alle hätten den Bericht des Kommentars mißverstanden. Auf die Unwahrscheinlichkeiten der beiden letzteren habe schon Heller hingewiesen. Richtig in der Hauptsache sei auch die Auffassung von Nipperdey, welche sodann Domaszewski, Stoffel und Wölfflin weiter entwickelt hätten. An seiner eigenen Darlegung aber ist auszusetzen, daß auch er die in dem *porrigi in longitudinem quam maximam* ausgesprochene Dehnung der Schlachtlinie vernachlässigt und wie Rüstow und Wölfflin nur von dem Durchbrechen des feindlichen Ringes an den Flügeln handelt, den darauf folgenden frontalen Angriff aber, zu welchem, wie er selbst sagt, das zweite Treffen im Kehrt gebildet wurde, mit keinem Worte erwähnt. „Dort auf den Flügeln," so führt er aus, „standen ohne Zweifel auch die Kohorten der

Veteranenlegion *Martia*. Veteranen und Reiter unternehmen vereinigt den Vorstoß, welcher den feindlichen Gürtel sprengte und die Gegner in zwei Hälften teilte, worauf der Rückmarsch angetreten wurde" (S. 196). Danach müßte man glauben, daß schon jene Trennung des feindlichen Heeres die Entscheidung herbeigeführt habe, während die letztere tatsächlich erst eine Folge des frontalen Vorgehens und Kampfes der beiden divergierenden Linien war. Ferner irrt Fröhlich in der Annahme, das Herausziehen der einen Kohortenhälfte habe sämtlichen Legionaren erst wieder genügend Raum zur Handhabung ihrer Waffen gegeben. Denn die vorschriftsmäßigen Weitabstände waren ja schon durch das Dehnen der *acies* wiederhergestellt. Deshalb konnten die nun entstandenen frontbreiten Intervalle auch nicht durch einfaches erneutes Lockern geschlossen werden, da dem letzteren vielmehr die *duplicatio*, das Eindoppeln aus der Tiefe, vorausgehen müßte. Auch war das Abstandnehmen, wenn die beiden Linien sich decken sollten, nicht, wie Fröhlich meint, von links und rechts, sondern in der vorderen nach links und in der anderen nach rechts auszuführen. Unzutreffend endlich ist, was der Autor über den Standort der Fahnen sagt. Denn „bei der Bildung des *orbis*" blieben sie gewiß nicht auf ihrem ursprünglichen Platze unmittelbar am Feinde stehen, sondern sie wurden natürlich in die Mitte zurückgenommen, und weshalb sie zuerst sämtlich kehrt und gleich darauf zum Teil wieder Front gemacht haben sollten, ist vollends unerfindlich. Der einfache Hergang war doch folgender: Als nach Auflösung des *orbis* das zweite Treffen gebildet und der Vormarsch zum Angriff angetreten wurde, führten die Fahnen in beiden Linien und zwar diejenigen der zweiten im Kehrt; sie befanden sich also für das Auge vor, in taktischem Sinne aber hinter ihren Schlachthaufen. Damit ist alles gesagt, und der Ausdruck des Kommentars in der von Ablancourt vorgeschlagenen Lesart *ut una post, altera ante signa tenderet* vollkommen erklärt.

11. H. Delbrück, *Geschichte der Kriegskunst im Rahmen der politischen Geschichte*, Berlin 1900, I, S. 518, 2. Aufl. 1908 S. 593.

Cäsar bildet, um von der feindlichen Übermacht nicht umgangen zu werden, aus seinen Kohorten ein Treffen ohne Intervalle. Diese Formation war hier anwendbar, weil er es nur mit Leichten zu tun hatte und darauf rechnen durfte, „daß die Linie keiner Verstärkung von rückwärts bedürfen würde". Trotzdem wird sie umgangen. Hätte man jetzt nach beiden Seiten einfach Front gemacht und „bald nach dieser, bald nach jener einen Ausfall" unternommen, so wären alle taktischen Verbände zerrissen worden. Deshalb ließ Cäsar jede zweite Kohorte kehrt machen, sich hinter die Nachbarkohorte setzen und Rücken an Rücken mit ihr kämpfen, die dadurch entstandenen frontalen Lücken aber durch Eindublieren schließen, so daß von den eventuell ursprünglichen acht

Gliedern nur noch vier vorhanden waren. „In der Mitte zwischen den beiden Fronten blieb natürlich ein gewisser Raum" zur Aufnahme von Wagen, Reitern und höheren Offizieren. Alsdann machten die Kohorten als solche, was dem einzelnen Manne untersagt war, insbesondere, von den Reitern unterstützt, diejenigen auf den Flügeln, Ausfälle, „die den Kreis der Einschließenden zuweilen sprengten, und diese Augenblickserfolge hat Pseudo-Hirtius zu vollständigen Siegen aufgebauscht". So dauerte der Kampf bis Sonnenuntergang, „wo er von selbst erlöschen mußte".

Diese Darlegung bedeutet gegen die früheren Erklärungsversuche keinen Fortschritt. Mißverstanden oder vielmehr gänzlich übergangen ist von Delbrück vor allem das *in longitudinem quam maximum porrigi*, und die Ablehnung der Textveränderung Ablancourts macht die entsprechende Evolution unnütz, umständlicher und zeitraubender. Zutreffend wird die Schließung der Kohortenintervalle durch Eindublieren gedacht, dabei aber nicht erwähnt, daß zu dem Behuf der Weitabstand genommen werden mußte. Die Ausfälle der Kohorten endlich, „die den Kreis der Einschließenden zuweilen sprengten", sind reine Willkür, desgleichen die Vorstellung, daß nur auf diese Weise der Kampf bis Sonnenuntergang fortgesetzt wurde. Sie erklärt sich aber aus der gleichfalls irrtümlichen Annahme, daß Cäsar bei Ruspina geschlagen sei. Dafür beruft Delbrück sich auf Appian *b. c.* II, 95. Indessen kommt diese Schriftstelle gegen die in der Hauptsache klare und sachliche Darlegung eines Offiziers, der mit dabei war und als Augenzeuge berichtet, schwerlich in Betracht.

12. Veith, *Geschichte der Feldzüge Cäsars*, Wien 1906, S. 409 f. und Kromayer-Veith, *Antike Schlachtfelder* III, 2, 1912, S. 697 und 789 f. macht gegen Delbrück und Stoffel mit Recht geltend, daß es nicht erforderlich war, die verkehrten Kohorten nach der Lesart *ut una post alteram ante signa tenderet* hintereinander zu ziehen; vielmehr machte jede zweite Kohorte einfach kehrt, worauf die beiden Fronten, jede für sich zum Angriff überging. Daß dabei die Kohorten nicht etwa Achsschwenkungen oder rottenweise den Kontremarsch ausführten, versteht sich von selbst. Falsch aber ist, daß erst durch diesen frontalen Angriff, indem die Gegner vorwärts und rückwärts zurückgedrängt wurden, ihre Linie an den Flügeln zerriß. „Hierdurch ward der Feind in der Richtung der ursprünglich cäsarianischen Front sowie in der entgegengesetzten frontal zurückgedrängt und dadurch an den beiden Flügeln zerrissen." Das steht mit dem Bericht des Kommentars im Widerspruch, wonach, wie schon Heller mit Recht geltend macht, jener Angriff erst unternommen wurde, nachdem die Trennung an den Flügeln bereits erfolgt war und nicht umgekehrt. Und dieser Fehler in der Darstellung Veiths ist um so auffallender, als der Autor in seiner *Geschichte der Feldzüge*

Cäsars S. 410 den Hergang in der Hauptsache bereits richtig geschildert hatte. Desgleichen irrt Veith, wenn er sich den *orbis* als einen „zusammengeballten Klumpen" vorstellt. Daraus hätte Cäsar, wie schon angedeutet, selbst die besten Truppen nicht wieder herausgebracht; mit den ihm damals zur Verfügung stehenden, deren Haltung überdies schon erschüttert war, wäre es ganz unmöglich gewesen. Die eigene Zeichnung a. a. O. Beilage 42, II hätte ihn davon überzeugen sollen. Jener Ausdruck kennzeichnete offenbar nur den Zustand, da die Legionare nach allen Seiten Front machten und sich auf die Verteidigung innerhalb ihrer Plätze in Reihe und Glied (*intra cancellos*) beschränkten. Unklar ferner ist die Bemerkung: „Ob die hierbei (durch das Herausziehen der Kohorten gerader Nummer) entstandenen Intervalle von Kohortenbreite durch Verbreiterung (?) der Glieder oder durch Zusammenschluß geschlossen (?) oder wenigstens verkleinert wurden, ist zweifelhaft." Was soll da zweifelhaft sein, die Schließung der Intervalle überhaupt oder nur die Art ihrer Ausführung? Nach dem Wortlaut möchte man das letztere annehmen. Damit würde sich Veith aber von neuem widersprechen, denn auf S. 697 hat er es für „höchst unwahrscheinlich" erklärt, daß „Cäsar in diesem auf Überraschung aufgebauten (?) Schlachtmoment sich die Zeit genommen hätte, die Kohorten in sich aufmarschieren zu lassen". Es ist also wohl die Schließung als solche gemeint und hier nur als „zweifelhaft" bezeichnet, was vorher „höchst unwahrscheinlich" gewesen war. In jedem Fall irrt Veith, wenn er für möglich hält, daß die Römer mit frontbreiten Intervallen gefochten hätten, und so nun gar in der *acies simplex*[1]! Abgesehen davon meinte er mit Verbreiterung der Glieder vielleicht das allein mögliche und darum richtige Abstandnehmen, dem freilich, da der Weitabstand schon vorhanden war, das Eindoppeln aus der Tiefe vorangehen mußte. Der Zusammenschluß dagegen kommt schon darum nicht in Frage, weil er die Front wieder bis auf die Hälfte verkürzt haben würde, nachdem Cäsar sie aus guten Gründen *in longitudinem quam maximam* gedehnt hatte. Man könnte noch mit Veith S. 627 an den Aufmarsch der hinteren Glieder denken; indessen innerhalb der einzelnen Schlachthaufen scheint diese Evolution der römischen Exerzierordnung fremd gewesen zu sein, denn die lateinische Sprache hat dafür keinen Ausdruck. So bleibt nur das Abstandnehmen in Verbindung mit dem Eindoppeln übrig, die *laxatio* und *duplicatio*.

Die vier unlängst zu Lambaesis entdeckten, zwar verstümmelten, aber zweifellos richtig wiederhergestellten Inschriften[2]):

---

1) Siehe mein Buch: *Die römische Taktik* usw., Danzig 1913, S. 51 ff.
2) Cagnat, *Les deux camps de la légion III. Aug. à Lambèse* in den *Mém. de l'Institut nat. de France* 1909, 38 S. 259.

> ARMA ANTESIGNANA XXX
> POSTSIGNANA XIV

durfte Veith zur Erklärung des *una post altera ante signa* nicht heranziehen; denn sie stammen aus dem zweiten Jahrhundert und können nicht ohne weiteres auf die Zeit Cäsars bezogen werden. Angenommen, daß die Deutung Domaszewskis[1]), der in den beiden verschieden bewaffneten Gruppen eine halbe Centurie vermutet und daraus folgert, daß die Feldzeichen zwischen dem vierten und fünften Gliede der 6 Glieder tiefen Schlachthaufen gestanden haben, zutrifft, so waren doch damals weder die Schlachthaufen nur 6 Glieder tief noch die Kombattanten darin verschieden bewaffnet. Sie führten vor allem, wie schon aus den Worten des Berichterstatters: *telis coniectis* und *idem altera pars equitum peditumque Caesaris facit* erhellt, das Pilum. Trotzdem glaubt Veith, daß sich jener Ausdruck „eventuell nur auf die von Cäsar persönlich geführte Hälfte" beziehen konnte. Indessen ist kaum anzunehmen, daß der Feldherr, um sein Heer zu retten, in erster Linie Leichtbewaffnete einem Feinde entgegengeworfen haben sollte, dessen *pedites Numidae levis armaturae cum equitibus* ihn in die trostlose Lage, darin er sich befand, versetzt hatten. Und wenn sie, was Veith am Schluß seiner Darlegung für möglich erklärt, von den „rückwärtigen Gliedern" die Pilen zugereicht erhielten, würden sie mit der ihnen ungewohnten Waffe wahrscheinlich nicht viel ausgerichtet haben. Übrigens würden bei der Annahme von 6 Gliedern nach Schließung der kohortenbreiten Lücken nur noch 3 vorhanden gewesen sein, wovon lediglich 2 schwer gerüstet waren. In jedem Falle muß auch der Ansicht Veiths über die Stellung der Fahnen zur Zeit Cäsars widersprochen werden, denn es bleibt dabei, daß sie abgesehen von dem *orbis* nicht innerhalb, sondern außerhalb der Schlachthaufen, je nach der Gefechtslage entweder vor oder hinter ihnen gestanden haben. Die Inschriften von Lambaesis würden nach der Deutung Domaszewskis nur die bekannte und übrigens selbstverständliche Tatsache bestätigen, daß alle Feldzeichen im Fußvolk an die Schwergerüsteten gebunden waren und von ihnen, mochten Leichtbewaffnete dabei sein oder nicht, niemals getrennt wurden.

Endlich bedarf die Stelle: „Beide Fronten Cäsars verfolgten ihren Teil scharf, ... erst nach vollständiger Zersprengung ward die Verfolgung eingestellt" der Korrektur, da dem Berichterstatter von einer nachhaltigen Verfolgung nichts bekannt ist (*neque longius progressus veritus insidias*). Auch erfolgte der Angriff nur mit dem Fußvolk

---

1) v. Domaszewski, *Zwei römische Reliefs* in den *Sitzungsber. der Heidelberger Ak. der Wiss.* 1910, 4 S. 9 A. 5.

(*adortus cum peditatu*), nicht zugleich, wie Veith annimmt, mit der Reiterei, von welcher es heißt, daß sie in dem Raum zwischen den beiden Linien (*intrinsecus*) geblieben sei.

13. Danach haben wir uns den Gang des Gefechts im Zusammenhange, wie folgt, zu denken: Cäsar stellt sein Heer, da es nur 30 Kohorten zählte, in einem Treffen auf (*aciem dirigit simplicem, ut poterat propter paucitatem*), und zwar, wie sich von selbst verstand, ohne Intervalle. Die wahrscheinlich 1400 Pferde starke Reiterei sichert die Flügel, 150 Bogenschützen stehen vor der Front (*sagittarios ante aciem constituit, equites dextro sinistroque cornu opponit*). Diese Schlachtordnung wird von der überlegenen Reiterei des Labienus und den ihr beigegebenen Leichtbewaffneten umgangen, und die Legionare machen, da ihre eigenen Reiter allmählich weichen (*equites Iuliani pauci multitudine hostium defessi equis convulneratis paulatim cedere*), und der Feind immer heftiger drängt (*hostis magis magisque instare*) nach allen Seiten Front und beschränken sich, an ihre Plätze gebannt, auf die Verteidigung (*legionariis . . . in orbem compulsis, intra cancellos omnes coniecti pugnare cogebantur*). Dabei gingen die ursprünglichen Abstände verloren, und aus der wie auch sonst im statarischen Kampfe üblichen *acies laxata* wurde die *densa*, bei der Rotten und Glieder nur einen Schritt Spielraum hatten. Wie aus der Notiz *neque amplius facere nisi hostium iacula vitare* hervorgeht, verschildeten sie dabei, was unter den obwaltenden Umständen das allein Richtige war[1]) und auch durch den Ausdruck *cancelli* angedeutet wird, der wie *cancri*[2]) die an den Krebspanzer erinnernde Schutzwehr des Legionars bezeichnet. So etwa haben wir uns den *orbis* vorzustellen und nicht, wie Stoffel meint, als einen *cercle étroit*[3]) oder nach Veith gar als „zusammengeballten Klumpen"[4]). Daraus hätte Cäsar, vom Feinde umschwärmt und unausgesetzt belästigt, schwerlich noch die von dem Berichterstatter mitgeteilten Evolutionen bewerkstelligen können, deren wir drei zu unterscheiden haben:

1. das Dehnen der Schlachtlinie auf Gefechtsabstand,
2. das Herausziehen der Kohorten gerader Nummer im Kehrt und
3. den frontalen Angriff auf zwei divergierenden Linien.

Diesen drei Abschnitten der Truppenführung entsprechen ebenso viele Wirkungen:

1. das Zerreißen des feindlichen Ringes an den Flügeln,
2. die Formation eines zweiten Treffens mit verkehrter Front und
3. der Rückzug des Feindes.

---

1) Onosander 22; vgl. Guischardt a. a. O. II, S. 277 A. und m. Schrift, *Die röm. Taktik* usw. S. 146 f.
2) Apul. *Met.* 7. — 3) Stoffel a. a. O., S. 284. — 4) Veith a. a. O. III, S. 789.

Um aus der verzweifelten Lage, da die Legionare, insbesondere die zahlreich unter ihnen vorhandenen Rekruten, schon unruhig wurden und sich ängstlich nach dem Oberbefehlshaber umsahen (*omnium tamen animi in terrorem coniecti et maxime tironum; circumspicere enim Caesarem*), herauszukommen, gab es nur zwei Mittel, entweder mußte man verschildet, **wie man war**, im Gleichschritt den Rückweg in das Lager erzwingen oder gleichzeitig in der Front und im Kehrt zum Angriff übergehen. Davon war das erstere bei einer Entfernung von 3000 Passus oder 4 $^1/_2$ Kilometern äußerst schwer ausführbar, also wählte Cäsar das andere. Dazu aber bedurfte es, abgesehen von genauer Richtung in Reihe und Glied, vor allem der Wiederherstellung des Gefechtsabstandes. Auch durfte man mit Aussicht auf Erfolg den Angriff nur wagen, wenn die Front derjenigen des Feindes gleichkam oder sie wohl noch überragte. So ließ Cäsar im Flankenmarsch von der Mitte unter Sicherung der Außenseite durch den Schild[1]) die Schlachtlinie lockern (*iubet aciem in longitudinem quam maximam porrigi*). Die unmittelbare Folge davon war, daß sie mit den Flügeln den Ring des Feindes, der einem ernstlichen Kampf mit Schwerbewaffneten aus dem Wege ging, und durch die weite Ausdehnung seiner Gefechtslinie sich selber geschwächt hatte, durchbrach (*ita coronam hostium dextro sinistroque cornu mediam dividit*), was wohl verständlich ist, wenn die Front der Cäsarianer bei einer Kohortenbreite von etwa 45 Schritten deren 1350 gemessen hatte und nun im Zeitraum von längstens 10 Minuten auf 2700 anwuchs. Das in Rede stehende Verfahren ist auch sonst nicht ohne Beispiel; Cäsar selbst hatte es, woran schon Heller[2]) erinnert, in der Nervierschlacht[3]) angewandt. Auf dieselbe Weise suchte Crassus bei Carrhae der drohenden Einkreisung vorzubeugen[4]), desgleichen Agricola im Kampf mit den Britanniern am Berge Grampius[5]). Nun wäre es augenscheinlich das Einfachste gewesen, je eine Hälfte der vorhandenen Glieder zum frontalen Angriff vorgehen zu lassen. So wären jedoch die taktischen Verbände zerrissen worden, und überdies hatte jeder Manipel nur eine Fahne, die sich *ad hoc* nicht teilen ließ. Darum zog der Feldherr kurz entschlossen die Kohorten der geraden Nummer rückwärts aus der Linie (*alternis conversis cohortibus*), wobei ihre vorderen Glieder, die bisher in Front gestanden hatten, kehrt, die hinteren Glieder der Kohorten un-

---

1) Liv. XXII, 50: *translatis in dextrum scutis;* Pol. III, 74: ἀθρόοι μετ' ἀσφαλείας. S. *Die römische Taktik* usw. S. 158.
2) Heller a. a. O. S. 576.
3) Caes. *b. g.* II, 25.
4) Plut. *Crass.* 23: ὁ δὲ Κράσσος ἐξεπλάγη παντάπασι καὶ διὰ σπουδῆς οὐ πάνυ καθεστηκὼς παρέταττε, πρῶτον μὲν, ὡς οἱ περὶ Κάσσιον ἠξίουν, ἀραιὰν τὴν φάλαγγα τῶν ὁπλιτῶν ἐπὶ πλεῖστον ἀνάγων τοῦ πεδίου πρὸς τὰς κυκλώσεις, τοὺς δὲ ἱππεῖς διανέμων τοῖς κέρασιν.
5) Tac. *Agric.* 35: *diductis ordinibus .... porrectior acies.*

gerader Nummer aber, die bisher im Kehrt gestanden hatten, wieder Front machten. Die dadurch geschaffenen Lücken zwischen den Kohorten wurden durch Eindoppeln aus der Tiefe und nochmaliges Lockern in der vorderen Linie nach links, in der anderen nach rechts geschlossen, während in das sich nun öffnende Intervall zwischen beiden die Reiter und Bogenschützen einrückten und, entsprechend verteilt, wahrscheinlich hinter den Flügeln Stellung nahmen. So in den Flanken zur Not gesichert, ging Cäsar mit der vorderen Gefechtslinie zum Angriff gegen das feindliche Zentrum vor und schlug es mit Pilensalven in die Flucht (*unam partem ab altera exclusam equitibus intrinsecus adortus cum peditatu telis coniectis in fugam vertit*). Dabei scheinen die Reiter gar nicht mehr zur Aktion gekommen zu sein, was man nach dem bereits Gesagten und einer Notiz des Berichterstatters im Kapitel 18: *equites iumenta ex nausea recenti, siti, languore, paucitate, vulneribus defatigata ad insequendum hostem perseverandumque cursum tardiora haberent*, begreift, zumal da Cäsar, auf dem Rückmarsch zum Lager von neuem angegriffen, sie schließlich wieder hinter die Kohorten zurücknahm (*equitibus cohortibus circumdatis*). Daher und weil er vor allem sein in zwei divergierende Schlachtlinien geteiltes Heer wieder sammeln muß, nimmt er von einer Verfolgung, die ohnehin für ihn mit Gefahren verknüpft gewesen wäre, Abstand (*neque longius progressus veritus insidias*) und geht in die frühere Stellung zurück, wo er sich mit der anderen Linie sowie den sie begleitenden Reitern und Bogenschützen, die inzwischen gleichfalls den Feind angegriffen und geworfen, dann aber wie er selbst sich zurückgezogen hatten (*idem altera pars equitum peditumque Caesaris facit*) vereinigt (*se ad suos recepit*). Darauf tritt er in Schlachtordnung den Rückmarsch zum Lager an (*his rebus gestis . . . ad sua praesidia sese, sicut erat instructus, recipere coepit*).

So nur kann sich die von dem Verfasser des *bellum Africanum* mitgeteilte Begebenheit zugetragen haben[1]. Denn der Umstand, daß die Zahl der Glieder dabei auf die Hälfte herabsank, also beim Angriff deren nur 4 bis höchstens 6 vorhanden waren, erregt kein Bedenken; sind doch die Schlachthaufen der Prinziper und Hastaten zur Zeit der Manipularstellung auch nicht tiefer gewesen, und hier hatte Cäsar es lediglich mit Reitern und Leichtbewaffneten zu tun, die den Kampf mit schweren Fußgängern scheuten. Nicht deswegen also war der Angriff ein Wagestück, sondern weil er ohne hinlängliche Flanken- und Rückendeckung unternommen wurde; denn die ohnehin schwache Reiterei war bereits verbraucht und infolge der erlittenen Niederlage demoralisiert, die 150 Bogen-

---

[1] So habe ich die Stelle schon in meiner Abhandlung *Zur Schlachtordnung der Manipulare* im *Rhein. Mus. für Philol.* N. F. LXV, 1910, S. 135f. erklärt; vgl. *Die römische Taktik* usw. S. 92.

schützen aber kamen nicht in Betracht. Cäsar würde sich zumal mit einem Heere, darin viele Neulinge waren, die der vorangegangene Kampf bereits auf eine harte Probe gestellt hatte, auch schwerlich dazu entschlossen haben, wenn die Not ihn nicht gezwungen hätte. Daß er glückte, erklärt sich abgesehen von dem Charakter der beiderseitigen Streitkräfte wohl hauptsächlich aus der Überraschung des Feindes, der seinen Augen nicht trauen mochte, als er die Cäsarianer zuerst ihre Front auf das Doppelte dehnen, dann sich teilen und in zwei Schlachtlinien entgegengesetzter Richtung heranmarschieren sah. Staunen wir selbst doch über die Kühnheit des Unternehmens, das wie kaum ein anderes Zeugnis ablegt für die Geistesgegenwart eines der größten Feldherren aller Zeiten und für die beispiellose Schlagfertigkeit seines Heeres.

Zum Schluß komme ich auf die den Worten *alternis conversis cohortibus* folgende Notiz *ut una post altera(m) ante signa tenderet* zurück. Sie hat, wie wir sahen, sehr verschiedene Deutungen erfahren. Ich selbst schlage, wie bereits angedeutet, unter Billigung der Lesart Ablancourts die nachstehende vor: Allgemein zugegeben wird, daß die Fahnen in der Bewegung geführt haben, beim Beginn des Kampfes aber hinter das letzte Glied zurückgenommen wurden; so war es auch hier. Während die Kohorten im *orbis* sich gegen die Angriffe des Feindes nur verteidigten, standen die Feldzeichen gewiß sämtlich in der Mitte, ohne daß sie darum die ursprüngliche Front zu ändern brauchten. Sobald aber angetreten wurde, mußten sie in beiden Treffen führen, das heißt diejenigen des ersten zogen vor dem ersten, diejenigen des zweiten vor dem letzten Gliede ihrer Schlachthaufen; mit anderen Worten: jene hatten Manipel und Kohorten hinter sich, diese im taktischen Sinne vor sich. Wurde wieder halt gemacht, so war das Verhältnis umgekehrt; es standen die Fahnen des ersten Treffens hinten und hatten ihre Schlachthaufen vor sich, diejenigen des zweiten im taktischen Sinne vorn und hatten die Schlachthaufen hinter sich. Damit ist das *una post, altera ante signa* erklärt, und man sollte aufhören, sich den Kopf darüber zu zerbrechen.

Danzig-Langfuhr.

Marathon und die persische Taktik.
Von Hans Delbrück.

Meine Untersuchungen über die Geschichte der Kriegskunst setzten einst nicht, wie es bis dahin üblich war, bei Homer ein, sondern bei Marathon. Von hier ab sind unsere Quellen derart, daß sich die Taktik wie die Strategie in allen ihren Abwandlungen bis auf die Gegenwart mit Sicherheit verfolgen lassen. Da Marathon der Ausgangspunkt ist, so ist die Rekonstruktion dieser Schlacht nicht nur für sie selbst, sondern auch für alles weitere von erheblicher Bedeutung. So oft das Problem schon behandelt worden ist, so muß ich jetzt doch noch einmal darauf zurückkommen, da Kromayer eine neue Lösung aufgestellt hat[1]), und wenn sie von der Wissenschaft angenommen würde, sehr erhebliche Stücke in meiner *Geschichte der Kriegskunst* umgebaut werden müßten.

Ich habe Marathon aufgefaßt als eine Defensiv-Offensivschlacht. Die griechische Hoplitenphalanx wartete in einer auf beiden Flügeln angelehnten Stellung den Angriff der Perser ab und schlug sie, indem sie aus dieser Verteidigungsstellung zum Angriffstoß vorging. Eine solche Defensiv-Offensive mit durch das Gelände geschützten Flanken war nach meiner Auffassung die einzige Art, wie die Athener den Sieg gewinnen konnten, da bei einer Schlacht in der freien Ebene die persischen Reiter ihnen die Flanke abgewonnen hätten, und die athenische Bürgerwehr in ihrer einfachen Phalangenaufstellung einem solchen Angriff nicht gewachsen war. Den passenden Platz für eine solche Aufstellung glaube ich zu sehen in einem Seitental der marathonischen Ebene, wo heute das Dorf Vrana liegt[2]).

Kromayer verwirft nun diese Rekonstruktion aus zwei Gründen. Erstens stehe sie im Widerspruch mit dem Grabhügel der Athener, dem

---

[1]) *Drei Schlachten aus dem Griechisch-Römischen Altertum* von Johannes Kromayer. Des XXXIV. Bandes der Abhandlungen der philologisch-historischen Klasse der sächsischen Akademie der Wissenschaften Nr. V. Leipzig, bei B. G. Teubner, 1921. — Die drei Schlachten sind außer Marathon Allia und Caudium.

[2]) Herodot hebt hervor, daß die Front der Athener die gleiche Länge hatte, wie die persische. Das ist der Sache nach richtig, da ja die Flankenanlehnung die Perser verhinderte, den Gegner zu überflügeln. Der Ausdruck aber läßt merken, daß Herodot die ihm gewordene richtige Information nicht ganz verstanden und sich den Grund, weshalb die Perser nicht überflügelten, nicht klargemacht hat.

Soros, der 1½ km (8 Stadien) von dem Eingang des Vranatals entfernt liege, und zweitens decke eine Stellung der Athener im Vranatal nicht den Hauptausgang aus der Ebene, im Süden, der davon 2 km entfernt sei.

Wenn die Athener ihre Gefallenen auf dem Schlachtfelde beisetzen wollten: welches war der natürliche Platz? Ich habe angenommen, daß die Athener die Toten zusammentrugen an die Stelle, bis wohin die Schlacht sich erstreckt hatte, wo der letzte der Gefallenen lag. Dieser Platz war um so mehr der gegebene, als ja auch bei den Schiffen noch eine Anzahl Athener gefallen waren, deren Leichen zu den anderen zurückgetragen werden mußten. Der Endpunkt des Hauptgefechts ist also zugleich der ideelle Mittelpunkt der Gesamtschlacht, und so die gegebene gemeinsame Grabstätte. Mit dieser Annahme erklärt sich auch am besten die Erzählung Herodots, die Athener hätten die Perser in einem Laufschritt von 8 Stadien angegriffen. Daß diese 8 Stadien eine Unmöglichkeit sind, ist heute allgemein anerkannt. Die Erzählung muß aus irgend einem Mißverständnis entstanden sein, und dieses Mißverständnis ist nicht so schwer zu erraten. Wie alle Besucher des Schlachtfeldes noch heute, hat auch Herodot auf dem Soros gestanden, und sich erzählen lassen: bis hierher sind die Athener vorgestürmt; das sind acht Stadien von ihrer Stellung. Herodot verstand das: „im Ansturm"; gemeint war: in der Durchführung der Schlacht und in der Verfolgung. Kromayer nennt diese meine Darlegung wunderlich. Mir scheint sie nicht nur nicht wunderlich, sondern recht natürlich, und jedenfalls nicht weniger wahrscheinlich als die Möglichkeit, für die sich Kromayer entscheidet. Er meint, das Gegebene sei, daß die Toten dorthin zusammengeschleppt worden seien, wo die meisten Gefallenen lagen; das wäre im Zentrum des ersten Zusammenstoßes gewesen. Das ist gewiß nicht ausgeschlossen, aber keineswegs zwingend. Es mag auch sein, daß besonders viele Athener erst in einem etwas späteren Stadium der Schlacht gefallen sind, als die beiden Flügel einschwenkten und die Perser, die sich tapfer wehrten, in die Mitte nahmen. Ganz besonders aber fällt ins Gewicht, daß das Zentrum des ersten Zusammenpralls für das Ehrengrab deshalb so ungeeignet wie möglich war, weil ja gerade auf diesem Teile des Schlachtfeldes die Athener keine besondere Ehre eingelegt hatten, sondern gewichen waren. Statt meine Auffassung einfach als „wunderlich" abzutun, hätte Kromayer dieses Argument nicht mit Stillschweigen übergehen dürfen. Ich will es meinerseits nicht als zwingend ausgeben, jedenfalls aber haben meine Argumente so viel Gewicht, daß nicht gesagt werden darf, die andere Auslegung sei die einzig mögliche.

Der zweite Einwand Kromayers ist, daß die Athener durch eine Stellung im Vranatal den Hauptausgang aus der marathonischen Ebene nicht gedeckt hätten; die Perser hätten also, ohne die Athener in ihrer guten Stellung anzugreifen, die Ebene verlassen und nach Athen ziehen können; es sei nicht anzunehmen, daß die Athener in der Lage waren, das durch einen Flankenangriff auf die Abziehenden zu verhindern, denn der Durchgang zwischen den Bergen und dem Sumpf am Meer sei über 150 m breit, die Perser hätten also in mehreren Kolonnen neben einander den Paß so schnell durchschreiten können, daß die Athener, die doch 2 km von ihm entfernt waren, keine Zeit mehr fanden, noch einen erheblichen Teil des Zugendes zu fassen und zu schlagen.

Ich sehe davon ab, nachzurechnen, ob wirklich die Perser so zusammengedrängt marschieren konnten, daß sie mit samt dem begleitenden Troß in einer knappen halben Stunde, denn länger brauchten die Athener ja nicht, in den Paß hinein konnten. Das hängt auch von der Größe ihres Heeres ab, über die Kromayer sich nicht ausläßt. Er hat aber noch etwas viel Wichtigeres, ja das Entscheidende übersehen. Die Perser mußten ihre Parallelkolonnen doch schon in der Ebene formieren. Diese vier, fünf, acht oder zehn Kolonnen neben einander bildeten also von den Griechen aus gesehen eine tiefe Masse. Das persische Fußvolk bestand aus Bogenschützen, die ihre Kraft nur in einer Linearaufstellung entwickeln können. Pfeile aus der Tiefe in hohem Bogen geschossen, haben keine Wirkung. Wie hätte diese Masse mit dem ganzen Troß in ihrer Mitte sich eines Angriffs der griechischen Hopliten erwehren können? Das ganze persische Heer wäre verloren gewesen, und hätte nicht einmal den Rückzug zu dem Flottenlager gehabt, wenn es in der von Kromayer beschriebenen Formation an der griechischen Front entlang durch die Ebene gezogen wäre. Sobald die athenischen Beobachtungsposten meldeten, daß die Perser ihr Flottenlager verließen, rückte die Phalanx natürlich in ihre vorbereitete Stellung am Ausgang des Vranatals. Mochten die Perser nun von vornherein in ihren mehr oder weniger zahlreichen Parallelkolonnen ausmarschieren, oder mochten sie in einer langen Kolonne abziehen, die sich erst unmittelbar vor dem Paßeingang massieren sollte, immer war Miltiades in der Lage, mit einem einzigen Kommandowort seine Phalanx in Bewegung zu setzen und den Persern auf den Leib zu fallen, ehe sie Zeit hatten, irgend eine vernünftige Schlachtordnung zu bilden[1]). Die Flankenstellung im Vranatal deckte also

---

[1]) Auch wenn man sich, den Persern eine höhere Manövrierkunst zutrauend als Kromayer es tut und auch als ich es tue, vorstellt, daß sie ihre gesamte Reiterei, die ich auf 5—800 Pferde anschlage, in die Nachhut stellten, um sie den Athenern entgegenzuschicken und sie bei etwaigem Vormarsch aufzuhalten, bleibt der Flankenmarsch doch ein zu gefährliches Unternehmen, um ausführbar zu sein. Was sollte das persische Fußvolk tun, wenn die Athener sich in Bewegung setzten in dem Augenblick, wo jenes beinahe fertig mit seiner Massierung vor dem Eingang des Passes stand? Sollte es sein Manöver vollenden oder schleunigst zur Schlacht aufmarschieren? Vollendete es die Massierung

auch diesen Ausgang aus der marathonischen Ebene mit vollkommener Sicherheit uud zwang die Perser, sich entweder wieder einzuschiffen, oder die Athener in ihrer Stellung anzugreifen.

Damit glaube ich die Einwände, die Kromayer gegen meine Rekonstruktion der Schlacht erhoben hat, aufgelöst zu haben, und gehe nun dazu über, seine eigene Hypothese sachlich und quellenkritisch nachzuprüfen.

Kromayer läßt die Athener ihre Stellung auf dem Berge Argieliki nehmen, unmittelbar neben jener Haupteingangsstraße des Tales im Süden. Auch dieser Berg liegt ebenso wie der Eingang des Vranatales acht Stadien vom Soros entfernt. Da Kromayer meint, daß der Soros notwendig den Mittelpunkt der Schlacht gebildet haben müsse, so läßt er die athenische Phalanx von ihrer unangreifbaren Stellung auf dem Argieliki herabsteigen, und bis an jenen Punkt in die freie Ebene vorgehen. Wenn dem so war, weshalb griffen denn die persischen Reiter die athenischen Hopliten nicht in den Flanken an, wo sie doch fast wehrlos waren? Kromayer meint, das sei zwar eine für uns sehr natürliche Betrachtung, und so hätten sich auch die späteren Schlachten der Antike abgespielt, die Perser aber hätten die Taktik, die Kavallerie auf die Flügel zu stellen, noch nicht gekannt, sondern Reiter und Fußtruppen gemischt aufgestellt[1]). So sei es sogar noch bei Issus und Gaugamela geschehen. Man sieht, der Streit geht nicht bloß um eine topographische Frage. Man darf vielleicht meine Reform in der Auffassung der Perserkriege dahin charakterisieren, daß ich den Sieg der Griechen aus einem Siege über die Quantität in einen Sieg über die Qualität verwandelt habe. Die Perser bilden nach meiner Auffassung keine unabsehbaren Massen wenig kriegerischen Volkes, sondern sind hervorragende Krieger, die auch taktisch sehr gut zu operieren und ihre

---

und suchte noch schnell in den Pass hineinzukommen, so hätte das wie eine Flucht ausgesehen, und die persischen Reiter hätten den Athenern nicht viel getan, sondern gesucht, den Anschluß an den Abmarsch zu gewinnen. Suchte man umgekehrt schleunigst den Troß aus dem Heereszug auszuscheiden und zur Schlacht aufzumarschieren — was, wenn die Athener ihre Bewegung nicht fortsetzten, sondern wieder umkehrten? Wenn sie aber in aller Eile vorrückten, so hätte die fürchterliche Lage, in die die Perser kamen, wenn die athenischen Hopliten sie erreichten, ehe sie aufmarschiert waren, vor aller Augen gelegen und auf der einen Seite Verwirrung, vielleicht Panik hervorgerufen, auf der anderen die Schritte der Athener beflügelt, sich unbekümmert um die Verluste, die sie unterwegs erlitten, auf den so gut wie wehrlosen Feind zu stürzen.

1) Kromayer erklärt diese gemischte Aufstellung dadurch, daß die Perser die verschiedenen Völkerschafts-Kontingente nebeneinandergestellt hätten. So berichten es allerdings die Griechen. Ich bringe diesen Berichten aber das allerstärkste Mißtrauen entgegen. Sie sind aus dem Farbenkasten, der die unendlichen Massen der Perser ausmalen soll. Ich glaube nicht, daß, abgesehen hier und da von Söldnern, die Perser überhaupt fremde Kontingente in ihren Heeren gehabt haben.

Waffen zu verwenden verstehen, und strategisch mit guter Überlegung geführt werden. Der Ruhm der Griechen ist nicht, ein sehr großes, sondern ein sehr tüchtiges und gut geführtes Heer besiegt zu haben. Kromayer spricht über die Zahlenverhältnisse nur beiläufig, scheint aber über meine Ansätze nicht so sehr wesentlich hinausgehen zu wollen. Wenn nun seine Vorstellung von dem Mangel jeder wirklichen taktischen Führung der Perser zutreffend wäre, die numerische Gleichstellung oder gar Überlegenheit der Griechen aber zugegeben bleibt, so würde der Glanz der Griechensiege doch wohl für verblichen erklärt werden müssen.

Es kommt darauf an, ob sich aus den späteren Perserschlachten nachweisen läßt, daß die Perser wirklich die Methode, die Kavallerie gegen die Flanke der feindlichen Infanterie anzusetzen, noch nicht gekannt haben. Aber es ist nicht nötig, auf die Beweisführung, in die Kromayer eintritt, näher einzugehen, denn er selber gibt zu, daß in diesen Schlachten auch Reiterei auf den Flügeln stand, und zwar in ziemlich starken Massen. Aber, fährt er fort, man muß im Auge behalten, daß das „schon eine Angleichung an die griechisch-mazedonische Weise sein wird, welche die Reiterei auf die Flügel stellte". Weshalb in aller Welt sollen die Perser die Aufstellung von Kavallerie auf den Flügeln erst ihren Gegnern nachgemacht haben? Gibt es dafür irgend ein Quellenzeugnis? Nein. Gibt es dafür irgend eine sachliche Erwägung? Nein. Mir kommt dieser Satz vor, als ob jemand schriebe, die Perser hätten das Laufen und Gehen erst von den Griechen gelernt. Es ist ja möglich, daß sie, wenn ihre Reiterei sehr stark war, auch im Zentrum Reiterabteilungen gehabt haben. Im besonderen pflegte der König mit seiner berittenen Leibgarde im Zentrum zu halten. Aber das kommt hier ja gar nicht in Betracht. Nicht, ob auch im Zentrum Kavallerie stand, sondern ob auf den Flügeln Kavallerie stand, und ob wir die Perser für taktisch einsichtig genug halten, zu wissen, daß Kavallerie gegen geschlossene schwere Infanterie in der Front ohnmächtig, in der Flanke übermächtig ist[1] — das ist die Fragestellung. Die Antwort kann um so weniger einem Zweifel unterliegen, als bei Kunaxa ausdrücklich berichtet wird, daß die Griechen vor einem solchen Angriff in Sorge gewesen sind. Die Perser haben hier den Angriff nicht ausgeführt, den Vorteil nicht ausgenutzt. Das ist aber bei dem Gange der Schlacht nicht so ganz unverständlich (vgl. das Nähere in meiner *Geschichte der Kriegskunst*). Auf keinen Fall beweist weder diese noch irgend eine andere Schlacht, daß die Perser den Flankenangriff der Kavallerie und seine entscheidende Bedeutung überhaupt nicht gekannt, und daß deshalb Miltiades die athenische Phalanx unbesorgt ohne Flanken-

---

[1] Vgl. meinen Aufsatz *Antike Kavallerie*, Klio, Bd. X, 1910.

deckung in die freie Ebene hätte vorführen dürfen. Da die Perser zu Schiff gekommen waren, so war bei Marathon ihre Reiterei im Verhältnis zum Fußvolk gewiß nur mäßig stark, sagen wir ein Sechstel oder ein Zehntel des Fußvolks. Kromayer hat es unterlassen, uns zu sagen, wie er sich das Zusammenwirken der persischen Fußbogner und Reiter, wobei immer auf 6—10 Fußbogner ein Reiter kommen würde, in der Front vorstellt: Mir scheint eine solche Waffenkombination von vornherein unausführbar. Aber wie auch immer: daß die Perser, wenn sie eine Schlacht in der Ebene in Aussicht hatten, einen wesentlichen Teil ihrer Reiter auf die Flügel stellten, um auf die feindlichen Flanken zu wirken, daß scheint mir unmöglich angezweifelt werden zu können. Die persischen Führer müßten vom Kriegshandwerk auch nicht das elementarste verstanden haben, wenn sie anders, wenn sie so verfuhren, wie Kromayer sich das vorstellt.

Was von dem Verhalten der Perser gilt, gilt aber ebenso auch von den Griechen. Auch Miltiades hätte völlig sinnlos gehandelt, wenn er so verfahren wäre, wie Kromayer sich das vorstellt.

Ein Moment der Überlieferung, das von keiner Seite angezweifelt wird und als völlig zuverlässig gelten kann, ist, daß die Gegner sich mehrere Tage gegenüber gestanden haben, ehe es zur Schlacht kam. Das ist von Seiten der Athener sehr natürlich, denn sie waren in einer vortrefflichen Stellung, hatten keine Eile und warteten noch auf den Zuzug der Spartaner. Weshalb kam es nun aber doch zur Schlacht, ehe die Spartaner angelangt waren? Meine Antwort lautet: weil die Perser zum Angriff schritten. Kromayer verwirft diese Konstruktion und will, daß die Athener freiwillig zur Schlacht in die Ebene hinausgerückt seien. Er sieht ein, daß das militärisch nicht zu begründen ist und nimmt deshalb das politische Moment zu Hilfe, das in der angeblichen Ansprache des Miltiades an den Polemarchen überliefert ist. Die Athener fürchteten den Verrat in ihren eigenen Reihen; deshalb schritten die Feldherrn zur Schlacht, ehe die moralische Zersetzung das Heer aufgelöst hatte. Angenommen, die Gefahr dieser moralischen Zersetzung wäre wirklich so groß gewesen, so kannten die Feldherrn sie doch von vorn herein und bemerkten sie nicht erst, als sie schon vor dem Feinde standen. Eine vernünftige Führung mußte entweder den guten Willen und den Schwung des Ausmarsches benutzen und die Schlacht herbeiführen sobald als irgend möglich, oder aber die Ankunft der Spartaner abwarten. Das Heer angesichts des Feindes mehrere Tage im Lager zu halten und dann doch nicht die Spartaner abzuwarten, sondern aus der sicheren Verteidigungsstellung herauszugehen und sich zur Schlacht zu stellen, das würde eine solche Unsicherheit des Entschlusses bedeuten, daß man nicht mehr versteht, wie eine so unfähige Führung im Heer hat Vertrauen genießen und einen Sieg erringen können. Nach zwei Stellen bei Plato sind die Spartaner bereits einen Tag nach der Schlacht angelangt; diese Überlieferung mag unglaubwürdig sein und es mögen noch zwei oder drei Tage vergangen sein, ehe die Spartaner anlangten. Jedenfalls wurden sie sehr bald erwartet. Die gesamte Mannschaft der Spartiaten war im Anzug; man weiß, welchen gewaltigen Respekt diese Kriegsgenossenschaft bei den anderen griechischen Bürgerschaften genoß. War es wirklich an dem, daß das athenische Heer ungeduldig wurde, so genügte sicher der Hinweis auf diese nahe große Hilfe, es zusammenzuhalten, und wenn das nicht genügte, so hatte Miltiades das nachher von Pausanias bei Plataä so glänzend verwandte Mittel, die Opfer nicht günstig werden zu lassen. Die Vorteile der Defensivschlacht mit gedeckten Flanken waren auf der Hand liegend — wie ist es denkbar, daß Miltiades unter solchen Umständen das Heer in die Ebene geführt hat? Alles das sollen wir glauben, bloß weil das Grab der Athener in der Ebene ist und Kromayer sich nicht vorstellen kann, daß die Gefallenen am Ende und nicht in der Mitte des Schlachtfeldes begraben sein sollen[1]).

Kromayers Konstruktion führt aber noch zu einem weiteren direkten Widerspruch mit den Quellen. So legendarisch die Überlieferung ist, so ist außer dem mehrtägigen Warten noch ein weiterer Punkt darin, der kaum angezweifelt werden kann. Das ist die Tatsache, daß nach dem Siege noch ein Kampf an den Schiffen stattgefunden hat, und daß die Athener sieben Schiffe erbeutet haben.

Bei meiner Auffassung ist sowohl der Kampf an den Schiffen sowie die nur geringe Beute von sieben Schiffen, auch daß nie etwas von einer Beute an Pferden berichtet wird, ganz natürlich. Die Schlacht und unmittelbare Verfolgung erstreckte sich bis zum Soros; von da bis zum Schiffslager ist eine halbe Meile. Ehe Miltiades es fertig brachte, die Athener wieder zu sammeln, zu ordnen und zu dem neuen Angriff vorzuführen, hatten die Perser Zeit, ihre Pferde in die Schiffe zu bringen, und die Griechen konnten nur noch sieben Schiffe festhalten. Als Zeugnis, wie schwer es ist, Truppen nach gewonnener Schlacht zu weiterer

---

[1]) Die Tradition, daß die Athener die Schlacht in einer Defensivstellung geschlagen haben, ist in Athen nicht verloren gegangen und bei Nepos aus Ephorus erhalten. Das Zeugnis ist als solches nicht durchschlagend, aber immerhin sehr gewichtig und Kromayer hätte es nach den Regeln methodischer Quellenforschung nicht mit Stillschweigen übergehen dürfen.

Die Ansprache, die Herodot Miltiades an den Polemarchen halten läßt, hat nur dann einen Sinn, wenn es sich um Schlacht oder sich belagern lassen handelt, bildet also nicht etwa ein Zeugnis für die Offensivschlacht. Ist die Ansprache wirklich so gehalten, daraufhin die Schlacht beschlossen und dann doch mehrere Tage hinausgeschoben worden, so ergibt das ein zwar nur indirektes aber sehr starkes Zeugnis für die Defensivschlacht.

Verfolgung fortzureißen, habe ich eine amüsante Erzählung Friedrichs über den Ausgang der Schlacht bei Soor angeführt. Solche Verfolgungen sind ja auch sehr selten in der Kriegsgeschichte. Kromayer aber will, daß bei Marathon die Verfolgung in einem Zuge fortgegangen sei. Da ist nun aber die geringe Beute der Griechen unerklärlich. Kromayer verlegt deshalb in direktem Widerspruch mit den Quellen den letzten Kampf an den Eingang des Schiffslagers, den er sich befestigt vorstellt. Dieser Kampf verschafften dem Gros der Perser jene Zeit zur Einschiffung. Bei mir findet er es unerklärlich, weshalb die Verfolgung in der Gegend des Soros „plötzlich" aufgehört haben soll. Das Wort „plötzlich" steht nicht in meinem Text, auch nicht dem Sinne nach. Jede durchgekämpfte Schlacht und jede Verfolgung, es sei denn, daß sie auf ein Hindernis stoße, hört nicht plötzlich, sondern allmählig auf. Nicht anders habe ich mir das vorgestellt und anders kann es auch nicht gewesen sein. Eine Hopliten-Phalanx, noch dazu Bürgerwehr, die 1 1/2 km weit fechtend und verfolgend vorgedrungen ist, ist aufgelöst, ist mit ihren Kräften ziemlich erschöpft und bedarf einer Atempause. Kromayer meint, bei Platää sei es anders gewesen; da habe die Verfolgung unmittelbar bis zum persischen Lager geführt. Aber erstens ist diese Feststellung doch keineswegs so ganz sicher, und zweitens hatte ja bei Platää ein großer Teil des griechischen Heeres entweder gar nicht oder so gut wie gar nicht gefochten. Platää bildet also keinen Gegenbeweis, und da sowohl der Kampf an den Schiffen wie die geringe Beute keinem Zweifel unterliegen, dazu von einem Kampf an dem Lagereingang oder an dem noch davor liegenden Bach Charadra kein Wort berichtet wird, so bleibt als einzige Auffassung, die mit den Quellen vereinbar ist und der Natur der Dinge entspricht, daß die Schlacht in zwei getrennte Akte zerfallen ist. Die Zusammenziehung in einen fortlaufenden Akt, wie Kromayer sie vorschlägt, ist gerade bei seiner Auffassung, die die Schlacht näher dem Schiffslager in die Ebene verlegt, am allerwenigsten durchführbar, da die Beute der Athener dann notwendig hätte größer sein müssen, namentlich die Perser unmöglich alle ihre Pferde hätten retten können. Es wäre ja denkbar, daß sie sie selber sämtlich abgestochen haben, ehe sie in die Schiffe gingen, aber ein solcher Akt hätte doch wohl in der griechischen Überlieferung irgend eine Spur hinterlassen, und immer würde es unverständlich bleiben, daß die Griechen nicht mehr Schiffe erbeuteten.

Kromayer macht mir und ich mache ihm den Vorwurf, willkürlich mit den Quellen umzugehen. Die Entscheidung, wer bei dieser gegenseitigen Anklage im Recht ist, wird letzten Endes davon abhängen, wer im Technischen, dem Taktischen und Strategischen, die tieferen Kenntnisse und das geschultere Urteil hat. Denn nur mit Hilfe der Sachkritik kann die Quellenkritik richtig gehandhabt und von jeder Willkür befreit werden.

Marathon gibt für unseren Gegensatz ein Schulbeispiel. Wir sind beide darin einig, den Acht-Stadien-Laufschritt als eine technische Unmöglichkeit zu verwerfen. Wir verwerfen auch Beide die Erzählung Herodots, daß die mehrtägige Verzögerung der Schlacht verursacht sei durch den Ehrgeiz des Miltiades, der die Schlacht an dem Tage schlagen wollte, wo er nicht nur sachlich, sondern auch formell das Kommando hatte. Kromayer aber läßt von diesem Volksmärchen die Tatsache stehen, daß Miltiades die Schlacht beschlossen, und schließt daraus weiter, daß er eine Offensivschlacht geschlagen habe. Ich halte aus technisch-taktischen Gründen die Offensivschlacht für unmöglich, gehe also in diesem Punkt tatsächlich in der Verwerfung der herodoteischen Überlieferung einen Schritt weiter als Kromayer. Kromayer wiederum verwirft, weil die Konsequenz seiner Auffassung dazu zwingt, den Kampf an den Schiffen. Diese Korrektur der Überlieferung scheint mir methodisch unerlaubt und willkürlich, weil kein Grund abzusehen ist, weshalb die Volksphantasie gerade diese Kampfesbilder hätte erfinden sollen, wenn der wirkliche Kampf an der Charadra und an dem befestigten Lagereingang stattgefunden hätte. Die falsche Vorstellung von der persischen Taktik führt zwangsläufig zu der falschen Quellenbehandlung. Die Vorstellung von der persischen Taktik, wie ich sie vertreten habe, nötigt an keiner Stelle zu einer Abweichung von der Überlieferung, die nicht psychologisch verständlich wäre, und erweist sich dadurch als richtig.

Berlin-Grunewald.

Zum ältesten Namen von Kypros.
Fritz Schachermeyr.

Seit W. M. Müllers erstem dahingehenden Vorschlage[1]) hatten sich nach einigem Schwanken die Mehrzahl der Forscher dazu entschlossen, in dem *Alašia* (*'-r'-s'*) der Hieroglyphen und Keilschrifttexte die alte Bezeichnung der Insel Kypros zu sehen und auch *Asy* (*Isiĭ*) der ägyptischen Inschriften damit gleichzusetzen[2]).

Gegen diese Annahme ist nun im XIV. Bande dieser Zeitschrift[3]) Wainwright in seinem Artikel „*Alašia-Alasa; and Asy*" aufgetreten. Derselbe ist der Ansicht, daß wir weder in *Alašia* noch in *Asy* Kypros zu sehen hätten, *Alašia* sei vielmehr an der syrischen Küste südlich der Orontesmündung, *Asy* am gleichen Gestade nördlich davon zu lokalisieren. Als Gründe für die Verlegung von *Alašia* werden angeführt:

1. Das für Alašia belegte Kupfervorkommen spricht ebensogut für Nordsyrien wie für Kypros (§ 2 und 4);
2. die für Alašia bezeugten Lieferungen von Elfenbein nach Ägypten setzen das Auftreten von Elefanten im Lande voraus; diese gab es aber nachweislich am Euphrat und etwa auch am Orontos, nicht aber auf Kypros (§ 3);
3. das hebräische Elišah (אֱלִישָׁה) tritt Genesis 10 neben Kittim (כִּתִּים) auf und kann somit nicht Kypros bedeuten (§ 9);
4. der Mangel an keilinschriftlichen Funden auf Kypros läßt sich nicht vereinen mit dem Vorkommen zahlreicher Tontafeln aus Alašia im El-Amarna-Archive (§ 10);
5. die geographischen Listen der XIX. ägyptischen Dynastie legen die Lokalisation Alašias an Syriens Küste nahe (§ 12);
6. wenn man in frühgriechischer Zeit in Tamassos einen Apollon Alasiotas verehrte, so verweise gerade der Beiname auf die Einführung von auswärts, da er in der Heimat desselben nicht bedürfe (§ 8);

---

1) *Zeitschr. f. Assyriologie* X, S. 257—264.
2) So Eduard Meyer, zuletzt *Geschichte des Altertums* I, 2 (III. Aufl.), § 499; O. Weber, *Vorderasiatische Bibliothek* II, 2, S. 1077.
3) *Klio*, Beiträge zur alten Geschichte, Jahrg. 1915, S. 1—36.

7. El-Amarna Nr. 35, Zl. 49—53 wird dahin ausgelegt, daß der König von Alašia dortselbst viel zu weitgehende Anteilnahme an der politischen Lage in Syrien zeige, als daß gleiches für einen an festländischen Ereignissen uninteressierten kyprischen Inselfürsten zuträfe (§ 13).

Für die Versetzung von *Asy* nach Syrien führt Wainwright die gleichen Argumente an, als wir unter 1., 2., 4. und 5. bereits aufgezählt[1]).

Alašia und Asy zu trennen, genügt ihm die Tatsache, daß für letzteres Bleilieferungen nach Ägypten belegt sind, für ersteres aber nicht. Um gleich hierbei zu bleiben, so ist Wainwright zuzugeben, daß die übereinstimmenden Nachrichten über Alašia und Asy ebenso wie die Feststellung der ägyptischen Philologie über die mögliche Wesensverwandtschaft beider Namen keine unbedingte Beweiskraft für die Identität derselben behalten. So sei es denn auch dem persönlichen Geschmack des Einzelnen anheimgegeben, das oben angeführte Argument als entscheidend anzunehmen oder aber zu verwerfen.

Kehren wir nun zu den Alašia betreffenden Punkten zurück.

Ausfuhr von Kupfer wird trotz syrischem Nuhašše und Chalkis in erster Linie immer für Kypros sprechen, sofern uns nicht im folgenden gewichtige Gegengründe entgegentreten.

Ausfuhr von Elfenbein verweist dagegen allerdings auf das Festland, jedoch ist gerade dieses Material im 2. Jahrtausend v. Chr. neben Kupfer und Silber der wichtigste internationale Handels- und Zahlungsartikel, der, von Hand zu Hand gehend, sogar von den Gesandten aus Kaphtor (= Kreta, s. u.) den Ägyptern überbracht wird. Zudem weisen die bei den in Kypros angestellten Raub- und Ausgrabungen gefundenen Elfenbeingegenstände auf ein so hoch entwickeltes, bodenständiges Kunsthandwerk dieser Art, daß es uns nicht Wunder zu nehmen hat, wenn Elfenbein gerade in der Handelsbilanz unserer Insel eine große Rolle spielte.

Elišah kommt im Alten Testament Genesis 10, 4, I. Chron. 1, 7, Ezechiel 27, 7 vor. An allen drei Stellen wird im unmittelbaren Zusammenhange damit Kittim genannt. Wenn nun auch Kypros bei den Hebräern sicherlich mit diesem letzteren Namen bezeichnet wurde, so schließt gerade die zu jenen Zeiten notorische ethnographische Zweiteilung der Insel eine Doppelbenennung nicht aus, um so mehr Kittim ohne Zweifel von Kition, der Kapitale gerade des semitischen Teiles, abgeleitet ist. An der syrischen Küste braucht Elišah jedenfalls nicht gelegen zu haben. Überhaupt ist dessen Identität mit Alašia noch nicht bewiesen, und es sprechen gewichtige Gründe dafür, in ersterem nicht Kypros, sondern Karthago wiederzuerkennen[2]).

---

1) Dazu einige Hilfsargumente; vgl. zu diesen das S. 234 Gesagte.
2) So Eduard Meyer, *Gesch. d. Altertums* I, 2, § 499 A.

Was das Fehlen von keilinschriftlichen Funden auf Kypros anbetrifft[1]), so wurden aus dem 2. Jahrtausend stammende Wohnschichten dortselbst überhaupt noch nicht ausgegraben, während die Spezies des *titulus sepulcralis* jenen Zeiten — wenn wir von Ägypten absehen — noch unbekannt war. Zudem steht auch an gründlich ausgegrabenen Orten die geringe Menge der gefundenen Tontafeln in keinem Verhältnis zum einst reichlichen Gebrauch der Keilschrift, wie uns die in Syrien gemachten Erfahrungen lehren. Dort lieferten Tell-Ğezer und Tell-el Mutesellim kein einziges diesbezügliches Dokument, während wir im El-Amarna-Archiv vier Briefe aus Gasri (E. A. 297—300) und aus Megiddo deren sechs (E. A. 242—246; 248) kennen lernen. Für Lakiš (Tell-Ḥasî) steht ein ausgegrabener Brief zweien aus El-Amarna gegenüber. Nur zu Taʿannak fand man eine größere Anzahl von Texten.

Da Wainwright aus den geographischen Listen der XIX. äg. Dynastie Beweismaterial für die Lokalisierung von Alašia wie von Asy in Syrien ziehen zu dürfen glaubt, erscheint es angezeigt, über die Verwendbarkeit dieser Listen im allgemeinen sich klar zu werden.

Zur Zeit der XVIII. Dynastie hatte sich die ägyptische Herrschaft über weite Gebiete Vorderasiens erstreckt. Die Inschriften der damaligen Zeit halten sich von prinzipiellen Fiktionen fern, wenn sie auch nicht frei von graduellen Übertreibungen sind. Das Gesagte gilt auch noch von der Zeit des Niederganges der außenpolitischen Geltung Ägyptens unter Amenophis III. und IV., der in den Inschriften natürlich nicht betont aber auch nicht durch Lügen verschleiert wird. — Die XIX. Dynastie setzte es sich nun zum Ziel, die Weltstellung in Asien wieder für Ägypten zurückzugewinnen und dem vorausgegangenen Königshause an Macht und Ruhm gleichzukommen. Die darauf abzielenden Versuche wurden jedoch im mittleren Syrien von den Ḫatti aufgehalten. Die Inschriften dieser Zeit können es aber nicht über sich bringen, hinter denen der XVIII. Dynastie zurückzustehen, und so werden die Namen aller jener Länder, mit denen die XVIII. Dynastie einstmals irgendwie in Berührung gekommen war, aus deren Inschriften entnommen, zu Listen vereinigt, als von der XIX. Dynastie erobert in deren Prunkinschriften angeführt. So erklärt es sich auch, daß unter der XIX. Dynastie wiederholt noch Kephtiu (Kaphtor, Kreta) genannt wird, obwohl bereits gegen Ausgang der XVIII. Dynastie (etwa zu Anfang der Regierung Ame-

---

1) Auch Hall in den *Proceedings of the Society of Biblical Archaeology* XXXI (1909), S. 228 nimmt merkwürdigerweise das Fehlen von keilinschriftlichen Funden auf Kypros zum Anlaß, Alašia auf das Festland zu versetzen. In seinem Buche *The ancient history of the near east* S. 243 A. 1 schließt er sich weiteren Thesen Wainwrights (den unter 2 und 7 aufgezählten) an und mißversteht E. A. 144, 51—53. Ich komme S. 238 Anm. 1 nochmals auf seine Annahmen zurück.

nophis III.) Kretas politische und Seegeltung wie sein Wohlstand vernichtet worden und die Herrschaft über die Ägäis an Mykenä, vielleicht das Danuna der Amarnatafeln[1]), übergangen war[2]).

Natürlich können wir nun nicht erwarten, daß in diesen aus altem Material wahllos zusammengestellten Listen auf das geographische Ordnungsprinzip besonderen Wert gelegt worden sei. Man vergegenwärtige sich zu diesem Zwecke nur: Ramses II. anc. rec. 366: *Naharina—Unter-Ratenu—Arvad—Keftiu—Qatna*; oder Lepsius, Denkmäler III, 131a: *Ḫeta— Naharina—Alasa—Akko*. Wenn nun in einigen Inschriften dem

---

1) *El-Amarna* 151, 49ff. antwortet Abdi-milki von Tyros dem Pharao auf dessen Befehl, man möge ihm Nachrichten aus Kinaḫḫi zukommen lassen: „Der König von Danuna ist tot und sein Bruder ist König geworden nach ihm und ruhig ist sein Land. Und Ugarit, die Burg des Königs (des Pharao) hat Feuer verzehrt. Die eine Hälfte hat es verzehrt, die andere nicht. — Und das Ḫattiheer ist nicht da. Etakama ist Herr von Kidši und Azira hat Feindschaft mit Namiawaza usw. usw."

Nun spielen unter den Seevölkern, die zur Zeit Ramses III. Ägypten bedrohen, die Danuna (äg. *D'-in-iw-n'*) eine Hauptrolle; man hat dieselben mit Recht mit den Danaern des griechischen Altertums zusammengestellt (traten doch damals auch die 'Αχαιοί als Akaiwaša den Ägyptern entgegen). Es liegt nun durchaus im Bereiche der Möglichkeit, daß das Danuna Abdi-Milkis mit dem Lande der Danaer identisch ist, um so mehr, als dem Orientalen jener Zeiten jeder König als Herr des Landes und nicht des Volkes vor Augen steht (es gibt keinen König der Assyrer oder der Ägypter, sondern nur einen solchen des jeweiligen Landes) und man so in Tyros aus einem Könige der Danaer recht wohl einen solchen von Danuna (mit der suspekten Endung -na; vgl. über dieselbe Lehmann-Haupt, *Klio* VIII, S. 507 und Art. *Kimmerier*, *SA* 1921 aus Pauly-Wissowa *RE* XI, S. 409; ferner Peiser wie Herzfeld *Orient. Lit.-Ztg.* 1919, Sp. 8 und 217) machen konnte. Die griechische Sage verweist uns nun für Danaos und Danaer nach Argolis; das stimmt mit unserer Hypothese aufs trefflichste überein: Der Brief des Abdi-milki ist an Amenophis IV. gerichtet, stammt also aus der Zeit, da Kretas Vorherrschaft in Griechenland bereits gestürzt und Mykenä (mit Tiryns) an dessen Stelle getreten. Wenn nun Abdi-Milki von einem Regierungswechsel in Danuna berichtet, so mag er recht wohl ein diesbezügliches Ereignis am Hofe von Mykenä im Auge haben, um so mehr als derartige Nachrichten im Küstenverkehr früher nach Syrien als nach Ägypten gelangt sein müssen. Er entledigt sich somit seiner Pflicht als Berichterstatter in der Weise, daß er zuerst Nachrichten aus dem fernen Westen (Danuna), dann solche aus dem Norden (Ugarit und Ḫatti), schließlich lokale Begebenheiten aus Kanaan mitteilt.

2) Die Stellen, in denen Keftiu auf Grund realer Ereignisse (zumeist Ankunft von Gesandten) genannt wird, lassen sich mit Sicherheit bis auf Amenophis II. verfolgen; die letzten Herrscher der XVIII. Dynastie nennen das Land überhaupt nicht. Erst in den Inschriften der XIX. Dynastie tritt der Name wieder und zwar häufig auf, aber nur in den geographischen Listen und niemals an einer Stelle, die uns berechtigte an dem rein fiktiven Charakter der Angabe zu zweifeln.

geographischen Prinzip in etwas weiterem Maße Rechnung getragen ist, so nützt uns das wenig, da wir gerade bei dem Auftreten der zahlreichen unlokalisierten Ortsnamen nicht imstande sind, zu ermessen, wie weit Absicht oder achtloser Zufall bei der Aneinanderreihung am Werke war.

Haben wir somit den trügerischen Charakter der geographischen Listen richtig erkannt, so fallen damit die Argumente, die Wainwright aus ihnen für die Versetzung Alašias nach der syrischen Küste südlich des Orontes und von Asy nach der gleichen Küste nördlich des Flusses gewinnt[1]).

Die Erwähnung des Apollon Alasiotas in der griechisch-aramäischen Bilinquis von Tamassos bietet nach Ansicht der meisten Forscher ein sicheres Kriterium für die Gleichsetzung von Kypros und Alašia, nach Wainwright ein Argument gegen dieselbe. Beide Parteien gehen, wie im folgenden gezeigt werden wird, zu weit.

Gottheiten nach ihren jeweiligen Verehrungsorten zu bezeichnen, ist ein dem orientalischen wie dem griesischen Altertum geläufiger Gebrauch. Diese lokale Determination schloß dann häufig eine Art Rangbezeichnung mit ein. Ein und derselbe Gott als Schutzherr einer bedeutenden Stadt galt für mächtiger wie der einer minder wichtigen. Solches tritt uns besonders im ḫattischen Pantheon entgegen; dort überragte der *Šamaš von Arinna* alle anderen Sonnengottheiten des Landes an Macht, und sicherlich galt auch der *Tešup von Ḫatti* mehr als etwa der von *Šamuḫa* oder von *Liḫzina*[2]). Gleicherweise ist der *Tešup von Kaḫat* als offizielle Hauptgottheit von Mitani anerkannt. Ähnliche Beispiele lassen sich aus der griechischen Kulturwelt beibringen; es sei hier aber nur noch auf die im Range so hoch stehende Aphrodite von Paphos hingewiesen. Die lokale Determination ist somit auch Rangbestimmung und zwar vor allem dann, wenn es sich um die Gottheit der Landesstadt oder des jeweiligen Hauptkultortes handelt.

Nun haben wir Grund zur Annahme, daß die einstmalige Hauptstadt von Alašia ebenfalls Alašia geheißen habe, denn in einem in

---

1) Damit erledigt sich auch, was W. an Hilfsargumenten — wie die Heranziehung der Dhutmes-Annalen (achter und neunter Feldzug) und die Gleichung Asy = El-Asy — beigebracht hat. El-Asy, der moderne Name des Orontas, geht natürlich auf klassisches Ἄξιος zurück.

2) = $rḫsn$ der ägyptischen Version des Ramsesvertrages; lie diesbezügliche Identifikation fehlt bei Meissner, *Ztschr. d. D. Morg.-Ges.* 1918, S. 57 und ebenso bei Roeder, *Ägypten und Hethiter* (Alter Orient XX), S. 44. Gleicherweise ist hier wie dort nachzutragen: $dp'rnd = $ Zi-ip-pa-la-an-ta (*K. Bo.* II, 12: V, 14; *K. Bo.* II, 5: III, 15; *K. Bo.* IV, 10: I, 52; *K. Bo.* IV, 13: II, 10. III, 29: IV, 15) und vielleicht $sḫpn = $ Za-aḫ-bi-na, (*K. Bo.* I, 5: IV, 55) falls das erstere Zeichen, das an zab oder e gemahnt, etwa za zu lesen wäre. Schließlich ist nun auch Ka-ra-aḫ-na (*K. Bo.* III, 6: II, 15; *K. Bo.* IV, 13: I, 35) für $krḫn$ endgültig belegt.

Boghasköi gefundenem Texte wird eine Stadt Alašia erwähnt (*Keilschrifttexte aus Boghasköi*, IV, 1 Rs. 39; s. u.). Wenn wir auf Kypros aus frühgriechischer Zeit von einem Apollon Alasiotas hören, so handelt es sich zweifellos um eine ursprünglich vorgriechische, erst nachträglich mit Apollon identifizierte Gottheit[1]), es handelt sich aber jedenfalls auch um die Hauptgottheit des einstigen Staates Alašia, wie sie durch den Schutzgott der gleichnamigen Stadt repräsentiert worden ist. Somit ist die Bezeichnung der Gottheit als alasiotische, da Rangbezeichnung, im eigenen Lande durchaus nicht überflüssig (ähnliches gilt ja auch für die paphische Aphrodite) und mag in späterer Zeit, da Stadt und Staat Alašia längst der Vergessenheit anheimgefallen, wegen ihres Alters mit besonderer Ehrfurcht verehrt worden sein.

Immerhin ist das eine zuzugeben, daß die in Frage kommende Gottheit (gerade wegen ihres offenbar hohen Ranges) wohl auch außerhalb ihrer Heimat verehrt werden konnte und damit hört Apollon Alasiotas auf, einen unbedingten Beweis für die Identität Kypros-Alasia zu bilden, läßt allerdings dieselbe noch immer als höchst wahrscheinlich erscheinen.

Nun zum letzten, nach Wainwrights Ansicht wohl ausschlaggebenden Beweis. Der Fürst von Alašia schreibt E(l)-A(marna) No. 35 an den Pharao, er möge doch mit den Königen von Ḫatti und Šanḫar in keinerlei Verbindung treten. Nach W. ist es nun ganz unmöglich, daß der Fürst von Kypros solches geschrieben haben kann, denn für diesen hätten die Beziehungen Ägyptens zu Ḫatti und Šanḫar, das er nach Obersyrien versetzt, keinerlei Interesse.

Einmal die Lage von Šanḫar. Das in Syrien gelegene Zinzar (E. A. 53, 42 *Zi-in-za-ar*; äg. *Tnḏr*) kommt aus lautlichen Gründen kaum in Betracht. Um so wahrscheinlicher ist bei der häufigen Indentität von keilinschriftlichem *ḫ* und hebr. ע die Gleichung *Šanḫar* = *Šin'ar* (שִׁנְעָר), bezw. ägypt. *S'-n-g-r'*. Daß nun unter dem *S'-n-g-r'* der Dhutmes-Annalen Babylonien zu verstehen ist, kann kaum bezweifelt werden. Wohl aber mag diese ägyptische Ausdrucksweise eine inkorrekte sein, denn eine Tontafel aus Boghasköi nennt uns *Babilu* und *Šanḫar* nebeneinander[2]). In Anbetracht dieser Tatsache und angesichts der Ähnlichkeit des Namens

---

1) Über deren Wesen uns das aramäische Äquivalent *R š p* einiges ahnen läßt; oder sie ist gleich dem kleinasiatischen Apollon.

2) Winckler, zitiert bei O. Weber a. a. O., S. 1082:

Zl. 1. *Aššur, Babilu* mat al *Ša-an-ḫa-[ar]*.
„ 2. [   ] *ia* mat al *Al-zi-ia* mat al *Pa-pa-aḫ-ḫi*.
„ 3. [   ] mat al *Lu-ul-lu-PI* mat al *Ar-za-wa*.

In diesem Texte finden wir (in mat al *Papaḫḫi*) das erste Mal auch das keilinschriftliche Äquivalent von Papeḫ (cf. Lepsius, *Denkm.* 131a; 129. — Roselini, *Mon. Stor.*, S. VXI).

mit dem (Ğebel-)Sinǧar erscheint es möglich, Šanḫar als einen Mesopotamien gemeinhin bezeichnenden geographischen (?) Terminus zu fassen, der dann in Anwendung auf die politische Geographie sowohl auf Babylonien als auch auf andere mesopotamische Staaten, somit insbesondere auf Mitani übertragen werden konnte. Auf Mitani bezieht denn auch O. Weber das Šanḫar unseres Amarnazitates[1]).

Kann nun, wie Wainwright annimmt, es dem Fürsten von Kypros gleichgiltig gewesen sein, ob Ägypten mit Ḫatti und Mitani in freundschaftliche Beziehungen trat[2])?

Die Amarnabriefe lehren uns deutlichst, daß zur Zeit Amenophis III. zwischen Ägypten und Mitani geraume Zeit Kriegszustand bestand. Nachdem es aber im weiteren dem Ḫatti-Könige Šuppiluliuma[3]) gelungen war, den mitanischen Einfluß aus Syrien zu verdrängen, tritt das Ḫatti-Reich als Hauptgegner Ägyptens in Vorderasien auf[4]). Solange nun zwischen den asiatischen Großmächten und Ägypten Kriegszustand bestand und eine (in Syrien gelegene) Kampfzone die beiden Lager schied, ermangelten die Bedingungen zur Anbahnung eines geregelten Handelsverkehrs zu Lande zwischen Kleinasien bezw. Mesopotamien und dem Nillande. Derselbe war vielmehr im wesentlichen auf den Seeweg angewiesen und aus diesem Umstande muß Kypros als der prädestinierte neutrale Zwischenhändler die allergrößten Vorteile gezogen haben. So ist es denn erklärlich, wenn der König von Alašia an den Pharao schreibt:

> Mit dem Könige von Ḫatte und dem von Šanḫar
> mit ihnen tritt nicht in Verbindung
> — was immer für Geschenke gesandt worden
> an mich — und ich habe sie zweifach dir
> zurückgegeben[5]).

---

1) Vgl. dessen Artikel a. a. O. 108—1083
2) Die folgenden Ausführungen gelten auch für die, welche die Gleichung Mitani-Šanḫar ablehnen.
3) So wohl richtiger als *Šubbiluliuma*.
4) Wir erfahren aus der Zeit der ausgehenden Regierung Amenophis III. und der Amenophis IV. von einer ganzen Reihe von Ḫatti-Einfällen in Syrien; dieselben sind aber durchwegs jünger als ähnliche Unternehmungen von seiten Mitanis.

Eine eingehende Behandlung der Chronologie der El-Amarna-Briefe samt geschichtlicher Auswertung kann ich in Aussicht stellen.

5) 35, 49 *itti šarri* ^{matu} *Ḫatte u itti šarri* ^{matu} *Šanḫar*
   ittišunu la tašakin anaku
   minumme šulmanu ša ušebilu
   ana iaši u anaku 2šu ana muḫḫika
   uteiršu.

Wir können sogar noch weiter gehen und überhaupt darauf verzichten, der zitierten Stelle politische Bedeutung beizumessen; diesfalls hätten wir dann *tašakin* in kommerziellem Sinne zu verstehen und da *šulmanu* wohl euphemistisch für Ware steht, wäre dann etwa folgendermaßen zu interpretieren: Treibe nicht Handel mit den Festlandsmächten, da du doch bei mir den höchsten Gewinn erzielst.

Nun sehen wir die Aufforderung des Königs von Alašia in ganz neuem Lichte und damit ist das letzte Argument, das für Wainwrights Ansicht zu sprechen schien, gefallen.

So ist es uns denn gelungen, die Gegengründe zu widerlegen, und — z. T. sogar mit ihrer Hilfe — die Gleichung Alašia-Kypros aufs neue wahrscheinlich zu machen. Über eine allerdings äußerst hohe Wahrscheinlichkeit kommen wir allerdings mit Hilfe des positiven Beweismaterials nicht hinaus (das gilt, wie oben gezeigt, auch für Apollon Alasiotas); dagegen können wir uns durch eine Erwägung negativer Natur unbedingte Sicherheit verschaffen.

Die völlige Übereinstimmung der kretischen Funde (Late Minoan I und II) mit dem Befunde der ägyptischen Grabfresken, die Gesandte und Geschenke aus Keftiu darstellen, läßt es als sicher erscheinen, daß die Ägypter mit „Keftiu" die dem minoischen Kulturkreise angehörigen Länder bezeichneten. Nun ist Keftiu, das Kaphtor der Bibel und Kaptara der Assyrer[1], nicht Volks-, sondern Landesname, kann als solcher nur zur Bezeichnung eines Landes bezw. Landkomplexes, somit wohl Kretas und etwa der benachbarten Gebiete gedient haben. Daß sich die Verwendung des Namens auch auf Kypros ausgedehnt hat, ist dagegen nicht anzunehmen, denn diese Insel war infolge ihrer geographischen Lage nahe der syrischen Küste, den durch die damalige, primitive Küstenschiffahrt geschaffenen Verhältnissen entsprechend, den Ägyptern viel zu bekannt, als daß sie nicht eine Sonderbenennung hätte erhalten müssen; zudem ist — Küstenschiffahrt vorausgesetzt — die Entfernung Kreta—Kypros kaum geringer wie die Kypros—Ägypten[2].

Kann der Name Keftiu aber für Kypros nicht in Anspruch genommen werden, so muß die Insel in den ägyptischen Inschriften unter einem anderen Namen gesucht werden, und nun kommen nur deren zwei in Betracht, Alašia und Asy. Wären diese beiden nicht identisch mit unserer Insel, so fehlte uns — was ganz unmöglich — deren Name in der

---

1) Vgl. R. Eislers Ankündigung von E. Forrers Entdeckung in *Festschrift für Lehmann-Haupt*, S. 21.

2) Dabei muß Kypros viel früher in den Gesichtskreis Ägyptens gekommen sein als Kreta, kaum später als die phönikische Küste selbst (vom Stavrovuni, dem Aussichtsberge von Larnaka, sieht man die Kette des Libanon!).

ägyptischen Literatur überhaupt[1]). Wenn auch negativ, so ist dieser unser letzter Beweis nichtsdestoweniger von entscheidender Bedeutung; in dieser Form noch niemals ausgesprochen, mag er als Enthymem schon für alle jene gegolten haben, die sich für die Gleichung Alašia-Asy-Kypros ausgesprochen hatten.

Wie nicht anders zu erwarten, wird Alašia auch in den neu veröffentlichten Boghasköitexten einige Male erwähnt. So in einem Brief(?)-fragmente *K. Bo.* I, 26 Zl. 3; — dann *K. Bo.* II, 9 Col. I, 7 mit vielen anderen Städten zu einer Liste vereinigt, deren Zweck noch nicht hinreichend geklärt ist[2]) —. Von hohem Interesse ist schließlich in dem von E. Forrer (in Autographie) veröffentlichten Texte: *„Wenn sie die Balken niederlegen"* (*K. Bo.* IV, 1) jener Teil, der von den Bezugsgebieten verschiedener Mineralien handelt (Vs. 35ff.). Es wird darin auch Alašia und zwar als Bezugsquelle von Bronze (URUDU *UD-KA-BAR*) genannt: URUDU *UD-KA-BAR* alu *A-la-ši-ia-az* HAR-SAG *Tag-ga-ta-az u-te-ir*. Auf deutsch dürfte die Stelle lauten: *aus (der Stadt) Alašia, (vom Berge) Taggata hat man Bronze gebracht*[3]). Bemerkenswerterweise wird von der Stadt und nicht vom Lande gesprochen.

---

1) Das in den Dhutmes-Annalen erwähnte .. *tenai* kann als die von den Ägyptern gebrauchte einzige Bezeichnung für Kypros nicht in Betracht kommen, da der Name nur ein einziges Mal in der ägyptischen Literatur vorkommt, Kypros aber öfter genannt sein müßte (gegen Hall, *Ancient history*, S. 243).

2) Vgl. Hroznýs Bemerkungen zu *eḫu* in *Boghazköi-Studien* II, S. 182.

3) *ú-te-ir* hat Hrozný bereits *Bogh.-St.* II, S. 229 (zu *Keilschrifttexte aus Bogh.* II, 5. I, 8) mit „sie brachten" übersetzt; das stimmt trefflich zu unserer Stelle. In der Endung *-az* sehen wir mit Herbig, *Gött. Gel. Anz.* 1921, S. 206, Sommer (*Bogh. St.* III, 1) und Marstrander den Ablativ.

In den neu erschienenen beiden Heften der *Keilschrifttexte aus Boghaskiöi* (*K. Bo.* V und VI; *Autographien* von F. Hrozný) wird, soweit ich sehe, Alašia nicht genannt. Dagegen kommt das oben (Anm. 3) besprochene *ú-te-ir* einige Male vor und zwar in einem Zusammenhange, der auch die Übersetzung „sie sandten" neben der gesicherten „sie brachten" möglich erscheinen läßt:

K. Bo. V, 6 Col. I, 35f.: *na-at IŠ[TU . . . .] MA-ḪAR A-BU-IA ú-te-ir.*
Diese(s) VO[N . . . .] VOR MEINEN VATER brachten (sandten) sie.

K. Bo. V, 6 Col. II, 23: *nu A-NA A-BI-IA me-mi-an ú-te-ir.*
Nun AN MEINEN VATER sandten (!) sie Botschaft.

K. Bo. V, 6 Col. III, 13ff.: *pa-a-ir MAT* alu *Am-ka GUL-aḫ-ḫi-ir nu NAM-RA* MEŠ *GUD UDU EGIR-pa MA-ḪAR A-BU-IA ú-te-ir.*
Sie zogen (aus), schlugen das Land Amka nieder, BEUTE, GROSS- (und) KLEINVIEH HER VOR MEINEN VATER brachten sie.

Weitere Aufschlüsse über Alašia dürfte schließlich der noch unveröffentlichte Text *Bo.* 2127 bringen; vgl. hierüber Hrozný, *Boghasköi-Studien* I, S. 99; II, S. 160[1]).

Innsbruck.

---

[1] In meinem jüngst in der *Orientalistischen Literaturzeitung* (Jahrg. 1921 Sp. 66—70) erschienenen Artikel *Ein neuer Ḫatti-König*, sind infolge widriger Umstände, die mir die Möglichkeit hinreichender Korrektur benahmen, eine Anzahl von Druckfehlern stehengeblieben; ich nehme hierorts Gelegenheit, dieselben, soweit sie sich im akkadischen Texte befinden, zu verbessern. Man lese:

Sp. 67: *uḫ-tal-liq*. — Sp. 68: *i[l-li-ga]* — *uḫ-tal-liq-šú* — *a]lam* ^{lam}. — Sp. 69: I *Ḫa-[a]t-tu-ši-li-ma* — *mi-iṣ-ri-šú* — *iš-ku-un*. — Sp. 70: *QAR-QAR*.

Zu den dort zur Sprache kommenden Problemen geben uns die neuen Texte (s. S. 238, Anm. 3) einige neue Aufschlüsse. So erweist uns *K. Bo.* V 28 die Tatsache mit Sicherheit, daß der von Šuppiluliuma so häufig erwähnte Vater eben Ḫattušil (II.) ist, was wohl als wahrscheinlichste Vermutung fast allgemein schon angenommen war, jedoch bisher noch des strikten Beweises bedurft hatte.

Das Praeskript des Erlasses *K. Bo.* 28 lautet nämlich:

Zl. 1: *UM-MA ta-ba-ar-na* I *Ḫa-[at]-tu-ši-li LUGAL GAL LUGAL MAT* ^{alu} *Ḫa-at-ti UR-SAG*

„ 2: *NA-RA-AM* ^{ilu} *UD* ^{alu} *A-ri-i[n-na]* ^{ilu} *U* ^{alu} *Ne-ri-iq Ù* ^{ilu} *IŠTAR* ^{alu} *Ša-mu-ḫa*

„ 3: *MÂR* I *Mur-ši-li LUGAL GAL LU[GAL MAT* ^{alu} *Ḫa-]at-ti UR-SAG MÂR-MÂR-ŠÚ ŠÁ* I *Šu-up-pi-lu-li-u-ma LUGAL GAL*

„ 4: *LUGAL MAT* ^{alu} *Ḫa-at-ti UR-[SAG MÂR-MÂR]-MÂR-ŠÚ ŠÁ* I *Ḫa-at-tu-ši-li*

„[1]*WORTLAUT des Erlasses des Ḫattušil des GROSSKÖNIGS, KÖNIGS des ḪATTILANDES, des HELDEN* [2]*des LIEBLINGS des SONNENGOTTES von ARINNA, des TEŠUB von NERIG UND der IŠTAR von ŠAMUḪA,* [3]*SOHN des Muršil des GROSSKÖNIGS, KÖNIGS des ḪATTILANDES, des HELDEN, ENKELS DES ŠUPPILULIUMA, des GROSSKÖNIGS,* [4]*KÖNIGS des ḪATTILANDES, des HEL[DEN, URE]NKEL DES Ḫattušil . . .*"

Die Ergänzung der vierten Zeile ist nicht anzuzweifeln; in dieser nennt sich Ḫattušil III. nicht wie in anderen Praescripten den „Sproß" sondern geradezu den „Urenkel" Ḫattušils II.

Mitteilungen und Nachrichten.

Libanios und die Alemannen.
Von Wilhelm Göz.

In seinem Buche, *Wirtschaftliche und soziale Grundlagen der europäischen Kulturentwicklung* I, 1918, stützt sich A. Dopsch S. 256 auf zwei Stellen aus einer der Reden des Libanios[1]), die nach seiner Ansicht die frühe Ausbildung der Grundherrschaft bei den Alemannen dartun sollen. Ehe wir in die Besprechung der Frage eintreten, ob überhaupt die Libaniosstelle im Sinne von Dopsch als Beweismittel für alemannische Verhältnisse ausgewertet werden darf, ist die Übersetzung der Stellen, die im wesentlichen auf E. Kuhn (s. Anm. 2) zurückgeht, einer Prüfung zu unterwerfen, da sie nicht einwandfrei erscheint.

Der griechische Text lautet: 1. Εἰσὶ κῶμαι μεγάλαι πολλῶν ἑκάστη δεσποτῶν. (Lib. III or. 47 § 4 rec. Förster = Lib. vol. II p. 501 ed. Reiske.) 2. Τὸ δὲ ζητεῖν προστάτην οὐ μόνον ἐκείνων ἐστὶ τῶν ἀγρῶν οἳ οὐ πολλῶν εἰσι τῶν ἐχόντων ἑκάστου μέρος οὐ πολὺ κεκτημένον, ἀλλὰ καὶ οἷς καὶ εἷς ὁ δεσπότης. καὶ οὗτοι τὸν μισθωτὸν προστίθενται τῇ τοῦ δεσπότου ζημίᾳ τὸν μισθὸν πορίζοντες καὶ διδόντες ἐξ ὧν ἀποστεροῦσι. (Lib. III or. 47 § 11 rec. Förster = Lib. vol. II p. 507 ed. Reiske.) Dies heißt: 1. „Es gibt große Dörfer, jedes im Besitz vieler Eigentümer. 2. Nicht nur jene Bauern sehen sich nach einem Patron um, die in Dörfern wohnen, die vielen Eigentümern gehören und in denen jeder ein kleines Stück Land besitzt, sondern auch die, deren Dorf einem Herrn gehört. Auch diese rufen den Schutz des Mietlings an und zum Schaden ihres Herrn gewinnen und verabreichen sie den Lohn von dem, was sie dem Herrn nehmen." Dopsch überträgt[2]) a. a. O.: „Es gibt große Dörfer, welche vielen Eigentümern gehören, von denen jeder nur ein unbeträchtliches Stück Land besitzt, und auch wieder andere Dörfer, die einen Herrn haben und von Pächtern und Kolonen bebaut werden."

---

1) Libanii *opera* rec. R. Förster III or. 47 (περὶ προστασιῶν) § 4 und § 11 = Libanii sophistae *orat. et declamat.* ed. Reiske vol. II pag. 501 und pag. 507. Dopsch führt a. a. O. nur nach der Ausgabe von Reiske die beiden Stellen übersetzt zusammen, verweist jedoch a. a. O. S. 256 Anm. 310 lediglich auf eine der beiden (Reiske II, 507). Ebenso schon Meitzen, *Wanderungen, Anbau und Agrarrecht der Völker Europas nördlich der Alpen*, I S. 538.

2) Die Übersetzung Dopschs stammt aus Meitzen, *Wanderungen* usw. I, S. 538 und Anm. 1, dessen Wiedergabe fast völlig gleichlautet und auf den sich auch Dopsch a. a. O. S. 256 ausdrücklich beruft. Meitzen wiederum diente als Quelle die Übersetzung bei Kuhn, *Die städt. und bürgerl. Verfassung des röm. Reichs* I, S. 271. Dahn, *Könige der Germanen* IX, 1 S. 456 und Anm. 7, hat Meitzens Verdeutschung benutzt. Er zitiert jedoch fälschlich ed. Reiske cod. II p. 50!

Nach Gegenüberstellung des Textes und der beiden Übersetzungen kann die Bemerkung nicht unterdrückt werden, daß es schon von Kuhn (s. Anm. 2) nicht angebracht war, obwohl er im Gegensatz zu Meitzen, Dahn und Dopsch die beiden Belege getrennt anführt, aus den an verschiedenen Stellen der Rede stehenden Sätzen das auf die Besitzverhältnisse der Bauern Bezügliche herauszuschälen und miteinander zu verbinden. So entsteht ein schiefes Bild vom Zusammenhang der Sätze für den, der das Zitat nicht nachzuprüfen in der Lage ist. Weiterhin steckt aber in der von Dopsch gebotenen Übertragung ein offensichtlicher Fehler. Denn die Worte καὶ οὗτοι τὸν μισθωτὸν προστίθενται des zweiten Zitats (s. o.) können nur auf diejenigen Bauern gehen, deren Dörfer einem Herrn gehören. Auch diese, nicht bloß die freien Bauern in den μεγάλαι κῶμαι, ziehen den Mietling herbei, wie Libanios in seiner Erregung voll Verachtung den Patron nennt, den sie meist in der Person des Militärbefehlshabers der betreffenden Gegend fanden. So wird der Patron aufs wirkungsvollste gegen den Grundherrn, der nach Libanios der natürliche Beschützer der Bauern sein sollte[1]), ausgespielt. Wenn aber Kuhn und nach ihm Meitzen und Dopsch übersetzen: „die einem Herrn gehören und von Pächtern (Kuhn: Mietlingen) bebaut werden," so ist diese Übersetzung sinnwidrig und verträgt sich nicht mit dem Wortlaut des griechischen Textes. Ihr widerstrebt auch das, was folgt. Μισθωτὸν bezieht sich hier nur auf den Patron, aber nicht auf die Bauern in den Dörfern eines Grundherrn, wie man nach Kuhns Übersetzung vermuten könnte.

Libanios vertritt seine Sache in dieser Rede, in der er die Patrociniumsbewegung bekämpft und den Kaiser bittet, ein schon vorhandenes, von diesem selbst gegen die widerrechtliche Ausübung des Patronats erlassenes Gesetz aufs wirksamste zur Anwendung zu bringen[2]). Denn seine eigenen Kolonen, Juden, die ein ihm gehöriges Gut[3]) bebauten, hatten ihm den Gehorsam aufgekündigt. Als Libanios sie gerichtlich belangen wollte, erreichten sie ihre Freisprechung durch den anfänglich mit seiner Ansicht auf der Seite des Libanios stehenden Richter, auf den der von den Kolonen durch Geschenke gekaufte Militärbefehlshaber den entsprechenden Druck ausgeübt hatte. Daher erhebt der Redner die schärfsten Anklagen gegen die den Staat aufs schwerste schädigende Habsucht der Offiziere, die sich ihr Schutzherrentum teuer bezahlen ließen[4]). Zu Anfang der Rede äußert er sich aufs bitterste über die Unbotmäßigkeit der Bauern, die, auf den Patron und dessen Soldaten pochend, die mit der Steuererhebung beauftragten Decurionen mit blutigen Köpfen heimzuschicken pflegten[5]).

Läßt sich nun aus den von Dopsch und seinen Vorgängern angezogenen Stellen und sonst aus der Rede eine Bezugnahme auf alemannische Verhältnisse herauslesen? Dies ist zu verneinen. Zustände, wie sie im Orient, ins-

---

1) Liban. or. 47 § 20 f. s. Zulueta, *de patrociniis vicorum* S. 37 (Oxford *Studies in social and legal history* ed. P. Vinogradoff I, 2), der S. 28—40 eine Analyse der Rede gibt.
2) Zulueta a. a. O. S. 39 glaubt dieses Gesetz in *C. Th.* V, 17, 2 vom 25. Okt. 386 zu erkennen. Ihm ist wohl beizupflichten, da wir dann die Schwierigkeit umgehen, mit Förster Lib. III p. 401 not. 3, der das Gesetz mit *C. Th.* XI, 24, 2 v. J. 370 [368?] identifizieren will, annehmen zu müssen, Libanios habe irrtümlich den Theodosios als Urheber des Gesetzes betrachtet.
3) or. 47 § 13—16. — 4) or. 47 § 26 ff. — 5) or. 47 § 7 ff.

besondere in Syrien herrschten, liegen überall der Rede zugrunde; von einem Eingehen des Syrers auf die für ihn doch recht ferne liegenden Alemannen ist keine Spur zu entdecken. In Syrien, wie in Palästina, Arabien und Ägypten sind die Metrokomien, die Dörfer freier Bauern, die wir mit Kuhn und Gelzer wohl den μεγάλαι κῶμαι des Libanios gleichzustellen haben, nachzuweisen[1]). Kuhn hat denn auch unsere Libaniosstellen in keinerlei Weise mit den Alemannen verknüpft[2]). Erst von Meitzen ab ist dies geschehen. Wir dürfen aber den Libanios nicht als einen Hauptzeugen für alemannische Verhältnisse aufrufen. Mit dem Ausscheiden dieser Möglichkeit entfällt auch die Bemerkung Meitzens[3]), die Mitteilung des Libanios stamme aus den Alemannenzügen Julians.

Tübingen.

Das Ehrendekret für die Retter der Demokratie[4]).
(*IG* II[2], 10.)
Von **Walther Kolbe**.

Auch die Steine haben ihre Geschichte. Im Jahre 1884 wurde auf der Akropolis eine Urkunde gefunden, die aus der Zeit der neuerstandenen Demokratie Athens stammend einen Beschluß zu Gunsten der Freiheitskämpfer enthielt. Für ihre Deutung und Verwertung ist es von verhängnisvoller Bedeutung geworden, daß der erste Herausgeber Ziebarth in ihr den bei Aischines III, 187 überlieferten Antrag des Archinos wiedererkennen zu können glaubte (*Athen. Mitt.* XXIII, 1898, 27 ff.). Bei der Wiederherstellung des Textes hatte er sich aber nicht so sehr von der Überlieferung des Aischines leiten lassen, sondern war von dem Stein selber und den bei Xenophon in den *Hellenika* II, 4, 25 vorliegenden Nachrichten ausgegangen. Dadurch war ein Widerspruch entstanden, dessen Beseitigung die Forschung auf eine, wie mir scheinen will, falsche Bahn gedrängt hat. H. v. Prott hatte nämlich sofort die Inkongruenz in Ziebarths Darlegungen erkannt, und der Titel seines Aufsatzes: *das Psephisma des Archinos*[5]) läßt deutlich erkennen, in welcher Weise er die Lösung suchte: ausgehend von der Voraussetzung, daß Archinos der Urheber unseres Beschlusses sei, sowie daß der gleiche Antrag bei Aischines vorliege, hat er die Urkunde mit dieser Überlieferung in Einklang zu bringen versucht. Nun weiß Aischines nur von einer Ehrung der Phylekämpfer. Diese Angabe wurde für Prott die feste Grundlage, auf der er den Wortlaut des Beschlusses aufbaute.

Es ist das Verdienst von Alfred Körte[6]), erkannt zu haben, daß die von den beiden ersten Herausgebern vorausgesetzte Identität der beiden Beschlüsse

---

1) Kuhn a. a. O. I S. 272 und M. Gelzer, *Studien zur byzantinischen Verwaltung Ägyptens,* Diss. 1909, S. 78.

2) A. a. O. I S. 271. — 3) A. a O. I S. 538.

4) Korrekturnote: Einer freundlichen Mitteilung von Hiller v. Gaertringen entnehme ich, daß Foucart denselben Gegenstand kürzlich in den *Mémoires de l'académie des inscriptions* behandelt hat, was U. v. Wilamowitz aus einer Besprechung Boissevains im Holländischen *Museum* ersah. Da es für uns Deutsche z. Zt. unmöglich ist, französische Literatur zu erhalten, lasse ich diese Arbeit so in den Druck gehen, wie sie im Februar 1920 geschrieben ist.   K.

5) S. *Athen. Mitt.* XXV, 1900, 35 ff. — 6) S. *Athen. Mitt.* XXV, 1900, 392 ff.

nicht vorhanden ist. Für den bei Aischines vorliegenden Archinos-Antrag ist nämlich bezeichnend, daß er nur den Bürgern gilt: 1. sie erhalten von Staatswegen 1000 Drachmen zu Opfern und Weihungen, 2. sie werden mit einem Ölzweig ausgezeichnet. Von alledem steht aber in der Steinurkunde kein Wort. Hier besteht die Ehrung nach Z. 5, 6 in der Verleihung des Bürgerrechts. Mit voller Sicherheit durfte Körte den Schluß ziehen, daß dieser Antrag lediglich im Interesse von Nichtbürgern[1]) gestellt ist. Eine Bestätigung seiner Ansicht ergab sich für ihn aus der Analyse der Bürgerliste auf der Rückseite des Steines. Die Hinzufügung des von den Einzelnen betriebenen Gewerbes zum Namen an Stelle des Demotikon beweist, wie schon Prott S. 38 f. gesehen hatte, daß wir Neubürger vor uns haben, die aus dem Metökenstande hervorgegangen sind. Mit diesen Feststellungen war bewiesen, daß die Steinurkunde nicht mit dem aischineischen Archinos-Dekret identisch sein kann; sie „ist ihm gleichartig, von gleichem Geiste beseelt, — vielleicht gar gleichfalls von Archinos beantragt, — aber sie ist eine andere".

Durch den Aufsatz von Körte war die Erkenntnis wesentlich gefördert. Aber es will mir scheinen, als ob noch nicht die letzten Folgerungen aus seinen Ergebnissen gezogen sind. Auch Körte behielt die Grundlage der Prott'schen Textgestaltung bei, wie sie uns jetzt auch bei Kirchner *IG* II² 10, *Sylloge*³ 120 und Nachmanson *Hist. att. Inschr.* I 23 vorliegt. Nachdem aber erwiesen ist, daß dieser Wiederherstellungsversuch von einer falschen Voraussetzung ausgeht, müssen wir seine Richtigkeit in Zweifel ziehen. Ich nehme das Ergebnis dieser Untersuchung vorweg: ich halte die Prott'sche Anschauung, daß unser Beschluß einzig und allein den Helden von Phyle galt, für falsch. Es wird sich vielmehr zeigen lassen, daß Ziebarth den Inhalt des Antrages richtiger beurteilt hat als seine Nachfolger. Bei der Wiederherstellung des Wortlautes der Inschrift habe ich mich der freundschaftlichen Unterstützung von Friedrich Hiller v. Gärtringen und Johannes Kirchner erfreuen dürfen. Beiden Gelehrten möchte ich auch an dieser Stelle meinen Dank aussprechen.

Beginnen wir sogleich mit der Kernfrage, ob unsere Urkunde lediglich den Phylekämpfern gilt. Es ist unverkennbar, daß an zwei Stellen des Textes von Privilegien die Rede ist, die durch den Beschluß verliehen werden sollen. In Z. 5, 6 heißt es ἔναι αὐτοῖς καὶ ἐκγόν[οις πολιτείαν κτλ.], νόμοις δὲ τοῖς αὐτοῖς περὶ αὐτῶν τὰς ἀρχὰς χρ[ῆσθαι οἷς κα]ὶ περὶ Ἀθηναίων]. Hier ist offenbar der Schluß des Passus, der die Belohnung enthält. Ferner lesen wir in Z. 9 [- - - ἐ]γγύησιν καθάπε[ρ Ἀ]θηναίοις, wo aus den Worten καθάπερ Ἀθηναίοις ein weiteres Privileg zu erkennen ist. Nun liegt auf der Hand, daß dies zweite Privileg nicht an dieselben Personen verliehen sein kann, die mit dem Bürgerrecht ausgezeichnet werden. Denn das Recht der ἐγγύησις kann wie die ἐπιγαμία nur demjenigen verliehen werden, der Nichtbürger bleibt. Es ist daher zu folgern, daß wir den beiden Privilegien entsprechend zwei Gruppen von Geehrten a) Neubürger und b) Nichtbürger zu unterscheiden haben. Da nun die Phylekämpfer nach Z. 5 ohne Ausnahme das Bürgerrecht erhielten, kann von ihnen in Z. 9 nicht mehr die Rede sein. Damit ist Protts Annahme als falsch erwiesen.

Die Untersuchung spitzt sich auf die Frage zu, an welche Adresse der zweite Teil des Beschlusses gerichtet ist. Hierauf gibt uns Z. 7 die Antwort συνεμάχησαν δὲ τὴμ μάχην τὴμ Μουνιχίασιν (vgl. Ziebarth S. 31). Es ist also von den Munichiakämpfern die Rede. Davor ist eine Lücke von 26 Zeichen. Was

---

1) Vgl. ὅσοι συνκατῆλθον ἀπὸ Φυλῆς in Z. 4 unserer Inschrift.

für ein Gedanke zu ergänzen ist, läßt sich unter Heranziehung des Archinos-Dekretes wahrscheinlich machen. Archinos hatte seinem Antrag, die Helden von Phyle zu ehren, die Klausel beigefügt: σκεψαμένην ἀκριβῶς τὴν βουλήν, ὅσοι αὐτῶν ἐπὶ Φυλῆς ἐπολιορκήθησαν, ὅτε Λακεδαιμόνιοι καὶ οἱ τριάκοντα προσέβαλλον τοῖς καταλαβοῦσι Φυλήν (Aisch. III, 187). Aus dieser Bestimmung geht hervor, daß nach dem glücklichen Ausgang von Thrasybuls Unternehmen unter den Bürgern, die nur an den späteren Kämpfen teilgenommen hatten, die Neigung bestand, sich auf eine Stufe mit den Helden von Phyle, den eigentlichen Rettern der Demokratie, zu stellen. Die Annahme, daß es bei den nichtbürgerlichen Mitkämpfern ebenso gewesen ist, wird nicht zu gewagt erscheinen. Demgegenüber will unser Antrag das höhere Verdienst der Phylekämpfer durch eine ehrenvollere Auszeichnung werten. Wie aber konnte die Gesamtheit aller Mitläufer der Demokratie kurz bezeichnet werden? In Aristoteles' Ἀϑ. πολ. 40 finden wir Thrasybuls ψήφισμα zitiert, ἐν ᾧ μετεδίδου τῆς πολιτείας πᾶσι τοῖς ἐκ Πειραέως συγκατελθοῦσι, und mit Rücksicht darauf möchte ich vorschlagen zu schreiben: [ὅσοι δ' ἐκ Πειραῶς συγκατῆλϑον]. Dabei bleibt zwar eine Stelle frei, wenn man die von Nachmanson verlangte Zeilenlänge[1]) von 86 Zeichen zu Grunde legt. Allein gerade dieser Umstand spricht für die Richtigkeit der Ergänzung. Denn am Schluß unseres Abschnittes ist in Z. 9 nach Ἀϑηναίοις eine Stelle frei geblieben (Vgl. Prott a. a. O. 34). Wenn das hier wie sonst das Zeichen dafür ist, daß ein neuer Paragraph beginnt, so müssen wir auch am Anfang unseres Abschnittes in Z. 7 das gleiche Paragraphenzeichen erwarten.

Als Peiraieus- und Munichiakämpfer werden mithin die zu ehrenden Metöken bezeichnet. Aber darauf beschränkte sich der Antrag nicht; auch in Z. 8 handelt es sich noch um ihre nähere Charakterisierung. Die, wie mir nicht zweifelhaft ist, richtige Ergänzung verdanke ich der Freundlichkeit Kirchners. Er liest: τὸν δ[ὲ δῆμον κατ|ήγαγον[2]) καὶ τὴμ πομπὴν συνέπεμψαν πρὸς τὸ ἄστυ, ὅ]τε αἱ διαλλαγαὶ ἐγένοντο, καὶ κτλ.

Somit ist das Subjekt der Ehrung gewonnen. Unsere nächste Aufgabe wird es sein, festzustellen, worin diese bestanden hat. Schon Ziebarth hatte zur Erläuterung des Dekretes die Nachricht[3]) herangezogen, daß Thrasybul den Fremden, die sich ihm im Peiraieus anschlossen, die Isotelie versprochen habe. Nun haben wir einen Antrag vor uns a) für Nichtbürger, die b) bei Munichia mitgekämpft haben; c) außerdem steht fest, daß ihnen das Bürgerrecht nicht zuteil wurde. Was liegt da näher als die Vermutung, daß der Demos von Thrasybul in der Zeit der Not gegebene Versprechen durch unser Dekret eingelöst hat? Ich glaube daher, daß Ziebarths Ergänzung von Z. 9 [ἔναι δὲ αὐτοῖς ἰσοτέλειαν] καϑάπε[ρ Ἀ]ϑηναίοις der Sache nach das Richtige trifft. Freilich ist sie nicht erschöpfend; auch bedarf sie hinsichtlich des Wortlautes der Verbesserung.

---

1) Vgl. Nachmanson *Hist. att. Inschriften* Nr. 23 und die Herstellung von Kirchner *IG.* II² *Addenda* p. 655.

2) Dieser Vorschlag stützt sich in seinem ersten Teile auf Aesch. III, 187: Ἀρχῖνος ὁ ἐκ Κοίλης εἷς τῶν καταγαγόντων τὸν δῆμον, im zweiten auf Lysias XIII, 80: ἐπειδὴ δὲ διαλλαγαὶ πρὸς ἀλλήλους ἐγένοντο καὶ ἔπεμψαν οἱ πολῖται ἐκ Πειραιῶς τὴν πομπὴν εἰς πόλιν --- καὶ συνέπεμπε τὴν πομπὴν μετὰ τῶν πολιτῶν πρὸς τὸ ἄστυ.

3) Vgl. Xen. *Hell.* II, 4, 25: πρὶν δὲ ἡμέρας δέκα γενέσθαι, πιστὰ δόντες οἵτινες συμπολεμήσειαν, καὶ εἰ ξένοι εἶεν, ἰσοτέλειαν ἔσεσθαι.

Prott hatte nämlich durch die Lesung [ἐ]γγύησιν eine ganz neue Grundlage für die Wiederherstellung geschaffen. Damit war die Forschung vor ein Rätsel gestellt, denn die Verleihung dieses Privilegs ist vollkommen ohne Beispiel. Irgend ein Zweifel an der Lesung ist aber nicht gestattet, da der Abklatsch, den ich dank Kirchners Güte einsehen durfte, vollkommen klar ist. Wir haben uns also mit der Tatsache, daß Fremde mit der ἐγγύησις ausgezeichnet wurden, abzufinden und müssen sie zu erklären suchen. Die Engyesis ist nun die gesetzlich allein zulässige Form der Eheschließung für einen Athener: zur Legitimität des Vollbürgers gehört der Nachweis der Geburt ἐξ ἀστῆς καὶ ἐγγυητῆς γυναικός[1]). Durch die Verleihung der ἐγγύησις an die Peiraieuskämpfer wurde jetzt den Fremden die Aussicht eröffnet, daß zwar nicht sie selbst, wohl aber ihre Nachkommen Bürger wurden; denn wenn ein so Privilegierter seine Tochter durch ἐγγύησις an einen Athener gab, so wurde der Enkel legitimer Bürger Athens. Die Verleihung gerade dieses Privilegs an die Mitkämpfer der Demokratie hat seinen guten Grund in der Tatsache, daß eben im Jahre 403/2 ein chauvinistischer Antrag Aristophons[2]) das alte Perikleische Bürgerrechtsgesetz von 451 erneuert hatte. Noch einmal hatte die alte Engherzigkeit des Stadtstaates gesiegt; aber unser Antrag stellte eine Durchbrechung des schroffen Rechtsgrundsatzes dar und näherte die Stellung dieser Fremden der eines Bürgers auf das allernächste.

So wichtig die ἐγγύησις ist, sie war nicht das einzige Privileg, das die Peiraieuskämpfer erhielten. Aus Xenophon erschlossen wir schon die Isotelie. Aber auch wenn man ἰσοτέλειαν καὶ in Z. 9 einsetzt, bleibt noch eine Lücke von mehr als 20 Stellen. Nun ist aus zahlreichen Isoteliedekreten die Verbindung der ἰσοτέλεια mit dem Rechte, Grundbesitz (γῆς καὶ οἰκίας ἔγκτησιν) zu erwerben, bekannt; ich führe nur IG II², 83 εἶναι δὲ αὐτῷ ἰσοτέλειαν καὶ γῆς καὶ οἰκίας ἔγκτησιν Ἀθήνησιν als schlagende Parallele an; vgl. auch II², 551, 554₃₀, 802₈. Somit möchte ich glauben, daß auch in unserem Falle das Recht des Grundbesitzes gleichzeitig mit der Isotelie verliehen worden ist. Der Schlußpassus dürfte etwa gelautet haben: [πᾶ°σιν ὑπάρχεν ἰσοτέλειαν καὶ γῆς καὶ οἰκίας ἔγκτησιν καὶ ἐ]γγύησιν καθάπε[ρ Ἀ]θηναίοις.

Es war notwendig, über den zweiten Paragraphen volle Klarheit zu schaffen, ehe wir uns dem Versuch zuwenden können, den ersten sinngemäß wiederherzustellen. Die Ergänzung von Prott/Körte [ὅπως ἂν τῆς δωρεᾶς μετέχωσιν οἱ μέτοικ]οι, ὅσοι συνκατῆλθον ἀπὸ Φυλῆς, ἢ τοῖς κατελ[θοῦσι τῶν πολιτῶν ἐδόθη] ist unhaltbar. Der von jenen vermutete Sinn ist abzulehnen, weil die Metöken und Sklaven gar nicht an den Ehren der Bürger — Geldspende und Ölzweig — teilnehmen, sondern mit dem Bürgerrecht bezw. der Isotelie beschenkt werden. Was aber soll an die Stelle der als unmöglich erkannten Ergänzung treten? Ziebarth hatte das in Z. 4 hinter Φυλῆς erhaltene H nicht als Relativum, sondern als disjunktive Partikel ἤ gedeutet. Daran knüpfte Adolf Wilhelm (bei Kirchner IG II² p 655) an; er suchte zu ἐψηφίσθαι ein von περί abhängiges Objekt, wobei er die Lesung ΟΙ vor ὅσοι in Zweifel zog, und las im Relativsatz ἢ τοῖς κατελ[θοῦσι ἐβοήθον]. Diesen Gedanken nachgehend, schlägt jetzt Kirchner folgende Ergänzung vor: [περὶ τῶν μετοίκων καὶ δούλ]ων, ὅσοι

---

1) Nachweise bei Lipsius, Das attische Recht und Rechtsverfahren 471 A.
2) Vgl. Athen. XIII, 577, b: Ἀριστοφῶν ὁ ῥήτωρ ὁ τὸν νόμον εἰσενεγκὼν ἐπ' Εὐκλείδου ἄρχοντος, ὃς ἂν μὴ ἐξ ἀστῆς γένηται, νόθον εἶναι. Nach schol. Aisch. I, 39 hieß der Antragsteller Nikomenes.

συνκατῆλθον ἀπὸ Φυλῆς ἢ τοῖς κατελ[θοῦσι ἐς Πειραέ|α¹) ἐβοήθον καὶ τῶν τῆς πόλεως κινδύνων μετεῖχον]²), ἐψηφίσθαι Ἀθηναίοις. So ansprechend diese Ergänzung auch ist, sie befriedigt nicht restlos. Denn der Zusatz ἐς Πειραιᾶ ist ein überflüssiges Füllsel; wenn die Ortsbezeichnung überhaupt stehen sollte, so hätte sie ihren Platz hinter συνκατῆλθον ἀπὸ Φυλῆς finden müssen. Auch die Teilnahme an den Gefahren τῆς πόλεως erregt Bedenken. Streng genommen sind die Demokraten ja gerade nicht in der Stadt. Was erwartet wird, sind Verdienste um den δῆμος. Setzt man aber ein τῶν τõ δήμō κινδύνων, so bleibt eine Lücke von drei Zeichen. Aus diesen Gründen habe ich nach einer anderen Ergänzung gesucht. Mein Vorschlag geht dahin: [ἐπειδὴ οἱ μέτοικοι καὶ δοῦλ]οι, ὅσοι συνκατῆλθον ἀπὸ Φυλῆς ἢ τοῖς κατελ[θοῦσι ἐβοήθον, ἄ]νδρες ἀγαθοὶ καὶ εὔνοι περὶ τὸν δῆμον ἐγένοντο], ἐψηφίσθαι Ἀθηναίοις. Dabei bleibt zwar vor ἐπειδὴ eine große Lücke. Aber hier hat Kirchner jede Schwierigkeit behoben, indem er im Praeskript hinter dem Epistaten die Datierung³) nach dem Archon einsetzte. Für den Namen des Antragstellers stehen dann noch immer fünf Buchstaben zur Verfügung, was durchaus angemessen ist.

Mag der Kirchnersche Vorschlag oder die obige Ergänzung vorgezogen werden, für den Sinn des ersten Paragraphen ergibt sich kein Unterschied. Was das Privileg der Helden von Phyle anlangt, so hatten schon die ersten Herausgeber erkannt, daß ihnen das Bürgerrecht zugebilligt wurde. Den genauen Wortlaut hat aber erst jetzt Kirchner, einer Anregung Wilhelms folgend, gefunden, indem er Z. 6 liest [καὶ νέμαι αὐτὸς αὐτίκα μάλ' ἐς τὰς φυλὰς δέκαχα], wofür *IG* II², 1₃₃ die nächste Parallele bietet.

Damit ist der Aufbau der Urkunde wiedergewonnen. Sie lautet jetzt: ³[ἔδοξεν τῆι βολῆι καὶ τῶι δήμωι ⁸ . . . . . ἐπρυτάν]ευε, Λυσιάδης ἐγραμμάτευε, Δημόφιλος ἐπ[εστάτε, Ξεναινέ|⁴τος ἦρχε . . . . . εἶπε· ἐπειδὴ οἱ μέτοικοι καὶ δοῦλ]οι, ὅσοι συνκατῆλθον ἀπὸ Φυλῆς ἢ τοῖς κατελ[θοῦσι ἐβοήθον, ἄ]νδρες ἀγαθοὶ καὶ εὔνοι περὶ τὸν δῆμον ἐγένοντο, ἐψηφίσθαι Ἀθηναίοις· ἔναι αὐτοῖς καὶ ἐκγόν[οις πολιτεία|ν⁶ καὶ νέμαι αὐτὸς αὐτίκα μάλ' ἐς τὰς φυλὰς δέκαχα], νόμος δὲ τοῖς αὐτοῖς περὶ αὐτῶν τὰς ἀρχὰς χο[ῆσθαι οἷς καὶ|⁷ περὶ Ἀθηναίων. vac. ὅσοι δ' ἐκ Πειραῶς συνκατῆλθον,] συνεμάχησαν δὲ τὴμ μάχην τὴμ Μονιχίασιν, τὸν δ[ὲ|⁸ δῆμον κατ|⁸ήγαγον καὶ τὴμ πομπὴμ πρὸς τὸ ἄστυ συνέπεμψαν, ὅτε αἱ διαλλαγαὶ ἐγένοντο, καὶ ἐποίον τὰ προστατ[τόμενα, πᾶ|⁹σιν ὑπάρχει ἰσοτέλειαν καὶ γῆς καὶ οἰκίας ἔγκτησιν καὶ ἐ]γγύησιν καθάπε[ρ Ἀ]θηναίοις. vac. τὸς δὲ - - -

Es bleibt jetzt nur noch übrig, die Bedeutung der Urkunde ins rechte Licht zu setzen. Was die Datierung des Beschlusses anlangt, so ist die Ziebarth'sche Vermutung, daß er [ἐπὶ Ξεναινέτ]ου = 401/0 gefaßt sei von Körte gegen Prott als richtig erwiesen worden. Aber die historische Einordnung verlangt noch ein kurzes Wort. Die Belohnung der Vorkämpfer für die Demokratie hatte seit der Rückkehr die Öffentlichkeit mehrfach beschäftigt: Archinos hatte eine Belohnung der Bürger, die zu den Helden von Phyle gehört hatten, beantragt.

---

1) Vgl. Lys. XXXI, 8: ἐπειδὴ οἱ ἀπὸ Φυλῆς κατῆλθον εἰς τὸν Πειραιᾶ und XVI, 4 ἤλθομεν πρὶν τοὺς ἀπὸ Φυλῆς εἰς τὸν Πειραιᾶ κατελθεῖν πρότερον πένθ' ἡμέραις.

2) Vgl. Lys. XXVIII, 12: ἐρεῖν δέ, ὡς ἀπὸ Φυλῆς κατῆλθε καὶ ὡς δημοτικός ἐστι καὶ ὡς τῶν κινδύνων τῶν ὑμετέρων μετέσχε. Zur Orthographie μετεῖχον verweist Kirchner auf *IG* II², 30₂₁: εἶχον.

3) Dieselbe Anordnung ἐπρυτάνευε ἐγραμμάτευε, ἐπεστάτε, ἦρχε, εἶπε findet sich *IG* I *suppl.* p. 166 n. 62b (408/7). Daß ein im Lemma stehendes ἦρχε wiederholt wird, ist ohne allen Anstoß; vgl. *IG* II², 28 (387/6).

Thrasybul war noch im Jahre 403 für die nichtbürgerlichen Elemente eingetreten; er hatte nicht nur sein Versprechen gehalten, sondern war darüber hinausgegangen und hatte für alle[1]) Peiraiuskämpfer das Bürgerrecht beantragt. Aber Archinos brachte gegen ihn die γραφὴ παρανόμων ein. Der Formfehler bestand darin, daß der Antrag angenommen war, ohne die βουλή, die erst noch konstituiert werden mußte, passiert zu haben. Es braucht nicht besonders betont zu werden, daß dieser Umstand für Archinos nur den Vorwand abgab. Letzten Endes war seine Opposition daraus zu erklären, daß ihm der sehr wohlwollende Antrag zu weit ging. Er blieb in diesem Kampfe einstweilen Sieger: die Belohnung der Peiraieuskämpfer war zu Fall gebracht[2]). Als aber die volle Demokratie wiederhergestellt war, kam ein für uns anonymer Politiker 401/0 auf Thrasybuls Gedanken zurück. Er nahm aber auf die Stimmung der Kreise, die Thrasybul bekämpft hatten, Rücksicht. Denn er beantragte das Bürgerrecht lediglich für die Metöken, die bei Phyle mitgekämpft hatten; die anderen machte er nur zu Isotelen. So stellt sich unser Beschluß als ein Kompromiß dar, das geeignet war, die Zufriedenheit der Bevölkerung zu fördern und die Freude über die Wiederherstellung der Demokratie zu erhöhen.

Ein besonderes Interesse gewinnt unsere Urkunde dadurch, daß sie in das Leben des Redners Lysias eingriff. Lysias' sehnlicher Wunsch, zum Bürgerrecht zu gelangen, war durch den soeben besprochenen Antrag Thrasybuls in Erfüllung gegangen. Er hatte sehr bald Gelegenheit genommen, das ihm zuteil gewordene Privileg auszunutzen, als er Herbst 403 im Rechenschaftsprozeß gegen Eratosthenes als Ankläger auftrat. Es war, wie er selbst XII 3 bekundet, das erste Mal, daß er vor Gericht das Wort nahm. Allein die γραφὴ παρανόμων des Archinos machte das Gesetz Thrasybuls hinfällig, und, so fährt die Lysiasvita p. 835 f. fort, οὕτω ἀπελαθεὶς τῆς πολιτείας τὸν λοιπὸν ᾤκησε χρόνον ἰσοτελὴς ὤν. Nun herrscht seit Boeckh unbestritten die Ansicht[3]), daß Lysias die Isotelie schon von seinem Vater Κέφαλος überkommen habe. Er wäre demgemäß ohne allen Lohn für seine aufopferungsvolle Tätigkeit, die er im Dienste der demokratischen Sache entfaltet hatte, geblieben. Nehmen wir aber einmal die Behauptung von der ererbten Isotelie des Redners unter die Lupe, so wird sich zeigen, daß es für sie auch nicht die Spur eines Beweises gibt. Den Ausgangspunkt bildete für Boeckh die Angabe über den Grundbesitz des Lysias und seines Bruders Polemarchos. Nun konnten nach seiner Meinung „die nicht privilegierten Schutzverwandten Häuser nicht besitzen" (I² 197 b). Da aber Lysias und Polemarchos schon vor 403 im Besitz von Häusern waren,

---

1) Vgl. Arist. 'Αθ. πολ. 40: ἐν ᾧ μετεδίδου τῆς πολιτείας πᾶσι τοῖς ἐκ Πειραιέως συγκατελθοῦσι, ὧν ἔνιοι φανερῶς ἦσαν δοῦλοι. Im Leben des Lysias bei Ps. Plut. vita X orat. p. 835 f. wird die Sache so dargestellt, als sei Thrasybuls Antrag lediglich zu Gunsten des Lysias gestellt: γράψαντος αὐτῷ Θρασυβούλου πολιτείαν μετὰ τὴν κάθοδον ἐπ' ἀναρχίας τῆς πρὸ Εὐκλείδου ὁ μὲν δῆμος ἐκύρωσε τὴν δωρεάν. Allein es unterliegt keinem Zweifel, daß die aristotelische Fassung des Antrages den Vorzug verdient.

2) S. Arist. l. l., Aisch. III 195, Ps. Plut. vita X orat. 835 f.

3) S. Boeckh, Staatshaush. I² 197 b, I² 695, I³ 624, Usener, Rhein. Mus. XXXV 1880, 179, Pretzsch, de vita Lysiae, Diss. Halle 1881, 33; Blaß, Att. Beredsamkeit I² 346.

"so bleibt nur der Ausweg, daß sie als Isotelen[1]) die Häuser besaßen." Wie wir sehen, stellt sich Boeckhs Behauptung als ein Notbehelf dar, der auf den beiden Voraussetzungen beruht, daß die Isotelie das Recht der ἔγκτησις ohne weiteres einschloß, und daß die einfachen Metöken von dieser Vergünstigung ausgeschlossen waren. Auf Grund unserer heutigen Inschriftenkenntnis sind wir in der Lage, den Nachweis zu führen, daß beide Voraussetzungen unzutreffend sind. In den Isotelie-Dekreten IG II² 83, 237$_{25}$, 287$_9$, 351$_{29}$, 360$_{19}$, 551, 554$_{30}$, 802$_8$ wird die Verleihung der ἔγκτησις neben der Isotelie ausdrücklich hervorgehoben. Andrerseits finden sich zwei Beispiele, in denen die Isotelie ohne dieses Sonderrecht verliehen wird (IG II² 218 und 288). Daraus ist, wie auch Thumser Wien. Stud. VII 66 gesehen hat, zu folgern, daß die ἔγκτησις ein Privileg war, das nicht ipso iure mit der Isotelie verliehen wurde, also nicht in ihr enthalten war. Was die zweite Behauptung anlangt, daß Metöken Häuser nicht erwerben durften, so ist sie in dieser Form falsch. Als Privileg konnte die ἔγκτησις schon im V. Jhdt. an Fremde, ja sogar an gewesene Sklaven verliehen werden, ohne daß sie Isotelen wurden[2]). Das älteste bekannte Beispiel der Art, die Belohnung des Ἀγόρατος, Κώμων, Σίμων und Φιλῖνος, stammt aus dem J. 410/9 (IG I 59). So wird Boeckh durch die Urkunden selbst widerlegt. Andere Beweise für die Isotelie des Kephalos gibt es aber nicht. Blaß machte zwar geltend, daß Lysias' Familie, wie er in der Rede gegen Erat. c. 20 rühmt, alle Choregien geleistet hat. Auf Isotelie darf aber deshalb nicht geschlossen werden. Denn die Worte des Beschlusses IG II² 141 μὴ ἐξεῖναι αὐτὸς μετοίκιον πράττεσθαι μηδὲ χορηγὸν μηδένα καταστῆσαι zeigen, daß gewisse[3]) Choregien auch auf den Metöken lasteten.

Aus unseren Feststellungen hat sich ergeben, daß für die hergebrachte Annahme, Lysias habe die Isotelen-Eigenschaft von seinem Vater übernommen, keine sachlichen Gründe beigebracht werden können. Es steht aber durch das Zeugnis der Vita außer allem Zweifel, daß er als Isotele gestorben ist. Mithin muß er dieses Privileg selbst erworben haben. Hier tritt nun das Zeugnis unserer Urkunde ein. Die Verleihung der Isotelie an alle, die sich um den Sieg der Demokraten im Peiraieus Verdienste erworben hatten, betraf auch den Fall des Lysias. Das Bürgerrecht, dessen ihn Archinos' Einspruch beraubt hatte, hat er auch durch den Antrag des J. 401 nicht gewinnen können. Aber es war wenigstens ein Trost für ihn, daß er jetzt aus der großen Masse der Metöken herausgehoben und in vielen Punkten den Bürgern rechtlich gleichgestellt war.

Greifswald.

---

1) Vgl. auch den Satz I² 197: „in Attika müssen die Isotelen zum Hausbesitz berechtigt gewesen sein, da Lysias und Polemarchos drei Häuser hatten."
2) Vgl. auch IG II² 545 καὶ οἰκίας ἔγκτησιν ὡς τοῖς μετοίκοις.
3) Für die Lenaeen ist schol. Arist. Plut. 953 beweisend.

Epigraphische Miszellen.

Von H. Dessau.

1.

Die erste Kenntnis dieser auf einer 16 cm hohen, 22 cm breiten Steinplatte stehenden Inschrift verdanke ich Herrn Prof. O. A. Danielsson in Upsala, dem verdienstvollen Fortsetzer unseres *Corpus inscriptionum Etruscarum*, die Photographie ihrem gegenwärtigen Besitzer, Herrn Dr. E. Eckhoff in Djursholm, früheren Archaeologen des historischen Museums in Stockholm. Nach einer auf ihrer Rückseite mit Tinte geschriebenen und wie bestimmt versichert wird aus der ersten Hälfte des 19. Jahrhunderts herrührenden Notiz ist sie bei Ekolsund, einem am Mälar zwischen den Städtchen Sigtuna und Enköping gelegenen Gute, in der Erde gefunden. Wieso sie dorthin und „in die Erde" gekommen ist, hat sich nicht ermitteln lassen; nahe liegt die Vermutung, daß der kunstliebende König Gustav III. (1771—1792), der eine Zeit lang Besitzer von Ekolsund war, sie aus Italien mitgebracht oder von dorther erworben hat. Letzten Endes ist sie vielleicht nicht italischen sondern afrikanischen, nämlich carthagischen Ursprungs; sie erinnert gar sehr an die in den letzten Jahrzehnten massenhaft zum Vorschein gekommenen Columbarieninschriften aus Carthago, deren erste Specimina Mommsen unter der nicht ganz zutreffenden Überschrift *Officialium et militum Romanorum sepulcreta duo Carthaginensia* in der *Ephemeris epigraphica* 5, 105 ff. behandelt hat[1]). In die bessere Kaizerzeit, in die zweite Hälfte des 1. oder die erste Hälfte des 2. Jahrhunderts n. Chr., welcher Zeit jene carthagischen Grabstätten angehören, weist die Inschrift auch der Schriftcharakter. Merkwürdig ist sie einzig und allein durch einen der Namen des in ihr Genannten. Der im Alter von 18 1/2 Jahren verstorbene Faustianus führte ein sowohl der Form als dem Stamm nach gänzlich unrömisches Gentilizium. Denn als solches wird man *Caeletharida(s)* — so, und nicht *Caeleiharida*, dürfte

---

1) S. jetzt *CIL* VIII 12590—13214, 24678—24861.

doch wohl der Name in Z. 2 zu lesen sein[1]) — zu betrachten haben. Faustianus war römischer Bürger gewesen, und hatte als solcher gelten wollen oder sollen, wie die regelrecht gesetzten *tria nomina* zeigen, aber derjenige, von dem sein Bürgerrecht stammte, vermutlich sein Vater oder Großvater, denn sehr alt wird das Römertum der Familie nicht gewesen sein[2]), hatte nicht, wie es schon in der späteren republikanischen Zeit das Übliche war, beim Erhalt des römischen Bürgerrechts eines der vorhandenen römischen Gentilizia angenommen, — in der Regel war es das des Mannes, dessen Verwendung man das römische Bürgerrecht verdankte oder von dem man es direkt erhalten hatte[3]), in der Kaiserzeit das des regierenden Kaisers —, sondern hatte einen seiner uns unbekannten Heimat entstammenden Namen als römisches Gentilicium verwandt, welcher alte Gebrauch verschiedenerwärts, besonders aber in den einst keltischen und venetisch-illyrischen Gebieten und Grenzgebieten Italiens sich bis in die Kaiserzeit erhalten hatte, wofür Wilh. Schulzes Untersuchungen *Zur Geschichte römischer Eigennamen* schier unzählige Beispiele bieten[4]). Meistens haben diese Fremden ihren mitgebrachten Namen durch Anhängen eines lateinischen Suffixes ein römisches Aussehen, mitunter durch die von den Römern für ihre Gentilnamen bevorzugten Endung *-ius* das Aussehen eines römischen Gentilnamens zu geben versucht, wie der kürzlich bekannt gewordene *M. Caracallius M. f. Lupus* aus Bononia (*Notizie degli scavi* 1915, 41), mitunter aber haben sie ihn fast unberührt gelassen[5]); Caeletharidas hat seinen barbarischen Namen griechisch geformt, augenscheinlich nach dem Muster der zahlreichen griechischen patronymisch gebildeten Geschlechtsnamen. Auf einen solchen Einfall dürfte er am ehesten gekommen sein, wenn er, was ich deshalb annehme, nicht einer oberflächlich romanisierten, sondern einer oberflächlich gräzisierten Gegend entstammte; und da möchte man am ehesten an Thrakien denken, an dessen Namensschatz *Caelethar-* entfernt erinnert[6]).

---

1) Daß in der schlanken, leicht geschwungenen Schrift einer großen Anzahl von Inschriften der Kaiserzeit T und I sich zum Verwechseln ähnlich sehen, ist bekannt. Die Trennung in zwei Worte (*Caelei Haridae*) ist bei der sorgfältigen Setzung der Punkte ausgeschlossen.

2) Schwerlich wird der junge Mann persönlich das römische Bürgerrecht erhalten haben.

3) Vgl. Mommsen *Röm. Staatsrecht* III S. 64 A. 1.

4) Ich wähle einige besonders charakteristische aus. *L. Magiacus L. f. Severinus*, Praetorianersoldat aus Vercellae (*CIL* VI 32638b 34); *Sex. Cunopennus Secundus*, Tischlermeister in Brixia (*CIL* V 4216); *C. Boicus Silvester* aus Piquentum im inneren Istrien, der seinen offenbar von *Boius* abgeleiteten Namen (vgl. Schulze S. 30) auf seinen Sohn *C. Boicus Avitus* vererbt hat. Wegen des anscheinend griechischen Bestandteils des Namens führe ich noch *Hypsiacus Ferox*, Prätorianer aus Atria an (*CIL* VI 32515 e. 7).

5) Z. B. *C. Aco L. f. Maternus* aus Assisium (*CIL* XI 5384), bei dem man zwischen gallischem und etruskischem Ursprung zweifeln kann. Einer dieses Namens hat ihn sogar auf seine Freigelassenen übertragen, *C. Aco C. l. Eros*, *Aco Acastus* (*Inscr. sel.* 8607 Anm.), und es hat sich dieser Name in der Funktion eines Gentilicums bis ins 4. Jahrh. erhalten (s. *Inscr. sel.* 1260).

6) In der ersten Hälfte an den Volksnamen der *Coelaletae*, im Schluß an die Ortsnamen *Bessepara, Germisara, Scaptopara*.

2.

```
       TI CAESAR DIVI
       AVGVSTI · F · DI
     VI IVLI NEPOS
     AVGVSTVS PONTIFEX
  5 MAX X̄X̄I COS · V̄ IMP
     V̄Ī̄Ī̄ TR POTEST · X̄X̄X̄V̄Ī̄Ī̄
       AB IANO AVGVSTO
       qui est ad BAETEM VSQVE
         AD OCEANVM
  10           LXXVIII
```

    Meilenstein der unter Augustus im Jahre 2 v. Chr. angelegten die Provinz Baetica durchschneidenden Straße, vor etwa 12 Jahren zum Vorschein gekommen oder doch zuerst beachtet in dem Gutshofe Villarealejo, 15 km südwestlich von Cordoba[1]) und von Romero de Torres im *Boletín der Königl. Spanischen Akad. der Geschichte* Bd. 56. 1910 S. 186 mit Abbildung und mit Erläuterungen Fitas S. 188 ff. publiziert[2]). Die Inschrift gehört, wie die 37. tribunizische Gewalt des Tiberius zeigt, in die 2. Hälfte des Jahres 35 oder die erste des Jahres 36 n. Chr. In unmittelbarer Nähe von Villarealejo sollen im 18. Jahrh. zwei ebenfalls auf den Namen des Tiberius lautende Meilensteine beobachtet worden sein, von denen aber, vermutlich wegen schlechter Erhaltung der Texte, nur die Meilenziffern *LXXVII* und *LXXXI* abgeschrieben worden sind (*CIL* II 4713, 4714). Dagegen sind in früheren Zeiten in Cordoba selbst zwei leidlich gut erhaltene Meilensteine des Tiberius mit den Ziffern *LXIIII* und *LXXXII* zum Vorschein gekommen und einigermaßen genau abgeschrieben worden, deren einer sich sogar noch erhalten, aber, wie es heißt, eine willkürliche Renovierung seiner Buchstaben erlitten hat, so viel steht fest, daß beider Wortlaut dem der neugefundenen Inschrift im Wesentlichen entsprochen hat, insbesondere sowohl in der Ziffer *XXXVII* hinter *trib. potest.* als in der *XXI* hinter *pontifex max.*, welch letztere man für unmöglich angesehen und deshalb aus dem Text der einen Inschrift im *CIL* beseitigt hat, während man die Abschriften der andern für wertlos erklärt hat[3]). Aber wie Fita gesehen hat, ist an dem nun dreifach bezeugten *pontifex max. XXI* nicht zu rütteln, und es handelt sich darum, es zu erklären, oder vielmehr zu erklären, wieso man im Jahre 35 oder 36 darauf gekommen ist, zu vermerken, daß der regierende Kaiser im 21. Jahre seines Oberpontifikats stehe; denn daß das gemeint ist, hat Fita ebenfalls gesehen. Am 10. März 35 waren es in der Tat 20 Jahre her, daß Tiberius in Rom an Stelle des am 19. August des Vorjahres verstorbenen Augustus in wahrscheinlich

---

    1) Vgl. *Boletín* 55, 1909, 487, 489.

    2) Infolge der Rundung des Steins sind auf der Abbildung die ersten und letzten Buchstaben sämtlicher Zeilen nicht zu erkennen und es sind diese hier nach der nur in Minuskel-Umschrift gedruckten Abschrift des Herausgebers gegeben, die aber durchaus zuverlässig scheint, da er eine offenbar von ihm nicht gelesene Stelle (Z 8) korrekter Weise als ergänzt bezeichnet. Nur ob *VIII* (Z. 6) auf den Stein stand und nicht wie in *CIL* II 4712. 4715 fehlte, ist mir zweifelhaft; und *pontufex* scheint von dem Herausgeber irrtümlich für *pontifex* eingesetzt zu sein. Die Punkte sind mit wenig Ausnahmen gänzlich unsicher.

    3) *CIL* II 4712. 4715.

ad hoc einberufenen Comitien zum Oberpontifex gewählt worden war[1]). Es ist nun diese hier zweifellos vorliegende Zählung der Jahre der höchsten priesterlichen Würde des Kaisers etwas gänzlich unerhörtes, kein Kaiser hat jemals hinter *pontifex maximus* eine Zahl hinzugesetzt, und es hat sich auch noch kein Dokument gefunden, in der mißbräuchlich oder irrtümlich an dieser Stelle eine Ziffer erschiene. Es unterscheidet sich diese Unregelmäßigkeit sehr wesentlich von den auf Kaiserinschriften der Provinzen, und besonders auch auf Meilensteinen, allerdings meist solchen der Spätzeit, überaus häufigen Titulaturfehlern (es sind diese fehlerhaft beschriebenen Meilensteine auch meistens von den einzelnen Städten in ihrer Nähe gesetzt, während die der Reichsstraßen mit durchgeführter Meilenzählung durchschnittlich korrekter sind). Es liegt hier ja auch keine Ungenauigkeit vor, sondern eine Art erhöhter Genauigkeit, ein in seiner Art unerhörter aber völlig richtiger Zusatz. Fita meint wirklich, es habe mit ihm die Zeit der Meilensteine genauer bestimmt werden sollen; aber durch die Ziffer der tribunizischen Gewalt ist die Zeit ja ohnedies aufs Jahr genau bestimmt, durch das 21. Pontifikat werden nur die letzten $3^2/_3$ Monate dieser Zeit ausgeschlossen; daß man das beabsichtigt hat, ist wenig wahrscheinlich. Ich möchte glauben, daß in dieser Zahl sich die Erinnerung an eine kurz vorher in Rom abgehaltene Feier abspiegelt. Gefeiert wurde der Tag der Übernahme des Oberpontifikats durch den Kaiser in Rom alljährlich, der Tag war im Jahre 15 n. Chr. zu einem Feiertag erklärt worden, aber bei der Unbeliebtheit des Kaisers gewiß recht wenig, indeß im Jahre 35 wohl etwas mehr als sonst, nachdem im Jahre vorher der 20. Jahrestag des effektiven Regierungsantritts des Kaisers offiziell gefeiert worden war (Dio 58, 24). In der üblichen Titulatur gelangte, trotz aller Ziffern, mit denen sie belastet war, die wirkliche Regierungsdauer des Kaisers nicht zum Ausdruck, da bei Tiberius, wie bekannt, auch die Jahre der *tribunicia potestas* denen seiner Alleinherrschaft keineswegs entsprachen. Es konnte irgend ein findiger Beamter auf den Einfall kommen, die Jubiläen, die man soeben gefeiert hatte, auch in der Titulatur des Kaisers anzudeuten, und dazu bot der Titel *pontifex maximus* eine Möglichkeit. Vielleicht hat der zur Zeit fungierende, im Sommer oder Herbst eingetroffene Prokonsul von Baetica, den man bei der Setzung der Meilensteine zum mindesten zugezogen haben wird, dem Pontificalkollegium angehört, von dem die Jahre der Vorstandschaft des Tiberius immer gezählt und der Abschluß des 20. Jahres besonders gefeiert worden sein wird. Mehr als den Einfall eines Beamten wird man in dieser Bereicherung der kaiserlichen Titulatur nicht suchen dürfen.

Charlottenburg.

Zu den neuen Inschriften des Sulpicius Quirinius.

Von H. Dessau.

Das besondere Interesse, das sich wegen Lucas *ev.* 2, 2 mit der syrischen Statthalterschaft des Sulpicius Quirinius verbindet, veranlaßt mich, auf die zwei den Quirinius nennenden, im vorigen Heft dieser Zeitschrift (S. 104 ff.) von Bleckmann besprochenen Inschriften zurückzukommen, und auf einen Irrtum, den meiner Meinung nach ihr Entdecker Ramsay und ihm folgend Bleckmann bei ihrer Beurteilung begangen haben, hinzuweisen. Ramsay hat mit seinen

1) *CIL* I ed. 2 p. 311.

Mitteilungen und Nachrichten. 253

Begleitern Anderson und Calder das Glück gehabt, auf seinem alten Arbeitsfelde, dem sogenannten pisidischen Antiochia, zwei Inschriften zu entdecken[1]), in denen Quirinius als Duovir (Bürgermeister) jener unter Augustus in eine römische Kolonie verwandelten Stadt genannt wird, in welchem ihm natürlich nur Ehrenhalber übertragenen Amt er sich durch einen angesehenen Bürger der Stadt, Caristanius Fronto, hat vertreten lassen, der als solcher den Titel eines *praefectus* führte. Ramsay ist nun der Meinung[2]), daß die Antiochener auf den Gedanken dieser Ehrung des Quirinius gekommen seien, als er durch die uns von Strabo und Tacitus erzählte Bändigung des ihnen auf dem Nacken sitzenden räuberischen Bergvolks der Homonadenser sich um sie verdient gemacht hatte und sieht es als selbstverständlich an, daß Quirinius, noch in amtlicher Stellung befindlich, also während seiner ersten syrischen Statthalterschaft, in die Ramsay, Mommsen folgend, die Kämpfe gegen die Homonadenser verlegt[3]), von den Antiochenern zum Duovirn erwählt worden ist. Mir ist das keineswegs selbstverständlich, sondern in hohem Grade unwahrscheinlich. Zu Beamten (Duovirn, Quattuorvirn usw.) der römischen oder nach römischer Art organisierten Gemeinden konnten im allgemeinen nur Angehörige der Gemeinde gewählt werden (eine Vorschrift der Art stand wahrscheinlich in dem uns von Malaca, einer Stadt latinischen Rechts, zum Teil erhaltenen Stadtgesetz[4]), wie der Hinweis in Kap. 54 des Gesetzes vermuten läßt). Eine sehr wichtige Ausnahme bildeten die im Stadtgebiet ansässigen Ortsfremden, die *incolae*, die zu den Ämtern heranzuziehen schon früh einzelnen Gemeinden, mit der Zeit wohl allen gestattet wurde[5]); eine andere Ausnahme bildeten der Kaiser und die

1) Die eine zuerst publiziert von Ramsay selbst im *Expositor*, Nov. 1912, S. 401; beide von (dem im Jahre 1915 bei Gallipoli im Alter von 30 Jahren gefallenen) Cheesman, *Journal of Roman studies* 1913, S. 253, 254 und danach von mir wiederholt *Inscr. sel.* 9502, 9503.

2) *Expositor* 1912, 402. *Bearing of recent discovery on the trustworthiness of N. T.* (1915) 286.

3) An dieser ersten syrischen Statthalterschaft des Quirinius hält Ramsay fest — es ist nach ihm diejenige, von der Lucas in Verbindung mit der zur Zeit von Christi Geburt abgehaltenen Census spricht —, läßt aber neben Quirinius auch den von Tertullian als Leiter eines eben damals in Judaea gehaltenen Census erwähnten Sentius Saturninus eine zeitlang (8 v. Chr.) Statthalter von Syrien sein, so daß auch diese Angabe zu Recht bestehen bleibt (*Expositor* 1912, 398, *Bearing of recent discovery* 293, vgl. 243, und ähnlich schon *Christ born at Bethlehem*, 1898, 238). Ganz dasselbe hatte, fast mit denselben Worten, über 100 Jahre vor Ramsay, Enrico Sanclemente *de vulgaris aerae emendatione* (1793) gesagt (S. 434: *consequitur alium quemlibet praeter P. Quirinium ordinarium in eadem provincia tum temporis praesidem fuisse, quo prima descriptio facta est, quae totius orbis a D. Luca nominatur;* 443: *explicatur quomodo cum ordinario Syriae praeside Saturnino conciliari debeant verba Lucae* ἡγεμονεύοντος τῆς Συρίας Κορηνίου). Auch sonst berührt sich Ramsay vielfach mit diesem ihm anscheinend nicht bekannten Vorgänger (z. B. in der Heranziehung von Tacitus *ann.* 6, 41 — Einschätzung der Kieten im J. 34 v. Chr. —; Sanclemente p. 406, Ramsay, *Christ born at Bethlehem* 161). Wer will, kann dieses Zusammentreffen als Bestätigung fassen.

4) *CIL* II, 1964 (*Inser. sel.* 6089).

5) Vgl. Mommsen, *Staatsr.* III, S. 805. Auf eine solche Erlaubnis wird auch in der im Jahre 1914 in den Ruinen von Volubilis im tingitanischen Maure-

254   *Mitteilungen und Nachrichten.*

Prinzen, die diese städtischen Ämter natürlich nicht selbst verwalteten, sondern einen vornehmen Ortsangehörigen, wie Quirinius in Antiochia den Caristanius Fronto, zum Stellvertreter (*praefectus*) ernannten. In dem unter Domitian für Salpensa in Baetica erlassenen Stadtgesetz[1]) wird für den damals regierenden Kaiser diese Ausnahme ausdrücklich festgesetzt; und eine gleiche Bestimmung für Augustus und seine Deszendenten wird enthalten gewesen sein in den Ortsstatuten der zahlreichen unter seiner Regierung gegründeten oder neugeordneten Gemeinden. So dürften die meisten der Duovirate der Augustus-Enkel und Urenkel in italischen und in Provinzialstädten zu erklären sein[2]). Ähnliche Bestimmungen werden sich schon in den Verfassungen der in republikanischer Zeit gegründeten Bürgerkolonien gefunden haben zugunsten der Stifter dieser Kolonien oder der sonst bei ihrer Gründung amtlich beteiligten vornehmen Personen und ihrer Nachkommen. Vielleicht geht es darauf zurück, daß in der auf Grund des Ackergesetzes des Konsuls Caesar vom Jahre 59 v. Chr. gegründeten Kolonie Capua, Pompejus und Piso, der Konsul des Jahres 58, dieser der Schwiegervater, jener der Schwiegersohn Caesars, Duovirn waren[3]); wahrscheinlich hatten beide der Kommission der *vigintiviri agris dandis adsignandis* angehört. Unbekannt ist, worauf die im Anfang der Kaiserzeit einige Mal vorkommende Übertragung des städtischen Bürgermeisteramtes an vornehme, nicht ortsangehörige Senatoren[4]), wie eben die Übertragung des Duovirats von Antiochia an Quirinius, sich stützte. Es ist nicht unmöglich, daß in jedem einzelnen Fall die Regierung um Erlaubnis angegangen worden ist[5]). Aber wie dem auch sei, ob insbesondere Antiochia

---

tanien gefundenen, in Deutschland wohl noch nicht viel bekannten Inschrift (Chatelain, *comptes rendus de l'Acad. des inscr.* 1915, 396) angespielt, die meines Erachtens De Sanctis in den *Atti della R. Accademia di Torino* 1917/18, p. 458 ff., 1918/19, p. 329 ff. glücklicher als Cuq *c. r. de l'Académie des inscr.* 1918, S. 227 ff. behandelt hat. Die Worte lauten: *Huic ordo municipi Volub. ob merita erga rem pub. et legationem bene gestam, qua ab divo Claudio civitatem Romanam et conubium cum peregrinis mulieribus, immunitatem annor. X, incolas, bona civium bello interfectorum quorum heredes non extabant, suis impetravit.*

1) *CIL* II, 1963 (*Inscr. sel.* 6088).

2) Eine allgemeine Mode war diese Verleihung des Bürgermeisteramts an die kaiserlichen Prinzen offenbar nicht. Wenn in Praeneste sowohl die Söhne (der leibliche und der Adoptivsohn) als die (Adoptiv-)Enkel des Tiberius das höchste Amt bekleideten, so war das vielleicht dadurch veranlaßt, daß die Stadt durch Gunst des Tiberius aus einer Kolonie in ein Municipium umgewandelt worden war (*CIL* XIV, p. 290) und damals also zum mindesten einen Zusatz zu ihrer Verfassung erhalten hat. Aquinum, wo die Mitglieder des Kaiserhauses wiederholt Quinquennalen waren (*Inscr. sel.* 6286), hatte kurz vorher Kolonialrecht erhalten (*CIL* X, p. 530).

3) Pompejus: Cic. *post red. in sen.* 11, 29; Piso: Cic. das. 7, 18 *pro Sest.* 8, 19, *in Pis.* 11, 25.

4) Mommsen, *Staatsrecht* II[3], S. 828, A. 5; die Beispiele um eines vermehrt bei Cheesman, *Journal of Roman studies* 3, 1913, 256.

5) Die Peregrinen-Gemeinden waren in dieser Beziehung freier. Irgendeine Stadt Cretas konnte unter Augustus oder Tiberius einem Begleiter des Prokonsuls das höchste städtische Amt ohne weiteres anbieten (Seneca *contr.* 10, 4, 19).

Pisidiae bei der Übertragung eines Gemeindeamts an Quirinius sich auf eine Bestimmung seines Ortsstatuts gestützt, ob es sich über die Bestimmungen hinweggesetzt oder sich einen Dispens in Rom geholt hat: nicht glaublich ist, daß die Stadt den in der Provinz befindlichen Feldherrn und Statthalter zum Bürgermeister erwählt hat. Was hätte daraus werden sollen, wenn den Provinzialstädten gestattet worden wäre, den höchsten Vertreter der Regierung zum Bürgermeister zu ernennen. Denn was der einen Stadt erlaubt wurde, konnte der andern nicht verweigert werden. Antiochia war nicht die einzige Stadt, der mit der Unterdrückung der Homonadenser ein Dienst geleistet war, und andere Städte werden anderen Anlaß gehabt haben, sich Quirinius dankbar zu zeigen. Die Statthalter sollten über den Gemeinden stehen. Es wäre allem möglichen Unfug und allen möglichen Umtrieben (unter Umständen auch gegen die Regierung) Tür und Tor geöffnet worden, wenn die Übertragung städtischer Ämter an die Statthalter, um sie zu ehren, oder unter dem Vorwand, sie zu ehren, üblich geworden wäre. Die kaiserliche Regierung sah die Ehrungen der Statthalter durch die Stadtgemeinden überhaupt nicht gern. Augustus hat, freilich erst viele Jahre nach Quirinius' Tätigkeit im Osten, den Provinzialen direkt anempfehlen lassen, Ehrungen für die Statthalter während ihrer Amtszeit überhaupt nicht und auch nicht während der ersten zwei Monate nach Ablauf derselben zu beschließen[1]). Eine ursprünglich gewiß bedeutungsvolle und verpflichtende, jetzt aber harmlos gewordene Ehrung (jedenfalls harmloser als das Duovirat, weil es nicht so leicht zu einer Einmischung in die Gemeindeangelegenheiten führen konnte), war die Ernennung zum Patron (Schutzherrn) oder zum Gastfreund der Gemeinde. Aber in dem im Jahre 44 v. Chr. der neugegründeten *colonia Julia Genetiva* in Spanien gegebenen Stadtrechte war die Ernennung von Senatoren und Senatorssöhnen zu *patroni* oder zu *hospites* der Stadt nur dann gestattet, wenn der zu Ehrende in Italien weilte und ohne Amt (*sine imperio privatus*) war[2]). Allerdings hat dies vielleicht nicht überall gegolten oder man hat sich nicht überall daran gehalten. Im Jahre 12 v. Chr. hat eine afrikanische, freilich keine Bürger-, sondern eine Peregrinengemeinde[3]), aber im Jahre 16 oder 17 n. Chr. eine afrikanische Bürgerkolonie (Assuras)[4]) den anscheinend noch fungierenden Prokonsul von Afrika zum *patronus* ernannt[5]).

Wie dem auch sei, ich kann nicht glauben, daß die Antiochener auf den Einfall gekommen sind, den Vertreter des Kaisers und siegreichen Heerführer zu ihrem Bürgermeister zu ernennen oder daß dieser es angenommen hat. Ich möchte glauben und ich habe dies bereits *Inscr. sel.* 9502 A. 2 angedeutet, daß die Antiochener auf den Gedanken einer solchen Ehrung des ihnen von dem Feldzug gegen die Homonadenser in bester Erinnerung gebliebenen Quirinius gekommen sind, als Quirinius wieder einmal nach dem Osten, in ihre Nähe kam, vielleicht ihre Stadt berührte, aber diesmal *sine imperio privatus,* nämlich als Begleiter des jungen C. Caesar, des Adoptivsohns des Kaisers, der von

---

1) Dio 56, 25, 6. Ein Verbot war dies nicht ($παρήγγειλε$), jedenfalls kein unter Strafe gestelltes, wie ein ähnliches aus dem Jahre 62 n. Chr. (Tac. ann. 15, 22).

2) *CIL* II suppl. 5439 (*Inscr. sel.* 6087) Kap. 130, 131. Vgl. Mommsen, *Ges. Schr.* 1, 239.

3) *Inscr. sel.* 6095.

4) Maria Marchetti, *Bull. comunale* 1912, S. 113.

5) Doch ist Hübners Bemerkung, *Eph. ep.* II, p. 148 not. 3 zu beachten.

1 v. Chr. bis Anfang 4 n. Chr. als Oberstatthalter im Osten weilte. Dieser wird dazu ermächtigt gewesen sein oder sich für dazu ermächtigt gehalten haben, den Antiochenern eine Abweichung von ihrem Statut, wenn die Ernennung des Quirinius zum Bürgermeister eine solche war, zu gestatten. Die Aufmerksamkeit, die die Antiochener dem Quirinius erwiesen, war nun zugleich eine Huldigung für den Prinzen selbst, unter dessen Begleitern Quirinius von Anfang an eine hervorragende, zuletzt die erste Stelle[1]) einnahm. Auch ein M. Servilius, den nach den beiden uns beschäftigenden Inschriften die Antiochener nach Quirinius zu ihrem Bürgermeister ernannten und der sich ebenfalls durch Caristanius Fronto vertreten ließ, dürfte einer der Begleiter des Prinzen gewesen sein und nicht, wie Ramsay meint, Statthalter der Provinz Galatien[2]); er war wohl sicherlich der Konsul des Jahres 3 n. Chr., also einer der jüngeren Begleiter des Prinzen, und ist dann wohl gegen Ende 2 n. Chr. nach Rom zurückgekehrt, um dort das höchste der alten senatorischen Ämter zu übernehmen. Begleiter eines Prinzen scheint auch ein dritter[3]) vornehmer Römer gewesen zu sein, dem die Antiochener ihr Bürgermeisteramt übertragen haben, Cn. Domitius Ahenobarbus[4]), Konsul im Jahre 32 n. Chr., Vater des späteren Kaisers Nero, aber nicht Begleiter des C. Caesar, wie irrtümlich Sueton im Leben Neros c. 5 berichtet, sondern 20 Jahre später Begleiter des Germanicus[5]). So wenig ich diese Vermutungen als ganz sicher hinstellen möchte, so werden sie doch, glaube ich, mehr Beifall finden als die Behauptung Ramsays, die Antiochener würden wohl nicht lange mit der Übertragung des Duovirats an Quirinius gewartet haben, weil das eine Undankbarkeit gewesen wäre[6]) oder aber als seine Vermutung, daß ihm und dem angeblichen Statthalter Galatiens, M. Servilius, das Duovirat von Antiochia in aufeinander folgenden Jahren oder gar gleichzeitig übertragen worden sei, um bei dem Kampf gegen die Homonadenser die Kraft der Kolonie unter den Befehl eines einzelnen Mannes, des

---

1) Seit dem Sturze des Lollius, also seit dem Jahre 1 n. Chr. Es ist nicht nötig, anzunehmen und nicht gerade wahrscheinlich, daß Quirinius erst damals zu Gaius gestoßen ist; er muß jedenfalls nach Asien gekommen sein, als Tiberius noch in Rhodus war, also spätestens im Jahre 2 n. Chr.

2) *Expositor* 1912, 403, *Bearing of recent discovery* 287. Ihm schließt sich Cheesman S. 258 an.

3) Oder gar ein vierter, denn in der einen, am Schlusse unvollständigen Inschrift des Caristanius Fronto (*Inscr. sel.* 9503) scheint außer Quirinius und Servilius noch ein dritter vornehmer Römer genannt gewesen zu sein, den Caristanius Fronto vertreten hat.

4) *CIL* III suppl. 6809 (*Inscr. sel.* 2696); eine der frühesten Entdeckungen Ramsays auf dem Boden von Antiochia Pisidiae.

5) Vgl. *Prosopogr. imp. Rom.* II, p. 18 n. 109. Jedenfalls ist kein anderer Aufenthalt des Ahenobarbus im Osten bekannt, und keinenfalls war er jemals Statthalter einer der Provinzen des Ostens, was Sueton sicherlich erwähnt hätte. — Auch P. Cornelius Dolabella, Statthalter von Dalmatien 14 bis 18 n. Chr. und Quinquennalis der Hauptstadt dieser Provinz Salonae, war dies nicht während seiner Statthalterschaft, sondern einige Jahre später, denn er ließ sich als Quinquennalis vertreten durch denselben Mann, der auch den im Jahre 7 oder 8 geborenen, im Jahre 23 mit der Toga virilis bekleideten Prinzen Drusus vertreten hat (*Inscr. sel.* 7160).

6) *Expositor* 1912, S. 409.

von jenen zum Stellvertreter ernannten Caristanius Fronto zu stellen[1]). Der Höchstkommandierende, an der Spitze seiner Legionen, wird wohl kaum nötig gehabt haben, sich an die Zivilbevölkerung der Kolonie um Unterstützung zu wenden; wenn aber doch, wird er sich nicht gescheut haben, den Bürgermeistern oder den Bürgern direkt Befehle zu erteilen, und nicht den Umweg genommen haben, sich selbst zum Bürgermeister ernennen zu lassen und dann einen Stellvertreter zu ernennen[2]). Meiner Meinung nach ist also das antiochenische Bürgermeisteramt des Quirinius zwar durch seine kriegerischen Erfolge in Pisidien veranlaßt, fällt aber nicht mit ihnen zusammen, sondern später als sie, und zwar wahrscheinlich in die Zeit der Oberstatthalterschaft des C. Caesar im Osten, in eines der Jahre 1 vor bis 4 n. Chr.[3]).

Aber gegen diese Ansetzung des Duovirats des Quirinius, so wird man, oder wird doch Ramsay, wenn er diese Zeilen lesen sollte, einwenden, spricht die Tatsache, daß nach dem ausdrücklichen Zeugnis einer der beiden neuen Inschriften der Vertreter des Quirinius in dem Duovirat, Caristanius Fronto, der erste gewesen ist, dem in der unter Augustus, nach Ramsay's Meinung[4]) 25 v. Chr. oder bald danach gegründeten Kolonie nach Beschluß des Gemeinderats auf öffentliche Kosten eine Statue gesetzt worden ist. *Huic primo omnium publice d. d. statua posita est.* „Schwerlich sind viele Jahre nach Gründung der Kolonie verstrichen, ehe eine Statue in der Stadt errichtet wurde[5])." Sollte es sich nicht deshalb empfehlen, das Duovirat des Quirinius in eine etwas frühere Zeit, in die Zeit, in der, wieder nach Ramsay, Quirinius dort amtierte, in eines der Jahre 11 bis 8 v. Chr.[6]), zu setzen? — Ich halte es für sehr wohl möglich, daß die junge Kolonie Jahrzehnte hat verstreichen lassen, ehe sie einem ihrer Mitbürger auf Gemeindekosten eine Statue hat errichten lassen — Private, Körperschaften, ja der Gemeinderat aus eigenen Mitteln[7]) konnten schon vorher

---

1) *Recent discovery* S. 287. Auch Cheesman a. a. O. ist geneigt, die Wahl der Statthalter zu Bürgermeistern durch die Rücksicht auf den Krieg zu erklären. In dem mir nachträglich zu Gesicht gekommenen Aufsatz *Studies in the Roman province Galatia* I (*Journal of Roman studies* 7, 1917) führt Ramsay dies weiter aus.

2) Im Notfall, das heißt, wenn das Gebiet der Kolonie bedroht war, hatten freilich die Bürgermeister oder ihr Stellvertreter das Recht, die Kolonisten zu den Waffen zu rufen und hinauszuführen, aber sie hatten sich dabei nach den Beschlüssen des Gemeinderats zu richten, und nur eine sehr geringe Strafgewalt (Lex col. Genetivae Kap. CIII mit den Ausführungen Mommsens, *Ges. Schr.* I, 214). Dem Oberfeldherrn wurde durch Übernahme der Bürgermeisterstelle seine Aufgabe nicht erleichtert.

4) Und zwar in keines der letzten, da nach ihm und zwar, meiner Meinung nach, ebenfalls als Begleiter des C. Caesar M. Servilius noch dieselbe Ehre genoß, und dieser, wie oben gesagt, spätestens Ende 2 n. Chr. zum Konsulat nach Rom zurückkehrte.

4) *Cities of St Paul* 268, *Expositor* 1912, 405, *Bearing of rec. discovery* 288. Sicher ist dies übrigens keineswegs.

5) Ramsay, *Expositor* 405.

6) So jetzt Ramsay, *Expositor* 1912, S. 406 und ähnlich *Recent discovery* S. 289; vgl. S. 281, A. 1.

7) Z. B. in Herculanum *CIL* X, 1436; auch Bürger aller Stände, mit dem Gemeinderat an der Spitze, aus freiwilligen Beiträgen; *CIL.* X, 1435 *decuriones et pleps Herculanensis*. Das ist eben nicht *ex decreto decurionum pecunia publica*, wie z. B. *CIL* X, 790, 791.

auch auf öffentlichen Plätzen Statuen errichten lassen —. Sie tat es, sie fing an, verdienten Mitbürgern Statuen auf Gemeindekosten zu errichten, als zum ersten Mal dazu Veranlassung schien und dafür Stimmung war; ob das im J. 8 v. Chr. oder im J. 2 n. Chr., im zweiten oder im dritten Jahrzehnt der Kolonie eingetreten ist, entzieht sich unsrer Beurteilung.

Im übrigen halte ich es keineswegs für unmöglich, und darin muß ich Cheesman und Bleckmann Recht geben, daß der Krieg gegen die Homonadenser und damit die erste syrische Statthalterschaft des Quirinius, wenn wirklich in diese der Krieg gehört, sich unmittelbar oder bald an sein Konsulat (12 v. Chr.) angeschlossen hat, also in die Zeit von 11 bis 9 v. Chr. zu setzen ist. Ein Blick auf die von Mommsen, *Res gestae Divi Aug.*² S. 166 gegebene Liste der Statthalter Syriens zeigt, daß in dieser zwischen 12 und 8 v. Chr. (M. Titius) für Quirinius sehr wohl Platz ist; nur die Liste der ersten Ausgabe (1865, S. 114), in der vor Titius M. Tullius Cicero eingeschoben war, konnte die Ansetzung der Statthalterschaft des Quirinius in die Jahre 3 und 2 v. Chr. zwingend erscheinen lassen[1]).

Charlottenburg.

Zur lex Ursonensis.
Von Emil Kießling.

Die Hauptschwierigkeit, die die *lex Ursonensis* bietet, ist die Frage nach ihrer Entstehung. Feststeht, daß die ursprüngliche Fassung des Gesetzes in die Zeit Caesars fällt, während die Tafeln, die uns heute vorliegen, erst in flavischer Zeit eingraviert worden sind. Was in der Zwischenzeit mit der *lex* geschehen ist, wie die Mängel, die das Gesetz aufweist, zu erklären sind, entzieht sich unserer Kenntnis. Besonders strittig ist die Frage der zeitlichen Einordnung der capp. 129—131. Sie sind in kleinerer Schrift als die übrigen Kapitel eingraviert, und unter dieser Schrift sind die Spuren einer älteren größeren Schrift zu erkennen, deren Buchstaben dieselbe Größe haben wie die der übrigen Kapitel. Da außerdem in cap. 130 derselbe Gegenstand wie in cap. 97 und zwar in verschiedener Weise behandelt wird, so liegt der Schluß nahe, anzunehmen, die capp. 129—131 seien ein Nachtrag. So glaubt neuerdings auch Lommatzsch[2]), daß der ausgetilgte Teil des Gesetzes, der unter den capp. 129—131 gestanden habe, überflüssig geworden, ausgetilgt und durch die neue „Bestimmung über die Annahme eines Patrons" ersetzt worden sei. M. E. handelt es sich dagegen bei den capp. 129—131 um keinen Nachtrag, sondern um ein Versehen des Graveurs.

Zunächst muß betont werden, daß die Spuren der Rasur nicht genau mit den capp. 129—131 zusammenfallen; denn sie beginnt schon am Ende von cap. 128 und reicht in cap. 131 nicht ganz bis an den Schluß. Das ist wichtig. Lommatzsch

---

1) Die Einreihung des Cicero an dieser Stelle beruhte auf völlig unzureichendem Grunde, wie S. 165 der 2. Ausgabe anerkannt wird (*de tempore non constat* usw.). Auch sonst unterscheidet sich die 2. Ausgabe der Quirinius-Abhandlung nicht unwesentlich von der ersten; der sehr anfechtbare Ausdruck, daß Lucas den Josephus ausgeplündert habe, findet sich erst in der zweiten (S. 176).

2) *CIL* 1, 2, Nr. 594 (1918), p. 494.

macht im *CIL* I, 2, Nr. 594 die Buchstaben, unter denen Rasur zu erkennen ist, durch < > kenntlich:

cap. 128, Z. 30   = *e*(*x*) *h*(*ac*) *l*(*ege*)
Z. 31 < *ius pot*(*estas*) *esto*.
cap. 131, Z. 13   = *actio petiti* > *o persecutioque h*(*ac*) *l*(*ege*)
ius potest(*as*)*que esto*.

Die Rasur muß also im Zusammenhang stehen mit dem Schlußsatz[1]) von cap. 128.

Betrachten wir diesen Satz genauer, so finden wir weitere Eigentümlichkeiten, die die folgende Skizze[2]) wiedergeben mag:

SQVEPECVN
CVIΓORVMVOLLT · REC · IVDIC · APVT · II · VIR ‖‖‖‖‖ vertieft ‖‖‖‖‖‖,
‖‖‖‖‖‖‖‖‖‖ PRAEFACTIO · PETITIO · PERSECVTIOQE H · L
IVS POTESTO (kleinere Schrift).

Nach Fabricius[3]) sind hinter II · VIR etwa 7—8 Buchstaben, in der nächsten Zeile vor PRAEF etwa 6 Buchstaben getilgt; die letzte Zeile (*ius potesto*) ist nahe an die vorletzte gerückt und hat kleinere Buchstaben.

Da der formelhafte Schlußsatz in den umliegenden Kapiteln wiederkehrt, müssen wir dort nach den getilgten Buchstaben zwischen II · VIR und PRAEF suchen; in allen in Betracht kommenden Kapiteln steht nun der Schlußsatz so wie in cap. 128 außer in cap. 130, das die Lösung gibt. Hier heißt es: = *aput duovir*(*um*) *interregem praef*(*ectum*) *actio* . . . .

Also *interregem* hat an der vertieften Stelle gestanden. Am Ende der drittletzten Zeile stand · INTER, am Anfang der folgenden Zeile REGEM, was sich mit den Angaben von Fabricius etwa deckt. Weiter vermissen wir in cap. 128 nach *praefectum* das „*ve*", das in den übrigen Kapiteln dabeisteht; eine Ausnahme ist wiederum nur cap. 130, da hier drei Glieder verbunden werden und deshalb die Verbindungspartikel fehlt.

Die Schlußsätze von cap. 128 und cap. 130 müssen also im Zusammenhang stehen. Es hat offenbar fälschlich in cap. 128 der Schlußsatz des cap. 130 gestanden; der Graveur hat *interregem* ausradiert, dagegen nach *praef* keinen Platz gehabt, das „*ve*" von cap. 128 zu ergänzen. Zu erklären ist dieses Durcheinander nur so, daß der Graveur irrtümlich am Schluß des cap. 128 (frühestens vor den Worten *c. c. G. J.*) in den ähnlichen Schlußsatz von cap. 130 hineingeraten ist. Dieses Versehen konnte um so leichter vorkommen, da die Anfangs- und Schlußworte der benachbarten Kapitel teils ähnlich teils gleich sind. Auch hat Dessau[4]) mit Recht darauf aufmerksam gemacht, daß die Numerierung der Kapitel erst nach der Eingravierung des Textes erfolgt ist, so daß eine Verwechslung der Kapitel nur zu leicht möglich war. Seinen Irrtum hat der Graveur nun zunächst nicht gemerkt und hat die cap. 131, 132 u. s. f. bis zum Schluß der Tafel weiter eingraviert. Hier angelangt, merkte er erst, daß er Ende cap. 128 bis Ende cap. 130 übersprungen hatte. Aus dem von cap. 130 geholten Schlußsatz, der fälschlich in cap. 128 stand, stellte er nun den richtigen Schlußsatz

---

1) Den Herren Fabricius und Dessau, die mir Mitteilungen über epigraphische Einzelheiten in freundlichster Weise gemacht haben, bin ich zu großem Dank verpflichtet.
2) Aus den Notizen von Fabricius.
3) *SBer. Heid. Ak.* 1916, p. 50 ff. — 4) *Wien. Stud.* XXIV (1902), p. 243.

her, indem er das *interregem* ausradierte; ferner tilgte er das folgende cap. 131, um in den so erhaltenen Raum die capp. 129, 130 und 131 in kleinerer Schrift einfügen zu können.

Daß die Beweisführung stimmt, und in dem Raum der capp. 129—131 ursprünglich nur das eine cap. 131 gestanden hat, bestätigt auch ein Indizium äußerer Natur. Man kann nämlich am Original die ursprüngliche Buchstabenzahl, die für den Raum der jetzigen capp. 129—131 in Betracht kommt, annähernd bestimmen. Fabricius[1]) hat berechnet, daß auf der Fläche der jetzigen cap 129—131 Raum für 21—22 Zeilen zu je 40 Buchstaben in ursprünglich großer Schrift ist. Das Kapitel 131 hat 826 Buchstaben! Da die Schlußzeile des ursprünglich mit großen Buchstaben geschriebenen Kapitels 131 nur zur Hälfte[2]) beschrieben war, Fabricius aber mit ganzen Zeilen rechnet, so müssen zu den 826 Buchstaben noch etwa 20 hinzugefügt werden, so daß man der Berechnung von Fabricius fast auf den Buchstaben genau gleichkommt. Es unterliegt daher keinem Zweifel, daß cap. 131 ursprünglich in großen Buchstaben in dem Raum der jetzigen capp. 129—131 gestanden hat.

Gleichzeitig erhalten wir einen Einblick in die Werkstätte des Graveurs. Mit Abkürzungen verfährt er willkürlich. So kürzt er in cap. 128 Z. 30 *persecutiq(ue) e(x)* ab — also Worte, die nicht auf Rasur stehen und deshalb die Abkürzungen von cap. 130 genau wiedergeben müßten — während er in cap. 130 Z. 51 *persecutioqu[e ex* . . . schreibt. Andrerseits haben wir keinen Grund, dem Graveur Fehler wie z. B. das sinnlose Hinzufügen von *aed(ilis)* in cap. 130 Z. 1 in die Schuhe zu schieben.

Darmstadt.

Zu der lateinischen Grabschrift in Kapitalkursive.
Von W. Scheel.

Die paläographisch recht interessante Inschrift, die O. Schissel von Fleschenberg und C. F. Lehmann-Haupt[3]) besonders nach der Seite ihrer Wichtigkeit als hervorragendes Beispiel für die epigraphische Vulgärschrift ausführlich behandelt haben, zeigt auch in ihrem kurzen Text einige Besonderheiten, die ein nochmaliges kurzes Eingehen darauf zu rechtfertigen vermögen.

Der Stein, den Rudolf von Scala in Rom für das epigraphische Seminar zu Innsbruck erwarb, kann zwar seinem Fundorte nach nicht genauer nachgewiesen werden, doch spricht auch wiederum nichts dagegen, die Inschrift für stadtrömisch zu halten, wie dies die Herausgeber zu tun scheinen[4]). Dann würde sie in ansprechender Weise die Beispiele vermehren, wo ein durch seinen Namen (*Callimachus*) anscheinend dem Sklavenstande angehöriger Mann seiner *contubernalis* ein anspruchsloses kleines Denkmal setzt. Solche Steine haben wir z. B. aus Rom in C VI (4, 2) 34121. 34934. 35145. 36456 u. a.; umgekehrt erscheinen Widmungen von Sklavenfrauen an ihre unfreien Männer ebenfalls mehrfach C VI 9114 D 7377; C VI 9963 D 7425; C VI (4, 2) 35343 u. ö. Bei einer Durch-

---

1) *SBer. Heid. Ak.* 1916, p. 51.
2) Das zeigt das Aufhören der Rasur auf der halben Zeile, *CIL* a. a. O.
3) In dieser *Zeitschrift* XVII (1920) Heft 1/2 S. 129 ff.
4) a. a. O. S. 129 Anm. 1.

sicht von C VI 4, 2 habe ich übrigens nicht den Eindruck gewonnen, als ob die Bezeichnung *contubernalis* öfter für Frauen als für Männer gebraucht sei[1]).

Auch der Name der Verstorbenen ist auf römischen Steinen nicht unerhört; eine Cornelia Inventa setzt ihrem Bruder C VI 35024 ein Denkmal.

Der anspruchslose Text böte in seiner einfachen Satzfügung nichts Besonderes, wenn nicht die letzte Reihe mit ihren Abkürzungen *v. b. m.* gewissermaßen ein epigraphisches Rätsel bildete.

Die Herausgeber haben scheinbar diese letzte Zeile als selbständigen Zusatz, Akklamation, aufgefaßt und in eine Reihe mit den bekannten Schlüssen gestellt, die als *V S votum solvit, V S L M votum solvit libens merito, V S M votum solvit merito, V S L P voto suscepto libens posuit* u. a. erscheinen Sie lösen auf: *v(ovit?) b(ene) m(erenti?)*; dabei ist zuerst das doppelte Fragezeichen unverständlich. Denn daß der letzte Buchstabe *M merenti* bedeutet, kann füglich nicht bezweifelt werden, wenn man die zahlreichen Steine durchmustert, die in C VI einem durchaus ähnlichen Milieu entstammen. Es ist aber ohne Zweifel diese Unsicherheit durch die Auflösung *v(ovit)* entstanden, die als richtig nicht anerkannt werden darf, und zwar aus doppeltem Grunde.

Erstlich ist die Auflösung *v(ovit)* mindestens sehr selten und ungewöhnlich; zweitens ist das dadurch entstandene Latein nicht einwandfrei. Wenn der trauernde Gatte seiner *contubernalis* ein Denkmal setzte (*fecit*), so darf diese Nachricht nicht durch den Zusatz einer doch klärlich früher liegenden Widmung wieder zerstört werden. An eine Auflösung *voto* könnte man allenfalls denken, wenn nicht die Wortstellung dagegen spräche; eine Auflösung *vovit* oder auch etwa *voverat* ist dagegen abzulehnen.

Nun werden gerade auf einfachen Grabsteinen, vielleicht aus Sparsamkeitsrücksichten, öfters auch Substantiva abgekürzt, die sonst meist ausgeschrieben erscheinen; so fand ich *coniugi bene merenti* als *C B M* (C VI 35137. 36531), *amico bene merenti* als *A B M* (C VI 34690). Beide Male wird hier am Schlusse der Dedikation der Adressat nochmals wiederholt; so ersetzt das Substantiv in der Dedikationsphrase die sonst gern eingefügte appositionelle Beifügung *carissimae, dulcissimae, piissimae, optimae, sanctissimae, incomparabili* o. ä., die ja hier auch durch das anheimelnde *suae* schon vorweggenommen ist.

Auf unserem Steine handelt es sich um ein *contubernium* zwischen einem Unfreien, der seine Stellung nicht näher bezeichnet, dem Namen nach aber wohl ein griechischer Sklave war, und einer Unfreien. Solche Sklavenehe wurde in der Kaiserzeit als eine dauernde und auch rechtlich gültige Verbindung aufgefaßt[2]); es wird der Mann der Sklavin und die Frau des Sklaven nicht nur *contubernalis* genannt, sondern auch die Bezeichnung *coniunx*[3]) gebraucht. In den Digesten wird sogar zur Erklärung des *contuberniums* das feierliche Wort *uxor* eingeführt, das sonst nur die freigeborene Gattin des freien Römers bezeichnet: *Contubernales quoque servorum, id est uxores et natos instructo fundo contineri verum est* (Dig. 33, 7, 12 § 33; vgl. auch § 7).

Auf einem Grabstein erscheint die Bezeichnung *uxor* für die Sklavenehe mit *contubernalis* verbunden in C VI 35185: *. . uxor Euplo contubernali bene merenti*. Der Stein ist in Rom nahe der Via Salaria gefunden worden.

---

1) Anders *Thes.* IV 790, 55, 77, 64; *Klio* a. a. O. S. 130 Anm. 10.
2) Marquardt-Mommsen, *Handbuch* VII, 1 (1886) S. 176 und Anm.
3) *C.* VI 4086. 4354. 6440. 8740. 8788. 8848. 8929. 9914. ö.

Wenn also die Sklavenfrau sich hier als *uxor* nennt, so ist es wohl auch umgekehrt angängig, daß der Mann der Sklavin diese seine Frau neben der üblichen Ehebezeichnung seines Standes noch besonders feierlich als *uxor* anredet. Vielleicht darf man darin den deutlichen Rest eines noch lebendigen Bewußtseins einstiger freier Abkunft erkennen, wenn hier dieser Callimachus seiner geliebten Frau auf dem letzten Denkmal alle Ehren geben will, die ihr zwar rechtlich nicht zukommen, die aber wenigstens der Grabstein ihr nicht vorenthalten soll.

Ich löse daher auf: *D(is) m(anibus) s(acrum). Callimachus fecit Claudiae Inventae contubernali suae u(xori) b(ene) m(erenti).*

Nowawes.

Zur ältesten attischen Inschrift[1]).
Von Wilhelm Brandenstein.

ὃς νῦν ὀρχηστῶν πάντων ἀταλώτατα παίζει
τοῦτο δεκᾶν μιν.

So las F. Studniczka die älteste attische Inschrift[2]). „Wer von den Tänzern am zierlichsten tanzt, der soll dieses (Gefäß) empfangen." Ein unbehagliches Gefühl überläuft einem bei der Lesung und Interpretation von δεκᾶν[3]), denn das Δ ist nicht gut erhalten, außerdem ist das Verbum δεκᾶν nirgends belegt, und seine Bildungsweise begegnet sprachwissenschaftlich-lautlichen Schwierigkeiten, die Studniczka nicht verborgen blieben.

Es ist zweifellos, daß δεκᾶν ein abgeleitetes Verb sein müßte. Die Verba auf άω sind nun, wenn abgeleitet, immer denominativ[4]), aber unser Nomen heißt δοχή (δοκή), das davon abgeleitete Verb müßte also δοχάω (δοκάω) heißen. δοχή aber kommt von δέχομαι und steht zu diesem in einem schon indogermanischen Ablaut, der in gleichgebauten (analogen) Fällen ausnahmslos vorhanden ist[5]). Studniczka (S. 229) führt nun einige Verba mit „e"-Vokalismus als Gegeninstanz an. περᾶν kommt von περά; πεδᾶν von πεδή. Soll die Bildungsweise bei unserm Verb gleich sein, so lautet die Fortsetzung δοχᾶν von δοχή. Studniczka's Argument ist darum nicht ganz verständlich. Das von ihm wegen ἕκητι vorausgesetzte ἑκᾶν gehört nicht hierher:

1. Weil es nicht Denominativ ist (was es ja wegen der Bedeutung sein soll).
2. Ist die Deutung von ἕκητι jetzt eine andere. ἕκητι ist durch Haplologie aus *ἑκατητι entstanden. ἑκατ- ist Schwundstufe zu ἑκοντ-. Diese Form ist erhalten in ἑκοντι → ἑκών und gehört zu einem athematischen Verbum *u̯ek-mi wie altind. *vaśmi* beweist[6]). Studniczka erwägt noch eine Möglichkeit, die

---

1) Vgl. unten S. 265f.
2) *Mitteil. d. archäolog. Instituts in Athen* XVIII, Bd. 18, 1893, S. 225ff.
3) So erging es wenigstens mir, als diese Inschrift im Seminar des Herrn Prof. C. F. Lehmann-Haupt besprochen wurde. Ich opponierte. Daraus entstand dieser Aufsatz.
4) Brugmann-Thumb, *Griech. Gramm.*[4], S. 350.
5) πανδεχής ist natürlich ein ganz anderer Fall. Die Nominalstämme auf es/os stehen nicht im Ablaut γιγ(ε)νομαι : γένος. Ein Denominativ davon wird gebildet wie τελεσjω von τέλος, wie ἐτέλε(σ)σα.
6) Boisacq, *Dictionaire étym.*, S. 236.

Analogiebildung. Von τιμή konnte einerseits τιμᾶν, anderseits τιμάζειν gebildet werden. Nun können aber Verba auf -άζειν manchmal direkt vom Urverbum gebildet werden, als Intensiva oder Frequentativa[1]). Studniczka nimmt offenbar an, daß δεκάζειν direkt von δέχομαι gebildet worden sei, und zu diesem δεκάζειν — analog zu den vielen anderen Fällen von nebeneinanderstehenden Verben auf -ᾶν und -άζειν — ein δεκᾶν geschaffen worden sei. Ganz abgesehen davon, daß δεκάζειν ziemlich spät ist, wäre diese Analogiebildung ganz singulär, ein Novum, und ist daher als Hypothese ad hoc abzulehnen. Nicht nur das, sie wäre auch gegen das Sprachgefühl (Ablaut!), das durch δοκή und Formen wie προσδοκᾶν verstärkt wurde. Außerdem ist der etymologische Zusammenhang von δεκάζειν mit δέχομαι (vorausgesetzt, daß er überhaupt besteht), nicht gefühlt worden, wie das *Etymologicum magnum* beweist, das nämlich δεκάζομαι von δέκα (zehn) ableitet.

Eine Bildung δεκᾶν ist daher unmöglich.

3. Ein anderes lautliches Argument ist folgendes: Im Attischen und Altjonischen haben wir durchweg δέχομαι[2]). Wackernagel[3]) behauptet zwar anders. Als erstes Argument sieht er an, daß alle übrigen Dialekte außer den beiden genannten δέκομαι haben. Das ist aber eine bloße Behauptung. Denn aus dem erwähnten Tatbestand folgt meiner Ansicht nach höchstens, daß es im Urgriechischen (oder im Indogermanischen) δέκομαι geheißen haben mußte und erst im jonisch-attischen sekundär zu δέχομαι wurde. Die Ableitung des einfachen und zusammengesetzten Verbums haben immer -κ-[4]), während in etymologisch dazugehörigen Hauptwörtern -κ- aus urgriechischer Zeit erhalten blieb, weil eben der Zusammenhang mit δέχομαι nie gefühlt wurde[5]). Darin stützt uns Wackernagels Erklärung dieser Aspirierung, durch die sich eben das Jonisch-attische vom übrigen Griechischen unterscheidet. Sie ist vom Verbum und zwar von der 3. plur. Perf. Pass. δεδέχαται eingedrungen. Es war überhaupt im Attischen Neigung zu aspirierter Aussprache[6]) (vgl. die aspirierten Perfecta [κέκοφα]). Das Hauchdissimilationsgesetz erlosch in Attika schon um 500[7]) (regressive Assimilation gab es schon im 6. und 5. Jhd.), und später trat sogar Aspiratenassimilation ein.

Da auch das Altjonische überall δέχομαι (literarisch und inschriftlich) aufweist, müssen wir ein urjonisches δέχομαι annehmen. Zu erklären ist nur der Übergang in δέκομαι im Neujonischen (Herodot). Wackernagel sieht δέκομαι als das ursprüngliche an. Aber ich meine, daß es dann noch mehr zu erklären gibt, nämlich den angenommenen Wandel von δέκομαι zu δέχομαι im Altjonischen und die Rückverwandlung zu δέκομαι im Neujonischen, ein Verfahren, gegen

1) Kühner-Blass, *Griech. Gramm.*³ II, 1, § 328, 4, S. 261.
2) Kühner-Blass, *Griech. Gramm.*³ I, 1, S. 148, wo erwähnt ist, daß auch in vereinzelten dorischen Inschriften δέχομαι steht.
3) *Homerische Fragen*, S. 23 ff.
4) Vgl. dazu die Beispielsammlung Wackernagels a. a. O. S. 25, zu der aber zu bemerken ist, daß viele dort angeführte Wörter neujonisch sind; oder aber bei den Tragikern erscheinen, wo dorischer Einschlag möglich ist; dadurch wurde die Analogiewirkung — so daß alle Nominalkomposita -κ- haben — nur verstärkt.
5) Dies ist leicht einzusehen. Bei „Empfang" ist der Zusammenhang mit „empfangen" unmittelbar gegeben, während bei „Wildfang" der Zusammenhang mit „fangen" erst bei einiger Überlegung zu Bewußtsein kommt.
6) Meisterhans-Schwyzer, *Gramm. der attischen Inschriften*, § 29, 8; § 39, 5.
7) Brugmann-Thumb a. a. O. S. 123, 124 (aspirierte Aussprache); S. 143.

das eine alte Regel spricht: *entia non sunt multiplicanda praeter necessitatem*. Demzufolge erscheint mir δέχομαι als urjonisch. Das neujonische δέχομαι (trotz des noch bestehendem δεδέχαται, das jede Analogiewirkung verloren hat), ist m. E. eine Erscheinung jener Haucherleichterungstendenz, die sich im Neujonischen am stärksten zeigte, nicht nur beim Spiritus asper, sondern auch im Sandhi (ἀπικνέομαι, Ἐπιάλτης statt Ἐφ-); ferner schon bei Homer: τέτυκός zu τεύχω[1].

Syntaktisch wäre zu bemerken, daß wir im Nachsatz einen *acc. c. inf.* in imperativischer Bedeutung vor uns haben, wenn wir Studniczka folgen, der aber im Attischen sonst nicht belegt ist, wie überhaupt mit Infinitive und imperativischer Bedeutung in der **3.** Person selten sind[2]).

Es sind aber auch rein epigraphische Einwände zu machen.

1. Wenn Δ ergänzt wird, kommt man mit der linken Spitze in das folgende ⊣ hinein.

2. Der obere Querbalken ist etwas konkav; hätte der Schreiber ein Δ ritzen wollen, so hätte er eher einen konvexen Strich gemacht, weil er die Tendenz haben mußte, mit dem Strich möglichst herunter zu kommen, was auf der Vasenwölbung nicht so einfach ist.

3. Drittens müßten sich jenseits des Bruches Spuren des eingeritzten Δ zeigen, und das ist nicht der Fall, obwohl die Vase dort unversehrt ist. — Infolgedessen bleibt nur eine Lesung übrig (alle sonstigen Möglichkeiten hat Studniczka abgewiesen), nämlich von ⊟. Gerade wo der Bruch ist, müßten die Ritzlinien des Buchstaben gelaufen sein.

Auch der zweite der eben angeführten epigraphischen Einwände (daß der Querbalken etwas konkav ist) fällt nun weg, denn es fehlte jede stärkere Tendenz nach abwärts, und die Querbalken-Ritzlinie paßte sich der Gefäßwölbung an und ist auf der Photographie nicht so steil, wie sie gewöhnlich (unter Vorausnahme des angeblichen Δ) publiziert wird. Der schiefe Querbalken des Heta findet sich sehr oft, manchmal promiscue gebraucht mit normalem Heta[3]).

Es handelt sich nun, dieses ἑκᾶν zu deuten. Keine Wurzelverwandtschaft kann mit ἑκάς und ἑκών bestehen.

ἑκάς kann wegen der Bedeutung und Lautgestalt nicht in Betracht kommen: σϝεκαι = 'pour soi, separé'; das davon gebildete Verbum müßte heißen ἑκάσιω > ἑκαίω[4]). ἑκών fällt weg durch seine Bedeutung („wollen, wünschen"). Ebenso die dazu gehörigen Eigennamen Ἑκάτη usw.

Es bleibt nur mehr ein Eigennamen übrig, mit dem Laut-Verwandtschaft bestehen kann, nämlich Ἑκάλη (und dazu Ἑκάλειος Ζεύς usw.)[5]). Seine Deutung ist bisher noch nicht gelungen. Ohne weiteres kann angenommen, daß dies ein redender Name ist, insbesondere deswegen, weil diese Heroine gleichsam einen Charakterzug verkörpert, den der Gastlichkeit. Die Namensbedeutung steht sicher in Wechselbeziehung zur Sage (wobei es für unsere Frage gleichgiltig ist, ob die Sage von Hekale aitiologisch aus dem Namen entstanden

---

1) Thumb, *Handbuch der griech. Dialekte*, § 329, 6 vulg. attisch. Dazu G. Meyer, *Griech. Gramm.*[2], § 257, 209, 310.

2) Delbrück, *Vgl. Syntax* (IV), 2, S. 455 und Brugmann-Thumb a. a. O. § 380.

3) Roehl, *IGA* Nr. 482 < (Abu Simbel); Nr. 79, 336; *IG* XII/III Nr. 537; 403; 350; 573, 590, 591; Roehl, *Imagines*[3] S. 8, Nr. 2; S. 81, Nr. 31; S. 70, Nr. 6 u. a. m.

4) Boisacq a. a. O. S. 232, 234 s. v.

5) Pauly-Wissowa, *RE* VII, S. 2665 s. v.

ist oder infolge seiner Bedeutung in der Sage verwendet wurde). Dafür hat Bechtel viele Beispiele gebracht. Ich denke außerdem an einige Namen aus Homer, die den Zusammenhang zwischen Namen und Sage schlagend dartun trotz der Entlehnung. Θερσίτης ist = assyr. *taršitu* = Verläumdung; Πάνδαρος = sumer. *b[p]an-dar* = Bogen des Steinbockes[1]). Hekale war eine freundliche, alte Frau, die den Theseus gastlich aufnahm. Danach bedeutet der Name also die „Freundliche", die „Gastliche". So verstand auch Suidas den Namen: „ἡ πρὸς ἑαυτὴν καλοῦσα"[2]). Und Kallimachos, der höchstwahrscheinlich aus älteren Attidographen schöpfte, sagt: ἔχε γὰρ στέγος ἀκλήιστον (frg. 41). Nur so hat es auch einen Sinn, wenn berichtet wird, daß Theseus den Kult einsetzte als Dank für die gastliche Aufnahme, in dem nämlich dem Ζεὺς Ἑκάλειος das Ἑκαλήσιον Opfer feierte und einsetzte. Denn Ζεὺς Ἑκάλειος ist natürlich der „Gastliche". Wie könnte sonst Zeus zu diesem Beinamen kommen? Doch nicht, indem er zu Ehren der Hekale ihren Namen als Beinamen annimmt!

Davon auf die Bedeutung des Verbums ἑκᾶν zu schließen, ist durchaus legitim. Z. B. wird die Bedeutung von Στύφων (Thuk.) erschlossen aus einer Hesychglosse στύψαι· στυγνάσαι. ἑκᾶν heißt also „erfreuen" („bewirten")[3]).

Die Bedeutungsgruppe „erfreuen, freundlich, gastfreundlich" kommt ja sehr häufig vor. Es seien nur zwei Beispiele angeführt:

φιλόφρων freundlich: φιλοφρόνημα gastliche Aufnahme
ἐπίχαρις freundlich: χαρίζομαι erfreuen.

Der Nachsatz unserer Inschrift muß also heißen: „Dieses Gefäß soll ihn erfreuen." Dadurch fällt auch die erwähnte syntaktische Schwierigkeit weg, denn wir haben nunmehr einen nom. c. inf. in imperativischer Bedeutung.

Der Name Stambul.
Von E. Kalinka.

Lange Zeit herrschte die Meinung, die auch heute noch weit verbreitet ist, daß der türkische Name Stambul auf ein griechisches (*i*)ς τὰμ πόλ(ιν) zurückgehe, ähnlich wie Isnik auf ἰς Νίκαιαν, Stambalia auf ἰς τὰ παλαιά (andere Beispiele s. Hesseling *Revue des études grecques* 1890 III 196) und wie die Griechen manche Ruinenstätten (*i*)ς τοὺς στύλους nennen. Da jedoch allmählich die Ein-

---

1) Vgl. E. Aßmann, *Berl. phil. Woch.* 1919, Nr. 4, S. 29 ff.
2) Die Etymologie ist natürlich nicht zu brauchen.
3) Das Suffix *-lo* (vgl. dazu die vielen Eigennamen-Sippen wie Οἰνεύς, Οἶνις, Οἰνίλος) kommt im Griechischen in mannigfacher Bedeutung vor. Das Maskulinum ist oft nomen agentis, besonders im Italischen und Germanischen. In adjektivischer Funktion bezeugen diese Nomina mit Vorliebe den durch den Verbalbegriff hervorgebrachten Zustand. Daher im Slav. die Funktion dieses Suffixes als Formans des sogen. pt. praet. **act.** (Brugmann, *Vergl. Gramm.* II, 1, S. 373 f.). Dies alles stimmt ganz besonders gut auf unsern Fall: ἑκάλη die „Erfreuende", die „Freundliche", die „Gastfreundliche" (Bewirtende). Zur Bildung im Griechischen vergleiche man noch πάσσαλος von πάσσω (πήγνυμι), ἀγέλη zu ἄγω, lat. *apolum* der Hirtenstab, der die Herde treibt, *agilis* „beweglich" = altind. *ajiras*. Ob im Zusammenhang mit homer. ἔκηλος besteht [nach dem Muster von σιγάω, σίγηλος und jon. πέτηλον, att. πέταλον nach πετά-σαι] oder mit altindisch *sakhi* „Freund", sei dahingestellt.

sicht durchgedrungen ist, daß die dorische Form τὰν in der Zeit, als Stambul auftauchte, längst außer Gebrauch gekommen war, zumal in einer solchen Weltstadt und ihrer Umgebung, so hat man zur türkischen Vokalharmonie seine Zuflucht genommen, die Stimboli (στὴν πόλιν) in Stambol verwandelt habe (Hesseling a. a. O. 194 und Kretschmer in der *Festschrift für Jagić* 553, vgl. *Byzant. Zeitschrift* 1909 XVIII 255). Aber dieser Ausweg ist nicht gangbar; denn die türkische Vokalharmonie vollzieht sich lediglich innerhalb der Reihe a—e und der Reihe i—ü—u (bul-mak, bil-mek; ew-in, udsch-un), vermischt aber die Reihen nicht; niemals also tritt a lautgesetzlich für i ein und so hätte die Vokalharmonie *Stimbúl höchstens zu *Stumbúl umbilden können[1].

Mithin ist die Zurückführung von Stambul auf ἰς τὴν πόλιν endgültig aufzugeben und es bleibt nur die unmittelbare Herleitung aus Κωνσταντινούπολις übrig. In der Tat unterliegt die Auslassung unbetonter Silben zumal in einem so langen Wort keineswegs den Bedenken, die Hesseling 190 erhebt; ich verweise nur auf die arabisch-türkischen Namen *Iskenderije* und *Iskenderun* für Ἀλεξάνδρεια (Ἀλεξανδρών), wo die unbetonten Anfangssilben Ἀλε völlig unterdrückt worden sind, oder *Ismid* = ἰς (Νικο)μή̣δ(ειαν). Ja die Beschränkung auf die Silben σταν und πολ muß sich nicht einmal erst in türkischem Munde vollzogen haben[2]; denn die griechische Umgangssprache ist reich an solchen Kürzungen; vgl. Κωστί für Κω(ν)σταντῖνος, ξέρω für ἐξεύρω, (ὀ)πίσω, (τεσ)σαρά(κο)ντα[3]. Nachdem einmal durch Weglassung der Anfangssilbe Κων der Anlaut doppelkonsonantisch geworden war, konnte sich naturgemäß ein vokalischer Vorschlag entwickeln, der teils wie e, teils wie i klang (*Estambol* neben *Istambul*), während für ein griechisches ἰς vor τ nach Verlust des Anlautes niemals ein e eingetreten wäre.

Innsbruck.

1) Die von Gustav Meyer (*Türk. Studien* I = *Wiener Sitzungsber*. 1893, Bd. 128, I. Abh., S. 14) angeführten Belege für Ersatz eines tonlosen griechischen i durch ein türkisches a sind sämtlich anders zu erklären, meist durch Angleichung an ein benachbartes a.

2) Kollege J. H. Mordtmann bemerkt mir hierzu: „istanbol als Bezeichnung von Konstantinopel ist tatsächlich erheblich älter als die Eroberung der Stadt durch die Türken, s. die Stellen der arab. Autoren im Artikel *Constantinopel* der *Enzyklopaedie des Islam*. Über *Iskenderun* = Ἀλεξανδρών der Byzantiner vgl. ebenfalls Enzykl. des Islam s. v.; die mittelgriech. Form geht auf ein syrisches Deminutivum zurück (vgl. die gräzisierten Eigennamen *Gaionas*, *Petronas* etc.); die moderne Form Alexandrette erscheint in der romanischen Deminutivform (vgl. schon alte Eigennamen *Iulitta*, *Pollitta*). Iskenderun, Alexandrette bezeichnet also die Stadt zum Unterschiede vom afrikanischen Alexandria als Kleinalexandrien; dieses nachzutragen zu Nöldekes Bemerkungen, *Beitr. z. Gesch. des Alexanderromans* S. 9."

[3] Solche Unterdrückung unbetonter oder minder stark betonter Silben in der einheimischen Aussprache langer Namen erklärt es auch z. T., daß bei Herodot aus dem Namen Nebukadnezar (bab. *Nabukuduruṣur*, altpers. *Nabuku dracara*) mit Hineinspielen weiterer Mißverständnisse eine Nitokris werden konnte (Herodot mag etwa *Nŭkotris aus *Nĭvukudris gehört haben). Vgl. *Einl. in die Altertumswiss.* III[2] S. 82 und über den späteren babyl. Vokalismus, besonders den Wandel von ă zu ĭ und seine Wiedergabe durch die Griechen, *Zeitschr. f. Assyr.* VIII (1892) S. 330ff. und *Klio* III, 494f. Anm. 3. — Vgl. im Übrigen auch u. S. 282.   C. F. L.-H.]

Die älteste Inschrift Athens[1].
Von E. Kalinka.

Gerade vor dreißig Jahren habe ich während meines ersten athenischen Aufenthaltes den Schluß der eingeritzten Inschrift, deren erster Vers lautet ὅς νῦν ὀρχηστῶν πάντων ἀταλώτατα παίζει, genau untersucht in der Hoffnung, eine befriedigende Deutung des Nachsatzes zu gewinnen. Das ist mir nicht gelungen, und ich habe Zeichnung und Photographie an Studniczka abgetreten, der sich damals mit demselben Denkmal beschäftigte. Freilich war ich auch mit seiner Lesung τοῦτο δεκᾶν μιν (*Athen. Mitt.* 1893, XVIII, 225 ff.) nicht einverstanden, teils weil sie in Widerspruch stand mit meinen Beobachtungen, teils weil ich aus sprachlichen Gründen an ihr Anstoß nahm. Schon Wackernagel, der sprachwissenschaftliche Berater Studniczkas, hat gefühlt, daß mindestens δοκᾶν statt δεκᾶν zu erwarten sei. Natürlich läßt sich einwenden, daß derartige Augenblicksbildungen oft in wunderlicher Weise gegen Sprachgesetze verstoßen. Unwillkürlich aber drängt sich die Frage auf, wozu der Gelegenheitsdichter überhaupt sich ein eignes Verb schuf, wiewohl das geläufige δέχεσθαι ebensogut seinen Zweck erfüllt hätte; denn μιν nach δεκᾶν ist völlig entbehrlich, ja noch mehr als das. Gesundes Sprachgefühl sträubt sich gegen die unattische Form innerhalb der rein attischen Äußerung des Atheners und nur der vorangehende epische Vers entschuldigt den epischen Anklang. Vollends ist nach dem relativen Vordersatz das schwache, enklitische μιν unerträglich: entweder gar keine Rückverweisung auf das vorangegangene ὅς, da der Relativsatz für sich allein schon als Glied des Hauptsatzes empfunden werden konnte, oder — wenn schon — dann dem natürlichen Sprachgebrauch entsprechend ein eigentliches Demonstrativ. Auch im Deutschen ist es anstandslos, zu sagen: „Wer jetzt am zierlichsten tanzt, (der) soll dies bekommen"; sprachwidrig aber wäre: „Wer jetzt am zierlichsten tanzt, dies soll er bekommen." Da überdies eine Form von οὗτος den Nachsatz zu eröffnen scheint, so erwartet man darin unbedingt eine Beziehung auf ὅς; und eine solche Empfindung mag v. Wilamowitz und Kirchhoff bestimmt haben, den Nachsatz mit τοῦ zu beginnen. Tatsächlich habe ich, ohne von einer bestimmten Deutung voreingenommen zu sein, nach ToTo weder Δ gelesen, dessen linke Hälfte fehlen würde, noch 日, dessen oberster Querstrich bedenklich schief geraten wäre, sondern ⱱ, wie schon der erste Herausgeber Kumanudis; und Reisch, der auf meine Bitte die Stelle nachprüfte, glaubte gleichfalls bei günstiger Beleuchtung das obere Ende des kleinen Schlußstriches zu erkennen; der wagerechte Grundstrich innerhalb des Bruches dagegen scheint auf Täuschung zu beruhen. Es wird also bei ⱲoToT = τοῦτον sein Bewenden haben.

Der vierte Buchstabe danach, den Studniczka für ⱱ erklärte, ist vielmehr Ꮩ, wie gleichfalls schon Kumanudis, der die Inschrift vielleicht doch noch in weniger beschädigtem Zustande vor Augen hatte, erkannt hat. Auch

---

[1] Um dieselbe Zeit, als die Inschrift in meinem Seminar behandelt wurde (vgl. ob. S. 262 Anm. 3), brachte ich deren Schwierigkeiten in der *Graeca Aenipontana* zur Sprache. Meiner Anregung, seine mir daraufhin auf Grund seiner Autopsie gemachten Mitteilungen niederzuschreiben, hat Kollege E. Kalinka bereitwillig entsprochen.   C. F. L.-H.]

Reisch hat mir bestätigt, daß er in scharfem Sonnenlichte das obere Ende des schrägen Striches zu sehen glaubte.

Als ich mir die Buchstabenfolge ToToNFKAYMεN vor kurzem wieder einmal durch den Kopf gehen ließ, verfiel ich auf τοῦτον ἐκαύμιν (in **den** habe ich mich verliebt), wies aber diesen Lösungsversuch sofort mit **Entrüstung** zurück, weil in so früher Zeit η noch ganz offen gesprochen und **noch** lange nicht mit ι wiedergegeben wurde. Um so freudiger war meine Überraschung, als ich bei neuerlicher Besichtigung der Photographie entdeckte, daß es mit dem ⊱ eine eigene Bewandtnis habe. Nicht nur unterscheidet es sich von den zwei andern Iota dieser Inschrift (⋝), wie auch andre ihrer Buchstaben keineswegs gleichmäßig sind (⊒ und ⊑, ▷ sechsmal neben einmaligem A), sondern der zweite der vier Striche erscheint weit über seinen Schnittpunkt hinab verlängert. Das hat man so erklärt, daß der Griffel ausgefahren sei; aber genauere Betrachtung sowohl der Zeichnung wie der Photographie lehrt, daß diese scheinbare Verlängerung des Striches ihn keineswegs fortsetzt, wie sie es tun müßte, wenn der Griffel wider Willen des Schreibers ausgeglitten wäre; sondern es ist ein feiner Strich, der am rechten Rande des zweiten Querstriches von ⊱ ansetzt, also offenbar mit Absicht später hinzugefügt ist. Das läßt sich nur als Ausbesserung oder Ausbesserungsversuch verstehen. Ich vermute, daß der Schreiber aus Versehen ⊱ geschrieben hatte und an dessen Stelle ⊒ setzen wollte; da aber in dem brüchigen Firniß eine völlige Umänderung von ⊱ zu ⊒ undurchführbar schien, so begnügte er sich mit dem langen Hauptstrich des ⊒.

Darf man somit glauben, daß ΝΕΜΥΑΚΕ beabsichtigt war, so ist damit eine Verbalform gewonnen, die, wenn auch nicht belegt, doch ganz gesetzmäßig vom Stamme καυ gebildet ist wie ἐκείμην von κει- oder ἐκτάμην von κτν: ein athematisches Präteritum. Die erotische Bedeutung von καίεσθαι kommt auch sonst vor, wenngleich sie nicht so häufig ist wie die der lateinischen Verba *uror incendor flagro ardeo*. Hermesianax hat einmal καίεσθαι in diesem Sinne mit dem Genetiv verbunden (καίετο μὲν Ναννοῦς, s. Athen. 598a); aber dieser vereinzelte Fall, der sich mit Anlehnung an ἐρᾶν erklärt, beweist natürlich nicht, daß nicht vier Jahrhunderte früher ein Athener καίεσθαι mit dem Akkusativ verbinden konnte in Anlehnung an φιλεῖν ἀγαπᾶν und die zahlreichen Verben der Gemütsbewegung, zu denen der Akkusativ hinzutritt, um anzuzeigen, auf wen sie hinzielt. Das Präteritum offenbart einen tiefern Einblick in das Erlebnis: es erzählt, daß der anmutige Tänzer es ist, den der Schreiber — nicht erst jetzt durch den Tanz — lieb gewonnen hat, für den er entbrannt ist. Es ist ein stilles Geständnis, das er der Kanne anvertraut, vielleicht um es einem guten Freunde zu zeigen. Zweifellos ist es eine fein gebildete Gesellschaft, in der sich der Vorgang abgespielt hat, schon dadurch über die πολλοί erhaben, daß in ihr die Schreibkenntnis verbreitet war, die damals an der Wende vom VIII. zum VII. Jahrhundert noch eine Art Geheimwissenschaft war.

Innsbruck.

Aus und um Konstantinopel[1]).

Von C. F. Lehmann-Haupt.

2. Ein Nachklang der Argonauten-Sage?

Zu den zahlreichen Orten, die nach dem unter Septimius Severus abgefaßten Ἀνάπλους Βοσπόρου des Dionysios von Byzanz[2]) in ihrem Namen oder gemäß der Überlieferung Erinnerungen an die Argonautensage festhalten[3]), gehören auch

1) Vgl. *Klio* XV, S. 434 ff.
2) Siehe oben Bd. XVII, S. 62.
3) Es sind namentlich die folgenden: **a)** *Βαρβύσης*, der Eponym des heute Kiathane-su genannten östlicheren von den beiden Flüssen, die sich von Norden her in das goldene Horn nahe bei dessen westlichstem Winkel ergießen; ihn betrachteten „viele" nach Dion. Byz. (ed. Wescher, Paris 1884) § 24, p. 12 ob. als Ἰάσονι καὶ τοῖς σὺν αὐτῷ Μινύοις ἡγεμόνα τοῦ πλοῦ. — **b)** das Ἰασόνιον, Dion. Byz. § 46, zwischen dem heutigen Kabar-tasch und Orta-köi (Ἀρχεῖον Dion. Byz. § 48, s. P. Gyllius, *Geogr. Graec. Min.* (*GGM*) II, p. 37a Anm. — **c)** Der Γέρων Ἅλιος (Senex Marinus), der auf dem Klidion genannten Kap, türk. *Defterdar-burnu*, stand (*GGM* II, 37b) und der als Nereus, Phorkys, Proteus gedeutet wurde ... οἱ δὲ Ἰάσονι καὶ τοῖς σὺν αὐτῷ φραστῆρα τοῦ πλοῦ. — **d)** Dion. Byz. § 68 (§§ 57—95 fehlen bekanntlich in dem von Wescher edierten Codex und sind nur in Gyllius' lateinischer Übersetzung erhalten): *Sinus nuncupatus Pharmacias a Medea Colchide quae in hoc loco reposuit pharmacorum arculas*, das heutige Therapia. — **e)** Beim *Fanum Europaeum*, Ἱερὸν τῶν Βυζαντίων, Ἱερὸν Ῥουμηλίας (Gyllius, *GGM* II, 56b), daraus wohl (vgl. u. sub **h**) *Imros Kalessi*, das genau dem *Fanum Asiaticum* gegenüberliege, habe Iason den zwölf Göttern geopfert (Dion. Byz. § 75). — **f)** Dion. Byz. § 87: *Ex Cyaneis Europaeis traiicienti in Asiam primum quidem est promontorium nuncupatum Ancyreum: ab hoc enim aiunt lapideam ancoram accepisse navigantes cum Iasone vatis admonitu* (heute neugr. Ψώμιον, türk. *Jum burnu*, *GGM* II, 71a). — **g)** Darauf folgt bei Dion. Byz. (§ 88): *Pyrgos Medeae Colchidis, petra rotunda, in directum tumulum elata*. — **h)** Dion. Byz. § 92: *Post Chelas est nuncupatum Hieron a Phryxo, Nephele et Athamantis filio, aedificatum quum navigaret ad Colchos, Supra templum est murus in orbem procedens; in hoc est arx munita ... Possessio autem fani controversa fuit, maxime omnium Chalcedonii hunc locum sibi hereditarium asserere conabantur; verumtamen possessio semper remansit Byzantinis*. § 93: *In fano ... statua aerea est antiquae artis, aetatem puerilem prae se ferens*: das genau dem auf der europäischen Seite belegenen Ἱερὸν τῶν Βυζαντίων (ob. sub **e**) gegenüber befindliche berühmte Ἱερὸν Χαλκηδονίων oder τὸ Χαλκηδόνιον (Strabo XII, 412. C. 563), bei dem nach Polyb. IV, 39, 6 Iason auf der Rückkehr von Kolchis den zwölf Göttern geopfert habe, mit dem Kultbild des Zeus Urios (Cic. :n Verrem IV, 58. § 129), der mit und vor Poseidon unter den zwölf Göttern die Hauptrolle spielte. Die Stelle der Burg nimmt heute das vielbesuchte „Genuesenkastell" *Anadolu Kawak* ein, das zum ersten Mal genauer von Karl Lehmann-Hartleben, *Das Kap Hieron und die Sperrung des Bosporus (Festschrift zu C. F. Lehmann-Haupt's sechzigstem Geburtstag = Ianus I, S. 168 ff.*) beschrieben worden ist. Die Bezeichnungen Geroköi und Ioros Kalessi sind nach ihm wohl beide Ableitungen von „Hieron" (vermutlich nach ihm auch *Imros Kalessi* ob. sub **e**). Die jetzige Anlage kann nicht älter sein als das 6 Jahrhundert v. Chr. Aber aus Dionysios' Bericht geht her-

Κάλαμος καὶ Βυθίας[1]), deren Lage dem heutigen Kurutscheschme entspricht[2]), letztere Örtlichkeit ausgezeichnet durch einen von Medea gepflanzten Lorbeer[1]). Als daher im Jahre 1915 E. Forchheimer, dem wir — gemeinsam mit

vor, daß zu Ende des zweiten nachchristlichen Jahrhunderts „an der Stelle des Genuesenkastells bereits eine große Befestigung vorhanden war". — i) Dion. Byz. §§ 94—97: *Sub Fani ... promontorium subit et Argyroni(c)um* (vgl. *GGM* II fr. 60 p. 81a nebst Anm.) *nominatum ... 95: Post ... succedunt et subeunt loca nuncupata Herculis* Κλίνη *et Nymphaeum; ubi nominata Insana laurus apud quam aiunt Amycum Bebrycum regem habitare pugillatus pagna omnibus suae aetatis hominibus praestitem nisi a Polluce victus fuisset ... poenasque dedit contra externos crudelitatis, exortaque planta illius insaniae signe divinius quam humana mens assequi queat. Nam si quis hanc laurum intulerit in convivium, convivos insania afficit et contumelia implebit. Hoc sane experientia didici, naturam immortali memoriae regis illius iniquitatem ex ipsa lavro.* 96: Nach dem Wahnsinns-Lorbeer die Bucht Mukaporis und das Kap Ἀετοῦ Ῥύγχος. 97: Ἔνθεν κόλπος Ἀμυκος ἐπίκλησιν. Die nach dem Bebrykerkönig genannte Bucht ist die von Beikos. Über die Lage der Δάφνη Ψυχόνους, des „Wahnsinns-Lorbeers", herrschen Zweifel. Doch ist er am wahrscheinlichsten an der nach einem Feigenbaum genannten Quelle Sykia in der *Vallis Divae Galatinae* zu suchen. Gyllius, *GGM*. 84b: *Cum ad hunc fontem accessissemus et laurum vicinam decerpsissemus, eamque in navem attulissemus, tot contentiones inter remiges et vectores exortae ut putarem Syciam olim appellatam fuissi* Ψυχόνουν (*id est Laurus Insana*), *ut appellat Dionysius.* Der Hafen, an dem die Argonauten anlegten und wo gleichfalls ein Lorbeer unmittelbar am Ufer stand, in dessen Nähe die Argonauten sich nach der Besiegung des Amykos an Orpheus' Gesang erfreuten, wird Argyronium gewesen sein. Dieser Anlegeplatz war nach *Schol. Apol. Rhod.* II, 159 vom Nymphaeum fünf Stadien entfernt, was zu der Entfernung bis zur Sykia stimmt (s. Müller, *GGM* p. 82b, Anm. 2). Die Herculis Κλίνη liegt auf dem 'Riesenberge', den die Türken *Juša-dagh* nennen und das „Riesengrab" (bei einer Kapelle auf dessen Gipfel) gilt ihnen als Grab des Josua. Ich vermute, daß man im Altertum dieses Grab wie dem Herakles und dem „Riesen" Amykos (Valer. Flaccus nennt ihn *gigantem*, s. Müller, *GGM* p. 81, Anm. 1 zu Fragm. 61) so auch dem Iason zuschrieb: die Zuweisung an Josua, der hier nichts zu suchen hat, wird sich aus dem Umstande erklären, daß bei der Hellenisierung der jüdischen Namen seit Antiochus Epiphanes Iason für Josua eintrat: die Muhammedaner konnten daher unter Iason den Josua verstehen. Übrigens erklärte mir bei meinem Besuch ein anwesender Türke, der Riese liege nur zur Hälfte darin, der Oberkörper sei anderswo begraben. [Korr.-Zusatz. Die Argonauten hatten ja auch bei Kyzikos mit (sechsarmigen) Riesen zu kämpfen (Apoll. Rhod. I, 942 ff.) „Vielleicht hat" (K. Lehmann-Hartleben) „hier Iason einen Riesen besiegt, dessen Grab man zeigte. An dem haftete dann der Name des Riesen und seines Bezwingers, welch letzterer als der bekanntere sich durchsetzte."] — k) An der asiat. Küste dann noch der Φρίξου λιμήν (Dion. Byz. § 99), dazu *GGM* II, 8b.

1) Dion. Byz. § 51: Ἔνθεν Κάλαμος καὶ Βυθίας ὁ μὲν ἀπὸ τοῦ πλήθους (sc. καλάμου)· ὁ δέ, σκέπη τῶν ἀκρωτηρίων ἀπὸ τοῦ βυθοῦ κατὰ περιτροπὴν ὠνόμασται· δάφνη δὲ ἐν αὐτῷ, Μηδείας τῆς Ἀιήτου φυτόν, ὡς λόγος.

2) Das zeigen sowohl die Lage zwischen dem Archeion = Ortaköi und der § 53 beschriebenen Strömung, die eindeutig auf Arnaut-köi führt (vgl. u. S. 280 Anm. 1), wie die näheren Angaben des Dionysios (s. Gyllius, *GGM* II, 38).

Strzygowski — das ausgezeichnete Werk über *die antiken Wasserbehälter Konstantinopels* verdanken, in einer Ecke des Vorhofes der türkischen Moschee von Kurutscheschme das beifolgend abgebildete (Abb. 1), jetzt im Altertumsmuseum zu Konstantinopel befindliche, in ungewöhnlicher Weise mit Lorbeerzweigen ge-

Abb. 1.

schmückte Kapitell erblickte, stieg ihm sogleich die Vermutung auf, daß es sich hier um eine Erinnerung an den Lorbeer der Medea handle[1]).

---

1) Ich verdanke die Mitteilung zunächst Forchheimer selbst, der hinzufügte, er habe die Leitung des Antikenmuseums darauf aufmerksam gemacht, und daraufhin sei das Kapitell ins Museum verbracht worden. Auch J. H. Mordtmann wies mich auf den Forchheimerschen Fund hin. Andererseits teilte mir E. Unger mit, daß er seinerseits auf das Kapitell an seinem Wohnorte Kurutscheschme aufmerksam geworden sei und für die Überführung ins Museum Sorge getragen habe. Es scheinen also der erste Beobachter Forchheimer und

272 Mitteilungen und Nachrichten.

Das Kapitell zeigt außer den Lorbeerzweigen Weinblätter und eine Art von Rosetten. Wie die Seitenansicht mit ihrem Ansatz (Abb. 2) erkennen läßt, muß mindestens eine weitere Säule mit einem entsprechenden Ansatz vorhanden gewesen sein; zwischen beiden war dann wohl nach Art eines Ikonostas ein Gemälde eingelassen.

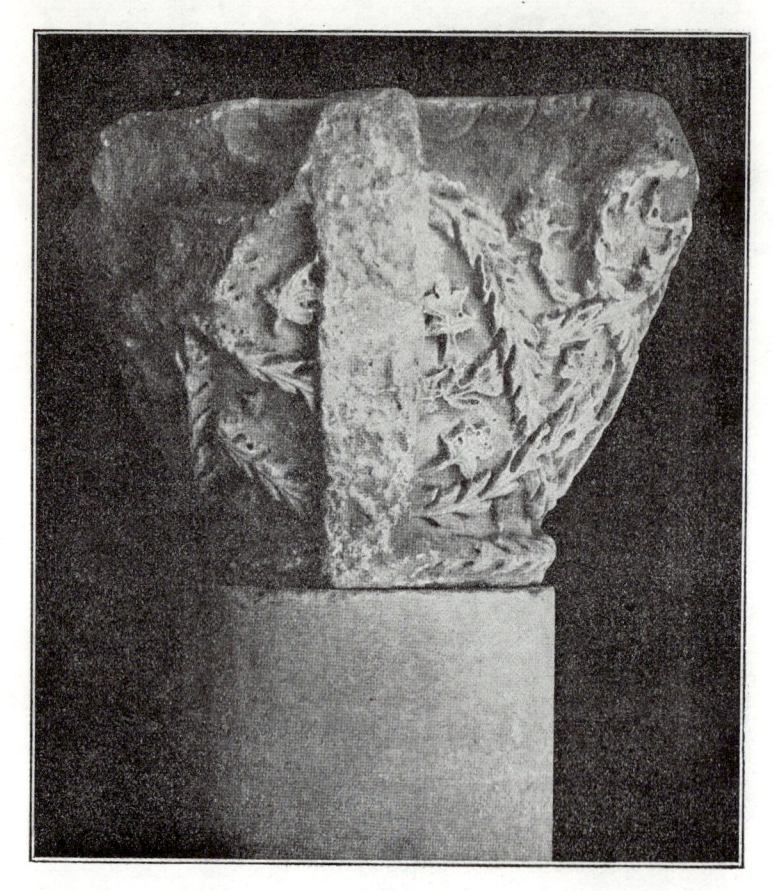

Abb. 2.

Hat der Lorbeer auf dem Kapitell etwas mit dem der Medea zu tun, so wäre m. E. anzunehmen, daß die heidnische Legende in irgendeiner Weise christianisiert und dann auf dem Bilde zur Darstellung gebracht worden wäre: also etwa eine Heilige, die einen Lorbeer pflanzt oder wartet.

E. Unger, beide durch ihre zu verschiedenen Zeiten gemachten Mitteilungen, veranlaßt zu haben, daß der Generaldirektor der Museen Halil-Bey die Überführung ins Museum verfügte. Inventar Nr. 2792: *Chapiteau venant de Kouroutscheschme 1917.* Halil-Bey hat auch auf meinen Wunsch die Photographien

Die Heilige braucht in der Kirche nicht notwendigerweise die Hauptrolle gespielt, die ikonostasartige Anlage nicht vor dem Altar gestanden zu haben.

In der von Justinian gegründeten Kirche des Sergius und Bacchus[1]), in der die schöne, den Kaiser und seine Gemahlin Theodora nennende friesartige Inschrift, weiß auf blauem Grunde, noch heute erhalten ist, zeigen zwei von den Säulen, die das Hauptschiff vom rechten Seitenschiff trennen, ähnliche Ansätze. Daß die Dekoration des Kapitells etwas sehr Ungewöhnliches sei, bestätigte mir Wiegand, als er das Kapitell auf meinen Wunsch gemeinsam mit mir im Museum zu Stambul besichtigte. Aber daß obige Erklärung als alleinige nur dann in Betracht käme, wenn diese Verzierung mit Lorbeerzweigen nicht etwa als ein Glied einer rein künstlerisch-dekorativen Entwicklung betrachtet werden könnte, war uns Beiden klar und, wenn ich nicht irre, wies mich Wiegand schon damals auf den Lorbeerschmuck der Kapitelle von Amida hin[2]).

Sehr belangreich erschien es mir daher, als ich bei einem Besuche in Ephesos Frühjahr 1918 das Kapitell des ionischen Rundbaus kennen lernte, auf dem die Voluten mit einem Gewinde von Ranken, die in Palmetten endigen, verkleidet sind[3]). Dieser Rundbau — der nach Benndorf's[4]) ansprechender Vermutung als Siegesdenkmal für die Seeschlacht bei Kyme 133/2 errichtet wurde, in der die Ephesier über Aristonikos, den unehelichen Sohn Eumenes II. von Pergamon, siegten, der das Testament seines legitimen Bruders Attalos III. anfocht — ist auch sonst durch das Auftreten und Überwuchern pflanzlicher Motive gekennzeichnet[5]). Von den Parallelen, auf die Benndorf hinweist, sei hier nur das „sicher hellenistische Kapitell im Museum von Girgenti"[6]) hervorgehoben.

Alle diese Stücke aber zeigen keinen Lorbeer, sondern nur Rankengewinde mit Palmetten und außerdem Akanthus.

Einen charakteristischen und in gewissem Grade wesentlichen Bestandteil bildet der Lorbeer dagegen auf den Kapitellen von Amida-Diarbekr[7]). „Das

---

der Kapitelle anfertigen lassen und sie mir zur Veröffentlichung zur Verfügung gestellt. Es ist mir eine Freude, Sr. Exz. Herrn Halil-Bey dafür wie für vielfache weitere Förderungen meinen wärmsten Dank auszusprechen. Für archäologisch-kunstgeschichtliche Beratung und Auskünfte habe ich Th. Wiegand sowie zwei jüngeren, damals zeitweilig in Konstantinopel anwesenden Gelehrten, Dr. H. Glück (jetzt Privatdozent für Kunstgeschichte des Orients in Wien) und besonders Karl Lehmann-Hartleben herzlich zu danken.

1) Sie ist eines der interessantesten Bauwerke von Konstantinopel. Daran, daß sie im allgemeinen nicht die ihr gebührende Beachtung findet, hat der Beiname *Küčük Aja Sofia*, „Kleine Hagia Sophia", wohl seinen Anteil.

2) Er machte mich auch auf den Ansatz und seine architektonische Funktion aufmerksam und setzte mich so zu der einschlägigen Beobachtung in der Kirche des Sergius und Paulus in den Stand.

3) Siehe *Forschungen in Ephesos, veröffentlicht vom österreichisch-archäologischen Institut* I (1906) S. 151 (George Niemann). — Jos. Keil, *Ephesos. Ein Führer durch die Ruinenstätte und ihre Geschichte*, S. 73, Abb. 35.

4) *Ephesos* I, S. 165. — 5) Akanthus am Gesimse, *Eph.* 1, S. 151; 158.

6) *Eph.* I, S. 160, Abb. 105.

7) M. von Berchem, *Amida*, ist mir in Innsbruck nicht zugänglich. H. Glück hatte die Freundlichkeit, mir aus Korr.-Bögen, die ihm als Mitarbeiter Strzygowski's am kunsthistorischen Institut in Wien zugänglich waren, die ein-

274 *Mitteilungen und Nachrichten.*

Kapitell mit der unter der Ecke durchgezogenen Guirlande ist ein für alle uns bekannten alten Bauten von Amida typisches Motiv[1]." Aber: der sonstige Schmuck der Kapitelle ist zwar gleichfalls pflanzlicher Natur, besteht jedoch durchweg aus stilisierten Akanthus-Blättern[2]. Die Lorbeerblätter haben, um mit Karl Lehmann-Hartleben zu sprechen, durchweg die „ältere Form, wo die Blätter dichtgedrängt, wie ineinandergesteckt sind". Diese Form hat sich anscheinend aus der antiken Lorbeerguirlande und dem Lorbeerkranz entwickelt, wie er beispielsweise auf den „schönen Porphyrsarkophagen des Konstantinopler Museums vorliegt"[3]).

„In grober Ausführung findet sie sich auf einem sonderbaren Gebälkstück beim Pentapyrgium in Konstantinopel" (Abb. 3). „Die Verbindung der antiken

Abb. 3.

Guirlande mit dem sonderbar naturalistischen Blatt und dem einigermaßen rätselhaften Gegenstand am linken Ende" schien Karl Lehmann-Hartleben, dem ich die Mitteilungen über dieses Fundstück und die Photographie verdanke, sehr interessant.

---

schlägigen Abbildungen zu übersenden, aus Strzygowski's Ausführungen im Amida-Werk die wichtigsten Sätze zu kopieren und Beobachtungen aus Eigenem hinzuzufügen.

1) Strzygowski, *Amida*, S. 208.

2) Es handelt sich besonders um folgende Kapitelle: „Altes Kapitell aus der Kosmaskirche," *Amida,* Abb. 115: „Die Guirlanden zeigen die typische Lorbeerfügung mit dem Edelstein in der Mitte wie an der *Corona triumphalis* (Strzygowski, *Amid,* S. 198). Vgl. Abb. 87 aus derselben Kirche. — Eglise Jacobite Ste. Mariamana, Amida, pl. XXII, 1. 2" (H. Glück bemerkt: 'Auch Abb. 205 und 208 im Amida-Werk aus der Kirche el Hadra in Kharkh geben Guirlandenkapitelle, aber es ist nicht zu erkennen, ob mit Lorbeerdekoration oder nicht.') „Bekannt war das Kapitell mit durchgezogener Guirlande aus Syrien (Serajilla s. de Vogüé, *La Syrie Centrale*, pl. 31, 1). Butler, *Architecture and other arts* I, p. 28." (Glück fügt hinzu: 'Butler gibt übrigens auf dem Fries des a. D. 134 datierten Grabes des Tib. Claudius Sosander in Behinderîya schöne Lorbeerguirlanden.')

3) Daß diese Sarkophage jetzt im Hofe des Stambuler Antiken-Museums zusammengestellt sind, ist ein besonderes Verdienst Halil Bey's, der auf Grund einer bis dahin unbeachteten Notiz eines türkischen Schriftstellers mehrere von den zu ihnen gehörigen Deckeln im Garten des Eski Serai, wo sie vergraben waren, entdeckte. Mindestens einer Sarkophage stand bisher vor der als türkisches Waffenmuseum dienenden, zwischen dem Garten der Eski Serai und dem Museum belegenen Irenenkirche, der einzigen altbyzantinischen christ-

Die einzigen Beispiele von Kapitellen mit Lorbeerranken, die ihm, der sich speziell mit der byzantinischen Kunst Konstantinopels vertraut gemacht hat, bekannt waren, sind zwei Kämpferkapitelle aus weißem Marmor von der großen Blachernenkirche.

Das eine (A) liegt in der kleinen Kapelle der Hagia Paraskeue bei der Blachernenkirche. Maße: „Oberer Säulendm. 38 cm, obere Länge 50 cm, Höhe 32 cm. Auf allen vier Seiten in einem von Lorbeerranken eingefaßten quadratischen Mittelfeld der Reichsapfel, darüber ein Kreuz. Die Ranken sind flachrundlich gemeißelt, Kreuz und Reichsapfel eckig geschnitten."

Das zweite Stück (B) liegt wenige Schritte von dort im Garten, wo es an der Bronzeeinfassung vermauert ist. Die Anordnung der Lorbeerranken ist die gleiche; über die Innenfelder läßt sich nichts sagen, da sie überputzt sind. Obere Länge 43 cm. Die Ranken sind hier tief unterschnitten.

„Die verschiedene Technik und die Maßdifferenz weisen darauf hin, daß sie Steine vom gleichen Bau und von gleicher Verwendung, aber aus verschiedener Zeit stammen, etwa aus zwei verschiedenen der zahlreichen Restaurationen der Blachernenkirche. A wäre wohl das ältere Stück und könnte noch in das 7. oder 8. Jahrhundert gehören, während B wohl am ehesten in die makedonische Zeit" (d. h. die Zeit der makedonischen Herrscher armenischer Abkunft, 867—1025) „zu setzen ist. Doch ist solche Datierung ganz unsicher".

„Wie die Kapitelle verwendet waren, ist nicht auszumachen. Es finden sich bei der Blachernenkirche die verschiedensten Reste: völlig unbearbeitete Kämpfer, korinthische Kapitelle, solche mit Vögeln an den Ecken, Kapitelle mit dem s. g. Pfeifenornament, alle in meist kleinen Bruchstücken, deren Datierung äußerst schwer ist. Doch habe ich nichts gefunden, was mit Sicherheit älter als justinianisch ist."

Diese beiden Kämpferkapitelle A und B zeigen nun nach Lehmann-Hartleben die „gleiche jüngere Form der Lorbeerranke mit den voneinander gelösten Einzelblättern", wie sie an unserem Kapitell aus Kurutscheschme zum ersten Mal auftritt (Abb. 1, 2).

Aber selbst auf diesen ihm dem Stile der Lorbeerranken nach nächstverwandten Kämpferkapitellen bildet der Lorbeer doch wieder nur ein die Hauptdarstellung begleitendes, sie umrahmendes Ornament.

Man kann, wenn man die Eckguirlanden der Kapitelle von Amida und des Gebälkstücks vom Pentapyrgion in Konstantinopel mit den Kämpferkapitellen von der Blachernenkirche vergleicht, höchstens von einem stärkeren Hervortreten der Lorbeerranke als dekorativen Beiwerks sprechen.

Für das Erscheinen der Lorbeerranken als Hauptbestandteil der eigentlichen Dekoration eines Kapitells bildet bisher das Kapitell Kurutscheschme den einzigen Beleg. Und bis weitere Bindeglieder gefunden werden, wird man immerhin für diese Absonderlichkeit ein Nachleben des 'Lorbeers der Medea' wenigstens insofern in Betracht ziehen können, als eine ohnehin in Konstantinopel und Umgegend hervortretende Neigung zur Bevorzugung des Lorbeers als Dekorationsmotiv der Darstellung der christianisierten Legende vom Lor-

---

lichen Kirche, die nicht in eine Moschee umgewandelt worden ist. Bei dem Transport dieser kolossalen Sarkophage ließen sich sehr lehrreiche Beobachtungen über primitive und doch sehr wirksame Transportmethoden machen: die einschlägigen ägyptischen und assyrischen Darstellungen schienen lebendig zu werden.

beer der Medea und der sie begleitenden architektonischen Umrahmung förderlich gewesen wäre[1]).

Sicherheit für die Annahme des Nachlebens der Legende wäre freilich erst zu gewinnen, wenn die Bau- und Kultgeschichte der christlichen Kirche von Bythias, die einst auf der Stelle oder in der Nähe der heutigen türkischen Moschee von Kurutscheschme stand, erforscht werden könnte. Dazu anzuregen, ist, da mir dazu keine Gelegenheit mehr erwachsen wird, ein Hauptzweck dieser Zeilen[1]). Daß hier wieder einer der im Orient — und dort nicht allein — so

---

[1] *Korrektur-Zusatz*: K. Lehmann-Hartleben, dem ich eine Korrektur zugesandt hatte, schreibt mir: „Für die Veröffentlichung des Kapitells, das ja wirklich ein Prachtstück ist, müssen Ihnen die Byzantinisten sehr dankbar sein. Der Lorbeerschmuck bleibt tatsächlich etwas in dieser anspruchsvollen Form so Singuläres, daß Ihre Verknüpfung mit der antiken Sage sehr plausibel wird. Das Kapitell scheint mir in seiner zeitlichen Stellung am ehesten mit dem prächtigen Kapitell des Heraklius im Konstantinopler Museum Nr. 703 und seinem Berliner Gegenstück (Wulff, *Altchristliche und byzant. Kunst, Handb. der Kunstwissenschaft*, Abb. 357) zusammenzugehören. Damals muß sich eine naturalistische Strömung mit zugleich starker plastischer Durchbildung der Ornamente geltend gemacht haben, die wir noch nicht genau fassen können, die aber in diesem Kreis Schöpfungen von einer Frische hervorgebracht hat, wie sie seit Jahrhunderten nicht dagewesen war. Die Umspannung des Kapitellkörpers mit Ranken ist ein Gebilde der justinianischen Zeit, und tritt uns am vollendetsten in Ravenna entgegen. Aber dort ist eine strenge, abstrakte Stilisierung herrschend. Sie klingt auch noch in unserm Kapitell in den einzelnen Feldern, die durchaus systematisch zwischen den Ranken stehengelassen sind und dann mit Blättern oder Rosetten gefüllt werden, nach. Andererseits aber leben ja diese Ranken wirklich. Die nächste stilistische Analogie, die ich zu dieser Vegetabilisierung der den Kapitellkörper umspinnenden Ranken kenne, findet sich auf einem Kapitell in Brussa, von dem meine Photographien leider nur ungenügend sind, wo man die Umbildung einer Blattranke, die an einem Kapitell aus San Apollinare Nuovo (Ravenna) noch streng und flächig stilisiert ist, zu einem plastischen, bewegten und lebendigen Organismus verfolgen kann. Nun muß ich zwar zugeben, daß es an einer direkten Vorstufe für das Kapitell aus Kurutschesme dieser Art vorerst noch fehlt, d. h., um mich so auszudrücken an einem justinianisch stilisierten Kapitell mit Lorbeerranken. Solche aber begegnen als wenn auch weniger auffälliges Beiwerk, als sie an den Blachernenkapitellen sind, am Rande der Plinthe oben auf den Herakliuskapitellen und in gleicher oder analoger Bedeutung auch am unteren Abschluß des Kapitells von Kurutschesme, ein neuer Beweis für die enge stilistische Zusammengehörigkeit. Von hier aus konnte die Entwicklung leicht zur Einrahmung ganzer „Bildfelder" wie auf den Blachernenkapitellen führen, leicht aber auch konnte ein Bildhauer dieser offenbar sehr produktiven Periode auf die Idee kommen mit denselben Ranken, den Kapitellkörper zu umkleiden, in einer Form, die trotz ihrer Frische doch noch in der gitterartigen, durchaus nicht natürlichen Lagerung der Ranken mit den gefüllten Feldern dazwischen an ältere Dekorationsstufen anklingt. So erscheint es mir trotz alledem, so lange wir die christliche Umgestaltung des Lorbeers der Medea nicht auch noch anderweitig belegt haben, nicht unmöglich, daß es sich hier um einen rein kunstgeschichtlichen Ablauf handelt, für den kein gegenständlicher Anstoß gesucht zu werden braucht, wenn auch

häufigen Fälle vorliegt, wo die Kultstätte trotz ein- oder mehrmaligen Wechsels des Bekenntnisses dieselbe bleibt[1]), wird man aus dem Fundort des Kapitells mit um so größerer Wahrscheinlichkeit erschließen dürfen, als das gleiche ja für eine große Anzahl der Moscheen von Stambul, die Aja Sofia an der Spitze, gilt.

3. Kadi-köi = Chalkadon.

Auf der Stätte der alten megarischen Kolonie Chalkedon (Kalchedon), Byzanz gegenüber, am Südeingang des Bosporus auf der asiatischen Seite, liegt heute *Kadi-köi*, das „Richterdorf", nur wenig entfernt von dem etwas weiter nordwestwärts gelegenen Skutari (einst Chrysopolis).

Daß dieses bescheidene Dorf je der Sitz eines besonders hervorragenden Richters in islamischer Zeit gewesen wäre wie andere Orte des gleichen Namens, wird nicht überliefert, noch spricht irgend etwas dafür[2]).

Ich habe daher in *Kadi-köi* stets eine volksetymologische Umbildung aus dem alten dorischen Namen der Stätte *Chalkadon*[3]) gesehen, wobei die nebentonige Anfangssilbe verloren ging oder unterdrückt wurde[4]).

der Zufall, daß der byzantinische Marmorlorbeer gerade (zuerst?) an der Stelle des Medealorbeers aufsprießen sollte, sonderbar wäre. Auch an dem Herakliuskapitell findet sich übrigens der Steinsteg für eine Bildwand — in älterer Zeit ist er mir sonst nicht erinnerlich, außer in der *Küčük Aja Sofia* (vgl. o. S. 273 Anm. 1). Dagegen zeigt ihn ein schönes wohl etwas jüngeres Kapitell aus der Klosterkirche von Antigoni (einer der Prinzeninseln), das in der stilistischen Nachfolge unserer Kapitellgruppe zu neuer Systematisierung und abstrakterer Stilisierung steht. Hier kann man vielleicht so etwas, wie eine hauptstädtische Schultradition fassen. Das Kapitell von Kurutschesme dürfte unter den genannten Stücken das älteste sein."

„Ich hoffe, daß Ihnen diese Bemerkungen, die ich mit aller Reserve zu machen wage, die Möglichkeit einer rein künstlerischen Erklärnng des Phänomens etwas aussichtsreicher erscheinen lassen. Gewiß würden Nachgrabungen in Kurutschesme weiterhelfen. Kann man darauf hoffen?"

1) Vgl. dazu *Armenien einst und jetzt* I, 130 ff.; *Klio* XIII (1918) S. 315 s. meine *Griechische Geschichte*; *Einl. i. d. Altertumswiss.* III², S. 106.

2) Kollege J. H. Mordtmann bemerkt mir hierzu: „der Kadi hatte seinen Amtssitz sicher in (Chrysopolis-)Skuṭari, das in später byzantinischer Zeit, wohl wegen der günstigeren Anlegemöglichkeit für Schiffe, (Chalkedon-)Kadiköi in den Schatten zu stellen begann. — Möglich wäre höchstens, daß irgend ein bekannter Richter aus Skutari dort seinen Landsitz gehabt hätte, etwa wie am Bosporus *Vanni-köi* nach einem aus Van stammenden Sçheich ul-Islam und *Defterdar-burnu*" (o. S. 269 Anm. 3 sub c) „nach einem Schatzmeister benannt sind."

3) Die dorische Form mit α statt η ist bezeugt (*IG* III, 6091, Inschrift auf einer Herme — Kopf abgebrochen —, aus Rom) Ξενοκράτης Ἀγαθάνορος Καλχαδόνιος, Porträtbüste (wohl Kopie) des Philosophen, also frühestens 4. Jahrh. Ferner auf den Münzen der Stadt von ca. 280 v. Chr. bis in die Kaiserzeit — letzter Beleg: (Furia Sabina) Tranquillina, die Gemahlin Gordians III. (238—244) — Καλχαδονίων und Καλχα. (früher, seit ca. 450 nur Καλχ.). S. Head, *HN*² p. 511f. und schon Boeckh, *CIG* III, p. 126. Daß in den offiziellen Schreibungen die Form Καλχαδων überwiegt, ist sicher sekundär und hängt mit dem mythologischen Euhemerismus zusammen. Kalchadon sollte nach Kalchas' gleichnamigem Sohne benannt sein (Hyginus, *Patria Constantinupoleos* ed. Preger

Man könnte einwenden wollen, der dorische Dialekt habe sich sicher nicht bis in die byzantinische Zeit lebendig erhalten. Aber Eigennamen gegenüber wäre ein solcher Einwand grundsätzlich abzulehnen, um so mehr als ᾱ statt η das „festeste Merkmal" des Dorischen ist, „das sich am längsten gegenüber der vordringenden Κοινή behauptete"[1]).

Jedoch der allgemeinen Erwägungen können wir entraten.

Noch in römischer Zeit finden wir in der Megaris dorische Namensformen. In Selymbria (Silivri): Λόλλιος Τίτος θεῷ Ἀρχαγέτα εὐχὴν ἀπέδωκε[2]).

In dem weiter abgelegenen Chersonasos auf der Krim wird noch zur Zeit des großen Mithradates Eupator, wie das Ehrendekret für Διόφαντος Ἀσκληπιοδώρου Σινωπεύς[3]) zeigt, der dorische Dialekt angewendet, und zwar nicht bloß in Eigennamen wie gerade dem der Stadt und ihrer Bewohner Χερσονασιτᾶν, Χερσονασίταις, sondern auch in den Wortformen und in der Flexion: ἁμῶν, ἁμέ; συνοικίξας; τοὺς ἐν ἀκμᾶι τῶν πολιτᾶν; Σκυθᾶν; ἐτίμασε; ὁ δᾶμος; συνέβα τὸ νίκαμα γενέσθαι usw.

Und wenn man auch in ständigen Wendungen wie δεδόχθαι τᾶι βουλᾶι καὶ τῶι δάμωι; ... ἐν ταῖ πομπᾶι; ἀναγράψαι τὸ ψάφισμα einen bewußten Archaismus erblicken könne, so ist dieser Gedanke für die gesamte Fassung jenes Ehrendekrets ausgeschlossen.

Weiter aber: hinter Skutari und also unweit von Kadi-köi = Chalkedon liegt der „Alem-dagh", der „Signal-Berg"[4]), häufig nach seinem Hauptgipfel allgemein Bulgurlu genannt. Er führte noch in byzantinischer Zeit den mehrfach bezeugten deutlich dorischen Namen Damatrys (Δαματρῦς oder Δαματρύς).

Auf den Damatrys zog sich Iustinanos II. vor Philippikos zurück, hier wurde er von des Letzteren Feldherrn Elias, nachdem sein Heer ihn verlassen, ermordet (711 n. Chr.)[5].

p. 9 l. 15) wie Chrysopolis von seinem Enkel Chrysos, dem 'Sohne des Agamemnon und der Chryse' (Dion. Byz. § 109; Hygin. p. 5 l. 7ff,). Denn die Stadt hat ihren Namen wie die „Prinzen"-Insel Chalki sicher von den an beiden Stellen noch heute nachweisbaren Kupferminen (J. H. Mordtmann), wird also im Volksmunde stets **Chalkadon** geheißen haben.

4) Vgl. o. S. 266.

1) A. Thumb, *Handb. d. griech. Dialekte*, S. 74, § 79.

2) J. H. Mordtmann, *Arehäol.-Epigr. Mitt. aus Österr.* VIII (1884), S. 208, Nr. 24. — (Collitz-)Bechtel Nr. 3072.

3) Latyschev, *Inscr. or. septentr. Ponti Eunini* I, no. 185. (Collitz-)Bechtel no. 3087, Dittenberger, *Syll.*² no. 326, ³ no. 709.

4) „Fahnenberg" (*Byz. Zeitschr.* I, S. 640) ist, wie mir J. H. Mordtmann mit Recht bemerkt, eine ganz schiefe Übersetzung.

5) Georgius Cedrenus, *Hist. Comp.* I, p. 783, 19 s: τοῦ δὲ Φιλιππικοῦ προλαβόντος καὶ τὴν πόλιν (sc. Σινώπην) κρατήσαντος αὐτὸς εἰς τὸν Δαματρύα ἀνῆλθεν., 784, 4 s: ὁ δὲ Ἠλίας εἰς λόγους ἐλθὼν τῷ μετὰ τοῦ Ἰουστινιανοῦ στρατῷ καὶ λόγον ἀπαθείας δοὺς αὐτῷ πρὸς ἑαυτὸν εἵλκυσε. μόνον δὲ ὑπολειφθέντος Ἰουστινιανοῦ ... τὴν κεφαλὴν αὐτοῦ ἀπέτεμε καὶ πρὸς Φιλιππικὸν ἀπέστειλε. — Joh. Zonaras XIV, 25, (p. 329 Dind. [1870]; § 24, vol. III, p. 242 Bonn [1897]) τοῦ δὲ Φιλιππικοῦ εὐπλοήσαντος καὶ προκαταλαβόντος τὴν μεγαλόπολιν ἐκεῖνος ἐν τῷ Δαματρυῒ ἐσκήνωσε etc. — Constant. Manasses, *Comp. Chronicum* 4069. ὁ δέ γε ῥινόλωβητος αὐτάναξ, ὑστερήσας | οἷα τριβόμενος ὁδοῖς δυσβάτοις δυσεξόδοις | καὶ τόποις φαραγγώδεσι καὶ λόφοις ἀποκρήμνοις | ἀντιστρατοπεδεύεται πρὸς ὄρεσι γηλόφοις | ἅπερ κατὰ συνήθειαν φαμὲν τοῦ Δαματρύος. Gelzer's Wen-

Bis zum Damatrys gelangten die 30000 'skythischen' Patzinaken (Petschenegen), die Konstantinos Monomachos (1042—54) — zugleich um sich ihrer zu entledigen — als Söldner gegen die „Türken" nach Iberien-Georgien hatte senden wollen, die aber dann, den Bosporus durchschwimmend, nach Europa zurückkehrten, sich mit ihren Stammesgenossen vereinigten und Thrazien verwüsteten[1]).

Und schließlich spielt Damatrys eine Rolle im vierten Kreuzzuge, als die Lateiner in Asien am 27. Juni bei Skutari-Chrysopolis landeten, um nach der Flucht Alexios' III. Angelos zugleich mit dessen aus dem Kerker geholten blinden Bruder Isaak II. Angelos und des letzteren Sohne Alexios IV. Angelos am 18. Juli 1203 zum ersten Male in Konstantinopel einzogen. Eine römische Abteilung war damals περὶ τὸν Δαματρὺν aufgestellt, um die feindliche Reiterei in Schach zu halten. Sie hatte keinen Erfolg[2]).

Die Zeugnisse für Damatrys reichen also bis in die Komnenenzeit[3]), während das kleinasiatisch-bithynische Ufer erst unter Orchan, dem Zeitgenossen der Androniken, sowie Johannes' V. und Johannes' VI. Kantakuzenos, dessen Schwiegersohn er wurde, von den Türken endgiltig erobert wurde.

Daß dorische Namen, die sich bis in die Komnenenzeit erhielten, nicht etwa in der Paläologenzeit ihres alten Gewandes verlustig gingen, läßt sich gleichfalls beweisen.

Orchan's großer Sieg (1330) über Andronikos III. Paleologus wurde bei Φιλοκρήνη erfochten[4]).

Auf dem gewiß nicht erst in christlicher Zeit als heilig verehrten Berg Damatrys entsprang eine heilige Quelle, die wegen ihrer milchigen Farbe Γαλακρῆναι genannt wurde[5]). Diese Quelle auf Bergeshöhe war gewiß vormals der Demeter-Damater heilig; Quellen- und Höhenverehrung sind ja für ihren Kult bezeichnend[6]).

dung (*Abr. d. byz. Kaisergesch.* bei Krumbacher, *Byz. Literaturgesch.*², S. 958): „In der Ebene von Damatrys wurde der Tyrann von allen verlassen und von Elias, wie er es verdiente, getötet," trifft nicht zu. Man könnte bestenfalls von einer Hochebene sprechen.

1) Zonar. XVII, 26 (p. 176 Dind., § 20 s. vol. III, p. 643 Bonn) ὡς δὲ μάχαι τότε Ῥωμαίοις μετὰ τῶν Τούρκων ἦσαν κατὰ τὴν ἑῴαν, πεντεκαίδεκα χιλιάδας Πατζινάκων ὁ αὐτοκράτωρ, ἐπιλέξαμενος ... ἐν Χρυσοπόλει διεπέρασεν, εἰς Ἰβηρίαν κελεύσας ἀπελθεῖν, τάξας αὐτοῖς καὶ προηγήτορα τῆς ὁδοῦ. ὡς δ'οὖν περὶ τὸν Δαματρὺν ἤκασιν, ἔστησαν καὶ πρόσω προβαίνειν οὐκ ἤθελον, εἰς δὲ τοὐπίσω δὲ χωρήσαντες ἄχρι τοῦ πορθμοῦ ἐφθακότες σὺν τοῖς ἵπποις τὴν θάλασσαν διαπορθμευσάμενοι ... αὐτίκα συντεταμένην ποιησάμενοι τὴν ὁδοιπορίαν τοῖς ὁμογενέσι προσήνυντο ...

2) Niketas Choniatas, *Hist.* III, p. 717 s. (Bonn). κατάραντες οὖν ἐς Χαλκηδόνα ... οἱ δέ γε δρόμωνες τῷ Σκουταρίῳ προσίσχουσιν ... καὶ φάλαγξ ἑτέρα τις ἄνωθεν περὶ τὸν Δαματρύα ἠγραύλει ...

3) Nicht bloß geschichtlich, sondern auch literarisch, denn auch die Zeugnisse für Iustinianus II. und Konstantinos Monomachos (S. 278 Anm. 5 und ob. Anm. 1) stammen aus der Komnenenzeit.

4) Nikephoros Gregoras, *Hist. Byz.* IX, 9 (vol. I, p. 434, 4, Bonn). Johannes Kantakuzenos X., *Hist.* II, c. 8 (p. 360, 21; 361, 14, Bonn). N. Jorga, *Gesch. des osman. Reiches* I, S. 167.

5) *Byz. Ztschr.* IX, S. 664 f. u. vgl. I, 640.

6) Siehe O. Kern bei Pauly-Wissowa IV, 2, S. 2059 f.

Um so merkwürdiger mutet es an, daß in nächster Nähe von Konstantinopel auf ebenfalls megarischem Gebiet bei den Byzantinern eine Ortschaft mit dem dorischen Namen Δαμοκράν(ε)ια (offenbar = Δημοκρήνη) mehrfach genannt wird. Hier stand, vermutlich ebenfalls einen alten Quellenkult fortsetzend, eine Kirche des heiligen Michael[1]), als Heerführers der himmlischen Schaaren. Bei diesem wurde Konstantinos Monomachos, der als Günstling der Zoë unter Michael IV. in die Verbannung nach Lesbos geschickt worden war und dort auch während der kurzen Herrschaft Michaels V. (1042) hatte verbleiben müssen, nach des letzteren Tode aber von Zoë zurückberufen war, von einem ihrer Abgesandten begrüßt und mit dem königlichen Ornat bekleidet, worauf dann in Konstantinopel (1041) die Vermählung des nunmehrigen Kaisers Konstantinos Monomachos (1042—54) mit der 62jährigen Zoë stattfand[2]).

In eben diesem Heiligtum von Damokraneia erklärte sich Bryennius bereit, die Adoption zum Caesar an sich vollziehen zu lassen, die ihm der Kaiser Nicephoros Botoniates (1078—1081) angeboten hatte. Bryennius weigerte sich, zu diesem Zwecke nach Konstantinopel selbst zu kommen, er fürchte zwar Niemanden außer Gott, mißtraue aber fast der gesamten Umgebung des Kaisers[3]).

Am Belangreichsten aber ist folgender Bericht:

Der Usurpator Johannes (VI.) Kantakuzenos kämpft gegen den Magnus Dux Apokaukos, den Vertreter der Johanna von Savoyen, der Witwe Andronikos' III., die die Vorherrschaft für ihren unmündigen Sohn Johannes V. führte. Als Kantakuzenos Konstantinopel bedrohte, übernahm der Abt des Minoritenordens, Aregos, ein Savoyer, auf Veranlassung der Lateiner die Vermittlung zwischen beiden Parteien und es gelang ihm, den Kantakuzenos zum Frieden geneigt zu machen und ihn gleichzeitig zu bestimmen, seine Truppen zurückzuziehen. Als jedoch Aregos als ehrlicher Makler die Vorschläge des

---

1) Nicht zu verwechseln mit dem bei Theophanes und Prokop genannten Michailion, wie es Gyllius und du Cange (*Noten zu Nikeph. Bryennios*), p. 229 tun; dieses Michailion ist vielmehr = Arnautköi. Vgl. o. S. 270 Anm. 2.

2) Zonar. XVII, 20 (p. 156 Dind.; III, p. 616, § 1559, Bonn) ὅθεν ὁ μετὰ τὸν Ῥωμανὸν αὐτοκράτωρ ὁ Μιχαήλ, οὐκ ὢν τῶν λεγομένων ἀνήκοος, βασιλεύσας εἰς Λέσβον περιορίζει τὸν ἄνδρα ἐπ' αἰτίαις δή πω πεπλασμέναις, τὸ δ'ὅλον ἦν τὸ ζηλότυπον. καὶ ἦν τὸν ἅπαντα χρόνον τῆς βασιλείας τοῦ Μιχαὴλ ὑπερόριος καὶ οὐδὲ τοῦ δευτέρου Μιχαὴλ εὐμενεστέρου τετύχηκεν. ἐπεὶ δὲ τὸ κράτος ἐπανῆλθεν εἰς τὴν Ζωήν, λύεται μὲν τῆς ὑπερορίας ὁ ἄνθρωπος καὶ ἤγετο πρὸς τὴν τῶν πόλεων βασιλεύουσαν. ὡς δ'ἐγγὺς ἐγεγόνει ἐπεχέθη τοῦ πρόσω τις καί τις ἐκ τῶν βασιλείων πεμφθεὶς καὶ περὶ τὸν ἐν Δαμοκρανείᾳ τοῦ ἀρχιστρατηγοῦ ναὸν αὐτῷ ἐντετυχηκὼς στολὴν ἐνδιδύσκει βασίλειον . . .

3) Nikephoros Bryennios, *Comm.* IV, 3, p. 132, 17 ss. οὐκ ἄλλως οὖν τὴν υἱοθεσίαν λαμβάνειν καὶ τὴν τιμήν, εἰ μὴ πρότερον τὰ ἐκείνων ἐξασφαλίσαιτο. βούλεται οὖν πρότερον τῷ βασιλεῖ βεβαιῶσαι, τὰ παρ' αὐτοῦ σφίσιν ἐκείνοις ἐξαγγελθέντα, καὶ οὕτω τῆς πόλεως ἐξελθεῖν σὺν τῷ πατριάρχῃ καὶ περὶ τὸν ναὸν γενέσθαι τοῦ ταξιάρχου τῶν ἄνω δυνάμεων Μιχαήλ, ὃς ἵδρυται ἐν τῷ περὶ τὴν Θρᾴκην χωρίῳ Δαμοκρανίας κἀκεῖσε τὰ τῆς υἱοθεσίας ἐπὶ τοῖς καίσαρσι γενέσθαι καὶ τῷ στεφάνῳ ταινιωθῆναι συνήθως. τῶν δὲ πρέσβεων ἐρομένων διὰ τί οὐ βούλεται τὰ τῆς τελετῆς αὐτῷ γενέσθαι γενομένῳ κατὰ τὴν βασιλίδα τῶν πόλεων, φοβεῖσθαι μὲν ἔφησεν οὐδένα πλὴν τὸν θεόν, ἀπιστεῖν δὲ τῶν περὶ τὸν βασιλέα τοῖς πλείστοις.

Kantakuzenos nach Konstantinopel überbrachte, hielt man ihn hin und benutzte die Rückwärtsbewegung der gegnerischen Truppen zu einem Überfall, der jedoch mißlang, weil Kantakuzenos ihnen zuvorkam. In seiner nach seiner Entthronung (1355) geschriebenen Geschichte berichtet uns Kantakuzenos in diesem Zusammenhange, wie er Rhegion (*Kütschük Tschekmedje*), Athyra (*Böjük Tschekmedje*), Damokraneia und Selymbria (*Silivri*) eingenommen und den Wiederaufbau der zerstörten Feste Apameia (*Famia*) angeordnet habe[1]). Da tritt uns die dorische Namensform geschichtlich und literarisch bei dem Schwiegervater des Orchan, des osmanischen Eroberers der bithynischen Küste, entgegen.

Damit ist der Kreis geschlossen. Die Möglichkeit und hohe Wahrscheinlichkeit meiner Herleitung des Namens Kadi-köi aus Chalkadon wird damit bewiesen. Aber es kommt noch hinzu, daß der Name Damokrania noch heute fortlebt. Nach Kantakuzenos' Angaben muß Damokraneia zwischen Silivri und den beiden Buchten liegen, die die Türken ihrer Gestalt nach mit dem Namen des kleinen und des großen 'Schubfaches' (*tschekmedsche*) benannt haben. Dazu stimmt es auch, daß unter den Ortschaften, die Kantakuzenos von seinem Heere wegen ihrer nahen Nachbarschaft zu Byzanz besetzen läßt, von den vorerwähnten Ortschaften das an dem östlicheren 'kleinen Schubfach' gelegene Rhegion und Apameia genannt werden[2]). Man wird also Damokrania zwischen der größeren westlicheren 'Schubfach'-Bucht (Athyra) und Selymbria suchen.

Genau an der der byzantinischen Angabe entsprechenden Stelle liegt nun heute noch — wie mir Kollege J. H. Mordtmann, dem ich überhaupt den Hinweis auf die Namen Damatrys und Damokraneia verdanke, mitteilt — am Marmara-Meer das kleine Dorf Damokrania, und damit ist auf megarischem Kolonialgebiet in nächster Nähe der größten megarischen Kolonie Byzanz und unweit von Chalkadon das Fortleben einer spezifisch dorischen Namensform nachgewiesen.

Damokrania auf europäischer, **Kadi**-köi = Chal**kad**on auf asiatischer Seite bewahren die wichtigste, zäheste Eigentümlichkeit des dorischen Dialekts bis auf den heutigen Tag und treten damit den tsakonischen[3]) Formen wie *mati* = μάτηρ, *fona* = φωνή zur Seite.

---

1) Joh. Kantakuz., *Hist.* III, 82 (p. 503, 5 ss.) καὶ πέμπουσι (scil. Λατῖνοι) δύο τινὰς τῆς τῶν μενουρίων τάξεως μοναχούς ... ἦν δὲ ὁ μὲν ἕτερος αὐτῶν ἐκ Σαβωΐας τῆς πατρῴας οἰκίας Ἄννῃ τῇ βασιλίδι, τῶν μενουρίων ἡγούμενος. III, 83 (p. 508, 6) ὁ τῶν μενουρίων ἡγούμενος, Ἀρῆγος ὀνομασμένος ... III, 84 (p. 518, 14 ss.) βασιλεὺς δέ, (Joh. Kantakuzenos stellt sich natürlich selbst immer als den legitimen Herrscher hin) ἐπεὶ μὴ ἀγνοεῖν τὰ πραττόμενα ἐνῆν, πολλῶν ἐκ Βυζαντίου ὁσημέραι μηνυόντων, τό τε Ῥήγιον εἷλεν ἐξ ἐφόδου ἐπελθὼν καὶ Ἄθυραν καὶ Δαμοκράνειαν καὶ Σηλυμβρίαν. κελεύσας δὲ Ἀπάμειαν φρούριόν τι κατεσκαμμένον τειχισθῆναι ...

2) Joh. Kantak. a. a. O. fortfahrend: καὶ στρατιὰν καταλιπὼν ἐν Ῥηγίῳ καὶ Ἀπαμείᾳ καὶ Ἐμπυρίτῃ καὶ τῇ πρὸς τῇ Δέρκῃ λίμνῃ πόλει, ὡς ἂν ταῦτά τε φρουροῖεν, ἐγγυτέρω Βυζαντίου τῶν ἄλλων ὄντα καὶ ἐπεκδρομὰς ποιοῖντο συνεχεῖς κατὰ τοῦ Βυζαντίου καὶ λῃστείας τὴν ἄλλην ἔχων στρατιὰν αὐτὸς ἀπεχώρησεν εἰς Διδυμότειχον.

3) Der Name Tsakonen „scheint in irgendeiner Weise mit dem der Λάκωνες zusammenzuhängen" (Thumb, *Handb. d. griech. Dialekte*, S. 90, § 97): über die lautphysiologische Verwandtschaft der Sibilanten und der Lateralen, aus der sich — auch sonst belegte — Übergänge zwischen beiden Lautklassen erklären, s. meinen *Šamaššumukîn* (1892) T. I, S. 158 f.

Es fragt sich, ob diese Ermittlung etwa für die Frage der Herleitung des Namens Stambul etwas austrägt. Der Name Byzanz ist im Volksmunde längst gestorben, aber in Stambul hat man doch ein dorisches Element erblicken wollen: Entstehung aus (εἰ)ς τὰν πόλ(ιν). Als sich Zweifel regten, ob ein dorisches τὰν bis in die Türkenzeit habe fortleben können, hat man das **a** aus der türkischen Vokalharmonie erklären wollen, wogegen sich mit Recht E. Kalinka[1]) gewendet hat.

Seine scharfsinnige Herleitung von Stambul aus Konstantinopolis hat Vieles für sich.

Ich möchte aber glauben, daß sie an Bestand noch gewänne, wenn man sekundär eine Anlehnung an die Namen in Betracht zöge, die als erstes Element eine zu σ verkürztes griechisches εἰς aufweisen (*Isnik* aus εἰς Νίκαιαν, *Ismid* statt *Isnikmid aus εἰς Νικομήδειαν).

Bei der Landbevölkerung um Byzanz — und auf diese kommt es an — werden wir ein schnell gesprochenes, gleichsam formelhaft verkürztes und erstarrtes (εἰ)ς τὰν πόλιν schon in verhältnismäßig früher Zeit anzunehmen haben.

Wenn nun, wie schon oben bemerkt, das ᾱ sich gegenüber der vordringenden Κοινή am zähesten behauptet hat[2]), wenn wir in einer von F. v. Hiller mit Wahrscheinlichkeit als nachchristlich angesprochenen rhodischen Inschrift[3]) τᾶς Βερενίκης finden, wenn wir nach allem Vorausgegangenen auch mit einem Fortbestehen des τὰν in jener Formel bis in den Beginn der christlichen Zeit zu rechnen haben, so ist nicht recht abzusehen, in welcher Weise und in welchem Moment diese Formel im Munde der Bauern sich in ᾽ς τὴν πόλιν (*'s tīn pólin*) verwandelt haben sollte[5]).

Nehmen wir nun an, daß bei der Bildung des Namens Stambul neben der Umformung aus Κωνσταντινούπολις auch die Anlehnung an ᾽ς τὰν πόλιν eine Rolle gespielt hat, so schwindet, wie mir scheint, besonders ein Bedenken, das gegen Kalinka's Erklärung in ihrer Vereinzelung geltend gemacht werden könnte, nämlich der Wegfall der ersten Silbe *Κων*, der ohne eine solchen Anlehnung Schwierigkeiten machen könnte, da die Türken doch den Namen Konstantinos schon von ihrem tapferen Gegner Konstantin XIII. Palaiologos sehr gut kennen mußten, wie denn ja die Araber Konstantinopel stets Konstantina nennen[4]).

---

1) Ob. S. 266.
2) Näheres darüber s. bei A. Thumb. *Die griech. Sprache im Zeitalter des* **Hellenismus** (1901), S. 44 ff.
3) *IG* XII, 1, Nr. 175.
4) Daß Κωνσταντινούπολις literarisch (vgl. den Index zu Theophanes ed. de Boor und zu Zonaras, ed. Bonn, s. v.) und inschriftlich verhältnismäßig viel seltener vorkommt als Umschreibungen und Verkürzungen wie Βασιλίς, Βασιλεύουσα πόλις, ἡ βασιλεύουσα τῶν πόλεων (vgl. o. 280 Anm. 2 u. 3), ἡ Κωσταντίνου, Νέα Ῥώμη, kommt sicher großenteils auf Rechnung des höfischen Stils und ergibt daher kaum eine Gegeninstanz.

[Wenn gegen den Wegfall der unbetonten Anfangssilbe *Κων* ein Bedenken zu erheben wäre, so würde dieses auch gegen die Herleitung von Kadiköi aus Chalkadon sprechen: aber ich glaube, durch die oben angeführten Beispiele solche Bedenken zerstreut zu haben. E. Kalinka.]

[5) Der Übergang vom Dialekt zur Koine hat sich natürlich nicht in einem „Moment" vollzogen, sondern allmählich, an verschiedenen Orten zu verschiedenen Zeiten, in Lakonien haben sich bekanntlich dialektische Laute und

4. Der thrakische Gott Zbelsurdos.
Eine unbeachtete Emendation zu Cicero.

Bei Cicero *In Pisonem* XXXV, § 85 lesen sämtliche Handschriften *iuvis* (oder *iovis*) *vel suri*. Dies hat Hadrianus Turnebus in *Iovis Urii* emendiert, und so lesen auch noch die neuesten deutschen Ausgaben[1]).

Danach hätte also L. Calpurnius Piso als Statthalter von Macedonien das auf bithynischem Gebiete belegene und entweder zu Bithynien unter Nikomedes oder zu Byzanz gehörige[2]) Heiligtum des Zeus Urios, das Ἱερὸν κατ' ἐξοχήν, geplündert.

Dieses spezifische **griechische** Heiligtum hätte Cicero nicht als *fanum antiquissimum barbarorum sanctissimumque* bezeichnen können.

Diese beiden Einwände hat J. H. Mordtmann[3]) mit Recht erhoben. Ich füge zu dem ersteren hinzu: Wenn man auch einen solchen Übergriff des Piso nicht für undenkbar zu halten braucht, so hätte Cicero sicher nicht versäumt, ihn besonders zu rügen.

J. H. Mordtmann hat aber gleichzeitig unter vielfältiger Beistimmung vor nunmehr 43 Jahren eine völlig einwandfreie und einleuchtende Verbesserung der handschriftlichen Lesung gegeben. Zu lesen ist *Iovis Zvelsur(d)i*.

Das Vorhandensein dieser thrakischen Gottheit hatte Mordtmann gleichzeitig aus zwei verderbten Abschriften von Inschriften ermittelt.

Cyriacus von Ancona hatte eine Inschrift des Ti. Claudius Zenas, Kommandanten einer Triere der Flotte von Perinth, und seiner Söhne kopiert, die gewidmet war ΔΙΙ ΖΒΕΛΣΟΥΡΔΩ[4]) — so Mordtmann. Borghesi[5]) hatte nur ΔΙΙ ΒΕΛΣΟΥΡΔΩ. Dumont[6]) betonte, daß das Ms. Cod Vat. 5250 vor dem *B* ein *Z* hatte und las *ΔΙΙ Z. ΒΕΛΣΟΥΡΔΩ,* wußte also mit dem *Z* nichts anzufangen.

Besondern Scharfblick erforderte die Heilung der zweiten Verderbnis. Kanitz[7]) hatte auf einem Bas-Relief von Berkovitza (im Kaza Sliva), über der

---

Formen bis zum heutigen Tag" (vgl. o. S. 281) „erhalten, und wielange Eigennamen ihren dialektischen Lautbestand selbst in verkehrsreicher Gegend bewahren konnten, hat L.-H. in seinen dankenswerten Ausführungen dargetan. Für ausgeschlossen aber halte ich es nach wie vor, daß der Artikel τὰν an einer Stätte des Weltverkehrs nicht bloß bis an den Anfang unserer Zeitrechnung sondern bis ins Mittelalter hinein gesprochen worden sei.   E. Kalinka.]

1) Z. B. ed. C. F. W. Müller 1904, ed. A. Klotz 1916.
2) Über die Kämpfe zwischen Byzantinern und Bithyniern um das Hieron s. die Zusammenstellungen von Gyllius und C. Müller, *GGM* II, p. 71 ss. Vgl. auch oben S. 269 Anm. 3 sub **h.**
3) *Mélanges d' Epigraphie* II, *Revue Archéol.* 2. Serie 36 (1878), p. 302. Diese *Mél. Ep.* II (I s. vol. 35, p. 109 ss., p. 137 ss.) knüpfen an an Dumont, *Inscriptions et Monuments figurés de la Thrace*, und entsprechen in ihrer Numerierung der bei Dumont.
4) A. a. O. p. 301 f.
5) *Oeuvres* III, p. 274.
6) A. a. O. Nr. 72a. Vgl. de Rossi, *Inscr. Christianae Urbis Romae* II (1888), S. 369, wo auf Mordtmann's richtige Lesung des Gottesnamens Bezug genommen wird.
7) *Donau, Bulgarien und der Balkan* S. 384.

284 Mitteilungen und Nachrichten.

Darstellung (Stehender Zeus, rechtsgewandt, vor einem Altar den rechten Arm zum Schleudern der Blitze erhoben) gelesen:

ΔΙΙΖΒΕΛΦΤΟΥΡΔ
ΜΟΡΑΠΟΡΙΣ ΔΟΡΟΝ

was Mordtmann[1]) verbesserte in

ΔΙΙ ΖΒΕΛΣΟΥΡΔΩ
ΜΟΚΑΠΟΡΙΣ ΔΩΡΟΝ
Διὶ Σβελσούρδῳ Μοκάπορις δῶρον[2]).

Auf Grund dieser beiden Inschriften, deren Lesung er durch den Hinweis auf thrakische Namen mit dem Anlaute $Z\beta$ stützte, gelangte Mordtmann zu der treffenden Berichtigung der Cicerostelle. Da ihm aber nur diese zwei verderbten Zeugnisse zur Verfügung standen, so emendierte er *Iovis Svelsur(d)i*, wohl in der Annahme, daß der Ausfall des Σ einer Haplographie zuzuschreiben sei[3]). Für den so von Mordtmann ermittelten thrakischen Gott haben sich seither eine große Anzahl weiterer Belege gefunden, die das Z am Anfang sichern, das bei Cicero weggefallen sein wird, weil dem Schreiber die Gruppe Zv im Anlaut befremdlich schien.

Zunächst stellte Perdrizet[4]) im Ganzen drei griechische[5]) und zwei lateinische[6]) Inschriften zusammen, die den Gott nennen. Er schloß sich Mordtmann in der Berichtigung *Svelsurdi* bei Cicero *In Pisonem* an und äußerte die Vermutung[7]), das Heiligtum des Gottes habe in dem Gebiet der Dentheleten gelegen gegen die — nach Cicero! — Piso, obgleich sie Verbündete des römischen Volkes gewesen seien, einen Vernichtungskrieg geführt habe[8]).

---

1) A. a. O. p. 301.

2) Mordtmann's Erkenntnis wird durch S. Frankfurter's Kopie des Originals in der Gemeindeschule von Berkovitza (*Archaeol. Mitt. aus Österr.* XIV [1890], S. 144 sub 4) bestätigt: nur lautet der Gottesname $Ζβελθιούρδ(ῳ)$. Frankfurter verweist nur auf Dumont 72a und bemerkt: „In $Ζβελσούρδος, Ζβελσούρθος$ hat man doch wohl eine thrakische Gottheit zu erkennen."

3) Zum d in *Svelsur(d)i* bemerkt Mordtmann: *On pourrait même retenir la leçon des manuscrits, en comparant te mot sura dans les noms propres thraces Mocasura* (Tab. Peut), *Diie-sura* (Dumont nr. 116), $Σουρεγέθης$ (Dum. 2).

4) *Revue des Etudes Anciennes* 1899; zitiert *Rev. Epigraphique* I, p. 405. Dort wird auch auf eine Arbeit von Seure, *Rev. des Etudes Grecques* 1913, p. 225 ff. im Sinne des Widerspruchs Bezug genommen.

5) Die dritte griechische ist *IG* XIV, nr. 981. „Θεῷ $Ζβερθούρδῳ$ καὶ Ἰαμβαδούλῃ ἐπιφανηστάτοις (sic!)."

6) Die eine stammt aus Lupusna unweit Berkovitza; sie wurde von Frankfurter a. a. O. S. 144, sub 5 signalisiert, ohne daß der verstümmelte Gottesname erkannt worden wäre; das geschah bei Dumont-Homolle, *Mélanges d'épigraphie* (= 2. Auflage des Dumont'schen Werkes) p. 570. Die andere ist *CIL* III, 8191 = Dessau II 1 nr. 4077 (vgl. III 2, p. CLXXXI) '[d]eo Zb[ert]urdo', besser doch wohl Zb[els]urdo.

7) Deshalb wohl *Rev. Epigraphique* I (1913), p. 405 die Bemerkung, Perdrizet habe Mordtmann's Conjectur vervollständigt: *complétant une conjecture de Mordtmann*.

8) *Denseletis quae natio semper oboediens huic imperio etiam in illa omnium barbarorum defectione Macedoniam C. Sentio praetore tutata est, nefarium bellum et crudele intulisti eisque cum fidelissimis sociis uti posses, hostibus uti acerrimis maluisti.*

45

Eine sechste Inschrift fand dann Dobrusky[1]) im Dorfe Chatrovo (Kreis Dupnitza) Διὶ Ζβε[λ]|σούρδῳ | τῷ κυρίῳ Βελβαβρι|ηνοὶ κωμῆται | ἀνέθη|καν.

Kazarow[2]) hat dann die sieben bisher bekannten Belege, als deren sechsten er mit Recht Cicero *In Pisonem* 85 rechnet, mit ausführlichen literarischen Belegen zusammengestellt, von der Inschrift von Chatrovo eine Abbildung gegeben und selbst zwei weitere Inschriften veröffentlicht, die er gleichfalls im Kreise Dupnitza im Dorfe Golemo-Selo gefunden hatte. Sie finden sich auf Monumenten, die beide von einem Titus Flavius Amotokos, Sohn eines gleichnamigen Vaters, gesetzt sind.

Amatokos ist ein echt thrakischer Name, der Träger also, wohl zu trajanischer Zeit, des römischen Bürgerrechts teilhaftig geworden.

1. Κυρίῳ | θεῷ προ|γονικῷ Ζβελ|σούρδῳ Φλ. Ἀ|μάτοκος Φλ. Ἀ|[μ]ατόκου υἱὸς εὐξάμενος ἀνέθηκεν. —
2. Τῷ κυρίῳ | Διὶ Ζβελ|σούρδῳ | ἀνέθηκεν | Τ. Φλα. Ἀμά|τοκος Τ. | Φ[λ. Ἀμα-τόκου υἱός.

Die Bezeichnung προγονικός, die auch Ἀπόλλωνι Ἀλσηνῷ zukommt, vergleicht Kazarow mit anderweitig belegten γενικός und γενιακός.

Meines Erachtens dienen alle diese verwandten Bezeichnungen dazu, Einheimisches, von den Vätern Ererbtes im Gegensatz zu den den Griechen und Römern abgelauschten Neuerungen zu kennzeichnen.

Kazarow führt unter Hinweis auf eine Kartenskizze der Umgegend von Dupnitza, die er beigibt, weiter aus: Golemo Selo und etwas westlich davon Chatrovo liegen beide etwas nnw. von der Stadt Dupnitza. Nur wenig südlich von Golemo Selo liegt der Ruinenhügel Tzaričina, in dem von zwei Zuflüssen der Rasmetanitza, eines linken Nebenflusses der oberen Struma, gebildeten Winkel. Dieses Tzaričina bedeckt eine thrakoromanische Siedlung. Sie hat eine größere Anzahl von Altertümern und Inschriften ergeben, u. A. zwei Reliefs mit Darstellungen 'des Zeus[3]). Von den Umwohnern wird sie als Steinbruch benutzt.

Es ist sehr wahrscheinlich, daß die drei Inschriften von Chatrovo und Golemo Selo aus Tzaričina stammen und daß hier das von Piso zerstörte Heiligtum des Zeus Zbelsurdos lag. Jedenfalls hat man es nach den Inschriftenfunden in der unmittelbaren Nachbarschaft zu suchen. Damit würde auch Perdrizet's Vermutung, daß die Zerstörung im Kriege gegen die Dentheleten erfolgte, bestätigt. Denn Tzaričina liegt mitten in deren ehemaligem Gebiet, das sich am Nordlaufe des Strymon erstreckt.

Es wird Zeit, daß die Ausgaben des Cicero sich die vor fast einem halben Jahrhundert gefundene richtige Lesung *Iovis Zbelsurdi* zu eigen machen und daß man aufhört, *In Pisonem* § 85 als Beleg für den Zeus Urios anzuführen, über den sich Cicero nur *In Verrem* IV, 57, 128 äußert.

(Folgen die Verheerungen, die — nach Cicero daraufhin! — die Danthaleten oder Dentheleten angerichtet haben) ... *Thessalonicenses cum oppido desperassent, munire arcem coëgerunt. A te Iovis Zbelsuri fanum antiquissimum* etc. (ob. S. 283, Abs. 3) *direptum est.*

1) *Archäol. Bericht des bulgar. Nationalmuseums* I (1907), p. 152, Nr. 203 (Bulgarisch).
2) *Nouvelles inscriptions relatives au Dieu Thrace Zbelsourdos, Revue archéol.* 4. Serie, XXI (1913), p. 340 ff.
3) Das eine bei Kazarow, Abb. 5, wiedergegeben.

Zu Semiramis = Istar[1]).

Die Semiramis der griechischen Sage ist einerseits die historische assyrische Königin Sammuramat, die Mutter des Hadadnirâri IV. (so schon von C. P. Tiele, *Bab.-ass. Gesch.*, 1886, S. 212 vermutet, s. meine *Gesch. Bab. u. Ass.*, Lief. 4, 1888, S. 629, A. 2), wie C. F. Lehmann-Haupt seither ausführlich nachgewiesen, andrerseits die Göttin Istar (s. des gleichen Forschers Art. *Semiramis* bei Roscher, Bd. 14, Sp. 691f.). Ein weiterer Beweis für letzteres bildet die Überlieferung, daß Semiramis ein Pferd geliebt hätte. Vgl. einerseits Plinius, *HN*. VIII, 42 (64), § 155: *equum adamatum a Semiramide usque in coitum Juba auctor est* und danach Lord Byron's *Don Juan*, Canto V, Strophe 60: „(*Semiramis*) ... *by chroniclers so coarse ... has been accused ... of an improper friendship for her horse*"[2]) und andrerseits den 6. Gesang des Gilgamos-Epos, Z. 53—51, Liebschaft der Istar mit dem Pferd, dem Sohn der (Göttin) Sililî, welch' letztere in dem Monatsnamen Sililîti fortlebte[3]). Nichts mit Sililî hat der alte König Sulili zu tun[4]), der = Sumula-ilu ist (ähnlich Su-abu = Sumu-abu).

So führt also die Kette vom Gilgamos-Epos bis Lord Byron über Berosus, Juba (der bekanntlich *duobus libris Assyriorum historiam* schrieb, wie wir aus Tatian, *adv. Graccos*, c. LVIII wissen, vgl. *Berosi historiae* ed. J. D. G. Richter, Lips. 1825, p. 35) und Plinius; Juba kann die betr. Notiz natürlich nur aus Berosus geschöpft haben, und dem Berosus war, wie sich ja mehr und mehr herausgestellt, die babyl. Literatur im Original zugänglich, also auch das Gilgamos-Epos.

Zu den Belegen für Semiramis = Istar (neben und außer Semiramis = Sammuramat) habe ich nun, wie ich annehmen darf, ein neues, bisher übersehenes und wichtiges Beispiel beigebracht.

München. F. Hommel.

Zum Nachleben der assyrischen Sprache, Religion und Dynastie.

P. Jensen's scharfsinnige Erschließung der aramäischen Inschriften von Assur und Hatra[5]), die mit ungewöhnlichen Schwierigkeiten der Schrift zu kämpfen hatte, hat neben wichtigen sprachlichen auch etliche bemerkenswerte geschichtliche und kulturgeschichtliche Ergebnisse gezeitigt.

In parthischer Zeit um 210 n. Chr. sind in einer viergliedrigen Generationenreihe wenigstens drei, wenn nicht gar vier assyrische Namen vertreten:

---

1) An die Red. eingegangen Ende April 1920.

2) Daß Plinius Byron's Quelle war, wies mir mein Kollege, der Anglist Jos. Schick, nach auf Grund der großen Byron-Ausgabe von E. H. Coleridge, vol. VI (Don Juan), London 1903, wo sich zu Canto V, LXI auf p. 236 die Note findet: *Pliny, Nat. Hist. lib. VIII, cap. XLII* (ed. 1593, 1, 392) *cites Juba, king of Mauretania ..., as his authority for the calumny.*

3) Vgl. etwa gar die Gottheit *Dun-šag-ga-na* bei Gudea, welcher Name bedeuten könnte: „Ein Füllen (war) in ihrem Leib" (?).

4) Genealogie Hadadnirari's IV. I R 35, Nr. 3, gegen Schluß. Vgl. meine *Gesch. des alten Morgenlandes* (Sammlung Goeschen) S. 48, n. 76. Am Schluß der betr. Inschrift lies *ib-bu-u* SI (= *patesi*)-*tuš-šu* (also = *ana iššakkûtišu* „zu seinem Priester(fürsten)tum".

5) *Berl. Sitzungsber.* 1919, S. 1042 ff.

Aššur-tariṣ, sein Sohn *Aššur-aḫ-iddin* (Assarhaddon), dessen Sohn *Ana*, dessen vermutlicher Sohn *Aššur-ab-iddin*.

„Und, wie die Namen 'Assor hat den Bruder gegeben' und 'Assor hat den Vater gegeben' für Großvater und Enkel zu zeigen scheinen, mit wenigstens zum Teil noch bekannter Bedeutung. D. h. in Assur vielleicht noch im dritten nachchristlichen Jahrhundert eine fragmentarische Bekanntschaft mit der Sprache der Assyrer!"

Die assyrischen und babylonischen Götter leben aber in dieser Zeit nicht nur in Personennamen, „sondern auch im Kultus" fort, „insonderheit in dem der *genii loci*, des *Assor-Aššur* und der *Šerua*. Nun sind die Pflastersteine, auf denen dieser Götter gedacht wird, alle über einem alten *Aššur*-Tempel gefunden, die einzige Gedenkschrift aber, in der *Nabū* genannt wird, über einem alten *Nabū*-Tempel! Somit haftete die Verehrung dieser drei Gottheiten noch an ihrer alten Stelle. In den Ruinen des Partherbaues aber ist über dem alten *Aššur*-Tempel eine Inschrift 'Haus des *Assor* und des *Bel* ...' gefunden worden. Folglich hat *Aššur-Assor* wohl noch in der letzten Partherzeit auf den Ruinen seines alten Tempels ein Kultgebäude gehabt, der Gott von Assur zusammen mit" (Nabū,) „dem von Babylon! Nun aber heißt es in einer Inschrift 'Den Stein (?) meiner Schwester ..., wer da sucht'" (das heißt wohl um ihn wegzunehmen), „'gegen die kommt herauf ... Assor der Gott'. Somit der Gott Assor unter dem Partherbau in den Trümmern seines alten Tempels gedacht? Deshalb die Grabinschriften auf den Pflastersteinen?"

Und weiter: der oben genannte Assarhaddon führt einen assyrischen Königsnamen und war anscheinend „ein Tempelschreiber. Und seine Familie mit ihr besonders engen Beziehungen zum Assor-Kultus eine Priesterfamilie?" In des Königs Assarhaddon Auftrage „machte aber seinerzeit dessen Sohn Assurbanabal einen seiner Brüder" (Šamaššumukîn) „zum König von Babylon", zwei andere je zum *urigallu* von Harran und von Assur. „Der *urigallu* aber ist offenbar etwas wie ein höchster geistlicher Würdenträger. Somit der Assarhaddon unserer Inschriften ein Hinweis darauf, daß sich noch im dritten nachchristlichen Jahrhundert eine Assor-Priesterfamilie in Assur von dem Könige Assarhaddon ableitete oder gar wirklich von ihm abstammte?" C. F. L.-H.

Antike Technik.

Das lang vernachlässigte Gebiet der antiken Technik beginnt endlich mehr als seither studiert zu werden. Hermann Diels[1]) hat sein ausgezeichnetes Buch über dieses Thema in 2. Auflage erscheinen lassen und neben einzelnen Verbesserungen um das 7. Kapitel über die antike Uhr vermehrt. Hat er sich auf einzelne Probleme beschränkt (I. Einleitung, II. Antike Türen und Schlösser, III. Dampfmaschine, Automat und Taxameter, IV. Antike Telegraphie, V. Die antike Artillerie, VI. Die antike Chemie. dazu jetzt das zusammenfassende Buch von E. v. Lippmann, *Entstehung und Ausbreitung der Alchemie*, Berlin 1919, VII. Die antike Uhr), und hat er zu ihrer Ergründung so tief wie irgend möglich ge-

---

1) *Antike Technik*. Sieben Vorträge von H. D. Zweite erweiterte Auflage mit 78 Abb., 18 Tafeln und 1 Titelbild. Leipzig 1920, Teubner, 9 M., gebunden 11 M. + 120% T.-Z.

graben, so hat Albert Neuburger[1]) ein größeres Werk über die Technik des Altertums geliefert, das mehr in die Breite geht. Es ist nicht aus den Quellen, sondern unter Benutzung der neueren Spezialliteratur gearbeitet und gibt handbuchartig am Schluß der einzelnen Abschnitte sehr dankenswerte Literaturübersichten. Den Text begleitet eine Menge Anschauungsmaterial archäologischer Art. Der Verfasser hat sich die neueren Forschungsergebnisse zu eigen gemacht und selbständig verwertet. Falsch ist es, wenn er (S. 3) von der hohen Ehre, die der Techniker im Altertum genoß, spricht. Da hätte ihn ein tieferes Studium von Diels (vgl. S. 29 ff.) eines besseren belehren können. Auch sonst kommen allerlei kleinere Versehen vor. Aber als Ganzes kann das Werk als Nachschlagebuch von Nutzen sein, namentlich für diejenigen Gebiete, die Diels nicht behandelt hat.

Auch der Historiker, der sich nicht auf das enge Gebiet der politischen Geschichte beschränkt, wird reiche Belehrung aus diesen Büchern schöpfen. Ganz besonders sei auf den einleitenden Vortrag von Diels über „Wissenschaft und Technik bei den Griechen" verwiesen. In welch' helle Beleuchtung wird hier die Lebensarbeit zweier hervorragender Milesier, des Anaximander und Hippodamos, gerückt (S. 12): „Ohne Anaximanders geniale Intuition sind weder Pythagoras noch Heraklit denkbar. Aber dieser außerordentliche Mann war kein Stubengelehrter. Er ist groß geworden in der frischen Seeluft Milets, dessen überseeische Handelspolitik ihn auch zu praktischem Eingreifen veranlaßte." Und von Hippodamos, dem größten Stadtarchitekten, der auf Veranlassung des Perikles den Welthafenplatz des Piraeus neu aufbaute und dadurch das Vorbild schuf für das langweilige geradlinige Stadtschema der hellenistischen und römischen Epoche, erfahren wir (S. 16): „Er entwarf nicht nur Stadtpläne, sondern auch Stadtverfassungen, in denen die übliche Dreizahl eine beherrschende Stellung einnimmt: drei Stände, dreierlei Grundbesitz, dreierlei Klageformen usw. Natürlich ist diese dreieckige Verfassung aus der pythagoreischen Staatsmathematik, deren letzter Ausläufer Platons Gesetze sind, Papier geblieben," so gut wie wahrscheinlich R. Steiners Dreigliederung in unserer Zeit, an die man unwillkürlich erinnert wird. Das Überraschendste für den Historiker bei der Lektüre von Diels ist aber die Gewinnung eines tiefen Einblicks in die großartige Entwicklung der Technik gerade bei den sizilisch-italischen Griechen. Wir wußten längst, daß dieser Teil des hochbegabten Volkes den hervorragendsten Typ einer kolonialen Entwicklung mit all' den Vorzügen und Schattenseiten einer solchen darstellt, weshalb man gern die westgriechische Gruppe das antike Amerikanertum genannt hat. Diels hat dieser Auffassung durch seine interessanten Forschungsergebnisse neue Unterlagen verschafft. Seit 480 nimmt Sizilien, an der Spitze Syrakus, einen großartigen Aufschwung. Was im Mutterland und im Osten erst der Hellenismus zuwege gebracht hat, das nimmt hier im Westen, wo das übliche koloniale Schnelltempo uns entgegentritt, über 100 Jahre früher Gestalt an. „Sizilien selbst und vor allem Syrakus stand bereits gegen Ende des 5. Jahrhunderts — das zeigen die wunderbaren Münzen des Euainetos und Genossen, die mit Selbstgefühl ihren Namen neben das Götterbild setzen — auf einer hohen Stufe künstlerischer und technischer Vollendung." Unter dem älteren Dionysios, um 400, wird Syrakus die Hochburg der Technik und ist es geblieben bis auf

---

1) *Die Technik des Altertums.* Leipzig 1919, R. Voigtländer, 569 S. mit 676 Abb., geb. 26 M.

Archimedes, den genialsten Mathematiker und Techniker, den Gauß des Altertums. Die gewaltige Entwicklung der Mechanik in den Mauern von Syrakus, die vor allem hier die erste kriegstüchtige Artillerie für den Land- und Seekampf geschaffen hat, ist es gewesen, die aus dieser Stadt für lange Zeit die Metropole Siziliens und Italiens und aus ihren Herrschern die führenden Persönlichkeiten des Westens gemacht hat. Diels hebt hervor (S. 20), daß es ihrer wissenschaftlich-technischen Einsicht und ihrer rücksichtslosen Tatkraft zu verdanken ist, daß Sizilien und Italien damals nicht karthagisch wurden. Aber noch mehr: Dieses Syrakus, die erste wirkliche Großstadt der Antike im Westen, war es auch, die die etruskische Fremdherrschaft über Italien erschüttert und die Bahn freigemacht hat für das Emporsteigen der italischen Stämme, allen voran der Latiner mit Rom an der Spitze. Aber Rom hat dann der großen Schrittmacherin schlecht gedankt. Archimedes' letztes Wort beim Eindringen der Römer in Syrakus an den ersten feindlichen Soldaten: *noli turbare circulos meos* und dessen brutale Tat als Antwort haben einen noch tieferen Sinn, als Diels (S. 36 f.) darin sucht. Griechische Wissenschaft und Technik, die den Italikern das Emporsteigen erst ermöglicht hatten, erhalten hiermit den Todesstoß. Das brutale Eroberervolk mit seinem einseitig praktisch gerichteten Sinn übernimmt alles, was gut und brauchbar für seine Zwecke ist, von dem besiegten Gegner. Aber, da die Forschung jetzt zum Stillstand kommt, reißt die wissenschaftliche Tradition ab, und die Antike geht seitdem den Weg abwärts, ähnlich wie das heute bei Europa der Fall sein wird, wenn es dem Unverstand der Welt gelingen sollte, das deutsche Wirtschaftsleben und damit auch die deutsche Wissenschaft und Technik zu erdrosseln.

Doch zurück zu Diels. In dem geistvollen, stoffreichen Buch fällt auch so unendlich viel nebenbei ab. Wie unmodern wir selbst heute noch sind, lernen wir S. 160 aus dem allerliebsten Wortspiel der griechischen Anthologie (*Anth. Pal.* X, 43), das den Sechsstunden-Arbeitstag (7—1 Uhr) empfiehlt und den ganzen Nachmittag der Erholung gewidmet sehen möchte. Die wenigen deutschen Professoren, die heute noch Frühaufsteher und Morgenarbeiter sind, hören auf S. 198 ff., daß sie damit in anständigster Gesellschaft sich befinden, insofern kein Geringerer als Platon aus dem Bedürfnis nach Früharbeit heraus sogar eine Nachtuhr mit Weckeinrichtung sich konstruiert hat, um in der Frühe damit seine Schüler und Genossen zu den Vorlesungen und Übungen zu rufen. Oder, um etwas ganz anderes anzuführen: Die Quellenuntersuchungen anstellenden Historiker seien auf die Ausführungen S. 136 f. über die „Autorenethik" des 2. Jahrhunderts n. Chr. verwiesen, höchst beherzigenswerte Sätze, die für die ganze Spätantike Geltung haben und daher den Forschern, die sich mit der *Historia Augusta* beschäftigen, vor allem empfohlen seien.

Breslau.   Ernst Kornemann.

Schussenried und Buchau.
Von C. F. Lehmann-Haupt.

In den Torfmooren um den oberschwäbischen Federsee zwischen Schussenried und Buchau sind neuerdings durch die Ausgrabungen des von R. R. Schmidt geleiteten Urgeschichtlichen Forschungsinstituts in Tübingen höchst überraschende Funde gemacht worden. Mehrere neusteinzeitliche Pfahl- und Moordörfer in überraschend guter Erhaltung wurden aufgedeckt, ferner eine Wasserburg der älteren Hallstattzeit.

Der jetzt verhältnismäßig kleine Federsee[1]) hat einstmals, nach der Ausdehnung der Torfschichten zu schließen, das Becken in seiner ganzen Länge ausgefüllt, das durch die Moränen der letzten (vierten) der von den Alpen her nordwärts vordringenden Eiszeiten, der „Würm"-Eiszeit, und des auf sie folgenden „Bühl"-Vorstoßes vorgezeichnet wurde. In der Südostecke des Federseebeckens im Steinhauserried, nahe bei Schussenried-Ort, hatte man schon um 1870 überraschend wohlerhaltene Balkenböden sowie Töpferwaren und Steingeräte von hoher Kunstfertigkeit entdeckt. Eine Reihe dieser wertvollen Funde wurde damals durch Oberförster Frank der Wissenschaft gerettet, während die Fundstelle selbst bald wieder in Vergessenheit geriet.

Im Herbst 1919 und im Sommer 1920 sind die Fundstellen im Steinhauserried, im Herbst 1920 das Moordorf Dullenried bei Buchau erschlossen worden, denen sich im Sommer 1921 die Hallstattwasserburg anschloß[2]).

Der Erhaltungszustand der tief im Torfmoor gefundenen Anlagen[3]) muß jeden Augenzeugen mit Erstaunen erfüllen. Nicht nur wohlerhaltene Balkenböden, sondern saubere Hütten mit Bretterwänden und eingestürzten Schilfdächern, Gassenzüge und freie Plätze traten hervor, so daß schließlich regelrechte Dörfer enthüllt wurden.

Die älteste Siedlung ist die im Dullenried: Rechteckhäuser ohne feststellbare Bretterwände — offenbar eine dem Giebelhaus vorausgehende Hüttenform mit Pultdach. Im Steinhäuserried wurden in den tieferen Schichten Pfahlbauten auf Tragpfählen gefunden, die, wie die Untersuchung der liegenden Schichten ergab, nicht mitten im freien Wasser am Ufer des einstigen Federsees, sondern im Sumpfgelände eines Flüßchens, des Federbaches, standen. Der Boden der Pfahlbauhütten umfaßte 72 qm; jede Hütte enthält einen größeren Speise- und Schlafraum mit offenem Herd und einer Schlafbank und ferner einen kleinen Wirtschaftsraum mit überwölbtem Backofen. An der Schmalseite der — mit einem Giebeldach bedeckten — Häuser lehnte sich ein überdachter Vorplatz an, hinter ihm die Tür zur Behausung: also eine dem Megaron entsprechende Hausform. Die Birkenrinde, die in sauberen Schachbrettmustern die Schlafbänke bedeckte, ließ sich in einzigartiger Frische abheben und konservieren, und die Vorräte an Haselnüsse konnten von den Früchten des Vorjahres kaum unterschieden werden. Die Häuser waren an parallelen, 4 m breiten Gassen gebaut. Diesem Pfahldorf „Riedschachen" war ein anderes benachbartes Dorf „Aichbühl" ungefähr gleichzeitig. Es war jedoch kein Pfahldorf; es besaß keine Tragpfähle, sondern die Balkenlagen waren unmittelbar auf die Moorfläche aufgesetzt: eine Siedlungsform, die als „Moordorf" zu bezeichnen ist.

Ein solches „Moordorf" war auch nach dem Untergang der Pfahlbausiedlung in Riedschachen über derselben angelegt worden. Die Häuser waren jedoch wesentlich kleiner, durchschnittlich 24 qm Bodenfläche. Das bisher zur Hälfte freigelegte Dorf hatte etwa 30 Hütten an parallelen Gassen von 1,30 m Breite. Den Unterschieden in der Bauweise und im Kulturinhalt der beiden Siedlungen in Riedschachen liegen wohl völkische Verschiedenheiten zugrunde.

---

1) *Wallensteins Lager*, 11. Auftritt. 1. Arkebusier: „Ich bin von Buchau am Federsee".

2) Dem Leiter des Forschungsinstituts und seinen Helfern bin ich für Führungen und eingehende Aufschlüsse an den Ausgrabungsstätten (Okt. 1921) zu besonderem Danke verpflichtet.

3) Über die neolithischen Anlagen s. H. Reinerth, *Steinzeitdörfer im Torfe des oberschwäbischen Federsees, Deutsche Torfindustrie-Zeitung*, III, Nr. 26 (25. VI. 1921).

Nach R. R. Schmidt's und seiner Mitarbeiter Ansicht gehört die Pfahlbausiedlung dem nordisch-indogermanischen Kulturkreise an. Die darüber gelegene jüngere Moorsiedlung dagegen entspringt einer Mischung dieses Kreises mit dem westmittelländischen, dessen Träger mit denen der ersteren um 2500 v. Chr. im oberschwäbischen Lande zusammengetroffen waren.

Für den Verkehr der Steinzeitleute von Riedschachen mit ihren Stammesgenossen im Norden des Seebeckens (in Buchau, bei Alleshausen und Seekirch) sprechen Einbäume, einer von über 9 m Länge mitten im ehemaligen Seegebiet, andere im Ufergelände des Federbaches gefunden, sowie ein wohlerhaltener Bohlenweg aus Birkenstämmen als tragenden Langhölzern und halbgespaltenen Bohlen als Querlagen, der durch das schon zur Steinzeit vermoorte Gelände führte.

Höchst eigenartig und aufschlußreich erwies sich, trotzdem erst ein kleiner Teil des Gesamtgeländes der Siedlung hat untersucht werden können, die Hallstatt-Wasserburg bei Buchau[1].

Die Wasserburg, auf einer Insel des ehemaligen Federsees gelegen, war von drei Pallisadenreihen — auch sie von erstaunlich guter Erhaltung — umgeben; die beiden inneren mit Übergreifen der Schenkel, so daß, wie in Troja, an den Eingängen die unbeschildete Seite etwaiger Angreifer bedroht werden konnte. Die äußerste Pallisadenreihe stand im Wasser, so daß Boote in deren Schutze an der Böschung vor der mittleren Pallisadenreihe anlegen konnten. Zwischen der ersten und zweiten Pallisadenreihe reiche keramische Funde aus dem Abfall. Aufgedeckt bisher: ein Gebäude, offenes Viereck, die beiden Schenkel nach einem kleinen Zwischenraum je durch ein rechteckiges, den Schenkeln an Breite gleiches, aber seine Länge erheblich übertreffendes Gebäude verlängert (Scheune und sonstige Wirtschaftsräume). Gegenüber der Wasserburg, am ehemaligen Ufer des Federsees, Begräbnisstätte der Hallstattzeit, also zur Wasserburg gehörig.

Das Museum der kleinen einstigen freien Reichsstadt Buchau birgt in seltener Lückenlosigkeit eine vollständige Folge von Fundstücken aus den sämtlichen Hauptperioden vom Neolithicum bis in die neueste Zeit. Aus der jüngeren Steinzeit die Funde von Dullenried und vom Steinhauserried; neben Keramischem von besonderem Interesse: ein Giebelfirst, bestehend aus zwei dünnen Baumästen mit der Rinde, die durch ein Seil aus Bast in besonders kunstvoller Weise verknetet waren; das Bastseil jetzt in einer konservierenden Flüssigkeit aufbewahrt, die eigentümliche Knotung (vgl. gordischer Knoten?) in moderner Nachbildung.

Unter den Funden aus der Hallstatt-Zeit ragen die Grab-Beigaben eines jungen, offenbar vornehmen Mädchens hervor, besonders ein feingearbeiteter und verzierter Bronzegürtel, der Verschluß verstellbar je nach der Taillenweite der Trägerin; die vorn zu tragende Seite besonders reich und sorgfältig verziert; das eine Ende, das von dem anderen — mit dem Oberteil des Schlosses versehen — beim Tragen bedeckt wurde, nur mit schwacher Andeutung der Verzierung. Es folgt der Latène-Depotfund aus der Nähe des Kappeler Waldes, unweit Kappel bei Buchau: ein eisernes Pferdegeschirr mit charakteristisch keltischen Ornamenten und ein ähnlich gearbeiteter Teil eines Herdes oder Rostes zum Braten der Opfertiere, ferner eiserne Waffen. Aus römischer Zeit: Kleinfunde, darunter ein fein gearbeiteter und verzierter Bronzegriffel. Dann,

---

1) [Vgl. dazu H. Reinerth's Vortrag, *Die vorgeschichtliche Wasserburg bei Buchau. Ein Kulturbild aus dem 1. Jahrtaus. v. Chr.*   Korr.-Zusatz.]

als Zeuge des Eindringens der Germanen, große alemannische wohl erhaltene Schwerter etc.[1])

Angesichts dieser geschlossenen Kette kommt einem gerade hier die ca. 11000 Jahre umfassende Lücke, die für das südliche Deutschland zwischen dem späteren Paläolithicum und dem eigentlichen Neolithicum (um 3000 v. Chr.) besteht, besonders nachdrücklich zum Bewußtsein.

Ist doch in der allernächsten Nachbarschaft, an der Schussen-Quelle, die berühmte Renntierjägerstation aus der Spätzeit des (um 14000 v. Chr. anzusetzenden) Magdalénien gefunden worden, die in die Zeit des „Bühl"-Vorstoßes nach der letzten großen („Würm"-)Vereisung gehört.

Die großen Höhlenfunde Schwabens, namentlich in der großen Ofnet und im Sirgenstein, versagen hier mehr oder minder vollständig[2]).

Das Querprofil der großen Ofnet zeigt über dem Dolomitsand, der die Tiefe der Höhle über verwitterten Jurablöcken erfüllt, folgende Schichten der älteren Steinzeit (Paläolithicum, dem Diluvium angehörig): Spät- und Früh-Aurignacien, Früh-Solutréen, Spät-Magdalénien. Es folgt, zum Teil bis in den Grund der Magdalénienschicht hineinreichend, eine dem Azilien-Tardenois angehörige Schicht, das als späteste Schicht des Paläolithicums den Übergang zum frühesten Neolithicum, dem sogenannten Mesolithicum, einleitet. Diese Azil-Schicht ist ausgezeichnet durch die merkwürdigen beiden in Oker gebetteten Schädelgräber[3]), das eine mit 27, das andere mit 6 Schädeln, unter denen die von Frauen und Kindern weitaus die Überzahl bilden: sämtliche Schädel, nach Westen, der untergehenden Sonne, zugerichtet, nach dem Toteureich hinblickend. Sonstige Schichten des Mesolithicums fehlen vollständig. Über dem Azilien-Tardenois folgt gleich eine mächtige Schicht (0,53 m) der eigentlichen jüngeren Steinzeit, darüber schmale Schichten der jüngeren Bronzezeit, der Hallstatt- und der Latèneperiode, darüber dann das Mittelalter.

Beim Sirgensteinprofil liegt die Sache noch erheblich auffallender. Hier liegen über der Tertiärschicht die Diluvialschichten des Paläolithicums in bemerkenswerter Vollständigkeit. Das Altpaläolithicum, das in der Ofnethöhle fehlt, ist mit dem Primitiv-Moustérien und der La Quina-Periode vertreten. Diese erste der Moustierzeit angehörige Besiedelung der schwäbischen Alb (durch die Neandertal-Rasse) erfolgte während der vierten, der sogenannten „Würm"-

---

1) Auch für das Mittelalter und die Neuzeit ist das Museum, das dem Interesse der Bewohner der kleinen schwäbischen Stadt seine Entstehung, Erhaltung und ständige Bereicherung verdankt, von eigenartigem Werte, denn schwerlich wird man anderswo eine solche Sammlung alter, jüdischer, schwer gestickter Stoffe und Metallarbeiten (Leuchter etc.) finden, wie sie hier ausgestellt sind. Buchau ist der Sitz einer in früher Zeit privilegierten jüdischen Gemeinde und die erwähnten Stücke, zu denen noch interessante Dokumente aus der Geschichte der Gemeinde im Original kommen, stammen aus der älteren Zeit der noch heute bestehenden Synagoge.

2) Für den, dem R. R. Schmidts großes Werk, *Die diluviale Vorzeit Deutschlands* (1913) nicht erreichbar ist, bietet eine vortreffliche Orientierung: R. R. Schmidt, *Die ältesten Spuren des Menschen in Schwaben und das Alter des Menschengeschlechtes*, *Tübinger Blätter*, N. F., 1. (15.) Jahrgang, 1914, Seite 31 ff. Vgl. ferner: Ders., *Schwaben in vorgeschichtlicher Zeit* in der *Universitäts-Zeitung (Sonderheft der Univ. Tübingen f. ihre Angehörigen im Felde 1917)*, S. 24 ff.

3) S. darüber: R. R. Schmidt, *Die altsteinzeitlichen Schädelgräber der Ofnet und der Bestattungsritus der Diluvialzeit*. Stuttgart 1913.

Eiszeit"[1]). Die Fauna zeigt den denkbar tiefsten Stand von Klima und Temperatur. Darüber dann das Jungpaläolithicum in einer lückenlosen Schichtenfolge. Früh-, Hoch-, Spät-Aurignacien (Homo-Aurignaciensis), Solutréen, Früh-, Spät-Magdalénien (Cro-Magnon-Rasse). Mesolithicum und Neolithicum fehlen vollständig, über dem Spät-Magdalénien beginnt sofort die Bronzezeit.

Das die Azilstufe ablösende Frühneolithicum, auch Mesolithicum oder mittlere Steinzeit genannt, fehlt also durchweg. Während die Azilkultur wie das Paläolithicum noch eine kontinentale Verbreitung hat und sich vorwiegend in Höhlen findet, liegt das Entstehungs- und Hauptverbreitungsgebiet des Mesolithicums an den nordeuropäischen Küsten (Dänemark, Schweden, Norddeutschland, Balticum).

Es war nämlich ein Teil der diluvialen Jägerbevölkerung, für die die eisfreie, zerklüftete und höhlenreiche schwäbische Alb einen besonders geeigneten Aufenthalt gebildet hatte, ihren mit dem Rückgang der diluvialen Vereisung abwandernden Nahrungstieren nach dem eisfrei gewordenen Norden Europas gefolgt. Dort geht aus ihrer Mitte eine seßhafte Fischerbevölkerung mit einer frühneolithischen (mesolithischen) Kultur hervor, die bis nach dem Süden Deutschlands die verbliebene in einer Urbevölkerung mit einem neuen Kulturstrome durchdringt.

Für das südliche Deutschland war eine dünne Bevölkerungsschicht, nicht aber, wie man auf Grund der erwähnten anscheinenden großen Lücke leicht annehmen könnte, eine Jahrtausende währende Unterbrechung die Folge dieser Auswanderung, „bis ein neuer indogermanischer Völkerstrom die weiten Lößgebiete des Neckars, die Hochufer der Donau und die schwäbischen Seen" besiedelte.

Die Ausstrahlungen des nordeuropäischen Mesolithicums auf Süddeutschland und seine Urbevölkerung hat R. R. Schmidt nachgewiesen, der aber das ganze Material leider noch nicht veröffentlicht hat, so daß bisher nur eine kurze Notiz darüber vorliegt[2]).

Das Mesolithicum zerfällt nach R. R. Schmidt[3]) in drei geologische Perioden, von denen die beiden letzten menschliche Besiedlung aufweisen.

Es haben sich nämlich in Norddeutschland Schwankungen des zurück-

---

1) Alter des Menschengeschlechts überhaupt: der Zeitraum vom Magdalénien bis zur Gegenwart wird nach dem Anwachsen des Muotta-Delta's im Gebiet des Vierwaldstädtersees auf 16000 Jahre geschätzt; der Zeitraum zwischen „Würm"-Eiszeit und „Bühl"-Vorstoß (Aurignacien und Solutréen) auf ca. 25000 Jahre; Dauer der „Würm"-Eiszeit (die die Kulturstufe von Moustier einschließt) ca. 10000 Jahre, also Auftreten des Menschen (Neandertal-Rasse) in der schwäbischen Alb vor 40—50000 Jahren. Weiter zurück führen die fossilen Menschenreste in den breiten diluvialen Stromtälern, die zwischen den Moränen der dritten („Riß"-) und der vierten („Würm"-)Eiszeit liegen, also der letzten warmen Zwischeneiszeit angehören, seit deren Verlauf mindestens 100000 Jahre verflossen seien müssen. Erheblich älter noch der menschliche Kiefer aus den Sanden bei Heidelberg (vgl. dazu Lit. Zentr. 1915 Sp. 550 f.), nach der ihn begleitenden Tierwelt der Zwischenzeit zwischen der zweiten („Mindel"-) und der dritten („Riß"-)Vereisung angehörig. (R. R. Schmidt, Tüb. Blätter, a. a. O.)

2) *Zur Übergangskultur vom Paläolithicum zum Neolithicum in Deutschland* (*Bericht über die Paläethnologische Konferenz in Tübingen 1911*, [Braunschweig 1912]).

3) Brieflich.

weichenden Eises der letzten Eiszeit durch Hebungen und Senkungen des Ostsee-Gebietes markiert:

1. In der Yoldiazeit erfolgte eine Hebung des Landes. Die Ostsee ist weit offen gewesen, so daß der Bottnische Meerbusen im Norden in den Ozean ausmündete. Diese Frühzeit wird nach einer Muschel, die sich in ihren Ablagerungen findet, die Yoldiazeit genannt.

2. Dann hat das Land sich weiter gehoben und die Ostsee ist ein völliger Binnensee geworden. Dänemark war damals feste Landbrücke zwischen Deutschland und Schweden. Die Zeit heißt nach einer Muschel die Ancyluszeit.

3. Schließlich hat sich das Land wieder gesenkt und der heutige Zustand ist eingetreten. Diese Zeit wird nach einer Muschel die Litorinazeit genannt.

In der Ancyluszeit ist die erste nordische Besiedlung eingetreten, der sogenannten Maglemosekultur (Hauptfundstätte Maglemose bei Mullerup). In der Litorinazeit findet diese ihre Fortsetzung in der Kjökenmöddingerkultur[1]). In die Maglemosezeit fallen namentlich Siedlungsspuren in der Altmark bei Kalbe an der Milde und die Harpunenfunde von Fernewerder bei Potsdam.

Der Kjökenmöddingerstufe (erstes Auftreten der Töpferei; Wohnbauten in Dänemark bisher nicht beobachtet, wohl aber ein paar Bestattungen: ausgestreckte Skelette, in einem Falle von Steinen umstellt) gleichaltrig ist die Campignykultur, vor allem in Belgien und Frankreich, auch über Teilgebiete von Nord- und Mittel- bis Süddeutschland verbreitet ist. Die Campignyleute in Belgien haben den Feuerstein für ihre Kern- und Walzenbeile, die charakterischen Geräte der Kjökenmöddingerstufe, bereits bergmännisch gewonnen.

Der reichste mesolithische Fund in Süddeutschland ist der Hohlefels bei Happurg in Franken: Steinbeile nordischer Form der Maglemosekultur, daneben Kleingeräte, die noch spätpaläolithische Überlieferungen aufweisen.

Etwas jünger sind die Funde aus Hoeschberg bei Landskehl und der Egersheimer Mühle: Campignykultur, also Kjökenmöddingerzeit. —

Die im ehemaligen Federsee gefundenen Anlagen bei Schussenried und Buchau — um zu diesen zurückzukehren — sind nicht nur vor- sondern auch sagengeschichtlich von Belang. Wie sich bei der Ausgrabung des Königsgrabes von Seddin in der Mark[2]) die Sage, daß dort ein Herrscher in einem dreifachen Sarge bestattet sei, bestätigt hat — wenn es sich auch natürlich nicht, wie die Legende wollte, um einen goldenen, einen silbernen und einen kupfernen Sarg handelte, so wußte am Federsee bis vor kurzem manche Sage von versunkenen Dörfern zu erzählen, die nun 'aus ihrem Märchenschlafe' wieder erweckt worden sind[3]) — ein neuer Beleg für die Zähigkeit der mündlichen Überlieferung, deren Verkennung in der modernen Forschung so manche Irrtümer in der Beurteilung des historischen Kerns von Legenden und Sagen gezeigt hat[4]).

1) Muschelhaufen (Abfälle von Fischermahlzeiten), verbreitet über Dänemark und Schleswig-Holstein; zu finden außerdem an den Küsten von Irland, Frankreich, Portugal.
2) A. Kickebusch, *Voss. Ztg.*, 1910, *Sonntagsbeilage* Nr. 1.
3) Reinerth, *Steinzeitdörfer* S. 4(a). [*Vorgesch. Wasserburg*, Sp. 1 u. 4.
Korr.-Zusatz.]
4) Vgl. dazu meine Ausführungen, *Die histor. Semiramis und ihre Zeit* (1910), S. 68 ff., *Israel*, (1911), S. 54, *Einl. in die Altertumswissenschaft* III[2], S. 68 f.

Von der Philologenversammlung.

Auf der 53. Versammlung deutscher Philologen und Schulmänner, die vom 27. bis 30. September in Jena tagte, wurden folgende, die alte Geschichte betreffende, oder sie berührende Vorträge gehalten:

In den allgemeinen Sitzungen: U. v. Wilamowitz-Moellendorff, Über die Zukunftsaufgaben der deutschen Altertumswissenschaft. Studniczka, Archaeologisches aus Griechenland. Schwartz, Der historische Sinn der (byzantinischen) Reichskonzilien. — In der althistorischen-epigraphischen Sektien (zum Teil in wechselnder Kombination mit der orientalischen, archaeologischen und der historischen Sektion): Pick, Die Münzkunde in der Altertumswissenschaft. Schulz, Über das Wesen des Kaisertums des Augustus. Schubart, Römische Regierungsgrundsätze in der Provinz Aegypten. Täubler, Die Anfänge des Volkes Israel. Lehmann-Haupt, Das Grab des Nitokris (Herodot I 187). Wiegand, Über den Stand der Ausgrabungen der Berliner Museen in Ionien. Drexel, Stand und Aufgaben der römisch-germanischen Forschung. — Archaeologische Sektion: v. Bissing, Der altpersische Königspalast. Schweizer, Daidalos von Sikyon. v. Mercklin, Archaeologie in Rußland. Egger, Über das Problem der Doppelkirchen von Aquileja. Praschniker, Kunstgeschichtliche Ergebnisse meiner Forschungen in Albanien. — Altphilologische Sektion: Reitzenstein, Horaz als Dichter. Körte, Die Tendenz von Xenophon's Anabasis. Immisch, Über eine volkstümliche Darstellungsform in der antiken Literatur. Maas, Die griechische Metrik auf dem Gymnasium. Capelle, Der Geist der hippokratischen Medizin. Meister, Zu Plautus. — Germanistische Sektion: Feist, Die religionsgeschichtliche Bedeutung der Runendenkmäler. — Volkskundlich-religionswissenschaftliche Sektion: Haas, Mehr Achtung vor dem $\lambda \acute{o} \gamma o \varsigma$ $\sigma \pi \varepsilon \rho \mu a \tau \iota \kappa \acute{o} \varsigma$. Reitzenstein, Zur Geschichte des Erlösungsglaubens. Zimmern, Babylonische Vorstufen der vorderasiatischen Mysterienreligionen? Ranke, Das Alter unserer Volkssagen. Clemen, Die Tötung des Vegetationsgeistes. Schecker, $\Psi \varepsilon v \delta \acute{o} \mu a v \tau \iota \varsigma$. Preuss, Zwei südamerikanische Typen von Ahnen- und Dämonenglauben. — Historische Sektion: Neubauer, Über Kulturgeschichte im Geschichtsunterricht.

Diese Vorträge werden in kurzen Auszügen in den bei B. G. Teubner erscheinenden „Verhandlungen" veröffentlicht.

Von besonderem Interesse war die Aussprache über die Hetiterfrage in einer kombinierten Sitzung der indogermanischen, althistorischen, orientalischen und geographischen Sektion. Von den Indogermanisten, namentlich Sommer und Herbig, wurde anerkannt, daß der Bau der hethitischen (richtiger kanesischen) Sprache in sehr wesentlichen Zügen indogermanisch sei, wogegen der Wortschatz verhältnismäßig sehr arm an indogermanischem Gute erscheint. Auf die für den Charakter dieser Mischsprache bedeutungsvolle Frage der gleichfalls vorhandenen nichtindogermanischen, an das Mitannische und Chaldische erinnernden Bildungselemente wurde trotz besonderen Hinweises leider nicht eingegangen.

Für das Indogermanische besonders bedeutungsvoll ist der sonderbare Wechsel von $r:n$ bei der Kasusflexion.

Auf
het.   Nom *wa-a-ϑar* : Gen. *u-e-te-na-aš* „Wasser"
griech.   „ $\H{v}\delta\omega\rho$: „ $\H{v}\delta a\tau o\varsigma$ (*a* aus *n*)
althochdeutsch „ *wazzar* : „ got. Nom *wato*, Gen. *watins*

hatte schon Hrozný hingewiesen.

Herbig fügte ein weiteres Beispiel hinzu:

  het. *ut-tar* : Dat.-Gen. *ut-ta-ni-iz-za* „Brust"
  griech. οὖθαρ : Gen. οὔθατος (α aus *n*)
  altind. *úthar* : Gen. *udnah*.

Womöglich noch schlagender sind die Fälle, wo nach Herbig im Hetitischen Formen fast genau in der Gestalt erscheinen, die die Forschung für die indogermanische Ursprache erschlossen hatte:

  griech. θείν(ει)   θείνουσι „schlagen, erschlagen"
  altind. *hánti*   *ghnánti*
  indogerm. *g^uhenti*   *g^uhnonti*
  het. *ku-en-zi*   *ku-na-an-zi*.   C. F. L.-H.

Erster deutscher Orientalistentag.

Da an eine Wiederaufnahme der internationalen Orientalistentagungen auf unabsehbare Zeit nicht zu denken ist, hat die Leitung der Deutschen Morgenländischen Gesellschaft alljährliche Orientalistentagungen mit wechselndem Sitze geplant, deren erste in Leipzig vom 29. September bis 2. Oktober 1921 stattfand und mit der Feier des 75jährigen Bestehens der DMG. (Festvortrag **Brockelmann**) verbunden war. Die alte Geschichte betrafen oder berührten die folgenden Vorträge:

Allgemeine Sitzungen: B. **Meißner**, Die gegenwärtigen Hauptprobleme der assyriologischen Forschung. Ad. **Erman**, Das Wörterbuch der ägyptischen Sprache (mit der höchst willkommenen Ankündigung meines demnächst erscheinenden kürzeren Ägyptischen Handwörterbuchs). C. H. **Becker**, Der Islam im Rahmen einer allgemeinen Kulturgeschichte. — **Gruppe Ägyptologie**: H. **Schäfer**, Das Bildnis in der ägyptischen Kunst. — **Gruppe Assyriologie**: **Forrer**, Über die neuesten Forschungsergebnisse aus den Boghazköi-Inschriften. **Lehmann-Haupt**, Mitteilungen über das Corpus Inscriptionum Chaldicarum. — **Alttestamentliche Gruppe**: **Budde**, Über die Redaktion des Zwölfprophetenbuchs. **Sellin**, Einige cruces interpretum im Zwölfprophetenbuch. **Kittel**, Über die Zukunft der alttestamentlichen Wissenschaft. **Gunkel**, Die Komposition der Josephserzählungen. **Herrmann**, Beiträge zur Entstehung der Septuaginta. **Jirku**, Neues keilinschriftliches Material zum alten Testament. — **Gruppe Indologie**: **Stein**, Megasthenes und Kantilya. — **Gruppe Ostasienforschung**: **Heß**, Kannten die alten Chinesen das Römerreich? die Lösung des Rätsels von Ta-ts'in. — **Gruppe Semitistik und Islamkunde**: **Torczyner**, Der Plural im Semitischen und Indogermanischen. — **Alttestamentliche und semitische Gruppe kombiniert**: **Sievers**, Probleme semitischer Metrik.

Die nächste Tagung soll 1922 in Berlin, die übernächste 1923 voraussichtlich in München stattfinden.

In einer Veranstaltung des Palästinavereins (1. Okt.) sprach **Blanckenhorn** über die Steinzeit Palästina-Syriens und **Greßmann** über die Einwirkung ägyptischer Hofsitten auf Palästina.

Gelegentlich der Tagung des deutschen Vereins für Buchwesen und Schrifttum (2. Okt.) in dem höchst anregenden und aufschlußreichen „Museum für Buch und Schrift", sprach D. **Jacobs**, Freiburg, über das Thema „Mohammed II. (der Eroberer von 1453), sein Verhältnis zur Renaissance und seine Handschriftensammlung" und erbrachte den überraschenden Nachweis, daß das große Interesse, das dieser ebenso grausame, wie als Feldherr und Staatsmann bedeutende und kunstliebende Herrscher der Renaissance entgegenbrachte, seine hauptsächliche Förderung dem an seinem Hofe lebenden und von ihm persönlich begünstigten Cyriacus von Ancona (o. S. 283) verdankt.

Eingegangene Schriften.

1. G. Contenau, La déesse nue babylonienne, Etude d'iconographie comparée, Paris. Paul Geuthner 1914.
2. Emil Daniels, Das antike Kriegswesen. Sammlung Göschen. Zweite Auflage. Berlin und Leipzig, Vereinigung wissenschaftlicher Verleger, 1920. M. 2.10 + 100%.
3. Ernst Diehl, SUPPLEMENTUM LYRICUM NEUE BRUCHSTUECKE. Archilochus Alcaeus Sappho Corinna Pindar Bacchylides. Kleine Texte für Vorlesungen und Übungen von Hans Lietzmann 33/34. Dritte Auflage. Bonn, A. Marcus u. E. Webers Verlag, 1917. Preis 2,40 M.
4. Hermann Diels, Antike Technik. Sieben Vorträge, zweite erweiterte Auflage mit 78 Abbildungen, 18 Tafeln und 1 Titelbild. Verlag B. G. Teubner. Leipzig und Berlin 1920.
5. Lucien Guenoun, La Cessio Bonorum. Paris, Librairie Paul Geuthner, Rue Jacob 13, 1920.
6. Robert Helbing, Auswahl aus griechischen Inschriften. Mit einer Tafel. Sammlung Göschen. Berlin und Leipzig 1915.
7. Otto Hoffmann, Geschichte der griechischen Sprache. I. Bis zum Ausgang der klassischen Zeit. Zweite verbesserte Auflage. Sammlung Goeschen 1916.
8. Jahreshefte des österreichischen archäologischen Instituts. Wien, Band XVIII, 1915. Mit 3 Tafeln und 202 Abbildungen im Text. Bd. XIX/XX, 1920. Mit 6 Tafeln und 326 Abbildungen im Text.
9. Janus, Arbeiten zur alten Geschichte, begründet von R. v. Scala, Wien und Leipzig. Wilhelm Baumüller (s. o. Bd. XVI S. 344). Erstes Heft: Festschrift zu C. F. Lehmann-Haupts sechzigstem Geburtstage, herausgegeben von K. Regling und H. Reich. Mit 13 Abbildungen im Text und 3 Tafeln, 1921. — Zweites Heft: Otmar Schissel-Fleschenberg, Claudius Rutilius Namantianus gegen Stilicho, 1920.
10. E. Jung, Die Herkunft Jesu im Lichte freier Forschung. München 1920. Ernst Reichhardt.
11. Hans Kreller, Erbrechtliche Untersuchungen auf Grund der Graeco-Ägyptischen Papyrusurkunden. Verlag und Druck von B. G. Teubner. Leipzig und Berlin 1919.
12. Carolina Lanzani, Mario e Silla. Storia della democratia romana negli anni 87—82 v. Chr. (Biblioteca di filologia Classica diretta de Carlo Pascal.) Catania, Francesco Battiato 1915.
13. R. v. Lichtenberg, Die ägäische Kultur, Wissenschaft u. Bildung, Bd. 83. Zweite Auflage, Quelle u. Meyer, Leipzig 1918. Preis geb. M. 1.50.
14. Bruno Meißner, Babylonien und Assyrien. Erster Band mit 138 Text-Abbildungen, 223 Tafel-Abbildungen und einer Karte. Kulturgeschichtliche Bibliothek, herausgeg. von W. Foy. I. Reihe: Ethnolog. Bibl. Bd. 3, Karl Winters Universitätsbuchhandlung Heidelberg, 1920.

15. Eduard Meyer, Ursprung und Anfänge des Christentums. Erster Band: Die Evangelien. I. G. Cottasche Buchhandlung Nachfolger. Stuttgart und Berlin 1921.
16. Nikolaus Müller und Nikos A. Bees (Βεης), Die Inschriften der jüdischen Katakombe am Monteverde zu Rom. Schriften, herausgegeben von der Gesellschaft zur Förderung der Wissenschaft des Judentums. Mit 173 Abbildungen im Text. Otto Harrassowitz, Leipzig 1919.
17. Friedrich Münzer, Römische Adelsparteien und Adelsfamilien. J. B. Metzlersche Verlagsbuchhandlung, Stuttgart 1920.
18. Albert Neuburger, Die Technik des Altertums, mit 676 Abbildungen. R. Voigtländers Verlag in Leipzig, 1919.
19. Maurice Platnauer, The Life and Reign of the Emperor Lucius Septimius Severus. Oxford University Press, London, Edinburgh, Glasgow, Newyork, Toronto, Melbourne, Cape Town, Bombay 1918.
20. F. Quilling, Die Juppiter-Votivsäule der Mainzer Canabarii. Frankfurt am Main, Schirmer und Mahlau 1919.
21. E. Samter, Die Religion der Griechen. Aus Natur und Geisteswelt, Band 457. Leipzig und Berlin, B. G. Teubner 1914.
22. Wilhelm Schubart, Einführung in die Papyruskunde. Weidmannsche Buchhandlung, Berlin 1918. Preis 16 M.
23. Fritz Schulz, Einführung in das Studium der Digesten. Tübingen 1916. I. C. B. Mohr (Paul Siebeck).
24. Andreas B. Schwarz, Die öffentliche und private Urkunde im Römischen Ägypten. Studien zum hellenistischen Privatrecht. Abhandlungen der philologischen historischen Klasse der Sächsischen Akademie der Wissenschaften, Bd. XXXI Nr. III. Leipzig, B. G. Teubner, 1920. Preis 12 M.
25. Walter I. Snellmann, De interpretibus Romanorum deque linguae latinae cum aliis nationibus commercio. Pars I Enarratio. Pars II Testimonia veterum. Lipsiae, in aedibus Dieterichianis, Th. Weicher 1914 und 1919.
26. Eduard Stemplinger, Sympathieglaube und Sympathiekuren in Altertum und Neuzeit. Verlag der ärztlichen Rundschau, Otto Gmelin, München 1919. M. 5.
27. H. Swoboda, Die griechischen Bünde und der moderne Bundesstaat. Rektoratsrede. Prag 1915. J. G. Calve.
28. Die Fragmente der griechischen Kultschriftsteller, gesammelt von Alois Tresp. Religionsgeschichtliche Versuche und Vorarbeiten, XV. Band, Heft 1. Alfred Töpelmann. Gießen 1914.
29. O. Walter, Vorläufiger Bericht über die Grabungen in Elis 1914. Sonderabdruck aus den Jahresheften des österreichischen archäologischen Instituts, Bd. XVIII.
30. Derselbe, Ein Kolossalkopf des Zeus aus Aigeira. Desgleichen aus Bd. XIX/XX.
31. Derselbe, Eine archäologische Voruntersuchung in Aigeira. Desgleichen.
32. Otto Weinreich, Neue Urkunden zur Sarapis-Religion. Sammlung gemeinverständlicher Vorträge und Schriften aus dem Gebiet der Theologie und Religionsgeschichte 86. J. C. B. Mohr (Paul Siebeck). Tübingen 1919. M. 2 + 30%.
33. Alfred Wiedemann, Das alte Ägypten, mit 78 Text- und 26 Tafel-Abbildungen. Kulturgeschichtliche Bibliothek, herausgegeben von W. Foy. 1. Reihe: Ethnologische Bibliothek Bd. 2. Carl Winters Universitätsbuchhandlung, Heidelberg 1920.

34. Georg Wilke, Archäologische Erläuterungen zur Germania des Tacitus, mit 74 Abbildungen im Text. Verlag von Curt Kabitzsch. Leipzig 1921.
35. Max Wundt, Plotin, Studien zur Geschichte des Neuplatonismus. Erstes Heft. Alfred Krömer Verlag. Leipzig 1919. Geheftet 3 M. und Teuerungszuschlag.

Mit folgenden ausländischen Zeitschriften ist der Austausch wiederhergestellt: Classical Philology, The American Journal of Philology, Musée Belge, Νέος Ἑλληνομνήμων.

Personalien.

Nachdem Matthias Gelzer-Frankfurt und Wilhelm Weber-Tübingen den Ruf nach Göttingen abgelehnt hatten, ist Dr. Ulrich Kahrstedt, Privatdozent in Münster, z. Zt. Berlin-Steglitz, Nachfolger Georg Busolts geworden.

Friedrich Münzer-Königsberg folgte zum 1. Oktober einem Rufe an die Universität Münster an Stelle von Otto Seeck, der von seinen Amtspflichten entbunden worden ist. Sein Nachfolger wurde Oscar Leuze-Halle.

Walther Kolbe-Greifswald hat einen Ruf nach Graz als Nachfolger R. von Scalas abgelehnt.

Dr. Johannes Hasebroek, ein Schüler v. Domaszewskis, hat sich in Hamburg für alte Geschichte habilitiert. Friedrich Oertel hat sich nicht, wie oben (S. 136) berichtet wurde, in Berlin. sondern in Leipzig habilitiert.

Georg Herbig wurde Otto Schraders Nachfolger auf dem Lehrstuhl für indogermanische Sprachwissenschaft und Altertumskunde in Breslau.

Otto Seeck ist kurz nach seiner Emeritierung am 29. Juni 1921 in Münster, 71 Jahre alt, gestorben. Es ist ihm vergönnt gewesen, sein großes Werk *Geschichte des Untergangs der antiken Welt* mit dem VI. Band 1920/21, gewidmet seinem Sohne Fritz, „der zur Rettung des überfallenen Deutschland vergebens sein junges, freudenreiches Leben hingeopfert hat", noch zu Ende zu führen. Mit den *Regesten der Kaiser und Päpste für die Jahre 311 bis 476 n. Chr.*, Stuttgart 1919, hat uns der bis zum letzten Atemzug unermüdlich schaffende Forscher noch eine ungemein wertvolle Vorarbeit zu einer Prosopographie der christlichen Kaiserzeit geliefert. Mit der Erforschung der Spätantike wird sein Name für alle Zeiten verbunden bleiben. E. K.

Georg Christian Möller-Berlin ist am 3. Oktober im Alter von 45 Jahren in der Universitätsklinik zu Upsala gestorben. Die deutsche Aegyptologie hat mit ihm einen ihrer befähigsten Köpfe verloren.

Bruno Meißner-Breslau ist als Nachfolger von Friedrich Delitzsch nach Berlin übergesiedelt: sein Nachfolger wurde vom 1. Oktober 1921 ab Arthur Ungnad-Greifswald.

Als Nachfolger von Ulrich v. Wilamowitz-Moellendorff wurde Werner Jäger-Kiel nach Berlin berufen. Franz Boll-Heidelberg, der Hermann Diels-Berlin ersetzen sollte, hat den Ruf abgelehnt.

Christian Jensen-Königsberg geht als Nachfolger Werner Jägers nach Kiel, Otto Weinreich-Heidelberg für Gotthold Gundermann nach Tübingen. Sein Nachfolger in Heidelberg wird Karl Meister-Königsberg, für den Ernst Bickel-Kiel berufen worden ist.

Theodor Birt-Marburg ist von seinen Amtspflichten entbunden worden. Sein Nachfolger wird Ernst Lommatzsch-Greifswald.

Ernst Buschor-Freiburg wurde als Leiter des wiedereröffneten deutschen archäologischen Instituts in Athen berufen.

Namen- und Sachverzeichnis.

Nicht aufgenommen sind Gegenstände, die nur gestreift, nicht neu behandelt wurden. — Die hochgestellten Zahlen bezeichnen die Anmerkungen. Das lateinische Alphabet ist auch für griechische usw. Namen maßgebend gewesen. — Inschriften, Papyri, Zitate siehe unter diesen Stichwörtern.

A u. A auf Ptolemaeerinschriften von Thera 94/8
aegyptisch: -Kalender in s. Verhältnis zum makedonischen . . 94. 97
Aemilius Lepidus, Statue in Delphi 157/9
Aemilius Paulus: Inschriften an s. Denkmal in Delphi . . . 179 ff.
L. Aemilius Regillus: Dankanathem in Delphi 156
Aeneas: in den Gründungssagen Roms 137 ff.; s. Westlandsfahrt. . . 149/52
Aenianenbund: neuer Beleg für s. Existenz 184/6
aetolisch: Epimeleten in Delphi 199/200
Alašia-Asy, alte Bezeichnung der Insel Kypros 230/39
Alemannen bei Libanios? . . 240/42
Amphiktyonie, delphische: 5 jähriger Turnus der Dorerstimme 190; Verleihung von Doppelstatuen 190/91; Streit um die euböische Stimme 197/98
Antiochia in Pisidien: Inschrift des Caristanius . . . 104/10; 252/58
Antipatros, Sohn des Herodes: s. Prozeß 99/101
Aphrodeisios, Freilassungsurkunde in Delphi 182/83
Apollon Alasiotas: Hauptgott von Alašia 234/5
Appellation u. Provokation im römischen Strafrecht 98/101
Appian: die Vorlage seiner *Emphylia* 33
Archelaos von Kappadokien und die Mission des Eurykles . . . 57
Archelas, delphischer Archont 200/01
Archonten, delphische: Liste von 290—200 196
Ardys: Gesandtschaft an Assurbanabal 118
Argonautensage: Nachklänge: Fund eines Lorbeerkapitells in Kurutscheschme . . . . . 270 ff.
Aristippos, Kommandant von Thera 95/6

Artabazos und die Belagerung von Sestos 72
Artemis Limnatis: Heiligtum im Grenzgebiet zwischen Messenien und Lakonien . . . . 46[4]
Asinius Flaccus: Politie-Verleihung in Delphi 188/89
Assurbanabal: der Cylinder B 115/6; s. „annalistischen" Berichte 117; Sieg über Dugdamme 120/22; letzter Zug gegen Elam 121/22
assyrisch: Nachleben der — Sprache, Religion und Dynastie i. parthischer Zeit 286/7
Asy = Alašia, alte Bezeichnung der Insel Kypros 231/39
Athen: Ehrendekret für die Retter der Demokratie 242/48; Einsetzung und Sturz der „Dreißig" . . 1 15
Athener: ihre Taktik in der Schlacht bei Marathon 221/29
Attalus, gallischer Christ: s. Prozeß 98/101
attisch: älteste —Inschrift 262/5; 267/8
Augustus: s. Verhältnis zu C. Iulius Eurykles 48 ff.; zu Herodes von Iudaea . . . . 53 f.
Aurignac-Periode des Paläolithicums; Mensch v. — . . . 292/3
Aziz-Tardenois, jüngste Periode d. Paläolithicums 292

Bêl-šunu, Statthalter von Hindanu: Datierung s. Eponymats . . 115 f.
Bevölkerungszahl: von Karthago 125
Boreigoner . . . . . . 140 ff.
Buchau am Federsee; Hallstatt-Wasserburg; Museum . . 291/2
Bythias: s. Lage 269/70; Pflanzung eines Lorbeers durch Medea 270; Nachklang der Argonautensage? . 270 ff.
Byzanz: Pausanias Heros Ktistes 59 ff.; Aufstellung der Schlangensäule 64 f.

Caesar: im Gefecht von Ruspina 204/20; in der Schlacht von Thapsus 102/4

Namen- und Sachverzeichnis.

Caligula: Statue in Delphi . 165 ff.
Callimachus: Grabstein für s. Frau 129/36
campanisch: Chronik aus dem 4. Jahrhundert 143/6
M. Caphranius: Proxeniedekret in Delphi 174/75
Caristanius aus Antiochia: Präfekt des Quirinius . . . 104 ff.; 252/58
P. Carsuleius: Proxeniedekret in Delphi 169/70
Chalkadon = Kadi-köi . . 277/81
Chronik, campanische aus dem 4. Jahrhundert 143/46
Claudia Inventa: ihr Grabstein 129/36
Tib. Claudius Celsus: Verleihung der Politie in Delphi . . . 188
contubernalis: Gebrauch des Wortes 130; 261
Q. Coponius: Reiterstatue in Delphi 161/62
P. Cornelius Scipio: Statue in Delphi 153/55
Cremutius Cordus: Vorlage für Appians *Emphylia* 40/43
Cro-Magnon, Menschenrasse v. — 293
Cyriacus v. Ancona. . . 283. 297

Damatrys: „Signalberg" bei Skutari 278/79
Δαμοκράνεια. Ort bei Konstantinopel 279/81
Δαμοσθένης Ἀρχέλα. Bouleut in Delphi 158
Datierungen: Einsetzung und Sturz der „Dreißig" in Athen 1/15; Verleihung der Würde des Heros Ktistes an Pausanias 61/62; Sturz des Pausanias 66/73; Ostrakismos u. Ächtung des Themistokles 66/73; dessen Flucht zu Artaxerxes 71/3; Ächtung u. Tod des Leotychidas 66/73; Belagerung von Sestos 72; Regierungen: Vespasians 74/82; Titus' 75/76, 80, 81/82; Nervas 82/86; Traians 86/93; Ptolemäerinschriften von Thera 94/98; Statthalterschaften des P. Sulpicius Quirinius in Syrien 104/110, 252/8; Tod des Gyges 113/20; Kimmeriereinfälle 113/22; unedierte lateinische Grabinschrift aus Rom 129/36; lokrischer Dichter Stesichoros 149 ff.; delphische Inschriften . . . 153/203
Daulis: Proxeniedekret der Stadt in Delphi 181/2; Schuldekret . . 182
Danauna = Mykenae . 233 u. 233[1]
Delphi: Römerstatuen 153/69; Römerinschriften 169 ff.; Inschriften am Denkmal des Aemilius Paulus 179/89
delphisch: Liste der Archonten von 290—200 196; — Amphiktyonie s. o.
Denthaliatis: Zuteil. zu Sparta 46. 46[4]

„Dreißig" in Athen: ihre Einsetzung u. ihr Sturz 1/15
Drusilla, Schwester des Caligula: Statue in Delphi 167/68
Dugdamme-Lygdamis: Niederlage gegen Assurbanabal . . . 120/22
ἐγγύησις: Verleihung an die Retter der Demokratie in Athen . 244/45
ἔγκτησις: Verleihung ohne die der Isotelie möglich 247/48
Ehrendekret: in Athen für die Retter der Demokratie 242/48
Einleitung von Geschichtswerken in Form von Grundrissen . . . 43[1]
Eirenaios: Ehreninschrift für Aristippos 95/97
Elam: Assurbanabals letzter Zug 121/22
Ἐλατεύς = Ἐλατεῖος 195
Elišah = Alašia? 231
Ennius: s. Darstellung der Geschichte des Romulus 16/32: a) Sabinerkrieg 17/22; b) Tarpeja-Episode 22/24; c) Augurium 25/28; d) Raub der Sabinerinnen 28/29; e) Entrückung . 30/32
Epimeleten, aetolische in Delphi 199/200
euboeisch: Festlegung des Beginns des — Jahrs 191; Streit um die — Stimme der delphischen Amphiktyonie 197/98
Εὐρύκλεια: Spiele zu Ehren des Euykles in Sparta 52. 58
C. Iulius Eurykles, s. Lebensbeschreibung 44/58; Teilnahme bei Aktium 44/45; Abstammung 45/46; Verhältnis zu Augustus 48 ff.; Prägung von Münzen 49/50; Stellung in Sparta 49/53; Missionen bei Herodes 53/56 u. Archelaos 57; Εὐρύκλεια . 52. 58
Eusebius: Wertung s. Datenangaben 118/20

Faustianus Caeletharida(s) 249/50
Federsee: neolithische u. Hallstatt-Anlagen im — 289/94
Freilassungsurkunden in Delphi 182/83

Gadatas: Dareios' Erlaß an ihn . 72
geographische Listen der ägyptischen Dynastieen u. ihre Wertung 232/34
Grabinschrift, lateinische in Kapitalkursive 129/36. 260/62
griechische: Inschriften in Delphi 153/203; Traditionen von der Gründung Roms 137/52
Gyges: Datierung s. Todes . 113/20

Ἀβρόμαχος, delphischer Archont 176
Hadrian: Adoption durch Traian 87/88; s. Regierungsantritt 87

302 Namen- und Sachverzeichnis.

Hallstatt-Periode . . . 289. 291
ἰκᾶν: auf der ältesten. attischen Inschrift 262/65
Herodes von Judaea: die Mission des Eurykles 53; Prozeß gegen Antipatros 99/101
Heros Ktistes: Pausanias in Byzanz 59 ff.
Ἥρυς Εὐδώρου, Bouleut in Delphi, Gesandter in Rom 158
Hieromnemonen: die Zeit ihrer Funktion . . . . 202 (zu 33)
Homo-Aurignacensis. . . . 293
Homonadensier: ihre Bekämpfung durch Sulpicius Quirinius 105. 106. 107/9. 253. 258

Inschriften: assyr.-babyl.: Weihschrift Assurbanabals an Marduk (Winckler *AOF* I, S. 492) 120/22; lateinische: *CIL* I, 2 Nr. 594 258 60; unediert: aus Karthago(?) jetzt in Djursholm 249/50; Meilenstein von der die Baetica durchschneidenden Straße 251/52; Grabinschrift in Kapitalkursive 129/36. 260/62; Inschrift aus Antiochia 104 112. 252/58; griechische: *IG* II², 10 242/48; V, 1. 1431 46⁴; IX, 2, 38 164; XII, 3, 227, 466, 467 94 98; Dittenberger, *Syll.*² 588 156¹; *Mitteilungen des arch. Inst. Athen* XVIII (1893) S. 225 ff. 262 5. 267/8; aus Delphi 153/203
ἰσολύμπιος, ἰσονέμεος, ἰσοπύθιος: Bedeutung 189/90
Isotelie: Verleihung an die Retter der Demokratie in Athen 245/6. 247/48; — nicht unbedingt mit ἔγκτησις verbunden 247/8
Istar-Semiramis 286

Kadi-köi = Chalkadon . . . 277/81
Kaiserdaten, römische 74 93; Vespasian 74/82; Titus 75 76. 80. 81/2; Nerva 82/86; Traian 86/93; Hadrian . . 87
Kalender: Verhältnis zwischen makedonischem u. ägyptischem . 94. 97
Kallistratos, Epimelet in Delphi 166/67
Kapitalkursive: auf einer Grabinschrift 129. 131/6
Kapitelle: mit Lorbeerzweigen aus Kurutscheschme 270/77; aus Amida-Diarbekr . . . . 273 f.
Karthago: Mauerumfang 122/28; Bevölkerungszahl 125; Gründung 138. 142; = Elisah? 231
Kimmerier: Datierung ihrer Raubzüge 113/22
Kittim = Kypros 231
Konstantin d. Große: Aufstellung der Schlangensäule 64; s. ev. Kenntnis von der Verleihung der Würde des Heros Ktistes an Pausanias . 62/66
Kurutscheschme: Fund eines mit Lorbeerzweigen geschmückten Kapitells . . . . 270 ff.
Kypros: = Alašia = Asy 230 9: Vorkommen von Elfenbein 231; Doppelbenennung Kittim u. Elisah . 231

Labienus: Kampf gegen Caesar in Afrika 102 04; 204/20
Leotychidas: Datierung s. Sturzes 67/73
Lex Ursonensis 258 60
Libanios: or. 47 u. die Alemannen 240 42
L. Licinius Lucullus: Statue in Delphi 163 64
Livius: Benutzung des Ennius 17 32; des Piso 22
Lorbeer: von Medea in Bythias gepflanzt 270; am Kapitell von Kurutschechme 270 77; an Kapitellen von Amida-Diarbekr 273 f.; — Schmuck in der byzantinischen Kunst . . 276¹
lydische Geschichte: Errechnung der Daten 114
Lydamis-Dugdamme . . . 120 2
Lykon, Philosoph: Ehrung in Delphi 191
Lykophron von Chalkis: Verhältnis zu Timaios . . . . . . 138 ff.
Lysander und die Einsetzung der „Dreißig" in Athen 3/11
Lysias: s. Isotelie 247 8

Μάρκος, Μᾶρκος: Schreibweise ein zeitliches Kriterium . . . 159¹
Magan, Lage 112 13
Magdalénien . . . . . . 292 f.
makedonischer Kalender im Verhältnis zum ägyptischen . . 94. 97
Marathon: Verlauf der Schlacht 221 9
Medea: Nachklang der Argonautensage . . . . 270 ff.
Memmia Eurydice, Statue in Delphi 169
Memmier: die verschiedenen Geschlechter dieses Gentilnamens 169 u. 169¹
P. Memmius Regulus: Statue in Delphi 168/9
Menedemos, Philosoph: Ehrung in Delphi 190/91
Menekrates: Proxeniedekret in Delphi 193
Menschengeschlecht: Alter d. — 293
Menschenrassen: älteste . . 293
Mesolithicum 293
Miltiades: in der Schlacht bei Marathon 221/9
Moorbauten des Neolithicums 289/94

Namen- und Sachverzeichnis.

Moustier-Zeit d. Paläolithicums 292 f.
mox: Gebrauch bei Tacitus . . 109
Münzen: von Sparta mit dem Namen des Eurykles 49/50
Munichia: Ehrung der Kampfteilnehmer 242/48

Nanas-Odysseus . . . . . 139 ff.
Neandertal-Menschenrasse . 292
Nerva, s. Regierungszeit . . . 82

Odysseus-Nanas . . . . . 139 ff.
C. Orconius: Proxeniedekret in Delphi 175/6
Orientalistentag . . . . . 293 f.

Paläolithicum . . . . . . 292 f.
Pantoleon I. u. II., aetolische Strategen 197
Paulus, Apostel: s. Prozeß . 99. 100
Pausanias: Heros Ktistes von Byzanz 59 ff.; Datierung der Verleihung 61/62; Kenntnis davon bei Konstantin d. Gr. 62/66; s. Sturz 66; Brief an Xerxes 71/2
Penatenkult: Herleitung aus Troia 138. 140
Perser: ihre Taktik bei Marathon 121/29
Pfahlbauten des Neolithicums 289/94
Philippische Aera: ihre Bedeutung für die Kaiserdaten . . 80. 82. 88
Philippus Arrhidaeus . . 80. 82
Philologenversammlung . 293 f.
Philometor: Brief betreffend die Garnison in Thera 94 ff.; Vertreibung durch Euergetes u. Rückkehr . 97
Piraeus: Ehrung der Kampfteilnehmer 244/48
Piso: Quelle für Livius . . . 22
C. Pollius: Statue in Delphi . 164/5
Pontifex maximus mit Jahreszahlangabe auf einem Meilenstein 251/52
Posidippos: Epigrammdichter für delphische Inschriften 201
Postumius Albinus: Reiterstatue in Delphi 162/63
Proxeniedekrete in Delphi . 169 ff.
Provokation: im römischen Strafrecht 98/101
Ptolemaeer: Inschriften in Thera 94/98
Pythokles, Dionyospriester: auf Soterienliste in Delphi 192

P. Quinctilius Varus: Statthalter von Syrien 106; Richter im Prozeß gegen Antipatros . . . 99/100
Quellenforschungen über: die Geschichte des Romulus bei Ennius 16/32; die Vorlage von Appians *Emphylia* 33/43; die griechische Tradition der Gründungssagen Roms 137/42; den Ursprung der latinischen Nachrichten bei Timaios 142/43; eine campanische Chronik des 4. Jahrh. 143/6

Relatio ad principem . . . 98/101
Remus: das Augurium . . . 25/28
Rhome: 1. Eponyme Roms . . 148
Richtertexte: in Delphi . . . 199
Römerstatuen in Delphi . 153/169
römische: Kaiserdaten. . . . 74/93
Rom: Gründungssagen . . . . 137 ff.
Romulus: Darstellung s. Geschichte bei Ennius 16/32
Ruspina: Verlauf des Gefechts 204/20

Sabinerkrieg: in der Darstellung des Ennius 16/24. 28/29
Sagen: Untersuchungen über: Gründung Roms 137/46; Verbrennung der Schiffe durch Frauen 146/48; Westlandfahrt des Aeneas 149/52; Nachklänge der Argonautensage . 269/77
Sanḫar: Lage 235/36
Satyros: Epimeletentext in Delphi 200
Schiffsverbrennung durch Frauen 146/48
Schlangensäule: Inschrift nicht einzige Quelle Herodots für Salamis, Plataeae, Artemision 63[1]; Aufstellung in Byzanz . . . . 64 f.
Schussenquelle: Renntierjägerstation der Madeleine-Zeit . . 292
Schwertrecht der Provinzialstatthalter . . . . 98 ff.
Seeräuber: Urkunde über ihre Bekämpfung in Delphi . . . 170/74
Semiramis-Istar 286
C. Sentius Saturninus: Statthalter von Syrien 106/7. 108[1]; s. Verhältnis zu Volumnius 111
M. Servilius: Duumvir von Antiochia in Pisidien 111. 256
Sestos: Belagerung durch die Griechen 72
Σώσανδρος aus Hypata, thessalischer Stratege: s. Familie . 183/6. 187
Soterienliste in Delphi . . 191/2
Soteris: Freilassungsurkunde in Delphi 183
Σωτίων, delphischer Archont . 195
Sparta: Stellungnahme zu Antonius u. Oktavian 46; Stellung des Eurykles 50 ff.; Zuteilung der Denthaliatis 46. 46[4]; Εὐρύκλεια, ... 52. 58
Stambul: Ableitung des Namens 265/6. 282
Stesichoros lokrischer Dichter: s. Datierung 149/50; s. Iliupersis mit der Westlandfahrt des Aeneas . 150/52
C. Sulpicius Galba: Proxeniedekret in Delphi 178/9

P. Sulpicius Quirinius, Statthalter von Syrien: Datierung s. Statthalterschaften 104/10. 252/58
Syrien: die Statthalter im letzten Jahrzehnt v. Chr. Geb. 106/07

Tacitus: Gebrauch von mox . . 109
Taktik: Caesars in der Schlacht von Thapsus 102/4; von Ruspina 204/20; der Perser u. Athener in der Schlacht bei Marathon 221/9
Tarpeia: Darstellung der Episode bei Ennius 22/24
Technik, antike: moderne Literatur darüber 287/9
Techniten: ihre Stellung . . . 192
Τείθων-Τειθρώνιον, Stadt in Phokis 195
Thapsus: Verlauf der Schlacht 102/4
Themistokles: Ostrakismos u. Aechtung 66/73; Flucht zu Artaxerxes 71/3
Thera: Datierung der Ptolemäerinschriften 94/98
Theramenes u. die Einsetzung der „Dreißig" in Athen 3/11
Thetonion 198/9
Timaios: s. Darstellung der Gründung Roms 137ff.: seine latinische Quelle 142/43

M. Titius, Statthalter v. Syrien 107. 108[1]
Titus: s. Regierungszeit 75/76. 80. 81/82
Traian: Regierungsdauer 86/93; Adoption Hadrians 87/8; Aemterlaufbahn u. Geburtsdatum 91/93

T. Varius T. f. Sabinus: Proxeniedekret in Delphi 176/77
Vespasian: s. Regierungszeit. 74/82
Volumnius, der Römer: s. Verhältnis zu Saturninus 111
Volumnius, der Herodianer: Vertreter der Anklage gegen die Söhne des Herodes 111/12

Wasserburg der Hallstatt-Zeit 289. 291

Xenon: Anathem in Delphi . . 201
Xenotimos: Proxeniedekret in Delphi 192/93

Zbelsurdos, thrakischer Gott . 283/5
Zitate: lateinisch: Iustinus IX, 1, 3 59/73; Iosephus *ant.* XVII, 133 101: *bell. Iud.* I, 535 111/12; *bell. Africanum* 12—18 204/20; Cicero *in Pisonem* XXXV, § 85 283; griechisch: Lysias *gegen Eratosthenes* § 71 7/8. 9; Dion. I, 73 143ff.; Libani *opera rec.* Förster III, or. 47 § 4 u. § 11 . 240/2